人文论丛

2005年卷

教育部人文社会科学重点研究基地
武汉大学中国传统文化研究中心 主办

冯天瑜 主编

武汉大学出版社

图书在版编目(CIP)数据

人文论丛:2005年卷/教育部人文社会科学重点研究基地,武汉大学
中国传统文化研究中心主办;冯天瑜主编.—武汉:武汉大学出版社,
2007.6

ISBN 978-7-307-05495-0

Ⅰ.人…　Ⅱ.①教…　②武…　③冯…　Ⅲ.社会科学—2005—丛
刊　Ⅳ.C55

中国版本图书馆 CIP 数据核字(2007)第 042947 号

责任编辑:王雅红　金诗灿　　责任校对:刘　欣　　版式设计:支　笛

出版发行:**武汉大学出版社**　(430072　武昌　珞珈山)
　　　　(电子邮件:wdp4@whu.edu.cn 网址:www.wdp.com.cn)
印刷:湖北省通山县九宫印务有限公司
开本:787×1092　1/16　印张:34.25　字数:826千字　插页:4
版次:2007 年 6 月第 1 版　　2007 年 6 月第 1 次印刷
ISBN 978-7-307-05495-0/C·177　　定价:53.00 元

《人文论丛》

学术顾问（以姓氏笔画为序）

卜松山	瓦格纳	艾 兰	池田知久
刘纲纪	任继愈	朱 雷	谷川道雄
张正明	李学勤	杜维明	陆耀东
庞 朴	宗福邦	饶宗颐	章开沅
萧萐父	谢和耐	裘锡圭	

编委会成员（以姓氏笔画为序）

冯天瑜	刘礼堂	李维武	陈广胜
陈 伟	陈庆辉	陈 锋	陈文新
沈壮海	吴根友	张建民	杨逢彬
杨 华	罗国祥	尚永亮	郭齐勇

主编

冯天瑜

副主编

郭齐勇　陈 锋　陈文新

执行主编

陈 锋

执行编委

吴根友

本论丛实行匿名审稿制度

The Humanities Journal

Academic Advisers

Karl-Heinz Pohl   Rudolf G. Wagner   Sarah Allan
Jonathan D. Spenc   Tomohisa Ikeda   Liu Gangji
Ren Jiyu   Zhu Lei   Tanigawamichio
Zhang Zhengming   Li Xueqin   Du Weiming
Lu Yaodong   Pang Pu   Zong Fubang
Rao Zongyi   Zhang Kaiyuan   Xiao Jiefu
Jacques Gernet   Qiu Xigui

Editorial Board

Feng Tianyu   Liu Litang   Li Weiwu
Chen Guangsheng   Chen Wei   Chen Qinghui
Chen Feng   Chen Wenxin   Shen Zhuanghai
Wu Genyou   Zhang Jianmin   Yang Fongbin
Yang Hua   Luo Guoxiang   Shang YongLiang
Guo Qiyong

Chief Editor

Feng Tianyu

Deputy Chief Editors

Guo Qiyong   Chen Feng   Chen Wenxin

Chief Executive Editor

Chen Feng

Executive Editors

Wu Genyou

目　录

Contents

● Economy, Society and Culture of Ming-Qing Period

● Thought and Literature

● Textual Criticism of Literature and History

● Academic Commentaries

人文探寻

"封建"概念泛化的历史考察

□ 冯天瑜

一、问题的提出

"封建"作为史学术语，其概念的古今演绎和中外对接，情状复杂，多有困扰人处。笔者思索此题已近二十年，前此所撰《史学术语"封建"误植考辨》一文①论列千虑之一得，然意犹未尽，特续作本文，重点探究"封建"概念泛化的几个关键环节，凡前文已详述者，本文从略。

"封建"本来含义明确，所谓"列爵曰封，分土曰建"②，此为古时不刊之论。时至近代（日本幕末、明治时期，中国清末民初），共属汉字文化圈而又同时面对西学东渐形势的日本人和中国人，先后以此一汉字古典词对译西方史学术语 feudalism，其内涵仍与古汉语义保持内在联系，其外延所指明确：中国殷周的分封制（某种意义上还包括实行贵族政治、领主庄园经济的两晋南北朝制度以及汉初、明初的封藩制度），西欧的中世纪制度，日本的中世（镰仓幕府、室町幕府）及近世（江户幕府）制度。

近现代中日两国都使用的"封建"这一史学术语，其内涵及外延一度大体近似，但由于前近代的日本幕藩制是"封建"的，而中国自秦汉以降的君主集权的郡县制是"非封建"的，这种历史实际的巨大差异，导致两国对"封建"理解与运用上的分歧。在中国，"封建"演出别义，始于五四新文化运动发端的 1915 年。至 20 世纪 20 年代以降，史学术语"封建"正式注入宽泛的含义（包括领主制及随后的地主制经济基础上的社会制度，并进而指各种落后、反动的前近代制度与思想）。此后演为中国主流史观的泛化封建论，成型于此。

泛化封建论有中国封建社会前后两期说：前期为"领主制封建社会"，后期为"地主制封建社会"。而称领主制是"封建"，顺理成章；但说土地可以自由买卖的地主制也是"封建"，则完全逾出"封建"的概念域，从而使"封建"这一关键词被**"泛化"**，也即**概念被广泛化、一般化**。这种泛化了的"封建"，摆脱了该词的本义（封爵建藩）和引申义（分权），而且无法从词形导引出这些泛化的新义来。

本来，旧词注新义在汉语词汇的发展历程中是常见的和必需的，且不论"物理"、

"政治"、"教授"等古典词通过词义扩缩取得新义，又继续与古典义保持内在联系，即如"民主"这样含义全变的词，也存在着演化的基础。汉字古典词"民主"，构词法为偏正结构，本是"民之主"的省称，与"君主"近意，但当"民主"由偏正式改为主谓式，含义就变为了"民自主"，故"民主"的新义虽与旧义背反，却不失其构词理据。对于熟悉汉字文化的人来说，"民主"通过变更构词法实现的这种意义改易，不难理解，可以接受。而反观"封建"，无论试用何种构词法，也不可能从词形推导出"地主—自耕农经济"、"中央集权的专制帝制"一类意思，倒可以引出相反的意思来：封建，从词形只能衍出"封爵建藩"义，领主所得封土，是一种世袭的政治特权，不能自由买卖；至于中央集权的专制帝制，更与"封建"的分权义相背反，当然无法从"封建"词形中推衍出来。不仅如此，"地主—自耕农经济"、"中央集权的专制帝制"之类含义又同"封建"所对译的英文词 feudalism 的意蕴（封土、采邑制等）大相径庭，二者难以对接；也与率先以"封建"翻译 feudalism 的日本对"封建"一词的理解大异其趣。

以上简略地从语义学与历史学的结合部说明：流行至今的泛化的史学术语"封建"值得推敲。史学工作者往往不习惯"咬文嚼字"，但是，我们既然使用汉字，并自认史学是汉字文化中特别丰瞻的一大部类，那么，我们的史学述事（尤其是史学的宏大述事），使用的术语（尤其是核心术语），就必须遵守作为表意形声文字的汉字的基本规则：在选择汉字词对译外来术语时，则要力求实现汉字词与外语词所表述概念的彼此通约。只有如此，新的史学述事方有可能保持与汉字史学元典间的内在张力，实现史学继承与发展的辩证统一；也才有可能具备与外来史学概念相对接的民族语文条件。

遗憾的是，**至今通用的泛化的史学术语"封建"，既与汉字词的古义脱钩，又与对译词（feudalism）所包含的西义挂靠不上，成为一个游离于古今中西语文坐标系之外的、失去构词理据的生造词。**

那么，问题究竟出在哪里呢？

有一点可以断然排除：令"封建"含义泛化者不通古汉语及中国古史，或不谙西语及西洋史，方造成概念误植。事实上，将"封建"概念泛化的学人都是饱读诗书者，当然明白"封建"的古义是封邦建国；他们又多半熟识西文、西史，对 feudalism 的含义为封土、采邑，一定知晓。故而他们将"封建"泛化，决非因为不通古义、西义，而是另有原因的。有鉴于此，详论"封建"的古义及 feudalism 的西义，只厘清了论题的外围，而尚未直逼论题的要害处。

了然于此以后，笔者决计另辟蹊径：沿着时序，梳理"封建"概念演变的轨迹，考察这个本来创制于中国，又由近代日本借以对译西文的新术语，逆输入中国后逐步变异的具体过程。此一在中——西——日三语境间溯源讨流的历史叙述，将构成本文主体，笔者愿与读者诸君一起从概念古今演绎、中外对接的历史过程中窥探"封建"被泛化的症结所在。最后，提供一种取代泛化"封建"的改良设想，供诸君参考。

二、近代以前，中日两国都在"封土建国"意义上使用"封建"一词，日本明治初"废藩置县"仍沿袭"封建—郡县"之辩

在汉字文化圈，"封建"一词创制于中国，在古文书中始见于《诗·商颂·殷武》

"封建厥福"。周代虽实行封建制，并常分用"封"与"建"二字，却很少连用"封建"，倒是秦汉以后，因有郡县制与之对应，两制的优劣每为治国者及学人所评议，故"封建"成为朝野辩论的一大题目。秦始皇主持廷议，丞相王绾、廷尉李斯各执一辞，演出"封建—郡县之辩"的活剧。③被秦始皇采纳的李斯（？～前206年）之议，指明了废封建、立郡县的理由：

> 周文武所封子弟同姓甚众，然后属疏远，相攻击如仇雠，诸侯更相诛伐，周天子弗能禁止。今海内赖陛下神灵一统，皆为郡县，诸子功臣以公赋税重赏赐之，甚足易制。天下无异意，则安宁之术。置诸侯不便。④

以秦廷之辩为端绪，自两汉、魏晋、唐宋，直至明清，"封建—郡县比较论"此伏彼起，赞扬或贬斥"封建"的评议，不绝于史。⑤其中最著声名的，是唐人柳宗元（773～819年）的《封建论》，其对周初置"封建"的前后得失有精辟点评：

> 周有天下，裂土田而瓜分之，设五等，邦群后，布覆星罗，四周于天下，轮运而辐集；合为朝觐会同，离为守臣捍城。……余以为周之丧久，徒建空名于公侯之上耳。得非诸侯之盛强，末大不掉之咎欤？……则周之败端，其在乎此矣。

柳氏又具体议及唐代，指出郡县制的功效：

> 唐兴，制州邑，立守宰，此其所以为宜也，然犹桀猾时起，虐害方域者，失不在于州而在于兵，时则有叛将而无叛州，州县之设，固不可革也。

汉唐以下，追慕封建古制的论者也数不在少，魏晋间名篇迭出，至宋代，理学家常称颂封建制和宗法制，北宋张载（1020～1077年）说："天子建国，诸侯建宗，亦天理也。"⑥南宋胡宏（1106～1162年）说："井田封建，仁民之要法也。"⑦这是从道德理想主义出发的封建论。

明清鼎革之际，一批思想家从总结明亡教训出发，探讨封建、郡县两制的优劣、长短，每每发出卓异之论。黄宗羲（1610～1695年）在《明夷待访录》的未刊篇《封建》中说，"自三代以后，乱天下者无如夷狄矣"，而三代时何以没有"夷狄"（指游牧民族）入侵的大害，而秦以后则屡屡发生夷狄"所割""所据"的现象呢？黄氏指出：

> 则封建不封建之故也。……盖封建之时，兵民不分，君之视民犹子弟，民之视君犹父母，无事则耕，有事则战……是故废封建，则兵民不得不分，分兵民，则不得以民养兵。

黄氏也知封建古制的寓兵于农，现世已难以效法，于是他有退而求其次的设计，这便是在边境设置有封建意味的方镇，以增强抵御夷狄的边防。在《明夷待访录》的《方镇》中，黄氏说：

今封建之事远矣，因时乘势，则方镇可复也。

他进而总结"封建"与"郡县"的利弊，以引出"方镇"之说：

封建之弊，强弱吞并，天子之政教有所不加。

郡县之弊，疆场之害苦无已时。欲去两者之弊，使其并行不悖，则沿边之方镇乎。

顾炎武（1613～1682 年）也有类似看法，他认为"封建"与"郡县"各有得失，应当以"封建"弥补"郡县"之缺陷。他作《郡县论》九篇，重在对极端君主集权之下的郡县制的弊端（"其专在上"）加以揭示，认为不可一味称颂郡县制。其论曰：

方今郡县之敝已极，而不为之所焉，尚一一仍其故事，此民生之所以日贫，中国之所以日弱而益趋于乱也。⑧

鉴于此，顾氏倡言：

寓封建之意于郡县之中，而二千年以来之敝，可以复振，后之君苟欲厚民生，强国势，则必用吾言矣。⑨

黄、顾政论中提倡"封建"，并非主张分封诸侯，其要旨在于"分权"。黄宗羲、顾炎武鉴于明清专制君主集权的弊害，试图以"封建"的某些特性（"寓兵于农"、"地方分权"等）作为调整、改良绝对中央集权的办法。

清人袁枚（1716～1798 年）则认为，封建制使人才得有生存空间、思想学术得有拓展天地，他例举孔、孟，认为圣人、亚圣不可能在郡县制下生存发展，其学说的成长与光大，得益于晚周封建制的政治多元格局，孔、孟的生平皆为：

赖有封建，然后栖栖皇皇，之卫、之齐、之陈蔡、之梁、之宋、之滕，几几乎有可行之势，而诸侯敬，子弟从，则声名愈大，千万年后，犹知遵奉为师。使圣人生于郡县之世，三试明经不第，则局促于一邦，姓氏湮沉，亦逝世无闷已耳，安见其有以自立于天下耶？然则孔、孟删六经，垂俎豆，传食诸侯，虽无以自立，而有以自显者，封建力也。⑩

这是从思想文化史角度，论述"封建"的正面价值，批评中央集权易导致文化专制。此论亦别有见地。

黄、顾、袁等的"封建—郡县"之辩，发挥"封建"的正面价值，大不同于李斯、贾谊、晁错、柳宗元、苏东坡、魏默深等的称颂郡县制。两种封建论，各有华彩，皆能启人神智，此为"转换视角则价值多元"之良例。

综观先秦、汉唐以至明清，诸先哲们论"封建"，虽然切入点不一、命意有别，却全都在"封爵建藩"意义（及其引申义——"分权"）上使用"封建"一词，并无异解、歪曲。因而古来的"封建"之辩，论点、论据可以异见纷呈，却做到了概念的古今贯通。

不仅中国古代的各种"封建论"坚守"封建"概念的贯通性，**日本前近代的"封建论"**也做到了这一点，可以作为认识"封建"古典义的又一佐证。两千余年来，日本一直是汉字文化圈中的一员，古来即从《左传》、《史记》、柳宗元的《封建论》等汉籍、汉文中接受"封建"一词。《宋书·夷蛮传》载日本国君的遣宋国书，起首句为"封国偏远，作藩于外"，自称日本由中土"封国建藩"。此国书经明治时代史官久米邦武考析，文本被《宋书》主纂沈约修饰，但日本在平城、平安时代常称自国为中土的封藩，沿用"封建"一词则是事实。丰臣秀吉（1536～1597年）时期，日本不再自认中土封国，明朝使臣递交国书中有"封日本国王"之语，丰臣秀吉勃然大怒，当场撕裂明朝国书。江户后期史学家赖山阳（1780～1831年）《裂封册》一诗描述其情景："史官读到日本王，相公怒裂明册书。欲王则王吾自了，朱家小儿敢爵豫。"

江户幕府承袭丰臣秀吉传统，不以明清封国自认，但其内政却效法古代中国的封建制。同中国历朝一再探讨"封建"与"郡县"二者的利弊得失一样，日本也重视此一论题。德川家康（1542～1616年）初创江户幕府之际，就以西周封建为理想政体，又吸取郡县制的某些做法，实行适度的中央集权。这类思考成为德川政权的"长久的御谋"。江户中期的幕府儒官、朱子学者室鸠巢（1658～1734年）曾应八代将军德川吉宗（1684～1745年）的谘问，就幕府的制度、政策再三上书，其中着重品评"封建"与"郡县"的长短。与中国汉代贾谊、唐代柳宗元力倡郡县制相反，室鸠巢把封建制理想化，认为周朝享"九百年长寿"，实得诸侯的藩屏守护，此论显然是顺应江户时代的幕藩体制而发。当然，室鸠巢也决非食古不化的腐儒，他还检讨周代封建制的不足，给将军德川吉宗贡献了强化"参觐交代制"的办法，令诸大名"半年在江户，半年在国"，以对封建诸侯实施有效控制，这是在中央集权制与藩国封建制之间求得一种综合。⑪

与室鸠巢同时的古学派思想家荻生徂徕（1666～1728年）更强烈地尊"封建"而斥"郡县"，他认定，"封建"与"礼乐"相表里，皆为圣人之道，三代行之，故天下太平，秦废之，故天下大乱。荻生徂徕在《萱园七笔》中说："秦郡县天下，而后有盗贼乱天下之祸也。三代时无之。"他以为，要克服幕府的危机，必须顺先王之道，复井田、封建。在《政谈》中，荻生徂徕赞扬江户设幕初期实现了"海内封建"，又严厉批评后来出台的都市聚居及参觐交代制"何异于郡县"，故荻生徂徕是比室鸠巢更彻底的"封建主义者"⑫。

可见，日本近世（江户时代）是以"封爵建藩"的具体表现"藩国制"为实态讨论"封建"的。与汉唐以下中国士人多赞扬"郡县制"不同的是，日本士人多赞扬"封建制"。这当然与中日两国的国体之别、政制之异相关。江户时代具有开放眼光的经世实学家，如本多利明（1743～1820年）、佐藤信渊（1769～1850年）则倾向郡县制，对封建制有所批评。

时至明治维新，日本实行效法西洋的近代化改革，其三大国策之一的**"废藩置县"**（另二为"富国强兵"、"文明开化"），当然是以西欧列强建立的统一民族国家为样板，但在论证"废藩置县"的合理性时，从用语到逻辑，都沿袭汉字文化的古典形态：树立"神武创业"、"王政复古"旗帜，重新讨论"封建"与"郡县"的优劣。⑬

与江户时代论者多为"封建"唱赞歌相反，明治初年出现了扬郡县、抑封建的舆论，这首先在伊藤博文（1841～1909 年）明治元年（1868 年）的《版籍奉还建白》及木户孝允（1833～1877 年）明治二年（1869 年）的《版籍奉还建言》中显示出来。此外，西乡隆盛等也有类似建策。

伊藤博文于文久三年（1863 年）乘英国船密航西欧，亲见欧洲近代社会，即认定废除藩国制、实行郡县制为急务。明治元年十一月，时任兵库县知事的伊藤博文向朝廷"建白"，对姬路藩主酒井忠邦奉还版籍深感"欣跃"，以为是"皇国之幸"，由此而统一政令兵权，可张大"皇国之威武"⑭。

作为"明治维新三杰"之一的木户孝允（另二杰为西乡隆盛、大久保利通），于明治二年（1869 年）提出"建言"，论及去岁德川庆喜（1837～1913 年）大政奉还，交纳其土地人民，却仍携兵抗拒天皇政府，故"一新之政"为着"内使普世才能登庸，亿兆安抚，外与世界各国并立"，必须"一变七百年来之积弊，三百诸侯举而其土地人民还纳，不然一新之名义不知在何"⑮。这里所说的必须"一变"的"七百年来之积弊"，即指从镰仓幕府、室町幕府到江户幕府的七百多年间实行的武门专权、藩国林立的封建制度。

明治二年，萨摩、长州、土佐、肥前四藩主上版籍奉还表文，高倡"王土王民"论（取义《诗经·小雅》的"溥天之下莫非王土，率土之滨莫非王臣"），为废封建、立郡县的"王政复古"造势。

明治四年（1871 年）七月，木户孝允支持的《新闻杂志》六号附录刊载长三州（1833～1895 年）的《新封建论》，讨论封建、郡县制度的利害得失，批评封建制"诸藩其官世袭，私其士民，私其货财，私其兵力，私其政令，私其制度"，故废藩置县为"朝廷的至急"。文章还援引中国历史事例，说明封建制的弊害，而转换为郡县制则是在万国对峙下的急务。这是"郡县肯定论"的正式登场。同年七月十四日，明治政府颁布《废藩置县诏》，宣称"内以亿兆保安，外以外国对峙，宜名实相副，政令归一"，三百藩国变为 3 府 302 县，四个月后，并为 3 府 72 县，日本从封建国家"疾风迅雷"式地一变而为近代郡县国家。明治四年九月二十七日（1871 年 10 月 14 日），横滨刊行的英文杂志发表《新封建论》的英译，题为 "The abolition of the feudal system in Japan"（意为"日本封建制度的废止"）。⑯这也是较早以英文与汉字词组"封建制度"相对译。

总之，直至明治时期，日本在进行面向西洋的政治改革，建立近代国家体制之际，以废除封建性的幕藩制、实行中央集权的郡县制为务，"废封建"成为明治维新之要义。此间日本人所用"封建"一词，保持着与汉语古典义的联系，同时又对 feudalism 蕴含的西义敞开门户。"封建"古义与西义相通约的态势，在明治初年的日本已经形成。

三、近代欧洲目击者（如阿礼国）和学者（如马克思）以及日本访欧学者（如福田德三）的共同发现：中世及近世日本与西欧中世纪社会形态（feudalism）相似

日本实现"封建"古义与西义的通约，不仅是一种学术上的自觉，更重要的是，它由日本的历史属性所决定。

如果说中国的中古及近古（秦汉至明清），从主流言之，是一个非封建的时代，与西

欧中世纪的政制大相径庭，那么与中国隔海相望的日本，其中世（镰仓时代、室町时代）及近世（江户时代）的国体与政制，与远在亚欧大陆另一端的西欧封建制却颇有相似之处。江户幕府锁国二百年，日本人私出国门即犯死罪，故只能坐井观天，当然不会意识到自国政制与西洋中世纪类同。而最先发现这种相似之处的，是幕末进入日本的西洋人。

以1853年美国培理舰队撞开日本门户为端绪，日本被动"开国"，外使入驻是题中之义。安政六年（1859年），英吉利外交官欧卢柯库（Alcock, Sir Rutherford, 1809 ~ 1897年，中文名"阿礼国"）来日。此前，阿礼国于1843年任英国驻中国厦门的领事馆一等秘书（在任四个月），1844年任福州领事（在任一年六个月），阿礼国夫妇与时任福建布政使、《瀛环志略》作者徐继畬（1795 ~ 1873年）相过从[17]，1846年任驻上海领事，1856年任驻广东领事，直至1859年，该年转任驻日本总领事兼外交代表，次年升任初代驻日公使，文久二年（1862年）归国，以后又出任驻中国公使，至1871年引退。阿礼国是一位长期旅居中国和日本，对东亚社会有广泛了解的西方外交官。[18]

一个值得注意的现象是，阿礼国在中国滞留长达二十余年（1843 ~ 1859年，1865 ~ 1871年），对中国社会有详细了解，但他并不认为清代中国与中世纪欧洲相类同；而他对日本的观察，其结论是：**日本与欧洲中世纪封建制"酷似"**。

1863年，阿礼国依据自己的三年（1859 ~ 1862年）在日经历，撰写了名为 The Capital of the Tycoon: A Narrative of a Three Years Residence in Japan （2 Vols, New York）的"日本滞在记"（1949年山泽种树将此书大部分译为日文，题为《日本滞在的三年间》。后来山口光朔以《大君的都》为题全译该书，1962年岩波书店以上、中、下三册出版）。阿礼国的"日本滞在记"，是他对西欧、中国、日本社会加以比较的产物，重点谈及他对江户时代日本的观察，其中卓有见地的是：这位外交官发现，当时（幕末）日本社会与数世纪前英吉利的封建制度特征大体类似，故他称日本为：

东洋版的封建制度。[19]

阿礼国表示，对于研究这种制度甚有兴味。[20]

该书第十章详论日本政治，称江户幕府的最高统治者德川将军为"大君"，认为日本的大君政治与欧洲中世纪的政治相近：主权者以下是封建诸侯，封土与名号受赐予主权者，领主、大名在自己的领地享有若干独立于大君的权力，对家臣及从者操生杀予夺之权。阿礼国在长崎逗留期间得见，肥前侯属下的武士极度忠于主上，肥前侯可在大君的司法权之外，将武士斩首。这与西欧约克·卡陪王朝的法朗斯王（938 ~ 996年）时期的情形相近。[21]该书还多次将太阁样（德川将军）比之于欧洲中世纪末期的封建统治者，如第二章以德川将军类比法国中世纪晚期的封建帝王或权臣，如路易十一（1461 ~ 1483年在位）、宰相黎赛留（1585 ~ 1642年）、法王路易十四（1643 ~ 1715年在位）（见该书第115页）。第五章再次称日本为"封建制度的东洋版"，说江户时代的日本类似英吉利的加普兰塔济内托王朝（1154 ~ 1399年）。全书还一再称日本的统治者为"封建诸侯"、"封建领主"，又称"现在的日本"诸多本质，可比之于"数世纪前的西洋"，希望历史学家对此作"周到系统的研究"[22]。在论及日本社会存在的弊端时，阿礼国也冠之以"封建的、武断的制度"，并认为：

　　　　日本的现在的社会状态，与英吉利无法制的、凶暴的时期酷似点颇多。㉓

　　这是 19 世纪中叶，颇有史学素养和历史感觉的西欧外交官目击日本得出的结论，极具比较史学价值。

　　阿礼国可以说是以 feudalism 表述近世日本社会制度的第一人。

　　近代西方学者通过文献研究，以经济史、社会史眼光对比日本与西欧，也得出同样结论。如马克思（1818～1883 年）便言及日本与西欧有类似的 feudalism（封建制度），其经济及社会结构有可比性。马克思指出：

　　　　日本有纯粹封建性的土地占有组织。㉔

　　这种"封建性的土地占有组织"，有别于中国土地可以自由转卖的地主制，而与西欧领主制类似：土地的领有是一种世袭的政治特权。马克思还注意到，日本有"发达的小农经济"㉕，但日本的小农所耕种的小片土地，不是像中国的自耕农那样属于自己，而是以自己作为"土地附属物"，从属于领主，因此同领主间保持着"人身依附关系"。㉖而马克思把人身依附认作封建社会的基础。总之，日本三个幕府时期的经济—社会结构，有别于宋、元、明、清的中国，而接近西欧中世纪。

　　近代西欧的观察家和学者共同发现：前近代日本"酷似"西欧中世纪。明治维新后走出国门的日本学者，也悟出自国的幕藩体制与欧洲中世纪不仅政治制度相似，经济结构也颇有类同之处。日本史学家坂本太郎的《日本的修史与史学》㉗举出一个相当典型的事例：日本经济史家福田德三于明治年间留学德国，1900 年用德文著《日本经济史论》（该书 1907 年译成日文，1929 年有中译本），依据欧洲经济史学观点，将日本历史分为四段——原始时代（上古～644 年）、帝权扩张时代（645～930 年）、封建时代（931～1602 年）、专制的警察国家时代（1603～1867 年），具体论述了日本社会经济的发展与欧洲发展过程的一致性。福田德三的老师、德国的经济史教授布伦坦诺为该书作序，描述福田德三听课时的状态：

　　　　我在经济史的讲席上，时常看到他的微笑。有一天，我问他微笑的原故，他便答道，我听到先生所讲的欧洲经济史论，都和日本的历史一样。于是，我嘱他把日本的经济史介绍于欧洲读者。㉘

　　此一生动记述，从旅欧的日本学者眼光中，反映出日、欧封建制的近似性，这与此前旅日的欧洲目击者的观察结果彼此呼应。日本以研究封建制度著称的法学博士牧健二在比较德、法、英与日本的封建制度之后，作结语说：

　　　　我国的封建制度与前述欧洲诸国的制度酷似。㉙

　　经过日本学者的研究，类似欧洲中世纪制度的日本"封建社会"，其大略状况为：12～19 世纪，日本由征夷大将军的幕府与被其封予的地方上的世袭军事贵族（武士）分享权力，建立起以政治分权、领主经济为特征的封建制度，同中国周代封建制、9～15世纪西欧封建制（feudalism）有着相似之处，而与中国秦汉至明清以中央集权的郡县制和地主—自耕农经济为特征的社会则区别明显。

日本的封建制与古代氏姓制度血肉相依。在氏姓制时代，朝廷的官职世袭，故"公、臣、连、造、直、首"等既是贵族姓氏，也是职官名号，世袭贵族掌有土地和人民（称"部民"）。7～8世纪，日本大规模学习唐代的律令制度，公元646年的"大化改新"以中央集权的唐制为样板，废除氏姓制的豪族领地和部民制，建立起以天皇为中心的统一国家体制，708年颁布的《大宝令》使这种制度法律化，天皇掌控的朝廷垄断土地所有权，将其分成小片，班授给佃农，佃农为朝廷提供租庸调。在行政上，则划分国、郡、里、村，各级均受朝廷控制。然而，这一套仿自唐朝的中央集权制度，在有着顽强的氏姓制传统的日本不易推行，更难以维持，如科举制在官吏世袭的日本就行不通，一度实施的班田制、征兵制则无法久行。自9世纪初，天皇及摄政、关白控制的朝廷的中央集权渐趋瓦解，班田制中止，代之以各郡贵族及佛寺、神社占有领地，建立庄园。朝廷征兵制也随之止歇，与此相随，贵族领主的私家武装兴起，自11世纪开始，以效忠领主为"道"的武士阶层成为左右政局的力量，日本进入由武士阶层及其总头目"征夷大将军"执掌实权的幕府时代，先后出现镰仓幕府、室町幕府、江户幕府，"武门柄政"延绵7个世纪之久（12世纪末叶至19世纪中叶）。镰仓幕府将土地封赐给部将，称之"守护"，其所属庄园置"地头"，形成一种幕府居上，掌控守护、地头的网络，社会初步封建化。至室町时期，守护把持地方政权，中高级武士的采邑遍布国中，封建制趋于成熟。江户时期则在织田信长（1533～1582年）、丰臣秀吉（1536～1597年）执政时的幕藩制基础上，使"在地领主"进一步封建化，由幕府与地方藩国联合治理国家，幕府则通过"参觐交代"等制度对有着独立性的藩国加以控制，形成完备的幕藩体制。

按照"泛化封建论"的观点，中国某些研究日本史的学者把仿效唐制的"大化改新"视作日本封建制的开端。而日本学界与此说相反，认为大化改新突破了古代氏姓制、部民制，建立以天皇为中心的集权制度，这正与"封建"义相背反，应称"帝权扩张时代"。到平安末期，律令制解体、庄园制形成，封建制得以萌动。[30]1192年镰仓幕府建立，方正式进入"初期封建制"。日本史学界的这种论定，基于对"封建"的古典式理解，即在"封土建国"及其引申义上界定"封建制"，并与英语feudalism含义（封土、领主）相通约，对日本的"封建制度"作如下阶段划分：

镰仓时代的"初期封建制"，或曰"领主制的封建制"；

室町时代的"发达封建制第一期"，或曰"守护领国制"；

战国时期向"国人领主制"过渡，终于形成织丰政权时的"大名领国制"，

并向幕藩制过渡，此为"发达封建制第二期"；

江户时期确立"幕藩体制"，此为"后期封建制"。[31]

日本的经济史学者，涉及历史分期，所使用"封建"一词，也都兼顾了此一汉字词的古义和feudalism的西洋义。以永原庆二的《日本经济史》（1980年）为例，其关于日本史分期的表述为：

日本最初的阶级社会——总体的奴隶制社会

　　律令制社会——总体的奴隶制社会

　　庄园公领制社会——总体的奴隶制社会向封建制移行

　　大名领国制社会——封建的土地所有制的社会

　　幕藩制社会——以生产物地代为原则的封建社会

这里出现的"封建"都不脱离封土建藩、庄园领主制一类含义。

四、17 世纪以降欧洲逐步以 feudalism 表述中世纪社会制度，近代日本以"封建"翻译 feudalism，兼及西义与汉字词的古义

　　人类历史是一个进行式的过程，对这种过程中的诸段落命名，总是相当晚成的。就欧洲而言，罗马帝国崩溃以后、工业文明诞生之前的千年时段，当时并无专门名称，直至近代初期，西欧诸国逐渐以由拉丁文 feodum（采邑）演化而来的 feudalism 一词指称中世纪社会。法国史学家、年鉴学派创始人马克·布洛赫（MarcBloch，1886～1944 年）在其名著 La Société Féodale[32] 的《序说·探求一般的方针》中，说此一概念历经两百多年方获定型。大体言之，16 世纪法国法学家在研究中世纪波河流域的封土律时，开始接触此一论题。17 世纪英国法学家用 feudalism 指中世纪遗存的土地协约、法律习俗、政治机构。1680 年出版的辞典有 feudalite（封建制）及 gouvernment feodal（封建的统治）之类名目。18 世纪法国启蒙思想家孟德斯鸠（1689～1755 年）在《论法的精神》中，拟 lois feodales（封建法）一目，论及封君封臣关系、采邑制、农奴制，概括出西欧 feudalism 的基本属性。英国经济学家亚当·斯密也论及封建等级制的成因。至 19 世纪，经西欧多国史学家，尤其是德国历史学派的研究，feudalism 方正式成为表述西欧中世纪制度的专词，并以 feudalism 为基干，形成一套关于封建制度的概念及范畴系统。而马克思、恩格斯则在其唯物史观的社会形态学说框架内，界定西欧的封建制度。[33]

　　对照西欧中世纪社会，日本的"中世"（镰仓幕府和室町幕府时期，约 12 世纪末叶至 16 世纪中叶）及"近世"（江户幕府时期，约 17 世纪初至 19 世纪中叶）与之存在许多类似的地方，如封君封臣与封土的结合、王权旁落、主权分割、职官世袭、等级制度、庄园经济、由兵农分离和对领主从属导致的武士（欧洲称骑士）传统，以及人身依附、复仇观念，等等，这些相近的社会及文化特色，不约而同地在西欧和远东的日本列岛呈现出来，时间又都在古代与近代之间的几个世纪。中国的殷周实行过"封土建藩"制度，也呈现与上列诸点相近的特色，而秦汉至明清实行郡县制度，其特点则是王权至上、中央集权、命官一流官制、官员经考选产生、土地自由买卖、人身控制相对松弛，等等，与西欧中世纪及日本中世、近世大相差异。

　　现代西方学者继续作欧—日历史的比较研究，又有新的认识。英国学者桑松的《西欧世界与日本》，重在发现日本明治维新前后与欧洲社会的差异，认为明治维新并不是推翻封建制、实行西欧式民主主义革命，因为日本早在元禄时期（1688～1703 年）封建社会就已经解体，江户中后期的中央集权性大为增强。这种说法与福田德三称江户时代是"专制的警察国家"相似。此说将日本封建制解体向前推移了一百多年，但就总体而言，仍然肯认日本与西欧中古社会形态的类同性。

　　正因为欧洲中世纪、日本"中世"与"近世"，都是在封土授民的领主制经济基础上建立的社会制度，而日本人自古以来即从输入的汉籍中汲纳了含义为"授土授民，立藩建国"的"封建"一词，故在明治时期译介西洋历史学论著时，很自然地将欧洲中世纪的社会形态 feudalism 翻译为"封建"、"封建社会"。

　　启蒙思想家西周（1829～1897 年）1870 年在讲学中（该讲稿多年后由其弟子整理，以《百学连环》为题出版）参考西方学者之论，将人类历史划分为三场次——古昔的"神统政治"是第一场，中古的"封建"是第二场，当今的"国君政治"是第三场。西周对此说加以修正：

> 　　方今考之，神统政治及封建政治合为第一场，国君政治为第二场，未来的第三场即至，这就趋 World Republic Eternal Peace（四海共和，无疆治体），此为世界之治的极至。㉞

　　请注意，西周所用"封建政治"一词，没有与"国君政治"（即君主专制）相联用，显然是取义"封土建国"，此制上承氏族时代的神权政治，下启君主专制政治。此一"封建"，既合汉语古典义，也切近英语 feudalism 义。

　　福泽谕吉（1835～1901 年）的《文明论之概略》（1875 年出版）则将日本与西欧各国社会发展阶段划分为三：未开、封建、富国强兵。这里的"封建"仍取"封土建国"义，略指日本的中世及近世，西欧各国的中世纪。"未开"指前文明期，"富国强兵"则是近代资本主义的另一提法，而"封建"居二者之间。

　　永峰秀树于明治八年（1875 年）翻译的《欧罗巴文明史》第四卷《封建政体》（奎章阁刊行），以"封建"对译 feudalism。该书第九卷《王权政体》、第十二卷《教门改革》，也多次出现"封建政体"、"封建政"一类短语，在日文史书中，较早使用"封建"一词表述欧洲中世纪政制，而此词又保持着与古汉语词"封建"的内在联系。

　　明治十年（1877 年）田口卯吉撰《日本开化小史》，将日本的封建制从镰仓幕府成立时说起，理由是那时具有郡县制性质的国司制度崩溃，分封性的武门政治确立。

　　明治初年的辞书也反映出以"封建"对译 feudalism 的过程。柴田昌吉、子安峻编的《附音插图英和字汇》（日就社 1873 年刊行）将"封建的"收在 feudal 词条下。明治中后期，日本已普遍使用对译 feudalism 的"封建"一词，并由此词根派生出"封建制度"等新语。1882 年日就社出版的《增补订正英和字汇》即以"封建制度"译 feudalismus。

　　明治中期以降的各种史学论著中常见"封建制度"、"封建时代"等术语。如三宅米吉（1860～1929 年）明治十九年（1886 年）著《日本史学提要》（普及舍 1886 年刊行），论及西洋的"封建时代"，并认为东洋日本的幕府时期与之类似。日本的社会主义者在 19 世纪末 20 世纪初的论著中，也常用"封建制度"这一术语，如 1893 年东京民友社出版的《现时之社会主义》，《六合杂志》1901 年 3 月第 243 号上发表的片山潜论文《资本论及其著者马克思的地位》，论及欧洲中世纪和日本中世及近世，均频用"封建制度"。

　　20 世纪 20 年代后半叶，日本社会科学界展开了关于"亚细亚生产方式"的论战，形成劳农派与讲座派的对立，并提出天皇制与东洋专制主义、封建制的关系问题，又把封建制与亚细亚式的停滞性联系起来考察。论战中对于"封建"的含义有所引申，主要是从社会组织、经济结构上对"封建"加以深度解释，但始终没有脱离"分封采邑"、"领主权力强大"、"公武二重政权"诸内容，与"封建"的古汉语义相通，也与西欧 feudalism 一词所指社会形态存在类同性。

第二次世界大战结束后，日本的中国史学界围绕中国历史分期问题展开过多次讨论，其中当然涉及"封建制度"问题。日本的历史学研究会的相关学者倾向于泛化封建论，根据斯大林及共产国际的论说，将农奴制视作封建制的主要标志，又认为中国秦汉至明清以至民国时期，广泛存在农奴制，故从经济本质言之，可称为"封建社会"。而京都学派则认为，以农奴制作为封建制的主要标志并不恰当，秦汉至明清，中国已确立为官僚制的、郡县制的统一帝国，以"封建制"冠名颇为牵强。

就中国历史的编纂而言，日本的中国文学界的相关作品多以自然时序来划分中国史的阶段。据宫崎市定（1901～1995 年）《中国史》（上部，岩波书店 1977 年 6 月出版；下部，岩波书店 1978 年 6 月出版）的"总论 二、时代区分论"概括，日本流行"古代、中世、近世"三分法，如守屋美都雄的《亚细亚史概说·中世编》（1940 年），古代＝上古至战国末，中世＝秦汉至明末，近世＝清初至现代。平凡社出版的《世界历史大系》（1939 年）与此略同，此为三分法之一。

三分法之二，由京都学派的内藤湖南（1866～1934 年）力倡，其所著《支那上古史》（1944 年版）、《中国中古的文化》（1947 年版）所作断代为：古代＝太古至后汉，中世（中古）＝后汉至五代，近世＝宋代以后。其宋代近世说尤引人注目，要旨为宋代贵族政治没落，科举官僚政治确立，城市出现由军政堡垒向工商中心转变的"革命"，世俗市井文化发展，等等。这些特色显然与"封建社会"的固有内涵相背反。桑原至藏、那珂通世等赞同内藤湖南的宋代近世说。

三分法之三，由现代日本的唯物史观论者提出：古代＝上古至宋末，中世＝宋至明末，近世＝明末至现代。前田直典的《东亚古代的终结》具体将此三段表述为"古代的奴隶制"、"中世农奴制"、"近世的自由劳动制"，以基层民众的身份状况作为历史分期的主要标准。

此外又有"四分法"，桑原至藏（1871～1931 年）的《中等东洋史》、那珂通世（1851～1908 年）的《那珂东洋小史》的分期为：上古＝太古至战国末，中古＝秦汉至唐末，近古＝五代宋至明末，近世＝清以后。

宫崎市定提出另一种"四分法"：古代＝太古至汉，中世＝三国至唐末五代，近世＝宋至清末，最近世＝中华民国以后。

宫崎市定在《中国史》的"总论 二、时代区分论"中专门指出，西洋史的中世＝封建时代，其领主、贵族具有鲜明的封建性，而中国史情形不一样，中国中世的贵族在皇帝权力的统制之下，封建性大为削弱，故称西洋中世为封建时代名副其实，称中国中世为封建时代则不妥。中国的封建制存在于古代的周王朝。日本的封建制自镰仓时代始，江户时代完成。宫崎还就中国的中世是否以农奴制为主，提出如下问题：宋以后的佃户是不是农奴？部曲是不是农奴？均田制是否等同于封建庄园制？足见宫崎氏对"中国中世＝农奴制＝封建制"的公式深抱怀疑。

日本出版的中国史论著多在古义与西义的结合上使用"封建"，除上列外，再随举其他几部：明治三十五年（1902 年）幸田成友撰《东洋历史》（帝国百科全书之一种），称周制为"封建的制"，称秦制为"郡县的制"。铃木俊编《中国史》（山川出版社昭和二十九年版，为"世界各国史"之一种），专列"周初的封建"一目，又将战国时期称"古封建制变动"，对秦汉则冠以"专制体制的确立"。

总之，**近代以来，日本史学界主流是在"封建"本义（封土建国）的基础上发挥此一史学术语，并与英语 feudalism 对接的。**二战后，有些日本史学家信从泛化封建论，但有京都学派拨正。纵览日本史学界近五十年关于"封建制与近代化进程"的讨论，所言"封建"均与古义和西义双通，一些学者认为，中古的封建制为近代化的生成提供了某些先决条件，因为封建制在本质上重视法律的权利和义务，多少助长了近代法的成长。封建领主专注于土地所有与地租的征收，故商人、制造业者比在专制政治社会有更多的活动范围和保障。㉟这里所说的"封建社会"是指欧洲中世纪、日本中世及近世的领主分封制，而"专制政治社会"则指中国秦汉至明清的社会形态，显然将秦汉至明清排除在"封建社会"之外，而另名为"专制政治社会"。

五、中国清末民初以"封建"对译西方史学术语 feudalism，并形成"封建时代"、"封建制度"、"封建社会"等短语

在汉字文化圈，日本率先于 19 世纪 70 年代以"封建"对译西方史学术语 feudalism，至 19 世纪 80 至 90 年代，"封建"已在日本成为一个通用的汉字史学术语，它是这一汉字词古义与 feudalism 西义相通约的产物。而恰在此时，中国人开始注目于日本的明治维新，借用包括"封建"在内的日译新名词也自此开启端绪。

以笔者阅览所及，中国人最先称日本社会为"封建"的，是黄遵宪（1848～1905年）。他的《日本杂事诗》初版于光绪五年（1879 年），内有"国造分司旧典刊，华花莫别进贤冠。而今指令诸台省，押印唯凭太政官"之句，讲的是明治维新重要举措"废藩置县"，大权集中到中央的太政官，黄氏作注曰：

> 犹变封建为郡县也。㊱

后来，黄氏光绪十六年（1890 年）在伦敦改订《日本杂事诗》，删七首，增五十三首，所增之一为：

> 呼天不见群龙首，动地齐闻万马嘶。
> 甫变世官封建制，竞标名字党人碑。㊲

这就更明确地指出，废藩置县的实质是改变职官世袭的封建制。黄遵宪所用"封建"，既是对日本当时流行的此一新词的采取，又是汉字古典词"封建"的袭用。黄氏在《日本国志·地理志》（该书虽于 1896 年出版，但 1887 年已经撰成）中论及，日本镰仓幕府时期"地头往往世袭，国司不复赴任，于是封建之势渐成"。显然是对"封建"古义的沿袭。

1898 年开始流亡日本的梁启超（1873～1929 年）则是中国人使用日本译词"封建"的先行者。梁启超在日本所撰论史文章，在"分封"、"分权"的古义上使用"封建"一词，并参考日译西方史学分期专词，运用"封建时代"、"封建制度"、"封建社会"等短语构成的新术语。梁氏 1899 年在《清议报》第 17 册（6 月 8 日）、第 26 册（9 月 5 日）连载（后又于 9 月在日本刊物《太阳》第 5 卷第 20 号发表）《论中国与欧洲国体异同》一文，论及中国与欧洲的国体相同之处：都依次经历了家族时代、酋长时代、**封建时代**。他指出：

> 中国周代国体，与欧洲希腊国体，其相同之点最多，即封建时代与贵族政治是也。彼此皆列国并立。

梁氏明确地将秦以后的主潮排除在"封建"之外。文曰：

> 秦废封建置郡县以后，二千年循其轨而不易。中间如汉时封子弟为王，功臣为侯，晋时之八王，明代之燕王、宸濠等，虽有封建之举，不移时而遂灭，不成其列国之形也。

梁氏将"封建时代"的特点归之为"贵族政治、列国分立、阶级之风"，兼合"封建"古典义和西洋义。而"秦汉至今日"，梁氏则名之为"统一时代"，并认为这"是为中国国体与欧洲大异之一事"。又称秦以后为"无贵族之国"，"其民可谓无阶级之民"，"是又为中国国体与欧洲大异之一事"。

1901 年，梁氏著《中国史叙论》，其"第八节 时代之区分"，参照西洋人所著世界史的"上世史、中世史、近世史"划分，将中国史分为"第一 上世史。自黄帝以迄秦之一统，是为中国之中国"，"第二 中世史。自秦一统后至清代乾隆之末年，是为亚洲之中国"，"第三 近世史。自乾隆末年以至于今日，是世界之中国"。在论及上世史时，指出此一阶段的特点：

> 是为中国之中国，即中国民族自发达、自竞争、自团结之时代也。其最主要者，在战胜土著之蛮族，而有力者及其功臣子弟分据各要地，由酋长而变为封建。㉝

将周人东进，实行封建制，作为中国上世史最主要的标志性内容。梁氏将中国的中世史（自秦一统后至清代乾隆之末年）称"君主专制政体全盛之时代"（同上），而决不冠以"封建时代"。

总之，梁启超将"封建"视为中国古史的一个重要阶段，并不与他所处的时代相衔接，在"封建"与"近代"之间，有一漫长历史，或名之"统一时代"，或名之"君主专制政体全盛之时代"。他还致力于探究中国封建制的特色，并与中国历史的走向相联系。

1902 年梁氏撰《中国专制政治进化史论》，其第二章命名为"封建制度之渐革"，论及春秋战国至秦由地方分权趋于中央集权，显然也是从"封土建国"义上谈"**封建制度**"

的。该章"附论中国封建之制与欧洲日本比较",提出并试图解答一个相当尖锐的问题:

> 封建之运,东西所同也。中国有之,日本有之,欧洲亦有之。然欧洲、日本,封建灭而民权兴,中国封建灭而君权强,何也? 欧洲有市府而中国无有也。日本有士族,而中国无有也。[39]

梁氏认识到中国、欧洲、日本都有过土地、人口分封的时代,他又将中国与欧洲、日本封建社会的差别归之于市民政权、士族的有无,卓有见地,却又稍嫌简单,然所使用之"封建"一词,较好地实现了中一西一日史学术语的通约,其关于封建制历史演进路径的思考,又显示了一种政治理念的前沿性。

旅日十余年的梁启超,对明治维新的"反封建"及其艰巨性是深有领悟的,他于1910 年撰文曰:

> 日本当维新伊始,八百年封建社会一旦破坏,而天子无尺土,府库无一钱,其艰难为如何?[40]

这里的"**封建社会**",既是古典词"封建"的延伸,又是日制新语的运用。

1920 年 3 ~ 8 月,梁启超在《晨报》副刊连载《欧游心影录》,其中在论及欧洲近世文明的三个来源(封建制度、希腊哲学、耶稣教)时,对"封建制度"所作界定,沿用西欧史学界的观点,也与"封建"古义保持联系。

从事中—英翻译的中国学者,也将 feudalism 与"封建"在"封土建国"义上加以对接,这虽在日本以"封建"对译 feudalism 之后,但仍可视作中国富于通识的翻译家的独立制作。

以严复(1854 ~ 1921 年)为例,他对中西"封建"义兼有认识,而且在对译时取慎重态度。1897 ~ 1900 年间,严氏翻译亚当·斯密的《国民财富的性质和原因的研究》(严译名《原富》),对 feudalism 取音意合译法,谓"拂特之制"。以后,严氏 1903 年把英国学者甄克思(E. Jenks,1861 ~ 1939 年)的 *A History of Politics*(可直译为《政治学》)译为《社会通诠》,该译本将 feudalism 意译为"封建之制"。严复在《译社会通诠自序》中介绍甄克思的历史分期观点:社会进化之阶段为"始于图腾,继以宗法,而成于国家",而"由宗法以进于国家",有一过渡形态:

> 二者之间,其相受而蜕化者以封建。方其封建,民业大抵犹耕稼也。

这段文字有两点值得注意:第一,把古代宗法社会向国家社会(指统一的中央集权的国家)过渡演变的中间环节称之"封建";第二,封建社会是定居农耕文明的产物。这是颇富洞察力的见解。严复还论及欧洲步入封建社会的时间:

> 其趾封建,略当中国唐宋间。及其去之也,若法若英,皆仅仅前今一二百年而已。

称唐宋之际（即公元 9 世纪左右）为欧洲迈进封建社会门槛，18 世纪前后方结束封建制度，这是遵从欧洲史学界关于中世纪的历史分期。严氏的可贵处在于，并未将中西封建社会的时间段拉扯到一起，指出中国的封建时代大大先于西欧，他说：

> 乃还观吾中国之历史，本诸可信之载籍，由唐虞以迄于周，中国二千余年，皆封建之时代。

严氏还特意点明："商君、始皇帝、李斯起，而郡县封域，阡陌土田"，将"封建"与"郡县"对称，其所说"封建之时代"指实行分封制的时代，**在严复看来，中国的封建时代，从尧舜起，延及周代，不包含秦以后，与西欧封建制在时段上相错甚远。**

可见，严复所使用的"封建"一词包蕴的概念，兼及该词的汉语古典义（封邦建藩）与 feudalism 的含义（领主、采邑制），以之表述中国、西欧历史中不同时段显示的某种近似制度，从而指示了"封建"这一史学术语健康运用的正途。

作为兼通中西之学的政治家，孙中山（1866～1925 年）也准确地把握了史学术语"封建"，直至晚年，他仍在"封土"、"贵族世袭制"意义上使用"封建"一词，并在此一含义上比较、品评中西历史。孙中山认为，秦代已结束中国的封建制度，这比欧洲直到中世纪末、近代初的"打破封建"，早了两千年。他 1924 年 1～8 月在广州作《三民主义十六讲》系列演说，其中《民权主义六讲》的第三讲说：

> 欧洲两百多年以前还是在封建时代，和中国两千多年前的时代相同……
> 欧洲没有革命以前的情形，和中国比较起来，欧洲的专制要比中国厉害得多。原因在什么地方呢？就是世袭制度。当时欧洲的帝王公侯那些贵族，代代都世袭贵族，不去做别种事业；人民也代代都是世袭一种事业，不能够去做别种事业。……中国自古代封建制度破坏以后，这种限制也完全打破。[41]

孙中山在这里突出地议论了"封建制度"的贵族世袭、职业世袭特征，将中国两千多年前的"封建制度"（指殷周封建制）与欧洲中世纪的"封建制度"视作同类可比的制度。

从严复、梁启超、孙中山言论观之，**清末以至民国初年，中国学界与政界主流所论"封建"，既汲纳西义，又与古典义保持内在张力**，把中国的西周封建制与欧洲中世纪的 feudalism、日本中世及近世的武门柄政视作近似的政体，内容为封土建国、世袭贵族分掌权力、领主运营封地并掌控附庸、国家主权分散，与秦汉以降实行的土地自由买卖的经济制度大异，与官僚考选制、流官制、郡县制所确保的专制君主集权政制恰成比照。**这是史学术语"封建"在近代中国的第一阶段语用状态。**

六、"五四"新文化运动时期，陈独秀移植近代日本的用法，"封建"成为"落后"的同义词

如前所述，日本史学界对史学术语"封建"的认识基本上是一以贯之的，没有发生

大的波澜起伏，而中国的情形不一样。日本汉学家安藤彦太郎在《中国语与近代日本》[42]中说：

> "封建"这个词，在中国本来是指存在着诸侯的周代的制度，从秦始皇推翻周朝，废"封建"，置"郡县"，统一天下（公元前221年）一直到清末，中国基本上保持了"郡县"的中央集权制。江户时代的儒学家理解它与幕藩体制相似，在日本也使用了"封建"这个词。所以在德川幕府倒台、进入明治以后，这个词就变成了"feudalism"的译词，应该说是极其自然的。……明治以后，这个"封建"的词又通过留学生等反过来传入中国。由于中国原来就有周代的"封建"这个词，难免要产生一些混乱。

诚如安藤所说，"封建"这一表述周朝制度的词语，借作欧洲中世纪制度（feudalism）的译词，因与日本中世及近世历史实际暗合，故在日本没有出现错置，至于在"封建"一词故乡的中国，史学术语"封建"在清末民初还保持着概念的一贯性，但到"五四"新文化运动期间（1915～1921年），"封建"的含义在某些重要论者那里发生了微妙变化：从一古史概念，演为"前近代"的同义语，成为与近代文明相对立的陈腐、落后、反动的制度及思想的代名词。这是**"封建"一词在近代中国的第二阶段语用状况**，此为"封建"概念的剧变之始，应予拈出，加以考究。

将"封建"指称中国的落后属性，首见于陈独秀1915年9月15日发表的《敬告青年》一文。[43]该文以"自主的、进步的、进取的、世界的、实利的、科学的"新精神号召青年，并抨击与之背反的旧精神——"奴隶的、保守的、退隐的、锁国的、虚文的、想象的"。在"进步的而非保守的"一目中，陈氏说：

> 举凡残民害理之妖言，率能征之故训，而不可谓诬，谬种流传，岂自今始！固有之伦理、法律、学术、礼俗，无一非封建制度之遗……

他把各种陈腐、落后的现象都归之"封建制度之遗"，"封建"被指为陈腐、落后之渊薮。1915年10月15日，陈氏撰《今日之教育方针》[44]，在论述教育方针之二"惟民主义"时指出：

> 封建时代，君主专制时代，人民惟统治者之命是从……

将"封建时代"与"君主专制时代"并提互用，这是前无古人的用法，不仅与周秦以降全部典籍的用例相异，也与近代诸作者的用例背反。如前所述，梁启超1901年还将"封建时代"（指殷周）与"君主专制政体全盛时代"（指秦汉以降）明确地区分为先后两个历史阶段，而陈氏却将这两个意蕴不同的阶段归并为一。

那么，陈独秀何以别出心裁，将"封建"的外延作如此巨大的扩张呢？陈氏本人并未对此加以说明，这就需要我们考察陈氏生平，以略探其新说的来源。

清末民初出现留日热潮，陈独秀（1879～1942年）为此一行列中人，他自1902年起，曾三度赴日，1915 年夏自日本返国，在上海创办《青年杂志》（从第 2 卷起更名《新青年》），成为新文化运动最重要的舆论发祥地。陈氏在该刊发表的文章常用的"封建"一词，似乎是国人熟知的古典词，其实却是从日本获悉的新名词。而陈氏旅日期间，止值明治末、大正初，日本已走出封建阶段（镰仓幕府、室町幕府、江户幕府的七百年，是日本的封建时代），进入近代，日本论者常将过往的、落后的制度及观念、习俗称之"封建的"，这在明治、大正年间的书报文字中随处可见。以福泽谕吉（1835～1901 年）的《自传》为例，即充满了对封建制度的批判。福泽谕吉的先祖是"寒族小民"，身为中津底层藩士的父亲收入仅 13 石，一生抑郁凄苦，深受封建等级制度之苦，故福泽谕吉在《自传》中反复谴责"门阀制度"，表述对"封建的门阀制度"的深切愤恨。"门阀制度者，家父之仇雠也"是福泽谕吉痛心疾首之论。⑤ 在《文明论之概略》、《劝学篇》中，福泽谕吉则参照英国史学家伯克尔（1821～1862 年）的《英国文明史》、法国史学家基佐（1787～1874 年）的《欧洲文明史》，从历史进步主义出发，将世界之进程分为"野蛮——半开——文明"三阶段，而封建制是"半开"的社会形态，要从"半开"走向"文明"，必须反封建。

另一启蒙思想家中江兆民（1847～1901 年）也是反封建的健将，他临终前的名篇《一年有半》的第三章，把日本封建制度的突出表现——等级制、家族制及其生活方式的刻板僵化，比喻为"全国人民几乎一概变成了化石"。

总之，在福泽谕吉、中江兆民等明治启蒙学者那里，"封建"是陈腐、落后、非人道的集合体、代名词。这种认识和用法，是明治—大正时期的主潮。而陈独秀恰于明治末、大正初游学日本，深受此风濡染。陈氏回国后，以"封建"指称现实中国种种腐朽的制度、思想，显然是从日本借来的一种表述。然而，**陈独秀五四时期移植日本明治—大正间的"反封建"命题时，忽略了中日历史的一个重大差异：前近代日本是"封建"的，反封建是日本近代化运动的题中之义；而前近代中国却是"非封建"的，中国近代化运动的题旨应当另作表述。**当然，陈独秀对中国近代化运动的攻击目标（如礼教、专制、宗法、迷信等）是心知肚明的，"封建"不过是他使用的一个箩筐，里面装的是新文化运动实际要清算的诸对象。

略考陈氏"五四"前夕所论"封建"，其含义主要指"宗法的、专制的、阶级的（指等级制的）"诸意，它们都在陈氏号召新青年起来扫荡之列，而陈氏以"封建"将其统括之。这里使用的"封建"一词带有象征性，并未对其作学术性的社会形态认定。

"封建"一词被较认真地赋予历史阶段划分意义，见诸陈独秀 1915 年 12 月 15 日刊发的《东西民族根本思想之差异》⑥ 中的一段文字：

> 东洋民族，自游牧社会，进而为宗法社会，至今无以异焉；自酋长政治，进而为
> 封建政治，至今亦无以异焉。

这是把"封建政治"作为继"酋长政治"（即氏族制）之后的一个漫长历史时代看，并与"宗法社会"大体重合，这初步昭显了陈独秀的中国古史观：中国没有奴隶制时代，中国是由氏族公社制直接走向封建制的，而封建制与宗法制一起，由三代一直延续到当下。同文还指出：

> 忠孝者，宗法社会、封建时代之道德，半开化东洋民族一贯之精神也。

再次把"宗法"与"封建"并用，一概列入"半开化"，也即指从不开化的氏族制时代到开化的近代社会之间的整个历史阶段。很明显，陈氏"半开化"之说受到福泽谕吉《文明论之概略》"野蛮——半开——文明"三段论的影响，而福泽谕吉此说又沿用了欧洲 19 世纪流行的文明史观。陈氏将西欧—日本的文明史观框架套用于中国精神史，并将封建时代等同于"半开化"，视为"野蛮"（即原始社会）之后、"文明"（即近代社会）之前的"一贯"时代。通观陈氏"五四"时期的多种言论，大体不出此一框架。

正因为陈独秀的"封建"指氏族制结束后的整个中国古代，所以他把孔子看作封建时代的思想家。陈氏 1916 年 12 月 1 日刊发的《孔子之道与现代生活》[47]批评康有为提倡孔教，认为孔子之道不适用于现代生活，他说：

> 孔子生长封建时代，所提倡之道德，封建时代之道德也；所垂示之礼教，即生活状态，封建时代之礼教、封建时代之生活状态也；所主张之政治，封建时代之政治也。封建时代之道德、礼教、生活、政治，所心营目注，其范围不越少数君主、贵族之权利与名誉，于多数国民之幸福无与焉。

他还举《曲礼》"礼不下庶人，刑不上大夫"一语，指证为"孔子之道与封建时代之铁证"，这就把"封建时代"等同于产生各种专制的、非人道的制度、思想、生活方式的"旧时代"。"五四"时期的反孔批儒，其思维逻辑是：封建 = 落后、反动，而孔子 = 封建，故孔子 = 落后、反动，应予打倒。

陈独秀的"封建"新说，实开以后泛化"封建"之先河，但他尚未作系统的学理论证。陈独秀是新文化运动主帅，其"封建"新说造成了不可低估的影响，后来的论者常把五四运动称之"反封建"的文化运动，即随从了陈氏的论说。然而，实考当时语境，"五四"时期除陈独秀外，极少有人提"反封建"。

"五四"是一个文化多元时期，且不论新文化运动之外的广大空间，尚无人认同陈氏的"封建"新说，就是新文化运动的积极参与者，或不用"封建"，或将传统义与西义相通约，使用"封建"一词。

通观鲁迅（1881～1936 年）"五四"时期的小说与杂文，其谴责对象有"吃人"的"礼教"、"仁义道德"[48]，有"人分十等"的"阶级社会"[49]，有"长者本位"的"孝道"[50]，有力主"少读或竟不读"的"中国书"[51]，却从未见"封建"一词。

《新青年》的有些作者也使用"封建"一词，但含义各不相同。一如高一涵的《近世国家观念与古相异之概略》[52]，系伯伦智理（J. K. Bluntschli）《原国》中一节的译文，比较中古的割据主义与近世的统一主义：

> 中古封建制兴，国权分裂，递嬗递降，由神及王，由王侯而武士，而都邑，法律之制定，极其万殊。
>
> 近世国家，为民族所部勒，用其国权保持统一。

这里的"封建制"，指欧洲中世纪国家分裂、诸侯割据、法律多门的制度，与陈独秀所谓"封建"大异。

又如吴虞（1872～1949 年）的《家族制度为专制主义之根据论》[53]，开篇便说：

> 商君、李斯破坏封建之际，吾国本有由宗法社会转成军国社会之机。

这里的"封建"显然指西周的分封制，与陈独秀所反之"封建"更不相干。吴虞所批判的，是严分尊卑贵贱的"阶级制度"，他与鲁迅同调，极言"礼教吃人"[54]，而在"礼教"之前或冠以"旧"，或冠以"宗法"，而并未冠以"封建"。

三如李大钊（1889～1927 年）的《我的马克思主义观》[55]说：

> 手臼产出封建诸侯的社会，蒸汽制粉机产出产业的资本家的社会。

这是从生产力水平论"封建"，为一种历史唯物论的简明表述，而李氏把"封建"与"诸侯"并列使用，则表明他对"封建"古典义的尊重。此外，李大钊 1919 年 12 月刊发于《新潮》第 2 卷第 2 号的《物质变动与道德变动》说：

> 中世纪的社会是分有土地的封建制度、领主制度的社会，社会的阶级像梯子段一样，一层一层的互相隶属，最高的是皇帝，皇帝之下有王公，王公之下有诸侯，诸侯之下有小领主，百姓农奴被践踏在地底。[56]

这是从欧洲中世纪社会特征出发，概述封建制度，也与"封建"古义（封爵建藩）相通。

总之，"五四"时期陈独秀将"封建"等同落后，其"反封建"之论有振聋发聩之效，但更多的论者所称"封建"却与古典义及西义保持着内在张力，没有将其泛化。

七、受苏俄影响，20 世纪 20 年代"封建"概念正式泛化，其特点是以欧洲模式裁量中国历史

"五四"时期陈独秀等人从日本移植了"封建＝前近代＝落后、反动"的公式，视"封建"为"野蛮"与"文明"之间的全过程，故"反封建"是进入"文明"的必由之路。不过，陈氏虽将此一命题用之于其激进主义论说中，但尚未赋予新封建观以理论形态。时至 20 世纪 20 年代，中国民主革命高涨，孙中山有"以俄为师"之倡。随着苏俄影响的扩大、共产国际文宣材料译介中国并得以传播，使新封建观为中共理论界和国民党左派所接受，二三十年代之交，一些学者为泛化"封建"观提供学术支撑，使之获得理论形态。这是"封建"一词在近代中国的第三阶段语用状况。

新封建观首先由共产国际文件译介到中国，而共产国际的此一论说，创发者是列宁（1870～1924 年）。

列宁关于封建社会的研究，与马克思、恩格斯有所不同。马、恩立足于西欧历史实际，遵循西欧研讨封建制的史学传统，视西欧封建制为特例，不赞成以其作普世性模型套

用其他地区。而列宁则立足于俄国历史实际，对西欧的封建制度论有所修改，他 1894 年所撰《什么是"人民之友"以及他们如何攻击社会民主主义者》提出，俄国农奴制是"封建的生产关系"，从而形成较为宽泛的封建社会概念（农业生活方式、自然经济占统治地位、农奴制等），并以此分析亚洲（包括中国）社会，认为近代前的中国处于"封建社会"，由于西方资本主义的侵入，近代中国沦为"半殖民地"，其社会制度可称之"半封建"。此一关键性论说，始于列宁 1912 年 7 月 15 日刊发的著名文章《中国的民主主义和民粹主义》。该文在评论孙中山所代表的中国民主派的"主观社会主义"时指出：

> 中国这个落后的、半封建的农业国家的**客观**条件，在将近五亿人民的生活日程上，只提出了这种压迫和这种剥削的一定的历史独特形式——封建制度。农业生活方式和自然经济占统治地位是封建制度的基础；中国农民这样或那样地受土地**束缚**是他们受封建剥削的根源；这种剥削的政治代表就是以皇帝为政体首脑的全体封建主和各个封建主。[57]

列宁的这一文章奠定了新封建观的基础，后来斯大林的封建论，以及《联共（布）党史简明教程》关于封建社会的诠释，均脱胎于列宁此说。毛泽东 1939 年 12 月发表的《中国革命与中国共产党》有关"古代的封建社会"的名论，也可以见到列宁此说的身影。

不过，列宁于 1912 年发表的这篇文章，当时及以后一个时期并未译介到中国。列宁关于中国等东方国家处于"封建社会"及"半封建"的提法，在列宁 1920 年为共产国际第二次代表大会上所作报告草拟的文本《民族和殖民地问题提纲初稿》中再次得到阐述，该文将包括中国在内的东方国家称之"封建关系或宗法农民关系占优势的比较落后的国家和民族"，将其农民运动定位为"反对各种封建主义现象或封建主义残余"[58]。而根据列宁思想形成的共产国际二大文件《民族和殖民地问题提纲》，将近代中国定性为"半殖民地"和"半封建"。与其一脉相承的共产国际第四次大会的《东方问题之题要》，被译成中文。1923 年 6 月 15 日出版的《新青年》（季刊）第一期（自这一期开始，此刊成为中共中央理论性机关刊物）登载一鸿翻译的《东方问题之题要——共产国际第四次世界大会通过》，对东方国家的社会形态作如此界定：

> 各殖民地的资本主义……其发生发展既在封建制度之基础上，又在杂合、参半。[59]

共产国际的这一文件称东方国家统治者为"封建的或半封建半资产阶级的"[60]，又称东方国家实行的是"封建宗法制度"[61]，这就把包括中国在内的东方国家的现存状态划入"封建制度"或"殖民地、半殖民地"、"半封建"。

列宁及共产国际关于近代中国是"半殖民地"的提法，迅速被国共合作期间的中国共产党和国民党接受，1924 年 1 月发表的国民党一大宣言，确认中国为"半殖民地"，而孙中山的用语为"次殖民地"。中共文宣材料更普遍使用"半殖民地"。至于"半封建"之说，国民党基本不采用，前引孙中山 1924 年的《民权主义六讲》，称中国封建制度早在两千多年前的秦朝已经被"打破"，表明孙氏坚持封建古典义，不认同泛化封建观。在中国共产党方面，陈独秀、瞿秋白（1899～1935 年）等人 1923～1925 年载于《新青年》（季刊）的文章，论及现实的中国社会，交替使用"宗法社会"、"农业经济宗法社会"、"封建制度"等，可见泛化封建观的痕迹，却并未定型。担任国共合作时期国民党宣传部长的毛泽东（1893～1976 年）此间论及的革命对象，有帝国主义、贵族、军阀，却没有提到"封建"。

将中国社会连称"半殖民地半封建"，初现于 1926 年 9 月 23 日莫斯科中山大学国际评论社编译的中文周刊《国际评论》创刊号发刊词。[62] 这可能是从当时苏联文宣材料中翻译过来的短语。1928 年 7 月在莫斯科举行的中共六大，其决议案称"现在中国的地位是半殖民地"，"现在中国的经济制度，的确应当规定为半封建制度"，而中国革命"是资产阶级民主革命，反帝反封建是现时革命的根本任务"。这是"半封建"与"半殖民地"并用的提法，正式形诸中共中央文件。

如前所述，由于东西方中古社会形态存在重大差异，指称欧洲中世纪制度的"封建"，不一定能套用于东方诸国的中古制度。承袭西欧史学传统的马克思对此十分谨慎（下文详论），而介于东西方之间的俄国思想家列宁以及下文将提及的俄国学者柯瓦列夫斯基等，则较为忽略此一东西方中古史的差异，至于中国后"五四"的左派社会科学家，更多为"共性"论者，信奉放之四海皆准的"普遍真理"和"共通模式"，当然也没有顾及中西历史的这一重大区别。封建概念的泛化正是这种共性论历史观的产物。

时至 20 世纪 20 年代末 30 年代初，中国社会科学界展开的"中国社会史论战"，将这种共性论历史观发挥到极致，使"封建"一词正式泛化，并被赋予学术形态。关于这场论战两派对"封建"概念的诠释，拙文《史学术语"封建"误植考辨》有所论列，此不赘述。这里仅就论战两派的一个共同特征——以欧洲模式裁量中国历史——略作辨析。

中国社会史论战中主张泛化封建的一派，其共性论特征十分明显，如郭沫若（1892～1978 年）于 1929 年 9 月 21 日所撰《中国古代社会研究》的"自序"，可以说是一篇历史共性论的宣言书。其中有一段散文诗式的文句：

> 只要是一个人体，他的发展无论是红黄黑白，大抵相同。
> 由人所组织成的社会也正是一样。
> 中国人有一句口头禅，说是"我们的国情不同"。这种民族的偏见差不多各个民族都有。
> 然而中国人不是神，也不是猴子，中国人所组成的社会不应该有甚么不同。[63]

正是在这种将"国情不同"之说视作"民族偏见"的观念指导下，郭氏以欧洲史为范本，划分"中国社会的历史的发展阶段"：

> 西周以前，原始共产制；西周时代，奴隶制；春秋以后，封建制；最近百年，资本制。[64]

他又对"中国的社会革命"作三段划分：第一次，奴隶制的革命，殷周之际；第二次，封建制的革命，周秦之际；第三次，资本制的革命，清朝末年[65]。

其中的"封建制"时段划定，完全背离了传统说法，将废除封建制、推行郡县制的秦始皇称之"中国社会史上完成了封建制的元勋"⑯。这种改变，显然是以欧洲史作型范，套用中国史的结果：欧洲中古为"封建"，中国中古（秦汉至明清）也为"封建"，这是因为"中国人所组成的社会不应该有甚么不同"。

社会史论战的对立一派，对泛化封建观有所批评，大体主张西周为封建社会，封建制在秦代已经瓦解，此后进入以士大夫阶级为中坚的"官僚政治时期"。⑰但陶希圣（1899～1988年）论著自相矛盾的说法甚多。其所著《中国社会之史的分析》说："秦汉以后的中国，还是在前资本主义时期。"同书又说："八十年前的中国社会是前资本主义的封建社会。""中国社会，从最下层的农户起到最上层的军阀止，是一个宗法封建社会……可以叫中国社会做封建社会。"同书还说："如果照确定的封建制度来寻求中国可以说从没有封建制度存在。"《中国社会与中国革命》则认为："此二千五百年的中国，由封建制度而言，是后封建制度时期：由资本主义言，是前资本主义社会。"

陶氏何以出现如此互相抵牾的说法？原因盖在于逃不出欧洲模式，他对自己关于秦以后是"非封建社会"的论断并无自信，因为那不符合"历史共性"，于是百般变换提法，要将中国史的叙述，纳入一个与西欧模型靠近的普遍性的历史框架之中。

可见，**中国社会史论战之两派，虽然观点对立，政见更是水火不相容，然而却有一个相通之处：双方都不同程度地以来自西方的历史分期框架为准绳，即都试图按照"原始社会——奴隶社会——封建社会——资本主义社会"这一模式裁量中国历史。**当然，两派裁出的衣裳不尽相同：对当下的中国，有的称封建或半封建，有的称前资本主义，有的称资本主义。

社会史论战双方在阐述自己的共性论中国史观时，都面对概念与史实的矛盾问题。以泛化封建论者而言，要证明秦汉以后的中国为封建社会，一个难以逾越的障碍，就是表述周代制度的"封建"这个古典义。精通中国古文化的郭沫若当然深知，"封建"的本义为"封爵建藩"，指的是殷周制度，尤其是西周分封制，而现在要将此词转用于实行郡县制的秦汉以降的专制帝国时期，必须对"封建"的古义另加诠释。郭氏为此颇费心力，他的《中国古代社会研究》1930年初版的第309～310页，对"封"、"建"二字重作古文字解说："封"指"境界林"（在边境植树林），"建"指"立社稷"（生殖器崇拜），由此得出的结论是："故古人之所谓'封建'，和我们现在所用的'封建'，字义上正大有径庭。"⑱这一阐释取其一点不及其余，十分牵强，凡熟悉先秦古籍者皆不能接受，故在该书1947年版中将这段话删去。但郭氏为否定西周封建说，仍坚持化解"封建"的封土建国本义，称"周初之所谓封建实无殊于今之所谓殖民……均略取敌人之土地而另成一新国。然其经济基础……固纯然为奴隶制度"⑲。

郭沫若虽然试图重新界定"封建"，但他也无法同"封建"古典义脱钩，《中国古代社会研究》的第一章论及奴隶制向封建制转化（他称之"第二次社会变革"）时，有这样的文字：

> 第二次的社会变革，便是贵族的倒溃，奴隶阶级中的狡黠者的抬头，这自然会成为一种分拆的地方割据的形式。在农业上便有庄园制的产生，在工商业上便有行帮制的出现，在政治的反映上便成为封建诸侯，于是奴建制的社会又一变而为封建制的

社会。⑦

这里所表述的"封建制"，与古典义的"封建"大体相通，而与郭氏同书中泛化了的封建大不一样。

同书中还有两段值得玩味的文字："周室东迁以后，中国的社会才由奴隶制转入了真正的封建制度。"⑦把实行"封国建藩"的西周划入奴隶制，而所说东周（春秋、战国）转入的"封建制度"又是从诸侯割据意义上论说的，仍未脱离"封建"古义。郭氏下面接着讲：

> 秦以后虽然号称为郡县制，但汉有诸王、唐有藩镇、明末有三藩（此处有误，三藩在清初——引者），清初有年羹尧，就是一般的行省总督都号称为"封疆天子"，并不是就不是封建制度。⑦

这里所说的"封建制度"更明指"封爵建藩"，郭氏是用秦以后的封建余迹事例证明秦以后还是封建制度，这与其泛化的"封建"，在概念上也是彼此冲突的。可见，同陶希圣一样，郭沫若也未能将"封建"所寓概念的义项确定，时而泛化，时而古典。故从核心术语的厘定及运用来看，社会史论战对立双方的郭、陶两位主将，都处在不稳定的状态之中。

郭、陶二位在论战中使用"封建"一词，内涵忽大忽小，外延更变幻莫测，时段伸缩动辄千载，此点每为评论者所诟病。1932 年，主张"亚细亚生产方式"的李季（1894～?）著文，将郭、陶二位论说的矛盾处一一拈出，揭示其后语否定前言的情形。⑦李季对郭、陶的批评尖刻有余，而有一要害似乎未能充分揭示：郭、陶二位所用"封建"一词，其概念的多歧、用例的前后矛盾，正是他们套用的外来模型与中国历史实际之间无法协调的必然反映。

20 世纪 20 年代及 30 年代初，为"封建"语用第三期，其间泛化封建现获得理论形态。此后，泛化封建观又延及 20 世纪中后期的大半个世纪，被视作马克思主义史学果实，进入中国的主流用语，此为"封建"语用第四期，因今人熟知，本文不赘述。

八、泛化封建观并不符合马克思本义，马克思不赞成滥用 "封建主义"，其晚年的古代社会史笔记昭示了对 中古世界多途演进的深刻思考

大革命失败后展开的中国社会史论战，参论者多为曾留学东西洋的 20 多岁的青年社会科学工作者（据统计，平均年龄 26 岁），其政治派别复杂（有中共主流派、脱离中共的托陈派、国民党左派、国民党当权派、无党派），学术理路各相差异，但有一个共同之处：论者大都在不同程度上接受了马克思主义的影响，竞相以唯物史观自命，试图以马克思的社会形态学说把握中国历史，运用经济基础决定上层建筑的逻辑解说中国社会。故同科玄之争不同的是，中国社会史论战大体是在马克思主义的话语系统内展开的，论战双方都使用从日本传入的马克思主义语汇，有的则直接从英、德文翻译马克思主义相关论述，

以之作为理论依据。即使身为国民党理论家的陶希圣，也喜欢"大谈其马克思主义"，其论著常常"从《资本论》中东抄一段，西抄一段（大半都是间接抄来的），拿来当作武器"（李季语）。至于代表中共观点的"新思潮派"，更高张马克思主义旗帜。郭沫若则明确宣布以马克思的《资本论》为指针，并说自己的《中国古代社会研究》志在作昂格斯《家庭私产和国家的起源》（今译恩格斯《家庭、私有制和国家的起源》）的"续篇"。

中国社会史论战双方竞相援引马、恩的论著，表明从"五四"至大革命的十余年间马克思主义在中国知识界传播的功效，而此一论战又使马克思主义，尤其是历史唯物主义得以普及，并对中国史研究有所推进。但论战诸方对历史唯物主义的学习和运用，尚处在起步阶段，幼稚在所难免，而来自苏俄的教条主义影响，尤其是将学术问题政治化的倾向，制约着这场论战。当时，苏共正进行以斯大林为首的多数派与以托洛茨基为首的少数派的激烈斗争，两派关于中国社会及历史各有论说（斯大林派称中国社会为"封建"、"半封建"，托洛茨基派称中国社会为"资本主义"），两派之说分别为中国社会史论战双方引作依据。论战的结果之一——"泛化封建观"，基本上是苏共以斯大林、布哈林为首的多数派关于中国社会论说的演绎。故"泛化封建观"虽冠以马克思主义名目，其实主要反映了以斯大林为首的苏共观点，是否符合马克思的原论，则是大可质疑的。

人所共知，马克思致力于人类历史普遍规律的探讨，他 1859 年在《政治经济学批判·序言》中的一段话"大体说来，亚细亚的、古代的、封建的和现代资产阶级的生产方式可以看作是社会经济形态演进的几个时代"[24]，被视作人类历史的普世性阶段划分。然而，马克思并未明确规定社会形态诸阶段，更没有像斯大林后来所做的那样给定一种广泛套用的公式。在相当多的场合，马克思强调的是各地区、各民族历史发展的多样性，他对于将欧洲史的发展逻辑泛化为普世性规律，持批评态度，并多次尖锐谴责那种随意将个别推及一般的论者。1877 年 11 月，马克思在《给〈祖国纪事〉编辑部的信》中，针对俄国民粹主义者米海洛夫斯基对《资本论》的曲解，讲了这样一段话：

> 他一定要把我关于西欧资本主义起源的历史概述彻底变成一般发展道路的历史哲学理论，一切民族，不管它所处的历史环境如何，都注定要走这条道路——以便最后都达到在保证社会劳动力极高发展的同时又保证人类最全面的发展这样一种经济形态。但是我要请他原谅，他这样做会给我过多的荣誉，也会给我过多的污辱。

马克思在这里明白昭示了自己与共性论者（或曰历史发展单线论者）的原则区别。在讨论包括中国在内的东方民族的历史进程时，我们尤需充分重视马克思的这一观点与态度。

就封建社会的辨析而论，马克思特别注意于对不同地区、不同民族的历史个性的具体考察。马克思的这一努力，从他 19 世纪 50 年代提出"亚细亚生产方式"中已经显示出来。马克思的这一重要提法虽然比较模糊，导致后之论者的聚讼不决，然而其昭示的一个意向则是十分清楚的：东方诸国的历史进程不同于西欧，应当另作界说。19 世纪 70 年代以降，马克思更花费巨大精力从事东方诸民族的古史研究，为此做了大量读书笔记，附以若干评述。从马克思的这些笔记中，可以得见这位哲人对中古世界多线进展的深刻思考。

马克思晚年的这些民族学笔记公之于世是晚近的事（中文本由 1985 年出版的《马克思恩格斯全集》第 45 卷完整刊出），而时值 20 世纪二三十年代之交的中国社会史论战各派诸公，当然不可能读到这些以研讨历史多途演进为重心的笔记，他们将社会发展共性论（或曰历史单线进步论）视作马克思主义的历史观加以信从。就苏俄方面而言，对马克思的民族学笔记发现较早。1920 年，列宁曾派梁赞诺夫到西欧调查马、恩未刊文稿，调查者 1923 年 11 月报告调查结果，此时离列宁逝世仅两个月，身患绝症的列宁显然未及研读这批文稿，而梁赞诺夫得见这批笔记有若干与联共观点相异的论述，不仅没有据以重新研讨联共的观点，反而责备马克思晚年做古代社会史笔记表现了"不可饶恕的学究气"⑦，这显然反映了联共的态度，其将马克思晚年的卓越思想埋没下来，也就不足为怪了。

今天，当我们完整地把握马克思关于封建社会的论说，即会发现，这位思想深邃、广博的哲人十分重视各地区、各民族历史演进的特殊性，他并未将印度、中国等大多数东方国家冠以"封建制度"。马克思从来都是立足于对西欧中世纪特定的社会、经济、政治状况（如封君封臣，农奴制，庄园采邑制，领主垄断土地，土地不能自由买卖，与人身依附并存的领主与附庸间的契约关系等）来论说 feudalismus 的。他指出：

> 在欧洲一切国家中，封建生产的特点是把土地分给尽可能多的臣属。同一切君主的权力一样，封建主的权力不是由他的地租的多少，而是由他的臣民的人数决定的……⑦

这里强调的是封建主控制臣民，因为人身依附是封建制度的基础。

前文已引述，马克思在研究日本社会史材料后，发现日本的中古时代存在深重的人身依附，存在与西欧中世纪类似的庄园，它们是自给自足和闭关自守的整体，封建庄园主对农奴化的庄民实行超经济剥夺，因而他对日本一再以 feudalismus 相称。形成对照的是，马克思认为印度的情形另具一格。马克思的朋友、俄国学者马·柯瓦列夫斯基（1851～1916 年）的《公社土地占有制》一书论及印度封建化问题，马克思在摘要该书时指出，农奴制和土地不得买卖等特点均不存在于印度，故古代印度不是封建社会。马克思在按语中说：

> 由于在印度有"采邑制"、"公职承包制"（后者根本不是封建主义的，罗马就是证明）和荫庇制，所以柯瓦列夫斯基就认为这是西欧意义上的**封建主义**。别的不说，柯瓦列夫斯基忘记了**农奴制**，这种制度并不存在于印度，而且它是一个基本因素……**土地**在印度的任何地方都不是**贵族性**的，就是说，土地并非不是出让给平民！⑦

马克思又指出，印度存在集权君主制，阻碍了印度社会向西欧式的封建制演化。⑦ 他还说：

> 根据印度的法律，统治者的权力不得在诸子中分配，这样一来，欧洲封建主义的主要源泉之一便被堵塞了。⑦

马克思更尖锐地抨击英国人约翰·菲尔对孟加拉和锡兰社会性质的错误判断，他在《约翰·菲尔爵士〈印度和锡兰的雅利安人村社〉一书摘要》中说："菲尔这个蠢驴把村社的结构叫做封建的结构。"⑧⑩

可见，在马克思看来，"封建"（feudalism）是不能滥用的。这大体上继承了 19 世纪西欧史学界的主流观点：西欧中世纪的封建制是一种特例，其他地区不能随意类比。前引英国派往中国和日本的外交官阿礼国决不说中国社会类似西欧中世纪，便是西欧史学观的一种反映。至于马克思，他对封建社会更有明确界定，从未将其泛化为一种普世性的社会发展阶段；他明确地反对以西欧中世纪的 feudalism 套用于东方国家，并严厉批评机械类比者。

依照马克思对柯瓦列夫斯基和菲尔著作的评论逻辑来分析，中国秦汉至明清显然不属于封建社会，因为秦汉至明清，农业生产者的主体是人身自由的农民而并非有深重人身依附的农奴，不存在占主导地位的农奴制：自战国以降，土地可以自由买卖，贵族世袭土地制不占主导；中国又有着比印度更加完备、更加强势的中央集权君主制度，阻止向西欧封建制那样的社会形态发展，因此，将秦汉至明清称为"封建社会"，显然与马克思的观点直接背反。

单线历史观试图将原始社会与资本主义社会之间世界各地的多种社会形态，如亚细亚形态、斯拉夫形态、日耳曼形态、古典古代形态（还有未能一一列举的多种形态）塞进一种模型内，一概冠以"封建社会"，显然是不妥当的。而且，在亚细亚形态内，印度、日本与中国又各有特色，亦无法置于一个模式之内。如前所述，日本与西欧存在类同性，中国则另有特色，把秦汉至明清的"中古中国"说成与西欧中世纪同类的封建社会，其错置自见。而以唯物史观的社会形态学说为指针，按照中国历史的自身轨迹，如实归纳中国历史的分期，概括各阶段中国社会的性质，并慎选中义与西义彼此通约的汉字语汇加以表述，方为求得真解的正途。而从事这项工作的先行者，已为我们留下宝贵遗产。

九、周谷城、瞿同祖、钱穆、张荫麟、李剑农等注目于中国史自身特点的史学家反对"削足适履"，批评泛化封建说

如前所述，参加中国社会史论战的多为共性论者，不同程度地以欧洲模式裁量中国历史，导致泛化封建观的形成。但论战中及论战后，也不乏抵制此泛化封建观的史学工作者，他们注目于中国历史自身实际，对封建制度另有诠说。以相关论著出版先后为序，这些历史学家主要有：

周谷城（1930 年出版《中国社会之结构》）；

瞿同祖（1937 年出版《中国封建社会》）；

钱穆（1939 年出版《国史大纲》）；

张荫麟（1941 年出版《中国史纲·上古篇》）；

李剑农（1943 年出版《中国经济史讲稿》）。

周谷城以无党派身份参加中国社会史论战，20 世纪 30 年代初在新生命书局出版《中国社会之结构》（1930 年）、《中国社会之变化》（1931 年）、《中国社会之前景》（1933年）三书，其第一书将中国政治制度史分为三期，"一曰无政治制度的时代"，"包括自邃古以至黄帝时为止的一个长时期"⑧⑪；"二曰完全的贵族政治时代"，"系指由黄帝至周武王十三年商纣灭亡时为止……封建制度，尚在酝酿"；"三曰封建时代"，其界定为：

这个时代，系指由周武王灭纣，直到秦始皇实行完全专制一尊时为止的一个长时期而言（西历纪元前 1122 年至前 246 年）。在这时期之内，政治制度，就是封建制度。自周武王至周平王时，封建制度最是完全。自周平王至秦始皇时，封建制度乃渐衰落。[82]

"四曰封建一尊交替时代"，"指秦始皇到汉高祖的这个短时期言……所谓封建制度，便一变而为统治于一尊的郡县制度了"；"五曰自秦至于最近之政治"[83]。周氏此说，从政治制度史角度，十分明晰地论述了中国封建制度从酝酿、鼎盛到废止的过程，与泛化封建观明显不同。

参加社会史论战的多为泛社会科学学者，严格意义上的以中国古史研究为专业的并不多，而侧身于此一论战，并激发系统研究中国封建社会志愿的史学家，瞿同祖算得一位。他于 1936 年撰《中国封建社会》一书（1937 年由商务印书馆出版），其自序曰：

> 因对于封建社会含义及内容有不同看法，中国封建社会的时代问题便成了论战的中心。我从开始动笔以至写成付印，始终持着不强我同于人，也不强人同于我的态度。我认为社会科学家对于一种社会制度的研究，最要紧的是制度本身的了解，次要的才是时代的问题。制度本身如果能彻底了解，起迄于何时代的问题，是比较容易解决的。[84]

不同于论战双方多情绪激昂，瞿氏以一种平和的态度致力于封建制度本身的考释。他在该书导论中设问并解答道：

> 封建社会的意义是什么？……我们晓得"封建"一名词含意极其含混。英文的名词为 feudalism 是封土（fief）的意思。和我国封建子弟受疆土地的意义相仿佛。但内容如何，却极难说。[85]

以下他广引欧美诸史学家关于封建社会的界说[86]，然后总括道：

> 封建社会只是以土地组织为中心而确定权利义务关系的阶级社会而已。[87]

瞿氏与周氏都认为周代是封建社会，但二人的论证有广狭之别。如果说周谷城侧重从政治制度确认周代为封建社会，那么瞿同祖则从分封制、宗法制到经济生活、土地制度、社会阶级，全面论述中国封建社会：

> 以经济制度而言，周代已经完全进到农业经济，土地关系成了一切组织的中心。以政治制度而言，周初才举行大规模的封建制度……
> 诸侯以下又有卿大夫，是受诸侯之封而有封邑的。这种层层分封以相统属的关系，是封建政治的特点。[88]
> 以社会制度而言，阶级和宗法是两个极重要的组织。[89]

应当说，瞿氏的封建社会概念大体实现了古典义与西义的通约，平实而可信，其结论与周谷城大体一致：

> 认为周代以前，虽有封建的传说，但只是传说而已，决不可靠。封建时代，应当从周代起。[90]

> 我国在周代以前，也已然有了封建的事实，但从周武王以政治的力量使全王国普遍的实行有系统的具体而严密的封建组织后，才入于封建社会完成时期。[91]

瞿同祖的《中国封建社会》一书并无论战色彩，通篇正面陈述。稍晚于瞿书，国学家钱穆（1895～1990年）于1939年著《国史大纲》，对泛化封建观作了相当尖锐的抨击。钱氏从政制、学术、经济、国家法律、土地制度等方面论证周秦以下的中国社会"不足以言'封建'"，颇富辩才：

> 近人率好言中国为封建社会，不知其意何居。以政制言，中国自秦以下，即为中央统一之局，其下郡县相递辖，更无世袭之封君，此不足以言封建。以学术言，自先秦儒墨唱始，学术流于民间，既不为贵族世家所独擅，又不为宗教寺庙所专有。平民社会传播学术之机会，既易且广，而学业即为从政之阶梯，白衣卿相，自秦以来即尔，既无特殊之贵族阶级，是亦不足以言封建。[92]

钱氏还从经济生活、土地制度方面论说秦汉以降社会的非封建性：

> 井田制度既废，民间田亩得自由买卖于是而有兼并……土地既非采邑，即难以封建相拟。[93]

钱氏也不赞成将汉以后称为资本主义社会：

> 然若谓中国乃资本主义之社会，则又未是。以中国传统政治观念，即不许资本势力之成长也。[94]

在驳斥泛化封建观之后，钱氏还上升到方法论，揭示泛化封建观的症结所在——以欧洲模式套用中国历史：

> 西洋史家有谓其历史演变，乃自封建贵族之社会，转而为工商资本之社会者。治中国史者，以为中国社会必居此二之一。既不为工商资本之社会，是必为贵族封建之社会无疑。

钱氏质疑西方历史分期的普世性。西洋史家谓历史演变，自"封建贵族"社会转而为"工商资本"社会，社会史论战中对立两派都接受此说，力图按此模式描述中国历史，而钱氏认为：

> 中国以往社会，亦尽可非封建，非工商，而自成一格。[95]

这便是他在《国史大纲》中所列述的：由西周的"宗法封建"到战国的"新军国"，进而到秦汉的"大一统政府创建"，至魏晋南北朝则为"变相的封建"……总之，按中国历史的实际作分段概括，不以西欧模式硬套。

钱氏特别指出：

> 何以必削足适履，谓人类历史演变，万逃不出西方学者此等分类之外？[96]

钱氏《国史大纲》的历史分期尚有推敲余地，但他从中国历史实际出发的思路，闪耀着学理光辉，他对泛化封建论者"懒于寻国史之真，勇于据他人之说"（同上）的批评，值得认真体味。

紧随瞿、钱论著之后，**张荫麟**（1905～1943 年）于 1941 年所撰《中国史纲·上古篇》（本文引述正中书局 1948 年版），也是正面陈述之作，其书第二章这样界说封建社会与郡县社会：

> 武王所肇创周公所奠定的"封建帝国"，维持了约莫七百年……从这散漫的封建的帝国到汉以后统一的郡县的帝国；从这阶级判分，特权固定的社会到汉以后政治上和法律上比较平等的社会，这其间的历程，是我国社会史的中心问题之一。[97]

在这一意义上，张氏对泛化封建观略加点评：

> 上面所提到的"封建"一词常被滥用。[98]

张氏接着正面立论曰：

> 严格地说封建的社会的要素是这样：在一个王室的属下，有宝塔式的几级封君；每一个封君，虽然对于上级称臣，事实上是一个区域的世袭的统治者而兼地主；在这社会里，凡统治者皆是地主，凡地主皆是统治者，同时各级统治者属下的一切农民非农奴即佃客，他们不能私有或转卖所耕的土地。照这界说，周代的社会无疑地是封建社会。而且在中国史里只有周代的社会可以说是封建的社会。[99]

张氏的这一定义，切合"封建"的固有古义，又与西欧中世纪列国的政治形态 feudalism 大体相符，并注意了对此一政治形态作经济上的和社会结构上的说明，可以视为一种涵盖东西方诸国封建社会的界说。

以治中国经济史和近代史名世的**李剑农**（1880～1963 年），1943 年在中国书局出版的《中国经济史讲稿》，从中国历史的实态出发，对"封建社会"作了精当的诠释。他没有照套"五种社会形态"公式，在该书第三章中说：

封建为立于氏族共产制与个人土地自由制中间的一种制度。⑩

"氏族共产制"便是原始社会的公有制,"个人土地自由买卖的制度,李氏指出,封建制存在于两者之间,是两者的"过渡期"⑩。

李氏认为西周是典型的封建社会,封建制度"春秋时已达于发展成熟之期,然其崩溃之形势已显然可见"。他指出,腐朽封建制的势力有经济的和政治的两方面:经济的指生产力进步,以农奴为生产手段的农业起变化,封建基础破坏;政治的指集权国家形成,封建之上层结构破毁。李氏的结论是:

> 中国封建制度之动摇,从春秋初年起,渐次进展,至战国末年,形式虽尚遗留,实质已不存在;秦始皇不过对于已死之封建制,加以正式的死亡公布而已。⑩

这一论说切合周秦之际的历史实际。

概言之,泛化封建观虽然在 20 世纪中后叶占据主导,但与此相对应的言说也不绝如缕,以上所列仅为部分。这些论著试图将"封建"的古义与西义相通约,从世界中古历史多元进展的视角,观察中国古史,虽然其深浅精粗均在可议之列,却是一份值得重新开掘与研讨的遗产,以之与泛化封建观相比照,或许有助于我们认识中国古史进程的真实状貌。

十、宗法制、专制帝制贯穿秦汉至明清主要时段,此两千余年的社会形态似宜称之"宗法专制帝制社会"

秦汉以降的中国社会(实际上从晚周已开启端绪),显著特征之一是土地可以自由买卖,地主—自耕农经济占据主导;显著特征之二是专制主义的君主集权覆盖全社会。这与古称"封建"的西周的领主经济和列邦政治大相径庭;与西欧中世纪庄园采邑制经济,封君封臣、主权分裂的封建制度差异巨大;同日本中世及近世的公武二元制度也明显有别,故无论从"封建"的古义还是西义论之,秦汉至明清的两千余年都不应当以"封建社会"表述。有的中国学者将其名曰"专制社会"、"专制一尊社会"、"中央集权社会",有些西方学者将其称为"亚细亚社会"、"东方专制社会"、"专制政治社会"或"传统社会"。笔者在《中华文化史》(上海人民出版社 1990 年版)中曾尝试将秦汉至明清这一时段以"宗法专制社会"名之,现在又修订为**宗法专制帝制社会**。以下略陈理由:

"宗法"成词较晚,宋人张载《经学理窟》中的一篇,名《宗法》,为此词之首出。这里的"宗法"是"宗子之法"的省称,所谓"宗子",即族长,宗子之法(宗法)讲的是族长的确立、继承、权力的行使等,其要领在于规范嫡庶系统,实行嫡长子继承制,以定亲疏、别统绪。宗法制由父系氏族制演化而来,初奠于殷商,成型于周代,此制与封建制、等级制互为表里,共同构成那一时代的基本制度。时至晚周以降,郡县制取代封建制,命官、流官制取代世卿世禄制,宗法制也呈解体之势,但宗法制的若干规则,尤其是宗法观念,一直延绵下来,此与自然经济及宗族组织长期持续相关。严复在《译社会通诠自序》中论列了中国的宗法制沿传数千年的情形，他分两大段落述此：

> 唐虞以迄于周，中间二千余年，皆封建之时代，而所谓宗法亦于此时最备，其圣人，宗法社会之圣人也，其制度典籍，宗法社会之制度典籍也。

秦废封建、立郡县以后，"又二千余岁矣，君此土者不一家，其中之一治一乱常自若"，而中国人的风俗习惯、言论与思维，皆不出宗法轨范，故严氏称，从古至今的中国人——

> 犹然一宗法之民而已矣。

故严氏总括道：宗法制、宗法观念——

> 存于此土者，四千数百载而有余也。

此为不刊之论。

至于中央集权的专制帝制，自战国初兴，秦汉定型，此后多有起伏，而总的趋势是君主集权的专制帝制逐步加强。对此史学界多有共识。不过，也有学者（如钱穆）认为中国的帝制不一定专制，故对此需略加辨析。

"专制政体"是孟德斯鸠在《论法的精神》[103]中提出的三政体之一（另二为共和政体、君主政体），他认为东方（如中国）是专制政体的典型。若考之西欧中世纪晚期，亦盛行君主专制，宣称"朕即国家"的法王路易十四便是典型。中国自秦汉以下，皇权至尊、至大，是一以贯之的，诚如谭嗣同所说："两千年之政皆秦政也。"应当说，这种"秦政"式的专制制度在中国愈演愈烈，明清达于极致，并相权入君权为突出表现。如果说，西欧中世纪末期的专制王权，还受到教会、贵族、领主、市民的制约，那么，中国的专制皇帝总揽政、军、财、文大权，连宗教领袖也由其册封（欧洲帝王则需教会为之加冕），除抽象的天、圣人的教言、祖宗传下的"礼"制以外，几乎没有约束帝王的力量。当然，人民暴动，可以推翻王朝，另建新朝（谓之"革命"），此为专制帝王的一大隐忧，施行"仁政"与强化镇压机制，便成为专制皇权"王霸道杂之"的内在因由。

总之，在秦汉至明清的两千余年间，社会制度层面虽有起伏跌宕，但"宗法制"与"专制帝制"两项则一以贯之。

宗法制是列朝皇统继承所遵之制，此制在民间也保有相关形态（如祠堂、宗谱、族田等），直至近现代仍起作用；宗法观念被加工为官方哲学和普世伦常，由"忠、孝、节、义"等德目构成的宗法伦理，为朝野所共认。

专制帝制自秦汉以下延传不辍，改朝换代而此制的神髓不变，"汉承秦制、宋承唐制、清承明制"，即是最好的说明。此制通过选举、科举而获得广泛的社会基础，又以郡县制、流官制大大强化中央对广土众民的掌控。

"宗法制"与"专制帝制"又互为表里，彼此补充，相与共生，浑然一体。地主—自耕农经济，城—乡—元的社会结构，官学、私学并存的文化教育，儒释道三教共弘的信仰格局，都在此一体制内共生，形成有机整体。故以**"宗法专制帝制"**名秦汉至明清两千余年的中国社会，庶几切合实情。此一名目未能明示经济形态，却也包容着"地主—自耕农经济"等社会经济结构的基础层面，似可一用。

笔者书于（京都）国际日本文化研究中心
时在 2005 年 4 月 19 日

注　释：

① 冯天瑜：《史学术语"封建"误植考辨》，《学术月刊》2005 年第 3 期。

② 《皇朝文献通考》卷 246《封建考》。

③ 《史记·秦始皇本纪》。

④ 《史记·秦始皇本纪》。

⑤ 章士钊：《柳文指要》卷 3《封建论》，文汇出版社 2000 年版，第 61～93 页。

⑥ 《张载集》，中华书局 1978 年版，第 259 页。

⑦ 《胡宏集》，中华书局 1987 年版，第 366 页。

⑧ 《郡县论一》。

⑨ 《郡县论一》。

⑩ 袁枚：《小仓房文集》卷 20。

⑪ ［日］室鸠巢：《献可录》，《日本经济大典》卷 6，明治文献 1966 年。

⑫ 《日本思想大系》卷 36，岩波书店 1973 年版。

⑬ ［日］坂本多加雄《明治国家的建设》，中央公论社 1998 年版，第 79 页。

⑭ ［日］伊藤博文：《建白书》，《岩仓具视关系文书》17—7—28，北泉社。

⑮ ［日］木户孝允：《版籍奉还建言书案》，《木户孝允文书》八，日本史籍协会，第 25～26 页。

⑯ 转见［日］松尾正人：《废藩置县研究》，吉川弘文馆 2001 年版，第 252～254 页。

⑰ 冯天瑜：《新语探源》，中华书局 2004 年版，第 229～230 页。

⑱ 阿礼国生平，参见山口光朔《大君的都·译者前言》，岩波文库 1962 年版，第 40 页。

⑲⑳ ［英］阿礼国：《大君的都·上·序文》，岩波文库 1962 年版，第 40 页。

㉑ 同上书，第 341～343 页。

㉒ 同上书，第 188 页。

㉓ 同上书，第 367 页。

㉔ 《马克思恩格斯全集》第 23 卷，人民出版社 1961 年版，第 785 页。

㉕ 同上书，第 785 页。

㉖ 同上书，第 94 页。

㉗ ［日］坂本太郎：《日本的修史与史学》中文本，北京大学出版社 1991 年版。

㉘ 转引自［日］坂本太郎《日本的修史与史学》中文本，北京大学出版社 1991 年版，第 209 页。

㉙ ［日］牧健二：《日本封建制度成立史》，清水弘文堂书房昭和四十四年版，第 17 页。

㉚ ［日］永原庆二：《日本封建社会论》，东京大学出版会 2001 年新装版，第 47 页。

㉛ ［日］牧健二：《日本封建制度成立史》，清水弘文堂书房昭和四十四年版，第 11～57 页；［日］丰田武：《日本的封建制》，吉川弘文馆昭和五十八年版，第 3～10 页。

㉜ 《封建社会》中文本，张绪山译，商务印书馆即将出版。

㉝ 马克尧主编：《中西封建社会比较研究·导论》，学林出版社 1997 年版。

㉞ 《百学连环》，《西周全集》第 4 卷，宗高书房 1981 年版，第 213～214 页。

㉟ ［日］谷川道雄：《中国中世纪社会与共同体》，中华书局 2002 年版。

㊱ 钟叔和辑注校点：《日本杂事诗广注》，湖南人民出版社 1981 年版，第 68 页。

㊲ 钟叔和辑注校点：《日本杂事诗广注》，湖南人民出版社 1981 年版，第 38 页。

㊳ 《梁启超全集》第 1 册，北京出版社 1999 年版，第 453 页。

㊴ 《梁启超全集》第 2 册，北京出版社 1999 年版，第 777 页。

㊵ 《饮冰室合集》23，中华书局 1989 年版，第 62 页。

㊶ 《孙中山文集》上，团结出版社 1997 年版，第 164 页。

㊷ ［日］安藤彦太郎著，卞立强译：《中国语与近代日本》，北京大学出版社 1991 年版。

㊸ 陈独秀：《敬告青年》，《青年杂志》1915 年第 1 卷第 1 号首篇。

㊹ 陈独秀：《今日之教育方针》，《青年杂志》1915 年第 1 卷第 2 号。

㊺ 参见《福翁自传》，《福泽谕吉全集》第 7 卷，岩波书店 1958～1964 年版。

㊻ 陈独秀：《东西民族根本思想之差异》，《青年杂志》1915 年第 1 卷第 4 号。

㊼ 陈独秀：《孔子之道与现代生活》，《新青年》1916 年第 2 卷第 4 号。

㊽ 《呐喊·狂人日记》。

㊾ 《坟·灯下漫笔》。

㊿ 《坟·我们现在怎样做父亲》。

(51) 《华盖集·青年必读书》。

(52) 高一涵：《近世国家观念与古相异之概略》，《新青年》1915 年第 1 卷第 2 号。

(53) 吴虞：《家族制度为专制主义之根据论》，《新青年》1917 年第 2 卷第 6 号。

(54) 吴虞：《吃人与礼教》，见《吴虞集》，四川人民出版社 1985 年版，第 167～171 页。

(55) 李大钊：《我的马克思主义观》，《新青年》1919 年第 6 卷第 5 号。

(56) 李大钊：《物质变动与道德变动》，《新潮》1919 年第 2 卷第 2 号。

(57) 《列宁选集》第 2 卷上，人民出版社 1960 年版，第 426 页。

(58) 《列宁选集》第 4 卷上，人民出版社 1960 年版，第 274～275 页。

(59)(60) 一鸿译：《东方问题之题要——共产国际第四次世界大会通过》，《新青年》（季刊）1923 年第 1 期，第 77 页。

(60) 一鸿译：《东方问题之题要——共产国际第四次世界大会通过》，《新青年》（季刊）1923 年第 1 期，第 77 页。

(61) 一鸿译：《东方问题之题要——共产国际第四次世界大会通过》，《新青年》（季刊）1923 年第 1 期，第 78 页。

(62) 李红岩：《半殖民地半封建理论的来龙去脉》，《北京日报》2004 年 3 月 8 日。

(63) 郭沫若：《中国古代社会研究》，群益出版社 1947 年版，第 1 页。

(64) 同上书，第 24 页。

(65) 同上书，第 24 页。

(66) 同上书，第 21 页。

(67) 陶希圣：《中国封建社会史》，新生命书局 1929 年版。

(68) 郭沫若：《中国古代社会研究》，上海联合书店结集出版，1930 年，第 310 页。

(69) 郭沫若：《中国古代社会研究》，群益出版社 1947 年版，第 318～319 页。

(70) 同上书，第 7 页。

(71) 同上书，第 20 页。

(72) 同上书，第 21 页。

(73) 见李季《中国社会史论战批判》"四，介绍并批判各种划分中国经济时期的说法"，《民国丛书》第五编，《中国社会史论战批判》，神州国光社 1934 年版，第 109～447 页。

(74) 《马克思恩格斯全集》第 13 卷，人民出版社 1965 年版，第 9 页。

⑦⑤ 《马列主义研究资料》1987 年第 1 期，第 159 ~ 160 页。

⑦⑥ 《马克思恩格斯选集》第 2 卷，人民出版社 1965 年版，第 223 页。

⑦⑦ 马克思：《马·柯瓦列夫斯基〈公社土地占有制，其解体的原因、进程和结果〉一书摘要》，《马克思古代社会史笔记》，人民出版社 1996 年版，第 78 页。

⑦⑧ 马克思：《马·柯瓦列夫斯基〈公社土地占有制，其解体的原因、进程和结果〉一书摘要》，《马克思古代社会史笔记》，人民出版社 1996 年版，第 68 页。

⑦⑨ 马克思：《马·柯瓦列夫斯基〈公社土地占有制，其解体的原因、进程和结果〉一书摘要》，《马克思古代社会史笔记》，人民出版社 1996 年版，第 68 页。

⑧⓪ 同上书，第 385 页。

⑧① 周谷城：《中国社会之结构》，新生命书局 1930 年版，第 30 页。

⑧② 同上书，第 31 页。

⑧③ 同上书，第 31 页。

⑧④ 瞿同祖：《中国封建社会》，商务印书馆 1937 年版，第 1 页。

⑧⑤ 同上书，第 1 ~ 2 页。

⑧⑥ 同上书，第 2 ~ 4 页。

⑧⑦ 同上书，第 4 页。

⑧⑧ 同上书，第 355 页。

⑧⑨ 同上书，第 356 页。

⑨⓪ 同上书，第 5 页。

⑨① 同上书，第 7 页。

⑨② 钱穆：《国史大纲》，商务印书馆 1948 年版，第 18 页。

⑨③ 同上书，第 19 页。

⑨④ 同上书，第 19 页。

⑨⑤ 同上书，第 19 页。

⑨⑥ 同上书，第 19 页。

⑨⑦ 张荫麟：《中国史纲·上古篇》，正中书局 1948 年版，第 27 页。

⑨⑧ 同上书，第 27 页。

⑨⑨ 同上书，第 27 ~ 28 页。

⑩⓪ 李剑农：《中国经济史讲稿》，中国书局 1943 年版，第 17 页。

⑩① 同上书，第 18 页。

⑩② 同上书，第 31 页。

⑩③ ［法］孟德斯鸠：《论法的精神》中文本，商务印书馆 1978 年版。

（作者单位：武汉大学中国传统文化研究中心）

对于价值的形而上学根源的分析

□ 郝长墀

　　"价值"概念在西方哲学史上是从 19 世纪才出现的。它的原初的应用主要是在经济学领域。马克思的使用价值与交换价值的区分主要限制在他的社会经济理论之内。但是，价值这个概念后来变得越来越广泛，而且，对于它的含义也主要转移到道德理论的领域之中了。关于价值的理论（axiology），在哲学里，主要是指道德理论。价值的含义也主要是指道德上的"善"（good）或"值得尊重"（worthiness）。人们用"价值"这个概念来思考从古希腊以来的道德问题。当然，在逻辑和数学等领域的含义是不同的。在本文里，我所讨论的价值主要是指道德和宗教价值。我所讨论的主要问题是价值的形而上学根源问题，更准确地说，我的问题是，用形而上学的或本体论的思考方式来探讨价值的根源问题是不是合法。

　　一般来说，针对价值的形而上学的或本体论的地位有两种主要观点：一种是价值实在论。根据这种观点，价值是事物本身所具有的客观本质特性，是事物内在的本质部分。即使没有人或价值选择者的存在，对于价值或价值的拥有者即事物也没有任何影响。它是独立于价值的选择行为与选择主体的。它甚至是独立于价值的承担者，就像柏拉图的理念或形式是独立于个别事物一样。另外一种是价值唯心论。根据这种观点，价值是道德主体情感意向或选择的结果。价值不是客观世界的一部分，是人的主观行为所造成的结果。因而，价值是被下列诸多的主观因素所决定的：不同的个人，不同的团体，不同的民族，不同的文化，不同的历史阶段，等等。所有这些主观因素决定了人们不可能有共同的价值观。这两种有关价值的理论，实际上所反映的恰恰和西方哲学史上形而上学里的共相问题和认识论里的真理问题是一致的。

　　在价值论里，有两个中心问题：一个是内在价值与外在价值问题；一个是事实与价值的区分问题。这两个问题实际上就是上面两种价值理论的反映。内在价值与外在价值的区分是来源于人们对于事物的内在特性与偶然特性的区分。在理论上把内在价值与外在价值区分开来的主要目的是强调价值的客观性。这个理论的主要代表是摩尔（G. E. Moor）。事实与价值的区分是建立在人的理性与情感区分的基础上的。这种区分类似于事物的第一特性与第二特性的区分。这个理论的主要代表是休谟（Hume）。

　　在有关价值的问题上，上面的两种理论表面看好像是水火不相容，而实际上它们是根植于同一个形而上学传统。它们的理论是建立在抽象的主体与世界的关系的思想基础上的，而这种抽象却与人们的实际的道德生活相差很远。在下面我将用休谟和摩尔作为例子来讨论这两种理论。

在文章的第二部分，我将提出一种超越于传统的形而上学观点并接近于人们的道德生活的有关价值的新理论。在这种新的视野下，不是抽象地讨论道德主体、道德品质、道德行为、道德规范，不是把它们作为一种类似于什么实体的东西来看待，而是在一种单一的关系里面讨论价值。价值总是表现为一方对于另外一方的评价。无论是赞许还是指责，在价值关系里面，对方总是高于被评价的一方。价值就体现在被审视的关系之中。这是超越于主观与客观的认识关系的真正的道德关系。或者说，被审视的关系恰恰体现了真正的"客观"，即以客体为中心的审视，而不是以我为主的观察。传统形而上学的认知的客观性是以认识主体为中心的，是抽象的；而价值的真正的客观性是以客体为中心的，以他人或神圣为中心，超越了主体与客体的对立。准确地说，价值的源泉是外在的。在这一部分，我将讨论奥古斯丁（Augustine）、黑格尔（Hegel）、萨特（Sartre）、莱维纳斯（Levinas）对于这种关系的论述。

一、形而上学的价值观

在《伦理学原理》（Principia Ethica）一开始，摩尔（G. E. Moor）就强调，伦理学作为一门科学必须首先确定它的研究对象。他认为伦理学像其他科学一样，应该研究最基本、最普遍的东西。伦理学不应该把自己局限在研究人类的善的行为里面，而应该研究什么是善。善要比善的行为更广；理解了什么是善也就很容易理解什么是善的行为。因为除了善的行为外，还有其他善的事物，所以，"善所指的是某种性质（property），是行为与其它事物所共有的"①。研究所有的善的事物所具有的共同的特性，即什么是善，是伦理学的真正的任务。他说，"科学伦理学"是不研究这样的事实的，即那些"独特的、个别的、绝对的特殊的事实"②。也就是说，科学的伦理学不关心某一个具体的事物或行为的善恶问题，它所关注的是所有的事物——如果它们是善的话——的共同的普遍的善的本质是什么。用柏拉图的语言说，科学的伦理学的对象是善的理念或形式，是善自身。伦理学之所以是科学就因为它和其他的自然科学一样探究的是事物的本质特性。

所以，伦理学惟一的研究任务就是如何定义善，这是伦理学最基本、最重要的事情。什么是善的问题应该与判断什么东西是善的问题严格区分开来。在摩尔看来，很多伦理学家的错误就在于把某一个东西定义为善以后，进而主观地认定这个东西就是善本身。比如功利主义者边沁（Bentham）和密尔（Mill）就把快乐认为是善的本身，而没有看到快乐仅仅是一种善。那么什么是善呢？摩尔的回答就是"善就是善"；善是不可定义的。③"我的观点是，'善是一个简单的概念，就像'黄色'是一个简单的概念一样；就像对于一个不知道什么是黄色的人，无论你用什么办法，你是不可能给他解释清楚什么是黄色一样，你不能够解释什么是善。"④摩尔的意思是说，事物有很多简单的不同的性质和特性，我们对于它们只能思考和看，但是，我们不能通过定义使得那些不能看到和思考的人知道它们是什么。"但是，黄色和善，我们说，不是复合性的：它们是这样的简单概念，即定义是从它们形成的，而且用它们来做进一步的定义就会停止。"⑤"因为它们是这样的最终的词汇，即利用它们那些能够被定义的事物一定要被定义。"⑥对于我们来说，摩尔的这些话重要的地方就在于他对于善和黄色用同一个角度来看待：就像在认识论里讨论黄色究竟是事物本身具有的内在特性呢还是我们的认识主观印象的问题一样，摩尔显然是把善的问题等同于传统形而上学或认识论里的事物的特性或本质问题来看待了，而形而上学里的有关事物的内在本质特征与外在偶然特征的思维方式必然决定了在他的伦理学里的有关内在价值与外在价值的区分问题。

摩尔认为，正是基于"善"——这个本身不能被定义——的基本概念，我们对于其他的事物做出了伦理学或道德的判断。而道德判断可以被划分为两种："它们可能断言，这个独特的性质总是附着在所指的事物，或者，它们可能断言，所指的事物仅仅是这个独特的性质所附着的事物的存在的一个原因或必要条件。"换言之，前一种判断是有关"善本身"或"内在价值"的判断，而后一种则是有关"作为手段的善"或"作为手段的价值"的判断。⑦一个事物或行为可以是作为别的事物而存在的手段。在这种情况下，它就是作为手段的善或外在的善。因为它本身不是行为的目的。它之所以是善的是因为由它所产生的结果——另外一个事物——所具有的善间接决定的。例如，相对于房子来说，一块砖本身不具有内在的价值，因为它的价值是体现在作为一座房子的材料上的。那么什么是内在价值呢？"说一种价值是'内在的'，仅仅是指对于一个事物是否拥有它以及在什么程度上拥有它的问题完全依赖于这个事物的内在性质。"⑧也就是说，一个事物是不是具有内在价值，完全是取决于这个事物的内在本质。⑨它是与外界的任何因素的变化无关的。对于两个事物而言，除非它们在内在本质上不同，否则的话，它们是不应该有不同的价值的。这里的价值指的就是内在价值。⑩而外在价值，或工具性价值，是受环境或整体决定的，不是受具有工具性的价值本身的本质特征决定的。例如，砖头的价值不是砖头的内在本质决定的，而是由房子的价值决定的。而房子作为一个整体所具有的内在价值不是组成房子的不同部分的价值的简单的总和。房子本身具有一种其他所有部分所没有的价值，这主要是由房子本身的内在本质决定的。这种关系和形而上学里的一个事物的内在特征与外部特征的关系是很类似的。

但是，摩尔也敏锐地注意到，事物的内在特征与内在价值之间的关系问题不是一个简单的问题。他说："内在特征好象是描述拥有这些内在特征的事物的内在性质，而价值的属性从来都不能以同样的方式这样做。如果你列举了一个被给予的事物的所有的内在特征的话，那么，你就已经对该事物的内在特征进行完全性的描述，而不必要提起它所拥有的任何价值属性。但是，对于任何一个事物的内在特征的描述的疏漏都不被看作一个完全的描述。"⑪一个事物的内在价值对于这个事物的是其所是的问题没有任何影响。在对于事物的本身进行考察时，价值问题完全可以被忽略。同样属于一个事物的内在的特征或属性，一个是缺一不可的，另外一个完全可以没有或忽略。而这种内在性究竟是什么样的内在呢？可以被忽略的内在，无论在什么样的意义上，都不是内在的。这种内在特征与内在价值的不平等性已经表明了休谟所说的事实与价值的区分的问题。摩尔不知不觉地走向了自己的反面，对自己的价值概念进行了解构。这是典型的德里达所说的文本自身的解构运动。摩尔反对把伦理学建立在形而上学的基础上，反对混淆什么是真的与什么是善的判断，认为对于善的本身的判断不能归约为对于实在的判断。但是，他对于善的本身的思考方式完全是类似于形而上学家对于什么是实在本身的思考方式。尽管摩尔的"科学的伦理学"不同于他所说的传统的"形而上伦理学"之处就在于把善本身看作独特的特性来考察，但是，这并不表明他的思维方式不是形而上学的。

同样地，休谟是极力反对形而上学的。但是，在伦理学上，他的关于事实与价值的区分恰恰是建立在洛克的有关事物的第一特性与第二特性的形而上学理论之上的。休谟认为，人的理性是与事实相对应，而人的情感是与价值相对应。真理与错误是人的理性对于概念之间的一致或不一致以及概念与事实之间的一致性所做的判断。⑫我们可以说，人的理性所关心的是人的概念或观念与事实之间的关系，它所做的判断是认知判断。但是，道德或伦理判断则是关于我们的行为是否值得称赞或受谴责，是关于品德与恶的问题。真理与谬误的问题与善和恶的问题应该区分开来。休谟认为，对于事实所做的纯粹的认识性判断其结果只能是在真理与谬误之间选择，而不可能得出善与恶的问题。他给了几个例子来说明道德上的善恶问题是人类情感的问题，不是有关自然事实的问题。他说："为什么在人类之中乱伦是罪恶，而在动物之中，同样的行为与同样的关系却没有道德上的卑鄙与丑恶？"⑬"品德与恶行不是事实。""拿任何一个丑恶的行为为例：例如，故意杀人。从所有的角度来考察它，看看你能不能发现你可以称为恶的事实或真实的存在。无论你从什么方式来看它，你只能发现一定的欲望、动机、意志与思想。在这个例子里没有其它的事实。只要你只考虑事实的话，恶会完全地逃过你的眼睛的。你是永远不会发现它的，直到你对于自己的胸怀进行反思，从而发现从你之中升起一种对于这种行为不赞同的情感。这是事实；但是它是情感的对象，不是理性的对象。它存在于你之中，不是在对象之中。"⑭他的意思是，对于谋杀的事实来看，从纯粹的理性眼光来看，你永远不可能得出谋杀的结论。因为你所看到的仅仅是这个事件的每个部分之间的关系，是对于这个事件发生的时间、地点、所用的枪等因素进行客观的描述。即使你把所有的这个事件的细节弄得很清楚，你也不可能从中得出谋杀的结论。有关善和恶的结论是在知道所有的事实以后所做的另外一种判断。从纯粹的休谟所说的理性来看，你是不可能知道同一个行为是谋杀还是自为，或者是执行死刑。道德上的善与恶是与人的欲望、情感、动机等联系在一起的。作为自然事实的本身是无所谓善或恶的。

摩尔也同意把价值的特性与事物的内在的自然本质区分开来。但是，摩尔好像是把善作为与事物的内在本质相并列的东西，认为内在价值是存在于拥有内在价值的对象之中的。但是，休谟的观点不同。他说："恶与善，因此，可以和声音、颜色、热和冷相比。根据现代哲学的观点，它们不是对象之中的特性，而是人心之中的知觉。"⑮这里休谟赞同洛克的观点，认为有两种特性：一种是真正地存在于事物之中的第一特性；一种是仅仅人心里所产生的观念，是在对象之中与之相对应的第二特性。在上面我们看到，摩尔把黄色与善本身看作在本体论上一样的，而这里休谟则认为善与颜色一样在本体论上不是如洛克所说的事物的第一特性。也就是说，摩尔根据常识观点把颜色等看作是和洛克的第一特性一样的东西，而休谟仅仅是做了两种区分。他们在思维方式上是一样的：都是用关于事物的形而上学的思考方式来探讨价值问题。他们的不同点是在休谟所区分的地方摩尔认为是没有必要的。或者更准确地说，摩尔认为价值与内在本质是存在于事物之中的区分，而休谟认为是客观对象与认识主体之间的区分。

休谟认为，他的这种有关事实与价值的区分尽管在实践里没有什么影响，但是在理论上是一个重大的进步。他认为很多哲学家把"是"或"不是"的事实判断与"应该"与"不应该"的判断混淆在一起了。把本来是主观的东西当作客观的东西来对待。根据休谟的认识论观点，真理与谬误是有关观念与印象之间的关系问题，是与人的感知行为有关的，而在道德领域里面，善与恶的问题则是与情感有关，与人的快乐与痛苦的感受有关。引起快乐的东西或行为是善的；引起痛苦的东西或行为是恶的。但是，休谟也认识到，把善和恶的问题与人的情感（sensation）或感受（feeling）联系在一起，其结果是在道德问题上的相对主义和主观主义。休谟对于这个问题的回答是，人在做善或恶的判断时，不是根据自己的个人利益或个人爱好。道德情怀可以在所有的人之中发现，即人们对于同一个行为的赞许或谴责是一致的，不是出于个人的爱好或利益的结果。"一个敌人的善的品质对于我们是有害的；但是，（这些品德）仍然博得（command）我们的赞许与尊敬（The good qualities of an enemy are hurtful to us; but may still command our esteem and respect）。这只有当一个品质不是根据我们的个别的利益而是从一般的角度来看待时才可能的，而且，它引起了在道德上所说的善与恶的情感或感受。"⑯也就是说，公众的道德情感保证了道德判断的客观性和普遍性。然而，休谟也承认，在实际生活里，个人的利益和爱好很难与一般的道德情感区分开来。而且我们往往把个人的兴趣与爱好看作是普遍的。但是，尽管我们在事实上倾向于把出于个人利益和爱好的判断看成是普遍的，然而，这并不影响道德情感本身的独立性。例如，一个对于人的声音的音质相当敏感的人，不会因为对方是自己的敌人，而听不出对方悦耳的声音：他会命令自己，不要把自己的个人情感搀杂进来，给予对方所应该得到的赞许。⑰

尽管休谟对于我们的善的感觉的来源感到困惑，不知道我们对于善的感觉是自然的还是人工的或外在的，⑱但是，他已经给予了他自己所没有看到的答案。休谟对于在道德判断和个人的特殊情感上所做的区分很重要：道德判断的客观性是依赖于公众世界的，是主体间的关系决定的，而且，更重要的是，道德判断应该超越个人所感受到的快乐和痛苦。对方命令自己的道德情感，从而使得自己的道德情感命令自己不要把个人的爱好与利益搀杂进来：道德上的善与恶是超越了个人世界的，是对方命令自己。在这种命令过程里，道德主体不是主动的和自主的，而是被动的。休谟由于受到传统的形而上学和认识论里的主客关系思维方式的影响，不可能做出上面我们从他的哲学里引申出来的含义。也就是说，他的哲学包含了自身所不能容纳的东西：道德上的善恶问题既不是存在于不以人的意志为转移的客观世界（抽象世界）里面，也不是存在于人的主观的情感世界，而是存在于人与人的主体之间的关系之中。本文的第二部分将详细讨论这种关系究竟是什么意思。

二、面对他人的眼睛

对于道德问题的探讨，关键就在于如何理解汉语里所说的主—客关系，或者客观性关系。对于客体的认识决定了对于主体的认识。如果说，把客体看作具有诸如颜色、形状、重量等物体对象的话，这个认识主体必然是与客体相对应的观客：把自己与对象所处的世界隔离开来，对象的世界与己无关。但是，隐藏在这种客观或观客的态度之下的是以自己为标准或尺度来衡量对象的思维方式。但是，如果把对象理解为一个我们所说的客人，把对象作为客人来对待，那么，这种思考问题的重心必然转移：客观就成了客人如何看待我，我在客人的眼里是什么样的问题。不是我来赞许和谴责别人，而是别人来赞许我和谴责我。我把我置于对方的眼睛之下。价值的根源的客观性既不是存在于自然的实体或事物之中，也不是在认识主体的情感之中，而是在他/她人的眼睛之中。这种新的关于价值的思考方式是为了理解我们所生活的道德世界。它不是哲学家书房里思辨出来的产物。下面我们来看看奥古斯丁、黑格尔、萨特、莱维纳斯是如何论述这种新的关系的。

奥古斯丁在他的《忏悔录》的第二卷里讲了一个很著名的故事：少年奥古斯丁和他的伙伴在偷邻居的梨的时候，不是因为饥饿或贫穷，而是为了偷窃而偷窃。奥古斯丁反复地问自己，他为什么那个时候乐于作恶事呢？他的答案是："如果我是自己一个人的话，我是不会干那种事情的。""因此，在那种行为里面我所爱好的是与那个帮派厮混在一起，而且是在他们的陪伴下我做了那样的事情。""但是我的快乐不是在享用那些梨，而是在那个与一个有罪的团伙的陪同下所犯下的罪本身。""但是，只有我自己的话，我是不会干的，也不能想象我自己会干这种事情。"⑲ "然而，如果我是自己的话，它将绝对不会给我任何快乐，我也不会犯这种罪。友谊可能成为危险的敌人。"⑳ 当中年的奥古斯丁回忆自己少年时的恶作剧的时候，他认识到，自己之所以当时为了恶而作恶并不是因为恶的行为本身是快乐，而是因为对于当时的他来说，他的行为在他的伙伴眼里是值得骄傲和"尊敬"的。没有这种人与人的团伙关系，奥古斯丁也就没有做这种行为的动机（休谟），而这种行为本身也不会有内在的价值（摩尔）。这种行为的价值既不是来源于梨的本身，也不是来源个人的情感，而是来源于他人的眼光、他人的评价。而勇敢作为一种道德品质，在少年奥古斯丁的团伙里，是一种好的品质。但是，他当时的勇敢在成年人的眼里，或者在另外的人的关系里，却表现为恶的品质，却是没有价值的，是人们所反对的。判断善与恶始终是他人的眼睛，不是自己的道德情感或事物的内在本质。

而最具有典型意义的是奥古斯丁在《忏悔录》第四卷里所叙述的他是如何看待自己的《论美与适宜》一书有关价值观点的故事。与摩尔关于内在价值与外在价值的观点一样，奥古斯丁把"美"定义为本身就是愉悦的事物，而把"适宜"定义为因为它适合于别的东西而愉悦的事物。㉑ 但是，奥古斯丁如何才能肯定自己的有关美的价值的观点有价值呢？他认为当时在罗马的一个著名的演说家 Hierius 对于自己的研究的评价将是至关重要的，因为当时的人把他"赞美到了像天空一样高"㉒。奥古斯丁是从当时大众人的眼里或评价里，得知这个人是很有才学很有权威的，所以，他说："使得这个人知道我的论述和我的研究，对我来说是很重要的。如果他赞扬我的工作，我将会无比的兴奋。但是，如果他不赞许我的工作，我的心……将会受到伤害。"㉓ 在这里，我们可以看到，奥古斯丁在他的书里对于价值的问题是形而上学的思考方式，而在他的现实生活里，对于自己的工作或研究的价值（worthiness）却是以他人的眼睛为标准：首先，以大众的眼睛判断这个演说家的价值；其次，想通过这个演说家的眼睛确立自己的价值。我们应该看到的是，在整个《忏悔录》里，奥古斯丁并不认为某一个人或整个人类的眼睛是价值的绝对的来源或判断标准：永恒的眼睛是永恒的价值的真正的判断标准。奥古斯丁哲学里所包含的这种观点在他以后的哲学家那里得到了更进一步的论述。

黑格尔在他的《精神现象学》里明确地论述了人的价值是一个自我意识通过另外一个自我意识的认可（recognition）而得到确定的。他说："当并且是通过这样的事实，即它也是为了另外一个自我意识而存在的时候，自我意识才能自在自为的存在。"他把这种过程称为一种"认可的过程"㉔。对于黑格尔来说，正是在自我意识的对象里自我意识看到了自己的价值。自我意识的对象越高，自我意识被认可的程度就越高，价值就越大。黑格尔是通过他的著名的奴隶主与奴隶之间的辩证关系来说明主体之间的互相认可是价值的来源。在黑格尔看来，在摩尔与休谟的哲学里，对于自我的肯定是最贫乏和低级的：面对着感觉材料，动物也不会沉思它的实在性，而是毫不犹豫地把眼前的绿草吃掉。肯定感觉对象的实在性的哲学家应该"学习吃面包和喝葡萄酒的秘密意义"。他说："即使动物也不会把自己封闭在这种智慧之外，相反地，表明它们自己非常深刻地进入了这种智慧；因为它们不是在感性事物面前悠闲地站立着——好像（感性事物）拥有内在的存在一样，而是对于它们的实在性的绝望，并完全肯定它们的虚无性，很不客气地低头把它们吃掉。"㉕感性事物的他在性在吃喝行为里很快消失掉了。但是，这种动物式的自我肯定随着感性事物的消失而消失。吃喝的对象虽然比感性材料具有更大的独立性，但是，意识在吃喝对象里所获得的自我肯定是很小的。意识的自我肯定程度是随着对象的独立性的增加而增加的。"自我的意识的更高的阶段只能是通过对于一个更加完全独立的对象的占有之中取得的"㉖。黑格尔认为，具有更高的独立性的对象必然是具有意识的存在者，由此而演变出来了黑格尔的主奴关系。首先，在两个独立的自我意识之间所进行的必然是一场生死战斗。他们必须经历这场战斗来肯定自己："只有通过冒着生命危险，才能赢得自由；只有这样才能证明对于自我意识来说，它的本质性存在不仅仅是存在。"㉗自由的内在价值就在于"不自由勿宁死"，而这种内在价值是通过两个自我意识之间的生死决斗来肯定的。

但是，在生死决斗之后，对方的消失或死亡，对于胜利者来说，在自我肯定的同时，也是自我的否定。而对于失败者或弱者来说，自由诚然是很宝贵的，但是，没有了生命也就没有了自由可言。对于胜利者来说，面对着死亡了的尸体自己是不能再肯定自己了，但是，在一个情愿服务于自己的意识里，对方所保持的相对独立性恰恰是自我意识肯定自己的先决条件。对于失败者来说，失去自由虽然不是高级阶段的自我肯定，也不是完全的自我否定。由此，而产生了奴隶主与奴隶的统一体："一个是独立的意识，它的本质特征是为了自己；另外一个是依赖性意识，它的本质特征是仅仅存在或者为了另外一个人的存在。前者是奴隶主，而后者是奴隶。"㉘在这种关系里面，奴隶主对于奴隶的统治是通过对方对于自己的服从，来肯定自己的力量，从而确立了自己的地位与价值。一方面，奴隶主对于奴隶有生杀权力，把对方作为物来看待，从而肯定自己的优越性；另一方面，奴隶不同于其他的东西就在于他的他在性，即他是有意识的，比其他的东西要高级。在奴隶身上所体现的高级的存在也证明了奴隶主的价值。因而，奴隶主的意识是本质性的，是纯粹的意识，而奴隶的意识则是非本质性的，是不纯粹的意识。

然而，辩证的关系就表现在事物往往走向自己的反面。奴隶主对于自己的肯定的概念与实际是不相符合的，因为他所赖以肯定自己的对象不是一个独立的意识，而是一个依赖性意识。他对于自己的认识或真理是体现在"奴隶的被奴役的意识"里的。他在比自己低的意识里看到了自己。㉙同样地，在被奴役的意识里，却反而是自为的意识，因为他对于奴隶主的恐惧实际上是对于"死亡的恐惧，这个绝对的奴隶主"的恐惧。这种恐惧渗透到他的存在的每一根纤维之中，而这种恐惧表明的却恰恰是"纯粹的自为的存在"㉚。这种被奴役的意识里所暗含的独立意识体现在它的对象身上。在这里黑格尔所证明的是，真正的价值关系是体现在主体之间的关系之中的。在《精神现象学》里，黑格尔所要论述的就是，人是在绝对精神里面肯定自己的，而绝对精神是"作为我们的我和作为我的我们"，是完全互相独立、完全自由的自我意识的绝对实体。㉛这个绝对实体就是家庭和国家。

萨特在《存在与虚无》里，对于黑格尔里的"认可"概念是通过对于羞耻与傲慢的现象学描述来阐述的。他的基本观点是："他人拥有一个秘密——我是什么的秘密。"㉜在他人面前我是被评价和被审视的。他人是我和我自己的中介，即我是依赖于他人来确定自己的存在的。"正是在每天的生活里，他人出现在我们面前。"㉝我与他人的日常生活里的关系应该是像这样的："我刚刚做了一个不雅或粗俗的姿势。这个姿势紧贴着我；我既不评价它也不责备它。我就生活在它之中。""但是，现在，突然我抬起我的头。某人就在那里，而且一直看着我。突然间我意识到我的姿势的粗俗，而且我感到了羞耻。"㉞我之所以感到羞耻是因为他人出现在我面前。正是他人使得我意识到了我自己的行为。"只有自己话，没有人会觉得粗俗的。""羞耻是在他人面前对于自己的羞耻；这两个结构是分不开的。"㉟两种结构指的是：我必须在他人面前才能够意识到自己的行为或存在。在抽象的人与世界的关系里面，是没有道德可言的。换句话说，在一个完全的纯粹的科学家的世界里，是没有道德这个术语的。萨特认为，在传统的哲学里面，往往把这种最基本的道德关系忽略了。他做了如下三种区分：

第一种观点当我看到一个人在公园里散步的时候，"如果我把他仅仅当作一个木偶来看待的话，我应该是用我一般对于时—空的'事物'的分类的范畴应用到他的身上"。这样的话，"他与其它对象的关系就是纯粹的增（减）关系；这就意味着我可以让他消失，而看不到他周围的其它对象的关系的变化"。因而，在我的宇宙里的事物之间没有因为他的出现而有新的关系。㊱萨特所说的这种观点实际上是在哲学里有关主—客关系的占主导地位的思考方式：我是这个宇宙的中心。他人的存在对于我来说只不过是一种假设，一种可能性。他人很可能和我一样是一个有意识的存在者。但是，即使作为一个有意识的存在者，他人也不影响或改变我的世界或宇宙。

第二种观点是把对象作为一个人来看待。如果认为他人不是一般的对象，那么，在我所看到的东西与他人的关系之间尽管没有发生客观性的变化，但是，在他人与他周围的事物之间发生了我所看不到的关系：所有的事物都以他人为中心而具有一种新的关系，比如，新的空间性，而这种新的空间性不是我的空间性。所有的事物"不是朝着我而组合的，现在有一种逃离我的方向"。㊲他人和这个世界的关系是什么样的，我是完全被排斥在外的，因为"我不能把我自己放到它的中心"。㊳这种新的关系是对于我与这个宇宙的关系的分解。"面对着他人，这片绿色有一张逃离我的新面孔。我把这片绿色与他人的关系理解为一种客观的关系，但是，我不能看到出现在他人面前的绿色。因此，一个对象突然出现，并把这个世界从我的面前偷走了"。㊴"因而，与在这个世界上他人的出现所对应的是整个宇宙的固定的倾斜，是这个世界的非中心化，破坏了我同时所产生的中心化"。㊵萨特在这里所描述的实际上是胡塞尔在《笛卡尔式的沉思》的"第五沉思"里所讲的其他的先验自我如何可能的问题。萨特认为，这种有关他人的观点仍然是抽象的，因为"他人对我来说仍然是一个对象"。㊶"我的宇宙的分解是限制在同一个宇宙的界限之内的"。㊷因此，萨特把这种对于我的中心的破坏称为"内出血"："正是由于这样的事实，这个世界是朝向他人流血的，但是，我把那个他人固定为我的世界里的一个对象，所以，血的流动（实际上）是被存住和被局部化了。这就是原因所在。因此，没有一滴血丢失；

都被恢复了，包围了，和限制在局部，尽管是发生我不能穿透的存在者之中。”㊸也就是说，尽管我承认他人的存在，但是，这个存在没有彻底改变我是这个世界的中心地位。因为他人在我面前仍然是一个客体，一个对象。

第三种观点是在别人看我的时候，别人成了看的主体，而我成了被看的对象。这是一种彻底的转变，因为“被另外一个人所看到的存在”“代表了这样一个不可减约的事实，它既不能从他人作为对象也不能从我作为主体的存在里演绎出来。相反地，如果他人作为对象的概念有任何意义的话，那么，它只能是这个原初关系的转变和降格的结果”。“‘被他人看到’是‘看到他人’的真理。”㊹萨特的意思是，被别人看到或别人看我是根源性的关系，而我看别人则是抽象的关系。被别人看“是我每个时刻所经历到的具体的日常的关系。在每个时刻他人都在看着我。”㊺但是，当别人看我的时候，他不是用看一片草的眼光来看我的。他是在对我审视和评价。他的眼光代表了他的整个的存在：当我注意到他看我的时候，我马上意识到了自己是在另外一个人面前的，是被别人评价的，我则马上意识到了自己的存在。我成了他人评价的对象：我不知道别人是如何评价我的，正是这一点使我感到局促不安。“不管是什么样的眼睛，眼睛所显现的看是纯粹的指向我的。当我听到在我后面的树枝的荦荦响声的时候，我所立刻想到的不是有人在那里；而是，我是易于受伤害的，我有一个可以被伤害的身体，我占有着一个地方，而且我怎么也不能从我不能自卫的空间里逃跑——简而言之，我被看到了。因此，看首先是使得我转向我自己的中间项。这个中间项有什么样的性质？”㊻萨特用他的著名的有关钥匙孔的例子来说明。

萨特说：“让我们想象，出于嫉妒、好奇或者恶把我的耳朵贴在门上，并通过一个钥匙孔来看。”在这种行为里面，我是被所看到的东西占有着，我所意识到的仅仅是钥匙孔的另外一端所发生的一切。我沉浸在被看到的事件和被听到的对话之中。我的意识是“一种在世界里丢失自己的纯粹的状态”㊼。由于我就是我的行为本身，我是绝对的虚无。因为在这种行为里我不仅不能知道自己，而且我的真正的存在也逃避了我。㊽

但是，“突然我听到在大厅里有脚步声。某人在看着我！”“这意味着，突然间，我意识到自己逃避了自己，不是在我是我的虚无性的基础的方面，而是因为我有了在我之外的我的基础。”㊾他人的出现使得我意识到了自己的龌龊行为，并为自己的行为感到羞耻。“是羞耻或傲慢向我揭示了他人的眼光，以及在眼光的这一端的我自己。是羞耻或傲慢使得我生活在，而不是知道，被注视的情景之中”。羞耻“是认识到这样一个事实，我确实是他人注视和评价的对象”㊿。“被注视着就是把自己理解为不可知的评价——特别是价值判断——的不可知的对象。但是，同时，在羞耻或傲慢里面我也承认了这些评价的正义性。”(51)萨特的意思是，我被一个不可知的他人评价，而他人是如何评价我，我是不知道的。也就是说，我是什么对于我来说是一个秘密，而这个秘密是在他人的手里面的，其原因是，他人的出现造成了这样的情景，我不是其中的主人，而这种情景是为了他人的，是在原则上逃避我的。(52)

在羞耻或傲慢里面，我认可了别人对我的评价，我是完全被动的。对于我的行为所做的价值判断不是我自己能够做的而且也不是我能够左右了的。“一个判断是一个自由的存在者的先验行为，因此，被看到（这个关系）构成了我——为了另外一个不是我的自由的自由——作为一个毫无抵御的存在者。正是在这种意义上，我们可以把我们看作是‘奴隶’，只要我们出现在他人面前的话。”“我的存在是依赖于一个不是我的自由的自由的中心的，而且它是我的存在的真正的条件，正是在这种程度上我是一个奴隶。只要我是用来评价我的价值的对象，而我又不能够做这样的价值判断甚至知道它的话，那么，我就是被奴役。"⑬也就是说，我的存在与价值完全是依赖于他人的。对于我的自由的评价，对于我的存在的肯定，不是来源于我本身，而是根植于另外一个人。在这里，萨特对于黑格尔的主奴关系做了新的界定。

而萨特下面的话则预示着莱维纳斯："他人的注视使得我超越了在这个世界里的我的存在，并把我放置在一个同时既是这个世界也超越于这个世界的世界之中。"⑭正是由于他人的关系，我才有了超越于这个世界的意义。而这个世界既是为我的世界（因为我在其中），也是为他的世界。

我们可以说，莱维纳斯几乎应该接受我们上面所说的萨特的观点。与萨特不同的是，莱维纳斯用他人的面孔代替了萨特的看或注视。对于莱维纳斯而言，如果摩尔所说的内在价值与休谟所说的价值与事实的区分有意义的话，那是因为在我面前的他者的面孔：他者的面孔客观性就在于它超越了我所有的概念与感觉的范围，是对于我的自由的质疑或否定；而这个面孔的不同于一般的形而上学里的事实或实体之处就在于它是会表达自己或说话的，这才是真正的价值与事实的区分。价值的内在性与价值与事实的区分表现在他者的面孔的超越性。这种超越性是什么意思呢？我先借用萨特的话来表达："作为看的他人仅仅是这样—我的超越性被超越了。"⑮"因此，作为看的他人出现在我的面前既不是一种知识，也不是我的存在的投射，也不是一种统一性的形式，也不是一个范畴。它存在而且我不能从我之中推演出来。"⑯对于他者的他在性，或内在性（用摩尔的语言），莱维纳斯是这样表达的："他者的陌生性，对于我、我的思想以及我的拥有的不可减约性正是在对于我的自发性的质疑之中完成的。"这就是伦理学。⑰莱维纳斯对于伦理学的定义既回答了摩尔的有关价值的内在性的问题，也回答了休谟的善或道德感觉的外在性的问题。他者的内在价值不是什么抽象的概念或事物的特性，而是对于我来说具有命令的权威的面孔。作为超越于这个世界的价值，是对于我的存在、我的事实的质疑。对于他者的欢迎才真正地在休谟的意义上是超越了个人的利益与爱好。"他者显现的方式，是超越了在我之中的对于这个他者的概念的，我们把它称为面孔。"⑱这好像是对摩尔说的。他人的面孔的超越性是比内在价值的客观性更加客观的和内在的。"出现在一张面孔面前，我对于他人的态度失去对应于（我的）注视的贪婪的惟一条件是转变为慷慨，不能空着手去接近他人。"⑲这好像是对休谟说的。道德情感在服务于他人的行为之中就超越了个人的主观性。

莱维纳斯认为，在知识里面，我们总是试图通过中介——概念与感觉——来理解和把握被认知的对象，从而消除对象的它在性。⑳而在现实生活里面，我们用力量或权力来征服他人。这两种自我与他人的关系形式所反映的是以自我的中心的本体论思想，是自我主义。但是，当这种自我面对的是一张面孔的时候，它就失去了自己的力量。就像在黑格尔的主—奴关系里所描述的，一个人对于另外一个人的征服，试图通过谋杀对方来证明自己，从而获得自己的自由。但是，在莱维纳斯看来，这样的事实恰恰说明，"谋杀不是统治而是消灭；它是绝对地放弃理解。谋杀是对于逃避力量的东西行使力量"。"我只想杀害一个绝对独立的存在者，一个无限超越了我的力量的存在者，但是他不是反对我的力量，而是使得力量的力量瘫痪。他者是我想杀害的惟一的存在"。㉑最后一句话的含义是与黑格尔所论述的对方的独立性越大我就越能获得认可有关的。但是，在莱维纳斯看来，对方的超越性不在于对方的力量，而在于他能对我说"不"。面对着枪口或刀刃，他者的面孔所说的是："你不应该犯谋杀罪！"面对着毫无抵抗力的眼睛，"这里不是与一个非常强大的抵抗发生关系，而是与绝对的他在的某物：没有抵抗的抵抗—伦理抵抗"。㉒在杀害对方的时候，对方的眼睛里所发出的命令，在对方的面孔所表达的"不"，是无限地超越了我的力量的。我在对方的面孔或眼睛里，看到了对方对于我的审判。而这种审判是将永远像幽灵一样伴随着我：我不能用任何力量把这个审判，把对方的赤裸裸的毫无抵抗的眼睛消灭。恶不是事物的肯定的或否定的特性。恶是对方的眼睛对于我做出的有罪的审判。

同样地，善也不是什么事物的内在特性，而是对方对于我所发出的责任的命令。他者的面孔不仅是毫无抵抗力，而且是饥饿与贫穷的面孔。"表达自己的存在者强加自己，但是，正是通过以它的贫穷与裸体向我求助——它的饥饿——来表达的，而我不能够对于这种求助充耳不闻。"㉓面对他者的面孔，我无法逃避自己的责任。他者的面孔所表达的就是对我，不是别人，发出的道德的召唤：我的任何拒绝都构成了自己的罪过，而我对于这种召唤的响应表现的不是空手地走向他者。那么，什么是他者呢？特殊地说，他者是孤儿、寡妇、穷人。一般地说，他者是邻居。对于莱维纳斯而言，邻居不是与自己住在一起的熟人，而是第一个遇到的人，无论是陌生人还是熟人。

三、结　束　语

我们可以看到，上面对于价值的两种理论态度对应于马丁·布伯所说的"我与它"和"我与你"的关系。㉔在"我与它"的关系里面体现的是以我为中心的我与事物的关系；而在"我与你"的关系里体现的是以"你"为中心的我与他的存在性关系。两种态度表明了两种关系和两个中心。从其根本上来说，价值是一种关系，是一方以另外一方为存在根基的关系。价值的问题是有关自我的形成的问题。人不是在自己的世界里，在我与世界的关系里，形成自己的。人的自我是在人与他者的关系里，在对于他者的无限的责任里，形成自己的。所以说，我与他者的单一的伦理关系是价值的真正的形而上学根源：价值体现的是我的自我与对于他者的责任是分不开的；他者的超越性是价值的真正的来源。

注　　释：

① G. E. Moor, *Principia Ethica*, Cambridge: Cambridge University Press, 1993. p. 54.

② G. E. Moor, *Principia Ethica*, p. 55.

③ G. E. Moor, *Principia Ethica*, p. 58.

④ G. E. Moor, *Principia Ethica*, p. 59.

⑤ G. E. Moor, *Principia Ethica*, pp. 59-60.

⑥ G. E. Moor, *Principia Ethica*, p. 61.

⑦ G. E. Moor, *Principia Ethica*, p. 73.

⑧ G. E. Moor, *Principia Ethica*, p. 286.

⑨ G. E. Moor, *Principia Ethica*, p. 287.

⑩ G. E. Moor, *Principia Ethica*, p. 290.

⑪ G. E. Moor, *Principia Ethica*, p. 297.

⑫ David Human, *A Treatise of Human Nature*, Oxford: The Clarendon Press, 1955, p. 458.

⑬ David Human, *A Treatise of Human Nature*, p. 467.

⑭ David Human, *A Treatise of Human Nature*, pp. 468-469.

⑮ David Human, *A Treatise of Human Nature*, p. 469.

⑯ David Human, *A Treatise of Human Nature*, p. 472.

⑰ David Human, *A Treatise of Human Nature*, p. 472.

⑱ David Human, *A Treatise of Human Nature*, p. 475.

⑲ St. Augustine, *Confessions*, Henry Chadwick (trans.), Oxford: Oxford University Press, 1991, p. 33.

⑳ St. Augustine, *Confessions*, p. 34.

㉑ St. Augustine, *Confessions*, p. 67.

㉒ St. Augustine, *Confessions*, p. 65.

㉓ St. Augustine, *Confessions*, p. 66.

㉔ G. W. F. Hegel, *Phenomenology of Spirit*, A. V. Miller (trans.), Oxford: Oxford University Press, 1977, p. 111.

㉕ G. W. F. Hegel, *Phenomenology of Spirit*, p. 65.

㉖ Merold Westphal, *History and Truth in Hegel's Phenomenology*, 3rd edition, Indiana University Press, 1998.

㉗ G. W. F. Hegel, *Phenomenology of Spirit*, p. 114.

㉘ G. W. F. Hegel, *Phenomenology of Spirit*, p. 115.

㉙ G. W. F. Hegel, *Phenomenology of Spirit*, pp. 116-117.

㉚ G. W. F. Hegel, *Phenomenology of Spirit*, p. 117.

㉛ Merold Westphal, *History and Truth in Hegel's Phenomenology*, p. 129.

㉜ Jean-Paul Sartre, *Being and Nothingness: An Essay on Phenomenology of Ontology*, Hazel Barnes (trans.), New York: The Philosophical Library, Inc., 1993, p. 364.

㉝ Jean-Paul Sartre, *Being and Nothingness*, p. 253.

㉞ Jean-Paul Sartre, *Being and Nothingness*, p. 221.

㉟ Jean-Paul Sartre, *Being and Nothingness*, p. 222.

㊱ Jean-Paul Sartre, *Being and Nothingness*, p. 254.

㊲ Jean-Paul Sartre, *Being and Nothingness*, p. 254.

㊳ Jean-Paul Sartre, *Being and Nothingness*, p. 255.

㊴ Jean-Paul Sartre, *Being and Nothingness*, p. 255.

㊵ Jean-Paul Sartre, *Being and Nothingness*, p. 255.

㊶ Jean-Paul Sartre, *Being and Nothingness*, p. 255.

㊷ Jean-Paul Sartre, *Being and Nothingness*, p. 256.

㊸ Jean-Paul Sartre, *Being and Nothingness*, p. 261.

㊹ Jean-Paul Sartre, *Being and Nothingness*, p. 257.

㊺ Jean-Paul Sartre, *Being and Nothingness*, p. 257.

㊻ Jean-Paul Sartre, *Being and Nothingness*, p. 259.

㊼ Jean-Paul Sartre, *Being and Nothingness*, p. 259.

㊽ Jean-Paul Sartre, *Being and Nothingness*, p. 260.

㊾ Jean-Paul Sartre, *Being and Nothingness*, p. 260.

㊿ Jean-Paul Sartre, *Being and Nothingness*, p. 261.

(51) Jean-Paul Sartre, *Being and Nothingness*, p. 267.

52 Jean-Paul Sartre, *Being and Nothingness*, p. 265.

53 Jean-Paul Sartre, *Being and Nothingness*, p. 267.

54 Jean-Paul Sartre, *Being and Nothingness*, p. 261.

55 Jean-Paul Sartre, *Being and Nothingness*, p. 263.

56 Jean-Paul Sartre, *Being and Nothingness*, p. 272.

57 Emmanuel Levinas, *Totality and Infinity: An Essay on Exteriority*, Alphonso Lingis (trans.), Pittsburgh, PA: Duquesne University Press, 1969, p. 43.

58 Emmanuel Levinas, *Totality and Infinity*, p. 50.

59 Emmanuel Levinas, *Totality and Infinity*, p. 50.

60 Emmanuel Levinas, *Totality and Infinity*, p. 42.

61 Emmanuel Levinas, *Totality and Infinity*, p. 198.

62 Emmanuel Levinas, *Totality and Infinity*, p. 199.

63 Emmanuel Levinas, *Totality and Infinity*, p. 200.

64 Martin Buber, *I and Thou*, trans. Ronald Gregor Smith, Charles Scribner's Sons, 1958.

（作者单位：武汉大学哲学学院）

殷周宗教思想探微

—— 从甲骨卜辞、《周易》谈起

□ 崔 波

从殷周时的甲骨卜辞、青铜铭文和《周易》中可以发现，当时的宗教思想已相当明确。商王是当时的最高统治者，自称"予一人"、"余一人"。当时，"国之大事，在祀与戎"①。随着社会关系的变化，宗教思想也发生了相应的变化，上帝为至上神的一元神宗教代替了祖先崇拜和自然崇拜的原始宗教。殷人的宗教思想是祖先一元神的宗教。他们祭奉的至上神上帝也就是殷民族自己的祖先，以及卜辞中的"高祖夔"。殷代宗教或多或少都与帝祖合一观念有着内在联系。

一、殷周宗教的表现形式

殷周时代，正当原始社会解体、阶级社会发生发展之时。这时期的社会，继承了原始期的宗教传统，仍保留着丰富多彩的自然崇拜、图腾崇拜以及祖先崇拜。在人类社会生活中宗教曾发生过相当大的作用。殷商时期是一个宗教意识极为浓厚的时代，原始的神学观念占绝对统治的地位，在殷商人眼里，几乎每一种与人关系密切的自然物、自然现象都有它们的神及神灵。殷人最重要的神事活动就是祭祀典礼，祭祀鬼神已成为当时的一种制度并指导着国家所有的日常活动。殷人的宗教信仰具有多神崇拜的特点，自然神、祖先神、上帝都是他们崇拜的对象。殷代卜辞记录的史实充分证明了殷人对神灵信仰的狂迷，几乎所有的行事都要向神灵请示。由卜辞可知，殷人的崇拜对象可分为三类：

（一）天神，包括上帝和自然神，如日、东母、西母、云、风、雨、雪等；

（二）地神，包括土地等自然神，如社、四方、四戈、四巫、山、川等；

（三）人鬼，包括先王、先公、先妣、诸子、诸母、旧臣等。②

殷人的多神崇拜仍带有鲜明的原始宗教特点。《尚书·洪范篇》作为追述殷商官方政治文化方面的原始资料，向我们展示了殷人的一切都要通过占卜预决吉凶的事实。在国君、卿士、庶人、卜、筮五方面因素中，起至关重要作用的是卜、筮的意见，国君、卿士、庶人的意见只是起一定的参考作用，而卜、筮的结果却具有最终的决定权。但是，应当认识到，在殷商时期确立的神人关系系统中，神虽然具有最终的决定性的作用，同时也透露出了一丝人们力求以卜筮为媒介，通过祭享的方式去影响至上神并建构以人为中心的神人关系的讯息。殷商灭亡以后，周人面对大邑商的顷刻瓦解，以周武王、周公旦为代表的统治阶级在不断总结夏、殷覆亡的经验教训的同时，全面承袭了殷商官方的意识形态，对殷商的原始神学进行了适合自身统治的改造。一是提出了"天命转移说"，《尚书·多士篇》周成王告诫殷商遗民说：我们周人取代殷人，就像殷人取代夏人一样，都是天意，是一种正义的行为。周人心目中的上帝具有了一种主持公道、是非观念明确的品格，这是一个了不起的进步。二是周人把"天命"思想从殷人单纯的宗教迷信中突出出来，灵活运用天命思想，增加了其政治性色彩。周人开始由重天命向重人事转移，从而促成了神的地位的下降和人的地位的上升。关于殷周宗教的表现形式从下面几点略作申述。

首先，殷人尊天事鬼的迷信思想浓厚，占卜盛行，各地的殷商遗址中都有卜骨发现。从安阳殷墟出土的王室卜辞来看，从天时、年成、祭祀、征伐到商王个人畋猎、疾病以及做梦和生育，等等，都要通过占卜求问上帝。可见，在原始宗教里自然神和祖先神的职责集中于上帝一身了。在卜辞中所显示出来的商王，正是后世中国君主的前身形象。另外，商王和王室贵族集团所继承并为之营造的那个时代大环境，又明显重神、尊祖，无日不祭，祖灵崇拜在他们生活中占有极为重要的地位。如今所见著录齐备的 10 万余片甲骨资料，也不可能代表当时社会生活的全部，但它已经反映出商代物质文明的一面，也反映出精神生活的一面，尤其是在宗教占卜活动中所反映的商代贵族世俗生活的一些宗教信仰。正如郭沫若先生所说，商代宗教颇为可观，因卜辞本身即是宗教之资料，凡言原始宗教或宗教之起源者，不可不读卜辞。

殷人频繁的占卜活动是商代原始宗教的重要内容和外在表现形式之一，这对当时社会的政治、经济、军事和文化生活等方面都产生了广泛而深刻的影响。在我国古代占卜体系中，甲骨占、筮占和星占对人世的影响都很大。殷人对占卜行为的重视程度、甲骨占卜程序之严密、卜法之讲究，上古中古的其他时代都不能与之相比，因此，这也是商代能够涌现出像巫咸、箕子等占卜经验丰富且精通百科知识和治世之道的智者的原因。巫咸、箕子的智慧在古代知识范畴中属于数术之类，今所见大量的甲骨遗物即出自这些巫史之手。也正是经由一批批巫史神职人员长期不断的严守分工职掌和文化观念上的积淀渗透，才使形形色色的甲骨遗物都尽现出昔日占卜过程的繁文缛礼。③殷人对于自然力量的崇拜，对于通过巫术的行为与自然发生虚幻的交通，反映了当时农业生产的重要和当时部族间斗争的激烈。殷人上帝的权威以及卜辞中所记录的祈告的内容，都说明了这些。殷代的宗教是相当原始的，就卜辞的内容来看，表现在占卜的频繁与占卜范围的无所不包，表现在"殷人尚鬼"的隆重而繁复的祭祀。但是，祖先崇拜的隆重，祖先崇拜与天神崇拜的逐渐接近、混合，为殷以后的中国宗教树立了规范，即祖先崇拜压倒了天神崇拜。

其次，政权与教权的结合。殷王不仅是政权的最高代表，也是宗教的最高祭师。凡重要宗教仪式都由殷王主持。占卜资料都由政府官吏史、作册负责保管，成为政府的档案。殷王把自己的祖先与上帝一体化，也就要求外族也来祭祀殷人的祖先。殷商王朝的政治势力伸展到哪里，殷人祖先的威灵也就伸展到哪里。作为氏族、部落、酋邦的政治领袖，不但需要具备无比的勇力、刚毅的性格，而且更要求具备超人的智慧以预见未来、指导行动。《尚书·大禹谟》称："（伯）益赞于禹。"疏："赞，明也，佐也。"注："赞者，佐而助成，而令微者得著，故训为明也。"④这正是"巫"的"佐助""明辅"，即"赞"的功能。张光直先生说："……神鬼是有先知的……生人对神鬼这种智慧是力求获得的……掌握有这种智慧的人便有政治的权力。因此，在商代，巫政是密切结合的。"⑤此言甚是。占卜本身就是一种巫术，以兽胛骨和龟甲为媒介，求得"神明"对于人们所询问的问题的回答。这种巫术的存在，表明当时的人相信有特殊的"神明"能力之存在，足以影响人们的生活，决定人们行止的吉凶。古代的人们，在行动上是凡事占卜，以祭祀、求告、崇拜的方式来求助于祖先、神明。对于祖先、神明的崇拜及其崇拜的仪式，构成了所谓的宗教。

一般地说，商代王官文化的基本性格还是"神本"主义的，神的启示及其相关原则在王事活动的一切领域中仍具有决定性的统制作用。此即《礼记·表记》中所概括的"殷人尊神，率民以事神，先鬼而后礼"⑥。卜辞中频繁出现"王占曰"的习用语，说明商王既是政治上的最高统治者，又是神学上的最高祭司。因为"我其祀宾，作帝降若；我勿祀宾，作帝降不若"，所以商王死后照例要"宾于帝所"，侍"帝"左右，成为神人之间的交通桥梁。不过在谈到"神本"主义原则时，我们仍不赞成过分放大这一原则对世俗文化的支配地位，或者误认为所谓"神本"文化就是一切始于神、终于神的文化。中国式的礼乐文化是注重历史、讲求实际的，即使在"天道"思想占支配地位的时代，它所蕴含的"德治"主义、贤人作风也从未中断过。史称"巫贤治王家，有成"及"巫贤任职"⑦，实质上是对贤人作风的肯定。

再次，"天"、"帝"、"上帝"的神圣职能。作为至上神的"天"可能在夏代就存在，商代多称"上帝"或"帝"。周灭商后，在《尚书·周书》和《诗经·周颂》等古籍中更多是称"天"，有时也沿用商人的"上帝"，此外，还称"皇天"、"上天"、"昊天"等。周代以后，"天"和"上帝"并用，延续了几千年。"上帝"和"天"的神职大抵相同。从甲骨文资料看，上帝的神职有多种。郭沫若指出上帝主宰"风雨祸福，年岁之丰啬，征战之成败，城邑之建筑"⑧。陈梦家认为："卜辞中上帝有很大的权威，是管理自然与下国的主宰。"⑨他"常常发施号令，与王一样"，"不但施令于人间，并且他自有朝廷，有使、臣之类供奔走者"⑩。"上帝之令风雨降祸福以天象示其恩威，而天象中风雨之调顺实为农业生产的条件，所以殷人的上帝虽也保佑战争，而其主要的实质是农业生产的神。"⑪据胡厚宣的研究，上帝的神职是"能令雨足年，能不令雨而将旱灾，能降祥降祸，能授佑作它；是其虽在天上，而实为人间祸福之主宰也"⑫。到西周时代，帝在人们心目中仍然占据至高无上的地位。根据周原发现的甲骨卜辞，周人在灭商之前是有上帝观念的。陕西凤雏H11所出第122片有"上帝"一辞，这是没有争议的；第82片刻有"王起（昭）帝"，学者一般释此帝为祭祀之禘。传世文献的材料则丰富得多。《尚书·周书》是反映周代思想的可靠资料，它生动地展现出周人对上帝唯唯诺诺的情形。认为周人灭商并统治天下完全是秉承上天的意旨。

另外，在此简单谈谈巫觋的重要地位。专职的巫师，已见于殷商。大戊时代，巫师以王臣身份参与王治，职掌祭山川风雨之神，卜辞有明文记录："癸巳，巫宁社、河、岳"（《粹》56），"癸酉卜，巫宁凤"（《后》，下42，4），可见《史记》言"咸巫治王家，有成"⑬，并非无根游谈。中宗祖乙时，卜辞亦曾见辅臣"戊"（《前》，1，45，2）；"于戊"（《前》，1，45，6）等名称。丁山先生据"贤古本一字"，考定"戊"即是"巫贤"，并认为"卜辞所见以戊为号的名臣，在当时并是巫觋之流"。那么在商代中叶，他肯定地说是"神权政治了"⑭。这与《史记》所言（中宗祖乙时）"殷复兴，巫贤任职"亦相切合。殷商中叶，巫觋已成专职，它们作为辅臣积极参与王治，作用极为重要。殷商文化可以称之为巫祝文化，殷商政治为神权政治盖可断言。商代末年，神权荒弛，秩序大坏，周人讨伐纣王为其所加罪名之一便是"效社不修，宗庙不享"（《泰誓》），"昏弃厥肆祀，弗答"（《牧誓》）。周人剪除"大邦殷"之后，重整神权与王权，借重巫觋之力安定人间秩序，势所必然。

当然，周人并不照搬殷人的巫祝体制，而实有所损益，有变革，有整合。周人宗教思想中有不少创新，如西周时把上帝和祖先神分离对待就是一个显例。周人继承了殷人崇拜祖先神的观念，认为祭奉祖先是子孙的神圣义务。但天是主宰人类祸福的全能神，天下大事均取决于天的意志。有了区别于祖先神的至上神天，就有了各族必须共同尊奉的权威。周人在进一步探究人是怎样才能制约天命的问题时，又提出了自己的伦理思想，出现了"孝"和"德"的范畴，并将"孝"的含义从"事死"扩大到"事生"。周人提出的"德"，包括敬天、孝祖、保民三项内容，运用到政治上即是要求明察和宽厚。周公反复说明，周人取代殷人受命，是修德所致。德和孝从宗法制度产生，又为宗法制度服务。父慈、子孝、兄友、弟恭被奉为天神规定的人间关系，神圣不可侵犯。殷周之际形成的《易经》成了探测神意的工具，对世界的看法属于宗教世界观的范畴。例如，《益·六三》说："王用享于帝，吉。"《大有·上九》说："自天祐之，吉无不利。"但《既济·九五》又说："东邻杀牛，不如西邻之禴及，实受其福。"《萃·六二》和《升·九二》都说："孚乃利用禴。"认为人的诚信（孚）可以影响神的意志。只要诚信，菲薄的祭祀（禴）反而比杀牛献牲的大祭更能得到神的福佑。这与西周的宗教世界观是完全一致的。《易传》各篇并非一人所作，但从其整体看，《易传》把政治伦理教训作为核心，强调"辨上下，安民志"⑮（《履·象传》），"非礼弗履"⑯（《大壮·象传》），着重说明家长制的家族制度的重要。

从文献资料来看，天或上帝的神知、神性更多。第一，天或上帝是万物的创造者。"万物本乎天"⑰（《郊特牲》），"天作高山"⑱（《周颂·天作》），"天造草昧"⑲（《屯》），"天生蒸民"⑳（《大雅·蒸民》），总之，天地乃"万物父母"㉑（《泰誓上》），而且它还能"使万物皆盛，草木畅茂，禽兽硕大"㉒（《小雅·天保》郑玄笺）。第二，上帝或天是整个社会命运的决定者，所谓"惟天为大"㉓（《泰伯》），"天命不易"（《大诰》），就是说天是最高神，天命是最高的命令，是不可变易的。下民必须按天命行事："天之所置，其可废乎？"（《僖公二十八年》），"天之所废，谁能兴之？"㉔（《襄公二十三年》）任何人都不得违天意而行。第三，天或上帝决定朝代的更替，若君王不尽天职，"不若于道者，天绝之也"㉕（《庄公元年》），如"有夏多罪"㉖（《汤誓》），天命"将在余下，以彰厥罪"㉗（《汤诰》），并"天命殛之"㉘（《汤誓》），而且命商出兵灭夏，"帝用不臧，式商受命，用爽厥师"㉙（《仲虺之诰》）。商汤"畏上帝，不敢不正"㉚（《汤誓》）。至商纣无道，"帝乃大命文王，殪戎殷"㉛（《大诰》）。总之，凡遇到改朝换代，莫不是天或上帝的意思。第四，天或上帝是最高的立法者和司法者。社会上的道德规范，都是由天或上帝所制定的。所谓"上帝将衷于下民"㉜（《汤诰》），"惟天佑于一德"㉝（《咸有一德》），那上帝既是降德者，又是佑德者。而且，天监督下民是否遵守道德规范，根据情况进行赏罚，所谓"惟天监下民，厥典义……民若有不德，不听罪，天既孚命，正厥德"㉞（《高宗肜曰》），"善人富谓之赏，淫人富谓之殃，天其殃之也，其将聚而歼旃"㉟（《襄公二十七年》）。若有人违反道德规范，也可告于天庭，"付与昊天，制其罪也"㊱（《小雅·巷伯》郑玄笺）。第五，天或上帝主宰人间祸福，它喜怒无常，"作善降之百祥，作不善降之百殃"㊲（《伊训》）。它护佑有德之人，"皇天无亲，惟德是辅"㊳（《蔡仲之命》），"皇天亲有德"㊴（《大雅·洞酌序》）。而且，天或上帝还主宰人的生死寿命，所谓"降年又永，有不永"㊵（《高宗肜曰》），竟至于此。总之，"天"为夏人所创，"帝"为殷人所创，周人既用"天"，也用"帝"，同为至上神。它们虽然所代表的文化不同，但其神性、神职基本上是相同的。何星亮认为，天神的天是古人占卜、祭祀所需要的文字，而不是物质的"天"。之后，随着文字的发展、交际的需要，又以表示天神之"天"兼指物质的天，这样便产生了一词多义的现象。故在古文献中，"天"往往既表示至上神，又有"天空"之意。㊶此说颇有道理。

华夏民族远古文明的诞生，是与"天"作为至高无上的绝对权威的象征一起开始的。这种崇天宗教到商代以前，已发展成使用兽骨卜兆天意；至商朝，因商地盛产甲骨，便盛行起龟卜。殷代"无论大事小事，几乎无事不卜，无日不卜……鬼神好像是专为他们答问贞卜而存在，而他们也好像是依靠鬼神的指示而行动"㊷。盘庚迁殷就是先使用龟卜："卜稽，曰若其台？""天其永，命我于兹新邑。"㊸（《盘庚上》）殷周宗教的诸神大多同部落组织、宗族崇拜相联结，祖先崇拜是其突出特征。西周时代，祖先崇拜虽由来已久且行之不衰。周人在立国之初就建立了宫室祭祀祖先，《大雅·绵》记载古公率领族人在岐山之南营筑城郭时，"乃召司空，乃召司徒，俾立家室，其绳则直。缩版以载，作庙翼翼"㊹。"庙"，毛传、郑笺、孔疏皆谓为宗庙。周原甲骨 H11：11 有一例刻辞云："祠，自蒿于周。"祠，祀也；蒿，镐京也；周，岐周。这就是说，周王自镐京前往岐周祭祀祖先。㊺令方尊铭文云："甲申，明公用牲于京宫。"京宫，京都宗庙也。由此可见，周人在灭商之前早已盛行祖先崇拜。灭商以后，祭祀活动更加制度化。据齐思和《中国史探研》统计，郭沫若《两周金文辞大系》收录铭文 323 条，其中西周 162 条。在这些西周铭文中，有 55 条记周王兴赐命礼，除个别情形外，一般都在周人的宗庙举行仪式。此种情形足以反映出周代崇拜之盛。即使到了春秋时期，祖先崇拜仍很流行。从《左传》中记载了当时各诸侯国的一切重大活动都在祖庙进行，如册封、行冠礼、盟会等，外交访问要"告庙"，出征作战要拜祖等，便略见一斑。

总之，殷人的祖先崇拜、自然崇拜和上帝崇拜中无不体现了对生命本源的感激和对原点的依恋，这种情思被周人继承和发展，并命之为"反本复始"，使它的政治意义更为突出，但其原始意义一再被强调，所谓"万物本乎天，人本乎祖"㊻（《郊特牲》），"天地者，生之本也；先祖者，类之本也……无天地，恶生？无先祖，恶出？"㊼（《礼论》）这些语言无不体现出了一种对生命原点的迷恋及报本精神。商周时代的宗教信仰，与原始社会的宗教仪式及宗教观念相比，已有很大的变化和发展。商代宗教信仰的表现特征就是对至上神（上帝）的崇拜，这是随着阶级社会和国家的产生，殷王成了强大的统治者以后形成的新的宗教观念，对至上神及祖先的崇拜表现得尤为突出。周人的宗教表现形式继承了殷人的许多宗教内容，但也有创新。诚然，龟卜显示着殷周统治集团对天帝或天命的虔信，他们将自己的行动和行为的未来结果，托付给了神意，而将自身的意志愿望，安放在被验证、被选择的地位上。从这方面说来，龟象的符号系统，仍在浓重的神学阴影笼罩之下。可是我们又决不能把龟卜简单视作迷信。在龟卜的操作过程、在龟象符号的编码与解码之中，人为的努力，人的精神活动，还是保有自己的一席之地的。龟象提供了语言文字之外的又一符号系统，中国文化重感性经验、重直观体悟的思维方式，便在其中发育、生衍。我们将在下一部分从商周之际产生的《周易》中专门论述其宗教内涵。

二、《周易》中所蕴含的宗教思想

宇宙是怎样开始的，西方宗教学说认为，宇宙是由一位主宰创造的，人类万物都是依这位主宰而创造的。但中国文化没有这一套，中国文化只说人命于天，如《中庸》所说："天命之谓性，率性之谓道，修道之谓教。"人命归之于天，那个"天"并不是宗教观念的天，而是形而上的符号，在《周易》中似乎没有这种神秘观念。但《周易》的卜筮系统则可另论。生命有个来源，哲学上称为本体，宗教家称作主宰、神、上帝、佛、道，而《周易》上称之为"乾"，宇宙万物，都是从"乾"的功能发生的，"乾知大始"，一切万有都是从乾而来。在物质世界没有形成以前，就是说没有天，没有地，没有男，没有女以前，那是本体——"本体"一词还是根据西方哲学文化观念翻译而来，而在中国古代文化中，把那个物质世界尚未形成的阶段称为乾，等到有了宇宙万物这个世界的形成，它的符号为"坤"，"坤作"是说它的功能造作出来，造成了万物。人在宇宙中，面对大自然那无穷无尽的挑战，往往缺乏足够的力量和智慧，深感软弱和茫然，于是退而编结一个"理想"的"网"。这便是卦爻筮符这种神秘的"宇宙"。

中华古人总是在自然宇宙和符号"宇宙"两者之间来回奔突，人经过许多失败和打击之后，便从失败的痛苦中企望寻求神的支持，创造一个神秘的符号"宇宙"即筮符系统，以便占验吉凶，决定其如何思想和行动。就《周易》本文而言，便是通过言语的警示和占筮，获得某种力量与智慧；一时又想努力推开神或某种超自然力量的庇护，进而自己行动或思想。一时糊涂，一时清醒；一时欢乐，一时悲哀。而《周易》文本的卦爻符号"宇宙"就具有这种关于人、人的命运的复杂的文化意蕴，它是中华古人童年的"梦"，又是其文化智慧的一种东方式的"黎明"。

当然，在《周易》占筮过程中，存在着一定的心理感应。实际上这种占筮的心理感应带有很浓的神秘性，而且始终是与神秘的数数关系以及数的运演纠缠在一起，使它显得潜在与隐秘。拿《周易》与原始的筮占相比，最显著的差别就是《周易》除了那套抽象的卦爻符号以外，又增加了一套由卦辞和爻辞所组成的文字表意系统，其卦爻符号是继承了原始的筮占记录，但是经过一番整理分类、加工改造的工作，提炼成为卦辞和爻辞而系于卦爻符号之下，这就具备了多方面的功能。从《周易》的文字表意系统还可以看出，它反映了殷周之际宗教思想的变革，已接受了当时发展起来的以德配天的天命神学观念，并且把这个观念与卜筮相结合，构成一个以天人之学为理论基础的巫术操作系统。由于筮占的特点是根据蓍草排列所显示的数与形的变化来预测吉凶，所以与其他的占卜形式相比，具有一种潜在的优越性，它可以通过无数次的排列，逐渐把数与形的变化推演成一个整齐有序而又稳定规范的符号体系。《周易》的那一套由六十四卦、三百八十四爻所组成的符号体系，反映了这个时期受原始思维支配的巫术文化的特色，它表现了人类试图掌握客观事物因果联系的努力，蕴含了丰富的思想智慧。

在卦爻辞中，天是一个最高的概念，如《乾》的"飞龙在天，利见大人"；《大有》的"自天祐之，吉，无不利"；《大畜》的"何天之衢，亨"；《姤》的"含章，有陨自天"。这个天既有自然之天的含义，也是一个主宰人事的至上神，人们可以通过合乎道德的行为获得天的福祐，天与人相互感应。很显然，这是由原始巫术的神人交感的观念发展而来的，但是，理性的成分大大提高了，系统性的程度也更为增强了。原始巫术的神人交感的观念，其世界图式是混乱无序的万物有灵论，而以德配天的天命神学则把世界看成是一个井然有序的统一整体。从原始的卜筮到《周易》的卜筮，经历了长时期的演变，中国的文化也由此而从蒙昧状态进入了文明状态。

周人不仅讲龟卜，而且讲占筮。在周人看来，二者相比，龟卜总比占筮灵验。《周礼·春官》说："凡国之大事，先筮而后卜。"[48]《左传》记载卜人的话说："筮短龟长，不如从长。"[49]（《僖公四年》）。这些说法，除表明龟卜的形式比占筮更加神秘外，还反映出龟卜的历史悠久，而占筮则比较晚出。或者说，占筮乃是一种新形式，被看成是对龟卜的补充，所以遭到卜人的轻视。据近人研究，《周易》中断定吉凶的辞句同甲骨文的卜辞相比，有许多是相同的。如甲骨文中的"贞"字，乃卜问之意。《周易》中的"贞"字，也是卜问之意。旧注训"贞"为"正"，是一种误解。这是近人注解《周易》的一大贡献。又如卜辞中有"吉"、"大吉"、"亡尤"、"利"、"不利"等，这同《周易》中的"吉"、"元吉"、"无咎"、"利涉大川"、"不利有攸往"等，也是一致的，这说明《周易》中的占辞是脱胎于或模仿卜辞的。

按《周礼·春官》所说，卜所依据的是龟的兆纹，筮所依据的是卦的形象；卜兆有颂即卜辞，《周易》的卦象则有卦爻辞，二者也是相通的。以数的变化推测人事吉凶，最早起源于何时，是可以探讨的。但《周易》所讲的筮法以及《系辞》所说的以蓍求卦的方法，不会早于殷人的龟卜。《系辞下》说："易之兴也，其于中古乎？作易者，其有忧患乎？"又说："易之兴也，其当殷之末世，周之盛德也？当文王与纣之世也？"[50]这里说的"易"，指《周易》的筮法。这种历史的回顾，总是有一定根据的。从殷人的龟卜到周人的占筮，经历了一个发展的过程，即春秋时期韩简所说的从龟象到筮数的过程。但二者又有明显的差异，这里略作阐述：第一，钻龟取象，其裂痕是自然成纹，而卦象是手数蓍草之数，按规定的变易法则推演而成。前者出于自然，后者靠人为的推算。第二，龟象形成后，便不可改易，卜者即其纹，便可断其吉凶。但卦象形成后，要经过对卦象的种种分析，甚至逻辑上的推衍，方能引出吉凶的判断，同观察龟兆相比，又具有较大的灵活性和更多的思想性。这两点都表明，占筮这一形式的形成和发展意味着人们的抽象思维能力提高了，卜问吉凶的人为因素增加了。就这一点来说，从殷人的龟卜到周人的占筮是一个进步。清初学者王夫之评论龟卜和占筮说："大衍五十而用四十有九，分二，挂一，归奇，过揲，审七八九六之变，一求肖乎理，人谋也；分而为二，多寡成于无心，不测之神，鬼谋也。"又说："若龟之见兆，但又鬼谋，而无人谋。"[51]。这是对《系辞上》中"人谋鬼谋，百姓与能"的解释。他认为筮法是按数学的法则求得卦象，这是"人谋"；任意分而为二，出于无心，属于"鬼谋"。而龟卜则凭其裂痕断其吉凶，只有"鬼谋"，而无"人谋"。王夫之此论，可以说道出了二者的区别。由于《周易》筮法，重视数的推算和对卦象的分析，重视了人的思维能力，所以后来从《周易》中，终于导出了哲学体系，而龟卜始终停留在迷信的阶段，逐步被人们所抛弃。

从殷人的龟卜到周人的占筮，反映了我国奴隶制时代社会生产和生活的发展过程。殷部族的祖先长期从事渔牧业生产，所以殷统治者将龟甲和兽骨作为向天神卜问吉凶的工具。而周部族是靠农业生产起家的，其迷信蓍草，实际上是出于对农作物的崇拜。周族的农业生产力的提高，多少增加了人的自信心，其统治者在殷周之际的社会政治变革中，又重视人的因素。这些情况反映在占卜的迷信中，于"鬼谋"之外，又参与了"人谋"。一个时代的意识形态的发展，包括宗教迷信在内，总是那个时代的历史产物。㉜

《周易》中的"神道设教"观念，由宗教而教化人生的思想，十分强调教化的作用。《系辞》说："成象之谓乾，效法之谓坤，极数知来之谓占，通变之谓事，阴阳不测之谓神。"㉝以乾象征天；以坤效法天；因蓍草数目占问未来之事，以通事物的变化。而数的奇偶和爻象的刚柔变化无穷，难以推测，如揲蓍求卦时不能事先预定某爻的阴阳老少性质及其变化。《周易》把事物变化莫测的这种性质称为"神"，即神妙不测。《系辞》还进一步以"神"为整个筮法的特质。它说："蓍之德圆而神，卦之德方以知"，"神以知来，知以藏往"。认为占筮体系的神妙变化具有预知未来变化的性质和功能。《系辞》进而提出："范围天地之化而不过，曲成万物而不遗，通乎昼夜之道而知，故神无方而易无体。"认为《周易》的法则涵盖了天地万物，包容了一切幽明生灭的变化原理，可以预知各种事情的吉与凶；卦爻象的变化无固定的方所，《周易》本身的变易并不固定于一定的格式或体制，其变化神妙、不拘一格。"神无方而易无体"正是强调"神"表示《周易》变化莫测的性质。《说卦》发挥了这种观点，说："神也者，妙万物而为言也。"这里所说的"神"与前述一样都是在变化莫测的意义上使用的，它不是指某种超验的实体，而是指宇宙万物变化不定的属性，以"神"为万物变化不测的本性，这一思想十分深刻地影响着以后的宗教和哲学的发展。《周易》讲"先王以省方，观民设教"，君子"以振民育德"，"教思无穷，容保民无疆"。为了教化，最简单易行的办法就是利用流传已久的天神崇拜和祖先崇拜的宗教，提倡敬天尊祖。这方面，在《易传》中有不少论述，如"荐之上帝"、"享上帝"、"顺天命"、"假有庙"、"立宗庙"、"配祖考"，等等。天神崇拜可以加强君权的地位，祖先崇拜则可以加强父权的地位。但是，这种敬天尊祖的传统宗教，还不能很好地维护宗法等级制度，《周易》作者就找到了一个异常巧妙的解决办法，叫做"神道设教"。《观卦·象辞》说："观天之神道，而四时不忒。圣人以神道设教，而天下服也。"㉞即是说，圣人设立鬼神祭祀推行教化，这样天下万民都驯服了。这是一种宗教与非宗教的巧妙结合。这正如《荀子·天论》所说："雩而雨，何也？曰：无何也，又不雩而雨也。日月食而救之，天旱而雩，卜筮然后决大事，非以为得求也，以为文也。故君子以为文，而百姓以为神。以为文则吉，以为神则凶也。"㉟雩祭而得雨，卜筮决大事，并非有什么神灵主宰其间，而只是一种仪式和文饰，具有教化作用。以为是文饰或以为是神灵，正是君子与小人的区别。这种"神道设教"思想，历来受到统治者和知识分子的推崇，对巩固宗法制度起了重要作用。

人们对《周易》的观念，一种是很神圣的看法，一种是很讨厌的看法，总之都不知道它说些什么。《周易》用卜卦这种办法想得先知，便是这许多方法中的一种。后来随着人文文化的发展，到了周公、孔子之后，透过这个神秘色彩的卜卦，而加进去人生哲学的了解，结果这两样东西分不清楚了。所以《周易》不像西方文化，老实说外国的宗教，它们的教主并不跟人讲道理，只是教人盲目的信。《周易》自有一套思路，如《蒙》卦上面是山，下面是水；早晨水蒸气上来，一片大雾茫茫，看不见前面的路，如小孩一般，走在路上找不着前途，想找个老前辈问问路，指点迷津，于是把这个状况变成教育的目的，也变成了政治的目的。不是我去找他，而是对方来找我，但有一个条件，像求神拜佛卜卦一样，必须诚恳。人要至诚，对待人也一样，若缺乏诚信，别人是不会教诲他的。所以宗教的精神也好，领导与群众相处也好，朋友相处也好，家庭相处也好，都应该采取诚信的态度。最后的结论是这个卦是好的——利贞。可是这利贞是怎样来的？是要靠诚恳，不要开玩笑，这样就亨通、有利。如此这般，看来就不用卜卦了，只要以谦虚的精神、诚恳的态度去做人处世，又何必去求菩萨呢？所以《周易》是透过宗教的迷信性质，来告诉人生的道理。

《周易》关于善恶报应和生死问题的观念。各种宗教都讲善恶报应问题。道教讲"承负"说，即是说一个人的行为善恶不仅可以决定一个人或者不死而成仙，或者死后而为鬼，而且还要影响子孙后代的命运。基督教、伊斯兰教则讲末日审判。《周易》说："积善之家，必有余庆；积不善之家，必有余殃。"这是中国古代文化的原则，就是最喜欢讲因果报应。如果没有研究《周易》，都以为这是佛家的思想，是来自印度的，事实上，中国、印度等东方文化都是建立在因果报应基础上的。尤其是做官的人，都要为子孙积善积福，因为怕因果报应。不过，因果问题是宗教的大问题，很值得研究。佛教的因果，是讲本身的三世，即前生、现在及后世。中国儒家的因果讲祖宗、本身和子孙三代，就是依据《周易》来的。《坤·初六》说："履霜坚冰至，盖言顺也。"是说，脚踏在地上发现降霜了，就知道冷天快要来了。每件事的发生都是有前因后果的，这也是中国文化的主要精神所在。关于生死问题，《系辞传》说："明乎昼夜之道则知。"《周易》认为生死不是问题，我们把上面这句话加两个字："明乎昼夜之道则知生死。"不过有一点，他们却承认生命的延续，与印度佛教的轮回说相类似。因此，中国人讲生死问题，就是"生者寄也，死者归也。"后来形成道家的思想，人活着的时候是个人，是在这里做客人，等到死了就回去了。可是西方宗教把生死问题看得很严重。了解《周易》的生死昼夜，只是在刚柔之间而已。"刚柔者，昼夜之象也"，"原始反终，故知生死之说"。我们知道，生死确实也是一个问题。《论语》上提到过，庄子也说："死生一大疑。"人类是很可怜的，人生下来读书求学，辛辛苦苦。五六十岁时人脑最发达，真正成熟了，学问也做到了最高处，可是也完了，像苹果一样该落地了，这也是《周易》的法则："原始反终。"世界各国对于生死问题，都有一个共同的愿望，即离苦得乐。但是人类得到快乐了吗？回答是：没有。因为生了就一定会死，这个问题没有解决。研究宗教哲学，每个宗教都承认死后还有生命，不过每个宗教都在为观光旅馆拉人。耶稣开的观光旅馆叫"天堂"，天堂一切设备齐全，招待周到，物美价廉。佛教开了个"西方极乐世界"，不过佛教本钱大，开的家数多。下地狱有地藏王菩萨在等着；上不了天亦不下地狱的，再生又有救苦救难的观世音菩萨；万一向东方去，又有东方药师如来等着；佛教在四面八方都准备好了，来者不拒。但不管怎样，生死还是问题。而我们的文化，《论语》里子路问起过，孔子回答得很简单："未知生，焉知死。"生死问题仍没有解决。但是《周易》也讲"乐天知命"，《周易》说："知周乎万物而道济天下，故不过。"我们懂了《周易》后，才能"知周乎万物"，然后"道济天下"，做人也好，做事也好，都可以达到救人救世的目的。又说："乐天知命，故不忧。"知道自己，也知道天命，永远追求快乐的人生。一切宗教都是悲观的，尤其佛教的大慈大悲更讲悲，只是中国儒家讲到了乐。人生多半是悲观的，本来生命是很可怜的。但从《周易》的角度去看待生命，是乐天知命，很乐观，没有忧愁。㊿

宗教是一种意识形态，是一种世界观。对古代中国影响最大的是道教和佛教，它们都与《周易》结下了不解之缘。它们或是以《易》理解佛理，或是以《易》理解"道"。随着易学的发展，《易》中也融会了不少佛道思想。但总的说来，易学对佛、道的影响是主要的。正如唐代李鼎祚在《周易集解序》中所说："（《周易》）原夬权舆三教，钤键九流，是开国承家修身之正术也。"《周易》对中国古代宗教文化的影响表现在：第一，《易》是对中国传统思维方式的集中体现，任何一种世界观和方法论，都会自觉不自觉地受到影响。第二，《易》本卜筮之书，本身就具有"神道设教"的宗教因素。所以当汉代道教形成的时候，与《易》一拍即合，顺理成章。第三，《易》也是一个"空套子"，这个"空套子"既可往里装任何东西，又可从中引出更多的东西。佛教东渐，欲要中国人接受它，莫过于援《易》以为说。《周易》和佛理的结合，为佛教扎根于中土立下了汗马功劳。第四，宗教是一种神秘文化，其敬神崇拜须有许多神秘仪式或方术。在甲骨占卜、《周易》卜筮中，包含有一些神秘的因素，虽然未发展成一套神学系统而成为宗教，但这些神秘因素与神学本原上是一致的、相通的。因此，《周易参同契》能把阴阳八卦系统整个地搬进道教的炉火仙丹之中；宋代周敦颐的《太极图说》也能把道教修炼内外丹的《先天太极图》、《无极图》再搬回易学中来。《易》本身所具有的神秘因素决定了它与宗教神学千丝万缕的联系。

总之，殷周宗教观念的发展，影响全面而深刻，一方面表现在它对以往的巫术文化作了一次较系统的总结，并且熔炼成为一种以天人关系为核心的整体之学；另一方面表现在它以曲折的形式反映了许多前所未有的理性内容，为后来的人文文化发展提供了必要的前提，为华夏早期文化和历史的发展谱写了古色斑斓的一页。殷周之际，中国文化经历了一次宗教思想的变革，周人根据当时社会变革的需要，把殷人崇天信仰及置鬼神于首位而贬抑人事的宗教思想改造为强调尽人事的宗教思想。这些思想在甲骨卜辞、《尚书》、《周易》中均有较充分的反映。殷人多卜，十分盲从；周人则根据一定的理性原则来处理神人关系，而不必完全像殷人那样依赖卜问。《尚书·洪范》有一条材料，记述周人为了作出最佳决策，除了征求龟卜和筮占的赞同外，还要加上君主本人赞同、卿士赞同、庶人赞同，认为只有这样才能称之为"大同"。至于对卜筮的解释，"三人占，则从二人之言"，在不同的解释中取得多数。可以看出，周人对卜筮的看法是和他们那种强调尽人事的宗教思想完全一致的，这就为巫术文化向人文文化转化开辟了一条通路。但是，西周时期，以德配天的天命神学仍然占据着绝对的统治地位，思想领域停滞沉闷，平静得像一潭死水。《周易》学的发展也处于停滞状态。以甲骨占卜、《周易》占筮的神秘主义体系中的思维探索内核与早期朴素经验主义，则充任了理论根基，最后发展成从《周易》开始的天人合一哲学的直接源头。

注 释：

① 孙颖达：《春秋左传正义》，阮元：《十三经注疏》，中华书局 1980 年版，第 1911 页。

② 陈梦家：《殷墟卜辞综述》，中华书局 1988 年版，第 562 页。

③ 参见王蕴智《抓紧甲骨文的基础整理工作——着手于新世纪的甲骨学研究》，《殷都学刊》2000

年第 2 期。

④　孔颖达：《尚书正义》，阮元：《十三经注疏》，中华书局 1980 年版，第 134 页。

⑤　张光直：《中国青铜时代二集》，三联书店 1990 年版，第 65 页。

⑥　孔颖达：《礼记正义》，阮元：《十三经注疏》，中华书局 1980 年版，第 1642 页。

⑦　司马迁：《史记·殷本纪》，中华书局 1959 年版，第 101 页。

⑧　郭沫若：《卜辞通纂》，科学出版社 1983 年版，第 367 页。

⑨　陈梦家：《殷墟卜辞综述》，中华书局 1988 年版，第 562 页。

⑩　陈梦家：《殷墟卜辞综述》，中华书局 1988 年版，第 572 页。

⑪　陈梦家：《殷墟卜辞综述》，中华书局 1988 年版，第 580 页。

⑫　何星亮：《中国自然神与自然崇拜》，上海三联书店 1992 年版，第 56 ~ 57 页。

⑬　司马迁：《史记·殷本纪》，中华书局 1959 年版，第 100 页。

⑭　丁山：《殷商史料考证》，中华书局 1988 年版，第 63 ~ 64 页。

⑮　孔颖达：《周易正义》，阮元：《十三经注疏》，中华书局 1980 年版，第 27 页。

⑯　孔颖达：《周易正义》，阮元：《十三经注疏》，中华书局 1980 年版，第 48 页。

⑰　孔颖达：《礼记正义》，阮元：《十三经注疏》，中华书局 1980 年版，第 1453 页。

⑱　孔颖达：《毛诗正义》，阮元：《十三经注疏》，中华书局 1980 年版，第 585 页。

⑲　孔颖达：《周易正义》，阮元：《十三经注疏》，中华书局 1980 年版，第 19 页。

⑳　孔颖达：《毛诗正义》，阮元：《十三经注疏》，中华书局 1980 年版，第 568 页。

㉑　孔颖达：《尚书正义》，阮元：《十三经注疏》，中华书局 1980 年版，第 180 页。

㉒　孔颖达：《毛诗正义》，阮元：《十三经注疏》，中华书局 1980 年版，第 412 页。

㉓　邢昺等：《论语注疏》，阮元：《十三经注疏》，中华书局 1980 年版，第 2487 页。

㉔　孔颖达：《春秋左传正义》，阮元：《十三经注疏》，中华书局 1980 年版，第 1976 页。

㉕　杨士勋等：《春秋谷梁传注疏》，阮元：《十三经注疏》，中华书局 1980 年版，第 2379 页。

㉖　孔颖达：《尚书正义》，阮元：《十三经注疏》，中华书局 1980 年版，第 160 页。

㉗　孔颖达：《尚书正义》，阮元：《十三经注疏》，中华书局 1980 年版，第 162 页。

㉘　孔颖达：《尚书正义》，阮元：《十三经注疏》，中华书局 1980 年版，第 160 页。

㉙　孔颖达：《尚书正义》，阮元：《十三经注疏》，中华书局 1980 年版，第 161 页。

㉚　孔颖达：《尚书正义》，阮元：《十三经注疏》，中华书局 1980 年版，第 160 页。

㉛　孔颖达：《尚书正义》，阮元：《十三经注疏》，中华书局 1980 年版，第 203 页。

㉜　孔颖达：《尚书正义》，阮元：《十三经注疏》，中华书局 1980 年版，第 162 页。

㉝　孔颖达：《尚书正义》，阮元：《十三经注疏》，中华书局 1980 年版，第 166 页。

㉞　孔颖达：《尚书正义》，阮元：《十三经注疏》，中华书局 1980 年版，第 176 页。

㉟　孔颖达：《春秋左传正义》，阮元：《十三经注疏》，中华书局 1980 年版，第 2001 页。

㊱　孔颖达：《毛诗正义》，阮元：《十三经注疏》，中华书局 1980 年版，第 456 页。

㊲　孔颖达：《尚书正义》，阮元：《十三经注疏》，中华书局 1980 年版，第 163 页。

㊳　孔颖达：《尚书正义》，阮元：《十三经注疏》，中华书局 1980 年版，第 227 页。

㊴　孔颖达：《毛诗正义》，阮元：《十三经注疏》，中华书局 1980 年版，第 544 页。

㊵　孔颖达：《尚书正义》，阮元：《十三经注疏》，中华书局 1980 年版，第 176 页。

㊶　何星亮：《中国自然神与自然崇拜》，上海三联书店 1992 年版，第 62 ~ 64 页。

㊷　郭宝钧：《中国青铜器时代》，三联书店 1963 年版，第 226 ~ 227 页。

㊸　孔颖达：《毛诗正义》，阮元：《十三经注疏》，中华书局 1980 年版，第 168 页。

㊹　孔颖达：《毛诗正义》，阮元：《十三经注疏》，中华书局 1980 年版，第 510 页。

㊺　徐中舒：《周原甲骨初论》，《古文字研究论文集》，《四川大学学报丛刊》第 10 辑，1982 年。

㊻ 孔颖达：《礼记正义》，阮元：《十三经注疏》，中华书局 1980 年版，第 1453 页。

㊼ 《荀子》，《二十二子》，上海古籍出版社 1986 年版，第 333 页。

㊽ 贾公彦：《周礼注疏》，阮元：《十三经注疏》，中华书局 1980 年版，第 805 页。

㊾ 孔颖达：《春秋左传正义》，阮元：《十三经注疏》，中华书局 1980 年版，第 1793 页。

㊿ 孔颖达：《周易正义》，阮元：《十三经注疏》，中华书局 1980 年版，第 89 页。

(51) 王夫之：《周易内传》，郑万耕：《易学精华》，北京出版社 1996 年版，第 1627 页。

(52) 朱伯崑：《易学哲学史》第 1 卷，华夏出版社 1995 年版，第 6～8 页。

(53) 孔颖达：《周易正义》，阮元：《十三经注疏》，中华书局 1980 年版，第 78 页。

(54) 孔颖达：《周易正义》，阮元：《十三经注疏》，中华书局 1980 年版，第 36 页。

(55) 《荀子》，《二十二子》，上海古籍出版社 1986 年版，第 328 页。

(56) 南怀瑾：《易经杂说》，复旦大学出版社 1997 年版，第 168～170 页。

（作者单位：郑州大学图书馆）

栗谷论心、性、情、意

□ 〔韩〕金源姬

　　栗谷（李珥，1536～1584 年）是韩国朝鲜朝（1392～1910 年）理学界的宗师。①我们知道，栗谷的心性情理论②是在程朱理学基础上发展起来的。栗谷对四端七情、人心道心的分析和讨论，以道德的知觉为中心的"意"加入到"心"的范围之内，深化了程朱的心、性、情之学所讨论的问题，从而使得明中后期的程朱理学在本土日趋僵化、衰落的情况下，却在韩半岛重新获得生机与活力。

　　显然，要把握栗谷的心性情理论，我们不仅要了解他对心、性、情、意等概念及其关系的看法，而且要了解他关于四端与七情、人心与道心、本然之性与气质之性的观点。而他的这些看法和观点又是以他的理气观为基础的。有鉴于此，我们先对栗谷的理气观作一简单说明。关于理气问题的讨论在他回复好友牛溪（成浑，字浩原，1535～1598 年）的书信《答成浩原》与答门人之提问的《语录》中，多有所见。例如他在《答成浩原·壬申》中认为："吾兄志学二十年，非不读圣贤之书，而尚于心、性、情，无的实之见者，恐是于理气二字，有所未透故也。"③在《答安应休·天瑞》中认为："吾友见此理之乘气流行，变化不一，而乃以理为有动有为，此所以不知理气也。"④他在《答成浩原》中认为："性情本无理气互发之理。凡性发为情，只是气发而理乘等之言，非珥（栗谷）杜撰得出，乃先儒之意也。"⑤可见，不知有关心、性、情的原因就在于未透悟理气问题。他认为，理气本来浑融无间，本不相离，就其发用而言，只有气发理乘而已。因此主张，在"心动为情"时，也只是"发之者气，所以发者理"⑥。

——————　一　——————

　　栗谷关于心、性、情问题的讨论就是在这种理气观的基础上展开的。

　　朱子认为："盖身如一屋子，心如一家主，有此家主，然后能洒扫门户，整顿事务，若是无主，则此屋不过一荒屋尔。"⑦按照朱子的看法，身与心的关系就如同屋子和主人的关系，如果没有心，那么一身只不过是没主人的荒芜之屋罢了。栗谷也同样把身心之间的关系看成是"心为身主，身为心器"的关系，认为主正的话，则器也随之而正。⑧

　　关于身心关系，我们再看看栗谷对心是如何规定的。第一，同朱子一样，把心视为

"合性（理）与气而为主宰一身者"⑨。第二，"人之形体，气以成之，而其中通且清者，凝而为心"⑩。通过这两个命题我们可以了解到，栗谷认为人不能够摆脱肉体（形体），而这肉体是以气凝聚而成的，其气当中至通至正者即精气与性凝合之，此即为心。再说依栗谷气发理乘的看法，由清且通之气凝聚而成之心是具有理的，也就是说心中存有性，故他认为"性则心中之理也，心则盛贮性之器也"⑪。因此这样的心具有"虚灵"和"知觉"的特性，才可以成为一身之主宰。

> 曰："心之知觉，气耶理耶？"
> 曰："能知能觉者，气也。所以知所以觉者，理也。"
> 曰："知觉属于智之间架耶？"
> 曰："知觉即心也。该载仁义礼智之性，故四端之情随所寓而发见，此其心之知觉也。若以知觉，只属于智之间架，则仁义无所用矣。"⑫

按照栗谷的看法，由于心由至通至正之气凝聚而成，故心具有能知能觉的特性；又由于心中具理，故心中载有仁义礼智之性。因此，栗谷力图通过阐释朱子的一段论心之虚灵知觉与理（性）气关系的话去说服牛溪：

> 朱子曰，"心之虚灵知觉，一而已矣。或原于性命之正，或生于形气之私"，先下一心字在前，则心是气也。或原或生，而无非心之发，则岂非气发耶？心中所有之理，乃性也。未有心发而性不发之理，则岂非理乘乎？或原者，以其理之所重而言也。或生者，以其气之所重而言也，非当初有理气二苗脉也。⑬

栗谷之所以认为"先下一心字在前，则心是气也"，有时甚至断言"性理也，心气也"，⑭是因为按照他的看法，心之虚灵知觉的作用就是气，因此能发用的只是气，心之发无非气发，但心中有理，此理不能独立，必寓于气，然后为性。⑮心中之理即性，气发（心）时理随之而发（理乘）为情，故未有心发而性不发之理。因此，不管或原或生，其发用的只是气，其方法只是一个气发（理乘），根本没有理发、气发之两端。

二

栗谷还在这种理气混融、本不相离、气发理乘的理气观的基础上进一步对本然之性与气质之性、四端与七情（包括情之善恶问题）、人心与道心等展开了说明和讨论。

栗谷认为，理在心中其名应为性（未发之性）；若已发为情，才得到道之名（已发之情）。⑯换言之，心是理气之合，心之理在气中，才为性。若不在形质之中，则当谓之理，不当谓之性。但在形质中，单指其理而言之，则为本然之性。本然之性不可以与气混杂。但因性在理气之合的心中，故此性指的应是气质之性。因此，依栗谷之见，子思、孟子说的是本然之性，程子、张子说的是气质之性，其实是同一个性。所以本然之性和气质之性并不是二性；就气质上单指其理（专言理），曰本然之性；合气质而命之（兼理气），曰气质之性。⑰故这两者关系是气质之性包含本然之性的模式。

下面再来看栗谷对"情"与"意"的说明和讨论：

> 子固（尹根寿之字）历见余谈话，从容语及心、性、情。
>
> 余曰："公于此三字能一一理会否？"
>
> 子固曰："未也。性发为情，心发为意云者，殊未晓得。"
>
> 余曰："公于此难晓，则庶几有见于心、性、情矣。先儒此说，意有所在，非直论心性。而今之学者，为此说所误，分心、性为有二用，分情、意为有二歧，余甚苦之。今公自谓于此有疑，则庶几有真知矣。"⑱

> 先儒心性情之说，详备矣。然各有所主，而言或不一，故后人执言而迷旨者，多矣。性发为情，心发为意云者，意各有在，非分心性为二用，而后人遂以情意为二歧。（小注：性发为情，非无心也。心发为意，非无性也。只是心能尽性，性不能捡心，意能运情，情不能运意，故主情而言，则属乎性；主意而言，则属乎心。其实，则性是心之未发者也；情意是心之已发者也。）⑲

栗谷认为，先儒关于心、性、情、意的说法，因问题、语境不同，各有其意，故不可拘泥其字面之意。由性心关系上不可能有发于性，发于心之别，⑳所以他反驳云峰胡氏（胡炳文，元初人）之"性发为情，心发为意"㉑的看法。对于"性发为情，心发为意"来说，如果以为在"性发为情"时无心，在"心发为意"时无性，则就会犯心性二用、情意二歧的错误，因为性发为情，这话里绝对不是说没有心；心发为意，这话里也不可能说没有性，也就是说在"性发为情"时，心之发是包含性的心之发，即"性具于心而发为情"。㉒于是，他依据张载"心统性情"、朱熹"心者性情之主"的观点，强调性、情、意都是心的一个方面。

> 或问：心一也，而或曰情，或曰志，或曰意，曰念，曰虑，曰思，何其名目纷纭不一耶？
>
> 答曰：情者，心所感而动者也。才动，便是情，有不得自由者，平居涵养省察之功至，则情之发，自然中理中节。若无治心之力，多有不中者矣。
>
> 志者，有所之之谓。情既发，而定其趋向也。之善之恶，皆志也。
>
> 意者，心有计较之谓也。情既发，而商量运用者也。故朱子曰："情如舟车，意如人使那舟车一般。"
>
> 念虑思三者，皆意之别名，而思较重，念虑较轻。意可以伪为，情不可以伪为。故有曰诚意，而无曰诚情。㉓

栗谷在回答这一段论述当中主要有五个部分的内容，现在我们详细分析如下：

第一，栗谷认为，人生来禀受天理，此理具于心中，无少欠缺，便是性，这个性与气结合之心为一身之主宰，此心未应接外物时为未发状态，此心应接事物时为已发状态，心随感而动表现出来的叫做情，不管未发已发都是心。如果以体用关系衡之，未发之性是心之体，已发之情为心之用。朱子将此解释得很清楚。他说："方其静也，事物未至，思虑未萌，一性浑然，道义全具；其所谓中，是乃心之体而寂然不动者也；及其动也，事物交至，思虑萌焉，七情迭用，各有攸主；其所谓和，是乃心之用而感而遂通者也。"㉔因此，栗谷不仅认为，心之动的情是"气机动而为情，乘其机者乃理"，而且把情字解释成"从性从肉，是血气行理之名"。此性与肉指的并不是别的，而是理气。合理气成心，其心发用为情时，发用流行的是气，此气却载理，故栗谷说："情虽万般，夫孰非发于理。"㉕

第二，由无有不善之理而发之情应全是善情，但实际情况却并非如此，如果与理符合，便是情之善；如果与理不符，则为情之恶。恶的根源到底在哪儿？在栗谷看来，恶并没有实体，不能从源头上说，只是掩于形气，有过或有不及才为恶，故程子的"善恶皆天理"，朱子的"因天理而有人欲"都是同一个意思。㉖因此，对栗谷而言，情之为善不善就在于气之掩蔽与否，故气之作用很关键。他说：

> 性既本善，则情亦宜无不善，而情或有不善者何耶？理本纯善，而气有清浊，气者盛理之器也。当其未发，气未用事，故中体纯善；及其发也，善恶始分，善者清气之发也，恶者浊气之发也，其本则只天理而已。情之善者，乘清明之气，循天理而直出，不失其中，可见其为仁义礼智之端，故目之以四端。情之不善者，虽亦本乎理，而既为污浊之气所掩，失其本体而横生，或过或不及，本于仁而反害仁，本于义而反害义，本于礼而反害礼，本于智而反害智，故不可谓之四端耳。㉗

栗谷认为，本然之性虽无不善，但气禀拘之、物欲蔽之的话，此性不能够完全体现出其本然之善来，故情之发时也不能够中节。意思是说，在心应接事物而发之为情时，按照每一个人修养功夫的不同，有中不中节的区分。即气或掩而用事，或不掩而听命于理，故有善恶之异。㉘情之善者，乘清明之气，循天理而直出，故有仁义礼智之端，称之为四端；情之不善者，虽亦本乎理，而已为污浊之气所掩，反害夫理，不可见其为仁义礼智之端，故不可谓之四端；非不本乎性，而别有二本。此所谓善恶皆天理，因天理而有人欲者。但如果说以人欲为天理的话，那就犯了认贼为子的错。譬如夏月之盐，便生虫蛆，虫蛆固因盐而生也。然遂以虫蛆为盐，则不可。虫蛆生于盐，而反害盐；人欲因乎天理，而反害天理，其理一也。㉙

第三，栗谷认为，情既发，或向善或向恶的定向即"心之所之"，就是志，故曰"志者，气之帅也；志一，则气无不动"㉚。

第四，意是情动后，缘情而计较商量者，所以说"情是感物初发底，意是缘情计较底，非情则意无所缘"㉛。情、意、志皆心之所发，只是意、志在情出（已发）之后，言情则意志亦在其中。如果拘泥"性发为情，心发为意"的字面之义歧而论之，栗谷认为，这是在于无心上功夫的缘故。㉜

既然栗谷认为，作为"方寸之中，初无二心"㉝，人心道心非二心，那么四端七情更不可能说为二情，而名之为四七者，是或因专言理或因兼言气所造成的。七情，则统言人心之动；四端，则就七情中择其善一边而言。四端七情，正如本然之性、气质之性，四端不能兼七情，而七情可以兼四端，故四端不如七情之全，七情不如四端之粹。对于人心道心，栗谷认为，四端，偏指道心；七情，人心道心之总称者㉞；其发直出于正理，而气不用事，则道心，七情之善一边；发之之际，气已用事，则人心，七情之合善恶；直出于性命之正，而或不能顺而遂之，间之以私意，则是始以道心，而终以人心；或出于形气，而不咈乎正理，则固不违于道心；或咈乎正理，而知非制伏，不从其欲，则是始以人心，而终以道心。在此也可以看到气之作用的重要性，它是作为人心变为道心，道心也可以变成人心的要素。由于人心之危就易流于恶，道心因精微难见而不易于扩而大之。须知其气之用事，精察而趋乎正理，人心要听命于道心。这精察与否就是"意"之所为。因为这个"意"是调节、变化可能的道德的能动性，在人之修养功夫上，应当针对的是意而不是情，所以才有"诚意"之名。发出的是情，商量的是意，故人心道心，兼（通）情意而言，不只是指情。由此看来，人心道心是情意问题；四端七情是情的问题；人心道心相为终始关系；四端七情在包含关系（七包四）。这是不同层次上的问题。㉟由道德的知觉"意"，在人心道心的问题上，栗谷从相为终始转为道心的扩充。

第五，依栗谷的思想，人虽还没与物接而无所感时也有念虑之发，是根据以前所发之情，这就意味着思念（意）缘情计较。㊱因此至于念、虑、思三者，栗谷认为皆意之别名而已。栗谷通过对情、志、意的说明后认为，"情、志、意皆是一心之用"，"志者，意之定者；意者，志之未定者"，或有志先立，而意随而思者；或有意先经营，而志随而定者，不可以一言以蔽之。㊲当然，我们可以肯定地说。栗谷以"心"为"体"，以"情"、"志"、"意"为"用"，这亦是他的研究心得与重点。

<h2 style="text-align:center">三</h2>

总而言之，栗谷认为，性情之外，无他心；五性之外，无他性；七情之外，无他情。夫以心性为二用，四端七情为二情者，皆于理气有所未透故也。㊳性是心之理，情是心之动；情动后，缘情计较者为意。若以心性分二，则道器可相离；若以情意分二，则人心有二本，故为大错。朱子说："心之全体，湛然虚明，万理具足。其流行该贯乎动静，以其未发而全体者言之，则性也；以其已发而妙用者言之，则情也。然只就浑沦一物之中，指其已发未发而为言耳。非是性是一个地头，心是一个地头，情又是一个地头，如此悬隔也。"㊴栗谷依据朱子的看法，批评了心性二分、情意二歧的观点，提出了心、性、情、意一路而各有境界的说法。他说：

> 何谓（心、性、情、意）一路？心之未发为性，已发为情，发后商量为意，此一路也。何谓各有境界？心之寂然不动时是性境界；感而遂通时是情境界；因所感而绅绎商量为意境界。只是一心，各有境界。㊵

这表明栗谷不仅认为"万物之理，即一心之理，故谓之会于吾心"，㊶而且认为此心有性境界、情境界、意境界，故只是一心，各有境界。

以上简略梳理了栗谷对心、性、情、意的论究。我们了解到栗谷所说的四端七情论是关于情与其善恶问题，人心道心论是对情与道德的知觉即"意"之问题的专门议论。同时我们也看到，栗谷只承认心中之性是气质之性、心是气，这是他独特的观点。栗谷由心统性情的基本点出发，创导出心、性、情、意一路及其各有境界说，展开、发展及深化了宋明儒有关"心"的理论。

注　释：

①　玄相允：《朝鲜儒学史》，汉城玄音社 1986 年再版，第 111 页。

②　一般的说法，称为"心性理论"，但我们知道朱子哲学心、性、情这些概念与孟子心性理论有所区别。虽各概念之间有不可分割的关系，但却是各个独立的概念，叫"心性情论"则比较合适。栗谷在诠释朱子哲学当中，四端与七情（情）、人心与道心（心）、本然之性与气质之性（性）等问题也成为了重点。参见金起贤《把朝鲜朝震撼的争论》（上），汉城 2003 年版，第 102～124、133～138 页。

③　李珥：《答成浩原·壬申》，成均馆大学校大东文化研究院编：《栗谷全书》一，卷 10，书 2，成均馆大学校出版部 1992 年版，第 197 页。

④　李珥：《答安应休·天瑞》，《栗谷全书》一，卷 12，书 4，第 248 页。

⑤　李珥：《答成浩原》，《栗谷全书》一，卷 10，书 2，第 210 页。

⑥　李珥：《人心道心图说》，《栗谷全书》一，卷 14，说，第 282 页。

⑦　李珥：《圣学辑要》2，修己上，收敛章，《栗谷全书》一，卷 20，第 433 页。

⑧　李珥：《圣学辑要》3，修己中，捡身章，《栗谷全书》一，卷 21，第 483 页。

⑨　李珥：《人心道心图说》，《栗谷全书》一，卷 14，说，第 282 页。

⑩　李珥：《语录》上，《栗谷全书》二，卷 31，第 245 页。

⑪　李珥：《答成浩原·壬申》，《栗谷全书》一，卷 9，书 1，第 193 页。

⑫　李珥：《语录》上，《栗谷全书》二，卷 31，第 245 页。

⑬　李珥：《答成浩原》，《栗谷全书》一，卷 10，书 2，第 210 页。

⑭　李珥：《答安应休·天瑞》，《栗谷全书》一，卷 12，书 4，第 248 页。在此对有关"心是气"和"心气也"补充说明一点：由于栗谷主张"心是气"，玄相允以为栗谷属于"主气派"。玄相允：前揭书，第 134 页。还有在中国关于栗谷著作的研究者洪军也提到栗谷"在朝鲜性理学家中被认为主气派代表人物"、"这也是主气派性理学家们的理论特色"等。洪军：《朱熹与栗谷哲学比较研究》，中国社会科学出版社 2003 年版，第 191、193 页。但赵南浩指出这样的说法不正确，是从日本强占期御用学者高桥亨的最初研究分析出来的，以后有的研究者仅有限地接受了这一观点。详见赵南浩《主理主气论争——在朝鲜主气哲学是可能吗？》，韩国哲学思想研究会编：《通过论争看的韩国哲学》，汉城艺文书院 1995 年版，高桥亨著，赵南浩译：《朝鲜的儒学》，汉城 1999 年版，第 8～21 页（译注者解说的部分）；赵南浩：《栗谷哲学，应该在主理论的框架内理解——古典书评《栗谷集》，《教授新闻》，2004 年 4 月 17 日。以上论著可以参考。

⑮　李珥：《答安应休》，《栗谷全书》一，卷 12，书 4，第 249 页。

⑯　李珥：《答安应休·天瑞》，《栗谷全书》一，卷 12，书 4，第 249 页："未发也，理在于心，而其名为性；已发也，理在于情，而其名为道。"

⑰　李珥：《答成浩原》，《栗谷全书》一，卷 10，书 2，第 207 页；《圣学辑要》2，修己上，穷理章，《栗谷全书》一，卷 20，第 452 页。

⑱　李珥：《杂记》，《栗谷全书》一，卷 14，杂著 1，第 297 页。

⑲　李珥：《圣学辑要》2，修己上，穷理章，《栗谷全书》一，卷 20，第 454～455 页。

⑳　李珥：《答成浩原·壬申》，《栗谷全书》一，卷 9，书 1，第 193 页。

㉑　李珥：《记大学小注疑义》，《栗谷全书》一，卷 14，杂著 1，第 298 页。此观点在云峰之前的陈淳那里也能看见。陈淳：《北溪字义》，中华书局 1983 年版，第 11 页："然这虚灵知觉，有从理而发者，有从心而发者，又各不同也。"

㉒　李珥：《人心道心图说》，《栗谷全书》一，卷 14，说，第 283 页。

㉓　李珥：《圣学辑要》2，修己上，穷理章，《栗谷全书》一，卷 20，第 456 页。

㉔ 李珥：《圣学辑要》1，统说章，《栗谷全书》一，卷 19，第 424 页。

㉕ 李珥：《答安应休》，《栗谷全书》一，卷 12，书 4，第 249 页；《答成浩原·壬申》，《栗谷全书》一，卷 9，书 1，第 193 页；《答安应休·天瑞》，《栗谷全书》一，卷 12，书 4，第 249 页。

㉖ 李珥：《圣学辑要》2，修己上，穷理章，《栗谷全书》一，卷 20，第 455 页："其恶者，本非恶，只是掩于形气，有过有不及，而为恶。故程子曰，善恶皆天理；朱子曰，因天理而有人欲。"

㉗ 李珥：《人心道心图说》，《栗谷全书》一，卷 14，说，第 283 页；《语录》上，同书二，卷 31，第 230、234 页。

㉘ 李珥：《答成浩原·壬申》，《栗谷全书》一，卷 9，书 1，第 193 页。

㉙ 李珥：《圣学辑要》2，修己上，穷理章，《栗谷全书》一，卷 20，第 455 页小注。

㉚ 李珥：《圣学辑要》2，修己上，穷理章，《栗谷全书》一，卷 20，第 442 页小注。还有同书，立志章，第 431 页。

㉛ 李珥：《圣学辑要》2，修己上，穷理章，《栗谷全书》一，卷 20，第 455 页。

㉜ 李珥：《语录》上，《栗谷全书》二，卷 31，第 248 页："问：'情与意志，皆心之所发，而独曰统性情云者，岂以意志皆用事于情出之后，而言情则二者，亦在其中故耶？'曰：'然。洛中之儒，多以为性发为情，心发为意，歧而论之可叹。徒有见闻，而全无心上功夫，故如此云尔。'"

㉝ 李珥：《人心道心图说》，《栗谷全书》一，卷 14，说，第 282 页。

㉞ 李珥：《圣学辑要》2，修己上，穷理章，《栗谷全书》一，卷 20，第 456 页。

㉟ 李基铺：《栗谷李珥的人心道心论研究》，延世大学校大学院博士学位论文，1995 年，第 126 ~ 138 页。

㊱ 参见李珥《圣学辑要》2，修己上，穷理章，《栗谷全书》一，卷 20，第 455 页小注："或问：'意，固是缘情计较矣。但人未与物接，而无所感时，亦有念虑之发，岂必缘情乎？'答曰：'此亦绅绎旧日所发之情也。当其时，虽未接物，实是思念旧日所感之物，则岂非所谓缘情者乎。'"

㊲ 李珥：《圣学辑要》2，修己上，穷理章，《栗谷全书》一，卷 20，第 456 页："志者，意之定者也。意者，志之未定者也。似乎志在意后，然或有志先立，而意随而思者；或有意先经营，而志随而定者，不可以一概论也。情志意，皆是一心之用也。随其所主，而各立其名，非有许多别样心也。"

㊳ 李珥：《圣学辑要》2，修己上，穷理章，《栗谷全书》一，卷 20，第 455 页。

㊴ 李珥：《圣学辑要》2，修己上，穷理章，《栗谷全书》一，卷 20，第 453 ~ 454 页。

㊵ 李珥：《杂记》，《栗谷全书》一，卷 14，杂著 1，第 297 页。

㊶ 李珥：《语录》上，《栗谷全书》二，卷 31，第 243 页。

（作者系武汉大学哲学学院博士研究生）

《新青年》（1915～1919 年）：一段关于"个人"思想谱系的考察

□ 张宝明

　　本文论述的主题是对《新青年》杂志上个人与"他者"关系的考述。个人与他者的关系，其实也就是与国家、社会等集体概念的关系。这个关系也是思想史上的一个基本学术命题，对这个命题的不同回答则是折射思想媒体或思想家价值趋向的一面镜子。20 世纪初年，《新民丛报》的主编梁启超、《甲寅》杂志的主编章士钊、《新青年》杂志的主编陈独秀分别在自己经营的刊物上为个人与他者的关系开辟了舆论阵地。本文重点考察的是作为具有影响力的思想媒体《新青年》从 1915 年到 1919 年之间有关"个人"与他者关系的"来龙去脉"。

一、《新青年》之前个人与国家关系的基本考察

　　1902 年初，梁启超在日本横滨创办《新民丛报》。从第 1 号到第 72 号，他在"论说"栏里撰写了一系列文章。作为主笔的梁启超执意"新民"，而且在启蒙的逻辑构成上偏重于从国民与国体、立人与立国的关系入手。在他看来，一国之民整体素质的高低决定了该国的政体模式，因此他说："政府之于人民，犹寒暑表之于空气也"，"然则苟有新民，何患无新制度，无新政府，无新国家"①。民弱者国弱，民强者国强。不难判断，这里，他"新民"的目的有着直接"为国"、"立国"的功利色彩。"人民"、"国民"或说"新民"成为他随意"调遣"的走卒。"民"不但是工具，而且是新工具；不但是国家的御用工具，而且是社会的道德工具；不但是民主新政的手段，而且是救亡独立的手段。

　　梁启超认为，对一个群体的凝聚力来说，最不可少的是公德，但私德也十分重要，因为一个群体的总体素质最终取决于该群体个别成员的素质。正是基于这一思想，梁氏有了公德与私德之说。究其实质，他是把一个人的道德看成两个部分，上对团体，或说社会与国家，下对个人自我的发展与完善。这两部分又是相辅相成、互为因果的。他说："私德与公德，非对待之名词，而相属之名词也。"②显而易见，公德与私德关系正是个人与社会的关系的辩证。但梁启超更偏向于"利群"。他在《新民说》"叙言"中开诚布公：

"本论以后各子目，殆皆可以'利群'二字为纲，以一贯之者也。"而且他认定"公德"乃诸国之源，因此统一的标准就应是"有益于群者为善，无益于群者为恶，此理放诸四海而准，俟诸百世而不惑者也"③。从这种价值判断出发，梁启超进一步得出这样带有明显时代性的结论："自由云者，团体之自由，非个人之自由也。野蛮时代，个人之自由胜，而团体之自由亡；文明时代，团体之自由强，而个人之自由减。"④在这里，梁启超于权利与义务二者之间选择了义务，认为义务大于权利，"小我"应服从"大我"。质而言之，其思想核心就是群体意识，他曾在《余之生死观》中说，人的个体物质存在没有任何内在价值，因为它是次要的，很快便会湮没无闻；真正可以依赖的是群体的集合体，因为在这个集合体中包含了每一成员的精神价值，成为一个永久的存在物。梁启超把个体的物质存在划为"小我"，把群体的集合称作"大我"。他甚至推论说，只要"大我"具有生命力，"小我"的生死是无关紧要的。梁氏将集体、团体、社会、国家置于个人之上的理由如下："人之所以贵于他物者，以其能群耳。使以一身孑然独立于大地，则飞不如禽，走不如兽，人类翦灭亦既久矣。"⑤梁氏严厉批评"独善其身"者为"家奴走狗"，对"知有一己而不知有国家之弊"深表忧虑⑥，因此才有了这样的感叹："呜呼，吾不欲多言矣。吾非敢望我同胞将所怀抱之利己主义铲除净尽，吾惟望其扩充此主义，求如何而后能真利己，如何而后能保己之利使永不失，则非养成国家思想不能为功也。"⑦这里所谓的"国家思想"无非是国家优先、国家至上。

梁启超的"国家"与"个人"关系是整个辛亥革命前思想界的折射。在这一点上，孙中山等国民革命先驱的指导思想也与其不谋而合。1914年春，《甲寅》杂志在日本东京创刊。这一时期知识分子于革命变质后的流亡心态以及关于个人与国家的心态都在这个具有同仁色彩的杂志上流露了出来。虽然当时将袁世凯当做靶子的杂志不止《甲寅》一家，但在抵抗帝制、倡导自由的舆论能力上，它无疑是一枝独秀。当时，聚众于《甲寅》的有章士钊、张东荪、易白沙、陈独秀、李大钊、高一涵等具有民主思想的人士。以章士钊为首的知识分子站在学理的视角对个人与国家的关系进行了新一轮的论证和评估。在《甲寅》杂志的创刊号上，章士钊就针对严复在《庸言报》上发表的《民约平议》所谓"人人减损自由"、"而以利国善群为职志"的说法予以回应说："以国家束缚之力大减人民之行已自由焉，恐国事未可言也，唯不审严君所谓减损自由，与此说亦有合否？"⑧鉴于严复是从当时数次"革命"而几于作乱的社会现实出发，因此章士钊在回答这个问题时还是十分谨慎的。他以讨论商榷的口吻说："何项自由易减，何项自由易损，然后有异点可商。"这一点，完全表现出一个自由派的风格。但毕竟是自由主义的哲学基础在起作用，因此章士钊对"革命"、"共和"以来"人权"大张、"过于放任"的指责还是从学理上予以了辩证：社会的动荡不安绝对不是自由、人权本身造成的，而是"风俗之恶"作祟。一方面，他对"以国家绝对之权整齐社会风气之事"的"治国"方针持认可态度；另一方面，则力排"国家之权"对个人人权的侵犯。他引用英国自由主义思想家洛克的话说："人民有权立复其原有之自由，重创政府。"⑨

在"人权"与"国权"的辩证中，章士钊流露出个人权利先于政府、国家、社会的观点。在他看来，思想自由是法治体系的根本，国家不能以任何形式侵害私人领域的生活。在《国家与责任》中，他这样批评伪国家主义说："吾人有提倡为国家主义者，意在损个人以益国家，此说之可取，亦视夫所为损益之界说若何，若漫无经界，犯吾人权根本之说，愚敢断言之曰，此伪国家主义也。此曲学之徒，软骨之士，奉为禽犊，以媚强权而取宠利者也。"⑩值得说明的是，尽管章士钊将个人为先摆在了"关系"上，但他对国家的责任心也是符合自由主义"权利"和"义务"统一观的。他曾迂回表达了"国家"责任的不可懈怠："故不爱国云者，前已解散之国家不爱可也，今复建设之国家，不爱不可也。"⑪

作为《甲寅》杂志主笔的章士钊提出"爱"与"不爱"（国家）的命题前来讨论，决非偶然。这一切，还得从作为《甲寅》作者的陈独秀与作为《新青年》主编的陈独秀说起。

二、《新青年》主导的个人与社会关系的历史考察

论及陈独秀，他办杂志的历史可以追溯到 1904 年春创办《安徽俗话报》。《说国家》一文则是他关心国事民瘼的直接表达。尽管这时的陈独秀提出了西方"国家学"的概念，但他没有超越梁启超等人的个人与国家之关系。站在"国家"立场上、从民族救亡出发，他将国家的关键词予以梳理："土地"、"人民"、"主权"。"国亡家破"集中概括了陈氏当时的心声。⑫饶有兴味的是，三位主编开始"说国家"时都是以抱怨的心态发端的。陈独秀怨声连连："那知道国家是什么东西，和我有什么关系呢？""国家大事，与我无干。"意思是说："大家不问国事，所以才弄到灭亡地步。"⑬梁启超在《论国家思想》里也抱怨说："耗矣哀哉，吾中国人之无国家思想也。"⑭章士钊在《国家与我》之中也是愤愤不已："吾国之大患，在不识别国家为何物。"⑮显而易见，无论是梁启超认为中国人有没有国家思想，还是章士钊说国家思想是交易，抑或陈独秀说只知道有家不知道有国，他们都是从批评国人缺乏国家思想进行"启蒙"的。

然而，陈独秀的国家观念却与"梁启超时代"和"章士钊时代"俱进，呈现出层层递进的思想关系。尤其是在个人与"他者"的关系上，在《新青年》时期更加分明。如果说"梁启超时代"的陈独秀在《安徽俗话报》上的言论属于典型的国家至上型，那么"章士钊时代"的陈独秀在《甲寅》上发表的关于个人与国家的说辞则显然属于民主思想的范畴。他为烂柯山人《双枰记》所作的叙言中就流露出对个人（权利）优先原则的认可："对国家主张人民之自由权利，对社会主张个人之自由权利。……予所极表同情者也。团体之成立，乃以维持及发达个体之权利已耳。个体之权利不存在，则团体遂无存在之必要。"⑯不必考究陈独秀是受何人影响，其观念已经走到自由学理一边是毋庸置疑的。正是在这一时期，陈独秀于同一期《甲寅》上还发表了引发舆论界广为关注并讨论的《爱国心与自觉心》。关于这个"爱"与"不爱"（国家）的讨论，一直伴随陈独秀进入"陈独秀时代"还余音袅袅。

所谓"陈独秀时代"的陈独秀，也就是陈氏开始主持《新青年》时期。在本文的讨论中，是指 1915 年至 1919 年。循着陈独秀"爱"与"不爱"的言路，我们可以找到他关于个人与国家的关系的脉络。《爱国心与自觉心》在《甲寅》付梓后，很快引起了李大钊的回应，他以《厌世心与自觉心》为题，对陈独秀悲观至极的情绪作了婉转的批评，而且以乐观的态度告诉思想界同仁："自觉之义，即在改进立国之精神，求一可爱之国家而爱之，不宜因其国家之不足爱，遂致断念于国家而不爱，更不宜以吾民从未享有可爱之

国家，遂乃自暴自弃，以侪于无国之民，自居为无建可爱之国之能力者也。"⑰这是"轻率的乐观和盲目悲观"的紧张。与此同时，关于个人与国家乃至社会的关系命题之连锁反应，也牵涉到了主笔章士钊那里。他的《国家与我》就是陈独秀那篇"自觉"文章招惹的："往者陈独秀君作《爱国心与自觉心》一文，揭于吾志，侈言国不足爱之理。"章氏写作该文最深层的动因还在这里："爱国心之为物，不幸如独秀所言，渐次为自觉心所排而去，甲乙递传，如中恶疫，流行之广，速于置邮。特独秀为汝南晨鸡，先登坛唤耳。"⑱原来章士钊、李大钊都有一种理性的制约在说理：爱可爱之国，不爱不可爱之国。

究竟陈独秀那篇文章的兴奋点在什么地方呢？原来陈独秀"愿意说极正确的话也愿意说极错误的话"，耿直性情一以贯之⑲，才有了如此刺激人心的话语："不暇远征，且观域内，以吾土地之广，惟租界居民，得以安宁自由，是以辛亥京津之变，癸丑南京之疫，人民咸以其地不立化夷场为憾。此非京津江南人之无爱国心也，国家实不能保民而致其爱，其爱国心遂为自觉心所排而去尔！呜呼！国家国家！尔行尔法！吾人诚无之不为忧！有之不为喜！吾人非咒尔亡，实不禁以此自觉也。"⑳诸如此类的"力求偏颇"的话在该文比比皆是㉑，难怪会遭到不同方面的批评。从《说国家》立意唤醒民众的国家观念到《爱国心与自觉心》的愤世嫉俗，再将话题转移到《新青年》上的《我之爱国主义》，以及1919年在《新青年》的孪生兄弟《每周评论》上撰写的《我们究竟应当不应当爱国》，陈独秀的思想发生着不断的位移与递进，直到"陈独秀时代"的陈独秀才在个人与社会的关系上显示出思想者的本色。

这里，笔者将以"陈独秀时代"的陈独秀由《甲寅》嫁接到《新青年》的两篇谈论国家的文章为线索，梳理出陈独秀的思想脉络，并顺便带出将在下一部分论证的杂志同仁形成的思想谱系。不过，在此要首先给出一个结论性"预设"的是：戊戌、辛亥、五四时期启蒙思想先驱们都是将个人与团体、国家和社会对立起来，而没有单独分析国家、社会的区别。为了行文方便，容我取巧，本文的论述也将集中在"个体"意识与"群体"思想的关系上。

《我之爱国主义》发表于1916年底，与《爱国心与自觉心》同处一个思想链条上。作者开宗明义道："伊古以来所谓为爱国者（Patriot），多指为国捐躯之烈士，其所行事，可泣可歌，此宁非吾人所服膺所崇拜？然我之爱国主义则异于是。"㉒《我们究竟应当不应当爱国》提出的命题依然如故，在"感性和理性"的辩证之后，从学理意义上作了判断："欧洲民族，自古列国并立，国家观念很深，所以爱国思想成了永久的国民性。近来有一部分思想高远的人，或是相信个人主义，或是相信世界主义，不但窥破国家是人为的不是自然的没有价值，并且眼见耳闻许多对内对外的黑暗罪恶，都是在国家名义之下做出来的。他们既然反对国家，自然不主张爱国的了。在他们眼里看起来，爱国就是害人的别名。所以他们把爱国杀身的志士，都当做迷妄疯狂。"㉓不难看出，陈独秀的冷静、理性透露出了自己并不习惯的哲人态度。还有更精彩的片段在此："我们爱的是人民拿出爱国心抵抗被人压迫的国家，不是政府利用人民爱国心压迫别人的国家。我们爱的是国家为人谋幸福的国家，不是人民为国家做牺牲的国家。"㉔这一在个人与国家关系之间给出的答案，也必然反映到《新青年》杂志的其他文本中，尽管零零碎碎，但我们还是能从中"串联"出微言大义。

如果说梁启超的"利群"思想已经成为明日黄花，章士钊的"为政尚异"立国观念尚带有很深的程序色彩，那么当历史的车轮驶入《新青年》时期，陈独秀的价值取向则有了全新的跨度。与梁启超强调义务相对，陈独秀关心的是社会与政府抑或国家能否保证个人才智的正常发挥，能否保障个人的自由与独立。在社会与政府不能保证个人权益的情况下，个人就有义务和权利去标异见、抗群言，去争取人格的平等。他直截了当地告诉国民："国家利益，社会利益，名与个人主义相冲突，实以巩固个人利益为本因也。"㉕巩固个人利益就是不为传统世俗所束缚，"尊重个人独立自主之人格，勿为他人之附属品"。这里，陈独秀力倡个人的自由、自主、自立与自尊，而非前代先驱标榜的团体、社会、国家或责任。他认为中国传统社会匮乏的正是对人格的尊重，因此奴隶道德甚重。以个人主义为本位，就是要冲破社会和家庭的罗网，反对传统的封建伦理对个人的钳制与桎梏。

陈独秀在个人与国家关系间的基调已定，从而有了"个人本位"与开放"世界"观念的紧密结合。在他笔下，"人"应以"理性"战胜情感，有独立思想和判断能力，不为当局所愚所困。他的这一指导思想如黄钟大吕，经久不衰。他在 1918 年 4 月给钱玄同的信中说："鄙意以今日'国家'、'家庭'、'婚姻'等观念，皆野蛮时代狭隘之偏见所遗留。"㉖耐人寻味的是，他说这话时，与胡适不以"民族主义运动"为然时的背景完全一样：同样是在谈论中国语言文字改革时引发的。鉴于此等观念狭隘保守，因此就有必要"破坏"。8 月 15 日，他再度撰文提出将"国家"列为应予"破坏"的"偶像"之一："国家是个什么？照政治学家的解释，越解释越教人糊涂。我老实说一句，国家也是一种偶像。一个国家，乃是一种或数种人民集合起来，占据一块土地假定的名称；若除去人民，单剩一块土地，便不见国家在那里，便不知国家是什么。可见国家也不过是一种骗人的偶像。"㉗固然，《新青年》初期（1915～1919 年）的"同期声"中既会有跌宕顿挫的音符，也会有"多声部"特有的高低调，但个人与社会、个人与国家关系的谱系却定位于主编陈独秀这样一个有明显倾向性的思想基调上。对此，我们可以在杂志同仁的共同唱和中得以证实。

三、《新青年》同仁思想谱系的哲学透视

众所周知，《新青年》是一个同仁杂志，它是一个由有共同旨趣的知识分子自由结合而成的松散的、"联邦"式团体。关于这一点，我们从鲁迅那段回忆"同一战壕里战友"的故事中就可窥见一斑。鲁迅承认自己在《新青年》上与同仁采取了一致的步调，同时他还将那些"揭出病苦，引起疗救的注意"的创作自命为"遵命文学"，但他却在这种"一致"后特别提出了个性独立、思想自由"同盟"的运作方式："这些也可以说，是'遵命文学'。不过我所遵奉的，是那时革命的前驱者的命，也是我自己所愿意遵奉的命令，决不是皇上的圣旨，也不是金元和真的指挥刀。"㉘既然是一个提倡个人本位主义的同仁团体，既然以自由主义思想相标榜，那么就必然有"同气相契"的气质或说气度在，不然，这样的松散而又"脆弱的"团体不可能在一个很长的时段里互为呐喊、相与助威。尽管个人内在的教育背景、思想资源不尽相同，具体到个人思想的"微言大义"也有一定的龃龉或说紧张，但他们毕竟在同一个阵地上吟唱过"同一首歌"，并在近现代思想史上形成了大的气候。说到这里，我们不妨首先回望一下《新青年》同仁在个人（本位）主义原则上的"上下一盘棋"开局。

论及《新青年》及其同仁，除却上面重点考察的主编、主笔兼主导的陈独秀，第一个涌入我们脑际的就该数胡适了。而论及胡适，其思想火花的最耀眼处还在于"个人与社会的关系"。在他看来，"社会与个人互相损害"是一个基本常识，但他在两者之间却有着个人优先原则："社会最爱专制，往往用强力摧折个人的个性（Individuality），压制个人自由独立的精神。等到个人的个性都消灭了，等到自由单独的精神都完了，社会自身也没有生气了，也不会进步了。"㉙他曾借挪威作家易卜生之口表达了自己的人生信仰："我所最期望于你的一种真闪纯粹的为我主义。要使你有时觉得天下只有我的事最要紧，其余的都算不得什么。……你要想有益于社会，最好的法子莫如把自己这块材料铸造成器。……有的时候我真觉得全世界都像海上撞沉了船，最要紧的还是救出自己"，进而认为"这种'为我主义'，其实是最有价值的利人主义"㉚。同是在该文里，他把家庭、社会国家对个人的摧折、腐败、黑暗一一加以分析，从而得出了如此结论：

> 社会、国家没有自由独立的人格，如同酒里少了酒曲，面包里少了酵，人身上少了脑筋；那种社会、国家决没有改良进步的希望。所以易卜生的一生目的只是要社会极力容忍，极力鼓励斯铎曼医生一流的人物，社会上生出无数永不知足、永不满意、敢说老实话攻击社会腐败情形的"国民公敌"；要想社会上有许多人都能像斯铎曼医生那样宣言道："世上最强有力的人就是那个最孤立的人！"

胡适将个人与家庭、社会、国家的关系置于一个对峙的层面上，其意思极为浅显透明：反对它们"借着'公益'的名誉去骗人钱财，害人生命，做种种无法无天的行为"㉛。

在《新青年》同仁中，除却来自安庆的陈独秀和徽州的两位安徽同乡名声大震外，还有一位安徽人士高一涵也是活跃于《新青年》上的自由主义者。应该说，高是《新青年》杂志中论述国家与个人关系最为深刻有力的一位。在《共和国家与青年之自觉》这篇在《新青年》上连载的长文中，高一涵旁征博引，力述"国家"与"人民"的干系，在"各流、各系、各党、各派"与"小己"（个人）的关系中，"即以小己主义为之基，而与牺牲主义及慈惠主义至相反背者也"㉜。于是，弥尔论述自由著作中的个人主义成为高一涵启蒙思想的主要依据。在传统社会里，任何个人都不可能是一种独立的存在。所谓个性，所谓自由，皆被一种依附性关系"伦理"所取代。而在现代社会，个人的独立自由与平等必须建立在"契约"伦理关系之上，因此，个人与国家的关系就要一改传统的伦理关系。高一涵在另文中这样讲述古今国家与人民之间手段与目的的反复："往古政治思想，以人民为国家而生；近世政治思想，以国家为人民而设。"㉝除却"人民"与"个人"在政治学意义上的等质，不难发现其将个人置于了与国家观念密不可分的地位。他另一篇论述国家观念的文章开篇便说：

> 今吾国之主张国家主义者，多宗数千年前之古义，而以损己利国为主。以为苟利于国，虽尽损其权利以至于零而不惜。推厥旨归，盖以国家为人生之薪向，人生为国家之凭藉。易词言之，即人为国家而生，人生之归宿，即在国家是也，人生离外国家，绝无毫黍之价值。国家行为茫然无限制之标准。小己对于国家。绝无并立之资格。而国家万能主义，实为此种思想所酿成。吾是篇之作，欲明正国家薪向之

所在。㉞

高一涵开宗明义并在文中反复强调："国家者，非人生之归宿，乃求得归宿之途径也。"在他看来，"小己"人格不能被侵害，否则"国家职务，与小己自由之畛域，必区处条理，各适其宜。互相侵没，皆干惩罚。美其名曰'爱国'，乃自剥其人格，自侪于禽兽、皂隶之列。不独自污，兼以污国。文明国家，焉用此禽兽、皂隶为？"㉟

在上面论及了"两间余一卒"的高一涵之后，我们已经描述了《新青年》杂志三位皖人的思想行踪。下面论述的将是一个非常重要的文学家兼思想家，他就是鲁迅的弟弟周作人。如同我们阅读到的那样，他一加入《新青年》队伍就表现出了非凡的文学天才能力和敏锐的思想洞察力。在我看来，与其说他以译作和创作著称，毋宁说他的"人的文学"文小鬼大，将新文学的"新"抬了出来。周作人的"改良人类的关系"，也是说要置换个人与类群、国家以及社会的关系。对此，他说得较为透彻：

> 但现在还须说明，我所说的人道主义，并非世间所谓"悲天悯人"或"博施济众"的慈善主义，乃是一种个人主义的人间本位主义。这理由是，第一，人在人类中，正如森林中的一株树木。森林盛了，各树也都茂盛。但要森林盛，去仍非靠各树各自茂盛不可。第二，个人爱人类，就只为人类中有了我，与我相关的缘故。㊱

质而言之，周作人"人间本位主义诉求"的立意还在于张扬人性，排斥家、国与族、类的暴力。在这一点上，他和 1922 年 8 月的郭沫若同气相求："我们是最厌恶团体之组织的：因为一个团体便是一种暴力，依恃人多势众可以无怪不作。"㊲1922 年 4 月发生在已经成为党魁的陈独秀与周作人之间的名为"非基督教非宗教"大同盟运动就是一个典型的思想公案。当陈独秀以"请尊重弱者的自由，勿拿自由、人道主义许多礼物向强者献媚"向周作人等五教授发出公开信后㊳，周作人的回答是："我们承认这些对于宗教的声讨，即为日后取缔信仰以外的思想的第一步，所以要反对这个似乎杞忧的恐慌。"㊴时至《语丝》时期的周作人，为了凸显"自由思想，独立判断"，该刊与非个性化的文学刊物针锋相对，连"社"、"团"、"会"之类的词汇都不提及。

也许这些属于《新青年》的余音，有游离本论之嫌，但作为思想史光谱上的"一束"却不能忽略。稍嫌遗憾的是，李大钊、刘叔雅、鲁迅、蔡元培等思想风光的打造者无法一一饱览，就是对陈独秀、胡适、高一涵、周作人等的个性思想火花也只能是走马观花。作为讨论《新青年》同仁的一篇论文，或许在接下来部分的分析与整合中能对上面的不足稍作弥补。

四、《新青年》个人与国家关系思想的集束与辐射

所谓"集束"，是说社会转型期的思想特征在一个特点上不约而同的集体兴奋，所有的思想光束都聚焦于一个点上，具有非常浓缩的思想穿透力。譬如说上面我们已经论述的"个人"优于社会、国家原理即是如此。所谓"辐射"，是说思想史上的主流趋势会在某一个时期占据优势和主导，但由于其主潮的形成是同声共求的结果，因此也难免于高潮之

后在不同的哲学基础和教育背景下走向不同的思想归途。《新青年》杂志同仁由"同一首歌"到各种"唱法"的浮出水面就是一个由"集束"到"辐射"的过程。我们之所以将《新青年》与20世纪中国的走向联系起来，并认为它影响了整个20世纪后半叶的思想文化和政治选择，实在是因为它强烈的集束穿透力和惊人的辐射力。

在述说过个人在国家、社会的中心地位后，笔者顺便引出与这一命题息息相关的话语：《新青年》集束特征的另一面则是，两端砝码之间的互补与平衡。尽管当时思想家们以"大我"与"小我"、"小己"与"国家"、"个人"与"社会"、"我"与"世界"的不同名目表达出来。笔者之所以拉出这样一个命题作为后续，其根本原因还在于有的能够守成，有的则放弃守成，还有的不能守成（自一开始就决定其不能守成）。我以为，从个人与社会的平衡到两者关系倾斜（不再互补的失衡）的视角观照《新青年》的思想变迁是一个较为得力的论证设计。

还是先看看主编在个人优先性之后是怎样强调个人有限性的。在此，我们不妨先开出陈独秀关于"个人"与"社会"的平衡等式："内图个性之发展，外图贡献于其群。"[40] 意思是说，即使得是个人优先，也不能让"个人及社会、国家者"相互"为害"。尽管陈独秀"内图"与"外图"的对等公式早于1918年得出，但笔者以为真正在心理达到平衡还在1918年以后。在该年2月写的文章中，他才切实把"个人"与"社会"的互助互补关系作出合理合情的诠释。陈独秀一改在此之前抑"孔孟"扬尼采的言行，认为双方都不够全面。陈独秀认为，"自利利他"价值趋向才是完整的："总而言之，人生在世，究竟为的什么？究竟应该怎样？我敢说道：个人生存的时候，当努力造成幸福、享受幸福；并且留在社会上，后来的个人也能够享受。递相接受，以至无穷。"[41]

"千呼万唤始出来。"作为编委的李大钊进入《新青年》之初就有着很强的平衡意识。为此，他开出的"国家与个人"处方则是："个性的自由与共性的互助。"他在《新青年》的新生儿《新潮》上撰文指出："方今世界大通，生活关系一天复杂似一天，那个性自由与大同团结，都是新生活上、新秩序上所不可少的。"在陈独秀和李大钊看来，"生活关系"和"组织"关系的复杂乃是需要调适"个人"与"社会"关系的本因。在"个性自由与大同团结"价值取向的引导下，一种理想化的"联治主义"范式出现了：

> 因为地方、国家、民族，都和个人一样有他们的个性，这联治主义，能够保持他
> 们的个性自由，不受地方的侵犯；各个地方、国家、民族间又和各个人间一样，有他
> 们的共性，这联治主义又能够完成他们的共性，结成一种平等的组织，达他们互助的
> 目的。这个性的自由与共性的互助的界限，都是以适应他们生活的必要为标准。[42]

按照李大钊与陈独秀的思想逻辑，他们就是要以"个人"与"社会"平衡互补为价值准则，建立"联合自治"的政治模式。这构成了陈、李从个人主义走向社会主义过程中"独标异见"的思想火花。我们看到个人与社会的平衡不止是表现在陈独秀、李大钊身上，同样是胡适、高一涵、周作人等的思想症候。胡适的说法是：

> 我这个现在的"小我"，对于那永远不朽的"大我"的无穷过去，须负重大的责
> 任；对于那永远不朽的"大我"的无穷未来，也须负重大的责任。我须要时时想着，

我应该如何努力利用理在的"小我"，方才可以不辜负了那"大我"的无穷过去，方才可以不遗害那"大我"的无穷未来！㊸

鉴于《易卜生主义》中有将"各人自己充分发展"的个人主义归为"人类功业顶高的一层"的表述，自此学术界将两文置于根本的对峙中。笔者以为，胡适固然有个人本位主义与社会本位主义的两极砝码的平衡，但这并非唯一。事实上，"大我主义"的出现并非那么突兀。无独有偶，高一涵的平衡观是一以贯之的，他始终坚守"小己"与国家和社会的合谐、同一、并立，坚信它们不应相互为害。在《共和国家与青年之自觉》、《民约与邦本》、《国家非人生之归宿论》等论述个人与国家关系的一系列文章中，他一直守着："故欲定国家之薪向，必先问国家何为而生存；又须知国家之资格，与人民之资格相对立，损其一以利其一，皆为无当"，所以"小己人格与国家资格，在法律上互相平等，逾限妄侵，显违法纪"㊹。个人优先，但社会马上跟上。应该说，高一涵是中国近代思想史上一位稳健的自由主义者。与以上同仁对应，周作人在爱人先爱己之后也不敢怠慢，立刻抛出了下面的话语："墨子说，'爱人不外己，己在所爱之中'，便是最透彻的话。上文所谓利己而又利他，利他即是利己。"㊺"自利利他"正是个人与社会关系相互寻求平衡的又一翻版。

综上所述，《新青年》在个人与社会、国家之间曾一度出现过一个相对平稳的"平衡过渡带"。但毋庸讳言，这个平衡是短命的昙花一现式的"闪断"。由此，我们可以理解20世纪中国思想史上的自由（理想）模式是多么稀缺。值得说明的是，那知识群体思想的摇摆如同家常便饭。根据我个人的观察，更为关键的是：它们都有不同程度的无政府主义思想或倾向。这也正应验了那句话，中国近代思想先驱少有远离无政府主义的，包括李大钊、蔡元培、鲁迅、钱玄同这些我们很少与无政府主义挂钩的自由主义者。

陈独秀和李大钊的"平衡"是短暂的。他们应该说是《新青年》团队中从先前的个人主义（极端）走向社会主义（完全）的典型。李大钊1919年7月那篇《我与世界》的全文录制如下："我们现在所要求的，是个解放自由的我，和一个人人相爱的世界。介在我与世界中间的家园、阶级、族界，都是进化的阻碍、生活的烦累，应该逐渐废除。"㊻"我"即个人，消除了个人与世界中间的"阻碍"，个人与世界就站在了同一水平线上，这就是个人主义与世界主义的实质关系。这和陈独秀将宗教、君主、国家都斥为"无用的东西"、"都应该破坏"的观点联系起来看，他们浸润的无政府主义"营养"还是非常充足的。

胡适，一个人们习惯于以自由主义称呼的人士。在他的"易卜生主义"背后潜存的深沉的"健全的个人主义"。恰恰是这个"主义"，正是前期易卜生主义中的思想核心。以后的易卜生主义乃是它完备的发展与延伸。胡适对此也非常认同："易卜生起初完全是一个主张无政府主义的人。当普法之战（1870～1871年）时，他的无政府主义最为激烈。"后来易卜生"进到世界主义的地步"也正是无政府主义的合理发展。㊼20世纪20年代中期，胡适对"集团主义"、"新俄"理想以及国民革命的态度也能从一个侧面反映出这位"健全个人主义"者无政府"大同"倾向的隐隐作痛。关于这一点，在陈独秀、李大钊思想谱系的演变中线索非常分明。照常规思路，高一涵的相对纯粹的自由主义应该与无政府主义无缘，但就是他的《老子的政治哲学》一文构成了他在整个《新青年》时期自由思想不可或缺的一个有机组成部分。老庄那消极革命、"无为而治"、"小国寡民"等带有乌托邦意义的思想资源构成了他将中国传统文化与西方现代思想衔接的利器。等到1919年5月将自己的家底和盘托出,他在之前的现代性追求也就让我们明白了大半。他说:

> 无论是人、是地、是天、是道,总要受自然支配的。顺着自然法则,便"无为而无不为";背着自然法则,"虽欲为之而无以为"。他把"自然法"的功用,康德这样森严,所以才主张放任主义。不过老子的放任主义。[48]

这和《天义报》时期刘师培论学论政中借助老子哲学大谈特谈无政府主义如出一辙。

在《新青年》杂志同仁中,周作人的温和、中庸、谦逊是众所周知的,但就是这样一位人间本位主义者有着极其惟我的个人主义特质。他讲"人道"、说自由、论个性,可在"自利"与"利他"的设计中却走向了极端为我的无政府主义老路。那经典之文《人的文学》在散发着个性启蒙光彩的同时,也夹杂着一头雾水般的思想菜单。个人主义、自由主义、无政府主义混杂在一起进行着文化启蒙。在他说过自利利他的"个人主义"之后不就有了这样情不自禁的表述吗:"至于无我的爱,纯粹的利他,我以为是不可能的。人为了所爱的人,或所信的主义,能够有献身的行为。若是割肉饲鹰,投身给饿虎吃,那是超人间的道德,不是人所能为的了。"[49]其实,极端的个人主义就是无政府主义哲学基础,完全处于一个意识形态之下。如果说这里的引述还不足以证明周作人也有无政府主义的影子,那么在其之后发表的《日本的新村》等文章无疑为6卷4号的"劳工问题讨论"(以王光祈的《工作与人生》为标志)和5号的"马克思专号"(这个专号包括高一涵的《老子的政治哲学》和克水的《巴枯宁传略》两篇论述无政府主义的文章)开了先河。他介绍日本的新村实况说:

> 近年日本的新村运动,是世界上一件很可注意的事。从来梦想 Utokia 的人,虽然不少,但未尝着手实行;英国诗人 Coleridge 等所发起的"大同社会"(Pantisocracy)也因为没有资本,无形中消失了。俄国 Tolstoj 的躬耕,是实行泛劳动主义了。但他专重"手的工作",排斥"脑的工作",又提倡极端的利他,没杀了对于自己的责任,所以不能说是十分圆满。新村运动,却更进一步,主张泛劳动,提倡协力的共同生活,一方面尽了对于人类的义务,一方面也尽了个人对于个人自己的义务,赞美协力,又赞美个性,发展共同的精神,又发展自由的精神,实在是一种切实可行的理想,中正普通的人生的福音。
>
> 1910 年,武者小路实笃(1885 年生)纠合了一班同志,在东京发刊《白桦》杂志,那时文学上自然主义盛行,他们的理想主义的自由,一时没人理会,到了近三四年,影响渐渐盛大,造成一种新思潮,新村的计划,便是这理想的一种实现。去年冬初,先发队十几个人,已在日向选定地方,立起新村,(AtarashikiMura)实行"人的生活"。[50]

周作人不但有了《日本的新村》,而且日后还有《新村的精神》的宣传。尤其值得注意的是，他不但有"新村的理想"的鼓吹，而且还有新村精神的实践。《新青年》7 卷 2 号上的一则启事就足以让读者刮目相看："新村北京支部启事：本支部已于本年二月成立，由周作人君主持一切，凡有关于新村的各种事务，均请直接通信接洽。又如有欲往日向，实地考察村中情形者，本支部极愿介绍，并代办旅行手续，支部会址及会面日期如下：北京西道门内八道湾十一号周作人宅。每星期五及星期日下午一时至五时。"⑤ 我们虽然不能说周作人是一位无政府主义者，是一位社会主义者，但从他的思想流变以及精神诉求来看，在他个人的思想谱系中，并不能完全排除他与无政府主义、社会主义的亲和与缠绵。事实上，他的个人主义、自由主义主流思想总是与具有"工读互助"的乌托邦精神谱系藕断丝连。

的确，20 世纪初无政府主义思潮对中国知识界的影响超过了任何一种思潮流派，它也直接关系到社会主义日后在中国的生成。1918 年到 1919 年，《新青年》的"劳工神圣"的宣传一浪高过一浪。时至 1920 年，如果是思想集体曝光，那么的确是同仁集体上阵。《工读互助团募款启事》的"发起人"中除了鲁迅，主体作者几乎全部到位："李大钊、陈溥贤、李辛白、陈独秀、王星拱、孟寿春、蔡元培、高一涵、徐彦之、胡适、张崧年、罗家伦、周作人、程演生、王光祈、顾兆熊、陶履恭。"⑫ "同仁"中除却陈溥贤、李辛白、孟寿春三位少有出头露脸，其他人都是已经在《新青年》上频频出场并已经混到脸熟程度的多产作者。由此不难发现，从初期的个人（本位）主义到中期的"互助"倾向，再到"一发而不可收"社会（本位）主义，尽管中间有歧路上的分离，但用"大风起兮云飞扬"来概括一个同仁杂志对中国 20 世纪近一百年走势的震动和影响并不为过。的确，一个知识分子群体的团队舆论力量以及打造的思想走势就是这样不可小觑。

论及个人主义（自由主义）、无政府主义、社会主义三者之间在《新青年》的交织、转换以及"合力"也许有游离本论之嫌，但笔者以为，在思想史意义上探讨他们如何在个人思想主流与他者思想"排列组合"中生成"合力"并发生转向则是具有问题意识的选择。以下部分也是最后一个部分将是笔者对自己诺言的履行。

五、《新青年》思想谱系在中国思想史上的闪断与整合

据我个人对思想史研究的观察而言，思想载体的流变是瞬息万变的。我们知道，梁启超曾自我言说过"两头不到岸"以及"易质流变"的特点。其实，这何止是梁氏一个人的命运呢？即使是作为一个同仁团队的《新青年》也不例外，这即是我所说的"闪断"。至于"整合"，意思是说各种思想之力在平行多边形的"矢行"与"拉动"中斜向的势头，这就是"整合"的结果。

回到本题，就本人对国家、社会与个人关系的理解，它们应呈现出一个重心不断递减下移的趋势。以国家而论，它理应是以法治为本位，并不断对社会、个人"让权"的角色；就社会而言，它则是一个民间（道德"角色"）角色的扮演者，其上对国家形成助威之势，下对个人抱以宽容、忍让的心肠；涉及个人，在素质上应该是德法之才（意识）兼备。对社会厚之以德，对国家服之以法。在获得自由权利、个人独立的同时，也尽到自己应尽的义务和责任。进而言之，国家用平等的态度对待每一位国民，社会则以宽容的态度对待每一位公民，个人则时时要求保证自己才能的发挥并为社会和国家提供福祉。按照

这个价值尺度分别对我们所论的三个关键词予以对号入座就不难发现，在中国 20 世纪思想史上，既没有我们期待已久的"人格之独立、个性之自由"的"国民性"（国民素质），也没有空间独立、道德宽容的"市民社会"。至于国家的法治宪政格局更是千呼万唤、犹抱琵琶。

我们看到，在《新青年》这一至为现代的思想文本中，即使同仁们对这三位一体的处方"狠打了几次硬仗"，也难以了却这让人心动不已的情怀。如上所述，《新青年》同仁无论在思想细节上有着怎样的龃龉、矛盾甚至冲突，但他们在现代性的目标上却有着惊人的相似或说相同。如果说他们在共同的理想上没有二致，那么他们所有的差异也就不过是走向现代路径的不同。对此，我们可以在个人所受的教育背景、摄取的思想资源、立论的哲学基础上找到《新青年》同仁（历史的）"来龙"以及（流向的）"去脉"。

《新青年》知识群体不同程度地受到无政府主义思想的影响已经是一个不争的事实。但若具体到每一个同仁，他们在无政府主义这个思想"佐料"之外，究竟是哪一种思想谱系占据了上风则是我们着意关心的话题。

以我们当作"马前卒"的陈独秀、李大钊为例，他们同是从《甲寅》杂志阵地转移过来的，或"跳槽"，或"脚踩两只船"。在《甲寅》之前，他们又都分别在辛亥革命前后组织或参加过"暗杀团"（岳王会）和"敢死队"（共和会）。[53] 十分巧合的是，他们在《新青年》之前崇尚的刺客式暗杀暴力行为正是无政府主义学说的核心。辛亥革命之后，他们将个人"共和"的失望同时转移到杂志的舆论宣传上。在文乎其文的文化启蒙中，即使他们间或有不流血的"和平"、"非暴力"倾向，但终究还是被情感、意志、人格的等意象所吸引。血气方刚的陈独秀等人与暴力革命的"血潮"有一种天然的性情亲和，他们毅然决然地选择了法兰西和俄罗斯民族的现代性道路。就陈独秀和李大钊当时的兴奋点来看，无论哪一个国家、哪一个民族，只要革过命、流过血并且获得了成功，那就是他们笔下追随、歌颂、效仿的对象："法兰西之革命，法兰西国民之恶王政之教权也；美利坚之独立，十三州人民之恶苛税也；日本之维新，日本国民之恶德川专政也。"[54] 陈独秀对法兰西的情有独钟不止表现在他将法兰西革命排在"虎头"位置，其实早在《新青年》创刊号上付梓的《法兰西与近世文明》一文中就历历在目。他将世界文明进化的一切成就全部记在了法兰西人的功劳簿上——"人权说"、"生物进化论"、以空想著称的圣西门和傅立叶之"社会主义"雏形。不过这一法兰西情结仍是建立在对国家、社会与个人关系的基础上：

> 法兰西革命以前，欧洲之国家与社会，无不建设于君主与贵族特权之上，视人类之有独立自由人格者，唯少数之君主与贵族而已；其余大多数之人民，皆附属于特权者之奴隶，无自由权利之可言也。自千七百八十九年，法兰西拉飞耶特（Lafayette，美国独立宣言书亦其所作）之人权宣言（La declaration desdroits de l'hommes）刊布中外，欧罗巴之人心，若梦之觉，若醉之醒，晓然于人权之可贵。群起而抗其君主，仆其贵族。列国宪章，赖以成立。[55]

在"言必称法兰西"的态度上，当时的舆论媒体上形成了"陈唱李和"的思想格局。李大钊在 1916 年 10 月 1 日的《国庆纪念》中说："法兰西宪法，苟无法兰西国民数十年革命之血，为之钤印，则必等于虚文。美利坚宪法，苟无美利坚十三州市民独立战争之血，为之钤印，则必等于空白。"⑤在陈、李那里，政治文明，热血铸就。《新青年》上的《俄罗斯革命与我国民之觉悟》、《庶民的胜利》、《Bolshevism 的胜利》都是这一思想理路的"顺理"延伸。

必须进一步说明的是，以上我使用了两个需要加以注解的概念：一是法兰西情结；二是法俄思想理路的"顺理"延伸。所谓法兰西情结，指的是陈独秀、李大钊们站在一个思想的纬度上，他们不是在俄国十月革命的影响下才从英国自由主义转向法国的卢梭观念、马克思主义乃至社会主义的。他们从一开始就在思想中同时携带着英美自由和法国欧陆自由（而非相互消长）的思想谱系，而且一直以法兰西民族的政治文化为主调，与胡适、高一涵、周作人等同仁的思想谱系在《新青年》时期互相消长、跌宕起伏、"并立而竞进"⑤。所谓"顺理"延伸，是说法国革命和俄罗斯革命有共同的"血缘"基因。从卢梭到马克思，从 1789 年到 1917 年，这是"南陈北李"都翘首期盼的："俄国今日之革命，诚与昔者法兰西革命同为影响与未来世纪文明之绝大变动……十九世纪全世界之文明，如政治或社会之组织等，罔不胚胎于法兰西革命血潮之中。二十世纪初叶以后之文明，必将起绝大之变动，其萌芽即苗发于今日俄国革命血潮之中，一如十八世纪末叶之法兰西亦未可知。"⑤鉴于本人的分析难以超越杜威，因此这里租赁理论依据作罢："英国人看卢梭，正如现在守旧的人看 Bolsheviki 一样。Bolsheviki 的学说，很有许多从卢梭传下来的。"⑤顺便指出，《新青年》的自由思想谱系决非如有些学者所说的那样——先洛克后卢梭，先以英国经验主义为主导后以法国唯理主义为趋向。事实上，英法两种自由思想传统以及各式各样的自由、民主或其他思想的变种一直都是"并立而竞进"的演绎着。⑥

如同我们可以将陈独秀、李大钊撮合在一起一样，将胡适与高一涵捆绑在一起分析也是一个有趣的组合。也许，这样会更有利于我们在下文总结陈词。就胡适而言，他的"易卜生主义"是一种"健全的个人主义"。虽然在个人主义意念上与诸位同仁不相左右，但"健全"二字又将距离拉开。因此，他一方面与陈独秀、李大钊的个人本位主义——法国唯理主义相左；另一方面与周作人、李亦民主张的惟我、为我、自我式的功利个人主义——也不尽相同。"健全的个人主义"不但有"娜拉"式的个性发展，还有着"哀梨姐"式的个性发展。我们看到，在胡适将"个人自由"、"个人本位"的自由主义价值抬到了至高无上的地位的同时，他又很快有所感悟，而且找到这种抑制个人价值"最大化"的杠杆。他在阐述其"各人自己充分发展"的思想时，已经注意到了"自由"与"责任"的互动。他说："发展个人的个性须要有两个条件。第一，须使个人有自由意志。第二，须使个人担干系，负责任。"⑥从《玩偶之家》的"出走"到《海上夫人》的"自己担干系"，胡适的"健全个人主义"是"娜拉"与"哀梨姐"合体的"健全"。在他看来，个人意志自由，自己对自己负责任并不是一个完整人格的表现。在一个健全的社会里，健全的人格还需要有社会的信任。换言之，只有个人能负责并负起责任，才算社会真正容忍了个人的发展。"个人"与"社会"、"权利"与"责任"的"统一"构成了胡适理性成熟的标志。这也是胡适自由主义（责任式个人主义）根源与英美经验主义的具体体现。尽管胡适很少直接专论英国自由主义大师的思想作品，但从他对杜威的介绍、易卜生（他们都是英国思想的继承者和守护者）的推崇来看，他的"健全个人主义"散发着扑鼻而来的英美自由主义思想气息。

与胡适受益于美国实验主义的思想资源有别，高一涵直接介绍英国自由主义思想家的"关口前移"则将原汁原味的弥尔（John S. Mill）和边沁（Jeremy Bentham）的"实验"、"实在"、"实利"思想（生命权、财产权）译介到中国。胡适说："杜威哲学的最大目的，是怎样能使人养成那种'创造的智能'（ereative intelligence），使人应付种种环境充分满意。换句话说，杜威哲学的最大目的是怎样能使人有创造的思想力。"⑥而早在 1918 年春高一涵将弥尔思想精粹中的言论自由、出版自由介绍给读者之际，就已经把《乐利主义与人生》中的"乐利"幸福论惠赠给《新青年》读者群了。值得说明的是，在胡适和高一涵的个人主义中，功利论并不占主导。⑥固然，我们不能否认高一涵思想体系中的卢梭以及法国传统部分的影响，但总的来看，他对弥尔《自由论》的解读以及对戴雪"英国言论自由之权利论"的分析还是与经验主义一脉相承。他说："中国今日思想，不要统一，只要分歧。所有的学说，不必先去信他，只要先去疑他。"⑥这和胡适的怀疑一切、求证一切、重评一切、"不疑处有疑"的实验主义哲学殊途同归。新文化运动后期"问题与主义之争"中的胡适正是这一意识形态的代言人。遗憾的是，"五四"以后的中国无法为这样的自由主义体系（也即是稳健的个人和国家观）提供因地制宜的空间。

在对陈独秀、李大钊和胡适、高一涵的思想体系作了大致的整合归纳后，我们要打捞的就数周作人了。上已论及，周作人的个人主义是一种惟我、为我的个人主义，这是一种可怕的价值一元化倾向。这一现象在现实中的实践即是正如俄国思想家和文学家陀思妥耶夫斯基的论断："人类最怕的就是选择的自由，即怕被在黑暗中，孤独地去搜索他自己的路。"他们总是"希望有现成的答案"，"希望别人自动告诉自己怎样生活"⑥。信奉价值多元论者则没有这种狂想划一心理，他们在非常躁动、疯狂的时代也能清醒地作出富有生动意识的价值判断。在这个意义上，权威主义、集体主义固然不能过头，可若是个人主义论调说过了头，其结果也并不比原有的"传统"好多少。周作人曾"自私"地说："各人自扫门前雪，莫管他家瓦上霜，这才真是文明社会的全象。最要紧的是提倡个人解放，凡事由个人自己负责去做，自己去解决，不要闲人在旁吆喝喊打。"⑥周作人曾经一度沦为日本附逆"蝼蚁偷生"的史实告诉我们，将其置于"失去儒家制衡的'个人主义'"确有几分哲学道理。他那执意张扬的与儒家完全对立的"拔一毛而利天下不为"之杨朱式自私行为，只能导致"因失去儒家制衡而膨胀起来的赤裸裸的'个人主义'或'利己主义'"的"自然"沦落结局。⑥顺便指出，就周作人和《新青年》的另一位个人主义的笃持者——李亦民的思想体系而言，他们的"为我"和"利己"的功利色彩方面明显较胡适和高一涵突出。

周作人早年留学东瀛，深受日本文化的熏陶。当然，我们无法武断地将周作人的偏执个人主义与德意日战争时代的军国主义同盟随意打通。然而，德意志的生命哲学和尼采的超人学说与日本文化中武士道精神之关联也不可熟视无睹。对本文不无裨益的是，《新青年》上除却已经论及的鲁迅等同仁外，周作人并非没有"同志"，单李亦民一个就足以将疑团解决大半。这里，笔者不欲再举更多的"公证"。单单李亦民的《人生唯一之目的》就能够把"大和魂"与德意志衔接。在李亦民那里，人生的唯一目的就是"自爱、自利"，而且是"人类行为之唯一原因"。他这样评说传统的儒家资源和杨朱学说的关系：

　　昔者，杨朱曾倡"为我"之说矣。全豹不可见。其义见之列书者，差近于性分之真，不作伪以欺天下。而孟氏斥为无君，詈为禽兽。然则所谓人者，绝不容有为我之念存于胸。纯为外物之牺牲，乃足以尽其性分乎？是大谬不然矣。⑧

按照这一逻辑演绎下去，结论也只能是："甚矣，人情之不可遏抑。遏抑之，乃不能不走于偏宕。若决江河，沛然莫之能御也。曷若顺人性之自然，堂堂正正。以个人主义为前提，以社会之义为利益个人之手段。必明群己之关系，然后可言'合群'；必明公私之权限，然后可言公益也。"该文固然不乏对英伦"经验学派"的引证、赞赏，但其中将其同化于"利己主义为人类生活唯一之基础"的"德国之官厅学派（日本译曰官房学派）"学说中，⑨则已完全暴露了德日民族个人主义挤占撒格逊民主个人主义的思想动向。

《新青年》时期，德人尼采和日人福泽谕吉如日中天。陈独秀的"兽性主义"教育方针以及"铁血"理论诱导下的"军国主义"立国思想分别是福泽谕吉和德意志民族"健斗"的翻版。⑩正如我们看到的那样，周作人对日本文化的欣赏固然不是从"大和魂"民族精神的角度，但他的选择完全可以"曲线"皈依。如果说起初周作人对日本文化的热爱是建立在具有普世主义人类中心价值的基础上，那么李亦民对德意志（民族）战争精神的崇尚和追随则体现出借"他山之石以攻玉"的特征。从他撰写的《德意志骁将麦刚森将军》、《滑铁卢古战场》等文对"战功"的立意来看，⑪"大和魂"的民族精神和"超人"学说（尼采）、"自我意志"哲学（叔本华）构成了并行不悖的情感支柱，于此，我们可以在刘叔雅《军国主义》一文中找到两者"统一"的痕迹。他在《叔本华自我意志说》中对叔本华、尼采、军国主义作了简约的勾联："德意志大哲叔本华先生，天纵之资，既勇且智，集形而上学之大成（Deussen 博士语也），为百世人伦之师表（R. Wagner 教授语也）。康德而后，一人而已。先生之说以无生为归，厌生愤世。然通其义，可以为天下之大勇。被之横舍，则士知廉让；陈之行阵则兵乐死绥。其说一变而为尼采超人主义，再变为今日德意志军国主义。"⑫之后，他特地在一篇长文中又专论军国主义的高尚、伟岸，并誉为"立国之根本"、"救亡之至计"，欲借此振国家、社会之雄风。⑬

历史表明，即使民主思想、自由理想最为盛行的《新青年》也难以打消救亡心理、民族意识在知识分子身上的涌动。然而，同是民族意识，在不同的国度、不同的时期、不同个人的身上的表现又是如此不一。正如"自由意志"流动于思想载体的内容会有不同的格调一样，民族间主观性很强的差异意识，会导致两种"相克相生"基本形态──优越感和自卑感。"大和魂"文化精神在日本是一种民族优越感，而在周作人、李亦民那里则可能是强烈的民族自卑感。这也是笔者意志不愿意偏向"个人主义"或"社会主义"任何一方的根本原因。在某种意义上，个人主义的极端化是一种隐形的民族主义，而社会主义集体民主意识的夸大则是一种大鸣大放的民族主义。在第二次世界大战中，日本可以有个人主义的启蒙者向军国主义者进献"意识形态"，意大利也可以有号称自由主义者向专制独裁的墨索里尼信誓旦旦，德国更是有激越高昂的"社会主义者"为法西斯主义的"大炮"献礼。在《新青年》以后的中国，有没有这般形象呢？这里笔者不欲比附，但需要指出的是，当"靖国神社"已经作为日本民族主义的一种精神力量深入国民心里时，我不禁想起了周作人当年关于巴枯宁那句话的辩证："历史的唯一用处是教我们不要再这样了，我以为读史的好处是在能预料又要这样了。"⑭退缩、隐忍、自敛、独善的个人主义终于摧毁了民族自卑感影响下的生命意志，消极而非积极的对应世界心理使他成为军国主义为表、民族主义为里的"隐士"。和日本一样，德国的"军国主义"一度深入人心，也是"国民心理"、"民族精神"的症候。⑦我这里不是说有了这样的思想前提就一定会沦落为周作人那类人物，但在思想史意义上提供注脚和提醒警惕应是不可忽视的命题。

我们看到，民族优越感和自卑感的打通或说转换是这样"轻而易举"，从"仁人"沦落为"隐士"就在那一刹那的意念之间，从"志士"流变为"叛徒"就在那短暂的历史一瞬，从儒雅的"君子"和"烈士"成为附逆的"小人"和"帮凶"就在不经意的放任中。在中国的 20 世纪，我们不是看到了很多为集权政治奔走的御用角色吗？当胡适为周作人充当法西斯主义强权的走卒而惋惜不已时，具有民族意识的胡适不是希望在"好人政府"心理作用下找到专制政权的靠山吗？一个失去民族人格尊严，一个丧失民主自由的精神，这是他们当初无论如何也不敢想象的。极端的个人主义不要权威，只要自我，结果找到了"权威"；自由主义需要权威，最终依附了"权威"。而由无政府主义走向共产主义的陈独秀则更乐于"破坏偶像"，重新打造自我出品的权威形象，于是，我们发现了陈独秀极力批判"空想、颓唐、紊乱、堕落、反（返）古"的"虚无个人主义与任自然主义"的原委。⑦他逐渐远离无政府思想而执意组建政党的实践正是其怀抱积极改造社会理想诺言的履行。

民族优越感历来是政治野心家的一个杀手锏。在民族伟大、勤劳、勇敢等不一而足的优越自诩中可以事半功倍地促进民族凝聚力，这也是形成民族大动员的最佳心理兴奋剂。而民族自卑感则正好相反，它是瓦解凝聚力、出卖民族利益的主要心理动因。周作人在个人与国家之间失去儒家传统制衡之后的叛敌，不但让我们想起了民族主义的自卑感，而且也使我们联想到撇开民族、国家意识而直接"升华"的世界主义观念。⑦民族优越感的膨胀是沙文主义和种族主义的内驱力之一；民族自卑感则是由民族虚无主义心态走向殖民和洋奴心理的最便捷的路径。

结　　语

就《新青年》时期关于个人、国家与社会关系所呈现的思想谱系而言，其复杂性令笔者眼花缭乱。《新青年》思想的丰富性及人物思想的流变性和纷繁性是我们难以一时予以澄清的根本原因。以上文频频论及的周作人为例，他在《新青年》时期的杂乱无章的心态足以诠释转型过渡时期的"摇摆"现象。他对自我思想谱系的难以梳理，在给孙伏园的信中就祖露得一览无余：

> 我近来的思想动摇与混乱，可谓已至其极了，托尔斯泰的无我爱与尼采的超人，共产主义与善种学，那佛孔老的教训与科学的例证，我都一样的喜欢尊重，却又不能调和统一起来，造成一条可以行的大路。我只将这各种思想，凌乱的堆在头里，真是乡间的杂货一料店了。——或者世间本来没有思想上的"国道"，也未可知。这件事我常常想到，如今听他们做功课，更使我受了激刺。同他们比较起来，好像上海许多有国籍的西商中间，夹着一个"无领事管束"的西人。至于无领事管束，究竟是好是坏，我还想不明白。不知你以为何如？⑦

这并非小说，而是写实。在此，笔者想到更多的是《新青年》思想谱系在同仁那里的交叉、交织与"交换"。

譬如说，同时由个人本位走向社会本位的"同志"陈独秀、李大钊，他们在个人的思想家谱中又有着难以混淆的不同。在《新青年》初期，当李大钊带着《甲寅》的"调和"、"协力"、"多元"观念与陈独秀共事时，陈独秀以不容"调和"思想极力诱导、搬置，后来李大钊终于九九归一式地走向了法俄道路。还有，处于不同思想体系中的胡适与李大钊在"问题与主义之争"中就显现了两种意识形态的对立，但他们却对英人莫烈的调和主义思想形成了共识。在《藏晖室札记》中，胡适述说自己对莫烈《调和论》"不忍释手"⑦⑨。再者，同是追随英美经验主义的胡适与高一涵则还有着区别，如果说胡适是相对纯粹的自由主义，那么相比之下高一涵的自由主义则有着英、法、德等各种思想谱系集合、组合的特征。正如上面描述的那样，相对有别的高一涵和李亦民在边沁的功利主义原则上站到了一个起跑线上。同样，一个难以否认的事实是，陈独秀的军国主义思想和刘叔雅不谋而合。如此繁复，不一而足。

笼统论之，《新青年》里的设计都是为国家兴亡、民族富强、社会文明而提出的路径，但就历史的终极关怀而言，理出一个基本的线索并向后人劝学应该是思想史研究者责无旁贷的责任。

注　释：

① 梁启超：《新民说·论新民为今日中国第一急务》，《新民丛报》1902 年 2 月 8 日。

② 梁启超：《新民说·论私德》，《新民丛报》1903 年 10 月 4 日。

③ 梁启超：《新民说·叙论》，《新民丛报》1902 年 2 月 8 日。

④ 梁启超：《新民说·论自由》，《新民丛报》1902 年 5 月 8 日。

⑤ 梁启超：《新民说·论国家思想》，《新民丛报》1902 年 3 月 24 日。

⑥ 梁启超：《新民说·论国家思想》，《新民丛报》1902 年 3 月 24 日。

⑦ 梁启超：《新民说·论国家思想》，《新民丛报》1902 年 3 月 24 日。

⑧ 章士钊：《读严几道民约平议》，《甲寅》1 卷 1 号，1914 年 5 月 10 日。

⑨ 章士钊：《读严几道民约平议》，《甲寅》1 卷 1 号，1914 年 5 月 10 日。

⑩ 章士钊：《国家与责任》，《甲寅》1 卷 1 号，1914 年 6 月 10 日。

⑪ 章士钊：《国家与我》，《甲寅》1 卷 1 号，1915 年 8 月 10 日。

⑫ 陈独秀：《说国家》，《安徽俗话报》第 5 期，1904 年 6 月 14 日。

⑬ 陈独秀：《说国家》，《安徽俗话报》第 5 期，1904 年 6 月 14 日。

⑭ 梁启超：《新民说·论国家思想》，《新民丛报》1902 年 3 月 24 日。

⑮ 章士钊：《国家与我》，《甲寅》1 卷 1 号，1915 年 8 月 10 日。

⑯ 陈独秀：《双枰记》叙一，《甲寅》1 卷 4 号，1914 年 11 月 10 日。

⑰ 李大钊：《厌世心与自觉心》，《甲寅》1 卷 8 号，1915 年 8 月 10 日。

⑱ 章士钊：《国家与我》，《甲寅》1 卷 1 号，1915 年 8 月 10 日。

⑲ 陈独秀：《给陈其昌等的信》（1937 年 11 月 21），《陈独秀书信集》，新华出版社 1987 年版。

⑳ 陈独秀：《爱国心与自觉心》，《甲寅》1 卷 4 号，1914 年 11 月 10 日。

㉑ 陈独秀：《给陈其昌等的信》（1937 年 11 月 21），《陈独秀书信集》，新华出版社 1987 年版。

㉒ 陈独秀:《我之爱国主义》,《新青年》2卷2号,1916年10月1日。

㉓ 陈独秀:《我们究竟应当不应当爱国》,《每周评论》第25号,1919年6月8日。

㉔ 陈独秀:《我们究竟应当不应当爱国》,《每周评论》第25号,1919年6月8日。

㉕ 陈独秀:《东西民族根本思想之差异》,《新青年》1卷4号,1915年12月15日。

㉖ 陈独秀:《答钱玄同》,《新青年》4卷4号,1918年4月15日。

㉗ 陈独秀:《偶像破坏论》,《新青年》5卷2号,1918年8月15日。

㉘ 《鲁迅全集》第4卷,人民文学出版社1981年版,第455~456页。

㉙ 胡适:《易卜生主义》,《新青年》4卷6号,1918年6月15日。

㉚ 胡适:《易卜生主义》,《新青年》4卷6号,1918年6月15日。

㉛ 胡适:《易卜生主义》,《新青年》4卷6号,1918年6月15日。

㉜ 高一涵:《共和国家与青年之自觉》,《青年杂志》1卷1号,1915年10月15日。

㉝ 高一涵:《民约与邦本》,《青年杂志》1卷3号,1915年11月15日。

㉞ 高一涵:《国家非人生之归宿论》,《青年杂志》1卷4号,1915年12月15日。

㉟ 高一涵:《国家非人生之归宿论》,《青年杂志》1卷4号,1915年12月15日。

㊱ 周作人:《人的文学》,《新青年》5卷6号,1918年12月15日。

㊲ 《文学运动史料选》第1册,上海教育出版社1979年版,第209页。

㊳ 《民国日报》副刊《觉悟》,1922年4月7日。

㊴ 《民国日报》副刊《觉悟》,1922年4月20日。

㊵ 陈独秀:《新青年》,《新青年》2卷1号,1916年9月1日。

㊶ 陈独秀:《人生真义》,《新青年》4卷2号,1918年2月15日。

㊷ 李大钊:《联治主义与世界组织》,《新潮》1卷2号,1919年2月1日。

㊸ 胡适:《不朽》,《新青年》6卷2号,1919年2月15日。

㊹ 高一涵:《国家非人生之归宿论》,《青年杂志》1卷4号,1915年12月15日。

㊺ 周作人:《人的文学》,《新青年》5卷6号,1918年12月15日。

㊻ 李大钊:《我与世界》,《每周评论》第29号,1919年7月6日。

㊼ 胡适:《易卜生主义》,《新青年》4卷6号,1918年6月15日。

㊽ 高一涵:《老子的政治哲学》,《新青年》6卷5号,1919年5月15日。

㊾ 周作人:《人的文学》,《新青年》5卷6号,1918年12月15日。

㊿ 周作人:《日本的新村》,《新青年》6卷3号,1919年3月15日。

(51) 《新村北京支部启事》,《新青年》7卷2号,1920年3月1日。

(52) 《工读互助团募款启事》,《新青年》7卷2号,1920年1月1日。

(53) 参见张宝明《启蒙与国民——五四"激进派"的两难》第一章第一节的分析,学林出版社1998年版。

(54) 陈独秀:《一九一六年》,《新青年》1卷5号,1915年1月15日。

(55) 陈独秀:《法兰西与近世文明》,《新青年》1卷1号,1915年9月15日。

(56) 《国庆纪念》,《李大钊全集》第2卷,河北教育出版社1999年版,第406页。

(57) 陈独秀:《答常乃德》,《新青年》3卷1号,1917年3月1日。

(58) 李大钊:《法俄革命之比较观》,《言治》季刊第3册,1918年7月1日。

(59) 《杜威博士讲演录》,《新青年》7卷1号,1919年12月1日。

(60) 笔者进一步注解的原因来自对高力克先生《〈新青年〉与两种自由主义传统》的阅读,见1997年8月号的《二十一世纪》杂志。该文重点考察了"中国自由主义在俄国十月革命影响下很快从洛克传统转向卢梭传统，进而以社会主义的胜利告终"，从而认为"洛克传统与卢梭传统交替消长，启蒙运动经历了一个从英美经验主义到欧陆唯理主义的思潮流变的过程"。其实，这是笔者无论如何都不敢苟同的。如果作者不了解陈独秀与胡适在《新青年》上轮流坐庄的编辑方式，如果忽视了胡适在《新青年》初期与同乡主编"不谈政治"的表面"默契"，就很难相信笔者一直坚持的观点：《新青年》杂志从一开始就有着两种以上的思想龃龉和冲突。如果说《新青年》后期有什么变化的话，我以为是十月革命推波助澜，让法俄理路和情结占据了上风，英美改良主义由于在中国缺乏"市场"而失去了"用武之地"。

○61 胡适：《易卜生主义》，《新青年》4 卷 6 号，1918 年 6 月 15 日。

○62 胡适：《实验主义》，《新青年》6 卷 4 号，1919 年 4 月 15 日。

○63 高一涵：《乐利主义与人生》，《新青年》2 卷 1 号，1916 年 9 月 1 日。

○64 高一涵：《读弥尔的〈自由论〉》，《新青年》4 卷 3 号，1918 年 3 月 15 日。

○65 ［英］麦基编：《思想家》，三联书店 1988 年版，第 34～35 页。

○66 周作人：《代快邮》，《谈虎集》，上海书店 1987 年版。

○77 周作人：《代快邮》，《谈虎集》，上海书店 1987 年版。

○67 刘东：《周作人：失去儒家制衡的"个人主义"》，《二十一世纪》1997 年 2 月号。

○68 李亦民：《人生唯一之目的》，《新青年》1 卷 2 号，1919 年 10 月 15 日。

○69 李亦民：《人生唯一之目的》，《新青年》1 卷 2 号，1919 年 10 月 15 日。

○71 李亦民：《德意志骁将麦刚森将军》，《新青年》1 卷 6 号，1916 年 2 月 15 日。

○72 刘叔雅：《叔本华自我意志说》，《新青年》1 卷 4 号，1915 年 12 月 15 日。

○73 刘叔雅：《军国主义》，《新青年》2 卷 3 号，1916 年 11 月 1 日。

○74 周作人：《代快邮》，《谈虎集》，上海书店 1987 年版。

○75 刘叔雅：《军国主义》，《新青年》2 卷 3 号，1916 年 11 月 1 日。

○76 陈独秀：《随感录》（一〇〇），《新青年》1920 年 12 月 1 日。

○77 参阅周作人《与友人论国民文学书》、《日本的人情美》，收入周作人《雨天的书》，岳麓书社 1987 年版。

○78 周作人：1921 年 6 月至 9 月作，选自《雨天的书》，岳麓书社 1987 年版。

○79 胡适：《藏晖室札记》，《新青年》4 卷 2 号，1918 年 2 月 15 日。

（作者单位：武汉大学历史学院博士后流动站）

人文主义者的技术情怀
——文艺复兴时代知识分子对技术的关注

□　刘景华

文艺复兴"是一个需要巨人而且产生了巨人——在思维能力、热情和性格方面，在多才多艺和学识渊博方面的巨人的时代"①。不少巨人的其他方面成就表现在科技尤其是技术方面，典型者如恩格斯曾高度评价的大画家达·芬奇。在文艺复兴时代的几个世纪里，具有人文主义思想或受到人文主义教育的知识分子，成为关注和推动技术进步的主要社会力量之一。不但从文艺复兴初期起技术工程人才不断涌现，关注技术问题和技术进步的科学家也大有人在，人文主义艺术家和文学家们，也因技术进步所带来的变化而对社会和世界产生了许多新的理解和感悟，或者利用技术新手段更新着艺术和文学的表现手法。

一、文艺复兴早期的工程技术人才

15 世纪的技术进步，主要发生在意大利北部、德国南部和莱茵河流域，即那些正经历着艺术、文学、科学和技术复兴运动的地区。在文艺复兴文化熏陶下的第一代工程技术人才，从 15 世纪初就出现了，他们往往兼建筑师、机械工程师、军事工程师等多种身份于一身。

德国军事工程师凯塞（Kyeser），可谓这一代工程技术人才的先驱。此人本为一士兵，他在 1405 年完成的大型军事技术手稿，对同时代人产生了较大影响。这部著作共 10 册，每册论述一个专题，分别讨论军用车辆、枪炮、弹药、撞城机、升降机、水泵和水力设备、浮桥、安全带、热气球及其他有关战争和火炮使用等问题。凯塞对自己的成就颇为自豪，认为自己是德国最杰出的技术人才。他在自撰的墓志铭中，把自己说成是几千年才出现一个的全才，称自己能言善辩，行动果断，友善，有风度，社会活动能力强，并有一身好技艺，到处受到诸侯王公们的欢迎。②

在他的影响下，德国的技术工程人员多关注军事技术。与此相反，同时代的意大利技术师和工程师涉猎范围更广泛些。15 世纪的意大利，可谓技术人才辈出。

第一代意大利文艺复兴技术师和工程师出现于 15 世纪初。他们当中，突出者如布鲁内莱斯奇（Brunelleschi），可作为文艺复兴早期技术师和工程师的缩影。他起先是金饰匠和雕塑师，后来成为杰出的建筑师，是第一个文艺复兴式建筑——佛罗伦萨大教堂的设计者（1420 年）。他还设计过机器，建造过堡垒，研究过水力学，制作过光学仪器。虽然他没有留下文字著作，但却是这代意大利工程师的第一人。他所受的训练，他的爱好和兴趣，已完全不同于同时代那些只注重实用军事技术而不倾注人文情愫的德国工程师。

丰塔纳（Fontana），本为一个医生，但他的主要兴趣是自然科学，在这方面写过一些书。他还著有战争学著作，探讨过水力学、喷泉、输水等问题，特别研究过自动机械。

塔科拉（Taccola）代表着这一代人的顶点，是他那个时代的学术权威，有"锡耶纳的阿基米德"之称。他在很多方面都有兴趣和贡献，最著名的技术论文是《机器论》。他不是革新家，被人说成是中世纪技术的最后一个代表，③因为他专注的事物多在传统方面，如军事机械、攻城器械、水力和风力的利用等，但他了解自己所处时代的一切技术知识，属于人们所说的那种技术上的"饱学之士"。

此后，意大利不断涌现着杰出的技术和工程人才。这些兴趣广泛、知识渊博的人，不但在技术和工程领域作出了贡献，还从 15 世纪中叶起开始了著述技术书籍的工作。马拉特斯塔（Malatesta）所著的《军事论》，最早从技术角度来探讨军事问题。非拉里特（Filarete）作为建筑师和机械师替米兰的斯福查家族工作，他是一个视野宽阔的技术专才，极善于将建筑与其他技术活动相联系。费奥拉凡提（Fioravanti）兄弟俩虽然没有著书，但都是成功的建筑师和熟练的机械师。其弟莱多尔佛（Ridolfo）曾将意大利文艺复兴思想传播到莫斯科。吉尔贝提（Ghiberti）留下的著作中，也有许多关于建筑、冶金、铸造、武器等的精彩论述。克列森兹（Crescenzi）则有关于农业问题和农业技术的论著传世。

而技术著述作为一个时代现象的出现，在意大利当以阿尔伯蒂（Alberti）为开端。布克哈特曾称颂阿尔伯蒂为全才式人物（the all-side）。早在波罗那大学读书时，阿尔伯蒂就有十分广泛的兴趣，尤其偏爱实用科学和数学，这对其后来研究建筑学大为有利。他是一个哲学家、科学家，也是一个建筑师、工程师，以同样的科学精神探索了不同的领域。作为出色的建筑师，他善于将科学成就与实践活动相结合。于 1452 年完成的《建筑论》10 卷，是这个时期建筑学的代表性著作。书中论及了建筑领域各个方面，包括各种民用和公共建筑，水坝，各种形式的穹窿顶，各种石拱桥，而且还超出狭义的建筑学范围，精确探讨了相关的技术和军事工程问题。在后来的 20 年里，他在佛罗伦萨、曼图亚等城市留下了大量的建筑作品。④

马尔蒂尼（Martini）也是类似于阿尔伯蒂的典范式人物。此人出生于锡耶纳，因此肯定读过塔科拉的书。他最初是一个熟练的画家和雕塑家，后来则在技术和工程领域大展身手。许多技术即使不是他的发明，也被他发扬光大。1469 年后，他负责锡耶纳的输水工程。1477 年，他受乌尔比诺公爵蒙特费尔特罗（Montefeltro）之邀，在一个军事工程中负责建筑设计和堡垒建造工作。到 1486 年，他已是声名赫赫，意大利各地都邀他前往。他参加了米兰大教堂的建设，在那里遇见了达·芬奇，给了后者许多有益的帮助。他还为教皇国效劳过，也在那不勒斯工作过。1470 年至 1480 年间，他写下了一部关于技术的论著。书的第一部分和第三部分论建筑和机械，主要是吸收前人的成就；第二部分论堡垒，有许多新的思想，该书也因此被认为是第一部真正的堡垒学论著。这部著作在当时被广泛地翻译和流传。1475 年，他作为军事工程师为乌尔比诺公爵工作时，还致力于武器的研究，探讨枪膛及枪管的长度、厚度，弹药的用量与子弹重量的关系等问题。

15 世纪意大利的这些技术师和工程师们有一个共同特点，即他们最初多是具有人文精神和世俗思想的艺术家，有绘画技艺作基础，如布鲁内莱斯奇，就做过雕塑，研究过透视画技和比例；又如马尔蒂尼，也是画家和雕塑家出身。从艺术创作的初衷出发，他们逐步转向关注现实生活，解决实际问题。制作金银器物时，导致了他们对金属使用的思考；进行雕塑时，导致了他们对各种材料的思索。作为建筑师，他们经常要遇到石头切割、建筑物稳固、建筑材料提升之类的技术问题。作为雕塑家，他们又必须熟悉铸造技术，因为先得有浇铸的模块才能对其进行雕刻，这又势必引向对其他铸造工作的关注，譬如铸造大炮。建筑要塞、铸造大炮，又使他们成了战士，又关心更多的与军事相关的事物，诸如水力学知识。这些工程师们常常惊讶于并致力于世界的技术变化，力图去顺应它、创造它，因此，他们想掌握哲学，想掌握各种有利于他们工作的新科学知识。正是他们的工作，实用生活才第一次与科学相联系。可以说，正是这些 15 世纪的技术师、工程师的知识和他们对世界的观察，改变着世界的面貌，世界开始被逐步导向现代性。

从某种意义上说，这些人的功能和作用，介于纯粹的工艺匠、发明师和科学家之间，可以称之为技术家、技术师。他们是现代工程师的先驱，受过一定的技术训练，又有初步的科学知识，能够探究自己所关注的专门技术领域，也能够以著述的方式向世人传播技术知识。因此技术史家认为，正是这些人创造了一种新型的活动，这种活动可用"技术"（technology）一词来表述，它既不同于简单的实用技艺（applied technique），也不同于以发现为目的的科学，而是一种高级形式的技艺，一种学术性的技艺，一种关于技艺的学问。⑤

把工程和技术当作一项专门职业，并结合探讨自然世界运动的规律法则，则首推活动盛期在 15、16 世纪之交的达·芬奇（Da Vinci）。他被西方学者誉为第一个现代工程师⑥。在他之后，一代真正意义上的工程师开始出现于欧洲。"工程师"（engineer）一词，最早是法国技术师德考斯（de Caus）用来称呼那些军事工程技术人员的，以示其与民用建筑师的区别⑦，随着时代的演进，逐渐成了所有设计和建造新机械的人的称谓。

16 世纪中叶，一些阐述机械设计和制造的书籍相继出版，重要者如 1540 年意大利庇林古西奥（Biringuccio）的《技术论》，1556 年德国阿格里科拉（Agricola）的《冶金论》。尤其是 1558 年拉麦里（Ramelli）在巴黎出版的《机械技术论》，描述了不下 110 种机械，包括灌溉设备，排水泵，各种水力、风力和畜力磨坊，移动吊车，各种绞盘，曲柄连杆装置，钝齿轮装置等。虽然这当中有些只是理论上的描述，有的纯粹是技巧玩物，但都表达了他对机械问题的一种新探索，或在古代技术基础上注入新的理念。从某种意义上说，这些著作是 15 世纪至 16 世纪中期西欧技术和工程知识的集大成。这些知识已经有一定的新科学含量。

当然，对 16 世纪中期以前文艺复兴工程师们的技术成就不能估计过高。他们更多地是将中世纪以来欧洲出现的技术革新运动推向深入，而不是实现根本的技术思想转变。他们是在"寻求人和世界的极限"时，"独创地把发明与中世纪和古代的双重传统结合起来"⑧，因此，尽管在他们那里萌现了近代工程技术的胚芽，但他们的技术成就更表明欧洲传统技术发展到一个高峰，这些胚芽尚未发展为近代工程技术的源流。这种源流直到 16、17 世纪在科学家的技术活动中才得以形成。

二、文艺复兴后期科学家的技术活动

16 世纪中期，随着哥白尼新天文学的诞生，以及医学生理学的革命，科学理论逐渐对技术实践活动起着指导作用，科学家们的技术活动也成了此后一个多世纪里技术发展的主要表征之一。早期科学家的这些技术活动有多种情况：一是科学家在自己的领域探索时，力图在技术上寻找例证。二是科学家在进行科学实验时，需要制作科学仪器和设备，从而导致新的技术发明和创造。三是许多科学家兴趣所致，在许多技术领域展示自己的才华。四是有的科学家在做试验时得到启发和灵感，常产生意外的收获。五是科学家多有一种使命感，热心于传播和普及新的技术知识和各种实用技能，等等。

例如，意大利数学家塔尔塔格利亚（Tartaglia）一生致力于向技术人员和手工工匠传播科学知识和实际经验，特别受到枪炮工匠、军事工程师、选矿师、金属冶炼工、土地测量师、商人们的欢迎。他用意大利语即本国话写作，目的就是让那些不懂拉丁语的实际劳动者也能懂这些知识。他不可能事必躬亲，但却善于对别人的实践经验加以综合和分析，进行理论上的推断，由此获得新的知识。如他没有当过枪炮工匠，却得出了炮弹射角在45°时为射程最远的结论。他把别人发明的象限仪略加改进，用于度量炮管的抬升角度。这种四分仪为 12 度，每度又分成 12 等份，共计 144 个刻度，极为精确。

塔尔塔格利亚之后，作为数学家、物理学家而又在工程技术领域颇有造诣的不乏其人，例如意大利人卡尔丹诺（Cardano）、康曼第诺（Commandino）、蒙特（Monte）和本尼德梯（Benedetti，塔尔塔格利亚的学生），荷兰人斯蒂文（Stevin）等。康曼第诺和蒙特都来自乌尔比诺，这是一个以将数学和人文主义研究相结合，并能解决技术难题而著称的城市。蒙特在 1577 年写下的《机械六书》论述了杠杆、滑轮、机轮、轮轴、楔塞、螺丝等问题。他还将"相对速度"的一般原理用于对上述机械部件的研究，尽管他的某些观点后来被培根和伽利略等人所否定，但在当时这本书产生了较大影响。

信奉蒙特"相对速度"理论的，还有军事工程师洛里尼（Lorini）。此人先后为佛罗伦萨的科西莫·美迪奇和威尼斯服务，特别善于将实践经验与理论知识相结合，不满足于纸上谈兵或只是制作样品，而是极力考虑将发明和技术投入实际应用。他在 1597 年所著的《筑城学》就是一部这样的代表作，比同时代的技术著作远远领先。书中设计的筑城索道，差不多就是现代索道的雏形。

17 世纪出现的科学仪器和工具，基本上是由科学家们亲手发明或制作的，如显微镜、望远镜、气压计、计算器、空气泵、摆钟、温度计等。另如天文学家布雷默（Bramer）设计了三角尺（trigonometria），哲学家、数学家帕斯卡（Pascal）设计了齿轮计算机（geared calculating-machine），科学家伽利略及助手马佐利尼（Mazzoleni）发明了函数尺（sector）等。

伽利略作为著名的科学家，不仅发现了许多科学规律，对前人的技术和工程成就进行了理论升华，而且在佛罗伦萨重视经验和实干传统的影响下，他本人的技术创造和发明活动也令时人仰止。在比萨，在佛罗伦萨，他进行过各种物理研究，并善于将经验研究与实用技术结合起来。1592 年后他任教帕图亚大学，专注于大量的技术难题，如筑城技术，供水技术，简单的机械原理，指南针的普遍性，材料的测试等。按照习惯的说法，是他发明了天文望远镜和摆钟。他还应用空气膨胀原理发明了测温器，即温度计的前身。

伽利略的助手、物理学家、数学家托里拆利（Torricelli）发明了水银气压计，人称"托里拆利管"（torricellian tube）。这一发明是另一个实验的副产品。托里拆利很早就受伽利略思想的启发，研究过流体运动和抛物体运动，也对纯数学感兴趣。1641 年所写《关于运动》一书，受到伽利略注意，他很快担任了伽利略的秘书和助手，并参加一个验证亚里士多德"自然排斥真空"论断的实验。这个实验本身就是生产活动的产物。当时，采矿人报告说可根据真空原理用抽水泵从井下排水，但他们又发现，不管用哪种水泵，扬水高度都不能超过 33 英尺。伽利略便思考：自然对真空的排斥可能有一个限度。而托里拆利则想到可用密度大大高于水的水银来做测试。

伽利略去世两年后，托里拆利做了这项实验。他将一根 4 英尺长的玻璃管装满水银，封住一头，然后倒置在水银盘中，结果水银从管中流出，玻璃管里则造成了一定的真空。实验证明亚里士多德的论断是正确的。更重要的是，这个实验导致了新的发现。因为实验表示玻璃管内水银柱的高度是波动的，托里拆利认为这种波动是单位面积上空气压力不同的结果。于是他开始测量空气的重量和压强，并发明了气压计，纠正了以往科学家认为空气没有重量的结论。直至今天，托里拆利设计的气压计仍是最精确的科学仪器之一。当然，别的人如 17 世纪法国哲学家帕斯卡，德国物理学家、工程师冯·盖里克（von Gu-ericke）对气压计也有过一些改进。

荷兰科学家惠更斯（Huygens）在天文学、物理学和数学等理论科学领域有重大贡献，同时也是 17 世纪科学家从事发明创造的一个典范。惠更斯出身名门，父亲是诗人、外交官，结交了许多文豪、学者。大哲学家笛卡尔经常登门造访，使年轻的惠更斯受益匪浅。在笛卡尔的影响下，惠更斯坚信科学终究能解释一切自然现象。惠更斯更是一个崇尚实践的人，因而技术发明不断。他改进了磨制望远镜透镜片的技术，制作了第一架高倍数的天文望远镜，由此他能对宇宙做更细致的观察。他发现了土星被一圈光环环绕；他也是第一个观察火星的人；在太阳系外，他还发现了猎户座的巨大星云；他发明了一种测距器来测量天体之间的角距。在物理学方面，他提出一种理论，解释了循环运动物体上作用力的规律，运用这一理论，他设计了世界上第一只精确的摆钟，设计了一种在海上指示标准时间以便确定经度的船用钟。他用数学方法，提出了光波原理。这一理论在此后两个多世纪里一直影响着科学界。⑨这位长期被病魔折磨的巨人，为整个人类带来的则是欢乐和进步。

与惠更斯同时代的英国科学家勒恩（Wren），也是声望颇高的天文学家、几何学家。他是牛津大学天文学教授，并在伦敦格勒善姆学院任职。然而他的发明领域之广是惊人的，包括天文学、气象学、物理学、航海学、民用工程、解剖学、乐器制作、几何学、数学、测量学、制图学在内，各个领域都有他的技术创造。他还发明了各种各样的实用小设备。1663 年他 31 岁时又转向建筑设计，特别善于将几何原理运用于建筑的结构设计。1666 年伦敦大火后，通过对巴黎的圆顶式建筑所作的全面考察，他设计了英国文艺复兴风格的标志性建筑——著名的伦敦圣保罗大教堂。

比勒恩稍晚的胡克（Hooke），作为一个经验哲学家和科学家，也在许多科学技术领域展示了才华，包括天文学、显微学、物理学，以及科学仪器的设计等。他发现了关于弹性的"胡克定律"，发明了测深仪，制作了海水取样器。⑩后来他也成了建筑设计师，并从结构力学角度探讨过建筑原理。⑪

科学家的技术实践活动，包括种种发明和创造，往往具有多重的积极意义：其一，极大地推动了科学事业的发展，促进了近代科学革命的尽快到来；一种新发明的出现常常能开辟一个新的科学领域。其二，科学仪器和工具的大量使用，进一步解放了科学家们的大脑和双手，使他们能更多地将精力倾注于科学研究和思维活动。其三，在科学理论指导下的各种技术创造和发明，减少了以往技术发明创造中能工巧匠们思索和琢磨的长期过程，加快了技术进步的步伐，在技术史上具有跃升的意义。其四，不少发明和创造直接面向当时的社会实践，面向生产和生活，对改变社会面貌、推进社会进步具有直接的现实意义。

三、人文主义作家、艺术家的技术情怀

文艺复兴时期的许多人文主义者，尤其是一些艺术家、文学家，对自然、对控制和驾驭自然的技术表现了特别的关注，并在这种关注中赋予了自己新的理解。

如同狄德罗所说，对"机械艺术"和"自由艺术"的双重关心，实际上是中世纪末和文艺复兴时期几代工程师—艺术家的共同特点⑫。不同的是，有的人是从艺术的需要和艺术的眼光来对待技术，如同那些工程师；有的人则接受技术成就指导艺术创作，或从技术成果中发掘艺术源泉。这种学者称之为"艺术和科技的联盟"⑬，对艺术和科技发展都具有促进作用。

这样的艺术家不乏其人。例如，乌塞洛（Uccello）的绘画风格，明显体现了其时几何学对他的影响。德拉·弗兰西斯卡（Della Francesca）则写出了关于透视原理的论文。这些艺术家体现了对自然和人类世界的新的感悟和理解。作为写实主义绘画家，他们在探求自然规律的同时，也力图通过自己的想象来发明新的器具和机械。

当然，也有的艺术家一方面致力于艺术创作，一方面还出于生活需要而从事实用职业，因而常常对技艺情有独钟。如1460年本内德托·代（Dei）回忆说，佛罗伦萨有40家"前途无量的大师的店铺"，雇用了许多制作家具或画屏画框的工匠。这种艺术家借以发挥才能的"多才多艺的工匠"，很快扩大到为整个社会工作。结果，作为画家兼雕刻家的迪·乔治修建过教堂，写过建筑方面的论文。最当红的画家拉斐尔（Raffaello），当过装饰家和建筑师。⑭就连达·芬奇的某些才能和成就，也是在生活中磨练出来的。

与达·芬奇相媲美，有德国大画家丢勒（Durer）。他崇尚自然为艺术之源泉，坚信艺术应"包括在自然之中"，才会更有活力。他不但亲身开展了许多工程和技术工作，而且还在1525年写出了《关于圆规和直尺使用的指南》，向他的同胞包括艺术家和手艺工匠介绍实用几何知识，以有助于他们的日常劳动。在书中，他将自己寄居意大利期间所获得的科学知识，与纽伦堡人文主义者的交流所得，予以了深入浅出的通俗化表达。1527年他还出版过《要塞论》。⑮

人文主义文学家也有同样的感悟和理解，甚至还将这种理解幻觉化、浪漫化，大有超前意识。16世纪后期英国戏剧家马娄（Marlowe）和莎士比亚（Shakespeare）的剧作中，就有这样的例子。

马娄戏剧《法乌斯图斯》的最后一场里，当时钟敲击之时，主人公法乌斯图斯的心情开始有点绝望。当时钟在夜半时分敲击时，法乌斯图斯感到恶魔正在把他带到那永恒的

诅咒之地。而时钟正是文艺复兴时代技术进步最突出的体现物之一。在另一剧作《帖木儿》中，马娄表现了对神秘武器的精确理解，有的西方学者认为他的一段话简直就是当代"冷战"思维的鼻祖，几乎是在预见现代热核战争：[16]

> 我将用一种从未用过的机车，
> 征服、洗劫和完全毁灭
> 你的城市、你的黄金宝殿；
> 用那直冲云霄的火焰，
> 激怒上天，熔化星辰，
> 只当它们是穆罕默德的眼泪。

对哥白尼新科学并不感兴趣的莎士比亚，虽然醉心于乡村、花草、树木，但也在《仲夏夜之梦》中通过帕克（Puck）之口而大胆地想象：

> 我欲用一根飘带绕系地球，
> 只需40分钟。

这颇像是在描绘现代航天器的飞行。

四、工程和技术全能的画家达·芬奇

达·芬奇的绘画，足以使他成为世界上最伟大的艺术家之一，但他还几乎拥有当时全部的科学知识。他的绘画，表现了异常精确的解剖学和生理学知识。他又是一个建筑师，一个军事工程师，一个水力工程师，一个机械设计师，还是植物学家、光学家、地质学家、地图学家、天文学家，等等。即使现代西方学者也认为，没有几个人能像他这样在这么多的领域取得这么多的成就，他是有史以来最伟大的天才之一，[17]是文艺复兴时期最具通才的人物（Universal Man）。[18]

达·芬奇似乎对自己也有这样的认识。1482 年，他在写给米兰公爵斯福查的信中，毛遂自荐，声称自己在军事工程和建筑方面有种种能力。为免别人说他夸海口，达·芬奇在信的最后还说可以在大公的庭院里当场作测试。从 1483 年到 1499 年，达·芬奇一直为米兰大公服务。该城陷于法军之手后，他回到佛罗伦萨，成为波尔基亚（Borgia）的军事工程师。1507 年，他接受了法兰西斯一世的赞助，住在这个法国国王当作礼物送给他的克娄克斯城堡里，晚年一直在那里从事科学探讨。达·芬奇之所以受到王公贵族们的青睐，更在于他具有工程和技术才能而非艺术才能。

在达·芬奇的笔记本里，有几千页设计草图，包括飞机、直升机、坦克、手枪、辊轴、齿轮、降落伞、潜水器具、闸门、离心泵、水压机、车床，以及织布机、纺纱机、磨粉机、搓绳机、切割锉刀，等等。这些东西，许多是第一次由达·芬奇构想了出来。有西方人评论说，达·芬奇好比是中国人，可以发明每一样东西。[19]

达·芬奇对自然世界特别是人类生命构造有极大的兴趣。他是丰富了人类解剖学和生理学知识的最早的学者之一。在他的草图中，他描绘了骨骼结构，肌肉结构，心脏与血液循环系统，呼吸与语言器官，大脑结构和感觉器官。他对眼球的研究为其探讨绘画透视原理提供了科学依据。他绘制的人体臂膀肌肉组织、人体大脑与眼球结构极其细致入微。他细致地画出了视觉神经的相交，"很可能是历史上第一个观察到眼镜后面的视觉神经是如何与大脑相连的解剖学家"[20]。

尽管达·芬奇的草图被长期湮没，后人很少从他那里获得多少启示，但他的发明体现了解放了的"人"的无限创造力。当然，他的草图仅仅是一种构想而已，这些发明也多是灵感的一闪念。由于材料、动力、工具等方面的限制，这些设计在当时多是一种空想：他设计的飞机不能起飞，他的潜水艇常常沉于水底。因此，与其说他是现代世界第一个全才，不如说他是古代社会最后一个全才。说他是现代第一个技术天才，那不是因为他发明了这许多东西，而是因为他预示了现代科学的诞生。他认识到需要一种新的科学方法，需要一种对自然的新的姿态。他的丰富思路和特有方法，在技术上开启了许多分支科学的发展方向。

作为艺术家、设计师，达·芬奇富于想象，但他同时又是一个极富理性的人，致力于探讨和阐述事物发展和运动的科学规律，探讨和阐述科学和实践的方法。

他这样解释月亮的发光："如果月球被当作一个发光体的话，相反它实际是一个昏暗不透明的固体物。月亮本身并不发光，是太阳照亮了它。"[21]他认为水波、声音和光的运动方式之间没有区别，"宇宙中所有事物都是以波的形式传播的"。他对光和热的解释是，太阳"放射出两种物质，一种是光，另一种是热"。"大气就像一块磁石将存在于它之中的所有物体的物象吸引过来，不光是它们的形态，而且是它们的本质，这些都可以从炽热和耀眼的太阳中清楚地看到。结果它的整个大气都被光和热彻底穿透，并呈现出炽热和光亮的形象；月亮和其他行星在同样程度上也经历了同样的过程。"[22]

他对数学在科学中作用的阐述可谓深刻。在他看来，经验虽不能导致假象，但判断却会因亲眼所见而发生错误。惟一的解决办法是：让判断服从于数学计算。"批评数学至高地位的人是在引发混乱，永远不能减少诡辩学的矛盾，只是给我们带来无休止的嘈乱。"如果科学是用一元论宇宙观解释世界，那么第一步就必须是体验。"我们拥有的所有知识都来自于我们的体验"。但这仅仅是第一步，在"体验"之后，必须产生一个"概念"，必须形成数学化的知识工具。只有数学理论才能指明下一步体验的方法。"热爱实践而没有知识的人，好比没有船舵或罗盘的舵手，不知道自己要到哪里去……科学是船长，实践是水手。"[23]达·芬奇对数学的推崇，超过了后来16世纪的哲学家。例如，即使大名鼎鼎的布鲁诺，也认为数学只是一种魔法或形而上学，不能引向对现实世界的任何量化判断。

在人文主义的影响下，文艺复兴时代人们对自然世界的思考又过于拟人化，好像自然世界完全是人的造物；解释世界时，也常常将人的情感和行为加到自然事件上。达·芬奇的认识则高出一筹。他认为，自然中的每一运动都受一种法则支配，这种法则是数学的，不可移易的，可用数量表达的，形成了必要和绝对规范的。"没有空气的流动和撞击就没有声音；没有工具的地方也就不会有空气的撞击，也就不会有一种无形的工具；因此，一种精神，它可能既没有声音、形状，也没有力量。"惯性法则、作用与反作用原理等现代物理学定理，虽然是在达·芬奇以后发现和确立的，但都可溯源于达·芬奇的科学观。

　　在技术特别是关于机械的基本问题探讨方面，达·芬奇也表现了高度的洞察力，远胜过他以前的实用技术家。他研究过水磨，指出齿轮系统啮合的角度不同会有不同的效果。他探讨过齿轮运转时形成的角度不同所带来的摩擦和磨损问题，试图寻找一种连接方法来减少甚至避免这种摩擦和磨损，并且发现了一些不规则连接法的基本规律。达·芬奇的草图描绘过很先进的曲柄连杆装置，但由于材料问题，因而在17、18世纪以前，曲柄和连杆极少结合起来。但怎样使持续旋转运动与直线往复运动相互转换，这个问题引起了达·芬奇的极大兴趣。他设计了好几种解决方案：第一种方法，是用一根圆管，外刻双线螺纹槽，用小钉将活塞杆固定在槽中，连着圆管的轴杆转动时，可以带动活塞做交替运动。第二种办法，使用一个飞轮带动另一个轮子运动，后一个轮子上装上两根活塞，可做交替旋转运动。这里并不是将运动方式改变，而只是将运动能传输。第三种方式，是将持续旋转运动传送到一个只有半边轮齿的大圆轮上，轮齿带动转轴杆上的两个小齿轮，两个小齿轮分别装在大齿轮直径的两端，第一个小齿轮与相啮合的大齿轮往一个方向转动，第二个小齿轮与相啮合的大齿轮则往相反的方向转动，两者依次往复，装着两个小齿轮的转轴杆则得到一种交替旋转运动，而将它再转换成直线往复运动便不困难了。这第三种方式，虽然不如曲柄连杆系统先进，但简单易做，因而被16世纪的机械制造师们广泛采用。[24]

　　达·芬奇的发明，使我们看到了文艺复兴时代一个拥有科学眼光和机械理念的巨人对技术的关心，看到了他解决这些问题的技术思路，即主要依靠自然动力，用机械来取代人力以适应大规模的生产。他的设计显示了一种先进的技术思想，那就是靠机械各部位的运动，取代手工工人的操作，这种技术思想只有到了近代才得到充分实现。[25]

　　达·芬奇的科技实践，更表现为一种精神和观念上的成功，那就是扭转着以往对工程和技术的偏见。对达·芬奇来说，设计和制作机械不再只是业余的爱好，不再是低下的、从属性的技艺，而是一种需要才智，需要探究内在法则的高尚职业。在这个意义上，达·芬奇就是第一个现代意义上的工程师。[26]他的伟大不在于他预知了飞机和潜水艇之类的现代事物，而是因为他是现代科学方法的创造者，是他以后时代所有发明的鼻祖。[27]

　　西方著名技术史家道马斯曾有一说，称中世纪以前人类的技术进步可用千年作单位来计算；而在中世纪晚期的西方，这种进步便可用世纪来计算了；紧接着，半个世纪、四分之一世纪又可作为技术进步的阶段；到了17世纪末18世纪初，十年便可以用作衡量技术进步的时间单位了。[28]这一看法，在一定程度上形象而简练地概括了14~17世纪即工业革命前几百年欧洲技术加速度发展的历史事实。正是14世纪以来技术的不断进步，技术知识的不断积累和传播，促使技术革新的车轮越转越快，并最终在18世纪引发了技术从量变到质变飞跃的工业革命。从本文的考察中我们得知，技术的这种进步，不单是生产和技术实际部门人员的贡献，而且也倾注着知识阶层对技术问题的一片深情。

　　而知识分子对技术问题的关注，反过来又大大有助于他们人文主义和理性主义倾向的强化。技术的创造使人类变得更有自信心。技术的辉煌成就，显示了人类征服自然世界的巨大能力。人类为了满足自身的需要，可以运用技术主动创造出有用的东西，并将其不断推向更好形态，不断推陈出新，人类没有理由不为自己自豪，或许这就是技术创造带给人类最大的精神愉悦。同科学一样，技术创造又促使人类思维方式更加科学化、精密化、分析化。技术与科学一样，都是以求真为原则的。这种求真意识，使人们在面对任何事物和任何问题时，都能更加细致缜密地考虑制约事物的各种因素，深入分析事物构成的各种因子，从而获得事物本质，找出有针对性地解决问题的方法。这种理性思维，为人类思想从人文主义过渡到理性主义搭起了桥梁。文艺复兴将目光从神转向人，它在高扬以人为中心的人文主义旗帜时充满激情，激情中又有理性的萌动。科学研究和技术活动使理性的萌芽有了进一步发育的土壤，科技成就更闪耀着理性的光芒，验证着理性的正确性。正是在此基础上，18 世纪启蒙学者接过了理性的旗帜，将理性思想系统化、主义化，并推广给社会大众。

注　释：

① 恩格斯：《自然辩证法》，《马克思恩格斯选集》第 3 卷，人民出版社 1995 年版，第 445 页。

② F. Klemm, *A History of Western Technology*, English edition, translated by D. W. Singer, George Allen & Unwin Ltd, London, 1959, p. 100.

③ B. Gille edited, *The History of Techniques*, Vol. 1, *Techniques and Civilizations*, English edition, translated by P. Southgate & T. Williamson, Gordon and Breach Science Publishers, Switzerland, 1986, p. 513.

④ Paul F. Grendler (editor in chief), *Encyclopedia of the Renaissance*, Vol. 1, Charles Scribner's Sons, 1999, p. 30.

⑤ M. Daumas edited, *A History of Technology and Invention: Progress Through the Ages*, Vol. 2: *The First Stages of Mechanization* 1450—1725, English edition, translated by E. B. Hennessy, John Murray, London, 1980, pp. 10-11.

⑥ U. Eco & G. B. Zorzoli, *A Pictorial History of Invention: from plough to Polaris*, English edition, translated by A. Lawrence, Weidenfeld and Nicolson Ltd, London, 1962, p. 139.

⑦ U. Eco & G. Zorzoli, *A Pictorial History of Invention: from plough to Polaris*, p. 140.

⑧ 布鲁诺·雅科米：《技术史》，北京大学出版社 2000 年版，第 135 页。

⑨ A. Feldman & P. Ford, *Scientists and Inventors*, Bloomsbury Books, London, 1989, p. 42.

⑩ 亚·沃尔夫：《十六、十七世纪科学、技术和哲学史》，商务印书馆 1985 年版，第 132 页。

⑪ C. Singer, E. Holmyard, A. Hall and T. Williams edited, *A History of Technology*, Vol. 3: *From the Renaissance to the Industrial Revolution c*1500—*c*1750, Clarendon Press, Oxford, 1957, pp. 257-258.

⑫ 布鲁诺·雅科米：《技术史》，北京大学出版社 2000 年版，第 180 页。

⑬ 朱龙华：《意大利文艺复兴的起源和模式》，人民出版社 2004 年版，第 278 页。

⑭ 欧金尼奥·加林主编：《文艺复兴时期的人》，三联书店 2003 年版，第 234、241 页。

⑮ Paul F. Grendler ed. , *Encyclopedia of the Renaissance*, Vol. 2, P. 228.

⑯ D. Cardwell, *The Fontana History of Technology*, Fontana Press, London, 1994, p. 71.

⑰ G. I. Brown, *The Guinness History of Inventions*, Guinness Publishing Ltd. , Middlesex, Britain, 1996, p. 7.

⑱ A. Feldman & P. Ford, *Scientists and Inventors*, p. 18.

⑲ U. Eco & G. Zorzoli, *A Pictorial History of Invention: from plough to Polaris*, p. 134.

⑳ 麦克尔·怀特：《列奥纳多·达·芬奇：第一个科学家》，三联书店 2001 年版，第 309 页。

㉑ U. Eco & G. Zorzoli, *A Pictorial History of Invention: from plough to Polaris*, p. 135.

㉒ 麦克尔·怀特：《列奥纳多·达·芬奇：第一个科学家》，三联书店 2000 年版，第 197 ~ 198 页。

㉓ U. Eco & G. Zorzoli, *A Pictorial History of Invention: from plough to Polaris*, p. 137.

㉔ C. Singer, E. Holmyard, A. Hall and T. Williams edited, *A History of Technology*, Vol. 2: *The Mediterranean Civilizations and the Middle Ages c. 700 B. C.—c. A. D. 1500*, Clarendon Press, Oxford, 1956,

p. 654.

㉕　E. Rich and C. Wilson edited, *The Cambridge Economic History of Europe*, Vol. 4, *The Economy of Expanding Europe in the Sixteenth and Seventeenth Centuries*, Cambridge University Press, 1979, p. 102.

㉖　F. Klemm, *A History of Western Technology*, p. 125.

㉗　U. Eco & G. Zorzoli, *A Pictorial History of Invention*: *from plough to Polaris*, p. 139.

㉘　M. Daumas edited, *A History of Technology and Invention*: *Progress Through the Ages*, Vol. 2, pp. 1-2.

（作者单位：天津师范大学历史系）

近代日本学名"论理"之厘定

□ 聂长顺

近代以前，西方逻辑学（拉丁文 Lagica）即由入华传教士传到中国，并被赋予汉字学名，如意大利人艾儒略（Aleni Giuleo，1582～1649 年）的《职方外纪》音译"落日加"，意译"辨是非之法"；葡萄牙人傅泛际（Francois Furtado，1587～1653 年）译"名理探"。这些译名曾随《职方外纪》等"早期汉译西书"东传日本并发生影响。但是，这种势头并未延续下来成为东亚近代逻辑学史的直接源头。东亚近代逻辑学史乃由明治日本重开纪元。在迎受西方逻辑学的过程中，日本学人创制的 Logic 的汉字译名有多种多样，其中"论理学"一名得以最后确立，并影响及中国。本文主要对日制 Logic 译名予以考列，揭示"论理"一名的确立过程，以就教于方家、同仁。

一、"致知学"及其他译名

（一）"致知学"

西村茂树（1828～1902 年）曾于 1886 年 12 月记述说：西方逻辑学"初传日本，盖当余学友西周、津田真道二君留学荷兰之时"[①]。而西周则堪称近代日本 Logic 译名厘定第一人。1869 年旧历 4 月，他在《沼津学校规则书》（草案）中译作"论学"[②]，同时在《德川家沼津学校追加规则书》中译作"论科"[③]，继而又在《文武学校基本规则书·国学规则大略·史道科本业之课目》中译作"致知学（Logic）"[④]。

1874 年 9 月，西周刊行《致知启蒙》（全二卷），介绍西方逻辑学的基本知识。他在自序中将逻辑学在人类文明中的作用推崇备至，称：西洋文明之所以"浩大"，在其学术之"精微"；而其学术之所以"精微"，则本于严谨精熟的逻辑思维。他申明，用以对译 Logic 的"致知"一词出自儒家经典《大学》："致知在格物。"[⑤] 关于"致知"，朱子在《大学章句》解道："致，推极也。知，犹识也。推极吾之知识，欲其所知无不尽也。"意即通过"知识"的推演，达到扩充"知识"的目的。不过，西周并未将 Logic 与《大学》的"格物致知"说混为一谈。他记述道，Logic 乃初创于古希腊的亚里士多德，其本意为"论辨之术"，久经演变，至近代被定义为"思虑法之学（Logic is the science of the laws of thought)"⑥，即关于思维规律的学问。他认为日本、中国"自古皆无此学"；《大学》只是提出了"致知在格物"，"别无致知之术"，而且颠倒了"致知"与"格物"的关系，依他之见，不是"致知在格物"，而是"欲格物，则致知"⑦。

在 1875 年出版的《心理学》和 1877 年出版的《利学》中，西周继续使用"致知学"译名。《心理学》第一卷中译曰："讲求思维论辩理法之学，即致知学（logic）"，它是"心理学"（Mental philosophy）的组成部分。⑧他在《译利学说》中阐述道：

> 人性之作用区之为三：一曰智，是致知之学所以律之也；一曰意，是道德（Moral）之学所以范之也；一曰情，是美妙（Ethetic）之论所以悉之也。是以三学取源乎性理之学，而开流于人事诸学所以成哲学之全驱也。⑨

他认为"致知学"源于"人性之作用"，它和道德学、美学一起共同构成哲学的完整形态。

1874 年 9 月，（大阪）文荣堂刊行黑田行元著《民法大意》（下），第 19 页：

> 唯在致知学上论，正与善并非同一之念。

（二）其他译名

西周堪称近代日本逻辑学第一人，他所创制的"致知学"一名亦堪称近代该科学名之首。但此译名并未占据独尊地位，与其同时及稍后产生的还有其他多种译名。

1."理论学"

1873 年 10 月，同人社出版中村正直（1832～1891 年）编译的《西国童子鉴》（全二册）。该书卷之三记述英国 Lord Jeffrey（1773～1850 年）生平时，将 Logic 译为"理论学"：

> 同年，热氏复为 Logics［理论学］之生徒，才能远超同辈。⑩

"理论"为古典汉字词。晋人常璩《华阳国志·后贤志·李宓》"著述理论，论中和仁义儒学道化之事凡十篇"，说理立论之义。《文苑英华》卷 690 常衮《咸阳县丞郭君墓志铭》"惟公博识强辨，尤好理论"，据理论辩之义。中村以"理论"作为 Logic 的译名，可被视为古典汉字词义的引申。该译名一度为官方文件所采用，1872 年 8 月 17 日文部省发布的《外国教师教授之中学教则》中即列有"理论学大意"课程，并指定所用教本为英国人《怀德氏理论书》（Element of Logic）。⑪

中村并非逻辑学的专家，但他在为清野勉著《归纳法论理学》所作的序中，阐发了自己关于逻辑学的基本看法：

> 孔子曰：温故而知新。故者，既知者也；新者，未知者也。求真理之法，不外于

以既知者推究未知者。孟子曰：天之高也，星辰之远也，苟求其故，千岁之日至，可坐而致也。观察试验，以求其原理，乃求其故也。清野君著《归纳法论理学》，归重于归纳，谓为真理研求之法，其卓见矣。吾意者，孔孟之曰温故，曰求故，若似归纳法者，惜哉引而不发，岂非千古恨事！⑫

在他看来，作为探求真理的方法，孔子的"温故"、孟子的"求故"之中，包含着归纳逻辑学的思想萌芽。

2. "明理学"

箕作麟祥（1846～1897 年）译"明理学"，首见于 1874 年 6 月文部省出版的箕作麟祥译《统计学》（又名《国势略论》）。原著为法国统计学家 Alexandre Moreau de Jonnes（1778～1870 年）所作，1856 年刊于巴黎。译著第一卷第 19 页论及统计的方法部分译曰：

依明理学（logic）之法则，整理其散杂之素材，以分其部类之事，却无一人为之。

法文 Logique 译作"明理学"。直到参与文部省组织摘译英国人 Robert Chambers（1802～1871 年）等著《百科全书》⑬时，在 Logic 的译名已被厘定为"论理学"的情况下，箕作麟祥仍然在自己担当的"教育论"部分坚持使用自己的译名"明理学"。其译曰：

所谓明理学，正确立理之学，即自所知及所未知，以正定其理之学……⑭

3. "论事矩"

户田钦堂（1850～1890 年）译，铃木信校正《论事矩》卷之一（读作 ronjiku），东京聚星馆 1877 年 6 月（格致舍藏梓）。英人 William Stanley Jevons（1835～1882 年）原著，曾风行各国，专供学校之用，颇为世人称道。清人严复所译，亦即此书。户田译曰：

此论事矩学，可谓明白道理之是非，将论事之方法教于余辈学士之一大紧要之学也。⑮

此译名可谓兼音、意两译之妙。

4. "论法"

1881 年东京大学三学部出版的井上哲次郎（1855～1944 年）、有贺长雄（1860～1921 年）编《哲学字汇》将 Logic 译作"论法"⑯。此译名为添田寿一（1864～1929 年）所沿用。添田将英人 William Stanley Jevons（1835～1882 年，日译名"惹稳"，中译名"耶方斯"）所著 Elementary Lessons in Logic（1882 年刊行，添田直译为《论法初学须知》）编译成日文，题名《论理新编》，经井上哲次郎阅，于 1883 年 8 月由东京丸家善七出版。该书"译字多依《哲学字汇》"⑰，包括 Logic 的译名"论法"。其第一章题为"论法之定义及范围"，其起笔译曰：

> 论法，依最简短义解，可谓推论道理之学。⑱

英人 Walter Dening（1846～1913 年）、日人雨仓子城亦采"论法"一名。1886 年 3 月（东京）有志学术攻究会通信部出版前者讲述、后者笔记的《通信讲授录　论法篇第一》；同年 9 月东京教育报知社复刊行之，题为《论法讲义》（全三卷）。Walter Dening 对"论理学"、"明理学"、"论辩学"、"致知学"等名均持保留态度，对"论法"一名则情有独钟：

> 余今所解之学，曰论理学，曰明理学，曰论辩学，曰致知学，其他所译亦不相同。余于诸多译语之中，以"论法"为可。理由：译作论法，比他语皆广，广则易附众多意义，若使之狭，其语中终至不能含其意义……故余将 Logic 译作论法。

他认为，"论法"一词不仅简短，而且表现出了 Logic 的"学性"⑲。

在古典汉文中，"法"与"理"在法则、规范、道理义上有相通之处，故译名"论法"与下文所述"论理"，彼此几无轩轾。

5. "推理学"

尾崎行雄（1858～1954 年）译"推理学"，他曾撰逻辑学专著，题名《演绎推理学》⑳。

> 推理学，推道理之学科也。㉑

> 推理学，非唯论言语文章布置形式顺序者，其与显于言语现于文章可为水源之思想即心之动关系甚为绵密者……㉒

与此相类，醍醐忠顺（1830～1900 年）译"推理之法"。1887 年 8 月（东京）二酉轩出版其所著《议论推理之法》，介绍西洋"议论法"（论辩、修辞之学）和"可谓学问之学问之推理法"（逻辑学）㉓。

二、从"论理术"到"论理学"

（一）"论理术"

在近代日本，Logic 最早的汉字译名是"论理术"，主要见于以下辞书：

1. 堀达之助（1823～1894 年）编、堀越龟之助改正增补《英和对译袖珍辞书》，

1866 年完成，（东京）藏田屋清右卫门 1869 年"官许"出版，第 233 页。

2. 高桥新吉（1843～1918 年）等编《和译英辞书》（上海）American Presbyterian Missi on Press 于 1869 年 1 月出版，第 330 页。

3. 荒井郁之助（1835～1909 年）编《英和对译辞书》，（东京）小林新兵卫 1872 年 9 月出版（开拓使藏版），第 272 页。

4. 《英和小字典·一名小学校辞书》，编者不明，（东京）江岛喜兵卫 1873 年 12 月出版，第 158 页。

5. 东京新制活版所编《禀准和译英辞书》，同所 1873 年 12 月出版（天野芳次郎藏版），第 385 页。

据冯天瑜考，"论理"乃古典汉字词，意谓议论道理。《史记·李斯列传》："谏说论理之臣间于侧，则流漫之志诎矣。"范仲淹《赋林衡鉴序》："商榷批义者，谓之论理。"其内涵与中国古代的"形名学"和西方的 Logic 没有直接联系[24]。但也应该看到，此词也为容受 Logic 预留了语义空间，将 Logic 之义注入其中，并非全无理据。当然，以上所列，只是日常词典而非专学术语辞书，以"论理术"对译 Logic，还基本属于语学层面的词汇对译，至于译者对作为 Logic 之学的认识究竟到什么程度，则很难说。但这毕竟为作为术语的 Logic 汉字译名的厘定提供了语学基础。

（二）"论理"

1875 年 2 月东京开成学校编纂、出版的《东京开成学校一览·预备课程》中列有"论理（Logic）"[25]。1886 年 6 月集成社刊行《日本最早的哲学概论》[26]——中江兆民（1847～1901 年）著《理学钩玄》，该书第九章专论"论理（Logic）"。中江兆民乃著名的"法学者"（即以法语研习西学者），"论理"一词当为法语 Logique 的译名。他认为，"论理"是以"讲求言论之理为主"的一门科学，"论理之法得当，旨意即或有远理处，但就文章而言，则可前后齐整而无矛盾之病。论理之法不得当，旨意即合于理，议论之间亦不免暧昧或紊乱之病"[27]。

（三）"论理学"

1882 年 12 月同盟舍出版的菊池大麓（1855～1917 年）编述《论理略说》，是迄今可见最早的一部以"论理"为题的逻辑学著作，它开宗明义道：

> 论理学，论理以判断其正不正之学科也。[28]

学名"论理学"似亦由此首出。1883 年 8 月东京丸家善七出版的添田寿一（1864～1929 年）的《论理新编》，也以"论理"为书名。1884～1885 年，丸善商社陆续出版了文部省组织摘译的《百科全书》（上、中、下三卷，并索引一卷），其下卷（1884 年 10 月刊行）列塚本周造译"论理学（Logic）"条，其中有云：

> 论理学，英语称 Logic……有言语及谈论之意义。天下真实之自然联系，乃诸种学术之课题，Logic 则辅助、指导人智发明此联系且证明已确定之联系及可信不可信

之事件，百物之实据因之而得判然也。

　　　论理学所专论之真实，既混居群伍于言语之间，须先定宇宙间事物之名称，此另当别论。㉙

　　此为"论理学"正式列入学术辞书之始。1885 年，普及舍编述、出版了《教育心理论理术语详解》，其中逻辑学译语引用菊池大麓编《论理略说》、添田寿一译《论理新编》，将 Logic 的译名厘定为"论理学"㉚。依笔者迄今的考阅，赫然以"论理学"直接命名的逻辑学著作，似当首推通信讲学会 1886 年 10 月出版的平沼淑郎著述的《通信教授论理学》。此后，日本出版的逻辑学著述，多以"论理学"命名，"论理学"作为 Logic 的译名占据了"正统"地位。

　　此译名显然是从"论理术"中经"论理"脱胎而来。由"术"而"学"，其中包含着 Logic 观念的根本转变。关于 Logic 是"学"（Science）是"术"（Art），还是半"学"半"术"的问题，在近代西方学界本自众说纷纭，莫衷一是。对此，《论理新编》的观点是："完全之学亦必含术"；Logic 既是"诸学之学"，也是"诸术之术"；在"学"、"术"之间，Logic "更近于学"。㉛中江兆民在《理学钩玄》中认为，论理是"以讲求言论之理而示之为主"的"一种之学（science）"㉜，所以在该书行文中也有"论理之学"之语。㉝清野勉在《演绎归纳论理学》中论道："学以理论或知识为目的"，而"术"则"论述处理实际问题之手续、方法"，是对"学"的实际应用；"论理一科，兼带学、术"㉞。

三、对"论理学"的异见与"屈从"

（一）"格致学"

　　1883 年 4 月，东京岳山楼刊行清野勉（1853～1904 年）著《格致哲学绪论》。清野认为，译名"论理学"容易使初学者"专注于论词，误认为 Logic 只是论说学"㉟，所以"将 Logic 译作论理学，乃全然颠倒目的与手段之谬见"，有"伤此学之面目"㊱。他主张将 Logic 译作"格致哲学"，简称"格致学"㊲。依其训释，"所谓格致，穷格极致之格致，一名穷极"，即"为学之人心作用之义"，亦即"要在探讨事物之理，或以此理（已探得之理）解明训示其他理或事实之人心作用之义"㊳。此译名可谓与西周的"致知学"异曲同工。不过，此时"论理学"一名已为世人耳熟能详，无论清野的训义如何精深，译名如何达意，终难得到广泛响应。不久，清野本人也放弃了重定译名的努力，接受了"论理学"一名，1892 年 3 月他在东京金港堂书籍会社出版的论理学著作，即题名《演绎归纳论理学》，此后刊行的诸多著作也都以"论理学"命名。

　　值得注意的是，清野在该书例言中指出："盖论理学之根干固唯一也，不可有东洋西洋之异，但至于其应用，则不可一意望之于欧西之著作。如演绎法论理，与言语之方法、文章之体裁尤有密切关系。我邦有固有言语、文章之方法、体裁，不可不利用此言语、文章之体裁，讲求其实际应用之道。"此可谓构建有日本特色逻辑学之先声。

（二）"洛日克"

1886 年 11 月，西村茂树作《洛日克与因明之异同》一文，对 Logic 采用了音译名
"洛日克"：

> 洛日克（Logic）初兴于希腊，遂行于欧罗巴诸国，西人之解洛日克有诸说，或
> 曰明思想之法则，或曰论辩之术，或曰推理之术，或曰发现真理之法。以此等之说，
> 可知洛日克之为何物。[39]

西村此文乃为反驳入江文郎（曾任"大学教授"）将"洛日克"与因明视为同一的
观点而作，认为"印度之因明、西国之洛日克，乃各自分别之发明，决非同源者也"[40]，
"自因明与洛日克性质而言，两者亦决非同一者也"[41]。文中还论及中国古代"公孙龙之
学"，认为"公孙龙之白马非马论、指物论、坚白异同辨等，为其著名者，与因明、洛日
克相似"，"若十分发达，必至于因明、洛日克之地位"，但在起源上与其他两者并无关
系，它乃是古代中国人的独自发明[42]。

后来，西村也采用了"论理学"译名，1890 年 4 月在学士会院做关于日本教育的讲
演时，即称 Logic 为"论理学"：

> 教育中发现开发法，与论理学中发现归纳法相同，皆近代之事……[43]

"论理学"一名之强势，由此可见一斑。

四、"论理学"概念的泛化

值得注意的是，"论理（学）"作为学科名目一经确立，便很快超越了与 Logic 对译的
意义范围，成为 Logic（"西洋论理学"）和东方类似学说（"东洋论理学"）的统称。

1890 年 1 月，冈山县津山的仁科照文堂出版了和田大圆（？~1932 年）述、藤波锹
次郎（1860~1936 年）记《东洋论理一斑》（又名《因明学》）。藤波在叙言（1889 年 8
月作）中述道："夫言论乃一美术也。美术不可无规律。""论理学"就是关于"言论美
术规律"的学问，其中既包括"西洋论理学"（Logic），也包括"东洋论理学"，即古代
印度创始的"因明法"。该书还对两者进行比较，揭示出其区别，认为"西洋论理学"旨
在立论者之"自觉"，缺乏"他悟之方规"，故可谓之"推度术或推理"；而因明则"不
独自悟，亦以他无为主要"，故可谓之"论理法（Logic）"[44]。

1891 年 11 月，东京哲学书院出版的村上专精（1851~1929 年）著《活用讲述　因
明学全书》也明确阐述说："有西洋之论理学，有东洋之论理学。"前者是 Logic，后者为
"因明学"；作为"攻究真理之方术"，两者的性质并无区别，但其研究的"主眼、目的"
却不无差异，前者重在"攻究思想"，后者重在"穿凿言语"[45]。后来，村上在其所著
《佛教论理学（因明论）》[46]中，又将"因明"称为"佛教论理学"。

此外，权田雷斧（1846~1934 年）著《东洋论理法因明落草》[47]，将印度的"因明"

称作"东洋论理法"。

19 世纪末 20 世纪初，"论理学"一名通过汉译日书、中国人的日本教育考察、来华日本教习等渠道传到中国，很快取代严复厘定的"名学"、王国维厘定的"辩学"等，成为占据主导地位的学科名，直到 1949 年以后才在中国大陆逐渐为严复厘定的"逻辑"所取代。不过，时至今日，"论理"一名仍然保留在一些主要的汉语词典、英汉词典之中，成为"逻辑"的别名。

注　　释：

①　〔日〕西村茂树：《洛日克与因明之异同》（1886 年 12 月 25 日），日本弘道会编纂《西村茂树全集》第 2 卷，思文阁 1976 年版，第 144 页。

②　〔日〕大久保利谦编：《西周全集》第 2 卷，〔日〕宗高书房 1981 年版，第 482 页。

③　前揭《西周全集》第 2 卷，第 474 页。

④　前揭《西周全集》第 2 卷，第 499 页。

⑤　〔日〕西周著：《致知启蒙》（1874 年 9 月，甘寐舍藏梓）第 1 卷，第 1～2 页。

⑥　前揭《致知启蒙》第 1 卷，第 2～4 页。

⑦　前揭《致知启蒙》第 1 卷，第 2 页。

⑧　〔日〕西周译：《心理学》第 1 卷，〔日〕文部省 1875 年版，第 3～4 页。

⑨　〔英〕J. S. Mill（1806～1873 年）著、〔日〕西周（1829～1897 年）译述：《利学·译利学说》（原汉文），（东京）岛村利助 1877 年 5 月（掬翠楼藏版），第 6 页。

⑩　〔日〕中村正直编译：《西国童子鉴》（2 册），（东京）同人社 1873 年版，卷之三第 11 页。

⑪　〔日〕东京大学百年史编集委员会编：《东京大学百年史　资料一》，东京大学出版会 1984 年版，第 53 页。

⑫　〔日〕清野勉著：《真理研究之哲理　归纳法论理学》，东京哲学书院 1889 年 5 月。

⑬　《百科全书》凡 4 册，丸善出版商社出版，上卷 1884 年 1 月，中卷同年 5 月，下卷同年 10 月，别卷（索引）1885 年 1 月。

⑭　〔日〕文部省摘译《百科全书》下卷，第 774 页。

⑮　〔日〕户田钦堂译：《论事矩》卷之一，东京聚星馆 1877 年版，第 5 页。

⑯　《哲学字汇》东洋馆 1884 年版沿用东大三学部 1881 年版译名"论法"（1884 年版第 71 页及初版绪言）。丸善株会社 1912 年版改为"论法、论理学"（第 87 页）。

⑰　〔日〕添田寿一编译：《论理新编》"译者绪言"，东京丸家善七 1883 年版，第 2 页。

⑱　前揭《论理新编》，第 1 页。

⑲　〔日〕尾崎行雄撰：《通信讲授录论法篇第一》，第 3～4 页。

⑳　见该书 1882 年 7 月增订 2 版。

㉑　《演绎推理学》，（东京）丸家善七 1882 年版，第 6 页。

㉒　前揭《演绎推理学》，第 7～8 页。

㉓　《议论推理之法》，（东京）二酉轩 1887 年版，第 2 页。

㉔　冯天瑜著：《新语探源——中西日文化互动与近代汉字术语生成》，中华书局 2004 年版，第 406 页。

㉕　东京开成学校编：《东京开成学校一览》，该校 1875 年 2 月刊，第 15 页。

㉖　〔日〕小岛祐马：《中江兆民之学问与文章》，《政论杂笔》，みすず书房 1974 年刊，第 152 页。

㉗　〔日〕中江兆民著：《理学钩玄》，集成社 1886 年 6 月刊，第 68、69 页。

㉘　〔日〕菊池大麓编译：《论理略说》，同盟舍 1882 年 12 月版，第 1 页。

㉙　前揭《百科全书》下卷，第 87 页。

㉚　普及舍编：《教育心理论理术语详解》（同舍 1885 年刊行）"例言"。

㉛　前揭《论理新编》，第 16 ~ 18 页。

㉜　[日] 中江兆民著：《理学钩玄》，第 69 页。

㉝　前揭《理学钩玄》，第 70、71 页。

㉞　[日] 清野勉著：《归纳演绎论理学》，东京金港堂书籍会社 1892 年版，第 9 ~ 10 页。

㉟　[日] 清野勉著：《致知哲学》，东京岳山楼 1883 年 4 月刊行，第 192 页。

㊱　前揭《致知哲学·绪论》，第 193 ~ 194 页。

㊲　前揭《致知哲学·绪论》，第 250 页。

㊳　前揭《致知哲学·绪论》，第 204 ~ 205 页。

㊴　前揭《洛日克与因明之异同》，第 144 页。

㊵　《西村茂树全集》第 2 卷，第 149 页。

㊶　《西村茂树全集》第 2 卷，第 150 页。

㊷　《西村茂树全集》第 2 卷，第 149 ~ 150 页。

㊸　[日] 西村茂树：《日本教育论续》（1890 年 4 月学士会院讲演），《西村茂树全集》第 2 卷，第 458 页。

㊹　[日] 和田大圆述，藤波锹次郎记：《东洋论理一斑·一名·因明学》，（冈山县津山）仁科照文堂 1890 年版，第 1 ~ 2 页。

㊺　[日] 村上先精著：《活用讲述　因明学全书》，东京哲学院 1891 年版，第 7 ~ 8 页。

㊻　该书为哲学馆佛教专修科讲义录，东京哲学馆 1898 年。

㊼　该书为（新泻县金泽村）本间市作 1893 年 7 月出版。

（作者单位：武汉大学中国传统文化研究中心）

中日道德教育目标变革的历史考察及其比较

□　王丽荣

中日两国同属儒教文化圈,在道德教育的目标上均表现出较浓厚的东方文化传统,有许多相同的特点。又由于两国不同的历史和文化的传统,各自有着不同的自然、人文环境,并且两国在现代化进程中又经历了不同的发展历程,所以又存在着诸多差异。因此两国在道德教育的目标方面形成了许多共同点和不同点,有着极大的可比性。本文仅就中日两国道德教育的目标演变的历史作一个初步的考察及其比较思考,以求教于同仁。

一、中日道德教育目标的历史变革

要清楚地比较、探讨中日两国道德教育的目标,首先有必要对两国道德教育的目标变革进行一番历史的考察。

就中国古代道德教育的目标来看,总的来说是培养"君子"。这从儒家思想产生与形成时期就体现出来了。儒家教育的最终目标就是要培养实现了天人合一的人,实现了人我合一的人、自我合一的人,这种人就是"圣人"。而培养"圣人"的可行的目的、可实现的目标、可操作的就是培养"君子"。君子也即立志并努力成为圣人的人,也就是"内圣外王"或"修己安人"之人。这从儒家对现实人才的设计中可见,孔子就认为教育的目的就是要通过个人的修养,培养"修己以安人","修己以治人"的士或君子,即封建社会的统治人才,除此以外,教育无其他目的。"君子"作为道德的典范,集中体现了儒家的仁义之德,例如敬天知命的世界观、以天下为己任的社会责任感、"己所不欲,勿施于人"的爱人态度、自强不息的自我进取精神,等等。①这样的培养目标鲜明地反映了儒家教育的政治性和伦理性的特点。虽然儒教思想后来发生了诸多变化,但在道德教育培养目标方面,总的来说变化不大。

道德教育目标发生巨大变革是在近现代以后。随着中国现代化进程的历史发展,中国道德教育目标的重心由培养"君子"嬗变为培养"救亡图存、富国强兵"的人才,在近代时期又主要可分为洋务派、维新派、革命派的三种道德教育的培养目标。洋务派在

"中学为体，西学为用"思想的指导下，其道德教育的目标就是要改变中国的积弱积贫状况，以应对"千百年来未有之变局"与"千百年来未有之强敌"，以培养新型的洋务人才，来满足"自强求富"的洋务运动的需要。这种培养目标与传统的儒家君子不同之处在于，"中学未有备者，以西学补之"，是"守道之儒兼为识时之俊"②，亦即既要有中体之本，也要有西学之用，当中体不够用的时候，就以西学补充之。这样既能维护儒教传统，"存中学"，又能识时务学西学，可以处理洋务事宜，其最终目的是维护封建国家的统治。洋务的这种"变器不变道"的教育目标，仍然继承了中国古代儒家的从国家需要出发的传统。不同之处在于，中国古代儒家重科举文才、轻武力，追求优柔、和顺、平和的境地，而此时则由重科举文才转向重科技专才。尽管德才的关系结构和德的内容没有根本改变，但毕竟已经是自觉不自觉地打破了不培养科学技术人才或一才一艺的传统。③但是，这种洋务人才仍然没能改变中国的积弱积贫现状，取而代之的是"救亡图存"的维新派。

"救亡图存"是维新派道德教育的目标。他们重视教育在改造社会方面的作用，主张"宏学校以育真才"，把兴办学校、发展教育作为国家富强的根本。与洋务派仅仅"言技"不同的是，维新派更加注重"言政"。他们批判八股取士，主张废除八股以"开民智为第一义"；大力培养政治人才；倡导"体、智、德"三强人才的培养，进行所谓民力、民智、民德三育的目标培养。这种"三育"是有新的含义的，如所谓民智，是具有西学的新智（不仅是西学的自然科学，还包括西方的哲学、社会科学、政治学）；所谓民德，也是具有新德之民，就是体现自由、民主、平等精神的道德。可见，维新派的道德教育目标就是要培养新民形象的政治人才。当然，维新派仍然是从国家需要为出发点，继承了中国历史上的"社会本位"的传统，但其由传统的科举人才、洋务的科技人才向维新变法的由德、智、体三要素构成的新民人才的转变，不能不说是一个很大的进步。

维新派企图以改良方式进行的政治、制度的变革失败后，以"三民主义"为指导思想的辛亥革命通过政治变革、武力方式建立起了中华民国，这是孙中山对中西文化进行融合的结果。"三民主义"的道德教育目标是要培养民族主义（反帝、反封）、民权主义（建立民国法制社会）、民生主义（平均地权，以解决民生问题）的人才。但当时最紧迫的目标还是解决民族主义。

总的来看，无论是洋务派还是维新派和革命派，它们的教育价值目标取向都是"社会本位"的，即都是从国家、社会的需要出发的，这在当时的历史条件下，也是必要的和有积极作用的。抱着这种道德教育的目标，它们办新式学堂、派遣留学生、创办各种学会和报刊、废除科举制度、兴办现代意义上的学校，等等，这些都极大地推动了中国教育的现代化进程。

逐步从社会需要的角度转向从人本身发展的角度来认识道德教育的目标是在中华民国时期。其中以蔡元培的教育思想为集中体现。例如，他主张教育的目标在于培养人完全的人格，新的教育应该是"人道主义的教育"④，他提出实施德、智、体、美和世界观教育来培养完全的人格。德育的目标在于教人修身，培养人们的坚强意志；智育的目标在于传授科学知识，提高人们的智能；体育的目标在于发达学生的身体，振作学生的精神；美育的目标在于陶冶感情。应该说蔡元培的这种全面和谐的道德教育的目标，结束了两千年的封建旧教育的价值观，为资产阶级教育在中国的实施确定了方向，对中华民族新一代的成长有着重要的影响，是中国教育史上的重要改革，因此他被毛泽东誉为"学界泰斗，人世楷模"。确实，他从资产阶级利益出发，吸取了中国古代道德教育的经验教训，提出了"注重道德教育，以实利主义教育，国民教育辅之，更以美感教育完成其道德"的教育宗旨，这一宗旨实际上反映的是公民道德教育，以自然科学为主的科学技术教育、军事体育教育和美育并重的"四育"方针，并于1912年9月颁布实施。应该说蔡元培的这一教育宗旨的提出，在教育目标的理论方面的发展中起到了承上启下的作用。

与上述资产阶级道德教育目标根本区别的是新民主主义革命的道德教育目标——为人民服务的革命者。新民主主义革命时期的道德教育目标，其特点是：培养反帝反封的革命者；学用一致、理论联系实际，具有与生产劳动相结合的知识和技能；平等主义的原则，培养"为人民服务"高尚的革命道德和情操。⑤新民主主义教育的目标，就是新民主主义文化观的具体体现，即革命者和政治家。从这一点来看，它仍然继承了中国传统君子的德才结构，并且继承了"社会本位"的道德价值取向，也正是这种新民主主义的教育目标，成功地培养了为中国走向民族独立、国家解放的革命者。

新中国诞生之后，道德教育的性质发生了根本的变化，教育要为社会主义服务，要为社会主义事业的发展培养合格公民，关于教育目的的阐述也发生了根本性的变化。对新中国影响较早、较大的教育方针是1957年毛泽东同志在《关于正确处理人民内部矛盾的问题》中提出的："我们的教育方针，应该使受教育者在德育、智育、体育几方面都得到发展，成为有社会主义觉悟的有文化的劳动者。"这一方针在相当长的时期内，指导着我国的教育工作。"文革"结束后虽然曾经有人对这一方针提出过质疑，但大多数学者认为方针本身是没有问题的，只是在贯彻过程中出现了严重的"左"的偏差，给教育事业带来了巨大的损失。这种教育目标总的讲就是要培养"又红又专"的新中国的建设人才。具体表现为：一是培养劳动者。与儒家道德教育目标是培养圣人、君子不同的是，培养普通的而非人上人的、具有生产性特征的劳动者、财富的创造者。二是培养脑体结合、理论联系实际的"有文化的劳动者"。这一点可以说是继承了明清以来的经世致用的学风。三是培养身心和谐发展的人，即德、智、体全面发展。四是培养"又红又专"的人才。⑥这种道德教育的目标，在新中国的不同历史时期，有不同的表述和体现。但随着毛泽东"左"倾思想的日趋严重，特别是强调政治性、生产性、劳动性素质的倾向也日趋严重，最后导致了"以红代专"、以生产劳动冲击文化科学知识的后果，以至于"文革"期间的道德教育目标，完全被政治价值所取代。发展科学和文化、为经济建设服务的教育目标遭到了批判，所谓全面培养人的本体价值论自然也遭到了批判。

根本改变这种偏向的道德教育目标是在改革开放的新时期。1985年5月在《中共中央关于教育体制改革的决定》中提出了适应新时期社会主义建设需要的教育目的，即要培养的人才是"有理想、有道德、有文化、有纪律，热爱社会主义祖国和社会主义事业，具有为国家富强和人民富裕而艰苦奋斗的献身精神，都应该不断追求新知，具有实事求是，独立思考，勇于创造的科学精神"。这些通常简称为"四有新人，两热爱，两精神"。这都是适应改革开放和以经济建设为中心的时代需要而提出的对于人才培养规格的新要求。1995年3月全国人民代表大会又通过了《中华人民共和国教育法》，提出我国当代的教育方针是："教育必须为社会主义现代化服务，必须与生产劳动相结合，培养德、智、体全面发展的建设者和接班人。"这一教育目的的规定，在相当长时期内是我国教育的根本指导思想。当前我国道德教育的具体目标主要有思想教育、政治教育、法纪教育和道德教育的目标等。

思想教育目标。主要包括科学的世界观教育目标和人生观教育目标两方面。科学的世界观教育目标就是要通过科学世界观教育，使学生逐步掌握辩证唯物主义和历史唯物主义，形成科学的世界观。而科学的世界观，也即马克思主义世界观，是无产阶级对世界的根本看法，继承了人类精神文明的优秀成果，如实地反映了世界的本来面貌和发展规律，指导人们能动地改造世界，是人类有史以来的最进步的世界观。因此，在中国学校道德教育中，把培养学生的科学世界观作为一个明确的目标。关于人生观教育目标。人生观是人们根据一定的世界观去观察和对待人生问题所表现出来的观点，是对人生问题的总的看法和态度，是待人接物的指导原则。在中国就要通过人生观教育，使学生以科学的世界观去观察和对待人生问题。

政治教育目标。政治教育目标主要包括对民族、阶级、国家、政权、社会制度和国家关系等方面的立场、情感、态度的教育目标。中国的政治教育，就是要使被教育者热爱自己国家的政权和社会制度，拥护国家的大政方针，为国家的既定目标而奋斗。例如，"基本国策教育目标"中的"党的基本路线"教育、形势政策教育等，都属于政治教育的范畴。

法纪教育目标。法纪教育目标主要包括民主与法治教育目标和纪律教育目标。通过这种教育，使中国青少年养成民主与法制的基本观念。

道德教育目标。在中国主要包括社会主义人道主义和社会公德的教育目标。其目标就是培养学生热爱人、尊重人、信赖人、同情和帮助弱者的意识；以尊重、信任和平等、友爱的态度对待和处理人际关系，强调发扬人性；正确地认识、理解和模范遵守社会公德，并把这一要求内化为受教育者的意识和形成良好习惯。社会公德，也即社会公共生活准则，非一定阶级特有的规范，其功能在于保证社会生活的正常运转，防止发生危害公共生活的各种不良现象。例如，遵守公共秩序，维护社会生活的安定，互相帮助，尊敬师长，爱护弱者和妇女儿童等。这种社会公德，是人们在长期的共同生活实践中逐步形成的。为了维护人们的正常生活，人们必须共同遵守最起码、最简单的道德准则。这种准则形成以后，就代代相传，并得到不断的补充和发展。

中国的上述四方面道德教育的目标，既有各自的特定内容，又有其不可分的内在有机的连续性，是一个不可分的整体，具有渗透性、互补性、交叉性、包容性和依存性。

日本的道德教育目标也同样经过了不断变革的过程。从日本古代道德教育的目标来看，主要是培养以"忠"为核心的武士道精神。日本受中国儒家文化的影响，在古代道德教育的目标方面也同样是期望造就符合统治阶级要求的贤者，所不同的是日本在原则上是以武士道德作为衡量的标准，与中国强调道德的"仁义"不同的是，日本更加强调以"忠"为道德的最高标准。日本自 7 世纪开始学习中国文化，建立起以天皇为中心的中央集权制。日本学者森岛通夫就说过：日本人服从天皇、忠诚天皇是绝对的，是可以违背良心的。绝对服从才是忠诚的臣民。⑦而中国的道德是以"仁义"为核心，中国的皇帝具有至高无上的权力和地位，是天的意志的执行者，百姓必须绝对服从、忠诚。但是天是道德的和仁义的，只有在皇帝不违背天命、不违背"仁"的时候，才能代表天命，才神圣不可侵犯。当皇帝不行仁义的时候，民则可起来造反并推翻之，另立有德者为君。这一点和日本不同，日本无论如何，臣民都必须绝对服从、忠诚于天皇。

和中国一样，近代以来日本也遭到了西方的武力和文化的冲击，因此这一时期，日本道德教育的指导思想是"和魂洋才"的国家主义教育观，表现在道德教育的目标上就是打造"和魂洋才"的人才。这种教育观是日本面临危机之际，自觉地学习西方先进的科技知识而形成的价值观，因此，此时的教育价值观具有现代性和开发性的特点。日本大胆引进西方文化，启用西方教员与顾问；派遣留学生、出国考察；重用国内"洋学"的人才和留学归国者；实行强迫性的义务教育，以确保全体儿童接受良好的基础教育等。虽然这些"洋才"都是服务于"和魂"的，即以儒家道德为基础的伦理，但日本的"和魂洋才"与中国的"中体西学"是有区别的。中国的"中体"是本，"西学"是末；而日本的"和魂洋才"是平等互融的关系，两者之间没有本末之分。对日本来说，毕竟儒教伦理是从中国移植而来的非本土的文化，自然使得儒教伦理在中日两国文化中的历史积淀分量不一样。中国很难脱离儒教伦理之本，而去移植西方的文化。对于日本来说，由于其文化的移植性、学习性和模仿性特征，相对中国来说更容易学习对自己有用的新的、来自他域的文化。特别是日本进入大正时期之后，又兴起了民主文化运动。在这个运动中，日本教育出现了主张尊重儿童个性、自由的新教育运动。虽然其教育目标仍然是在"和魂洋才"的国家主义框架中，但其实行的公民教育、实用主义教育、自由主义教育、人格主义教育等，对打破那种绝对忠诚、服从、奉献的道德教育的模式有着积极的作用，促使道德教育的目标转向注重个性、自主性的公民式的方向发展。相对于当时的中国来说，这是一次比较大的进步。可惜的是这种进步趋势没有多久，就被极端民族主义的道德教育目标所取代。

当日本完成了现代化的"急行军"后，统治阶层的皇国意识、神国思想得到进一步膨胀，日本道德教育目标由学习西方倒退为以突出"和魂"为中心的军国主义。学校的一切教育都是为了皇国臣民的磨练育成，培养所谓"为维护天皇制的日本国体具有不惜玉碎"、尽忠报国、灭己奉公精神的臣民，以满足国家的战争需要。其结果把日本和周边国家都推向了战争的深渊。

当新中国迎来了开国大典的礼炮之时，日本却因战败而被美国占领军所控制。日本战后废除了军国主义的教育目标，取而代之的是 1946 年 11 月颁布的《教育基本法》，其规定："教育必须以完成陶冶人格为目标，培养出作为和平的国家及社会的建设者，爱好真理和正义，尊重个人价值，注重劳动与责任，充满独立的自主精神的身心健康的国民。"新的教育目标，在于培养拥有主权的国民，以"真理"、"和平"这一人类的普遍价值观为教育目标，标志着日本的道德教育进入了一个由极端国家主义转向个人主义、由强兵走向和平、由英才教育到民主主义教育的崭新历史时期。

但随着朝鲜战争的爆发，1951 年《旧金山和约》的签订，日本成为美国的一个军事供应基地，因此，要求关注日本传统、日本民族精神的思想开始抬头。与此同时，专注于"富国"的现代化价值取向，也使得日本实行"经济第一"的政策，在道德教育目标方面就又把以儒家道德为基础的集团主义的道德如忠诚、和谐、奉献、整体优先等重新提了出来。这一目标集中体现在《理想的人》的报告中。其提出的培养目标具体为：一是从科技时代的需要出发，培养既有人性又有能力的人。由于科技的发展，容易把人机械化、手段化而使人陷入物质主义，精神的空虚，为此还必须注意人性、人的精神培养。二是培养面向世界具有日本民族精神的日本人。三是从个人在日本社会的生活出发，培养既有自我觉悟，又有集团道德的民主主义者或具有民主精神的日本人。这种"理想的日本人"的道德教育目标，因为既强调日本人的觉悟又与敬天皇联系在一起（爱天皇、爱国家），这些都与当时社会流行的"能力主义"以及企业期望的"埋头干活"、热心工作的劳动者密切相关，因而受到了经济界的热烈欢迎。⑧但也带来了消极的后果，即道德教育目标过于专注于富国、追求有形的各种价值，较少关注学生道德状况，致使校园暴力日趋严重。同时，学历主义严重，学制上的整齐划一，使学生缺乏独立思考和创新的能力，并造成了心灵的空虚。⑨

针对上述状况，日本自 20 世纪七八十年代以来进行了几次教育改革。特别是日本政府根据临时教育审议会的四次报告，对整个日本教育进行了改革，而学校的道德教育目标也被赋予了新的含义，即明确表示要培养：具有独立思考、判断和行动的能力；具有国民所必需的基础知识和基础技能，有丰富的个性，能生存于国际社会，并能主动地适应社会变化；具有丰富的内心世界和坚忍不拔之毅力的新一代。

为实现这一道德教育的目标，日本文部省对《学习指导要领》进行了修改，把这些目标具体地分解到小学、中学和高中的各个阶段，根据青少年身心发展的规律，在不同时期有不同的要求。例如：规定 90 年代小学道德教育的具体目标是：以培养尊重人和社会、敬畏生命的观点作为基础，培养具有丰富的内心世界、坚忍不拔的精神；能为发展民主文明的国家和社会及主动为推进国际社会的和平而做贡献、有主体性的日本人，其中心是"培养适合于 21 世纪的社会生活的道德意识"。为实现这一目标，又具体规定了小学的道德教育具体目标：关于自身方向；关于和他人关系；关于和自然以及崇高事物的关系；关于和集体以及社会的关系。为更适合学生身心的发展，还把这些目标根据儿童的年龄，在小学里再分为低、中、高三个年级，按不同的阶段，对学生的道德教育的重点都不同。而中学的道德教育目标则为：培育尊重人性的精神与敬畏生命的思想；培育继承传统的文化，并且使之发展而致力于创造富于个性之文化的人；培育致力于民主社会、国家之形成与发展的人；培育在实现和平的国际社会上有所贡献的人；培育有主体性的日本人；培养道德性。⑩

日本高中的道德教育课程不是如小学、初中那样有专门的道德教育时间，而是分散在各门课程中进行的。在《高中学习指导要领》中规定道德教育的要求为："高中的道德教育要通过学校整体活动来进行，要启发学生自己探究，努力进行自我实现，考虑高中生的身心发育因素，要让他们自觉地认识到自己已是国家、社会成员之一，培养他们具有与此相应的觉悟。道德教育的目标是遵守《教育基本法》以及《学校教育法》所规定的教育精神，为培养具有主体精神的日本人而打下基础，这样的日本人在家庭、学校及社会的日常生活中能认真体现尊重人的精神和对生命的敬畏之念，能为创造充满个性的文化和民主的社会、国家而努力，能主动地为和平的国际社会做出贡献……注意指导要得当，既要提高学生道德实践的能力，又要培养他们具有自律精神、社会团结精神和努力完成这一义务的责任感；使他们学会尊重人权，平等待人，树立起为创造更加美好的社会而努力的理想"。⑪1990 年在高中废除了"社会科"，新设了"公民科"与"地理科"来配合高中阶段的道德教育。公民教育课的主要目标是："以广阔的视野，加深学生对现代社会的理解，同时使他们对人的生存、生活方式有一定的认识，培养他们具备作为一名民主、和平国家及社会的成员所必须具备的公民素质。"

总之，日本不仅在形式上（课时相对增加），而且在实际中采取切实有效的办法加强道德教育，以便收到实效。体现在道德教育的目标上就是细分阶段目标，确定各年级段的适合儿童身心发展特征的具体目标，在小学又分低、中、高各个阶段。如在小学低年级阶段道德教育目标重点在适应学校生活和养成基本的生活习惯；中年级阶段重点则是培养具有一定主动性的生活态度；高年级阶段重点为培养作为集体和社会中一员应有的自觉性和责任心。中学的道德教育目标的重点又比小学更高一层，如重点是确立作为中学生应有的生活态度和作为公民的自觉性和国际合作精神。高中道德教育目标更进一步深化，如培养作为社会中的一员所具有的自立精神和责任心，要有为国际做贡献的意识。为了更好地实现道德教育的目标，在小学和初中阶段强调体验性活动，积极采取实际观察及调查、接触实物、志愿者活动、演剧等方式，利用学校生活的具体事例，进行可内化的、有实效的道德教育。而到了高中阶段则重在理性升华与反思了。

二、中日道德教育目标的比较与思考

通过上述对中日道德教育目标变革的历史考察，我们认为两国在道德教育的目标上有如下相似之处。

首先，均存在着道德教育目标上的"社会本位"和"个人本位"的两面性，但以"社会本位"为主导方面。

从教育理论来看，自古以来就有"社会本位论"和"个人本位论"的两种目的。如主张教育的目的就是"化民成俗"、"使人为善"、"涵养德性"、发展人的"良智"和"良能"。而在近代教育史上就是在注重教育目标的社会意义的同时，还比较多地注意到了从个体发展的需要出发来论述教育目标，例如教育家夸美纽斯的"教育在发展健全的个人"、英国洛克的"教育的目的在于完成健全精神与健全身体"、德国卢梭的"教育就是养成正当的习惯"、瑞士裴斯泰洛齐的"教育在使人的各项能力得到自然地、进步地与均衡地发展"、英国斯宾塞的"教育的任务在于准备其完备的生活"等。注重调和"个人本位"和"社会本位"的分歧，兼顾两者目的是美国教育家、哲学家杜威，他主张的教育过程有两个方面，即心理学和社会学，提出"使个人特性与社会目的和价值协调起来"。他一方面提倡儿童中心主义，主张"教育就是生长，在它自身以外没有别的目的"；另一方面又主张社会中心，强调把"教育的社会方向放在第一位"，要求教育"成为民主观念的仆人"，提出了"学校即社会"的主张。⑫

道德教育目标的确定是从个人本位出发，还是从社会本位出发，反映了两种教育价值观：一个是教育的"个人本位"说；一个是教育的"社会本位说"。就如鲁洁教授所指出的那样，前者教育价值观在历史上对促进人摆脱宗教神学和封建主义的压迫、束缚、解放人的个性起到过相当大的进步作用。但是由于过于片面强调个人需要，就必然把个人与社会隔离开来，使道德教育具有某种反社会性。⑬后者教育价值观以社会需要为根本标准，片面强调社会利益，否定个人的正当需要，置个人正当利益于不顾，不尊重个人，不关心个人，把个人当作实现社会目的的工具，这种德育价值观是适应和服务于专制统治制度的。

通过对中日两国道德教育的目标发展过程的历史考察，笔者发现在两国都存在着"社会本位"和"个人本位"两个方面的价值观。

从"社会本位"方面来看，无论是中国的"中学西体"，还是日本的"和魂洋才"；无论是中国近代历史上的"救亡图存"运动，还是日本的现代化"急行军"；无论是中国的新民主主义革命、新中国初期的革命人才的改造，还是日本战前的极端民族主义、国家主义；无论是中国"文革"时期的政治运动，还是日本的工业化、经济高速增长期间，无疑都充分地体现了极其显著的"社会本位"教育价值观的特征。两国在道德教育目标上，都极其重视民族国家的独立、建设的经济活动，极其重视教育的政治性、社会性和生产性功能，而都比较忽视人们的自我意识的觉醒活动，忽视个人正当发展、正当利益的需要，结果使道德教育成为国家、社会的"工具"。因为中日两国都属儒教文化圈，都有其"政教一致"的历史传统，这种以社会发展为本位而非以个性发展为出发点的道德教育培养目标，是有利于凭借国家的权力，自上而下的培养社会所需人才，但是同时也使得个人成为了社会、国家的"工具"。这其中也存在着巨大的危险性，即当国家统治者出现决策错误的时候，道德教育的目标也就随之走向错误，给国家带来巨大的灾难。在中日两国都曾经出现过这种灾难。中国的"文革"时期道德教育的中心目标主要是政治价值，而教育发展科学和文化、为经济建设服务、满足个人的发展需要的目标却遭到了批判，道德教育成了阶级斗争的工具。日本军国主义时期的道德教育，是为打造皇国臣民、义勇奉公的人才，而服务于战争的需要，也使得道德教育成为日本法西斯主义集权的工具，走向了人性的反面。

从"个人本位"方面来看，中国比较早地明确提出培养完全人格的体、智、德、美"四育"的是近代史上的王国维。他提出"完全之人物"必须在智力、情感和意志三方面得到发展。[14]逐渐从社会需要的角度转向从人本身发展的角度来认识教育目的是蔡元培。他主张教育的目的在于培养完全的人格，新的教育应该是"人道主义的教育"，提出了实施德、智、体、美和世界观教育来培养完全的人格的观点，认为德育在于教人修身，培养人们的坚强意志，包括自由、平等、友爱等；智育在于传授科学知识，提高人们的智能；体育在于"发达学生的身体，振作学生的精神"；美育在于陶冶感情；世界观教育在于使人具有实体世界的观念。这种全面和谐的教育观，结束了几千年的封建旧教育的统治，使得中国资产阶级的教育走向新的发展阶段。

新中国成立之后，毛泽东提出社会主义教育方针是使受教育者在德育、智育、体育几个方面都得到发展，虽然中国在后来的教育中，更多地是从社会的角度来认识其教育价值，但还是应该肯定这一教育方针即使到现在还在影响着中国教育本体论价值取向和选择的，也即是重视人的自身发展的价值取向。改革开放后，人们在教育的"人本位"（亦即"本体论"说）价值观方面的认识有了本质的飞跃，教育界开始重新强调人的全面发展观。

日本"个人本位"教育价值观发生于明治初年，此时正值日本教育经历着破旧立新的大变动时期。明治政府立意图新，试图从根本上改变日本的封建制度，建立新的资产阶级秩序。具体体现在1872年颁发的《学制》里，其新教育制度的基本思想：一是教育的目的就是能使每一个国民得以发迹致富，亦即出人头地、荣华富贵，而达到这一目的的基础是学问。二是教育分为德育（修身）、智育（启智）、艺育（发展才艺）三方面。三是应使教育面向全体国民，必须做到"邑无不学之户，户无不学之人"。四是去除空洞的理论和不实用的空谈，学习实际有用的知识。五是学费及其他费用应由每个国民负担。⑮从《学制》及布告中，我们可以看到鲜明的资产阶级人本主义思想的特征，这是对过去传统划一教育的突破性尝试。它使全体国民都拥有受教育的机会，把教育看成是个人得以成功的途径，提倡教育的多样化，允许个人才艺的发展，倡导教育的实用性，使教育成为能够切实改变个人生活的资本。由于《学制》是以法国教育制度为样板，教育内容大多是欧美近代文化，这就使得传统的道德教育失去了以往的统治地位。因此，《学制》在当时是具有进步作用的甚至是具有超前性意义的。

到了日本的大正时期，兴起的社会主义、民主主义、自由主义的思潮对当时的教育也产生了很大影响，出现了所谓的"新教育运动"。新教育运动主要是反对知识灌输和划一的教学形式，倡导儿童中心主义、自然主义、自由主义教育。政府面对这种形势，一方面继续加强对教育的严密监督和管理，既坚持教育内容中的国家主义、民族主义价值观，同时也接受了一些新教育主张，对封建道德方面的内容有所削减。可惜，随着战争体制的确立，在军国主义者的高压政策下，军国主义成为了教育的主要内容，国民思想空前地被统一、束缚于狭隘的民族主义的牢笼之中，人本位教育的价值目标被彻底地扼杀。

日本战败之后，特别是随着民主主义运动的改革，新教育运动又重新开始兴起。与以往的教育不同，出现了教育方法的"自由研究"，它以学生为主体，注重了个体的特征、要求，并加以培养、引导。1947年3月31日颁布的《教育基本法》进一步明确规定："教育必须以陶冶人格为目标，培养出和平国家和社会的建设者，爱好真理和正义、尊重个人的价值、注重劳动与责任、充满独立自主精神的身心健康的国民。"真正确立人本位的教育目标是1984年8月召开的临时教育审议会，临时教育审议会针对面向21世纪的教育目标，发表了四次审议报告，其中心内容就是要培养具有独立思考、判断和行动的能力；具有国民所必须具备的基础知识和基础技能，有丰富的个性，能生存于国际社会，并能主动地适应社会变化；具有丰富的内心世界和坚忍不拔之毅力的新一代。

由上可见，在中日道德教育目标的演变历程中，首先，"社会本位"的价值观是非常鲜明的特征。虽然也曾经出现过从个人发展的角度出发的道德教育主张，强调人的个性的倾向，但从总体上看这种以人为本位的呼声是微不足道的。

其次，中日道德教育的目标都经历了一个从"社会本位"到"个人本位"的整合过程，最终确立了两者兼顾的目标。

随着中国的改革开放和日本战后的民主主义改革，两国在道德教育的本体论上都有了一个质的飞跃，即"个人本位"的道德教育目标逐渐凸显。在中国，教育界重新强调人的全面发展观，并为此进行了专门的讨论。人们开始从受教育者本身的素质发展和主体性培育的角度来认识教育的价值。现在人们普遍认同了"教育的本质是培养人，促进个体身心全面发展的"教育价值观，改变了过去那种把教育仅仅看作是上层建筑一部分的偏颇认识。人们还认识到教育与人的发展之间的关系，即教育要为社会服务，首先就要培养身心发展和谐、素质高、能力强的个体，这才是教育的根本目的。⑯20世纪80年代中期，中国提出要实施素质教育，"就是要全面贯彻党的教育方针，以提高国民素质为根本宗旨，以培养学生的创新精神和实践能力为重点，造就'有理想、有道德、有文化、有纪律'的德智体美等全面发展的社会主义事业建设者和接班人"。提出"坚持面向全体学生，为学生的全面发展创造相应的条件，依法保障适龄儿童和青少年学习的基本权利，尊重学生身心发展特点和教育规律，使学生生动活泼、积极主动地得到发展"。这些都表明中国政府在教育目标上有了新发展，开始关注人的问题，即教育从过去那种服从政治运动的需要，转变为服务于经济建设需要；然后又进一步明确认识到教育的目的是为了培养服从于现代社会所需要的人的素质的全面提高。这是中国教育改革取得了历史性进步的重要标志。

值得指出的是，新时期以来的道德教育，并没有把道德教育的政治性目标完全取消，而是比较好地把握了道德教育的政治性目标。现在虽然在道德教育的目标上仍然很重视道德教育的政治性，但没有过分拔高，没有冲淡经济建设的首要目标。这表明人们此时对道德教育的政治、经济、文化、科技各个目标之间的相互关系和相互作用有了更加科学的认识。总的来讲，中国道德教育界关于道德教育的目标已经形成了共识：一是传播一定的政治观点、意识形态和法律法规；二是根据一定社会政治需要，培养一批符合一定价值标准的、本阶级政治需要的政治人才；三是产生进步的政治观念，促进社会的发展与更新。⑰可见，这一时期中国的道德教育目标能够比较好地处理政治与经济、科学、文化的关系，而"社会本位"与"个人本位"之间的关系自然也能够比较好地得到兼顾和统一。⑱

在日本也同样存在这个变化过程。日本的临时教育审议会（简称为"临教审"）曾经四次向文部省提出咨询报告，这些报告成为日本教育改革的指导性文件。报告在道德教育的目标上指出，既要吸取战争前军国主义的教训，也要吸取战争后专注于富国、追求有形的各种价值而忽视了精神和文化方面的价值的教训。临教审认识到要从解决日本教育的荒废（日本认为"教育荒废"实际是没有重视道德教育的结果）问题入手，继承和发展日本教育基本法关于重视个人的尊严、培养追求真理与和平的人，造就完善人格的基本精神，特别提出了培养面向21世纪的人才目标，如在第一次咨询报告中明确指出："此次教育改革中最重要的一点就是破除迄今在我国教育工作中存在着的一些根深蒂固的弊端，即划一性、僵硬性、封闭性和非国际性；确立尊重个人、个性、自由、自律、自我责任感的原则，也就是确立重视个性的原则"，"在教育内容、方法、制度、政策等教育的各个领域，都要根据这一原则进行对照，从根本上加以重新认识"⑲。四次报告对日本的教育历程作了回顾和反思，提出日本教育在高速发展、成为经济发展的动力的同时，在创造性、尊重个性方面却存在着种种问题，这些是由制度的划一和僵化带来的弊病，因此提出21世纪的教育目标是：培养心胸宽广、体魄强健、富有创造力，具有自由、自律和为公共利益服务的精神，面向世界的日本人。教育改革的第一条原则便是：重视个性。落实个性化教育的原则在改革的具体措施中也有所体现，如重视创造性的培养，改革高等教育的单一招生制度，实现高等教育的个性化等。可以说，个性化原则在日本成为整个教育改革的发展方向。

针对教育长期存在的划一性、僵化性、闭锁性等弊端，在20世纪80年代以来的教育改革中，日本政府明确提出"尊重个性"的原则。因此，在道德教育的目标上，其重点要突出学生丰富个性的培养和自由、自律、自我负责等德性的培养。具体表现为：一是道德规范、道德原则与道德价值观、世界观并重。可以说战后的日本，在道德教育的目标上更加注重学生道德能力的培养，在价值观的选择上，主张给学生以方法上的指导，注意学生自主、自律精神的培养，这也是当代世界各国道德教育改革的普遍趋势。二是强调学生的道德素养、能力与综合素质、能力的并重。日本强调 21 世纪的日本人应该具备：在广阔的国际视野和全人类视野上处理事物的知识和能力；能同异国文化交流的语言能力、表达能力、国际礼仪、知识和素养；在国际社会中，能对日本的历史传统、文化和社会做出有说服力的介绍能力。教育的目的不只是为了促进经济发展，还要注重培养学生的道德素养、能力与综合素养、能力的并重。日本已经积累了不少这方面的经验。

总之，在中日两国道德教育的目标上，始终存在着两种不同的教育价值观，即以社会发展需要为出发点，形成了"社会本位论"；以个体需要为出发点，形成了"个体本位论"。但从中日两国的历史看，大部分时间还是前者占据主导位置。两国道德教育的目标走向是：从"社会本位"为主，最终走向两者兼顾，表明两国道德教育正在从传统走向现代化。

这里需要深入思考的是：为什么在两国道德教育目标的变革历程中，会出现以"社会本位"为主导地位的现象呢？这种现象的出现是否与两国的现代化发生的特征有关呢？如果我们把中日两国道德教育目标与西方国家相比会发现，更多的时候，西方国家是把人自身素质的发展、人的个性培养、个体人格的完善和个体主体性的弘扬作为道德教育的目标，而在中日两国则正好相反。其原因可能与东西方国家现代化类型的不同及东西方文化传统中对人的地位和作用的认识不同有关。西方国家的现代化属于早发内生型，现代化的推动因素产生于社会内部，是自身历史发展的必然结果，并且，西方社会从古希腊时代就比较重视个体在社会中的地位，因此，表现在道德教育中自然就更加重视通过教育发展人的素质和能力，促使个体主体性的进一步发挥。而中日两国的现代化属于后发外生型，因为受到外来文明的压力才开始了自身的现代化历程。中日上述的教育价值观的"社会本位"特征，实际上是受两国的儒教文化传统影响的，例如中国的伦理本位、日本的皇国神道，其共同的特点都是重国家、重民族、重社区、重群体的文化价值观念的体现。虽然在中日现代化进程中，也有不少人重视人的本身价值，提出了要发展人的素质和能力的建议。但在属于后发外生型现代化的中日两国，最初更多地还是先看到异质文明的物质层面的东西（即重视器物），还没能抓住现代化的核心因素——人的价值，因此这种呐喊被淹没了。[20]但随着中日现代化进程的不断发展，人的作用凸显出来了，所以在两国道德教育中把培养人、发展人，提高人各方面的素质、能力放在了首位。

关于中日两国道德教育目标的不同点，我们认为有如下几端：

第一，君子型人才与大众性人才目标的不同。

中国传统教育历来重视培养君子型的人才，其实质就是一种精英主义教育。中国的传统教育在教育体制、教育目标、教育组织形式等诸多方面都体现出彻底的精英主义导向。所谓精英主义，是指一种认为教育主要应以培养少数英才为唯一目的的教育理念。它其实是一种通过学校实施的社会分层，学校设立的目的并不是面向全体民众以提高其素质，而是以培养官吏为唯一的目标。虽然中国古代教育遵循"有教无类"的办学路线，但是这并不否认教育只是发挥其选拔君子人才的功能。在教育资源极度短缺的国度中，事实上学校教育尤其是大学教育被视为精英教育是极为普遍的。正是在精英主义教育理念的影响下，学校教育或其重要表征——文凭——已经异化为个人身份、地位的象征，忽视教育的真谛乃是提升人的地位，发掘每一个人的最大潜能。毫无疑问，我们社会的进步和发展需要大批精英，然而培养精英不能以牺牲大多数学生的利益为代价。国家发展的重要标志是整个民族素质的提高，而不仅仅是专家群体的形成。

相比较而言，日本道德教育的目标是普及、提高能力型的，也即大众性、非功利性道德教育目标。笔者比较认同日本学者依田憙家的看法，他指出：与中国的"选拔、达到目的型"的教育目标相反，日本的教育形态是"普及、提高能力型"。日本早在江户时代，就非常重视教育的普及。这种普及并不是因为政府的保护奖励，完全是由于平民的自发性。这一点与当时的中国有着明显的差异。其原因并不是勤勉与怠惰或贫富差异的问题，而是文化形态的问题，是教育在社会中应有的地位的问题。[21]在江户时代的日本，教育已经融入日常生活之中，如识字已被纳入日常生活之中，教育已成为代替宗教的"信仰"。日本有句话"以艺助身，乃身之不幸"，意思是说如果把作为"教养"的艺术当作谋生的手段乃是一种不幸。就如日本的钢琴普及率是世界第一，但没有著名的钢琴家，这是一种相当高度教养的理想状态。日本没有辈出的世界级大学者，但教育非常普及，这成为整个社会生产力提高的基础。依田憙家认为，教育摆脱单纯的日常的必要性，是使得文化渗透到最下层的原因。如果仅从日常的必要性来考虑教育，那就会提出这样的问题："农民需要识字吗？"回答将是"并没有必要"。日本人对教育的期待，起码从江户时代起，并不仅仅是单纯的实用性。对日本人来说，对教育的期待主要还不是为了满足日常的需要，而是有一种强烈的希望开发全面能力的心情。即使在明治以后的日本，也并不期待教育对日常生活直接起作用，而是希望以"提高一般知识"的形式来提高总的能力，这种期望很早就渗透到社会的最下层。就是现在日本的大学教育中，学的是法律、经济学问，但只有极少数想当专家，本人和社会都希望通过对这些学问的学习来提高一般的能力。在欧洲，村镇的中心建筑物是教堂，很多教会是该地区生活与社交的中心。日本的情况是，从明治以来，各村最引人注目的建筑物无疑是小学校。可见明治以来，日本的小学（现在包括中学）可以说代替了欧美的教会所起的作用。[22]

而从中国的情况来看，古代社会主要是培养君子式的人才；革命时期则是培养救亡图存、富国强兵的革命者；新中国成立以后的很长一段时间对人才的设计则重视其制度、政治方面的活动能力，注重造就政治英才，"文革"时期则重视人才的阶级性、政治性。中国这种道德教育的培养目标产生了两个后果：一是缺乏道德教育的层次性；二是重视道德的完善，却忽视了科学知识精神的培养。在古代，通过科举考试选拔精英，打造君子式的人才；在新中国成立后的很长一段时间则是通过榜样的教化，培养高大全式的人才。这种道德教育目标设计的结果是不利于广大民众道德教育的普及，也不利于培养全面发展的人才。

除此之外，中国道德教育的传统还有一个特征，那就是特别重视道德性的完善，而轻视主体对物质世界的探求。无论在古代、近代还是现代的教育活动中，摆在首位的一定是道德教育，即以道德的完善来体现人在社会生活、政治活动等诸领域中实现自己的主体价值。中国道德教育的目标是以道德的完善为中介，即以道德理想主义占据主导地位，道德成为生活的目的，人们的生活领域实际就是道德领域，人们的理想目标就是建立道德的乌托邦，火热的激情、浪漫的诗篇、呼喊的口号、张扬的标语以及虔诚的英雄崇拜等都体现了这一点。人们是"为了道德而道德"，道德教育极力引导人们过节欲的、严格反省的生活，以求在集体中寻找安全感，圣人、英雄和模范是道德价值的体现者，是人们向往的目标。这种状况在改革开放以前一直都没有得到根本改变。

第二，道德教育目标的宽泛性与狭义性的不同。

如上所述，中国道德教育的目标显得非常宽泛，包含有政治思想教育、理想教育、法制教育、人生观教育、道德教育等。长期以来，在这些教育中，更加重视思想政治教育和理想主义教育。

为什么中国道德教育的目标如此宽泛并尤其重视理想、政治性的教育呢？笔者以为这恐怕与中国传统教育的基本性格分不开。中国传统教育的基本性格，如蔡仁厚先生所指出的那样，是一种君子教育，是一种人文教育，因为中国儒家的教育是以人性论为基础，以促进社会的存续和发展为终极目的的。儒家的教育目标是要"修己、立己、成己"，以养成个人的"德性、智能、学识"，并要外化出去，即由修己而通向"治人"，使教育的功能伸展到国家和政治领域；由立己而通向"立人"，使教育的功能发挥出教化的作用；由"成己"而通向"成物"，使教育的功能扩大到事功的层面，㉓所以中国道德教育的目标就是全面的人生实践。这种道德教育是以道德的完善为中介，即以社会成员个体的道德修养为直接目标，以使受教育者为社会、为国家服务为最终目标。

这种重视修身养性的教育传统，在当代道德教育中就表现为特别重视对学生进行理想、政治的教育。1978 年改革开放以前的道德教育就高扬着这种理想主义的旗帜，其结果是空洞的"无道德"的道德教育。虽然曾经凭着强大的政治宣传教育，打出一片新天地，但道德教育在人的精神塑造方面的功能却没有得以体现。新时期以来虽然这种现象有所改变，但由于受道德教育总目标的制约，在中国道德教育中，仍然存在着偏重理想、政治教育，而忽视纯道德的道德教育。这一点我们可以从北京教科院基础教育研究所王瑛老师主持完成的"北京市中小学德育工作实效性研究"的调查结果中看出。通过调查我们得知，学生一致认为在道德教育中"主旋律教育"卓有成效，而与学生生存发展息息相关的教育薄弱。

研究者列出 12 项学校普遍进行的德育内容，即劳动教育、心理教育、道德教育、公民意识教育、爱国主义教育、集体主义教育、理想教育、"三观"（人生观、世界观、价值观）教育、环境保护教育、卫生教育、青春期教育、民主法制教育，让教师和学生分别对这 12 项内容实施效果进行评价。调查结果显示，教师和学生对学校 12 项教育内容实施效果的评价位次大致相同，80% 以上的教师和学生都把爱国主义教育、集体主义教育和道德教育排在前三位，充分说明近几年学校在主旋律教育方面卓有成效。而被排列在最后三位的内容，教师和学生的评价也基本一致，它们是心理健康教育、青春期教育和"三观"教育，反映出这三项内容是学校德育的弱项。

调查结果反映了学校在进行爱国主义教育、集体主义教育和道德品质教育方面取得了比较显著的成效，但同时也反映了心理品质教育、青春期教育和"三观"教育方面的薄弱环节。学生最需要的德育内容是个人修养、自我保护常识和文明公约。不同年龄段学生的需求又各有侧重，小学生是交通法规教育，初中生是自我教育，高中生是法律常识教育。这些都与学生的生活息息相关，是他们各自生存发展中急需要指导的，而这些内容在学校德育中却是欠缺的。㉔

日本道德教育目标，在古代和在二战前的一段时期里，也曾经是重视培养皇国臣民，培养武士道精神。但从明治、大正以及二战后几个时期的道德教育的总体来看，道德教育的目标主要是指向单纯、狭义的道德教育。以小学道德教育的目标为例，主要是培养学生自身的道德修养，和他人的关系，和自然以及崇高事物的关系，和集体以及社会的关系。

笔者以为，这种培养特点与日本人的思维方式有关。日本人的思维方式与中国人不同，日本是一个"拿来主义"的民族，是"什么都能接受"，"条条照搬"之后，再加以改造。就是说日本人不喜欢思辨、形而上学的思考，而倾向于事实、现象、经验、实证的思维方式，是"具象"思维。[25]这种思维使日本人热衷于接受别国文化成果。中国则是一个更善于思考的民族，不会轻易地接受什么，但一旦接受，就是长久的，反映到道德教育方面就是更加重视"说服主义"、"理解主义"，所以特别注重宣传理想主义，希企通过说教，使全体民众接受之，并长久不变。日本人讲究的是"以心传心"，重情感、重实用可行，因此在道德教育方面，则表现为"德目主义"，即什么有用就教什么，不求体系，只求实效；反映在道德教育的目标设计上，就不那么空泛、庞大，而是从细微入手。在日本道德教育的实践中，很难看到理想式的、空洞的教育，而是更加注重具体的道德规范的教育。

第三，道德教育目标层次上的模糊性与序列性的不同。

道德教育应该具有目标上的层次性，即使是同一目标，在学校不同级次班级的德育过程中，也应该具有高低不同的要求，形成符合学校、班级实际的标准。所谓序列，是指把同一目标中的不同层次，按高低的不同要求，顺次形成序列的要素，序列是层次的系统化。

在中国，教育的总目标是第一层次；思想教育目标、政治教育目标、法纪教育目标和道德教育目标是第二层次；思想教育目标中的人生观教育目标、政治教育目标中的爱国主义教育、法纪教育目标中的纪律教育目标、道德教育目标中的社会公德教育目标为第三层次。这第三层次的道德教育目标，是可以操作的具体的德育目标。中小学各个年级的道德教育活动往往都是在第三层次德育目标的指导和要求下并为其实现而进行的。[26]但目前在我们的学校道德教育中，还是明显存在层次不清的问题，甚至与科学的德育层次目标体系恰恰相反，严重影响了道德教育的效果。

德育心理学的研究表明，学生的年龄特征制约着德育目标的广度和深度。从广度而言，不同的年龄阶段应有不同的德育教育；从深度而言，不同年龄阶段的同一德育内容也应有不同的程度。日本对道德教育目标的序列化进行了研究，并已经反映到道德教育的过程中。日本文部省 1977 年颁布的《日本小学道德课教学大纲》，对不同年级的道德教育要求就充分反映了其序列的关系。例如为了更好地实现道德教育的目标，首先把小学分成低、中、高三个年级，按不同的阶段，将小学所必须实现的 28 个重点指导项目进行分工组合，分别落实到每个年级。一、二年级为低年级，有 14 个项目；三、四年级为中年级，有 18 个项目；五、六年级为高年级，有 28 个项目，做到按学生的年龄和理解程度来安排道德教育，每个年级的道德教育都有重点、目标。比如小学生，"热爱正义、憎恨非正义、有勇气地采取正确的行动"，在低年级要求具有热爱正义的感情；在中年级增加分辨正义与非正义和不受诱惑等内容；在高年级，再增加有勇气地、积极地进行正确的行动等内容。又如第 23 条，明确劳动的重要价值，并主动帮助别人。在低年级，要求勉励做自己的工作为主；在中年级，增加齐心协力做有益于他人的工作；在高年级，以明确勤劳的意义和重要价值，主动做有益于人的工作为主。㉗可见这些条文的序列因素非常清楚，因而道德教育的目标也容易实现。

总之，中日两国道德教育目标的异同，实质上也反映了两国教育现代化过程中的差异性。日本道德教育目标中的科学性、合理性之处，值得中国道德教育学界很好地探讨和研究。

注　释：

① 参见桂勤《从儒家的传统走向现代的反思——中日人才观的比较研究》，湖北教育出版社 1996 年版，第 20 页。

② 《张文襄公全集·奏稿》卷 29，转引自《中国教育通史》第 4 卷，山东教育出版社 1989 年版，第 139 页。

③ 参见桂勤《从儒家的传统走向现代的反思——中日人才观的比较研究》，湖北教育出版社 1996 年版，第 52 页。

④ 蔡元培：《华法教育会之意趣》，参见高平叔编《蔡元培教育论著选》，人民教育出版社 1991 年版，第 51 ~ 53 页。

⑤ 参见桂勤《从儒家的传统走向现代的反思——中日人才观的比较研究》，湖北教育出版社 1996 年版，第 65 页。

⑥ 参见桂勤《从儒家的传统走向现代的反思——中日人才观的比较研究》，湖北教育出版社 1996 年版，第 68 ~ 69 页。

⑦ 森岛通夫：《日本为什么"成功"？》，四川人民出版社 1986 年版，第 1 ~ 13 页。

⑧ 参见桂勤《从儒家的传统走向现代的反思——中日人才观的比较研究》，湖北教育出版社 1996 年版，第 88 页。

⑨ 日本国立教育研究所的青年学者贝冢茂树在其著作《战后教育改革与道德教育问题》（日本图书中心 2001 年版）中对日本战后道德教育的改革有详细的论述。

⑩ ［日］文部省编：《小学校学习指导要领》（1999），平成十年十二月，时事通信社。

⑪ 朱永新、王智新、尹艳秋：《当代日本道德教育》，山西教育出版社 1999 年版，第 131 页。

⑫ 鲁洁、王逢贤主编：《德育新论》，江苏教育出版社 1998 年版，第 141 ~ 142 页。

⑬ 鲁洁、王逢贤主编：《德育新论》，江苏教育出版社 1998 年版，第 142 页。

⑭ 王国维：《人间词话》，新世纪出版社 1998 年版，第 35 页。

⑮ 详见朱永新、王智新《当代日本教育改革》，山西教育出版社 1992 年版。

⑯ 王东：《现代化进程中的教育价值观》，中国社会科学出版社 2002 年版，第 212 页。

⑰ 参见瞿葆奎主编《教育基本理论之研究》（1978 ~ 1995 年），福建教育出版社 1998 年版，第 327 页。

⑱ 王东：《现代化进程中的教育价值观》，中国社会科学出版社 2002 年版，第 218 页。

⑲ 国家教委情报研究室：《今日日本教育改革》，北京工业大学出版社 1988 年版，第 9 ~ 10 页。

⑳ 王东：《现代化进程中的教育价值观》，中国社会科学出版社 2002 年版，第 222 页。

㉑ ［日］依田熹家：《日中两国近代化比较研究》，北京大学出版社 1991 年版，第 207 页。

㉒ ［日］依田熹家：《日中两国近代化比较研究》，北京大学出版社 1991 年版，第 210 页。

㉓ 蔡仁厚：《儒家思想的现代意义》，台湾文津出版社 1987 年版，第 294 页。

㉔ 参见中国教育和科研计算机网网络中心记者鲍东明《北京市中小学德育现状与分析》，http：//

㉕　王家骅：《儒学思想与日本文化》，浙江人民出版社 1990 年版，第 189～208 页。

㉖　鲁洁、王逢贤主编：《德育新论》，江苏教育出版社 1998 年版，第 155 页。

㉗　瞿葆奎主编：《教育学文集·德育卷》，人民教育出版社 1991 年版，第 183 页。

（作者单位：中山大学教育学院）

论西方解释学的史前史[*]

□ J. 格朗丹　著　何卫平　译

一、语言的界定

对解释学清晰地反思是现代的事。正如上面提到尼采和哈贝马斯，区分现代世界图景的是它的视角意识。一旦这一点显而易见，即世界观不只是对现实本身的复制，而是为我们的语言世界所包含的实用主义的解释，那么解释学就成了它自身了。只有随着现代性的出现，这才发生。因此，"hermeneutica" 这个拉丁词出现在 17 世纪很难说是偶然的。但是现代的洞察可以追溯到古代，那时，宇宙（cosmos）远不是现在通常所表达的那样明确，与理性主义的埃利亚学派和柏拉图学派并存的，有许多相对主义的智者派，他们非常熟悉人的标准的条件性和视野性，所以，这里仍有一个问题：对解释学史应当追溯到多远。当然，对它的回答取决于一个人如何定义解释学。因此，为了划定我们的论题的范围，我们需要一些语言学上的路标。

在现代的用法中，"hermeneutic" 这个词的含义很不确定（正如大多数其他哲学问题的情况那样），有充分的理由可以解释它为什么盛行。这样一些概念，如 "hermeneutics"、"interpretation"、"explication"、"exegesis" 常常作为同义词来使用，例如，"aninterpretation of Hegel"（对黑格尔的一种解释），如果没有限定，它本身可以表述为 "a hermeneutics of Hegel"①。在今天的解释中，"home cutic preconsiderations" 与 "preliminary explanation"（初步解释）意思相同。为了界定我们的术语，明智之举是将解释学的概念作一些限制，首先将其意思定义为解释的"理论"。我们可以不定义理论这个术语，因为不同的解释学具有不同的理论的观念。一方面，它是 "Kunstlehre"（艺术指南，施莱尔马赫）———一种支配文本解释规则的方法论的说明———而它的目的主要是规范性的和技术性的，这样一种理论旨在揭示为了从解释的领域中排斥任意性，解释应当如何进行；另一

＊ 本文译自 J. 格朗丹《哲学解释学导论》英文版，耶鲁大学出版社 1994 年版（*Introduction to Philosophical Hermeneutics*, Yale University Press, 1994），标题有改动。J. 格朗丹（Jean Grondin），加拿大蒙特利尔大学哲学系教授，国际知名的解释学专家，曾受教于伽达默尔，对哲学解释学有深刻独到的领悟，在解释学研究方面的著作甚丰。何卫平，哲学博士，现为武汉大学哲学学院教授，博士生导师。

方面，其他人鼓励解释学同这种技术的任务断绝关系，而采取一种更具有哲学或现象学意味的形式，以分析解释或理解的本源现象。站在现象学的立场上，解释学显然不再教任何人如何解释，而是说明解释实际上如何被实践。从根本上讲，理论要么指一种规范性的和方法论的解释学，要么指现象学的解释学。

解释概念的涵义在变化着。例如，如果一个人主张，语言已经是一种解释，那么解释的理论就成了语言或认识的一般理论。然而，虽然语言同解释分不开，但是一种历史的解释学的导论，例如我们这本书，就不能指望提供一种语言的一般理论（虽然我们可以提到解释学对语言理论的贡献）。这里似乎对启发式的目的也使用较窄的解释概念，所以我们认为解释涉及这一点：当一个真实的或显而易见的不熟悉的意义成为可理解的（并不必然是可信的，因为不可信也能被理解）时候，将会发生什么？解释学的理论本身恰恰与这一解释的目的有关。如果解释只被视为人的经验的很小一部分，那么它就不足以被看得那样重要。然而，只要我们意识到整个人类的行为都是建立在确立事物的意义上，哪怕是无意识的，它也与普遍性有关；而且最终这是对解释学普遍要求的最好的证明。从 20世纪开始，这种普遍性就渗透到哲学的意识中来了，而更早，除了几个例外，解释的过程被视为一种特殊的和部门的问题，受个别的解释性学科中的辅助性的规范原则支配。

一部完整的解释学史不能忘记这些"部门的"源头，尤其是富有成果地敞开一门解释学的考古学的是这样一个事实，即某些关键的时期——时代，可以说，解释学获得了高速的发展——解释的问题变得尤为迫切。即使是回顾性地建立起来的——也就是说，即使它们来自于当代历史编纂的期待——经验传统的断裂产生了解释的问题和解释理论的更新的内在要求。因此，在后亚里士多德的哲学中，例如，一种喻意解释的理论为了重新评价已难以置信和令人反感的神话的合理性，使用这种理论，喻意的解释者使已经陌生的意义又流行起来。可以肯定，解释的暴力常常是为了弥补传统的断裂而付出的代价，因此，基督的出现（它为了干扰犹太传统而出现的），要求特别注意解释的原则。在中世纪早期也一样，解释必然处于一个显著的地位，因为一切知识都取决于对圣经的解释和教父的著作。当中世纪的解释学在宗教改革运动中为只有圣经（sola scriptura）的原则的引进所转换时，解释学的反思获得了一种新的力量。所以，宗教改革常常作为解释学的开端而受到称赞，例如，狄尔泰就是这样。然而，必须承认，宗教改革的神学家与正统的天主教的争论中的论述充满了来自教父的规则，所以，这个关键时期的革命性不及古典的解释学史（它本身应归功于新教神学就暗示了这一点）。

17 世纪，从 J. C. 丹豪尔（J. C. Dannhauer）开始，有相当一些现在几乎被遗忘的普遍的解释理论产生出来了。在理性主义的精神中，他们公开宣布的目的是要提供辨别文本的真实意义的原则和方法。在康德的哥白尼革命（它赋予主体性在认识过程中一个新的、建构性的作用）的推动下，浪漫主义解释学打破了理性主义。首先，浪漫主义将自己限定在提供受主体影响的解释原则中——这里，也是通过对旧材料的彻底转换。在 19世纪后期，康德的批判哲学的主体化倾向直接导致了历史主义的出现，它使解释学面临着这样的根本问题：确立人文科学的客观性，以与自然科学的标准相对应。像布克、狄尔泰和德罗伊森这样的作者发现他们自己面临着建立康德的历史理性批判的任务，那么解释学可预见的未来似乎能够在建立人文科学方法论的任务中得到理解。后来，由方法论和认识论的困扰所引起的异化过程导致了海德格尔的解释学的普遍化和基础化。"理解事物的意义"（Making sense of things）、解释努力的出发点和归宿不再限于基于文本的原则的不很重要的附带现象；而是一个在者生存的基本方面，这个在者能在时间中理解它自己，它自己的存在与存在有关。从无可争辩的哲学上来讲，解释学的这一本性一直保持到伽达默尔和哈贝马斯那里。

在此以前，解释学史处于所谓"史前史"（prehistory）的状态。下面，我们将要追溯它的最重要的阶段，首先从这个词的词源开始。

二、Hermeneuein 的语义学

解释学的目的是要使意义能理解，这个观念在这个词的词源中第一次得到证实。G. 埃贝林一直教导我们要区分三种意义上的"hermeneuein"：表达（utterance，speaking）、解释（interpretation，explanation）和翻译（acting as an interpreter）。②不难理解为什么后两种意义由这个相同的动词来指称。翻译——将不熟悉的语言纳入到熟悉的语言——在某种意义上讲，就是解释（to interpret）。翻译者的工作是要去解释或理解一个陌生的文本所说的话，因此，"hermeneuein"只有两种基本的意义：表达（expressing）和解释（interpreting）。这两种意义在此拥有一个术语，因为它们两者都针对理解，都必须处理类似的精神活动——虽然，正像 J. 丕潘（J. Pépin）所说的，一个指向外，另一个指向内。③在"表达"（expression）上，精神似乎是将包含在内心中的东西能让外人知道，而"解释"（interpretation）则是要努力洞察一种表达，以理解其内在的精神。包含在两者中的是理解意义或传达这种意义，解释探讨外在意义背后暗含的、内在的意义；说话表达内在的意义。

这就解释了为什么希腊人想到将说话作为"hermeneuein"：即解释（inter pretation）。说话只不过是思想向话语的转换，所以亚里士多德的逻辑学和语义学的论文"*Peri hermeneias*"（《解释篇》）——其主题是命题（logos apophantikos）④，这种命题要么真要么假——在拉丁文中一直被译作"*De interpretatione*"。言语（hermeneia）总是一种精神的（即内在的）思想转化为外在的语言，所以，一个句子是思想和接受者（addressee）的中介。这个希腊话语的概念在斯多葛派区分为"logos prophorikos"（说出的逻各斯）和"logos endiathetos"（内在的逻各斯）中达到了顶点。第一个只涉及表达（hermeneia，而第二个涉及内心，即思想（dianoia）。⑤）"hermeneia"只不过是在话语中被理解的逻各斯——它通过语言表达出来（radiance ad extra，这个拉丁文的原意是"向外辐射"——中译者注），已作必要改动（Mutatis mutandis），解释所说出的话包含朝相反的方向进行：向内，朝着内在的逻各斯（logos endiathetos）。在两种情况下，"hermeneuein"都证明是调解意义的过程，这个过程是从意义的外部进入到意义的内部。

通常，解释学（hermeneutics）这个概念被视为近代才出现，就人们想到"hermeneutica"这个词大约在 1619 年才进入到普通的用法中来说，的确如此。不过，这个术语只是"hermeneutike"拉丁化的翻译，而"hermeneutike"最初出现在柏拉图的对话集（《政治家篇》/*Polititikos* 260d11、《伊庇诺米篇》/*Epinomis* 975c6 和《术语释义》/*Definitiones* 414d4）中。"hermeneutike"在《政治家篇》中具有神学或宗教的功能。《伊庇诺米篇》（*Epinomis*）将"hermeneutike"（解释）和"mantike"（占卜，预言）或"soothsaying"

（占卜，预言）联系起来了，因为这两种知识并不导致智慧，原因在于解释者只理解所说的本身（to legomenon），并不知道它是否真（alethes）。他理解了一种意义，一种发声，虽然他不能断定它的真理——而这却是智慧最重要的事。

我们能区分"占卜"（mantike/soothsaying）和解释（hermeneutike）吗？《伊庇诺米篇》和《政治家篇》在这个问题上并不清楚（因为它们只是将"hermeneutike"放在许多其他学科中间），然而至少很清楚，为什么占卜无论如何不能导致任何智慧或真理：因为这里存在着迷狂。柏拉图在《蒂迈欧篇》（71a-72b）中评论道，那些受迷狂控制的人缺乏必要的判断他们的异象的真的自我，即使这些幻想具有神秘的源头。这些迷狂者是如此地不能控制自己，以至于他们不能合理地解释他们自己的经验。⑥谁具有这种能力呢？根据《蒂迈欧篇》（Timaeus），预言者（prophet）具有这种能力，他们能独自传达在异象中所发现的真理。而"hermeneutike"并没有在这种关系中被提到，所以我们会追问它的活动是属于使占卜具有活力的迷狂者，还是属于预言者。在柏拉图的文本中，对这个问题的回答并不那样清楚。而在其他希腊文本中，预言者的意义也相当不明确：有时它指直接接受到神的启示，并将它传达到给其他人的人；有时指这样一种人，他解释一个得到神的启示的人的话。⑦然而，在这两种情况下，它都被定义为一个中介的功能，被视为在两个不同层次上进行，它要么调解神和人（通过一个人，即预言者，所拥有的媒介），要么调解其他人和调解者自己。

调解的任务也就落到解释者（hermeneus）的身上。在一段常常引用的话中，柏拉图就谈到过作为"hermenes tôn theôn"（神的代言人）的诗人（《伊安篇》/Ion，534e），而且在这篇对话中具有表演性质的史诗的吟唱者被描述为解释者的解释者（hermeneon hermenes，《伊安篇》，535a），正如预言者那样，"hermeneus"（解释者）似乎既调解神与人，又调解人和（迷狂的）调解者，所以解释学是调解某物的调解者，"hermeneia"的调解者——一种能不确定地发挥作用的功能，因为它总是留下比用语言精确表达的更多要说的东西。

解释学的调解功能导致"hermeneus"（解释者）的语义家族和信使神（mediator-god）赫尔墨斯（hermes）在古代的联系，这种联系与其说是正确的，不如说是可信的，而当代的语文学家对此几乎普遍持怀疑的态度⑧，然而更好的词源学仍在建立之中，尚未达成一致的意见。所以，目前对"hermeneuein"（解释）的语源必须持怀疑的态度。

迄今为止，我们自己所涉及"hermeneuein"的语义一直集中在它的宗教功能上。而一个变化了的、长期的意义层次在疑似柏拉图伪作的《术语释义》（Definitiones，414d1）中可以找到，在那里，形容词"hermeneutike"的意思是"意指某物"（signifylng something）。这个意义——比严格的宗教意义更加宽泛——代表着"hermeneia"这个词的语义学，它不仅指言语，而且也指一般的语言⑨、翻译、解释，还有风格和修辞（elocutio）的意思⑩，例如，德墨修斯（Demetrius）的《解释篇》（Peri hermeneias，拉丁文 De elocutione）只不过是一篇关于风格学的论文。⑪

这里，"hermeneia"的单一功能也是明显的，它总是包括以这样一种使它能理解的方式来重构已被思考过的某物，为什么"风格"只是通达更进一步的意义的熟练方式呢？自从"hermeneuein"被译成了"interpretari"，"hermeneia"被译成了"interpretatio"后，即使言语单独被意指，该术语的这个意义就支配着早期拉丁时期以及教父的写作。波依提

乌（Boethius，475～525 年）很好地为解释下了定义：解释是通过语言本身将意义清楚地
表达出来（interpretatio est vox articulata per se ipsam signficans）。⑫亚里山大亚的斐洛（约
公元前 20～公元 50 年）也将"hermeneia"理解为"说出的逻各斯"（spoken logos）；⑬而
教父，亚里山大亚的克雷门（Clement，约 150～215 年），同样将内心的解释（he tesdi-
anoias hermeneia）视为思想在语言中的表达。⑭

对哲学解释学最重要的是古代所看到的语言（即思想的重构和解释）与"解释"
（hermeneuein）的关系的广泛领域（表达不含糊，因为它是高度的一致）。因为解释（in-
terpretation）或翻译（translation）那时一般被称作"hermeneia"，其意思指准确地转换言
说（Sprache），它总是涉及过程，即，使一个人自己被理解。在现代，解释学在声称它的
普遍性要求方面只不过是恢复古代的这一洞见罢了。

三、神话的喻意解释

然而，认识到语言总是解释（interpretatio）这一明显的事实，只是标志着解释理论
（interpretation theory）的开端，它并没有建立任何系统意义上的解释学。只有当理解事物
不再有效地起作用时，它才成了一个敏感的问题。对解释——对作为解释（interpretatio）
（思想的复制）的语言的原始事件的——明确思考的必要性——应归功于无法理解的经
验，没有比这种经验更具有人性的了。

这样的理论思考最初出现在理解受到令人反感的宗教和神话传统中的段落的考验时，
尤其是在古希腊时期，此时哲学的发展达到了这一点，即将神的逻各斯和理性的逻各斯看
成同一个东西，谈到（正如荷马常常做的那样）神圣的奥林匹斯山上所有太人性的事情，
如欺骗和嫉妒，似乎不再适合神性或不再具有合理性，因此这样的段落要求"喻意的"
（allegorical）再解释。这个过程的开端通常追溯到斯多葛派的哲学，它制定了一个系统
的、理性化的从而也是神话的喻意解释的程序。

更一般地讲，就喻意解释的"实践"有助于使古代的智慧与后来各个时代的时代精
神（Zeitgeist）相适应而言，它当然比斯多葛主义出现得更早。事实表明，柏拉图和亚里
士多德就已经提供了神话的理性解释。如果只就适应听众的表现方式（hermeneia）而言，
史诗的吟诵者无疑考虑到了他们的听众当时的趣味。早期希伯来人对圣经的解释也是如
此，在字面的意义受到攻击的场合下，它就避免字面的意义。⑮这种实践是解释（herme-
neia）的核心，它被理解为意义的调解或交流。一旦我们理解并欣赏"hermeneuein"这个
概念的充分的意义，我们就会理解这一点：在字面所说的背后，别的东西、更多的东西处
于隐蔽之中；而当直接的意义，即字面的意义难以理解时，就会发现它越发需要解释学的
努力。

正是斯多葛派第一次将这种实践系统化了，并将它上升到一种有意识的方法的地位。
然而由于我们对它们的了解支离破碎（没有一部完整的斯多葛派的论著保存下来），无论
如何，很可疑，或很难确定斯多葛派是否达到了可称为喻意解释的真正"理论"。的确，
"allegoria"（喻意）这个词并不是在斯多葛派那里发现的⑯，然而，同义词"hyponoia"
（隐意）则在他们中间流传，而柏拉图和色诺芬此前就在喻意上使用过它。"hyponoia"是
一种间接的交流形式，它说一件事为的是使另外一件事得到理解——一个过程，动词

"allegorein"（喻意解释）使这个过程清楚：它意指某种不同的东西（allos），即不同于所说的东西（allegorein）——甚至不同于"公开说出来的"（publicly said）东西［这里"agora"（公开的场合）也可以听到］。在这个公开的意义的背后，在"agora"中，存在着某种其他的东西，更深刻的东西，它似乎对"agora"（明显的解释）来说是陌生的。

这样，喻意的实践，即神话的喻意解释，在于发现令人惊讶的字义背后更深刻的东西，直接意义的烦恼与荒谬有助于指向一种喻意，有教养的读者或听众能够解开它。但什么构成这另一种意义呢？任意解释的危险不是会随着告别字面意义而变得愈来愈大吗？即使这一危险不可避免，即使喻意解释由此在古代就受到怀疑，喻意的解释者也坚持这一点：字面意义必须被超越，以便正确地理解"它"。词源学就是较好的手段之一。斯多葛派就持这样一种观点：最早的古人尚未带有虚假的逻各斯，从而能够洞察到事情的本质。[17]这种能力在西塞罗《论神的本性》（De natura deorum）的一个段落中尤其明显，那里所描述的一段话被归到斯多葛派的巴布斯（Balbus）名下。巴布斯试图证明希腊人已经将道德的性质和善的自然力量变成了诸神，例如，农神（Saturn）意指时间，因为农神意思是"年年满足"（sated by years/quod saturetur annis）[18]，所以词源学能超越字面的意义，达到隐秘的意义。

喻意（allegoria）这种表达实际上来自于修辞学，并由一位语法学家伪赫拉克利特（Pseudo-Heraclitus，公元 1 世纪）表述出来的，他将喻意（allegory）定义为一种修辞格（rhetorical trope），通过它，说一件事情同时暗指别的事情成了可能。[19]喻意最初并不是随着解释的自我意识一起出现的；它早已在语言中很熟练地运用了，它详细阐述了语言中固有的表达功能：它是让别的东西在说出来的语言中被听到的能力。这一点似乎很清楚了：斯多葛派对说出的逻各斯（logos prophorikos）和内在的逻各斯（logos endiathetos）区分，为喻意的修辞学概念开辟了道路。[20]说出的话语（spoken discourse）并不足以表达自身；它指向别的东西，它就是它的符号。很清楚，解释和理解不得不与这种内在逻各斯（inner logos）打交道，而不是与话语本身打交道。语言邀请我们认识到字义逻各斯的限度，然后超越它们。在成为一项解释的技术之前，喻意（allegory，类似 hyponoia）简单地指一种说话的形式，一种修辞手段，因为修辞活动与意义的传达有关，所以学者们开始区分喻意（allegory），即独创的比喻（the original figure of speech）和喻意解释（allegoresis），前者的目的在于超越字义的东西，后者的意思是从字义返回到通过它传达的意义的外在的解释活动（即，刚好是喻意的颠倒）。[21]

神话的喻意解释——或"allegoresis"的动机是三重的[22]：第一是道德的动机。它旨在纯化诽谤性的材料的书写传统。根据伪赫拉克利特，喻意解释作为一种"antipharmakon tes asebeias"，即：一种对不敬的矫正方法（an antidote for impiety）发挥作用。第二是与道德动机相关的理性动机。斯多葛派想表明对世界的理性解释与神话是协调的，因为这种协调可以支持他们的信念：所有的逻各斯到处都一样。[23]第三是可称之为喻意解释的功利动机。那个时期，没有任何作者愿与古代诗人的权威相矛盾。对于斯多葛派来讲，保持神话的权威格外重要。正如在塞诺芬尼（Xenophanes）那里[24]，更多的是在柏拉图那里的情况一样[25]。斯多葛派不再冒险去破坏权威，为了保持他们封闭的世界观，他们需要传统的支持，尽管他们同古希腊人的关系微不足道。传统愈遥远，愈成问题，想方设法去保护它就愈迫切——包括喻意解释的人为手段。

　　甚至到了现在，这三种动机也没有完全过时。为了重新解释道德上可能遭到非议的段落，调和理性与诗，不让古典作品的权威受到伤害，今天，喻意解释也时常用到。正是出于这些动机，斯多葛派的具体体现在神话喻意解释过程中的内在逻各斯和外在逻各斯的学说对解释学的发展起到了实际的推动作用。

四、斐洛：喻意的普遍性

　　在讨论斯多葛派的过程中，我们小心翼翼地避免谈到解释的"理论"，即解释学（hermeneutics）。这种理论的大致轮廓最早是在亚里山大亚的斐洛（约公元前 20 ~ 公元 50 年）那里发现的，他是一位深受斯多葛派影响的犹太教传统的作者。斐洛通常被认为是喻意之父[26]，虽然他并没有详细说明他的喻意解释的方法[27]。他主要是一个将喻意解释应用到旧约的开拓者，而很少反思作为他的解释程序之基础的原则。

　　斐洛的喻意解释具有一种护教的动机。当字义包含着对神话误解的危险时，它就会得到运用。我们如何区分圣经中的一段话是作字义解释，还是作喻意解释呢？根据斐洛，作者（即上帝）通过散布在该文本中的客观的符号或根据来保证它会被喻意地理解[28]，例如关于摩西的第一书谈到天堂的两棵树，即生命之树和知识之树（《创世纪》第 2 章第 9 节），它们不同于我们所理解的概念而使得字面的解释难以置信，所以圣经本身包含喻意的所指——例如，字义上的困惑、荒谬、奇异或错误，它们只能是圣经作者存心所为，因为神的启示决不会存在虚假[29]，它时常揭示精神的和神秘的奇迹，"肉体的"感觉是根本不适宜于传达它们的。在这些情况下，正是内容本身使得采取喻意的途径成为了必要。

　　斐洛将字义和喻意的关系比作肉体和灵魂的关系——这是一个隐喻，它的巨大影响证明了下面至关紧要的一段话大量被引用的合理性：

> 　　圣经的解释要与喻意中转达的更深刻的意义一致，因为整部律法，对这些人（即注释者）来说，将一个带有字义戒律的生命存在类比为它的肉体，而对其灵魂来说，将隐匿在它的文字中的看不见的意义比作灵魂。正是在后者中，理性的灵魂尤其开始将事情类似它自身来思考，从而通过修饰的话语之镜看到概念的特殊的美[30]，展露和揭示符号的意义，并为那些能通过可见的东西看到不可见的东西的人敞开思想。[31]

　　喻意解释旨在达到深不可见的东西，这一事实表明，这样的意义并不能直接为一切读者所理解。只有那些被接纳的人，只有那些具有恰当的才能和经验的解释者才能洞见到更高的意义，上帝对那些限制在普通字面意义上的人掩盖了这种意义。正如斐洛所指出的那样，只有那些在可见的东西上能理解不可见的细微暗示的人（tois dunamenois ek mikras hupomneseos ta aphane dia tôn phanerôn theôrein）才适合于把握圣经更深刻的意义，所以斐洛自己常常用神秘的语言描述解释者如何达到喻意的水平，能达到这个水平的人并不多（pros tous pollous），而是极少数人（pro oligous），这些人关心精神而不是字面意义。[32]圣经的关键只属于那些处于深奥领域中的人，他们才配认识不可见的东西。实际上，很明显，如果与之相邻的世界是通过一个完全世俗的语言来加以表达的话，那么宗教的话语要求喻意的理解。说出的逻各斯（spoken logos），即外在的逻各斯（logos prophorikos）总是另一种、不可见的逻各斯的符号，它能促进对那种观念的理解。

一般来说，从斯多葛派到教父时期，人们普遍相信所有的宗教一定包含某种象征的、间接的和神秘的东西。[33]毕竟，宗教与精神有关——与奥义有关——而喻意是所揭示的精神的或灵魂的意义。宗教具有的"完全"神秘的意义是超时间的，从宗教的主题（神）和它的信徒（他们依赖身体）来看，这似乎是十分恰当的。

即使斐洛不时地强调字义的自主性，并警告他的读者不要陷入到极端的喻意使用的危险中，他自己也没有完全从中摆脱出来。在他的著作中可以发现这样一些段落，它们暗示圣经中的一切都由神秘所组成。因此，古代所提供的第一个喻意的实践理论，在这样一个看法中达到了顶点：喻意是普遍的。这里第一次出现的关于理论的领域（它在"hermene-ia"的语义学中就暗含着了，虽然是以非理论的方式），是对解释学的普遍要求的一个很早的预示。它意味着，为了充分理解一切字义的（Wörtliches）东西一定与某种前字义的东西（Vorwörtliches）相关，圣经并不在其自身中得到满足[34]；它需要另一种东西来照亮——要求喻意努力实现，它的普遍性表明为什么要将说出的逻各斯返回到激发它的精神是必要的。对于解释者来说，只有这个目标才是惟一重要的。

然而，将喻意普遍化，不能抵御这样一种观点：没有任何书写文字足以表达它自身，这个过程可能导致对语言逻各斯的放弃，忽视展示在那里的而且仅仅在那里的表达意图，而这可能会打开解释的任意性大门，所以斐洛的喻意解释的方式甚至在古代就获得了一个坏名声，他使自己太远离律法的字义解释的首要地位，杰出的摩西五经（即旧约头五卷——中译者注）的犹太教的解释者很少像他那样受到希腊深奥的神秘主义的影响。可能正是由于这个原因，他对巴勒斯坦的圣经注释的影响很小，并一直遭受正统的希伯来教传统的排斥。[35]

五、奥利金：预象（象征）的普遍性

相反，斐洛的喻意解释的方式对早期基督教却产生了极深远的影响。从一开始，基督教就面临着传播耶稣的消息和扩大它对犹太律法的含义的特殊挑战。根据他的说法，摩西律法，而且尤其是它对救世主的预言不能再从字义上去理解，然而由于耶稣明确地要求它的权威、基督徒不能简单地将犹太教传统置于脑后，所以对它喻意地解释和将它专门和基督的人格联系起来是明智的，基督是要从旧约的字义中收集起来的精神，而且至少根据第四福音书，基督自己的话就指出了这个方面，"搜寻圣经；［它们］……能为我作证"（《约翰福音》3：39），"如果你相信摩西，那么你也就已经相信我了；因为他写的就是我"（《约翰福音》5：46）。

情况并非明显如此。犹太教的救世主即将降临的信仰预见到一个强有力的统治者将至，它要恢复犹太人王国古老的尊严——当然不是某个作为亵渎者被钉死在十字架上的人，他想废除这种律法。这里，圣经的字义是不会错的，所以需要喻意的解释，这种解释能够通过耶稣的人格所提供的解释的钥匙来打开圣经的意义。后来，旧约与耶稣联系起来的喻意解释逐渐被称为"预象"（象征/typology），它的目的是要揭示旧约作为基督的预示的"主题"（topoi）——当然，在耶稣出现之前，这一点是不可能认识到的。然而在这一时期，对圣经预象地（象征地）解读（耶稣自己已推荐了它），仍被称作"喻意的"（allegorical），因为缺少一个较好的名称，虽然它足以适合时代的精神。

教会的护教学家很久以来就试图将预象（typology）与喻意（allegory）区分开来③⑥，后者被认为是错误的异端，它导致解释的任意性和轻率，而预象具有完全不同的目的，它要发现旧约的预示和与基督相似的东西。亚伯拉罕的儿子以撒的牺牲被看作是对尊崇圣父之命的基督的牺牲，正如约拿在鲸鱼腹中呆了三天预象性地反映了基督的死亡与复活，这无疑是一种特殊的喻意解释，虽然那个时候它简单地被称作喻意（allegory）。正是圣保罗自己在《加拉太书》（4：21-25）中第一个明确地（expressis verbis）谈到喻意（allegory），在这里，保罗对亚伯拉罕的两个儿子［一个为奴隶（夏甲）所生，一个为自由人（撒拉）所生］的故事作了"预象的"（typological）解释。保罗告诉我们，这个故事的意思是比喻性的（allegoroumena），因为奴隶所生的儿子意指当时的耶路撒冷，它受到奴役，也就是律法的约束。相反，另一个儿子并不是律法（或肉体）的奴隶，而是自由的，因为他是精神的继承者。那时，喻意（Allegory）是早期教会给予预象解释（typological interpretation）的名称③⑦，因而整个旧约都成了新约的一个喻意，新约展示精神，通过它，旧约的字义能得到理解。

喻意解释实践的最重要的理论家是奥利金（Origen，约公元185～254年）。他的论著《论原理》（On Principles）第4卷，表明他在西方世界"第一个系统讨论了解释学的问题"③⑧。在那里，他利用斐洛的思想③⑨，发展了著名的旧约的三重意义的学说，这种学说为后来的四重意义的学说打下了基础。奥利金通过所罗门的一首诗（《旧约》箴言：22：20）来证明他的学说，他（根据奥利金牵强的解读）说，为了证明其真理，一个人必须记下"三次"圣经。⑩圣经的三重意义与肉体、灵魂和精神相适应④①。这三重区分遵循的是斐洛描述的和新约中存在的三重区分④②。奥利金强调的是由他的学说所表达的精神的进展。有形的或字面的意义（也可称为肉体的和历史的意义）是为头脑简单、愚蠢的人设计的，然而，这种意义不应被轻视，因为许多人由于它而正确地相信④③。第二层意义——是灵魂的意义——是针对那些已经在信仰方面取得了一些进步的人的，他们的灵魂能看到圣经所允许的进一层的意思。而最后，即精神的意义为字义所遮蔽的神秘智慧的根本奥义——只对那些达到完善的义人敞开。

通过圣经的三重意义，上帝能使基督徒从可见的意义进入到不可见的意义，从物质的意义进入到精神的意义。④④上帝要避免将奥义安排给每一个人，不让他们遭到非神的污染，所以圣灵（被认为是圣经的作者）将更深刻的意义隐藏在普通的故事中（4.2.7）。他将有目的不一致和矛盾散布在他的叙述中，以提醒那些配理解的人和引起注意的读者需要超越字义。这些理解的障碍能激励读者去引出一个隐蔽的、内在的、精神的、道德的——总之，一种神秘的——意义。从许多例子中选取一个，奥利金提到了在太阳和黑夜被创造之前的第一天、第二天、第三天的创造的荒谬性（nonsensicality）的故事。圣灵是不会错的，或不会讲与上帝身份不相符的事，所以超越字义表明不是为了造成迷惑或喻意化，而是要努力保持圣经的一致，而且也是为了拯救文字④⑤——这涉及奥利金与斐洛的共同之处，虽然他们的解释实践可能让人产生相反的印象。

奥利金与斐洛不同，因为他使用的喻意（allegory）主要是"预象的"（typological）。这尤其对可能是早期基督教所面临的最重要的解释学挑战，即旧约的基督论的解释。喻意是建立在基督被看作是救世主的预言实现的特殊方式上，因为按字面的意义，它的出现很难被认为是实现的。的确，对奥利金来说，字义并不能完全表示圣经要从精神上去解释[46]。这样精神的意义就要由发现旧约和新约的一致所构成，因此，解释圣经实际上包含两个层面：字义和基督论的意义（the christological sense）[47]；而奥利金到处追溯后者的意义，从而将旧约中的预象的意义加以普遍化。

奥利金也将喻意的预象的解释方法运用到新约，因为它同样存在着不一致和奥秘（提到这一点就会令人想到启示录）。像旧约一样，新约也要被理解为预言什么将至，即神圣基督的再临——这是一个早期教会信仰上帝第二次到来的表达。根据奥利金在他的《论原理》（De principiis）中引用的启示录中的一段话（21：1）[48]，正如旧约被相信提供了新约的类型（types）一样，后者也被视为一个"永恒福音"的类型。所以，奥利金为基督徒以喻意的（alleaorical）和象征的（symbolic）方式去解释新约，以保证为另外的、更高的意义的出现铺平道路。然而，当奥利金夸大他的论题，并主张"所有的"段落都要从精神上（pneumatikon）加以解释时[49]，他就在做自不量力的事情了。奥利金声称，圣经中的一切都由奥秘所组成，这样他就将预象这方面加以普遍化：如果一切都被用来揭示神秘，那么圣经每一个字中都隐藏着一个秘密。

对于早期的基督教来说，这个话题走得太远了，特别是因为奥利金的立场被归功于异教徒（如斐洛）和迷人的神秘主义的语言是值得怀疑的，他常常做任意性的喻意解释，这给他的神学带来了不好的名声，即使这对他的后继者有不同程度的影响。后来的圣经四重意义的学说（也许能称得上中世纪解释学最伟大的成就）可以直接追溯到奥利金的圣经三重意义的理论。根据这个中世纪的学说［它在 J. 卡西安（Johannes Cassianus，公元360～430 或 435 年）那里获得了确定的形式］，上帝让圣经具有四种意义：字面的意义（即肉体的或历史的意义）、比喻的意义、道德的意义和神秘的意义（它揭示末世论的奥秘）。[50]在中世纪后期，达希亚的奥古斯丁（Augustine of Dacia）赋予这种观念以最容易记忆的形式：字面的意义告诉我们发生了什么，比喻的意义告诉我们相信什么，道德的意义告诉我们应当做什么，神秘的意义告诉我们要追求什么（litera gesta docet, quid credas allegoria, moralis quid agas, quo tendas anagogia）。这从托马斯·阿奎那对该理论的讨论中看得很明显，实际上，存在着两种意义的可能性：字面的意义和精神的意义，第二种意义展现了三种视域。托马斯解释道，神秘的意义与永恒的领域有关（quae sunt in aeterna gloria）：而道德的意义或比喻的意义探讨的是行为的准则。当摩西律法（Mosaic law）包含福音书的预象的前兆时（例如，犹太人的圣城耶路撒冷被看作是永恒教会的形象）[51]，比喻的意义就出现了。四重意义的学说遭到路德的强烈反对，但它在区分字面意义与比喻或隐喻的意义方面，以及在词和所指（解释学本身的必要性就来自于它）的张力方面一直存在至今。

即使在奥利金的时代，他对预象解释的普遍化由于任意性和异教的根源，已导致人们产生了对喻意的怀疑和不信任。与"亚里山大亚学派"（Alexndrian school，之所以这样称，是因为斐洛和奥利金都在亚里山大亚从事研究）的喻意普遍化相对立的是"安提俄克学派"（school of Antioch），它的主要代表是塔尔索的狄奥多（Diodore of Tarsus，死于公元 394 年前）、摩普绥提亚的泰奥多勒斯（Theodorus of Mopsuestia，约 350～428 年）、J. 屈梭多模（John Chrysostom，约 349～407 年）和希尔胡斯的提阿多勒特（Theodoret of

Cyrrhus，约公元 393～466 年）。[52]他们反对喻意，或至少反对将它普遍化，由此导致重新注意历史的和字面的意义，这表现在下功夫的注释和版本中。

六、奥古斯丁：内在逻各斯的普遍性

关于奥古斯丁（354～430 年），我们第一次在这方面的研究中遇到一个对现代解释学家影响很大而迄今为止又很少被注意的哲学家。这不仅对伽达默尔是如此，而且对海德格尔也是如此。当海德格尔致力于宗教现象学的研究时，他曾指出过他对奥古斯丁很早就产生了兴趣。在 1921 年夏季学期，他开了一门内容未曾发表的关于"奥古斯丁和新柏拉图主义"的课程[53]，而在 1930 年同样开了一门内容也没有发表的课程，其名称为："奥古斯丁：什么是时间？《忏悔录》第 11 卷。"在《存在与时间》以及出版的那部讲义［指《本体论：事实的解释学》，海德格尔去世后收入他的德文版全集第 63 卷（1988 年）——中译者注］中他提到了奥古斯丁，并对他由衷地表示了肯定——这一点特别值得注意，因为海德格尔当时已经在批判地解构西方本体论了。根据伽达默尔，海德格尔在奥古斯丁那里发现了一个源头，即使对于他的陈述展现的意义（Vollzugsinn）的概念，即一个他用以反对形而上学唯心主义的传统的概念，不是最重要的源头的话。他从根本上将意指活动（actus signatus），即谓述（predicative statement）活动，与其语用活动（actus exercitus）的重演（reenactment/ Nachvollzug）的根本区分追溯到奥古斯丁。伽达默尔回忆道，对于这样一个不可思议的区分，海德格尔使他在弗莱堡和马堡的听众——尤其是伽达默尔本人着迷。[54]

奥古斯丁对伽达默尔也有深刻和直接的影响。在本书的序言中，我已经提到了一个谈话，在这个谈话中，伽达默尔将解释学的普遍要求归之于奥古斯丁。实际上，在《真理与方法》最后一部分中有至关重要的一章是专门探讨他的。说其"至关重要"（crucial）绝不为过，因为奥古斯丁向伽达默尔表明，如何克服典型的带有唯名论和技术论的语言观的希腊本体论对语言的遗忘。伽达默尔通过奥古斯丁指出——而且这解释了他的巨大意义——传统决没有完全遗忘语言，只有在奥古斯丁对话语（verbum）的考察中，传统才承认了语言的存在价值。[55]在认识这个作为一个过程的话语（word）中［通过它，精神（在话语中充分展现并涉及另一个东西）化成肉身］，奥古斯丁揭示了这一点：解释学普遍地与语言有关。

就我们所知，海德格尔和伽达默尔也主要受《忏悔录》和《论三位一体》（De trinitate）的影响。与之相关，还要提到这一点：奥古斯丁写了一部主要的解释学著作《论基督教教义》（On Christian Doctrine），正如 G. 埃贝林（G. Ebeling）正确断言的那样，它是"历史上最有影响的解释学著作"[56]。当我们看到海德格尔 1923 年夏季开始讲授事实的解释学（hermeneutics of facticity）时所提供的非常简略的解释学史，显然，海德格尔从中学到许多东西。在那里，他满腔热情地讨论了《论基督教教义》第 3 卷的开头部分："奥古斯丁发表了第一部伟大的'解释学'：'一个敬畏上帝的人在圣经中坚持不懈地探求上帝的意志，为了避免喜欢争论，他需要温顺、虔诚。为了避免受到不理解的词汇和惯用语的妨碍，他要具备语言的知识，他也得准备熟悉某些必要的东西，以免当它们用于比喻时，不知道它们的力量和性质'"。[57]

海德格尔将这一"伟大的"（grand style）解释学与后来的（而且，根据他的观点）施莱尔马赫的更加形式主义的解释学区别开来："施莱尔马赫采取这个至关重要的和理解的解释学的观念，并将它还原到一种'理解的技术'。"[58] 如何恰当地认识在奥古斯丁那里这个"至关重要的和理解的解释学的观念"？不用说，海德格尔对上面引用的奥古斯丁在序言（proemium）中所确立的那种联系留下了深刻的印象，这种联系指的是要理解的东西和渴求生活真理的解释者之间的联系。这种联系赋予奥古斯丁的解释学一个明显的"存在主义的"（existential）因素，这种因素可以在他的所有论著中找到，因此，他早就应得到第一个存在主义者（proto‐existentialist）的称号。理解圣经的渴望根本不能与纯粹发生在主客体之间的认识过程分开，相反，它证明了此在存在的根本焦虑的方式，这种此在不断地追求意义。

奥古斯丁的著作以另外的方式也适合于当下的问题——尤其是因为他将解释学的探讨集中在圣经的"晦涩段落"（ad ambigua scripturarum）上。奥古斯丁从这样一个假定开始：圣经从根本上讲是清楚的，甚至连小孩也能理解[59]，因此，他也就使自己同那些主张圣经中的一切都是喻意的人，如奥利金明显地区别开来了。对于奥古斯丁而言，只有当晦涩的段落出现理解的困难时，明确的解释学的反思才成为必要。在《论基督教教义》中（尤其是第 3 卷），他的意图只是提供消除晦涩的指南（praeceptae），这些指南表明奥古斯丁不仅是存在主义之父，而且是解释学基本规则的先驱（nuce），不过我们不能停留在这里，大体上了解一下就足够了。

奥古斯丁提醒我们，圣经中的一切知识有三个基础：信仰（faith）、希望（hope）和慈爱（charity）。[60] 我们还必须记住：遵从解释的原则本身是不够的：洞察圣经中晦涩段落的光必须来自于上帝，所以一切取决于解释者的精神意向，尤其是取决于博爱（caritas）。无论谁想要用关爱去研究圣经首先就必须通读所有的圣书，这样至少可以熟悉它们，即使不能完全理解。[61] 而且，解释者本身必须熟悉圣经，这样他才能使自己通过清楚的段落来说明晦涩的段落。奥古斯丁在很多场合下都提出了这样一项再直白不过的建议——通过将晦涩的段落与清楚的段落相对照来澄清意义，而且他劝告人们要熟悉希伯来语和希腊语，并强调充分利用揭示晦涩段落的各种解释和翻译。[62] 这样，他的解释学就要求一个历史的和批判的内容：基督徒是一个批判的读者，他总是在寻求与上帝相适应的意义，进而以非字面意义的方式去解释圣经的神秘故事。历史的背景也必须加以考虑，尤其是在研究旧约时要这样做。为了理解这一点，我们必须记住，在某些情况下，一个人能够贞洁地与许多女人生活在一起（如亚伯拉罕与撒拉的情况就是如此，这一点圣保罗已经作过喻意的解释），而今天，一个人可以和一个女人过着放荡的生活。[63]

根据奥古斯丁所言，混淆真正的意义和比喻的意义是造成圣经含糊的主要原因[64]，这导致了解释学（hermeneutics）的产生（虽然此时还没有这一名称）。作为对这种混淆的补救——除了奥古斯丁到处系统地强调博爱的原则外——一般的原则，即晦涩的段落要通过将它们与清楚的段落的比较来加以解释，是特别有用的。而且，具有比喻意义的段落应当和具有字面意义的段落区分开。为了能深入到圣经比喻中的精神，奥古斯丁建议人们要熟悉修辞学和各种修辞格以及话语的表达方式（从讽刺到修辞性的误用）。[65] 然而，他并没有试图提供一个详尽而漫无边际的修辞目录，因为内容太多了，没人能全部理解它们。奥古斯丁在结束他的这部论著的第 3 卷时，要求祈祷，因为只有在上帝的帮助下，精神才能照亮字义。这就是针对话语的符号和思想关系所需要说明的（de signis quantum ad verba pertinet），它是最后一段所得出的结论。⑥⑥

　　该书第 3 卷的结论间接地提到符号（sign）与话语（verbum）之间的关系，它需要结合奥古斯丁的《论三位一体》（*De trinitate*）来加以说明，这尤其是因为伽达默尔在阐释他的语言的解释学时提到过它。奥古斯丁在宗教的背景中将其理论化：上帝之子如何能被理解为话语（verbum）或逻各斯（logos），而非简单地将话语看作是上帝发出来的感性的声音，从而也不含有反三位一体的圣子从属于圣父的意味呢？对这个问题的回答，奥古斯丁在《论三位一体》的第 15 卷，也是最后一卷，又回到斯多葛派的内在逻各斯（话语/verbum）和外在逻各斯（话语/verbum）的区分。奥古斯丁指出，本源的言说和思想是内在的，即一种心灵的语言（a language of the heart）。⑥⑦这种内在的言说还不具有一种感性的（sensible）和肉体的（material）形式；它纯粹是理智的（intellectual）和普遍的（universal）——也就是说，它还没有采取一种特殊的感性的或历史的语言形式。当我们听到人的一种特殊语言的话语时，很清楚，我们并不是试图去理解它的特殊的、偶然的形式，而是要理解体现在它里面的话语（verbum）或理性（reason）——当然这种体现是不完全的，正如每一种人的精神被肉体化并不是完全的体现一样。所以，为了理解真正的人的话语（sed transeunda sunt haec, ut ad illud perveniatur hominis verbum）就必须超越感性的、发声的语言。⑥⑧倾听者所要努力理解的是话语（verbum），它不是耳朵能够听到的；然而它存在于每一种语言中，并且先于一切"翻译"（转换/translated）它的符号。如果灵魂或心灵的内在话语（verbum intimum）采取一种具体感性的语言形式，那么它就不能真正如其所是地表达出来，而是以一种为肉体能辨别的形式说出来（nam quando per sonum dicitur, vel per aliquod corporale signum, non dicitur sicut est, sed sicut potest videri audirive per corpus）。⑥⑨

　　奥古斯丁在这一学说中发现了巨大的神学意义，因为这一区分也通过类比应用到基督，即上帝之道（Word of God，也可译为"上帝的话语"，在这里 Logos、Verbum 和 Word 是一致的，从历时上看，先是由希腊文的"Logos"转换为拉丁文的"Verbum"，然后再转化为英文的"Word"——中译者注）。在一个特定的时间进入到历史世界的上帝之道（Word）同与上帝永在的话语（Verbum）是不一样的，这种区分允许奥古斯丁深入思考在上帝与历史地显现的话语（Verbum）之间的差异性和相似性。正如一个内在的话语先于人类的表达，所以与上帝同在的道（话语/Verbum）也是如此，它先于化为现世存在的基督的创造与显现，这种道传统上被理解为上帝的智慧或自我认识。⑦⑩为了将它传达给人类，这种道（话语/Verbum）也需要在一个特定的时间里面采取一种感性的形式。正如我们的语言并不是我们内在思想精确的复制一样，神的语言也保持着感性显现的、以外在形式出现的话语和作为其本身的上帝的话语的区分。然而，这种显现和上帝的智慧是同一的，所以上帝实际上充分显现在他的道（话语）的表达中，而这只对上帝才如此。

　　但是，对于人类来说，这种思想与具体的话语的同一几乎从未发生过，而且在这里，奥古斯丁指出了神之道（word）与人之道（word）之间的类比的限度，因为上帝之道（话语/Verbum）涉及上帝自我认识的全部；而人之道，从说话者这边看，并不表现为一种可以与之相提并论的自我占有（self-possession），我们的话语很少是某种认识的反映。我们的话语仅仅来自于我们根据说明的知识所知道的东西吗？或者，奥古斯丁追问道，这不就是我们说了许多事情但却没有最终达到澄清的那种情况吗?[71] 相对于上帝的话语（verbum），我们自己的话语（verbum）决不会达到绝对的自明性（absolute self-evidence），这是因为我们的存在决不会融入纯粹的和真正的自我认识（quia non hoc est nobis esse, quod est nosse）之中。我们的话语（verbum）总是接近隐秘的知识，即一种"难以描述的东西"（je ne sais quoi /quiddam mentis nostrae）[72]，去帮助表达它的思想。这种难以描述的东西（奥古斯丁这里考虑到的是具体的语言）并没有固定的形式，因为它并不来自于一个清晰的景象（a clear vision），而是无限可能的形式（hoc formabile nondumque formatum），所以，奥古斯丁将人的语言与体现于圣子之道（Son's Word）的神的自我显现形成对照。

本书只关注这个洞见所带来的解释学的结果，因为这些结果在某种程度上通向现代解释学。首先，伽达默尔提醒我们，我们所理解的话语并不仅是由声音所组成的，相反，我们试图要理解的是符号所指的东西——意思或思想，是这个词的理性本身的普遍性[73]。它对当代哲学意味着什么呢? 它涉及一种心灵的再现，进而预示着恢复了唯灵主义、心理主义，或其他类似的东西吗? 根据伽达默尔所言，我们也必须"将我们的注意力转向'内在话语'（inner word）本身，并追问它可能是什么"[74]。我们可以从奥古斯丁的评论出发，这个评论是: 我们表达我们的"心灵"的符号具有关于它们的偶然的或肉体的东西，它们所表达的只是一个人要说的某一方面，而不是内容的全部。内在话语（verbum cordis）提醒我们不要将表达的符号看成是最终的，它所展示的总是一个不完全的解释（interpretatio），它总期待更多要说的东西，以便更充分地理解内容: "内在的话语当然与一种特定的语言无关，它也不具有从记忆中被唤起而浮现为含糊想象的话语的性质; 相反，它是思想要达到终极的内容（subject matter thought through to the end）。由于含有思想要达到终极的一个过程，所以我们不得不承认它里面的过程因素。"[75]

这一过程因素涉及去发现话语和与之有关的理解的企图。每一种表达只构成了一个对话的片断，语言就存在于这种对话中。"思想要达到终极的内容"（subject matter thought through to the end），说话的实践活动（actus exercitus）或语用学（pragmatics）[Nachvollzug]——并不就是明确的实际表达的话语的意指活动（actus signatus）——它只存在于要求被理解的对话中。伽达默尔从奥古斯丁那里学到这一点: 通过语言交流的意义"不是类似一个陈述中的一种抽象的逻辑意义，而是发生于其中的实际的相互影响"[76]。西方哲学所拥有的命题含有对语言最重要的方面——它在对话中的根源——的割裂。关注命题逻辑的内容排除了这样一个自明的事实: 话语具有回答的性质——也就是说，它们依赖先前的东西，即问题[77]，而且话语具有进一步要求某种东西的性质，因而是依赖后来的东西的。在这种问题和回答的辩证法中，存在着语言的真正的普遍性，当代解释学所提出的普遍性的要求就来自于它。在伽达默尔的《解释学问题的普遍性》（1966 年）一文中，这一点变得很明确了（虽然很少被理解），即这种辩证法是"解释学的原始现象"（hermeneutic urphenomenon）: "任何不能被理解为对一个问题的回答的陈述都是不可能的，而且陈述只能以这种方式被理解。"[78]这种对话的观点与奥古斯丁的内在话语（verbum cordis）说遥相呼应，而且通过它，伽达默尔试图克服西方对语言的遗忘——这种遗忘是对意义的事件性的抽象，它导致将固守命题作为终极目标。

命题的真理并不在于它们本身，不在于某个时刻所选择的符号，而在于它们所揭示的整体（whole）："话语不能仅仅理解为指向某种确定意义的符号：相反，一个人必须学会倾听除了它们之外它们所带来的一切。"[79] 在伽达默尔的那篇开创性的论文《什么是真理？》（What is Truth?，1957 年）中，他就已经试图将语言的真理要求从命题的束缚中解放出来："没有任何我们试图把握其真理的陈述能仅仅根据它所展示的内容而被理解，每一种陈述都含有尚未表达的前提。"[80] 所以如果简单的术语，将它置于奥古斯丁的丰富性中，那么我们就会看到，语言的普遍性不能是说出的语言（spoken language）的普遍性，它必须是"内在话语"（inner word）的普遍性，这很难说是对具体语言的一种轻视，恰恰相反，它是将这种语言带到其正确的解释学的视域中。我们不能听到"精神的"（spiritual）话语，但是当我们在理解说出的语言（spoken language）时，我们肯定盼望获得它们。

语言的普遍性根本不会因为指出前语言的经验（如哈贝马斯所做的那样）或指出语言的限度就会受到限制。[81] 实际上，解释学就含有反思语言达到它们目的的限度，这是由于"这样一个事实：话语的失败证明它们具有寻求表达一切的能力"[82] 源于一种奥古斯丁的解释学并不需要提醒人们注意说出的语言（spoken language）的限度，它所涉及的普遍性是理解的普遍动力，要么是寻求表达一切的企图，要么是寻求表达一切的能力。而伽达默尔的主要论题是：每一种陈述在原则上都是有限的，这源于我们的历史有限性和我们受制于尚未建立起来的但仍敞开着的语言的不透明性。

> 从这些例子中，我们看到了陈述在原则上所具有的这种限度，它决不能说要说的一切……柏拉图称思想是灵魂与自己的内在对话，这里，事情的结构完全成了显而易见的了。它之所以被称为对话，是因为它是由问题和回答所构成的，因为一个人问自己就像一个人问另一个人一样；而对自己说某件事，就像对另一个人说某件事一样。奥古斯丁很早以前就提到过这种对一个人自己谈话的方式。每一个人都好像是与他们自己的对话，甚至那些与其他人对话的人也必须与他们自己保持着对话，因为他们在进行思考。语言不是在陈述中找到它的典型的例子，而是在被视为意义的统一的对话中找到它的典型的例子，这种意义的统一来自于问题和回答交替的发生。正是在这里，语言才得到充分的说明。[83]

根据奥古斯丁和伽达默尔对内在逻各斯（inner logos）的普遍性的洞察，我们可以完成对前宗教改革时代解释学史的概述。从这种普遍性的高潮出发，我们当然会再次肯定埃贝林对中世纪其余时代的判断："关于解释学，奥古斯丁以后的上千年并没有产生任何崭新的研究或观点。"[84] 然而，重弹贬低中世纪"黑暗"的老调肯定是错误的[85]。为了避免那种建立在无知基础上的通常的偏见，我们最好参阅亨利·德·路巴克（Henri de Lubac）关于中世纪解释学研究的四卷本杰作，以及布林克曼（Brinkmann）的纲要。[86]

七、路德：只有圣经？

关于路德的解释学存在着比解释学传统中任何其他一个古典学者更多的第二手文献，这无疑是由于路德在教会史和思想史中的巨大意义所致，此外，或许还由于这样一个事实：解释学的传统主要是由新教徒从弗拉西乌斯（Flacius）到施莱尔马赫、狄尔泰、布尔特曼、埃贝林，可能还有伽达默尔建立起来的[87]（伽达默尔承认自己是新教徒——参见他的《美的现实性及其他论文》英文版，剑桥大学出版社 1986 年版，第 35 页——中译者注）。对于狄尔泰（第一个解释学史家）来说，这一点似乎很清楚：解释科学（herm-neutic science）的兴起与新教的兴起是一致的。[88]可以肯定，路德的改革行动为解释学的革命奠定了基础，但我们必须恰当地去追问路德自己是否真的发展了一门解释学的理论。他的解释学是不能与他的解释实践相分离的，他的教学只与注释有关，这种注释在当时是一种改革。[89]路德专注于圣经的词语方面，轻视哲学和理论的追求，他总是将经院哲学等同于空洞，所以他的解释学概念只能从他的圣经注释的方法中推出来。[90]

路德无疑将"只有圣经"（sola scriptura）的改革原则作为他的出发点，并用它来反对传统和教会的专断。重申这一原则无疑是对当时教会典型地轻视文本的蔑视。然而，仅从解释学的观点来看，这种原则并不是完全陌生的，圣经的首要地位在教父时代就普遍地为人们所接受，奥古斯丁总是从圣经开始，这样，晦涩的段落通过与清楚的段落的比较而得到解释。在《论基督教教义》的开头，他首先建议读者通读圣经，从而向澄明的精神之光敞开自身。与亚里山大亚派的喻意解释倾向相对立，奥古斯丁从圣经在根本上是可以理解的前提出发。毫无疑义，路德时代的教会无视这一原则，但从一个纯解释学的观点来看，它的重要性极小，因为宗教改革运动只是重新发现了那时已遗忘了的圣经的自明性。只有圣经以及圣经从根本上讲是清楚明白的观点，实际上在教父解释学中就已经存在了，而路德没有低估它们的力量。在这个方面，他对喻意和圣经四重意义的否定实际上意味着对教父态度刺激性的恢复。路德比较坚定地反对喻意解释（这在他年轻的时候就开始了），这意味着重返字义（sensus literalis）[91]，路德的基本看法是：字义本身（如果正确理解的话）包含它自己的正确的精神意义。它来自于对圣经精神产生的词语本身的正确理解，精神并不要在字义的背后去发现；它就在作为信仰实现的词语中与我们照面。除非解释者经验到这种实现（即它所涉及的精神再生——它是一个回忆奥古斯丁话语学说的概念），否则词语就是死的。路德有一句名言：圣经自己解释自己（sui ipsius interpres），即它就是打开它自己的钥匙，承认这一点：上帝在其中展示自己的道（话语/word）有待于圣经通过信仰被理解时所实现的，也就是说，圣经的话语（word）总是与话语（Verbum）的实现有关：与一个通过上帝的恩典所显示出来的解放的意义整体的反应的解释有关。真正认识到的话语，即根据它的内在倾向，已经是精神。对于新教来说，这就是解释学的普遍性的形式。

所以，路德并没有发现只有圣经（sola scriptura）的原则——话语是它自己的解释——或随之而来的话语和圣经根本上是可理解的原则。而且，路德所隐含的解释学是否足以建立起一门解释的理论仍是一个问题，因为严格地讲，它不足以说明圣经模糊（ambigua）的两难。对它们而言，奥古斯丁所制定的解释学的指南体现在他的《论基督教教义》（Doctrina christiana）中，圣经原则上是清楚的、可理解的，但并非到处如此，新教解决了这个问题吗？对许多人来说，新教徒要求圣灵的启示和要求到处都毫不含糊地自己解释自己（sui ipsius interpres）的圣经似乎很难令人满意，而且在某种程度上很天真，尤其是因为它表现出不能避免对立的解释和由之而来的任意性。对于反宗教改革的特兰托公会议（the Counter Reformation Council of Trent，1546 年）来讲，很容易证明圣经本身的不

充分进而求助于传统的必要性。引人注目的争辩是：说任何圣经和传统的对立完全是人为
的，因为它们两者都源于相同的圣灵。天主教利用新教解释本身相当多的变化指出，那种
认为圣经绝对清楚和思想明确的想法是荒谬的。为了理解模糊的段落，传统的证明和教父
（他们的希伯来语和希腊语的知识比路德要好得多）是必不可少的。

反宗教改革派注意到早期新教解释学的阿喀琉斯的脚踵，或者更确切地说，注意到它
的欠缺（absence），所以，发展一门清晰的解释学成了新教最迫切的需要。在路德思想中
的任何这样明显的欠缺很快导致了圣经解释学在学术上的发展。与教父相似，问题集中在
澄清晦涩的段落［对于它们，新教（仍）未提出任何解决的办法］，而第一个发现打开圣
经钥匙的人是路德的一位追随者——马提亚斯·弗拉西乌斯·伊利修库斯（Mathias Flaci-
us Illyricus，1520～1575年）。

八、弗拉西乌斯：语法解释的普遍性

在弗拉西乌斯的《圣经指南》（*Clavis scripturae sacrae*，1567年）中，他揭示了第一
部典型的圣经解释学。这称得上是第一部真正新教的解释学理论的书，即使在这个理论中
也找不到解释学（hermeneutic）这个词。它的意图是要提供解释圣经晦涩段落的指南
（clavis），而弗拉西乌斯有能力担当此任。他在威尼斯受教于人文主义者乔阿恩·巴普提
斯塔·埃格纳提乌斯（Johann Baptista Egnatius），并具有渊博的希伯来语的知识，梅南希
顿（Melanchthon）任命他为维登堡（Wittenberg）大学希伯来语教授。⑫

在开始探讨模糊段落的难题之前，弗拉西乌斯就在序言中有力地重申了路德关于圣经
的一般可理解性的原则。如果上帝为了我们的精神健康，而授予我们圣经，那么断言它晦
暗和拯救的目的不充分就是一种亵渎。⑬弗拉西乌斯在回答特利恩特公会议（Tridentine
Council）时说，圣经的晦暗并不是由于它的模糊，而是由于我们自己缺乏对它的语言和
语法的了解，这个过错在天主教教会。《圣经指南》的第一部分提供了一部纯粹的圣经词
典，提供了一个具体的并列段落的和谐，没有什么能比早期新教更强调语法知识的重要性
了。在这个方面，《圣经指南》对新教神学具有决定性和系统性的意义⑭，掌握字义、语
法，为打开圣经提供了普遍的钥匙。

凭借这把普遍的钥匙，弗拉西乌斯在该书第二卷的开头解释了由于纯语言学的或语法
的原因所造成的理解上的困难。一切障碍都是因语言本身的晦暗所造成的，圣经的解释者
（即当时的读者）缺乏教育应对此负责，其理由是："语言是事物的符号或图像（image），
类似一副眼镜，通过它我们看到事情本身，所以经过努力我们通过它达到对其内容本身的
认识。"⑮这里语言似乎成了一种传达另一事物的媒介或反映另一事物的手段。如果我们
要深入到圣经的精神或内容，那么就必须掌握语法的手段。

为了减少圣经语法上的困难，弗拉西乌斯设想了一些补救办法（remedia）。除了一般
地乞求于圣灵之外，弗拉西乌斯总是特别强调语言的能力："在这里存在着理解圣经困难
的突出根源，即神学家几乎从未努力充分注意完全熟悉圣经文本或对其他人解释它。"⑯
弗拉西乌斯心目中的这种解释是一种严格的圣经内在的解释，它建立在段落对比的基础
上——这似乎就是路德的灵感——圣经是自己解释自己（sui ipsius interpres）——的具体

化。正如弗拉西乌斯提出的大多数别的建议那样，段落对比的原则早在奥古斯丁那里就可以找到。弗拉西乌斯经常而且明确地谈到奥古斯丁和其他教父的权威——可能是竭力想通过提到他的先驱来证明新教明显的创新实际上是原来就有的，从而具有合法性。[97] 因此，弗拉西乌斯写道："奥古斯丁十分正确地指出，很难找到一个没有在别处被清楚地解释了的句子。"[98] 具体提到旧的教会传统（弗拉西乌斯明确地批判了他那个时代的天主教教会），使得他自己的解释学似乎并不非常具有原创性，在弗拉西乌斯那里，很难有一个解释学原则不能在教父那里找到，这个事实没有逃出解释学史家的眼光，所以狄尔泰观察到："几乎奥古斯丁的《论基督教教义》中的整个第四卷都被详细地被评价了……这本书（即《圣经指南》）实际上来自于所有先前的注释成果。"而这成了天主教指责他的材料。理查德·希门（Richard Simon）发现这一点很特别：弗拉西乌斯从他在序言中加以攻击的教父们那里借用了许多东西。[99] 然而，《圣经指南》（1567 年）在 1685 年仍在被人们讨论，此时正是希门批判它的时候，这个事实证明了它的广泛和持久的影响。它的词典的适用性以及它对解释学原则的概述使得这本书成了早期新教解释学的基本著作之一。[100]

弗拉西乌斯不仅深受奥古斯丁的启发，而且还受到修辞学传统的启发，他的著名的"观点"（scopus）说——考虑到构成一本书的观点的重要性——就是直接从修辞学中借来的。[101] 在这一点上，语法的解释通向它下面的意图。当弗拉西乌斯谈到打开文本的观点（scopus），即它的含糊的逻各斯——一个与带有所有隐秘魅力的内在话语（verbum interius）的旧学说相关时，他指出了纯语法解释的相对限度，喻意传统的影响在弗拉西乌斯那里也看得出来，在《圣经指南》中我们发现了使人完全联想到奥利金的喻意因素。由于这样的喻意因素明显地很难与宗教改革的语法解释的普遍性原则相协调，所以它们很少得到强调。为了纠正这一印象，我们需要引用下面很长的一段话："上帝有意在一面镜子中说了许多晦暗的话，因为它并非是给予所有那些知道奥秘的人……有许多对于充满信仰的人来说蔽而不显，为的是让他们能具有更大的热情投入到圣经并努力获得更清晰的启示。"[102] 下面这段话中字面的意义和精神的意义作为智慧的两个层次似乎也效仿的是奥利金：

> 圣经以它自身特殊的方式包含关于同一个事物的双重认识，一个是针对头脑简单的人和小孩子的，可以将它比喻为奶（milk），另一个是针对成熟和强壮的人的，可以将它比喻为肉（meat）（《多林哥前书》，3：2 和《希伯来书》，5：13-14）。基本的问答集以简明扼要的方式传达出大多数重要的观点，比较成熟的人包括同样的东西，但以更丰富和更具体的形式出现，因为它要求更加小心地探讨事物的本源和揭示许多被遮蔽的问题和奥秘……我们应小心地给予初学者以奶，即前面提到的第一个层次的人，以满足他们的需要；然而对于成熟的人则可以将他们引向艰深的事物的肉。[103]

为了给宗教改革提供一把具有普遍意义的澄清含糊段落的钥匙，弗拉西乌斯提出了一个融合来自古代解释学的各种流派的纲要：它强调了语法解释，而且也讨论了来自喻意的某些主题，在某种程度上，值得探讨的是这一综合或混合（它保留了喻意传统的部分），是对路德否定喻意的调和。无论如何，喻意主题在弗拉西乌斯那里继续存在证明了建构纯语法的解释学是不可能的，尤其是驱除喻意学说所产生的魅力之不可能，因为人们对它的理解显然很难从字面上充分达到，所以留心倾听文字背后（或最好说，通过文字背后）的意义的整体就是很自然的了，这的确是解释学的目的，而且它的名称的出现不能再延迟了。

（作者单位：加拿大蒙特利尔大学哲学系
译者单位：武汉大学哲学学院）

注　释：

① 例如，约翰·芬德利（John Findlay）的书 *Kant and the Transcendental Object*（Oxford，1981），就使用了副标题 *A Hermeneutic Study*，虽然"hermeneutic"这个词在书里并没有出现，他只是指这本书的内容是对康德的解释。

② G. Ebeling, *Art*: *Hermeneutik*, 载 *Religion in Geschichte und Gegenwart*, 3d ed. , 3: 243。

③ J. Pépin, *Hermeneutik*, 载 *Reallexikon für Antike und Christentum* 14: 724，它所包括的大量文献全部来自希腊文。

④ 根据亚里士多德的注释者，Ammonios（*Comm. in Arist. Gr.* 4，5，5，17/23），比较 J. Pépin, *Hermeneutik*, p. 723。

⑤ 参见 J. Pépin, *Hermeneutik*, p. 728. 这里 Pépin 通过从斯多葛派到斐洛的注释追溯了亚里士多德语言哲学的线索，实际上，内在逻各斯和外在逻各斯的区分始于亚里士多德的《解释篇》开头的几行字，在那里，声音被描述为内心经验的语音符号。另参见 M. Pohlenz, *Die Begründung der abendländischen Sprachlehre durch die Stoa*, 载 *Nachrichten von der Gesellschaft der Wissenschaften zu Göttingen*. Philologische-Historische Klasse, n. s. , 3（1938-1939）: 151-198（esp. 191ff. ）。

⑥ 参见 L. Taran, *Academica*: *Plato*, *Philip of Opus*, *and the Psoudo-Platonic Epinomis*, 载 *Memoirs of the American Philosophical Society* 107（1975）: pp. 223-224.

⑦ 参见 M. C. van der Kolf, *Prophetes*, 载 *Pauly's Realencyclopädie der klassischen Altertumswissenschaft* 23，1: 797-816。

⑧ 参见 P. Chantraine, *Dictionnaire étymologique de la langue grecque*, 4 vols. 在 *Der Gott Hermes und die Hermeneutik*［载 *Tijdscbrift voor Filosofie* 30（1968）: 525-635］里，F. K. . Mayr 赞成保留赫尔墨斯（Hermes）和解释学（hermeneutics）之间的联系。

⑨ 比较一下亚里士多德在 *De Anima*（2.2.420b. 18-20）中，将"hermeneia"和"dialektos"（说话、语言、方言的方式）等同起来。

⑩ 参见 J. Pépin, *Hermeneutik*, p. 726（附有大量的文献）。

⑪ 这本书属于逍遥派的传统［参见结集版：亚里士多德的《诗学》（Aristotle, *The Poetics*）；朗吉努斯的《论崇高》（Longinus, *On the Sublime*），以及德墨修斯的《论风格》（Demetrius, *On Style*）］，但它的日期不能确定。另参见 F. K. Kerényi, *Origine e senso dell'ermeneutica* 载 *Ermeneutica e tradizione*, E. Castelli 编（Padua, 1963），p. 134.

⑫ Boethius 的 *Commentarium in librum Aristotelis "Peri hermeneias"*, *liber primus*, C. Meiser 编（Leipzig, 1877），p. 32（rpt. 载 *Commentaries on Aristotle's "De interpretatione"*）, New York, 1987.

⑬ *De migratione Abrahami*, 1: 12［*Les oeuvres de Philon d'Alexandrie*（Paris, 1965），14: 100（hermeneia = prophora logou）].

⑭ Clement of Alexandria, *Stromateis*, 8.20.5. 比较 J. Pépin, *Hermeneutik*, p.732. 此外，H. E. Hasso Jaeger, *Studien*, pp.64-65. 使这一点变得很清楚了："hermeneia" 的基本意思是使思想表达出来——也就是说，将思想转达出来。然而，与当代解释学的论题相反，豪索·耶格（Hasso Jaeger）主张，这样理解的 "hermeneia" 与解释（interpretation）无关，这是完全错误的。

⑮ 比较 J. Pépin, *Hermeneutik*, p.744.

⑯ 参见 H. J. Klauck 在 *Allegorie und Allegorese in synoptischen Gleichnistexten*（p.39.）中对这个词细致的研究。

⑰ 比较 *Stoa und Stoiker*, M. Pohlenz 译, 2d ed., p.29.

⑱ Cicero, *De natura deorum*, 2.25. 参见 J. Pépin, *Mythe et allégorie：Les origins grecques et les contestations judéo-chriennes*, 2d ed., pp.125-127.

⑲ Pseudo-Herakleitos, *Questiones Homericae*, F. Oelmann 编（Leipzig, 1910）, p.2. 另参见 H. J. Klauck, *Allegorie*, pp.45-53. 以及 J. Pépin, *Mythe*, pp.159-167.

⑳ 在 *Allegorie*（p.39.）中，H. J. Klauck 在这种关系中提到斯多葛派的语言哲学。

㉑ 参见 H. J. Klauck, *Allegorie*, p.52.

㉒ 参见 H. de Lubac, *Histoire et esprit：L'intelligence de l'Ecriture d'après Origèns*, p.160.

㉓ 参见 H. J. Klauck, *Allegcrie*, p.39. "一个理性的逻各斯，坚持一个完整的整体，它也在语言、神话和诗歌中表达出来。"

㉔ Fragment 11（Diels）："荷马和赫西俄德将人中一切被认为是不名誉的和可鄙的事情都归于诸神，如：偷盗、通奸和相互背叛。"

㉕ 参见 J. Pépin, *Mythe*, pp.112-121.

㉖ 参见近期的 J. Pépin 的论文集 *La tradition de l'allégorie：De Philon d'Alexandrie à Dante*。

㉗ 参见 I. Christiansen, *Die Technik der allegorischen Auslegungswissenschaft bei Philo von Alexandrien*, p.134.

㉘ 参见 J. Pépin, *Les indices de l'allégorie, La tradition*, pp.34ff.

㉙ 参见 J. Pépin, *La tradition*, pp.36ff. I. Christiansen, *Die Technik*, p.152.

㉚ 这一点很清楚，斐洛上面提到的重新采用的外在逻各斯和内在逻各斯的理论开始起作用，参见 K. Otte, *Das Sprachverständis bei Philo von Alexandrien：Sprache als Mittel der Hermeneutik*, pp.131-142.

㉛ *Philo of Alexandria：The Contemplative Life, the Giants, and Selections*, David Winston 编译（New York, 1981）, p.55.

㉜ 关于斐洛的神秘背景，参见 J. Pépin, *La tradition*, p.13. 这个背景对教父来说，仍具有深刻的意义。新约中有几段话（尤其是在第四福音书中："道来到世界，但世界却不知道他。"）似乎暗示了一种神秘的阅读方式。参见《约翰福音》1:5,3:12。

㉝ 参见 H. J. Klauck, *Allegorie*, p.43.

㉞ 这里柏拉图的《斐德罗篇》（p.274~278）的遗产是明显的，在柏拉图那里，关于这个有问题的普遍性，可参见 T. Szlezǎk 的论文 *Dialogorm und Esoterik：Zur Deutung des platonischen Dialogs "Phaidros"*, 载 *Museum Helveticum* 35（1978）：18-32, 以及他的书 *Platon und die Schriftlichkeit der Philosophie*.

㉟ H. J. Klauck, *Allegorie*, p.98.

㊱ 即直到 H. de Lubac 的划时代的论文 *Typologie et allégorisme*[载 *Recherches de science religieuse* 34（1947）：180-266] 问世。

㊲ 奥古斯丁仍谈到旧约中的 "allegorica praefiguratio"（*De civitate Dei*, 17.5.N2）. 参见 H. de Lubac, *Typologie*, p.189。

㊳ 参见 G. Ebeling, *Hermeneutik*, p.247。另参见 J. Pépin 在他的论解释学的词条中断定（第725

页)：它“是迄今为止关于”解释学的“论题的最有意义的文本”。

㊴ 参见 J. Daniélou，*Origène*（1948），pp. 179-190. 与之相对的是 H. de Lubac，*Histoire et esprit*（1950），pp. 159-161. 他使奥利金对斐洛的依赖降到最低，为的是强调使徒保罗这条线。

㊵ 奥利金所遵循的是旧的解释：今天解释为“三十”。

㊶ Origen，*Über die Prinzipien*，4. 2. 4.

㊷ 关于奥利金就这个问题在术语上和某种程度上的真正的摇摆，参见 H. de Lubac，*Histoire et esprit*（1950），pp. 141 ff.

㊸ *Über die Prinzipien*，4. 2. 6.

㊹ 同上，4. 4. 10，它涉及 4. 1. 16。

㊺ 参见 J. Danéiou，*Origène*，p. 180. 比较 H. de Lubac，*Histoire et esprit*，p. 107. “如果不存在字面下的一种秘密的圣灵的意图，不存在一种超越字面的意图，那么，这种字面本身要么由于它偶尔骇人听闻的性质，它明显的矛盾，它的荒谬，要么最后由于它的完全的陈腐而常常似乎是难以令人置信的……揭示文本真正价值的精神意义还能证明字面意义在其文学性方面的正当性，它有助于拯救字面的意义。

㊻ 参见 J. Daniélou，*Origène*，p. 147. 以及 H. de Lubac，*Histoire et esprit*，p. 170.

㊼ 同上，p. 163.

㊽ 同上，p. 172.

㊾ *Über die Prinzipien*，4. 3. 5. 参见 J. Daniélou，*Origène*，p. 182. 尤其是 H. de Lubac，*Histoire et esprit*，pp. 92-93.

㊿ 参见 H. de Lubac 的四卷本的说明，*Exégèse médiévale*：*Les quatre sens de l'Ecriture*。

(51) *Summa theological*，1. 10，conclusio.

(52) 参见 Christoph Schäublin 所写的关于这个主题的最重要的著作：*Untersuchungen zur Methode und Herkunft der antiochenischen Exegese*. 关于 Theodoret of Cyrrhus，参见“*Homeron ex Homero saphenizein*”：*Principios hermenéuticos de Teodoreto de Ciro en su Comentario a las Epistolas paulinas*. 载 *Scripta Theologica*21（1989）：pp. 13-61.

(53) 它将载于 *Gesamtausgabe* 第 59 ~ 60 卷上。在此之前可以参看 J. Barash 的报告，*Les sciences de l'histoire et le problème de la théologie*：*Autour du cours inédit de Heidegger sur saint Augustin*. 载 *Saint Augustin*，P. Ranson 编（Lausanne，1988），第 421-433 页，以及 O. Pöggeler's 在 *Der Denkweg Martin Heideggers*［第 2 版（Pfullingen，1983），第 38 页］中的论述。

(54) H. G. Gadamer，*Erinnerungen an Heideggers Anfänge*，p. 21.

(55) *TM*，p. 418.

(56) G. Ebeling，*Hermeneutik*，p. 249.

(57) M. Heidegger，*Ontologie*（*Hermeneutik der Faktizität*），K. Bröcker-Oltmans 编，第 12 页，海德格尔引用了奥古斯丁的拉丁文，英文翻译根据 *On Christian Doctrine*，D. W. Robertson 译，Jr.（Indianapolis，1958），第 78 页。

(58) M. Heidegger，*Ontologie*，p. 12.

(59) 参见 *De trinitate*，1，2：“Sancta Scriptura parvulis congruens。”

(60) *On Christian Doctrine*，1. 35.

(61) 同上，2. 7.

(62) 同上，2. 12.

(63) 同上，3. 18.

(64) 同上，3. 1：“Ut per nos instrui valeat，sciat ambiguatatem Scripturae aut in verbis propriis esse，aut in translatis。”

(65) 同上，3. 29.

⑯ 同上，3.37.

⑰ *De trinitate*, 15.10.19：“verbum est quod in corde dicimus：quod nec graecum est, nec latinum, nec linguae alicujus alterius。”

⑱ 同上，15.11.20.

⑲ 同上。关于作为思想中介的“解释”（hermeneia）的分析，另参见 Augustine, *De civitate Dei*, 8.14：“ideo Hermes Graece, quod sermo vel interpretatio, quae ad sermonem utique pertinet；hermeneia dicitur... per sermonem onmia cogitata enuntiantur。”

⑳ 参见 I Cor. 1：24. 比较 *De trinitate*, 4.20.27；4.1.1；7.3.4-6；15.12.222，而且书中随处可见。

㉑ *De trinitate*, 15.15.24：“numquid verbum nostrum de sola scientia nostra nascitur？”

㉒ 同上，15.15.25。

㉓㉔ 参见 *TM*，第 421 页。

㉕ 同上，第 422 页。

㉖ 同上，第 427 页。

㉗ 同上，第 427～428 页：“在话语的多样性中表达自身的话语的统一性揭示着没有被逻辑结构掩盖的东西，并将作为事件的语言性带出来。”

㉘ 同上，第 11 页（着重号为作者所加）。

㉙ H. G. Gadamer, *Von der Wahrheit des Wortes*, Jahresgabe der Martin-Heidegger-Gesellschaft（1988），*p*. 17.

㉚ *GW*2：52；另参见同页：“不是判断而是问题在逻辑中占居首位，正如柏拉图的对话和希腊逻辑的辩证法的源头所表明的那样。”

㉛ 比较 H. G. Gadamer 的论文，*Grenzen der Sprache*，载 *Evolution und Sprache：Über Entstehung und Wesen der Sprache*, Herrenalber Texte 66（1985）：pp. 89-99.

㉜ *GW* 2：185.

㉝ H. G. Gadamer, *Grenzen der Sprache*, pp. 97-98.

㉞ G. Ebeling, *Hermeneutik*, p. 249.

㉟ G. Gusdorf 的书苦于被简化为：*Les origins de l'herméneutique*，尤其是第 68～70、77 页（“leurs oeuvres doivent être rangées au musée des erreurs et des horreurs de l'histoire”）。

㊱ H. de Lubac, *Exégèse médiévale*：H. Brinkmann, *Mittelalterliche Hermeneutik*（Tübingen, 1980）.

㊲ 参见伽达默尔的直接来自于《真理与方法》背景的论文，它在其全集第 2 卷中被描述为《真理与方法》最初的“进一步发展”：“Zur Problematik des Selbstverständnisses：Ein hermeneutischer Beitrag zur Frage der Entmythologisierung”（*GW*2：121-132），另参见许多有关宗教的著作和他在 *Heideggers Wege*（Tübingen, 1983；*GW*2：92-120）中有关马堡的神学。总的来说，伽达默尔对解释学史的描述深受新教传统的影响，包括《真理与方法》本身中的那些内容，以及在 *Historisches Wörterbuch der Philosophie* 中的解释学文章里的那些内容，还有他与 G. Boehm 合编的 *Seminar：Philosophische Hermeneutik* 的导论。

㊳ 根据狄尔泰的论文“Das hermeneutische System Schleiermachers in der Auseinandersetzung mit der älteren Hermeneutik”（*GS*14, 1：597）中的第一个句子，关于这个主题，另参见 C. von Bormann, *Hermeneutik*, p. 112.

㊴ 参见 G. Ebeling, *Die Anfänge von Luthers Hermeneutik*，载 *Zeitschrift für Theologie und Kirche* 48（1951）：174n。

㊵ 例如 G. Ebeling，同上，就是这样进行的。

㊶ 同上，p. 176.

㊷ 关于弗拉西乌斯的重要生平，具体可参见 L. Geldsetzer 为 *Clavis* 第二部分重印所写的导言：*De ratione cognoscendi sacras literas*，载 *Über den Erkenntnisgrund der heiligen Schrift*。

⑬　"Introduction," *Clavis*, n. p. : "horrendum in modum blasphemant, vociferantes Scripturam esse obscuram, ambiguam, non etiam sufficientem ad plenam institutionem hominis Christiani ad salutem." 另参见 W. Dilthey, *GS* 14, 1: 600ff。

⑭　例如 L. Geldsetzer（在 *De ratione* 的导言中）正确地看到了 *Clavis* 的意义："弗拉西乌斯在圣经的文中本所采取的步骤，专门为神学的教条提供基础，所以给圣经作注在科学的神学中占有首要的地位。"

⑮　Flacius, *De ratione*. p. 7.

⑯　同上，p. 25.

⑰　参见 L. Geldsetzer 为 *De ratione* 作的导言。

⑱　Flacius, *De ratione*, p. 27.

⑲　R. Simon, *Histoire critique du Vieux Testament* (Rotterdam, 1685), p. 430: "Pour ce qui est des règles qu'il prescript, comme d'expliquer un passage obscur par un autre qui est clair et d'avoir de bonnes versions de la Bible, on les peut trouver dans les Livres des Pères."

⑩⑩　参见 J. Wach, *Das Verstehen* 1: 14。

⑩⑪　注意这个文本的内容，Melanchthon 也提倡过它（参见 H. G. Gadamer, *GW* 2: 282），这同样是一个古代的释经规则，它最终还可以追溯到柏拉图在《斐德罗篇》中的告诫：在写演说时，意义的整个上下文都需要考虑。

⑩⑫　Flacius, *De ratione*, p. 23.

⑩⑬　同上，p. 69.

先秦两汉学术研究

荆楚所出陶拍原始文字破译

□ 罗运环

　　汉字从其原始形态发展到比较成熟的甲骨文阶段的过程，学者们已作过一些可贵的探索。但是，无论是半坡类型的几何形陶刻符号、大汶口文化和良渚文化的陶刻与玉雕的象形符号、长安花园村客省庄二期文化遗址出土的兽骨刻文，还是二里头文化和二里岗文化的陶刻符号和文字，虽然都是与文字起源有关的重要资料，但都是些孤立的符号和文字，未能成句成篇，在探讨文字起源上具有很大的局限性。邹平丁公陶文虽有若干刻文，但文字尚难考定，且刻文时代颇有争议。至于殷周金文中大量的族徽文字①，虽然往往写得很象形，但也"只是为了把族氏突出出来而写的一种'美术字'，并不是原始的象形文字，也不能作为文字画来理解"②。这就是说，从大汶口文化的象形陶刻符号到甲骨文之间，"还未曾发现由纯粹图形文字组成的完整句子"③，或把文字跟图画混合在一起使用的原始文字阶段的资料④，而荆楚所出陶拍文字在一定程度上可用以填补这一空缺。本文的研究，既希望学术界能对本陶拍文字引起重视，同时也希望这一研究能对我国文字起源的探索有所裨益。

一、陶拍文字及其年代

　　纱帽山陶拍（即陶垫，俗称"陶抵手""压锤"）⑤是陶质的制陶工具。1961 年 8 月，在湖北汉阳县东城垸（今属武汉市汉南区纱帽镇）纱帽山遗址（东面濒临长江，与江夏县金口镇隔江斜对）出土（采集），其编号：采-86，夹砂褐红陶，通高 5.9 厘米；正面为圆形，中部略鼓起，直径 9.2 厘米，背面圆形錾孔直径 3.5 厘米，孔上有一较宽的鼻状拱形的錾（俗称"握手"）。文字就刻写在錾上。兹将拓本⑥著录于下：

　　关于陶拍及其文字的时代，还得从遗址和陶拍的形制说起。纱帽山遗址的整个时代，上起自新石器时代的龙山期，中经殷商、西周，直至东周。而早期的文化堆积均被周代文化层所打破及扰乱。本陶拍属于殷商文化层之物。与郑州商代制陶作坊遗址所出椭圆形带鼻状宽錾的陶拍，尤其是与江苏铜山丘弯商代遗址出土的圆形鼓面带鼻状宽錾的陶拍形制类似，本陶拍的时代应属于商代⑦。陶拍属于民间制陶工具。本陶拍文字不同于其时代的文字，使用的是一种原始的图形文字，当为制陶家族所世代传承的文化遗迹。其原创时代

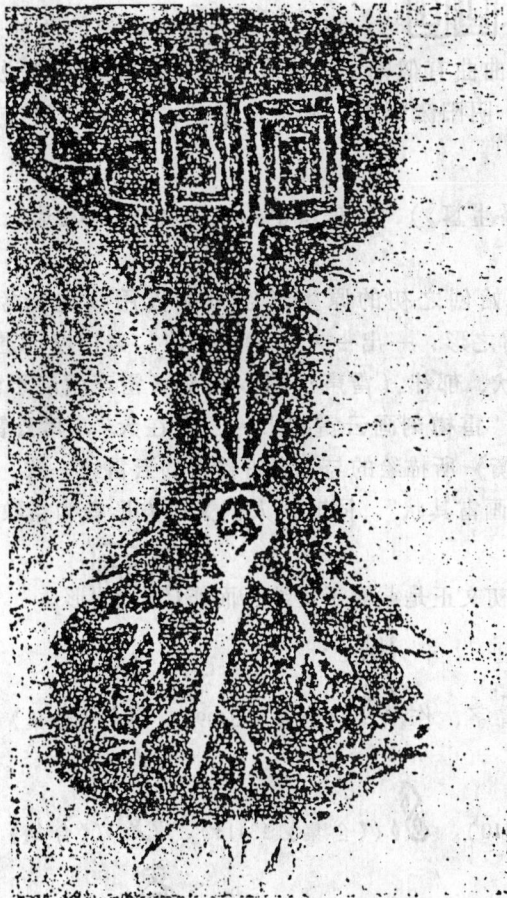

纱帽山陶拍文拓本

当远远早于陶拍的时代。

　　纱帽山陶拍出土 20 余年后才公布于世，并开始有人进行研究。1984 年，张吟午先生在《商代铜尊、鱼钩和陶抵手》一文中首次介绍了纱帽山陶拍并作了初步的研究。1987年，陈贤一先生执笔整理并发表了《汉阳东城垸纱帽山遗址调查》报告，进一步对纱帽山陶拍作了介绍。⑧但都只是将其作为"刻画图案"和"生动的图像"来描述和介绍的，都未能引起其他研究者的重视。出土 30 多年来，这一十分难得的文字资料未能显示其本来的价值和散发出应有的光辉。下面将从文字学的角度加以考释和论证。

二、陶拍文字考释（兼论雷、电、申的字源）

　　纱帽山陶拍文字，表达了一种完整的意思，其上部两个回形体表示雷、侧出的曲线为闪电；下部是一正视人形，作人面鸟爪状，人与雷电之间有一矢形，从上下至头顶。这几个部分都是可以单独进行考释的。

上部的雷电作 形。雷与电本为同一事象的两种表现，电虽无"恒光"，但其瞬间呈形，其弯弯曲曲有似鞭子，故有"电以为鞭策"之说（《淮南子·原道训》）。《说文解字》云："电，阴阳激耀也，从雨从申。"又云："籀文虹，从申，申，电也。"金文有电字作 （《番生簋》），正是从申。本陶文作 形，为原始电字形，即电之图形初文。

雷有声而无形，其始创之初的原生形态只能借用其他物象。《论衡·雷虚》云："《礼》曰：'刻尊为雷之形，一出一入，一屈一伸，为相校（通绞，缠绕）轸（通紾，弯曲）则鸣。'校轸之状，郁律（雷声沉闷）畏垒（雷声萦绕不绝）之类也，此象类之矣。"《儒增》篇亦云"雷樽刻画云雷之形，云雷在天"，其云雷纹为天上的"云雷之象"。古《礼》及《论衡》所描绘的与先秦古器上的云雷纹一致。雷因无形，古人取象于天上的滚滚的乌云来"画雷其状"。同时，人们又以方形者为雷纹，圆状者为云纹。从本陶拍雷字来看，其雷字初文正是截取于雷纹，而作 形。

甲骨、金文也有雷字，作 （《合集》3409）、（《合集》3945 正）、（《合集》13406）、（《合集》13410）、（《合集》13413）、（《合集》13417）、（《合集》13419）、（《合集》24364 正）、（《合集》24367）[9]、（雷瓿）、（父乙罍）、（师旂鼎）、（洛罍）、（陵方罍）、（洹子孟姜壶）、（盠驹尊）、（驹尊盖）[10]等形体。除最后两例从雨者外，皆由两部分所组成。其间作 等形为第一部分；作 等形为第二部分。关于前者，治甲骨、金文的学者多认为从申，是电字的初文。至于后者，或认为 为"雨点"（罗振玉）、"雨滴"（郭沫若），或"冰点"、"冰块"形（叶玉森）[11]；有的认为甲骨文形体所从的田为田畴之田（郭沫若）[12]；金文中形体所从的田，或被认为"鼓状"（高田忠周）、"象鼓"（林义光），或认为 "皆雷声之意象"（高鸿缙）[13]，或认为"作田者象征雷声"（陈初生）[14]，等等。其中"雨点"、"冰块"及田畴之田说纯属臆测；"鼓状"、"象鼓"和"象征雷声"之说，或受雷公击鼓神话（见《论衡·雷虚》）的影响，或受《说文解字》所云："籀文雷间有回回雷声"臆拟之辞的影响，皆不足为据。于省吾先生的"从实点与从虚廓一也";"从◊与从田一也"的说法是正确的,不轻言是什么则体现了学风的严谨性。

雷字何以从电,又何以作●◊田形,这两个方面都是过去学术界悬而未决的问题,本陶拍文的"雷"、"电"二字的发现,对解决申、雷、电三字的字源问题是大有帮助的。陶拍文"雷"、"电"二字尚处于图画文字阶段。图画文字不便书写,进入甲骨文阶段,为了便于契刻,当首次对图形文字进行了大规模的简化、规整化的文字改革。在这场文字改革中,图形电字 和其他一些被淘汰的图形文字一起被淘汰。与此同时,以图形"雷"字的竖式 类形体为基础,实行总体简化,即抽象出两个回形"雷"纹状笔画

之间连书作 为"申"(即"电")字;"雷"字则在此"申"字形体上加●◊代替原雷字被省去的回形雷纹状笔画,并作为与申(电)字的区别符号。二期甲骨文又将●◊改为田,取象回字形雷纹,开始向形声字转化,即从申畾声。商周金文"雷"字更加强调从"田"的部分,而其间所从之"申"则往往被忽略而异形歧出。

由于金文"雷"字又往往用作器名畾字,且"申"(电)字被借为地支用字已成习惯,于是西周中晚期金文始增雨字头加以区别,申、电、雷三字分别作 (杜伯盨)、 (番生簋)、 (驹尊盖)。到战国时代,电字则作 (楚帛书),仍然从申。雷字所从的申往往被取消而作 (信阳楚简)、 (包山楚简)等形。《说文解字》正篆作 ,不从申,也是如此。

申、电、雷三字的演变过程,不仅表明陶拍文"雷"、"电"二字与甲骨、金文和战国文字不悖,而且还进一步证实了陶拍文"雷"、"电"二字确实是最原始的图形文字。

,非"人"字,也不可能是"大"字,其主干略与从人头形(一般多作横画)的"天"字相近。甲骨文的"天"字,作 (《合集》36535)、 (《合集》17985)等形,商周之际的金文"天"字或作 (父乙簋)、 (孟鼎)等形。其上所从的口或●,虚廓与填实无别,即古丁字,就是人的巅顶之顶字的初文,也表示着天字的音读[15]而本形体有眼睛和嘴巴并带有一定的面部表情,故本形体亦非天字。

本形体与上引甲骨、金文诸例天字相比,除了上面所言面部有眼睛、嘴巴并带有一定

的表情而外，还有两大特点：其一，躯干部分向下延伸，几乎与两腿等长，显然不是误笔，而应是其尾；其二，本形体手脚均作鸟爪，鸟爪在整个形体中破比例地超长，非常醒目，给人以强烈的"鸟身"感。

考《山海经·海内经》，南方"有嬴民，鸟足"，是先秦时代整个部族人都长"鸟足"的神话。本陶文人形体有"鸟爪"是不足为怪的。《海内经》又载，南海"有盐长国有人焉，鸟首，名曰鸟民"。这是以一些人具有鸟文化的某一特征而被称为"鸟民"的惯例（当然这两例所反映的应属于图腾或神崇拜的现象）。本陶文的作者当是以突出"鸟爪"、"鸟尾"来象征"鸟身"的。其实，古人神话中的神有本形（即保持其传统形象）和变体（即改变其传统形态）两种。如"传言女娲人头蛇身"（王逸《楚辞章句·天问》），东汉画像石和武梁祠堂的画像均保持其本形并常与伏羲作交尾状。然"世俗图画女娲之象，为妇人形"，"殆谓女娲古妇人帝王者也"（《论衡·顺鼓》）。又如："句芒"，传统的形象为"鸟身人面"，可郑（当为秦字之讹）穆公说他大白天在庙里所见为"鸟身，素服三绝"（《墨子·明鬼》），表明句芒是穿衣服的。显然，其鸟身是一种人、鸟特征共存的"鸟身"，也是一种"变体"。依上诸例，本陶文的人形体也是一种以"鸟爪"来象征"鸟身"的"变体"。

如此，则本陶文的人形体并非单音节语素，或单个的文字，而是一种多音节的语素，是一种具有人、鸟特征的"文字画"。若要以后世文字来译释的话，应为："鸟爪人（神）"，或"人面鸟身之神"。

↓，从上下文义来看，此形体非普通的指示符号，当为"矢"字。

考"矢"字，甲骨、金文均为一整体矢（箭）形，作 ⊀（《合集》4787）、⊀（小盂鼎）等形，独体矢尚不见有作 ↑ 或 ↓ 形的。然而从矢的射字，在一期甲骨文中一般作

⊀（《合集》5777）、⊀（《合集》5762）形，抑或作 ⊀（《合集》5773）、⊀（《合集》5787）、⊀（《合集》5779）等形，其所从的矢为 →、← 形，与本陶拍文的 ↓ 形相同，只是方向不同而已。与本陶拍同时代并同一地出土的铜器《天曾卸尊》铭文中的邿字所以作

↑，《金文编》释邿并存疑。午字的字源一直是个疑问，《说文解字》云："午，牾也，五月阴气午逆阳冒地而出，此与矢同意。"过去，吴其昌先生认为午字为矢镞形所变化。[⑯]《天曾卸尊》的卸字所从的午作矢形，证明了吴先生的说法是可信从的。是午、矢的初文皆取象于矢镞形，后来矢字以箭的全形与午字明显区别开来，致使后人不得其解。

至于其倒正问题，矢向下与至字相近，但至字的关键有一横画而作 ⊻ 形，本形体亦非至字。金文狞氏诸器铭文狞字作 ⊻（狞鼎）、⊻（狞爵）、⊻（狞觥）、

（𥸤父乙簋）、 （𥸤爵）等形⑰。诸𥸤字所从的矢，正倒无别，表明早期矢字不仅取

镞以象征矢而为其字，而且正倒也不太严格。一期甲骨文个别矢（用为雉）字倒写作

（《合集》69）者，仍存早期遗风。凡此可证本陶文↓当为原始矢字。甲骨文"不雉众"，

或"不矢众"（《合集》69），本陶文矢字亦可通为雉（从佳矢声），"训为伤亡"之义。这

可作为一种解释，但也可将本矢字解释为"以矢击"，究竟取哪一种解释才合文义，这是

下面将要着力研究的问题。

三、陶拍文所记载的成文历史

陶拍文所记载的历史，可从外证与内释两个方面着手。

1965 年，纱帽山遗址附近出土一件商代后期的铜尊（前面已涉及），圈足内有铭文三

字为： 。此铭第一字释天，第三字前已论及，当释卸。第二字或释兽，黄锡全先生

改释为 ，并以为曾字异体，并云："根据铭文排列情况，'天 '当为族氏文字，

'邻（御）'可能是作器者或其他含义。颇疑 为'天'的分支，是否与汉东之曾国有

某种关系，很值得考虑。"⑱其释"曾"甚是，但"天曾"不一定是"天"的分支。在甲

骨文中"天"、"大"二字往往通用，如同"大邑商"，又作"天邑商"一样，"天曾"当

即"大曾"，也就是"曾"。

先秦时代，有姒姓曾和姬姓曾两大系。姬姓曾始封于西周，而此"曾"时处晚商当

为姒姓曾。《史记·夏本纪》云，禹为姒姓，其后分封，故有缯氏等。《世本》谓："曾

氏，夏少康封其少子（一作仲子）曲列于鄫（或作缯、曾）。"武丁时的甲骨文有曰：

"乙未［卜］，贞：立事［于］南（即伐荆楚⑲），右比（我），中比與（举），左比

（曾）。"（《合集》5504、5512）此曾当为姒姓曾，在江汉地区。《国语·周语》载富辰语

曰："杞、缯由大姒"得福。韦昭注："杞、缯二国姒姓，夏禹之后，大姒之家（娘家）

也。大姒，文王之妃，武王之母。"这是商末周初之际姒姓缯因婚姻关系受周封的记载。

又据《国语·郑语》史伯所言，西周末年，姒姓缯与申、西戎势力甚强，缯为"申之与

国"（韦昭注），表明直到西周末年江汉地区尚存姒姓之缯。天曾御尊当为姒姓曾人在商

代南下纱帽山的遗物，纱帽山遗址很可能一度为天曾御尊主人族系的居址，而本陶拍则当

为其遗物。

本陶拍文的内容，反映着两个敌对势力之间的斗争。受雷公电母支持的一方是胜利

者，即陶拍的主人一方；而雷电下面的鸟爪人（神）当是失败者一方的保护神。如果胜

利的一方是外来的，即南下的姒姓曾一方的话，那么，失败的一方应为当地的土著居民。

这里的关键是要看，陶拍的"鸟爪人（神）"，或"人面鸟身之神"能否得到印证。

先秦时代，具有人鸟混合特征的神在《山海经》中记载得比较集中。其中句芒、禺虢、禺强（禺京）、弇兹等，皆为"人面鸟身"或"鸟身人面"。句芒虽名气很大，但其为主司东方木官之神；其他三神则分别为东海、北海和西海的海神，而且句芒习惯于"乘两龙"，其他三神皆珥两"黄蛇"或"青蛇"，方位也相去太远，与本陶文的人形体关系不大。《中山经》记述有两个区域，即"济山之首，自辉诸之山至于蔓渠之山（河南伊水和嵩山以南）"，和"荆山之首，自景山至于琴鼓之山（今江汉地区）"的神状："皆人面而鸟身"或"皆鸟身而人面"。此二地南北连接，神状相同，可视为一大区域。本陶拍出土于江汉地区，其"鸟爪人（神）"或"人面鸟身之神"当与其地方神有关。

关于这一点，我们还可以取得旁证。《山海经》所记载的具有人鸟混合特征的并与荆楚地区有关的是南海的"欢头国"。该书《海外南经》和《大荒南经》二篇言其民状曰："其为人面，鸟喙，有翼（不能飞），杖翼而行，食海中鱼。"该国国民就是由荆楚迁往南海的。东方朔的《神异经》曰："西荒中有人焉，面目手足皆人形，而胁下有翼，不能飞，名曰苗民。《书》曰：窜三苗于三危西裔。为人饕餮淫泆无礼，故窜于此。"[20]此二处的徙民皆发生在尧舜之际。这两例神话同荆楚地方神为"人面鸟身"的说法可相互印证，进一步证明本陶文的人鸟特征形体，即"鸟爪人（神）"应即荆楚地区"人面鸟身"的地方神的一种形状。

本陶拍文所反映的姒姓曾一方与荆楚土著的一方的斗争发生在何时呢？《墨子·非攻》有一段文字或许可以帮助我们揭开这个谜底。该书载墨子之语曰：

> 昔者三苗大乱，天命殛之，日妖宵出，龙生于庙，犬哭乎市，夏冰，地坼及泉，五谷变化，民乃大振（震）。高阳乃命玄官，禹亲把天之瑞令，以征有苗。四（雷）电诱祗，有神人面鸟身，若瑾以侍，扼矢有苗之祥，苗师大乱，后乃遂几。禹既已克有三苗，为山川，别物上下，卿制大极，而神民不违，天下乃静。则此禹之所以征有苗地。

此段文字以往都感到难以通读，故唐人欧阳询撰《艺文类聚》时于此内容宁可用《隋巢子》之文，而不用《墨子》本文。清人孙诒让撰《墨子间诂》，也深觉此段文字不易通读，于是，将"诱祗"二字改为"诗振"，"扼矢有苗之祥"的"祥"字改为"将"，并云"扼矢，未详"。但是，若结合本陶拍来读《墨子》此段文字，就易于通读。"祗"与"祇"形近古籍中常多讹混，如《墨子·天志中》"神祇"的"祇"古本讹作"祗"，实应为神祇之祇。

在先秦两汉的神话中，"世俗认为（雷）击折树木，坏败室屋者，天取龙；其犯杀人也，谓之有阴过"（《论衡·雷虚》）。神人则"疾雷破山而不能伤，飘风振海而不能惊"（《庄子·齐物论》）。而且在神话中，神的许多活动还常常借助于"雷电冥晦"（《史记·高祖本纪》）来进行。雷在人们的心目中又是"天地之鼓"，祭祀天神地祇也要借助"雷鼓"、"灵鼓"的声音（《周礼·地官司徒·鼓人》）。如此，"雷电诱祇"则不难理解，就是以雷电来引诱神。

"扼矢有苗之祥"，此"祥"与"禹亲把天之瑞令"的"瑞"是对立而言的，指有苗

（三苗）的祥征。《文选·东京赋》"总集瑞令，备致嘉祥"，薛综注"祥，神也"。《文选·东京赋》的"祥"指神物神兽。而"有苗之祥"当指助佑三苗的地方保护神。"扼矢"即"矢扼"，王焕镳认为是"倒误"[21]，实际上应是古汉语中的一种状语后置的语法现象。如此则文义就自然而畅通了。其言：当年夏禹征三苗，通过雷电引诱神祇，并以矢扼住有苗（三苗）之祥，即矢扼佑助三苗的地方保护神。也就是通过巫术的手段，主要是画像或象形木偶之类，以箭刺射、诅咒。人们相信这样能使对方致病，甚至于丧身。如周武王代殷，丁侯不朝，姜尚父画丁侯像以箭射之，迫使丁侯投降；汉武帝时或有以针刺诅咒象征性木偶企图阴害人的所谓"巫蛊"等均属此类。这就是于省吾先生所说的"刺射象征巫术"[22]。夏禹曾用此法打击三苗的保护神，从而瓦解三苗将士的斗志，导致"苗师大乱"，夏禹因此而轻易取得胜利。

陶拍文与《墨子》所载禹征三苗之事相互印证，不仅解决了二者各自的通读问题，而且也使我们更深刻地了解陶拍文的内涵。本陶拍虽或出于商代夏裔曾人之手，但文字古朴原始，当为陶工先祖随禹南征后而留下的原始记录，其后代相流传而未改。如此不误，则本陶拍文保留了夏初原始文字的原貌。

四、结　论

考释原始图形文字有很大的难度，本文以谨慎的态度，依据有关资料，对本陶文作了一些探索（包括某些推测）和严肃认真的考释，颇有一些收获和体会。

其一，关于本陶拍文的价值。原始图画文字出现在商代的陶拍上，这本身就是一个耐人寻味的问题。本文结合同出一地并具有共时性的天曾卸尊的铭文内容来探讨，发现本遗址及本陶拍的主人当为夏禹后裔姒姓曾的支系。又将《墨子·非攻》所载夏禹征三苗之事与本陶文互证，既解决了孙诒让认为《墨子》不可通读的夏禹征三苗的一段文字，也解决了商代陶拍上出现原始图画文字的疑问及其通读问题。同时亦发现本陶拍文是目前为止惟一可通读的成句成篇的原始图形文字资料，甚为珍贵。

其二，文字考释的收获。通过对陶拍文的考释，解决了电、雷、申三字长期未能解决的字源问题。矢字的考定，使我们了解到原始矢字取象箭镞形。另外，独体文字画是否可以考释，本文也作了尝试。所谓独体文字画是一种多音节语素字（词组），只要立足形体分析，并以其共时性的史料为依据，还是可以考释的。本文释 为"人面鸟身之神"，就是这一尝试的结果。

其三，本陶拍文字由于具有原始性，其"画成其物"（许慎语）的古朴风格还比较明显。但这种文字已具有一定的社会性，如"雷"字取象于新石器时代以降社会上流行的雷纹，画写者以外的人也能认读，其已属于文字的范畴。从表意及音读来看，电、雷、矢三字属于单音节语素字（词）， 则属于多音节语素字（词组）。就整篇文字之间的关系而言， 的面部表情，以及文字组合的方位性，说明本陶拍文尚未摆脱"文字画"

的阶段。而多音节语素字与单音节语素字同篇并见，表明古汉字在原始文字阶段，文字和独体文字画曾一度混合在一起使用。

注　释：

① 张亚初、刘雨：《商周族氏铭文考释举例》，《古文字研究》第 7 辑，中华书局 1982 年版。

② 李学勤：《古文字初阶》，中华书局 1985 年版，第 34 页。

③ 姚孝遂：《古汉字的形体结构及其发展阶段》，《古文字研究》第 4 辑，中华书局 1980 年版。

④ 参见裘锡圭《文字学概要》，商务印书馆 1988 年版，第 1～8 页。

⑤ 陶拍，分外拍、内垫两种，修整陶坯时二者同时配合进行。统言则内垫、外拍都可称'拍'，分言则外拍叫陶拍，内垫叫陶垫。鉴于目前内垫、外拍的称呼还很不一致的情况，姑且以总称称呼本陶垫，谓之"陶拍"。

⑥⑦⑧　湖北省博物馆：《汉阳东城垸纱帽山遗址调查》，《江汉考古》1987 年第 3 期。张吟午：《商代铜尊：鱼钩和陶抵手》，《江汉考古》1984 年第 3 期。

⑨ 《合集》皆为郭沫若主编的《甲骨文合集》的简称，中华书局 1978～1982 年版。

⑩ 容庚著，张振林、马国权摹补：《金文编》，中华书局 1985 年版，第 751 页；高明：《古文字类编》，中华书局 1980 年版，第 485 页。

⑪ 于省吾：《甲骨文字释林》中华书局 1979 年版，第 10 页。

⑫ 郭沫若：《卜辞通纂》，科学出版社 1982 年版，第 86～87 页。

⑬ 周法高主编，张日昇、徐芷仪、林洁明编纂：《金文诂林》第十二册（卷 11），香港中文大学 1975 年版，第 6436～6439 页。

⑭ 陈初生编纂，曾宪通审校：《金文常用字典》，陕西人民出版社 1987 年版，第 976 页。

⑮ 于省吾：《甲骨文字释林》，中华书局 1979 年版，第 440～441 页。

⑯ 吴其昌：《金文名象疏证》，《武汉大学文哲季刊》卷 6 第 1 期，1937 年，第 184～195 页。

⑰ 容庚编著，张振林、马国权摹补：《金文编》，中华书局 1985 年版，第 1093 页；于省吾：《商周金文录遗》，科学出版社 1957 年版，第 77 页。

⑱ 黄锡全：《湖北出土商周文字辑证》，武汉大学出版社 1992 年版，第 1 页。

⑲ 罗运环：《楚国八百年》，武汉大学出版社 1992 年版，第 67 页。

⑳ 东方朔：《神翼经》，上海古籍出版社 1990 年版，第 4 页。

㉑ 王焕镳著：《墨子校释》，浙江文艺出版社 1984 年版，第 156～158 页。

㉒ 于省吾：《释黽黿》，《古文字研究》第 7 辑，中华书局 1982 年版，第 4～6 页。

附记：本文曾于 1997 年 10 月在香港中文大学召开的"第三届国际中国古文字学研讨会"上宣读发表。2002 年，本文主要论点有幸被著名甲骨文商史专家罗昆先生（中国社会科学院研究员、中国社会科学院古代文明研究中心专家委员会委员）的大作《甲骨文解谜》中的《汉字探源》一节所引用。见该书第 151～152 页，长江文艺出版社 2002 年版。特附记于此。

（作者单位：武汉大学中国传统文化研究中心）

论先秦儒家的隐逸主义

□ 孙邦金

一、中国隐士文化与儒家传统

中国传统士大夫阶层对于现实世界的回应方式中，做一名隐士是常见的且受人推崇的人生选择。清代笪重光《画筌》曰："寒潭晒网，曲径携琴。放鹤空山，牧牛盘谷。寻泉声而蹑足，恋松色以支颐；濯足清流中，行吟绝壁之下。"我们注意到，渔樵等隐士形象，经常性地成为中国诸多传统艺术形式的中心，用以表现人们追求超凡脱俗、自由解放的主题，可以说是中国传统文化里最具现实超越性的文化符号与象征之一。出离世俗而遨游于艺术化的生存境界，可以说是所有人的梦想，但似乎只有在隐士们的身上才得到完美的体现。

同积极参与社会之人的热情相比，隐士们似乎是极端地消极：他们"以伟大的拒绝这一悖论来取代积极的生死参与"①。而中国的隐士们与其他宗教传统里的清修者相比，又表现出较少的禁欲色彩和较多的世俗特性。早在 20 世纪 50 年代，日本人根本诚（Nemoto Makoto）在其《专制社会里的抗议精神：中国隐逸研究》一书中已经指出，中国传统的隐逸文化与印度佛教、欧洲基督教的清修主义相比，其最重要也是其最有特色的基础在于与政治生活的疏离，并因此与中国佛教的僧侣主义相区别开来。②事实上，在隐逸的动机目的、行为方式和隔绝程度等方面，中国先秦诸家的隐逸行为与宗教清修的严规戒律、与世无争有着根本的不同：他们一般不指望通过禁绝肉体的世俗欲望来达到精神的崇高圣洁，他们绝非拒绝所有的世俗生活，特别是家庭生活。他们主要是试图通过疏离世俗的社会政治生活保持自我的自由独立并最终反过来影响社会政治，所以这种隐逸行为所具有的丰富的道德与政治寓意，可以说是中国隐士文化所特有的内涵。

中国隐士文化源远流长，它一直与中国的成文历史记载相始终。上古有许由"颍阳洗耳，耻闻禅让"的传说，周代有伯夷、叔齐"孤竹长饥，羞食周粟"之谓也。后来，隐逸现象日益普遍，逐渐引起了人们的重视，从《后汉书·逸民列传》开始专案记载隐士事迹起，历代记载的隐士文献就层出不穷。一般说来，时间越早的隐士，其历史可信性越低。我们可以按时间先后对其真实性程度作出三种区分：神话中出现的原型之隐

（archetypal recluses）、传说之隐（legendary recluses）和历史之隐（historical recluses）。③此说与梁朝阮孝绪说法有一致之处，他在《高隐传》里曾就隐逸的超绝程度上作了三种区分："言行超逸，名氏弗备；始终不耗，姓名可录；挂冠人世，栖心尘表。"其中，原型的隐士其实是对隐士的想象、比喻和虚构，是隐士最完美的化身；传说的隐士则介于真实与虚构之间，虽有其人其事但多有美化；历史记载里的隐士则是现实生活中的愤世嫉俗、出离政治的真实个体。我们从中不难发现中国隐逸主义传统并非为铁板一块：在这些隐士中间不仅名目繁多，而且他们的隐逸旨趣亦千差万别。

从时间上看，隐士文化是自西周时期——士逐渐成为社会中拥有专门智识但素无固定职位之阶层形成以后——才逐渐出现的一种普遍的社会现象，隐士其实是士大夫阶层的一分子，隐士文化其实是士大夫文化的一部分。这从《论语》及先秦诸子等著作中对隐士人物的诸多记载中可以窥见一斑。原先"士"是属于统治阶层里的贵族，拥有相对固定的世袭职位，但是随着西周封建制度的逐步瓦解，士、农、工、商之四民社会的日渐形成，"士之失位"、"士无定主"现象开始突出显现，士最终由春秋晚期最低层的贵族下降转变为最高级的庶民，成为"四民"之首。"春秋以后，游士渐多"（顾炎武《日知录·士何事》），从固定的封建关系中游离出来而进入了一种无定主、无固定职位状态的士，"仕"与"隐"就成为摆在士民面前的一个现实问题。④因此，介于在朝与在野之间的士君子，每个人随时都面临着"穷达"、"仕隐"、"出处"、"进退"的不同抉择与人生命运。

基于儒道互补、三教合流这一中国传统文化基本形态的认识，许多人认为隐士乃是道家的专利，而儒家则是经邦济世的入世典型。萧萐父先生认为，道家之所以能产生，其所依存的社会基础就是春秋时期成批出现的隐士，并且，"早期隐者发展为道家思想群，再发展为稷下学者群，日益充分而明晰地体现出道家的思想特征"。总之，"道家隐者们的言行和他们在各个文化领域中的创造活动，形成了中国历史上与历代庙堂文化相并立或对峙的山林文化传统。'山林'与'庙堂'，在中国文化史上成为一对特殊的范畴"。⑤换言之，隐士们所代表的山林或民间文化与儒家所代表的精英政治之主流文化相反相成、相得益彰，成为中国文化内部互动的源头活水之一。对此，冯友兰先生的话最能代表人们的普遍看法："因为儒家'游方之内'，显得比道家入世一些；因为道家'游方之外'，显得比儒家出世一些；这两种趋向，彼此对立，但是也互相补充。两者演习着一种力的平衡，这使得中国人对于入世和出世具有良好的平衡感。"⑥但是，从隐士之所以成为隐士的标准和归隐的动机来看，以学派立场认为隐士皆以道家精神为依归，并不符合实际情况。无论是先秦还是其后历代，断定隐士的标准并不在学派归属，而在以下两个方面：一是为人品德超逸；二是不直接参与政治，不入仕位，正所谓"逸民，有德而隐者也"（颜师古注《汉书·律历志》）。这也就是说，他们道德高尚，与小人乡愿们的世俗不可同日而语；他们持有政治不合作态度，始终游离于政治体制之外，站在民间立场，具有将自我归属于底层人民的草根情结和独立自主的抗议精神。

当然，中国隐逸主义思想的主流根植于道家的说法有其充足的理由，但是儒家以孔子"无可无不可"为代表的出处态度，因其执两用中的中庸取向，造就了先秦儒家独树一帜的非出世性的隐逸主义：自觉选择在既要政治参与又要政治抗议这一双重紧张中生存。从儒家对于隐逸既不绝对反对亦不绝对肯定的相对中立的态度中，正可以发现原始儒家在解决仕隐和出处的两难困境时，所特有的相对意识和包容心态。儒家这种介于世俗与超越之间的双重进路，使其在调和身心、平衡群己、统合天人方面所表现出来的丰富活力，对于我们理解儒家文化及其在整个中华文化系统中所处的主流地位，有着极为重要的启示。

二、《论语》中的隐逸思想

春秋末年，"天下无道，礼乐征伐自诸侯出"（《论语·季氏》），周王朝的中央权力日益被实力渐长的诸侯们分割削弱，天下开始陷入诸侯争霸的混乱局面，既定的社会秩序开始解体重组。原先，"大道之行也，天下为公"；而当孔子之时，"大道既隐，天下为家，各亲其亲，各子其子，货、力为己"（《礼记·礼运》），争名夺利、自私自利成为人们日常生活的常态，道德的沦丧、社会风气的败坏，无不让有识之士扼腕，更让孔子心目中的"小康"、"大同"的理想成为遥不可及的幻想。可是，孔子仍然以天之未丧斯文于我的高度责任感，为救世而积极奔走，前半生几乎都是在游说诸侯列国中度过的。虽然他的学说难见世用，他与弟子们也受尽磨难，有道"惶惶乎如丧家之犬，不可终日"，可谓狼狈之极，但是正是其"知其不可而为之"（《论语·宪问》）的勇气赢得了后人的尊敬，为后世中国的知识人安身立命、经邦济世树立了榜样。但是，对于时运不济、理想飘摇的惨淡现实，夫子难免陡生退意，不禁发出"道不行，乘桴浮于海"（《论语·公冶长》）的无奈感叹。孔子在积极实践自己的仁心、仁德、仁政学说的同时，却又对隐士们"隐居以求其志"（《论语·季氏》）这一洁身自好的人生选择表示由衷的向往和赞叹。如果仔细分析孔子对于隐士们的看法和态度，我们可以发现以孔子为代表的原始儒家身上存在着尖锐的出处冲突。对于此一冲突的取舍解决，突出体现了儒家知识分子集现实主义和理想主义于一身的丰富内涵。

《论语》文本中有关隐士的记载非常之多，主要集中在《微子》篇中。此篇中提到了很多人物多以隐士为主，包括殷有"三仁"：微子、箕子、比干；"逸民"：伯夷、叔齐、虞仲、夷逸、朱张、柳下惠、少连；周代"八士"：伯达、伯适、仲突、仲忽、叔夜、季随、季［马咼］；还有楚狂接舆、长沮、桀溺、荷蓧丈人，等等。其中，除了"三仁"、伯夷、叔齐、柳下惠等人确有史实记载以外，大多已不可考。诚然如朱子所说，孔子在《微子》篇中所品评的隐者"皆一世之高士"，"每有倦倦接引之意"。他们的仕隐态度，一如《宪问》中的荷蓧丈人，"深则厉，浅则揭"。但对这些人，孔子予以了不同的品评，既表明了隐士对于出处的态度，也表明了自己对于隐士出处的态度。比如，对于几个逸民，孔子曾加以分类评说：

（1）"不降其志，不辱其身，伯夷叔齐与！"（2）谓："柳下惠、少连，降志辱身矣。言中伦，行中虑，其斯而已矣。"（3）谓："虞仲、夷逸，隐居放言。身中清，废中权。"（4）"我则异于是，无可无不可。"

朱子引谢良佐曰："七人隐遁不污则同，其立心造行则异。伯夷、叔齐，天子不得臣，诸侯不得友，盖已遁世离群矣，下圣人一等，此其最高与！柳下惠、少连，虽降志而不枉己，虽辱身而不求合，其心有不屑也。故言能中伦，行能中虑。虞仲、夷逸隐居放言，则言不合先王之法者多矣。然清而不污也，权而适宜也，与方外之士害义伤教而乱大伦者殊科。是以均谓之逸民。"要而言之，虽然他们远离政治的程度不一，在言行举止上也各各不同，但是他们之所以名曰"逸民"，有三个共同之处值得称道：有意不事政治或与政治保持距离、坚持自我的道德原则绝不妥协并同时表现出为人称尚的德行。⑦在最后，孔子自己的态度也很清楚："我则异于是，无可无不可。"孔子表示出自己相对于上述隐士的独特性——自己遵行的是"无可无不可"式的中庸之道，这是很耐人寻味的。

"无可无不可"，显然既包含了对隐逸行为的肯定一面，也有对其不苟同的一面。如果说孔子对于隐士持有称许的态度，但无疑还是有着一定保留的。《孟子·尽心下》中记载了万章问孟子："孔子在陈，何思鲁之狂士？"孟子解释了孔子称许狂狷的原因："孔子岂不欲中道哉？不可必得，故思其次也。"就是说，孔子倒是想做一个庸言庸行的中行之士，但并不一定能得到，只好退而求其次向往做一个狂狷隐士了。孔子心目中的理想状态下的出处观应该如孟子所说："孔子可以仕则仕，可以止则止，可以久则久，可以速则速。"这与《论语》屡次提到了仕隐、出处态度"天下有道则见，无道则隐"（《论语·泰伯》）、"（宁武子）邦有道则知；邦无道则愚"（《论语·公冶长》）、"邦有道危言危行，邦无道，危行言逊"（《论语·宪问》），等等，是一致的。孔子大部分的时候，都好像只是说在什么条件下该如何说话，该如何动作的权变策略，从中我们还很难确定孔子出处选择的基本原则和具体标准。比如，危邦入居与否？无道之邦中是直言直行，还是危行逊言？换言之，既要避免狂狷性格下的极端行为，也不做乡愿们虚情伪善的行为；在既保护自身的同时，又不降低既中且正的行为标准，这样的中庸境界是很难达到的，所以在现实生活中发生反中庸、非中庸的行为是不可避免地了。孔子曰："与其不得中庸，必也狂狷乎！"又云："狂者进取，狷者有所不为也。"（《论语·子路》）朱熹注曰："此盖失于周全之道，而取诸偏至之端者也。然则有所不为，亦将有所必为矣；既云进取，亦将有所不取者矣。"但"非中庸"的狂狷远胜于"反中庸"的小人之处，即在于他们"虽事非通圆，良其风轨有足怀者"，所以"中世偏行一介之夫，能成名立万者，盖亦众也"。所谓隐，在孔子看来，首先是隐言，即不无忌放言。《论语·季氏》曰："言及之而不言谓之隐。"因此，"无不可"，可能只是表示孔子对隐士们"不事王侯，高尚其志"，坚决不同流合污的高洁精神的赞许态度。虽然不合中庸要求，但是他们处于衰世之中，不同流合污就是难能可贵，其高洁的行为仍旧值得敬佩。

可是，孔子曰："见善如不及，见不善如探汤。吾见其人矣，吾闻其语矣。隐居以求其志，行义以达其道。吾闻其语矣，未见其人也。"（《论语·宪问》）这其中有一个现象非常值得玩味，那就是在《论语》中虽然提到很多隐士，但大都是其弟子遇到后转告孔子的。孔子本人虽然几次希望就教于隐者，但从来就没有直接接触过其中一个隐者，当然也不可能与其中任何一个人对话交流过。子曰："贤者辟世，其次辟地，其次辟色，其次辟言。"（《论语·宪问》）隐者辟世辟地辟言辟行，与世隔绝，又怎么能与孔子交流谈心？因而可遇不可求。但是，孔子对于这些素未谋面的高人与隐士存在的真实性，亦即隐士们做到与世完全隔绝的可能性不免表示了怀疑。针对于长沮、桀溺的隐逸，夫子怃然曰："鸟兽不可与同群，吾非斯之人徒与而谁与？天下有道，丘不与易也。"（《论语·微子》）孔子说人因有其社会属性而异于鸟兽，既然"鸟兽不可与同群"，不与人为伴又与谁为伴呢？若非真的与世俗决绝，否则既然不能完全与世隔绝，这种隐逸也是不能纯粹的。进而言之，即使隐者确有可能与社会完全隔绝，但是孔子对于辟世的必要性，亦即与社会隔绝的人生价值与意义世界奠立于何处进行了追问。因为对于隐者来说，其本意是逃避和抗议社会的纷乱束缚，追求个人的自由，他们还是人类之一分子，并非是退避与鸟兽同居而使人不成其为人。如若隐者没有了非我的他人与社会作对照，如何界定自我就会变得非常困难，"隐居以求其志"就可能是一句空话，这种与世隔绝的隐逸实践究竟有多大的社会意义是成问题的。以此看来，孔子"无可无不可"之"无可"一面，看来并非无的放矢。不仅"天下有道，丘不与易也"，而且孔子完全有可能在不违背道德原则的情况下，帮助治理"无道之邦"。对于荷蓧丈人"四体不勤，五谷不分，孰为夫子"这一诘问，子路转述了孔子的意思，"道之不行，已知之矣"，但"不仕无义"，君子应该当仁不让，出仕以行义。正是在这个意义上，子路毫不隐晦地批评隐者"欲洁其身，而乱大伦"。不过，这个指责有其过当之处。其实像荷蓧丈人这样的隐士，并非退避到与鸟兽处的地步，只是处家归隐而已，他还有靠自食其力、自力更生支撑的家庭生活。假设上述"大伦"以"五伦"为其主要内容，那么除了最具政治性的"君臣"一伦之外，父子、夫妇、长幼、朋友之间的关系仍旧可以得到维持，甚至其中某些方面由于远离政治反而得到了加强。

但是，"君子之仕，行其义也"，义是维持君臣关系的政治性道义准则，应该得到遵守。君子应该有服事君王、报效国家的道义，这也是一种崇高伟大的道德责任。但是，也绝不能因政治事关百姓民生、国家命运，责任重大，因此就不论目的、手段、方法和结果等条件而要求人们一味地参与政治，无条件地与君王合作。朱子注曰："然谓之义，则事之可否，身之去就，亦自有不可苟者。是以虽不洁身以乱伦，亦非忘义以殉禄也。"（《四书集注·论语集注卷九》）因此，既没有隐者所追求的绝对的个人自由，也没有儒者所强调的绝对的政治自由：即使隐者不从事政治而处家隐居，照样难以避免其与个人自由、与家庭、与社会所存在的矛盾。反之亦如此，儒家选择从事政治、服务社会，与君王或上级打交道时，也会时时面临服从与反抗、同流合污还是坚持原则的尖锐矛盾和道德困境。

综观《论语》中孔子对隐逸的"无可无不可"之总体态度，在实践中表现出的"用之则行，舍之则藏"（《论语·述而》）的行为模式：一方面高扬隐士之气节，另一方面又对尧舜"博施济众"激赏之至，试图在无为与有为、个人与社会之间寻求一种动态的平衡关系，孔子对于仕隐双方的彼此评价，看似各执一端、自相矛盾，实际上是看到了在出处两端之间存在着彼此共通的一面。只不过，"士不弘毅不可以重国"，与从社会分工角度来界定的"知识人"这一职业分工概念相比，"士"还多出一层道德性的内涵。显然，在孔子这里，"士"从原来一个以血缘关系为基础的特殊社会阶层之范畴，转变成一个表示士人理想人格之概念而变得极具道德性的范畴，它变得更强调由人后天的努力来打破客观因素的局限。"孔子所使用的'君子'一词，由外铄转而为内发，由取决于客观环境转为取决于主观因素。"⑧这种对士之职责和士行标准的道德转向，赋予了士阶层强烈的道德情怀和担当精神，显然为后来孟子进一步的道德绝对主义主张奠定了基础、开辟了道路。

"士而怀居，不足以为士矣"（《论语·宪问》），士君子不能只考虑一己之私，以天下为己任的责任感不应回避；"二三子何患乎丧乎？天下之道也久矣，天将以夫子为木铎"（《论语·八佾》），从中所透露出的儒家勇于担当的精神异乎寻常地坚定不移。这种强烈的忧患意识和责任伦理深深地影响了后来历代的知识分子，促使他们毫不犹豫地选择积极入世，成就了中国知识分子的高风亮节和不屈风骨。这种"先天下之忧而忧，后天下之乐而乐"，君子忧国忧民、安贫乐道的优良传统之所以能形成，儒家功莫大矣！但是，要做坚定的"隐士"的道家，要做坚定的"兼士"的墨家，就要分别从两个极端批评和责难孔子为十足的两面派和投机者。在他们看来，儒家在现实与理想之间的游移不定，对于政治若即若离的出处态度，会使自己陷入内外不协调、言行不一致、前后不一贯的伦理困境。由此可见，"无可无不可"的出处态度，很难回避伦理上自相矛盾的困境和道德上游移的危险性。

三、渔父形象与中庸之道

儒家的出处观很容易陷入相对主义的伦理困境，而要想彻底摆脱这种出处困境，几乎是不可能的。在中国文人的责任传统里，屈原之死，是以身殉道，是对出处矛盾的最为极端的解决方式。既不能为国效力，又不愿遁世独处，这是儒家出处冲突的典型表现。《楚辞》中的渔父形象，作为中国道家隐者的典型，他与屈原的对话，正是道儒两家出处观的交锋，充分表达出儒家所面对的出处矛盾之尖锐性，绝不是简单的一句"义与之比"所能解决的。渔父曰：

> 沧浪之水清兮，可以濯吾缨。
> 沧浪之水浊兮，可以濯吾足。

渔父意在说明"圣人不凝滞于物，而能与世推移"的道理。既然屈原不见世用，则完全可采取"天下有道则见，无道则隐"的出处观，选择遁世无争，这样就可以自处放达，随遇而安。但是屈原矢志不移、不愿随波逐流，其曰：

> 新沐者必弹冠，新浴者必振衣。
> 安能以身之察察，受物之汶汶者乎？

屈原表现得比隐士更加不能承受世俗政治的污染。其实，屈原对于穷处自守之人抱有钦慕之心："与其无义而自有名兮，宁穷处而守高！"但是，在屈原看来，士人放弃了自己的社会责任，就等于放弃了自己生命的价值之所在；士人降低自己的道德标准，就没有了用以改变社会的手段。因此，屈原虽不见世用，但并非不能遁世穷处，只是不屑于此罢了。对此，顾炎武说得好："非不知其言之可从也，而义有所不当为也。"（《日知录·乡愿》）因此，屈原甘愿承担心中的愁苦，也不愿委曲求全从而降低对自己的道德要求，他只能"哀生之无乐兮，幽独处于山中。吾不能变心而从俗兮，固将愁苦而终穷！"（《楚辞·九章·涉江》）他在政治上是被迫放逐，而在精神上却是自我放逐。人一旦被迫放逐加之自我放逐，他就既与过去隔绝，又与当下新环境相冲突，根本得不到身心上的安顿，不得不悲观面对。所以爱德华·W·萨义德说，"流亡是（知识分子）最悲惨的命运之一"。

渔父的形象不仅在《楚辞》，更是普遍出现在先秦诸家文献之中。这一事实，正好反映出当时士大夫阶层普遍存在着出处矛盾。《孟子》有曰：

有孺子歌曰："沧浪之水清兮，可以濯我缨；沧浪之水浊兮，可以濯吾足矣。"孔子曰："小子听之！清斯濯缨，浊斯濯足矣，自取之也。"（《孟子·离娄上》）

荀子对此进行了儒家式的理解：

故新浴者振其衣，新沐者弹其冠，人之情也。其谁能以已之僬僬，受人之掝掝者哉？（《荀子·不苟》）

《文子》亦有相近的表述：

混混之水浊，可以濯吾足乎？泠泠之水清，可以濯吾缨乎？

陈子展认为，这表明渔父之歌在先秦时已广泛长久地流行了。"孔子听了这歌声，而悟被尊被贱自取之道。屈原听了这歌声，而悟或进或退自处之方。"⑨从中可以看出，在面对外部环境的逼迫时，是进是退，是出仕是处家，孔子以"自取"应对，认为其根本应在于主体自我内在的理性判断和道德意志，而不应将出处选择的权利消极让与外部的社会力量，让其来做出裁决。至少在孟子看来，孔子对处于社会群体中的个体道德力量是非常重视的。实际上，"智识分子的自然理解、自我定义和自我期许才是体现士君子和大丈夫风骨的根本理由"⑩。无论是极端决绝的屈原与孔子、孟子、荀子等人是多么的不同，但都基本上认同在面对清浊不同的外在社会政治环境时，有如面对善与恶、义与不义时一样，须有"当仁不让"的担当精神和实践勇气。显然，在儒家这种积极参与的根本取向下，孔子的对于隐逸"无可无不可"态度，作为一种执两用中的中庸态度的具体体现，可以理解成"与世俗处"，但绝不可理解成与世俗同流合污。

在孔子之后，"中庸"作为在儒家修身济世实践的理想行为方式与标准的地位，最先在《中庸》一文中被确立起来。"君子中庸，小人反中庸"，"君子居易以俟命，小人行险以徼幸"，行中道还是走极端，成为儒家士行的重要表征。可以说，《中庸》最充分地阐明了其中庸之道的确切寓意和君子之风的真正内涵。中庸是"执两用中"的中行之道，具有积极的参与意识与世俗精神，但是它并非是简单地为了合作参与的志业而去牺牲道德的原则，而是一种圆熟练达的行为方式和非常高超的人生境界。诚如其曰："君子依乎中庸。遁世不见知而不悔：唯圣者能之。"显然，它在表现出了一种参与世俗的同时，还表示一种圣人"上不怨天、下不尤人"的高远气象。它看起来平易近人，"道不远人。人之为道而远人，不可以为道"，只顾追求高远之道而远离人世的日用伦常，实不是正常的合乎人性的求道方式。说来简单，"君子之道，辟如行远，必自迩；辟如登高，必自卑"，一切从自身做起，时时反身切己。理性的主动参与与道德的自觉自律统一于一身，才是孔子中庸之道的现实可能性的基础。唯有如此，才能成就君子之德风："君子之道，淡而不厌，简而文，温而理，知远之近，知风之自，知微之显，可与入德矣。"但它又似乎高不可攀："君子尊德性而道问学，致广大而尽精微，极高明而道中庸。"这种圣凡之间的互动、天人之间的沟通，虽然都是指向于超凡入圣的目标以成就一个超越于个体自我的大我，但却是通过"正诸己而不求于人"这一关键的体认工夫来实现的。这种对中庸的追求，反映在个体与社群的关系上，显然是要寻求自我与社会两者之间的平衡，但是平衡的结果则是倾向于注重士的个体性而非其社会性来达到的。

《中庸》通过对个体性的强调来实现自我超越，这种在内、外之间进行双向转换的关键在于主体的道德自觉——"诚"。《中庸》第二十章曰："诚者，天之道也；诚之者，人之道也。""诚"作为天道层面的规定，它是指世界万物所普遍具有的本然的内在品性，其表现出超出个体之外的超越性内涵，此即"诚者，物之始终，不诚无物"之谓也。但是"诚之"作为人道的规定，显然指的是一种实现"诚"的应然要求。"诚"之普遍性最终还是要落实到个体的内在品性中，而这种内在品性只有在不断"诚己"的过程中才能得到特殊而真实的体现。事实上，"内在性和超越性并不是相互排斥的两种概念"，所有的终极超越性概念都包含有内在的因素在里头。[11]因此可以说，人的存在是不能离开真实生活的。"至诚无息"，只有诚己才能成人，一旦停止个体道德力量生成的过程，生命的意义就无从展现。所以，"'诚'不仅是一种存在的状态，而且也是一种生成的过程"[12]。进而言之，中庸之道包含有相反相成的两面：一面是天道，一面是人道；一面是静态存有，一面是动态生成；一面是超越的理想世界，一面是当下的世俗世界。正是这种神圣与世俗合于一身的中庸性格塑造出儒家独有的双重行为模式——"穷则独善其身，达则兼济天下"。

四、《孟子》和《荀子》的隐逸思想

《孟子》与《中庸》一脉相承，着重通过讨论士君子积极参与王道政治所遭遇到的道德困境，彰显出士君子独立个性与政治社会的世俗原则之间的紧张，阐发出中国文化中士君子宁死不屈这一士行传统。

余英时认为："中国古代知识分子以道自重和抗礼帝王的意识确是发展得最普遍、强烈。因此他们在出处辞受之际也特别讲究分寸，《孟子》一书便是最好的证据。"[13]孟子的"万物皆备于我"，就是意在申论孔子的"为仁由己"的内涵，说明主体自我的积极主动性，强调君子行为的道德自律，即道德上的自我责任感。"非其道，则一箪食不可受于人；如其道，则舜受尧之下不以为泰。"（《孟子·滕文公下》）显然，孟子比孔子更加清楚地认定，无论什么条件下，君子都应该"志于道"，不违背道德原则。但是由于儒家之"道"本身缺乏具体的形式，没有像西方教会那样的专门护道机构和体制，士也不具备教士那样从上帝手中所获得担当中保的神圣权利，中国知识分子只有通过个人的自爱、自重才能呈现他们所代表的"道"。此外便别无可靠的保证。[14]

周敦颐《通书·志学》曰："圣希天，贤希圣，士希贤。"君子立己达人，存在着士君子、贤人、圣人等道德修养境界之差别，孟子以"人人皆可以成尧舜"的先验人性论为基础，要求士人在服务社会之前必先"立乎其大者"，养就一身"仰不愧于天，俯不怍于人"的"浩然之气"，成为一个至大至刚、顶天立地的"大丈夫"。只有"这样的人有一个明确的志愿，有一个正当的位置，有一个基本的原则"[15]。在"志"、"位"、"道"三者之间，士的外在社会价值体现为"位"，但有"位"之士要有"志"于"道"，依"道"求"志"，从内在精神上契合于道，内部的"志"与外部的"位"双方共同统一于终极超越性的"道"。为了实现对最高的"道"的追求，在"志"与"位"相冲突的情况下，必然以德（"志"）抗"位"，士君子应体现有独立不屈的超越精神。孟子之所以说"无恒产而有恒心者，唯士能为"，就在于说明士对道德原则的一贯坚持，其根基在于立下勇于担当的"大丈夫"精神。这也就是说，无论穷达贫富，面对功名利禄时都应该坚持独立不改的精神，矢志不移、居仁由义，而不应该放失本心、随波逐流。他说：

> 故士穷不失义，达不离道。穷不失义，故士得己焉；达不离道，故民不失望矣。
> 古之人，得志，泽加于民；不得志，修身见于世。穷则独善其身，达则兼济天下。
> 天下有道，以道殉身；天下无道，以身殉道。未闻以道殉乎人者也。（《孟子·尽心上》）

虽然孟子深知"乘势"和"待时"在实际政治运作中的重要性，但是孟子对于违背道义原则的世俗政治力量绝不妥协，甘愿独自承担维护道义的责任。孟子生世，"圣王不作，诸侯放恣，处士横议，杨朱、墨翟之言盈天下。天下之言不归杨，则归墨。杨氏为我，是无君也；墨氏兼爱，是无父也。无父无君，是禽兽也"（《孟子·滕文公下》）。孟子还说"杨墨之道不息，孔子之道不著"，所以他一生以正人心、息邪说、距诐行、放淫辞、距杨墨为己任，对当时墨、道两家后学对于孔子学说的批评或攻击做出了不遗余力的辩护。对于墨、道从出与处两个极端分别对孔子"无可无不可"之中庸之道的批评与攻击，孟子以兼顾理想与现实的态度，从反经与权变、理论和实践两个层面都做出了回应。孟子通过"距杨墨"的激辩将孔子的中庸之道进一步发扬光大，其立足的关键在于继承了孔子"为仁由己"的"为己之学"，着重于主体内在的道德自觉精神之挺立。可以说，孔孟儒学的待人处世的生存实践，"它一方面确有神圣性、超越性，另一方面又不脱离社会政事、教育师道和日用伦常等生活世界"，以自我内在的道德自觉和挺立为纽带，在天道与人道、神圣与凡俗之间架起了贯通的桥梁，最终实现了生存的理想与现实、生命的终极至上性与经世致用性的统一。⑯

在出处态度上，孟子远比孔子要鲜明，道德的标准亦更绝对一些。这从孟子推许陈仲子为"廉士"和"士之巨擘"的例子中可见一斑。《孟子·滕文公下》说陈仲子居于於陵，而《战国策》卷11《齐策》之"於陵子仲"极可能即指孟子所云的"陈仲子"。《战国策》认为陈仲子完全是于人、于世无用的人，且其行为的不良影响程度甚至罪至当诛。恰恰相反，孟子赞许他严格要求自己的举动是一种自洁操行的行为，表明了陈仲子对道德原则的一贯重视和严格遵循的决绝态度。这不仅对于陈仲子本人来说可以达到合于道义、问心无愧的结果，而且对于社会风教亦是有积极有用的影响。所以，陈仲子虽然对他人与社会没有积极有益的作为，但是孟子之所以仍然对陈仲子的"消极不作为"推崇有加，是出于他宁愿"辟兄离母，处于於陵"，也不愿食"不义之禄"、居"不义之室"，俨然是士君子坚持道德气节、个性尊严绝对不妥协的道德典范。从中可以看出，孟子的出处观无疑更加强调出于自愿的拒绝，正如《孔丛子·抗志》所云："与屈己以富贵，不若抗己以贫贱！屈己则制于人，抗志则不愧于道。"

不过，从上述对陈仲子两种截然相反的评价可以看出，当时社会对于士行的标准有着极为多样的看法，并且不可避免地在士阶层内部存在着明显的观念对垒，即使在儒家内部亦是如此。稍后的荀子对于陈仲子的评价，就与先前的孟子形成了鲜明的对比：

忍情性，綦溪利跂，苟以分异人为高，不足以合大众，明大分；然而其持之有故，其言之成理，足以欺惑愚众，是陈仲、史䲡也。（《荀子·非十二子》）

Aat Vervoorn 认为陈仲子是极端的自我道德约束者，并没真正理解疏离社会与实现社会责任之间的界限：出处选择的标准并不在于一己之名利，而在于是否符合大众的利益。[17] 在荀子看来，无能者而高蹈隐逸之事，摆脱不了以"不俗为俗"的虚伪本质，完全是欺世盗名之举。在荀子看来，士分为"仰禄之士"和"正身之士"两种不同类型，在流品杂多的士人中间只有"士君子"才是"正身之士"，才能真正地"志于道"。据此，荀子对于儒家内部所分化出的诸如子夏、子游、子张等"贱儒"亦表示了鄙视，认为他们的言行皆有违于儒家士君子的言行标准。

荀子有着比孟子更强烈的入世精神，"道虽迩不行不至，事虽小不为不成"（《荀子·修身》），认为君子不应该放弃自己的道德责任，而应该以仁德之心、积极主动的行动来改变社会，对当时社会士君子的出处风气表示了极大的怀疑和批评。"仁之所在无贫穷，仁之所亡无富贵。天下知之，则欲与天下同苦乐之；天下不知之，则傀然独立天地之间而不畏，是上勇也。"（《荀子·性恶》）所以，对于荀子来说，士君子遁隐独处就等于放弃了自己的社会责任。如果说还有为荀子所认同的隐逸行为，那么只有一种隐逸行为是合乎标准的：有所能但不见世用的被迫穷处。

故君子耻不修，不耻见污；耻不信，不耻不见信；耻不能，不耻不见用。是以不诱于誉，不恐于诽，率道而行，端然正已，不为物倾，侧夫是之谓诚。诗云：温温恭人，维德之基。此之谓也。（《荀子·非十二子》）

在荀子看来，君子耻于没有内在的德性修养和知识才能，不耻于被人污蔑和不见世用，一如孔子所说："不患人不己知，患不能也。"这就是说，荀子在注重君子的内在修养学习方面、注重儒行方面与孔、孟并无二致。但是，荀子具有一种世界本来就不完善的幽暗意识[18]，以及人性本恶的观念，所以他并没有将儒行的重心放在从主体精神内部契合超越性之天道上，而是更多地放在对从外部规范儒行之礼制的学习和践履上。在内在自我与外在社群之间，孟子更注重道德主体的内在立定与超越，政治只是道德的延伸；荀子则强调社群生活是个体生存的本质，出离社会无疑是一种向野蛮混乱之自然本性的复辟。既然荀子始终坚持以积极的态度参与社会政治，那么自然会认为自愿主动的隐逸与政治上的不合作态度是无甚必要的。显然，"从孔孟到荀子的转变除了具有从'内在'向'外在'发展的意义，尚有从'个人'走向'群体'的意义。[19]"因此，在认为社会黑暗是从来如此的本然现实之后，荀子只能将社会现实当作一种君子施展作为的改造对象，而不是将社会当作一种逃避的对象，进而不可能一旦认识到社会的黑暗就采取不屑于"与世俗处"的出世态度。在荀子眼中，世界只有一个，根本不存在一个完美无缺的乌托邦世界，并没有出与处的二元选择的可能性存在，需要的只是积极坚定的政治参与意识和担当责任的勇气来面对这个哪怕是再黑暗不过的社会。荀子这种深入参与社会政治的出处观影响也非常深远，但对于士大夫与政治关系的认识，较孟子少了一层抗议与批判的自由精神。

五、担当意识与抗议精神

隐士对于中国文化和政治的重要意义，《后汉书·逸民列传》说得很清楚："群方咸遂，志士怀仁，斯固所谓'举逸民天下归心'者乎!"但是，随着秦汉大一统政治格局的形成，政治上忠君观念的不断加强，士大夫阶层根本无法回避对国家政治忠诚的观念，难以通过"游士"周游列国的方式来实现其抗议精神。忠君观念使得忠孝难以两全的冲突、个人自由与精忠报国的矛盾益显突出。伯夷、叔齐二人之所以受到孔子的肯定，主要出于其一贯坚持自由独立的人格，但是他们在后世越发备受推崇的原因，则主要出于他们被塑造成对于国家忠诚不二的楷模。曾子经常反省自己"为人谋而不忠乎?"显然，忠诚观念不仅对于个人修身至关重要，其对维护统治的政治用意愈来愈为后人所重视。但是，对政治忠诚的道德原则在不断得到历代王朝强化的同时，士君子对这种道德原则的遵守也愈来愈刻板僵化，这使得儒家通过政治不合作行为表达出来的积极的抗议精神反而逐渐被人遗忘了。因此，我们需要为对民族和国家的忠诚观念设限，知识分子客观公正的态度应该在一定程度上超越于其民族、国家和家族的限制。

在牟复礼看来，先秦原始儒家所进行的是抗议性自发隐逸（voluntary eremitism of protest），因为这样可以通过一己近乎异端而又异常艰苦的特异行为，对统治者和世俗政治表达抗议的精神，要求其坚定地维护公众利益和坚守崇高的道德标准。而后来儒家出现了出于政治忠诚之忠君观念的被动隐逸（compulsory eremitism of loyalty）。这就是说，儒家隐逸的动机曾经经历了很大的转变，特别是经过宋明新儒学对政治忠正观念的推崇以后，忠君观念得到进一步的强化。[20] 这正好可以解释王朝兴替之际隐士多出的现象。但如果儒士处而不出是出于政治的忠诚，那么此种隐逸就很难具有原始儒家隐逸实践所要传达的那种积极有益的抗议精神。不仅如此，先秦原始儒家的隐逸实践在实际生活中甚至被当作沽名钓誉的"终南捷径"，日趋形式主义，遑论儒家隐逸的积极的社会意义。这使得社会对隐逸实践的评价日益倾向于消极的否定。

社会需要真正具有独立批判精神的隐士。士大夫作为中国传统社会里的职业知识分子，在担负着不可替代的社会责任的同时，对自己也有着严格的自我要求和自我期许。在萨义德（Edward W. Said）看来，知识分子的根本职责在于行使独立的批评权利：表达自我，批评社会，追求自由。因此，知识分子不仅是学术家，更应该是个实干家。如果有违背自己所坚守之信念的力量或现象出现时，绝不与其合作或向其妥协，更不能与其同流合污。也正因此，知识分子会常常不得不处于被迫放逐与自我放逐的穷困处境，面临着被边缘化的危险。但是甘愿自我流亡、放逐与遁隐，有其重要的意义。"在意见与言论自由上毫不妥协，是世俗的知识分子的主要堡垒：弃守此一堡垒或容忍其基础被破坏，事实上就是背叛了知识分子的职守。"[21] 这其中所表现出来的绝不妥协、不合作态度与抗议精神，应该成为知识分子的本色。

但是，"完全的沉寂或完全的反叛都不可取"，"必须以兼顾现实和理想的方式，而非犬儒的方式来探究"。孔子所坚持的"无可无不可"的出处态度之深意亦在于此。人们对于时下风气，常有世道沦丧、人心不古的议论。究其根由，天下为功名利禄而委曲求全、同流合污者多，为道德正义而高尚其事、刚正不阿者少矣。一言以蔽之："古之学者为己，今之学者为人。"人们不扪心自问，反而去斥责那些独立不苟、坚持原则的人，说他们要么不通情理，要么没有脑子，把他们归于非理性的异类，几乎与精神病人归为同类。福柯（Michel Foucault）对这种反常的社会现象进行了解释：在现代安谧的精神病世界中，现代人是不屑于与病人交流的，人们只能通过同样抽象的世俗理性与社会交流。事实上，"这种理性就是秩序、对肉体和道德的约束、群体的无形压力以及整齐划一的要求"②。和疯癫一样，当隐逸被当作反政治、非文明甚至反文明的样本时，其实文明自身对其负有不可推卸的责任。人们常常对社会丑恶现象大加鞭挞，但从来皆自以为是而不反躬自问，结果诚如孟子所言：

> 非之无举也，刺之无刺也。同乎流俗，合乎污世。居之似忠信，行之似廉洁。众皆悦之，自以为是。而不可入尧舜之道，故曰"德之贼"也。（《孟子·尽心上》）

如其进退失据而同流合污，不如孔夫子所说之"隐居以求其志"。中国隐士以不畏生活艰辛和冷言风雨的勇气，以离经叛道和惊世骇俗的行为，来表示他们对于世俗原则的不屑与鄙视，向人们昭示出社会理性或世俗原则下的丑陋、荒谬甚至疯狂等种种不合理之处。《文言传》曰：

> 知进退存亡，而不失其正者，其唯圣人乎！

事实上，正是儒、道、墨三派分别从各自立场所采取的出处态度折射出人生是一个多面体，可以有多种不同的选择。其中，先秦原始儒家的出处观与隐逸实践不是单纯地逃避现实，而是包含有深刻的人生智慧和真诚的道德自觉，体现出不愿同流合污的崇高道德气节和独立不屈的强烈抗议精神。他们在道统与政统之间始终坚持一贯的张力，即在关怀他人、关注社会的同时，并不失有超越有限的现实社会的自觉和追求自由人生的理想。

注　释：

①　[瑞士] 汉斯·昆（Hans Kung）著，杨德友译，房志荣校：《论基督徒》，北京三联书店 1995年版，第 233 页。

②　Fredericch W. Mote, *Confucian Eremistism in the Yuan Period*, *Confucianism and Chinese Civilization*, edited by Arthur F. Wright, Stanford University Press, Stanford, California, 1959, p.254.

③　Alan J. Berkowitz, *Patterns of Disengagemen: The Practical and Portrayal of Reclusion in Early Medieval China*, Stanford: Stanford University Press, 2000, p.230.

④　余英时：《士与中国文化》，上海人民出版社 1987 年版，第 20 页。

⑤　萧萐父：《道家 隐者 思想异端》，《吹沙集》，巴蜀书社 1991 年版，第 153～154 页。

⑥　冯友兰著，涂又光译：《中国哲学简史》，北京大学出版社 1996 年版，第 20 页。

⑦　Alan J. Berkowitz, *Patterns of Disengagemen: The Practical and Portrayal of Reclusion in Early Medieval China*, Stanford: Stanford University Press, 2000. p.228.

⑧　黄俊杰：《孟学思想史论》卷 1，台北东大图书公司 1991 年版，第 137 页。

⑨　陈子展：《楚辞直解》，复旦大学出版社 1996 年版，第 673 页。

⑩　杜维明：《孟子：士的自觉》，载李明辉主编《孟子思想的哲学探讨》，"中研院"文哲所筹备

处，1995 年版，第 20 页。

⑪　［英］罗宾·柯林伍德（R. G. Collingwood）著，吴国盛、柯映红译：《自然的观念》，华夏出版社 1999 年版，第 64 页。

⑫　杜维明著，段德智译：《论儒学的宗教性：对〈中庸〉的现代诠释》，武汉大学出版社 1999 年版，第 81 页。

⑬　余英时：《士与中国文化》，上海人民出版社 1987 年版，第 121 页。

⑭　余英时：《士与中国文化》，上海人民出版社 1987 年版，第 107 页。

⑮　张岱年：《思想 文化 道德》，巴蜀书社 1992 年版，第 55 页。

⑯　郭齐勇：《孔孟儒学的人格境界论》，《儒学与儒学史新论》，台湾学生书局 2002 年版，第 166 页。

⑰　Aat Vervoorn, *Man of the Cliffs and Caves: the Development of the Chinese Eremitic Tradition to the End of the Han Dynasty*, Hongkong: the Chinese University Press, 1990, p. 48.

⑱　"幽暗意识"概念，是站在西方文化立场上批评中国政治文化，特别针对中国儒家"乐观精神"与"乐观主义认识论"传统及其乌托邦主义德治传统而提出来的。可参见张灏《幽暗意识与民主传统》，载《张灏自选集》，上海教育出版社 2002 年版；［美］墨子刻著，颜世安等译《摆脱困境——新儒学与中国政治文化的演进》，江苏人民出版社 1995 年版；以及墨子刻著《乌托邦主义与孔子思想的精神价值》，《华东师范大学学报》2000 年第 2 期。但是，我们从包括儒家在内的中国文化拥有强大的隐逸传统这一点可以看出，中国士大夫阶层对于现实社会及政治现状抱有何等谨慎甚至悲观的态度，"幽暗意识"与"悲观主义认识论"传统在中国不可谓不重要、不明显也。因此，将中国"外王"方面的缺陷一概归因于（儒家）"内圣"方面的不足，这种做法是大可商榷的。

⑲　黄俊杰：《孟学思想史论》卷 1，台北东大图书公司 1991 年版，第 159 页。

⑳　Fredericch W. Mote, *Confucian Eremistism in the Yuan Period*, *Confucianism and Chinese Civilization*, edited by Arthur F. Wright, Stanford University Press, Stanford, California, 1959, p. 258.

㉑　［美］爱德华·W. 萨义德（Edward W. Said）著，单德兴译，陆德建校：《知识分子论》，北京三联书店 2002 年版，第 76 页。

㉒　［法］米歇尔·福柯著，刘北成、杨远婴译：《疯癫与文明》，北京三联书店 2003 年版，第 2 页。

（作者第一单位：武汉大学哲学学院）

《仪礼》篇末"记"研究

□ 刁小龙

一、引 言

历史上经学原典由少到多，从最初的五经到后来的十三经，逐渐把某些原本为经作注解，说明性质的传、记等内容也包含进去①，但是经与传、记各自性质与地位还是泾渭分明、不容置疑的：《春秋》三传为解《春秋》经而作；而《仪礼》与《礼记》的关系也很类似《春秋》经与三传，朱熹就曾说："《仪礼》，礼之根本，而《礼记》乃其枝叶。"②

今本《仪礼》十七篇中，《士冠礼》、《士昏礼》、《乡饮酒礼》、《乡射礼》、《燕礼》、《聘礼》、《公食大夫礼》、《觐礼》、《丧服》、《既夕礼》、《士虞礼》、《特牲馈食礼》等十二篇经文之后附有记。③

与经文相比，十二篇末记文多文句断裂破碎，只言片语，甚至顺序混乱。例如《士丧礼》、《既夕礼》详细记述士自始死直至入圹掩埋的全部过程，经文言简意赅，秩序井然，绝无疏失之处，"详言则层次分明而无芜杂之病，简言则删略得当而无疏漏之感"④。每当有同时发生的仪节或需要补充说明特例的时候，经文都在同一节中先后叙述，而决不在后文中补充。如大殓节插叙"若君视殓"之仪；又如赠、赙、赗等节中，同时记载君、大夫、亲属及友人之仪，并不将此内容置于记文。反观记文，以简短文句次第记述丧葬中自始死直至入圹之节的名物制度等内容后，又补述"君于士有视殓而不终礼者、有不视殓而终其事者二者之节"、"纳柩车之节与馈祖奠之处"、"入圹用器弓矢之制"三节⑤，顺序全然不似经文的整齐划一。因此，传统经学研究认为，记文性质与著作时代与经文迥然不同，元代熊朋来即云："十三篇之后，各有记，必出于孔子之后，子夏之前，盖孔子定礼而门人记之。"⑥根据《汉书·艺文志》所载"记百三十一篇"，班固自注"七十子后学者所记"，一般以为此处"记"即指今本《礼记》（《小戴礼记》）和《大戴礼记》，因此，习惯上也将《仪礼》十二篇后的记视作与《大小戴记》同样性质文字。历代礼学研究对此大多墨守陈说，以为经出周孔圣贤之手，而记则是孔门弟子所作。至有清一代，经学研究渐趋细致深入，此问题也随之得到重新关注与考察。

二、历代学者与时贤研究

清代以前《仪礼》研究，以唐代贾公彦《仪礼注疏》最具代表性。关于相关篇章篇末记的性质，书中解说凡五见⑦，其中"记经之不备"一句屡为贾氏称引，似可视作两汉迄至魏晋师承与旧说之总结。

自元代敖继公开始不循旧说，对此问题稍有己见。敖氏认为："《礼》古经十七篇，其十三篇之后皆有记，四篇则无之……此四篇者未必无一记之可言，或者有之而亡佚焉。"⑧此外，对于十三篇中有记部分，敖氏也有两处新见：一则《士冠礼》经文"戒宾曰某有子"下，敖说不拘泥于下文从"记冠义"开始为记的陈说，认为"以《士昏礼》例之，此以下所载诸辞皆当为记文，乃在经后记前亦未详"⑨；再则《乡饮酒礼》记文开始处："记，乡，朝服而谋宾入"下，相对郑注解释"乡"为"乡人"，敖氏则认为："乡，乡饮酒也。不言饮酒，省文耳……于此云乡者，如《燕礼》记先言'燕'、《特牲馈食礼》记先言'特牲馈食'之类也。"⑩敖氏由归纳《乡饮酒》、《燕》、《特牲馈食》等篇末记文字起始文字特征，推断郑玄注解失误，颇有根据，为清人吴廷华、胡培翚等赞同。

清初姚际恒对篇末记也有所发明："或作《仪礼》者所自作，或后人所作，则不可知也……《士冠》、《士相见》仪文皆简，即以杂事三数端附缀于后，不另立记名，其实亦记也。"⑪在姚氏看来，篇末记实际是为补充经文仪节所撰写，而今本中有些篇无记者，并非真无，不过是无"记"字与经文加以区别而已。此外，清代盛世佐独创"变礼"一说，则使得此问题认识又有新的突破。关于记的性质，盛世佐以为："凡为记者有三：有记经所未备者；有记礼之变异者；有各记所闻，颇与经义相违者"；关于记文创作年代："记经所未备者，周公之徒为之，与经并行者也；记礼之变异，则非周之盛时之书矣，盖自巡守礼废，天子不能申变礼易乐之讨，而异政殊俗者出焉，其在春秋之际乎？至于各记所闻而颇失经义者，则七十子后学所记也"；而今本中所以经、记文字混乱，体例不一的原因则在于："意其初经与记分、记与记亦不相杂，至汉儒掇拾灰烬之余，窜以经师之说，而三者之辨不可复知，且有经连于记、记混于经者，错乱无次，于记为甚，读者不可不分别观之也。"⑫盛氏还用"礼之变者"对上文记的三种情形加以总结："凡言礼之变者二：一后世变化自不合入经……一古者原有其礼以通乎正之所穷，特以非常，固不见于经，而贤者识之，亦补其所未备……二者皆记，而作记之人则非一时。"⑬盛世佐不拘泥于今本所见"记"字对经记文字所作区分，试图针对今本篇末记复杂现状，作出全面解释。"正、变"之说对篇末记问题研究，具有很高的参考价值⑭，同时也反映出清代学者对经学一种独特的理解。

清代学者除以上通说性文字，更多则是在注疏的同时，针对具体篇章行文作详细阐述。而讨论文字则多集中在《士冠礼》、《士昏礼》、《士相见礼》、《乡饮酒礼》、《乡射礼》、《觐礼》、《丧服》、《既夕礼》等篇。下文即分别进行讨论。

（一）《士冠礼》记的质疑

《士冠礼》经文开始至"宾出，主人送于外门外，再拜归宾俎"，记述了"士冠礼"

的主要仪节内容。此后经文所述，"皆礼之变"⑮：醮用酒、孤子冠、庶子冠、见母权法、以及戒宾宿宾与加冠、醴、字之辞和履的形制等。此后的记文又补述了用缁布冠、重嫡子、三加及冠字之义，三代冠之异同、大夫以上冠用士礼、士爵谥今古之异等六项内容⑯。因此，在冠礼主要仪节结束之后，经文补充内容与记文所载内容十分纷杂混乱，若没有"记"字标示区分，经文与记文确实难以区分。因此，孔广林认为："此字（记）似当在'戒宾曰'之上，诸辞及三屦乃士冠记也，简烂文错，误著此字于记末。俗读者疑记文亡佚，辄取《小戴记·郊特牲》冠义一章缀其后云。"⑰此说法实际是对比下篇《士昏礼》记文中记载"昏辞"所得。盛世佐则有更加明确分析说明：

> 窃谓此篇之经至"归宾俎"而止矣，自此以下，皆记也。……何以明自此以下为记也？试以昏礼较之……自"冠义"以下乃汉儒取《戴记》、《家语》以成文。观其中载孔子之言而篇末又杂出老氏之意，其非本记之旧明矣。首以"冠义"二字题之，若《小戴记》篇目，然十七篇无此例也。作者原本不敢自附于本经之记，而编礼者误以"记"之一字加之，若移彼字于此节之首则得矣。⑱

盛氏又在今本"记冠义"下推测今本经、记内容混杂之原委："据《汉书·艺文志》所载诸记与经文各自为书，本不相杂，以记附于逐篇之下者，其始于郑氏乎？"⑲

盛氏认为，只有经文记述"正礼"，而"记"文记述"变礼"以及其他补充内容，才合乎经、记称谓。无疑，这是盛氏自己对经文和记文的一种理解。

姚际恒说与盛氏小别："每篇后记，其文零星缀述，更多奇古。唯冠礼之记乃后人窜入者。"⑳又在"记"字下申说："此记乃汉儒妄取《郊特牲》之文以增入者，宜删之……后人因《冠礼》为一书之首而无记，遂取《郊特牲》之文以填入之，不知《郊特牲》与《仪礼》各自为书，决不谋合，安可以为记？"㉑姚氏所列几条根据，既有与盛氏说相同内容，也有其对《士冠》经与记文内容对比所得，以及《仪礼》记文整体句式比较。㉒

（二）《士昏礼》记的质疑

《士昏礼》经文自开始至"如舅姑飨礼"，历经纳采、问名、纳吉、纳征、请期、亲迎等六个仪节，婚礼主要仪节即告终。此后补述"若舅姑既没"之事。篇末记文再补充昏礼时、地、辞命、用物等诸项杂仪。盛世佐于经文"舅姑既没之礼"下，怀疑此节内容与记文最后"壻不亲迎"性质相似，当同属"变礼"："此章亦记体也。当在'妇人三月然后祭行'之后。盖编礼者误置于此，否则错简耳。断为记者，以其言礼之变也。"㉓按，盛说恐未必然。《礼记·曾子问》云"三月而庙见，称来妇也；择日而祭于祢，成妇之义也"，而假如未及三月庙见妇死，则要"归葬于女氏之党，示未成妇也"。可见，三月庙见在婚礼中十分重要，是所谓"成妇"的关键仪节。而至于"壻"不亲迎，则不尽然，敖继公根据《士昏礼》记："父醮子而命之迎。"又《昏义》："子承命以迎"，认为亲迎者一定是受父之命。那么，"若无父，则子无所承命，故其礼（亲迎）不可行"。也就是说"不亲迎"是在"无父"情况下的特例。盛世佐虽然驳斥敖说，但也以为这是所谓"变礼"、"旧俗"，然则这也不能与"庙见"这样的正式仪节相提并论。㉔因而无论如何，"不亲迎"作为特例，与"三月庙见"不能等同视之。

（三）《士相见礼》记的质疑

《士相见礼》今本原文中并无记文。篇题虽作"士相见之礼"，实则包括士与士相见之礼，士见大夫，士尝为大夫臣者见于大夫，大夫相见，大夫、士、庶人见于君，他邦之人见于君，燕见于君，进言之法等八个仪节内容。因内容众多，而篇题"士相见礼"似乎并不能涵盖全部内容，为此，使得后人多有质疑。首发其难者为张尔岐："经本言士与士相见，递推至见大夫、大夫与大夫相见、士大夫见君。见礼已备。此下博言图事、进言、侍坐、侍食、退辞、称谓诸仪法，殆类记文体例矣。"[25]盛世佐亦明确提出：既然篇名"士相见礼"，则"士相见"之外，当尽属记文：

> 《仪礼》十七篇无记者五，而此篇居其一焉……细阅之，则非本无记，编礼者误合于经耳。此篇之经止士相见一章。自"士见于大夫"以下皆记也。其中见大夫、大夫相见、见君三节，文与本篇相似，犹可曰自士相见推之也。至"凡燕见于君"以下，则其体宛似《戴记》、且与彼大同小异亦多有，以是续经，其为编次之误无疑。[26]

姚际恒、孔广林说大致相同。[27]但此说实可商榷。篇题作"士相见礼"，既是因为开篇即言"士相见礼"之故，不过是依古书取篇首二三字命名篇题的通例，或不必过于拘泥。[28]

（四）《乡饮酒礼》与《乡射礼》记的质疑

《乡饮酒礼》记文补记乡服及解不宿戒等三项内容。但经文最后，在"宾出"之节与"拜赐拜辱息司正"之节中间插叙"宾若有遵者，诸公大夫"一节，似显突兀。就此，刘沅质疑云："此下补记礼节，而此则记尊者之礼也。"[29]但经文"乡饮酒"之后，直至明日"拜赐拜辱息司正"，所有仪节方告完整结束，如刘说则断裂文义，或并不可取，难以取信。

又《乡射礼》篇，吴廷华也有疑义：

> 案《丧服》公士为公卿，此则注以为在官之士也。但饮、射皆处士为宾，大夫未尝不与，不闻舍处士而别以公士为宾者，此与经文不符。注为之解曰："不敢使乡人加尊于大夫。"据经，大夫如为介礼，则乡人何尝不加尊于大夫？且即云乡大夫不可加尊大夫，公士独可加尊于大夫乎？此当别为一礼，非乡饮酒及乡射之礼也。[30]

但吴氏此说恐也不足为据：江筠、盛世佐等即认为此处文字与《燕礼》、《乡饮酒礼》等性质有别，不能横加比拟。[31]

（五）《觐礼》记的质疑

《觐礼》记文仅十六字，略记觐礼器物，在十二篇中最为简短。姚际恒就以为此"记"文纯属"后人窜入"，本来应当不存在所谓"记"："意其人必以《觐礼》文字寥寥，故妄为增益，与《冠礼》之记正同，其文与《仪礼》绝不类，有目之士可一览而辨，且非正文、非后记，不知何属。"[32] 又，经文在叙述觐礼仪节之后，略言王待侯氏之礼、会同之礼、巡守之礼，内容略别于前，文字体例或与《士相见礼》十分类似。因此张尔岐认为："自此（诸侯觐天子）至篇末，皆言时会、殷同及王巡守为坛而见诸侯之事。"[33] 后儒多据张说，申发此义。方苞云：

> 记字宜冠此节之首，而误置篇末也……记者杂述旧闻以补经所略，因拜日而并及方明之祀，故事无首尾，辞气亦缺断不完，经文之体无是也。若止述会同之礼，则宜详载发禁施政要言、载书刑牲歃血之事，而无一及焉。且会同礼事春秋皆宜有之，故周官或谓之大朝觐，不依附于觐礼之末而阙略至此，其为记者，掇拾于礼亡之后失也。[34]

吴廷华也认为："以下别为一礼。觐所谓肆觐东后，盖巡狩时殷同之礼也。司仪所掌大概相似而不同。"[35]

而孔广林则又就觐礼节中插叙"王辞命、称谓之殊"一节文字，提出异议："其称谓一章（指经文"同姓"至"叔舅"节），疑记错于经者也。记之章首几、次偏驾、次奠圭。经文同姓一节似应在此记之后云。"[36] 按，孔说或未安：他篇经文也有插叙之例，上文所述《乡饮酒礼》篇末插叙"宾若有遵者，诸公大夫"一节，即是此例。

（六）《丧服》与《既夕礼》记的质疑[37]

《丧服》一篇总记五服之制，条例井然，历来对篇末记文的质疑甚少。唯有吴廷华以为："案记'恶笄有首、布总以上'当为经之本文，或以其不在五服之中，故归之记与？"[38] 然而细绎记文所记述的五服之外变服与具体丧服制度，都是补充经文所未及内容，吴说恐非；且据吴氏语气，似乎也有阙疑待考意思。

又对《士丧礼》、《既夕礼》两篇，刘沅认为经是汉人伪作，并顺及至记："上文丧礼已是汉人所为，此下记者亦其党为之，不足为据也。"[39] 此说无疑疑古过甚，但是空说无凭，或不足为训。

清代学者敢于质疑，不囿陈说，其中以姚际恒、盛世佐等人为最。细绎其思考路径，大凡有二：其一，比较相关篇章中性质略似文字之归属，区分经、记。对比冠、昏二礼经文之后文字与记文就是一例。其二，比较相同篇章经、记文字内容，判断文字归属。此以《士昏礼》记文研究最为代表。据此，盛世佐以为经文最后"若舅姑既没"与记文"若婿不亲迎"两节讨论同属"变礼"。

两种思考进路之升华、理论化体现，便是盛世佐所谓经文——"正礼"、记文——"变礼"（兼有杂仪）说。这一理论既得益于清人在《仪礼》研究中对章句之学的深刻认识与实际运用，也得益于清人对前人所谓"记者，补经之不备者也"的理解及其深化。前者即所谓章句之学，其中以张尔岐的《仪礼郑注句读》和吴廷华的《仪礼章句》最具代表性；后者由来，大概即因清人充分肯定前人所云"记者，补经之不备者也"的说法，并依此为依据，剖析《士相见礼》等今本无记篇章所得。

然而，同时需要指出的是，清人所作质疑与考量也非完璧：其一，所谓"正"、"变"说并未能一以贯之直至《仪礼》各篇研究。如《公食大夫礼》经文最后记述食礼之异者：

食上大夫之礼、君不视食使人往致之礼、大夫相食之礼、大夫不视食之礼等仪节,并不见盛世佐等学者有何疑义。其二,疑古之风过甚,或亦不可取法。如姚际恒动辄云"后人窜入",又前文引刘沅直斥《士丧礼》、《既夕礼》为汉人所作等等,不一而足。说多武断无据,难以令人信服。至于其他由于对经文理解失当之处,所致不必要之质疑,前文各节已有辩驳,不再一一申说。[40]

　　1959 年甘肃省武威磨咀子地方汉墓中出土《仪礼》竹木简七篇九卷:甲本木简《士相见礼》、《服传》、《特牲》、《少牢》、《有司》、《燕礼》、《泰射》七篇:乙本木简《服传》;丙本竹简《丧服》。其中三篇今本有记文。然而汉简出土后,学者们歧说并出,令人莫衷一是。

　　台湾学者张光裕氏根据简本《士相见礼》略去今本"士见于大夫"章和"臣见于君"章中问答之词,而今本《士昏礼》问答之词多在记文之中,疑此两段问答应是记文,传抄者误入经文;此外,又据最后六节文体不类前文,章首皆有"凡"、"若"等字,类似记文性质,谓"此章起初亦仅有无问答之经文,为'记'者置问答之辞于经后,因为没有标明'记'的字样,后之治经者乃缀合成篇,成了通篇的经文"[41]。对比前文所引清代学者对经记问题思考,可知张说实际并未脱清人研究之樊篱。

　　而礼学大师沈文倬通考汉简,认为:

> 　　经、记之间,不但没有如今本标有"记"字,而且所标"□"、"□"符号与经文分章符号相同,显然不是用来区分经、记的特殊标志。从简本受到启发,恍然领会《仪礼》本经篇末所附之"记",不过把行文上不便插入正文的解释性、补充性的文字,在后人可以用双行夹注或加括号来处理的,在它就安排在篇末作附录……有汉简本作证,今本"记"字显然是汉以后人所加,不足凭信。附经之"记"本来就是经文的组成部分,"于是乎书"时便已包括在内,经与附经之"记"不是前后撰作的两种书,而是同时撰作的一书的两个部分,因此援引附经之"记"与援引本经之文就不必再加以区别了。[42]

> 　　经和附经之记不应看作前后撰作的两种书,而应作为同时同人撰作一书的两个部分来看待。[43]

沈先生新论发人深省:经、记问题若真如此,则纯属假问题,未足与议。可惜沈说颇有引据失实之处(详见后),恐亦未足令人信服。

　　日本学者田中利明在《仪礼の「记」の问题——武威汉简をめぐって》一文中[44],由《燕礼》简中所见"记三百三文"入手,分今本篇末记为两类:与经文密切相关的"记"在战国时期已附在经文后,称作直接的记;相对独立记文则是汉初或者更早时期同经文合编在一起,称作间接的记。最初并无"记"字区分经文与记文,而直至东汉郑玄时,才明确以"记"字标识,使得经记文字彻底割裂。田中氏对记文分类思考诚有可取之处,但对武威《仪礼》简考察未为精细,而其结论亦或有可商之处。

三、先秦、两汉"礼记"名实考辨

《仪礼》传授据史籍所载，可上推至两汉，但其时并无此名⑮。今本所谓《仪礼》之名始自东晋。《晋书·荀崧传》载元帝末欲罢《仪礼》、《公羊》、《谷梁》、《郑易》博士，而荀崧上疏驳议，坚持立四家博士。其中所云"《仪礼》"，当是史书中最早见《仪礼》作为"礼经"正式名称的开始。⑯对此，清代学者黄以周也曾有详论："范书（《后汉书》）述郑所注书，有《仪礼》字，《礼经》大题亦有《仪礼》字，或者遂谓《仪礼》之名，郑君所定。斯语失实……郑氏师弟子并无《仪礼》之名也。《礼注》大题《仪礼》，当是东晋人所加，东晋人盛称《仪礼》。"⑰

而考察史籍所载两汉《礼经》之名，可知所指有三个内容：《仪礼》、《礼古经》、《周官》。⑱前二者虽二而一：《汉书·艺文志》"礼古经者，出于鲁淹中及孔氏，（学七十）【与十七】篇文相似，多三十九篇"⑲，而郑玄《六艺论》也说："后得孔氏壁中，河间献王古文《礼》五十六篇……其十七篇与高堂生所传同，而字多异。"⑳那么，除了文字差异外，二者内容并无二致。两汉时《仪礼》一书，或称《礼》，或称《礼经》，或称《士礼》，或称"礼记"。其中复杂情形，洪业先生在《〈仪礼〉引得序》一文中，曾有详细论述。㉑依洪氏论证，可知两汉时《仪礼》一书并无确定称法㉒：《礼》之名称，可暂置不言；《礼经》的名称大概是汉人承袭战国人旧说而已㉓；《士礼》之称，则是因为今《礼经》十七篇中有七篇都是属于"士"礼㉔；而"礼记"一名也纷繁芜杂，其所指内容也不止《礼经》本身。

再来考察"礼记"所指的具体内容。今所谓《礼记》，一般专指《小戴礼记》而言。然而正如洪业说法，两汉之际，《礼记》之名不仅可代称《礼经》，而且包摄、指代的内容十分广泛。关于"礼记"在两汉所指代内容，洪业先生认为：《礼经》、今本《礼记》（《小戴礼记》）、《大戴礼记》、逸《礼》、《礼纬》，等等，都可以包括在"礼记"之内。㉕洪氏排列的史实十分详尽，笔者翻检《白虎通》引文称礼中有二例，似亦可作洪氏说逸《礼》称"礼记"之证：

> 《礼奔丧记》曰："以哭答使者，尽哀。问故，遂行。"㉖
> 《礼奔丧记》曰："之墓，西向哭止。"㉗

《白虎通》一书的撰集年代，尚有争议，洪业曾认为是三国时作品。㉘然而其中引述"礼"文各条，则大致根据汉代书册，当属可信。

再若《郑玄三礼目录》中二例：《奔丧》、《投壶》二礼都属《逸礼》。孔疏云："《奔丧》实《逸曲礼》之正篇也。汉兴后，得古文，而礼家又贪其说，因合于《礼记》耳。""《投壶》……亦实《曲礼》之正篇。"而"曰'逸'、曰'古文'，盖在《汉书·艺文志》所谓《礼古经》者内也"㉙。这就是所谓"汉兴后得古文，而礼家又贪其说，因合于《礼记》耳"㉚。此即洪氏说《礼古经》称"礼记"说之证。

因此，《史记·儒林传》中所谓"书传、礼记皆自孔子出"，不必尽指今本《仪礼》或《礼记》，实际不过是"礼"的泛称罢了。[61]

那么，将《礼经》称作《礼记》或许有些什么原委？清人皮锡瑞认为："（《礼经》）专主经言，则曰《礼经》；合记而言，则曰《礼记》。[62]今天看来，这句话虽不是全部正确，但已得其大概。笔者以为《礼记》这一名称，或许可以分而言之："礼"者大约指的是今本经文正文，而"记"者即所谓今本篇末记文。这样"礼记"之称在用来专指今本《仪礼》一书时，经、记之名各副其实，所以才有此称法。

上文曾经论述《仪礼》、《礼古经》二者在文字之外，二者并无区别，则又可以推知今文、古文都有"礼记"之名，同时也都有篇末"记"文。因此，王国维在《汉时古文本诸经考》中说："（孔壁本）或谓之《礼记》者，'礼'谓本经，'记'谓附经之记也……而记之附经，自先秦已然矣。[63]其说应当可信，或可证实此说。今本《荀子·大略篇》："聘礼志曰：币厚则伤德，财多则殄礼。"翻检郑玄《周礼·保章氏》注"志古文书作识。识者记也"[64]，则"志"、"记"同义，而今本《聘礼记》正作："币美则伤于德，多货则没礼。"[65]二者正同。先秦、秦汉古籍称"志"者颇多，其中以《左传》与《国语》为其大宗。[66]二书中所见之"志"大致可以分为两类，此处仅以《国语》为例说明：其一，近于史书。《楚语上》载申叔时论傅子之书，其中就有"故志"，韦昭注云："故志，谓所记前世成败之书。"又《吴语》中申胥谏言吴王，引楚灵王不君之事，说"此志也，岂遍忘于诸侯之耳乎？"韦昭注"志，记也，言此事皆见记于诸侯之耳而未忘也"，而吴曾祺则谓："志为记事之书，如春秋之类，不必训为'记忆'。"笔者以为吴说甚是。其二，"志"属于格言类文字汇编性质。《晋语五》子余曰："礼志有之曰：'将有请于人，必先有人焉。欲人之爱己也，必先爱人，欲人之从己也，必先从人。无德于人，而求用于人，罪也。'"此"礼志"未必即后代的"礼记"，从文字性质看，大致类于精粹格言汇编。又如《晋语九》士苗答智襄子："志有之曰：'高山峻原，不生草木，松柏之地，其上不肥。'"此"志"亦当是警言妙语汇集性质。此类"志"文又可见于《左传·成公十五年》，子臧称引前志："圣达节，次守节，下失节"；又《左传·襄公十四年》引"仲虺有言：亡者侮之，乱者取之"，而《左传·襄公三十年》称作"仲虺之志"，等等，不一而足。[67]因此，《荀子·大略篇》所引"志"文，显然应属后者。考虑到上古典籍传承，诗书等本出自"王官学"，直至孔子开启私人讲学之风，诸子之学"百家言"方才大盛，而两类文字在根本上个性迥异。或可据以推测，"记"文格言体的性质，正是所谓"百家言"之特征，其性质本不同于经文，而渊源有自。相比诗书等"王官学"，年代亦不甚太早。篇末记或即属此类。而《荀子·大略篇》引文与今文《聘礼记》相同，也足以证明战国时《仪礼》就已有明确的经、记区别。

此外，从今本《仪礼》中也可寻得蛛丝马迹，证明先秦《仪礼》经、记之别。今本《仪礼》出自秦火之后，为后人追记。据信为先秦所传习文本大致不误，那么，其中经、记文字合编之残存适可证明先秦经、记区别传授。

今本《仪礼》每篇经文起首均作"某某礼"[68]，历来将此视为篇题。从武威汉简可知，今本经、记区分之"记"字确实是后世所加。那么，是否经文、记文之间除了文体、内容之区分，别无区别？或不尽然。今本某些篇章记文起首亦有特殊标记文字与经文加以区分。为了明确起见，不妨将此类篇章之经文首句与记文首句作一比较，见下表：

篇　名	起首经文文字	起首记文文字
《士冠礼》	士冠礼	冠义
《士昏礼》	昏礼	士昏礼
《乡饮酒礼》	乡饮酒之礼	乡 [⑧]
《燕礼》	燕礼	燕 [⑳]
《士虞礼》	士虞礼	虞 [㉑]
《特牲馈食礼》	特牲馈食之礼	特牲馈食

上列表中各篇：《士冠礼》记文全同今本《礼记·郊特牲》中文字，暂置不论（详见后）；《士昏礼》经、记有无"士"字，小有区别[72]；而其余各篇记文之首字（句），显然是为明确其所归属篇章的经文、同时区分经文与记文所加。而这些无疑就是经、记文字合编时的遗存。

至于两汉之际《仪礼》传授情形，大致应当与先秦并无二致。考虑到前文曾叙述沈文倬依据武威汉简所得与笔者不同结论，故此处需要对武威汉简进行重新检讨。

关于武威《仪礼》简本中所见的经、记符号论述，沈文倬在其文章中共有三处论述：

> 经、记之间，不但没有如今本标有"记"字，而且所标"□""□"，符号与经文分章符号相同。[73]

> 汉简为《礼经》白文，间有方圆符号，陈梦家氏谓之章句号，然所加符号无义理可寻，则陈说非也。[74]

> 记文首句与（《丧服》）十一章章首都有同样的"·"符号，没有如同今本的"记"字和其它标志。《特牲馈食礼》、《燕礼》也有附经之记，简本俱无"记"字，《特牲》首句只有"□"符号，而《燕礼》则无任何符号。[75]

沈先生是当代礼学大家。而陈戍国先生即据师说，删去《仪礼》篇末的"记"字[76]，而笔者在北大旁听裘锡圭先生课程时，裘先生也采沈先生说法，可见其说影响甚广。然而笔者认为学者们对武威汉简整理者陈梦家关于篇末记讨论过于忽视，或有偏信之暗，为此一并列出陈说对勘如下。陈梦家关于三篇"记"文论述，见于《武威汉简》第一章叙论部分，其中反复就简中所见符号与记文的关系进行论述，尤其在竹简所见标记符号节中，论述甚详：

> □　扁方框，附篇号，见甲乙本《服传》的"记"的开始，以代替今本"记"字，在简端。

> ●　大圆点，附篇号，见丙本《丧服》的"记"的开始，作用同于扁方框。在

简端。在简端的中圆点作用同于大圆点，即章号。

● 中圆点，章句号。其在简端而其前一简未足行而已完章留空白者，为章号。其在简行之中两字之间之占一字地位者为句号或节号。甲本《服传》，章号和节号有所区别：章号近乎方或椭方，句号是中圆点。《少牢》第二十二简及《有司》第七十三简的句号作近乎方框形。

○ 圆圈，章句号。作用同于中圆点。乙本《服传》章号，句号同用此。它篇以中圆点为章句号者，亦间用圆圈代替，如甲本《服传》第三十一简用作章号。《特牲》第五、三十一等简用作句号。

▲ 三角形，章句号。见甲本《燕礼》第一简简端及第二十一简简行中，作用同于中圆点……⑦

陈说显然与沈说迥异。《武威汉简》一书出版甚早，其中照片、摹本都不是很清楚。考虑到陈梦家作为整理者的特殊身份，笔者谨以为陈说应当较为可信。而笔者认为，此处更为重要的论据则是关于各篇尾题所计字数。陈氏总结说：

> 除甲、乙本《服传》外，其它七篇都在篇末记有"凡若干字"的尾题，凡字上作一小圆点。其例有三：一、仅有经文而无记文，故仅记经文字数的，为甲本《士相见》、《少牢》、《有司》和《泰射》四篇；二、有经文、记文而合计为一篇字数的，为甲本《特牲》和丙本《丧服》；三、有经文、记文，于合计为一篇字数外，又单记文字数的，为甲本《燕礼》。……《燕礼》的全篇计字，写在经文已完之后，而记文写在记文已完之后。计字尾题，与篇题、篇次一样，属于经文的已有的部分。⑦

此处值得注意的是《燕礼》的篇末记。核对《燕礼》校记：在第四十七简经文完后，记字数"凡三千六十六字"；又第五十三简记文完后，又记"记三百三文"。按，此篇实际存经文 2158 字，记文 305 字。⑦考虑到简本文字残缺情况，那么，记与实际字数出入无几。即使"记三百三文"中的"记"所指并非等同于今本记，但在经文和记文字数合计之后，又单计记文字数，也可证明简本《燕礼》中，记文已然区别经文存在。

那么，即使前文所引竹简中所见符号说不能作为确凿依据，《燕礼》经、记文字分别计数这一现象，也足以证明汉简《仪礼》"记"文内容并不如沈文倬先生所说经、记之间没有任何区分。即使区分经文、记文的文字标记虽不存在，但仍然可见经文、记文区分是泾渭分明的，⑧而沈文倬先生说法颇有引据失实之处。

因此，两汉之际《礼经》本文与篇末记也正如"礼记"一名，名实俱符，而经与记各有归属，判然清晰。

以上是从《武威汉简》直接印证两汉时《仪礼》经与记的区别。笔者或可再举一旁证，也可以证明两汉时经、记的区别。今本《周礼》郑注中屡屡称引杜子春、郑司农说法⑧，而郑众又屡屡有称引《礼经》、《礼记》等文字，说解甚详。细考郑众称引《礼经》之说，凡有以下 17 条：

1. 大丧共含玉。郑司农云：《士丧礼》曰楔齿用角柶。楔齿者，令可饭含。

（678 中）[82]

2. 追师掌王后之首服。郑司农云：《士冠礼记》曰：委貌，周道也。章甫，殷道也。牟追，夏后氏之道也。（693 上）

3. 屦人掌王及后之服屦。郑司农云：《士丧礼》曰：夏葛屦，冬皮屦。（693 下）[83]

4. 夏采掌大丧。郑司农云：《士丧礼》曰：士死于适室。复者一人，以爵弁服升自东荣中屋，北面招以衣。曰：皋某复，三，降衣于前。受用箧，升自阼阶，以衣尸。（694 下）

5. 馈人奄二人。郑司农云：《特牲馈食礼》曰：主妇视馈爨。（701 上）

6. 以佐王和邦国。郑司农云：礼《特牲》曰：宗人升自西阶，视壶濯及豆笾。（752 中）

7. 公执桓圭。郑司农云：《觐礼》曰：侯氏入门右，坐奠圭，再拜稽首。侯氏见于天子。春日朝，夏日宗，秋日觐，冬日遇。时见曰会，殷见曰同。（775 中）

8. 凡射，王以驺虞为节。郑司农说以《大射礼》曰：乐正命大师曰，奏狸首。间若一，大师不兴，许诺，乐正反位，奏狸首，以射狸首曾孙。（793 下）

9. 辨六号。《少牢馈食礼》曰：敢用柔毛刚鬣，《士虞礼》曰：敢用絜牲刚鬣、香合。（809 下）[84]

10. 辨九祭。郑司农云：《特牲馈食礼》曰：取菹擩于醢，祭于豆间。《乡射礼》曰：取肺坐绝祭。《乡饮酒礼》曰：右取肺，左却手，执本，坐弗缭，右绝末以祭。《少牢》曰：取肝擩于盐，振祭。（810 上）

11. 设熬置铭。郑司农云：《士丧礼》曰：为铭，各以其物。亡则以缁，长半幅，赪末长终幅，广三寸，书名于末，曰：某氏某之柩。竹竿长三尺，置于西阶上。重木置于中庭，三分一在南。粥余饭，盛以二鬲，悬于重，幂用苇席，取铭置于重。（812 上）

12. 王之五路。郑司农云：《士丧礼》下篇曰：马缨三就。（822 下）

13. 王射则令去侯立于后。郑司农云：《大射礼》曰：大射正立于公后，以矢行告于公，下曰留，上曰扬，左右曰方。（845 下）

14. 王之皮弁，会五采玉璂，象邸玉笄。郑司农云：《士丧礼》曰桧用组，乃笄。（854 下）

15. 饰币马，执扑而从之。郑司农云：《聘礼》曰，马则北面奠币于其前。《士丧礼》下篇曰：荐马，缨三就，入门北面，交辔，圉人夹牵之。驭者执策立于马后。（860 下）

16. 涑帛以栏为灰。郑司农云：《士冠礼》曰：素积白屦，以魁柎之。（919 中）

17. 鬲实厚五斛。郑司农云：《聘礼记》有"斛"。（924 中）

以上郑众所引《仪礼》文字，称引经文与记文泾渭分明。引《仪礼》本文十四条径直称为"某礼"，而引今本篇末记说共三见：其一，《士冠礼记》曰：委貌，周道也。章甫，殷道也。牟追，夏后氏之道也；其二，《士虞礼》曰：敢用絜牲刚鬣、香合[85]；其三，《聘礼记》有"斛"。

第二条引"记"称"经",贾疏以为"记亦是礼",是疏不破注,牵合之说。大致是因为贾公彦不能理解所谓"专主经言,则曰《礼经》;合记而言,则曰《礼记》"(皮锡瑞语)。而其他两条径称"记"则足以证明,郑众其时篇末记之称"记"似乎已经确定。

关于郑众生平,史书对其生年语焉不详,卒年则明确为公元83年[86]。由此推测其生前所得师承,大致与武威简《仪礼》年代大致相去无几,因此郑众书中既然径称篇末记,足可作为武威《仪礼》简本的有力旁证,同样也可以推知沈先生说法不确。

故此,笔者认为先秦两汉之际,《仪礼》经、记之别,名实俱符。

而关于篇末记与《礼记》以及《大戴礼记》的关系,大致正如班固所云"七十子后学所作",性质相同,不过与《仪礼》经文合编时间较早,而非独自成篇而已。《士冠礼》记又见于《礼记·郊特牲》中,且文字全然相同,就是明证。[87]此外,《既夕礼》记文首节文字还有同今本《礼记·丧大记》近似甚至雷同文字,再比勘如下[88]:

> 《既夕记》:士处适寝。寝东首于北墉下。有疾。疾者齐。养者皆齐。彻琴瑟。疾病。外内皆埽。彻亵衣。加新衣。御者四人。皆坐持体。属纩以俟绝气。男子不绝于妇人之手。妇人不绝于男子之手。

> 《丧大记》:疾病,外内皆扫。君大夫彻县,士去琴瑟。寝东首于北牖下。废床。彻亵衣,加新衣,体一人。男女改服。属纩以俟绝气。男子不死于妇人之手,妇人不死于男子之手。

因此,《仪礼》经文与篇末记文,篇末记文与二戴记文之间关系或可得一通解:经文本不同于后二者,而篇末记与二戴记性质相似,其来源也大致相同。

四、《仪礼》汇集成书与古书流传通例

先秦与两汉时《仪礼》的经、记区别,已如上文所述。或许正如日本学者田中利明所说,由于去古久远而礼制渺茫,而仪节兴废因时因地有所不同,仪节中的内容自然需要不断增补,需要通过文字记载传承,于是导致了记的产生。但是就今本《仪礼》而言,经文中的文字体例不一,仍令人费解。下文对此试作探讨。

《仪礼》一书是用来记录上古时代各种礼典的文本。关于"先有礼典,后作礼书"一事,沈文倬先生《略论礼典的实行和〈仪礼〉书本的撰作》一文论述十分精当,兹不赘述。今本《仪礼》不过是其中的部分礼书残存而已。《史记·儒林传》曰:"汉兴,然后诸儒修其经艺,讲习大射、乡饮之礼……诸学者多言礼,而高堂生最[89]。本礼固自孔子时,而其经不具。及至秦焚书,书散亡益多。"[90]《汉书·艺文志》也记载:"礼古经者,出于鲁淹中及孔氏学,与七十篇文相似,多三十九篇。"[91]而就今本《仪礼》现存十七篇文本看,也可印证史籍所载事实:

> 《士冠礼·记》"无大夫冠礼而有其昏礼","公侯之有冠礼也",当时有《公冠礼》、《大夫昏礼》,今已佚。《聘礼》"公于宾,一食再飨",又记"大夫来使,无罪,飨之","有大客后至,则先客不飨、食,致之",《公食大夫礼》"设洗如飨",

食即《公食》，今存；《缫礼》，今佚。⑨

根据对《武威汉简》的考查，沈文倬先生推断《丧服》一篇在两汉就是以经文单行本形式传授的，1980 年出土的汉石经残片也证实了这一说法：

> 出土残石中有《仪礼丧服》残石一（即 8043 号石），存两行共三字，右行"嫁从"，左行"继"。在《碑图》中⑨，这相邻的两行残字，分列于八十二面的十二行和二十行，其间是大段"传"文。可见，汉石经《仪礼》所据经本《丧服》是无传文的，与《碑图》所据之今本《仪礼》不同。⑨

此外，笔者也可以举一文本例证：《乡饮酒礼》和《乡射礼》是今本前后相继的两篇。根据礼书所载，乡射之前要先行乡饮酒礼，而两篇之中乡饮酒仪节大致相同，但两篇相同内容文字同而不略；更为明显的是，经文中大致相同仪节"遵者入之礼"一节，两篇位置所属并不相同：《乡饮酒礼》在明日"拜赐拜辱息司正"节前，补充前文内容⑨；而《乡射礼》则径置于"一人举觯"节下。此外，参考两篇记文也可得到旁证。两篇记文中（《乡射礼》记文前半部分）有许多文字全部一样，一并照录不误，只是文句顺序略有不同，谨列举《乡饮酒礼》和《乡射礼》记文中速宾、陈设器物和饮酒、合乐四节相关内容对比如下（相同内容以着重号表示）：

> 《乡饮酒礼》记：乡，朝服而谋宾、介，皆使能，不宿戒。蒲筵，缁布纯。尊绤幂，宾至彻之。其牲，狗也。亨于堂东北。献用爵，其它用觯。荐脯，五挺，横祭于其上，出自左房。俎由东壁，自西阶升。宾俎，脊、胁、肩、肺。主人俎，脊、胁、臂、肺。介俎，脊、胁、胏、胳、肺。肺皆离。皆右体，进腠。以爵拜不徒作。坐卒爵者拜既爵，立卒爵者不拜既爵。凡奠者于左，将举于右。众宾之长，一人辞洗，如宾礼。立者东面北上；若有北面者，则东上。乐正与立者，皆荐以齿。凡举爵，三作而不徒爵。乐作，大夫不入。献工与笙，取爵于上篚；既献，奠于下篚。其笙，则献诸西阶上；磬，阶间缩溜，北面鼓之。主人、介，凡升席自北方，降自南方。司正，既举觯而荐诸其位。凡旅，不洗。不洗者，不祭。既旅，士不入。彻俎：宾、介，遵者之俎，受者以降，遂出授从者；主人之俎，以东。乐正命奏《陔》，宾出，至于阶，《陔》作。若有诸公，则大夫于主人之北，西面。主人之赞者，西面北上，不与，无算爵，然后与。

> 《乡射礼》记：大夫与，则公士为宾。使能，不宿戒。其牲，狗也。亨于堂东北。尊，绤幂。宾至，彻之。蒲筵，缁布纯。西序之席，北上。献用爵，其它用觯。以爵拜者，不徒作。荐，脯用笾，五胾，祭半胾，横于上。醢以豆，出自东房。胾长尺二寸。俎由东壁，自西阶升。宾俎，脊、胁、肩、肺；主人俎：脊、胁、臂、肺。肺皆离。皆右体也。进腠。凡举爵，三作而不徒爵。凡奠者于左，将兴者于右。众宾之长，一人辞洗，如宾礼。若有诸公，则如宾礼，大夫如介礼。无诸公，则大夫和宾礼。乐作，大夫不入。乐正与立者齿。三笙一和而成声。献工与笙，取爵于上篚。既献，奠于下篚。其笙，则献诸西阶上。立者，东面北上。司正既举觯，而荐诸其

位……古者于旅也语。凡旅，不洗。不洗者，不祭。既旅，士不入……

从以上两篇经文中对相同仪节的位置区别以及记文相同文字的对比，可以看出《仪礼》一书虽然裒集成书，但是因为被奉为经典，并不因为文字雷同而作文字调整或者删节修改，所以，就所残存十七篇而言，内容驳杂不一，十分明显：

> 王氏应麟《困学纪闻》引《三礼义宗》（崔灵恩撰）云："《仪礼》十七篇：吉礼三、凶礼四、宾礼三、嘉礼七、军礼皆亡。"按：吉礼三：《特牲》、《少牢》、《有司》也；凶礼四：《丧服》、《士丧》、《既夕》、《士虞》也；宾礼三：《士相见》、《聘》、《觐》也；嘉礼七：《士冠》、《士昏》、《乡饮》、《乡射》、《燕》、《大射》、《公食》也。⑯

职是之故，笔者以为：要讨论《仪礼》文本的特性，就必须对《仪礼》一书编纂、汇集成书、内容驳杂而今本为残存的特性有深刻的认识。唯有此，才能客观地看待经文体例复杂问题：不必以一篇内容的精纯单一而统一其他诸篇，也不必以一篇经文的编纂撰写、内容驳杂来绳诸全部十七篇。

众所周知，《仪礼》各篇经、记文字以篇名所述礼仪为主要内容。而十七篇大体都可归入上文所述两类情形。内容之精纯单一类，如《士丧礼》、《既夕礼》经文完整记录丧礼全部过程，而记文则纯为补充仪节的缺漏；又如《丧服》经文记载五服之制（所服之服、年月及所服之人），而记文则记录五服之外的丧服制度与丧服形制；而其余《士冠礼》、《士昏礼》、《乡饮酒礼》、《乡射礼》、《燕礼》、《大射》、《士虞礼》、《特牲馈食礼》、《少牢馈食》（《有司》），诸篇情形大致相同；编纂撰写、内容驳杂类，如《士相见礼》广记士相见礼，士尝为大夫臣者见于大夫之礼，下大夫相见之礼，大夫、士、庶人及他邦之人见于国君之礼等，实际是众礼汇编；又如《公食大夫礼》编纂，除记载公食大夫礼，又别言食礼之异者，如食上大夫之礼、君不亲食使人往致之礼、大夫相食之礼、大夫不亲食之礼等情况；再如《聘礼》附记时会殷同以及王巡守、为坛而见诸侯之事，《觐礼》追记侯伯之小聘之礼，等等。而后一类篇章命名应当就是古书取篇首二三字命名之例。⑰以上依文体所作区分，提醒我们不必以从前非此不可的执一之词来衡量这全部十七篇经文，似乎可以转换思路，重新思考此二类篇章各自成书形式，或能知晓其中大概。这样说来，今本十七篇经记文字，或有先后（抑或同时）成文，相互补足内容的；或有合并成篇，无所谓轻重主次的。而十七篇经文篇章之作既然有先后之分⑱，又有单篇独行（如《丧服》）的篇章，因此大可不必整齐划一，强作分解。

笔者又将此分类验之《奔丧》、《投壶》二篇：孔疏篇题解俱引《郑目录》谓两篇是"逸曲礼之正篇"。《奔丧》篇广记"奔五服之丧"，"从始闻至于丧所成服之节"。文中复又记述"奔母之丧"、"妇人奔丧"、"奔丧者不及殡"、"齐衰以下不及殡"、"闻丧不得奔丧"、"除丧而后归"、"奔丧所至之处、哭泣之礼"与"无服之丧闻丧所哭泣之处"等诸多特殊状况下仪节，大抵类似合并成篇之例；而《投壶》篇记述正礼之后，又有两节：一节"明算及矢之长短之数、壶之大小及矢之所用"；一节记"鲁薛之事"，"以周衰之后，鲁之与薛有当时投壶号令弟子之异，未知孰是"。后两节之作，显然补足正经，因此孔颖达即以为："以《仪礼》准之，此亦正篇之后记者之言也。今录记者既陈正礼于上，又以此诸事继之于下。"⑨

20 世纪 70 年代以来，战国秦汉简帛古书文献层出不穷，对此，李学勤先生曾指出，新发现出土简帛书籍所见古书产生、流传过程中，有十种情况值得关注：佚失无存、名亡实存、为今本一部、后人增广、后人修改、经过重编、合编成卷、篇章单行、异本并存、改换文字。推至详论，李先生谓：

> 以前有不少著作，对古书的成书采取一种静止不变的观点，以为汉以前的书籍和后世一样，一经写定，不再作出修改。不知古代没有纸张和印刷术，任何书籍，如无官方保证，就只能传抄甚至口传，师弟相因，其间自然难免增删笔削。简帛又不像纸那样易得便携，很多书只得分篇单行。及至汇集成书，便会有次第先后和内容多寡的不同。⑩

近年出土简帛书籍以子部为多，而笔者以为，未尝不可将此古书产生、流传通例考量推论至经部古籍，或许也能得到一二有益结论。⑪

因此，用古书产生流传之例来考察前文所说《仪礼》中所见二类篇章：前者人抵相当增广、重编之类，而后者则当属合编成卷之类。经文尚且如此，篇末之记当亦不外此。故此，《仪礼》成书概况既然可以推知大概，记文之附也可准此而知了。

注　释：

①　两汉立五经博士，虽有家法、师法区别，但经、传、记区分判然分明。自唐以后，已无传、记之分，而统称为经，《五经正义》即囊括《礼记》、《春秋左氏传》。宋沿唐制，甚至有罢经之举。神宗用王安石之言，立《易》、《书》、《诗》、《周礼》、《礼记》兼《论语》、《孟子》，废《仪礼》、《春秋》。元祐初复《春秋左传》，而《仪礼》未复，故宋人《六经三传》并无《仪礼》。是《九经》说中并无《仪礼》。降至明清"十三经"中仍包含《春秋三传》与《礼记》等。但经、传、记仍然明确区分，至清代学者分析尤详。详请参看张政烺《读相台书塾刊正九经三传沿革例》，收于《张政烺文史论集》，中华书局 2003 年版，第 166 ~ 188 页。

②　《朱子语类》卷 84，《礼一·论修礼书》，中华书局 1994 年版，第 2186 页。

③　依郑玄注，《既夕礼》为《士丧礼》下篇，则此篇记文为二篇共有。参《仪礼注疏》卷 38《既夕礼》题记下疏转引，《十三经注疏（附校勘记）》上册，中华书局影印世界书局本 1980 年版，第 1146 页。

④　沈文倬：《〈士昏礼〉文多不具说》，《中华文史论丛》第 4 辑，上海古籍出版社 1985 年版。

⑤　此三处分节用胡培翚《仪礼正义》说。又按，三节之前一节为"枢在道至圹，卒窆而归之事"。

⑥　《经义考》卷 130《仪礼》一，引熊朋来语。中华书局影印四部备要本 1998 年版，第 693 页。

⑦　《士冠礼记》：凡言记者皆是经不备，兼记经外远古之言。郑注《燕礼》云："后世衰微，幽厉尤甚。礼乐之书，稍稍废弃。"盖自尔之后有记乎；《士昏礼记》：凡言记者皆经不备者也；《燕礼记》：凡记皆经不具（一作言）者。以经不言燕服及燕处，故记人言之也；《丧服记》：《仪礼》诸篇存记者，皆是记经不备者也；《既夕记》：凡记者皆是经不具，记之使充经文理备足也。

⑧　《仪礼集说》卷 17，文渊阁四库全书第 105 册，台湾"商务印书馆"1983 版，第 632 页，后两处引文同。

⑨　《仪礼集说》卷 1，第 57 页。

⑩　《仪礼集说》卷4，第133页。明郝敬说同，见《仪礼节解》卷4，续修四库全书第85册，上海古籍出版社2002版，第594页。

⑪　《仪礼通论》卷1，续修四库全书第86册，上海古籍出版社2002年版，第71～72页。

⑫　《仪礼集编》卷2，第107页，文渊阁四库全书第110册，台湾"商务印书馆"1983年出版。

⑬　《仪礼集编》卷4，第175页。

⑭　邵懿辰亦有类似说法，如《礼经通论·论汉初经记分而不分》云："周公制礼而后名公卿贤儒就其礼而为之记，附于篇末。或记变礼，或记未备之仪，亦或记其意义。则未知其为西周之人欤，东周之人欤？"《清经解续编》第5册，上海书店影印本1988年版，第590页。

⑮　此为朱子语，转引自《仪礼正义》卷1，第626页，续修四库全书第91册。

⑯　此处仪节分段参看胡培翚《仪礼正义》卷2。

⑰　《仪礼臆测》卷1，第220页，续修四库全书第89册，上海古籍出版社出版。

⑱　《仪礼集编》卷2，第107页。

⑲　《仪礼集编》卷2，第124页。

⑳　《仪礼通论·论旨》，第29页。

㉑　《仪礼通论》卷1，第71～73页。

㉒　关于姚际恒《士冠礼》记文部分之辨伪，另可参看奚敏芳《姚际恒之〈仪礼〉学》，见彭林选编《经学研究论文选》，上海书店2002年版，第206页。

㉓　《仪礼集编》卷4，第175页。

㉔　敖说见《仪礼集说》卷2；盛说见《仪礼集编》卷4。

㉕　《仪礼郑注句读》卷3，文渊阁四库全书第108册，台湾"商务印书馆"出版，第31页。

㉖　《仪礼集编》卷5，第205页。盛氏复于"士见于大夫"下云："自此以下当属记文。经名《士相见礼》而记乃言见大夫以至于君者，盖推广相见之法如此。"第211页。

㉗　《仪礼臆测》卷18，第295页。孔广林云："《士相见礼》凡十有五章。首士初见于士……此尝为臣者（自注："若尝为臣者"至"再拜受"），此士相见正经也。此士大夫相见……此疑皆士相见记文也"。《仪礼通论》卷3，第133页。姚际恒"若他邦之人"下云："相见礼止此。此下记者，因相见礼无多，故类及言语交际饮食诸礼，以附于后，皆不必与相见礼有关会也。"

㉘　可参看余嘉锡《古书通例》卷1，"古书古名之研究"条，《余嘉锡说文献学》，上海古籍出版社2001年版，第188页。

㉙　《仪礼恒解》卷4，第360页，续修四库全书第91册。

㉚　《仪礼章句》卷5，第337～338页，文渊阁四库全书，台湾"商务印书馆"出版。

㉛　参看《仪礼正义》卷10，第125～126页。江筠："此宾为主人所自定，故不敢使人加尊于大夫；彼宾介定于先生，于主人可以无嫌也。"又盛世佐："其用公士、处士盖自戒宾之时而已定矣，非俟大夫至而后易之也。此与《乡饮酒》异者，彼所以宾贤不可以大夫故易也。"续修四库全书第92册，上海古籍出版社出版。

㉜　《仪礼通论》卷10，第475页。又按，实则姚际恒以为《觐礼》经文末章部分"诸侯觐于天子"以下均属后人伪窜文字。参看奚敏芳《姚际恒之〈仪礼〉学》，《经学研究论文选》，上海书店2002年版，第206～207页。

㉝　《仪礼郑注句读》卷10，第141页。

㉞　《仪礼析疑》卷10，第154页，文渊阁四库全书第109册，台湾"商务印书馆"出版。

㉟　《仪礼章句》卷10，第397页，又吴氏于"记"下云："《仪礼》记无略于此者。故或疑'诸侯觐于天子'以下为记，说非经本文，存之以备一说。"同书同卷第398页。

㊱　《仪礼臆测》卷18，第298页。

㊲　《士丧礼》与《既夕礼》本为一篇，因文字繁多乃割裂成二。篇末记文补记二篇正文，但习惯

称《既夕礼》记，今仍其旧。

㊳ 《仪礼章句》卷11，第419页。

㊴ 《仪礼恒解》卷12，第460页。

㊵ 清人关于此问题研究，参看拙文《论清人关于〈仪礼〉篇末记问题研究》。2003年11月北京清华大学《清代经学与文化国际学术研讨会》，论文集即出。

㊶ 郑良树：《续伪书通考》上册《经类》，台湾学生书局1984年版，第350页。原文《仪礼士相见礼成篇质疑》，刊于《孔孟月刊》第6卷第4期，第23页，1967年。

㊷ 《略论礼典的实行和〈仪礼〉书本的撰作》，《宗周礼乐文明考论》，杭州大学出版社1999年版，第33页。

㊸ 《汉简〈服传〉考》，《宗周礼乐文明考论》，杭州大学出版社1998年版，第163~164页。

㊹ 原文刊于《日本中国学会报》1967年11月第19号，笔者译文待刊。

㊺ 或据《论衡·谢短篇》"高祖诏叔孙通制作《仪品》，十六篇何在？而复定《仪礼》？见在十六篇，秦火之余也"，谓《仪礼》之名，东汉已有，误甚（李昭莹《论〈仪礼〉的经记》即如此，见台湾《中国文学研究》第7期，第201页，且李文断句亦误。许清云《仪礼概说》误并同，见《孔孟月刊》第14卷第8期）。小龙按：叔孙通之作《仪品》十二篇，与《礼经》无涉。"十六篇"之说乃指《礼经》。是王仲壬谓礼仪制度，已有《礼经》，而高祖又诏叔孙通更制《仪品》。详参黄晖《论衡校释》第561~562页，中华书局《新编诸子集成》，1990年出版；又见扬宝忠《论衡校笺》，河北教育出版社1999年版，第426页。复按，黄晖谓"仪礼"为"礼仪"之误倒，可谓一家之言。

㊻ 《晋书》卷75《荀崧传》，中华书局标点本，第1977~1978页。

㊼ 黄以周《礼书通故序》第一，第4页，续修四库全书第91册，上海古籍出版社出版。

㊽ 参洪业《礼记引得序》。《周官》称"经"立博士晚至王莽时，详参洪业文。

㊾ 中华书局标点本《汉书》，1962年出版，第1710页。校勘记：刘敞说此"学七十"当作"与十七"。杨树达以为刘说确凿不可易。

㊿ 吴承仕：《经典释文序录疏证》，中华书局1984年版，第96页。

(51) 洪业：《仪礼引得序》，《洪业论学集》，中华书局1981年版，第43~44页。又《曲礼》一名，洪氏似亦以为《礼经》之名，《礼记引得序》曰："《曲礼》，郑谓'今礼也。'盖指今之所谓《仪礼》，而即前汉之《士礼》，即《礼经》，即大、小二戴所传之《礼》，即后汉石经中之《礼记》也。然郑引《仪礼》往往只举其篇名，而不以《曲礼》或《今礼》二字冠其首，或竟 以《礼记》称之，则又以当时学官之称称之也。"（《洪业论学集》第200页）。小龙按：洪氏之说，本自隋唐人说。陆德明《经典释文》、贾公彦《曲礼》题释、《仪礼》大题疏即据《礼器》篇郑注"曲犹事也。事礼谓今礼也。礼篇多亡，本数未闻，其中事仪三千"，谓"曲礼"即《仪礼》。而自此以下，从者伙矣。但其说实则并未详考郑注之意。今人王梦鸥对此有详考，其结论如下：郑注《礼器篇》所谓"今礼"者，盖即以同在《礼记》中之《曲礼篇》当之。"今礼"二字，实指现存之《曲礼》，而非《仪礼》。是故，谓"曲礼"为《仪礼》，实出于后人之误会郑意；又《礼器》、《中庸》所言"三百"、"三千"之礼，等是虚设之形容，郑氏实之以现存之书籍之名，已颇附会，但其以"曲礼"为"今礼"者，实犹未误以"《曲礼》为《仪礼》之旧名"。盖郑意于《周礼》、《仪礼》二书之外，尚有古传之《曲礼》一书，其中备记五礼之事，事仪三千，然而此一"礼篇多亡"，所余者，惟《曲礼》上、下篇及《奔丧》《投壶》而已。《礼记校证》卷1《曲礼校正前记》，台北艺文印书馆1976年版，第1~3页。

(52) 《礼经》既无定称，而"礼记"之名复又所指甚广，故不得据以为凡引"礼"者，皆是《礼经》之文。依此说，可知王利器《古书引经传经说称为本经考》"称引纬说可径称为本经"条引《白虎通·王者不臣》篇"《礼》曰：'父事三老，兄事五更'"为例，不妥（原文出自《孝经援神契》，王利器《晓传书斋集》，华东师范大学出版社1997年版）。又《白虎通》引"礼"自有体例。刘师培《白虎通义斠补》卷上曰："本书所引大、小戴记及逸《礼》、《礼纬》，篇名上均有'礼'字，今本多挩。"

《白虎通义斠补》，陈立《白虎通疏证》附录三，吴则虞点校，中华书局新编诸子集成本，第611页)；且《白虎通》引《礼经》文字则于篇名后加“经”字，以示区别，虽经文篇末记亦以经文冠之（陈立《白虎通疏证》屡校“经”为“记”，实误，参本文可知)。

(53) 前人多谓“六经”之称为汉人说，以为《庄子·天运篇》与《礼记·经解篇》所说皆不足为训。但今出战国中期郭店楚简明确有六经并列之语(《语丛》残简)，或可见儒家典籍《诗》、《书》、《礼》、《乐》、《春秋》之称“经”渊源有自，汉人不过承秉其绪而已。

(54) 《士冠礼》、《士昏礼》、《士相见礼》、《士丧礼》、《既夕礼》、《士虞礼》、《特牲馈食礼》均为“士礼”。《既夕礼》实为《士丧礼》之下篇，故凡六篇而已。又今本贾公彦《士冠礼》篇题下疏引《郑玄三礼目录》载大小戴、刘向《别录》十七篇篇次之异同，谓大戴本将此七篇置于篇首。又汉熹平石经残石，有“乡饮酒第十”，是篇次同于大戴。颇疑大戴本遵《士礼》之名，乃有此篇次。参考沈文倬《从汉初今文经的形成说到两汉今文礼的传授》云：“戴德编排方法的依据有下列三点”：“1. 士礼七篇排在前面，保持了‘独有士礼’的原目；2. 以《少牢》、《有司》置于《士虞》、《特牲》之后，以《燕礼》、《大射》置于《乡饮》、《乡射》之后，以及以《聘礼》、《公食》、《觐礼》置于大夫礼之后，都是‘推士礼以致天子之法’的反映；3.《丧服》不是礼典，附列最后。”《宗周礼乐文明考论》第218页。又王梦鸥根据“士礼”之名，疑汉初高堂生所传并无十七篇之实，其实所传不过其中“士礼”数篇而已(七篇?)。而此或渐次至后仓、大小戴等增补而成十七篇（王梦鸥《礼记校证》序，第1~3页)。此论笔者不敢苟同。其一，礼古文经之出《汉志》及《六艺论》均言与“高堂生所传十七篇同”或“近似”，然则十七篇之文汉初已有其实矣；其二，《石渠礼议》今存十余条，多为《丧服》讨论，另有两条言射礼，而其时小戴等人往复论礼称“经”。此岂非小戴之前《礼经》业已不止所谓“士礼”之明证？又怎会有小戴增补之说？

(55) 《礼记引得序》，《洪业论学集》第208页。

(56) 陈立：《白虎通疏证》，中华书局新编诸子集成，第530页，1994年出版。小龙按：此句见《礼记·奔丧》首节：“始闻亲丧，以哭答使者，尽哀，问故。又哭尽哀。遂行。”略有区别。

(57) 同上书，第531页。小龙按：此句见《奔丧》“若除丧而后归”节：“若除丧而后归，则之墓，哭成踊，东，括发袒绖。”“东”即“西向”。

(58) 《白虎通引得序》，《洪业论学集》。

(59) 《仪礼引得序》，《洪业论学集》，第47页。

(60) 《礼记·奔丧》题下疏引《郑玄三礼目录》。

(61) “书传”一词，洪业《仪礼引得序》文中加书名号，疑误。《汉书》、《后汉书》、《三国志》等书中屡见“书传”之说，笔者以为多指一般“六艺”古籍，不必确指(《尚书大传》)，亦正同与“礼记”说之泛称。

(62) 《经学通论·三礼》第1页，中华书局1954年版，商务印书馆“国学基本丛书”本校正重印。

(63) 王国维著，彭林点校：《观堂集林》，卷7《艺林》七，河北教育出版社2001年版。

(64) “保章氏，掌天星以志星辰日月之变动，以观天下之迁，辨其吉凶”下注。

(65) 丁晏《佚礼扶微》、邵懿辰《礼经通论·论记传义问四例》及洪业《仪礼引得序》等均注意到《荀子·大略篇》称引《聘礼》记内容。

(66) 据王树民统计，《左传》中引“志”达14条之多。参看王树民《释“志”》，《文史》第32辑，收录于《中国史学史纲要》附录三，中华书局1997年版。

(67) 《释“志”》一文认为，“志”的性质略以类分，又或以国为区别，主要杂记有关言论与事实之书。以为“志”乃先用来记载名言警句，后来逐渐发展为凡记当时之事。又，文中列举《礼记·学记》“一年视离经辨志”，谓“经”与“志”同属于贵族子弟人学学习之典籍，但笔者以为此句“辨志”解释仍当从郑注“别其心意所趋向”为佳。《中国史学史纲要》，第225页。

(68) 验之武威汉简本与今本相同，可列表对比如下：

今　本	简　本
士相见之礼	士相见之礼
丧服	丧服
特牲馈食之礼	特牲馈食之礼
少牢馈食之礼	少牢馈食之礼
燕礼	燕礼
大射之仪	泰射之仪

此"某某礼"者，陈梦家谓之"内题"（《武威汉简·叙论》，第 13 页）。沈文倬更举四例以为"首句指明某礼，既是其篇正文，又具题名性质"，并举四证，说明其为"正文"。沈说可信，参看《〈礼〉汉简异文释》，《宗周礼乐文明考论》，第 247 页。

⑥⑨　郑注："乡，乡人。"敖继公即驳之，谓："乡，乡饮酒也。"敖说是，后人多从之。前文已有论述。

⑦⓪　武威汉简同。

⑦①　武威汉简同。

⑦②　或有对"士昏礼"名称之不同有疑义：经文题"昏礼"，记文题"士昏礼"（见陈梦家《武威汉简·叙论》，并疑大小戴无"士"字，第 13 页），笔者以为大可不必。《礼经》"士礼"之名，前文已有解说，冠、昏、丧三大礼只有关于士礼记载，不必特言"士"。又有可证者：贾疏引小戴称"士丧"为"丧"，阮元校勘记谓各本皆如此，唯宋魏了翁《仪礼要义》作"士丧"，而陈梦家谓"本无士字"，按，陈说是。

⑦③　《略论礼典的实行和〈仪礼〉书本的撰作》，《宗周礼乐文明考论》，第 33 页。

⑦④　《汉简〈世相见礼〉今古文杂错并用说》，《宗周礼乐文明考论》，第 129 页。

⑦⑤　《汉简服传考》，《宗周礼乐文明考论》，第 163 页。

⑦⑥　岳麓书社简体字标点本《周礼·仪礼·礼记》，后记中，陈先生即云："譬如删去了礼经所附之记得'记'字，即依沈师《汉简服传考》。"陈戍国点校，第 551 页，1989 年 7 月第 1 版。

⑦⑦　同上书，第 70～71 页。

⑦⑧　同上书，第 65 页。

⑦⑨　同上书，第 181～182 页。

⑧⓪　《武威汉简》中除甲、乙本《服传》没有在篇末记载字数，其余各篇都有记载。然而各篇的实际字数与篇末所记并非完全吻合。由此可知字数多少也是传习抄写而知，并非抄写时所加。那么，经与记的区别传授年代应当更早，也可印证上文先秦经、记区别之说。

⑧①　贾公彦《序周礼废兴》谓杜子春为刘歆弟子，而郑兴又为子春之徒，兴传子众（司农），作《周礼解诂》。《周礼正义序》，《十三经注疏（附校勘记）》，第 636 页。

⑧②　引文前为今本《周礼》经文科段首句，文后"（ ）"中所标为中华书局影印本阮元《十三经注疏（附校勘记）》的页数及栏目，下放此，不另标注。

⑧③　今本作"冬白屦"。

⑧④　贾疏：此《士虞记》文而曰礼者，记亦是礼。

⑧⑤　疑此处因《少牢馈食礼》"乃敢用契牲刚鬣"而误。

⑧⑥　《后汉书·郑众传》"建初八年（公元 83 年），（众）卒官。"范晔《后汉书》卷 26，中华书局点校本 1965 年版，第 1226 页。

⑧⑦ 检《白虎通》中同一处文字前后称引《郊特牲》与《士冠礼·记》，文字相同而各名出处，共有二见：卷2《谥》章，《礼效特牲》曰："古者生无爵，死无谥"，《士冠经》曰："死而谥，今也"；又卷10《绋冕》章，《礼郊特牲》曰："周弁。"《士冠经》曰："周弁、殷冔，夏收。"可知两篇文字虽然相同，但汉代已经明确将经末之记与一般"记"文加以区别。

⑧⑧ 熊朋来亦注意此节内容："惟《既夕》之记略见于《丧大记》。"见朱尊彝《经义考》卷130，第693页。

⑧⑨ "最"字是否连下句"本"，众说不同。洪业"最本"断句，泷川龟太郎、沈文倬"本"字连下为句。沈文倬有详论及此。兹从沈说。参《略论礼典的实行和〈仪礼〉书本的撰作》，《宗周礼乐文明考论》，第23页注。

⑨⓪ 中华书局标点本《史记》卷121，第3117、3126页，1959年出版。

⑨① 中华书局标点本《汉书》，第1710页。

⑨② 《略论礼典的实行和〈仪礼〉书本的撰作》，《宗周礼乐文明考论》第6页。

⑨③ 指张国淦《汉石经碑图》。

⑨④ 中国社会科学院考古研究所洛阳工作站《汉魏洛阳故城太学遗址新出土的汉石经残石》，《考古》1982年第4期，第388~389页。关于石经残片出土情况系笔者在北京大学中文系旁听裘锡圭先生课程所得，此志。

⑨⑤ 清刘沅就据此对记文起始有所质疑，详见前文。

⑨⑥ 胡培翚《仪礼正义》卷1《士冠礼》篇题疏，续修四库全书第91册，上海古籍出版社2002年版，第594页。

⑨⑦ 余嘉锡《古书通例》卷1，"古书古名之研究"条，《余嘉锡说文献学》，上海古籍出版社2001年版，第188页。

⑨⑧ 《燕礼》中有"如乡射之礼"，可证此两篇成文之先后。

⑨⑨ 此处所引仪节科段之分均依孔疏说，孔氏按语见《投壶》篇末第一节下。

⑩⓪ 李学勤：《论新出简帛与学术研究》，同上，第364页。

⑩① 经书种类、体例不一，不可一以绳之。

注：此文为教育部人文社会科学研究基地重大课题："出土简帛与中国古代礼制研究"（05JJD770015）的阶段性成果。

（作者系清华大学历史系博士研究生）

从秦博士与秦始皇的冲突认识儒家的"迁远而阔于事情"

□ 方 铭

一、孟子的"迁远而阔于事情"

《汉书·艺文志》曰："儒家者流，盖出于司徒之官，助人君顺阴阳明教化者也。游文于六经之中，留意于仁义之际，祖述尧、舜，宪章文、武，宗师仲尼，以重其言，于道最为高。"①而《史记·太史公自序》引司马谈《论六家要旨》说儒家得失云："夫儒者以六艺为法。六艺经传以千万数，累世不能通其学，当年不能究其礼，故曰博而寡要，劳而少功。若夫列君臣父子之礼，序夫妇长幼之别，虽百家弗能易也。"②前者强调儒家是"助人君顺阴阳明教化"之学，而后者则认为儒家除了"列君臣父子之礼，序夫妇长幼之别"尚有价值外，就总体而言，是"博而寡要，劳而少功"。

按《史记·孟子荀卿列传》曰："孟轲，邹人也。受业子思之门人。道既通，游事齐宣王，宣王不能用。适梁，梁惠王不果所言，则见以为迁远而阔于事情。当是之时，秦用商君，富国强兵；楚、魏用吴起，战胜弱敌；齐威王、宣王用孙子、田忌之徒，而诸侯东面朝齐。天下方务于合从连衡，以攻伐为贤，而孟轲乃述唐、虞、三代之德，是以所如者不合。退而与万章之徒序《诗》、《书》，述仲尼之意，作《孟子》七篇。"又说邹衍曰："适梁，惠王郊迎，执宾主之礼。适赵，平原君侧行撇席。如燕，昭王拥彗先驱，请列弟子之座而受业，筑碣石宫，身亲往师之。作《主运》。"③

战国之时，秦用商君变法，而能富国强兵；魏、楚先后用吴起，曾经战胜弱敌；齐威王、宣王用孙子、田忌之徒，而诸侯东面朝齐。诸侯忙于合纵连横，崇尚攻伐，而孟子受业子思之门人，守孔子之道，述唐、虞、三代之德，而被认为是"迁远而阔于事情"。邹衍的境遇与孟子形成鲜明对照，梁惠王郊迎，执宾主之礼，赵平原君侧行撇席。如燕，昭王拥彗先驱，请列弟子之座而受业，筑碣石宫，身亲往师之，作《主运》。其游诸侯见尊礼如此。司马迁感叹说："其游诸侯见尊礼如此，岂与仲尼菜色陈蔡，孟轲困于齐梁同乎哉！故武王以仁义伐纣而王，伯夷饿不食周粟；卫灵公问陈，而孔子不答；梁惠王谋欲攻赵，孟轲称太王去邠。此岂有意阿世俗苟合而已哉！持方枘欲内圆凿，其能入乎？"④

卫灵公问陈，而孔子不答，梁惠王谋欲攻赵，孟轲称太王去邠，不是孔子、孟子不知道卫灵公、梁惠王所想，而是不愿意迎合卫灵公、梁惠王的不义之战，所以被认为"迂远而阔于事情"。这种"迂远"，正是孔子、孟子的坚守，其"阔于事情"，是与违背仁义的事实人情保持距离，而不是不明事理。儒家的这种精神，正是中国社会保持向善力量的源泉。孔孟之后，秦代的博士与秦始皇的对立，也与此密切相关。

二、秦博士制度的建立

博士制度的建立，最迟不得晚于战国。董说《七国考》曰："《五经异义》曰：'战国时，齐置博士之官。'班固亦云：'六国时往往有博士，掌通古今。'"⑤刘向《说苑·尊贤》提到淳于髡为"博士"⑥，而《汉书·贾山传》说贾山之祖父贾祛曾为魏王"博士弟子"⑦，《史记·循吏列传》说公孙休为鲁博士，《史记·龟策列传》说卫平为宋博士。⑧这说明博士制度的设立，在战国时代是普遍的事。

《史记·李斯列传》载李斯之言曰："今万乘方争时，游者主事。"⑨所谓游者，就是从事游说事务的文人。刘向《战国策叙》说文士之重要性，曰："所在国重，所去国轻。"⑩此意王充也深表赞同，《论衡·效力》指出，战国时文人"入楚楚重，出齐齐轻，为赵赵完，畔魏魏伤"⑪。也就是说，谁失去了文人，谁就失去了成功。战国时期的诸侯王为了使用文人的智慧。所以设立博士之职，以备顾问。"博士"名称的出现，就充分地肯定了"博学的文人"的才识。

战国之时，齐国聚集的文人最多，《史记·田敬仲完世家》曰："宣王喜文学游说之士，自如邹衍、淳于髡、田骈、接予、慎到、环渊之徒七十六人，皆赐列第，为上大夫，不治而议论。是以齐稷下学士复盛，且数百千人。"又《史记·孟子荀卿列传》曰："自邹衍与齐之稷下先生，如淳于髡、慎到、环渊、接予、田骈、邹奭之徒，各著书言治乱之事，以干世主，岂可胜道哉！……自如淳于髡以下，皆命曰列大夫，为开第康庄之衢，高门大屋，尊宠之。览天下诸侯宾客，言齐能致天下贤士也。"⑫

根据齐国稷下学宫的情况，我们可以认为淳于髡等人的"列大夫"之职，大体可能就是"博士"的别名，其级别为"上大夫"，不治而议论，属于学术顾问官。瞿蜕园《历代职官简释》曰："博士在秦、汉为学术顾问官的性质，既各司其专门之学，又参预政事讨论，并出外巡行视察。"⑬

我们今天无法确知秦设博士始于何时，不过，秦国客卿的地位虽重，但其身份大体也有与"博士"相类似之处。及秦统一天下，博士已经是一个常设的官职了。

关于秦博士的职掌，马非百在《秦集史》中指出："其职掌有三：一曰通古今，二曰辩然否，三曰典教职。前二者政治之事也，后一者文化教育之事也。盖始皇即位之初，本有一种议事制度。凡国家有事，无小大，辄先下其议于群臣及博士，使其共同讨论，然后以讨论之结果，上之皇帝，供其采用。"⑭

就博士员额而言，秦汉时代，博士人数甚众，至后代却逐渐减少，博士的地位也日益衰落。秦汉时博士常顾问侍从，而《史记·秦始皇本纪》及《史记·封禅书》说秦有博士七十人，⑮这说明秦代博士受到了秦始皇的重视。瞿蜕园指出："据《汉书·百官公卿表》，博士官秩为比六百石，员额多至数十人。至武帝特崇儒术，于是置五经博士，各以其家法传授于弟子，每经不止一家，故有博士十四人。其所传授之人，则称博士弟子。汉以后学术之传授多在私家，博士之任渐轻。唐制，国子监博士虽为正五品官，仅置五人。其太学博士、广文馆博士以下品秩尤卑，书算学博士仅为从九品。汉代属于太常之博士，唐代仍设于太常寺，为正七品官，则仅掌议礼而已。故唐以后直至清代，惟此两处有博士。清代国子监博士仅二人，足见其尤不重视。"⑯

秦始皇重视人才，应该多少受到吕不韦的影响，因为吕不韦是秦王政年轻时接触最多、同时又对他来说是最重要的一位长者。吕不韦在为秦王政的父亲谋位中有大功劳，在秦王政的父亲公子异人流放赵国、充当人质的生涯中，带给了公子异人以新希望，后来，帮助公子异人取得了秦王的权柄。他虽是商人出身，后却弃商从政。我们虽无法度量吕不韦是否有真才实学，但是，他所组织编纂的《吕氏春秋》，却无疑可以使人把他与文人的身份联系起来。吕不韦凭借与秦始皇的父亲公子异人的特殊关系，在秦王政即位之初，手握重权，其招揽天下人才的行为，足可与信陵、春申、平原、孟尝诸君比肩，马非百《秦集史》说吕不韦编《吕氏春秋》的缘起时指出："庄襄王薨，太子政即位为王，不韦为相，又益尊重，号称仲父。当是时，魏有信陵君，楚有春申君，赵有平原君，齐有孟尝君，皆下士，喜宾客，以相倾。不韦以秦之强，羞不如，亦招致食客三千人。是时诸侯多辩士，如荀卿之徒，著书布天下。不韦乃使其客人人著所闻，集论以为八览、六论、十二纪，二十余万言，以为备天地万物古今之事，号曰《吕氏春秋》，布咸阳之门，悬千金其上，延诸侯游士宾客，有能增损一字者予千金。"⑰

三、秦博士事迹举隅

秦有博士七十余人，其中多为儒生，马非百《秦集史》认为今尚知名者凡十七人，如李克及其学生伏胜、淳于越、鲍白令之、桂贞、茅焦、叔孙通等人。他们在任职博士时期，按照自己的价值判断，发表了自己的看法。

《史记·儒林列传》云："伏生者，济南人也。故为秦博士。孝文帝时，欲求能治《尚书》者，天下无有，乃闻伏生能治，欲召之。是时伏生年九十余，老，不能行，于是乃诏太常使掌故朝错往受之。秦时焚书，伏生壁藏之。其后兵大起，流亡。汉定，伏生求其书，亡数十篇，独得二十九篇，即以教于齐鲁之间。学者由是颇能言《尚书》，诸山东大师无不涉《尚书》以教矣。"《汉书·儒林传》亦曰："伏生，济南人也，故为秦博士。……秦时禁《书》，伏生壁藏之。"⑱伏生是著名的《尚书》专家。

《说苑·至公》曰："秦始皇帝既吞天下，乃召群臣而议，曰：'古者五帝禅贤，三王世继，孰是？将为之。'博士七十人未对，鲍白令之对曰：'天下官则禅贤是也，天下家则世继是也。故五帝以天下为官，三王以天下为家。'秦始皇帝仰天叹曰：'吾德出于五帝，吾将官天下，谁可使代我后者！'鲍白令之对曰：'陛下行桀、纣之道，欲为五帝之禅，非陛下所能行也。'秦始皇帝大怒曰：'令之前，若何以言我行桀、纣之道也，趣说之，不解则死。'令之对曰：'臣请说之，陛下筑台干云，宫殿五里。建千石之钟，立万石之虡。妇女连百，倡优累千。兴作骊山，宫室至雍，相继不绝。所以自奉者，殚天下，竭民力，偏驳自私，不能以及人。陛下所谓自营，仅存之主也，何暇比德五帝，欲官天下哉！'始皇闻然无以应之，面有惭色，久之曰：'令之之言，乃令众丑我。'遂罢谋，无禅意也。"⑲鲍白令之以秦始皇无道，所以反对其实行禅让制度，体现出一个儒者的正义。

桂员为儒者，据《秦集史·博士表》引宁濂《桂氏家乘序》，桂员在坑儒时被害。⑳

《史记·秦始皇本纪》载茅焦说秦王迎太后于雍而入咸阳，曰："齐人茅焦说秦王曰：'秦方以天下为事，而大王有迁母太后之名，恐诸侯闻之，由此倍秦也。'秦王乃迎太后于雍而入咸阳，复居甘泉宫。"㉑《秦集史·茅焦传》的记载更为详尽，云："秦王政九年，嫪毐为乱，事连太后，秦王夷毐三族。遂迁太后于雍，处之萯阳宫。下令曰：'敢以太后事谏者戮而杀之。'从蒺藜其脊肉四肢而积之阙下，谏而死者二十七人矣。焦乃往上谒曰：'齐客茅焦愿上谏王。'王使使出问客：'得毋以太后事谏耶？'焦曰：'然。'使者还白。王曰：'走往告之，不见阙下积死人耶？'使者问焦，焦曰：'臣闻天有二十八宿，今死者已有二十七人矣，臣所以来者，欲满其数耳。臣非畏死人也。'走入白之，焦邑子同食者尽负其衣物行亡。使者入白之。王大怒曰：'是子故来犯吾禁，趣炊镬汤煮之，是安得积阙下乎？'趣召之入。王按剑而坐，口正沫出。使者召之入。焦不肯疾行，足趣相过耳。使者趣之，焦曰：'臣至前则死矣。君独不能忍吾须臾乎？'使者极哀。"㉒秦始皇最终没有杀茅焦，茅焦凭借其过人智慧，未蹈前二十七人之覆辙。茅焦的行为虽然类似纵横家，但其思想却明显是儒者的立场。

在秦博士中，叔孙通是有生存智慧的儒者。《史记·刘敬叔孙通传》载："叔孙通者，薛人也。秦时以文学徵，待诏博士。数岁，陈胜起山东，使者以闻，二世召博士诸儒生问曰：'楚戍卒攻蕲入陈，于公如何？'博士诸生三十余人前曰：'人臣无将，将即反，罪死无赦。愿陛下急发兵击之。'二世怒，作色。叔孙通前曰：'诸生言皆非也。夫天下合为一家，毁郡县城，铄其兵，示天下不复用。且明主在其上，法令具于下，使人人奉职，四方辐辏，安敢有反者！此特群盗鼠窃狗盗耳，何足置之齿牙间！郡守尉今捕论，何足忧！'二世喜曰：'善。'尽问诸生，诸生或言反，或言盗。于是二世令御史案诸生言反者下吏，非所宜言。诸言盗者皆罢之。乃赐叔孙通帛二十匹，衣一袭，拜为博士。叔孙通已出宫，反舍，诸生曰：'先生何言之谀也？'通曰：'公不知也，我几不脱于虎口！'乃亡去，之薛，薛已降楚矣。及项梁之薛，叔孙通从之。败于定陶，从怀王。怀王为义帝，徙长沙，叔孙通留事项王。汉二年，汉王从五诸侯入彭城，叔孙通降汉王。汉王败而西，因竟从汉。"㉓秦二世时，陈胜造反，二世召博士诸生问询，博士诸生三十余人皆言无曲折，独叔孙通见二世不能听实言，遂说盗不足虑，秦二世令御史治博士诸生所非宜言，叔孙通得晋为博士。叔孙通返舍，诸生责问先生何言之谀也，而叔孙通认为他这样做，只不过是为了躲避眼前之祸，其返舍后马上逃亡本身，就表明了他不是为了求得富贵而曲意奉承。

《史记·秦始皇本纪》载："始皇置酒咸阳宫，博士七十人前为寿。仆射周青臣进颂曰：'他时秦地不过千里，赖陛下神灵明圣，平定海内，放逐蛮夷，日月所照，莫不宾服。以诸侯为郡县，人人自安乐，无战争之患，传之万世。自上古不及陛下成德。'始皇悦。博士齐人淳于越进曰：'臣闻殷周之王千余岁，封子弟功臣，自为枝辅。今陛下有海内，而子弟为匹夫，卒有田常、六卿之臣，无辅拂，何以相救哉？事不师古而能长久者，非所闻也。今青臣又面谀以重陛下之过，非忠臣。'始皇下其议。丞相李斯曰：'五帝不相复，三代不相袭，各以治，非其相反，时变异也。今陛下创大业，建万世之功，故非愚儒所知。且越言乃三代之事，何足法也？异时诸侯并争，厚招游学。今天下已定，法令出一，百姓当家则力农工，士则学习法令辟禁。今诸生不师今而学古，以非当世，惑乱黔首。今丞相斯昧死言：古者天下散乱，莫之能一，是以诸侯并作，语皆道古以害今，饰虚言以乱实，人善其所私学，以非上之所建立。今皇帝并有天下，别黑白而定一尊。私学而相与非法教，人闻令下，则各以其学议之；入则心非，出则巷议，夸主以为名，异取以为高，率群下以造谤。如此弗禁，则主势降乎上，党与成乎下。禁之便。臣请史官非秦记皆烧之。非博士官所职，天下敢有藏《诗》、《书》、百家语者，悉诣守、尉杂烧之。有敢偶语《诗》、《书》者弃市，以古非今者族。吏见知不举者与同罪。令下三十日不烧，黥为城旦。所不去者，医药、卜筮、种树之书。若欲有学法令，以吏为师。'制曰：'可。'"㉔仆射周青臣进颂，当然是为了讨好秦始皇帝，而博士齐人淳于越的进谏，其立场无疑也是为了秦的长治久安，但是不合乎秦始皇的想法，导致了一场焚书。李斯如此卑劣的提议能被秦始皇认同，就在于秦始皇本身的利令智昏。不过，值得庆幸的是，淳于越的建议，虽然受到李斯的批判，以为是"腐儒"，但并没有让秦始皇或者李斯实现废除博士之想。

另外，还有部分博士事迹，《史记·秦始皇本纪》不载姓名，如秦始皇二十八年，"始皇还，过彭城，斋戒祷祠，欲出周鼎泗水。使千人没水求之，弗得。乃西南渡淮，之衡山、南郡。浮江，至湘山祠。逢大风，几不得渡。上问博士曰：'湘君何神？'博士对曰：'闻之，尧女，舜之妻，而葬此。'于是始皇大怒，使刑徒三千人皆伐湘山树，赭其山。上自南郡由武关归。"三十六年，"荧惑守心。有坠星下东郡，至地为石，黔首或刻其石曰'始皇帝死而地分'。始皇闻之，遣御史逐问，莫服，尽取石旁居人诛之，因燔销其石。始皇不乐，使博士为仙真人诗，及行所游天下，传令乐人歌弦之。"三十七年，"还过吴，从江乘渡。并海上，北至琅邪。方士徐市等入海求神药，数岁不得，费多，恐谴，乃诈曰：'蓬莱药可得，然常为大鲛鱼所苦，故不得至，愿请善射与俱，见则以连弩射之。'始皇梦与海神战，如人状。问占梦，博士曰：'水神不可见，以大鱼蛟龙为候。今上祷祠备谨，而有此恶神，当除去，而善神可致。'乃令入海者赍捕巨鱼具，而自以连弩候大鱼出射之。自琅邪北至荣成山，弗见。至之罘，见巨鱼，射杀一鱼。遂并海西。"㉕

《史记·封禅书》载，秦始皇既并天下而帝，"即帝位三年，东巡郡县，祠驺峄山，颂秦功业。于是征从齐、鲁之儒生博士七十人，至乎泰山下。诸儒生或议曰：'古者封禅为蒲车，恶伤山之土石草木；埽地而祭，席用葅秸，言其易遵也。'始皇闻此议各乖异，难施用，由此绌儒生。而遂除车道，上自泰山阳至巅，立石颂秦始皇帝德，明其得封也。从阴道下，禅于梁父。其礼颇采太祝之祀雍上帝所用，而封藏皆秘之，世不得而记也。始皇之上泰山，中阪遇暴风雨，休于大树下。诸儒生既绌，不得与用于封事之礼，闻始皇遇风雨，则讥之。"㉖

四、秦始皇的期望与秦博士理想的对立

秦始皇设立博士制度，既由于博学之士地位的尊宠，也缘于他们的智慧重要。而博学之士赢得尊宠的地位，是与其智慧的重要联系在一起的。《史记·秦始皇本纪》记有秦始皇的一段话，准确地表达了他对博士的期望。秦始皇说："吾前收天下书不中用者尽去之。悉召文学方术士甚众，欲以兴太平，方士欲练以求奇药……"㉗秦始皇设立众多博士

职位，既为了显示其重视人才、招贤纳士的气度，也欲众博士以其智慧、润色鸿业，敷赞革命。而欲众博士以其智慧、润色鸿业、敷赞革命的目的，是最根本的目的，所以也是最重要的。

应该说，自战国至于秦，秦国诸王及广大文士都有良好心态以实现君臣主客的合作。在战国文人参政过程中，尤以秦国文人地位最重，权力最大，成功最多，其原因就在于秦国任用人才，不拘资历、来历，格外拔擢，如商鞅、张仪、范睢、蔡泽、吕不韦，乃至在秦始皇时代脱颖而出的李斯，皆叱咤风云，位极人臣，在秦国及战国的政治舞台上发挥了重要作用。

但是，在秦统一天下后，众博士中却鲜有飞黄腾达之人。这不是因为秦始皇改变了重视人才的策略，也不是众博士无才，而是众博士的理想与秦始皇的期望大异其趣。在前述秦博士的事迹之中，很难找出真正赞同秦始皇主张的事件。原因就在于秦始皇的主张，往往以专制集权为目的，而博士的建议，重在体现仁义的政治诉求。

在秦统一后，秦始皇就重大问题多次征询博士意见，其民主精神，即使在今天，也是很难得的了。但是，对于秦始皇来讲，他需要的是博士们沿着他的思路思考，给他的主意锦上添花，而不是反对他的观点。但是，博士们却不愿意违背自己所好，曲意奉承，所以，秦始皇就决定抛弃博士了。《史记·秦始皇本纪》载："侯生、卢生相与谋曰：'始皇为人，天性刚戾自用，起诸侯，并天下，意得欲从，以为自古莫及己。专任狱吏，狱吏得亲幸。博士虽七十人，特备员，弗用。丞相诸大臣皆受成事，倚辨于上。上乐以刑杀为威，天下畏罪持禄，莫敢尽忠。上不闻过而日骄，下慑伏谩欺以取容。秦法，不得兼方，不验，辄死。然候星气者至三百人，皆良士，畏忌讳谀，不敢端言其过。天下之事无小大皆决于上，上至以衡石量书，日夜有呈，不中呈，不得休息。贪于权势至如此，未可为求仙药。'于是乃亡去。始皇闻亡，乃大怒曰：'吾前收天下书不中用者尽去之。悉召文学方术士甚众，欲以兴太平，方士欲练以求奇药。今闻韩众去不报，徐市等费以巨万计，终不得药，徒奸利相告日闻。卢生等吾尊赐之甚厚，今乃诽谤我，以重吾不德也。诸生在咸阳者，吾使人廉问，或为妖言以乱黔首。'是使御史悉案问诸生，诸生传相告引，乃自除。犯禁者四百六十余人，皆坑之咸阳，使天下知之，以惩后。益发谪徙边。始皇长子扶苏谏曰：'天下初定，远方黔首未集，诸生皆诵法孔子，今上皆重法绳之，臣恐天下不安。唯上察之。'始皇怒，使扶苏北监蒙恬于上郡。"[28]秦始皇并不仅仅是因为几个方士没有得到奇药偷偷逃跑了，使他蒙受经济损失才气急败坏，非杀之而后快。其坑儒的真正目的，是所谓"妖言以乱黔首"，"诽谤我，以重吾不德也"，因此，其所坑杀，就不仅仅限于方士，而是株连所有的儒生，并与焚书的政策联系到了一起。

我们现在可以看到的秦博士参与的重大决策，除了上述鲍白令之在秦始皇二十六年关于禅贤与世继之议，茅焦关于迎太后之议，叔孙通在秦二世时的陈词，淳于越之谏，秦始皇二十八年刻石颂秦德之议，封禅望祭山川之议等，《史记·秦始皇本纪》载有帝号之议，立诸子为王之议。马非百《秦集史》指出，以上事件，"殆无不有博士参与其间"。博士职掌不仅国家大事，正如马非百在《秦集史》中指出的："即皇帝个人有所疑难，亦往往就主管博士征询意见，以资参考。如三十七年始皇梦与海神战，如人状，则召问占梦博士。二十八年，始皇渡江至湘山祠，遇风不得渡，则召问随行之诸博士。二世闻陈涉起山东，则召问叔孙通等诸儒生博士。"[29]

应该说，秦始皇对博士仍然是重视的，所以，马非百《秦集史》总结说："凡此，皆通古今、辩然否之事，始皇帝所谓'吾悉召文学方术之士甚众，欲以兴太平'者也。其用意之善，立法之美，岂在尧咨四岳，舜察迩言下哉。惜诸博士品类不齐，又皆迂腐寡识，不谙事务。"[30] 按照马非百先生的结论，秦博士自身不过硬，所以才招致了最后的灭顶之灾。秦博士自身的毛病，一是"品类不齐"，即其中杂有神仙方术之士，实同骗子；二是"迂腐寡识，不谙事务"，即不能正确理解秦始皇的统治意图，不能顺应潮流，追逐时务。

秦始皇统一六国，实行中央集权政体，统一文字、货币、度量衡等，建立郡县制，是一套与西周以来以地方自治为特点的政治体制传统格格不入的社会制度。对于秦始皇的政体，并非人人可以接受。如前述博士淳于越等人并不喜欢建立在中央集权基础上的郡县政体，主张分封子弟功臣，其理由是可以互为援助。究竟是中央集权好，还是分封制好，这是一个难以用一句话说得清楚的问题。西周分封，终至尾大不掉，产生礼崩乐坏之动乱；而秦朝实行郡县制，虽可加强中央权威，防御割据势力的出现，但不能使宗室功臣得到土地人口之利，缺少奋起自卫的利益驱动，一旦有人登高一呼，天下群起响应，其危险也是巨大的。如果说分封制的危险在后世的话，那么郡县制中央集权的危险则在当代，这也是被秦朝的历史所证明了的。博士淳于越等人正是预见到了郡县制可能带来的危险，而反对郡县制。淳于越等人赞成分封制的原因，就在于分封制的优势是为过去的历史经验所证明了的。

《史记·秦始皇本纪》载："丞相绾等言：'诸侯初破，燕、齐、荆地远，不为置王，毋以填之。请立诸子，唯上幸许。'始皇下其议于群臣，群臣皆以为便。廷尉李斯议曰：'周文武所封子弟同姓甚众，然后属疏远，相攻击如仇雠，诸侯更相诛伐，周天子弗能禁止。今海内赖陛下神灵一统，皆为郡县，诸子功臣以公赋税重赏赐之，甚足易制。天下无异意，则安宁之术也。置诸侯不便。'始皇曰：'天下共苦战斗不休，以有侯王。赖宗庙，天下初定，又复立国，是树兵也，而求其其宁息，岂不难哉！廷尉议是。'"在分封制上，秦始皇与大臣的对立，表明秦始皇有他自己的一个全新的完全不同于过去政治制度的考虑，所以，他跟博士的对立，也就是必然的了，因为他们之间的政治主张是完全背道而驰的。

秦博士数量达七十人之多，是自秦至清任何一个朝代都无法比拟的，而博士人员的构成，则为"齐、鲁之儒生"。儒生守儒家之业，"游文于六经之中，留意于仁义之际，祖述尧舜，宪章文武，宗师仲尼"[31]，是以仁义为旗帜的。而秦始皇所心折的法家，是以强权集权为处事原则的。《商君书·更法》指出："三代不同礼而王，五霸不同法而霸，故知者作法，而愚者制也；贤者更礼，而不肖者拘焉。"[32] 在商鞅及其后学的眼里，夏、商、周三代礼不同而王，春秋五霸法不同而霸，制定法是智者的事情，遵守法是愚者的事情；礼是贤人所定，而不贤之人为礼拘泥。欲王欲霸，欲成为智者贤人，就得反古改制。

《史记·老子韩非列传》记载有秦始皇心仪韩非学说之事，说："非见韩之削弱，数以书谏韩王，韩王不能用。于是韩非疾治国不务修明其法制，执势以御其臣下，富国强兵而以求人任贤，反举浮淫之蠹而加之于功实之上。以为儒者用文乱法，而侠者以武犯禁。宽则宠名誉之人，急则用介胄之士。今者所养非所用，所用非所养。悲廉直不容于邪枉之臣，观往者得失之变，故作《孤愤》、《五蠹》、《内外储》、《说林》、《说难》十余万言。……人或传其书至秦。秦王见《孤愤》、《五蠹》之书，曰：'嗟乎，寡人得见此人与之游，死不恨矣！'"㉝后来，秦始皇终于见到了韩非。虽然因李斯等人的离间，秦始皇没有任用韩非，但韩非的主张却为秦始皇所信奉，这是确定无疑的。

韩非子作为是古非今论者，其观点可谓旗帜鲜明。《韩非子·五蠹》论社会变化说："上古之世，人民少而禽兽众，人民不胜禽虫蛇，有圣人作，构木为巢以避群害，而民悦之，使王天下，号之曰有巢氏。民食果蓏蚌蛤，腥臊恶臭而伤害腹胃，民多疾病有圣人作，钻燧取火以化腥臊，而民说之，使王天下，号之曰燧人氏。中古之世，天下大水，而鲧、禹决渎。近古之世，桀、纣暴乱，而汤、武征伐。今有构木钻燧于夏后氏之世者，必为鲧、禹笑矣；有决渎于殷、周之世者，必为汤、武笑矣。然则今有美尧、舜、鲧、禹、汤、武之道于当今之世者，必为新圣笑矣。是以圣人不期修古，不法常可，论世之事，因为之备。宋人有耕者，田中有株，兔走触株，折颈而死，因释其耒而守株，冀复得兔，兔不可复得，而身为宋国笑。今欲以先王之政，治当世之民，皆守株之类也。古者丈夫不耕，木之实足食也；妇人不织；禽兽之皮足衣也。不事力而养足，人民少而财有余，故民不争。是以厚赏不行，重罚不用，而民自治。今人有五子不为多，子又有五子，大父未死而有二十五孙。是以人民众而货财寡，事力劳而供养薄，故民争，虽倍赏累罚而不免于乱。"㉞

价值观念的变化，是与生存环境的变化相联系的。韩非揭橥这一颠扑不破的真理，强调因时变法的必要性，应该是不错的。但是，因此而背弃仁义，与人民为敌，则从根本上动摇了法家学说存在的价值。秦始皇以韩非子这样的理论武装自己的头脑，他所希望的博士官，当然是能以自己的思维方式辅赞大业，特别是在他自己以革故鼎新的理论实现了天下一统的伟业之后，他就会更加确信法家思想的正确性，而博士淳于越等人不顾实践检验的结论，仍然只相信"事不师古而能长久者，未所离也"，即反古可能带来一时的胜利，但却会因为破坏了以仁义为核心的古代传统，因而也就破坏了传统的惯性，失去永久性。这是公开地诅咒秦王朝，并公然与秦的胜利对抗。一方是秦始皇，他握有胜利，深信胜利果实的坚固性，并为此在不断完善专制政体；一方是儒生，面对秦的胜利无动于衷，并认为秦的胜利是暂时的，不可靠的。在这样的情况下，君主的希望与博士们的理想合不上拍，因此，秦始皇对持有深刻仁义思想的博士们就有了"乖异，难施用"的结论了。但是，最后还是博士们的预言胜利了，秦的短祚，就充分说明了这一点。

检讨秦博士与秦始皇的对立，我们认识到秦博士的"乖异，难施用"，或者被称为"腐儒"，只是他们固守自己坚定的信念，不随波逐流、趋炎附势，而不是真的"迂远而阔于事情"。今天，当我们站在启蒙运动以来的人类普世价值的基础上，再来认识孔子与孟子的主张，我们应该对儒家有个全新的认识。也就是说，孔、孟及秦博士们的理想和追求，才是真正有永恒价值的思想。

注　释：

① 颜师古注：《汉书》，中华书局 1962 年版。

② 三家注：《史记》，中华书局 1959 年版。

③ 三家注：《史记》，中华书局 1959 年版。

④ 《史记·孟子荀卿列传》，三家注：《史记》，中华书局 1959 年版。

⑤ 缪文远：《七国考订补》，上海古籍出版社 1987 年版。

⑥ 赵善诒：《说苑疏证》，华东师范大学出版社 1985 年版。

⑦ 颜师古注：《汉书》，中华书局 1962 年版。

⑧ 以上见《史记·孟子荀卿列传》，三家注《史记》，中华书局 1959 年版。

⑨ 《史记·孟子荀卿列传》，三家注：《史记》，中华书局 1959 年版。

⑩ 《战国策》，四部丛刊本。

⑪ 《论衡》，诸子集成本，中华书局 1954 年版。

⑫ 三家注：《史记》，中华书局 1959 年版。

⑬ 黄本骥编：《历代职官表》，上海古籍出版社 1982 年版。

⑭ 《秦集史》，中华书局 1982 年版。

⑮ 三家注：《史记》，中华书局 1959 年版。

⑯ 《历代职官简释》，见黄本骥编《历代职官表》，上海古籍出版社 1982 年版。

⑰ 《秦集史》，中华书局 1982 年版。

⑱ 颜师古注：《汉书》，中华书局 1962 年版。

⑲ 赵善诒：《说苑疏证》，华东师范大学出版社 1985 年版。

⑳ 《秦集史》，中华书局 1982 年版。

㉑ 三家注《史记》，中华书局 1959 年版。

㉒ 《秦集史》，中华书局 1982 年版。

㉓ 三家注：《史记》，中华书局 1959 年版。

㉔ 三家注：《史记》，中华书局 1959 年版。

㉕ 三家注：《史记》，中华书局 1959 年版。

㉖ 三家注：《史记》，中华书局 1959 年版。

㉗ 三家注：《史记》，中华书局 1959 年版。

㉘ 三家注：《史记》，中华书局 1959 年版。

㉙ 俱见《秦集史》，中华书局 1982 年版。

㉚ 《秦集史》，中华书局 1982 年版。

㉛ 《汉书·艺文志》，颜师古注《汉书》，中华书局 1962 年版。

㉜ 《商君书》，诸子集成本，中华书局 1954 年版。

㉝ 三家注：《史记》，中华书局 1959 年版。

㉞ 王先慎：《韩非子集解》，诸子集成本，中华书局 1954 年版。

（作者单位：北京语言大学）

从汉代的社会情况试估扬雄早年的生活状况

□　问永宁

　　《汉书·扬雄传》云："扬雄字子云，蜀郡成都人也。……而扬季官至庐江太守。汉元鼎间避仇复溯江上，处岷山之阳曰郫，有田一廛，有宅一区，世世以农桑为业，自季至雄，五世而传一子，故雄无它扬于蜀。……不汲汲于富贵，不戚戚于贫贱，不修廉隅以徼名当世，家产不过十金，乏无儋石之储，晏如也。"《扬雄传》多采自扬子自序，为夫子自道之言。《华阳国志》卷10，《先贤士女总赞》又据此说扬雄："少贫好道，家无担石之储，十金之费。"关于扬雄早年的身世，所知大概如此。近人研究扬雄，多认为扬子出身困苦，境遇坎坷。黄开国说："扬雄先祖虽为贵族，但自定居郫县后，家道衰落。"①"扬雄的出身是贫寒的，而且到了他那一代经济条件更为不好。"②郑万耕也说扬氏迁郫后，"家境开始衰落"，扬氏人丁不旺，扬雄"力单势孤，甚是凄凉"③。"他生活困苦，确是可信的。"④郑文说："子云虽是一个小土地私有者，他所过的不但不是富裕的生活，而且是贫寒的生活。"⑤韩敬的说法比较平实，他认为："扬雄出身于拥有田百亩、家产十金的家庭，在蜀郡是中小地主的水平。扬雄从小脱离生产劳动，求学博览，也不像是农民子弟。但他的家境并不富裕，又无望门大族做靠山。"⑥

　　此四家之说，是近人议论扬子身世的代表。《华阳国志》卷10云："林间，字公孺，临邛人也。"扬雄《答刘歆书》云："翁孺与雄外家牵连之亲，又君平过误有以私遇，少而与雄也。"扬雄早年与川西名学者林公孺、严君平均有过从，林公孺又与扬家是亲戚，扬雄是郫县人，严君平卖卜成都，公孺乃临邛人。从扬雄早年的社会关系与交游范围看，也不是穷家小户可以做到的，所以本文认为，黄郑三说，比较不妥；韩说又语焉不详。本文拟从汉代亩制与川西亩产、汉代税收与物价、生活消费等方面，对扬雄早年家庭情况做一简单分析。

一、汉代亩制与川西亩产

　　汉承秦制，以二百四十步为一亩，同时，汉代初期还保留有以一百步为一亩的旧亩制。但川西本秦旧地，扬雄又生活于西汉末期，故扬家的土地，不是百步为亩的旧亩，而是每亩二百四十步的汉亩。秦汉以六尺为一步。从甘肃金塔县肩水金关出土的汉尺与扬州邗江县出土的汉尺看，西汉尺和秦尺一样，都是 23 厘米左右，"说明汉承秦制，继续延用秦时全国统一的度制"[7]。这样看来，汉代一亩约合今 0.69 市亩。[8]扬雄"有田一廛"，晋灼注"周礼，上夫地一廛，一百亩也"，约合今 70 亩。

关于汉代粮食产量的研究，只能征之于文献资料。以现有资料看，常见者有以下几条：

《淮南子·主术》："中田之获，卒岁之收，不过亩四石。"《史记·河渠书》："穿渠引汾溉皮氏……度可得五千年顷……度可得谷二百万石以上。""临晋民愿穿洛以溉重泉以东……诚得水，可令亩十石。"《汉书·食货志》引晁错言："今农夫五口之家，其服役者不下二人，其能耕者不过百亩，百亩之收，不过百石。"《后汉书·仲长统传》说："今道肥硗之率，计稼穑之入，令亩收三斛。""斛"在西汉为石替代，到王莽时改正之，而"斛"字"亦被作为认定王莽简的标志之一"。[9]

这样，汉代粮食产量，最低为每亩一石，最高为每亩十石。但晁错所言，亩收一石，折合麦子只有今 28 斤左右[10]，折今亩产亦只 43 斤，这种产量，未免低得离奇。

战国用东亩，亩百步，李悝说："今一夫挟五口，治田百亩，岁收一石半，上熟自四，余四百石，中熟自三，余三百石，下熟自倍，余百石，小饥则收百石，中饥七十石，大饥三十石。"[11]张晏注："平岁百亩收百五十石，今大熟四倍，收六百石……中熟自三，四百五十石……下熟自倍，收三百石……"亩收一石半，折秦汉亩制，产量为 3.6 石，与汉人所述相差不大。

需要解释的是晁错的说法。晁氏生活在汉武帝之前，山东仍有讲百步亩制者，即以一百步为一亩，亩合今制约 0.29 亩，亩收一石，合秦亩每亩 2.4 石，这个产量，与李悝所讲小饥的产量相同。晁错所讲重点在陈述民间疾苦，他所举的产量，以小饥当平年，是正常的。事实上，亩收 4 石，应该是秦汉时代比较稳定的收获量。[12]如果丰收，则应如李悝所言，亩收 6 石，折汉亩 14.4 石，折今亩每亩 630 斤左右。

孟子曾说："耕者之所获，一夫百亩；百亩之粪，上农夫食九人，上次食八人，中食七人，中次食六人，下食五人。"[13]赵岐注曰："一夫一妇，佃田百亩，百亩之田，加之以粪，是为上农夫，其所得谷，足以食九口。"可知精耕细作之田即为上田，一夫为一夫一妇所占之田，不是指一个人。《吕氏春秋·上农》亦云："上田夫食九人，下田夫食五人，可以益不可以损，一人治之，十人食之，六畜皆在其中矣"，此田均如《司马法》所讲，是"六尺为步，步百为亩，亩百为夫"，战国尺长 23 厘米，百亩折秦亩约为 41.5 亩，按人年均食粟五百斤计[14]，则十人需粟五千斤，约合 167 石，合秦亩亩产 4 石余。《吕览》中《上农》等篇，取材于《后稷农书》，是"战国时候的东西"[15]。《孟子》中引文与《吕览》近似，可以证明战国中晚期的产量已达秦亩亩产四石，这个水平到汉代有发展，到扬雄生活的后期，单产应较此为高。《晋书·傅玄传》"白田收至十余斛，水田至数十斛"，嵇康《养生论》"夫田种者，一亩十斛，谓之良田"，这个产量似乎较汉代为高，但晋去汉未远，可作参照。

我们知道，扬雄早年生活在郫县。郫县离成都不到 20 公里。"川西平原是四川自然条件最好的地区"[16]，在先秦是蜀国统治的核心。郫县是秦灭蜀后，最早所建的几座城市之一，规模仅次于成都。《华阳国志·蜀志》说："仪与若城成都，周回十二里，高七丈；郫城周回七里，高六丈；临邛城周回六里，高五丈。"成都周围的城市群成了秦在川中统治的中心。

而城市群的兴起，除了对交通的依赖外，在古代，必然需要农业的支撑。《华阳国志·蜀志》秦守李冰作都江堰后，"坐致材木，功省用饶，又灌溉三郡，开稻田。于是蜀沃野千里，号为陆海。旱则引水浸润，雨则杜塞水门，故记曰：水旱从人，不知饥馑，时无荒年，天下谓之'天府'也"。在这个天府之国中，"是以蜀川人称郫、繁曰膏腴，绵、洛为浸沃也"[17]。

关于郫县的粮食产量，《华阳国志·蜀志》称："绵与雒各出稻稼，亩收三十斛，有至五十斛。"郫、繁二县的收成大约与此相近。有的学者认为在川西平原的土质肥沃地区，当时每亩的水稻产量约270公斤，最高可达400公斤，即每亩9～13.3石。[18]

这个说法是可信的，根据有四：

第一，川西没有水旱之虞，可保每年都是大熟，大熟的产量按李悝估计即为每亩14.4石，近15石。

第二，汉代农业技术比战国有较大进步，耕犁已基本定型，耧车得到推广，锄、镰、风车也在农业生产中得到应用，间作、套种的技术得到发展，施肥、选种技术日渐发达。值得注意的是，这些技术并非如有些学者所说，只在内地得到应用，事实上，在四川一些边远地区，"在西汉前期的墓葬中已较普遍地使用铁器，并出现镢、锸等铁农具。到了西汉后期，铁农具的种类较以前多样，新出现的有铲、铧等"[19]。表明犁耕已在西南较普及。这些技术保证了汉代粮食单产应该高于战国时期。

第三，据学者研究，在公元前800年左右，我国气温高于目前气温1～2℃，这一高温期持续了一千年左右，秦汉正处在这一高温期[20]。张家诚先生曾指出，在其他条件不变的情况下，年平均气温每下降1℃，粮食单位产量就会比常年下降10%，[21]秦汉时代的高温也使高产有了保证。

第四，从战国起，一年两熟制逐渐推广。《荀子·富国篇》说："今是土之生五谷也，人善治之，则亩数盆，一岁而再获之。"《孟子·梁惠王上》说："七八月之间旱，则苗槁矣。"《孟子·告子上》又说："今夫麰麦……至于日至之时，皆熟矣。"这个时间，正与一年两熟的时间吻合，川西平原的水热条件，好过山东诸国，甚至比"膏壤沃野千里"[22]的关中条件还优越。班固《西都赋》称，关中"竹林果园，芳草甘木，郊野之富，号为近蜀"，可知蜀中的物产丰富，环境良好。临沂银雀山汉墓出土竹简《田法》说："中田小亩二十斗，中岁也。上田亩二十七斗，下田亩十三斗，太上与太下相复以为率。"[23]上田亩二石七斗，合秦亩即为六石五斗，若此为一季收成，则年收每亩当在十石以上，与上文李悝的估计相近。川西产量不会比这更低。[24]

由以上四点，我们可以为西汉末郫县的粮食产量做一估计，即全年粮食收入有可能高达每亩15石，约合今每亩640斤，郫县在都江堰灌区也是水利条件最好的地方之一。据郫县县志办的同志介绍，扬雄故居友爱镇在郫县也是农业条件比较好的地区，这种高产是不足为奇的，我们为安全起见，将每亩15石定为上限，每亩8石（约合今350斤/亩）定为下限，这个数字与吴慧等学者对汉代粮食产量的估计是一致的。[25]查有梁等人认为："东汉时期，成都广汉等地已种植水稻，且亩产200多公斤。"[26]可参考。与此估计符合，

《三国志·吴志·钟离牧传》曰："躬自垦田，种稻二十余亩。临熟，县民有认识之者，牧曰：'本以田荒，故垦之耳。'遂以稻与县人……民惭惧，率妻子舂所取稻得六十斛米，送还牧，牧闭门不受。"稻米之比约为十比六，六十斛米则须稻一百石，亩收五石，此为荒地一季之收，郫县稻田系熟地，水利又好，亩收七石是有保证的，两季之收当不下十石。这也保证了我们的估计不会有太大误差。

这样，扬雄每年纯粮食收入约在 1500 石与 800 石之间，约合今 4.5 万斤与 2.4 万斤之间，折中一下，算作 1000 石，约合米 3 万斤。

二、汉代税收与物价

1. 税收

汉代农民的租税较多，主要有三项：一曰田租、刍稿；二曰口赋、算赋；三曰徭役、兵役。下面分述之。

田租和刍稿 汉代田租较轻。《汉书·王莽传》说："汉民减轻田租，三十而税一。"按扬雄的收入，每年应交田租 33 石左右。除了田租之外，汉人还要交刍稿。云梦秦简中的《田律》称："入顷刍稿，以其受田之数，无垦不垦，顷入刍三石，稿二石。"刍一石约四钱，稿一石为两钱，扬氏应交刍三石，稿二石，共十六钱。

口赋、算赋、赀算与更赋 口赋，算赋都是人头税，分别向未成年人和成年人征收。《汉书·惠帝纪》应劭注："汉律，人出一算，算百二十钱。惟贾人与奴婢倍算，罪谪之也。"《高帝纪》注引如淳曰："民年十五以上至五十六出赋钱，人百二十为一算。"口钱，是向儿童征收的税目，始征于武帝时，三岁起征，元帝时接受贡禹的建议，改为七岁起征。据《汉仪注》："民年七岁至十四，出口赋钱人二十三，二十钱以食天子，另三钱者，武帝加口钱，以补车骑马。"

除此之外，汉代还有以财产为根据，以户为单位的赀算，一般以每万钱家资，纳算 120 钱。万钱一算为汉代通例。

徭役与兵役 汉代成年男子，除一生须服役两年外，每年还要服役一个月。《汉书·食货志》："又加月为更卒，已复为正，一岁屯戍，一岁力役。"孙言诚先生说："秦汉时代的徭役是每年在地方上做一月更卒，另外，一生还须服役二年；一年屯戍（做戍卒），一年力役（指中央征发的离开本地的徭役）。……徭役和兵役，都是每年一个月，外加一生服役二年，负担是均等的。"[27] 除此之外，每年成年男子还要戍边三日，由于每年戍边三日无法实行，所以就把它折合为更赋三百钱，称为过更，这实际上变成了成年男子的一种人头税。至于壮丁（23～56 岁的男子）按规定每年要服役一个月，有钱人常常不去服役，而是每人每年交纳二千钱代役，也称更赋，故更赋每人每年达到二千三百钱。

以上三种只是常赋，临时的苛差不包括在内。

2. 物价

汉代的物价比较复杂，地区、时间不同，物价差别比较大，对于扬子居川时的物价，我们只能做出一个较为合理的估计。本文只计算与日常生活关系密切的地价、粮价、奴婢价、房价与牲畜价。

先说地价。汉代的地价各地差异较大。贵的，如《汉书·东方朔传》所载"丰、鄗之间，号为土膏，其价亩一金"。《汉书·食货志》下说"黄金一斤，值万钱"，是亩值万钱。贱的，如居延汉简所载"田五顷五万"，"田五十亩直五千"㉘，一亩只值百钱。贵贱相差达一百倍。地价的差异，一在于亩产，二在于位置。长安是首都，地价自然就高了；居延地区地广人稀，㉙产量低下，自然地价就不会高。汉代人口分布很不均匀，人口拥挤的地方主要有三处：一为三辅，一为黄河中下游，一为成都平原。《汉书·地理志》在郡县一级的地方城市中，登有人口的共九个，成都人口名列第一；王莽时，天下五大都市，成都与长安、洛阳、临淄、宛同列。郫与临邛都是离成都距离很近、工商业亦较发达的城市，这几个川西城市形成了一个城市群落，这种地区的地价，即使不能与长安相比，至少应远高于边境地区。

近年的考古发现，为我们解决汉代郫县的物价，提供了一个参考。1966 年四川郫县犀浦二门桥出土了一件汉代残碑，这个碑是葬于东汉顺帝永建三年（公元 128 年）的王孝渊墓的墓门左扇，这个墓门是利用一块刻有文字的旧碑改作的，与右扇门石质不同。从记载的内容来看，这块旧碑可能是刻在石上的簿书。㉚由于二墓门石质不同，此碑应不是当地所出，考虑到碑石移动较困难，此碑原来所处的地方，离此不应太远。碑文所记载的，应是成都周围的事情。考虑到王氏用旧碑改制，且此碑系簿书，乃官府属物，王氏将石碑改制时，一定已经废弃，当时社会变化平缓，此碑初立距离王氏葬时，应该已有时日，很可能是公元一世纪甚至更早期的遗物。蜀郡在汉代是经济发达、人口稠密的地区，前后汉人口变化不大，㉛此残碑所反映的社会状况，对于理解扬子早年的生活非常有参考价值。

在这块残碑中，与地价相关的文字有六条：

1. 田八亩，质四千。
2. 田三十亩，质六万。
3. 田顷五十亩，直三十万。
4. 顷九十亩，贾三十一万。
5. 田三十□亩，质三万。
6. 田八十亩，质□□五千。

这六条文字，除第一条亩五百外，余均在一千至二千之间。第六条按中等地价考虑，所残二字大概是 10 万，亩价约 1 400 钱。第一条资料的地价很低。质，抵押，以财物或人做保证。《说文》："质，以物相赘也。"引申为抵押品、贸易契券。《周礼·地官·质人》："凡卖儥者质剂焉，大市以质，小市以剂。"质为长券，剂为短券，可分别购买不同物品。又为盟约保证。可知质是当票一类的东西，这个地是要赎回的，故四千不是八亩地的地价。"直，当也"，这才是地的真正价格。

扬雄家的土地系庐江太守扬季所购，"且世世以农桑为业"㉜，自是熟耕肥地。按上引材料三、四两条的平均价计，每亩约一千八百余钱，退一步说，将扬雄的地算作比较差的，亩价算作 1 500 钱，百亩也值 15 万，这是最保守的算法。

汉代的粮价变化较大，主要原因是灾害频繁。蜀地水旱保收，粮食价格应该比较稳定。《史记·货殖列传》引《计然》说："夫粜，二十病农，九十病末，末病则财不出，农病则草不辟矣。上不过八十，下不减三十，则农夫俱利，平粜齐物，关市不乏。"可见战国时粮食平价在三十钱至八十钱之间，这与李悝以每石三十钱计算农户开支是一致的。

每石三十钱，即平价中的最低价。

汉初粮价与战国时变化不大。从文献看，西汉一代，粮价每石数十钱则称太贱，百余钱则称太贵，东汉则数百钱一石已称太贱，则西汉末每石以 80 钱计，该是一个合理的数字，这也为出土文献所证实，居延简中的粮价，据徐扬杰先生统计，王莽地皇三年粮价因品种质量不同，略有差异，大体是每石一百钱左右。㉝其他汉简反映的粮价略同于此。㉞居延地区是边区，当地粮食不够供应，需从内地调拨一部分，故粮价可能居中上水平。

成都作为商业中心，粮价应该不会低；但成都平原物产丰富，左思《蜀都赋》称成都"沟洫脉散，疆里绮错，黍稷油油，粳稻莫莫……故虽兼诸夏之富有，犹未若兹都之无量也"，粮价也不应该太高，用每石 80 钱这样一个一般的数字来估算西汉末年成都的粮价，应该不算离谱。日本学者崛毅经过详细推算，认为战国与秦代"主食粟价为每石三十钱"，汉代粟价约为秦代的"三倍左右"㉟，即认为汉代粮价为每石百钱左右。

汉代的房屋价格差别很大，上引郫县残碑中，宅价可考者有四，分别为：

1. 中亭后楼，贾四万；
2. 苏伯翔谒舍，贾十七万；
3. 康眇楼舍，质五千；
4. 舍六区，直四十四万三千。

1、2、3 条未言数，应该是一区，其中康眇楼舍"质五千"，约合 62 石谷价，62 石约合今 1800 多斤，合米不到 1200 斤，这么低的数字大概不是楼舍的价格，而是抵押价。其他宅舍，最低者价四万（区四万，则折谷一万五千斤，这种住宅在成都郊区应是较差的宅子）；高者 17 万；六区四十四万三千者，则每区价约为七万四千，折谷 925 石，合今约 2.8 万斤。按扬雄的家庭收入，将其住宅估价七万以上，应该更合于扬氏的实际。

汉代牲畜因品种、品质、地区不同，差异也比较大。郫县残碑上的牛价，均是万五千，这是东汉的价格，而且与奴婢每人四万一样整齐划一，似乎不是实物价的反映，而与当时的某种规定有关。居延汉简中有几则汉代牲畜价的记载，《居延汉简甲编》第 181B 简云："用牛二直五千，宅一区直三千，田五十亩直五千。"㊱劳干《居延汉简考解释文之部》第 455 页："小奴二人直三万，用马五匹直二万，宅一区万，大婢一人二万，牛车二两直四千，田五顷五万，轺车一乘直万，服牛二六千。"㊲居延在今中蒙边境上，属牧区，故物价低，畜价不会太高，我们将牛价估在五千钱一头㊳，马价稍高，估在八千至一万，徐扬杰先生说："一般较好的耕马、车马的匹价，当在一万钱上下。"㊴这是可以接受的价格。

前引汉简所载奴婢值一万五千至两万，郫县残碑记为每人五万，宣帝时蜀人王褒作《僮约》言买奴使了"决价万五千"，《太平御览》卷 472 引《风俗通》载"南阳庞俭……行取老苍头谨信属任者，年六十余，直二万钱，使主牛马耕种"，大概一人二万左右，比较合乎扬雄时代川中奴婢的价值。

衣物价格很难确定，汉人一般衣物系自己加工而来，加上布帛品种繁多，档次差异大，很难算清楚。"两汉衣著，有一领数百钱者，亦有值数千钱者，皆见于汉简。大抵绢帛皮毛之衣著，值千余钱以至数千钱，布制衣著则仅值数百钱。"㊵

器物中，前引汉简，"牛车二两直四千"，"轺车一乘直万"，我们就姑且以此为西汉末期成都乡间的车价。

三、对扬雄一家年收支情况的估测

扬氏一家，五代单传，人丁不旺。桓潭《新论》："扬子云为郎居长安，比岁，亡其两男，哀痛之，皆持旧葬于蜀，以此困乏。"[41]可知他的两个儿子死于长安。其幼子扬乌，是个神童，死时很小，《华阳国志》卷10："雄子神童写，七岁预雄《玄》文，年九岁而卒。"故郑固碑云："君大男孟子有扬乌之才……七岁而夭。"[42]《法言问神》："育而不苗者，吾家之童乌乎？九龄而与我玄文。"扬雄草太玄，时在元延四年，时年45岁；[43]元寿元年有《解嘲》之作，此时《太玄》已经完成，扬雄时年52岁，此前扬乌已卒。《汉书·扬雄传》云："雄年四十余，自蜀来至游京师。"[44]据此，乌或生于长安，或三岁以前从川中带来，我们可以断定，扬乌在川中时，是不需要交纳贡赋的。

扬家人口我们不能确知，有研究者指出："公元2年每户平均4.7人。"[45]这和《汉书·地理志》的记载相一致。《汉书·地理志》蜀郡"户二十六万八千二石七十九，口百二十四万五千九百二十九"，户均4.64人。据《后汉书·郡国志》，蜀郡户三十万四百五十二，口百三十五万四百七十六，户四点四九人。我们假设扬家有五口人，由于扬乌可以不算，扬氏在川中至多只有一子。我们再假设这五个人均为成人，其中男三女二，这是粮食消费与交纳赋税的上限。根据前面的推算，扬氏一百亩田，口赋三十税一，按亩收 10 石算，每年应交田赋33石，五人均为成人，则应交口赋六百钱，合谷7.5石左右，据上文可知，扬雄家产约值25万，则还要交赀算三千钱，约合谷38石。刍稿税很轻，多算一点，算作160钱，折两石谷。由于三个成年男子，假设都不去服役，还要花约七千钱更赋，约合90石谷，这样，各种赋税需用谷170石。

当时人的食量，可参考的资料颇多。《庄子·天下》："请欲固置五升之饭足矣，先生恐不得饱，弟子虽饥，不忘天下。"一餐五升，日则斗食，月三石。《管子·国蓄》："中岁之谷粜石十钱，大男食四石，月有四十之籍，大女食三石……吾子食二石。"《论衡·祀义》："中人之体七八尺，身大四五围，食斗食，饮斗羹，乃能饱足。"均大率与庄子同。有学者研究居延简文，说："大男月食二石六斗左右，大女与使男月食一石八斗八升左右，使女与小男月食一石五斗二升左右。"[46]此可知庄、管、王三书所载均小石，三石合大石为1.8石，三者的数字基本吻合。

《汉书·食货志》载李悝之言"食，人月一石半，五人终岁为粟 90 石"，这是全家老幼平均计算的，也是在没有副食的情况下得到温饱的最低要求。扬子的收入显然较此为好，川中副食又多，口粮消费相应地较此为少。我们假设他家五口人年用粮也为九十石，合稻麦1 350公斤，米800多公斤左右，[47]这是五个农业人口的年口粮，作为扬子家中口粮消费的上限，是非常充足的。[48]

《颜氏家训·治家》云："生民之本，要当稼穑而食，桑麻以衣。蔬果之畜，园围之所产，鸡豚之善，坩圈之所生，爰及栋宇器械，樵苏脂烛，莫非种殖之物也。"这是一个士大夫家理想生活状况的描述，也是传统中国社会中，大多数人理想的生活方式。一些研究者常以《汉书·食货志》中李悝所言"衣，人率用钱三百，五人终岁用钱五百"来计算衣物支出，实际上一般人都是自己织布缝衣，此项支出不必算进开支。

家畜的饲料，猪、牛可用碎粮秕糠，假设扬家有马一匹，需饲料一年也不过二十五石，[49]其他人来客往，医药、家具等不好估计，正常年份，我们姑且算作五十五石，超过口粮的一半，这是很宽松的估法，事实必不至如是之多。种子每亩一斗，一百亩共十石。[50]

这样，扬氏一年的基本开支，应该不超过 350 石。汉代地租，一般是收成的一半或更多。许倬云说："佃农，除了无法躲避沉重的徭役负担外，他们还要拿出粮食收成的二分之一交纳地租。"[51]这种租制，即《汉书·食货志》所引董仲舒所云"见税十五"的分租制，研究者指出"地租一直是很高的，一般为收获的一半或 2/3"[52]。此种租制秦汉皆然。《汉书·王莽传》："分田劫假，厥名三十税一，实十税五也。"颜师古注曰："分田，谓贫者无田而取富人田耕种，共分其所收也。假亦谓贫人赁富人之田也。劫者，富人劫夺其税，侵欺之也。"根据这种惯例，赋税由地主出，收成的一半归地主。按照前面的估算，扬雄有一百亩地，正常收租 500 石，则余粮达 150 石以上，合钱约 12 000 钱。

在西汉时期，除了出租土地，地主也可以雇人或买奴婢自己经营，雇人的价贵一些，奴婢则非常便宜，以上引资料看，奴婢人均只值 2 万钱。扬氏五世单传，没有分家，几代的积累，买四个奴婢不是难事。假设扬氏将田租出，两个正常年景，田租的收入就能换回一个奴婢，这最多不过合谷子 250 石。按当时的工作效率，一人一年能治田不应超过四十汉亩。《汉书·食货志》引李悝的话说"今夫挟五口，治田百亩"，东亩百亩合汉亩 41.7 亩，约合今 29 亩。这种生产水平一直持续到近代，目前还可以在一些农村发现这种"三十亩地一头牛"的情况，但这是北方农村一家共同参与劳动的情况，主要劳动力是一人。在南方稻作区，如果精耕细作，一年两获则比较费工，我们假设每个劳动力可以耕种 30 汉亩，合今约 20 亩，假如扬氏家中有三奴一婢，家人也零碎地参与劳动，这些地就可以自己耕种，而买四个奴婢，也只要节俭一点，八年就可以办到。

汉代奴婢的算赋是常人的两倍，四人当交 960 钱。四个奴婢值 10 万，就要加赀算 1 200 钱。耕地需要牲畜，假如扬家有三头牛，这是必要的，一匹马，共值约二万五千钱。假如扬氏还有轺车一辆，值万钱。加上地和房子，扬氏最少家产 35 万，需纳赀算 4200 钱，这样扬氏每年的赋税要增加约 2 160 钱，约合 27 石谷。[53]

假如四个奴婢和扬氏家人的生活水平近似，则要消费掉 120 石粮，其中口粮 80 石，其他消费 40 石。奴婢可以自己去服役，但农忙时未必走得开，我们再替扬家的两个奴婢交过更钱 4 600 钱，折谷约 57 石。这样，扬家每年的支出增加到 550 石。若年收获 1 000 石，则余 450 石。我们再拿出 50 石作意外应用，则余粮 400 石，折 32 000 钱，这还只是算了粮食收入。

《管子·禁藏》："率三十亩而足于卒岁，岁兼美恶，亩取一石，则人有三十石，果蓏素食当十石，糠秕六畜当十石，则人有五十石，布帛麻丝，旁人奇利，未在其中也。"《汉书·食货志》"菜茹有畦，瓜瓝果蓏，殖于疆场"，《急就篇》"园菜果蓏助米粮"。按《管子》的算法，粮食收入只占农业收入的 60%。[54]川西的自然条件，好过山东。按王褒《僮约》里的描述，奴婢要做"持梢牧猪，种姜养芋，长育豚驹，喂食马牛"等农业活，"持斧入山，断轹裁辕"等手工活，还要"牵犬贩鹅，武都买茶"，跑前跑后地"为府掾求用钱"，从事商业活动。王褒比扬雄大概年长四十余岁，亦是蜀人，所述情况，适用于扬家。我们可以断定，靠着四个奴婢的劳动，扬家每年除农业收获外，应该还有 300 石以上的其他收入，折合 24 000 钱。粮食收入与其他收入相加，达 56 000 钱，折谷 750 石。

这样一个收入能过一种什么样的生活呢？《汉书·王贡两龚鲍传》记载严君平卖卜于成都，"裁日阅数人，得钱百，足以自养，则闭肆下簾授《老子》"。严氏是扬雄早年从学的老师，又居于成都市中，日得百钱即足自养，则每年有 40 000 钱，就可以在成都过比较清闲的日子，假设严君平家有三人，则一个人有 13 000 钱，就可在成都生活。

扬雄家若将地出租，依第一种估计，余钱可够一个人在成都生活。若按第二种情况估计，可以有两三个人在成都过比较宽裕的生活。扬雄早年游学成都，写赋作文，明显是一个不从事体力劳动的人，他的家庭收入，是允许他这样做的。旧中国的耕读传家，大概就是这种情形。

汉代农村的贫富分化悬殊，最上层的官僚地主一般不直接与农村社会发生关系，其土地主要依靠宗族宾客经营；士绅地主系官僚还乡的结果，本人多参与生产经营，不但收入颇丰，气势也不寻常。《汉书·宁成传》说宁成被罢官后，"其使民，威重于郡守"，富商大贾也多在农村购置土地，往往在农村势力很大，成为《汉书·严延年传》所云"宁负二千石，勿负豪大家"的地方毫右。

直接生活于农村的地主，中家较多。《汉书·文帝纪》："百金，中人十家之产也。"家产 10 万，是文帝时中家的底线，其上为乡村地主，其下是一般农户。《汉书·伍被传》："家产 50 万以上者，皆徙其家属朔方之郡。"是汉代徙豪的最小数字，故家产 50 万，是西汉早期大家的底线。但在《史记·平准书》中卜氏有钱 60 余万，亦只是富人，不是大家，这是西汉中期的情况。到了东汉，郫县家产 30 ~ 50 万的人已比较多，犀浦残碑上的几户人资产都在 30 ~ 60 万之间。扬雄生活于西汉末年，其时物价较低，三四十万的家产，在乡村地主中，应属中等水平。

前文我们曾引《汉书·扬雄传》说"家产不过十金，乏无儋石之储"，现在又说他家产有 30 多万，这是一个需要解决的问题。我们认为历来研究者将《汉书》中这句话作为扬雄生活水平的真实描述，那是不对的。

扬氏可无十金之产，但一壓之田，无论如何不会乏无儋石之储的。即使亩产 4 石，也还不至于如此窘迫。那么如何理解这句话呢？我们以为这不是扬雄的真实情况的描述，而是一种文学笔法。家产不过十金，是说他乃中人之产，不那么富裕，犹如今人自称没几个钱，不必看作实指。

《汉书·贡禹传》说："臣禹年老贫穷，家赀不满万钱，妻子糠豆不赡，裋褐不完，有田百三十亩，陛下过意征臣，臣卖田百亩以供车马。"所述与扬雄的情况类似。贡禹是琅玡人，这在汉代属于人口稠密、农业发达的地区，仅 130 亩地所值就绝不止万钱。前引居延简有每亩百钱者，但学者研究，屯田土地，"人均耕种 34 亩，人均得谷 24 石，即平均亩产 0.7 石，按每名田卒日食口粮 6 升计，田卒一年生产的粮食，满足其个人一年的口粮略有剩余，而其所用牛粮籽种，工具的计价，尚不在内"[55]。这种土地产量极低，位置极偏，每亩也值百钱，贡氏的地无论如何差，其价不会比此更低。即使以每亩百钱计，也值 13 000 钱，加上房屋等，无论如何也有两万家产。他说不满万钱，或是哭穷，或是没包括土地、房屋等不动产。现在人说自己没钱，并不指卖掉房屋之后没钱，他只是说缺现金。贡禹、扬雄的话也可能是指这种情况。

不论汉志所说是哪种情形，经过上面的分析，我们对扬雄早年的生活都可以下一个结论：他是一个中等地主家庭出身，家庭比较宽裕，有余钱供他游学读书。再考虑到扬雄祖传的百亩之田，靠近城市，是所谓"负郭田"，较一般土地有更高收入。《史记·苏秦列传》："使我有洛阳负郭田二顷，吾岂能佩六国相印乎？"战国田二顷少于汉代百亩，洛阳城远小于汉成都与陴县。苏秦的理想还不及扬雄的家业大。《齐民要术》卷第三《蔓菁十八》："近市良田一顷……亦胜谷田十顷。"《元曲选·东堂老》："你将这连天的宅憎嫌小，负郭的田还不好。"扬家有百亩负郭田，人口又少，其生活自然不会差。

两千年后的 19 世纪中叶，"华南的农民平均耕种面积，不超过 10 亩，最多 20 亩"[56]。这实际是近代每户农民耕种能力所能达到的水平，此时的 20 亩正合汉亩约 30 亩，汉代农民的耕作水平也是如此。扬雄的土地，相当于一般农户耕种能力的 3～5 倍，正说明他的地主身份。同时我们不得不对汉代农业的发达与两千年来农业进步缓慢表示惊讶。

注　释：

① 黄开国：《扬雄思想出探》，巴蜀书社 1989 年版，第 15 页。

② 黄开国、邓星盈：《巴蜀哲学史稿》，四川人民出版社 2001 年版，第 47 页。

③ 郑万耕：《扬雄及其〈太玄〉》，台湾蓝灯文化事业股份有限公司 1992 年版，第 3 页。

④ 郑万耕：《扬雄及其〈太玄〉》，台湾蓝灯文化事业股份有限公司 1992 年版，第 13 页。

⑤ 郑文：《扬雄文集笺注》，巴蜀书社 2000 年版，第 15 页。

⑥ 任继愈主编：《中国哲学发展史》（秦汉），人民出版社 1985 年版，第 364 页。

⑦ 金岷等：《文物与数学》，东方出版社 2000 年版，第 60 页。

⑧ 万国鼎：《秦汉度量衡亩考》，《农业遗产研究集刊》1958 年第 2 期。

⑨ 甘肃省文物考古所，西北师大历史系：《简牍学研究》第 2 辑，甘肃人民出版社 1997 年版，第 109 页。

⑩ 周林：《关于汉代亩产的估计》，《中国农史》1987 年第 3 期。周说："每公升粟为 1.35 斤，小麦 1.4 斤，稻谷 1.5 斤。"此值稍低于解放后粮食收购标准。20 世纪 70 年代陕西麦子收购标准分五级，分别为 710、730、750、770、790 克/升，有上 810 克/升的。如无歉收，则每升均应在 750 克/升以上。川西无水旱之虞，每升粮食均应在 750 克/升以上。

⑪ 《汉书·食货志》。

⑫ 徐扬杰说："汉代平岁中田的粮食产量，以秦亩计，当在 4 石上下。"见徐扬杰《家族制度与前期封建社会》，湖北人民出版社 1999 年版，第 294 页。

⑬ 《孟子·万章下》。

⑭ 黄展岳：《关于秦汉人的食粮计量问题》，《考古与文物》1980 年第 4 期。黄文认为，黍谷二石（春为）栃米 120 升，稻谷二石（春为）粲米 100 升。经黄展岳实测，每石小米与大米重量相等，均为 17.55 公斤，500 斤合 16.7 石，得米 146.5 公斤，这尚是好粟。《九章算术·均输》："今有恶粟二十斗，春之，得栃米九斗。"故五百斤粟，折米人均每月不到 30 斤口粮，考虑到十人之中大小男女的搭配，这个数字在副食不足时，基本上可以填饱肚子，是可以接受的。

⑮ 夏纬瑛：《吕氏春秋上农等四篇校释》，农业出版社 1979 年版，第 120 页。

⑯ 罗二虎：《秦汉时代的中国西南》，天地出版社 2000 年版，第 109 页。

⑰ 《华阳国志·蜀志》。

⑱ 刘琳：《华阳国志校注》，巴蜀书社 1984 年版，第 259 页。刘氏认为此处的斛应为小斛合 1.2 斗。30～50 斛折今亩，亩产量可达 780～1160 斤。合汉亩约为 270～400 公斤。

⑲ 罗二虎：《秦汉时代的中国西南》，天地出版社 2000 年版，第 119 页。

⑳ 任振球：《中国近五千年来气候的异常期及其天文成因》，《农业考古》1986 年第 1 期。

㉑ 张家诚：《气候变化对中国农业生产影响的初探》，《地理学报》1992 年第 2 期。

㉒　《史记·货殖列传》。

㉓　银雀山汉墓竹简整理小组：《银雀山竹书〈守法〉〈守令〉等十三篇》，《文物》1985 年第 4 期。

㉔　"南方水稻的产量本来就比北方粟麦的产量要高 1～2 倍以上。"余也非：《中国古代经济史》，重庆出版社 1991 年版，第 423 页。

㉕　吴慧：《中国历代粮食亩产研究》，农业出版社 1958 年版。吴文的数字为 2.82 石/亩，其亩为小亩，其中水稻折今 250 斤/亩，麦粟 264 斤/亩，这是一熟的收成，二熟应翻倍。

㉖　查有梁：《巴蜀科技史略》，四川人民出版社 2001 年版，第 135 页。

㉗　孙言诚：《秦汉的徭役与兵役》，《中国史研究》1981 年第 1 期。

㉘　见中国社会科学院考古研究所：《居延汉简甲乙编》，三七·三五与二四·一 B 简文，中华书局 1980 年版。

㉙　按《后汉书·郡国志》的记载，东汉时张掖、武威两郡人口才 6 万多，两郡下属共 22 城，每城不足 3 千人。

㉚　谢雁翔：《四川郫县犀浦出土的东汉残碑》，《文物》1974 年第 4 期。

㉛　《汉书·食货志》载蜀郡人口一百二十四万五千九百二十九，户二十六万八千二百七十九。《后汉书·郡国志》载蜀郡户三十万零四百五十二，人口为一百三十五万零四百七十六，人口增长不足 1%。

㉜　《汉书·扬雄传》。

㉝　徐扬杰：《家族制度与前期封建社会》，湖北人民出版社 1999 年版，第 328 页。徐书又称："西汉粮食的平价在石百钱上下。"见同书第 330 页。

㉞　徐扬杰：《家族制度与前期封建社会》，湖北人民出版社 1999 年版，第 327 页。

㉟　[日]崛毅：《秦汉法制史考论》，法律出版社 1988 年版，第 297 页。

㊱　中国科学院考古研究所：《居延汉简甲编》，科学出版社 1959 年版。

㊲　转引自徐扬杰《家族制度与前期封建社会》，湖北人民出版社 1999 年版，第 323 页。

㊳　甘肃省文物考古研究所等编：《居延新简》，中华书局 1994 年版。此书中 E. P. F：22：27，E. P. F：22：19，E. P. F：22：22 三简，均有"牛直六十石"的记载，此系建武二年（26 年）事，物价已较前汉为高，惟居延靠近牧区，牛价较内地应低，以此价当前汉来川西牛价，有参考价值，因为川西也靠近牧区，牛马较易得到。

㊴　徐扬杰：《家族制度与前期封建社会》，湖北人民出版社 1999 年版，第 332 页。

㊵　徐扬杰：《家族制度与前期封建社会》，湖北人民出版社 1999 年版，第 340 页。

㊶　《全汉文》卷 14。

㊷　宫兴衍编著：《济宁全汉碑》，齐鲁书社 1990 年版，第 55 页。宫文此处释作"扬"氏，误，碑文应是"杨"字，见同书第 193 页，图版 59。

㊸　罗焌：《杨子云年谱》（遗稿）。

㊹　此说有争议，罗焌定扬雄来长安为永始元年，扬雄时年三十八，可从。见罗焌遗稿《扬雄年谱》。

㊺　[英]崔瑞德、[美]费正清主编，杨品泉、张书生等译：《剑桥中国秦汉史》，中国社会科学出版社 1992 年版，第 522 页。

㊻　甘肃省文物考古所，西北师大历史系：《简牍学研究》第 2 辑，甘肃人民出版社 1997 年版，第 109 页。

㊼　"我们采用容量 1000 毫升的药用玻璃瓶分别盛入小米和大米，经多次实测，各取其平均数，二者重量几乎完全相等，20000 毫升容小米（或大米）17.55 公斤。"黄展岳：《关于秦汉人的食粮计量问题》，《考古与文物》1980 年第 4 期。

㊽　"大小口通计，每个农业人口口粮平均每月一石五斗左右。"宁可：《汉代农业生产漫谈》，

《光明日报》1979 年 4 月 10 日。

⑭　边塞战马月食粮为五石二斗，见《简牍学研究》第 2 辑，第 111 页。农用马不用这么多，且不以纯粮饲养，多以秕糠、碎粮充饲料。假设每天用饲料 3 斤，每年合 36 石，其中纯粮 25 石，这还不是节俭的喂法。

⑮　戚其章：《关于西汉农业中的收获量》，《光明日报》1957 年 2 月 14 日。"（收获率）西汉中叶时便提高到一百二十倍，西汉末年更提高到 400 倍左右。""每亩一斗，约合一亩所用种子。"黄盛璋：《江陵凤凰山汉墓简牍及其在历史地理上的价值》，《文物》1974 年第 6 期。

⑯　〔美〕许倬云著，程农、张鸣译：《汉代农业——早期中国农业经济的形成》，江苏人民出版社1998 年版，第 14 页。

⑰　〔英〕崔瑞德、〔美〕费正清主编，杨品泉、张书生等译：《剑桥中国秦汉史》，中国社会科学出版社 1992 年版，第 576 页。

⑱　可以参看简文：1. 公乘礼忠，年卅。小奴二人，直三万；大婢一人，二万；轺车一乘，直万；用马五匹，直二万；牛车二辆，直四千；服牛二，六千；宅一区，万；田五顷，五万；凡赀直十五万（三七、三五）。2. 公乘徐宗，年五十。宅一区，直三千；田五十亩，直五千；用牛二，直五千（二四、一 B）。见中国社会科学院考古研究所《居延汉简甲乙编》，中华书局 1980 年版。这是边区的情况，牛、马、人价可以与内地作比较。地价因为产量低，房价因为屯田区的房子不正规，与内地无可比性，不作比较。

⑲　〔美〕许倬云著，程农、张鸣译：《汉代农业——早期中国农业经济的形成》，江苏人民出版社1998 年版，第 96 页。

⑳　甘肃省文物考古所，西北师大历史系：《简牍学研究》第 2 辑，甘肃人民出版社 1997 年版，第109 页。

㉑　〔美〕马若孟著，史建云译：《中国农民经济》，江苏人民出版社 1999 年版，第 150 页。

（作者单位：深圳大学文学院国学所）

明清经济、社会、文化

清代北部地区的移民政策

□ 陈　锋

　　清代北部地区的移民，是指西北、内蒙、东北地区的移民，其移民的特点和移民政策各不相同。

一、西北地区的移民政策

　　一般所说的清代西北地区的移民，是与新疆的屯田联系在一起的。但是，西北作为一个大经济区，在新疆屯田之前，事实上已有着向陕西、甘肃（在清代，宁夏府、西宁府亦属甘肃所辖）的鼓励移民政策和人口流动；并且，后来的向新疆的移民，大体上也是沿河西走廊向西北扩展的。如果把向陕西、甘肃的移民作为向新疆移民的前奏，就可以看出，向新疆的移民是一种阶梯式的渐进性移民。

　　自康熙中期起，清政府对向陕西西部西安府、凤翔府的移民，已采取了非常明显的鼓励性措施，凡招徕流民，"每户给牛一头，并犁具银共五两，谷种银三两，雇觅人工银二两，布政司照数支给。该抚将所招民数册报，不论旗、民，照奉天招民例议叙"①。此时，"奉天招民议叙例"（即"辽东招民条例"，初制定于顺治十年，康熙七年四川仿行）早已停止，独准陕西西部旧例重拾，已可体味政策的特别优惠及其背后的用意。到康熙末年，随着以策妄阿拉布坦为首的准噶尔部势力的再度崛起以及对西北的用兵，向甘肃的移民与屯田被提上议程。这是很值得注意的，特先作示例：

　　康熙五十三年（1714 年），议准了甘肃"安插失业穷民六款"：其一为"无依穷民，宜加意安插，无致失所"；其二为"荒弃地亩，招民开垦，将荒地查出，置立房屋，每户二间，无业之民，给与口粮、籽种、牛具，令其开垦"，凡新垦土地，"即给与本人永远为业，照例六年后起科"；其三为"甘肃水利，亟宜兴行，令地方官相度地势，有可以开渠引水者，募夫开浚，可以用水车者，雇匠制车，可以穿井造窖者，即行穿造"；其四为"牛羊牧畜，令民孳生"，凡甘肃不能开垦耕种的山场，一概牧畜牛羊，并令督抚查明无业穷民，"每户给羊种十只，每二户给牛种一只，俟六年之后，将孳生羊羔十只、牛犊一只交官变价"；其五为"督理官员，宜加遴选"，令督抚"选才具优长贤能之员，具题调补，俟历俸五年，有果能招徕开垦、兴行水利、孳畜牛羊、教导百姓者，令督抚保题，照五年俸满即升之例，即行升用"；其六为"倒塌城垣，亟宜修理，于明年春和之时修筑，令穷民佣工，得以养赡"。②这六条措施，可谓是照顾到了方方面面。其中，给予无业穷民以房屋、口粮、籽种、牛具，以及羊种、牛种，无疑具有吸引力；而对水利的讲求，在西北干燥之区，尤是打下日后生产的基础。此后的有关政策，也多注重于此。

康熙五十五年（1716年），吏部尚书富宁安疏称："军需莫要于粮米，臣复细访，自嘉峪关至达里图，可垦之地尚多，肃州之北、口外金塔寺地方，亦可耕种。请于八月间，臣亲往遍行踏勘，会同巡抚绰奇招民耕种外，再令甘肃、陕西文武大臣及地方官捐输耕种。无论官民，有愿以己力耕种者，亦令前往耕种。俟收获之后，人民渐集，请设立卫所，于边疆大有裨益。"在踏勘查明的基础上，议准："动正项钱粮，派官招民耕种。"③

康熙六十一年（1722年），因甘肃西部的瓜州、沙州、敦煌等处"田土广阔，宜于牧放马畜，兼有河水"（有党河、疏勒河），又是传统的屯田区，控扼地方，诸处遣用，"俱属有益"，议准"派往官兵造城屯田"④。

雍正元年（1723年），又议准："布隆吉尔驻扎官兵，俸饷由内地转输，多费不便，前者赤金卫、柳沟所（赤金、柳沟二地均在嘉峪关外，今玉门市西北，其地有赤金河、疏勒河，疏勒河又名"苏赖河"、"布隆吉尔河"）等处，常募人种地，今于每营拨余丁二名，每丁官给牛二头、籽种四石，口粮三石，次年给半，三年但给籽种之半，嗣后毋给。其田即为耕者恒产。无论米麦青稞，计收三石，以为兵丁月饷。布隆吉尔增设一卫守备，沙州增设一千总，令专管种地事务。"⑤这是在募民垦种的基础上，重兴兵屯。

雍正二年（1724年），因"西宁、布隆吉尔地方遥远，愿往垦地者少"，所以，"议将直隶、山西、河南、山东、陕西五省军流人犯，连家口发遣之人有能种地者，令其前往开垦。初到之时，地方官拨给地亩，动支正项钱粮采买籽种、牛只分给之。其应征粮草，照例于三年起料"⑥。这是带有强制性又兼有一定优惠条件的罪犯迁移（遣屯）之一例。

雍正六年（1728年）议准："宁夏所属插汉托辉地募民垦种。宁夏东北插汉托辉地南北延袤百有余里，东西广四五十里、二三十里不等，东界黄河，西至西河，其地平衍，可垦为田。遣大臣会同督抚浚治河渠，召民垦种，官借建房、牛具、籽种之资。凡陕西各属无业民户原往者，计程途远近给与路费。每户按百亩，以为世业。"⑦同时谕令文武官员、缙绅"身先倡率"，"均当踊跃从事，争先垦种，不可观望因循，耽延善举"⑧。

随后，又于雍正七年（1729年）议准了安西州所属沙州垦民"牛骡倒毙、给银买补"条例；雍正八年（1730年）议准了沙州新垦地"宽限起科"条例；雍正十年（1732年）议准了安西州所属瓜州"筑堡造房，给与口粮牛种"，"就近招民屯种"条例，以及"边地屯田事宜"；雍正十二年（1734年）议准了凉州府镇番县所属柳林湖"招民开垦、兴办屯田"条例；乾隆元年（1736年）议准了瓜州回民"宽限偿还籽种、口粮、银两"条例（乾隆三年又议准免还），等等。⑨

综上所述，可以看出，向甘肃的移民，就其方式而言，是一般移民和遣屯、民屯、兵屯的结合；就其区域而言，尤其注重甘肃北部、西部、西北部诸沿边区域，这些地区除了军事意义外，也大都具有较好的水利和自然经济条件，特别是形成了沿河西走廊由东向西伸展的点线结合的移民屯垦格局；就其优惠措施而言，则包括了建立房屋住处，给予路费盘缠、口粮、籽种、牛具、牛羊骡、皮衣皮帽等物品以及相应银两，承认土地所有权，颁给关防印信，宽限起斜，宽限偿还甚至免除所借粮、银等方面。

应该说，康熙后期以来向西北地区（主要是甘肃）的移民与兴屯，具有重要的意义，它不但在西北用兵之时，填实了边区，做到了屯、战结合，而且新垦地的粮食作物收获，解决了一部分军粮所需，减少了远道转输军粮的劳费。⑩同时，在移民政策、移民兴屯方式等方面，也为向新疆移民提供了经验。

向新疆移民与屯田，在康熙后期也已经开始，如康熙五十四年（1715年）议准："哈密地方，可以耕种，令将军席柱、尚书富宁安将西吉木、布隆吉尔等处勘明具奏。"康熙五十五年（1716年）议准："勘明哈密所属布鲁尔、图古里克接壤之处，并巴里坤、都尔博勒金、喀喇乌苏及西吉木、达里图、布隆吉尔附近之上浦、下浦等处，俱可耕种，应各令人耕种，给予口粮、牛种。再，兵丁有原耕种者，亦令耕种，俟收成后，以米数奏请议叙。"康熙六十年（1721年）上谕："吐鲁番现驻官兵，其可种之地甚多，总督鄂海、按察司永泰，着往吐鲁番地方种地效力。"⑪康熙六十一年（1722年），议政大臣等遵旨会议："见今吐鲁番驻兵种地，多积米粮，甚属紧要。蒙圣恩赏给吐鲁番种地人等牛羊，又令哈密回人等一并垦种，于军务愈有裨益。"⑫雍正八年（1730年）上谕："吐鲁番回目额敏和卓屯田种地，恭顺效力，甚属可嘉。……额敏和卓赏缎二十四，其种地效力之回民，赏银二千两。"⑬乾隆元年（1736年）议准："哈密回人，每年官给籽种五百石，收获时纳米四千石，每石赏银一两。现今大兵既撤，哈密止驻兵五千，从前运到米，尚存二十万石有零。自今年为始，免令回人纳粮。"⑭乾隆七年（1741年），又议准哈密所属蔡巴什湖地区"回民屯田章程九条"，将原兵屯地亩，"租于回民耕种"，并拨给牛骡马匹籽种⑮。

康、雍年间以迄乾隆初年，对新疆的移民与屯田，均有一定的优惠措施。但是，当时西北局势不靖，移民数量很少（包括甘肃人民的外迁和回民的内迁），主要是当地驻军的兵屯，屯田地区也限于邻近甘肃的巴里坤、哈密、吐鲁番地区，在一定程度上，只是同一时期甘肃移民与屯田的外延。⑯

新疆的大规模移民与屯田，是在乾隆年间"平准战争"结束、统一新疆之后（乾隆二十年基本平定北疆，乾隆二十四年平定南疆）。

乾隆二十年（1755年），清军进军伊犁、统一北疆之后，天山北路的屯田随之展开。乾隆二十一年（1756年）奏准：

> 巴里坤至济尔玛台、济木萨、乌鲁木齐、罗克伦、玛纳斯、安济哈雅、精（晶）河等处，俱有地亩可资耕种。伊犁附近地方，约有万人耕种地亩，空格斯、珠勒都斯等处，可耕之地亦多。现在伊犁有回人三千余名，令巴里坤办事大臣及甘肃抚臣，派出绿旗兵一百名，委员酌带籽种、农具、耕牛，于明年正月内前来，分别按地酌给耕种。俟试看一年，再行办理。⑰

上揭资料提到的地名难免生疏，但对照清代的新疆地图，可以清晰地看出，这是沿天山北路，东起东疆门户巴里坤，沿传统的"西大路"，中经木垒、古城、济木萨、阜康、乌鲁木齐、昌吉、呼图壁、玛纳斯、乌苏、晶河，直至伊犁的由东向西伸展的屯垦规划格局。

天山南路（南疆）的屯田也渐次展开。乾隆二十三年（1758年）奏准：

辟展、鲁克察克、吐鲁番，除官兵及回人屯种外，因水乏无可开垦。吐鲁番西百余里，通哈喇沙尔（即"喀喇沙尔"——引者）托克逊城，水颇充足。再，哈喇沙尔通库车、阿克苏大路，旧系额鲁特回人垦种，海都河水甚足，乌鲁木齐水亦足用。现于哈喇沙尔派兵二千四百名，乌鲁木齐原派兵五百名，增派五百名，托克逊与辟展、鲁克察克相近，量增兵五百名，辟展仍派兵四百名，共需兵四千三百名……⑱

这里有关天山南路的屯田规划，也是由东向西伸展，东起哈密，由三间房、十三间房进入吐鲁番盆地，中经辟展、鲁克察克、吐克逊，进入喀喇沙尔地区，再向西经库车、阿克苏，直至乌什，正好与北路遥相对应。

由这种天山南北路的屯田规划格局，逐步形成了巴里坤、古城、乌鲁木齐、伊犁、哈密、吐鲁番、喀喇沙尔、乌什等几个大的屯垦区。⑲

关于新疆屯田的形式，彭雨新先生在其所著《清代土地开垦史》一书中，列举了兵屯（附"遣屯"）、回屯、户屯、旗屯四种，冯锡时在《清代新疆的屯田》一文中，列举了兵屯、遣屯、户屯、回屯、旗屯五种⑳，约略相同。这五种形式的屯田，似可进一步归结为三种，即兵屯、民屯、遣屯。

就移民的角度而言，不同形式的屯田，与移民的关系也不尽相同。

兵屯在最初实行的是绿营、八旗士兵的轮番屯田，一般地说，这种屯田与移民没有多大的关系。但是，乾隆年间议准的"携眷屯田"制度，就与移民有关联了。经检索《清高宗实录》，最早谕令兵丁携眷屯田的时间是乾隆二十三年（1758 年）三月，上谕称，乌鲁木齐、鲁克察克屯田，令索伦兵丁前往，"来年再将伊等眷属移去，料伊等自必情愿，至拣选兵丁时，若户口多者，恐其亲属相离，毋庸派往，惟小户单丁为善"㉑。十月，上谕又称："现在派往乌鲁木齐屯田兵丁，已至一万数千，所垦地亩，亦必广阔。目今军营事务俱有就绪，此项屯田，如有情愿携带家口者，即行准其带往。伊等既有家口，则分地垦种，各安其业，而生聚畜牧，渐与内地村庄无异。其不愿携带者，亦不必抑勒勉强，听其自便可耳。如何酌给盘费，俾兵丁不致拮据，着传谕该督黄廷桂酌量妥协。"㉒这里已经指出了携眷屯田可以安业生聚的优越性，并令酌量筹给迁移眷属的盘费。

乾隆二十六年（1761 年），议准屯田乌鲁木齐的绿营官兵"移家居住"，除加给屯田兵丁的"盐菜口粮"外，所有迁移眷属，"按其程途远近，给与车辆口粮"㉓。

乾隆二十七年（1762 年），谕令察哈尔、厄鲁特兵丁携眷前往伊犁屯田，并"编设佐领，给与孳息牲只，仍先给口粮，以资接济"㉔。

乾隆二十八年（1763 年），先是谕令凉州、庄浪等处官兵"携眷迁移"伊犁屯田，并称："官兵三四千名，合之家口，不下万人，所有营房粮饷，俱当豫为备办。"㉕接着，又议准在呼图壁地区的携眷屯田，筹盖房屋 6 000 间，并备足所需农具、籽种、口粮。㉖同时，还议准了"索伦、察哈尔兵挈眷移驻伊犁事宜"，包括："每户派给羊二十五只，二三户合给牛一只"；"盐菜银一年内准支，开垦赏籽种，收获前准给口粮，大口日八合三勺，小口半之"等条款㉗。

乾隆三十二年（1767 年），因"伊犁地方辽阔"，又议准"陆续添派驻防满州、锡伯、索伦、察哈尔、厄鲁特携眷官兵，及屯田回民，将及二万户"㉘。

乾隆四十三年（1778 年），又再次重申了各屯区的"携眷屯田"制度：

伊犁屯田兵丁三千名，俱系陕甘两省各绿营兵丁内戍守，五年一次更换（按：有些屯区系三年一换），给予收使银两，每月复给盐菜银，甚属烦费。哈密、巴尔库勒、乌鲁木齐至玛纳斯各处屯田绿营兵丁，已俱改为携眷驻防，甚为妥便。今伊犁屯田绿营兵丁，亦应仿照哈密等处携眷兵丁之例办理，以期一劳永逸。……伊等既得携眷永居，不但有裨屯田实效，将来子弟繁多，添设土户，亦复有益边疆。而各项费用，可归节省。应即移咨陕甘总督，酌量分别移扎。再，库尔喀喇乌苏屯田绿营兵丁，现在亦系五年一次更换，俟伊犁驻防兵丁办竣后，再行酌照新定章程一并办理。㉙

至此，在新疆各大屯区，官兵携眷屯田已成为常例。从上揭史料也可看出，为了携眷屯田的实行，曾陆续制定了官费搬眷，建造房屋，分地垦种，给与牲畜、口粮、农具、籽种等优惠措施。这些措施的实行，不但安定了边疆地区屯田官兵之心，而且有利于屯田官兵眷属的移往。从各地新移入的屯田官兵眷属，也成为乾隆年间新疆地区移民的主要来源之一。同时，"携眷常驻"制度，既在一定时间内稳定了兵屯制，又与后来兵屯向民屯转化有着内在的必然联系。也正是由于携眷屯田的实行，至乾隆末年停止"官为搬眷之例"时，"凡移来兵丁眷口，及携眷出口户民、金妻发配之遣犯人等"，已是"习俗相安"，"互为婚姻，地广生繁"㉚。

遣屯，或称"犯屯"，也是传统的向边疆地区移民的措施之一。

乾隆认为，在内地"生齿渐繁，食货渐贵"，在新疆又"边陲式廓，地利方兴"之时，遣犯人前往新疆屯垦，是"以新辟之土疆，佐中原之耕凿，而又化凶顽之败类为务本之良民，所谓一举而数善备"㉛。基于此，乾隆年间以来，曾不断地将犯人遣往新疆，其值得注意的措施有如下数端：

一是鼓励犯人家口一同前往。如乾隆三十一年（1766年），针对原有定例"发遣应携眷属者，准给官车、口粮，不应携眷而自愿携眷者不给"，军机大臣等重新议准："乌鲁木齐地属边陲极远，该犯有例不携眷而情愿携眷者，若非官为料理，势必无力携往，请照阿桂所奏，不分例应携眷与否，凡携眷者，一并给与口粮、车辆。"至于原先遣犯未携家口，而现在又情愿搬移家口前往者，"即行该省督抚，将伊等家眷，照送遣犯例，办给口粮，车辆"㉜。

二是分给遣犯地亩、口粮、籽种、农具等。如乾隆二十七年（1762年），上谕军机大臣等："旌额理奏称'发往乌鲁木齐屯田遣犯等，请先给屯地十二亩，与兵丁一体计亩纳粮。伊等亦有携眷者，酌给地五亩，自行开垦，其未收获以前，官为养赡家口'等语。着照所请行。"㉝乾隆三十一年（1766年），陕甘总督吴达善上奏疏称，在巴里坤屯田的遣犯，"每名额地二十二亩"，"现在种植有效，宜广为添垦"，请将甘肃沙州的遣犯，"就近拨赴巴里坤，随兵耕作。所需籽种、口粮、农具、牲畜等项，悉照现在该屯遣犯之例，一体办给"。得旨："好。"㉞

三是将勤于耕种、有所贡献的遣犯与屯田兵丁一例奖赏。乾隆三十三年（1768年），上谕称："伊犁、乌鲁木齐等处种地兵丁，收获粮石已至应行议叙赏赉分数，经朕俱施恩将官员议叙、兵丁奖赏。其乌鲁木齐种地之民人及遣犯，虽非屯田官兵可比，该管官员并无分别，理应一体议叙。至种地之民人、遣犯等如果竭力耕种，所收粮石至分数者，亦应于多收粮石内量加奖赏。嗣后，新疆各处种地民人、遣犯所收米石，如及应赏分数，俱照此办理。"⑤随后，又议定了不同屯区、不同身份（兵丁、遣犯及管理官员）收获粮石的议叙、奖赏及惩处标准。⑥从其奖赏标准来看，遣犯比兵丁更易于受到奖励（见表1）。

表1   兵丁与遣犯奖赏标准比较

屯　　区	兵丁奖赏标准	遣犯奖赏标准
伊犁、古城、乌什等处	每人每年收粮 18 石，赏给一月盐菜银两；至 28 石，加倍奖赏。	每人每年收粮 9 石，每日赏给白面半斤；至 12 石，加倍奖赏。
乌鲁木齐、巴里坤、哈喇沙尔等处	每人每年收粮 15 石，赏给一月盐菜银两；至 25 石，加倍奖赏。	每人每年收粮 6 石 6 斗，每日赏给白面半斤；至 10 石，加倍奖赏。

四是准许遣犯在一定年限内转入民籍。如乾隆三十一年（1766 年），经军机大臣等议准："其能改过者，拟定年限，给与地亩，准入民籍。"㊲次年又议准，编入民籍的遣户，"照内地户民之例，编立保甲"㊳。乾隆三十五年（1770 年），又补充规定，单身遣犯，若能"悔过迁善，尽心屯种"，亦可"照前定年限，与有眷者一体为民"㊴。仅乌鲁木齐一地，乾隆三十七年（1772 年），即"拨入民籍之遣犯一百三十二户"㊵。

凡此遣犯移民措施，多有其独到之处。尽管遣犯在服刑期内受到严厉的管束㊶，但是由于上述措施的贯彻，还是能够鼓励遣犯屯田的积极性，遣犯携眷和遣犯改入民籍，又使移民数量不断增多。

民屯，也就是迁移人民进行屯田，与上述兵屯、遣屯相比，它更是一种完全意义上的移民。

在乾隆初次平准之役结束之时，已经谕令："伊犁等处，可种之地既多，酌量遣派内地兵民前往屯粮，照安西地方之例办理。"㊷此后，有关谕令和政策频颁，各处回民和内地人民也不断移往新疆。

迁移回民屯田，大致在乾隆二十五年（1760 年）走向正规。该年，参赞大臣舒赫德奏称："伊犁屯田，初次遣回人三百名。……来年自应多为遣往。……现因各城伯克来阿克苏之便，会议派出回人五百户，计阿克苏一百六十一户，乌什一百二十户，赛哩木十三户，拜城十三户，库车三十户，沙雅尔十三户，多伦一百九十户，于来年二月，办给籽种、器具，携眷前往。其行走口粮及收获以前食用，按期接济。"㊸乾隆二十六年（1761年），上谕称："伊犁再增回人千余，生齿更觉繁盛，亦于伊犁生计有益。且裁减绿旗兵丁，既省内地之力，而回人田作，亦较胜旗兵。"㊹乾隆二十七年（1762 年），参赞大臣阿桂奏称："叶尔羌等城回人，续请移居伊犁者二百十四户，现交阿奇木伯克茂萨等安插。年力精壮者，给籽种、牛具，令往屯田。"㊺乾隆二十八年（1763 年），伊犁将军明瑞奏称："应派各城种地回人一千五百户，派出阿克苏二百七十户，乌什二百户，喀什噶尔三百户，叶尔羌、和阗四百户、赛哩木、拜城一百三十户，库车、沙雅尔一百五十户，哈喇沙尔、多伦五十户。"㊻乾隆二十九年（1764 年），明瑞又奏："臣等将迁来伊犁回人三千二十户，交阿奇木公茂萨派往各处屯田……嗣后即再添一二千户，亦可自容。"㊼同年，上谕称，所有迁移回民的衣服、路费，亦"概从官办"㊽。乾隆三十年（1765 年），明瑞又奏："各域迁移屯田回人，共一千七百九十六户，俱陆续到齐。所需口粮，除五月以前照原奏给发外，尚需一月口粮，除五月以前照原奏给发外，尚需一月口粮，交吐鲁番公茂萨通融办理。其回人所带牲只，即为屯田之用，不足，再为拨补。"[49]

短短几年，迁移回民屯田已形成高潮。仅据上揭，迁移回民已达数千户[50]，对迁移的回民，除整装费、路费外，也同样分拨土地，给以口粮、籽种、农具、牲畜等。

至于内地人民迁移新疆，大致在乾隆二十六年（1761 年）开始实施。乾隆认为，如果"令腹地愿往无业流民量为迁移，则垦辟愈广"，于是，"传谕杨应琚，令其将如何招募前往，俾垦种日就展拓，兵民渐次蕃庶，及作何令其分起派往之处，详悉妥议具奏"[51]。陕甘总督杨应琚遂遵旨办理，据称："肃州、安西二处，招募贫民二百户，定于本年十月料理前往。又高台县招民十六户，肃州招民四十四户，此外河西一带尚有数百户情愿挈眷前往。又山西临晋县民卢文忠一户情愿自备资斧前往，颇知急公，仰悬赏给监生顶戴，以示鼓励。"[52]乾隆二十七年（1762 年），又从张掖、山丹、东乐等县招民 200 余户，除"指给地亩开垦"外，并每户给马一匹，折价给银 8 两，"同前奏明赏给盖房银，折交米面一石，分年完纳"[53]。

乾隆二十九年（1764 年），据杨应琚奏称，"若照前办送之例，给与车辆、口食，则河西一带附近新疆之安西、肃州、甘（州）、凉（州）等处，大概招募一二千户，可以不劳而集……不特迁移户口，谋生有路，且可使河东无业贫民以次迁移佃种，诚为两便"[54]。同年，杨应琚还奏称，在筹划巴里坤北山一带募民耕种之时，先期修治渠道、筑建土堡，"户民陆续齐至巴里坤，因见有堡可居，有渠可灌，倍加欣喜。从此闻风接踵而至"[55]。兴修水利可能对移民具有较大的吸引力，正是由于巴里坤地区不断修治旧渠、开挖新渠，引黑沟之水灌垦，杨应琚在乾隆三十年（1765 年）再次奏称："认垦者闻风趋赴，自二十六年至今，共垦地三万八千余亩。"[56]

乾隆三十年（1765 年），"肃州申报招民八百余户，高台县四百余户"，分别"在呼图壁、宁边城、昌吉、罗克伦等处，查明余地，给与车辆口粮，送往安插"[57]。

乾隆三十一年（1766 年），巴里坤总兵德昌上奏"筹办穆垒（即"木垒"）屯田事宜"（共五款），其一称："穆垒迤西一带，水泽有大有小，兹就水泽易周处，自吉尔玛泰至特纳格尔，计可垦田八万余亩，安插民人二千六七百户。本议以本年屯田粮石，建盖房间，止备明岁招募二百户之用，未免规模狭小，请于戊子年（乾隆三十三年）起，每岁招移三百户。俟积贮有余，随时广为招徕。"其二称："现在招徕户民，每户有兵盖土房二间，无庸给修房银。其每户给农具一副、马一匹，令巴里坤同知豫办。但该处马匹无多，请改办牛只。"[58]同时，陕甘总督吴达善也上奏"穆垒安户章程"，主要包括在移民中编立里甲，移民计户认垦（每户 30 亩），设立文官管理户民等内容。均经议准。[59]

可以看出，从内地（主要是邻近的甘肃）迁移无业贫民到新疆垦田耕地，也包括了诸多优惠措施，正像移民所呈称的那样："我等俱系内地无业贫民，蒙恩赏给口粮，移居乌鲁木齐，所有农器、籽种及种地马匹，俱系官办，准分年完项。"[60]另外还有兴修水利、给予盘费、划拨土地、安置住房等。这些都与迁移兵丁眷属、迁移回民大致类同。不过，应该指出的是，有些粮石及经费的拨给，是在动用前此兵屯的积累，这也标志着在民屯渐次兴起之时，兵屯已取得相当成效。

优惠的移民政策，使移民接踵而至，荒田渐辟[61]，上述已有所揭示，另据徐伯夫的统计，至乾隆四十年（1775 年），乌鲁木齐、宜禾、昌吉、伊犁、阜康、奇台、玛纳斯等地，民屯土地已达 278 257 亩，移民人数达 72 023 人。[62]

也正是由于移民和屯垦，使新疆渐改景观。还在乾隆二十九年（1764 年），参赞大臣绰克托在描述乌鲁木齐的情景时已说：

> 民人等移居以来，伐木采煤，养育鸡豚，竟成村落，与内地无异。[63]

到乾隆三十七年（1772 年），据陕甘总督文绶的亲身所历，巴里坤至乌鲁木齐一线，更是一派繁庶景象：

> 于八月十五日出嘉峪关，由安西至哈密。九月二十六日，过南山口，由东达巴、松树塘、奎苏、石人子，而抵巴里坤。时当秋成之后，城州禾稼盈畴，天时、地利、人和、大有等渠，屯田甚广，颇为丰美；城关内外，烟户铺面，比栉而居，商贾毕集，晋民尤多。臣留心谘访，其商贾中之有资本者，已多认地开垦；其艺业佣工穷民，因乏生理资本，未经呈垦。而该处地广粮贱，谋生甚易，故各处民人，相率而来，日益辏集。
> ……又西行，即木垒河、东西吉尔玛泰、奇台、东西格根、吉布库、更格尔等处。南面一带，山如屏障，自春入夏，积雪消融，近山各处，渠水充足，向设八屯。自乾隆三十二年以来，据民垦出良田三万四千余亩。又木垒一带、英格布喇及东中西泉等处，商民种地数千余亩。又奇台、东格根、吉布库，官兵屯田万有余亩，内地商贾、艺业民人，俱前往趁食，聚集不少。而该地屯田民人，生齿繁衍，扶老携幼，景象恬熙。此巴里坤所属地方民户蓄庶情形也。
> 又西行，即吉木萨地方，隶于乌鲁木齐，所属三台、紫泥泉子、特纳格尔，而抵乌鲁木齐，天气和暖，地土肥美，营屯地亩日以开辟。兵民众多，商贾辐辏，比之巴里坤城内，更为殷繁。
> 又西行，即昌吉、瑚（呼）图壁、玛纳斯等处，其地肥水绕，商贾众多，计与乌鲁木齐相似。
> 约计乌鲁木齐所属，连年在外招募户民，及内地送往户民，共垦有营屯田地三十余万亩，颇为殷足。年来往彼贸易之民，日益众多，是以乌鲁木齐、特纳格尔等处，商民请移眷来屯，业经乌鲁木齐大臣巴彦弼等奏明，于上冬搬移在案。……此外，在彼乐业垦田，及佣工艺业之人，连年生聚，日益众多。即在彼为民遣犯，亦无不各安耕凿，积蓄成家。此乌鲁木齐所属地方饶裕情形也。
> 臣往来新疆，时遇负担之民出外趁工佣食，询之，据称新疆地广粮贱，佣工一月，可得银一二两，积蓄稍多，自请移家。诚如圣谕，关外屯政日丰，所在皆成乐土，小民知利之所在，无不争先往赴，久而相安成习，邀朋携侣，熙攘往来，各自适其谋生之乐。圣主筹虑边氓生计，烛照无遗，洵有如臣途次往来所见者。[64]

之所以不厌其烦地引述文绶的上疏，是因为其确能说明问题。细心阅读，还可以进一步看出，由移民就垦带来繁庶之后，商人、雇工、手艺人等也纷纷奔赴新疆，这些"流动人口"一旦"积蓄稍多",又"自请移家",成为新的移民。这正是连锁式的移民开发效应。

当然,新疆作为处女地的开发,土地还可进一步开垦,水利还可进一步兴修,移民还可进一步招募,上述措施与成效也远未臻完善,一如文绶所说:"屯田虽已广辟,而余地犹未尽垦;泉流虽已疏浚,而沟洫犹未尽开。欲期地无弃壤,民无遗利,必须于内外各处并行招募。"基于此,文绶在上揭奏疏中又提出了数条措施:

第一,"新疆各屯,商贾、佣工、艺业民人甚多,应请就近招徕垦种"。这包括三个方面的内容:一是富有者可以出资雇工,尽力承垦,垦熟土地即为己业;二是贫穷者每户给地30亩,并给农具、籽种,接济口粮,酌借马、房银两;三是呈垦土地,六年后升科,每亩纳粮八升,先前借给口粮、房马价银等,分年扣还。

第二,"新疆可耕地亩,应指明地名,广为晓示,以便农民往垦"。这是因为新疆地域广阔、地名复杂,何处有可垦之地,何处有待垦之地,何处可容纳多少民户,等等,一般民众不易知晓,应逐一查明,并令各地方官广行晓谕,"如此则民知趋向,呈垦亦为便易"。

第三,"嘉峪关本属内地,应请每日晨开酉闭,以便农民商贾前往关外,广辟田畴"。内地人民奔赴安西、新疆等地,嘉峪关是其必经重要关口。原先,"关吏循照旧例,仍行常闭,凡有经过者,俱查验年貌、询明姓名注册,方得开关放行,不免守候稽延之累。在关外立业垦田者,既愿招致亲朋,内地无田可种者,亦颇相携出门,乃皆阻于一关"。此后,每天大开关门,除"进关者仍行盘诘"外,"出关者听其前往,不得阻遏农民"。

第四,"乌鲁木齐大路数处,应请修治宽阔"。凡"石壁夹峙甚狭、行车颇艰"之处,一概出资加以拓宽整治,以使农民往来顺达。

以上数条措施,均经军机大臣等议准。[65]

此后,仍不断"设法劝导"内地人民移往新疆,"愿往新疆种地者"也为数不少,如乾隆四十一年(1776年)有642户[66],乾隆四十二年(1777年)有1540户[67],乾隆四十三年(1778年),有张掖、武威、平番、镇番、肃州、靖远等州县"无业贫民"若干户[68],乾隆四十四年(1779年),有1887户[69],等等。这一方面是进一步实施招民政策的结果;另一方面也与清廷削减兵屯、发展民屯的总体规划相吻合。从表2所列兵屯、民屯亩数的沿革变化也可反观移民趋势[70]:

表2   **乾嘉年间新疆兵屯、民屯比较**

时　　间	兵屯亩数	民屯亩数
乾隆四十二年（1777 年）	288 108	297 578
嘉庆二十一年（1816 年）	171 270	750 009

截至嘉庆以前,新疆的移民以及兵屯、民屯的重点,主要在北疆地区。道光年间平定张格尔叛乱之后,南疆地区又在原有屯田的基础上大规模地发展民屯并实行招民措施,在南疆由东至西的辟展、鲁克察克、吐鲁番、伊拉里克、喀喇沙尔、库车、阿克苏、乌什、巴尔楚克、喀什噶尔、叶尔羌、和田等地,"开地益多,招垦愈众,不惟屯粮可供兵糈,

且于边防有裨"⑦。屯田得到相当程度的发展，军粮的远途转输得到缓解，清廷的财政压力有所减轻。至于南疆招民的一些优惠办法，基本上仍是原有政策的重拾。

二、内蒙、东北地区的移民政策

内蒙古和东北地区，在清代均是特殊的区域，清政府对这两个地区实行的人口流动政策也约略相同，大体经历了封禁、弛禁、开放三个阶段。

《清史稿·食货一》称："自顺治时，令各边口内旷地听兵治田，不得往垦口外牧地。"这是对口外蒙古地区实行封禁的初次笼统规定。其后，有关政策频颁，内容也更加具体，概括说来，有以下数端：

第一，限制或禁止内地民人流入蒙古地区。康熙五十五年（1716 年）曾经规定，内地人民进入喀喇沁三旗地区，"每年由户部给予印票八百张，逐年换给"，不许额外多发。⑦乾隆三十七年（1772 年）又规定："口内居住旗民人等，不准出边在蒙古地方开垦地亩，违者照例治罪。"⑦

第二，蒙古地方不许容留内地民人。乾隆十四年（1749 年）议准："喀喇沁、土默特、敖汉、翁牛特等旗，除现存民人外，嗣后毋许再行容留民人多垦地亩，及将地亩典给民人"，"容留民人开垦地亩，及将地亩典与民人者，照隐匿逃人例罚俸一年。管旗章京、副章京罚三九；佐领、骁骑校皆革职，罚三九；领催、什长等鞭一百。其容留居住开垦地亩、典地之人，亦鞭一百、罚三九"⑦。此后，嘉庆五年（1800 年）、嘉庆十一年（1806 年）、嘉庆十二年（1807 年）、嘉庆十六年（1811 年）又屡屡重申："不准多开一亩，增居一民"，"如蒙古隐匿不报，民人私行耕种者，照私租私垦之例，严行治罪"⑦。

第三，禁止流入蒙古地区的内地民人娶蒙古妇女为妻。康熙二十二年（1683 年）规定："凡内地民人出口，于蒙古地方贸易耕种，不得取蒙古妇女为妻。倘私相嫁娶，查出，将所嫁之妇离异，给还母家，私娶之民照地方例治罪，知情主婚及说合之蒙古人等，各罚牲畜一九。"⑦这一规定主要是为了防止内地民人在蒙古落户。与此规定相适应，还同时申令，内地民人"不准带领妻子前往"，"俟秋收之后，约令入口，每年种地之时，再行出口耕种"⑦。即使出口，也不许长期在蒙地居住，只能候鸟式地春去秋回。

第四，设立保甲，严密稽查流入蒙古地区的内地民人。乾隆八年（1743 年）奏准："山西、陕西边外蒙古地方，种地民人甚多。设立牌头总甲，令其稽查。"⑦乾隆十三年（1748 年）议准："蒙古地方，民人寄居者日益繁多，贤愚难辨，应责成该处驻扎司员及该同知、通判，各将所属民人逐一稽考数目，择其善良者立为乡长、总甲、牌头，专司稽查。遇有踪迹可疑之人，报官究治，递回原籍。"⑦乾隆二十二年（1757 年），再次议准："蒙古地方种地民人，设立牌头、总甲及十家长等，凡系窃匪逃人，责令查报；通同徇隐，一并治罪。"⑧

以上几类禁令，是清廷对内蒙实行"封禁政策"的主要内涵，但是，就禁令中所表现出来的"给予印票"、"毋许再行容留民人"、"不得娶蒙古妇女为妻"、"不准带领妻子前往"、"设立牌头总甲"等来看，已经透露出封而不禁或禁而不止的信息，所谓的"封禁政策"是有限度的。

向东北地区的移民，清初顺治年间曾一度采取鼓励的措施，这就是顺治十年（1653

年）颁布的著名的《辽东招民条例》。康熙七年（1668 年），招民例停止，此后，陆续采取限制民人出关的措施，凡汉人或旗人出关，需事先领得照票，然后记档放行，守关者往往借此勒索钱文，一如刑部右侍郎韩光基所奏："山海关旗人出入，在守关章京处报名记档放行。惟民人领临榆县印票，赴守关章京处放行。每票一纸，只身者索钱三十文，有车辆者五六十文、百十文不等。其钱系城守都司、兵役与揽头、店主、保人分肥。且出关皆各省人，彼此不识，何从悉其根由，但得钱文，即为出保，该县据保给票。"㉛可见，虽有起票记档的限制，又有勒索钱文的弊端，仍不能完全阻碍民人出入关。

至乾隆五年（1740 年），王大臣等议准了兵部左侍郎舒赫德上奏的封禁东北条例，被认为是全面封禁东北的肇始，不妨概要引述如下：

> 一、山海关出入之人，必宜严禁。向例在奉天贸易及孤身佣工者，由山海关官员给予照票，始行放出，其携眷者概不放行，是以奉天集聚之人尚少。嗣因直省数州县歉收，附近居民有愿携眷移出者，由直隶总督处交地方官将所到之人验收，因此他省民人携眷移居者渐众，粮价日益增，风俗日益颓……嗣后，凡携眷移居者，无论远近，仍照旧例不准放出。若实系贸易之人，交山海关官员将出口人数目姓名，并所居地名，现往奉天何处贸易，一一盘问清楚，给与照票，再行放出……其在山海关附近三百里以内居住及出口耕田者，亦应一体给票，俟入口时缴销……若山海关官员于出口之人并不给票，即行放出，而奉天官员将此无票散行之人隐匿容留者，照失察出口逃人律议处……

> 一、严禁商船携载多人。查奉天所属地方海口，因通浙江、福建、山东、天津等处海界，其商船原无禁约，该地方官给与船票，经过各海口，照例查验，钤加印记，始准开行。此内山东、天津之船，载人无数，每次回空，必携载多人。若不禁止，则人知旱路难行，必致经由水路。应请交直隶、山东各督抚，转饬州县，嗣后遇有前往奉天贸易商船，令其将正商、船户人数并所载货物数目，逐一写入照票，俟到海口，该地方官先将照票查明，再令卸载。若票载之外携带多人，即讯明申报府尹，解回本地。若地方官明知隐匿，照失察漕船隐匿逃人律议处……

> 一、奉天空闲田地，宜专令旗人垦种……数年来生齿日繁，又因游民聚集甚多，将旷园熟土，大半占种……请将奉天旗地、民地交各地方官清查……若仍有余田，俱归旗人，百姓人等禁其开垦。

> 一、严禁凿山，以余地利……

> 一、重治偷挖人参，以清积弊……㉜

该条例的议定，当然是出于对东北满族根本重地的考虑，是为了保证旗人在东北的利益，在陆路和水路都加强了对流入东北民人的稽查。但贸易商人和单身民人尚可凭照出入。同时，又议准，先前流入东北的民人，情愿在东北入籍定居者，"准令取保入籍，其不情愿入籍者，定限十年，令其陆续回籍"。虽说是"全面封禁"，仍表现出一定的灵活性。乾隆十五年（1750 年），"定限十年"期满，又重新议准："流民归籍一案，今已满十年。其不愿入籍而未经饬令回籍者，令地方官确查实数，速行办理。……并令奉天沿海地方官，多拨官兵稽查，不许内地流民再行偷越出口。并行山东、江浙、闽广五省督抚，严禁商船，不得夹带闲人。再，山海关、喜峰口及九处边门，皆令守边旗员、沿边州县，严行禁阻。庶此后流民出口，可以杜绝。"[83]此后，终乾隆一朝以至嘉、道时期，有关禁令仍屡屡重申。

但是，尽管有上述禁令，进入内蒙、东北地区的移民仍然源源不断，如康熙五十一年（1712 年）上谕："山东民人往来口外垦地者，多至十万余。"[84]乾隆十二年（1747 年）军机大臣等议奏："蒙古牧场，原不应听他处民人开垦，乃贫户络绎奔赴，垦地居住，至二三十万之多。"[85]乾隆四十一年（1776 年）上谕："山东无业贫民，出口往八沟、喇嘛庙等处佣耕度日者，难以数计。"[86]嘉庆十五年（1810 年）上谕："内地民人生齿日繁，出口谋生者益复增加。"[87]

之所以如此，除了众所周知的关内人口压力增大，必然导致人口流徙的一般性原因外，其主要因素有四：

一是内蒙、东北地区在尚未开发的情况下，土地肥沃，地广人稀，先期流入开垦荒地的内地民人又提供着"成家业"、"谋厚利"的示范效应。一如乾隆帝、嘉庆帝上谕所指："盖由此等流寓民人，在彼耕作得利，藉以成家业者甚多，远近传闻，趋之若鹜，皆不惮数千里挈眷而往。"[88]"出关民人，或系只身，或携带眷属，纷纷前往佣工贸易。缘关外地方佣趁工价比内地较多，若遇偏灾年份，山东、直隶无业贫民，均赴该处种地为生，渐次搭盖草房居住，是以愈聚愈众。"[89]

二是有关官员执行政策不彻底，稽查不力。乾隆十一年（1746 年），军机大臣等曾为此专门议奏："遵旨查办奉天流寓民人一案，前奉恩旨，令情愿入籍之民取保入籍，不愿者，定限十年陆续回籍。迄今五年有余，该府尹霍备莅任数载，其各州县流寓民人，并未取保入籍，亦未令其回籍，漫无稽查。而定议后，出关人数续添四万七千余口，聚集益众……实属怠玩。"[90]乾隆十五年（1750 年）上谕云："今据将军阿兰泰等折奏，流民内竟有置有产业，不欲回籍而又不愿编入奉籍者，该将军等请以附籍之名，曲徇其意，办理甚为不合。"[91]乾隆四十年（1775 年），又针对有关官员的怠玩，制定了《失察流民处分例》，将失察流民的官员，分别予以罚俸、降级的处罚。[92]但依旧是"日久奉行不力，遂至有名无实"[93]，"查办流民一节，竟成具文"[94]。

三是在自然灾害期间，特准灾民出关。如乾隆八年（1743 年）上谕："本年天津、河间等处较旱，闻得两府所属失业流民，闻知口外雨水调匀，均各前往就食，出喜峰口、古北口、山海关者颇多。各关口官弁等若仍照向例拦阻，不准出口，伊等既在原籍失业离家，边口又不准放出，恐贫苦小民愈致狼狈。着行文密谕边口官弁等，如有贫民出口者，门上不必拦阻，即时放出。"[95]次年，山东、河南、天津等处灾民出关，也依旧照准，并形成以后灾民特准出关的惯例。

四是政策的不确定性。如果说允许灾民出关，尚可被看成是灾荒之时的变通措施，在总体上还不一定与封禁政策相悖，那么，在其他情况下颁布的一些谕旨，则表现出了统治者的矛盾心态。如康熙五十五年（1716 年）上谕："今太平已久，生齿甚繁，而田土未增……或有言开垦者，不知内地实无闲处。今在口外种地度日者甚多，朕意养民之道，亦在相地区处而已。"[96]从这里看不出封禁的痕迹，相反还有鼓励移民之意。即使在封禁转严或"全面封禁"之后，仍有类似的谕旨。乾隆七年（1742 年）大学士等议准："户部尚书陈应华奏称，近闻民人踵至山海关者，皆讪然而返，或该关地方官有意留难，不行给票，或管关官员故为掯勒。请行令直隶总督饬地方官遵例，查系近关三百里内居民，出关种地者，即给印票。并行令该关副都统，转饬管口官验明印票，立即放出。从之。"⑰这是在封禁严厉的情况下，有条件出关的事例。乾隆二十五年（1760年），乾隆帝针对周人骥限制移民的奏折，谕称："国家承平日久，生齿繁庶，小民自量本籍生计难以自资，不得不就他处营生糊口，此乃情理之常，岂有自舍其乡里田庐而乐为远徙者？地方官本无庸强为限制……即如现在古北口外，内地民人前往耕种者，不下数十万户，此孰非去其故土者。然口外种地者，依食渐多饶裕，固难执一而论也……若如周人骥所奏，有司设法禁止，不但有拂人性，且恐转滋事端。否则徒为增设科条，而日久又成故事。封疆大吏当通达大体，顺民情所便安，随宜体察。"⑱这是令地方大臣"相机处事"的典型谕旨，事实上与封禁政策相矛盾，是政策不确定性的又一标志。另外，康熙、雍正、乾隆、嘉庆各朝在口外移民集中之地设置地方官予以管理⑲，并被后继帝王赞为"圣虑周详，抚民怀远"⑳，也意味着承认移民的合法性。

凡此种种，可以说明，在封禁期间，有大量的内地移民出关，不但在政策执行上存在着有令不行、令行不止的偏差，而且政策本身也充满着矛盾。因此，清廷对内蒙、东北地区的封禁十分有限，所谓的"全面封禁"，实属勉强，或许可以称之为"半封禁"，这也就是笔者已经指出的："东北和内蒙地区，迄至清代中后期，基本上处于半封禁状态。"㉑

在内地移民不断出关，封禁政策又难以完全执行的情况下，虽然封禁令没有解除，但是自嘉庆年间以来，事实上已经"弛禁"。这从有关上谕中可以知晓。如嘉庆八年（1803年），面对"内地民人前往山海关守候出关者，尚复不少"的情况，嘉庆帝一面谕令以后"断不得携眷出口，致干例禁"，一面又令守关官员"查点欲行出口之户，现有若干，逐一放行"㉒。嘉庆十一年（1806年），内地民人出口至内蒙垦荒者，"动辄以千万计"，嘉庆帝也只是谕令"边门章京留心稽查，遇农民相率出口者，查系何州县人户，详细造册"，以便对原籍官员加以议处，并未对流民出口禁阻㉓。嘉庆十九年（1814年），嘉庆帝又进而指出，各省流民出关，"势难一概禁止"，边关禁阻，"其绕道偷越者，仍所不免，既于民生有碍，亦于关政无益"㉔。弛禁的意旨更加明显。

至咸丰年间，政策由弛禁走向局部开放，光绪末年，更实行大规模的"放垦"。这一时期的移民引人注目，已有不少论著涉及了移民过程及其对内蒙、东北的开发，这里不加赘述。

"开放"与"弛禁"是两个不同的概念，开放意味着原有禁令的废止，意味着在政策上允许内地人民移往关外。从政策的转变动因来看，一方面是原有弛禁的必然继续；另一方面则是时局变化、财政困窘使然。咸丰十年（1860年），在割地辱国的中俄《北京条约》签订之后，咸丰帝即谕称："吉林、黑龙江与俄国接壤，现虽换约，仍应严密防范，未可稍涉大意"，令吉林、黑龙江两处将军勤加练兵，多方筹画，"应需经费，俱先行设法捐办"，并将筹画之策上奏。㉕这一上谕与地方大员的上奏及移民招垦政策的变化，应该说有着直接的联系。当稍后吉林将军景淳等在《开荒济用折》中要求招民开垦荒地30余万晌，以筹经费时，咸丰帝即称："吉林荒地，既可援案招垦，别无违碍，于经费不无裨益，着即按照所奏办理。仍照旧章先取押租，俟五年后升课（科）。惟事属经始，务必办理妥协"，其"押租钱"20余万吊的一部分及以后升科后的钱文，"抵充该省官兵俸饷"㉖。同年，黑龙江将军特普钦亦"以地方困苦，官兵俸饷不继"，奏请"仿照吉林章程"，"招民试垦闲荒，藉裕度支，兼防窥伺。得如所请。是为江省放荒之始"[⑩]。特普钦为此所上的奏折很能说明政策转变之缘由，引述如下：

> 黑龙江省地处极边，官兵困苦，皆指俸饷过度，即城乡一切生计，亦皆赖俸饷周转，而历来俸饷均仰赖内省拨解。近年以来，经费支绌，虽迭奉恩旨饬部催办，而拨解寥寥，续领未至，积欠已增，每每不敷支放……臣等反复熟商，通盘筹计，地方既属拮据，私垦之民一时又难驱逐，与其拘泥照前封禁，致有用之地抛弃如遗，而仍不免于偷种，莫若据实陈明，招民试种，得一分租赋，即可裕一分度支。且旷地既有居民，预防俄人窥伺，并可借资抵御，亦免临时周章。[⑩]

所谓"迭奉恩旨饬部催办，而拨解寥寥，续领未至，积欠已增"，标志着晚清财政的困窘以及地方大员专顾本省的情势日甚一日；所谓"得一分租赋，即可裕一分度支"，"旷地既有居民，预防俄人窥伺"，也明白无误地表明"筹饷"与"实边"，是清末东北大放垦格局形成的政策导向。也正是在这一政策导向之下，有关鼓励移民垦荒的种种措施接连出台。[⑨]基本上与东北同一步调的内蒙古地区的清末大放垦，也同样是在大致相同的情势下，清政府"筹饷"与"实边"政策导向的结果。[⑩]

注　释：

① 《清朝文献通考》卷 2《田赋二》；光绪《大清会典事例》卷 166《户部·田赋·开垦一》。

② 《清圣祖实录》卷 260，康熙五十三年十月壬申。

③ 《清圣祖实录》卷 269，康熙五十五年七月丁亥；卷 270，康熙五十五年十月丁酉。

④ 《清圣祖实录》卷 297，康熙六十一年四月戊午。

⑤ 光绪《大清会典事例》卷 179《户部·屯田·西路屯田》。

⑥ 《清朝文献通考》卷 3《田赋三》，第 4872 页。

⑦ 《清朝文献通考》卷 3《田赋三》，第 4876 页。

⑧ 《清世宗实录》卷 76，雍正六年十二月丁亥。

⑨ 参见《清朝文献通考》卷 3《田赋三》；卷 4《田赋四》；卷 10《田赋十》。光绪《大清会典事例》卷 179《户部·屯田·西路屯田》及《实录》有关年份。

⑩ 关于甘肃的屯垦亩数及粮食作物收获情况，彭雨新先生已作过示例，参见彭雨新《清代土地开垦史》，农业出版社 1990 年版，第 202～204 页。关于西北的用兵情况、军费及转输军粮费用，参见陈锋《清代军费研究》，武汉大学出版社 1992 年版，第 252～258 页。

⑪ 以上诸条均见光绪《大清会典事例》卷 179《户部·屯田·西路屯田》。

⑫ 《清圣祖实录》卷 296，康熙六十一年二月己卯。

⑬ 《清世宗实录》卷 99，雍正八年十月辛丑。

⑭ 光绪《大清会典事例》卷 179《户部·屯田·西路屯田》。

⑮ 《清高宗实录》卷 165，乾隆七年四月戊申。

⑯ 光绪《大清会典事例》的有关记载也均列在"西路屯田"目下，而未在"新疆屯田"目下记述。

⑰ 光绪《大清会典事例》卷 178《户部·屯田·新疆屯田》。参见《清高宗实录》卷 520，乾隆二十一年九月己巳。

⑱ 光绪《大清会典事例》卷 178《户部·屯田·新疆屯田》。参见《清高宗实录》卷 555，乾隆二

十三年正月壬子。

⑲ 参见彭雨新《清代土地开垦史》，农业出版社 1990 年版，第 205～209 页。

⑳ 见马汝珩、马大正编《清代边疆开发研究》，中国社会科学出版社 1990 年版。

㉑ 《清高宗实录》卷 558，乾隆二十三年三月己亥。

㉒ 《清高宗实录》卷 572，乾隆二十三年十月甲子。

㉓ 《清高宗实录》卷 642，乾隆二十六年八月壬申；《清朝文献通考》卷 11《田赋十一》，第 4953 页。

㉔ 《清高宗实录》卷 670，乾隆二十七年九月己巳。

㉕ 《清高宗实录》卷 678，乾隆二十八年正月辛酉。

㉖ 《清高宗实录》卷 695，乾隆二十八年九月癸未。

㉗ 《清高宗实录》卷 683，乾隆二十八年三月丁丑。

㉘ 《清高宗实录》卷 791，乾隆三十二年闰七月戊申。

㉙ 光绪《大清会典事例》卷 178《户部·屯田·新疆屯田》。

㉚ 《清高宗实录》卷 1430，乾隆五十八年六月甲子。

㉛ 《清高宗实录》卷 599，乾隆二十四年十月丁酉。

㉜ 《清高宗实录》卷 759，乾隆三十一年四月庚申。

㉝ 《清高宗实录》卷 653，乾隆二十七年正月丙辰。

㉞ 《清高宗实录》卷 775，乾隆三十一年十二月乙丑。

㉟ 《清朝文献通考》卷 11《田赋十一》，第 4956 页。

㊱ 参见光绪《大清会典事例》卷 178《户部·屯田·新疆屯田》。

㊲ 《清高宗实录》卷 759，乾隆三十一年四月庚申。

㊳ 《清高宗实录》卷 791，乾隆三十二年闰七月辛酉。

㊴ 《清高宗实录》卷 851，乾隆三十五年正月甲辰。

㊵ 《清朝文献通考》卷 11《田赋十一》，第 4956 页。

㊶ 如乾隆二十七年上谕："伊等俱系免死减等之犯，理宜严加管束。果能知罪守分，尽力耕作，尚可姑容；若生事脱逃，自当于本处正法。即寻常斗殴等事，亦不可照内地之例办理。"见《清高宗实录》卷 653，乾隆二十七年正月丙辰。

㊷ 《清高宗实录》卷 523，乾隆二十一年闰九月戊午。

㊸ 《清高宗实录》卷 615，乾隆二十五年六月丙申。

㊹ 《清高宗实录》卷 634，乾隆二十六年四月戊寅。

㊺ 《清高宗实录》卷 658，乾隆二十七年四月甲戌。

㊻ 《清高宗实录》卷 699，乾隆二十八年十一月己巳。

㊼ 《清高宗实录》卷 709，乾隆二十九年四月庚子。

㊽ 《清高宗实录》卷 716，乾隆二十九年八月癸巳。

㊾ 《清高宗实录》卷 729，乾隆三十年二月丁酉。

㊿ 另据《新疆识略》卷 6《屯务》记载，自乾隆二十七年至乾隆三十二年，由各地陆续迁移至伊犁的回民为 6000 户。

(51) 《清高宗实录》卷 642，乾隆二十六年八月辛未。

(52) 《清朝文献通考》卷 11《田赋十一》，第 4953 页。按：据后来杨应琚的奏报，该年实际从甘州、肃州、安西招民 400 余户，1500 余口前往乌鲁木齐垦种立业。见《清高宗实录》卷 716，乾隆二十九年八月辛巳。

(53) 《清高宗实录》卷 653，乾隆二十七年正月丙辰；卷 655，同年二月庚寅。

(54) 《清高宗实录》卷 716，乾隆二十九年八月辛巳。

(55) 《清高宗实录》卷723，乾隆二十九年十一月丁丑。

(56) 《清高宗实录》卷748，乾隆三十年十一月乙亥。

(57) 《清高宗实录》卷742，乾隆三十年八月戊申。

(58) 《清高宗实录》卷770，乾隆三十一年十月戊申。

(59) 《清高宗实录》卷775，乾隆三十一年十二月乙丑。

(60) 《清高宗实录》卷725，乾隆二十九年十二月癸卯。

(61) 按：有些是前此兵屯退出的屯田。

(62) 徐伯夫：《清代前期新疆地区的民屯》，载《中国史研究》1985年第2期。

(63) 《清高宗实录》卷725，乾隆二十九年十二月癸卯。

(64) 文绶：《陈嘉峪关外情形疏》，见《皇朝经世文编》卷81《兵政》。

(65) 《清高宗实录》卷909，乾隆三十七年五月戊午。

(66) 《清高宗实录》卷1019，乾隆四十一年十月壬戌。

(67) 《清高宗实录》卷1025，乾隆四十二年正月甲午。

(68) 《清高宗实录》卷1061，乾隆四十三年闰六月壬午。

(69) 《清高宗实录》卷1083，乾隆四十四年五月壬子。

(70) 参见上揭冯锡时文。

(71) 光绪《大清会典事例》卷178《户部·屯田·新疆屯田》。

(72) 《清圣祖实录》卷269，康熙五十五年六月丁亥。参见光绪《大清会典事例》卷978《理藩院·户丁·稽查种地民人》。

(73) 光绪《大清会典事例》卷979《理藩院·耕牧·耕种地亩》。

(74) 光绪《大清会典事例》卷979《理藩院·耕牧·耕种地亩》。参见《清高宗实录》卷348，乾隆十四年九月丁未。

(75) 光绪《大清会典事例》卷979《理藩院·耕牧·耕种地亩》。

(76) 光绪《大清会典事例》卷978《理藩院·户丁·婚姻》。按：乾隆五十二年，曾一度废止此例。但在嘉庆六年，又再次重申禁令，已娶蒙古妇女者，若两家情愿，可以带回原籍。

(77) 乾隆《口北三厅志》卷1《地舆》。

(78) 光绪《大清会典事例》卷158《户部·户口·流寓异地》。

(79) 光绪《大清会典事例》卷978《理藩院·户丁·稽查种地民人》。

(80) 光绪《大清会典事例》卷158《户部·户口·保甲》。

(81) 《清高宗实录》卷102，乾隆四年十月丙戌。

(82) 《清高宗实录》卷115，乾隆五年四月甲午。

(83) 光绪《大清会典事例》卷158《户部·户口·流寓异地》。

(84) 《清圣祖实录》卷250，康熙五十一年五月壬寅。

(85) 《清高宗实录》卷304，乾隆十二年十二月己未。

(86) 《清高宗实录》卷1009，乾隆四十一年五月甲午。

(87) 《清仁宗实录》卷226，嘉庆十五年二月己酉。

(88) 《清高宗实录》卷1009，乾隆四十一年五月甲午。

(89) 《清仁宗实录》卷111，嘉庆八年四月丙子。

(90) 《清高宗实录》卷257，乾隆十一年正月戊子。

(91) 《清高宗实录》卷371，乾隆十五年八月甲午。

(92) 《清高宗实录》卷996，乾隆四十年十一月丙戌。

(93) 《清仁宗实录》卷86，嘉庆六年八月甲寅。

(94) 《清仁宗实录》卷236，嘉庆十五年十一月壬子。

⑨⑤　《清高宗实录》卷 195，乾隆八年六月丁丑。

⑨⑥　《清圣实录》卷 268，康熙五十五年闰三月壬午。

⑨⑦　《清高宗实录》卷 165，乾隆七年四月辛亥。

⑨⑧　《清高宗实录》卷 604，乾隆二十五年正月庚申。

⑨⑨　如嘉庆十五年上谕称："口外沿边地方，自康熙年间，已有内地民人在彼耕种居住，百余年来，流寓渐多，生齿日众。雍正元年以后，节次添设官员。现在吉林、盛京、直隶、山西口外毗连一带，共设有一府一州五县十二厅……"见《清仁宗实录》卷 228，嘉庆十五年四月庚子。

⑩⑩　《清世宗实录》卷 53，雍正五年二月庚辰。

⑩①　参见陈锋《清代的土地开垦与社会经济》，载《中国经济史研究》1991 年第 1 期。

⑩②　《清仁宗实录》卷 115，嘉庆八年六月辛卯。

⑩③　《清仁宗实录》卷 164，嘉庆十一年七月己未。

⑩④　《清仁宗实录》卷 290，嘉庆十九年五月癸巳。

⑩⑤　《清文宗实录》卷 338，咸丰十年十二月癸酉。

⑩⑥　《清文宗实录》卷 339，咸丰十年二十月壬午。

⑩⑦　民国《呼兰府志》卷 3，《财赋》。

⑩⑧　民国《黑龙江志稿》卷 8《经政》。

⑩⑨　请参见彭雨新《清代土地开垦史》，农业出版社 1990 年版，第 260～267 页。许淑明：《清末黑龙江移民与农业开发》，《清代东北地区土地开垦述略》，分载《清史研究》1991 年第 2 期；《清代边疆开发研究》，中国社会科学出版社 1990 年版。另，有关招垦章程见李文治编《中国近代农业史资料》第 1 辑，三联书店 1957 年版，第 800～808 页。

⑩⑩　参见黄时鉴《论清末清政府对内蒙的移民实边政策》，《内蒙古大学学报》1964 年第 2 期；上揭彭雨新：《清代土地开垦史》，第 269～278 页。

（作者单位：武汉大学中国传统文化研究中心）

清代秦巴山区的竹木铁盐资源开发与手工业

□ 张建民

　　开发竹木铁盐诸资源，是清代秦巴山区部分流移人口的重要经济活动，因此，山区手工业的繁荣是清代前期秦巴山区经济增长的一大特色。正如严如熤指出："山内营生之计，开荒之外，有铁厂、木厂、纸厂、耳厂各项。一厂多者恒数百人，少者亦数十人。"[①]此外，尚有川东的井盐厂及遍及山内各地的炭厂。在乾隆、嘉庆年间乃至道光初年，山内各厂甚为红火，一时间为全国所瞩目。[②]但是，受资源、环境及开发技术、方式等局限，手工业发展并未带动山区经济走上新的途径，而且这类开发活动大多没能得到持续发展，个中缘由，值得深思，试考察如下。

一、林木采伐与木材业

　　山区大规模开发之前，老林面积广大，林木乃山内最为丰富的资源之一，也是清代流民、客商集中开发的主要对象。清政府出于多方面因素考虑，亦曾多次下令砍伐山内老林，前揭嘉庆初年为安辑山内流民、难民而有将山内老林量加砍伐之诏令外，地方官亦多有视老林为利薮、意欲尽伐之而后可者。严如熤就曾以"文王治岐，木拔道通而化行江汉"为例，建议在秦岭、大巴山、化龙山、城口、团城等处募商开厂，砍伐老林，"木料浮江汉而下，直达三江五湖，既可裕国课而济民用，而老林既开，垦荒耕种，尽皆腴地，于此数千里中，添设州县，可养活无数生灵。通计老林非二十年不尽，开垦地则岁岁有收，此百年之大利也。至老林既开，各山之真面目皆出，无蒜蔽以增其险，奸徒不能藏匿，则又利兴而害自除矣"[③]。于统治阶级而言，经济效益固然是考虑之一方面，然而更重要的恐怕还是后者，即有利于统治秩序之稳定，铲除"藏奸纳匪"之渊薮。但不管怎么说，这样的指导思想或政策无疑会对山区林木采伐发生重大影响。

　　山区之垦殖、林木之采伐历代均在进行，尽管规模大小、程度深浅互有差异。因此，所谓山区老林面积广大、森林资源丰富，皆是相对而言。特别是到了清代，秦巴山区之森林已并非随处皆是，唾手可得，而是需要深入到深远险僻之区，方能采伐有获。民国

《盩厔县志》引康熙《盩厔县志》所称"南山夙称陆海，林木之利取之不穷，然必有力之家，捐重赀，聚徒入山数百里，砍伐积之深溪绝涧之中，待大水之年，而后随流泛出"，反映的正是这种情况。查康熙《盩厔县志》修于康熙二十年（1681 年），说明清初甚或明末，在盩厔这样的深山老林区，材木采伐已非易事。康熙《鄂县志》亦有"即云近山易生如薪炭、木枋、柏泥、纸竹可以负鬻，然做厢而浮涝（河）者，韩城等处也。闻山亦刊尽矣"的记载。④山区材木采伐业的高潮在乾隆嘉庆乃至道光初年这一期间，是与大量流民客商进入山区的高潮相伴随的。由于采伐难度大、需工本多，所以，开厢设厂多为外地富商。"凡开厂之商，必有资本足以养活厂内之人，必有力量足以驱使厂内之人，工作本利，其资值帖然为用。"⑤大的商人并不直接进山经理，而是委托或雇佣其他人经营：

> 开厂出赀本商人住西安、盩厔、汉中城，其总理、总管之人曰掌柜、曰当家。挂
> 记账目、经管包揽、承赁字据曰书办，水次揽运头人曰领岸，水陆领夫之人曰包
> 头。⑥

厂内佣工力作之人，亦多客民、流民。　　　山内各厂，多采用租地经营形式，木厂亦不例外。如洵阳山区各厂："山中聚业俱谓之扒（音拜，转石伐木也），放树生菌耳者统谓之耳扒，伐木烧炭者谓之炭扒，解板造器者谓之板扒，收买药材者谓之药扒，惟药扒见货给值，有业户赊值不能偿者。其余各扒亦如稞山者，然俱系客户给稿立券，预写'木尽留山''木尽留土'字样。"⑦紫阳县山区是："川人伐木共结林扒，闽客开山自养蕈树，缀危栈于绝壁，缘侧径于巅崖。"⑧所以，严如熤说"山内木、笋、纸、耳、香蕈、铁、沙、金各厂，皆流寓客民所籍资生者"⑨。

山内材木采伐点很多，而最为集中的大规模采伐区为地跨略阳、凤县、沔县、留坝厅的黑河林区和秦岭深处的盩厔林区。关于盩厔林区的采伐，嘉庆《汉南续修郡志》载《华阳山形图说》称：

> 终南、太白两大山，其脊背在盩厔之南、洋县之北，林深谷邃，蟠亘千余里，为
> 梁雍第一奥阻。承平日久，各省流民结棚垦荒。秦岭厚畛子、黄柏园、神仙洞等处，
> 大小木厢百数十处，匠作负运多者一厢至一二千人，少亦以数百计。

厂厢数量之多达百数十处，实可谓轰轰烈烈。而一处大木厢有工匠一二千人，其规模也堪称可观了。即使每厢约均以数百人计，当时的秦岭之木材采伐规模、采伐量之大，亦可以想见了。乾隆《盩厔县志》对境内木材采伐业的盛况也有记载：

> 黑水谷其源最长，每岁所出木植，近至西（安）同（州），远及晋豫皆赖之。每
> 年木植出山之日，黄巢峪地方木商山客互相交易者，不下数万人。其为利亦不下数万
> 两。其余枋板、椽栈、柴炭等物，又不止独出自黑水，而骆谷田等处亦皆有之，其利
> 亦远及外郡他省。

前面讲的是采伐规模，此处又讲到交易规模。冀巢峪一处参与木材交易的双方，人数达万

人之众，亦可从另一个方面验证山中采伐量之大。严如熤则指出："盩厔县所管山内地方，西南至洋县六百里，山深路险，且木厢最多，匠作佣工之人不下数万，偶值岁歉停工，易滋事端。"⑩

时人认为，盩厔林区的采伐高潮在嘉庆初年的白莲教战事之后。路闰生《周侣俊墓志》云：

> 南山故产木，山行十里许，松梓蓊郁，缘陵被冈，亘乎秦岭而南，数百里不断，名曰老林。三省教匪之乱，依林为巢，人莫敢入，木益蕃。贼平，操斧斤入者恣其斩伐，名曰供箱。木自黑水谷出，入渭浮河，经豫晋越山左达淮徐，供数省梁栋，其利不赀，而费亦颇巨。一处所多者数千人，少不下数百，皆衣食于供箱者。木逾山度涧，动赖人力，遇山水陡涨，木辄漂失。比年以来，老林空矣。采木者必于岭南，道愈远，费愈繁，而售者反稀，业此者每利不偿害，甚者荡产云云。⑪

此说与嘉庆白莲教战事后形成的清代第二次流民入山高潮并无矛盾，只是对于此前的采伐活动不可以完全忽视。对山区林木的采伐应是一个递进深入的过程，林厂有远近，采伐有难易，区域间有差别，所谓的采伐程度亦是相对的。鄠县与盩厔相邻，康熙《鄠县志·地理》论及境内涝峪山林木采伐时就指出："沿峪两岸，西盩东鄠，南极秦岭，韩城、郃阳做厢贩木者多由其中。近山场将尽，土人入山贸木者无所利。每厢出口，大水漂木，有流入居民地内者，木客兴讼，大为土民之累。"直到道光年间，盩厔山内仍然是材木采伐的重点区域（参见"《秦疆治略》载陕南山区各厂分布表"），"供厂之人甚夥"，但是，大木厢仅有三处，板厢亦仅剩十余处了，较之乾嘉时的百数十处已相差太远。

相邻的郿县、岐山、宁陕等地，木材采伐也曾兴盛一时。道光《宁陕厅志》云："南山虽夙称陆海，其实物产平平尔。惟材木之利取之不尽，木厂枋楂为利颇巨。"嘉庆十八年（1813 年）岐山县南山三才峡伐木工人因岁饥而罢工掠食，推万五为首领，集众数千人，焚毁木厢。⑫至道光年间，郿县仍有柴厢十余座。

黑河山内木厂的数量及规模，未见具体记载，但是，从山中客民集聚的数量及老林采伐的速度、程度，也可以想见。嘉庆《汉南续修府志》载《黑河栈坝图说》云：往时黑河四面皆老林，今东南西南林胥辟。林内产花梨、杂木，间有松柏杉，材质颇美。"国家承平日久，生齿繁盛。安徽、两湖、四川无业贫民转徙垦荒，依亲傍友，日聚日多，巉岩邃谷，皆为民居。略阳所管辽阔，河林内外至一万数千户，凤（县）三四千，沔（县）五六千，留坝二千余，两当、徽县两邑亦盈千。（嘉庆）十五六年，包谷青空，搬去者十之二三，通计尚三万余户。"严如熤又有《黑河吟》诗，述及山中木材业有云："棚居杂吴语，板屋半楚咻……斧斤纵栈坝，材木堆山邱；徒匠累千百，升斗各为谋；共垦老林荒，此地为黔娄；工停无他业，颇同悬赘瘤。"⑬

留坝厅设于乾隆三十年，是黑河林区中栈坝林所在的主要区域，自设厅至于嘉庆道光之际，短短数十年中，境内老林已采伐殆尽。《留坝厅乡土志》记载："厅属万山复叠，林木矿产之饶，自来未经开采。设厅后，远商始集。当时商务上握重点者，一曰厢，在褒、沔二水上游，商凡四五家，皆伐木取材，陆运秦川，水运梁洋者也……道光之际，商犹头七家……厂厢之业虽不及他县魄力之厚，业此者既十余号，所需工匠夫役及小负贩，往来其间者，常一二万人。"其规模也算不小了。到道光年间，境内的林木为"客民伐之，今已荡然"⑭，只有山内极深处的太白河、光化山等处尚存有老林。

略近山区东部的商州属镇安、西安府属孝义等地老林，清代仍不断进行采伐。《三省山内风土杂识》论及山中开林伐木时指出："山高者水自大，巨木亦可放下。如洵阳、镇安、孝义各老林，十数年来，斫伐结牌，直下老河口者不少。"孝义方志所载可为佐证："各山材木，先年颇多，乾祐河、洵河两岸，木厂无数，山木运至河岸，札筏顺流入汉，其利甚巨，故地方颇形富庶。近则山水濯濯，河道亦壅塞。土人日用之费，赋税之资，惟恃秋收。"⑮

木厂所产，有圆木、枋板、猴柴、器具等种类，各视材木之长短粗细、近否水次、材质等而作不同处理。相其材质，长三五丈者作圆木，长一丈内外者锯作枋板，臃肿不中绳尺者劈作猴材。圆木、枋板、猴材必须在靠近水道处才能生产，直接加工成器具者不一定非近水次不可，主要考虑到运输问题。资本雄厚的大厂，可兼备圆木、枋板、猴材之生产，只作枋板、猴材者往往是资本不足，无力经营圆木之中小厂。问题的症结仍然是运输，圆木之运输尤其不易，需要耗费大量人力物力，运用溜子、天车等设施运达水次。所谓溜子，严如煜记载称：

> 截小圆木长丈许，横垫枕木铺成，顺势如铺楼板状，宽七八尺，圆木相接，后木之头即接前木之尾，沟内地势凹凸不齐，凸处砌石板，凹处下木桩，上承枕木，以平为度。沟长数十里，均作溜子，直至水次。作法同栈阁，望之如桥梁，此木厂费工本之最巨者。⑯

所谓天车，实即用木桩、绳索、滑轮等组成的简易吊车，用人力或畜力推动，将材木吊运过山。有时要根据山之高低，安装三四层吊车才能越过一座山头，"此木厂用人夫之最多者"。大的圆木厂"匠作、水陆挽运之人不下三五千"⑰。

黑河山内林木的采伐，树无论大小，皆用斧砍，圆木长自二丈至三丈不等，但不能长至四五丈。树之周围自三四尺至六七尺不等，可知皆大树，甚至有周围八九尺至一丈以上者。树种有黄松、油松、铁林木、野杉树、段木、化木、桃红、白桃、插柳木、艾叶杉、大叶枹、红椿、罗揭、莎楸、银杏，等等。枋木以油松为上等。一副油松棺材料，价值数十上百金。猴材实为圆木枋板所不用之材，长不过二三尺，将圆木四劈或两劈成柴，每块重四五十斤不等。

材木采伐虽不易，但因材质优良、采伐成本低廉，商人却有厚利可图。据记载，采伐之材木能运到市集十分之七八，即可"获利不赀"，"其利以十倍"。甚至运出十分之二三亦可获利。《三省山内风土杂识》称："孝义、镇、郧各木客，遇水漂失者甚多，然于百株之中，能留二三十株，即为获利，以林木质大而价重，且多松、柏、花梨，美材可作器具，不止房屋板片之用也。"而山主却未必能有较充裕的收入。前引《洵阳县志》所载便是例证，客户租山经营，以"木尽留山"为准，"山主贪其微值，懵然莫辨矣。噫！木既尽矣，又安用此濯濯者为哉！"宁陕厅之木厂"枋楂为利颇巨，然皆商人擅之。山氓则惟知斫橡、割漆、练纸瓤、采药材、挖蕨薇，皆裹粮犯险，冒霜雪求之"⑱。地方志中更多的"客富主贫"之类的记载，当与此不无关系。

有关厂内工匠夫役工值的记载极少见，难以作出具体分析，仅引有关一例以供参考。嘉庆十一年四月十日管理刑部事务董诰等题本有如下内容：兴安府紫阳县仲思陇雇余万和帮工，言明每拉板一丈，工钱一百文，按月清给。[19] 所谓拉板应该指用人工将圆木锯成木板，此处乃计量给薪制，按月清算，应当为长期工作，只是不清楚仲某是否雇有他人，规模多大？

朝廷采木清代亦未停止。秦巴山区虽然不是主要地区，仍有。雍正六年（1728 年）四川巡抚宪德的采木奏疏中，广元等地仍是楠木的重要产地之一。[20] 经历了明清数百年采伐、破坏之后，符合宫殿梁栋之材标准的"大木"已不可多得。乾隆年间，主要的大木产地四川已是"产木山场，砍伐已尽，穷山邃谷亦无不遍加搜寻，即如酉阳州属，原系苗疆，从不采办之区亦委办，尚难多购合式大料"[21]。到嘉庆年间，四川屏山知县李师曾"在川境各老山内遍加采访，并无合式材料。至踩至云南所属永善地方"，才采到 19 根合式大木[22]。

二、造　纸　业

山内盛产竹、构、草等纤维植物，皆为造纸的好原料，加之具备丰富的柴薪燃料，所以秦巴山区的造纸业在清前期非常兴盛。正如严如熤所说："丛竹生山中，遍岭漫谷，最为茂密，取以作纸，工本无多，获利颇易，故处处皆有纸厂。"[23] 西乡、定远、紫阳等大巴山中的州县，由于大巴山"层峦高耸，横亘数百里，竹木丛生，贾人多设槽造纸，利尚溥焉"[24]，楮（构）皮是竹之外又一种主要造纸原料。光绪《白河县志·物产》称本县纸厂，一取材于楮，一取材于竹。楮，"山谷广有之，以其皮为穰作纸。白河多纸厂，故树楮者众。"洵阳、安康一带亦多楮。洵阳"由县而北至茅坪，出构穰，可以制造白纸"[25]。前揭《洵阳竹枝词》对楮穰的歌颂绝非偶然，止是因为洵阳楮穰产量大、质量高，才会吸引三晋及西安、同州等地商人来此做楮穰生意，专门收购而后转售纸厂。商人甚至"操业穰者缓急，先以数金饵之，则终身为佣矣。先籍其树之所有，谓之点楮，不能别售也。于是盐布琐屑，俱仰给焉。以值计穰，不难以少而算多；以穰酬值，亦不妨以轩而作轻，蔽之所从来远矣"[26]。从而在很大程度上控制了楮穰的生产过程，盘剥种植者，这里我们看到了为造纸业提供原料的专门生产以及有力商人对生产的介入，也就是说，造纸业已经不是仅以山中现成资源为生产原料，而且出现了"业穰者"，更有白河县"树楮者众"的情况。楮或楮皮也被不少地方作为一种重要的商货物产而载入志书之中。

不仅楮穰如此，竹类原料也出现了类似情况，即有了专门的"业竹者"。

> 山内居民当佃山内有竹林者，夏至前后，男妇摘笋砍竹，作捆赴厂售卖，处处有之，藉以图生者，常数万计矣。[27]

与"业穰者"不同，这里是山内居民当佃竹木经营。

对于山内造纸厂的数量分布，《三省边防备览·山货》记载：

> 西乡纸厂二十余座，定远纸厂逾百。近日洋县华阳亦有小纸厂二十余座。厂大者

匠作佣工必得百数十人，小者亦得四五十人。

除了竹、构、草等原料外，造纸设厂的条件是要有树林、青石、近水。有树则有柴，有石方可烧灰，有水方能浸料，这是由造纸的工艺、程序决定的。以山内竹纸生产为例："于夏至前后十日内砍取竹初解箨、尚未分枝者，过此二十日即老嫩不匀，不堪用。其竹名木竹，粗者如杯，细者如指，于此二十日内将山场所有新竹一并砍取，名剁料。"砍取之竹存放于水池中或林中阴湿处以备一年之用。用时将竹剁作一尺半左右长的料，用木棍打得扁碎，捆成把放在石灰池中浸透，再放进大木甑中蒸煮四五天，然后洗泡去净石灰，又放进木甑用碱水煮三日夜，洗去碱水后用黄豆白米浆水搅拌，再入甑内蒸七八天，方成纸料。可见燃料、水、石灰乃除原料之外造纸所必需、充足的资源。所造纸张有细白纸、黄表纸，又分为二则纸、毛边纸、圆边纸。又有皮纸、火纸、草纸等名目。除了前引西乡、定远、洋县外，陕南山区各县大多有纸生产，在各方志之商货物产中，如白河、汉阴、平利、宁陕、西乡皆载有竹纸、构纸、皮纸、火纸之类。[28]其他如广元、大宁、太平、谷城、南漳、房县等亦有记载。严如熤作《纸厂咏》记述山中纸之生产及运销云：

> 驮负秦陇道，船运郧襄市；华阳太小巴，厂屋簇蜂垒；匠作食其力，一厂百手直；物华天之宝，取精不嫌侈；温饱得所资，差足安流徙；况乃剪蒙茸，山径坦步履；行歌负贩人，丛绝伏莽子；熙穰听往来，不扰政斯美。

纸厂不仅安置、养活了一大批流移之民，而且运销他地，也带动了商业贩运的发展。

山内丛竹一年一解箨，更新快，培植较容易，故造纸原料较易获取。"老林烧尽，另蓄子扒山场一段，即可作小厂世业，不似木厂砍伐即成荒地。"[29]所以，造纸生产在山区得以相对持续发展。道光初年，陕南山内纸厂分布状况如下：

> 汉中府定远厅：纸厂四十五处，工作人数众多。
>
> 汉中府西乡县：纸厂三十八座，每厂匠工不下数十人。
>
> 兴安府安康县：纸厂六十三座，工匠众多。
>
> 兴安府紫阳县：纸厂数家，每家不过四五人。
>
> 兴安府砖坪厅：纸厂二十二处，每处工作人等不过十余人，均系亲丁子侄。
>
> 凤翔府岐山县：纸厂七座，厂主雇工均系湖、广、四川人。
>
> 凤翔府宝鸡县：纸厂三处，资本俱不甚大。
>
> 商州商南县：纸厂三四家，每家匠作不过三五人及五六人不等。
>
> 西安府孝义厅：兼有柴厢纸厂，杂聚佣流。[30]

这肯定是不完全的统计，如白河、洵阳等地，直到清末仍有大量纸生产，而这里竟没有任何反映。又如雒南县："雒境近山多水处间设纸厂，开渠安椎，修筑维艰，日需工匠多名，制作亦非易。其以毛竹制成者谓之火纸，以稻草制成者谓之草纸。若构穰制造之纸，惟出商州南济川等处。"[31]尽管如此，已经有二百家左右的大小纸厂，应该说是很可观的数目了。光绪末年编《陕境汉江流域贸易表》，对经汉江上游运出之纸货量有三年的统计，特制成表 1、表 2，仅供参考。

表 1　　　　　　　　　　清末汉江上游纸货运销数量统计

品种	主要产地	运销数量			备 注
		光绪二十九年	光绪三十年	光绪三十一年	
黄表纸	川东绥定府	604509 箱	495952 箱	420978 箱	每箱 2280 张
皮纸	陕南兴安府	52389 块	54031 块	55550 块	每块粗品 6000 张 细品 285 张
火纸	陕南兴安府	136696 块	155424 块	110512 块	每块粗品 1000 张 细品 1400 张

表 2　　　　　　　　　　清末汉江上游纸货运销价格统计

品种	产地收买价格		运销地批发价格	
	细品	粗品	细品	粗品
黄表纸	银 26 两/百箱	银 25 两/百箱	银 50 两/百箱	银 46 两/百箱
皮纸	钱 5000/块	钱 7000/块	银 555 两/块	银 7 两/块
火纸	银 16.5 两/百块	银 10 两零/百块	银 18.5 两/百块	银 12.5 两/百块

鄂西北山区亦有造纸业，在部分地方还相当重要。郧西人叶年棻《板桥峡记略》有云："邑西九十里烟墩保有板桥峡……烟墩为邑西边鄙，西逼于山之高险。虽曰可耕，无非薄硗之地，东限于汉之洼下，虽曰有水，难为引导之方，蚩蚩者几无以为生，惟业纸聊足以养生而资国赋。然取竹而碾之、舂之、蒸之、缲之，经手凡七十余度而纸始成，一皆有赖于水力。碾为之转运者惟水，舂之上下者亦惟水，此板桥峡之所自防也。"[32]

外地客民经营纸厂例：当阳金沙铺有纸厂，为蒲圻人石姓所开。[33]

三、矿 冶 业

秦巴山区地下矿产资源相当丰富，明代进山流民中，有不少即为开矿而来，其中金银等贵金属矿是开采的主要目标。不过，由于开矿冶铸的特殊环境和生产形式，历代统治者多对此业持极其审慎的态度，特别是对于民间开矿冶铸，往往是否定、禁止的。明清时期，更是如此。于是，除官府必需的开采外，对民间采冶金银诸矿的活动基本上是严厉禁止的。所以，明代秦巴山区地下矿藏的开采，大多以"窃矿"、"盗矿"的形式进行，开矿者也因此给人们留下了可怕的强盗形象。试看下列记载：

> （河南）南召、卢氏之间，多有矿徒，长枪大矢，裹足缠头，专以凿山为业，杀人为生，号毛葫芦。其技最悍，其人千百为群，以角脑束之，角脑即头目之谓也。其开采在深山大谷之中，人迹不到，即今之官采，亦不敢及。[34]

陕西终南山接连河南卢氏、永宁等处，俱有银矿，常为本地奸民聚众窃取。虽封闭之固，守护之严，巡视之谨，而愚民重利，罔畏典刑，接踵徒流，略无忌惮。㉟

湖广之郧县、均州、上津诸州县山产银矿，多有奸民聚众，以窃矿为业，巡矿官吏莫敢谁何，至有交通以分利者。㊱

明代万历年间发生的"矿监税使"之害，影响广泛深刻，也进一步波及人们对矿业的认识。乾隆《雒南县志·矿冶》有关明清矿冶的记载如下：

> 明初开采石青，置厂于邑东页山之洞岭。凿彻洛河，汹涌上溢，数百人溺死其中。每夜或阴雨，鬼哭声不绝。后建雷神庙镇之。
>
> 嘉靖八年，黄龙山矿盗发，极为民害。主簿童诚同防守指挥戴龙驱矿徒、填矿口，民赖以安。
>
> 嘉靖二十九年，王家庵矿盗猖獗，黄守巨为之魁。潼关指挥使盛德往剿捕，为所戕，子愈谦誓必手刃此贼。后协擒守巨，即□杀之。
>
> 嘉靖末年，土人何恕等聚众白花岭盗矿，至万有余人，且十年不可得制。后请于朝，会兵始剿平。
>
> 隆庆间，白花岭矿盗大哄，邑令徐旭往谕遣之，为贼所围困，民人奔救获免。
>
> 万历中，采榷四出，几遍郡邑。卢灵悍徒往来，日事攻夺。而恶珰横索课额积逋，邑中奸恶钻营总甲弁利，寻多破家亡身，而帮贴赔纳之害，波及于里戚……
>
> 万历末年，金堆城矿寇横起，令贺贡轻骑往视，被贼重围，赖僧兵捍护获免。㊲

针对上述事实，该县志作出了如下论述："矿之为害，秦中在在有之，而雒为甚。东邻嵩、卢，北接蒲、解，诸奸宄环向窥伺，而邑中大猾复阴为之主，故其徒最易聚难散。往年白花岭之乱，乌合几万余人，而为之魁者，大抵皆土究也。"万历知县洪其道更专门作《矿害揭帖》，从十个方面痛切陈述开矿之祸害，竭力反对开矿。㊳其实，正是因为官府一刀切式的封禁，民间矿业不能正常进行，才不得不采取"窃矿"的方式。而"窃矿"的活动又难免给地方社会带来相应的消极影响，这类影响势必激起地方和民间的反对，加之官府的刻意渲染，私开矿业的难度更大，少数坚持者所用手段更激烈，因此导致的后果更严重，反对的呼声亦更强烈。如此恶性循环，以致明代的矿业始终呈畸形发展状态。

清前期山中开发较盛的为铁和煤以及川东井盐。

铁矿之采冶主要集中在陕南。"黑河之铁炉川，略阳之锅厂，定远之明洞子，宁羌之二郎坝，留坝之光化山，镇安之黑洞沟，洵阳之骆家河，均往时产铁地。"㊴铁冶业生产的进行，仅有铁矿是不够的，燃料与矿石对于生产来说同等重要。山内有黑山、红山之说。一说黑山指炭窑，即"须就老林砍伐装窑，烧成煽铁炭"；红山则是指出铁矿之山，因矿如石块，颜色微红，故称红山。㊵一说又与此不同，"铁矿到处皆有，然炼铁纯用木炭，故土人有红山黑山之说，盖谓铁矿为黑山，树林为红山也"㊶。谓树林为红山者还有光绪《凤县志》，其地理志记述本县冶铁业之兴衰时指出：

> 近日树木砍伐略尽，土人谓黑山多而红山少，故厂不兴旺也。

与此相关，可供参考者还有将有林木之山称为青山者。民国《广元县志·物产》："俗呼砍山，已砍者谓之红山，未砍者谓之青山。"诸说孰是，不妨存疑，但冶铁于老林之生死攸关却无可否认。严如熤也说：红山处处有之，而炭必近老林，故铁厂恒开老林之旁。就当时情况而言，似乎炭山较之矿山更为重要。

铁冶生产之程序可分为三个互相关联却又自成系统的部分：一个是采矿；一个是生产、供应冶炼能源的薪炭；一个是冶炼本身。有的厂冶炼成铁后还兼铁器生产。相对而言，采矿、烧炭较为简单，工艺以冶炼为复杂：

> 铁炉高一丈七八尺，四面橡木作栅，方形，坚筑土泥，中空，上有洞放烟，下层放炭，中安矿石。矿石几百斤，用炭若干斤，皆有分两，不可增减。旁用风箱，十数人轮流曳之，日夜不断火。炉底有桥，矿渣分出，矿之化为铁者流出成铁板。[42]

铁厂之规模，大小不一，视炼铁炉之多寡而定。每炉有辨别火候和铁之成分、货色的匠人一名，加之其他工匠人夫，只要十数人就可以负责一炉的冶炼。需要人工量大的是烧炭之运木装窑和矿山之开石挖矿、运矿。"炭路之远近不等，供给一炉所用人夫，须百数十人。如有六七炉，则匠作佣工不下千人。"[43]如果"铁既成板，或就近作锅厂，作农器，匠作搬运之人又必千数百人。故铁炉川等稍大厂分，常川有二三千人。小厂分三四炉，亦必有千人、数百人"[44]。也有更小的厂，每厂只有数十人。就在黑河区便有"每厂设炉一二座，雇工之人每处二三十名及七八十名不等"[45]。

山内铁厂所产之铁，一般只能铸锻农具、炊具等简单的生产、生活用具，直接供山内外，也有运销外地者。前揭嘉庆间长龄奏折中又云："查南山铁厂，只能铸造铁锅、铁盆，余皆铸成铁条、铁锭，贩运各处，卖给铁铺，制造一切农具等项。"严如熤《铁厂咏》诗中"黑沟黄花川，家具颇坚致"之句，亦指铁厂之家具铸造。陕南山内的铁冶生产不仅在秦巴山区，在陕西全省都占有非常重要的地位。卢坤《秦疆治略》记载，嘉庆末道光初年山内的铁厂分布情况是：

> 定远厅：铁厂二处。
> 凤县：铁厂十七处。每厂雇工数十至数百人。
> 略阳县：铁厂五处，匠人不多。
> 盩厔县：铁厂数处。
> 宁陕厅：木厢铁厂工匠甚多。

又据道光《宁陕厅志》载有铁厂3座，有数可稽者共计27座铁厂。有论者统计清代铁矿在采厂数，陕西直至嘉庆年间始有，且即此27厂，直至道光年间没有变化。同时期全国的总厂数约在116家左右。这项统计显然是不完整的，即就陕南山中论之，铁厂亦不止于此27家，前列盩厔县数处就未统计在内。不过，我们倒可以从中看到山中铁冶业的重要地位。当时不仅陕西，邻近的甘肃等地借资山中铁产者甚广。凤县有路"自方石铺进沟逾酒奠梁，进东岔沟、三道河、剑峰垭至闸石口，为先年甘肃赴此运铁之路，今铁厂衰微，贩运者间或资留坝之连云寺进陈仓。每冬春时驼盐者到此运铁回转"[46]。又有闸口市，"先年产铁行销甚远，今不逮昔"[47]。

陕南各地之外，山内四川东北、鄂西北境内亦有铁生产。鄂西北山区著名者如竹山县宽坪山铁厂。宽坪山及附近胜亩、官峡二山皆有丰富铁矿，雍正年间因户口寥落、地僻远而被封禁。到乾隆年间，允准宽坪山开采冶炼。当时山内情形是"生齿滋繁，树木丛茂，地势广阔，不特该山铁苗显露，即毗连之胜亩、官峡等山，均产铁矿，实属旺盛"[48]。由于当地夏季炎热，每年只有自九月至次年三月开炉冶炼。乾隆三十八年（1773年）试采一个月，宽坪山铁厂就抽税铁1.8万斤。其后，乾隆四十年至四十三年，共开采冶炼24个月，抽税铁16.2万斤，知其生产规模也很可观。特别值得注意的是，和陕南一样，有无成林大树，乃开矿冶炼之主要条件。宽坪山所以获准开采，即因其地"所产柴薪足敷炼铁之用"，而矿藏同样丰富的胜亩、官峡二山，却因"并无成林大树烧炭供煎，难以开采"而仍旧封禁。[49]川东北太平、城口一带也是一样，"山中（铁矿）多有之，惟所需柴炭甚钜，故开厂必近老林，如山空炭乏，虽有矿石亦无用矣"[50]。房县、广元、云阳、东乡、大宁、巫山等县州皆有产铁的记载，光绪《巫山县志》并称："邑产最良，道光时行销甚远。"

铁的冶炼之外，山内其他的金属矿资源开发有铜、铅、银等品种，只是开采似乎远不及铁的规模大，效益不是很显著，较典型的是商州雒南县。该县铜、铅各矿矿苗很多，试采始于乾隆十四年（1749年）六月，由巡抚陈宏谋奏准，以资助鼓铸为目的，招募商人临潼监生刘绅在仰天池、七宝山二地采掘铜矿，至次年九月，因未见成效而被奏准停止。乾隆十六年十二月，又奏准复开。时议以为：

> 开采不独本地穷黎有益，即邻境贩竖亦得营生。旺则长开，衰则即闭，原无易聚难散之虞。[51]

自此以后至乾隆二十二年（1757年）的六年时间中，先后招商董从周、吴衡、刘绅、田裕泰、孟德馨、陈皋谟、田永泰、朱织等多人，在县属仰天池、七宝山、黑山、马齿沟、大小蛇洞、吕家坡、张家沟、葫芦沟、王家巷、鱼儿沟、菜子坪、桃坪、野里沟、浮庄沟、不住沟等地开掘铜、铅等矿，但始终未能找到旺矿，收效甚微，不少商绅资力不继，中途退却。尽管陕西督抚对此一直充满期待，并尽量给予支持，屡次"另招股商，另踩旺地"，"宽期不拘定限"，有的商人一开始亦踌躇满志，自立期限，最终却未能出现奇迹。统共得铜、铅矿砂不过数万斤，不得不放弃采冶。

乾隆三十九年（1774年）开始的略阳县铜矿采冶，情况较雒南为好，五六年间获得铜达40余万斤，不过，好景不长，很快因矿砂不继而停止。[52]

淘炼沙金是汉水上游沿岸南郑、城固、洋县、宁陕厅等地的一项传统经济活动，清代仍然继续发展。具体经营中亦设有厂，出工本者为厂头，雇佣夫工进行采淘，每厂数十人。一般由若干人组成一个生产小组进行筛淘，每日多则得五六分，少则一二分。每金一两易钱十五至十六千文。清中期的淘金厂主要分布在略阳县境嘉陵江沿岸、西乡县境木马河沿岸、褒城县境乌龙江沿岸的沙滩地，成为一部分贫民赖以生计的一条途径。咸丰六年（1856年）汉中镇宁陕营曾经专门发布告示禁止淘金。告示称："昨据文王坪乡约、客民等禀称：该处开设金厂，恐累后患，缘有李光发开挖淘金，难保地方无害……毋得开挖滋事，致使河空，营地有碍，大干未便。"[53] 可见为淘金而进行的开挖已经相当严重，引起了多方面的关注。

清政府对于金属类矿冶管理较严，而铁是其中较为宽松的。对陕西南山的铁厂，清政府规定：

> 令商民自出资本，募工开挖，由地方官查明该商人姓名籍贯，取具日结，加具印结，详明藩司，发给执照，方准开采。

这是对投资设厂之商人的管理。对厂矿工人的管理则通过商人来进行：

> 各厂匠役，责成商人造具循环簿，按名注明年岁籍贯及上工日期。如有辞工另募，随时添注。于每季底送该管官稽核。

对产品也有管理：

> 所出铁斤，只准铸造铁锅、铁盆、农具，倘有卖给匪徒私制军器等弊，立即严拿治罪。[54]

可知前引记载中说南山铁厂所生产的铁只能作锅、作农器是受官府规定限制的结果，而非纯粹由技术等因素决定的。清代铁政虽有所谓"稍稍税之，而卒不立铁官"之说[55]，但稽查、防范并未放松。竹山宽坪山铁厂章程中有"并令该县令同营员随时稽察"之语，严如煜于自己辖区内之铁厂亦持"防范不可少疏"之心。

煤的采掘是秦巴山区清代兴起的一种非金属矿藏开发利用产业，煤矿之所以愈开愈盛，与生产、生活对煤之需求相关，而对煤的需求又与传统的薪炭燃料日渐短缺有因果联系。嘉庆《续兴安府志·土产》讲到煤时认为，煤在以前所以未见记载，是因为山泽未启，林薄尚多，樵足给炊之用。而乾隆末年开始，情况发生了极大的变化：

> 乾隆五十年（1785 年）后，深山邃谷，到处有人，寸地皆耕，尺水可灌，刀耕火种之后，萌蘖尽矣，石炭生焉。数十年间，遂无处不有，足征造物之无尽藏，又以见国家休养生息之盛为从前所未有也。

汉阴厅也有类似的记载："生齿日繁，山原尽垦，斧斤集而灌梴剔、石煤生焉。"[56] 也就是说，随着传统薪炭燃料的日益艰难，煤作为燃料的一个新的品种，逐渐得到开发。

在川东北，煤之开发与煤在井盐业中的利用相伴随，以至有"凡产盐之处未有不产煤者"之说。关于煤在煮盐业中的利用，严如煜记载云：

> （开县之温汤盐井）熬盐旧用薪柴，老林渐远，取柴甚难。近于十里内外出煤窑煤户用四轮小车推之溪侧，小船运载至灶厂中。[57]

陈明申《爨行纪程》记载更为详尽：

> （温汤盐井所在）山边俱产煤之处，名煤陇。山腰开煤洞，煤槽，取煤用四轮小
> 车，推载坡下，以小舟装运灶所。山坡村店数处，为运煤者歇足之所。

遗憾的是，尚未见到记述煤炭生产具体状况的史料，无法进一步加以分析。山内不少州县都有产煤的记载，但都很简单，如凤县"矿煤甚佳"[58]；太平县"搏砖市贩，力足烟轻，他邑所不及。"[59]从兴安府"数十年间遂无处不有"和广元县"地产煤炭，贩卖者往来如织"之类的记载来看[60]，煤的生产和利用都应是比较寻常的事情了。

《乾隆上谕档》载：乾隆三十七年五月二十二日、乾隆三十九年三月二十一日关于竹山县松石开采事。

四、川东井盐业

专门的研究成果较多，在此从略。川东井盐生产有较悠久的历史，明代末年，川东的云阳、大宁等地，曾是川盐最主要的生产区。明清之际的战乱，对川东北井盐业破坏亦很显著。邓希明《云安场记》载："张献忠入蜀之后，姚黄乱于其后，余李乱于江前，群贼互相出没，士民逃亡殆尽。乙巳（康熙四年，1665 年）之春，余解绶归里，仅存灶民一十二家。"[61]

入清代后，由于生产条件等变化，富顺、荣县、犍为等地的生产发展很快，川东区的生产相对缓慢，但仍然占有重要的地位。川东产盐州县主要有万县、云阳、大宁、忠州、开县、太平等地，其中最重要的盐井，据《三省边防备览》等文献的记载，有大宁白龙泉：

> 大宁盐厂为白龙泉……额设灶二百零一座，每灶煎锅三口，共煎锅六百零三口，
> 每锅三昼夜出盐三百数十斤。

又据《四川盐政史》称：大宁厂当清代最盛之时，有烧灶三百三十六座。嘉庆八年，因龙洞被洪水冲塌，卤汁遂淡，又困薪炭短缺，烧灶大减。道光年间，被迫改柴灶为炭灶，合并二三灶为一灶，结果有柴灶三十四、炭灶七十二，共计一百零六灶得以存留。

开县井灶，开始有三井，为温汤、膏谷、裕泉；后新开二井，为温塘、裕龙，五井有灶一百二十座，每灶额锅三口，共锅三百六十。后归并为九十灶，每灶锅四口。乾隆年间生产停滞，并五区为三区，裁四锅为一锅，仍九十灶。主要的为温汤井。

云阳为云安厂，额设盐井一百一十六眼，煎锅三百四十九口。嘉庆初年的白莲教战事中，云安厂被焚毁，后虽修复，影响却难以一时消除，生产遂趋艰难。

太平县有明通井，因在万山之中，生产规模不大，"日出不及千"，仅供就近山民食盐。

城口厅有井场二三处。本地客商曾欲扩大生产，增加井灶，被政府以在老林中，防其"聚众滋事"为由，禁不准增开。

　　盐厂规模庞大，犍为、富顺等地的大厂，佣作工匠及有关供应、运销的商贩每厂合计达数十万人。大宁、开县等盐厂亦以万计。其中，灶户煮盐，煤户、柴行供井用，行贩肩挑贸易或出赁木取利或自食其力，各营生计。因此，有盐厂的地方在盐产之带动下，往往繁荣有加。前揭《夔行纪程》记载开县温汤盐厂的社会经济状况云：

> 马家河，为温汤井盐出总路，铺户百余家，俨然成市……井凿山下，就山坡高下茸屋而居，商民聚处约千家，熬盐运煤者数千人，人烟稠密，市集喧阗……山边俱产煤之处……山坡村店数处为运煤者歇足之所……

又记大宁盐厂道：

> 自溪口至灶所，沿河两山坡俱居民铺户，接连六七里不断……山内柴厂，自谭家墩至溪口一带河边，柴块层积如山，用以熬盐。又济之以煤，煤亦出附近山内，俱用船装载……

工匠、商贩铺户、水陆运夫等人手需求，给许多人带来了就业食力的机会，对于缓解人口压力、促进社会稳定具有重要意义。对此，严如熤曾有分析说："川中沃饶，为各省流徙之所聚……岁增一岁，人众不可纪计，岂山中垦荒、平畴佣工所能存活？幸井灶亦岁盛一岁，所用匠作、转运人夫，实繁有徒，转徙逗留之众得食其力，不至流而为匪。故川中近年边腹地之安靖，得力于盐井之盛为多也。"[62]

　　炭厂在山区分布非常普遍，"有树木之处皆有之，其木不必大，山民于砍伐老林后蓄禁六七年，树长至八九寸围，即可作炭。有白炭、黑炭、栗炭，栗亦白炭，坚致耐烧为上"[63]。白炭多由栎树即青枫树烧成，故又称枫炭。烧制白炭必须放烟封窑，黑炭则不封窑。炭之用途甚广，前述铁厂、盐厂都曾以木炭为烧冶燃料，民间生活亦用，因此产量巨大，铁、盐等厂都有专门的柴炭厂。此外，冬春间供民间生活用的亦不少，"藉烧炭贩炭营生者数千人"[64]。巫山县白炭"出产颇多"，广元亦多。民间蓄养供烧炭用之青枫树林称作柴山，以别于供生耳用之耳山。陕南山区伐木烧炭之厂又称为炭扒，"岁冬烧木作炭，映山皆赤"[65]。可见炭厂之多，其生产量亦是相当大的。

　　从秦巴山区本身这个层面上考察山区手工业各厂的意义，有一点不容忽视，这就是开设大厂各商，多来自山外，其投资对山区资源进行开发本无可厚非，但是，由于开发层次低，程度浅，大多无法带动山内更多的加工业发展。从另外一个角度讲，这种大规模的资源开发，大多不是由山内经济发展自身需求的动力来推动的，基本上是外因、外力在起主导作用。投资所获的丰厚利润，并未在山内经济建设中持续发挥作用，而是随商人流往山外。因此，这些大规模的资源开发（尤其如木厂、铁厂）活动缺乏与山内经济体系的必然、内在的联系，更没有融入到山内经济结构中，从而与山内经济成为一体。当有限的资源或较易得到的资源消耗净尽时，各商纷纷撤资停厂，看上去一时轰轰烈烈的山区手工业很快就萧条下去了，除极少数之外，大多没有持续下去。不仅如此，这种浅层次的以纯粹耗费自然资源为经济增长惟一途径的开发活动，还给山区生态环境带来了深远的影响。清代山内经济增长一时而后长期衰退，即与此类开发方式有紧切关联（参见表 3）。

表3　　　　　　　《秦疆治略》载道光初年陕南山区各厂分布

州　县	纸厂	铁厂	木厢	耳厂	备　　注
定　远	45	2		12	
西　乡	38			18	每厂匠工不下数十人
凤　县		17	13		每厂雇工或数十人至数百人不等
略　阳		5			
安　康	63				工匠众多
砖　坪	22		17		
宝　鸡	3		14		
商　南	4				
宁　羌				数处	
紫　阳	数处		数处		
宁　陕		数处	数处		工匠甚多
孝　义	数处		数处		
盩　厔		数处	20		处供厢之人甚夥
岐　山	7				
嵋　县			12		
汉　阴					炭窑数处

说明：山内各业设厂数量，未见有专门统计，本表仅供参考。

注　释：

① 严如熤：《三省山内风土杂识》。

② 对清代秦巴山区手工业的研究成果主要有李蔚：《乾嘉年间南巴老林地区的经济研究》，《兰州大学学报》1957年第1期；傅衣凌：《清代中叶川陕湖三省边区手工业形态及其历史意义》，《明清社会经济史论文集》，人民出版社1982年版；孙达人：《川楚豫皖流民与陕南经济的盛衰》，《中国农民战争史研究集刊》第3辑，上海人民出版社1983年版；谭作刚：《清代四川、陕西、湖北交边地区经济开发的特点和影响》，武汉大学硕士研究生论文，1986年5月；邹逸麟：《明清流民与川陕鄂豫交界地区的环境问题》，《复旦大学学报》1998年第4期等。本文即是在有关研究成果的基础上完成的。

③ 严如熤：《三省山内风土杂识》。

④ 康熙《鄠县志》卷4《风俗》。

⑤ 严如熤：《三省山内风土杂识》。

⑥ 严如熤：《三省边防备览》卷9。

⑦ 乾隆《洵阳县志》卷11。

⑧ 光绪《紫阳县志》卷1。

⑨ 严如熤：《三省边防备览》卷9。

⑩ 严如熤：《三省边防备览》卷14《艺文》。

⑪ 民国《续修陕西通志稿》卷34《征榷一》。"闰生先生生当嘉庆、道光年间……"

⑫ 《清鉴·仁宗》。

⑬ 《留坝厅足征录》卷 2。

⑭ 道光《留坝厅志》卷 4。

⑮ 光绪《孝义厅志》卷 3《风俗》。

⑯ 严如熤：《三省边防备览》卷 9。

⑰ 严如熤：《三省边防备览》卷 9。

⑱ 道光《宁陕厅志·物产》。

⑲ 清代刑部钞档，见金济思《十七世纪末到十九世纪初中国封建社会的几种手工业和手工工场的史料》。

⑳ 《四川通志》卷 16 上《木政》

㉑ 《甘肃巡抚黄廷桂为川省采办及未获之楠木数目奏折》，见王澈《清代楠木采办史料选》，《历史档案》1993 年第 3 期。

㉒ 《四川提督勤保为于云南永善县采获楠木并运送事奏折》，见王澈《清代楠木采办史料选》，《历史档案》1993 年第 3 期。

㉓ 严如熤：《三省山内风土杂识》。

㉔ 光绪《定远厅志》卷 3。道光《西乡县志·物产》："砍龙头竹以灰浸之，滤渣为纸，可染五色为黄表，工极细。"民国《商南县志》卷 6《物产》云：商品类中火纸为邑大宗，草纸、皮纸、引纸稍逊。《实业》又载：火纸厂有十里坪、湘河、耀岭河、青山等多处，行销甚广。

㉕ 卢坤：《秦疆治略》。

㉖ 乾隆《洵阳县志》卷 11。

㉗ 严如熤：《三省边防备览》卷 9。

㉘ 道光《西乡县志·物产》："砍龙头竹以灰浸之，滤渣为纸，可染五色，为黄表，工极细。"

㉙ 严如熤：《三省边防备览》卷 9。

㉚ 《秦疆治略》。

㉛ 《雒南县乡土志》。

㉜ 同治《郧西县志》卷 18《艺文》。

㉝ 彭延庆《当阳县避难记》，见《清中期五省白莲教起义资料》第 4 册，第 267 页。

㉞ 王士性《广志绎》卷 3。

㉟ 《明宪宗实录》卷 2，成化元年九月辛未。

㊱ 《明宪宗实录》卷 98，成化七年十一月辛酉。

㊲ 乾隆《雒南县志》卷 10。

㊳ 乾隆《雒南县志》卷 11。

㊴ 严如熤：《三省边防备览》卷 9。

㊵ 严如熤：《三省边防备览》卷 9。

㊶ 仇继恒：《陕境汉江流域贸易表》上。

㊷ 严如熤：《三省边防备览》卷 9。

㊸ 严如熤：《三省边防备览》卷 9。

㊹ 严如熤：《三省边防备览》卷 9。

㊺ 长龄：《为酌拟铁厂章程仰祈圣鉴事》，嘉庆十九年四月十九日奏，抄录故宫藏《朱批奏折》。

㊻ 光绪《凤县志》卷 1。

㊼ 光绪《凤县志》卷 1。

㊽ 《开采竹山县宽坪山铁厂章程》，见嘉庆《湖北通志》卷 23。

㊾ 《开采竹山县宽坪山铁厂章程》，见嘉庆《湖北通志》卷 23。

㊿ 光绪《太平县志》卷 3。

(51) 乾隆《续商州志》卷4。

(52) 抄录乾隆五十七年二月十七日秦承恩奏折。

(53) 咸丰六年刊石《汉中镇宁陕营参府禁止淘金告示碑》，见《安康碑石》第195~196页，碑存宁陕县武隆乡文王坪地方。

(54) 均见《户部则例》卷42。

(55) 王庆云：《石渠余纪·纪铜政·附铁》。

(56) 嘉庆《汉阴厅志》卷2。

(57) 严如煜：《三省边防备览》卷9。

(58) 光绪《凤县志》卷8。

(59) 光绪《太平县志》卷3。

(60) 吴焘：《游蜀日记》。

(61) 乾隆《云阳县志》卷4。据该志记载，乾隆九年（1744年），新增盐井三十六眼。

(62) 严如煜：《三省边防备览》卷9。

(63) 严如煜：《三省边防备览》卷9。

(64) 严如煜：《三省边防备览》卷9。

(65) 光绪《白河县志》卷7。

（作者单位：武汉大学中国传统文化研究中心）

沧浪诗学在清代批评理论系统中的重要意义

□　廖宏昌

　　中国古代诗学发展到清代，出现了极其明显的折中趋向，其原因最重要的是有鉴于明代诗坛之党同伐异，各立门庭之弊病，其模式大皆不主一格，兼取众长，扬其长而去其短，其目的则在于成一家之言。清代诗论家为成其一家之言，也就从反思明代诗坛之流弊起始，分析探讨明代诗坛流弊之灶因，然后兼括众长，扬长去短，别开生面地建立其一己的诗学体系。即如钱谦益（1582 ~ 1664 年）尝云："国初诗派，西江则刘泰和，闽中则张古田。泰和以雅正标宗，古田以雄丽树帜。江西之派，中降而归东里，步趋台阁，其流也卑亢而不振；闽中之派，旁出而宗膳部，规摹唐音，其流也敷弱而无理。"①指出明代江西末流诗归杨士奇，卑亢不振之弊；闽中末流诗宗林鸿，肤弱无理之病，他进而论及"后七子"、公安、竟陵"诗道三变"，及近代诗派之"诗病"②，然后归结当代诗坛"学古而赝"及"师心而妄"两大弊端③，其间论及《三百篇》、《文选》、《玉台新咏》，论及杜甫、温、李，论及江西诗派，也论及《沧浪诗话》，等等，其实，钱谦益并无意对前代诗作、诗人、诗派或诗论等优劣作全面性的评价，而重在讨论其给明代诗学带来多少正负面的影响，对前人的成就作出历史的反思，建立成一家之言的诗学体系。而在清人建立其诗学理论体系的过程中，沧浪诗学也成为清人重要的讨论对象之一。清人为何选择沧浪诗学作为讨论的对象？沧浪诗学理论在清人批评系统中有何重要意义？这些是本文探讨的重点。

一、根柢原于学问

　　清代有鉴于明末束书不观之祸，其学术取向是反思辨、重实学，而重实学的风气也极深刻地影响清代诗学的风貌。大致言之，清代诗学非常侧重创作主体的学问，无论任何流派，其诗论家都重学问，如黄宗羲（1610 ~ 1695 年）云："若学诗以求其工，则必不可得；读经史百家，则虽不见一诗而诗在其中；若只从大家之诗章参句炼，而不通经史百家，终于僻固而狭陋耳。"④钱谦益云："夫诗文之道，萌折于灵心，蛰起于世运，而苗长于学问，三者相值，如灯之有炷有油有火，而焰发焉。"⑤冯班云："余不能教人作诗，然喜劝人读书，有一分学识，便有一分文章，但得古今十分贯穿，自然才力百倍；相识中多有天性自能诗者，然学问不深，往往使才不尽。"⑥他们皆强调学问对诗歌创作之重要性，再如王士禛则云：

> 夫诗之道有根柢焉，有兴会焉，二者率不可得兼。镜中之象，水中之月，相中之色，羚羊挂角，无迹可求，此兴会也。本之风雅以导其源，诉之楚骚、汉魏乐府诗以达其流，博之九经、三史诸子以穷其变，此根柢也。根柢原于学问，兴会发于性情。于斯二者兼之，又干以风骨，润以丹青，谐以金石，故能衔华佩实，大放厥词，自名一家。⑦

"学问"与"性情"得兼之论，很明显是针对明代诗学而发，谓前、后七子重拟古而轻性情，公安、竟陵则重性情而流于空疏，王士禛之论必然是有见于明代诗坛尖锐对立而欲加以折中，毕竟"性情"不是诗，"性情"只是创作动力的来源，唯有在适时的情况下被触，铺叙文字方能成诗，⑧因此，除了性情之外，尚需以学问作为创作的基础，方能开拓眼界，掌握方法，呈现艺术之美。

然而，清代诗学又何以热烈讨论严沧浪？主要是因为沧浪之诗学为矫宋代江西末流饾饤古人、以学问为诗之倾向，力倡兴趣、妙悟，明代诗学竟将沧浪之论引向重情轻学之途径，表现出空疏浅薄之一代诗风。清人为矫明代诗风，故重新检视沧浪诗学，在"性情"与"学问"二者着力申论。强调"性情"，其论点重在个性；强调"学问"，其论点重在读书。两者皆与沧浪有关，沧浪也就自然成为清人重要的话题人物。

且先就学问而言，严沧浪云：

> 夫诗有别材，非关书也；诗有别趣，非关理也。然非多读书，多穷理，则不能极其至。所谓不涉理路，不落言筌者，上也。⑨

王士禛"根柢"说，除了要"博之九经、三史诸子以穷其变"外，又谓"为诗须博极群书，如十三经、廿一史，次及唐、宋小说，皆不可不看"⑩。又曰："为诗须要多读书，以养其气；多历名山大川，以扩其眼界；宜多亲名师益友，以充其识见。"⑪无论博极群书或气、识之扩充，直与沧浪之说相契。而无论叶燮、汪琬、厉鹗、袁枚、翁方纲等，也都从不同侧面肯定学植根柢之重要，形成清代诗学普遍的思潮。

读书重学在清代虽是普遍的思潮，但援引沧浪诗学以为讨论对象，也有异于王士禛采正面服膺之态度，而持负面批评以建立其个人理论体系的，如周容（1619～1679年）即云：

> 诗有别材，非关书也；诗有别趣，非关理也。此严沧浪之言，无不奉为心印。不知是言误后人不浅，请看盛唐诸大家，有一字不本于学者否？有一语不深于理者否？严说流弊，遂至竟陵。⑫

朱彝尊（1629～1709 年）亦持论如此，曰：

> 今之诗家，空疏浅薄，皆由严仪卿"诗有别才，非关学也"一语启之，天下岂有舍学言诗之理？⑬

又谓：

> 严仪卿论诗所谓"诗有别才，非关学也"，其言似是而非，不学墙面，焉能作诗？自公安、竟陵派行，空疏者得以借口。果尔，则少陵何苦读书破万卷？⑭

其论目的在矫空疏浅薄之诗风，乃针对公安、竟陵之弊病而发。

至如汪师韩（生卒年不详，雍正十一年进士）从另一角度诠释曰：

> 三百篇、汉、魏之作，类多率尔造极，故严沧浪曰：诗有别才，非关书也；诗有别趣，非关理也。后人传诵其语。然我生古人之后，古人则有格有律矣，敢曰不学而能乎？依法则天机浅，凭臆则否臧凶。离之两伤，此事固履之而后难也。且夫诗尚比兴，必傍通鸟兽草木之名，既不能无所取材，则不可一字无来历矣。关关、呦呦之情状，敦然、沃若之精神，夹漆特著论以明之，其要归于读书而已。传曰：不学博依，不能安诗。读书且不可不博依也，而顾自比于古妇人小子之为诗也哉？⑮

汪师韩从诗歌发展的法则及创作手法论述读书重学，其引述沧浪之言，亦与周、朱氏同，并非专论沧浪诗学。或许也固非专论沧浪，而有断章取义、指责过当之嫌。沈德潜（1673～1769 年）尝针对此种现象论曰：

> 严仪卿有"诗有别才，非关学也"之说。谓神明妙悟，不专学问，非教人废学也。误用其说者，固有原伯鲁之讥；而当今谈艺家，又专主渔猎，若家有类书，便成作者，就其流极，厥弊维钧。吾恐楚则失矣，齐未为得也。⑯

又云：

> 作诗谓可废学，持严仪卿诗有别才而误用之者也，而反其说者，又谓诗之为道全在征实。于是融洽贯串之弗讲，而剿猎僻书，纂组繁缛，以夸奥博。⑰

又曰：

> 古人无不学之诗。李太白，旷世逸才也，而其始读书匡山，至十有九年；杜少陵自言所得云：读书破万卷，下笔如有神。知古人所以神明其业者，未有不从强学而得者也。自严沧浪有"诗有别才，非关学也"之语，而误用其说，遂以空疏鄙俗之辞，时形简帙，而原来载籍者罕焉。其去诗道，日以远矣。故诗虽超诣之难，而尤不根于

学之足患。⑱

沈氏在清代被视为"格调说"的代表人物，而沧浪诗学实已开后代格调理论之先河⑲，虽沈氏并未明确标举"格调"，然其诗学则是有所折中而成其体系的，而明代诗学发展的历史则是其主要折中的对象，沈德潜曾云：

> 宋诗近腐，元诗近纤，明诗其复古也。而二百七十余年中，又有升降盛衰之别。尝取有明一代诗论之：洪武之初，刘伯温之高格，并以高季迪、袁景文诸人，各逞才情，连镳并轸，然犹存元纪之余风，未极隆时之正轨。永乐以还，体崇台阁，骫骳不振。弘、正之间，献吉、仲默，力追雅音，庭实、昌毅，左右骖靳，古风未坠。余如杨用修之才华，薛君采之雅正，高子业之冲淡，俱称斐然。于鳞、元美，益以茂秦，接踵囊哲。虽其间规格有余，未能变化，识者咎其鲜自得之趣焉；然取其菁英，彬彬乎大雅之章也。自是而后，正声渐远，繁响竞作，公安袁氏，竟陵钟氏、谭氏，比之自郐无讥，盖诗歌衰而国祚亦为之移矣。此升降之大略也。⑳

其追求"雅音"、"雅正"之"大雅之章"，可见一斑。前、后七子在诗史上之地位，还是受沈氏肯定的，惜乎"规格有余，未能变化"。至于公安、竟陵受其批判，主要则在于背离"诗教"。背离诗教即是背离雅正，前述"空疏鄙俗"之讥，殆如是也，此亦沈氏辨明误用沧浪诗学之旨意，而其一再申明为诗不可废学亦可明矣。然而，作诗若专求学问，务在剿猎，则"厥弊维钧"，过犹不及，故沈德潜尝就诗歌艺术形象创造的审美特征论曰：

> 事难显陈，理难言罄，每托物连类以形之；郁情欲舒，天机随触，每借物引怀以抒之；比兴亘陈，反复唱叹，而中藏之欢愉惨戚，隐跃欲博，其言浅，其情深也。倘质直敷陈，绝无蕴藉，以无情之语而欲动人之情，难矣。王子击好《晨风》，而慈父感悟；裴安祖讲《鹿鸣》，而兄弟同食；周盘诵《汝坟》，而为亲从征。此三诗别有旨也，而触发乃在君臣、父子、兄弟，唯其可以兴也。读前人诗而但求训诂，猎得词章记问之富而已，虽多奚为？㉑

其把握诗歌创作"托物连类"、"借物引怀"的"比兴"特点，认为表现宜蕴藉含蓄，不应质直敷陈，所谓"词章记问之富"，即指以学问为诗，因此，发而为论，更在重学之外，侧重"神明妙悟"，使其诗学体系在兼顾学问与比兴之中，具备较强的说服力。同时，也廓清了前人对严沧浪诗学的误解。

二、兴会发于性情

再就性情而言，沧浪将"情性"之吟咏，提升至诗歌本质之高度，并在论述"情性"与"读书"二者之基础上，建构其著名的"兴趣"说，这也是沧浪诗论的重心之一㉒。王士禛面对沧浪诗学，明确指出：

> 严沧浪以禅喻诗，余深契其说。㉓

又说：

> 严仪卿所谓如镜中花，如水中月，如水中盐味，如羚羊挂角，无迹可求，皆以禅
> 理喻诗。内典所云不即不离，不黏不脱；曹洞宗所云参话句是也。㉔

"以禅喻诗"旨在借禅理说明诗理，以之作为认识诗歌本质之一途径。诸多象喻看似深奥，其实也只是借用这些象喻说明诗歌不涉理路，不落言筌，其构思既非正常思维，其诠释自非一般言语所能表达，王士禛称引"不即不离，不黏不脱"及"参话句"者，盖诗歌有文字语言不传之妙趣。沧浪有云："大抵禅道惟在妙悟，诗道亦在妙悟。"㉕ "妙悟"乃学诗之心领神会过程，依沧浪之见，则重在要求诗人汲取盛唐诗作之精髓及创作经验。王氏是"深契其说"的，然而要臻及诗歌"神韵"的至高妙境，王氏更期待于"兴会"。其实，"兴会"与沧浪"妙悟"，皆标举水月相色、空音镜象的诗境，在创作的过程要求参前人之诗句，在鉴赏的过程要求不泥于文字，把握"不即不离，不黏不脱"的原则。惟王士禛更强调主体"性情"的角色，如责问王氏何以将沧浪之"妙悟"替换成"兴会"，其实就在于"兴会发于性情"之主张。

王士禛援"兴会"而不用"妙悟"，与传统诗论中"兴"的基本意义有关。古来论"兴"，大皆提及"性情"，刘勰即云："兴者，起也。……起情者依微以拟议，起情故兴体以立。"㉖因此，"兴会"者，指客体对诗人主体情感的直接引发触动，王士禛论《王右丞诗》曰：

> 世谓王右丞画雪中芭蕉，其诗亦然。如九江枫树几回青，一片扬州五湖白。下连
> 用兰陵镇、富春郭、石头城诸地名，皆寥远不相属。大抵古人诗画，只取兴会神到，
> 若刻舟缘木求之，失其指矣。㉗

又曰：

> 香炉峰在东林寺东南，下即白乐天草堂故址。峰不甚高，而江父通《从冠军建
> 平王登香炉峰》诗云：日落长沙渚，层阴万里生。长沙去庐山二千余里，香炉何缘
> 见之？孟浩然《下赣石》诗：暝帆何处泊？遥指落星湾。落星在南康府，去赣亦千
> 余里。顺流乘风，即非一日可达。古人诗只取兴会超妙，不似后人章句，但作记里鼓
> 也。㉘

诸此例证，皆足以说明其重在如何掌握诗歌的妙境以为创作之资，期臻及"神韵"之境，吴乔即尝许沧浪曰：

> 严沧浪谓诗贵妙悟，以言是也。然彼不知比兴，教人何从悟入，实无见于唐
> 人。㉙

依其见，则妙悟需与兴比结合方能发挥其妙旨，王士禛以"兴会"为登临神韵之门径，或与吴乔所见略同。

三、四唐之厘界

清人的折中趋向实际上表现为一种综合的面貌，故其创作之典范，并不单主一家或任一时代。虽然清代初期有较明显的宗唐、宗宋倾向，但极明显地已经远超明代非唐即宋之狭隘攻讦路线，而渐趋于创作规律之探寻和艺术美学的追求[30]，因此，力主"诗必盛唐"的明前、后七子受到清人的痛斥，也即时有所见，惟七子之复古理论以沧诗诗学为基础，沧浪诗学一并也受到极热切的批判，钱谦益即云：

> 江西宗派之说，严仪卿辞而辟之，而以盛唐为宗。信仪卿之有功于诗也。自仪卿之说行，本朝奉以为律令，谈诗者必学杜，必汉、魏、盛唐，而诗道之榛芜弥甚。仪卿之言，二百年来遂若涂鼓之毒药。甚矣！伪体之多，而别裁之不可为易也。[31]

着重批评其以盛唐为宗，影响此及，明代拟古之诗作，亦属伪体，因此，钱氏更直指沧浪援四唐之说，以分析各时期之风貌，曰：

> 唐人一代之诗，各有神髓，各有气候。今以初、唐、中、晚厘为界分，又从而判断之曰：此为妙悟，彼为二乘；此为正宗，彼为羽翼。支离割剥，俾唐人之面目，蒙冪于千载之上；而后人之心眼，沉锢于千载之下，甚矣诗道之穷也。[32]

七子于四唐中择盛唐而独尊之，钱氏力斥之，并将七子之弊直溯沧浪，其于《唐诗英华序》辨之更明确，谓：

> 世人之论唐诗者，必曰初、盛、中、晚。老师竖儒，递相传述。揆厥所由，盖创于宋季之严仪，而成于国初之高棅。承讹踵谬，三百年于此矣。夫所谓初、盛、中、晚者，论其世也，论其人也。以人论世，张燕公、曲江，世所称初唐宗匠也。燕公自岳州以后，诗章凄惋，似得江山之助，则燕公亦初亦盛。曲江自荆州已后，同调讽咏，尤多暮年之作，则曲江亦初亦盛。以燕公系初唐也，邀岳阳唱和之作，则孟浩然应亦盛亦初。以王右丞系盛唐也，酬春夜竹亭之赠，同左掖梨花之咏，则钱起、皇甫冉应亦中亦盛。一人之身，更历二时，将诗以人次耶？抑人以时降耶？世之荐樽盛唐，开元、天宝而已，自时厥后，皆自邻无讯者也。诚如是，则苏、李、枚乘之后，不应复有建安有黄初；正始之后，不应复有太康有元嘉；开元天宝已往，斯世无烟云风月，而斯人无性情，同归于墨穴木偶而后可也。[33]

事实上，唐代诗歌史并不存在四唐，如果存在，自应有其独特的审美特征，各自有其独立的价值存在[34]，钱氏即以此论为基石，建立代有其诗的诗学观。

钱氏之论，具备宽广诗学的价值，在清初也得到不同的回响，赞同者有之，反对者亦有之。朱彝尊云：

> 正、嘉以后，言诗者本严羽、杨士弘、高棅之说，一主乎唐，而又析唐为四，以初、盛为正始、正音，目中、晚为接武、遗响，斤斤权格律声调之高下，使出于一。吾言其志，将以唐人之志为志，吾持其心，乃以唐人之心为心，其于吾心性何与焉？㉟

即以心性面目严斥拟古之说，与钱氏遥相呼应。唯叶矫然（生卒不详）云：

> 论诗者谓初盛中晚之目，始于严沧浪而成于高廷礼，承讹踵谬，三百年兹，则大不然。夫初盛中晚之诗具在，格调声响，千万人亦见，胡可淆也？又谓燕公、曲江亦初亦盛，孟浩然、王维亦盛亦初，钱起、皇甫冉亦中亦盛，如此论人论世，谁不知之？夫所谓初盛中晚者，亦不过谓其篇什格调中同者十八，不同者十二，大概言之而已，非真有鸿沟之画，改元之号也。学者谓有初盛中晚之分，而过为低昂焉，不可也。如谓无低昂而并无初盛中晚之名焉，可乎哉？㊱

叶氏以为四唐之时代特征不可能不存在，可藉以严斥沧浪、七子之独尊盛唐，但不宜抹灭四唐独具的时代性，盖焦点有异，而侧重之面不同耳。

四、比兴妙悟之阐发

沧浪诗学的基本宗旨是尊唐而黜宋，尊唐的目的在于黜宋，也因此引发了后代的唐、宋诗之争。沧浪前云："诗者，吟咏情性也。"吟咏情性，是沧浪诗学理论的基础，沧浪甚至也将吟咏情性提升至诗的本质地位。然而，唐、宋诗风貌之歧异，即在于情性之吟咏。宋诗"以文字为诗，以才学为诗，以议论为诗"㊲，言理罕言情，站在唐诗派者而言，其不问兴致，自有违诗歌之审美规律；盛唐诗吟咏情性，表现为"兴趣"、"兴致"、"意兴"之妙，故展现出极高的审美艺术成就。因此，严沧浪所谓之"以禅喻诗"、"妙悟"及"兴趣"诸说，因唐、宋诗之争，又成为清人讨论的热门话题。"以禅悟诗"旨在借禅理说明诗理，以作为认识诗歌本质之一途径；虽此途径非沧浪首创㊳，但将以禅喻诗的方法加以归纳，使之更具理论系统，仍不失其独到见地。"妙悟"则是学诗之心领神会过程，而将诗歌创作的形象思维特点提升至理论的层次，是其重要意义，如依沧浪之见，则重在要求诗人汲取盛唐诗作之精髓及创作经验。"兴趣"指诗作中情景交融，毫无斧凿痕迹的佳妙情趣，在沧浪诗学中，意在提倡以盛唐诗歌为法式，反对以理入诗，以文入诗，逞学弄才之创造艺术。此外，与此三者相关之"比兴"，也成为清人讨论的焦点，"比兴"是诗歌创作的表现手法，重在运用委婉的比喻象征，如就唐、宋诗作为对照，则唐诗重在比兴，宋诗多用赋体；或曰比兴是落实妙悟境界及创作富含兴趣的具体表现方式。

钱谦益批评沧浪之"妙悟说"云：

严氏以禅喻诗，无知妄论，其似是而非，误人箴芒者，莫甚于妙误之一言。彼所取于盛唐者，何也？不落议论，不涉道理，不事发露指陈，所谓玲珑透彻之悟也。三百篇，诗之祖也，"知我者谓我心忧，不知我者谓我何求"，"我不敢效我友自逸"，非议论乎？"昊天曰明，及尔出王"，"无然歆羡，无然畔援，诞先登于岸"，非道理乎？"胡不遄死"，"投畀有北"，非发露乎？"赫赫宗周，褒姒灭之"，非指陈乎？㊴

即立足于此，钱氏援引《诗经》之发露指陈、理道议论的传统，认为"作为歌诗，往往原本性情，铺陈理道"㊵，一方面对沧浪唯在妙悟之言作了折中，直指诗歌除了抒情之外，尚可叙述议论、道理铺陈；另一方面也因援引《诗经》作为终极典范，而让其论调更具说服力，从而奠定其兼括唐、宋的清代诗学风貌。

明代诗学主流基本上是服膺盛唐抒情传统的，因此极排斥宋诗的铺陈理道，言理主理故乏比兴，清人折中明代诗学，兼括唐、宋，既重情主理，也重比兴。冯班（1614～1681年）立论即以此为基。冯班与钱谦益主张稍异，但与钱氏也同时批评沧浪，其批评沧浪在于"不落言筌，不涉理路"，其与钱氏有异，则在于钱重赋而冯重比兴，冯班云：

> 按此二言，似是而非，惑人为最。……至于诗者言也，言之不足，故长言之，长言之不足，故咏歌之，但其言微不与常言同耳，安得有不落言筌者乎？诗者，讽刺之言也，凭理而发，怨诽者不乱，好色者不淫，故曰思无邪。但其理玄，或在文外，与寻常文笔言理者不同，安得不涉理路乎？㊶

冯班肯定诗歌之理，但强调的是理在文外，不与一般文章言理相同，非如沧浪所谓之"不落言筌，不涉理路"。其时贺裳（生卒年不详），也曾云：

> "诗有别趣，非关理也。"然理原不足以碍诗之妙……必理与辞相辅而行，乃为善耳，非理可尽废也。诗又有以无理而妙者，如李益"早知潮有信，嫁与弄潮儿"，此可以理求乎？然自是妙语。至如义山"八骏日行三万里，穆王何事不重来"，则又无理之理，更进一尘。总之，诗不可执一而论。㊷

将诗之理分析得更加透彻，所谓"理不碍诗"，所谓"无理而妙"，所谓"无理之理"，皆较冯班之论更加圆融。至如叶燮（1627～1703年）"名言所绝之理"㊸的分析，最是精辟，也显见清人对诗歌独特艺术规律的探讨，已有更贴近本质性的认识。

冯班认为诗歌之"理玄，或在文外，与寻常文笔言理者不同"，因之，其诗论重在"比兴"，其兄冯舒（1593～1649年）即云：

> 大抵诗言志，志者，心之所之也。心有所在，未可直陈，则托为虚无惝恍之词，以寄幽忧骚屑之意。昔人立意比兴，其凡若此。自古及今，未之或改。故诗无比兴，非诗也。㊹

钱谦益强调铺陈理道，重在"赋"。冯氏虽亦肯定诗歌之理，但主理在文外，故心之所

之，发言为诗，不可直陈如文，而务在以比兴之方式，"托为虚无悃恍之词，以寄幽忧骚
屑之意"，诗、文之别，即在乎比兴之有无。唯其所言之比兴与明人不同，明人之比兴纯
就艺术上之手法言之，即如许学夷云："诗有景象，即风人之兴比也。唐人意在景象之
中，故景象可合不可离也。"[45] 冯氏重在讽刺，故前云："诗者，讽刺之言也。"又云："诗
以讽刺为本，寻常嘲风弄月，虽美而不关教化，只是下品。"[46] 简言之，其比兴是要符合
儒家温柔敦厚之讽刺教化，堪足比附汉代将比兴看作政教风化之形象。

吴乔（1611～？）主比兴，认为：

> 沧浪谓诗贵妙悟，此言是也，然彼不知比兴，教人何从悟入？实无见于唐人，作
> 玄妙恍惚语，说诗说禅说教，俱无本据。[47]

援妙悟以建立其比兴说，甚至认为唐、宋、明诗间之优劣，即在乎比兴，以为：

> 宋人不知比兴，小则为害唐体，大则为害于《三百》。[48]

又云：

> 唐人诗被宋人说坏……不知比兴而说诗，开口便错。[49]

有谓：

> 明人不知比兴而说唐诗，开口便错。[50]

其以比兴说诗，然后以比兴论唐、宋、明诗之优劣，以建其诗学体系。

清人建立其诗学体系的模式，大多是不拘一格、兼取众长的，其批评前人或论著，无
论从正面或反面，其目的都在寻找立论之根据。沧浪诗学无论在读书学古、以禅喻诗还是
在比兴、妙悟上，都提供了许多可以再阐述发挥之空间。

五、结　语

清人选择沧浪诗学作为反思的对象，虽有诸多不同的主题侧面，然而就共时的角度视
之，无非是在寻求成其一代之诗的理论根据。因为清代诗学作为中国古典诗学发展最后的
总结阶段，在反思传统，尤其面对前一个时期明代诗学的表现下，该如何自处及期许，本
即是清人必须勇于面对的重大问题，清初尤侗（1618～1704 年）尝自觉地表述：

> 诗无古今，惟其真尔。有真性情，然后有真格律，有真格律，然后有真风调；勿
> 问其似何代之诗也，自成其本朝之诗而已；勿问其似何人之诗也，自成其本人之诗而
> 已。[51]

其谓"勿问其似何代之诗也，自成其本朝之诗而已；勿问其似何人之诗也，自成其本人之诗而已"，即可看出清人在总结前人诗歌成就与经验时的无奈，也适时道出清人该面对、能面对的诗学发展途径。尤侗认为在学习的态度方面，必欲无分古今，方能成其时代之诗；在创作的表现方面，必欲情尚其真，而后能成真自家风格。清人终亦能如尤侗所言，以"自成其本朝之诗"、"自成其本人之诗"自勉，在传统诗学诸多理论中寻求借镜，在诸多不同的主题侧面中探索理论的深度。而无论是从正面还是从负面探讨沧浪诗学，本即不在沧浪诗学理论之发微，而是借力使力，从中寻求自我诗学体系完成之根据。即此，清人对沧浪诗学的探讨，一者是针对明代偏胜对立诗坛之弊病而发，一者则破而有立，将偏胜格局加以折中，扬长去短，以建立其一代之诗、一己之诗的深自期许。

注　释：

① 钱谦益：《列朝诗集小传》甲集《刘司业崧》，台北世界书局 1985 年版。

② 参见钱谦益《列朝诗集小传》丁集中《袁稽勋宏道》，以及钱谦益《题怀麓堂诗钞》，《牧斋初学集》卷 83，上海古籍出版社 1985 年版。

③ 钱谦益：《王贻上诗序》，《牧斋有学集》卷 17，上海古籍出版社 1996 年版。

④ 黄宗羲：《诗历题辞·南雷诗历》，《南雷文定》，台北世界书局 1964 年版。

⑤ 钱谦益：《题杜苍略自评诗文》，《牧斋有学集》卷 49。

⑥ 冯班：《钝吟杂录》卷 3，台北广文书局 1969 年版。

⑦ 王士禛：《带经堂诗话》卷 3，台北广文书局 1971 年版。

⑧ 黄景进：《王渔洋诗论之研究》，台北文史哲出版社 1980 年版，第 130～134 页。

⑨ 严羽撰、郭绍虞校释：《沧浪诗话校释》之《诗辨》，台北河洛图书出版社 1979 年版。

⑩⑪ 王士禛口授，何世璂述：《然镫记闻》，台北西南书局 1979 年版。

⑫ 周容：《春酒堂诗话》，《清诗话续编》本，台北木铎出版社 1983 年版。

⑬ 朱彝尊：《栋亭诗序》，《曝书亭集》卷 39，《四部丛刊》本，台湾"商务印书馆" 1979 年版。

⑭ 朱彝尊：《静志居诗话》"徐𤊻"条，人民文学出版社 1998 年版。

⑮ 汪师韩：《诗学纂闻》，《清诗话》本，台北西南书局 1979 年版。

⑯ 沈德潜：《说诗晬语》，40 则，《清诗话》本。

⑰ 沈德潜：《汪荼圃诗序》，《归愚文钞》，卷 12，台湾师范大学国文系东北大学藏书。

⑱ 沈德潜：《许双渠挹山吟序》，《归愚文钞》卷 13。

⑲ 参阅王镇远、邬国平《清代文学批评史》，上海古籍出版社 1995 年版，第 447 页。

⑳ 沈德潜：《明诗别裁集序》，《明诗别裁集》，上海古籍出版社 1992 年版。

㉑ 沈德潜：《说诗晬语》，2 则。

㉒ 黄景进：《严羽及其诗论之研究》第 3 章"严羽诗论的重心"，第 61～126 页。

㉓ 王士禛：《带经堂诗话》卷 3。

㉔ 王士禛：《师友诗传续录》，第 5 则，《清诗话》本。

㉕ 严羽传、郭绍虞校释：《沧浪诗话校释》之《诗辨》。

㉖ 刘勰著，范文澜注：《文心雕龙注》卷 8《比兴》第 36，香港商务印书馆 1986 年版。

㉗ 王士禛：《池北偶谈》卷 18《谈艺》8，清代史料笔记丛刊本，中华书局 1997 年版。

㉘ 王士禛：《渔洋诗话》，97 则，《清诗话》本。

㉙ 吴乔：《围炉诗话》卷 5，《古今诗话续编》本，台北广文书局 1973 年版。

㉚ 参阅蔡镇楚：《中国古代文学批评史》，岳麓出版社 1999 年版，第 421 页。

㉛ 钱谦益：《徐元叹诗序》，《牧斋初学集》卷 32。

㉜ 钱谦益：《唐诗鼓吹序》，《牧斋有学集》卷15。

㉝ 钱谦益：《唐诗英华序》，《牧斋有学集》卷15。

㉞ 参阅张健《清代诗学研究》，北京大学出版社1999年版，第132页。

㉟ 朱彝尊：《王先生言远诗序》，《曝书亭集》卷38。

㊱ 叶矫然：《龙性堂诗话》初集，《清诗话续编》本，台北木铎出版社1983年版。

㊲ 严羽撰、郭绍虞校释：《沧浪诗话校释》之《诗辨》。

㊳ 参阅严羽撰、郭绍虞校释《沧浪诗话校释》，第15～23页。黄景进：《严羽及其诗论之研究》第4章，第127～210页。

㊴ 钱谦益：《唐诗英华序》，《牧斋有学集》卷15。

㊵ 钱谦益：《严印持废翁诗稿序》，《牧斋初学集》卷33。

㊶ 冯班：《钝吟杂录》卷5。

㊷ 贺裳：《载酒园诗话》卷1，《清诗话续编》本。

㊸ 叶燮：《原诗》卷2内篇下，《清诗话》本。

㊹ 冯舒：《家弟定远远游仙诗序》，《默庵遗稿》卷9，四库禁毁书丛刊集部87，北京出版社2000年版。

㊺ 许学夷：《诗源辩体》卷17，人民文学出版社1998年版。

㊻ 韦谷集：《才调集》卷1白居易《玩半开花赠皇甫郎中》，《二冯先生评阅》本，台北新文丰出版社1970年版。

㊼ 吴乔：《围炉诗话》卷5。

㊽ 吴乔：《围炉诗话》卷1。

㊾ 吴乔：《围炉诗话》卷5。

㊿ 吴乔：《围炉诗话》卷5。

(51) 尤侗：《吴虞生诗序》，《西堂杂俎》卷上，台北广文书局1970年版。

（作者单位：台湾高雄"中山大学"中文系）

《阅微草堂笔记》之版本与分则

——大陆与台湾的通行本比勘

□ 潘金英

一、《阅微草堂笔记》之成书

《阅微草堂笔记》乃是清代纪昀晚年的作品。在完成《四库全书》的编纂与总目提要之后，纪昀耗费近十年（乾隆五十四年至嘉庆五年，1789~1798 年）的时间完成此书。阅微草堂乃是作者纪昀的书斋①。《阅微草堂笔记》共 24 卷，包括《滦阳消夏录》六卷，《如是我闻》四卷，《槐西杂志》四卷，《姑妄听之》四卷，《滦阳续录》六卷。以下逐一叙述其成书经过。

乾隆五十四年（己酉，1789 年），纪昀 66 岁，因校理《四库全书》至避暑山庄整理编排文津阁藏书，闲暇时撮记旧闻，成《滦阳消夏录》六卷，其小序云：

> 乾隆己酉夏，以编排秘籍，于役滦阳，时校理未竟，特督视官吏题签庋架而已。昼长无事，追录旧闻，忆及即书，都无体例。……聊付钞胥存之，命曰《滦阳消夏录》云尔。②

《滦阳消夏录》撰成后，一时风行，人人争阅，马上有书肆窃刊，一些博雅之士且以新事相告，纪昀于是补缀所闻，又于乾隆五十六年（辛亥，1791 年）完成《如是我闻》四卷。③次年正月（乾隆五十七年，壬子，1792 年），纪昀再掌御史台，因工作需要（司法会谳），寓直西苑之日多，因借袁氏女婿几间屋子，此屋匾额题"槐西老屋"。纪昀在公余退食之暇，访客稀少，昼长无事，而旧有的《滦阳消夏录》、《如是我闻》二书，为书肆所刊刻，大受欢迎，于是友朋聚会，又多以异闻相告，纪昀遂利用轮值之机，忆而杂记之，不觉又得四卷，其孙子树馨录为一帙，因此书成于槐西老屋，故题名曰《槐西杂志》。④

至乾隆五十八年（癸丑，1793 年），纪昀又完成《姑妄听之》四卷。在《姑妄听之》小序中，他称自己老矣，无复当年之意兴，追录所闻，姑以消遣岁月而已，并取《庄子》

之语，定书名为《姑妄听之》。《姑妄听之》四卷完成后，其弟子盛时彦有跋，因其前三书《滦阳消夏录》、《如是我闻》、《槐西杂志》，"甫脱稿，即为钞胥私写去，脱文误字，往往而有"，故此书托付盛时彦校刻而刊行。

最后，在嘉庄三年（戊午，1798 年），纪昀又因扈从滦阳，退直之余，昼长多暇，乃连缀四书，命名为《滦阳续录》。这年纪昀 75 岁。⑤

在近十年间，纪昀陆续完成了《滦阳消夏录》、《如是我闻》、《槐西杂志》、《姑妄听之》与《滦阳续录》等五书共二十四卷。在嘉庆五年（庚申，1800 年）门人盛时彦因曾刻《姑妄听之》并附跋书尾，颇得纪昀赞许。而因当时流传的诸板漫漶不堪，错误百端，于是盛时彦自动请求，合五书为一编，而仍各存其原序。盛氏并亲自手校，又请纪昀本人检视过，然后摹印。⑥

《阅微草堂笔记》是陆续成书，每一部分几乎都是未出版先轰动，尚未脱稿，人们就争相先睹为快，可说是极受欢迎的畅销书。在当时造成重大的影响是毋庸置疑的。

二、《阅微草堂笔记》之大陆与台湾的通行本

现今《阅微草堂笔记》在台湾的通行本以新兴书局在 1956 年初版（1959 年再版，1962 年第三版）的版本最为常见，此外，又有文光公司印行的版本，亦与新兴书局出版的内容完全一样。而大中国图书公司在 1992 年重刊的《阅微草堂笔记》，在道光十五年龙溪郑开禧所作的原识与嘉庆五年庚申八月北平盛时彦所作的序之前多一篇《阅微草堂笔记》简介，此简介由台北新兴书局与大中国图书公司同时具名，说明此书乃是新兴书局于 1956 年元月初版，大中国图书公司于 1992 年重刊。今观此三书如同一模子，无论目录、正文内容、则数与分则情形可说并无差异（唯有在目录中第十七卷，新兴本登录五十三则，大中国图书公司本记有五十则，可能是脱落一个"三"字，事实上，二书在该卷都严重脱落，实际则数只有 32 则）。但新兴书局与文光图书公司的版本只有圈点断句，无新式标点，两则之间空 2 格，并以 ▲ 间隔区分则数。而民国八十一年（1992 年）重刊的大中国图书公司的排印本所据为新兴书局本，但加入新式标点符号，分则另起一行，更方便于识别，并将随文附注集中于卷末注释，比新兴本更清楚明白。

此外，台湾坊间又有广文书局于 1991 年所印行的《笔记七编·阅微草堂笔记》，此书内页书名则称《绘图阅微草堂笔记》，而同为广文书局所印行，因再版时间的不同，也有封面直接将书命名为《绘图阅微草堂笔记》，其实是同一版本。此书是由《笔记小说大观》（新兴书局影印出版）直接翻印，有线装书的式样，每半叶 14 行 35 字，每页有书口，书口最上写书名（即阅微草堂笔记），下有鱼尾，接着写卷次，空 15 字，再写该卷页数，最后有小象鼻，正文有圈点，但不占格，亦无新式标点。此书应是直接翻印自进步书局的《笔记小说大观》与文明书局的《清代笔记丛刊》。这三者无论版本、目录、则数、分则情形与刻印的字体完全一个样式。

至于祖国大陆方面的通行本以上海古籍出版社、由汪贤度点校的本子最为通行。此书在 1980 年 9 月第 1 版，1984 年 9 月第 3 次印刷，开本 787×1092，1/32 印张，字数 38.7 万。依点校人汪贤度所作的前言，称此书是以道光十五年刊本作为标点的底本，也参考文明书局的《清代笔记丛刊》、进步书局的石印本与会文堂书局详注本等。而上海古籍出版

社又于 2004 年 1 月重印《阅微草堂笔记》，开本较大，字体较大，版本几乎完全一样，只是旧本的前言（点校者汪贤度所写）已不见，而以一篇"出版社说明"代替，而旧本置于书后，作为附录的盛序、郑序与诗二首，重印之新版皆将之置于书前，其他方面，如目录、内容、则数与分则情形则完全一致。

另有 2000 年由北京市北京出版社所出版的"中国文言小说百部经典"丛书，由史仲文主编的百部经典中，第 40 部即是由朱彤芳点注的《阅微草堂笔记》，此书只录盛时彦于嘉庆庚申八月的原序，而后就是目录与正文（由卷 1 至卷 24），序与每卷的注释一并放在最后，十分详细（如卷 1 就有 127 个解释），不管对地名、人物与名词解释都极为详实切要，对一般初阅此书的人有相当大的助益。其各则之间空有二行，各则中还分段落，则数更清楚明白。

比较台湾的两类通行本（新兴书局、文光图书公司与大中国图书公司同版本属一类，广文书局所印的属一类）与大陆的通行本（上海古籍出版社，汪贤度点校本和北京出版社，朱彤芳点注本，则发现内容、则数与分则情形有很大的不同。台湾的通行本中，其目录所载则数与实际则数又有很大的差异。笔者逐一将各版本各卷之内容与分则情形加以比较（见表1）。

表 1　　　　　　　　　　　　　现今通行本之则数比较

书名	卷数	大陆通行本一（汪贤度点校本）		大陆通行本二（朱彤芳点注本）		台湾通行本一（新兴书局、文光图书公司与大中国图书公司）		台湾通行本二（广文书局印行）	
		实际则数	目录所记则数	实际则数	目录所记则数	实际则数	目录所记则数	实际则数	目录所记则数
滦阳消夏录	卷 1	47	47	47	47	48	(47)	45	(74)
	卷 2	48	48	48	48	51	(48)	47	(74)
	卷 3	47	47	44	44	45	(47)	42	(74)
	卷 4	50	50	53	53	55	(51)	52	(50)
	卷 5	54	54	54	54	58	(55)	54	(55)
	卷 6	51	51	51	51	51	51	49	(48)
如是我闻	卷 7	63	63	63	63	67	(63)	62	(63)
	卷 8	60	60	60	60	60	60	59	59
	卷 9	72	72	70	72	68	(72)	66	(71)
	卷 10	61	61	63	61	70	(62)	63	(61)

书名	卷数	大陆通行本一（汪贤度点校本）		大陆通行本二（朱彤芳点注本）		台湾通行本一（新兴书局、文光图书公司与大中国图书公司）		台湾通行木二（广文书局印行）	
		实际则数	目录所记则数	实际则数	目录所记则数	实际则数	目录所记则数	实际则数	目录所记则数
槐西杂志	卷 11	76	76	76	76	54	(76)	50	(76)
	卷 12	68	(67)	68	68	38	(67)	35	(66)
	卷 13	81	81	81	81	89	(81)	81	81
	卷 14	61	61	61	61	53	(61)	46	(61)
姑妄听之	卷 15	57	57	57	57	56	(58)	56	(58)
	卷 16	54	54	54	54	55	(54)	54	54
	卷 17	53	53	52	52	34	(53)	32	(53)
	卷 18	51	51	50	50	49	(51)	50	(51)
滦阳续录	卷 19	29	29	29	29	31	(29)	29	(28)
	卷 20	25	25	24	24	26	(25)	23	(25)
	卷 21	23	23	24	24		24	23	(24)
	卷 22	22	22	22	22	22	22	21	(22)
	卷 23	26	26	26	26	29	(26)	26	26
	卷 24	18 + 6	18 + 6	18 + 6	18 + 6	27	19 + 6	25	19 + 9
总　计		1197 + 6	(1196 + 6)	1195 + 6	1195 + 6	1160（少 90 则）	〔1202〕	1090（少 90 则）	〔1273〕
备　注		第 24 卷，附"亡儿汝佶"6 则，以"＋6"表示。	加（）者，乃是目录所记与实际则数不符的。	附纪汝佶六则。	附纪汝佶六则。	第 24 卷第 20 则之后，介绍"亡儿汝佶"之事成一则，之后又有 6 则。	加（）者，乃是目录所记与实际则数不符的。	第 24 卷第 18 则后，介绍"亡儿汝佶"之事成一则，之后又有 6 则。	加（）者，乃是目录所记与实际则数不符的。

从以上笔者所整理的资料，可看出各卷之则数实在非常杂乱。整体看来，大陆通行本（汪贤度点校本）内容最为完整，分则情形亦相对明确，本文为方便起见，将每则次序加以编号，所言则数次序皆以汪贤度点校本为准来探析各书之则数与分则情形。事实上，就

内容而言，台湾通行本一、二类都在《槐西杂志》卷 11 少了 24 则（从第 52 则之后全部皆不见），卷 12 少了 33 则（从第 35 则之后皆截断不见），卷 14 少了 14 则（从 47 则以后皆无），《姑妄听之》的第 17 卷少了 20 则（第 33 则之后皆无），就内容上这四卷（卷 11、卷 12、卷 14、卷 17）共少了 90 则的内容，其余的 20 卷，内容则大致一样。自 1956 年以来在台湾流传的二大通行本少了如此多的篇幅，真是一大憾事。

至于分则的情形，汪贤度之点校本和嘉庆五年的善本⑦最为相近（容后再逐一比较）。朱彤芳点注本的内容与汪贤度点校本可以说完全一致，分则情形差异亦不大。台湾通行本的分则情形十分凌乱，先前研究《阅微草堂笔记》的文章对分则情形虽略有说及，但篇幅极少，十分简略⑧。事实上，此书的最早版本（嘉庆五年益望屋）已有分则，每则叙事由每行第一字起笔，一则结束，该行之后即空字，下一则由次一行第一字起笔。但因无断句，有时该则结束正好写到该行最后一字，下一则的第一字正巧在下一行的第一字，如此就无法分辨作者最初是否加以分则。由于每则有时谈一件事，有时则将相类的事相提并论，并有评论，有时多人谈多件事，有同类的事，也有难以区分的情形。故各版本几乎都有一些不同的分则情形。以下就各卷分则情形逐一说明⑨。

卷 1：各通行本之内容皆大致相同，汪贤度点校本（以下简称汪点校本）与朱彤芳点注本（以下简称朱点注本）各有 47 则。大中国图书公司的版本（以下简称大中国本）多一则，乃是在第 41 则"余在乌鲁木齐"于"又军吏宋吉禄在印房"之下另分一则，故有 48 则。作者纪昀在此则中谈论他在乌鲁木齐发生的二件有关官牒之事，大中国本将二件事分为二则，但此则文末，作者以所作的一首乌鲁木齐杂诗作结，并说明此诗"即此二事也"，可见大中国本将此则一分为二并不适当。

至于广文书局的版本（以下简称广文本），其第 19、20 则合并为一则，第 25、26 则亦合并。第 19 则"陈云亭舍人言"记一台湾驿使因睡中萌邪念，谋驿卒之女为妾，以邪召邪之事。第 20 则"叶旅亭御史宅"有狐怪，迫叶让居，张真人后建造道场七日，狐乃就擒，这二件事实不相干，广文本合并之不宜。第 25 则"旧仆庄寿言"曾见旧主与二官窃窃议事，车殆马烦，似听一声"何必如此"，不知何故。第 26 则"永春丘孝廉二田"憩息，童子骑牛来，吟诗，忽而出没。此二则不同性质与事件，宜分则为佳。依它的分则情形本卷只有 44 则，但其书前目录却称 74 则，也是明显的错误。

卷 2：汪点校本与朱点注本皆 48 则，分则情形也一致，广文本仅 47 则，因第 7 则"乾隆庚午官库失玉器"二格魂诉之事与第 8 则"南皮张副使受官河南"张副使夜阅谳读，闻背后有声，合并为一则，此为二事，分之为宜；而其目录卷 2 有"74 页"，也是明显的错误。

至于大中国本则此卷共有 51 则，因第 2、9、18 则皆分为二，故与汪点校本相比，虽然内容相同，但则数多出三则。第 2 则"曾伯祖光'吉'公"（朱点注本同，大中国本与广文本皆作"曾伯祖光'陆'公"；汪点校本、台湾故宫嘉庆五年善本与国家图书馆《续修四库全书》善本，皆作光"吉"公）记曾伯祖谈李太学妻虐妾，后妾为韩副将所得，宠专房，妻为贼所掠，贼破被俘，分赏将士，恰归韩公，因而得报。大中国本在“韩公又言”以下另分一则，实亦谈一道士使妻妾易位之奇事，相似的两件事，实不必分则。第9则“先叔母高宜人之父”述一旧玉马成妖被焚，大中国本在“又武清王庆垞曹氏厅柱”生牡丹二朵，或言其瑞，或言其妖。此则同谈“物之为妖”事，不必分则可也。第18则“沧州张弦耳先生”记梦中作一绝句，后见桐城姚别峰刻之诗，竟有此诗。大中国本在“又海阳李漱六”之后另成一则，后则谈二画之神似，本则最后作者言“此事亦不可解”，就文气上一贯相承，分之不宜。大中国本实际则数为51则，但目录上却登录“48则”，可佐证其分则之不当。综言之，卷2的内容，四通行本大致相同，分则情形以汪点校本与朱点注本为佳。

卷3：汪点校本有47则，朱点注本有44则，因最后三则“前母张太夫人”、“沧州插花庙尼”、“先太夫人言沧州有轿夫田某”置于下卷之首，因此本卷内容少三则，其他分则情形与汪点校本同。广文本第5、6则合并为一，第42、43则合并为一。盖第5则“己卯七月”记姚安公见一老僧出一度牒，莫测真伪。姚安公戒之，士大夫好奇，往往为此辈所累。第6则“余家假山上有小楼”记狐居五十余年，相安无事，此为二件不相干之事，宜分则处之。第42则“王半仙尝访其狐友”记狐知其所作夜梦，并述及鬼神鉴察，乃及于夜梦之中。第43则“雷出于地”乃记载纪昀与从兄亲见李善人为雷所殛，不知为夙孽或隐慝，此二则实不相干之二件事，广文本合并实不宜。而汪点校本的最后三则皆置于下卷（卷4）之首，故其实际则数为42则，目录上载74则，实在错得离谱。

至于大中国本则录有45则，第25则“明魏忠贤之恶”在“文安王岳芳曰”之后又另分一则，此则叙述人论魏忠贤遁逃，纪昀以为断无可能，后叙“文安王岳芳曰”，乾隆初，忽雷霆交加，击一大蜈蚣，其背有朱书魏忠贤字，纪昀说他相信此事。同样谈有关魏忠贤的事，文气前后相贯，应不宜分为二则。至于本卷最后三则，大中国本亦将其置于下卷（卷4）之首，故本卷实有45则，目录上称47则，亦非也。

卷4：汪点校本有50则，朱点注本有53则，乃因汪点校本上卷的最后三则放在此卷之首，故多出3则，其他分则情形皆同。但第43、44则看不出是否合并，因各则间原本皆相隔二行，此二则间却只相隔一行，而就目录所称53则来说，加上这二则的内容来看，没有合并的理由。

广文本有52则，汪点校本上卷的最后3则，广文本则置于此卷之首，而其中第5、6则合并，第5则记“姚安公未第时”扶乩问功名与时候，皆灵验，作者并记扶乩藉人以灵，而诗而书之情形；第6则记“先外祖居卫河东岸”有一楼，曾有仆妇缢，僮婢不知，于此幽会，缢鬼出现狗吠，致奸情败露等情事，与第5则实不相符，不宜合并。广文版此卷实有52则，目录却记50则亦误也。

至于大中国本卷首比汪点校本多3则，而第35则“关中某夫人喜食猫”，大中国本在“卢观察㧑吉”与“又余家奴子王发善鸟铳”又各成一则，实则三件事皆是杀生得果报，篇末并谈杀生持斋之礼，是此则不必分之可也。综上，大中国本此卷依其分则情形实有55则，而目录上载51则，亦显见其错误。

卷5：汪点校本录54则，朱点注本同为54则，分则情形亦同。广文本第24则"玉典又言"，正值该行第1字，看不出是否分则，而其目录记55则。⑩

至于大中国本则在第10、24、30、31则各将一则分为二。第10则"姚安公言"记录孙天球以财为命，曾为狐所戏，散其财而窘急欲死，病革时手抚摸所积财，呜咽而殁；"又有刘某者"亦以财为命，亦为狐所戏，大中国本将"又有刘某者"之后另成一则，两件事同属一类，同为以财为命，同为狐所戏，就文气上亦不可分之。第24则"海阳李玉典前辈言"记两书生谈书佛寺，夜方媟狎，忽见大圆镜，纪昀以为幽期密约，必无人在旁，然此事为理所宜有。以下"玉典又言"，有老儒设帐废圃中，夜闻垣外吟哦声、辩论声、嚣争声，又闻殴击声，乃两鬼相争之情事，纪昀以为此亦黄裳寓言也。大中国本另分一则，而广文本"似"分则，因"玉典又言"正巧在该行第一字，看不出是否分则，故此处分之亦可⑪。而第30则"姚安公在滇时"记月夜有红衣女子靓妆之，见人则没入土中，姚安公祝曰见人则隐，是无意为祟，何必屡现汝形，自是不复出。"又有书斋甚宽敞"记舅氏安公五章偶夏日裸寝，梦一人劝之以礼。大中国本在"又有书斋甚宽敞"之后另分一则，实则此则末，以姚安公言树下之鬼喻之以理，书斋之魅以理喻人，将两者相提并论，固知此则不可分也。再者，第31则"余两三岁时"尝见四五小儿彩衣金钏呼余为弟，姚安公言前母恨无子，携神庙泥孩以归，之后记"前母即张太夫人"，曾魂归受祭，托梦告诫纪母不可将刀刃付儿戏。大中国本在"前母即张太夫人"后另成一则，实则此则前后所谈皆前母之事，不可划分为二。综上所析，卷5，大中国本有59则，而其目录记55则，显见其分则之不当。

卷6：汪点校本有51则，朱点注本同为51则，分则情形亦皆一致。广文本有49则，其中第20、21则合并为一则，第33、34则亦合并为一则，但目录载48则，亦不符。

第20则"里人张某"记深险诡谲常欺人，后亦为鬼所绐。第21则"妖由人兴"记假鬼招来真鬼之二例。此二则实不相干，合并之实不宜。而第33则"南村董天士"记先高祖老友董天士之诗四首，相传其殁后，有人见其骑驴上泰山。第34则记"先高祖集有快哉行一篇"，为许显纯诸姬流落青楼而作，诸姬为许示身后之罚。此二则事不相干，广文本与大中国本皆合并之，是乃不宜。至于大中国本除将第33、34则合并为一则外，第38则"戈东长辈官翰林时"，在"又东长头早童"之后另成一则，前者记亡人之袍挺立，后者记将亡者之发感衰气，蜿蜒如蛇掉尾，同一人相类事，似不必分之。综上所述，大中国本实录51则，有二处与汪点校本不同，其目录亦记51则，相符合。

综上所述，《滦阳消夏录》卷1至卷6，大陆通行本（汪点校本与朱点注本）、台湾通行本（广文本与大中国本）内容大致相符。只是分卷、分则有所不同而已。汪点校本共录297则，朱点注本与汪点校本总则数皆同，分则情形也一致，唯卷3的最后3则置于卷 4 之首。而台湾通行的广文本实际录有 289 则，其目录载 375 则，相差 86 则，错得太离谱。至于大中国本实际录有 308 则，其目录载 299 则，亦相差 9 则。至于分则方面，以汪点校本与朱点注本最为允当。除了卷 4 第 24 则是否再分一则，略有存疑外，其余皆与嘉庆五年盛氏望益屋原版相同。广文本与笔记小说大观本、清代笔记小说丛刊本同版，许多不宜合并之处皆予合并，按其分则，则数比汪点校本少了 8 则。至于再版多次，在台湾地区通行最久最广的大中国本，其分则情形最为不当，许多不该分则之事，只要有"又"字就径予分之，而不顾其文气与作者将两事相提并谈的用意，由于不少则被一分为二，故其则数比汪点校本多了 11 则，事实上都是分则之不当所致。

《如是我闻》从卷 7 至卷 10，共 4 卷，以下分述之。

卷 7：汪点校本录有 63 则，朱点注本的则数与分则情形皆相同。广文本 62 则，但目录记 63 则，其第 26、27 则合并为一。

第 26 则"职官奸仆妇"罪止夺俸，然横干强暴，阴谴实严，记一世家子奸仆妇，后生一尤物大损家声。第 27 则"遂堂先生又语"有调其仆妇者，妇自缢，自此所缢之室阴阴如薄雾，夜辄有声。此二则可视为二事，不必强并之。至于大中国本则有 67 则，因第 18、20、24、31 则皆各分为二。第 18 则"裘文达公言"记缢鬼变形求代事，"又先农坛西北文昌阁之南"所记亦同为溺鬼幻事，宜不必分之。第 20 则"史太常松涛言"记一盗入媚家，忽见鬼，狼狈越墙而去。"又戈东长前辈"家中贼匿瓮中，因雨，移两瓮盖之，两日不移，恐成饿鬼，遂大呼有贼，此二奇事同样记盗贼狼狈状，不必分之可也。第 24 则"故城贾汉恒言"叙张三辰抚侄如己出，但因太纵容而侄死，兄梦中责弟杀其子。而"平定王执信"之继母则对前妻与己生之三子，饮食衣物、责骂捶打皆无异，实则作者将此二事对比而谈，更凸显其教养不应溺之的道理，不必分则可也。第 31 则"从兄坦居言"记有一农家子为狐媚，狐被抢，农家子救之，后思狐成疾，狐现出原形以治其病。"其一亦农家子"亦为狐媚，术士符箓皆不验，狐母嘱小狐逃避，是能虑远之狐。⑫二事皆同为狐媚之事，不必分则可也。

卷 8：汪点校本录 60 则，朱点注校亦同为 60 则，分则情形亦一致。广文本第 25 则与第 30 则置于此卷最后（第 59、60 则），第 14 则"道士王昆霞言"与第 15 则"昆霞又言"看不出是否合并，若合并，则数为 59，与目录所载相符。

至于大中国本，其第 25 则、第 33 则亦置于此卷末。其第 14 则"道士王昆霞言"记王至废园昼寝，梦古冠人耽鬼趣，不求生。第 15 则"昆霞又言"记其师精晓六壬，精准无比。此二者虽皆道士昆霞所言，实则两件事，大中国本却将之合并。而第 30 则"奇节异烈"记一妇牺牲自己，遭贼刃，让夫脱去；又记明末屠人鬻肉，客悯而赎，碰触其体，少妇解衣裸体仍伏俎上，瞑目受屠，哀号而不悔。此实两事，但篇首以"奇节异烈，湮道无闻者，岂可胜道哉"以开启其后所谈的二个故事，就语气上来看，不宜分之。综上所述，大中国本此卷录 60 则，目录亦载 60 则，相符。

卷9：汪点校本录72则，朱点注本此卷最后二则（第70、71则）置于下卷（卷10）之首，故实有70则。广文本亦将最后二则置于下卷之首。第8、9则合并，第15、16则合并，第28、29则合并，第51、52则合并，故只有66则，而目录载有71则，不符。至于大中国本最后二则亦置于下卷之首，而其第22、23则合并，第28、29则合并，第51、52则也合并成一则，而第54则分为二。故实有则数68，目录上称72则，不符。以下逐一探析各分则之允当与否。

第8则"先师赵横山"记一少年读书于西湖，遇一自称亦鬼亦狐者，后为狐之鬼者；第9则"从兄万周言"记一农家妇被骡带入破寺，与二丐栖庑下事。实则二件事，广文本合并乃不宜。第15则"聂松岩"言见一鬼不归墓，因与其徒党不合，故避嚣。第16则"福州学使署"中纪父释鬼，谓人为阳，鬼为阴，慈祥、坦然、公直为阳，必可胜鬼。此二则实不相干，广文本并之不宜也。第22则"戊子夏小婢玉儿"死而复苏，因银色不足，冥役不受。[13]第23则"胡牧亭侍御言"其乡有生为冥官者言六道轮回，不烦遣送，皆各随平生之善恶。[14]大中国本将此二则合并，实不宜。第28则"程少廷尉耕岩"为魅所扰，后知为侄所为，吴编修遭回禄，则非人所能为。第29则"程也园舍人"旧宅一夕遭火焚，只有中褚河南临兰亭一卷，书卷无一毫之损，是成毁各有定数？此二则谈不同事，但广文本与大中国本皆合并之，不宜。第51则"北河总督署"有蝙蝠，李清延真人劾治，果皆徙去，不久李公卒，蝙蝠复归。第52则"余七、八岁时"仆施祥以其自身居凶宅经验劝奴子赵平不要不信鬼。此二则属二件不相干之事，广文本与大中国本合并之，不宜。第54则"田氏媪"藉狐敛财，后群狐大集，需索酒食无度。"又有道士奉称王灵掷钱卜事"敛财，恶少假灵官苛责其惑众，此则中二事或藉狐或藉王灵敛财，而被戏谑之事，大中国本将其分之为二，其实可不必分则。

卷10：汪点校本录61则，朱点注本因上卷最后二则（第71、72则）置于此卷之首，故实有63则，其他分则情形皆与汪点校本一致。

广文本上卷最后二则置于本卷之首，故有63则，目录载61则，有误。大中国本亦将上卷最后二则置于本卷之首，而第20则"门人萧山汪生辉祖"撰"佐治药言"二卷，中载近事数条，颇足以资法戒。其举七件事，在文气上，一气相贯，大中国本每一件事皆另起一则，并不允当。而第52则"交河老儒刘君琢"借宿民家，有声轰轰震响，刘氏长揖仰祝，遂平息，刘氏后告门人，平心静气或可解，若怒警之，未必不抛碟掷瓦。"又刘景南尝僦一寓"，大为狐扰，与狐理论何以鸠占鹊巢，狐亦不让，后景南移去。此则末有先兄晴湖曰：屈狐易，能屈于狐难，是就二事并论之，以此观之，大中国本分此为二则实不当。综上所述，大中国本此卷录70则，而目录载62则，可见其分则之不当。若依其分则情形，目录之则数亦须更改。

《如是我闻》从卷7至卷10，四通行本内容皆大致相同，汪点校本共录256则，其目录亦载256则，朱点注本总则数与汪点校本同。广文本共有248则，目录称254则，小有差异。大中国本依它自己的分则来看，共有265则，其目录称有257则，亦小有差异，但台湾的二本通行本，真正则数与目录所载皆不够精确。至于其分则情形，有时一则中谈二三件同类的事，也有谈不同的事来作对比与比较，强化作者所要强调的主题。广文本常将不相类的两件事，任意合并；大中国本常不理会文中文气相承的事实，而随意分则。广文本与大中国本的分则情形显然要比汪点校本与朱点注本松散许多。

卷 11 至卷 14 的《槐西杂志》，台湾二本通行本在内容上短少许多，以下逐一探析。

卷 11：汪点校本有 76 则，朱点注本有 77 则，因第 35 则分为二。

第 35 则"余有庄在沧州南"记作者 10 岁时目睹一艘被人击落近岸浅水中而不及上船，此船后被另一艘粮船所撞，破碎如柿，此艘躲过一劫，乃因他筹钱救族弟童养媳免被卖为人妾。"又先太夫人言"有一人逼嫁其族弟，又鬻两侄女于青楼，一日乘船时坐船舷濯足，竟被另一艘船横扫而过，此人自双膝以下，糜烂如割截，号呼数日乃死。此则记二件船厄，一得免难，一则遇祸，是同类之事，固不必分则。《续修四库全书》嘉庆五年善本，此则便不分。广文本与大中国本在第 52 则之后，内容上足足少了 24 则，从第 53 则"人字汪场中有积柴"起，至最后一则（第 76 则）都不见了，几乎被截掉三分之一的篇幅。此外，广文本第 4、5 则合并，故实有则数 51 则，其目录载 76 则，相去甚远，可旁证文本之脱落。第 4 则"族叔行止言"记姑嫂被一假扮的赤发青面鬼所污，后被一土偶所吓仆，不知人事。第 5 则记山西胡涂神祠，经纪昀考证应为"狐突祠"。此二则本为不相干之两件事，广文本合并之，实不宜。至于大中国本除了内容上少了第 52 则后面的 24 则外，其第 3 则、第 28 则各一分为二，而第 17、18 则却合并为一，故此卷有 53 则，其目录载 76 则，可见正文有脱漏。第 3 则"董秋原言"记节孝祠在秋祠时，门后见未列名之节孝妇女二贫媪入祠，知人世旌表不能遍及，鬼神招之来飨。"又献县礼房吏魏某"临终前自语因不管贫妇请旌，不知冥谪如此之重，此则最后，纪昀以为二事足相发明作结，而大中国本硬将之分割为二则，极为不当。第 28 则"房师孙端仁先生"醉后所作与醒时无异。"督学云南时"有鬼贪杯，房师以酒无多不愿相让，后悔之，特备酒陈竹间，次日未动之事，纪昀以为此有魏晋诸贤之风。此则一气呵成，但大中国本在"督学云南时"硬将之分为二，显见其不妥。而第 17 则"姚安公监督南新仓时"一壁圮塌，壁下得死鼠近一石，纪昀将之比李林甫、杨国忠之鼠辈。第 18 则"先曾祖润先公"与一僧谈明末流冠之乱，杀戮淫掠之劫数乃人为，非可曰天数。此二则是不相干的两件事。大中国本合并之实不妥。

卷 12：汪点校本有 68 则，目录则载有 67 则，这是汪点校本在 24 卷中，唯一则数与目录所载不符之处，但也只相差一则。考故宫善本将第 54 则"庞雪崖初婚日"与第 55 则"叶旅亭言"明显地并为一则，这可能是汪点校本中唯一有争议之处。朱点注本有 68 则，目录亦载 68 则，相符。广文本实有 35 则，在 35 则之后整整少了 32 则，几乎截去一半篇幅，而在目录却载有 66 则，足以佐证正文脱漏了大半。至于大中国本亦在 35 则之后短缺了 32 则，而其第 3、7、15 各则皆一分为二，故依则数计算，它实有 38 则，其内容与广文版相同。

第3则"某公眷一娈童"，后窃窥丑态，终怏怏不释而逃去。纪昀以为"若此童者，亦近于青泥莲花欤！""又奴子张凯"，曾救一人被枉与妇私，后知此妇死，张凯妇临蓐前夕梦此妇来拜，因四十余得一女，后竟赖此女孝养以终。若此妇者，亦近于罗刹成佛欤！这一则所述两件事实不相干，但前一件事，"若此童者，亦近于青泥莲花欤！"后一件事，以"若此妇者，亦近于罗刹成佛欤！"句法一样，足见作者有意将两件事相提并谈，不必分则可也。第7则"张一科"记某西商昵其妇，挥金如土，不数载，财赀尽归一科，其妇拟驱走西商，张一科坚不可，后杀其妇自首。"又一人忘其姓名"，携妻出塞，妻病卒，困而行乞，一西商赠五十金，西商自谓与其妇相昵，其妇临终相托。此人怒掷五十金至地，竟格鬭至公庭。这二件事相类，各有其主角，分则与否，或难判定，但文末纪昀称此二事相去不一月，乃相国温公宴筵时谈起，前竹山令陈题桥评论此二事，温公亦慨然有言，足见此二事不必分则方允洽。大中国本将其分之为二，是属不当。第35则"郭石洲言"朱明经与一狐友谈变形，欲与学道，狐曰不可，人易修道而难成道。"因忆丁卯同年某御史"曾问所昵伶人，独擅场之方，答曰乃心也，演贞女、贵女、淫女、贼女、贤女、悍女，皆一一设身处地，不以为戏，而以为心。这一则看似记载不相干的两件事，但纪昀在文末有李玉典对此伶女这番话的评论，末尾纪昀又以为"此与炼气炼形之说，可互相发明也"，足见作者本有意将此二件事相提并谈，不必分则可也。第54则"庞雪崖初婚日"梦中至一处见一女子，旁人指曰汝妇也，后再婚，殷氏宛然梦中之人，曾考"箜篌二梦"谈起二诗；由箜篌之梦又谈起叶旅亭说起其祖曾见术士刘石渠，契友逼之召仙女，刘曾禹步持咒召之，乃契友之妾，急归视之，妾则刺绣未辍，实乃幻形。汪点校本在"叶旅亭言"又另起一则，故宫善本则并为一则，实此则记两件事，一为梦，一为幻，广义言之，亦属同类；且由箜篌之梦延伸，谈到幻术，本人以为可以不分则。台大道光二十七年善本此处分则情形与故宫善本同。

　　卷13：汪点校本录有81则，朱点注本亦同为81则，分则情形亦同。广文本亦有81则，目录上亦载81则，亦相符。至于大中国本则在第27、37、42、43、77、80各则，皆一分为二，第58则分为三则，故在内容上虽与上述二书相同，却多出了8则，共有89则，然其目录亦仅登录81则，以此观之，似可推断其分则之不当，以下乃逐一说明。

　　第27则"董秋原言"东昌一书生贪宅第宏丽，又有车马、服饰、美女，虽心知为狐，仍随之人，后被狐所戏。"余因言有李二混者"微相调谑少妇，少妇赠金饰，乃官库所失，竟被栽赃，亦狐戏也。此则董秋原与作者各谈一件狐戏事，文末以秋原有感作结，就文气上不宜分则。第37则"乾隆甲子"记一士子以帕遮颈，乃知故意按瘖问途于少妇，轻佻欺人，忽有飞瓦击之。"又丁卯秋"有京官子为娼女诱入室，其夫半夜归，胁使裸体置门外豕间，乃号呼遇鬼。此二事相类，作者以姚安公的话作结"此均足为佻薄者戒也"，可见作者本就将二事相提而论，不必分则可也。第42则"苏州朱生焕"记一舵工赛水神时犯淫而额现秘戏图；"又余乳母李媪"言曾登泰山进香，娼女与所欢伺隙接唇，竟胶粘不解。此则所述二事皆因赛神进香而未能禁色，故被神所罚，同类之事，不分则可也。第43则"献县刑房吏王瑾"因不敢受贿而得善终；"又一吏恒得贿舞文"，虽一生无祸，但三女皆为娼。此二事例皆刑房吏事，属同类之事，相提并谈，不必分则可也。第 58 则"有纳其奴女为媵者"、"又一少年"、"又一友好倾轧"，此则所记三事皆同类因果相报之事，一一道来加强效果，大中国本将之分为三则，其实不必分之可也。第 77 则"列子谓蕉鹿之梦"记作者在西域时遣巴公夜间办事，次日巴公以真事为梦。"又有以梦为真者"，一人梦妇被劫，醒时妇绩未竟。此二件相类似又相反之事，就文气上看，作者本意就是将两事相比共谈，不必分则可也。第 80 则"临清李名儒言"其乡一屠者买一牛，牛被煮，屠者亦自投釜中。"先叔仪南公"记牛报恩之事。这两件同类之事，作者在文末感慨："然则恩怨之间，物犹如此，人可不深长思哉！"盖一气相承，大中国本分为二则，是属不当。

卷 14：汪点校本 61 则，朱点校本亦同为 61 则，分则情形亦一致。广文本在 47则（依汪点校本之则数计）之后短少 14 则，而其第 19、20 则合并，故实有 46 则，其目录却载有 61 则，可见正文有所脱落。至于大中国本亦在第 47 则之后完全截掉其后面的 14 则，而其第 12、29、30、39、47 则皆一分为二，故依它的分则情形，此卷实有 52 则，而其目录亦载有 61 则，真是错得离谱。以下就分则之情形逐一探析：

第 19 则"胡厚庵先生言"⑮记一狐女曾匿某书生壶中，自入自出，平日采补炼形，又被一道士所搜索，吸其采补，遂复兽形，亦无法诉之于神，而此道士亦因淫杀过度又伏天诛。第 20 则"从弟东白宅"居者恒不安，一日于门旁墙圮出一木人，上有符箓，乃工匠有嗛于主人所作。此二则分属不同类之二事，广文本合并为一似不宜也。第 12 则"有讲学者论天鬼"从讲学者入墟墓独宿不见鬼，因而谈朱熹对鬼之看法，作者举许多故事与事例加以驳斥，而"有一妻伯刘文"⑯之故事乃其中之一，固不宜分则，大中国本将之另成一则，固不当也。第 29 则"余十七岁时"自京师应童子试，宿文安孙氏新家，土坑下钉一桃杙，上下有碍，主人云去之则怪作；"又癸巳春"记作者至姻家赵氏家过夜，仆人见彩衣女子揭帘入，疑四日前宦家子女宿此卒，是否回煞。此两件同是记载女子现魂之事，属相类可分可不分，大中国本分为二则，而依嘉庆五年盛氏原版与道光二十七年台大图书馆善本，此二事并不分则。第 30 则"河豚惟天津至多"记一人食河豚死，死后见梦于妻，质问祭祀何不用河豚，真死而无悔。"又姚安公言"里有一人以赌博破家，临殁语子求以博具置棺中。姚安公以为此事非礼，然孝思绵绵，此二事是属同类，并提而谈，不必分之可也。第 39 则"有客在泊镇宿妓"，妓言数日前得金变纸锭，"又瞽者刘君瑞言"一狐被妓恶疮所染，毒达面部，此为类似之二事，而作者于结语称："此又狐之败于妓者，机械相乘，得失倚伏，就文气上固不宜分则。"第 47 则"凡物太肖人形者"记族兄中涵言同官中有人命工匠造一女子，惟妙惟肖，能屈伸运动，一童仆见此偶人来往自行，后焚之，嘤嘤作痛声；"又先祖母言"记舅祖蝶庄张公家有虎丘泥孩一床，人亦见女子携小儿游戏。此二事亦属同类，相提并谈，一气呵成，不宜分为二则。

《槐西杂志》四卷中，汪点校本共有 286 则，目录载 285 则，比实际少了一则。朱点注本共载 287 则，比汪点校本多一则（因卷 12 第 35 则分为二）。台湾通行本二书皆短少许多篇幅，卷 11 少 24 则，卷 12 少 32 则，卷 14 少 14 则，一共少了 70 则。又因分则不同之故，广文本实际有 213 则，目录却载有 284 则，整整少了 71 则。至于大中国本内容与广文本大致相同，且因分则之不当，这四卷实有 233 则，目录则登录 285 则，相差 52 则，足见编书者之疏失。

《如是我闻》从卷 15 至卷 18，共 4 卷。卷 17，台湾的两本通行本亦短少 20 则，以下依卷次一一探析各本则数与分则情形。

卷 15：汪点校本有 57 则，朱点注本同为 57 则，分则情形亦同。广文本第 38、39 则合并为一则，故内容虽同，则数却少一则，为 56 则，其目录登录 58 则，相差 2 则。至于大中国本第 1 则分为二，而第 21、22 则合并，第 38、39 则亦合并为一，实有 56 则，其目录登录 58 则，相差 2 则。第 1 则"冯御史静山家"记家中仆人附鬼，鬼詈以不避路，静山往视并解说幽明异路，故不能相避之理。之后纪昀与门人桐城耿守愚由此事谈论读书人的道德操守等事，大中国本自"桐城耿守愚"⑰起另起一则，其实整则连贯，不可遽分之。第 21 则"舅氏安公介然言"记一恶少觊觎某少妇，扮成青发鬼，却被土神祠泥鬼压死，二者衣装面貌皆同。第 22 则"三座塔金巡检言"有樵者山行避虎，虎穷追至穴，辗转难出，被熏灼至死。此二则记二事，不相类，亦不相干，大中国本合并为一则，是属不当。第 38 则"蘅洲言其乡某甲"记某甲被误记以谋财杀乙，冥王虽知冥籍无误，仍拘提某甲问话以明实情，此则记冥司之公正明决。第 39 则"仲尼不为已甚"记圣人之虑远，对犯人不能虐以法外，力过猛必激而反，举某大户被贼所抢劫，极恨之，贿赂狱卒虐待这些被逮捕的盗贼，遭盗贼反咬一口，后悔莫及。这二则是不相干的两件事，论点亦不相同，广文本与大中国本皆合并为一，显然不当。

卷 16：汪点校本有 54 则，朱点注本亦同为 54 则，分则情形亦同。广文本亦登录 54 则，目录亦载 54 则，相符。大中国本第 4、5 则合并为一，第 15、42 则各皆分为二，内容虽大致相同，因分则的情形不同，而有 55 则，然目录亦载 54 则，有出入。

第 4 则"沈媪言"里有赵三里，记埋鸡偿母生前所欠主人三百钱之债。第 5 则"余十一二岁时"记齐某千里求父骨，感动贼人放行之事。此二则实不相类之两件事，宜分之为二，不可合并。第 15 则"交河及友声言"记一农家子轻佻戏邻村一妇，后被罚行泥泞十里，为魅所戏，亦为父棰。"友声又言"一人见狐睡，戏之，归见其妇缢，后知此狐还其一惊。此友声所谈二事，皆因戏狐而为狐所戏弄，同类之事，大中国本分为二则，其实不可分之。第 42 则"先师裴文达公"记郭生不畏鬼宿凶宅，被魅请入瓮中恶作剧。接着又记"曩客秦陇间"听说一少年被魅所陷害，虽是两件事，但文末有文达公评："郭生恃刚气，故仅为魅侮；此生怀邪心，故竟为魅陷，二生各自取耳，岂魅有善恶哉！"一同评论二事，固此则不可分为二，大中国本强分之，极不当。

卷 17：汪点校本有 53 则，朱点注本有 52 则，广文本在第 32 则之后少了 20 则，篇幅少了大半，而第 25、26 则合并为一则，故实有 32 则，目录却登录 53 则，可见正文有所脱落。至于大中国本在第 32 则之后亦短少 20 则，而其第 22 则分为三则，第 25、26 则合并为一，故实有 34 则，而目录却登录 53 则，错得太离谱。以下一一探究其分则情形。

第 22 则"周景垣前辈言"记婢女之父为女被虐报仇，掳主人女之事；"又李受公言"记御婢残忍，偶以小过闭空房冻饿死，其父讼不得直，夜逾墙入，手刃其母女。"余有亲串鞭笞婢妾"⑱嬉笑如儿戏，有被凌虐至死者，做鬼来报。此三件事皆是主虐婢太过而被报应之事，为盗之父报之，不为盗之父亦报之，无父为鬼亦报，文末结尾，作者言："不有人祸，必有天刑。"此则大中国本分为三则，不必分之可也。第 25 则"唐宋人最重通犀"谈犀牛角之雕与朱子颖曾送汝佶之镇纸。第 26 则"旧蓄北宋苑画八幅"记此八幅画之内容与画工。此二则所记一为古物，一为古画，可分可不。汪点校本与《续修四库全书》嘉庆五年善本看不出是否分则，道光二十七年台大图书馆善本则分为二，广文本与大中国本则合并成一则。

卷 18：汪点校本有 51 则，卷末空二行附盛时彦于乾隆癸丑（乾隆五十八年）十一月所作的跋，不算一则。"盛跋"两字占一行置中，空一行书跋文，跋文每行开始皆空二字，以别于正文。朱点注本有 50 则，广文本有 50 则，因第 36、37 则合并成一则，目录载有 51 则，不符。卷末附盛时彦跋文，无"盛跋"二字，跋文每行皆空一字，有别于正文，亦不算一则。大中国本此卷有 49 则，第 14 则一分为二，而第 34、35 则合并，第 36、37 则合并，第 49、50 则合并成一则，故内容虽一致，则数却少了 2 则，目录亦登录 51 则，可佐证其分则之不当。大中国本此卷末无盛时彦于乾隆癸丑年所作的跋文。以下就各分则情形逐一探析。

第 14 则"表兄安伊在言"记一少妇抱子仆倒而死，田主报官后，尸首亦不见。"又言城西某村有丐妇"为姑所虐，缢死，尸首与看守者俱不见，后二人于他县寻获，已结为夫妇。虽是二事，但文末作者质疑前一案是否类似后案，或疑并为一事，将二事相提并谈，大中国本分为二则，固属不当。第 34 则"景州高冠瀛"写高冠瀛被算命的人说是极佳之命，却一生坎坷；另有田白岩说张廷玉被人算命，说一生只不过秀才，却位极相国，可见术士不可一味武断推算他人之命。第 35 则"冠瀛久困名场"，尝语一狐修道三种途径以自譬，文末纪昀详其文之缺失，以唐时贾岛之诗作结。此二则皆以冠瀛为主角，所谈论之事略有不同，可分之，亦可不分。藏于台湾故宫嘉庆五年善本与《续修四库全书》善本所录，皆将其分则。第 36 则"吉本萨台军言"讲黑毛人、姣丽蒙古女人与一丝不挂的小矮人丢食物给士兵之事，疑其仙乎？第 37 则"世言虹见则雨止"，谈虹与雨止之关系，虹化为人则不是虹，或为妖乎？广文本与大中国本将第 36、37 则合并为一则，事实上，这二则所述完全不相干，宜分不宜合。第 49 则"李秀升言"山西富室曾捐款做善事，媳死子亦病重，为其娶妾，果孕而得后。第 50 则"宝坻王泗和"记佃户艾孝子万里寻父的故事。大中国本将第 49、50 则合并，实则是毫不相干的两件事，合之不宜。

《姑妄听之》共 4 卷（卷 15 至卷 18），汪点校本共录 215 则，目录亦载 215 则，卷末并附有盛时彦在乾隆五十八年所作的跋。朱点注本有 213 则，卷 17 少一则，卷 18 亦少一则。广文本实有 192 则，卷末并附有盛时彦的跋，除了分则不同外，卷 17 的内容比汪点校本少了 20 则，而其目录载有 216 则，相差了 24 则。至于大中国本实录 194 则，卷末未附盛时彦在乾隆五十八年所作的跋，其内容在卷 17 亦短少 20 则；在《滦阳消夏录》、《如是我闻》与《槐西杂志》的分则，大中国本常是分得太多而不宜，唯独于《姑妄听之》部分却是将二则合并为一则的情形颇多，使得本部分实有 194 则，而其目录登录 216 则，也相差 22 则之多。

《阅微草堂笔记》最后完成的是卷 19 至卷 24 的《滦阳续录》，这四本通行本内容与分卷大致一样，分则情形则略有不同，以下分述之。

> 卷 19：汪点校本有 29 则，朱点注本亦同为 29 则，分则情形亦同。广文本实有 29 则，但目录载有 28 则，不符。大中国本将第 23 则分为三则，故内容上虽与前二书无异，但实际则数则有 31 则，其目录亦登录为 29 则，亦不符。

第 23 则"司庖杨媪言"谈三个迫于现实而失节的妇人，却不忘报恩的故事。大中国本在"又吾乡有再醮故夫"与"又京师一少妇少寡"其他两个故事皆另分则，然此则结尾作者称"是皆堕节之妇，原不足称，然不忘报恩，亦足励薄俗"，可见作者原意是将三个故事并谈，对讲学家持论务严的看法，而使一时失足者，无路自赎的情形予以批驳，此则固不能予以划分。

> 卷 20：汪点校本有本 25 则，朱点注本有 24 则。广文本有 23 则，因第 5、6 则合并，第 13、14 则合并，然目录上亦称 25 则，不相称。至于大中国本则有 26 则，因其第 3 则一分为三，第 5、6 则合并为一则，而其目录亦称 25 则，由此或可见其分则之不当。以下就各分则相异处逐一探析。

第 3 则"谓无神仙"讨论神仙之有无、方士幻化与真伪，大中国本在"从叔梅庵公言"与"舅氏张公健亭言"之后皆另成一则，实此则探神仙与方士等各种情状，文气上相承相贯，不必分之可也。第 5 则"戊子昌吉之乱"[19]记昌吉乱民杀屯官，清守备刘德临阵指挥若定，足智多谋，选守地、鸣枪时点皆切要中肯，故能传捷报。第 6 则"由乌鲁木齐至昌吉"记叛兵逃亡时，陷入南、北淤泥中，据被俘者言有关帝在本可顺利脱逃的西边立马云中，断其归路的情形。此二则广文本与大中国本皆合并为一则，汪点校本与台大道光二十七年善本则分割为二。第 6 则乃第 5 则之延续，但第 5 则文末，纪昀称"捷报不能缕述曲折，今详着之，庶不湮没焉"，似有结语意味，分之亦可。第 13 则"蔡季实殿撰有一仆"[20]记一京师长随狡黠应对，百计欺主人，其妇与二幼子并暴卒，自己不久亦发病的各种传言。第 14 则"杨槐亭前辈言"其乡有宦成归里，晚年一子，冶游骄纵，败家，乡党论之曰作令不过十年，而宦囊逾数万，致富之道有不可知者？此二则所记乃不同之两件事，但所谈都是不当得财而遭报应之事例。考之嘉庆五年望益屋善本，因上则结束于最后一字，而下则起笔于次行第一字，因此看不出是否分则，此实难断定分之或不分较为合宜。广文本合并，光绪十七年的广百宋斋本亦合并为一则。

卷 21：汪点校本有 23 则，朱点注本有 24 则。广文本实有 23 则，但目录载 24 则，不符。大中国本与朱点注本将第 15 则分为二，故实有 24 则，目录亦登录 24 则，相符。

第 15 则"奴子刘福荣"谈其善制罟弓弩，曾射二狐，再击不中，狐亦不惊，心知为灵物。而"外祖公水明楼"㉑之下记值更者范玉因得罪狐仙，落得双目失明。此则所记二事，但结语并谈此二人，比较二人行事作风，"一老成经事，一少年喜事故也"。大中国本将此则分为二，实不宜。

卷 22：汪点校本有 22 则，朱点注本亦同为 22 则，分则情形亦同。广文本第 11、12 则合并成一则，故实有 21 则，但目录亦载有 22 则，不符。大中国本第 11、12 则亦合并为一则，但第 21 则却分为二则，分则情形有异，但总则数仍为 22 则，目录亦载 22 则，与汪点校本同。

第 11 则"科场拨卷"记主考官禀公而于科场拨卷的种种情状，有因拨卷而中举的朱子颖，并谈论其诗作与己诗，并云"蓝出于青"，谦言老师向学生学习的情形。第 12 则"朱师介野园先生"记先师扈从南巡，卒于路，卒前托梦师母，并谈先师事迹。此二则一则谈生，一则谈师，不必合并为一。第 21 则"沧州甜水井有老尼"㉒叙一尼之事，在"又景城天齐庙一僧"之后谈一僧之事，前叙一尼，后述一僧，本为二事，但文末称"此一尼一僧，亦彼法中之独行者矣"，可知作者本意将二人相提并谈，实不必另行分则。

卷 23：汪点校本有 26 则，朱点注本亦同为 26 则，分则情形亦同。广文本同为 26 则，目录亦相符。大中国本第 7 则一分为三，第 15、16 则合并为一则，第 26 则亦分为三，故实有 29 则，目录称 26 则，不符。或可佐证其分则之不当。

第 7 则"李汇川言"谈三个不怕鬼的人，一以执拗之气胜之，一以不惊怖、神不瞀乱胜之，一则襟怀洒落，故作游戏而不怕鬼。这三个故事，大中国本就分成三则，其实作者有意将其并提而加以比较，文气一贯，分之不宜。第 15 则"有嫠妇年未二十"记一子杀母情人，情愿被处死，不愿彰母过。第 16 则"小人之谋，无往不祸君子"记一人因曾积阴功而一路遭盗觊觎之二巨箧突破裂掉水，盗见其财露而散，因此免祸。此则与上则所记诚二件不相干之事，大中国本将之合并，不当。第 26 则"田侯松岩言"记能见鬼的爱公星阿所见的三个鬼之故事，虽是三件事，但末尾总结这三个鬼或希求还乡，或有争相占据居室之心的缢鬼，或有与人竞斗之意的溺鬼，大中国本将此则割分为三则，就文气上一贯而论，似不可分则。

卷 24：汪点校本有 18 则，在 18 则之后，附纪汝佶 6 则，所附之 6 则，每则格式与本文不同，每行皆空 5 字，不算本文。朱点注本亦同为 18 则，末附纪汝佶 6 则，分则情形亦相同。广文本正文有 18 则，第 18 则之后，"亡儿汝佶"自成一则，后又有 6 则，依其所分则就有 25 则，其目录登录 19 则附 9 则，不知是如何算法？大中国本将第 4 则一分为二，第 10 则亦分为二则，在 18 则之后，"亡儿汝佶"之作品介绍又算一则，后又有与正文格式一致的 6 则，故总共有 27 则，其目录登录 19 则附 6 则，并不相称。

第 4 则"高官农家畜一牛"先谈一牛为主人报仇，具备人的性情，在"又西商李庭盛买一马"之后，记马遇一白马则仁立，因其母为白马，此马也具备人的性情。纪氏在比较这一牛一马，所用语气一致，前者言"是牛也，有人心焉"；后者言"是马也，亦有人心焉"。将两件相类的事并提，大中国本将之分割为二则，似不宜。第 10 则"田侯松岩言"先谈石中铁炮之虫，在"又言头等侍卫常君青"之后记冰中之蚕。虽似两件奇事，但在文末作者总结阴阳内敛之道，并称"是兽且生于火与冰点，其事似异，实则常理也"。可见作者本将二虫相提并谈，大中国本将之分属二则，固不宜也。

《滦阳续录》从卷 19 至卷 24，三本通行本内容大致相同，其分则情形，汪点校本共有 144 则，后附 6 则，目录亦相符。朱点注本共录 144 则，分则情形有二处与汪点校本不同，卷 20 少一则，卷 21 多一则。广文本有 147 则，目录称 144 则，后附 9 则，略有差异。至于大中国本共有 159 则，目录登记 145 则附 6 则，亦不相符。

综上所述，《阅微草堂笔记》全书 24 卷，汪点校本共有 1 197 则，后附 6 则（不算在正文的则数中），目录之登录只少 1 则；朱点注本共有 1 195 则，后附 6 则（内容与汪点校本同）。广文本共有 1 090 则，但目录却登录有 1 273 则，后附 9 则。大中国本共有 1 160 则，目录却登录 1202 则，后附 6 则（见表 1）。

《阅微草堂笔记》现今所见通行本，以台湾地区通行的大中国本发行最久，流传最广；其次是广文本，其版本与《笔记小说大观》本相同，有线装书的样式。但这两本书分卷分则情形凌乱，自有许多争议之处，历来台湾地区研究《阅微草堂笔记》的人，只就部分则数加以讨论，本人却一则一则地逐条加以比较，加以探究其分卷、分则之是否合宜，整理出全貌。可叹在台湾流传最久、最广的通行本竟如此凌乱，则数随意区分、任意合并，没有通则，也不理会文意。从前的研究者因时地所限，有的甚至未及目睹汪点校本（如卢锦堂的《纪昀生平与其阅微草堂笔记》作于 1974 年，汪点校本出版于 1980 年），大部分学者也无法一览嘉庆五年盛时彦的原版，故未能逐一比较探索。总之，现今的四本通行本，以上海古籍出版社出版的汪贤度的点校本最为完备，分卷分则的情形亦最精确。北京出版社出版的中国文言小说百部经典中，由朱彤芳点注的《阅微草堂笔记》版本，内容与汪点校本一致，分卷分则情形只小有差异，无可厚非。台湾地区出版的二本书，无论是广文出版社还是大中国图书公司（新兴书局、文光图书公司）的版本，在内容上都短少了 90 则（《槐西杂志》的卷 11 少了 24 则，卷 12 少 32 则，卷 14 少 14 则，共 70 则；《如是我闻》的卷 17 少了 20 则），这些通行本可能传承自《笔记小说大观》。新兴书局所影印出版的《笔记小说大观》与《清代笔记丛刊》在内容上也都短少了 90 则，与上述各本所缺少的则数完全一致。

注　释：

①　《纪文达公遗集诗》卷 9，有《京邸新题》六首。其四即《题阅微草堂》，云："读书如逝山，触目皆可悦，千岩与万壑，焉得穷曲折。烟霞涤荡久，亦觉心胸阔，所以闭柴荆，微言修日阅。"可知阅微草堂乃公京邸之读书处。

②　见《阅微草堂笔记》之《滦阳消夏录·序》。

③　《阅微草堂笔记》之《如是我闻·序》：曩撰《滦阳消夏录》，属草未定，遽为书肆所窃刊，非所愿也。然博雅君子，或不以为纰缪，且有以新事续告者，因补缀旧闻，又成四卷。欧阳公曰：'物堂聚于所好。'岂不信哉！缘是知一有偏嗜，必有浸淫而不能自己者。天下事往往如斯，亦可深长思也。辛亥七月二十一日题。"

④　见《阅微草堂笔记》之《槐西杂志·序》。

⑤　见《滦阳续录》小序："景薄桑榆，精神日减，无复著书之志，惟时作杂志聊以消闲《滦阳消夏录》等四种皆弄笔遣日者也……今岁五月，扈从滦阳，退直之余，昼长多暇，乃连缀成书，命曰《滦阳续录》。缮写既完，因题数语，以志缘起……嘉定戊午七夕后三日，观奕道人书于礼部直庐，时年七十五。"

⑥　见《阅微草堂笔记》盛时彦于嘉庆庚申八月所作序。

⑦　台湾的"故宫博物院"图书馆有一本嘉庆五年善本书，以及国家图书馆有《续修四库全书》，其中子部小说录有嘉庆五年北平盛氏望益屋刻本影印。此书若真是嘉庆五年的版本，纪昀本人曾检视过，当是最可靠的版本。请参考本人所作《阅薇草堂之台湾善本》，韩国中国小说学会《中国小说论丛》第 22 辑，2005 年 9 月。

⑧　卢锦堂在《纪昀生平及其〈阅微草堂笔记〉》（1994 年 5 月，"国立政治大学"硕士论文）第四章第二节第三目分卷分则中（第 89～90 页中）有论及，因卢锦堂作此论文时，尚未看见较完整的汪贤度点校本（1980 年初版），也未能目睹《续修四库全书》中的嘉庆五年盛时彦版本，故所论不够完整。而刘丽屏《〈阅微草堂笔记〉中的女性研究》在第二章第二节的第三目下有版本及分卷分则的介绍，分卷分则部分（第 17～19 页）以大中国本分之而点校本合之的有 3 则，大中国本合之而点校本分之的有 5 则，总共只以 8 则定分合，依笔者一则一则逐一比较，当在数十则以上。

⑨　笔者先将汪贤度的点校本依各则次序加以编号，以此为准来校定各书之则数与分则情形，较易于分辨则数与则次，特此说明。

⑩　某些则数在文字上小有出入，容于校勘时再细述。

⑪　《续修四库全书》嘉庆五年版本，"玉典又言"亦似另成一则，与广文本同，因"玉典又言"正巧置该行第一字，而目录亦记 55 则，此处似可分。但因《续修四库全书》的实际分则与目录所登录也常有出入，故难以明确区分。

⑫　第 31 则"从兄坦居言"，广文本与大中国本"坦"作"垣"，最后一句："此狐可谓能'虑远'"，汪点校本与朱点注本皆同，但广文本与大中国本皆作"远虑"。

⑬　此则汪点校本与朱点注本在"俄而复苏曰"之后多一行文字："冥吏遣我归索钱，市冥镪焚之，乃死，俄而复苏曰。"是则小婢玉儿复苏两次，而广文本与大中国本皆少一行，故只复苏一次。

⑭　大中国本在"各随平生之善恶"句中的"随"字后多一"半"字，显然是误植。

⑮　广文本与大中国本作"胡厚庵先生"，汪点校本和朱点注本作"胡厚庵先生"。

⑯　汪点校本与朱点注本作"有一妻伯刘文"，广文本"刘文"作"刘丈人"，大中国本无"有一妻伯"等字，只有"刘文"二字。而道光二十七年善本与《续修四库全书》（嘉庆五年本）皆作"有一妻伯刘大人"，亦与汪点校本有异。

⑰　汪点校本与朱点注本作"门人桐城耿守愚"，大中国本少"门人"二字，广文本有"门人"二

字，可能是大中国本漏字。

⑱　"余有亲'串'鞭苔婢妾"，大中国本作"亲'戚'"，广文本与其余各善本皆作"串"。

⑲　"'戊子'昌吉之乱"，墨家斋藏书校勘："戊子"乃"丁亥"之误，此事发生于丁亥，非戊子，乃乾隆三十二年，公元 1767 年，其余各本皆未有校定，仍作"戊子"。

⑳　"蔡季实'殿'撰"，台大道光二十七年善本作"蔡季实'殿'撰"，其余所见各本作"殿"。

㉑　外祖"张"公水明楼，大中国本无"张"。考《续修四库全书》嘉庆五年原本有"张"字，依此校正。

㉒　沧州"甜"水井：广文本、大中国本皆作"憩"，台大道光二十七年善本与墨香斋藏书皆作"憩"。

明代巡检司制度建立时间考

□ 王雅红

　　"巡检"、"巡检司"于唐末、五代已经存在，在宋代得以广泛设置，逐步成为维护社会治安的重要举措之一。元代亦有此制。对宋、西夏、元朝之巡检及巡检司，学者有专论①，此不赘述。至明，朱元璋承袭元制，在全国建立统一的巡检司制度。然而，为了强化对社会的控制，朱元璋对它进行了改革，使巡检司制度发生了较大变化。巡检司制度作为一种维护地方治安、捕盗防贼的重要措施，普及到全国各地。因此，明代的巡检司尽管品秩不高，机构亦简，却在地方事务中占有重要地位，对基层社会控制起着无可替代的作用。另一方面，此制延续到清代，前后数百年间无论是在制度设计上还是在实际作用上，巡检司在前后代传承的同时，亦发生过显著变化，这些变化及其带来的影响值得进行深入研究。但长期以来，学术界对此似关注不多②，尤其是明代的巡检司制度，尚有不少基本问题不甚明确，以至或以明代之制比照清代，或以清代之事类及明代，值得系统、深入探讨之处尚多。本文拟以明代湖广（清之湖南、湖北）地区为中心，从巡检司制度的建立入手进行初步研讨。明清时期巡检司制度的变化及其与地方社会的互动等问题，容另文专论。

一、洪武元年（1368 年）之前所置巡检司

　　关于明代开始设置巡检司的时间，有学者认为在洪武二十六年（1393 年），其依据是万历《明会典》。万历《明会典·关津》载："洪武二十六年定：凡天下要冲去处，设立巡检司，专一盘诘往来奸细及贩卖私盐犯人，逃军、逃囚、无引面生可疑之人，须要常加提督。"③《明会典》之权威性为众多学者首肯，因此，持此说者不乏其人。

　　也有学者认为在洪武二年（1369 年），依据则是《明史》。《明史·职官四》云："巡检司……主缉捕盗贼，盘诘奸伪。凡在外各府州县关津要害处俱设，俾率徭役弓兵警备不虞。初，洪武二年，以广西地接瑶、僮，始于关隘冲要之处设巡检司，以警奸盗。后遂增置各处。十三年二月特赐敕谕之，寻改为杂职。"④

　　《明史》所据当为《明实录》。今见《明实录》所载较早明确设立巡检司的时间即是洪武二年（1369 年）九月，当时，"广西行省言：靖江、平乐、南宁等府，象、宾、郁林

等州，地接瑶僮，其关隘冲要之处，宜设巡检司以警奸盗，从之"⑤。不仅时间，而且空间亦完全一致。

不过，不仅万历《明会典》，《明史》乃至《明实录》的有关记载均未能准确、全面地反映明代巡检司制度建立的过程，因为许多属于明王朝的巡检司，其建立时间都在洪武二年（1369 年）之前。⑥

首先，《明实录》就有洪武二年（1369 年）以前设置巡检司的记载，如洪武元年（1368 年），征南将军廖永忠即以倡义击贼有功而授予南海县人关敏巡检职务。⑦

其次，仔细检阅地方志，就会发现尚有数量更多、时间更早的朱明统治者设置巡检司的记载，其中不少地方的巡检司都设置于洪武元年（1368 年）之前。

今见朱明统治区内最早设置巡检司的时间是元至正二十四年（1364 年），岁在甲辰。试举例证如下：湖广常德府属桃源县白马渡巡检司，"县南二十五里，甲辰年建，今重修"⑧。至正甲辰年，亦就是朱元璋打败陈友谅、将湖广大部地区纳入自己统治范围的年份。如果说嘉靖《常德府志》记载得还不够明确，那么嘉靖《湖广图经志书》所记载的内容将有助于我们对问题的理解。该志载，武昌府属江夏县浒黄州镇巡检司：

> 在县治北 30 里，本朝甲辰年（1364 年）开设。⑨

同府武昌县（今鄂州）赤土矶镇巡检司、金子矶镇巡检司、白湖镇巡检司，"俱本朝甲辰年开设"。⑩明代地方志所谓"本朝甲辰年"，应是在朝代更替期间，对明王朝尚未正式建立、洪武年号亦未出台之时记载朱元璋政权政事的一种特殊纪年方式。

自此到明王朝正式建立的三年中，在朱元璋的统治区之内，至正乙巳年（1365 年）和至正丁未年（1367 年）都设置有数量不等的巡检司，如设于元至正乙巳年的岳州府属华容县明山古楼巡检司、江夏县金口镇巡检司等。隆庆《岳州府志》载：

> 明山古楼巡检司，在县南六十里，旧为古楼寨，今改巡检司，元至正乙巳国朝巡检解智创，洪武七年重修。⑪

嘉靖《湖广图经志书》载：

> 金口镇巡检司，在县南六十里，乙巳年开设。"⑫

"元至正乙巳国朝巡检"也是一种特殊时期的特别称呼。记载中所见当年开设的还有黄州府属黄梅县清江镇巡检司、新开镇巡检司等。⑬

设于元至正丁未年的，如江夏县鲇鱼口巡检司，"在县南五里，丁未年开设"⑭。广济县马口镇巡检司，"在县西南七十里，吴元年巡检李遇春建"；成化初知县江震重建。同县武家穴镇巡检司，"在县南九十里，吴元年巡检贡恢常创建"；成化初知县江震重建。⑮岳州府属华容县黄家穴巡检司，"司在县东北百十有二里，吴元年巡检江清创，嘉靖三十六年知县毛锐移置塔市"⑯。吴元年即元至正二十七年（1367 年），岁在丁未，也就是朱元璋所建明王朝基本成型的年代。史称：至正二十六年十二月，韩林儿卒，朱元璋

即"以明年为吴元年，建庙社宫室，祭告山川"。⑰ "是时群臣皆上言：一代之兴，必有
一代之制作，今新城既建，宫阙制度亦宜早定。上以国之所重，莫先庙社，遂定议以明年
为吴元年，命有司营建庙社，立宫室。"⑱《明史》中此后也多见有"太祖吴元年"的纪
年。

还有一些巡检司，虽然在文献中没有见到准确的设立时间，但是从记载的内容上可以
断定其设于洪武元年以前。如江西九江府彭泽县马当镇巡检司，"在新兴乡，去县北三十
里。元至正间巡检唐铎英建于马当山麓，洪武十一年巡检邵纲改建今所"⑲。查该志的
《职官志》，彭泽县巡检项下记载该县马当镇巡检司首任巡检为唐铎英，第二任为邵纲，
并云："俱洪武间任。"⑳可知马当镇巡检司亦建于洪武元年以前。

上述有关记载表明，早在明王朝正式建立之前，朱元璋在自己的统治区域内已开始陆
续设置巡检司。说得再具体一点，就是朱元璋在击败陈友谅、占领湖广一带的当年，即元
至正二十四年（1364 年），为了掌控这一区域，他已经开始在该地区大量设置巡检司。

乾隆《黄梅县志·秩官》的编纂者注意到了《明史》的"洪武二年"说，并据以对
明代巡检司始设时间加以辨正。该志称："旧志载：洪武乙巳，设清江、新开二镇巡检
司。按《明史》（载）：洪武二年，以广西地接獞猺，始设巡检司以警盗贼，后遂增置各
处。二年岁在己酉，其乙巳则称王之二年也。"旧志记载本来没有问题，然而新志编者却
没有因此得出正确的结论，因为他轻易地迷信《明史》的说法，并因此而简单地否定了
明代方志的记载。同志卷2《公署》有关巡检司的记载被修正为如下内容：

> 新开巡检署。在新开镇，县西南七十里。明洪武二年开设，滨江，岁久屋坏。成
> 化六年知县戴中、巡检孙成重建……
> 清江巡检署。在孔垅镇，县南五十里。明洪武二年开设。成化六年重建，与新开
> 司同。

如果不细加考究，恐自此之后人们就只能认定诸巡检司乃"洪武二年开设"这一种说法
了。

当然，其间有对"洪武乙巳"的理解问题，因为正规的纪年体系中并无这一年代。
不过，考虑到在朱元璋已经建立实际统治，且已称王却无年号的具体情况，后人追记时将
其纳入开国年号洪武之下并非绝对不可理解。

二、洪武元年（1368 年）所置巡检司

洪武元年（1368 年）开设的巡检司甚多，例如湖广武昌府属嘉鱼县簰州镇巡检司，
"在县东北四十里，洪武元年巡检李颜建"。同县石头口巡检司，"在县西北八十里，洪武
元年开设始创"。㉑江西吉安府属安福县罗塘巡检司，"县西一百八十里，清德乡二十九
都，洪武元年州判潘枢巡检立"。同府永新县粟传巡检司，"在二十二都，洪武元年知县
田胜建"㉒。此外，江西九江府德化县龙开河镇巡检司、南湖觜镇巡检司、城子镇巡检
司，湖口县湖口镇巡检司、茭石矶镇巡检司，皆建于洪武元年。㉓

此外，在文献记载中有很多巡检司都没有言明具体年代，仅说是洪武初年建置的，如

江西南康府属都昌县柴棚巡检司、左蠡巡检司㉔，湖广归州牛口巡检司、南逻口巡检司，长阳县寨家园巡检司，鱼洋关巡检司，夷陵州南津口巡检司，监利县白螺矶巡检司，石首县调弦口巡检司，江陵县郝穴口巡检司，虎渡口巡检司，蕲州茅山巡检司，团风镇巡检司，阳逻巡检司，长沙县桥口巡检司，善化县暮云巡检司，湘潭县下摄镇巡检司，湘阴县营田镇巡检司，醴陵县渌口巡检司，湘乡县武障口巡检司，沅陵县池蓬巡检司，明溪巡检司，会溪巡检司，泸溪县溪洞巡检司，河溪巡检司，黔阳县安江巡检司，东安县芦洪市巡检司，宁远县白面寨巡检司，桃源县白马渡巡检司，高都巡检司，龙阳县小港巡检司，鼎口巡检司，宜章县白沙巡检司，等等。又如，巴东县连天关巡检司，洪武初建，嘉靖三十七年十一月复置。宜都县清江口巡检司，洪武初建，后裁革。公安县油河巡检司，洪武初建，嘉靖十七年五月裁革。黄冈县赤壁矶镇巡检司，洪武初建，后裁革。㉕

文献中又有记载为"国初建"的，如临湘县鸭栏镇巡检司、城陵矶镇巡检司，华容县明山鼓楼巡检司、黄家穴镇巡检司等。㉖

在这里特别要指出的是，上述所依据的史料来自地方志的《公署》，所记大多为有关各巡检司创建衙署的时间，一般而言，机构设置的时间不会晚于建衙的时间。

三、明初巡检司的沿与革

明代所设立的巡检司，尤其是元明之际所设立的巡检司，其中有不少是明代新创设的，但亦有不少是从元代甚至是宋代延续下来的，这从文献记载中的"因之"、"复之"、"仍旧"、"奏徙"等文字就能反映出来。明确这一点将有助于对明代巡检司制度的正确理解。下面试以江西吉安等府属部分巡检司为例：

庐陵县富田巡检司，"在淳化乡八十二都，去县百二十里。旧名寨，在城西。绍兴九年，太守陶礼请于朝，移镇淳化乡。洪武初巡检杨贵建"。㉗

庐陵县井岗巡检司，"在安平乡三十九都，去县八十里。元至正间，因土寇劫掠乡人，高北窗任永新县丞，请于朝，立巡检镇之。国朝因之"㉘。

泰和县早禾市巡检司，"县西五十里，元至正监州达正道创，洪武十四年革去，十九年知县徐逊奏复之"㉙。

吉水县白沙巡检司，"在中鹄乡。创自元，初无公廨，洪武三年巡检叶季懋建"。

龙泉县秀湖巡检司，"在三十三都金田。旧在秀州，洪武戊申，巡检安信请徙今所，而名仍旧"。同县禾原巡检司，"在二十五都左安。旧在禾原，至正二十一年，县尹李逊建。洪武戊申，知县聂渊请徙今所，名仍旧"。㉚洪武戊申，即洪武元年（1368 年），这里明确指出为迁徙而不是新设，推测其设置当在洪武元年以前。在这里，沿袭的仅是原巡检司的名称，所在的地理位置已经改变。

江西抚州府属东乡县白玕巡检司，"在县东九都。宋元在熊坊镇，洪武四年临川主簿雷遇时奏徙今地"㉛。

江西赣州府属雩都县青塘寨巡检司，"在县东北一百八十里，宋绍兴岳飞平固石洞寇，亲帅麾下创筑三寨，以厄雩宁兴之冲。明万历十三年官裁，旧址尚存"㉜。

巡检司在各朝代间的因袭沿革，江西赣州府属雩都县平头寨巡检司之例颇为典型。康熙《雩都县志》载："平头寨巡检司在县东北一百里，宋绍兴丁巳（1137 年）岳飞创，元至元庚寅（1290 年）毁于寇。至大己酉（1309 年），郡总管将军张武命巡检张国用复建，日久颓甚。弘治知县高颙重建鼓楼、仪门、公厅、后堂、厢房、垣墙具如式，明崇祯甲申（1644 年）残于寇。国朝戊辰年巡检高象震重新鼎建。"㉝

江西吉安府等地亦为较早纳入朱元璋统治范围的地区，故早年设置的巡检司较多。在纪年方面亦和前举湖广地区有相似之处，如嘉靖《吉安府志》每见有"国朝丙午岁"等说法。

所谓明袭元制，就巡检司制度而言，可以从两个方面理解：一方面，从制度上讲，巡检司制度并非明代新创，乃是承袭前朝而来，尽管具体因素不无变化；另一方面，从各地所设具体的巡检司而言，亦有直接、间接沿袭元代建置的。

当然，沿袭不是绝对的，有多种情况存在。明代设置巡检司的数量远较元代为多，但元代已有的巡检司，有不少被新王朝所裁革，如常德府属武陵县之冈市、南城、潜水三巡检司，桃源县之麻溪、苏溪二巡检司，沅江县之齐湖巡检司，等等。㉞又如长沙府属宁乡县唐市镇、辰州府属沅陵县之麻伊洑寨、新店寨、酉溪寨等地，元代皆设有巡检司，至明初却都先后被革去。㉟可以说除了对巡检司制度的内涵有较多改革外（详见另文），即使在机构上、形式上，明对以前的巡检司也不是全盘照收。

朱元璋在正式建立明王朝之前，在自己统治区设置统治机构，明王朝建立后加以承袭推广，从而成为正规的全国性制度，这种现象并不限于巡检司，其他如河泊所制度、卫所制度等，亦颇类似。㊱其间对前朝设制的承袭和改革及其影响，值得进一步探讨。

注释：

① 关于宋、元巡检司的研究，可参见萧忠文的《论宋代"巡检司"设置的作用及意义》，《江西公安专科学校学报》2000 年第 1 期；李治安：《元代政治制度研究》第二章"地方行政与监察制度"，人民出版社 2003 年版。

② 关于巡检司研究的专门论著，笔者见有少数论文、少数论者有所涉及，如陈宝良《明代乡村的防御体制》，载于《齐鲁学刊》1993 年第 6 期；贺跃夫《晚清县以下基层行政官署与乡村社会控制》，载于《中山大学学报》1995 年第 4 期。

③ 万历《明会典》卷 138，中华书局 1989 年版，第 722 页。参见《皇明制书》卷 5《诸司职掌·关津》。

④ 《明史》卷 75，第 1852 页。

⑤ 《明太祖实录》卷 45。

⑥ 劳堪：《宪章类编》卷 39《巡检驿递河泊》："巡检司始于洪武中。"

⑦ 《明太祖实录》卷 32。

⑧ 嘉靖《常德府志》卷 4《建设志·公署》。该志多见"国朝甲辰年"之说法。

⑨ 嘉靖《湖广图经志书》卷 2《武昌府》。

⑩ 嘉靖《湖广图经志书》卷 2《武昌府》。

⑪ 隆庆《岳州府志》卷 6《军政考》。

⑫ 嘉靖《湖广图经志书》卷 2《武昌府》。

⑬ 乾隆《黄梅县志·秩官》。

⑭ 嘉靖《湖广图经志书》卷 2《武昌府》。

⑮ 嘉靖《湖广图经志书》卷 4《黄州府》。

⑯　隆庆《岳州府志》卷 6《军政考》。

⑰　《明史》卷 1《本纪第一》。《新元史》卷 26《本纪第二六》亦云："（至正）二十七年春正月癸巳朔，朱元璋始称吴元年。"

⑱　《明太祖实录》卷 21。

⑲　嘉靖《九江府志》卷 9《公署》。

⑳　嘉靖《九江府志》卷 6《职官》。

㉑　嘉靖《湖广图经志书》卷 2《武昌府》。

㉒　嘉靖《吉安府志》卷 6《关津》。

㉓　嘉靖《九江府志》卷 9《公署》。

㉔　正德《南康府志》卷 4《公署》。

㉕　嘉靖《湖广图经志书》卷 2～卷 18。

㉖　嘉靖《湖广图经志书》卷 7《岳州府》。

㉗　嘉靖《吉安府志》卷 6《关津》。

㉘　嘉靖《吉安府志》卷 6《关津》。

㉙　嘉靖《吉安府志》卷 6《关津》。

㉚　嘉靖《吉安府志》卷 6《关津》。

㉛　嘉靖《东乡县志》卷上《公署》。

㉜　康熙《雩都县志》卷 3《营建》，参见天启《赣州府志》卷 4《公署》。

㉝　康熙《雩都县志》卷 3《营建》，参见天启《赣州府志》卷 4《公署》。

㉞　嘉靖《常德府志》卷 4《建设志·公署》。

㉟　乾隆《湖南通志》卷 18、卷 19《关隘》。

㊱　参见张建民《明代的鱼贡鱼课与渔业》，载《江汉论坛》1998 年第 5 期。

（作者单位：武汉大学出版社）

晚明社会的名妓与官吏

□ 柳素平

一、缘　起

在波诡云谲的晚明时代，名妓是值得研究的文化群体。首先，一大批名妓在这时涌现，短短几十年中，先后约有一百四十多个名妓活动在社会上①，这在中国历史上是绝无仅有的。其次，在艺术才情方面，晚明名妓也领整个传统社会名妓之风骚。她们或善于歌舞戏曲，或精于丝竹声律，或巧于诗词书画，大都才艺不凡，引人注目。如董小宛、柳如是之于辞章，顾横波、马湘兰之于绘画，李香、仙娃之于戏曲表演，皆轰动一时，名声远播。再次，在个性气质方面，与前代相比，晚明名妓多具有高雅清秀、脱凡拔俗之气韵。尤其是在明清鼎革中，她们中的一些人坚守气节，拒绝降清，更令人可叹。风尘妓女，尤其是名妓，其卑微的社会地位，复杂的角色身份，使她们能够敏锐地扑捉到社会时尚、思想风气的变化，以迅速转换自己的风韵，积极迎合士人的新需求。因此，研究名妓的心灵感受、价值取向，有助于我们了解一定历史时期内社会文化的变化动向。

晚明名妓的存在，与其周围的环境发生着方方面面的联系，环境影响着名妓的生活。名妓衣着华丽，气质高雅，出入宝马雕车，外面看似风光无限，其内心却存在着几多酸楚，几许无奈。她们的生存空间中，充满着太多的潜在威胁。且莫说鸨母的贪婪，嫖客的庸俗，单是官府官吏的无理纠缠，强横骚扰，都使许多名妓躲之不及，备受摧折。在中国传统社会，生活在政治和文化中心的城市中，无论是游卒走贩，普通的市井百姓，还是商贾大家，都不可避免地与官府官吏发生这样那样的联系，妓家也是如此。明代"两京教坊，官收其税，谓之'脂粉钱'。隶郡县者则为乐户，听使令而已"②。官府官吏使用手中的权力可以任意驱使妓家，随叫随到，为之服务。普通妓如此，名妓更是如此。名妓与普通妓不一样，名妓色艺俱佳，不仅有名气，而且在社会上有一定的影响力，因此，她们经常被官吏驱使，或陪伴他们侑酒作乐，或被劫来用于官场交易。"她们不懂政治斗争的险恶，却偏偏被用作政治斗争的工具，迫于权势的力量，却身不由己，不能自主，任人役使和驱动。"③探讨晚明名妓的生存空间，官府官吏是不容忽视的重要一环，透彻把握晚明名妓与官吏的关系才能发现她们看似风光无限的生活背后的无奈和被动，看到她们不得不一次次做出选择和努力的真正原因。

研究妓女生活的几部重要书籍，如王书奴的《中国娼妓史》、陈东原的《中国妇女生活史》、石方的《中国性文化史》、张耀铭的《娼妓的历史》等，多是从制度角度出发论述妓女问题的。对于妓女之情感世界、平素生活、心态风貌、社会角色，描述最为详尽的是刘师古先生的《妓家风月》。然而，对于与妓女影响较大，甚至决定其命运的官场官吏，却没有论及；武舟先生在《中国妓女生活史》第四章中将官府与官妓之间归结为统治与被统治关系，过于简单，且于明代二者之关系付之阙如，对于名妓与官吏的关系则论述更少，因此，很有必要对这一问题作深入探讨。

二、晚明官吏对名妓的态度：强征与霸占

晚明社会官吏对名妓的需求可以概括为两个方面：一是凭借权力强行征选名妓，将之作为官场交易和政治投资的资本；二是官吏自己附庸风雅，霸占名妓，以满足感官刺激和精神享受。这种关系只有在几种条件下发生：第一，法令松弛，对官吏的约束失效，官吏纵情声色却少人过问；第二，处于朝代的末年，朝廷内外压力加大，山雨欲来，为政者人心惶惶，得过且过，及时行乐。而晚明正是处于这样一个社会环境之下。

明代中晚期，其政治比以往任何朝代末年的都要复杂。汉、唐、宋、元社会晚期，政治或败于外戚专政，或败于宦官篡权，或败于党争，但晚明却集这几种毒瘤于一身。万历时万贵妃与宫廷三案纠结一起，党争不断；天启年间皇帝乳母客氏和宦官魏忠贤勾结，祸乱朝政；崇祯帝时，内阁频换，朝令夕改。三个朝代均是宦官掌权，各类锦衣卫、阉党官监充斥整个朝廷的内阁、百官、军镇，相互掣肘。于是，整个晚明政治腐败，没有监督机制，权臣按照自己的个人爱好和亲近关系随意罢黜官员，致使官员正常的升降规则被打破。在位文官多是尸位素餐的庸才，治国无术，遇事推诿；武将要员则贪庸躁怯，飞扬跋扈，上阵打仗却坐甲观望，畏缩不前。中下级官吏也无法正常执行上方指令，为官做事失去了政治激情，官场一片萎靡。官吏无心政事，却醉心于争权夺利的斗争，各派力量消长，风云变幻。

宦官专权，党派林立，上下官员无心为政，使得万历以后的整个官场风气破败，不可收拾。一切制度如宗藩、官制、兵戎、财赋、屯田、盐法，皆处于无序状态。许多政务要么被搁置，无人操作；要么就草草应付，无任何成效。谢肇淛在《五杂俎》中描写制度政事败坏的情况："俗语谓京师有三不称，谓光禄寺茶汤，武库司刀枪，太医院药方。余谓尚不止三者，如钦天监之推卜，中书科之字法，国子监之人材，太仓之蓄积，皆大舛讹可笑。"④因此，"当其事者，如坐敝船之中，时时虞溺，莫可如何。计日数月，冀幸迁转，以遗后来，后来者又遗后来，人复一人，岁复一岁，而愈敝愈急"⑤。其结果纲纪松弛，官风恶化，官场腐败。许多官吏乘虚而入，纵情声色，寻求精神享受和感官刺激。清人严思庵也在《艳囮二则》中描写过这种风气，他说，"明万历之末，上倦于勤，不坐朝，不阅奏章，辇下诸公亦泄泄杳杳然，间有陶情花柳者，时教坊妇女，竞尚色容，投时好以博赀财。"⑥

不仅如此，从朝廷内外聚合而来巨大的压力也使晚明社会处于风雨飘摇之中。先是政府的财政危机，使得国库空虚，无力支付各种费用，很多矛盾无国力解决；接着是流民问题层出不穷，许多农民或不堪苦顿，或失去土地，成群结队流浪在深山老林，不断滋事；

北方各地农民起义风起云涌，甚至威胁京城，南方佃农抗租斗争也此起彼伏；东北建州女真日趋强大，步步南侵。另外还有诸多的兵变、奴变和城市市民运动。朝廷顾此失彼，疲于应付，明朝统治风雨飘摇，为官者多人心惶惶，前途未卜，现实焦虑感加重，凭借官风腐败钻空子沉迷声色，及时享乐。

晚明社会政治如此，官风如此，使官吏们无论在官场上，还是在生活中，无所约束，为所欲为。在对待名妓的态度上，尽管有禁止官吏狎妓的规定，但在他们身上已失去了作用，他们可以无视法纪，一方面寻找精神享受和感官的刺激，需求一种附庸风雅的时尚，利用金钱和职权，试图霸占名妓，为己所有；另一方面，又以名妓为筹码，把她们作为拉拢上下关系、获取更大权力的工具。

三、名妓对官吏的态度：无奈又排斥

名妓对于官府俗吏，向来就是一种既厌倦排斥又无奈的态度。名士悦倾城，女为悦己容。身为名妓，姿色超人，受到客人的吹捧和高抬，自然心性高傲，看不起一般粗俗油滑、不懂风月的官场俗吏。元时名妓郭顺卿（即顺时秀）与名士王元鼎交好，参政阿鲁温问："我何如王元鼎？"郭顺卿的回答很能表现名妓的这种心态，她说："经纶朝政，致君泽民，则元鼎不及参政；嘲风弄月，惜玉怜香，则参政不敢望元鼎。"[⑦]名妓倾心的是风流潇洒的名士。名士多出身于仕宦家庭，晚明名士如张岱、冒襄、侯方域、汪然明、王百谷、陈继儒等均是名门大族出身，在当地有极大的影响，家庭经济殷实，这就使得他们能够在生活中潇洒自如，不受到各种掣肘的窘迫。中国传统社会的仕宦之家，大多是读书世家，因而易于培养名士注重文学、热爱诗歌和重视名节、做人正直等方面的气质。名士还讲究生活艺术，有着浪漫的情调和细腻的情感。这一切对于自标清高的名妓都有着极大诱惑力。而晚明官吏则陷身于无休止的政治斗争中，权力和金钱的追逐使他们变得一身油滑之气，俗不可耐；手中有少许权力，就沾沾自喜，欺下媚上；又受到种种利欲的限制，顾忌很多，自然潇洒不起来。这类人在名妓的眼中，自然比不上风流多情的名士。然而，她们对官吏的关系又是微妙的，在内心深处，名妓对官吏持厌倦排斥的态度，但在表面上，又畏于他们手中的权力，对之无可奈何，不敢有过深得罪。

晚明南京旧院妓中，流行一种厌倦官府官吏的风气。据明人王士性《广志绎》记载，按旧院习俗，众妓皆以见官为耻，她们都"不肯诣官，亦不易脱籍"。严重者，"今日某妓以事诣官，明日门前车马无一至者。虽破家必浼人为之居间，裘马子弟娶一妓，各官司积囊共窘嚇之，非数百金亦不能脱"[⑧]。名妓既厌倦官府官吏，又慑于其手中的权力，只好躲避，尽可能不与他们打交道，故而不肯主动拜谒官员，以见官为耻。明后期南京旧院妓，是当时妓家丽品之汇聚地。开国之初，明太祖在南京设立富春院，建十六楼，将全国的官妓皆移于此，一时妓家林立，名妓云集。到了明末，虽然仅存南市楼（即旧院）和珠市（即北市楼、富乐院），但国朝旧院遗风所在，妓家韵度仍不减当年[⑨]。因此，她们的态度取舍，对当时名妓依然具有草行风化的影响作用。

受旧院妓此风气影响，晚明名妓大多对官吏持排斥态度，官吏若慕名求见某一名妓，或被当场拒绝，或即使勉强去应酬，也不肯多言。官吏虽以重金相许，也难博取她们的好感。名妓对官员的排斥态度表现大致有三：

其一，大多数官吏常年混迹官场，对上司前倨后恭，对下属趾高气扬，久而久之，形成固定的思维模式，言谈油滑，功利心强，既失浪漫之情调，又乏风流之趣味，因而名妓不愿同其往来，更不乐意被他们占去，终日相伴。如吴门名妓蒋四娘，"媚姿艳冶，僛态轻盈，琴精奕妙，复善谈谑"⑩，被毗陵官宦吕苍臣以千金买回，虽玉堂金屋，穷极珍绮，但四娘终不满意，每日郁闷不乐。蒋四娘的解释颇能代表当时名妓的态度，她说："人言嫁逐鸡犬，不若得富贵婿。我谓不然……既乏风流之趣，又鲜宴笑之欢，则富贵婿犹鸡犬也，又奚恋乎？尝忆从苍臣至都下时，泉石莫由怡目，丝竹无以娱心。每当深闺昼掩，长日如年。玉宇无尘，凉蟾照夜，徒倚曲栏之间，怅望广庭之内，寂寂跫音，忽焉肠断。此时若有一二才鬼从天而降，亦拥之为无价宝矣。"⑪足见她们对不懂泉石丝竹之乐、了无情趣的官绅之排斥情绪。名妓王月生更为过分。她身居珠市，"南中勋戚大老力致之，亦不能竟一席"，一贵胄狎之，"同寝食者半月，不得其一言。一日，口嗫嚅动"，众人力请再三，月生勉强出二字"家去"⑫。晚明"曲中女郎，多亲生之，母故怜惜备至，遇有佳客，任其留连，不计钱钞。其伧父大贾，拒绝弗与通，亦不怒也"⑬。名妓受到此爱，多心性骄傲，自认为"虽风尘贱质，然非好淫荡检者流。……心之所好，虽相庄如宾，情与之洽也；非心之好，虽勉同枕席，不与之合也"⑭。她们追慕情趣高雅的名士佳客，对于不懂生活、缺乏激情的官家俗吏，即使供给她们以优厚的生活条件，也终不能令其满意。

其二，一些为官者与阉党同流合污，祸害正人君子，为名妓所不齿。晚明阉祸剧烈，许多官吏为谋求职权，依附阉党，祸国殃民，遭到士人唾弃。名妓们和士人在一起，听他们议政论事，耳濡目染，受到一些影响，也羞于与这些官吏为伍。秦淮名妓李香⑮侠气而聪慧，对于胜流名士敬服有加，多愿意与他们交结，而对于阉党之流却力加排斥。李香于"《玉茗堂》、《四传奇》，皆能尽其音节，尤工琵琶词，然不轻发也"。侯方域落第离开金陵，李香主动唱《琵琶记》以送之。而当时淮阳巡抚田仰以三百金邀见李香，因为田仰与阉党余孽阮大铖关系密切，李香以"田公岂异于阮公乎"⑯为由，力拒田仰。李香的态度也不乏代表性。当时的南京旧院，皆以复社东林名士为上宾佳客，而以交结阉党为耻。清人秦际唐《题余澹心〈板桥杂记〉》："笙歌画舫月沉沉，邂逅才子订赏音。福慧几生修得到，家家夫婿是东林。"正是这一情况的真实写照。

其三，有些官吏倚财仗势，在名妓面前，动辄百金虚掷，故意耀富显贵，自命不凡，亦不受名妓喜欢。是真名士自风流，名士一掷千金的洒脱举止是自然的流露，而不是做作出来的，与那种故意标榜风流、炫耀财气的俗吏不同，后者给人骄奢之感，因此难以受到名妓的青睐。粤妓张乔，体貌莹洁，性格聪慧，阅读"铜雀春深锁二乔"的诗句，自名"二乔"，以自己为一乔，以镜中身影为二乔，意味"兼全二璧，名有相当"⑰。其母亦为亲生，对她十分疼爱，欲为之招婿落籍。一艳羡张乔多时的官绅豪贵，以三斛珠宝作为聘礼，诞求给张乔落籍，张乔厌恶豪贵一身恃财耀贵的粗俗气，虽珠宝三斛，坚不为之所动。杭州妓张宛仙被官绅邀去陪宴，她"终宴无一语，然依依不可得而亲疏远近"。"有文武显贵临湖上，闻而慕之。……有不惜明珠白璧，属于骞修者，宛仙笑而谢曰：'公辈真钟情，如薄命人非宜富贵家，且何忍遽别西湖也！'"⑱虽明珠白璧，也被宛仙婉言却之。

名妓对官府官吏的排斥态度只能是单方面的，面对官吏的垂涎之求，名妓可以不顺从，甚至明确拒绝，但却是有限度的，一旦超过官吏容忍度，他们就会凭借手中的权力，对之施以强硬态度。如前文所说的李香拒田仰三百金之事，惹得田仰恼羞成怒，随即捏造一个理由，将李香讼于当时的南直隶，情况可危。幸赖侯方域丹书尺笔，一封《答田中丞书》，晓之以利，暗压其错，田仰才善罢甘休。[19] 在下文中，我们将会看到官家为媚上的政治需要，征选美色以迎合上级趣味时，更会把名妓的傲气和尊严践踏于地，不管她们乐意与否，挟之即去，许多名妓逃之不及，遭受流离之苦。

四、晚明名妓与官府官吏的关系：冲突与纠结

青楼妓馆，"历来都跟官场，或别的权力和势力紧紧勾连"[20]。因为青楼有美色，官场应酬、政治交易、官吏自身占有欲的需求，都可能与她们发生联系。官府手中掌着控制权，青楼妓女不得不屈从官府，二者勾连不可避免，而后者，则表现为弱势群体对生存压力的无奈。对于官妓，明政府在两京设有南、北教坊，所属礼部；在地方上称为乐户，隶属郡县，听其使令。城市市妓，通过注籍官府收其税银的形式间接管理；私妓虽是家居之妓，不隶属官府，但她们的身份在乐籍存档，官府可以通过整顿社会秩序、维护道德风化的形式对之进行干涉。因此，上至朝廷，下至府县，官府官吏除了征收脂粉税钱以外，还可利用手中的职权对在籍的教坊和乐户女子随时使令，任意驱征。明统治阶层狎妓，颇有遗风，景帝宠幸教坊妓李惜儿，武宗恋乐工妻刘良女，宣德时据称"百僚日醉狭邪，不修职业"[21]。上有所好，下有所行，上面一旦风吹草动，下面各级官府蜂拥从之。据《明史》卷 61 载："正德三年，武宗谕内钟鼓司康能等曰：'庆成大宴，华夷臣工所观瞻，宜举大乐。迩者音乐废缺，无以重朝廷。'礼部乃请选三院乐工年壮者，严督肄之，仍移各省司取艺精者赴京供应。顾所隶益猥杂，筋斗百戏之类日盛于禁廷。既而河间等府奉诏送乐户，居之新宅。乐工既得幸，时时言居外者不宜独逸，乃复移各省司所送技精者于教坊。"[22] 武宗荒淫，喜欢声色，一道圣谕，礼部、三院、各省教坊司、地方府衙为迎合其需要，一齐出动，四下征选技艺精湛之乐工，其中不乏美妓殊色。这些教坊乐户之女，面对官家强硬急征，何敢反抗。地方上也是如此，《新昌县志》卷 4《风俗志》"贵贱"一条记载明代浙江新昌县的乐户情况："有乐户十余姓，业鼓吹歌舞役，自相婚配。男妇多听大家使令。凡饮宴，率用之行酒。游侠之徒多聚饮于其家，使其女供歌唱或宿卧于其房，不拒也，不如意则唾骂鞭挞之，不敢逆。"[23] 乐户为官府役使，鼓吹歌舞，其妻子听官家使令，承应官府的各种接待活动，或侑酒助兴，或官场侍宴，不敢忤逆，稍不如意，则被鞭斥，充分体现出普通女妓在官府面前之被动与无奈。

名妓亦是如此。名妓姿容美丽，气质不凡，对官吏有很大的吸引力；名妓有知名度，是城市生活中的焦点人物，在社会上有一定的影响力，其社交活动引人关注，因此，更易成为官府官吏征选的对象。她们被驱使甚至被攫夺来或陪伴官吏供其享乐，或被作为政治工具，成为官场交易和政治投资的资本。名妓与普通妓的不同还在于，名妓对官吏的排斥态度与官吏对名妓附庸风雅的时尚需求之间形成一种矛盾张力，在张力的范围内，名妓可以稍稍摆一摆谱，官吏也乐意欣赏一下名妓撒娇使性的别样韵味，超过张力，官吏就会利用手中的权力，小使手段，将其讼诸官府进行威胁。这些情况在晚明社会，因官场糜烂、官吏腐败，表现尤为突出。

　　首先，晚明社会官场黑暗，官府大吏为满足自身贪欲和政治需要，不惜利用手中的权力，派人外出，四下掠美。在动乱的时局中，作为有一定知名度的名妓，比之常人，有着更多的被征和被掠的危险性，因此许多名妓心惊胆战，四处躲藏，横遭摧折。卞玉京就曾为躲避官家的急征，逃出教坊，在邻家墙外，掩面啜泣。之后不得不乔装打扮，乘舟渡江，落荒而逃。最后无处流落，只好束发为道。吴梅村有诗作《听女道士卞玉京弹琴歌》描写她凄惨的经历："昨夜城头吹筚篥，教坊也被传呼急。碧玉班中怕点留，乐营门外卢家泣。私更妆束出江边，恰遇丹阳下渚船。剪就黄绝贪入道，携来绿绮诉婵娟。"卞玉京还好，幸而逃出。有些名妓在官兵的追逼中，不愿降服而丧失生命，甚是凄惨。如淮安妓燕顺，貌美而知义理，每每厌薄青楼，思出苦海，却被凤阳督师马士英手下所掳，其他妓女悉被擒获，独燕顺坚执不从，哭詈不止，被官军兵刃而死，其状惨不忍睹。

　　晚明一次规模较大的官家征妓活动是在崇祯帝时。崇祯十四年、十五年，外戚田弘遇和周奎为争夺权力，获取政治投资的资本，前者以普陀寺进香为名，率千名家奴南下扬州，一路"闻有殊色，不论娼妓，必以百计致之"；后者以营葬为由，回苏州老家，四处搜求美色。他们将之作为向皇上献媚争宠和拉拢朝中要员的工具。一时江南人心惶惶，嫁娶之风大盛。众多名妓更是他们猎艳的重要目标，她们既无力与官府相抗衡，又不愿被劫去，于是或逃或嫁或皈依佛门，其中名妓陈圆圆、顾寿、杨宛叔等均被掳掠去。[24]尤其是陈圆圆，在当时已名动江南，可怜一弱女子，突遇横祸，"横塘双桨去如飞，何处豪家强载归？熏天意气连宫掖，此时只有泪沾衣。此际岂知菲薄命，明眸浩齿无人惜"[25]。她本可以与名士冒襄结成连理，平安度过一生，却因此被改变了命运，使其一生大起大落，充满了离奇：先被戚畹抢去，送于崇祯帝以耀宠，被拒后又用作与吴三桂的政治交易对象，战乱中又归李自成大将刘宗敏，最后复归吴三桂。她的遭遇就是一部名妓被官府官吏强行霸占、被当作政治交易工具、无法主宰自己命运的历史。

　　其次，晚明官吏为满足自己的欲望，常利用金钱和权力，试图据名妓为己有，不管她们乐意与否，只图自己风流快活。沈德符《敝帚斋余谈》载："癸未甲申间（万历十一年、十二年），临邑邢子愿侗以御史按江南。苏州有富民潘璧之狱，所娶金陵名妓刘八者，亦在议中。刘素有艳称，对薄日呼之上，谛视之，果光丽照人，因屏左右密与订，待报满离任，与晤于某所，遂轻其罪，发回教坊。未几邢去，令人从南中潜窜人舟至家，许久方别。"[26]刘八因姿色好，虽被轻判，但却是被迫以身体为代价，来满足官吏的贪欲。她已消除乐籍，嫁为人妇，却不得不再次委身，其悲凉心境可想而知。珠市妓王月名动公卿，与桐城孙临交好，孙欲纳之为侧室。不幸的是她又被官绅蔡如蘅看中，蔡如蘅暴戾成性，《明史》卷293《赵兴基列传》曾有"监司蔡如蘅贪戾，民不附"的记载。蔡凭借自己的权势与资财，完全不顾王月、孙临的感受，遂"以三千金啖其父，夺王月而归"[27]。

　　再次，一些名妓才高艳帜，心性高傲，与之来往皆名士，不把俗吏放在眼中，屡屡拒绝官吏的应邀，引起他们的反感，于是官吏就寻找机会，捏造罪名，或以流妓驱逐她们，或讼于公庭，对之进行威胁报复，其结果，往往是名士出面打圆场，名妓不得不做出让步。在晚明名妓的生活中，此种经历是很平常的事。顾媚"庄妍靓雅，风度超群。鬘发如云，桃花满面……然艳之者虽多，妒之者亦不少。适浙东一伧父，与一词客争宠，合江右某孝廉互谋，使酒骂座，讼之仪司，诬以盗匿金犀酒器，意在逮辱媚娘也"[28]。正如赵伯陶先生所评："尽管顾媚家中饶有资财，且交际颇广，但其社会地位决定了她被压迫与被损害的地位。特别是处于明季那种险恶的社会环境下，官场黑暗，势家横行霸道，为所欲为"[29]。伦父乃南京兵部侍郎的侄子，与词客争狎顾媚失败，不敢报复词客，却伙同一孝廉借酒风诬陷顾媚，并将之诉诸仪司。其用心之险，手段之毒，令人齿寒。幸有余怀挺身而出，檄文声讨；又有陈则梁为之暗箱操作，"力劝彼出风尘，寻道伴为结果计……邀媚可解彼怒，当面禁其此后弗出，以消彼招致之心"[30]，才得以解围。马湘兰在给王百谷的信中，也谈到了同样的遭遇。她说："时妾少负盛名，谬承公子王孙，奖饰逾恒，推为六院之冠。以是艳羡者固多，而忌妒者也不乏其人。乃不谓竟有官场败类，落魄人才，勾结不肖吏胥，横施强暴，借索逋为词，逮捕相恫，索诈数度，攫金半千。奈所蓄既尽，而欲壑未填，时则幸得西台御使，与檀郎有旧，得檀郎请为居间，慨然俯允，始获解围，幸免鱼肉。"[31]马湘兰遭此凌辱，"受兹惊恐，卧病河房"，备受摧折。名士王百谷的解救使她感怀于心，从此她对王百谷敬重备加，直到王百谷七十寿辰，其时马湘兰已经五十多岁，亲自带领小鬟十五名为之置酒歌舞庆贺，归后不久而病，端坐而逝。崇祯五年壬申，柳如是流落松江，与陈子龙、李存我、宋辕文交好，与宋产生恋情，欲托付终身，遭到宋母激烈反对。当时松江知府方岳贡因柳如是才艳噪一时，招摇过市，只与众名士交往，而从不将自己放在眼里，遂借此以清除流妓为名，将柳如是驱逐出境，最后陈子龙、李存我从中周旋，柳如是才免于难。在晚明黑暗的社会中，这种情况屡见不鲜，很少有名妓幸免于此，她们是社会的弱势群体，被吹捧时多少人艳羡，被欺辱时却只能以柔弱的身体默默承受此难，因此多是身心疲惫，惶惶度日。

晚明名妓与官府官吏的关系不仅仅限于上述无奈的被占、被驱、受欺等方面，为求得长久平安，名妓有时也结交名宦，寻求庇护，这就又与官吏发生复杂的纠结关系。如柳如是受到谢象三的逼迫后结交钱谦益、顾媚被伦父欺负后嫁于龚鼎孳，都有这种因素在里面。但她们傍依的对象并非一般粗鄙不堪的官吏，多是一些风流名宦，既身居官位，又有名士风范。如名妓马婉容，姿首清丽，知音识曲，但终以误堕烟花为恨，思择人而事，不轻易以身许人，后选中杨龙友。杨龙友为阮大铖之甥婿，自己又是苏松巡抚，可以说有权有势，但他以诗画擅名，善嘲风弄月，懂怜香惜玉，且为官有度，不肯以势压人。马婉容选中他，既可得风流贵婿相伴，又有其官位势力作保护，自然不会再有官场败类来无理纠缠。再如王小大，她聪明俊惠，善周旋，又工于酒纠觥录之事，常与风流名宦杯酒交往。扬州镇远侯之弟顾尔迈、南京兵部尚书范景文都与她称善，出入辕载，不分贵贱，互为揖客，关系十分密切。王小大有这些人为其撑起一把保护伞，门户自然清净许多。名妓多聪明绝顶，她们深知官府黑暗，官吏难缠，傍依名宦，既可得风流佳客之伴，又可借其权势获得保护。

五、结　论

晚明社会，中央政府对地方的控制力减弱，律令松懈，官府官吏肆意妄为，使他们对弱势群体和草根阶层造成的压力增大，影响到其生存环境。从晚明社会官场官吏和名妓的关系中，我们可以看出晚明名妓的生存空间并不广阔，多受到官府官吏的控制和影响，充满多种显性和隐性的危险。名妓看似风光无限的生活背后，饱含了许多悲凉和无奈。官场官吏的昏暗与腐败，他们同晚明名妓冲突与纠结关系对名妓的个人追求、生活态度、价值取向产生深刻的影响。名妓为了生存，为了逃避官吏的骚扰，不得不寻找适合的生活方式，这就是：结交文士，依附名宦；更加注重自己才艺的训练，改善自身条件，扩大自己的知名度和影响；争取早日脱离风尘，寻找安稳的归宿。在晚明，名妓与名士的交往比前代更为密切，原因之一就是名妓受到官府的欺凌，许多名士仗义相救，名妓对他们感怀于心；名妓为了进一步获得名士的青睐，更加注重气质的培养和技艺的锤炼，所以晚明名妓多气韵高雅，兼琴棋书画诗词歌赋于一身，才艺不凡；晚明名妓多向往一种情谊笃厚的婚姻，且为此不辞辛苦，执著追求，因此许多晚明名妓与名士的美满婚姻在史书上也佳话盛传，因此而创造出内涵丰富的晚明名妓文化。其原因也多半是官场的腐败，名妓们感到时时存在的危险，不得不另谋出路，以寻求更安稳的生活，获得更广阔的生存空间。本人在另外文章对此有详细论述，因篇幅关系，在此不再展开论述。

注　释：

①　明人余怀《板桥杂记》一书涉及晚明39个名妓的活动。除了余怀书中提到的以外，陈东原的《中国妇女生活史》和王书奴《中国娼妓史》分别新增22名和9名；今人万献初的《中国名妓》还记述另外10名晚明社会名妓，加上本人在其他各种史籍中搜集到的62位，目前就笔者所知道的晚明名妓，约有142名之多。

②　谢肇淛：《五杂俎》卷8"人部四"，上海书店出版社2001年版。

③　闻韵：《青楼悲欢——中国名妓列传》，中州古籍出版社1990年版，第10页。

④　谢肇淛：《五杂俎》卷13"事部一"，上海书店出版社2001年版。

⑤　江盈科：《雪涛阁集》，转引自马美信：《晚明小品精粹》，复旦大学出版社1997年版。

⑥　严思庵：《艳囮二则》，见车吉心：《中华野史·清朝卷》，泰山出版社2000年版。

⑦　夏庭芝：《青楼集笺注》，孙崇涛、徐宏图笺注，中国戏剧出版社1990年版，第102页。

⑧　王士性：《广志绎》卷2《两都》，中华书局1981年版。

⑨　顾起元：《客座赘语》卷6《立院》、《十四楼》，中华书局1987年版。

⑩　钮琇：《觚剩》卷3《吴觚下》，重庆出版社1999年版。

⑪　钮琇：《觚剩》卷3《吴觚下》，重庆出版社1999年版。

⑫　张岱：《陶庵梦忆》卷5《王月生》，中华书局1985年版。

⑬　余怀著，刘如溪点评：《板桥杂记》上卷《雅游》，青岛出版社2002年版。

⑭　余怀著，刘如溪点评：《板桥杂记》中卷《丽品》，青岛出版社2002年版。

⑮　即李香君，"君"字加在"李香"之后，是当时名士对李香的尊称，后人见三个字书在一起，加上《桃花扇》中女主角叫李香君，误以为当时的秦淮名妓李香的真名即李香君。

⑯　侯方域：《壮悔堂集》卷5《李姬传》，商务印书馆1937年版。

⑰　钮琇：《觚剩》卷3《吴觚下》，重庆出版社1999年版。

⑱　陈寅恪：《柳如是别传》，三联出版社2001年版，第393页。

⑲　侯方域：《壮悔堂集》卷3《答田中承书》，商务印书馆1937年版。

⑳　张耀铭：《娼妓的历史》，北京图书馆出版社2004年版，第17页。

㉑　沈德符：《万历野获编补遗》卷3，中华书局1959年版。

㉒　张廷玉：《明史》卷61《乐志一》，中华书局1974年版。

㉓　万历《新昌县志》，天一阁藏明代方志选刊。

㉔　张晓虎：《清初四大名妓》，中国人民大学出版社1991年版，第100～105页。

㉕　吴梅村：《吴梅村诗集·圆圆曲》，商务印书馆1937年版。

㉖ 刘达临：《中国色情文化史》，人民日报出版社 2004 年版，第 317 页。

㉗ 余怀，刘如溪点评：《板桥杂记》下卷《佚事》，青岛出版社 2002 年版。

㉘ 余怀，刘如溪点评：《板桥杂记》中卷《丽品》，青岛出版社 2002 年版。

㉙ 赵伯陶：《秦怀旧梦——南明盛衰录》，济南出版社 2002 年版，第 199 页。

㉚ 冒襄：《同人集》卷 4《陈则梁书》，水绘庵藏本藏本。

㉛ 马湘兰：《致王百谷书》，转引自马美信《晚明小品精粹》，复旦大学出版社 1997 年版。

（作者单位：中原工学院人文与社会科学学院）

文学与思想

从"歌诗必类"到"赋诗断章"

——"类"与先秦诗学的阐释

□　曹建国

问题的提出

　　论及先秦诗学理论的人或著作,一般都从"诗言志"谈起,朱自清先生将其称之为中国诗学的开山纲领。就文献的记载来看,首先言及"诗言志"的是《尚书·尧典》。但《尧典》的写作时代颇有争议,一般认为其成于战国儒者之手,此结论大抵可信。再从文字上来看,"诗"字出现于西周,如《尚书·金縢》、《大雅·卷阿》等;"志"的产生也可以上溯到西周,《左传》文公二年将《逸周书》称为《周志》,说明"志"本同"史",是"记载"之义。就传世文献的记载来看,大约在春秋中后期,"志"有了"心志"、"志意"等含义,而且带有很浓厚的道德意味。所以,将"诗"与表"心志"意义的"志"联系起来,应该是春秋以后的事。楚人申叔时有"教之以诗,而为之导广显德,以耀明其志"之语;鲁襄公二十七年,郑伯享赵孟于垂陇,赵孟有"赋诗观志"之请,文子有"诗以言志"之语;昭公十六年,韩宣子以"郑志"称"郑诗"。此外,孔子也说过"志之所至,诗亦至焉"(见于《礼记·孔子闲居》)。进入战国时代,"诗言志"的表述一下子多了起来,除前引的《尧典》外,孟子有"以意逆志"语,庄子有"诗以道志"语,荀子有"诗言是其志也"语,近出的郭店楚简《语丛一》有"诗,所以会古今之志也"语,等等。从上述的考察来看,"诗言志"作为一种自觉的有一定理论深度和广度的诗学理论应该形成于战国中期以后。

　　如果这种推论可以成立的话,那么我们不禁要追问,前此数百年间,人们是以什么样的原则来用《诗》呢?《诗》是周代乐官教学的范本。《周礼》记载,大司乐以乐德、乐语、乐舞教国子,大师以"六诗"教瞽矇。大师之教主要是为国家培养仪式人才,而大司乐之教则有双重目的:一是为国家培养仪式上的乐舞人才,所谓"率国子而舞"者也;二是为国家培养外交出使人才,以施用于朝聘。《周礼》记大司乐以"乐语"教国子,即"兴、道、讽、诵、言、语",郑玄注:"兴者,以善物喻善事;道,读曰导。导者,言古以刿今也。背文曰讽,以声节之曰诵,发端曰言,答述曰语",所以"乐语"之教即语言之教。在早期的仪式上，言语是必不可少的一部分，《礼记·文王世子》记天子视学，"登歌《清庙》，既歌而语以成之"，孙希旦《礼记集解》云："语，合语也。既歌而语者，升歌及下管、间歌、合乐之后，乐正告乐备作，相为司正，乃行旅酬，于此时有合语之礼也。"《礼记·乐记》也以仪式乐终之后，是否有"语"，是否有"道古"来区分古乐、新乐。进入春秋以后，乐语之教又增加了一项新的使命，为国家培养外交仪式上的专对人才，因为当时的很多外交纠纷和国际事务是在这种言语的交锋中完成的。所谓"专对"，实即盛行于春秋时代的"赋诗断章"，因为既要合礼，又要达意，《诗》变成了最佳选择，故孔子曰："不学《诗》，无以言。"

对"赋诗断章"，后世人较普遍的是持排斥的态度。人们在把"诗言志"作为中国诗学元点的同时，却把"赋诗断章"打入了冷宫，后世的诗学著作甚至不将其作为一种诗学现象考察。即便偶尔言及，也多将其贬斥为是一种随心所欲乱说诗，或是置诗歌本义于不顾的任意割裂行为。

果真如此吗？我认为这样的"定罪"至少在以下几个方面说不过去。第一，当你认定某次赋诗是一种不顾本义的乱说诗时，你事实上是在不知不觉中充当了全知全能的裁判角色，等于明确地告诉别人，你是知道诗本义的。事实上这可能吗？所谓有作诗之义，有采诗之义，有赋诗之义，每一次都是新意义的附加，你是站在什么样的立场去界定诗本义的呢？第二，从阐释的角度看，你能让一首诗带着所谓的最初"本义"一直走到底吗？第三，朝聘宴饮的赋诗各有目的，企求借助赋诗来传达自己的心声。如果是随心所欲地乱说诗，那么是什么保证交流的成功呢？就《左传》、《国语》的赋诗而言，可以说大部分的交流是成功的，如果说没有一个共同遵守的原则，这简直是不可想象的。第四，"赋诗断章"与"诗言志"关系密切。《左传》襄公二十七年，赵孟正是借助七子赋诗以观七子之志，文子的所谓"诗以言志"也是针对"赋诗断章"而言的，故而"赋诗断章"正是产生"诗言志"的理论温床，没有"赋诗断章"这一时代风尚，也可能就没有"诗言志"这一命题的诞生。如果在高度评价"诗言志"的同时，却将其产生的母体定位为是没有任何诗学价值的乱说，这合适吗？

鉴于此，我们认为应该重新讨论"赋诗断章"的问题，深入发掘其内在的理论支撑，以期对其诗学价值作出正确的评价。虽然近年来已有人在作这方面的努力，但总的来说仍是难以摆脱过去的窠臼。我们认为欲合理评价"赋诗断章"，必须与先秦时的一个重要范畴"类"联系起来。《左传·襄公十六年》：

> 晋侯与诸侯盟于温，使诸大夫舞，曰："歌诗必类。"齐高厚之诗不类。荀偃怒，
> 且曰："诸侯有异志矣！"使诸大夫盟高厚，高厚逃归。于是叔孙豹、晋荀偃、宋向
> 戌、卫宁殖、郑公孙虿、小邾之大夫盟曰："同讨不庭。"

这里提出了"歌诗必类"的问题。歌诗就是赋诗。宴饮赋诗有音乐伴奏，自然是歌诗，就算是没有音乐伴奏也可以称为赋诗。贾公彦《周礼正义》疏郑玄"以声节之曰诵"云："《文王世子》'春诵'，注'诵'谓'歌乐'，歌乐即诗也。以配乐而歌，故云歌乐，亦是以声节之。襄公二十九年，季札请观周乐，而云'为之歌齐'、'为之歌郑'之等，亦是不依琴瑟而云歌，此皆是徒歌曰谣，亦得谓之歌。若以琴瑟谓之歌，即毛云曲合乐曰歌

是也"可证。是以赋诗不论配乐与否皆可谓之"歌","歌诗必类"也就是"赋诗必类"。所以"赋诗断章"并非是随心所欲地乱说诗,"类"应是其约束。下面,我们首先来考察先秦时"类"的内涵。

先秦文献中的"类"

在先秦文献中,"类"有很多种含义:祭祀名、族类、物类、善、法则,等等。它们看似纷杂无绪,但如果仔细梳理,就会发现它们不仅有内在的联系,而且有一个发展、变化和交替的过程。"类"最初是一个社会伦理概念,逐步顺延到自然领域,最后又成为了一个思维逻辑术语。

"类"的音义来源于"雷",二字在古代同源通用。《周礼·春官·龟人》云:"西龟曰雷属。"郑玄注:"左倪雷。"所谓的"左倪雷"即《尔雅·释鱼》之"左倪不类"。邢昺疏云:"左倪不类者,倪,庳也。不,发声也。谓(龟)行时头左边庳下者名类。《周礼》'西龟曰雷属'是也。"郝懿行义疏:"类、雷声近,故古字通。"又,雷同者,类同也。又,《说文》:"纍,缀得理也。一曰,大索也。"所谓"缀得理"就是有条理,而"类"也有"条理"之义,是以类、纍义通。而"纍"显然是源自"畾(雷)"。凡此种种皆可证。

古人认为万物生于雷,《说文》:"雷,阴阳薄动生物者。""霆,雷余声铃铃,所以挺出万物。"故类亦有"生"义。《山海经·南山经》载:"亶爰之山,多水无草木,不可以上。有兽焉,其状如狸而有髦,其名曰类。自为牝牡相生也。"《列子·天瑞》亦云:"亶爰之兽,自孕而生,曰类。"神话是一个民族思维的原型,这种"自孕而生"的神话实际上就是人类社会领域父子关系的一种隐喻,故而先秦文献中"类"可用以表父子关系。《左传·桓公六年》记桓公问名于申繻,申繻回答"名有五",其中"取于父为类"。《礼记·曲礼》载,父死,子既葬父而见天子曰类见,代父受谥曰类。在此基础上,"类"进一步扩大,向上推及先祖,所谓"礼有三本",而"先祖者,类之本也"。《国语·晋语》则云:"类也者,不忝先哲之谓也。"又下及子孙,《文王世子》云:"公族无宫刑,不翦其类也"。

所以,古人就将祭祀祖先的祭礼命名为"类"。在甲骨文、金文中均不见"类"字,但甲骨文中有一祭祀名曰"米",郭沫若认为甲骨卜辞中的米祭就是文献中习见的"类"祭。[①]学者多持同。[②]以殷墟卜辞为例,米祭祭祀帝的有3条,祭乙亥的2条,祭父丁的2条,祭祖乙的9条。[③]可见米祭的对象为帝和祖先。这与文献中的类祭似乎不合,尽管类祭也祭先祖,如《周礼·春官宗伯上》之"凡天地之大灾,类社稷宗庙则为位"。但更多的是以天帝为祭祀对象,如《尚书·尧典》之"肆类上帝,禋于六宗",《周礼·春官宗伯下》之"大师,宜于社,造于祖,设军社,类上帝",等等,故而人们以为类祭就是祭天。这其实是后人的误解,原因是没有廓清殷、周人的"天帝"观念及殷周之际"天帝"观念的变化。研究表明,武丁以前,商人的帝是一个自然神,还不是商人的保护神,与商人及其祖先有相分离的一面,与商王没有亲亲关系,甚至会降灾给商人。但到了祖庚、祖甲时期,也就是武丁的儿子那一辈,情况有了变化。祖庚、祖甲在其父武丁的名前加了一个"帝",如"乙卯卜,其有岁于帝丁一牢"(《合集》27 372)。祖庚、祖甲之后,秉辛、康丁也依法效仿，称死去的父王为帝。但武乙、文丁时代又恢复到以前，不以帝称已故先王。到了帝乙、帝辛时代又称先祖为帝。所以《史记·殷本纪》记商代诸王，成汤以下均称帝，对照卜辞，尽管有夸大之嫌，但也非毫无依据。④ 殷墟卜辞中类祭的帝也带有祖先的特质，说明在商人的宗教观念里，祖先神与帝有重合的可能，而且这种观念对周人产生了很大的影响。由商入周，上帝完全成了周人的保护神。据青铜铭文及传世文献的记载，周人认为天上、地下各有一个帝：上帝、下帝。但如果死去的周王德行高尚，就可以到天上去做帝，如文王，而且"这种天、天命、上帝为祖神的观念是周人独创的"⑤。这样就明确了周人的祖先神与上帝的关系，周人与上帝有了明确的亲亲关系，所以大约在周康王时代，出现了"天子"的称谓，这可以作为上帝与周王先祖有明确亲亲关系的确证。故而，周人类祭就是殷墟卜辞米祭，周人类祭的上帝带有祖先神的特质，至少与祖先神有着密切的关系。

类的原始内涵及由此而来的类祭对象祖先性，在很大的程度上为宗族社会的伦理精神准备了心理条件，成为"族类"观念产生的先导。就文献记载来看，"族类"观念的产生似乎非常晚，《左传》僖公十年有"神不歆非类，民不祀非族"，僖公三十一年有"鬼神非其族类，不歆其祀"，成公四年有"非我族类，其心必异"，《国语》有"同姓同德，异姓异德"，等等，故而有人认为"族类"观念产生于春秋时期。⑥ 这种理解似乎过于拘泥。"族"的观念起源很早，作为原生国家形态的氏族部落联盟也就是氏族的联合，"族"的区分不可或缺。考古证明，至少到殷商时代就已经有了"族"的观念，陈梦家《殷墟卜辞综述》对殷墟卜辞中"族"做过统计，其中王族 13 次，多子族 5 次，三族 4 次，五族 4 次，此外方国的区分也应是"族"的区分。对"族"的区分实质上就是对"族类"的区分。所以，尽管春秋文献才有明确的"族类"出现，但这并不能说明"族类"的观念也是那时才出现，这也是《左传》僖公十年狐突适说"臣闻之"，成公四年季文子引称"史佚之志"的原因。事实上，单是从字义上考虑，"宗"、"族"、"类"在很大程度上是相通的，《说文》云："宗，尊祖庙也。""族"的本义是箭矢，《说文》曰"束之族族"，这大概是初民在捕猎过程中感受到个体的无力和群体的强大，产生了对群体的依赖心理。据此以论，则"类"反映了以血缘关系为纽带的群体对共同伦理精神的追求和个体生命对群体的依存关系。所以"宗族"其实是"族类"排他性的表现形式，宗族是适用于群体内部的认同，族类是群体外部的区分，二者殊途同归。同族为宗，同宗则同祖，而在这种以血缘关系认同为前提的群体认同中，祭祀起到了不可替代的作用。早期的祭祀以先祖祭祀为主，其目的在于祈福。在祭祀过程中，宗族认同是一个方面，而族类的辨别也是一个重要的目的，上引《左传》诸说就是例证。古人的祭祖礼名目繁多，"类祭"则是其中特别隆重的祭礼，只有在帝王登基或出征时或者突然遭遇重大的灾难时才会举行这种类祭，为什么呢？因为在这种非常时期，宗族认同尤其重要。

正是这种宗族认同意义，使得"类"带有强烈的宗族色彩，成为宗法社会一个特别重要的观念，并被赋予了强烈的道德伦理意义，最突出的表现就是"类"具有"善"义。《尔雅·释诂》云："类，善也。"以"类"训善大概基于两方面的考虑：其一，宗族认同，同族的就被认为是善的，不会危害自己，更不会危害宗族；其二，"类"有使种族延续下去的意思，祭祀先祖也有这方面的祈求。《大雅·既醉》："孝子不匮，永锡尔类"，《毛传》训"类"为善，这里的"类"就是种族的延续。《大雅·荡》："大风有遂，贪人

败类"，《毛传》亦训"类"为善，"败类"意指贪人将祸及宗族。《左传》昭公二十八年
将"类"解释为"勤施无私"，着眼的仍是宗族的利益。

到此为止，我们表述了"类"的原初含义"生"及由此而产生的作为祭名、族类、
善等后起义，而这些又都统一于以血缘关系为纽带的宗法社会关系和宗族社会情感中，并
构成了"类"潜在的意义支撑，一直规范着"类"的后续诸义及实践功能。在下面的论
述中，我们将看到，"类"不论是施用于自然领域还是施用于语言逻辑领域，都带有宗法
社会的人文色彩。

自人类诞生于这个纷扰的世界时起，首要的事就是对周围的事物进行分类，建立一种
秩序，以方便认识、把握世界。人对世界的认识有一个由浅入深的过程，早期事物间的联
系也许非常直观，就像列维·斯特劳斯在《野性的思维》中描述的那样，南婆罗洲的伊
班人或沿海的达雅克人用鸟叫或鸟的飞行来占卜吉凶，冠樫鸟的快速鸣叫会让人联想到炭
火燃烧时的噼啪声，这就预示着烧草肥田会取得成功；特罗公的鸣叫像动物被杀时的叫
声，这就预示狩猎会取得成功，等等。⑦正因为这样，事物间的联系常常不固定，随着人
们对事物特性了解的加深，事物间的联系渐渐固定，事物的属类关系也越来越固定。值得
注意的是，人们在对事物加以分类时，参考的是人类社会的族类分别，所谓"象物天地，
比类百则。仪之于民，而度之于群生"⑧。事物的"类"也体现了一种伦理性内涵，"同
类相从，同声相应，固天之理也"⑨，"同声相应，同气相求。水就湿，火就燥，云从龙，
风从虎。圣人作而万物睹。本乎天者亲上，本乎地者亲下，则各从其类也"。也就是说，
自然界的万物秩序是圣人意志的体现，其伦理意义是明显的。

在对事物进行分类的同时，人的认识能力也在逐渐提高，通过经验，人们明白了分类
的原则，即"认识之类"。《方言》云："类，法也"，《广雅·释诂》亦云："类，法也"，
这种"法则"意义上的"类"体现于语言逻辑学领域，是在思维过程中完成的对事物同
异的比较。按照这种"类"的观念界定，事物之间具有三种关系：同、类同、不类。两
事物如完全相同就可以称之为"同"；如果有相同，有不同，就叫做"类同"，这就是
《墨子·经说上》所谓"有以同，类同也"；如果两事物完全不同，就叫做"不类"，这
就是《墨子·经说上》所谓"不有同，不类也"。中国逻辑学史上的"类"概念发展、
完备、成熟于墨子学派之手，在墨家的前期作品如《非攻》、《公输》等中，已经出现了
"类"概念，但还没有被抽象化和理论化，只能算是自发地运用。到了后期墨派作品中，
尤其是《经》、《经说》、《大取》、《小取》之中，类概念则完全成熟了，对于作为事物本
质属性规定的"类"的内涵、类推的原则、类推的方法都有了清楚的表述，而且很照顾
对具体环境的适应，对规则灵活地加以变化运用，颇具辨证法思想。"作为墨家逻辑思想
体系中的基本范畴的类概念，就不是一个僵死的规定，而是一个具有多种规定性的具体的
辨证概念。"⑩但我们同样需要注意的是，作为"法则"意义上的"类"所具有的伦理性。

总之，作为先秦时的一个重要范畴，"类"经历了一条由社会到自然，最后再到语言
逻辑的发展之路，不管如何演变，它始终带有最初的伦理性内涵和同一性的特征，也正因
为具有这双重的规定性，"类"才成为取譬思维的一条重要价值支撑和理论依据。

类与取譬思维

在先秦典籍中，譬性表达随处可见，所以有人以为譬性思维为中国人之思维特征。思

维特征主要是在语言视域展开的，但这决不仅仅是语言学问题，它的最初的也是最根本的内涵还是牵涉到社会道德的构建，是一种道德实践行为。《大雅·抑》："取譬不远，昊天不忒"，郑笺："今我为王取譬不及远也，维近耳。王当如昊天之德有常，不差忒也。"可见所谓的"取譬"关乎政治，是为王寻找施政的典范。《论语·雍也》记子贡问仁于孔子，何以能实践仁？孔子告知以"能近取譬，可谓仁之方也已"。方者，道也。所谓践仁非远，惟在自身，以己所欲，度之于人，故己所欲，则欲人；己所不欲，勿施于人，如此可谓"仁"矣。《论语》一书，举凡仁、礼、孝等道德伦理皆寓于实践行为予以揭发，而非借抽象事理以明之。以仁为例，《论语》在解释何谓"仁"时，无一"属 + 种差"似的抽象定义，全借现实关系来说项，于己则"克己复礼"，于人则"爱人"，而诸如"唯仁者能好人，能恶人"、"仁者先难而后获"、"仁者乐山，仁者静，仁者寿"、"仁者，己欲立而立人，己欲达而达人"、"仁者不忧"、"仁者，其言也切"，等等，无不借现实中仁者之行为来取譬"仁"的诸种内涵及其实践"仁德"的种种方式。故《礼记·乐记》云："君子反情以合其志，比类以成其行"，比类者，取譬也，所谓"比类以成其行"，就是借助不断取譬来成就一个人的道德。

当然，取譬主要是在语言的视域内展开的，对先秦诸子尤其如此。求其原因，首先，譬喻是人的一种本能，正如维科在《新科学》中讨论先民的玄学思维时所说的："一切比喻前此都被看成作家们的巧妙发明，其实都是一切原始的诗性民族所必用的表达方式，原来都有完全本土的特性。但是随着人类心智进一步的发展，原始民族的这些表达方式就变成比喻性的。"[11]其次，取譬是对语言缺陷的一种补偿。张岱年论及中西哲学的差异时，认为西洋哲学将本质与表现二分，所谓"现象现而不实，本根实而不现，现象与本体是对立的两个世界"。而中国古代的哲学家则不主张本根与现象脱离，而是认为"于本根即含现象"，"本根与事物的关系不是背后的实在与表面的假象的关系，而是源流根枝的关系"[12]。有人认为取譬思维就是这种哲学观的具体化。[13]单纯从中西哲学比较的层面来看，似乎如此，但造成这种差异的原因却是多方面的，至少它反映了中西语言观的差异。古希腊哲学中的语言纯属于思辨科学，语言就是思辨的主体，具有本体意义。而中国古代哲学家却是把语言当成是体道的工具，主张"得意忘言"。在中国古代哲学中，道是最高意义上的本体，本来只有借助语言才能明"道"，但语言具有缺陷，再精确的语言都是拙劣的，都无法充分完全地表达，于是取譬就成为了必然的选择。可以说，取譬是对语言缺陷的一种有意识的弥补。大抵在很早的时候，古人就已经认识到了语言的缺陷，"书不尽言，言不尽意"，故"圣人立象以尽意"，如此，则《周易》之以卦说事、以象占卜不就是对语言缺陷的一种自觉弥补吗？

但语言的固有缺陷不能成为思想表达空白的一个理由，老子承认"道"不可道、不可名，但还是强为之容，强为之名。对抽象事理的说明，最佳的方式无疑就是取譬。譬者，喻也，取譬的目的就是为了将难以讲清的东西说明白。《墨子·小取》："辟也者，举他物而以明之也"，《淮南子·要略》："言天地四时而不知引譬援类，则不知精微"，《说苑·善说》记惠施语亦云："夫说者，固以其所知谕其所不知，而使人知之"，等等，都表明了取譬的重要性。譬性思维本质在于取象，具有模糊性和明晰性双重特征，模糊性使之借助物象本身的丰满及其多维的思维取向为思想创造一个较大的活动空间，明晰性则让他者的思维也能够参与进来以弥补个体思维固有的阈限。仍以道家为例，老子将这种抽象的本体命名为"道"就带有强烈的取譬因素，道的本义为路，人行莫不因路，以此喻这种本体存在的重要及普遍性。然后在具体的解释中，老子又说"道法自然"，又说上善若水，故水"几于道"，这样就把抽象的事例具体化了。至于儒家的一些核心概念，如仁、孝、礼、义等，无不借具体的人事予以说明。

但取譬不是随意的行为，它应该遵从社会对它的约束，实践潜在的规范借以体现一定的道德价值，这便是"类"。"夫辞，以故生，以理长，以类行者也……立辞不明于其类，则必困矣"⑭，这是因为一切的社会都有施用于全社会的规范，体现一定的社会认同。我国的先秦社会是以宗法制为主体的，人们的最终目的都是为了维护加强宗法体制。孔子以言察人，以见其人是否知礼，故其常以言观志。墨子将"辩"定位为"夫辩者，将以明是非之分，审治乱之纪，明同异之处，察名实之理，处利害，决嫌疑"。就算是先秦最具逻辑名辩思想的名家也是以道德礼制为宗，故班固于《汉书·艺文志》考证名家出于礼官。因为言说或者更为广义的名辩具有如此的社会功用，其"以类取譬"也就势在必然了，此即墨子所谓"以类取，以类予"者也。

如上文所言，"类"具有宗法性和同一性，形之于思维，成为取譬的标准，也就具有伦理的和逻辑的双重特性。逻辑的标准可以构建思维之间的关系，以保证取譬的成功。而且"类同"是"有以同"，这就使得取譬的范围非常之广，同一事理可以从不同的角度取譬，同一事物也可以用于不同情况下的取譬。如果说事物间的同一性是取譬的外在规定的话，伦理性的标准就构成了取譬的内在张力，从根本上规范了取譬的方向。事物间即使有相似性，但如果不利于维护宗法社会体制，就不能用于取譬，孔子说"巧言令色鲜矣仁"，原因就在于此。因为说者如果心术不正，"以取譬增饰，使事失其正，诚而不存"⑮。所以从这一意义上来说，古人所说的"譬"不完全等同于修辞手法的"比喻"。取譬要着眼于宗法伦常，对儒家来说自然不成问题，就算是先秦时的道家也不能例外。比如老子以水喻道，原因是"水善利万物而不争，处众人之所恶"，水"居善地，心善渊，与善仁，正善治，事善能，动善时"，所以水"几于道"。

"类"既然有如此的社会功用，在中国古代社会，"类"就特别被重视。突出的表现就是"类"是古代大学教育的重要内容，而且处于知识型金字塔的顶部。《礼记·学记》：

> 比年入学，中年考校：一年视离经辨志，三年视敬业乐群，七年视论学取友，谓之小成。九年知类通达，强立而不反，谓之大成。夫然后足以化民易俗，近者说服而远者怀之。此大学之道也。

所谓"知类"，郑玄注云："知类，知事义之比也。"朱熹云："知类通达，闻一知十，而触类贯通也。"其说并确。可见古代大学之教，以类取譬是一项重要的内容，因为取譬是践道修身的社会行为，善于取譬，就可以移风易俗，柔远怀近。此外，取譬与言说的关系密切，善于取譬就可以保证在仪式上胜任言说任务，尤其在"一言丧邦，一言兴邦"的春秋时期。

类 与 诗 教

从根本上说，歌诗是一种取譬行为。《礼记·学记》云：“不学博依，不能安诗”，郑玄注：“博依，广譬喻也。”郑注是十分正确的。譬喻何以与“安诗”之间有如此密切的关系，我想可以从以下两个方面来理解：

首先，诗歌中有大量隐喻性沉淀，如关雎以象夫妇挚而有别，常棣之象兄弟情深。孔子论学《诗》，曰“多识于鸟兽草木之名”，这种说法的出发点可不是为了学习生物学知识，而是说要掌握诗歌中的鸟兽草木的伦理性隐喻，以便于取譬。

其次，是指对诗歌的譬喻性理解和运用。这主要体现在取譬的双向逆推过程中，即因譬而求诗，以及因诗而求譬。文献中因譬而求诗的例子比比皆是，如《左传》成公九年，季文子如宋致女，复命，成公享之，季文子赋《大雅·韩奕》之五章。《韩奕》之诗颂美韩侯，其五章借赞美蹶父来赞美韩国之富庶，“靡国不到”的蹶父之所以决定嫁女于韩侯，因为其他的诸侯国都“莫如韩乐”。季文子于此赋诗正是借诗以喻，鲁侯有蹶父之德，宋土如韩土之乐。至于因诗而求譬，我们可以举《论语·八佾》中孔子与子夏论诗为例。

> 子夏问曰：“‘巧笑倩兮，美目盼兮，素以为绚兮’，何谓也？”
> 子曰：“绘事后素”。
> 曰：“礼后乎？”
> 子曰：“起予者商也！始可与言《诗》矣。”

孔子之所以称赞子夏“可与言诗”，就因为子夏善于取譬，这就是《礼记》所谓的“知类通达”。

歌诗既然是取譬行为，则它必须要遵从“类”的约束。在周代诗教中，“类教”也是一项重要的内容，这关系到如何借助诗歌来取譬的问题。《周礼》记大司乐以“乐语”教国子，其中第一项就是“兴”。郑玄注“兴”为“以善物喻善事”，言下之意也包括“以恶物喻恶事”。《左传》襄公二十七年，齐庆封来聘，所乘车美甚，与之身份不称。叔孙与之食，又甚不敬，于是叔孙为赋《相鼠》以刺。此即“以恶物喻恶事”。可见所谓“兴”，就是“以类取譬”。

由于资料的缺乏，先秦诗教与“类”的关系只能从零星的资料中去推测，所幸近出的一些出土简帛在一定程度上弥补了这种缺憾。郭店楚简《性自命出》第 15～18 简是一段讲《诗》、《书》、礼、乐的文字，文曰：

> 《诗》、《书》、礼、乐，其始出皆生于人。《诗》，有为为之也。《书》，有为言之也。礼、乐，有为举之也。圣人比其类而论会之，观其先后而逆顺之，体其义而节文之，理其情而出入之，然后复以教。教，所以生德于中也。

简文中“比其类而论会之，观其先后而逆顺之，体其义而节文之，理其情而出入之”是分别就《诗》、《书》、礼、乐而展开的，与《诗》对应的是"比其类而论会之"⑯。何谓"比其类而论会之"，诸家解释各异。⑰我认为，所谓的"比类"就是利用诗歌取譬，圣人教《诗》也就是教人如何利用诗歌取譬，以此来增进人的德行，培养人的才干，就如同孔子称赞子贡、子夏一样。否则，"不学博依"就"不能安诗"。

《五行》中的"目而知之谓之进之，喻而知之谓之进之，辟而知之谓之进之"等语，说的就是"比类而论会之"。其中"目"即"侔"⑱，"辟"与"喻"义同，《说文》："譬，谕也"。这就让我们想起了《墨子·小取》篇所说的几种逻辑类推的方法："辟也者，举他物而以明之也。侔也者，比辞而俱行也。"作为逻辑方法论，"辟"即"譬"，就是取譬，道理难以直接说明，就借助一些在特定的意义上有共同的特征、属性、本质的"他物"来帮助说明，就是文献中常见的"譬如"、"譬犹"、"譬若"等表述方式。"侔"是一种"比辞而俱行"的"复构式"直接推论。这种推论的特点是，作为推论前提中的主语、宾语在不改变从属关系的情况下比翼俱行，从而演绎出新命题，如由"白马，马也"推出"乘白马，乘马也"这一命题，"乘"的介入并不改变原有的从属关系，原命题的正确性仍得以保持，这是因为"白马"与"马"具有属类关系。而"车，木也"就不能推出"乘车，乘木也"，因为"车"与"木"之间构不成种属关系，也就不能"比辞而俱行"。可见，"辟"、"侔"都是利用不同事物间的类同关系来进行比附推论。在《五行》中，"辟"、"喻"、"目（侔）"等都是说如何以类取譬，来增进人的道德修养。这也正如上文所说，在先秦，取譬是一种道德实践行为。但我们注意到，马王堆帛书《五行》的《说》中，在解释何谓"目而知之谓之进之，喻而知之谓之进之，辟而知之谓之进之"时，都是以《诗》举例：

　　"侔而知之谓之进之"，弗侔也，侔则知之矣，知之则进耳。侔之也者，比之也。天监□□而合终杂者也。天之监下焉，杂合焉耳。循草木之性，则有生焉，而无好恶焉。循禽兽之性，有好恶焉，而无礼义焉。循人之性，则巍然知其好仁义也。不循，其所以受合也，循之则得之矣，是侔之已。故侔万物之性而知人独有仁义也，进耳。"文王在上，于昭于天"，此之谓也。文王源耳目之性而知其声色也，源鼻口之性而知其好臭味也，源手足之性而知其好佚愉也，源心之性则巍然知其好仁义也。故执之而弗失，亲之而弗离，故卓然见于天，期月治天下，无它焉，侔之已。故侔人体而之期莫贵于仁义也，进耳。

　　"喻而知之谓之进之"，弗喻也，喻则知之矣，知之则进耳。喻而知之也者，自所小好喻乎大好。"窈窕淑女，寤寐求之"，思色也。"求之弗得，寤寐思服"，言其急也。"悠哉游哉，辗转反侧"，言其甚急也。如此其甚也，交诸父母之侧，为诸？侧有死弗为之矣。交诸兄弟之侧，亦弗为也。交诸邦人之侧，亦弗为也。畏父兄，其杀畏人，礼也。由色喻于礼，进耳。

故而我们认为它们不仅是逻辑类推的方法，增进道德的方法，同时也是解诗的方法。"文王在上，于昭于天"，就在于其明仁义之贵。因为"耳目鼻口手足六者，心之役也"，而"心"贵于"耳目鼻口手足"，文王能援性而推，知"心"所好"仁义"之贵，大行仁义而天下大治，故文王之明，如日月在天。而《关雎》则重在说人之好色，但色与礼相较，则取礼而弃色，是以知礼之贵。

而且"喻"、"辟"等作为说《诗》的方法也见于新出的上博简《孔子诗论》，其第10 简正有"《关雎》以色喻于礼"，与《五行》同。第 8 简有"《十月》善辟言"，所谓的"善辟言"就是说《十月》善于取譬于自然，就如《大雅·抑》所说"取譬不远，昊天不忒"。凡此种种，皆可证"以类取譬"与解诗的关系。

明白了"以类取譬"与解诗的关系，我们就可以来探讨"赋诗断章"的阐释学价值。作为一种借诗取譬的方式，赋诗始终遵循着"类"的约束，以求对诗歌的内涵作出切合当下情境的解释。

"赋诗断章"的阐释学意义

"赋诗断章"语出《左传》襄公二十八年，卢蒲癸娶同为姜姓的齐国权臣庆封之女为妻，庆封之子庆舍的门客就责备卢蒲癸不当娶妻不避同宗，有违"同姓不婚"的古训。卢蒲癸答之以"宗不余辟，余独焉辟之？赋诗断章，余取所求焉。"杜预注曰："言己（卢蒲癸）苟欲有求于庆氏，不能复顾礼。譬如赋诗者，取其一章而已。"说者又常举《左传》定公九年之君子评："《静女》之三章，取'彤管'焉；《竿旄》'何以告之'，取其忠也。"于是，"赋诗断章"之为"乱说诗"遂为定论。这种定位的不合情理已如上文所言，但如果要解释"赋诗断章"的诗学阐释价值，还要先澄清两个问题：何谓"赋诗"？何谓"赋诗断章"？正是这些看似熟知的问题蒙蔽了我们的双眼，使得我们无法对"赋诗断章"作出切合实际的评价，于是人云亦云，遂使谬误流传。因为春秋赋诗主要见诸《左传》，故本文讨论"赋诗断章"以《左传》记载为例。

《左传》隐公三年记庄姜美而无子，卫人为赋《硕人》，杜预注"赋"引郑玄语曰："赋者，或造篇，或诵古。"所谓"造篇"即自作诗，"诵古"即赋诵当时《诗》已有诗篇。考《左传》言"赋诗"共 76 次，其中"造篇"者六，即：隐公元年郑庄公与其母武姜之赋，隐公三年卫人为庄姜赋《硕人》，闵公二年许穆夫人赋《载驰》，郑人恶高克赋《清人》，僖公元年士艽之赋，文公六年秦人为三良赋《黄鸟》，其余皆为"诵古"。而"诵古"亦有区别：一曰例赋，一曰特赋。所谓"例赋"即指按照宴饮仪式之惯例赋诗，有固定的篇目和程式规定，违反即为失礼。据《仪礼·燕礼》的记载，燕飨正歌分四部分：以笙伴奏之"工歌"、笙歌、间歌、乡乐。正歌之外尚有纳宾之歌，其乐则《肆夏》，郑注《周礼·钟师》云"《九夏》皆颂诗"，《礼记·郊特牲》："宾入大门而奏《肆夏》，示易以敬也，卒爵而乐阕。"孙希旦《礼记集解》注："以言诸侯朝天子，而天子享之之礼也。"又《礼记·仲尼燕居》也言及燕飨用诗。凡此皆可谓例赋。例赋用诗皆用其仪式义，借助音乐来表达，使用时须按严格的等级规定审慎选择用诗，否则就是僭越。《左传》襄公四年，穆叔入晋，不拜《肆夏》之三，亦不拜《文王》之三，而拜《鹿鸣》之三，其原因就在于此。

而特赋则指燕飨之际，宾主根据自己表达的意愿而自主选择诗篇，赋之以见己意。如果说例赋用诗篇的仪式义，主要是借助音乐来表现一定的礼制规范，则特赋仅仅只是借助诗歌的语言来表达心声，不需考虑其等级之规定。《左传》文公四年，卫宁武子来聘，鲁公与之燕，宴饮之际命乐人赋《湛露》及《彤弓》，宁武子不辞亦不答赋。当行人来问，其曰："昔诸侯朝正于王，王宴乐之，于是乎赋《湛露》，则天子当阳，诸侯用命也。诸侯敌王所忾而献其功，王于是乎赐之彤弓一，彤矢百，玈弓矢千，以觉报宴。"故其不敢"干大礼以自取戾"。而襄公八年，晋范宣子来聘，季武子为赋《彤弓》，范宣子坦然受之不以为失礼，君子也评之以"知礼"。此即例赋、特赋之别。故孔颖达《正义》云："诸自赋诗以表己志者，断章以取义，意不限诗之尊卑。若使工人作乐，则有常礼。"

所以，并非所有春秋之际的赋诗都可以称作"赋诗断章"，它是指宴饮朝聘之际，主人、宾客为表己意而自选诗之特赋，不包括造篇及例赋。例赋用诗的意义是固定的，无以更改，而特赋诗之意义则可以突破诗歌原有的仪式义，根据自己的表达需要作出当下的理解，这就是卢蒲癸所说的"余取所求"。

明白了"赋诗断章"的所指，下面我们再来讨论它的具体操作，看看春秋时代的人到底是如何来"赋诗断章"的。《左传》所载特赋诗篇共 66 篇/次，其中逸诗 4：《河水》[19]、《辔之柔矣》、《茅鸱》、《新宫》，见于今本《诗经》的 62 篇/次，其中赋全篇者 46 篇/次，赋章节者 16 篇/次。逸诗可略而不论，今存者限于篇幅，也难以全部详细讨论，故就具体的问题挑选部分诗篇加以讨论，以见春秋赋诗之旨趣。

杜预注《左传》，以为赋全篇者，皆取首章，其云："古者礼会，因古诗以见意，故言赋诗断章也。其全称诗篇者，多取首章之义。"杜氏此言，遂为千古解《左传》赋诗之不二法门。但事实上并非如此，赋称全篇者，皆为就全篇取义。对此，孔颖达《正义》尝引刘炫语："案《左传》赋诗，有虽举篇名不取首章之义者，如襄二十七年，公孙段赋《桑扈》，赵孟曰'匪交匪敖'，乃是卒章。昭元年云令尹赋《大明》之首章，既特言首章，明知举篇名者不是首章。"[20]刘炫之语极确，举例也精当，但仍不足以正视听、醒谬误，惜哉！比如孔颖达就以刘炫为非，并举出文公十三年郑国请鲁侯请平于晋的赋诗为例，认为季文子赋《四月》即取首章为说。实则不然。《左传》文公十三年：

> 冬。公如晋朝，且寻盟。卫侯会公于沓，请平于晋。公还，郑伯与公会于棐，亦请平于晋。公皆成之。郑伯与公宴于棐，子家赋《鸿雁》，季文子曰："寡君未免于此。"文子赋《四月》。子家赋《载驰》之四章，文子赋《采薇》之四章。郑伯拜，公答拜。

子家赋《鸿雁》乃以鸿雁失所以比况郑国，告哀于鲁侯，祈请鲁侯为郑请平。文子答之以《四月》。杜预注："义取行役逾时，思归祭祀，不欲为郑还也。"《四月》首章云："四月维夏，六月徂暑。先祖匪人，胡宁忍予？"全无祭祀之义。整首诗都是凄苦的哀告，文子赋此诗，正表明他对于郑国处境的了解与同情，所谓"君子作歌，维以告哀"。正是在得到了文子的同情之后，子家赋《载驰》之四章，求鲁侯返晋为郑请平，文子赋《采薇》之四章，杜预以为取"岂敢定居，一月三捷"为说，其实倒不如说就整章为说，"彼尔维何？维常之华"，表明晋、鲁、郑为兄弟之国，正当相互亲爱；"彼路维何？君子之车。戎车既驾，四牡业业。岂敢定居？一月三捷"，则答应为郑返晋，并表明自己已经做好了准备。所以，文子赋《四月》乃是就整首诗为说，非独取首章之义也。此外还可再举几个杜预所谓以首章为说的例子，以证其非。

僖公二十三年，秦穆公宴公子重耳，重耳赋《河水》，穆公赋《六月》。杜注云穆公赋诗称赞重耳必能匡王国，并提出赋诗取首章的原则。但赵衰答谢秦伯称其"以佐天子者命重耳"的内容在二章，可见秦伯赋诗不仅仅取首章。而且我认为，秦伯赋诗不仅称赞重耳，同时也称赞随重耳流亡的左右孝友如张仲，是就全诗而言。《左传》襄公十九年，季武子赋《六月》颂美晋侯，也同时以张仲比况范宣子。襄公十四年，叔孙穆子赋《匏有苦叶》，不仅表明渡河之意，而且取譬"卬须我友"，有邀请诸侯同渡之意。襄公二十七年，子产赋《隰桑》，赵孟云受其卒章。昭公十二年，宋华定来聘，不答《蓼萧》，叔孙昭子之评分据四章而言。昭公二十五年，昭子聘于宋，故赋《车辖》。凡此皆可证春秋赋诗赋全篇者，是就整首诗取譬，非仅取首章之义。

不仅如此，就是赋章节者，也不能背离诗的整体义。《左传》成公九年，季文子如宋致伯姬。复命，公燕飨之，季文子赋《韩奕》之五章，称扬宋之乐如韩之乐，颂美鲁宋的这一次结姻，言及已故之鲁宣公有蹶父之德。可以说，文子赋诗虽为章节，但总体上并未背离原诗。伯姬之母穆姜闻言出房，曰："大夫勤辱，不忘先君，以及嗣君，施及未亡人，先君犹有望也。敢拜大夫之重勤。"然后赋《绿衣》之卒章。杜预注："取其'我思古人，实获我心'，喻文子之言得己意"。但我认为杜注有误，穆姜之赋不为文子，应当是为先君鲁宣公。《绿衣》睹物思人，正合穆姜此时缘事思人的心情，所谓的"古人"当指逝去的先君，绝不可能譬喻活着的文子。这样理解的话，则穆姜之赋虽为取其一章，实则不悖于全诗。

至此，我们可以得到"赋诗断章"的第二个结论：赋整首诗与赋章节在本质上并没有差别，诗歌的语言是表意的直接落脚点，都要遵守整首诗意义的约束。如果说赋整首诗是对一首诗意义的正面阐发，而赋诗截取章节正是对整首诗意义的自觉回避，是从反面遵从了整首诗意义的约束。所以，我们没有必要，也不能把整首赋诗与章节赋诗对立起来，更不能把"赋诗断章"理解为章节赋诗。

从本质上来说，以微言相感的"赋诗断章"是一种取譬行为，目的在于以《诗》之成言成事比况眼前之事，使心中意愿得以曲折表达。《左传》昭公二年，为昭公即位故，晋使韩起来聘。昭公燕飨之，季武子赋《大雅·绵》之卒章，宣子赋《角弓》。《绵》是周王朝的史诗，道述周王朝兴盛的历史，其卒章歌颂的是文王。"虞芮质厥成，文王蹶厥生"写文王之德，文王所以有如此之德，因为他有"疏附先后奔奏御侮"之臣。武子此赋，一者比况晋侯有大德，因为晋为当时天下诸侯之盟主；另者比况晋大臣韩宣子有如文王之贤臣。宣子赋《角弓》，一者取譬于"兄弟昏姻，无胥远矣"，希望晋鲁兄弟之国能够相亲爱；另者取譬于"尔之教矣，民胥效矣"。当初周公制礼为天下规范，因为"民之无良，相怨一方。受爵不让，至于已斯亡"，有礼则为君子，无礼则夷狄，此所谓"周公之德，与周之所以王"。而今"周礼尽在鲁"，则教导天下毋相怨相争，就是鲁的责任，此即所谓"如蛮如髦，我是用忧"。所以宣子赋诗，一诗三用，皆取譬而成。

作为取譬的"赋诗断章"自然要遵从"类"的约束。从赋诗角度来说，一方面要使赋诗之义与表达之意有同一性，此所谓遵从"类"的逻辑约束。《左传》襄公八年，范宣子来聘，告将用兵于郑，宣子赋《摽有梅》。诗以梅子熟极则落，以喻女子色盛则衰，吉士求女宜及时。范宣子赋诗取譬于汲汲相赴之义，邀鲁及时共讨郑也。故季武子言范宣子取譬于草木，申明鲁将从晋命，"欢以承命，何时之有"，迟速无时也。这说明春秋赋诗表意，以微言相感之时，都是基于对诗歌意义的正确理解，然后以之取譬。

　　另一方面赋诗要遵从宗法社会的伦理道德，不能越礼。在例赋中，用乐（实即用诗）要合乎礼制，周天子、诸侯、大臣都有相应的乐制，越制则视为僭越。而在特赋中，赋诗以言志，诗成为赋诗者心志的代言，于此即可以观其心曲，明其心志，合礼与否也是一听便知。襄公二十七年，郑伯享赵孟，伯有赋诗《鹑之贲贲》，所谓"志诬其上而公怨之，以为宾荣"，有悖于臣子之理，后来郑伯果杀伯有。昭公元年，楚令尹赋《大明》之首章，俨然以王自取譬，实为不类。故赵孟云"令尹自为王矣"，赋《小宛》之二章，委婉行谏。

　　至此，我们又可以得出有关"赋诗断章"的第三个结论：作为一种取譬行为，赋诗断章要在语言逻辑、尤其在宗法伦理方面遵从"类"的约束，否则，歌诗不类就将被视作是僭越行为而受到宗法社会的诘责。

　　从社会学的角度看，赋诗断章是宗法社会的一种道德实践行为，所谓"盖以别贤不肖而观盛衰焉"。从阐释学的角度切入，则"赋诗断章"就是一种阐释行为，是春秋时人们对《诗》的阐释和接受，其中蕴藏着丰富的阐释学资源。

　　赋诗断章与应用　我们说"赋诗断章"是一种诗学阐释，主要是从运用这一意义上说的。我们总是习惯于把阐释理解为是阐释者对某一历史流传物——即本文——理解之后的解说，却常常忽略了这样一种基本事实，即阐释者对某一本文的解释正是为了将其运用于阐释者本人目前的处境。理解是发生在具体历史境况中的具体行为，是一个具体可感的事件。正是在这一意义上，应用成为阐释不可或缺的一部分。[21]卢蒲癸说"余取所求"点明的正是"赋诗断章"作为一种诗学阐释模式的实用性特征。赋诗者从当前的处境出发选取他认为合适的诗篇，在一定的情景下赋诵出来，实际上就是对诗歌的一种阐释。这一点可以从两个方面来理解：把文字的诗歌用说话形式表达出来就是一种阐释，"被说出的话语以令人吃惊的程度出发解释自身，既可以通过说话的方式、声音、速度，等等，同时也可以通过说话时的环境。"[22]另一方面赋诗者对诗篇的选择也带有阐释前提，从上文的分析中我们可以看出，赋诗作为一种取譬必须要保证逻辑上的同一性，赋诗者认为某首诗适合当下的情境才会选择它，那么理解就是选择的前提。所以，应用与阐释密不可分，赋诗断章作为诗学阐释模式具有阐释价值，因而具有它存在的合理性。但我们又反对以"应用"为借口对本文予以随意解释，它必须要遵从本文的约束，亦即"类"。

　　类与阐释前见　本文也是流传物，是一种此在性存在。作为本文，它是一本体性存在，以自身的结构表现一些本质性的东西；而作为一历史流传物，它则是活在历史中的意义构成物，并以蓬勃的生命力与历史不断地交流碰撞，从而获得意义的连续性以求与时偕行，因为正是这种意义的连续性把"艺术作品与实际存在的世界（Daseinswelt）联系在一起，并且即使教养社会的异化了的意识也从没有完全地摆脱这种意义连续性本身。"[23]本文的这种特质规范了阐释的任务，即阐释者必须正确地处理本文的同一性与不断变迁的阐释情境之间的矛盾对立，也就是应用与传统的对立、存在与此在的对立。基于阐释者的处境，他要"这样"地理解本文，因为每一个时代都有自己的理解方式，人们总是以不同的方式在理解。而本文的同一性则是本文意义连续性的保证，从某种意义上也是阐释得以存在的保证，因为意义断裂的地方就是本文搁浅的地方，阐释也即随之消失。这就涉及对前理解——亦即传统——的态度与取舍。任何人都不是生活在历史的真空中，而是生活在一种文化传统之中，所有这些都构成了理解的前见，正是根据这些前见，我们对一事物进行分辨，因此，"一切诠释学条件中最首要的条件总是前理解"[24]。这就是理解的历史性，人只有在历史性中才能理解传统、理解历史，从而理解本文。从这种历史性出发，我们就会认识到时间间距（Zeitenabstand）——时代的差距导致的理解的差异——对理解的重要性。时间间距既不是为了使陌生的、遥远的事物得以理解所必须克服的障碍，也不是要幼稚地假设我们必须置身于事物产生的时代并避免我们自身时代的概念和观念才能理解该事物，而是把"时间间距看成是理解的一种积极的创造性的可能性。时间间距不是一个张着大口的鸿沟，而是由习俗和传统的连续性所填满，正是由于这种连续性，一切流传物才向我们呈现出来"[25]。因为在时间间距没有给出确定尺度的时候，我们的判断总是会受到各种各样的干扰，例如，我们对当代艺术的判断常常是飘忽不定的。而经过了一定的时间汰选，事物的真正意义就会显示出来，一些有价值的意义会保留下来，而虚假的判断则将被淘汰，被时间汰选出来的真正的意义判断就会沉淀下来形成传统，从而形成理解的真前见参与到新的意义生成中去。

赋诗断章必须要遵从"类"的规定，这里的"类"就相当于阐释学中的"理解前见"。从作诗到采诗，再到朝廷讽献，诗已经经过了好几番的阐释，每一次的阐释都是一次意义的附加，都将会对以后的阐释产生约束性。以《常棣》为例。《左传》两赋《常棣》，一见于襄公二十年，季武子如宋报聘，宴饮之际赋《常棣》之最后两章，突出鲁、宋姻亲之国当和好如兄弟。一见于昭公元年，赵孟赋《常棣》以答子皮赋《野有死麕》，表明兄弟之国当和好而不应以无礼相陵加。而关于作《常棣》之由，《国语》记为周公作，《左传》记为召穆公作，但都是关于兄弟和睦的。所以不管阐释者立足目前处境，赋《常棣》以取何譬，但"兄弟和睦"作为《常棣》的意义总是预先参与进来，成为赋诗者的阐释前见，规范着他的取譬意向。

志与视域融合　　"视域"（horizon），这个词本指高山的雪线、地平线，借用于阐释学，它具有多种含义。对于阐释者，视域指决定理解得以可能的文化传统和背景，也就是理解前见。对于本文，它是指艺术品本身是在一定的历史环境中产生的，它的语言、风格、内容构成了它特定的"视域"，这其中包括作者、作品、以及此前的阐释所形成的意义附加。理解的形成、意义的发生就是本文"视域"与阐释者"视域"的融合，即"视域融合"。这是一种人类的此在运动，它的意义在于把人的理解带入无限变化中去，已有的前见构成我们现在的视域，带着这些前见我们去与过去接触，随之而来便是对传统新的理解，从而共同形成自在而运动的大视域，"理解其实总是这样一些被误认为是独自存在的视域的融和过程"。它不是某种过去意义的自我异化，也不是理解过程的终结，而是在历史的过程中不断筹划又不断消解。

从这个意义上来说，"赋诗断章"与"视域融合"理论在精神实质方面是相同的。赋诗断章表现的是赋诗者心中的志意，这也就是《国语·鲁语下》师亥评敬姜赋诗云："诗所以合意，歌所以咏诗也"，《左传》襄公二十七年，伯有赋诗不当，文子亦曰"诗以言志"。所谓的"合"其实就是沟通阐释者的"阐释前见"与诗篇固有的表意的过程，也就是不同视域的融合。赋诗者为了表达自己的"志"而选取诗篇，所表达的"志"也就附着在对诗篇的理解之上，这个"志"实际上是诗意和自己的"理解前见"的混合物，或者说是赋诗者原有"视域"与诗篇"视域"的融合物。因为原诗与自己的志意必然有一定的差距，为了让它能成为自己的代言物，必然要经过自己的整合。所以近出的郭店楚简

《语丛一》有"诗，所以会古今之志也"，这完全可以看作是先秦用诗的理论总结，而它与"视域融合"理论则如合符契。

以上我们讨论了"类"与先秦诗学阐释的关系。作为一个具有逻辑和伦理双重规定性的概念，"类"在先秦的道德观念中无疑占有重要的位置，并因此成为"取譬"这一既是道德实践行为，又是逻辑思辨行为的重要的内在规定。盛行于春秋时代的"赋诗断章"就是一种取譬行为，自然也要遵从"类"的规定，"类"也成为先秦《诗》教的重要内容。从阐释学角度来看，取譬也是阐释行为，而"类"则构成了阐释者的"理解前见"参与到阐释中去，成为"赋诗断章"作为诗学阐释模式得以发生的重要前提。而且我们也认为"类"与"诗言志"的"志"密切相关，"类"是"志"最根本的内在规定性。

注　释:

① 于省吾主编:《甲骨文字诂林》，中华书局 1992 年版，第 1838 页。

② 赵诚:《甲骨文简明词典》，中华书局 1988 年版，第 248 页。

③ 姚孝遂主编:《殷墟甲骨刻辞类纂》，中华书局 1989 年版，第 696~697 页。

④ 赵诚:《甲骨文与商代文化》，辽宁人民出版社 2000 年版，第 42~51 页。

⑤ 刘雨:《西周金文中的"周礼"》，《燕京学报》第 3 期。

⑥ 吴建国:《中国逻辑思想史上类概念的发生、发展与逻辑科学的形成》，《中国社会科学》1980 年第 2 期。

⑦ ［法］列维—斯特劳斯:《野性的思维》，商务印书馆，1987 年版，第 64 页。

⑧ 《国语·周语下》。

⑨ 《庄子·渔父》。

⑩ 吴建国:《中国逻辑思想史上类概念的发生、发展与逻辑科学的形成》，《中国社会科学》1980 年第 2 期。

⑪ ［意］维科:《新科学》，商务印书馆 1989 年版，第 208 页。

⑫ 张岱年:《中国哲学大纲》，中国社会科学出版社 1982 年版，第 15 页。

⑬ 周春生:《"取譬"与"是"》，《哲学研究》2003 年第 7 期。

⑭ 《墨子·大取》。

⑮ 《论衡·别通》。

⑯ 李天虹:《〈性自命出〉研究》，湖北教育出版社 2003 年版，第 129 页。

⑰ 李天虹:《〈性自命出〉研究》，湖北教育出版社 2003 年版，第 149 页。

⑱ 庞朴:《帛书五行篇研究》，齐鲁书社 1980 年版，第 63 页。

⑲ 近出上博简《孔子诗论》也有《河水》，结合传世文献，则其当为逸诗。

⑳ 《春秋左传正义》卷十五，《十三经注疏》中华书局 1980 年版，第 1816 页。

㉑ ［德］伽达默尔著，洪汉鼎译:《真理与方法》，上海译文出版社 1999 年版，第 395 页。

㉒ （德）伽达默尔著，洪汉鼎译:《真理与方法》，上海译文出版社 1999 年版，第 502 页。

㉓ （德）伽达默尔著，洪汉鼎译:《真理与方法》，上海译文出版社 1999 年版，第 173 页。

㉔ （德）伽达默尔著，洪汉鼎译:《真理与方法》，上海译文出版社 1999 年版，第 378 页。

㉕ （德）伽达默尔著，洪汉鼎译:《真理与方法》，上海译文出版社 1999 年版，第 381 页。

（作者单位：武汉大学文学院）

浅论王安石古文议论、说理的艺术特色
——从王安石的学风和古文主张说起

□ 熊礼汇

　　王安石（1021～1086）是北宋的政治改革家，也是著名的古文家。其古文主张和古文创作风格，受孟轲、韩愈影响最深。他的学韩，不同于欧阳修的变退之之奇崛为平易，而是有意学韩文之奇崛，故其文有拗折、峻峭、廉悍、简洁的特点。王安石为文，很注意维护古文体制的纯洁性，但他又有作文好发议论的艺术趣味，所以各种体裁的古文多有分量不等的议论成分。事实上，王氏最精彩的古文就是议论、说理之文。他好作议论，擅长说理，自与他作为政治家、学者、古文家的独特修养分不开。故本文讨论王安石议论、说理文的艺术特色，即从研究他的学风和古文主张入手。

一

　　王安石对经学下过很深功夫，著有"三经新义"（即《诗经新义》、《尚书新义》和《周官新义》）。他读经的方法和一般士子不同，一般士子就经解经，他却通过博览群书、向人求教来领会经义。他在《答曾子固书》中曾说："世之不见全经久矣，读经而已，则不足以知经。故某自百家诸子之书，至于《难经》、《素问》、《本草》、诸小说，无所不读，农夫女工，无所不问，然后于经为能知其大体而无疑。盖后世学者，与先王之时异矣，不如是，不足以尽圣人故也。扬雄虽为不好非圣人之书，然于《墨》、《晏》、《邹》、《庄》、《申》、《韩》，亦何所不读。彼致其知而后读，以有所去取者，所以明吾道而已。"王安石的"明吾道"，自然是明吾儒学之道，他"无所不读"和"无所不问"的目的，固然是为了"明吾道"，但如此求"道"，却养成了博学多思、务求自得的学风。在宋六家中，王安石博学是很有名的。勿论经学，就是佛学、道学、小学等各类学问，根底都好。①他爱读书，"虽寝食，手不释卷"，又读书爱寻思，务求有得。传说王安石知常州时，"对客未尝有笑容。一日大会宾佐，倡优在庭，公忽大笑。人颇怪"，以为优人之艺能使太守开颜。"有人窃疑公不因此，乘间启公，公曰：'畴日席上偶思咸、常二卦，豁悟微旨,自喜有得,故不觉发笑耳。'"②读书"自喜有得",体现了王安石的学风。王安石的学风,还表现在理事兼顾和学以致用上。这些对他的文论主张和古文创作,都会产生深刻的影响。

王安石论文,以为"要之以适用为本"。他在《上人书》中说:

> 所谓文者,务为有补于世而已矣。所谓辞者,犹器之有刻镂绘画也。诚使巧且华,不必适用;诚使适用,亦不必巧且华。要之以适用为本,以刻镂绘画为之容而已。不适用,非所以为器也;不为之容,其亦若是乎?否也。然容亦未可已也,勿先之,其可也。

王安石将文比之为"器",强调它的"适用"功能,很有点"工具论"的味道。而说文之"辞""犹器之有刻镂绘画",也不准确。揣摩他的意思,主要是说为文当求适用,在保证适用的前提下,讲究表现形式的美。即使讲究表现形式的美,也不允许追求文辞的"巧且华",因为文辞的"巧且华"无助于用,所谓"诚使巧且华,不必适用;诚使适用,亦不必巧且华"。这一主张在《上人书》首段已有表述,文云:"尝谓文者,礼教、治政云尔。其书诸策而传之人,大体归然而已。而曰'言之不文,行之不远'云者,徒谓辞不可以已也,非圣人作文之本意也。"他将文之功用归于为礼教、治政服务,认为圣人作文的本意即在于此,而不是为了追求言之能"文"。他极力降低圣人"言之不文"云云对"文"的重视程度,说是"徒谓辞之不可以已也"(意谓圣人只是讲言辞还是需要的),仍是出于对古文适用功能的强调。据此,他批评韩愈、柳宗元"徒语人以辞"(王安石并非不知道韩、柳论文重道、尚用,强调文的适用功能的一面,故"疑二子者,徒语人以辞"),崇尚孟子的"欲其自得"说。关于后者,思想内容较为丰富。孟子原话为:"君子深造之以道,欲其自得之也。自得之,则居之安;居之安,则资之深;资之深,则取之左右逢其源,故君子欲其自得之也。"③王安石则说:"独谓孟子之云尔,非直施于文而已,然亦可托以为作文之本意。"④在王安石看来,"孟子'自得说'对于散文创作有两重意义,不但可以用这种问学方法来学习、把握作文之道(包括文辞技巧),还可将孟子的话当作"作文之本意"理解。联系王安石其他文论观点看,后一种说法至少包含三层意思。一即文章应该阐述有益于"礼教治政"的"道";一即强调作者的自有所见,不同一般;一即赞成作者的人格修养达到自得境界。这些正是出自他对文章功用和作者主体精神的重视⑤。简言之,为学求道自得于心,触事兴感而发为文章,得为治政施教所用。这就是王安石讲的以孟子"自得说"为"作文之本意"。所谓"圣人之于道也,盖心得之,作而为治教政令也。""彼(陋者)其于道也,非心得之也。其书之策也,独能不诤耶"。⑥

王安石强调文章为政教服务的社会功用,但也讲文以明道。其《答吴孝宗书》云:"若子经欲以文辞高世,则世之名能文辞者已无过矣。若欲以明道,则离圣人之经,皆不足以有明也。"可见其明道说与韩愈明道说是相同的。同时他又说:"文者,言乎志者也。"⑦韩愈也有文以言志的观念,他讲的"志"有特定的指向,是"志于古"、"志乎古道",所谓"愈之志在古道"⑧。"愈之所志于古者,不惟其辞之好,好其道焉尔。"⑨"通其辞者,本志乎古道者也。"⑩这样,韩愈的文以言志归根结底仍是文以明道,明圣人之道。王安石既谓"安石愚不量力,而唯古人之学,求友于天下久矣……读其文章,庶几得其志之所存"⑪，又说："君子于学，其志未始不欲张而行之以致君，下膏泽于无穷。
唯其志之大，故或不位于朝，不位于朝而势不足以自效，则思慕古之人而作为文辞，亦不
失其所志也……后之时，非古之时也，人不得志者常多，而以文自传者，纷如也。"⑫而
在《上张太博书二》中，"又书所志"之"志"为：

> 某愚不识事物之变，而独古人是信。闻古有尧、舜也者，其道大中至正，常行之
> 道也。得其书，闭门而读之，不知忧乐之存乎己也。穿贯上下，浸淫其中，小之为无
> 间，大之为无崖岸，要将一穷之而已矣。

可见其志，也是志于古，志于古道，言志自然也是以言古道为归，和韩愈所说没有太大的
区别。有学者将王安石文以言志说，说成"是传统的'诗言志'说在散文理论领域中的
发掘"，"其'言志'就是抒发有感于事所产生的感情"⑬，似乎不大妥当。

在宋六家中，坚持韩愈文以明道、文贯乎道的古文主张，王安石是很突出的。欧阳修
《赠王介甫》用"翰林风月三千首，吏部文章二百年"称赞王安石诗、文成就的杰出，王
安石《奉酬永叔见赠》却说："欲传道义心犹在，强学文章力已穷。他日若能窥孟子，终
身何敢望韩公？"表明他的理想不单为文要上追韩愈，还要为学深明儒道。后者实际上还
是在学韩愈为古文当志乎古道。而说"读圣人之书，师圣人之道，约而为事业，奋而为
文章"⑭，说"词精而深，义深而明，……非夫诚发乎文，文贯乎道，仁思义色，表里相
济者，其孰能至于此哉"⑮，说"公（杨畋）所为文，庄厉谨絜，类其为人"⑯，说"正
之行古之道，又善为古文，予知其能以孟、韩之心为心而不已者也"⑰，说"求其（李不
疑）所为文，则一本于古，华虚荡肆之学，盖未尝接于其心，诚有以开予者"⑱，说"彼
（扬雄）致其知而后读，以有所去取，故异学不能乱也。惟其不能乱，故能有所去取者，
所以明吾道而已。子固视吾所知，为尚可以异学乱之者乎"⑲，表明王安石志于古文是与
志乎古道紧密相连的，而志乎古道实即志乎儒道，有"异学不能乱"的专一性和紧密性。
他肯定孙正之，称其"能以孟、韩之心为心"，更说明他是把为人的"行古之道"和为文
的"善为古文"联系在一起的⑳。他强调二者的同一性，必然会带来古文以儒道为本的
艺术精神，而这正是他从韩愈古文理论中所接受的最重要的主张。

王安石古文主张受韩愈影响之可注意者，还有他对扬雄的崇尚。史载，"大历、贞元
之间，文学多尚古学，效扬雄、董仲舒之述作。而独孤及、梁肃最称渊奥，儒林推重。愈
从其徒游，锐意钻仰，欲自振于一代"㉑。张籍也曾劝勉韩愈"嗣孟轲、扬雄之作，辨
杨、墨、释、老之说，使圣人之道复见于唐"㉒。韩愈称扬雄与司马相如、太史公、刘向
同为汉朝之最能文者，把他当作文能"自树立"的典型，欧、苏于此并无赞同意见（苏
轼实将扬雄视为以艰深文浅易的代表人物），王安石却深然其说。他既肯定扬雄的为人，
所谓"扬雄亦用心于内，不求于外，不修廉隅以侥名当世"，"扬雄者，自孟轲以来，未
有及之者。但后世士大夫，多不能深考之尔"，"扬雄之仕，合于孔子无不可之义"㉓；
又基本上肯定他能以经为本而明道，说"自秦汉以来儒者，惟扬雄为知言，然尚恨有所
未尽。今学士大夫，往往不足以知雄，则其于圣人之经，宜其有所未尽"㉔。还有从为
人、文辞两方面入手称美扬雄的，所谓"衣冠溅尘土，文字烂星辰"㉕；有从思想价值角
度赞扬扬雄文章的，所谓"千古雄文造圣真，眇然幽思入无伦"㉖。扬雄著有《太玄》、

《法言》。《太玄》是仿依《易经》、《易传》形式写的哲学著作，文字比较晦涩，汉代学者即因"观之者难知，行之者难成"，而责其"太深"㉗。《法言》讨论人生、政治、自然观、认识论方面的问题，文字平实。《太玄》、《法言》的共同点是对儒学的维护，和出于维护儒学纯正性而对道、法、阴阳家等种种"邪说"的猛烈抨击及对谶纬迷信的指斥，这是韩愈，也是王安石对扬雄最为景仰的地方。曾巩曾作书转达欧阳修对王安石作文的意见，谓"欧公更欲足下少开廓其文，勿用造语及模拟前人……孟、韩文虽高，不必似之也，取其自然耳"㉘。论者谓"介甫庆历初年文字少开廓，间喜造语，诚有如欧公所云者"，又谓"欧公云'孟韩文虽高……取其自然耳'，予谓此数语即欧公所以自道"㉙，甚是。大抵王安石年轻时做古文"间喜造语"和"模拟前人"，主要是受扬雄的影响。因为扬雄作赋作论、构思行文都有模拟前人的习好，而"以《法言》象《论语》，其造语尤甚，然非假《论语》以为语"㉚。

从王安石对孟子、扬雄、韩愈的景仰，可见他所推崇的古文，是一种具有纯粹意义的儒家散文，既与其艺术精神相合，又与其风格走向一致。正因如此，所以他明确反对昆体文风，而称美韩愈、李汉"其文"、"其道"。云：

> 某尝患近世之文，辞弗顾于理，理弗顾于事，以襞积故实为有学，以雕绘语句为精新。譬之撷奇花之英，积而玩之，虽光华馨香，鲜缛可爱，求其根柢可用，则蔑如也……昔昌黎为唐儒家，得子婿李汉，然后其文益振，其道益大。（《上邵学士书》）

当然，他反对昆体文风的重要理由仍是其文不适于用，但论述中也表现出他对为文弃事理于不顾，却以襞积故实、雕绘语句为美的不满，有为文当求适用而以文风朴质为美的意思。

王安石对儒家散文传统文风的维护，还表现在他对苏轼策论文风的看法上。欧阳修、梅尧臣等人认为苏轼所作试策《刑赏忠厚之至论》含有古文质素，所以评价很高。王安石对苏轼策论作法却不以为然。传说："东坡中制科，王荆公问吕申公，见苏轼制策否。申公称之，荆公曰：'全类战国文章，若安石为考官，必黜之。'"㉛苏轼策、论（包括制策），善于以无生有，以曲作直，横说竖说，惟意所到，深受《战国策》说辞的影响，和儒家散文平实、谨严有异，故王安石评价甚低。

王安石对儒家散文纯粹性的维护，另一重要表现是他有一股强烈的文体意识。古人作文、论文都讲究辨体，所谓文各有体，辨体为先。作文辨体，是为了求得体、合体；论文辨体，是要以文体的必备质素作为衡文的基本标准。所谓"体"主要指文体的体制要求，有时会涉及该文体文章常有的艺术风格和常用的表现手法。韩愈《平淮西碑》，李商隐称其"点窜《尧典》《舜典》字，涂改《清庙》《生民诗》"，"汤盘孔鼎有述作，今无其器存其词"㉜，极言其古朴典雅。苏轼亦谓："淮西功业冠吾唐，吏部文章日月光。"㉝但王安石却认为碑文的语言风格与碑体简练典重的取向不太一致，为它"笔墨虽巧终类俳"感到挽惜。又黄庭坚《书王元之〈竹楼记〉后》云：

> 或传王荆公称《竹楼记》胜欧阳公《醉翁亭记》，或曰此非荆公之言也。某以谓荆公出此言未失也。荆公评文章，常先体制而后文之工拙。盖尝观苏子瞻《醉白堂

记》，戏曰：文词虽极工，然不是《醉白堂记》，乃是《韩白优劣论》耳。以此考之，优《竹楼记》而劣《醉翁亭记》，是荆公之言不疑也。

后来，严羽作《沧浪诗话·诗法》，言“辨家数如辨苍白，方可言诗”，自注谓“荆公评文章，先体制而后文之工拙”。王安石评文章先体制而后文之工拙，是建立在为文先体制而后求工的基础上的。符合文章体制（体裁、格局）应是作文的基本要求，作者的艺术创造性是在充分满足这一基本要求的前提下表现出来的。有意突破体制要求，可能出现变体，也可能产生全新的文体。一般写作，总以合体为当。王安石认为欧阳公《醉翁亭记》不如王禹偁《竹楼记》，说苏轼《醉白堂记》为《韩白优劣论》，都是从记为纪事之文、以叙事为主的文体特征出发作论。《醉翁亭记》以乐写悲，抒怀、议论多于叙事，《醉白堂记》反复拿白乐天和韩魏公作比较以称美魏公勋业、名声，如同人物论，故王安石有上述看法。记体文章，汉魏作者甚少，唐代作者多。写法则以叙事为主，偶尔杂以议论。宋人作记，议论成分增多，甚至有纯以议论文字为记的。所以陈师道说：“退之作记，记其事耳；今之记，乃论也。”㉞其实，王安石作记，也有以论易记的特点。据说，王安石见东坡《醉白堂记》，言“此是《韩白优劣论》”，“东坡闻之，曰：‘未若介甫《虔州学记》乃学校策耳’”㉟。苏轼言王安石以策（策分制策、试策、进策三种，此处指进策）为记，也有反讥王氏为文不守体制之意。不过，学记当以议论为主。方苞即谓：“散体文惟记难撰结……故昌黎作记，多缘情事为波澜，永叔、介甫则别求义理，以寓襟抱。”㊱只是介甫作记，是于叙事外“别求义理”，不是通篇以论为记。故从他对《醉白堂记》的戏评，还是可以看出他为文当求合体的古文观念。

二

王安石曾称赞他人的文章“文辞博美，义又宏廓”㊲，其赞词实可用来概述他古文的总体风貌。王安石的古文创作以议论胜，以说理胜，“文以理为主”在他的创作中得到了充分体现。其古文的简劲精洁、瘦硬峭折，和其他艺术特点，都与他动辄议论的习好和擅长说理的本事密不可分。

合观王氏古文，其议论说理有以下几个艺术特点。

（一）立论新颖，深思远识必为自得之见

王安石的古文，论题极为丰富，举凡论政、论学、论人和阐发物理事义，无不论自己出，有独到见解。刘熙载说：“介甫文之得于昌黎，在‘陈言务去’。”㊳韩愈说过“唯陈言之务去”㊴，刘熙载解释说：“所谓陈言者，非必剿袭古人之说以为己有也。只识见、议论落于凡近，未能高出一头、深入一境，自结撰至思者，皆陈言也。”㊵显然，刘氏讲王安石为文学得韩愈的“陈言务去”，是兼立论、用语而言㊶。

王氏作论务去陈言，表达自得之见，并不是故意别出心裁制造奇谈怪论或专做翻案文章以耸人听闻，而是出于他对学理的深刻领悟，对现实问题的深刻认识，出于他学以致用的学风。不少见解的提出，是缘于他“欲务古人事于今世，发为词章，尤感切今世事”㊷，是他在政治改革活动中高瞻远瞩、深思熟虑的结果。比如论政，王安石往往从宏

观角度着眼，善于对时空跨度极大的历史经验和纷繁复杂的社会现象，作综合分析，能敏锐地弄清问题的实质，提出自己的看法。故其立论有一种高屋建瓴的气概，又能切中肯綮，收振聋发聩之效。其《上仁宗皇帝言事书》所言之事，即"流俗之所不讲"[43]。书中说当时天下未能大治的原因，乃"方今之法度，多不合先王之政故也"，而"陛下"虽欲改易更革天下之事合于先王之意，其势必不能者。何也？以方今天下之人才不足故也"，仁宗亦闻所未闻。又《本朝百年无事札子》，说"本朝所以享国百年、天下无事之故"，总而言之，乃谓"天下无事，过于百年，虽曰人事，亦天助也"，又谓神宗"知天助之不可常恃，知人事之不可怠终，则大有为之时，正在今日"，既痛揭百年来的政治痼疾，又对神宗寄予希望。当然，王安石论政有如此见解，与他具有政治改革家的理想、眼光、勇气分不开。就像阮元从《上仁宗皇帝言事书》所看到的："荆公之所忧，皆司马（光）、韩（琦）、范（纯仁）辈所不知忧者也；荆公之所见，皆周（敦颐）、程（灏、颐）、张（载）、邵（雍）辈所不及见也；荆公之所为，皆当时隐见诸书生所不肯为、不敢为、不能为者也。"[44]但同时也应看到，王安石作论见解独到、深刻，还在于他对所论之事十分熟悉、知之甚深，又能以一总多，作形上之论。

王安石是政治家，又是学者，其论学之文，也显出他勇于创新、不拘成说的勇气。其《原性》，说"性生乎情，有情然后善恶形焉，而性不可以善恶言也"，实于孟子性善说、荀子性恶说、扬雄性善恶混说、韩愈性三品说之外别创一说。《性情》，说"性情一也"，"性者情之本，情者性之用"，说喜、怒、哀、乐、好、恶、欲"七者，人生而有之，接于物而后动焉。动而当于理，则圣也；不当于理，则小人也"；"君子养性之善，故情亦善；小人养性之恶，故情亦恶"，不但见解深刻，思辨方式亦新。《推命对》，谓"善推命知贵贱祸福者"所言，乃"诞谩虚怪之说"，申言："夫贵若贱，无所为也；贤不肖，吾所为也。吾所为者，吾自知之；天所为者，吾独懵乎哉？""君子修身以俟命，守道以任时，贵贱祸福之来，不能沮也。"大有天命不可畏之意[45]。又如《太古》，说"太古之道果可行之万世，圣人恶用制作于其间？……吾以为治治乱者当言所以化之之术，曰归之太古，非愚则妄"，亦属有见。至于《庄周上》，说"庄子岂非有意于天下之弊而存圣人之道"；《庄周下》，说"学者诋周非尧、舜、孔子，余观其书，特有所寓而言耳"，"读其文而不以意原之，此为周者之所以讼也"，似有以儒统道之嫌，亦为一家之言。此外，如《子贡》言史书所记子贡救鲁之事不可信，《季子》言延陵季子葬子遂行不合于礼，《伯夷》言《史记》所记伯夷事（武王伐纣，叩马而谏；天下宗周而耻之，义不食周粟而为采薇之歌等）为大不然，都是言古人所未言。

王安石所作古文，论人者极多，或论古人，或论时人，或作专论，或论事及人，总有一独到见解支撑其论。如《夫子贤于尧舜》论及孔子、尧、舜，《杨墨》、《荀卿》论杨子、墨子、荀子之学而及于其人，又如《答吴子经书》论及扬雄，《读柳宗元传》论及柳宗元，《书李文公文集后》论及李翱，皆以一独到看法显出文章的价值。论古人多见于各体古文中，论时人则多见于书、序、墓志铭和祭文中。如《答深父书》论及王深父，所言"扬雄之仕，合于孔子无不可之义"，而"深父其知能知轲，其于为雄几可以无悔"，即非一般学士、大夫所能言。《送孙正之序》，论孙氏其人其心其文其行，而说"正之行古之道，又善为古文，予知其能以孟、韩之心为心而不已者也"，可谓知友者深，出语亦精警不俗。《王逢原墓志铭》首段说："士诚有常心以操圣人之说而力行之，则道虽不明乎天下，必明乎己；道虽不行于天下，必行于妻子。内有以明于己，外有以行于妻子，则其言行必不孤立于天下矣，此孔子、孟子、伯夷、柳下惠、扬雄之徒所以有功于世也。"这是作者阐发的一种人生价值观，自为有得之见，言此正为高评逢原人生价值而设。《祭欧阳文忠公文》，前人说"欧阳公祭文，当以此为第一"（茅坤语），被誉为"祭文入圣之笔"（储欣语），除情感深挚、慨叹有声、一气浑成、语词简劲生动外，最大的原因是祭文对欧阳公其人其文、其立朝大节、其坎坷困顿，都有人所难言的评述。祭文所显出的强大艺术魅力，充分说明识见美是构成古文艺术美不可或缺的质素。而王安石诸多古文的艺术价值，几乎都与其识见美的锻造有关。

其文记事作论，亦以识见生色。《度支副使厅壁题名记》，说度支副使人选重要，标举一大道理："理天下之财者法，守天下之财者吏也。吏不良则有法而莫守，法不善则有财而莫理。"《游褒禅山记》，由"入之愈深，其进愈难，而其见愈奇"的经历，说出"尽吾志也而不能至者，可以无悔矣，其孰能讥之乎"的人生体验。《明州慈溪县学记》，开篇即谓"天下不可一日无政教，故学不可一日而亡于天下"。《石门亭记》，说"环顾其身无可忧，而忧者必在天下，忧天下亦仁也"，并以此为"作亭之意"。《伤仲永》，说后天学习对人才成长的重要，谓"彼其受之天也，如此其贤也，不受之人，且为众人。今夫不受之天，固众人；又不受之人，得为众人而已邪"。都可称为深思远识，是王安石自己的创见。

王安石作文好发议论，议论几乎存在于他所有文体的古文中，故其文说理特色显著。所说之理固为自得之见，总而言之却未超出儒道范围。他说自己"学不得尽意于文章，仕不得行其所学"⑥，自为谦词，但也说出了其文之意和其人之学的关系。从他讲"道之所存，意有所不能致，而意之所至，言有所不能尽"⑦，可见他作文很重视言、意、道的一致性。王氏之道之学如何？他自己说："闻古有尧、舜也者，其道大中至正，常行之道也。得其书，闭门而读之，不知忧乐之存乎己也。穿贯上下，浸淫其中，小之为无间，大之为无崖岸，要将一穷之而已矣。"⑧又说："某不思力之不任也，而唯孔子之学，操行之不得，取正于孔子焉而已。"⑨还说："吾所安者，孔子之言而已。"⑩还说："窃以为士之所尚者志，志之所贵者道，苟不合乎圣人，则皆不足以为道。"⑪既以其学其道归于尧、舜、孔子之道，又以其志、操行合于尧、舜、孔子之道，自然文中立意之意、自得之见，皆与圣人之道相合。王安石也曾说到二者的关系，言"读圣人之书，师圣人之道，约而为事业，奋而为文章"⑫，加上他说的"操行之不得，取正于孔子"，知其为人、为学、为文，均以合乎圣人之道为准，所有古文的艺术精神都是植根于儒家思想理论。故吕祖谦称其文"纯洁"⑬，刘师培谓其文"立论极严，如其为人"⑭。

（二）长篇政论，一气贯注，"如一笔书"

王安石的政论文较多，论篇幅，实有大、中、小之分。杨慎说："王半山之文愈短愈妙。"⑮其实，他的政论文，长篇、中篇在写法上也很有特点，最突出的是：结构谨严，说理清楚，行文一气贯注，"如一笔书"。

大抵王安石作大篇文章，论事单一，立意集中，即使所言涉及问题甚多，也善于从千头万绪中找到统率一切的核心观点，使之成为立意所在和结构其文的纲领。《上仁宗皇帝言事书》，长达八千二百字，于当时政治弊端，纵牵横连，在在有之，文章却拈出"人才不足"为纲,紧紧围绕这四个字作文章。这样论事单一,立意集中,自然容易突出主要矛盾,把问题说深说透,引起受言者或读者的注意。方苞说:"欧、苏诸公上书,多条举数事,其体出于贾谊《陈政事疏》。此篇只言一事,而以众法之善败经纬其中,义皆贯通,气能包举,遂觉高出同时诸公之上。"的确,此文之妙,主要表现在所说之事单一,立意集中,而行文"义皆贯通",一气呵成。

此书并不是一开始就提出"人才不足"的问题,而是经过一番层层递进的推阐,才使问题显现出来。文章先说仁宗圣明而国家未能大治,"患在不知法度故也"。再说"今朝廷法严令具,无所不有","臣以谓无法度者",乃"以方今之势揆之,陛下虽欲改易更革天下之事,合于先王之意,其势必不能也"。"何也?以方今天下之才不足故也。"这段文字颂扬君王、讲方今法度之弊、讲仁宗欲行改革的困难,涉及问题不少,但说来说去,都落到"人才不足"上。文章接着说到当时人才不足严重到何种程度,所谓"今以一路数千里之间,能推行朝廷之法令,知其所缓急,而一切能使民以修其职事者甚少,而不才苟简贪鄙之人,至不可胜数。其能讲先王之意以合当时之变者,盖阖郡之间,往往而绝也"。这是王安石对北宋官员素质的估价。下面说如此素质的官员队伍根本无法帮助仁宗完成"改易更革天下之事"的大业,真是高见卓识,辉耀古今。这段文字的安排,从思路上看,是在解说何以谓人才不足就使仁宗欲行改革之事"其势必不能也",同时也是由说人才的极端重要性,引出对何以人才不足问题的分析。故下文详说"人之才,未尝不自人主陶冶而成之者"的道理,而谓今日"陶冶而成之者,非其道故也"。再接下来,便是讲如何培养人才、使用人才,"所谓陶冶而成之者,何也?亦教之、养之、取之、任之有其道而已"。然后先用四段文字依次正面陈述何为理想中的"教之之道"、"养之之道"、"取之之道"、"任之之道",再用四段文字详说今日教之不以其道、养之不以其道、取之不以其道、任之不以其道,且极言其危害性,谓"教之、养之、取之、任之,有一非其道,则足以败乱天下之人才,又况兼此四者而有之"。显然,言此是为了引起仁宗的高度重视。就章法而言,言此实对下面建议有引发作用。而建议仁宗"虑之以谋,计之以数,为之以渐,而又勉之以成,断之以果",又是为了"能成天下之才"。故一篇长文,"滚滚万言,援据经术,操之则在掌握,放之则弥六合"⑤⑥,首尾细末,都离不开"人才不足"四字,既义不旁溢,又酣畅淋漓。如储欣所评:"荆公此书,只是要改制变法,大肆更张耳。胸中有无数见解,无数话头,却寻出'人才不足'四字统之。架堂立柱,将胸中所欲言者,尽数纳入,随机大发,故议论愈多,头绪愈整,由其一线贯千条也。"⑤⑦亦如沈德潜所说:"其行文部勒有方,如大将将数十万兵而不乱,中间丝联绳牵,提挈、起伏、照应、收缴,动娴法则,则极长篇之能事。"⑤⑧

《本朝万年无事札子》,是王安石应神宗之问上的奏章。此文立论独到,已如前说。行文之妙,在于一方面说些"百年无事"的现象,一方面痛揭社会矛盾、历数百年治政之弊,而归总为"天下无事,过于百年,虽曰人事,亦天助也"。说是"无事",实言有事;说百年积弊,实说时政之弊,落脚点"正在今日"。故茅坤说:"此篇极精神、骨髓,荆公所以直入神宗之胁,全在说仁庙处,可谓搏虎屠龙手。"⑤⑨因为立意集中,所说事理虽多,却勾连得紧,出语反复驰骋,显得气盛词健。虽为长篇大论,却层转层接,语语相扣,无一脱钩断榫处。其结构之严密、行文之一气呵成,直如吴汝纶所说:"纲举目应,章法高古。自首至尾,如一笔书。"⑥⑩

王安石中篇政论，也多是论事单一，立意集中，而行文以气运词，如一笔书。如《材论》，论事则围绕人才问题展开，立意则落在君王对人才的态度上，所谓"天下之意，不患材之不众，患上之人不欲其众；不患士之不欲为，患上之人不使其为也"。文章先说"上之人不欲其众、不使其为"的原因，"是有三蔽"，而三者都会导致他们失去人才，陷入"败乱危辱"中。再说如何发现人才、使用人才，谓"试之之道，在当其所能而已"，"铢量其能而审处之，使大者、小者、长者、短者、强者、弱者，无不适其任者焉"。最后说到人才应时而出的道理，"人君苟欲之，斯（指人才）至矣"，进一步强调天下人才本多，唯"患上之不用之耳"。层层意思都在说"上之人"应如何对待人才。正因紧扣题旨作论，故文脉贯通，文气畅达，段落层次，转接无痕。

其实，王安石的议论文，不论内容，不分长短，都有结构严谨、逻辑严密、文势流走、出语自然、明白流畅的特点。之所以如此，是因为作者论事确有所见，而且见识高深，非一般人所能言，同时考虑问题有很强的归纳能力和分析能力。而构思文章善于组织、剪裁材料，提纲挈领，架堂立柱，布置严密，行文则善于化一为万，依干生枝，伸缩开合，丝牵绳联。

王文结构严谨、行文一气呵成，还在于作者作论，善于找准论题的切入点。一旦切入，便有了纵横驰骋的天地。故其文开篇多点明题义，直发议论，中幅多详言细辨，申论其说，结尾往往结而未结，又作引申。自首至尾，缩合得紧。陈祥耀先生认为王安石说理文"多一气贯注"，并细言其文起、结、过渡时常用的手法，云："其起也，或从高远处落墨，或直标题旨，或径为断案，或明揭要旨之定义界说，既善取势，又极简炼。""其中幅，多用排比之法以申论，或长排，或短排，几于篇皆有之。""文中又善为层层转，层层进。""其结尾之用简洁语句而忽为出人意外之层转层进者，尤多而善。""其文既一气贯注，取势高远而明炼；善排比，使言之有物，义不孤伸；又能层层转折而递进，则其劲直之气，盖得之《孟子》；而开合盘旋之势，又有似于韩退之。论者谓介甫之文，最近退之，诚不为过。特介甫独为瘦硬精悍，退之则兼浑厚恣肆，斯为异耳。其所以然，介甫多务说理，理足锋锐，可以夺人，斯足矣；退之则兼挟其情趣以行，故弥有感人怡人之姿致也。"[61]陈先生结合作品，讲了王安石论文起、结、过渡常用的手法，并把王文的一气贯注和常用手法归结到王氏为文学孟学韩上去，不无道理。在引文之后，他还举出一些文章，用前人的话证明王文和孟、韩古文的关系。说："茅坤评（王氏《原过》）：'文不逾三万字，而转折变化无穷。'储欣评：'创甚醒甚，得韩最深。'茅又评《周公论》云：'论确而辨亦尽圆转。'评《原教》云：'大类韩文。'沈（德潜）又评《性情》云：'此本《中庸》首章及《孟子》乃若其情节，以疏解驳辨之，其说乃不坠于云雾。'……评《庄周论上》云：'以庄子为矫世之说，正中肯綮。立论不扫庄子，不伤圣道，笔笔折，面面圆，此板经营匠心之作。'储欣又评《伯夷论》云：'凿空之谈，其理较正。'……评《性论》云：'于韩真入室之文。'"[62]

前人论王氏文风由来，多上溯至孟、荀、扬、韩。刘熙载即谓"王介甫文取法孟、韩"，"介甫文之得于昌黎，在陈言务去"，"介甫文似荀、扬。荀好为其矫，扬好为其难"[63]。陈衍谓"荆公除《万言书》外，各杂文皆学韩，且专学其逆折处。桐城人之自命学韩，专学此类"[64]。姚永朴亦谓"临川王氏差近退之，要亦不过峭折而已，未能雄浑也"[65]。刘师培则谓"介甫之文"，"法家之文也"[66]。大抵王安石作论，思想观念多取自儒家学者（显现为自得之言），艺术手法亦多从儒家散文中来。诸如孟子善辩多气、荀子"好为其矫"（矫，矫正，指通过辩驳谬论以伸己说）、扬雄"好为其难"（包括为文多"眇然幽思"和好作奇语）、韩愈为文的务去陈言和力求奇崛峻峭，都对王氏论文艺术特色的形成产生过影响。刘师培称王氏古文为"法家之文"，不太准确。若说王氏古文，特别是论说文的艺术风格与法家散文传统风格有相似处，却是事实。这种相似，主要表现在说理开门见山，径遂直陈，出语斩截果断，少有修饰，语气强硬，几无回旋余地，说理沉实、峻厉，而风格峭拔、刻深。王氏论文有这些特点，自与他偏好孟、荀、扬、韩古文奇峭多气的关系密切，但也不排除对法家散文传统艺术的吸纳。

（三）短篇驳论"长于扫"

前人评论王安石的古文，多注意到其"短作"之妙。前引杨慎之言即谓："王半山文愈短愈妙。"⑥⑦储欣则说："荆公短制，并驾河东，希风《史记》论赞，奇美特绝。"⑥⑧

刘师培亦云："介甫之文最为峻削，而短作尤悍厉绝伦。"⑥⑨他们注意到的短作，主要是一些短篇议论文。大抵王氏议论文长篇、中篇说理多正面立论，偶有驳议，终未改变全篇从正面说来的总体倾向。其短篇论文，则从驳论入手者多于从正面立论者，虽然两者各有其妙，艺术特点尤为显著的，却是以驳论生色的短篇。

王氏短论的总体风貌可用瘦硬精悍四字概括，其正面立论者，多开宗明义，推阐入深，出语简劲、顺畅；以驳议为主者，则直击要害，撇扫有力，出语剽悍、峭折，两者风格略有差异。正面立论者，如前引《上人书》说文论意见，入篇即道"尝谓文者，礼教云尔"，开门见山，再由此出发，言及以孟子之"自得之"为"作文之本意"。再提出"自谓文者，务为有补于世而已矣。所谓辞者，犹器之有刻镂绘画也"，并就此议论开去。可谓平顺自然。又如前引《度支副使厅壁题名记》次段说理，前三句"夫合天下之众者财，理天下之财者法，守天下之法者吏也，"言理财官员重要，由财之重要推及法之重要，再推及吏之重要，开宗明义提出观点，三句话也是步步推阐，才落到要点上。接下来，说"吏不良，则有法而莫守；法不善，则有财而莫理。有财而莫理，则阡陌闾巷之贱人，皆能私取予之势，擅万物之利，以与人主争黔首，而放其无穷之欲，非必贵强桀而后能。如是而天子犹为不失其民者，盖特号而已耳"，则反过来说，由"吏不良"推出"法莫守"，由"法莫守"推出"财莫理"，由"财莫理"推出"天子失其民"，把"吏不良"的危害性说得十分严重。显然前一层还只说到吏的重要，后一层则进一步说到择吏的重要，一从正面说，一从反面说，却都是"推阐入深"。最后合而言之："然则善吾法，而择吏以守之，以理天下之财，虽上古尧、舜不能以此为先急，而况于后世之纷纷乎？"至此，已将何以朝廷对度支副使尊宠甚备的理由说透，而说透此理，又为下段说任其职当为良吏，以入"吕君之志"（指吕冲之将前任度支副使题名厅壁的用意），提供了推阐作论的起点。从引文可以看出，王氏短论的"推阐"，实是"推"多于"阐"，作者善于借助逻辑力量增强文气，用推论方式陈述论点，行文多作论断，少有论述。故其文观点鲜明，言词简约，语气虽硬，但说得平实、顺畅。

正面作论的短论，还有《知人》、《兴贤》、《闵习》、《河图、洛书义》、《答黎检正书》等。其中，《答黎检正书》，说"窃以为士之所尚者志，志之所贵者道，苟不合乎圣人，则皆不足以为道。唯天下之英才，为可以与此"。由士尚志而及志贵道而及道须合于圣人，又由士而及天下之英才，也是"推阐入深"。《河图、洛书义》，释《河图》、《洛书》之义，实以"图以示天道，书以示人道"立论，下言"盖通于天者河，而图以象言也。成象之谓天，故使龙负之，而其出在于河；龙善变，而尚变者天道也。中于地者洛，而书者以法言也。效法之谓人，故使龟负之，而其出必于洛；龟善占，而尚占者人道也"，皆承此"推阐"所致。《闵习》是先说一日常事理，再由此一事理"推阐"至"先王之道难行"的原因，是因为"先王之道不讲乎天下而不胜乎小人之说，非一日之久也"。《兴贤》，前幅立论在开篇二句："国以任贤使能而兴，弃贤专己而衰。"下言"何治安之世有之而能兴，昏乱之世虽有之亦不兴，盖用之与不用之谓矣。有贤而用，国之福也，有之而不用，犹无有也"，即从首二句推阐而出。接着说自商到李唐盛衰时代的例子，不过是实证其说。后幅用"今犹古也"过渡，作论的出发点仍是开篇二句所言之理。中谓"古虽扰攘之际，犹有贤能若是之众，况今太宁，岂曰无之，在君上用之而已"，稍作推论，即转入对君上用贤之道的论述。而论述只说如何做就会怎么样，所谓"博询众庶则才能者进矣，不有忌讳则谠直之路开矣，不迩小人则谗谀者自远矣，不拘文牵俗则守职者辨治矣，不责人以细过则能吏之志得以尽其效矣"。显然，每一单句都是一个论断，众多论断络绎而出，文气自然紧健。在正面立论的短篇中，《知人》的文风很有代表性。文云：

> 贪人廉，淫人洁，佞人直，非终然也，规有济焉尔。王莽拜侯，让印不受，假僭皇命，得玺而喜，以廉济贪者也。晋王广求为冢嗣，管弦过密，尘埃被之，陪宸未几，而声色丧邦，以洁济淫者也。郑注开陈治道，激昂颜辞，君民翕然，倚以致平，卒用奸败，以直济佞者也。於戏！"知人则哲，惟帝其难之"，古今一也。

此文说君王知人之难，谓贪人以廉达到目的，淫人以洁达到目的，佞人以直达到目的，故难识其真。文以"贪人廉，淫人洁，佞人直……规有济焉尔"，概说坏人伪装好人以售其奸的特点，再以王莽、杨广、郑注为例，依次说贪人如何以廉济贪、淫人如何以洁济淫、佞人如何以直济佞。最后慨叹：帝王知人之难，古今一也。从思维方式看，作者是从三个历史人物的行为归纳出三种坏人的为人特点。从行文看，则先集中概言三种坏人为人特点（出语简约），再说三个例子。举例自是对前面概括言之的推阐，但三言其例，彼此却无文字上的勾连，仅用慨叹将文意、文气作一收束。如此作论，自然文词简明，出语顺畅。虽然枝干挺拔，却也摇曳生风。

王安石擅长驳议，所作大小论文立论多从驳议入手者，短论（文体并不限于论、说）亦复如此。大凡作驳论总要写到两个基本内容，即所驳之言和驳议之言，但如何写出这两个内容，却大有讲究。王安石的作法并不单一，有详言所驳之言者，有概言所驳之言者；有细辩细说以斥其非者，有不作细辩而直道其非者；有专就一说作驳议者，亦有迭作引论、驳议以成文者。如《与王深甫书》，即四用"深甫曰……某则以谓……"结构其文，所谓"深甫曰"，即为所驳之言，"某则以谓"实为驳议之词，两者都说得较为充分。分段说来，且引经据典作论，显得文势平衍。《〈孔子世家〉议》亦为驳议，所驳之言实为司马迁列孔子入世家一事。驳词的关键词是"太史公叙帝王则曰《本纪》，公侯传国则曰《世家》，公卿特起则曰《列传》，此其例也"。说它是关键词，是因为下面的驳议皆以此为依据。谓以孔子之才、孔子之道的伟大，岂可与公侯同列，直与帝王相当，依史迁的体例，就是入《世家》也不能显其道之大，入《列传》亦不能使其道变小。援"例"作论，三言两语即成其说。《读柳宗元传》，实借对柳宗元等八司马的评论，批评"所谓欲为君子者"为人不过有"其初而已"，很少有"其终，能毋与俯仰以自别于小人者"。文中所驳的是对八司马的片面看法及由此产生的行为，所谓"至今士大夫欲为君子者，皆羞道而喜攻之"。立论的依据是作者对八司马后期为人的肯定，所谓"此八人者，既困矣，往往能自强以求别于后世，而其名卒不废焉"。肯定和否定都只说结论性意见，但针对性强，故短文用语简括而文气廉悍。

王安石最具特色的短篇驳论，是《答司马谏议书》和《读〈孟尝君传〉》。刘熙载说"半山文瘦硬通神"。"荆公文是能以品格胜者，看其人取我弃，自处地位尽高"。"半山文善用揭过法，只下一二语，便可扫却他人数大段，是何简贵"。又引谢枋得评荆公文语，说"笔力简而健"⑦。读二文即可体味得出。《答司马谏议书》，属于书体驳论，是对司马光来信反对新法的答复。司马光曾三次致书反对新法，此文虽作于收到司马光第二书之后，所驳论调，实见于二书（第一书长达三千三百字）所言。此文写法，作者说得明白，谓之"略上报，不复一一自辩"，但辩得有法。大抵行文思路在于辨名实，所谓"儒者所争，尤在于名实。名实已明，而天下之理得矣"。司马光说王安石变法乃"侵官、生事、征利、拒谏，以致天下怨谤"，自是罪名，文中"某则以谓"云云，正是以事理证明对方所说罪名之名并不符合事实。既然名不副实，何罪之有？可见，此文驳得有力，"辨名实"的思维方法起了很大作用。虽然如此，作者自占地步甚高，文风简而健、傲岸崛强，以及"劲悍廉厉无枝叶"，却是通过如何"辨名实"体现出来的。其中，作者对司马光二书所说罪名的概括和对驳议之词内容、表述方式的选择，最为突出。他不与对方一一细辨，而将其数千言的责难概括为"侵官"等几大罪名，然后用简直、切峻的语言针锋相对地反驳，所说"受命于人主"、"举先王之政"、"为天下理财"、"辟邪说，难壬人"，无不堂堂正正，伟哉壮也，自占地位真高。再者，每辩一名不副实，仅用二三短句，且结句必出以断然否定之语，所谓"不为侵官"、"不为生事"、"不为征利"、"不为拒谏"云云，一组排比句，正显出文章"傲岸崛强"、"劲悍廉厉无枝叶"的特点。读此文可知，刘熙载说王安石为文善用揭过法，只下一二语，便可扫却他人数大段，其奥妙在于善于抓住论敌责难之词的核心观点，加以反驳，不和对方作就事论事式的"一一自辨"，把握住反驳的主动权。而在反驳时，持论当从高处远处大处着眼，出言则斩钉截铁，一语中的。可见，王氏短篇驳论长于"扫"，离不开"揭过法"的运用。不但对论敌观点的归纳、选择是用"揭过法"，就是反驳时不一一细辨而出言简捷、切中要害，也是在运用"揭过法"。否则，便很难以少少语"扫却"论敌"数大段"。

比较而言，此文后幅驳"致天下怨谤"用语稍多，写法也有讲究，突出的是自占地位很高。不但一句"固前知其如此也"，扳回了反驳时的话语主动权，而且一再强调自己的变法活动乃"助上""有为"之举，如此自占地步，说话自然更加理直气壮。如文中说："人习于苟且非一日，士大夫多以不恤国事、同俗自媚于众为善。上乃欲变此，而某不量敌之众寡，欲出力助上以抗之，则众为何不汹汹然？"这段话实有两层意思，一是士大夫"不恤国事"、"同俗自媚于众"由来已久，"怨谤"新法，不过是他们"习于苟且"的必然反映。这既是讲作者"固前知其如此"，也是在严厉批评士大夫不恤国事、因循苟且的恶习，同时于司马光替彼等说话有讥刺意。二是既然"上""欲变此"，我是"助上"而为，那所谓"天下怨谤"看似针对我王安石而发，实是针对今"上"而发。紧承这两层意思，故下面借言"盘庚之迁""不为怨者改其度"说今"上"态度（实说作者态度）；又说对方若责我"未能助上大有为"则可，"如曰今日当一切不事事，守前所为而已，则非某之所敢知"（因为"我"本来就反对士大夫"习于苟且"）。如此高占地步，出言自易理足气盛，显得笔力劲悍、凌厉。

王安石的驳论文，被称为"短篇之极则"、"尺幅中具有万里波涛之势"（吴闿生语）的，是《读〈孟尝君传〉》。文云：

> 世皆称孟尝君能得士，士以故归之，而卒赖其力，以脱于虎豹之秦。
> 嗟乎！孟尝君特鸡鸣狗盗之雄耳，岂足以言得士？不然，擅齐之强，得一士焉，宜可以南面而制秦，尚何取鸡鸣狗盗之力哉？夫鸡鸣狗盗之出其门，此士之所以不至也。

此文虽短而结构完整，前为所驳之言，后为驳议之词。文中说所驳之言用"世皆称"引出，这"世皆称"三字实为微词，隐含对"世"人之论不以为然之意。驳议之词仅三句，皆出语简、健。所谓"笔笔如一寸之铁，不可得而屈也"（金圣叹语）。首二句驳"能得士"，先断然否定，谓其不足以言得士，而称其为鸡鸣狗盗之雄，再用"不然"一转，说出理由。末句则紧承上二句"鸡鸣狗盗"云云，而驳"士以故归之"。前人说此文持论与司马迁谓孟尝君"好客自喜"相表里，又说驳词所说理由"不然"云云，实祖述韩愈《祭田横墓文》所云："当嬴氏之失鹿，得一士而可王，何五百人扰扰，不能脱夫子于剑芒？岂所宝之非贤，抑天命之有常？"[71]诚或有之，但末句"鸡鸣狗盗之出其门，此士之所以不至也"，实为愤慨语，联系王安石十分关注人才问题，其说当有其现实针对性。而出语所截，妙有转变，陡然起笔，陡然断定，使得文势峭拔，笔力廉悍，却是王安石作短篇驳论的固有特色。

（四）"叙事中伏议论"，或谓"以议论行叙事之文"

王安石的记叙文，多数采用叙议结合的手法。其"结合"方法大体有两种，一是叙事之后再作议论，议论因所叙之事而生，而所说之理又不可超越其事。如《游褒禅山记》，实就一次半途而废的游历生发议论，说出一番做学问的道理。虽为记体，由于"借题写己深情高致"（李光地语），议论成分较多，成了"记之兼说体者"（吕留良语）。行文则前幅集中记游，后幅专作议论，妙在前后扣合得紧。诚如孙琮所说："此文记褒禅所由名，记华山洞，记仆碑，记前洞后洞，记拥火而入，记怠而欲出，皆为游而记也。妙在既出而悔，忽发波澜，而思险远之多奇，慨人迹之罕至，期以有志，勉以深思而慎取。中间接连几转，一转一意。看他前面专是记游，却一一为后面地步。后面推开记游，却一一与前面叫应。空空旷旷，离离奇奇，几不知情生于境，境生于情，会心固自独异。"[72]他如《芝阁记》、《君子斋记》、《石门亭记》等，虽论因事发，且记且论，皆论多于记，超越所记本事另作发挥，几有以论代记之嫌。记体之外，论因事生且叙议结合得紧的短文，有杂体文《伤仲永》。说它结合得好，不单见于"王子曰：'仲永之通悟，受之天也……

卒之为众人，则其受于人者不至也'"云云，由总结仲永教训而论及一般情况，谓"今夫不受之天，固众人，又不受之人，得为众人而已矣"，是论因事发，而且叙事有意记仲永由早慧能诗到"泯然众人矣"的过程，为下面的议论预留话头。

　　二是伏议论于叙事中或以议论行叙事。这种写法主要见于墓志铭中。王安石作墓志铭，选材极严，用字极省，用力最深的是对人物的品评。选材、用字都以其品评为准，品评之语则多见于作者的议论和慨叹中。《泰州海陵县主簿许君墓志铭》是王安石的名作，前人评论很多。孙琮说此文"起手述许君行谊，只数语可了。以下俯俯仰仰，都作若疑若信、可骇可异之言，以寄其歔欷欲绝之情，自成一篇绝妙墓志"[73]。吴楚材、吴调侯说此文"起手叙事，以后痛写淋漓"[74]。方苞则说"墓志之有议论，必于叙事缨带而出之，此篇及《王深甫志》，则全用议论，绝无仕迹可纪，家庭庸行又不足列也。然终属变体，后人不可仿效"[75]。刘大櫆却说"以议论行序事，而感叹深挚，跌宕昭朗，荆公此等志文最可爱"[76]。刘氏所说"以议论行事"，既指中幅议论而言，又指前幅叙事而言。前幅叙事，实记"行谊"者少，言未成之事则渲染者多。所谓"贵人多荐君有大材，可试以事，不宜弃之州县；君亦常慨然自许，欲有所为。然终不得一用其智能以卒。噫，其可哀也已"。此即为孙琮说的"起手述许君行谊"和二吴说的"起手叙事"的一部分。因为它是用论述方式叙事，故方苞视其为议论，刘大櫆称其为"以议论行叙事"。这种议论式叙事，最易显出作者对墓主生平遭遇的同情态度，出语往往多慨叹之声。就《许君墓志铭》而言，文中以议论行叙事语，显然对下面纯发议论、感叹有引发作用。其《金溪吴君墓志铭》，开篇说"君和易罕言，外如其中，言未尝及人过失……年四十三，四以进士试于有司，而卒固于无所就"云云，实以评议方式叙事。至于方苞提到的《王深父墓志铭》，入篇即谓"吾友深父，书足以致其言，言足以遂其志，志欲以圣人之道为己任"云云，全是对王深父为人的评论。接下来一大段议论，则从远处大处道来，为王回早死而志未就、才未尽、事未成感慨不已。所谓"人皆曰：'古之人，生无所遇合，至其没，久而后世莫不知。'若轲、雄者，其没皆过千岁，读其书知其意者甚少。则后世所谓知者，未必真也。夫此两人以老而终，幸能著书，书具在，然尚如此。嗟乎深父！其智虽能知轲，其于为雄虽几可以无悔；然其志未就，其书未具；而既早死，岂特无所遇于今，又将无所传于后。天之生夫人也，而命之如此，盖非余所能知也"。这是议论，也是叙事（叙"其志未就、其书未具，而既早死……"之事），是以议论行叙事。而拿孟轲、扬雄衬说王回，更是伏慨叹于议论中，文思沉郁，不乏情韵之美。其《王逢原墓志铭》，也是用悲叹语气以议论行叙事，甚至仍是用圣人衬说王令的早逝和不遇，悲不胜悲，而叙事有限。所谓"通篇无事迹，独以虚景相感慨"（茅坤语）。这种写法，实乃远学司马迁，近学韩愈，而于韩愈《柳子厚墓志铭》一类古文以议论行叙事的手法用功最深。只是王安石以议论行叙事所作之墓志铭，往往带有浓重的抒情色彩。说是以议论行叙事，实是将作祭文常用的以哀词叙事和借叙事致哀的手法，用到了墓志铭的写作中。但他的"致哀"又有露和不露之分，上举各例及其《亡兄王常甫墓志铭》，皆属以议论行叙事而哀情显露无遗者。其《王平甫墓志》则哀不大露，以致茅坤、王士禛称其文"无一天性语，叙述漏略"而称其人品、心术不好。作者丧弟之哀实属于以议论行叙事之文字中。

注　释：

① 传说他很欣赏苏轼《雪后书北台壁》（其二）中的"冻合玉楼寒起栗，光摇银海眩生花"，以为其用事不见痕迹，叹谓"苏子瞻乃能使事如此"。安石女婿蔡卞认为苏诗"此句不过咏雪之状，妆楼台如玉楼，弥漫万象若银海耳。"安石笑谓"此出道书也"。后又当面问苏轼："道家以两肩为玉楼，以目为银海，是使此否？"轼未答，退谓安石侄婿叶涛云："学荆公者，岂有此博学哉！"（赵德麟《侯鲭录》卷1）。

② 丁传靖辑《宋人轶事汇编》卷10引《墨客挥犀》，中华书局2003年版。

③ 《孟子·离娄下》。

④ 王安石：《上人书》，《临川先生文集》，中华书局1959年版。

⑤ 熊礼汇：《明清散文流派论》，武汉大学出版社2003年版，第251、252页。

⑥ 王安石：《答祖择之书》。

⑦ 王安石：《上张太博书一》。

⑧ 韩愈：《答陈生书》。

⑨ 韩愈：《答李秀才书》。

⑩ 韩愈：《题欧阳生哀辞后》。

⑪ 王安石：《答王景山书》。

⑫ 王安石：《先大夫集序》。

⑬ 吴小林：《王安石传》，广东高等教育出版社2001年版，第223页。

⑭ 王安石：《上蒋侍郎书》。

⑮ 王安石：《上邵学士书》。

⑯ 王安石：《杨乐道文集序》。

⑰ 王安石：《送孙正之序》。

⑱ 王安石：《李通叔哀辞》。

⑲ 王安石《答曾子固书》。

⑳ 其《答孙长倩书》亦云："尝记一人焉，甚贵且有名，自言少时迷，喜学古文，后乃大寤，弃不学，学治今时文章。夫古文何伤？直与世少合耳，尚不肯学，而谓学者迷。若行古道于今之世，则往往困矣，其又肯行邪？"

㉑ 《旧唐书·韩愈传》。

㉒ 张籍：《与韩愈书》。

㉓ 王安石：《答龚深父书》。

㉔ 王安石：《答吴子经书》。

㉕ 王安石：《扬雄三首》（其一）。

㉖ 王安石：《扬子》。

㉗ 《汉书·扬雄传》。

㉘ 曾巩：《与王介甫第一书》。

㉙ 蔡上翔：《王荆公年谱考略》卷3"庆历七年丁亥年二十七"条，上海人民出版社1974年版。

㉚ 蔡上翔：《王荆公年谱考略》卷3"庆历七年丁亥年二十七"条，上海人民出版社1974年版。

㉛ 《宋人轶事汇编》卷10引《邵氏闻见录》。

㉜ 李商隐：《韩碑》。

㉝ 苏轼：《临江驿诗》。

㉞ 吴讷：《文章辨体序说》引。

㉟ 《宋人轶事汇编》卷10引《西清诗话》。

㊱ 方苞：《答程夔州书》。

㊲ 王安石:《答余京书》。

㊳ 刘熙载:《艺概·文概》。

㊴ 韩愈:《樊绍述墓志铭》。

㊵ 刘熙载:《艺概·文概》。

㊶《宋稗类钞》卷5《文苑》记有王安石自毁文稿的故事。言刘攽一日访王安石，有机会在书房读到王氏文稿《兵论》。后来，王安石问刘攽近日有何大作，刘攽即谓“近作《兵论》一篇，草创未就”，接着就将王作大义作为己作大义复述一遍。王安石听罢沉思良久，便把压在砚台下的文稿拿出来撕掉了。

㊷ 王安石:《答孙长倩书》。

㊸ 王安石:《上仁宗皇帝书》。

㊹ 阮元:《习斋纪余》。

㊺ 陈祥耀说:“《宋史》谓介甫尝言:‘天变不足畏，祖宗不足法，人言不足恤。’以讥其狂悖。介甫非直接为此言，而其思想固实际如此……本篇非术数，特介甫‘不畏天命之一端，而其进步思想在当时亦足贵矣。’”《唐宋八大家文说》，福建教育出版社1995年版，第200页。

㊻ 王安石:《谢张学士书》。

㊼ 王安石:《答刘读秀才书》。

㊽ 王安石:《上张太博书一》。

㊾ 王安石:《答王该秘校书一》。

㊿ 王安石:《原性》。

(51) 王安石:《答黎检正书》。

(52) 王安石:《上蒋侍郎书》。

(53) 吕祖谦:《古文关键》。

(54) 刘师培:《论文杂记》。

(55) 杨慎:《丹铅杂录》卷9。

(56) 张伯行:《唐宋八大家文钞》卷18。

(57)《唐宋八大家类选》卷2，储欣评语。

(58) 沈德潜:《唐宋八大家文读本》卷29。

(59) 茅坤:《唐宋八大家文钞》卷82。

(60) 高步瀛:《唐宋文举要》甲编卷7引吴汝纶语。

(61) 陈祥耀:《唐宋八大家文说》，福建教育出版社1995年版，第209~212页。

(62) 陈祥耀《唐宋八大家文说》，福建教育出版社1995年版，第212~213页。

(63) 刘熙载:《艺概·文概》。

(64) 陈衍：石遗室论文。

(65) 姚永朴:《文学研究法》。

(66) 刘师培:《论文杂记》12。

(67) 杨慎:《丹铅杂录》卷9。

(68) 储欣:《唐宋十大家全集录》。

(69) 刘师培:《论文杂记》12。

(70)《艺概·文概》。

(71) 谢枋得:《文章轨范》。

(72) 孙琮:《山晓阁选本宋大家王临川全集》卷1。

(73) 孙琮:《山晓阁选本宋大家王临川全集》卷1。

(74)《古文观止》卷11。

⑦⑤　王文濡：《评校音注古文辞类纂》卷 48 引方苞语。

⑦⑥　高步瀛：《唐宋文举要》甲编卷 7 引刘大櫆语。

（作者单位：武汉大学文学院）

中国小说史上的虚构性问题及其存在论意义

□ 〔韩〕赵宽熙

　　各种文学作品的创作及对其进行批评的最终目标和存在意义都是为了突出人类生活的本质，而这一人类生活本质是通过对人类最根本的疑问而阐明的。它是对人类本身的疑问，换言之，是对人类存在的疑问。

　　小说主要关心的所谓人类生活的意义，是在作为主体的人类自身与作为客体的围绕在其周围的世界之间的关系中体现出来的。一方面，世界可再分为自然世界和人类世界，其中具有更大意义的是人类世界，即"社会"。从这种意义上来看，人类可以说是在社会的关系中确认自己存在的意义的。人类在自己所属的生活现实中生存着，并不断地对自身存在的意义加以确认。

　　人类历史中的艺术，是作为主体的人类对包括自然和社会等概念的客体的对应方式，一种形象化的对应方式。这样来看，尽量缩短介于艺术的客观现实与人类之间的间距不过是人类努力的一部分。人类对所掌握客体的认识虽然不断地在发展，却总也超越不了自身的局限。

　　为了克服这种局限，人类进行了很多努力和尝试，主要是通过宗教等超越现实的力量以及人类想像力来实现的。这里所说的想像力具有与人类生活的现实不同层次的意义，是文学艺术存在的最直接的根据。因而，有人在对文学进行定义时，将以人类的想像力作为基础的虚构性规定为文学艺术的第一意义。本文考察中国小说史上的虚构性问题，并与西方美学中的"美学联想"问题进行比较，即旨在从一个角度说明虚构性在小说世界的存在论意义。

　　中国是一个比较实际的民族，在很早以前就有排斥非现实的虚构性的倾向。以孔子为代表的儒家学者的著作中出现的对虚构性的讨论暂且不谈，作为一种极为重要的文学体裁而被人们所接受的小说，之所以受到古代中国人的轻视，一个原因就在于它讲述的是非现实性的客体。写文章的时候，文人们首先注意的部分向来是其内容是否符合现实。在中国小说史中，作为一种特点出现的现象就是拥护"纪实"观点的人与提出"奇幻"观点的人之间展开的对文学"虚构性"意义的争论。这里所说的"纪实"是指以历史学家的立场对事实进行记录，"奇幻"是指以作家的想像力为基础进行的小说创作。

小说的虚构具有两种方式。一种是毫无现实根据、凭空捏造的幻想，另一种是艺术性的虚构。"幻想"是脱离了现实，根据人的想像力任意创造出来的世界，而"虚构"是以现实为基础的联想。①换言之，中国小说中的虚构包括两种情形：一种情形是因为自然科学不发达而产生的，另一种情形则是作者有意识地创作而成的。我们在这里谈的是后者。

从这一方面来看，在中国小说史中，唐代可以看做是作家最初开始有意识地进行创作的时期。鲁迅曾在《中国小说史略》中引用胡应麟的《少室山房笔丛》指出，"作意好奇"与"幻设"正是作者有意识的创造。②这意味着小说体裁已不再停留于对历史事实的记录，而是扩大到了依靠作者的想象进行创作。

唐代以后，许多小说理论家认可了小说的虚构性。在这一点上，作出了重要贡献的是明代的小说理论家，其中首屈一指的有谢肇淛、袁于令、李卓吾、金圣叹等人。胡应麟对唐代人的小说和宋代人的小说进行比较，指出唐代人小说中体现的生动性与艺术感染力源于虚构，而宋代人小说中的枯燥无味则是由于缺乏虚构。由此，我们可以说，虚构可以增强美感，赋予小说具体而生动的情趣。

明代的小说理论家对于传统上一直视为禁忌的"虚构"问题采取这种进步的立场，与当时的情况有关。中国小说史中，明代特别受到瞩目的原因是，这一时期对小说的传统认识发生了变化，理论性的研究比任何时期都更加发达。

到了清代，传统的"纪实"观念又一度得势。这里最具有特点的是，写文言小说并进行批评的人和创作白话小说并进行批评的人之间是互相悖离的。以写文言小说为主的人多持保守立场，且这些人所谓的小说中往往有的不能被看作是小说。白话小说的提倡者则积极倡导小说的虚构功能。

对于中国小说史上虚构性问题的讨论，经过了由崇尚纪实到推崇虚构，然后又回到崇尚纪实这样一个过程。初期文学家们重视的所谓事实，是以实际生活为基础的现实，他们在自己所生活时代的认识范围内，将那些符合客观世界必然性和法则性的内容转化为一篇篇的文字。而明代小说理论家讨论虚构，最具代表性的见解是"因文生事"：

"其实《史记》是以文运事，《水浒》是因文生事。以文运事，是先有事生成如此，却要算计出一篇文字来，虽是史公高才，也毕竟是吃苦事；因文生事即不然，只是顺着笔性去，削高补低都由我。"③

这里所说的"生事"是指由无中生出有的过程，即"虚构化"。黄越《第九才子书平鬼传序》也说：

"夫传奇之作也，骚人韵士以锦绣之心，风雷之笔，涵天地于掌中，舒造化于指下，无者造之而使有，有者化之而使无，不惟不必有其事，亦竟不必有其人，所谓空中之楼阁，海外之三山，倏有无，令阅者惊风云之变态而已耳。"④

这里所说的"无者造之而使有"即是艺术虚构。所以，金圣叹说的"生事"与黄越说的"造"和"化"意思相同。

艺术的真实与"典型化"有密切的关系，在同样的意义中，还蕴涵着对生活真实性的否定之否定的含义。下面将对这种艺术性虚构与西方美学理论中"美学联想"的问题进行简单比较，以探讨虚构性问题的存在论意义。

在西方美学中，对于虚构的讨论可以上溯到柏拉图和亚里士多德。柏拉图认为，美术中的虚构不过是对现实单纯的复制过程，所谓现实的可视世界也只是对最终本质理念的复制。对于柏拉图来说，艺术不过是对模仿事物的模仿。他的这种主张发展成为极端的艺术无用论，甚至连诗歌和小说等也都全盘否定。亚里士多德与柏拉图不同，他认为艺术的完整形式是自然的完整形态的模仿，并且其效用在于所谓"净化"（catharsis）的效果，不仅肯定艺术虚构本身的存在，而且还赋予其很高的价值。以上两个人的主张所体现出的相异态度给后代带来了很大的影响，并形成了对文学艺术虚构性进行讨论的核心。到了德国观念论哲学家的时代，对艺术虚构的讨论开始具有更精巧的形态。他们所谓的现实性不再停留于实存性，更扩散到美学范畴的虚构这一领域。

为了掌握人类生活的本质，必须明确作为认识主体的人类本身和围绕在其周围的作为客体的客观现实之间的关系。如果这种主体与客体之间不存在开放性，就不能提出问题和形成讨论的出发点。在这种脉络中，人类最终的问题，第一是如何调节人类欲望（自由）与客观现实世界的必然关系，第二是怎样调节人类之间的欲望冲突。首先，在人类"欲望"与自然世界的"必然"关系中，如果说人类的欲望是"理想"的话，自然世界的必然则可以称之为"现实"。在人类的历史长河中，两者之间的关系非常融洽地得以调和的时代根本不曾存在过。在现实世界中，个人欲望很难完全得到满足是个不争的现实，欲望的本质可以规定为现实的缺乏。

而艺术正可以消除理想与现实之间的纠葛和冲突，填补"缺乏的现实"。通过虚构性的世界，即通过美学联想将人类欲望统一到自然世界的合法性中。从这种意义上来看，艺术并不是在消极的意义上对给予的对象单纯地进行加工或只是满足于对人类游戏的冲动，而是进一步化解人类与自然或人类与社会之间出现的纠葛，起到一个仲裁者的作用。从更积极的意义上讲，艺术真正的功能是在更明确地提出这些纠葛的同时，也提出了相应的解决对策。即，人类将在现实世界中未能达成的愿望反射到虚构的世界中，寻求代替的满足，并积极地改造不合理的世界。由此可以找出人们为什么在写小说和读小说中得到美学满足的答案。

对于现实缺乏的填补使小说这一艺术体裁获得了存在论的意义。即，小说的根本疑问也是对人类本身的疑问，是对人类存在意义的疑问，此时的小说提供了能够开阔我们对自由可能性的信任的形而上学的根据。小说中形成的与他者，或者与世界的沟通，这种沟通的自由是使人类真正成为人类的前提条件。在文学艺术中，这种沟通的自由存在于美学联想，即虚构的领域。我们讨论中国小说史上的虚构性问题，其意义可由此得到说明。

注　释：

① 方正耀：《中国小说批评史略》，中国社会科学出版社1990年版，第28页。

② 鲁迅：《中国小说史略》，《鲁迅全集》第9卷，人民文学出版社1987年版，第70页。

③ 金圣叹：《读第五才子书法》。

④ 孙逊：《明清小说理论中的"真"、"假"概念及其内涵》，《明清小说论稿》，上海古籍出版社1986年版，第89页。

（作者单位：韩国祥明大学中国语文学科）

"祝" 体文心的三重解读

□ 张三夕　曾　军

　　"祝" 本指掌管祭祀的人，它又指我国古代礼仪中非常重要的祭祀活动。"主神明者曰祝。……企福于未来，献功于当日者，属之祝。"[1]它按对象可分为祭神和祭祖：按内容大致有告事、祈福、驱灾、纪念等。祭祀中所使用的文辞即祝文，就是祭祀礼仪中不可或缺的一部分。不过，由于这种文体使用范围的局限，历来人们对它的关注较少。《文心雕龙·祝盟》以 "祝" 统指各种祭祀所使用的文辞，并把它放在文学、文体的视域中加以考查。刘勰对祝体文的原始表末、敷理举统，既为我们勾勒了 "祝" 的起源和历史沿革，又为我们展示了古代祝文的发展流变和文体特征。更重要的是，它蕴涵着丰富的文学、文体学和礼仪文化信息，是我们了解研究古代思想文化的重要文献。

一、作为文学的祝文——群体意识的反映

　　关于 "祝" 的含义，范文澜先生引用了古代一些辞书的解释："祝，祭主赞词者。从示从人口"（《说文》）："祝，属也。以善恶之词相属着也"（《释名》）；"祝，祭词也"（《玉篇》）。[2]可见，祝既可指人又可指文。范先生又注曰："祝之本训为祭官，引申为祭神祈福之辞。《周礼·春官》太祝掌六祝，作六辞，此祝盟命篇之本。篇中祝之类，有祝、祈、祠、告、祷、诅诸名。……以上六名，虽义兼善恶，而祭神祈福则同，故彦和以祝为名，举一而包余事也。"[3]除此六者之外，文中还提到了 "祀、禋、祭、郊禋、雩崇、祔、社、祃" 等祭名，以及相近的赞、策、谋等文体。也就是说，祝文的最大特点就是与祭祀密不可分。

　　古人非常重视祭祀。仅文字本身就存有很多证据。《说文》"示" 字部收录凡 63 字都与祭祀相关，许慎解释这个部首的含义为："天垂象见吉凶，所以示人也，从二。三垂，日月星也。观乎天文以察时变，示神事也。凡示之属皆从示。" 其中除 "祝" 之外仅各种祭祀的名称就有 18 字：

　　　　禋，絜祀也；祭，祭祀也；祀，祭无已也；禷，以事类祭天神；祔，后死者合食于先祖。祮，告祭也；祠，春祭曰祠，品物少，多文辞也。礿，夏祭也。禘，禘祭也。祫，大合祭先祖亲疏远近也。祈，求福也；祓，除恶祭也；祷，告事求福也；

禅，祭天也。祃，师行所止，恐有慢其神，下而祀之曰祃。祠，祷牲马祭也。禓，道
上祭。禫，除服祭也。④

此外，其他部首的还有如尝（秋祭）、烝（冬祭）等相关祭祀的字。仅从这些文字来
看，我国古代祭祀种类之多、仪节之繁已可见一斑。祭祀尊于礼，时辰、方位、秩序都不
能有丝毫差错，不同对象、时间、地点的祭祀都有不同的名称，采用的祭品也分别不同。
《周礼·春官宗伯》：

> 大宗伯之职：掌建邦之天神人鬼地示之礼。以佐王建保邦国。以吉礼事邦国之鬼
> 神示。以禋祀祀昊天上帝。以实柴祀日月星辰。以槱燎祀司中司命风师雨师。以血祭
> 祭社稷五祀五岳。以狸沈祭山林川泽。以疈辜祭四方百物。以肆献祼享先王。以馈食
> 享先王。以祠春享先王。以禴夏享先王。以尝秋享先王。以烝冬享先王。⑤

配合不同类型的祭祀，祝文文辞也有相应的变化。其用语和结构都有相应的礼的规定
性。祭祀仪节与祝辞的匹配也有严格的要求，并区别以不同的名称：

> 大祝掌六祝之辞。以事鬼神示。祈福祥。求永贞。一曰顺祝。二曰年祝。三曰吉
> 祝。四曰化祝。五曰瑞祝。六曰策祝。掌六祈以同鬼神示。一曰类。二曰造。三曰
> 禬。四曰禜。五曰攻。六曰说。作六辞以通上下亲疏远近。一曰祠。二曰命。三曰
> 诰。四曰会。五曰祷。六曰诔。⑥

刘勰认为"祝"的产生源于"兆民"的"美报"之心。上天生人，然后以牛羊谷物
等养人，人类便以收获之物回报上天。事神得当便会风调雨顺；偶有变异，也应祷祝以祈
福消灾。但祭物只能明德，陈信则必须借助于文辞，这便是祝文产生的缘由。在这个意义
上，所有的这些祭祀活动都可看作是最早的文学活动，祭祀所使用的文辞就是文学发端期
的文本。换句话说，无论是从题材上还是从体裁上，承担"陈信"职责的祝文在一定意
义上为文学的发生和发展提供了一个母体。关于这一点，詹英认为："古者巫祝为联职。
《周官·春官》祝之属，有太祝、小祝、丧祝、甸祝；巫之属，有司巫、男巫、女巫。盖
巫以歌舞降神，祝以文辞事神。《国语》谓聪明圣知者始为巫觋（见《楚语》）。郑注
《周官》，谓有文雅辞令者，始作大祝。是知二者乃先民之秀特，而文学之滥觞也。"⑦这
个观点是有古代社会生活的证据的。

关于文学起源有各种说法，无论是劳动起源说、摹仿说、游戏说，还是巫术或宗教
说，都有其各自的理论基础和现实依据。简单的归因于一种，显然是难以让人信服的。但
不可否认，在人类文明的初始阶段，文字是掌握在巫祝手中的。商周时代的巫祝都是能够
接受教育的贵族子弟。正因为他们拥有着在今天看来只是最简单的，甚至在最初还可能算
是刻画符号的文字，便拥有了一定的话语权力。这种权力使得他们在自己的群体中占据了
至高无上的地位，成为部落群体的代言人，举凡同神灵、外族或族人的对话都由他们代表
进行。上古之人面临的是如何处理人与自然关系的大问题，即在恶劣的自然条件下，人类
如何生存和更好地生活，如何寻求人类与自然万物的平衡。同时，初民的精神世界里万物

有灵、自我和非我混同，祝文就是这种思维方式的反映，它既反映了初民们对自然世界的态度，也是人类与自然万物建立精神联系的一种沟通方式。

从这个角度看，如果说其他文体多是个体心灵的摹本，那么祝文就是属于群体意识的反映了。如《全上古三代文》中所录的九种祝文，即蜡祝、鲁郊祝、祭侯辞、立社祝、请雨祝、止雨祝、禳田祝、禁鼠祝和龟祝，⑧其主题都是对"天养生民"的"美报"，代表的是初民群体的心愿与意志。从其内容和风格的变化，还可以见到人类心灵演进的历史轨迹。起初的祝文记录了人类对自然那种依赖又畏惧、虔敬又憎恨的微妙心理，如文中所引神农、舜及商周的祝文所表现的"利民之志"就是其中的典范。后来，那些掌握文字的人凭借山区人的智慧和地位，逐步利用、改造着文辞的内容为某个群体或个别人所用。久而久之，祝文便成为了统治者权力意志的宣言书。尽管如此，由于其对象的特殊性，祝文还是留下了人类早期精神世界投射于外部的重要印记。

二、作为文体的祝文——"务实立诚"规范的制定

如果说后来的各体文学起初都是从祭祝巫觋的言辞这一母体中衍生出来的，那么，发展到后来，当其他的文体从这一母体中剥离并离它愈来愈远的时候，祝文则依旧与母体保持着最密切的联系。但是随着人类文化的积累与壮大，作为群体意识之反映的祝文，不可避免地逐步发生了变化。刘勰比较了上古三代、春秋战国和汉魏以来祝文的变化，让人们可以清楚辨别出这种体裁的发展沿革与流变，并在此基础上制定出祝文的规范，即"务实立诚"。

他首先引述了神农祭神和虞舜祠田的祝文，称赞它们"利民之志，颇形于言"，又赞扬商汤、周之太祝的祝文"莫不有文"。上古祝文质朴无华，为民造福之心诚挚无比。商周时代祭祀的种类更为完全，又不减恭敬虔诚之意，因而赢得刘勰极高的评价。春秋以下，人们无神不祭，或亵渎或讨好，使得祭祀的严肃性荡然无存。所以，刘勰特别提到《礼记》和《左传》中的两个故事：

> 《礼记·檀弓下》：晋献文子成室，晋大夫发焉。张老曰："美哉轮焉！美哉奂焉！歌于斯，哭于斯，聚国族于斯。"文子曰："武也得歌于斯，哭于斯，聚国族于斯，是全要领以从先大夫于九京也。"北面再拜稽首。君子谓之善颂、善祷。⑨
>
> 《左传·哀公二年》：（晋郑之战，卫太子蒯聩在晋赵鞅部下作战）望见郑师来，太子惧，自投于车下。……卫太子祷曰："曾孙蒯聩，敢昭告皇祖文王，烈祖康叔，文祖襄公，郑胜乱从，晋午在难，不能治乱，使鞅讨之。蒯聩不敢自佚，备持矛焉。敢告无绝筋，无折骨，无面伤，以集大事，无作三祖羞。大命不敢请，佩玉不敢爱。"⑩

我们可以看到，张老和蒯聩的祝祷之辞共同特点就是"实在"，没有丝毫故意谄媚讨好对方的意思。张老对死亡的预测以及毫不避讳地将它在喜庆的场合说出来，与民间流传的那些预言新生儿会死的故事何其相似？只是人们大多是嘲笑主人公辞令上的不知变通，彦和却贵于其"致善于歌哭之祷"的尊实精神。再看蒯聩的祝辞"无绝筋，无折骨，无

面伤"，何等的朴实！在残酷的战争中身体能够免受伤害不就是最大的福气吗？彦和看重的正是与那些随意夸大其辞做法迥异的"虽造次颠沛必于祝"的虔诚。这大实话中的真实、毫无修饰的言辞里的真诚，正是祝祷文体最重要的内在规定。

至于汉之群祀，祭品繁多，花样各异，刘勰却认为"礼失之渐也"，尤为不齿。问题出在哪里？"异于成汤之心，同乎越巫之祝。"这句话包含了两个方面的批评：一是祭神祈福中的心理偏离正轨。从"利民罪己"到"黩祀谄祭"，再到"移过于民"，从为民求福到为己求福，祝体文的主旨发生了本质的改变。刘勰对这种改变是持否定态度的。二是礼的仪式偏离正轨。汉魏祭祝既搜集了儒家的意见，又采纳了方士之术，尤其重文轻质，这也是刘勰所不愿看到的。鲁人林放曾经问孔子礼之本，孔子回答说："与其奢也，宁俭。"还说："人而不仁，如礼何？"⑪也强调仁心才是主要的。可见，祝文内容从"事止告飨"到"兼赞言行"，语言从简洁到繁丽，本无关大体，但如果没有了虔敬之心、爱民之意，文胜于质，失去了礼的根本，祝文就容易流于巫觋的念咒善骂之类。

在人对神的观念的改变中，"祈祷之式，必诚以敬；祭奠之楷，宜恭且哀"的原则就很难坚守住了，"诚敬恭哀"的态度也是每况愈下的。所以，人们对此有一个普遍的忧虑。《礼记·祭统》有言："凡治人之道。莫急于礼。礼有五经。莫重于祭。夫祭者，非物自外至者也。自中出，生于心也。心怵而奉之以礼。是故唯贤者能尽祭之义。"⑫它所说的祭祝当"自中出"和"生于心"，也正是刘勰所极力强调的。

刘勰之意，"祝"的目的是借助文辞来向天地神灵"陈信"，教民"美报"，因此祝文最重要的是将祭神态度的"敬"转化为言辞的"诚"。他也称赞《楚辞·招魂》的文采，曹植《诰咎》的"裁以正义"。所以说，彦和反对的并不是祝文文辞的华美，他反对的是文辞华美失度，流于谄媚荒诞，舍本而逐末，从而脱离了祝文的规范。因此，他提出"务实立诚"以矫过枉。他说："凡群言发华，而降神务实，修辞立诚，在于无愧。祈祷之式，必诚以敬；祭奠之楷，宜恭且哀；此其大较也。"⑬在这样的原则规定下，他从汉魏也找到了合乎规范的祝文，即班固之《祀涿山》和潘岳之《祭庚妇》。表明他并非贵远贱近，而是强调对规范的坚守。同时，彦和还从文体的角度具体分析了两汉以来祝文与祭文、哀策、诔、颂的复杂关系，再次强调祝文文体的祷祝对象、情感类属、内容选择的独特性。

内容上的兼收并蓄，语言表达的发展成熟，使得祝文失去了最初的单纯和朴质。作为一种文体，这既是一种进步也是某种衰退。马克思所说的"在艺术本身的领域内，某些重大意义的艺术形式只有在艺术发展的不发达阶段上才是可能的"⑭的道理，也是适用于祝文的。但是，文化在不断发展进步，人类对自然的认识也逐步增多，对神灵的恭敬祷祝经过规范变为理性的仪式。这时，祝文产生的时代语境和心理基础成为过去时，它作为一种文体发生分化、交叉，甚至衰落，也便成了一种文化演进的大趋势。"务实立诚"作为对祝文体写作的规定，它是合理的；但从文化的角度看，它却并不能左右后来祝体文写作的现实。

三、作为文化的祝文——文之本与礼之本

纪昀评《祝盟》一文曰："此篇独崇实而不论文，是其识高于文士处。非不论文，论

文之本也。"⑮文之本，简单地说就是"实"，任何美丽的花纹都只能在纯洁的底子上才能显现出来。"绘事后素"和"墨悲丝染"，一正一反讲的都是这个道理。如果说彦和之所以会提出"务实立诚"的祝文规范，是因为他对近代祝文背本趋末和偏离规范不满，强烈要求返归原初的质朴真纯之状态。这种思考就不仅仅限于文学层面，它必然还有更深层的含义。

祝文与祭祀密不可分，对祝体文的考察必然与礼仪文化联系甚紧。文学发展积累到一定程度，往往会进入一个争华斗艳的境地。礼仪的执行同样如此，祝文是祭祀礼仪的语言实现，处在二者的交集之中。礼的主要作用是节制，是通过制订规范来节制人过分的欲望。只是有时规范愈严密，偏离礼之本意就愈远；仪节愈繁复，配用的文辞也便愈趋华丽铺排。再加上汉魏六朝语言表达的整体氛围的影响，必然导致祝文由注重对神的虔敬与利民的诚心，发展到偏重文辞之美。这种状况既是文学发展也是礼制发展所导致的结果。刘勰作为一个文论家，由祝文的流变看到其赖以依存的背景——礼仪文化所出现的危机，深深的忧虑让他发出了"礼失之渐"的感叹。所以，刘勰探究祝文之本的同时，实际上已经涉及了礼之本这个重要命题。

祝文不是一个孤立的存在，它的变化反映的是人类观念的变化。祝文可以看作是礼文化发展的文字投影，我们可以通过祝文的沿革简略地回顾一下礼文化的变迁。从严可均辑录的《全上古三代文》中的祝文来看，上古三代的主题是生存。人类围绕着生产收获展开祭祀活动，如蜡祭、立社、请雨、止雨、禳田甚至禁鼠，无不与农业息息相关。天是类似于人的另一个有灵之物，人与天处于平等的两极，所以祝的语气中没有卑微，只有平和的心愿。

春秋战国时期的祝文渐以人事为中心，祝多转为颂赞。同是告神之词，二者的根本区别在于祝纯为"美报"，颂则加上了"美盛德"的内容。《诗经》中的三《颂》都是祭祀和国家大典仪式所用的歌诗，类似于祝文，有些也可说就是祝文，如《昊天有成命》之郊祀天地，《时迈》之柴望秩于山川百神，《思文》也是郊祀所用文辞，《噫嘻》是春夏祈谷于先祖成王之词，《丰年》也是向先祖进献和祈福的。大、小《雅》和《国风》中也有这样一些篇章，如《小雅·楚茨》等。

随着时代发展，统一帝国的家天下局面的形成，汉代以来祝文的本质发生了极大改变。从社会生活中的使用频率来看，颂赞已经实质上取代了祝文。这种转变反映在礼仪上就是郊禘四时之祭虽照常不误，但祭祖之礼逐渐繁多。礼节愈繁，受庇佑的范围愈小。人的目光从对象转到了自身，从纯粹的靠天收获转到部分主宰自然，在对象身上发现甚至证明自身的力量。祭天和祭祖成为刻意表彰帝王文治武功的仪式。其仪式务必威严整肃，其文辞更是极尽华美之能事。主祭者的任务由原来的祈福消灾的代言人，一变而为受福人。祝礼的地位从事神习俗转变成为重大的政治事件而被史家著录，《史记》的《封禅书》专列祭天封禅之事，《汉书》开始单列《郊祀志》。与此同时，人们在更广泛的范围里讨论礼仪，深入到它的思想、意义等各个范畴并进行文字阐述。除了《周礼》、《仪礼》、大小戴《礼记》等系统文本之外，很多子书中也都有关于礼制节目考订或礼义阐发的篇章。

神事转变成为人事，当然是观念发生了改变。《汉书·郊祀志上》曰："使先圣之后，能知山川，敬于礼仪，明神之事者，以为祝；能知四时牺牲，坛场上下，氏姓所出者，以为宗。故有神民之官，各司其序，不相乱也。民神异业，敬而不黩，故神降之嘉生，民以物序，灾祸不至，所求不匮。"⑯这段话正是这个时期祝礼观念的总结。对司掌祝礼的人的要求是不仅"知山川"、"敬礼仪"、"明神事"，而且知"四时牺牲"、"坛场上下"、"民姓所出"等人事。祭祝的目的不再执著于"美报"，转而追求人神之间秩序的和谐。很明显，此间祝官的职责不再是为部落群体代言，而是协调人事与鬼神之间的关系，使人和神各守其位，各安其序，相安无事。在这种观念的影响下，人事重于神事，人们最终完成了礼仪活动从天地定位到人间伦理定位的质变。

总之，在整个封建秩序的朝代更替中，祝礼始终存在，只是由于人们观念的变迁，其所赖以生存的土壤不断地变换，祝礼也不断地发生质的改变。但是，我们总是可以这样从多角度来加以解读：作为文学，它是上古群体意识的反映。祝文繁多的类型、繁复的仪式、虔敬的创作态度日渐蕴育着文明的胚胎，丰富着人类的精神宝库，经过长期的积淀和储蓄，并逐渐渗透到人们的生活之中，形成汉民族独特的文化和传统，为其后的文学提供了不可或缺的语言滋养和言说方式。作为文体，它以"务实立诚"的规范坚强地对抗浮华的语境。只是，刘勰的"务实立诚"终究是落脚在写作态度与个人修养上的，似乎有些头痛医脚之嫌。作为文化，它从人与神的关系推导到人与人的关系，由自然万物之序联想到人间家国秩序，由天地群神之位推导出人间伦理定位，体现了我国古代人们由万物有灵论到伦理定位的思想转变历程，正是这种转变使得以人的血缘关系为基石的宗法礼制得以稳固，奠定了统治中国几千年的宗法制的基础。今天，祝文生成的历史语境早已远去了，但是它依然存在于我们的语言中，存在于我们民族的传统之中，甚至我们的文化心理中。

注释：

①⑦⑮ 詹英：《文心雕龙义证》，上海古籍出版社 1989 年版，第 358、356 页。

②③⑬ 范文澜：《文心雕龙注》，人民文学出版社 1958 年版，第 178～179、177 页。

④ 段玉裁：《说文解字注》，上海古籍出版社 1981 年版，第 2～8 页。

⑤⑥ 郑玄、贾公彦：《周礼注疏》，中华书局影印阮刻《十三经注疏本》1980 年版，第 757～758、808～809 页。

⑧ 严可均：《全上古三代秦汉三国六朝文》，中华书局 1958 年版，第 101～102 页。

⑨⑫ 孙希旦：《礼记集解》，中华书局 1989 年版，第 299、1236 页。

⑩ 杨伯峻：《春秋左传注》，中华书局 1981 年版，第 1615～1617 页。

⑪ 杨伯峻：《论语译注》，中华书局 1980 年版，第 24 页。

⑭ 马克思：《〈政治经济学批判〉导言》，《马克思恩格斯选集》第 2 卷，人民出版社 1972 年版，第 133 页。

⑯ 班固：《汉书·郊祀志上》，中华书局 1962 年版，第 1189 页。

（作者单位：华中师范大学文学院）

文史考据

从对勘角度论今本《文子》与《淮南子》的关系

□ 葛刚岩

据统计，今本《文子》全文不足 4 万字，其中有 3 万余字重见于《淮南子》。因此，二者之间的关系便成了《文子》研究中的一个重要议题。就现有材料看，唐代的柳宗元最先谈及今本《文子》与《淮南子》之间的关系，并主张今本《文子》抄袭了《淮南子》，后代学者多信从其说①。1973 年，河北省定州汉墓出土了《文子》残简。此后，许多研究者以此为据，论证《淮南子》抄袭了今本《文子》，现在这一看法渐成主流②。

那么，定州竹简《文子》的出土，是否就能证明《淮南子》抄袭了今本《文子》呢？在探讨这一问题之前，我们首先要弄清两个问题：

第一，竹简《文子》是否等同于今本《文子》？定州汉墓共出土《文子》残简 277 枚，2 790 余字，其中约有 1 060 字在今本《文子》中能够找到对应文字，只占全部文字的 1/3 略强。而今本《文子》中，除上述与竹简《文子》对应的辞句之外，其余绝大多数内容都不见于竹简《文子》，却能在《淮南子》中找到对应文字。三者之间的对应关系用图文表示如下：

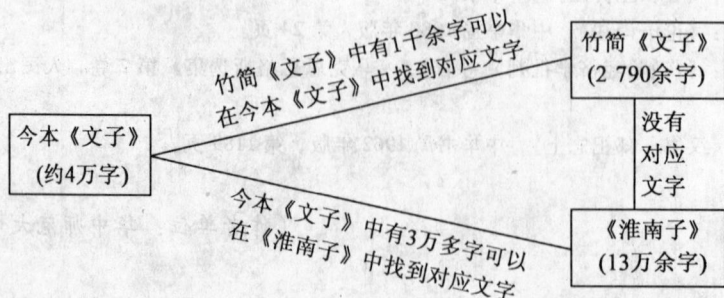

应该说，今本《文子》与竹简《文子》之间的差别是很大的，不能将二者视为同一本书。

第二，在《淮南子》与《文子》抄袭关系问题上，我们所讨论的对象双方是《淮南子》与竹简《文子》，还是《淮南子》与今本《文子》？许多学者在探讨《淮南子》与

《文子》关系时，没有将竹简《文子》与今本《文子》区别对待，而是混同为一。如李定生先生在《文子校释·论文子》中认为"今汉墓《文子》残简出，则伪托剽窃之说，不攻自破"，"《文子》是先于《淮南子》的先秦古籍，是《淮南子》抄袭《文子》"③。笔者认为此说有误。首先，就《淮南子》与竹简《文子》来看，二者之间几乎没有重出辞句，当然也就谈不上抄袭与被抄袭。其次，1973年定州汉简出土之前，尚没有竹简《文子》与今本《文子》之分。所以，上千年来研究者所讨论的抄袭对象双方应该是《淮南子》与今本《文子》。这种将竹简《文子》与今本《文子》不加区别、一并混用的做法，容易造成论证对象的混乱，不利于《淮南子》与今本《文子》关系的研究。

我于2001年10月开始研究《文子》，经过3年比勘，发现今本《文子》多数章节的内容都较为集中地出自《淮南子》某一篇或两篇的义理部分，总体来看，应属于择要摘录④。比如今本《文子·符言篇》第24章，除章首的"老子曰"之外，其余内容都重见于《淮南子·人间训》第2章的理论性语句中：

> 老子曰："德少而宠多者讥，才下而位高者危，无大功而有厚禄者微。故物或益之而损，或损之而益。众人皆知利利，而不知病病；唯圣人知病之为利，利之为病。故再实之木，其根必伤；掘藏之家，其后必殃。夫大利者反为害，天之道也。"（今本《文子·符言篇》第24章）

> 天下有三危：少德而多宠，一危也；才下而位高，二危也；身无大功而受厚禄，三危也。故物或损之而益，或益之而损。何以知其然也？昔者楚庄王既胜晋于河、雍之间，归而封孙叔敖，辞而不受，病疽将死，谓其子曰："吾则死矣，王必封女，女必让肥饶之地，而受沙石之间有寝丘者，其地确石而名丑。荆人鬼，越人机，人莫之利也。"孙叔敖死，王果封其子以肥饶之地，其子辞而不受，请有寝之丘。楚国之俗，功臣二世而爵禄，惟孙叔敖独存。此所谓损之而益也。何谓益之而损？昔晋厉公南伐楚，东伐齐，西伐秦，北伐燕，兵横行天下而无所绻，威服四方而无所诎，遂合诸侯于嘉陵。气充志骄，淫侈无度，暴虐万民。内无辅拂之臣，外无诸侯之助。戮杀大臣，亲近导谀。明年出游匠骊氏，栾书、中行偃劫而幽之，诸侯莫之救，百姓莫之哀，三月而死。夫战胜攻取，地广而名尊，此天下之所愿也，然而终于身死国亡，此所谓益之而损者也。夫孙叔敖之请有寝之丘，沙石之地，所以累世不夺也。晋厉公之合诸侯于嘉陵，所以身死于匠骊氏也。众人皆知利利而病病也，唯圣人知病之为利，知利之为病。夫再实之木根必伤，掘藏之家必有殃，以言大利而反为害也。张武教智伯夺韩、魏之地而禽于晋阳，申叔时教庄王封陈氏之后而霸天下。孔子读《易》至《损》、《益》，未尝不愤然而叹，曰："益损者，其王者之事与！"（《淮南子·人间训》第2章）

> （为便于对照理解，引文中，今本《文子》与《淮南子》对应的文字加有下划线。下同）

具体来看，《淮南子·人间训》第2章开篇先谈天下有三种情况存在危险：1."少德而多宠"；2."才下而位高"；3."身无大功而受厚禄"。从中得到启示，"故物或损之而益，或益之而损"。接下来结合具体历史史实进行解释说明：先以孙叔敖请有寝之丘而累世不夺为例，来说明事物"或损之而益"；再举晋厉公合诸侯于嘉陵却身死匠骊氏之事，来说明事物"或益之而损"的情况。然后引出理论性认识，"众人皆知利利而病病也，唯圣人知病之为利，知利之为病也。夫再实之木根必伤，掘藏之家必有殃，以言大利而反为害也"。再以张武教智伯夺韩、魏之地而被擒于晋阳，申叔教庄王封陈氏之后而霸天下为例，进一步解释益损之间的辨证关系。最后，以孔子之言作结，"益损者，其王者之事与！"整个论证过程呈现为理论——事例——理论——事例——理论这样一种逻辑顺序，条理清晰，理论与历史史实相结合，富有说服力。反观《文子·符言篇》第 24 章，只有上述理论性内容，而无具体分析的例证部分。

对于上述情况，有些学者不认为是择要摘录，而是《淮南子》在今本《文子》义理基础上的增饰修补，"由于《淮南子》对《文子》的文字在修饰、加工后，还增加了许多有益的内容，如列举古代传说来阐明义理，是原来《文子》中所无的"⑤。经过多年细致地对勘，笔者发现，在二者的对比中，有许多证据能够证明今本《文子》抄袭了《淮南子》⑥，而这些证据又是"增饰修补"说所难以辩解的。

第一，除了摘录《淮南子》的义理部分外，所举例证中的个别语句也一并录入今本《文子》中。如《淮南子·泰族训》第 6 章：

> 夫物未尝有张而不弛，成而不毁者也，惟圣人能盛而不衰，盈而不亏。神农之初作琴也，以归神；及其淫也，反其天心。夔之初作乐也，皆合六律而调五音，以通八风；及其衰也，以沉湎淫康，不顾政治，至于灭亡。苍颉之初作书，以辩治百官，领理万事，愚者得以不忘，智者得以志远；至其衰也，为奸刻伪书，以解有罪，以杀不辜。汤之初作囿也，以奉宗庙鲜牺之具，简士卒，习射御，以戒不虞；及至其衰也，驰骋猎射，以夺民时，罢民之力。尧之举禹、契、后稷、皋陶，政教平，奸宄息，狱讼止而衣食足，贤者劝善而不肖者怀其德；及至其末，朋党比周，各推其与，废公趋私，内外相推举，奸人在朝而贤者隐处。故《易》之失也卦，《书》之失也敷，乐之失也淫，《诗》之失也辟，礼之失也责，《春秋》之失也刺。天地之道，极则反，盈则损。

今本《文子·上礼篇》第 3 章：

> 夫物未尝有张而不弛，盛而不败者也。唯圣人可盛而不败。圣人初作乐也，以归神杜淫，反其天心；至其衰也，流而不反，淫而好色，不顾正法，流及后世，至于亡国。其作书也，以领理百事，愚者以不忘，智者以记事；及其衰也，为奸伪以解有罪而杀不辜。其作囿也，以成宗庙之具，简士卒以戒不虞；及其衰也，驰骋弋猎，以夺民时，以罢民力。其上贤也，以平教化，正狱讼，贤者在位，能者在职，泽施于下，万民怀德；至其衰也，朋党比周，各推其所与，废公趋私，外内相举，奸在位，贤者隐处。天地之道，极则反，益则损。

《淮南子》引文中，除义理之辞"夫物未尝有张而不弛，成而不毁者也，唯圣人能盛而不衰"、"天地之道，极则反，益则损"被摘录外，例证中的部分语句，如"初作琴也，以归神，及其淫也，反其天心"，"及其衰也，以沉湎淫康，不顾政治，至于灭亡"，"领理万事，愚者得以不忘，智者得以志远"等，也被纳入到今本《文子》中。如果真如某些学者所言，《淮南子》与今本《文子》之间的关系不是择要摘录，而是增补修饰，那么，增饰者只需要在每节义理之辞后加上适当的例证就行了，为何还要将某些"义理"之辞融入到具体的"古代传说"中来？尚且这一做法的实际可行性是很小的。

第二，《淮南子》中许多具体人物的对话语言，在今本《文子》中都变成了老子的语录式语言。如《淮南子·道应训》第 33 章：

> 狐丘丈人谓孙叔敖曰："人有三怨，子知之乎？"孙叔敖曰："何谓也？"对曰："爵高者士妒之，官大者主恶之，禄厚者怨处之。"孙叔敖曰："吾爵益高，吾志益下；吾官益大，吾心益小；吾禄益厚，吾施益博：是以免三怨可乎？"故老子曰："贵必以贱为本，高必以下为基。"

今本《文子·符言篇》第 21 章：

> 老子曰："人有三怨：爵高者人妒之，官大者主恶之，禄厚者人怨之。夫爵益高者意益下，官益大者心益小，禄益厚者施益博，修此三者怨不作。故贵以贱为本，高以下为基。"

上文《淮南子·道应训》中的对话，也见于《韩诗外传》卷 7、《列子·说符篇》等，俱以为狐丘丈人与孙叔敖之间的问答⑦，袁淑《真隐传》作狐丘先生与孙叔敖之间的问答，《说苑·敬慎篇》以为老人与孙叔敖问答，《荀子·尧问篇》则引作"语曰：缯丘之封人，见楚相孙叔敖曰：'吾闻之也：处官久者士妒之……'"⑧《荀子》中题作"语曰"，说明在荀卿之前，此事已经十口相传。可以说，上述对话的双方为狐丘丈人与孙叔敖盖已定矣。而《文子·符言篇》却将此归于老子名下，抄袭剽窃之迹昭然若揭。对此，钱熙祚批评说："不论指意之合于老氏与否，而并以为老子之言，何老子之多言若是也。"⑨据笔者统计，此类例证在今本《文子》中有 23 章之多。这只能说明《淮南子》与今本《文子》之间的关系应是后者摘录了前者，而非前者增饰补充了后者。否则，《文子·符言篇》的理论辞句怎么会成了狐丘丈人与孙叔敖的对话之言呢？

第三，《淮南子》中多用一些具体的历史人物、年代、古籍名称，今本《文子》中则将这些具体的名称虚化为类名，或干脆去掉。比如《淮南子·精神训》第 9 章：

> 晏子与崔杼盟，临死地而不易其义；殖、华将战而死，莒君厚赂而止之，不改其行。故晏子可迫以仁，而不可劫以兵；殖、华可止以义，而不可县以利。君子义死而不可以富贵留也，义为而不可以死亡恐也。彼则直为义耳，而尚犹不拘于物，又况无为者矣！尧不以有天下为贵，故授舜；公子札不以有国为尊，故让位；子罕不以玉为富，故不受宝；务光不以生害义，故自投于渊。由此观之，至贵不待爵，至富不待财。天下至大矣，而以与他人，身至亲矣，而弃之渊，外此，其余无足利矣。此之谓无累之人。无累之人，不以天下为贵矣。

今本《文子·九守篇》第 4 章：

老子曰："轻天下即神无累，细万物即心不惑，齐生死则意不慑，同变化则明不眩。夫至人倚不挠之柱，行无关之途，禀不竭之府，学不死之师，无往而不遂，无之而不适，屈伸俯仰，抱命不惑而宛转，祸福利害，不足以患心。<u>夫为义者可迫以仁，而不可劫以兵；可正以义，不可悬以利。君子死义，不可以富贵留也，为义者不可以死亡恐也</u>，又况于无为者乎？无为者即无累，无累之人以天下为影柱。上观至人之伦，深原道德之意，下考世俗之行，乃足以羞也。夫无以天下为者，学之建鼓也。"

《淮南子·精神训》中先交代"晏子"和"殖、华"等人的事例⑩，然后承此而言"故晏子可迫以仁，而不可劫以兵；殖、华可止以义，而不可县以利"，前后承接，顺理成章。今本《文子》对应文字中，没有上文铺垫，也无下文交代，横空出现"夫为义者可迫以仁，而不可劫以兵，可正以义，不可悬以利，君子死义，不可以富贵留也，为义者不可以死亡恐也"，上下文之间缺乏相应的联系。其中"晏子"、"殖、华"等具体的历史人物都被虚化为笼统的类词"为义者"。

今本《文子》中，上述虚化的例证并不是个别现象，据笔者初步统计，约有三、四十处，其中较为典型者列表如下⑪：

《淮南子》	今本《文子》	备注
故慎子曰："匠人知为门能以门，所以不知门也。"（《道应训》第 50 章）	老子曰："……故匠人智为不以能，以时闭，不知闭也，故必杜而后开。"（《精诚篇》第 18 章）	今本《文子》中省去了"慎子曰"。作者案：如果真是《淮南子》抄袭了今本《文子》，按照《淮南子》引书惯例，此处为何不引作"老子曰"，或"文子曰"？下同。
黄帝曰："芒芒昧昧，从天之道，与玄同气。"（《缪称训》第 2 章） 黄帝曰："芒芒昧昧，因天之威，与元同气。"（《泰族训》第 7 章）	老子曰："……道曰：'芒芒昧昧，从天之威，与天同气。'"（《符言篇》第 11 章） 老子曰："……道之言曰：'芒芒昧昧，因天之威，与天氘。'"（《上仁篇》第 6 章）	《吕氏春秋·应同篇》："黄帝曰：'芒芒昧昧，因天之威，与元同气。'" 王叔岷评曰："所称《文子》，乃魏、晋时伪书，其《符言》、《上仁》二篇，并未明引黄帝道言。《符言篇》载老子引道曰：'芒芒昧昧，从天之威，与元同气。'《上仁篇》亦载老子引道之言曰：'芒芒昧昧，因天之威，与元同气。'乃剽窃《淮南子·缪称篇》及《泰族篇》所引黄帝之言，（《缪称篇》作'芒芒昧昧，从天之道，与元同气。'）非径本于《黄帝书》。而《吕氏春秋·应同篇》：'黄帝曰：芒芒昧昧，从天之威，与元同气。'盖又《淮南子·缪称》、《泰族》二篇云云所本也。"⑫

《淮南子》	今本《文子》	备注
昔者，《周书》有言曰："上言者下用也，下言者上用也。上言者常也，下言者权也。"（《泛论训》第 11 章）	老子曰："上言者，下用也。下言者，上用也。上言者，常用也。下言者，权用也"。（《道德篇》第 14 章）	今本《文子》中直接省去了"昔者，《周书》有言曰"。 《韩非子·说林下》："此《周书》所谓'下言而上用者，惑也。'"
故子路以勇死，苌宏以智困，能以智知，而未能以智不知也。（《缪称训》第 19 章）	故勇武以强梁死，辩士以智能困，能以智而知，不能以智不知。（《上德篇》第 3 章）	高诱在"子路以勇死"下注曰："死卫侯辄之难。"在"苌宏以智困"下注曰："欲以术辅周，周人杀之。" 今本《文子》中改"子路"为"勇武"者，改"苌宏"为"辩士"。
商鞅为秦立相坐之法，而百姓怨矣；吴起为楚减爵禄之令，而功臣畔矣。商鞅之立法也，吴起之用兵也，天下之善者也。然商鞅之法亡秦，察于刀笔之迹，而不知治乱之本也。吴起以兵弱楚，习于行陈之事，而不知庙战之权也。（《泰族训》第 19 章）	老子曰："相坐之法立，则百姓怨。减爵之令张，则功臣叛。故察于刀笔之迹者，不知治乱之本。习于行阵之事者，不知庙战之权。"（《微明篇》第 6 章）	今本《文子》中，"商鞅"、"秦"、"吴起"、"楚"、"吴起以兵弱楚"等具体人物、具体事件皆被删除。
天地四时，非生万物也，神明接，阴阳和，而万物生之。圣人之治天下，非易民性也，拊循其所有而涤荡之，故因则大，化则细矣。禹凿龙门，辟伊阙，决江浚河，东注之海，因水之流也。后稷垦草发菑，粪土树谷，使五种各得其宜，因地之势也。汤、武革车三百乘，甲卒三千人，讨暴乱，制夏、商，因民之欲也。故能因，则无敌于天下矣。（《泰族训》第 4 章）	以道治天下，非易人性也，因其所有而条畅之。故因即大，作即小。古之浚水者，因水之流也。生稼者，因地之宜也。征伐者，因民之欲也。能因则无敌于天下矣。（《自然篇》第 6 章）	今本《文子》中，传说中治水的"禹"虚化为"古之浚水者"，开创种植业的"后稷"虚化为"生稼者"，讨伐暴君的"汤、武"虚化为"征伐者"。
文王智而好问，故圣；武王勇而好问，故胜。（《主术训》第 9 章）	知而好问者圣，勇而好问者胜。（《自然篇》第 8 章）	今本《文子》中，"文王"虚化为"知而好问者"，"武王"虚化为"勇而好问者"。

《淮南子》	今本《文子》	备注
孔子曰："小辩破言，小利破义，小艺破道，小见不达，必简。"（《泰族训》第 8 章）	老子曰："……故小辩害义，小义破道。道小必不通，通必简"。（《上仁篇》第 6 章）	今本《文子》中去掉了"孔子曰"。《大戴礼记·小辨篇》："子曰：'辨而不小。夫小辨破言，小言破义，小义破道，道小不通，通道必简。'"
是故权势者，人主之车舆也；大臣者，人主之驷马也。体离车舆之安，而手失驷马之心，而能不危者，古今未有也。是故舆马不调，王良不足以取道；君臣不和，唐、虞不能以为治。执术而御之，则管、晏之智尽也；明分以示之，则跖、跻之奸止矣。（《主术训》第 18 章）	今夫权势者，人主之车舆也；大臣者，人主之驷马也，身不可离车舆之安，手不可失驷马之心。故驷马不调，造父不能以取道；君臣不和，圣人不能以为治。执道以御之，中才可尽；明分以示之，奸邪可止。（《上义篇》第 2 章）	高诱在"跖、跻之奸止矣"下注曰："盗跖，孔子时人。跻，庄跻，楚威王之将军，能大为盗也。"今本《文子》中，"唐、虞"虚化为"圣人"，"管、晏"虚化为"中才"，"跖、跻"虚化为"奸邪"。
是故其耕不强者，无以养生；其织不强者，无以掩形。有余不足，各归其身。衣食饶溢，奸邪不生，安乐无事，而天下均平，故孔丘、曾参无所施其善，孟贲、成荆无所行其威。（《齐俗训》第 16 章）	是故耕者不强，无以养生；织者不力，无以衣形。有余不足，各归其身。衣食饶裕，奸邪不生；安乐无事，天下和平。智者无所施其策，勇者无所错其威。（《上义篇》第 13 章）	今本《文子》中，"孔丘、曾参"虚化为"智者"，"孟贲、成荆"虚化为"勇者"。高诱在"孟贲、成荆无所行其威"下注曰："成荆，古勇士也。"《史记·范雎蔡泽列传》："成荆、孟贲、王庆忌、夏育之勇焉而死。"
法能杀不孝者，而不能使人为孔、曾之行；法能刑窃盗者，而不能使人为伯夷之廉。（《泰族训》第 10 章）	法能杀不孝者，不能使人孝；能刑盗者，不能使人廉。（《上礼篇》第 3 章）	今本《文子》中，"孔、曾之行"虚化为"孝"，"伯夷之廉"虚化为"廉"。
逮至夏桀之时，主暗晦而不明……（《览冥训》第 9 章）晚世之时，七国异族，诸侯制法，各殊习俗，纵横间之，举兵而相角，攻城滥杀，覆高危安……（第 10 章）逮至当今之时，天子在上位，持以道德，辅以仁义，近者献其智，远者怀其德……（第 11 章）	老子曰："世之将丧性命，犹阴气之所起也。主暗昧而不明……天下不合而为一家，诸侯制法，各异习俗……贤圣勃然而起，持以道德，辅以仁义，近者进其智，远者怀其德……"（《上礼篇》第 7 章）	《淮南子》中，"逮至夏桀之时"指的是夏朝末年昏君桀统治时期，今本《文子》中虚化为"世之将丧性命"；"晚世之时，七国异族"，高诱注曰："晚世，春秋之后，战国之末"，是指战乱纷争的春秋战国时期，今本《文子》中虚化为"天下不合而为一家"；"逮至当今之时，天子在上位"，高诱注曰："天子，汉孝武皇帝"，指的是刘安生活的汉武帝时期，今本《文子》中虚化为"贤圣勃然而起"。

　　将原文中的具体人物、时间、事件进行虚化，是容易操作的。但反过来，将模糊性、笼统性的类词具体化为真实的历史时间、事件和人物，却很难实现。那么，抄袭者为什么要虚化呢？我们知道，伪书或部分作伪之书，常常会杂有后出字面，从而露出作伪的马脚，"《小（尔）雅》周公作也，而有张仲孝友；《列子》郑穆公时人，而有子阳馈粟"⑫。大概抄袭者也担心此类事情会在今本《文子》中出现，故而将《淮南子》原文中容易露马脚的人物、时间、事件等进行虚化。

　　第四，后人为《淮南子》作的许多注释，在今本《文子》中已经成为正文。如《淮南子·泛论训》第1章："古者，有鍪而绻领以王天下者矣。"注曰："一说鍪，放发也。"今本《文子·上礼篇》第2章中，"鍪"已经被"发"字所替代，"古者，被发而无卷领以王天下。"正如何宁在注释《淮南子·泛论训》时所说："《文选·魏都赋》注引（《淮南子·泛论》）'鍪'作'瞀'，与《道应篇》合，当是许（慎）作'瞀'而高（诱）作'鍪'也。……一说'鍪，放发也'，此乃许说。《道应篇》注：'瞀，被发也。'许以瞀、鍪为'髳'之借字。《说文》：'髳，髪至眉也。'《文子·上礼篇》袭此文作'古者被发而无卷领，以王天下'，正用许义，庶几近之。"

　　据笔者统计，今本《文子》引《淮南子》注释入文的例证有30余处。现举其要如下：

《淮南子》	今本《文子》	备注
《原道训》第18章："处高而不机，持盈而不倾。"注曰："机，危也。"	《道原篇》第7章："是以高而不危，安而不倾。"	杨树达云："高（诱）读'机'为'几'，故训'危'。"（何宁《淮南子集释》注引）
《原道训》第10章："贵其周于数而合于时也。"注曰："周，调也。"	《道原篇》第9章："调其数而合其时。"	
《主术训》第5章："寇莫大于阴阳而枹鼓为小。"注曰："小，细。"	《道原篇》第10章："寇莫大于阴阳，而枹鼓为细。"	
《齐俗训》第1章："其兵戈铢而无刃。"注曰："楚人谓刃顿为铢。"	《道原篇》第10章："其兵钝而无刃。"	庄逵吉云："'顿'即'钝'字。"（何宁《淮南子集释》注引）
《俶真训》第7章："地不定，草木无所植。"注曰："植，立也。"	《精诚篇》第6章："地不定，草木无所立。"	
《修务训》第4章："异转而皆乐。"注曰："转，音声也。"	《精诚篇》第19章："异音而皆乐。"	

《淮南子》	今本《文子》	备注
《修务训》第 10 章："精神晓泠，钝闻条达。"注曰："钝闻犹钝惛也。"	《精诚篇》第 21 章："精神晓灵，屯闵条达。"	孙志祖云："《困学纪闻》云：'钝闵，出《淮南子》。'疑此'钝闻'乃'钝闵'之讹。"王念孙云："'闵'，与'惛'声相近，故高（诱）注云：'钝闵犹钝惛。'《方言》曰：'顿愍，惛也。江、湘之间谓顿愍。'《文子·精诚篇》作'屯闵条达'，并与'钝闵'同。旧本'闵'误作'闻'，今改正。"（何宁《淮南子集释》注引）
《俶真训》第 12 章："人莫鉴于流沫而鉴于止水者。"注曰："沫，雨潦上沫起覆瓯也。"	《九守篇》第 7 章："人莫鉴于流潦而鉴于澄水。"	
《俶真训》第 12 章："夫鉴明者，尘垢弗能薶。"注曰："薶，污也。"	《九守篇》第 7 章："夫鉴明者，则尘垢不汙也。"	"污"为"汙"的简体字。
《俶真训》第 14 章："而不能察方员。"注曰："察，见。"	《九守篇》第 9 章："即不能见方圆也。"	于大成云："《淮南》'见'作'察'，高（诱）注云：'察，见。'此（《文子》）作'见'，作伪者据彼文以改之也。"（王利器《文子疏义》注引）
《缪称训》第 21 章："勿挠勿撄，万物将自清。"注曰："撄，缨。"	《九守篇》第 10 章："勿挠勿缨，万物将自清。"	
《原道训》第 19 章："冀以过人之智"。道藏本、中立本、景宋本有注曰："冀，犹庶几也。"	《九守篇》第 13 章："几以过人之知"。	
《原道训》第 19 章："植于高世。"道藏本、中立本、景宋本有注曰："植，立也，庶几立高名于世也。"	《九守篇》第 13 章："位高于世。"	王念孙云："位亦立也。（《周官小宗伯》注：'郑司农云：古者位、立同字。'）"（何宁《淮南子集释》注引）

《淮南子》	今本《文子》	备注
《精神训》第7章："千变万抮而未始有极。"	《九守篇》第14章："千变万转，而未始有极。"	王利器云："《精神篇》下文作'千变万紾'，高诱注：'紾，转。'案：《说文》：'紾，绞转也。'作'抮'者，形近之误。"
《诠言训》第12章："直己而足物，不为人赣。"	《符言篇》第17章："直己而足物，不为人赐。"	于大成云："《淮南·精神篇》'今赣人敖仓'高注，又《要略篇》'朝用二千钟赣'许注亦并云：'赣，赐也。'此作'赐'，伪托者据彼注以改此正文耳。"（王利器《文子疏义》注引）
《说山训》第2章："人莫鉴于沫雨，而鉴于澄水者。"注曰："澄，止水也。"	《上德篇》第4章："莫鉴于流潦而鉴于止水。"	
《说林训》第17章："水火相憎，镤在其间。"注曰："镤，小鼎。又曰鼎无耳为镤。"	《上德篇》第4章："水火相憎，鼎鬲在其间。"	
《说林训》第109章："日月欲明，而浮云盖之。"注曰："盖，犹蔽也。"	《上德篇》第4章："日月欲明，浮云蔽之。"	
《说林训》第205章："累积不辍，可成邱阜。"注曰："辍，止。"	《上德篇》第4章："累土不止，丘山从成。"	
《主术训》第8章："故务功修业，不受赗于君。"注曰："赗，物也。"	《自然篇》第7章："故务功修业，不受赐于人"。	吴承仕云："注，'物'当为'赐'，字之误也。"（何宁《淮南子集释》注引）向宗鲁、何宁、王利器等人皆言其是。
《本经训》第2章："故圣人者，由近知远而万殊为一。"注曰："殊，异也。一，同也。"	《下德篇》第8章："圣人由近以知远，以万为一同异。"	
《本经训》第3章："性命之情，淫而相胁，以不得已则不和。"注曰："胁，迫。"	《下德篇》第8章："性命之情，淫而相迫。"	
《本经训》第1章："其心愉而不伪，其事素而不饰。"注曰："愉，和也。"	《下德篇》第9章："其心和而不伪，其事素而不饰。"	

续表

《淮南子》	今本《文子》	备注
《本经训》第 7 章："柔而不脆，刚而不鞼。"注曰："鞼，折也。"	《下德篇》第 14 章："柔而不脆，刚而不折。"	
《泛论训》第 15 章："夫夏后氏之璜，不能无考。"注曰："考，瑕衅也。"	《上义篇》第 10 章："夫夏后氏之璜，不能无瑕。"	
《兵略训》第 3 章："百姓开门而待之，淅米而储之。"注曰："淅，渍也。"	《上义篇》第十四章："百姓开户而内之，渍米而储之。"	
《精神训》第 13 章："故终身为悲人。"注曰："悲，哀也，谓衰世之学。"	《上礼篇》第 4 章："故终身为哀人。"	
《精神训》第 14 章："知冬日之箑，夏日之裘。"注曰："箑，扇也，楚人谓扇为箑。"	《上礼篇》第 4 章："知冬日之扇，夏日之裘。"	
《览冥训》第 10 章："大冲车，高重京。"注曰："古者伐不敬，取其鲸鲵，收其骸尸，聚土而瘗之，以为京观，故曰高重垒京观也。"	《上礼篇》第 7 章："大冲车，高重垒。"	向宗鲁云："高注诚误，然其据本是'京'字，故以京观解之……作《文子》者，知京观义与上句不符，故改作'垒'，不知京亦'垒'也。"（何宁《淮南子集释》注引）

以上现象明显说明，抄袭者在抄袭《淮南子》时，参照了许慎或高诱的注释，择善而从。至于抄袭者这样做的动机，大概出于两方面考虑：其一，许慎、高诱的注释之词多为当时的常用字，易于理解和接受；其二，引注释入文之后，文意不变，但字面上有所变化，尽量降低"雷同"的程度。

第五，从行文结构来看，今本《文子》中多处出现语意混乱的现象，比如《淮南子·原道训》第九章：

> 故得道者，志弱而事强，心虚而应当。所谓志弱而事强者，柔毳安静，藏于不敢，行于不能，恬然无虑，动不失时，与万物回周旋转，不为先唱，感而应之。是故贵者必以贱为号，而高者必以下为基。托小以包大，在中以制外，行柔而刚，用弱而强，转化推移，得一之道而以少正多。所谓其事强者，遭变应卒，排患扞难，力无不胜，故无不凌，应化揆时，莫能害之。是故欲刚者必以柔守之，欲强者必以弱保之。积于柔则刚，积于弱则强，观其所积，以知祸福之乡。强胜不若己者，至于若己者而同；柔胜出于己者，其力不可量。故兵强则灭，木强则折，革固则裂，齿坚于舌而先之敝。是故柔弱者生之干也，而坚强者死之徒也。

今本《文子·道原篇》第九章：

> 老子曰："夫得道者，志弱而事强，心虚而应当。志弱者，柔毳安静，藏于不取，行于不能，澹然无为，动不失时。故贵必以贱为本，高必以下为基。托小以包大，在中以制外，行柔而刚，力无不胜，敌无不陵，应化揆时，莫能害之。欲刚者必以柔守之，欲强者必以弱保之，积柔即刚，积弱即强，观其所积，以知存亡。强胜不若己者，至于若己者而格。柔胜出于己者，其力不可量。故兵强即灭，木强即折，革强而裂。齿坚于舌而先毙。故柔弱者生之幹也，坚强者死之徒。

《原道训》先提出论题："得道者，志弱而事强"，然后分别解释什么是志弱者，什么是事强者，"所谓志弱者，柔毳安静，藏于不敢……"[⑬]；"所谓其事强者，遭变应卒，排患扞难，力无不胜，敌无不凌……"，主次明确，条理清晰。正如向宗鲁所云："上文云'志弱而事强'，此云'所谓志弱者'云云，下云'所谓其事强者'云云，即分疏上文。"而今本《文子·道原篇》明显属于摘录时丢掉了"所谓其事强者，遭变应卒，排患扞难"一句，使得原本疏解"事强者"的辞句也归于"志弱者"名下，造成辞句混乱、语意不符的现象发生，"其意绪文辞，叉牙相抵而不合"[⑭]。

此类例证在今本《文子》中尚有多处，如《道德篇》第18章中，"非去邪也"句前漏抄"去非者"，致使原本分别谈论"求是者"、"去非者"的文辞，全部归于"求是者"，于意不符；"治大国若烹小鲜，曰勿挠而已"中漏抄"老子曰"、"为宽裕者"以及"为刻削者曰致其咸酸而已矣"，造成前后语意脱节。显然，这些例证中出现的语意混乱现象，用择要摘录来加以解释更为合理。

第六，从内容来看，今本《文子》中也出现了一些前后文意不合之处。比如《淮南子·本经训》第2章：

> 天地之合和，阴阳之陶化万物，皆乘人气者也。是故上下离心，气乃上蒸，君臣不和，五谷不为。距日冬至四十六日，天含和而未降，地怀气而未扬，阴阳储与，呼吸浸潭，包裹风俗，斟酌万殊，旁薄众宜，以相呕咐酝酿而成育群生。是故春肃秋荣，冬雷夏霜，皆贼气之所生。由此观之，天地宇宙，一人之身也；六合之内，一人之制也。是故明于性者，天地不能胁也，审于符者，怪物不能惑也。故圣人者，由近知远而万殊为一。

今本《文子·下德篇》第8章：

> 老子曰："阴阳陶冶，万物皆乘一炁而生。上下离心，炁乃上蒸。君臣不和，五谷不登，春肃秋荣，冬雷夏霜，皆贼炁之所生也。天地之间，一人之身也；六合之内，一人之形也。故明于性者，天地不能胁也，审于符者，怪物不能惑也。圣人由近以知远……

引文中，《本经训》首句"天地之合和，阴阳之陶化万物，皆乘人气者也"。两者或两者以上方可言"皆"，《本经训》此处正因上承"天地之合和"与"阴阳之陶化万物"两层意思，故而言"皆"。今本《文子·下德篇》第 8 章曰"阴阳陶冶万物，皆乘一气而生"⑮，显然是摘录了《本经训》首句的后半句"阴阳陶冶万物，皆乘人气者也"，而舍弃了前半句"天地之合和"，这样在语意上只承一意，造成句中"皆"字来源不明，文意不合。正如钱熙祚《文子校勘记》中所言："以倜傥不羁之文，句节而字省之，遂至一节之中文气断续，一行之内，语意背驰。"

对于上述诸多现象，有人或许会用"后人篡改"一言以蔽之，但我们通过细致对勘发现，上述情况并非个别现象。今本《文子》全书共 188 章，其中属于择要摘录的章节就有 140 余章⑯，占了全书内容的 3/4。如此多的数量，仅用"后人篡改"一词来解释，恐难以服人。

通过以上分析，我们发现，由《淮南子》摘录而成今本《文子》是比较简单易行的，但要将今本《文子》的内容增饰成《淮南子》，其中要求不改动原句，义理与例证严密贴切、部分文字还要恰当地归入历史史实、甚至归入到历史人物的对话中去，这是很难做到的。高诱的《淮南子叙目》云："（刘安）于是遂与苏飞、李尚、左吴、田由、雷被、毛被、伍被、晋昌等八人，及诸儒大山、小山之徒，共讲论道德，总统仁义，而著此书。"以"讲论道德，总统仁义"为著述原则的刘安及其门客，可以名正言顺地广征博引，而没有必要去做增饰修补这种出力不讨好的事情。所以，今本《文子》与《淮南子》之间的关系，用择要摘录来加以解释是较为合理的。

那么，今本《文子》为什么要摘录《淮南子》呢？纵观历代典籍之聚散，每当典籍经历一次浩劫之后，新兴王朝总要不遗余力地采掇亡书，并对献书之人按所献书籍卷数予以赏赐，比如"隋开皇三年（583 年），秘书监牛弘表请分遣使人，搜访异本。每书一卷，赏绢一匹，校写既定，本即归主。于是民间异书，往往间出"⑰。我们认为，东汉末年至两晋之际，原本《文子》残损，今本《文子》是在原本《文子》残篇的基础上，经过后人两次整理而成书。在成书过程中，整理者出于邀赏的目的，不惜大量抄袭摘录《淮南子》原文，以充原卷。对此，拙文《今本〈文子〉的形成与流变》有详细论证，此不赘述。

注　释：

①　钱熙祚认为："《文子》出《淮南子》十之九，取它书十之一也。"章太炎认为："今之《文子》，半袭《淮南》，所引《老子》，亦多怪异，其为伪托甚明。"持这一看法的还有王念孙、陶方琦、梁启超、王叔岷、张岱年、何宁等人。

②　唐兰认为《淮南子》"许多地方抄袭《文子》，基本上是属于老庄一派的道家"。艾力农在 1982 年 5 月 22 日《光明日报》上发表《文子其书》一文，认为"竹简一出，《文子》的真伪就好判断了，《文子》一书定有后人篡改，但是一部先秦古籍确无问题了，《淮南子》当是抄了《文子》"。主张《淮南子》抄袭《文子》的还有江世荣、李定生、王利器、熊铁基、吴光、丁原明、王云度等人。

③　李定生、徐慧君：《文子校释》，上海古籍出版社 2004 年版，第 4、6 页。

④　本文引用《淮南子》原文，皆据何宁《淮南子集释》，中华书局 1998 年版；今本《文子》原文皆据王利器《文子疏义》，中华书局 2000 年版。

⑤　江世荣《先秦道家言论集、〈老子〉古注之一——〈文子〉述略——兼论〈淮南子〉与〈文子〉的关系》，《文史》第 18 辑，中华书局 1983 年版。

⑥　我们列举的证据中，有些前人已经提及，比如于大成先生就已发现今本《文子》引《淮南子》注释人文的现象，但前人的这些论说过于简略，有些只是感悟性的偶尔提及，缺乏系统性、全面性的总结分析。本文在前人研究成果的基础上，经过多年的对勘，将二书之间的差异矛盾之处一一列举，逐条校对，以希较为完整全面地论证今本《文子》择要摘录了《淮南子》，还《淮南子》以清白之身。

⑦　袁淑《真隐传》已遗失，李昉《太平御览》卷510引有袁淑《真隐传》佚文。

⑧　王先谦著，沈啸寰、王星贤点校：《荀子集解》，中华书局1988年版。

⑨　钱熙祚《文子校勘记》，《守山阁丛书》，上海博古斋影印本。

⑩　引文中的晏子其事又见于《晏子春秋·内篇·杂上》、《吕氏春秋·知分篇》、《左传·襄公二十五年》等；殖、华其事又见于《左传·襄公二十三年》。

⑪　（台湾）中央研究院中国文哲研究所中国文哲专刊二，王叔岷《先秦道法思想讲稿》，中央研究院中国文哲研究所1992年版。

⑫　晁公武：《昭德先生郡斋读书志》，万有文库本，第210页。

⑬　此句原文为"所谓志弱而事强者……"向宗鲁、何宁等人均以为"而事强"三字乃涉上文而衍。详见何宁《淮南子集释》，第48页。

⑭　《柳河东集·辩文子》，上海人民出版社1974年版。

⑮　对于此句，王利器《文子疏义》断为"阴阳陶冶，万物皆乘一气而生"。何宁《淮南子集释》断为"阴阳陶冶万物，皆乘一气而生"。笔者认为何宁先生所断为确。

⑯　详见赵逵夫、葛刚岩：《今本〈文子〉的形成与流变》，《中华文史论丛》第81辑（待刊）。

⑰　《隋书·经籍志》，中华书局1973年版。

（作者单位：武汉大学文学院）

谢灵运的佛教撰述考

□ 高华平

　　谢灵运是中国南朝时期的著名文学家和诗人，其著作《隋书·经籍志》"别集类"著录为"宋临川内史《谢灵运集》十九卷。（原注：'梁二十卷，录一卷'）"《旧唐书·经籍志》、《新唐书·艺文志》皆著录为 15 卷，《宋史·艺文志》著录为 9 卷。宋以后不见著录，已散佚。另，《隋志》"总集类"又著录有谢撰《赋集》92 卷，《诗集》50 卷，《诗集钞》10 卷（原注：梁《杂诗钞》10 卷，录 1 卷），《七集》10 卷，《回文集》10 卷，《连珠集》5 卷等。但历代史志，包括清人聂崇歧撰《补宋书·艺文志》、章宗源和姚振宗的《隋书·经籍志考证》诸书，仅补充了谢撰《宋书》（不知卷数）、《要字苑》1 卷、《游名山记》1 卷，明代以往，辑谢集者颇多，对于谢氏之佛教著述则缺少专门考察。而这种情况，对于古今学界喜言谢灵运之创作与佛教因缘者，无不是一莫大缺憾矣。有鉴于此，笔者愿不揣浅陋，对谢氏之佛教撰述作一全面考辨。

　　谢灵运的佛教撰述，除保存于诗赋等文学作品中的言佛理之片断不计外，专门的佛教撰述也为数不少。其中既有佛经的翻译、注释，亦有佛理辩论文、与僧俗讨论佛理的书函以及为佛像、法师而作的赞颂铭诔等文学作品。综合史料，今日仍可知的谢氏之佛教撰述共有：1. 改治本《大般涅槃经》；2.《金刚般若经注》；3.《与诸道人辨宗论》；4. 答法纲、慧琳、法勖、僧维、慧骥及王卫军（弘）论佛性书问 7 篇；5.《十四音训叙》；6. 佛影、佛像赞颂及法师诔 15 篇。

一

　　改治本《大般涅槃经》，即南本《大般涅槃经》。大乘《涅槃经》今存 3 个译本：一是法显游西域求得，佛陀跋多罗（此云觉贤）在建康所译，名《大泥洹经》，为 6 卷本；一是北凉昙无谶所译 40 卷《大般涅槃经》，称"北本"；三是谢灵运与慧观、慧严等依觉贤所译《泥洹经》（6 卷）改治"北本"而成之《大般涅槃经》，世称"南本"。释僧佑《出三世藏记集》卷 8 载《六卷泥洹经记》曰：

　　　　摩竭提国巴连弗邑阿育王塔天王精舍优婆塞伽罗先，见晋土道人释法显远游此土，为求法故，深感其人，即为写此《大般泥洹经》如来秘藏。原令此经流布晋土，一切众生，悉成平等如来法身。义熙十三年十月一日谢司空石所立道场寺出此《方等大般泥洹经》，至十四年正月一日校定尽讫。禅师佛大跋陀手执胡本，宝云传译。于时座有人二百五十人。

此处所记即《六卷泥洹经》译出的始末。但由《泥洹经》与后来昙无谶所译《大般涅槃经》（"北本"）比较可知，《泥洹经》（6 卷本）实际只译出了《大般涅槃经》的前 5 品，而非完本，故需要重译。昙无谶译《大般涅槃经》正是在此情形下出现的。《出三藏记集》第 8 卷又记有凉州释道朗《大般涅槃经序》，言及"北本"译出经过，其言略曰：

> ……天竺沙门昙无谶者，中天竺人，婆罗门种，天怀秀拔，领鉴明邃，机辩清胜，内外兼综。将乘运流化，先至敦煌，停止数载。大沮渠河西王者，至德潜著，建隆王业，虽形处万机，每思弘大道，为法城堑。会开定西夏，斯经与谶自元宵而至，自非至感先期，孰有若兹之遇哉！谶既达此，以玄始十年，岁次大梁，十月二十三日，河西王劝请令译。谶手执梵文，口宣秦言。其人神情既锐，而为殷重，临译敬慎，殆无遗隐，搜研正本，务存经旨。惟恨梵本分离，残缺未备……

从道朗的《序》与未详作者之《大般涅槃经记序》可知，昙无谶所出虽已有 40 卷，但亦非全篇足本。因此经原有三万五千（一作"二万五千"）偈，而"此方数减百万言"，"今出者一万余偈"。即"今出者已有十三品，作四十卷"，只相当于原经文的"抄略"。不仅如此，人们还认为"北本"译文的水平也未臻完善。[①]《大涅槃经记序》所谓"执笔者一承经师口所译，不加华饰"；故而"语小质朴，不甚流靡"[②]。故"北本"流传到南方之后，就有修饰增色的问题；再加之"北本"与《六卷泥洹经》品目也不一致，也需要"改治"。谢灵运与慧严、慧观改治之"南本"，正因此而出现。《高僧传》卷 7《释慧严传》曰：

> 《大般涅槃经》初至宋土，文言致善，而品数疏简，初学难以厝怀。（慧）严乃共慧观与谢灵运等依《泥洹》本加之品目。文有过质，颇亦改治，始有数本流行。

一般认为，"北本"于刘宋元嘉七年（公元 430 年）南传至建康。[③]而据《宋书·谢灵运传》及唐颜真卿《抚州宝应寺翻经台记》，谢灵运宋文帝元嘉八年（公元 431 年）起任临川内史，元嘉十年（公元 433 年）在广州被杀，其改治《涅槃经》实应在抚州临川内史任上。《高僧传·慧严传》又曰："（慧）严乃梦见一人，形状极伟，厉声谓严曰：'《涅槃》尊经，何以轻加斟酌。'严觉已惕然，乃更集僧，欲收前本。"慧观是位"渐悟"论者，其著《渐悟论》见于陆澄《法论目录序》，与谢灵运为竺道生"顿悟义"的支持者不同。[④]因此，《大般涅槃经》南本的改定主要应出于谢灵运之手。[⑤]

谢灵运与慧严、慧观改治《涅槃经》，主要工作包括两方面：一是依 6 卷《泥洹经》将北本之品目进行调整；二是文字上将北本改"质"为"文"。汤用彤先生曾将"北本"、"南本"、6 卷《泥洹经》3 本《涅槃》加以排比云："南本依六卷《泥洹》将北本之前五品分为十七品。《泥洹》有《大身菩萨品》第二。惟《泥洹》、《序品》述佛将入灭时，一切大众均来顶礼，大身菩萨为顶礼者之一。南本以并入《序品》。故其前十七品当六卷之十八品也。"其文字上之改造，元康《肇论疏》卷上《序》云："谢灵运文章秀发，超迈古今，如《涅槃》元来质朴，本言'手把脚蹋，得到彼岸'。谢公改云：'运手动足，截流而度。'"这是一个著名的例子。汤用彤还列举出北本《寿命品第一》："犹如兹父，唯有一子，卒病丧亡，送其尸骸，置于塚间，归还怅恨，愁忧苦恼。"南本《序品》改为"犹如慈父，唯有一子，卒病命终，殡送归还，极大忧恼。"北本《寿命品之二》："啼泣面目肿"，南本《纯陀品第二》改为："恋慕增悲痛。"北本《寿命品之三》："而与罗汉等"，南本《长寿品》依《泥洹经》改为："量与罗汉等。"汤用彤先生由此得出结论："文字上之修治，则南北相差更甚微也。"⑥但根据后人进一步的研究，南本对北本文字上的"修改甚多"⑦。如北本《寿命品第一》："今日如来应正遍知……为作归依，屋舍室宅……世间空虚，众生福尽……世间空虚，众生福尽，我等从今无有救护，无所宗仰"。南本改为："今日如来应供正遍知……为作归依，为世间舍……世间空虚，众生福尽……世间空虚，众生福尽……我等从今无有救护，无所宗仰。"北本《寿命品之二》："一切迁动。"南本改为："一切迁灭。"北本《金刚身品第二》："常不可思议"、"非福田非不福田"，南北《金刚身品第五》改为："常不可议"、"非福田非不福田"。北本《如来性品之二》："若复得作优婆塞者，亦得断灭于一阐提。"南本《四品相之余》改为："若复得作优婆塞者，是亦得能灭一阐提。"北本《梵行品第八》："莫轻小罪"，南本《梵行品第十二》改为："莫轻小恶。"北本《光照普照高贵德王菩萨品第十》："不从作因而有，唯有了因。"南本《光照普照高贵德王第二十二》："不从作因而有，唯从了因。"北本同品："终不生贪着之相"，南本同品改为："终不生贪着之心。"北本《师子吼菩萨品第十一》："慧庄严者，无为，无漏，无无，无果报，无碍，常住"，南本《师子吼菩萨品第二十三》改为："慧庄严者，无为，无漏，无有，无果报，无碍，常住。"北本《陈如品第十二》："大士，我等今者，何得不愁？沙门瞿昙先出家已，说无常、苦空、无我等法，我诸弟子闻生恐怖。"南本《陈憍如品第十五》改为："大士，我等今者，何得不愁？沙门瞿昙先出家已，说无常、苦空、无我不净，我诸弟子闻生恐怖。"等等。像这样"改治"的地方还有很多。因此，南本《涅槃经》虽不能完全视为谢灵运的译著，但说这是由他主持完成的一项佛教文献整理工作，应无太大问题。

二

谢灵运主持"改治"《涅槃经》之外，又有佛经注释著作——《金刚般若经注》。唐李俨《金刚般若经集注序》略曰：

> 是空非空，窅乎不测，廓焉无像，假名言以立体，包权实而为用。穷不照之照，引重昏于梦境；运无知之知，导群迷于朽宅。究其实相，则般若为之宗矣。自真容西谢，像教东流，香城从筑于绵区，宝台移构于中壤。鳞萃羽集者，咸徇其法；云褰雾廓者，已悟其真。至矣哉！无得无称也。然此梵本，至秦弘始有罗什三藏于长安城创译一本，名舍卫国。暨于后魏宣武之世，有流支三藏于洛阳城重翻一本，名舍婆提。江南梁末，有真谛三藏又翻一本，名祇陀林。大唐有玄奘三藏又翻一本，名誓多林。

虽分轸扬镳，同归至极，而签词析义，颇亦殊途。然流支翻者，兼带天亲《释论》三卷，又翻《金刚仙论》十卷，隋初耶舍又翻《释论》两卷。比校三论，文义大同。然新则理隐而文略，旧则工显而义周。兼有秦世罗什、晋室谢灵运、隋代昙琛、皇朝慧净法师等，并器业韶茂，博雅洽闻，耽味兹典，俱为注释，考研秘赜，咸骋异义。

汤用彤先生曾说："自汉之末叶，直讫刘宋初年，中国佛典最流行者，当为《般若》。即以翻译言之，亦译本甚多。最早为支娄迦谶之十卷《道行》。《放光》《光赞》，同为《大品》……及罗什入长安，重译大小品，盛弘性空典籍，此学遂如日中天。"⑧《道行》《光赞》《放光》，皆为《般若经》译名省称。以《道行》最为简略，形同节抄，学者称之为《小品》，后二者则名之曰《大品》。谢灵运所注之《金刚般若经》，乃罗什所译之 1 卷本《般若经》，即今日常用之《金刚经》（全称《金刚般若波罗蜜经》）。释僧佑《出三藏记集》卷第二于罗什译《金刚般若经》下自注："或云《金刚般若波罗蜜经》。"可以为证。梁武帝《注解大品序》曰："僧睿《小品序》云：'斯经正文凡有四种，是佛异时适化之说，多者十万偈，少者六百偈。'略出四种而不列名。《释论》言《般若》部党有多有少；《光赞》、《放光》、《道行》止举三名，复不满四。此土别有一卷，谓为《金刚般若》，欲以配数……"则可知萧梁之前《金刚般若》仍指此经，谢灵运所注无疑就是罗什译本。

谢灵运《金刚般若经注》今已不复存在，给我们考察其写作动机和内容带来了很大困难。但根据有关史料来看，谢氏是一位深谙《老》《庄》，又好佛理的文人名士，他选取当时被时人与《老》《庄》并谈的《金刚般若经》作注，亦属必然。《世说新语·言语》载："谢灵运好戴曲柄笠，孔隐士谓之曰：'卿欲希心高远，何不能遗曲盖之貌？'谢答曰：'将不畏影者，未能忘怀。'"刘孝标注引《庄子》云："渔父谓孔子曰：'人有畏影恶迹而去之走者，举足逾数而迹逾多，走逾疾而影不离，自以为尚迟，疾走不休，力绝而死。不知处阴以休影，处静以息迹，愚亦甚矣！子修身而求之人，不亦外事者乎？'"这说明谢氏深谙《庄子》。《金刚般若经》云："是诸众生若心取相，即为著我、人、众生、寿者相"；"应无所住而生其心"。此实与《庄子》"修心守真，则无累矣"之说同义。故谢氏《山居赋》及自注亦每以《老》《庄》与《般若》《法华》并言，而由此又可见谢灵运为《金刚般若经》作注，即是当时学界风气使然，也符合其《老》《庄》《般若》并谈的一惯做法。

谢灵运为《金刚般若经》作注的时间，当在其早年，即《涅槃经》（包括 6 卷《泥洹经》）介绍至中土之前的东晋时期，因为此前才是《般若》学的兴盛时期，此后由《涅槃》的崛起，学术界的兴趣转移到了佛性论的讨论，宋初文学界"庄老告退，而山水方滋"⑨，亦可反映这一状况。故谢氏注《金刚般若经》当在刘宋代晋之前，而李俨《金刚般若经集注》称谢氏为"晋室谢灵运"，其原因或正在此。

谢灵运的《金刚般若经注》虽在唐人集合前注时仍存世并被收录，但可能由于该注诞生不久，学术界关注焦点已由《般若》学转向《涅槃》学，故当时也就失传了。所幸《文选》卷 59 李善注南齐王简栖《头陀寺碑文》中仍保存了两条，或可藉以窥谢注之一斑。《文选》卷 59 王简栖《头陀寺碑文》："是以如来利见迦维，生王室。"李善注：

　　谢灵运《金刚般若经注》曰："诸法性空，理无乖异，谓之为如。"

同卷同篇："会如解，故名如来，于是玄关幽键，感而遂通。"李善注：

　　谢灵运《金刚般若经注》曰："玄关难启，善键易开。"

谢氏的两条注文，第一条似解"如来"之"如"义，第二条或原为解"应无所住而生其心"一类玄奥经文之注释。因谢氏原书已不存，今人不可妄言。

三

　　刘宋代晋后，中国佛学思想界发生之最大变化，在于《般若》学之地位渐被《涅槃》学所取代。竺道生可谓这一次学风转变的代表人物。竺道生之学，虽"剖析佛性，洞入幽微，乃说一阐提人皆得成佛"，但其最具创新精神之处，还是所谓"校练空有，研思因果，乃立善不受报及顿悟义，笼罩旧说，妙有渊旨"。特别是"顿悟成佛"之说的提出，"守文之徒，多生嫌疑，与夺之声，纷然互起"⑩，在当时引起了广泛的争论。谢灵运为竺道生法师"顿悟义"的支持者，会与当时诸道人辩论此义，故著有《辩宗论》之文。其文曰：

　　同游诸道人，并业心神道，求解言外。余枕疾务寡，颇多暇日，聊申由来之意，庶定求宗之悟。释氏之论，圣道虽远，积学能至，累尽鉴生，方应渐悟。孔氏之论，圣道既妙，虽颜殆庶，体无鉴周，理归一极。有新论道士以为寂鉴微妙，不容阶级。积学无限，何为自绝，今去释氏之渐悟，而取其能至。去孔氏之殆庶，而取其一极。一极异渐悟，能至非殆庶。故理之所去，虽合各取。然期离孔、释矣。余谓二谈救物之言，道家之唱，得意之说，敢以折中自许，窃谓新论为然。聊答下意，迟有所悟。

　　谢灵运此文《宋明帝敕中书侍郎陆澄撰法论目录序》（简称《法论目录序》）记为《辩宗论》，此文唐代道世的《广弘明集》则录为《与诸道人辩宗论》。从文章的内容来看，此文并非一般的议论文，而是在竺道生"顿悟义"提出并在佛学界引发了顿渐之争后，谢氏与周围"同游诸道人"的辩论之文，故《广弘明集》在文章的篇名上加"与诸道人"数字，以表明之。

　　《辩宗论》一文，折中孔、释二家，既肯定圣人可至，又认为"虽颜殆庶，体无鉴周，理归一极……"这也就是竺道生"寂鉴微妙，不容阶级"之"顿悟说"。陆澄《法论目录序》于谢灵运《辩宗论》外，又录有《谢康乐灵运宗述顿悟》，二者或为同一篇内容，一为谢氏形诸文字的作品，一乃他人笔录之材料，故有此二篇也。《宋书·谢灵运传》载灵运曾谓孟𫖮曰："得道应须慧业。丈人生天当在灵运前，成佛当在灵运后。"所谓"慧业"，亦即"顿照之意也"⑪。故知持"顿悟义"乃谢氏一贯之主张。

　　根据汤用彤先生考证，"斯论之作，在康乐为永嘉太守时，即永初三年七月至景平元年（公元 422 ~ 423 年）秋也"；"谢意作此论之时，生公当亦在都邑也"，"是远在大本

《涅槃》南来以前"⑫。谢灵运此论传出以后，王弘将之道示竺道生（生公），竺道生在给王弘的信中说："究寻谢远嘉论，都无间然。有同似若妙善，不能不以为欣。"对其表示了高度的赞扬。而明人张溥的《汉魏六朝百三家集·谢康乐集题辞》，甚至对《辩宗论》许以"祇洹奇趣，道门阁笔"的评语。

<h2 style="text-align:center">四</h2>

谢灵运在写作《辩宗论》的同时，还与法纲、法勖、慧琳、僧维、慧骥以及王弘等僧俗士人就"顿悟义"进行了辩论答问。陆澄《法论目录序》载："《法勖问》往反六首；《僧维问》往反六首；《慧骥问》往反六首；《骥维（"维"一作"杂"，此据《广弘明集》）问》往反六首；《竺法纲、释慧琳问》往反十一首；《王休元问》往反十四首。"据此可知，谢氏当日与诸僧俗之士辩论甚苦，而往反问答之辞亦甚众。但今世仅存见于《广弘明集》中的《答纲、琳二法师》、《答法勖问》、《答僧维问》、《答慧骥问》、《答骥维问》、《答法纲问》、《答慧琳问》、《答王卫军问》等八篇文字。

《答纲、琳二法师书》为回答法纲、慧琳二人问"顿悟义"的书信。慧琳，《宋书·夷蛮（氏明）传》说他"秦郡秦县人，姓刘氏，少出家，有才章，并善内外之学，为广陵王义真所知"。《高僧传》卷7《释道渊传》后附有《慧琳传》，亦云慧琳"长于制作"，初与谢灵运、颜延之并广陵王义真情好款密。谢灵运为永嘉太守（时在永初三年七月，即公元422年）之后，慧琳曾为虎丘法纲作《诔》。由此可知，法纲乃苏州虎丘之竺法纲。《答纲、琳二法师书》亦当同《辩宗论》一样，作于谢氏为永嘉太守之时，而此时法纲、慧琳"二人恐同在虎丘也"。

谢灵运的《答纲、琳二师书》开篇即曰："披览二难，欣若暂对。"这说明此前纲、琳曾有问难《辩宗论》之文，故谢氏有此语。陆澄《法纲目录序》中虽无谢灵运与往反问答的内容；但由"《竺法纲、释慧琳问》往反十一首"，又可知这场辩论的规模之大及持续时间之长。

《答纲、琳二法师书》，《广弘明集》卷18总题为《答纲、琳二法师并书》，严可均《全宋文》则将书信、答法纲问、答慧琳问分为三文。但不管怎样，都难以符合陆澄《法论目录序》中"往反十一首"之数，说明其原文书阙有间。

《答法纲问》和《答慧琳问》，内容为回答法纲、慧琳二人关于达到"宗极"，是"顿悟"还是"渐悟"以及"渐学"在"顿悟"中的作用问题。法纲、慧琳认为："宗极"是"无"，言教为"有"，"道形天隔"，"有形者有渐"，故悟宗必赖渐学。谢灵运则主，宗极者本不分无二，超乎言象，在于言表，故一悟则万滞同尽。"夫凭'无'以伏'有'，伏久则'有'忘。伏时不能知，知则不复辨。是以坐忘日损之谈，近出老庄。数缘而减，经有旧说。如此岂累之自去，实'无'之所济。"（《答法纲问》）换言之，"伏有"或"伏累"，这种"渐学"或"渐悟"，还有所滞，尚非真悟。真悟者得其全，物我两忘，有无并观，故一悟万滞同尽矣。

今存谢氏《答法勖问》、《答僧维问》、《答慧骥问》、《答骥、维问》及《答王卫军问》诸篇，亦为对"顿悟义"的辩论之文，且《答法勖问》、《答僧维问》二篇当作于《答僧维》、《答慧琳问》之前。因为《答法纲问》中有"详复答勖、维之问"句和出于

《答僧维问》中的"累既未尽，无不可得；尽累之弊，始可得无耳"之文。而今存《答法勖问》、《答僧维问》与《答慧琳问》、《答维骥问》诸篇，均有三问三答，符合陆澄《法论目录序》所记诸篇皆为"往反六首"之数，说明以上诸篇应保持着当时的原貌。只是《答慧琳问》，陆澄《法论目录序》作"《慧骥述僧维问》往反六首"，或许《答慧骥琳问》原为慧琳转述僧维之问而谢为作答者，陆澄所记更为得其实，后世因不解其中缘故而径称为《答慧骥问》。因慧骥、僧维事迹僧传乏载，故不可详论。又，《答骥、维问》，陆澄《法论目录序》作"《骥杂问》往反六首"，《广弘明集》卷18作"骥维"。笔者认为当以作"骥维"为是，即慧骥、僧维二人。《答慧骥问》陆澄《法论目录序》既作"《慧骥述僧维问》"，则谢氏将慧骥、僧维一并作答，亦有可能。明人张溥编《汉魏六朝百三家集》时，将以上诸篇皆附于《辨宗论》之后，亦可见诸篇为讨论"顿悟义"内容无疑。《答王卫军问》，陆澄《法论目录序》作"《王休元问》往反十四首"。今仅存三首，殆亡佚太半。《广弘明集》卷18题作"《答王卫军书并问》"，以《问》后一段文字为《答王卫军书》，或其当时所见如此。汤用彤先生以此论题中"王卫军"之称而推断云："永初元年（公元419年）江州刺史王弘进为卫军将军开府仪同三司，景平二年（公元424年）诏入京，是论作时谢在永嘉，王在江州也。"又说："谢答王弘问难中，言及顿悟与信修之别，谓渐修者知假，可谓不知。"[13] 则此篇为围绕"顿悟义"的进一步讨论。

五

《高僧传》卷第7《释慧睿传》载：

> 释慧睿，冀州人，少出家，执节精峻，常游方而学，经行蜀之界……游历诸国，乃至南天竺界，音译诂训，殊方异义，无不必晓……陈郡谢灵运笃好佛理，殊俗之音，多所达解。诣睿以经中诸字并众音异旨，于是著《十四音训叙》，条例梵汉，昭然可了，使文字有据焉。睿以宋元嘉中卒，春秋八十有五矣。

据此，谢灵运还著有关于佛经"诸字并众音异旨"的著作——《十四音训叙》。

"十四音"即梵文十四个最基本的拼音字母，《隋书·经籍志》称之为"婆罗门书"，为天竺声韵之学所必须掌握的内容。因为在中土流传的佛教经典基本都是由梵文翻译过来的，故学习梵文拼音字母是阅读、翻译梵文佛经原典所必需的。正是从这个意义上讲，谢灵运关于"十四音"的著述——《十四音训叙》也应归入佛学著作。《大般涅槃经·如来性品第四之五》曰："迦叶菩萨复白佛言：世尊，云所言字者，其义云何？善男子，有十四音名为字义……是十四音名为字本。"谢灵运接触"十四音"概念，是否自其参与改治《大般涅槃经》始，今已不可知，但谢氏参与改治《大般涅槃经》时，曾更直接面对这一问题，则是可以肯定的。据《高僧传》载，与谢氏一起改治《大般涅槃经》之慧严、慧观都曾赴关中随鸠摩罗什学习。亦颇解梵音，谢氏如有关于"十四音"的疑问，必先谘二人商量，俟二人解说仍不能明，方始向慧睿谘询，并以此问题有益于当时学界，这才产生这篇《十四音训叙》。由此看来，谢氏此文当著于元嘉七年开始改治《大般涅槃经》之时。而由释慧睿元嘉中卒（元嘉共30年）来看，这一推测应是可以成立的。

谢灵运《十四音训叙》原书已佚，不可得而言其详。但日本平安朝学僧安然著《悉昙藏》一书，其中偶有征引谢灵运之语，学者多以为应出于谢灵运《十四音训叙》。⑭如《悉昙藏》卷5引"宋国谢灵运云"略曰：

《大涅槃经》中有五十字，以为一切字本。牵彼就此，反语成字。其十二字，两两声中相近，就相近之中复有别义。前六字中，前声短后声长；后六字中无有短长之异，但六字之中，最后二字是取前二字余声。又四字非世俗所常用，故别列在众字之后。其三十四字中，二十五字声从内转至唇外，九字声从外还内。凡五字之中，第四与第三字同而轻重微异。凡小字皆曰半字。其十二字譬如此间之言，三十四字譬如此间之音（按：此处"音"字当是"者"字之误——引者），以"者"就"言"，便为"诸"字。譬如"诸"字，两字合成便成满字。声体借字，以传胡音。复别书胡字。

《悉昙藏》接下来便转引了谢氏所列的梵文"五十字"，即梵文五十个拼音字母：恶（a）、阿（ā）、亿（i）、伊（i）、郁（u）、忧（u）、咽（e）、野（ai）、乌（o）、炮（au）、庵（am）、痾（ah）、迦（k）、佉（kh）、加（g）、恒（gh）、我（n）、吒（t）、咃（th）、茶（d）、祖（dh）、拏（n）、多（t）、他（th）、陀（d）、弹（dh）、那（n）、遮（c）、车（ch）、阇（j）、饍（je）、若（n）、波（p）、颇（ph）、婆（b）、滗（bh）、摩（m）、蛇（ya）、啰（ra）、罗（la）、（va）、奢（sa）、沙（s）、娑（s）、呵（ha）、茶（Ks）、鲁（r）、流（r）、卢（i）、楼（i）。谢氏认为，这五十字可以分为"声（势）"和"体（文）"两类。"声势"和"体文"均称"半字"。二字合在一起，正如"言"＋"者"成汉字"诸"字。"诸"字就是满字。章太炎《国故论衡小学略》曰："慧琳《一切经音义》称梵文阿等十二字为'声势'，迦等三十五字为'体文'。声势者，韵；体文者，纽也。"故恶（a）、阿（a）十二字为母音，有发音长短之别；痾（ah）后三十五字则相当于今天中文拼音中的声母，各音间有发音部位和发音方法的不同，即所谓"轻重之异"也。梵文五十字中，前十二字两两相对，前六声长，后六声短，最后二字庵（am）、痾（ah）为前二字恶（a）、阿（a）的"余声"。谢灵运认为，恶（a）、阿（a）至庵（am）、痾（ah）十二字中，除开庵（am）、痾（ah）二字之外，加上最后鲁（r）、流（r）、卢（i）、楼（i），正好"十四音"，可以解释《大般涅槃》中所谓"十四音名为字本"一语中"十四音"何指的问题，亦可以见出其著作名《十四音训叙》之所由。故《悉昙藏》卷二又曰："谢灵运解（前十二字）以后鲁流卢楼四字足之，则成十六字，何谓十四"云：

前庵、痾二字非是正音，止是余势，故所不取。若尔，前止有十，足后四为十四也。⑮

六

谢灵运除佛教义理训故的著作之外，还有一些以佛教人物和事件为描写内容的文学作品，这就是《和从弟惠连无量寿颂》（即《净土咏》诗）、《和范光禄祇洹像赞三首并序》、《维摩经十譬赞八首》、《佛影铭并序》、《庐山慧远法师诔并序》、《慧远法师碑》、

《昙隆法师诔并序》等。

《和从弟慧连无量寿颂》，多作《无量寿佛颂》。"无量寿佛"即"阿弥陀佛"之意译，"阿弥陀佛"则属梵文音译。谢惠连是谢方明之子，谢灵运的堂弟，小谢灵运二十岁，但与谢灵运同年卒。《诗品》卷上称灵运每对惠连辄得佳句。"池塘生春草"这样的名句，即是面对谢惠连独得的神来之笔。《无量寿佛颂》曰："法藏长王宫，怀道出国城。愿言四十八，弘誓拯群生。净土一何妙，来者皆清英（《净土咏》作"菁英"）。颓年欲安寄（《净土咏》作"安可寄"），乘化必晨征。"或谓此篇作于景平二年（424 年），⑯可备一说。但从其中"颓年欲安寄"之句来看，此颂应作于谢氏晚年。而此颂的重要，在于可从此依确认谢灵运的净土信仰，有利于深入研究其佛教思想。

《和范光禄祇洹像赞三首并序》，题中的"范光禄"指范泰，刘宋永初元年范泰建祇洹寺，立佛像，自己作了一首《佛赞》："精粗事阻，始末理通。舍事就理，朗朗祛蒙。惟此灵觉，因心则崇。四等极物，六度在躬。明发储寝，孰是化初。夕减双树，岂还本无。渺渺远神，遥遥安和。愿言来期，免兹沦湑。"谢灵运的《和范光禄祇洹像赞序》云："范侯远送像赞，命余同作。神道希微，愿言所属，辄总三首，期之道场。"与范泰仅赞佛像不同，谢灵运的《像赞三首》只有一首是赞佛像的：

> 惟此大觉，因心则灵。垢尽智照，数极慧明。三达非我，一援群生。理阴心行，道绝形声。

另外两首，则一赞菩萨像，一为缘觉、声闻像的合赞——这也从一个侧面反映了当时佛寺大小乘并礼的面貌。

《维摩经十譬赞八首》，是对《维摩经》中十个"譬喻"的赞辞。《维摩经·观众生品第七》曰："尔时文殊师利问维摩诘言：'菩萨云何观于众生？'维摩诘言：'譬如幻师，见所幻人，菩萨观众生为若此。如智者见水中月，如镜中见其面像，如热时焰，如空中云，如水中聚沫，如水上泡，如芭蕉坚，如电久住，如第五大，如第六阴，如第七情，如十三入，如十九界，菩萨观众生为若此。如无色界色，如焦穀牙，如须陀洹身见，如阿那含入胎，如阿罗汉三毒，如得忍菩萨贪恚毁禁，如佛烦恼习，如盲者见色，如入灭尽出入息，如空中鸟迹，如石女儿，如化人烦恼，如梦所见已寤，如灭度者受身，如无烟之火，菩萨观众生为若此。'"谢灵运的《维摩经十譬喻赞》，应是对此段佛经文字中诸譬喻的赞辞，故其《赞》八首，一赞（水）聚沫、（水）上泡，二赞（热时）焰，三赞芭蕉（坚），四赞聚幻，五赞梦，六赞影、响，七赞浮云，八赞电。当然，谢氏赞辞的顺序并不严格地按照《维摩诘经》中的先后次序，且如"影"、"响"，并非佛经原书中的概念，而是作者概括"水中月"、"镜中像"而成。谢灵运这八首《赞》的内容，基本上都是大乘佛教物性本空、人生如梦幻不真之旨的发挥，为当时文人之常谈。

《佛影铭》是谢灵运应释慧远的要求而作的一篇铭文。《佛影铭序》云：

> ……法显道人，至自祇洹，具说佛影，偏为灵奇，幽岩嵌壁，若有存形，容仪端庄。相好具足，莫知始终，常自湛然。庐山法师闻风而悦，于是随喜幽室，即考空岩，北枕峻岭，南映滮涧，摹拟遗量，寄托青彩，岂唯像形也笃，故亦传心者极矣。

道秉道人远宣意旨，命余制铭，以充刻刊……

汤用彤先生认为此事在义熙八年，庐山法师即是慧远，"道人道秉远宣意旨，令谢作铭记"。[17]事实上，慧远本人也作有《万佛影铭并序》。比较谢氏与慧远所作，谢之《赞》并《序》，虽在描绘想象中的庐山山林环境方面可能超出了慧远之作，但在佛理的深度方面，则明显不及慧远。盖慧远之作重在阐明形影与神道之关系，其《序》略曰：

……以言其道，仿佛存焉，而不可论。何以明之，法身之运物也，不物物而兆其端，不图终而会其成。理玄于万化之表，数绝乎无形无名者也。若乃语其筌寄，则道无不在。是故如来或晦先迹以崇基，或显生涂而定体，或独发于莫寻之境，或相待于既有之场。独发类乎形，相待类乎影。推夫冥寄为有待邪？为无待邪？自我观之，则有间于无间矣；求之法身，原无二统。形影之分，孰际之哉？而今之闻道者，咸慕圣体于旷代之外，不司灵应之在兹；徒知圆化之非形，而动止其迹，岂不诬哉！

而其《铭》亦有曰：

廓矣大像，理玄无名，体神入化，落影离形……

这实际是佛教"中观"学的"实相义"[18]。谢灵运的《佛影铭并序》只是深感"夫大慈弘物，因感而接，接物之像，端绪不一，难以形检"。故认定"形声之外，复有可观"，即有佛影可见。显然，他没能从理论上说明佛影和佛之"法身"、"实相"的关系，也就不具有慧远之文的理论深度。汤用彤先生言谢氏于佛教"只得其皮毛，以之为谈名理之资料"，而未能具深厚之修养。这种观点虽值得进一步推敲，但也是有一定根据的。

谢灵运的《庐山慧远法师并序》作于东晋义熙十三年秋八月远公卒后。其中以诗的语言概括了慧远的道德风范以及自己"志愿归依"而"心往形远"的遗憾。文字简洁而情感真切，是研究慧远思想以及谢氏本人与佛教关系的重要资料。宋人陈舜俞的《庐山记》卷5《古碑目第七》有"慧远法师碑铭，谢灵运撰，张野序（原注：无立铭年月）"。若依此，则谢氏当还有《慧远法师碑铭》之作。

谢灵运的《昙隆法师诔并序》是一篇优秀的碑记文字，记叙了昙隆法师这一奇伟僧人的经历及其与作者的交往。昙隆法师"生自豪华，家赢金帛，加以巧乘骑，解丝竹"，所以过着富贵荣华、风流倜傥的生活。然而，就是这样一位贵公子，为了探究人生的忧苦之根，而舍妻别子，出家投道。先"投景庐狱，一登石门香炉峰，六年不下岭，众僧不堪其操，法师不改其节"；再与作者相期同幽共深，经始东山，令作者"涕零沾衣"。其中"相率经始，偕是登临，开石通涧，剔柯疏林，远眺重叠，近瞩岖嵚"等言辞，学者常用以佐证《宋书·谢灵运传》"谢伐木开径之事为不虚"[19]。

另外，《艺文类聚》卷76还收录有谢灵运《石壁立招提精舍诗》、《过瞿溪石室饮僧》等诗作，而据张彦的《历代名画记》卷3记载，谢灵运还善佛画，唐会昌五年，浙江甘露寺天王堂外壁还保存有他画的《菩萨六臂》，这些虽不是他专门的佛教著述或佛学文字作品，但亦可视为其佛教思想的表现，兹姑附记于后。

注释：

① 按，关于"北本"与"南本"的译文水平，很多认为"南本"高于"北本"，但也有不同意见。贵阳黔灵山破瞋虚明法师即说："按现代学者的研究，其实这个南本改得并不怎么高明。实际昙无谶的《大般涅槃经》译本无论在庄重和明白方面都堪为模范的，虚明在读《大般涅槃经》并作白话转述者序时，便深感其原译经文之流畅，风格之凝重而又通俗。"《大般涅槃经今译·白话转述者序》，中国社会科学出版社 1996 年版。

② 《大唐内典录》卷 4。

③ 关于"北本"南传时间，刘汝霖《汉晋学术系年》据《宋书·氏胡传》推断为宋文帝元嘉二年（公元 430 年），《出三藏记集》、隋硕法师《三论游意义》皆记为"元嘉七年"（公元 430 年），汤用彤《汉魏晋南北朝佛教史》也有此说。

④ 普慧：《南朝佛教与文学》，中华书局 2001 年版，第 24～25 页。

⑤ 孙述圻：《谢灵运与南本涅槃经》，《南京大学学报》1983 年第 1 期。

⑥ 汤用彤：《汉魏晋南北朝佛教史》下册，中华书局 1983 年版，第 437 页。

⑦ 孙述圻：《谢灵运与南本涅槃经》，《南京大学学报》1983 年第 1 期。

⑧ 汤用彤：《汉魏晋南北朝佛教史》上册，中华书局 1983 年版，第 164 页。

⑨ 《文心雕龙·明诗》。

⑩ 释僧佑撰，苏晋仁、萧錬子点校：《出三藏记集》十五，中华书局 1995 年版，第 571 页。

⑪ 汤用彤：《汉魏晋南北朝佛教史》下册，中华书局 1983 年版，第 475 页。

⑫ 汤用彤：《汉魏晋南北朝佛教史》下册，中华书局 1983 年版，第 449 页。

⑬ 参见逯钦立：《四声考》（《汉魏六朝文学论集》，陕西人民出版社 1984 年版）；饶宗颐：《唐以前十四音遗说考》（《梵学集》，上海古籍出版社 1987 年版。）

⑭ 《大正藏》第 84 卷，台北财团法人佛陀教育基金会 1990 年影印本，第 377 页。

⑮ 李运富编注：《谢灵运集》，岳麓书社 1999 年版，第 334 页。

⑯ 参见慧远《万佛影铭后序》及汤用彤《汉魏两晋南北朝佛教史》下册，中华书局 1983 年版，第 314 页。

⑰ 参见拙作《佛理嬗变与文风趋新——兼论晋宋之际山水文学兴盛的原因》，《中国社会科学》1994 年第 5 期。

⑱ 汤用彤：《汉魏晋南北朝佛教史》下册，中华书局 1983 年版，第 314 页。

⑲ 汤用彤：《汉魏晋南北朝佛教史》下册，中华书局 1983 年版，第 315 页。

（作者单位：华中师范大学文学院）

《五代实录》修纂考^①

□　谢贵安

　　关于古代实录的研究，金毓黻《中国史学史》（中华书局 1962 年版）、朱杰勤《中国古代史学史》（河南人民出版社 1980 年版）、刘节《中国史学史稿》（中州古籍出版社 1982 年版）以及李建宏《中国古代实录编纂研究》（《档案学通讯》2003 年第 2 期）、倪道善《古代〈实录〉纂修考》（《山西档案》1999 年第 3 期）作过一般性的描述，但关于《五代实录》的研究，就笔者检索和目力所及，未见有专文或专书发表。本文拟就《五代实录》的修纂作一初步的考述。

　　《五代实录》是五代后梁、后唐、后晋、后汉、后周各朝实录的总称，共包括《后梁太祖实录》、《后梁末帝实录》、《后唐庄宗实录》、《后唐明宗实录》、《后唐愍帝实录》、《后唐废帝实录》、《后晋高祖实录》、《后晋出帝实录》、《后汉高祖实录》、《后汉隐帝实录》、《后周太祖实录》、《后周世宗实录》等 12 部实录。下面对这些实录的修纂情况逐一考述。

一、后梁实录考

　　后梁实录是反映五代后梁王朝的列帝实录。后梁共经太祖朱温、末帝朱友贞两朝，历时 16 年（907～923 年）。《后梁实录》包括《后梁太祖实录》和《后梁末帝实录》。

（一）《后梁太祖实录》

　　《后梁太祖实录》是关于太祖朱温（907～912 年在位）的实录体史著。朱温原为黄巢的大将，后叛变降唐，被赐名全忠。在唐末军阀混战中，逐步成为最大的藩镇，于公元 907 年废掉唐哀帝，称帝建梁。后为其子郢王朱友珪所弑。其第四子均王朱友贞复杀友珪，继位称帝，是为梁末帝（史亦称梁均帝）。《梁太祖实录》就是在末帝手中修纂而成的。

　　贞明年间，末帝下诏为其父太祖修纂实录。当时修纂者主要是郗象。据《通志》称："《梁太祖实录》三十卷。梁郗象等撰。"^②然而，北宋王尧臣《崇文总目》卷 3《实录类》却著录道："《梁太宗实录》三十卷。"南宋高似孙《史略》也称郗象等撰的是《梁太宗实录》。王、高二人皆非。后梁只两代皇帝，无称太宗者。又北宋司马光《资治通鉴考异》卷 26《唐纪一八》载："（昭宗大顺元年）四月，时溥掠砀山，朱友裕击之。郗象《梁太祖实录》前云四月丙辰，后云乙卯溥出兵。按《长历》乙卯三月晦日，《实录》误也。"可见，郗象所著之实录非《梁太宗实录》，实乃《梁太祖实录》。当时修纂《太祖实录》的人并非郗象一人，还有李琪、张衮、冯锡嘉等人。"初贞明中，史臣李琪、张衮、郗殷象（即郗象）、冯锡嘉奉诏修撰《太祖实录》三十卷，叙述非工，事多漏略"，后末帝"复诏（敬）翔补缉其阙。翔乃别纂成三十卷，目之曰《大梁编遗录》，与《实录》偕行"③。敬翔，字子振，为同州冯翊人。关于修纂《梁太祖实录》一事，《旧五代史》卷 58《李琪传》也聚焦于此："李琪，字台秀……贞明、龙德中，历兵礼吏侍郎，受命与冯锡嘉、张充、郗殷象④同撰《梁太祖实录》三十卷，迁御史中丞，累擢尚书左丞、中书门下平章事。"末帝在修纂乃父实录时，对史实有一番用心良苦的去取，据《五代史阙文》载："梁祖在位止及六年，均帝朝诏史臣修《梁祖实录》，岐下系鞋之事，耻而不书。"⑤看来对乃父有所讳饰⑥。

（二）《后梁末帝实录》

反映梁末帝朱友贞（913～921 年在位）的实录为《梁末帝实录》。末帝朱友贞即位后曾改名锃，贞明中又改名为朱瑱，是太祖朱温第四子。乾化二年六月二日，朱友珪弑逆篡位后，以朱友贞为东京留守，行开封府尹，检校司徒。凤历元年二月十七日，朱友贞发动宫廷政变，诛朱友珪，即帝位，史称梁末帝或梁均帝。同光元年冬十月，唐庄宗李存勖攻入汴京，梁末帝为其将皇甫麟所杀，函首以献。

梁末帝的实录，后周世宗时张昭曾有修纂的打算，但未成而罢。据《续通志》卷 304 本传载："张昭，字潜夫，本名昭远，避汉祖讳，止称昭……显德元年迁兵部尚书，世宗以昭旧德，甚重焉……撰……梁郢王、均帝、后唐闵帝、废帝、汉隐帝五朝《实录》。梁二主年祀浸远，事皆遗失，遂不克修。"南宋陈振孙在其《直斋书录解题》卷 4 中也指出："案（张）昭本传：撰梁均王、郢王、后唐愍帝、废帝、汉隐帝《实录》。惟梁二王年祀浸远，事皆遗失，遂不修。"王应麟也描述了张昭修史的经过："周世宗用陶谷之言，修明宗之制。天成三年，何瓒言张昭有史学……显德中，撰《周祖实录》三十卷及梁、唐、汉五朝《实录》。梁事遗失，余三帝实录皆藏史阁。"⑦由于梁二王史事散佚，故朝廷曾下诏求史："（显德三年十二月）癸亥，诏兵部尚书张昭纂修《太祖实录》及梁均王、唐清泰帝两朝《实录》。又诏曰：'史馆所少书籍，宜令本馆诸处求访补填，如有收得书籍之家，并许进书人据部帙多少等第各与恩泽，如是卷帙少者，量给资帛。如馆内已有之书，不在进纳之限。仍委中书、门下于朝官内选差三十人，据见在书籍各求真本，校勘署校官姓名逐月具功课申报中、门下。'"⑧当然，求史的效果并不见好，故未能纂成《梁末帝实录》。关于张昭的这次修纂，宋王溥《五代会要》卷 18《修国史》记录得最为详细。当时为修《周太祖实录》，帝令顺便修纂梁、唐两朝末帝实录，并让张昭主修，同修官则由他组织。于是，张昭奏请尹拙和刘温叟同修："显德三年十二月，敕修《太祖实录》并梁均帝、唐清泰二主实录，宜差兵部尚书张昭修，其同修撰官委张昭定名奏请。至四年正月，兵部尚书张昭奏：'奉敕编修《（周）太祖实录》及唐、梁二末主实录，今请国子祭酒尹拙、太子詹事刘温叟同编修……又梁末主之上有郢王友珪篡弑居位，未有纪录，请依《宋书》刘劭例，书为元凶友珪。其末主请依古义，书曰《后梁实录》。'从之。"⑨然而这次修纂仅以显德"五年六月兵部尚书张昭远等修《太祖实录》三十卷上之"而告结束。张昭组织修纂《梁末帝实录》一事，还见载于《宋史》卷263《张昭传》："撰《周祖实录》三十卷，及梁郢王、均帝、后唐闵帝、废帝、汉隐帝五朝《实录》。（梁）二主年祀寝远，事皆遗失，遂不克修。"

到北宋初，范质继续从事《梁末帝实录》的修纂，并最终完成了这一工作。据北宋王尧臣《崇文总目》载："初，梁末帝无实录，质自以闻见补成之。其缵次时序，最有条理。"《后梁末帝实录》显然是在修纂《五代通录》时顺便完成的。《玉海》卷48《艺文·实录》载："（宋太祖）建隆间，昭文馆大学士范质……以《五代实录》共三百六十卷为繁，遂总为一部，命曰《通录》。肇自梁开平，迄于周显德，凡五十三年。范质传述朱梁至周五代为《通录》六十五卷。乾德五年三月戊申，范昊上先臣所撰《五代通录》。"宋代陈振孙、晁公武均称《五代通录》是"皇朝"范质所修，表明《后梁末帝实录》的修纂时间是在北宋初年。

二、后唐实录考

后唐实录是反映五代后唐王朝的列帝实录。后唐共经庄宗李存勖、明宗李嗣源、闵帝李从厚和末帝李从珂四朝，历时13年（923～936年）。《后唐实录》包括《后唐庄宗实录》、《后唐明宗实录》、《后唐愍帝实录》和《后唐废帝实录》。

（一）《后唐庄宗实录》

《后唐庄宗实录》是记载后唐庄宗李存勖（923～926年在位）的实录。李存勖是李克用长子。擅于骑射，胆勇过人，能通习《春秋》大义，尤喜音声歌舞俳优之戏。天祐五年正月，即王位于太原。同光元年夏四月己巳，即皇帝位，改国号为唐。同年十月灭掉后梁。同光四年三月，宗室大臣李嗣源反，攻入汴州。从马直指挥使郭从谦又反于洛都。四月丁亥朔，庄宗为流矢所中，崩于绛霄殿之庑下，时年43岁。

《后唐庄宗实录》的修纂是从张昭私修开始的。明宗天成三年，朝廷因为《庄宗实录》未修，下令诸节度使及秘书监搜集史料。何瓒乃上书称张昭私撰《同光实录》12卷，并有一定的史料储备，于是明宗令张昭为史馆修撰，继续修纂《明宗实录》。终成30卷，较原稿多出18卷。据《宋史》卷263《张昭传》载："天成三年，改安义军节度掌书记。时以武王、庄宗《实录》未修，诏正国节度卢质、西川节度副使何瓒、秘书监韩彦辉，缵录事迹。瓒上言：'昭有史材，尝私撰《同光实录》十二卷。又闻其欲撰《三祖志》，并藏昭宗朝赐武皇制诰诏九十余篇。请以昭所撰送史馆。'拜昭为左补阙、史馆修撰，委之撰录。昭以懿祖、献祖、太祖并不践帝位，仍补为《纪年录》二十卷。以撰《庄宗实录》三十卷，上之。优诏褒美，迁都官员外郎。"《玉海》卷48也有叙述："天成三年，何瓒言张昭有史学，尝私撰《同光实录》十二卷，又欲撰《三祖志》并藏昭宗朝赐武皇制诰九十余篇。即以为史馆修撰，补为《纪年录》二十卷、《庄宗实录》三十卷上之。"⑩由于何瓒的推荐，张昭被委以修史之任，乃于天成三年十二月，上奏请修《庄宗实录》，同时偕修懿祖、献祖和太祖三朝实录。当时张昭呈状称自己"尝读国书，伏见懿祖昭烈皇帝自元和之初，献祖文皇帝于太和之际，立功王室，陈力国朝。太祖武皇自咸通后，来勤王，戮力剪平多难，频立大功，三换节旄，再安京国。庄宗皇帝亲平大憝，奄有中原，倘阙编修，遂成湮坠。伏请与当馆修撰，参序条纲，撰（懿祖、献祖）⑪、太祖、庄宗实录"。于是史馆上奏，提出本馆修撰久废史职，应当恢复修史之责："前代史馆归于著作，国初分撰《五代史》，方委大臣监修，自大历后来，始奏两员修撰。当时选任，皆取良能，一代之书，使成于手。其后源流失绪，波荡不还，冒当修撰之名，曷扬褒贬之职。及乎编修大典，即云别访通才。况当馆职在编修，合令撰述。"要求史馆修撰与参编撰写《庄宗实录》等史著。明宗"敕宜依"⑫，于是对史馆重新整顿，配备监修，于天成四年六月一日起，纂修四朝实录。

但在修纂过程中，史馆监修赵凤改变了原计划，认为只有庄宗当过真正的皇帝，而以上三祖均未称帝，不能称为"实录"，只应名为"纪年"。天成四年七月，监修国史赵凤奏："当馆奉敕修懿祖、献祖、太祖、庄宗四帝'实录'。自今年六月一日起手，旋具进呈。次伏以凡关纂述，务合品题，承乾御宇之君，行事方云'实录'，追尊册号之帝，约文祇可纪年。所修前件史书，今欲自庄宗一朝名为'实录'，其太祖以上并自为'纪年'。"于是明宗"从之"⑬。

至天成四年十一月癸未，《庄宗实录》及懿、太二祖《纪年录》正式修毕进呈："其年十一月，史馆上新修懿祖、太祖《纪年录》，共二十卷，《庄宗实录》三十卷。监修宰臣赵凤、修撰张昭远、吕咸休各赐缯彩银器等。"⑭至于《献祖纪年录》，文中未有提及，可能是行文漏略。因为既云共三十卷，就不可能没有《献祖纪年录》。据《旧五代史》卷40《唐书第十六·明宗纪六》："（天成四年十一月）癸未……史官张昭远等以新修献祖、懿祖、太祖《纪年录》共二十卷，《庄宗实录》三十卷上之。赐器帛有差。"明确指出有献祖《纪年录》。此后的目录著作多对此有明晰的记录。北宋王尧臣《崇文总目》卷3《实录类》著录道："《后唐懿祖纪年录》一卷、《后唐献祖纪年录》二卷、《后唐太祖纪年录》十七卷（阙）、《后唐庄宗实录》二十卷（当为三十卷——笔者）。"另《通志》也称，《后唐献祖纪年录》2卷、《后唐懿祖纪年录》1卷、《后唐太祖纪年录》17卷。以上记载表明，三祖《纪年录》合起来正好是20卷，若《献祖纪年录》未同时进呈，就不会有"共二十卷"之说。郑樵对此次修纂的概括是："后唐赵凤、史官张昭远等修献祖、懿祖、太祖为《纪年》，庄宗为《实录》。"⑮稍后的高似孙在其《史略》卷三《实录》中著录"五代实录"时指出："《后唐献祖纪年录》二卷、《后唐懿祖纪年录》一卷、《后唐太祖纪年录》十七卷、《后唐庄宗实录》三十卷。"并自注道："后唐赵凤、张昭远等撰。献祖、懿祖、太祖为'纪年'，庄宗为'实录'。"与郑樵一脉相承。至于张昭所上三十卷的《后唐庄宗实录》，便成为定本。王尧臣将《庄宗实录》误作二十卷，诸多史籍均可证误。南宋陈振孙《直斋书录解题》中著录："《后唐庄宗实录》三十卷，监修赵凤、史官张昭远撰，天成四年上。"马端临转录道："《后唐庄宗实录》三十卷。陈氏曰：监修赵凤、史官张昭远撰，天成四年上。"⑯尽管此书清代早已散佚，但史书著录时仍然清晰明白。据雍正间觉罗石麟等所修《山西通志》卷175《经籍》载道："五代张昭远《唐庄宗实录》三十卷。"至于张昭私修的《同光实录》也已佚失，但在清修《山东通志》卷34《经籍志》中仍有著录："张昭《同光实录》十二卷。"

《后唐庄宗实录》讳饰较多。据宋王禹偁撰《五代史阙文·后唐史七篇》载："庄宗将即位于魏州，承业自太原至，谓庄宗曰：'吾王世奉唐家，最为忠孝。自贞观以来，王室有难，未尝不从。所以老奴三十余年为我王掊拾财赋，召补军马者，誓灭逆贼朱温，复本朝宗社耳。今河朔甫定，朱氏尚存，吾王遽即大位，可乎？'云云（其下事具《庄宗实录》）庄宗曰：'奈诸将意何？'承业知不可谏止，乃恸哭曰：'诸侯血战者，本为李家。今吾王自取之，误老奴矣。'即归太原，不食而死。臣谨按：《庄宗实录》叙承业谏即位事甚详，惟'我王自取'之言不书，史官讳之也。"又同书载："张全义（唐昭宗赐梁祖名全忠，赐张言名全义，入梁改名宋莵梁乾化元年七月辛丑，梁祖幸全义私第。甲辰，归大内。《梁史》称上不豫，厌秋暑，幸宋莵私第数日。宰臣视事于仁岐亭……河南令罗贯方正文章之士，事全义稍慢，全义怒告刘皇后，毙贯于枯木之下，朝野冤之。洛阳监军使常收得李太尉平泉醒酒石，全义求之，监军不与，全义立杀之。其附势作威也又如此！斯盖乱世之贼臣耳，得保首领为幸则多。晋天福中，其子继祚谋反伏诛，识者知余殃在其子孙也。臣读《庄宗实录》，见史官叙全义传，虚美尤甚，至今负俗无识之士，尚以全义为名臣，故因补阙文，粗论事迹云。"又《旧五代史》卷22《梁书二十二·杨师厚传》载，开平三年三月，晋王李克用率其将周德威、丁会、符存审等以大众攻晋州甚急，梁太祖朱温遣其将杨师厚率兵援之，"军至绛州，晋军扼蒙坑之险，师厚整众而前，晋人乃彻围而遁"。关于这一仗的胜负，《梁太祖实录》所载与此相同，司马光在其《资治通鉴考异》中引《梁实录》的记载云："生擒贼将萧万通等，贼由是弃寨而遁。"故其所撰《资治通鉴》在叙述此段史实时，便确定梁军胜利。但《后唐庄宗实录》在记此事时，便为自己讳饰，称："汴军至蒙坑，周德威逆战败之。"⑰《庄宗实录》的监修赵凤也在修纂中为亲者讳，为朋友做手脚，据李之仪《姑溪居士集》载："凤为《庄宗实录》，将何挺论刘昫疏不载，昫既相，遂引凤共政事。"⑱

然而，《后唐庄宗实录》也有许多记载真实的地方。如《旧五代史》卷14《罗绍威传》载：梁太祖朱温对罗绍威十分信任，"会绍威遘疾革，遣使上章乞骸骨，太祖抚案动容，顾使者曰：'亟行语而主，为我强饭，如有不可讳，当世世贵尔子孙以相报也。'仍命其子周翰监总军府。及讣至，辍朝三日，册赠尚书令。"《梁功臣传》所载与此相类："绍威驰简，献替意互合者十得五六。太祖叹曰：'竭忠力一人而已。'"然而，《后唐庄宗实录》却记载道："绍威阴有覆温之志，而赂温益厚。温怪其曲事，虑蓄奸谋而莫之察，乃赐绍威妓妾数人，未半岁召还，以此得其阴事。"那么究竟何者近是？清乾隆间学者作《旧五代史考证》辨析道："其纪载互异如此。窃谓绍威有谋虑，得梁王信任，宜也。然以梁主雄险，而绍威又因尽诛牙军，有自弱之悔，则此时猜忌，谅亦有之。未可偏废其说。"⑲可见，在五代纷争、军阀争雄和波诡云谲的年代，《后唐庄宗实录》所载更为近实。

（二）《后唐明宗实录》

《后唐明宗实录》是记载后唐明宗李嗣源（926～933年在位）的实录。李嗣源是后唐太祖李克用的养子，庄宗之弟。同光四年发动叛乱，攻入汴州，从马指挥使郭从谦又叛于洛都，庄宗为流矢所中崩逝。李嗣源入洛都，即皇帝位，史称明宗。长兴四年冬十月壬申染疾，次月戊戌病死于雍和殿。由宋王李从厚继位。

《后唐明宗实录》的始修时间为后唐末帝清泰二年六月壬申。当时朝廷下了诏书，命史官修纂。据《旧五代史》卷47《唐书第二十三·末帝纪中》载："（清泰二年六月）壬申，命史官修撰《明宗实录》。"修纂者仍然是著名的张昭。《宋史》本传谓："（后唐末帝）清泰二年，召判史馆，兼点阅三馆书籍，校正添补。预修《明宗实录》，成三十卷以献。"《续通志》卷 304《张昭传》所载同此。另据《玉海》卷 48 载："何瓒言张昭有史学……即以为史馆修撰……又修《明宗实录》，成三十卷。"

那么张昭修成《后唐明宗实录》究竟是在何时呢？答案是清泰三年二月庚子。据《旧五代史》卷 48《唐书第二十四·末帝纪下》载："（清泰三年二月）庚子，监修国史姚顗、史官张昭远、李祥、吴承范等修撰《明宗实录》三十卷，上之。"另据《五代会要》卷 18《修国史》云："清泰三年二月，门下侍郎、平章事、监修国史姚顗上《明宗实录》三十卷，同修撰官中书舍人张昭远、李祥、直馆左拾遗吴承范、右拾遗杨昭俭等，各颁赏有差。"可见，除张昭外，还有吴承范、杨昭俭等人参与了修纂。据《旧五代史》卷 92《晋书第十八·吴承范传》载："吴承范，字表微，魏州人也。父琼，右金吾卫将军，累赠太子少保。承范少好学，善属文，唐闵帝之镇邺都也，闻其才名，署为宾职，承范恳求随计，闵帝许之。长兴三年春，擢进士第。及闵帝即位，授左拾遗。清泰二年，以本官充史馆修撰，与同职张昭远等共修《明宗实录》，转右补阙，依前充职。"可为《五代会要》之佐证。又据《宋史》卷二六九《杨昭俭传》载："杨昭俭，字仲宝，京兆长安人……昭俭少敏俊，后唐长兴中登进士第，解褐，成德军节度推官。历镇魏掌书记，拜左拾遗，直史馆，与中书舍人张昭远等同修《明宗实录》，书成，迁殿中侍御史。"这则史料又为《续通志》卷 310《杨昭俭传》所过录："拜左拾遗，直史馆，与中书舍人张昭远等同修《明宗实录》，书成，迁殿中侍御史。"亦可证明《五代会要》所载不虚。

然而，修成后的《后唐明宗实录》却署名为姚顗。这是因为姚顗是监修。据高似孙《史略》卷 3《实录》著录道："《后唐明宗实录》三十卷。姚顗等撰。"将姚顗误作姚顗。陈振孙和马端临比较客观，既指出监修是姚顗，又点明修撰者为张昭。陈振孙《直斋书录解题》称："《后唐明宗实录》三十卷，监修姚顗、史官张昭远等撰，清泰三年上。"马端临过录道："《后唐明宗实录》三十卷。陈氏曰：监修姚顗、史官张昭远撰，清泰三年上。"⑳清修《山西通志》卷 175《经籍》载："姚顗《唐明宗实录》三十卷。"另《陕西通志》卷 74《经籍第一·史类》著录曰："《后唐明宗实录》三十卷。唐中书侍郎、同平章事长安姚顗监修。陈氏曰：监修姚顗、史官张昭远撰。清泰三年上。"

《后唐明宗实录》也有讳饰。宋王禹偁《五代史阙文·后唐史七篇》载："安重诲，明宗令瞿光邺、李从璋诛重诲于河中私第。从璋奋挝击重诲于地，重诲曰：'某死无恨，但不与官家诛得潞王，他日必为朝廷之患。'言终而绝。臣谨按：《明宗实录》是清泰帝朝修撰，潞王即清泰帝也。史臣讳避不敢直书，呜呼！重诲之志节泯矣。"

尽管如此，《唐明宗实录》仍具有较高的史料价值，比如记录了辽朝汉化的过程。明王祎和清厉鹗都曾经转引了同一段《唐明宗实录》的史料："《唐明宗实录》曰：庄宗未即位，卢文进、王郁相继入辽，皆驱率数州士女，教其织纴工作，中国所为，契丹悉备，所以强盛侵凌中国者，以得文进、郁之故也。"㉑

（三）《后唐愍帝实录》

《后唐愍帝实录》是记载后唐闵（愍）帝李从厚（933～934 年在位）的实录。闵帝李从厚，小字菩萨奴，明宗第三子。少好读《春秋》，略通大义，貌类明宗，为父钟爱。

历任汴州、河东、镇州节度使，封宋王。又加检校太尉、兼侍中、中书令，移镇邺都。长兴四年十一月二十六日明宗病死，宋王李从厚驰驿入洛。十二月癸卯朔即位于枢前。应顺元年二月，凤翔节度使、潞王李从珂反，挥师东指，愍帝逃往卫州。李从珂攻入洛都，即帝位，废天子为鄂王，后派人毒杀之，年仅21岁。后晋高祖即位后，谥曰闵。

后周世宗显德三年十二月，柴荣敕修《后唐清泰帝实录》、《后周太祖实录》和《梁末帝实录》，本无修纂《后唐愍帝实录》的计划，但负责此次修纂工程的兵部尚书张昭于次年正月提出，后唐清泰帝前还有应顺帝，应将清泰帝称为后废帝，应顺帝称为前废帝，各修实录。这样，才有《后唐前废帝实录》（即《后唐愍帝实录》）的修纂。据宋王溥撰《五代会要》卷18《修国史》载："至四年正月，兵部尚书张昭奏：'又唐末主之前，有应顺帝在位，四月出奔，亦未编纪。请书为前废帝，清泰主为后废帝。其书并为实录。'"周世宗"从之"，同意了这个方案。

参与修纂《后唐愍帝实录》的还有尹拙。《宋史》卷431本传载："尹拙，颍州汝阴人。梁贞明五年，举三史，调补下邑主簿，摄本镇馆驿巡官。后唐长兴中，召为著作佐郎，直史馆，迁左拾遗，依前直史馆加朝散大夫……改兵部郎中。显德初，拜检校右散骑常侍、国子祭酒、通判太常礼院事，与张昭同修唐应顺、清泰及周祖实录。"应顺即愍帝的年号。此外刘温叟也参与了这项修纂工程。

《后唐愍帝实录》修成后，为书3卷。据高似孙《史略》卷3《实录》著录曰："《后唐愍帝实录》三卷，张昭等撰。"尽管此书清代早已散佚，但史书著录时仍然清晰明白。据清修《山西通志》卷175《经籍》称："五代张昭远……《愍帝实录》三卷。"

（四）《后唐废帝实录》

《后唐废帝实录》（即《后唐末帝实录》）是记载后唐末帝李从珂（934～936年在位）的实录。末帝李从珂是镇州平山人，出身微贱，本姓王，父早死，与母魏氏相依为命。明宗为骑将时，过平山掠得魏氏，并将其年已十余岁的儿子阿三养为己子，改名从珂。从珂长大后状貌雄伟，谨信寡言，骁勇善战，为明宗所钟爱，封为潞王。应顺元年二月于凤翔举兵叛乱，攻入洛都，即帝位。清泰三年三月河东节度使石敬瑭反。十一月丁酉，契丹立石敬瑭为大晋皇帝。晋兵进逼洛都，李从珂举族自焚于玄武楼。在位共2年，终年52岁。

后周世宗显德三年十二月，朝廷敕修《后唐清泰帝实录》（即《后唐废帝实录》）。当时诏与《后周太祖实录》及《梁末帝实录》一起修纂。《旧五代史》卷116《周书第七·世宗纪三》载："显德三年十二月……癸亥，诏兵部尚书张昭纂修《太祖实录》及梁均王、唐清泰帝两朝实录。"负责修纂工作的兵部尚书张昭奏称，后唐清泰帝前还有后唐应顺帝，应当将清泰帝实录称为《后唐后废帝实录》。《五代会要》卷18《修国史》载："显德三年十二月，敕修《太祖实录》并梁均帝、唐清泰二主《实录》，宜差兵部尚书张昭修，其同修撰官委张昭定名奏请。"至显德四年正月，张昭便奏道："奉敕编修《太祖实录》及唐、梁二末主《实录》，今请国子祭酒尹拙、太子詹事刘温叟同编修……唐末主之前，有应顺帝在位，四月出奔，亦未编纪。请书为前废帝，清泰主为后废帝。其书并为实录。"柴荣准奏。但此次修纂《后唐废帝实录》是否完工，史未明载。不过司马光在其《资治通鉴考异》卷28《后梁纪上》中，透露出《后唐废帝实录》在北宋初年修毕："张昭于国初修《唐废帝实录》云：废帝讳从珂，明宗皇帝之元子也……按张昭仕明宗为史官，异代修《废帝录》……"既然北宋人称张昭于"国初"修《后唐废帝实录》，就表明该录成于北宋初年。

尹拙也参与修纂了《后唐废帝实录》。据《宋史》卷 431 载："显德初……与张昭同修唐应顺、清泰及《周祖实录》。"清泰即末帝的年号，因以指代后唐末帝。除尹拙外，刘温叟也参与修了《后唐废帝实录》。据高似孙在其《史略》卷 3《实录》中著录"五代实录"时指出："《后唐废帝实录》十七卷。皇朝张昭、刘温叟撰。"陈振孙《直斋书录解题》称："《后唐废帝实录》十七卷，张昭、尹拙、刘温叟撰。"马端临过录谓："《后唐废帝实录》十七卷。陈氏曰：张昭、尹拙、刘温叟撰。"㉒

《后唐废帝实录》存在着史实有误的情况。据《旧五代史》卷 46 清人所作《考证》称："《唐末帝纪上》：末帝讳从珂，本姓王氏，镇州人也。母宣宪皇后魏氏，以光启元年岁在己巳正月二十三日，生帝于平山。景福中，明宗为武皇骑将，略地至平山，遇魏氏，掳之。帝时年十余岁，明宗养为己子。案《通鉴考异》引《唐废帝实录》云：废帝讳从珂，明宗之元子也。母曰宣宪皇后魏氏，镇州平山人。中和末，明宗徇地山东，留戍平山，得魏后。帝以光启元年正月二十三日生于外舍，属用兵不息，音问阻绝，帝甫十岁，方得归宗。今考《五代会要》、欧阳《史》、《通鉴》诸书，皆作养子。惟《实录》作元子，疑因太后令称为皇长子，而傅会也。"《旧五代史》明谓末帝李从珂是明宗养子，而《唐废帝实录》（即《唐末帝实录》）却称其为元子（长子），故清学者"疑因太后令称为皇长子而傅会"，表明《后唐废帝实录》实有史实不确乃至讳饰之处。

三、后晋实录考

《后晋实录》是反映五代后晋王朝的列帝实录。后晋共经高祖石敬瑭、出帝石重贵两朝，历时 9 年（937~946 年）。《后晋实录》包括《后晋高祖实录》和《后晋出帝实录》。两朝实录皆非本朝所修，而是后汉至后周时修纂的。

（一）《后晋高祖实录》

《晋高祖实录》是记载后晋高祖石敬瑭（937~942 年在位）朝政的实录。

后晋高祖名石敬瑭，太原人，是后唐明宗女婿，助明宗夺取帝位，任太原节度使。清泰三年五月，移授郓州节度使，徙镇天平。石敬瑭心疑之，拒不受命。于是后唐废帝下诏削夺敬瑭官爵，命张敬达率军征讨。石敬瑭以割让燕云十六州和称契丹主为父等条件，求契丹援助，契丹乃出兵灭掉后唐，并立石敬瑭为大晋皇帝，国号晋。天复七年六月乙丑，石敬瑭病死于保昌殿。遗诏齐王石重贵即位。

《晋高祖实录》始修于后汉乾祐二年十二月。据《旧五代史》卷 102《汉书第四·隐帝纪中》载："（乾祐二年十二月）戊寅，司徒门下侍郎、平章事窦贞固奏请修《晋朝实录》。诏史官贾纬、窦俨、王伸等修撰。以礼部尚书张沆复为翰林学士。"另据《五代会要》卷 18《修国史》载："其年十二月，敕宜令监修国史苏逢吉与史馆贾纬并窦俨、王伸等修《晋朝实录》呈进，从宰臣窦正固奏请也。"㉓这里的窦正固也是《后晋出帝实录》的修纂官员之一。"窦正固"，又写作"窦贞固"。作"窦正固"的多为南宋的目录著作，如陈振孙《直斋书录解题》、高似孙《史略》、马端临《文献通考》等。笔者以为，此乃避宋仁宗赵祯名讳所致。其原名当是"窦贞固"。上文中《晋朝实录》应当包括《后晋高祖实录》和《后晋出帝实录》，但显然没有修完。至"周广顺元年七月，史馆新修《晋高祖实录》三十卷，《少帝实录》二十卷上之"㉔。这则史实又载于《旧五代史》卷111《周书第二·太祖纪二》："（广顺元年秋七月）壬申，史官贾纬等以所撰《晋高祖实录》三十卷、《少帝实录》二十卷上之。"贾纬等同时上高祖与少帝二部实录，正好说明前云《晋朝实录》包括这两部实录。

《后晋高祖实录》自后汉隐帝乾祐二年（949年）十二月戊寅始修，至后周广顺元年（951年）七月壬申修毕，共历时一年零八个月。

《后晋高祖实录》修成后，为目录著作反复著录。北宋王尧臣等撰《崇文总目》卷3《实录类》载："《晋高祖实录》三十卷。"南宋高似孙所撰《史略》卷3《实录》谓："《晋高祖实录》三十卷。汉窦正固、贾纬等撰……贾纬乾祐中受诏与王绅、窦俨修晋高祖、少帝、汉高祖三朝《实录》。纬以笔削为己任，然而褒贬任情，记注不实。"马端临曰："《晋高祖实录》三十卷……陈氏曰：监修窦正固、史官贾伟（纬）、王伸、窦俨等撰。周广顺元年上。正固，字体仁，同州人，相汉。至周，罢归洛阳。国初卒。"㉕

《后晋高祖实录》所载史料常较他书为确。如后晋时有贾仁绍者，《新五代史》、《南唐书》和《资治通鉴》都作贾仁沼，但薛居正《旧五代史》和《后晋高祖实录》都作贾仁绍。清人在考证中指出："遣吏贾仁绍。案仁绍，《通鉴》作仁沼。《考异》云：薛《史》作仁绍，今从《（后晋高祖）实录》。欧阳《史》、《南唐书》与《通鉴》同。"清人态度很明确，认为作"贾仁绍"是，《实录》记载得较为准确。

（二）《后晋出帝实录》

《后晋出帝实录》（也称《后晋少帝实录》）是记载后晋出帝石重贵（942～946年在位）朝政的实录。

晋出帝也称少帝，名石重贵，晋高祖石敬瑭侄子兼养子，性好驰射，但不好学。教以《礼记》，不能领其大义。石敬瑭被围太原时，石重贵亲冒矢石，受到赞赏。契丹册立晋高祖，高祖将入洛都，以重贵为守留晋阳，行太原尹。天复七年石敬瑭死后，继帝位，对契丹称孙不复称臣。契丹认为出帝是不俟命而擅立，又借口使者受辱，于开运三年举国南侵。十二月攻下汴京，废掉出帝，次年流放东北建州。宋太祖乾德二年（964年）卒。

《晋出帝实录》与《晋高祖实录》一样，也是始修于后汉乾祐二年十二月壬申："（乾祐二年十二月）戊寅，司徒门下侍郎、平章事窦贞固奏请修《晋朝实录》。诏史官贾纬、窦俨、王伸等修撰。以礼部尚书张沆复为翰林学士。"㉖北宋王溥在《五代会要》中复述道："其年十二月，敕宜令监修国史苏逢吉与史官贾纬并窦俨、王伸等修《晋朝实录》呈进，从宰臣窦正固奏请也。"㉗如前所述，此处《晋朝实录》实指《晋出帝实录》及其父《晋高祖实录》。由于汉隐帝很快覆灭，故《晋出帝实录》至后周初始毕："（广顺元年秋七月）壬申，史官贾纬等以所撰《晋高祖实录》三十卷、《少帝实录》二十卷上之。"㉘

据《旧五代史》载，《晋出帝实录》的主要修纂者是贾纬。贾纬其人"勤于撰述"，且"常以史才自负，锐于编述，不乐曲台之任"，受任史馆修撰，判馆事。"窦贞固奏请修《晋朝实录》，既竟，亦望升擢。"㉙《新五代史·贾纬传》对此也有记载："汉隐帝时诏与王伸、窦俨等同修晋高祖、出帝、汉高祖。"窦俨也是《晋出帝实录》的修纂者："俨仕汉为史馆修撰。周广顺初，迁右补阙，与贾纬、王伸同修晋高祖、少帝、汉祖三朝实录。"③此次修纂，监修是窦贞固。实录修成后，由其拟表进呈。据《册府元龟》载："汉窦贞固，隐帝时为相。乾祐二年，贞固上言：'臣伏睹上自昊轩，下及隋唐，历代帝王享国年月，莫不裁成信史，载在明文。或编修只自于本朝，或追补亦从于来者，曾无漏略，咸有排联，踪迹相寻，源流可别。五运生成之道于是乎彰明，一时褒贬之书因兹而昭著者。奉兹铅椠，赏以油缃，同倾献扶之心，上副成书之命。'（后周广顺元年七月）③所撰《晋高帝实录》三十卷、《少帝实录》二十卷，谨诣东上阁门呈进。敕贞固等：'群书睹奥，直笔记言，成一代之文明，继百王之盛典，岂特洪纤靡漏，抑亦褒贬有彰，将播无穷，永传不朽。叹重褒美，顷刻不忘。'"③

《后晋出帝实录》修成后，为学者所关注，《崇文总目》卷 3《实录类》有著录："《晋少帝实录》三十卷。"《崇文总目》称《出帝实录》为"三十卷"，显然有笔误，"三"字当为"二"字之形讹。据前揭《旧五代史》所云为"二十卷"，另据《史略》卷 3《实录》著录道："《晋少帝实录》二十卷。窦正固等撰。"又马端临《文献通考》指出："《晋出帝实录》二十卷。"均作"二十卷"，皆其铁证。

《后晋出帝实录》自后汉隐帝乾祐二年（949 年）十二月戊寅始修，至后周广顺元年（951 年）七月壬申修毕，共历一年零八个月。考虑到它只有 20 卷，比同修的《晋高祖实录》少 10 卷，因此实际花费时间可能要少一半。

四、后汉实录考

《后汉实录》是反映后汉王朝的列帝实录。后汉共经高祖刘知远和隐帝刘承祐两朝，历时 3 年（947～950 年）余。《后汉实录》包括《后汉高祖实录》和《后汉隐帝实录》。

（一）《后汉高祖实录》

《后汉高祖实录》是以后汉高祖刘知远（947 年在位）为事主的编年体实录著作。刘知远祖先是沙陀部人，后世居于太原，为后唐太原节度使石敬瑭的部将，支持石敬瑭推翻后唐末帝李从珂，建立后晋。晋出帝石重贵继位后，与契丹绝盟。公元 946 年，契丹大军攻入汴京，废黜出帝，携之北上。时任河东节度使、北面行营都统的太原王刘知远，遣牙将王峻奉表契丹。王峻还，为刘知远言契丹必不能有中国，乃议建国。开运四年（947 年）二月辛未，刘知远即皇帝位，称天福十二年。入据汴京。刘知远"以姓自汉出，遂袭国号，尊光武为始祖"，史称后汉。乾祐元年春正月丁丑，刘知远崩于万岁殿。子隐帝刘承祐立。二月，太常卿张昭上谥曰睿文圣武昭肃孝皇帝，庙号高祖。十一月壬申，葬于睿陵。

《后汉高祖实录》是由隐帝朝修纂的。始修于乾祐二年二月庚子，进呈于十月癸未，仅修了八个月。这是因为刘知远即位时间太短的缘故。据《旧五代史》卷 102《汉书四·隐帝纪中》载："（乾祐二年二月）庚子，诏左谏议大夫贾纬等修撰《（汉）高祖实录》……冬十月……癸未，监修国史苏逢吉、史官贾纬以所撰《（汉）高祖实录》二十卷上之。"宋王溥所撰《五代会要》卷 18《修国史》记载得更为详细："汉乾祐二年二月，敕左谏议大夫史馆修撰贾纬、左拾遗直史馆王伸,宜令同修《高祖实录》。仍令宰臣苏逢吉监修。至其年十月修成《实录》二十卷,上之。"

此次修纂工程由监修苏逢吉挂名,由贾纬负实际修纂责任。贾纬是一位富有经验且充满激情的史学家,曾负责修纂《晋朝实录》。此时又受诏修纂《后汉高祖实录》。据欧阳修《新五代史》卷57贾纬本传载:"贾纬,镇州获鹿人也……累迁中书舍人、谏议大夫、给事中,复为修撰。汉隐帝时,诏与王伸、窦俨等同修晋高祖、出帝、汉高祖实录。初,桑维翰为相,常恶纬为人,待之甚薄。纬为《维翰传》,言维翰死有银八千铤。翰林学士徐台符以为不可,数以非纬。纬不得已,更为数千铤。广顺元年,《实录》成,纬求迁官不得,由是怨望。是时宰相王峻监修国史,纬书《日历》多言当时大臣过失。峻见之,怒曰:'贾给事子弟仕宦,亦要门阀,奈何历诋当朝之士,使其子孙何以仕进?'言之高祖,贬平卢军行军司马。明年,卒于青州。"看来,贾纬的激情有时不免用错了地方,变成了任情褒贬。贾纬在修纂《汉高祖实录·桑维翰传》时的恣情贬斥,给他身后带来了极为不好的影响,直到清修《山西通志》时,仍然为之记了一笔。该书卷230《杂志三》载:"桑维翰为相,常恶获鹿贾纬,待之甚薄。汉隐帝时,诏纬与王伸、窦俨等同修晋高祖、出帝、汉高祖《实录》。纬为《维翰传》,言维翰死,有银八千铤。翰林学士徐台符以为不可,数以非纬。纬不得已,更为数千铤。"深谙修史之道的贾纬却在青史上"流芳"千年,不能不成为史家的殷鉴。

关于《后汉高祖实录》的修纂情况,《宋史》卷263《窦俨传》也有反映:"仕汉为史馆修撰,周广顺初迁右补阙。与贾纬、王伸同修晋高祖、少帝、汉祖三朝实录。"这里的描写属于"合并叙述",即晋高祖、少帝二朝实录完成于周广顺年间,故连带将《汉高祖实录》也一起叙述。其实,窦俨与贾纬、王伸同修三朝实录,都是从隐帝时开始的。前揭《新五代史·贾纬传》便称"汉隐帝时,诏与王伸、窦俨等同修晋高祖、出帝、汉高祖《实录》",其中《汉高祖实录》是修于隐帝,成于隐帝,不可能在周广顺年间修纂。但《晋高祖实录》及《晋少帝实录》的确成于周初,故本文将三朝实录在此时合并叙述。不能因《窦俨传》的记述而将《后汉高祖实录》误为周初所修。

《后汉高祖实录》修成后,为历代目录书所著录。北宋王尧臣《崇文总目》卷3《实录类》著录道:"《汉高祖实录》二十卷。"郑樵《通志》卷65《艺文略·史类》:"《汉高祖实录》二十卷。汉苏逢吉等修。"陈振孙《直斋书录解题》称:"《汉高祖实录》十七卷,监修苏逢吉、史官贾纬等撰,乾祐二年上。书本二十卷,今缺末三卷。《中兴书目》作十卷。"看来,《后汉高祖实录》到南宋时已非全帙。高似孙所撰《史略》卷3《实录》谓:"《汉高祖实录》二十卷。汉苏逢吉等撰。贾纬乾祐中受诏与王伸、窦俨修晋高祖、少帝、汉高祖三朝实录。纬以笔削为己任,然而褒贬任情,记注不实。晋宰相桑维翰执政,尝薄纬之为人,不甚见礼,纬深衔之。及叙《维翰传》,称维翰身没之后,有白金八千铤,他物称是。翰林学士徐台符,纬邑人也,与纬相善。谓纬曰:'闻吾友书桑魏公白金之数,不亦多乎?'乃改为白金数千铤。书法如此,他可知矣。"马端临《文献通考》卷194也指明《汉高祖实录》为17卷。

《后汉高祖实录》有些记载令人难以置信。天复七年六月乙丑,晋高祖崩于保昌殿,寿五十一。遗嘱齐王石重贵即位。关于石敬瑭临死前的情况,《后汉高祖实录》称:"晋高祖大渐,召近臣属之曰:'此天下,明宗之天下,寡人窃而处之久矣。寡人既谢,当归许王，寡人之愿也。'"司马光《资治通鉴考异》一针见血地指出："此说难信!"另外，《后汉高祖实录》还删去一些揭露刘知远残暴和不利于他的史实。如关于许王李从益及其养母王淑妃的结局，实录便有所回避。李从益是明宗之幼子，宫嫔所生，明宗命王淑妃养之，长兴末，封许王。晋高祖即位后，以李从益是皇后之弟，乃养于宫中。及开运末，契丹主攻入汴都，灭后晋。当契丹主死后，其汴州节度使萧翰谋归北方，便派人迎李从益，令"知南朝军国事"。从益与王淑妃不得已至汴。当镇守太原的刘知远南征时，李从益遣将拒之，但将不从命。刘知远乃即帝位，遣军入汴，将许王李从益与王淑妃赐死私第。许王死时年仅 17 岁。㉝这段史实《后汉高祖实录》全然不载。据王禹偁《五代史阙文·汉史二篇》"王淑妃、许王从益"指出："汉高祖自太原起军建号，至洛阳，命郭从义先入京师，受密旨杀王淑妃与许王从益。淑妃临刑号泣曰：'吾家子母何罪？吾儿为契丹所立，非敢与人争国，何不且留我儿？每年寒食使持一盂饭，洒明宗陵寝。'闻者无不泣下。臣谨按：隐帝朝诏史臣修《汉祖实录》，叙淑妃、从益传，但云：'临刑之日，焚香俟命。'盖讳之耳。"至于像贾纬那样任情褒贬，就更使该实录充斥着令人难以相信的史实。

然而，《后汉高祖实录》也具有较高的史料价值，甚至辽代历史也能从中找到史料。厉鹗《辽史拾遗》在叙述契丹早期历史时，就引苏逢吉《汉高祖实录》曰："契丹本姓达呼哩氏，后分八族：一曰达尔扎邸，二曰伊斯珲邸，三曰舍珲，四曰诺尔威邸，五曰颇摩，六曰讷古济邸，七曰济勒勤，八曰实衮邸。管县四十一，县有令。八族之长皆号大人，称刺史，常推一人为王，建旗鼓以率之。每三年，第其名以相代。"㉞这则史料便可补充《辽史》之不备。

（二）《后汉隐帝实录》

《后汉隐帝实录》是记载后汉隐帝刘承祐（948～950 年在位）朝政的编年体史著。

隐帝刘承祐是刘知远的第二子。刘知远即位后，拜刘承祐为右卫上将军、大内都点检。刘知远死后，封周王，旋于乾祐元年二月辛巳即帝位。三年十一月，枢密使、天雄军节度使郭威反，义成军节度使宋延渥叛降郭威。壬午，郭威进逼封丘，大败泰宁军节度使慕容彦超，开封尹侯益叛降于郭威。乙酉，隐帝为乱兵所杀，年仅二十岁。汉亡。郭威建立后周，谥帝为隐。

《后汉隐帝实录》是后周世宗显德四年（957 年）正月时开始修纂的。此前朝廷诏修《后周太祖实录》，张昭认为周太祖郭威的很多事迹都出现在后汉隐帝朝内，故提请先修《后汉隐帝实录》，世宗同意了这个方案。据《旧五代史·周世宗纪四》载："显德四年春正月……壬寅，兵部尚书张昭上言：'奉诏编修《太祖实录》及梁、唐二末主实录。伏以撰汉书者，先为项籍；编蜀记者，首序刘璋。贵神器之传授有因，历数之推迁得序。伏缘汉隐帝君临在太祖之前，其历试之绩，并在隐帝朝内。请先修《隐帝实录》以全太祖之事……'允之。"㉟此事又见载于《五代会要》卷 18《修国史》中，并见其前因："显德三年十二月，敕修《太祖实录》并梁均帝、唐清泰二主实录，宜差兵部尚书张昭修，其同修撰官委张昭定名奏请。至四年正月，兵部尚书张昭奏：'奉敕编修《太祖实录》及唐、梁二末主实录，今请国子祭酒尹拙、太子詹事刘温叟同编修，伏缘汉隐帝君临太祖之前，其历试之绩并在汉隐帝朝内，请先修《隐帝实录》……'从之。"看来，久经历练的张昭又是《后汉隐帝实录》的负责人。北宋曾巩所撰《隆平集》卷 13《侍从》载曰："张昭，字潜夫，河间人。旧名昭远，避汉祖讳，故去其下字。十岁诵书数十万言，及长，经史阁不该洽。仕后唐，至中书舍人。在周为兵部尚书。建隆初，迁吏部尚书。未几，以本官致仕……昭所修，有《后唐庄宗实录》及《功臣列传》、《周祖实录》、《续唐愍帝（实录）》、《汉隐帝实录》。"王称《东都事略》卷 30《张昭传》也记载了张昭修纂《后汉隐帝实录》的事实："所修有《唐庄宗实录》及《功臣传》、《周太祖实录》、《继唐愍帝（实录）》、《汉隐帝实录》。"张昭修纂《汉隐帝实录》是不争的事实，《宋史》卷 263《张昭传》中说他"撰《周祖实录》三十卷，及梁郢王、均帝、后唐闵帝、废帝、汉隐帝五朝《实录》。梁二主年祀浸远，事皆遗失，遂不克修。余三帝《实录》，皆藏史阁。"㊱

《后汉隐帝实录》修成后，为历代目录书所著录。北宋王尧臣《崇文总目》卷 3《实录类》著录道："《汉隐帝实录》十五卷。"郑樵《通志》卷 65《艺文略·史类》："《汉隐帝实录》十五卷。张昭等修。"陈振孙《直斋书录解题》称："《汉隐帝实录》十五卷。张昭等撰，事已见前。"《史略》卷 3《实录》曰："《汉隐帝实录》十五卷。张昭等撰。"马端临《文献通考》卷 194 也指明《汉隐帝实录》十五卷。

《后汉隐帝实录》由于修于后周，故对周太祖郭威的史事多所回护，对不利于郭威的事实也按需去取，未能做到据实直书。据北宋王禹撰《五代史阙文·汉史二篇》"刘铢"载："汉隐帝朝，铢为开封尹。周祖自邺起兵，铢尽诛周祖之家子孙妇女十数人，极其惨毒。及隐帝遇害，周祖以汉太后令收铢下狱，使人责之。铢对曰：'某为汉家戮叛族耳！不知其他。'周祖怒遂杀之。臣谨按：周世宗朝史官修《汉隐帝实录》，铢之忠言讳而不载。"此事为明王祎撰《大事记续编》卷 76 所转载："按《五代史阙文》：郭威（本文作周祖，后仿此）自邺起兵，刘铢尽诛周祖之家子孙妇女十数人，极其惨毒。及隐帝遇害，威以汉太后令收铢下狱，使人责铢杀其家。对曰：'铢为汉家戮叛族尔！不知其他。'周世宗朝史官修《汉隐帝实录》，讳铢之忠言而不载，故《通鉴》不取，惟略见于《新（五代）史》云。"此外，巩廷美（一作庭美）、杨温等为后汉守节而死的忠义之臣，周初所修的《后汉隐帝实录》却略而不载，不能不说是一个较大的遗憾。为此，欧阳修撰《新五代史》时还大发感慨："呜呼！予既悲湘阴公赟之事，又嘉巩廷美、杨温之所为。赟于汉，非嫡长，特以周氏移国，畏天下而难之。故假赟以间尔。当是之时，天下皆知赟之必不立也。然廷美、温区区为赟守孤城以死，其始终之迹，何愧于死节之士哉！然予考于《（后汉隐帝）实录》，二人之死状不明。夫二人之事，固知其无所成，其所重者，死尔。然史氏不著，不知其何以死也。当王彦超之攻徐州也，周尝遣人招廷美等。予得其诏书四，皆言廷美等尝已送款于周，后惧罪而复叛。然廷美等款状亦不见，是皆不可知也夫。史之阙文，可不慎哉！其疑以传疑，则信者信矣。予固嘉二人之忠，而悲其志，然不得列于死节之士者，惜哉！"㊲后明代邵宝在其《学史》卷 13 中，再次提及此事："周太祖入京师，汉将相大臣未推戴也。乃共奏太后，遣太师冯道召徐州节度使赟。赟，汉高祖弟崇之子，尝立为子者也。初，赟自徐州入也，以都押牙巩庭美、教练使杨温守徐州。庭美等闻赟不得立，乃闭城拒命。太祖拜王彦超徐州节度使，下诏谕庭美等，许以刺史，并诏赟赦庭美等。广顺元年三月，彦超克徐州，庭美等皆见杀。"并引欧阳修的话"予考于《实录》，二人之死状不明"来表达对实录不录的遗憾。

然而，《汉隐帝实录》仍具有较大的史料价值。《汉隐帝实录》的史料后来大多为《旧五代史》等史流著作所采用、因袭并熔铸。如《旧五代史·汉隐帝纪中》载"安州节度使杨信"，清永瑢等考证道："案杨信本名承信，在隐帝时避御名去承字。是书仍当时《实录》之旧。"⑧以事实证明，《旧五代史》直接因袭了《后汉隐帝实录》的文字。再如《旧五代史》卷 105《汉宗室陈王承勋传》载："军情欲立勋为嗣。"永瑢等考证道："案，'立勋为嗣'疑脱'承'字。《册府元龟》引是书亦同。盖承勋在隐帝时避御名，故去承字也。是书仍当时《实录》之旧，未及改归画一。今姑仍其旧"⑨所云"未及改归画一"，正好证明《旧五代史》是因袭《实录》而成。

五、后周实录考

《后周实录》是反映后周王朝的列帝实录。后周共历太祖郭威、世宗柴荣和恭帝柴宗训三朝，历时 9 年（951～960 年）。《后周实录》包括《后周太祖实录》和《后周世宗实录》。

（一）《后周太祖实录》

《后周太祖实录》是记载后周太祖郭威（951～954 年在位）朝政的编年体史著。

太祖郭威，邢州尧山人。勇猛任气，略知兵法，先后受到后唐将领李继韬和后晋将领刘知远的赏识。契丹灭晋后，刘知远起兵太原称帝，拜郭威枢密副使。由于郭威功高震主，后汉隐帝与李业等谋杀之。事泄，郭威遂于乾祐三年（951 年）十一月丁丑举兵造反，攻入汴京。广顺元年春正月丁卯，郭威即皇帝位，改元，国号周。显德元年春正月壬辰，病死于滋德殿。

《后周太祖实录》是周世宗柴荣继位后于显德三年十二月始修的。据《五代会要》卷18《修国史》载："显德三年十二月，敕修《太祖实录》……宜差兵部尚书张昭修，其同修撰官委张昭定名奏请。至四年正月，兵部尚书张昭奏：'奉敕编修《太祖实录》……今请国子祭酒尹拙、太子詹事刘温叟同编修……'从之。五年六月，兵部尚书张昭远等修《太祖实录》三十卷，上之。"又《旧五代史·周世宗纪四》载："显德四年春正月……壬寅，兵部尚书张昭上言：'奉诏编修《太祖实录》及梁、唐二末主实录……'"⑩据上所知，参与修纂工作的人有张昭、尹拙和刘温叟。

关于《后周太祖实录》的修成时间，当为世宗显德五年。《续通志》卷 304 称张昭显德年间"撰《周祖实录》三十卷"。即该录没有拖延至异代修纂。另据《宋史》卷 431《尹拙传》也称尹拙于"显德初，拜检校右散骑常侍、国子祭酒，通判太常礼院事，与张昭同修唐应顺、清泰及周祖实录"。《续通志》卷 303《刘温叟传》亦谓"显德初……温叟与张昭同修汉隐帝及周祖实录"。最为准确的记载当为陈振孙《直斋书录解题》："《周太祖实录》三十卷。张昭等撰，显德五年上。昭即昭远，字潜夫，濮上人，避汉祖讳止称昭。逮事本朝，为吏部尚书。开宝四年卒。"

《后周太祖实录》修成后，为众多学者所关注。北宋王尧臣《崇文总目》卷 3《实录类》著录道："《周太祖实录》三十卷。"郑樵《通志》卷 65《艺文略·史类》载："《周太祖实录》三十卷。张昭、刘温叟等修。"《史略》卷 3《实录》曰："《周太祖实录》三十卷。张昭、刘温叟撰。"马端临《文献通考》卷 194 也有著录。

《周太祖实录》在修纂过程中,曾出现过主观性失误,即回避不利于太祖的史料。冯道在五代是一位关键性的人物,一般都认为他没有立场,依违是非之间,其实他也有一些颇中肯綮的劝诫之语,但由于事关太祖的颜面,而被《周太祖实录》所删削。宋王禹偁撰《五代史阙文·周史四篇》"周太祖、冯道篇"谓:"周太祖在汉隐帝朝为枢密使,将兵伐河中李守贞。时冯道守太师,不与朝政,以疾请告。周祖谒道于私第,问伐蒲策。道辞以不在其位,不敢议国事。周祖固问之,道不得已,谓周祖曰:'相公颇知博乎?'周祖微时好蒱博,屡以此抵罪。疑道讥己,勃然变色。道曰:'是行亦犹博也。夫博,财多者气豪而胜;财寡者心怯而输。守贞在晋,累典禁兵,自为军情附己,遂谋反耳。今相公诚能不惜官钱,广施恩爱,明其赏罚,使军心许国,则守贞不足虑也。'周祖曰:'恭闻命矣。'故伐蒲之役,周祖以便宜从事,率成大功。然亦军旅归心,终移汉祚。又周祖自邺起兵赴阙,汉帝兵败,遇害于刘子陂。周祖入京师,百官谒周祖。见道犹设拜,意道便行推戴。道受拜如平时,徐曰:'侍中此行不易(时周祖兼侍中)。'周祖气沮,故禅代之谋稍缓。及请道诣徐州,册湘阴公为汉嗣。道曰:'侍中由衷乎?'周祖设誓。道曰:'莫教老夫为缪语,令为缪语人。'臣谨按:周世宗朝诏史臣修《周祖实录》,故道之事,所宜讳矣。"这则阙文亦为清人附录于《旧五代史》卷 113《周书四·太祖纪四》中,并照录了王禹偁的话:"周世宗朝,诏御史臣修《周祖实录》,故道之事,所宜讳矣。"同时,《后周太祖实录》也有记录不详的地方,如只载太祖郭威遗书节葬,"使以瓦棺纸衣而敛,将葬,开棺示人,既葬刻石以告后吃,毋作下宫,毋置守陵妾",但却不载其下葬的具体情况,故欧阳修责备说"《实录》不书其葬之薄厚也"⑪。

然而,《后周实录》也具有重要的史料价值,为后人经常引用或转引。如明王祎撰《大事记续编》卷 73《后唐明宗纪》就曾转引过《后周实录》的史料。该书叙述道:"天成元年……五月……戊辰,唐以赵在礼为义成节度使,魏博卒皇甫晖、赵大为刺史。"特注明史料来源于"《新纪》(《新五代史·本纪》)、《实录》",并解题曰:"按《后周实录》晖附传:明宗即位,以晖有唱义功,授陈州刺史。自后累为名郡。明宗之本心如此。他日从荣、从厚之事,其祸至惨,天理真可畏哉!事见《通鉴》。"考虑到所载之事为后唐时事,故此处的《后周实录》当为《后周太祖实录》。

(二)《后周世宗实录》

《后周世宗实录》是记载后周世宗柴荣(954～959 年在位)朝政的编年体史著。

世宗柴荣,邢州龙冈人,郭威妻子圣穆皇后的侄子,郭威养子。器貌英奇,善骑射,略通书史黄老,性沉重寡言。显德元年正月周太祖郭威崩,柴荣即皇帝位即于枢前。世宗有宏大志向并锐意改革,政治上实行廉政措施,广开言路;经济上实行均田制,铸造铜钱;文化上重视儒学而排斥佛家;军事上采取精兵政策,提高军队战斗力,并南征北战,实施统一大业。六年,世宗北取三关,征战途中遇疾,返京后于六月癸巳崩于滋德殿。其 7 岁幼子梁王柴宗训即位,史称恭帝。七年春正月,恭帝逊位,后周灭亡,宋兴。

《后周世宗实录》始修于恭帝显德六年(959 年)十二月壬申。据《旧五代史》卷 120《周书一一·恭帝纪》载,恭帝六月继位后,十二月便同意史馆的请求,为乃父修纂实录:"(显德六年)十二月壬申朔,史馆奏请差官修撰《世宗实录》。从之。"但次年正月恭帝就被宋太祖赵匡胤所推翻，未能完成修纂工作。宋廷继续为世宗修纂实录，宋太祖建隆二年（961 年）七月修毕进呈。《宋史》卷 1《太祖纪一》载："（建隆二年八月）庚申，《周世宗实录》成。"《续通志》卷 25《宋纪太祖》与此所载相同："（建隆二年八月）庚申，《周世宗实录》成。"另《资治通鉴后编》卷 2《宋太祖纪》载："（建隆二年七月）庚申，《周世宗实录》成（四十卷）。"这里作"七月"，是因为作者在编写时误漏"八月"，故将八月中的史事误连七月之后。其实，以上记载均源于南宋李焘《续资治通鉴长编》，该书卷 2《太祖纪》载："（建隆二年八月）庚申，史馆上《周世宗实录》四十卷。赐监修国史王溥、修撰官扈蒙器币有差。"从而证明清代徐乾学所编的《资治通鉴后编》的确遗漏了"八月"。李焘的书中还告诉我们修纂者的情况，监修是王溥，修撰官是扈蒙等。

关于王溥，《宋史》卷 249 有传，记载了他表请修纂实录的事实："（显德）六年夏，命参知枢密院事，恭帝嗣位，加右仆射，是冬表请修《世宗实录》，遂奏史馆修撰都官郎中知制诰扈蒙、右司员外郎知制诰张淡、左拾遗王格、直史馆左拾遗董淳同加修纂。从之。宋初，进位司空，罢参知枢密院。乾德二年，罢为太子太保。"看来，除了扈蒙外，还有张淡、王格、董淳等加入了修纂队伍。关于扈蒙，《宋史》卷 269 有传曰："扈蒙，字日用，幽州安次人。"曾为知制诰，充史馆修撰，受诏修五代史，北宋"太宗即位，召拜中书舍人，旋复翰林学士，与李昉同修《太祖实录》。太平兴国四年，从征太原，还，转户部侍郎加承旨。雍熙三年被疾，以工部尚书致仕，未几卒。"未提其修纂《后周世宗实录》之事。但根据古代目录学著作，我们仍能肯定扈蒙有修纂《后周世宗实录》的贡献。如南宋陈振孙《直斋书录解题》称："《周世宗实录》四十卷。监修官晋阳王溥齐物、修撰范阳扈蒙日用撰。"马端临《文献通考》卷 194 也指明："《周世宗实录》四十卷。陈氏曰：监修官晋阳王溥齐物、修撰范阳扈蒙日用撰。"

除上述目录著作外，《后周世宗实录》在其他类似著作中也多被著录。北宋王尧臣《崇文总目》卷 3《实录类》著录道："《周世宗实录》四十卷。"郑樵《通志》卷 65《艺文略·史类》载："《周世宗实录》四十卷。宋朝王溥等修。"高似孙《史略》卷 3《实录》曰："《周世宗实录》四十卷。皇朝王溥等撰。"清修《山西通志》卷 175《经籍》载："王溥《周世宗实录》四十卷。"

《后周世宗实录》也有记载错误的地方。《周世宗实录》对于北汉的历史，记载就有不甚准确之处。如北汉主刘崇（又名旻）死的日期，《后周世宗实录》及众多史籍均认为是应历五年（955 年）冬十一月一日。《辽史》卷五《穆宗纪》也载曰："（应历）五年冬十一月乙未朔，汉主崇殂。子承钧遣使来告，且求嗣立。遣使吊祭，遂封册之。"但厉鹗在《辽史拾遗》卷 5《本纪第六·穆宗纪》中却指出刘崇之死在应历四年（954 年）十一月："王保衡《晋阳见闻录》曰：甲寅年春，汉主旻南伐败归。夏，周师攻围，旻积忧劳成心疾，是冬卒。钧即位，丁巳年正月旦改乾祐十年为天会元年。《册府元龟》曰：后汉刘崇，周广顺元年以河东节度使僭号于太原，称汉，改名旻，仍以乾祐为年号。崇卒，子钧袭伪位。鹗案：吴氏《十国春秋》、《大定录》、《纪年通谱》、《辽史》、《周世宗实录》、薛居正《五代史》俱云崇死于乙卯年（955 年），惟王保衡故旻旧臣，言当足信。崇应以应历四年（954 年）冬十一月殂。"清永瑢等在《旧五代史》卷 115《考证》中，也认为《后周世宗实录》误记年代，致他史皆因循而误："《薛史》、《辽史》皆以《实录》为据。"再如关于刘仁赡降周与否，《周世宗实录》就未及考订而误载其事。南唐清淮军节度使刘仁赡守寿州，周世宗大军围攻寿州，百般攻打，刘仁赡就是不降。连南唐君臣都愿奉表称臣，而仁赡守志不懈。当他的儿子刘崇谏看到父病重，谋与诸将出降，仁赡知道后立命斩之。后仁赡病甚，已不省人事，其副使孙羽诈为仁赡书，以城降。《后周世宗实录》不察，将刘仁赡说成投降，并载其降书。欧阳修对此有辨别："仁赡既杀其子以自明矣，岂有垂死而变节者乎？今《周世宗实录》载仁赡降书，盖其副使孙羽等所为也。当世宗时，王环为蜀守秦州，攻之久不下，其力屈而降，世宗颇嗟其忠，然止于为大将军。视世宗待二人之薄厚而考其制书，乃知仁赡非降者也。"㊷当然，《后周世宗实录》的史料价值也不能一笔抹杀。

《五代实录》虽然早已佚失，但它的史料并未完全消失，而是散入有关五代的其他史籍之中，成为这些史书的史料基础。如范质《五代通录》、司马光《资治通鉴》、新旧《五代史》、明王祎《大事记续编》等均大量采用和吸收了《五代实录》的史料。如宋初范质所撰《五代通录》65卷，是在"《五代实录》计三百六十卷"的基础上，"删其烦文，摭其妄言，以成是书"㊸的。《五代实录》最主要的史流便是新旧《五代史》："开宝六年四月戊申，诏修《五代史》，七年闰十月甲子书成，凡百五十卷，目录二卷，为纪六十一，志十二，传七十七，多据累朝实录及范质《五代通录》为稿本。其后欧阳修别录《五代史记》七十五卷，藏于家。修殁后，官为刊印。学者始不专习薛史，然二书犹并行于世。"㊹对《五代实录》修纂进行考述，不仅对《五代实录》本身有史学史上的研究价值，而且对现存重要史籍《资治通鉴》、新旧《五代史》等书的研究也有重大的学术意义。

注　释：

① 本文为教育部人文社会科学重点研究基地重大项目"实录修撰与中国传统史学流变"（批准号为06JJD77020）成果之一。

② 郑樵：《通志》卷65，《艺文略》第3《史·起居注》。

③ 薛居正：《旧五代史》卷18，《梁书一八·敬翔传》。

④ 《宋史》卷203《艺文志》作"张衮"、"郄象"。

⑤ 王禹偁：《五代史阙文》，文渊阁四库全书本。

⑥ 《五代史阙文》载："世传梁太祖迎昭宗于凤翔，素服待罪，昭宗佯为鞋系脱，呼梁祖曰：'全忠为吾系鞋。'梁祖不得已，跪而结之，汗流浃背。"

⑦ 王应麟：《玉海》卷48，《艺文·实录》。

⑧ 薛居正等：《旧五代史》卷116，《周书第七·世宗纪三》。

⑨ 关于张昭上奏请修改原方案的事，还见载于《旧五代史》卷117《周书第八·世宗纪四》"显德四年春正月壬寅"，所载有脱误，不如《五代会要》详备，清人《五代史考异》曾作指正。

⑩ 王应麟：《玉海》卷48，《艺文·实录》。

⑪ 疑脱此四字。

⑫ 王溥：《五代会要》卷18，《修国史》。

⑬ 王溥：《五代会要》卷18，《修国史》。

⑭ 王溥：《五代会要》卷18，《修国史》。

⑮ 郑樵：《通志》卷65，《艺文略·史类》。

⑯ 马端临：《文献通考》卷 194，《经籍考二一·史·起居注》。

⑰ 《旧五代史》卷 22，《梁书二二·杨师厚传考证》。

⑱ 《旧五代史》卷 67，《唐书四三·赵凤传》。

⑲ 《旧五代史》卷 14，《罗绍威传考证》。

⑳ 马端临：《文献通考》卷 194，《经籍考二一·史·起居注》。

㉑ 王祎：《大事记续编》卷 71；厉鹗：《辽史拾遗》卷 1，《本纪第一·太祖上》。

㉒ 马端临：《文献通考》卷 194，《经籍考二一·史·起居注》。

㉓ 王溥：《五代会要》卷 18，《修国史》。

㉔ 王溥：《五代会要》卷 18，《修国史》。

㉕ 马端临：《文献通考》卷 194，《经籍考二一·史·起居注》。

㉖ 《旧五代史》卷 102，《汉书第四·隐帝纪中》。

㉗ 王溥：《五代会要》卷 18，《修国史》。

㉘ 《旧五代史》卷 111，《周书第二·太祖纪二》。

㉙ 《旧五代史》卷 131，《周书二二·贾纬传》。

㉚ 《宋史》卷 263，《窦俨传》；《续通志》卷 304《窦俨传》。

㉛ 此处日期当为《册府元龟》所省。

㉜ 见清修《陕西通志》卷 74，《经籍第一·史类》转载。

㉝ 《旧五代史》卷 51，《唐书二七·列传三·宗室》。

㉞ 厉鹗：《辽史拾遗》卷 17，《表第一》。

㉟ 《旧五代史》卷 117，《周书第八·世宗纪四》。

㊱ 《续通志》卷 304，《张昭传》所载与此同。

㊲ 欧阳修：《新五代史》卷 18，《汉家人传第六》。

㊳ 《旧五代史》卷 102，《汉隐帝纪中考证》。

㊴ 《旧五代史》卷 105，《汉宗室列传二考证》。

㊵ 《旧五代史》卷 117，《周书第八·世宗纪四》。

㊶ 欧阳修：《新五代史》卷 40，《杂传第二十八·传论》。

㊷ 欧阳修：《新五代史》卷 32，《死节传赞论》。

㊸ 马端临：《文献通考》卷 193，《经籍考二〇·史·编年》。

㊹ 纪昀等：《四库全书总目提要》，《旧五代史》提要。

（作者单位：武汉大学历史学院、中国传统文化研究中心）

元代的浦江郑氏
——中国古代同居共财家族的一个个案考察

□ 申万里

前　言

　　浦江位于今浙江省东部，为古越地，元朝时属于婺州路管辖。浙东自古就是中国古代经济、文化发达的地区，"俗勤耕织，名士辈出"①。南宋以后，这里出现了很多靠科举兴起的科第仕宦世家，如四明史氏、青田陆氏等，这些世家在宋代盛极一时，在江南产生了很大影响。不过，随着元朝的统一，江南科第仕宦大家纷纷衰落，能够在元代保持强盛的不多。浦江郑氏在宋朝就开始同居共财，元代以孝义崛起，进入全盛时期，直到明朝中期还保持一定的影响。整个大家族延续三百余年时间，事迹列入宋、元、明三个朝代正史的《孝义传》，这在江南世家大族中是极少见的。可以说，浦江郑氏是我国古代同居共财大家族的一个典型个案，探讨浦江郑氏的发展历程、家族管理、仕宦活动、社会网络对我们认识古代江南大家族的家族结构、社会地位、社会影响以及社会控制具有重要的学术意义。

　　郑氏在唐和北宋时期属于官宦之家，南宋时迁到浦江，开始聚族而居的生活，举族不分家异爨。元朝至大年间，受到元政府旌表，成为义门。后至元年间再次得到旌表，复其家，在江浙一带产生了重要影响。元朝是郑氏家族的全盛时代，郑氏家族通过救灾、济贫等手段，在当地百姓中获得声誉；通过捕盗、维护地方安定等行动，树立和强化该家族的社会影响和社会控制能力；通过以礼治家、强化家族管理，在当地士人中间树立声望，受到元政府旌表，成为义门。此后，郑氏通过义门的影响，交结知名儒士、地方大族以及地方官吏，进行社会网络建设，发展家族势力。郑氏还非常注意教育子弟，培养郑氏子弟到中央和地方做官，以扩大家族在当地以及全国的影响。随着郑氏家族成功的仕宦活动，元末郑氏家族的势力及影响发展到鼎盛，历经明朝的改朝换代而不衰。郑氏家族在元朝发展的历史，对我们认识元朝蒙古统治江南的特点以及江南士大夫的生存状况、政治表现等问题同样意义不菲。

　　由于浦江郑氏在中国古代的巨大影响，有关浦江郑氏的研究也成为学术界研究的热点。国外学者檀上宽主要从江南社会控制的角度，探讨浦江郑氏如何与国家政权结合，进行社会控制的问题。John. W. Dardess 则主要从浙东文化发展的角度，探讨浦江郑氏兴衰存亡与社会文化发展的关系。② 毛策《浙江浦江郑氏家族考述》探讨了郑氏家族发展历程及郑氏家规的内容。③ 许怀林《〈郑氏规范〉剖析——兼论义门聚居的凝聚力》从分析郑氏家规——《郑氏规范》入手，探讨了郑氏家族的凝聚力问题。④ 刘晓《试论累世同居共财在元代的发展及其特点》一文从宏观上论述了元代同居共财家族的发展情况、家族结构及特点。⑤ 臧健《郑氏规范与郑氏家族中的女性》论述了郑氏发展过程中女性的地位与处境。⑥ 李静、孙昊《家族内人口与生活——以浦江义门郑氏为例》根据《义门郑氏宗谱》中有关郑氏子弟年龄、婚姻、职业的记载为根据，分析了郑氏家族成员的寿命以及职业的特点，以此反映郑氏家族成员的生活状况。⑦ 许守泯《江南第一家：元代浦江郑氏的发展及其士人网络》考察了元代浦江郑氏的发展以及郑氏与士人的互动关系，对郑氏经营与发展士人网络等问题进行了详细的探讨。⑧ 本文在前人研究成果的基础上，主要根据明成化十一年刻本《麟溪集》以及元、明人文集等史料，在探讨浦江郑氏发展历程的基础上，对浦江郑氏的家族管理、仕宦活动、社会网络等内容进行探讨，揭示浦江郑氏的兴起与元朝蒙古统治之间的关系，不足之处，请学界师友、同仁批评指正。

一、家　　世

关于浦江郑氏的发展概况，毛策、许守泯先生等都进行过考察，由于考察的侧重点不同，一些问题尚有遗漏，特别是对于文融以后的金、水二辈的子弟掌家的情况缺乏论述，本节在前人研究的基础上，对郑氏从定居浦江到明初的发展历程进行考察。

（一）宋代浦江郑氏的发展概况

据郑氏家谱的记载，郑氏为河南一带的官宦世家，郑氏先祖郑当在汉朝任大司农，定居荥阳（今属河南），此后的时代，郑氏子孙多居高官显宦。北宋时，其祖凝道任歙县县令，始自荥阳迁居歙县（今属安徽）。凝道之子自牖为宋殿中侍御使，他在世时，迁居睦州遂安县（今属浙江）。自牖有十九子，"皆以儒自奋"，其第十三子安仁后为宋秘书阁校理。安仁年轻时与浦江朱恮一起从黄山薛大观游学。薛大观以《春秋》之学名于世，朱恮得其要领，学成后居家开门授徒；安仁于是命其三子从之游。三子中，其幼子郑淮（字巨渊）仅十二岁，"颖敏绝伦"，得到朱恮喜爱，以其外家女宣氏配之。宣氏居于浦江白麟溪，郑淮入赘为婿，需要离开家乡。宋晏穆记述了当时的情形：

> 当别来时，兄送之十里所，不忍去。又复十里，固执手，唏嘘出涕，莫能仰视，竟夕不成行。复相谋共来从，又为婺之浦阳人。⑨

此后，郑淮兄弟定居浦江，形成浦江、遂安两支，郑淮成为浦江郑氏的第一代。郑氏迁到浦江的时间大致在北宋末年。⑩

郑氏初来浦江之前，其先世在宋为官，当属于官宦之家。定居浦江以后，郑氏应该是当地资财雄厚的富有之家，这从宋靖康年间郑淮拿出一千亩土地救济饥民就可以看出。不过郑淮并没有做官,其后世一直到南宋末年也基本没有做官,于是整个南宋时期,郑氏大致处于一个浦江地方大族的角色。

郑淮乐善好施,靖康年间,以"粥田一千亩有奇以起饥乏民,民怀之,号淮所居宅为仁义里"⑪。不过,郑淮的义举也使郑氏家族受到很大损失,到第三代家长郑绮(字宗文)的时候,"贫无以自存,至过脯不爨"。这说明其处境已经不如以前。其后不久发生的一件大事,使郑绮以"孝义"扬名当地。当时因为郑绮之父照得罪当地势家,受到诬陷:

> "辟文致之,囚系狱庭,照不服,拷打无完肤。处士方自遂安还,遽号涕奔视狱门,闭不得通,处士以额叩门,血流被面……复草疏历陈父子大义,上诉州判史钱公端礼,乞代父受刑,照冤竟得白。"⑫

郑绮好学,"朝出耕陇上,挂书牛角中,稍释耒辄取诵不辍,夜则灯坐,或至达旦"。他能传家学,以《春秋》为宗,"撰《谷梁合经论》三万言",是一位有名的民间儒士,再加上他事母甚孝,为郑氏赢得了孝义之家的美名。郑绮临终前"针大指出血,滴酒中,召子姓列饮之,仰天誓曰:吾子孙有不孝、不弟、不共财聚食者,天实殛罚之"。郑绮主张的孝义、同居共爨等治家原则对郑氏家族此后的发展产生了重要影响,郑绮也成为后来浦江郑氏累世同居的第一代。

郑绮不乐仕进,对后世也同样产生了影响,郑绮子闻,闻之子运,运之子政都没有出仕做官的记载。不过,郑政"善积,居物无所弃,役童吏惟其所长,资产日见殷盛"。这里,郑氏已经有了供役使"童吏",说明郑氏的经济状况已经好转,成为当地的富户。虽然郑政掌家时"货日滋",他仍然谨守郑绮以孝义治家的原则。淳祐年间,瘟疫流行,浦江"有至灭门者,人恐惑,裹粮四奔,父子不相顾恤"。郑政之母这时染病,他"与夫人进汤药益谨,竟无它"⑬。

郑政之子德珪、德璋时,郑氏家族在当地已经有了较大的影响,德珪很受乡人尊敬,"邻落有讼者,义士以片言决之,人人悦服,斗几息"⑭。不久,"以才受荐"为衢州路龙游县丞。⑮其家族管理也日益制度化。据史料记载,德璋"以法齐其家,每晨兴,击钟集家众展谒先祠,聚揖有拜堂上,申'勿听妇言'之戒,始退而会食。月旦望,仿陆九渊撰《戒词》一篇,庭告之,肃如也"⑯。在完善家族管理的同时,德璋利用家族势力,进一步加强在当地的影响。由于当时南宋国势日蹙,"愚民往往依山林为盗,人罹其毒,散走避匿,空村无烟火",德璋"以计诱至倡乱者,缚送有司,集同里做寨栅以防其余党之奔突,人乃获安"。德璋捍卫乡井的事迹被常平使者王霖上报中央,朝廷任命他为处州青田县尉,德璋"度时事不可为,辞不就"⑰。

不久,郑氏之家发生了一件大事,由于德璋"素以刚直,与物多忤",于是"里胥或诬陷以不测之罪,当会逮扬州"⑱。德珪得到消息,"抱其弟哭曰:'彼所欲害者,我也,无与尔事,尔止我往,我以一辞折之,奸状白也。'乃奋然出就吏。德璋蹑其兄至扬州,兄已死,无及矣。仰天号恸,绝而复苏,负其柩以归庐"⑲。德璋被当地吏胥陷害这一事件,说明郑氏虽然在乡里有一定的影响,但其社会地位还不高,更没有达到控制地方社会的程度。德珪的死,对郑氏打击很大,但另一方面也使郑氏孝义名声被更多的人所知道。

郑氏的事迹被列入《宋史》的《孝友传》也与此次事件有关。

从郑淮定居浦江到德璋、德珪，浦江郑氏共传七代。宋代的郑氏逐渐成为浦江富有之家，但由于郑氏子孙不乐仕进，隐居乡里，与宋代江南科第仕宦世家相比，郑氏家族的地位不高，其影响也是不出闾里。

（二）元代浦江郑氏的兴起和繁盛

宋元的更替为浦江郑氏的发展带来契机。江南统一之初，"闾井困于兵火，萧然无生意，德璋多振起之"[20]。由于乱离后，农业生产遭到破坏，饥馑大作，郑氏"与里中振廪同食，赖以全活甚众"[21]。德璋掌家期间，郑氏家族有了明显的壮大，史料说：郑氏"自淮毁产拯荒，甚贫，至政渐裕，德璋始大振"[22]。

德璋死于大德九年（1305 年），兄弟三人：德珪、德池、德璋，德珪子文嗣，德璋有子文厚、文融、文羲、文泰，德池无子，以文泰为继。

郑氏诸子之中，文嗣（字绍卿）最长，他"简易有识量，"因此，在德璋去世以后，能有效维持这个同居家庭的稳定，史料称：郑氏"户庭之家无间言者，文嗣之教为多"[23]。然文嗣童年虽然得到德璋加倍呵护，但由于他"病偻，不良于行"[24]，因此，"家政悉依诸弟"。这种情况下，德璋之子文融、文泰担当起管理家庭的任务。文融在三十岁时离家入仕，这期间，文泰充当了郑氏家长的角色。

文泰"尚风义，不屑屈膝下人"。他掌家时，郑氏的经济实力有了很大提高，"凡山林、坡泽、园田、室庐得以斥拓资"。更为重要的是，文泰对提高郑氏在乡里的地位做出了重要贡献。"乡土田素瘠，岁仰灌莽粪之，豪有力者夺其刈器，禁勿采，文泰曰：'无莽是无田也，耐此一千家何？'匹马往谕之，弗听，乃白于官，坐其罪，人至今利之。"元初政局混乱，盗贼窃发，文泰"保州里如家"，使盗贼"无敢入其境"。大德末年，江南饥荒，人相食，文泰与其兄文嗣铸大锅煮粥分给饥民，"全活者数百人"[25]。

郑氏的上述举动赢得了乡里的尊重，至大二年（1309 年）九月，乡老黄汝霖将郑氏六世同居的情况，向浦江县令忽都鲁沙汇报，于是"忽都鲁沙为上其事，部使者加审查焉，文达中书、礼部"。至大四年（1311 年）二月，元政府"准式旌表门闾"[26]。这次旌表，为郑氏的发展提供了契机，郑氏家族发展到一个新的阶段。

文融字顺卿，一名大和，自幼"以敏慧称"。元初月的迷失为浙东宣慰使，奇其材，命他提领处州务。文泰死，文融解官归，继掌其家。史料称文融"沉毅而诚悫，大小事咸有责"。他掌家期间，多方面强化家族的管理，主要表现在下列方面：

首先，强化以孝义为中心的家族礼法制度。文融归家后，"日坐庭内，以礼法驭群众"。指《朱熹家礼》言曰："假我二三年，吾当无愧于此。"于是制作古器服，命诸孙讲肄之，亲自与子孙升降周旋。他聘请曾任翰林待制的柳贯指导家族子孙行冠礼，"礼废久，见者交病之，文融持益力。若婚若丧祭次第行，卒不负所言"。郑氏家人以前信奉佛教，文融悉命撤。文融"正身率下，内外雍肃"[27]。每年岁时，"大和坐堂上，群从子皆盛衣冠，雁行立左序下，以次进。拜跪奉觞上寿毕，皆肃容拱手，自右趋出，足武相衔，无敢参差者。见者嗟慕，谓有三代遗风"[28]。

其次，利用受封义门的有利条件，创建或扩展与地方儒士及地方官的社会网络，扩大家族的影响。孝义是中国传统社会伦理中的重要内容之一，郑氏的孝义受到朝廷旌表以后，"吴越之士多感化兴起。"文融利用江浙一代士人对其钦佩、称赞的机会，延请当地有影响的儒士柳贯、黄溍、吴莱等于家，请他们教育郑氏子孙。一些地方官出于维护统治的需要，也无不推崇褒扬。浦江达鲁花赤八儿思不花亲自到郑家观礼，对郑氏评价说："吾历官州县，诸大家未有不及私者……吾闻古有义士，今始见之矣。"㉙他还写诗赞叹道："我来掌浦阳，县有孝义民。其孝果何如，一本父子亲。其义果何如，八世爨不分……更望力嘉勉，见此浇俗敦。"㉚往来郑氏之家的还有地方监察官员。至正四年（1344年），王楚鳌（字元戴，号雪龛）为浙东肃政廉访使，他"行部至其家"，赋诗而去。㉛至正九年（1349年），翰林待制余阙为浙东海右道肃政廉访司佥事。次年，"行县至浦江，察知郑大和累世义居，谓海右之郡未能再见，书五篆文（"东浙第一家"）以嘉之"，并写诗赞叹道：

> 省风浦江浒，凭轼历高门。借问居几何，九世今不分。解骖青松林，爱此季与昆。检身事先训，礼度尤恭温。㉜

元代肃政廉访司地位在路总管府之上，权力较大，郑氏得到其嘉奖，在地方产生的影响是不言而喻的。余阙题字以后，"县达鲁花赤廉侯阿年八哈、县尹郭侯复亨、县主簿大梁刘侯师稷相与树碑于庭"㉝。这对巩固浦江郑氏的社会地位以及扩大其影响非常重要，具体情况将在后面论述。

第三，注重家族教育，树立诗书之家的形象并为其子孙入仕做官创造条件。文融在外做官很久，深知仕宦对家族发展的重要作用，因此对家族教育非常重视。早在德璋掌家时期，"尝厌家居之丛纷，子若孙弗克专志于学，乃于是地创精舍一区，俾年十六者往读书其中"。文融（大和）掌家后"复斥而广之"，成为当地教学条件最好的学校。学校位于浦江县之东的东明山。宋濂记述了郑氏家塾——东明山精舍的优美环境：

> 下瞰大泽，中隐然突起，高不逾寻丈，而大林木左右蔽荫，似不与人事通……前为堂而后为寝，寝之东西分为四斋。斋之名，其西曰成性，曰四勿；其东曰继善，曰九思。东与西户皆相向。其问难之所曰敬轩，其鼓琴之处曰琴轩，其退休之室曰游泳轩。游泳直九思之北，敬轩则又直继善之北，而西与琴轩对。琴轩之外少南，有水一泓，不朽不盈，作栏护之，曰灵渊。渊之东一百步有泉泠然，而老梅如龙横蹲其上，曰梅花泉。泉之北又五十步列石为坐，而苍松翠竹葱郁掩映，曰吟坛。凡为屋二十楹间，而门楼涫房与庖库之属不与焉。㉞

此外，文融掌家期间，在宗族、家族财产等方面也形成了固定的管理制度。文融管家非常严格，"家庭中凛如公府，子弟稍有过，颁白者犹鞭之"㉟。因此，这些家规得到很好的执行，为郑氏在元朝末年达到全盛创造了条件。

由于文融在掌家方面的突出贡献，浦江郑氏的声望日增，后至元元年（1335年）元朝对郑氏再次旌表，陈绎曾将这次旌表情况记载如下：

> 后至元元年冬十有二月，太常博士柳贯与乡校群士又上状，请如故事，复其家，

从之。㊱

从此，郑氏取得了免役的优待。文融于至正十三年（1353 年）过世，文融以后，郑氏家族出现了人才辈出的局面，至正十年（1350 年）秋，郑氏子弟涣、渊、湜、洪四人通过了江浙行省的乡试，"四方闻其风，歌咏继作"㊲。郑氏在仕宦方面也取得很大成功，社会影响大大提高，郑氏家族进入全盛时期。

文融辈以下的郑氏子孙以金、水、木、火辈份排序，金字辈为长的是郑鉴。郑鉴，字景明，幼年从师于学者方凤，部使者荐举为江山县儒学教谕，不就。至大间郑氏被朝廷旌表时，浦江县达鲁花赤忽都沙曾对郑鉴举酒勉励说："朝廷此举，褒其既往而劝其方来，子长而且贤，振而起之，系子是望。"㊳郑鉴于是作《麟溪谱》一卷，"每岁四月一日乃始迁祖初生之辰，奉神主于有序堂，行一献之礼……于是义居之扩充，府君（郑鉴）之力居多"㊴。不过，郑鉴死于至正十年（1350 年）九月，当时文融还在，他没有独立掌家。同辈子弟还有：

郑钦，字子敬，为文厚所生，文融无子，过继之。文融晚年掌家，只能"亲揽其纲，"具体事务则"于君乎是赖"。地方推荐郑钦做官，他力辞不就，以青槎居士自号。至正十三年（1353 年）文融去世，郑钦过度悲伤，不久病逝。㊵

郑铢，字彦平，文厚之子。少有大志，游京师，受荐为江南行宣政院照磨。后转松江等处稻田提领所大使，辞官归，至正十五年（1355 年）卒。㊶

郑镛，字彦贞，文泰子。郑镛幼年"沉毅端悫，屹然如成人"。中年游京师，向丞相脱脱上书数千言，"陈时政之弊"。京师士大夫皆誉之，后返乡，嗣主家政。郑镛掌家时，"家人翕然遵化，一堂之上，雅雅雍雍，动逾千百指，爱无不均也，情无不一也，不知孰为亲孰为疏也。视其货泉则锱铢皆聚于公，察其事功则群趋而竞赴"。元末江南爆发大规模红巾军起义，元军统帅阿鲁灰率军至浦江，军无纪律，残害乡人，郑镛只身前往劝阻，促其离去，乡人怀之。郑镛于至正二十四年（1364 年）去世。㊷

郑钜，字彦宏，文轰之子。性格"凝悫而夷冲，其与物交，范防至密，谙练甚精"。文泰掌家时，他"每侍左右，操其权度以裁大小之事"。由于他有管理家族的能力，郑镛死后，成为郑氏家长。他掌家"确守成法，如执玉奉盈，唯恐有愧前人，然所见一定，虽群言沸腾，终不可摇夺。由是内外政皆治"。至正二十五年（1365 年）卒。㊸

郑锐，字景敏，文泰之子，幼颖悟，日记数千言。延祐元年（1314 年）参加乡试不中，弃去。延祐七年（1320 年）卒。㊹

郑銮，字景和，文轰子。据称郑銮在同辈中"最良"，不过他年二十八就去世，属于早卒。㊺

郑铭，字景彝，文轰子。从学于学者吴莱，后"婿于金华张氏"。其兄郑钜死后，郑铭"当掌家事，哀痛弗忍，终丧而群从固请"，但郑铭"自念久于外，不亲家事，能任寄者莫如吾侄渭，又宗嫡孙也，遂为文告于先祠，推让渭，渭固辞而终虚其席焉"。卒于明初。㊻

郑氏水字辈子弟的仕宦非常成功，为家族做出了重要贡献，主要有：

郑深，字仲几，一字浚常，郑锐子。幼读书不泥章句，负气不羁。从父郑钦奇之，以其游京师。会丞相别尔怯不花出镇江南，郑深随行。后回京师，投脱脱，入其家教其子。

脱脱拜相，郑深历任宣文阁授经郎、礼部员外郎等要职。脱脱被免官，郑深被任命为江南浙西道肃政廉访司金事，回到杭州，卒于官。[47]

郑泳，字仲潜，郑镛之子。幼"超悟有高识"，从学于黄溍、宋濂等知名学者。长与从兄深、涛二人游京师，得到脱脱欣赏，被任命为太傅府掾史。脱脱罢官，郑镛以兵州（应为温州）路经历南归，"能举其职，与守温者争可否，不少阿"。不久弃官归。[48]

郑涛，字仲舒，郑鉴子，年长与郑深、郑涛同游京师，"以文学选为经筵检讨，寻除翰林编修，转国子助教"[49]。

此外，在家内帮助掌家的子弟主要是郑渊，字仲涵，郑钜之子，初学举子业，两试不中，乃弃去，专攻古文。元末的乱离中，郑渭对郑氏贡献颇大。当时江南动荡不安，先是"诸暨叛附张士诚"，郑氏"乃举宗散而之南近县，或之金华，或之东阳"[50]。不久，朱元璋大军攻取婺州，"时李曹公文忠来过，叹曰：'此义门也，八世罕见之。'躬为之扃镭而去"，并吩咐士兵两千护其家，[51]郑氏家产并没有在战乱中受损。郑渭自幼"佐诸父齐家"，才能超群，乱离中，他"左抗右御，卒使危复安也"[52]。

（三）明代的浦江郑氏

明人胡翰在谈到郑氏发展过程时指出："郑自睦徙居浦江，以孝义称于宋，著于元，至于国朝而益昌大趾美。"[53]这一评价至少在明初以前是符合实际的。上文已经指出，明军进军浦江时，郑氏由于"义门"的原因而受到保护，朝代更替，并没有对郑氏造成损害，不仅家产得以保存，家族人口也没有伤亡。张以宁就庆幸地指出："几人乱离后，骨肉能尔完。况乃四千指，举族无一残。"[54]不过洪武十四年（1381年）"内藏金银事发，连郑氏，以义门故释之"。这一事件因为郑氏义门的身份而化解。此年，郑氏家长郑濂、郑湜面见明太祖，"擢湜福建左参政，吏部奏无见缺，添设左参议授之"。洪武二十六年（1393年）明太祖诏郑氏子弟三十以上者来见，"擢郑济左春坊左庶子，伴太孙。"洪武三十年（1397年）"郑沂入见，授礼部尚书，以其从子干为御史"[55]。明太祖还亲书"孝义门"三字，"署于浦江郑氏之门"[56]。为了报答朝廷的优待，郑氏宗长郑濂"诣阙谢旌表恩"，明人程敏政记述了当时谢恩的情况：

> 濂当陛辞日，皇帝御奉天门，亲书"孝义家"三大字，题其榜曰："赐浦江郑濂"，而识以"精一执中之玺"。郑濂稽首拜受，百僚卿士欢欣鼓舞，咸为诗文以颂。[57]

明太祖对郑氏如此优渥，表明了他通过表彰义门而使其"羽翼东朝，矜式天下"，并化民成俗的愿望。[58]

明成祖和明仁宗时期，仍有郑氏家族的记载：

> 永乐十二年，御史郑干七十二岁进贺捷诗称旨，乞归。上曰："教翰林院写敕书，礼部宴他，用正官陪，教坊伎乐。"陛辞，赐金绣衣、楮帛。干荐从子堪可用，上曰："御史举他，除御史。"后累迁大理寺丞。永乐十七年，北京初受贺，致仕御史干及弟致仕长史楷来朝，赐宴及楮币，与《为善阴隲》二部，上曰：他家人多，

与二十部。十九年，翰林检讨郑叔美以告病，例为民。仁宗立，与子弟来朝，上顾长者非郑检讨乎？何为冠平巾？吕震以故对，上特诏，予冠带致仕，各赐钞二千贯，给驿舟还家。⑤⑨

以上说明，在明成祖以前，浦江郑氏仍保持繁荣和较高的社会地位，不过，在繁荣的同时，郑氏家族也面临着危机。明朝建立之初，宗显为金华郡守，"赋诸大家粟，而郑氏独三倍"⑥⑩。说明浦江郑氏受到了地方官的刁难。更为重要的是，明初刑法酷烈，一些案件波及郑氏。先是郑泳之孙郑堪，"迁藏库提点，坐法死"⑥①。洪武十四年（1381 年）郑氏再惹官司，当时正是胡惟庸大案的审理时期，牵连甚众。

> 有诉浦江郑氏交通胡惟庸者，时四方仇怨相告讦，凡指为胡党，率相收坐重狱。郑氏素以孝义闻，兄弟六人，吏捕之急。诸兄争欲行，其弟郑湜曰："弟在乃使诸兄雁刑辟耶？"独诣吏，请行。仲兄濂先有事京师，及弟至，迎谓曰："吾家长当任罪，弟无与焉。"湜曰："兄老，吾往辨之，万一不直，弟当伏辜。"二人争入狱，上闻俱召至，廷劳勉之，谓近臣曰：有人如此，而肯从人为非耶？即宥之，擢湜为福建布政司参议。⑥②

虽然这次危机得到化解，但郑氏被诬告，说明其对地方社会的控制能力已经今非昔比。洪武十九年（1386 年）郑氏又遇到官司，此年：

> 诏天下度田绘疆畛为图，命太学生莅其役。太学生有以贿败者，蔓连大家，多坐死。处士（郑浒，郑钜子）兄濂时主家政，名连于牒，当就逮京师。处士老，其兄奋曰："吾家以义名，吾先曾祖弟昆坐诬罪，争先死维扬狱。吾兄老矣，吾可不代兄而使之就吏乎？"遂诣理自诬服，死金陵……凡闻郑氏事者，靡不悼其不幸也。⑥③

这两次事件虽然在当时没有对郑氏家族产生重大影响，但对之的打击是可以想象的。明成祖以后，史料中有关浦江郑氏义门的记载已经不多，明英宗正统初年刘实（字嘉秀）为金华府通判时，"义门郑氏族大不能自给，又买马出丁供山西邮传，困甚"⑥④。这说明，明朝中期浦江郑氏已经衰落了。⑥⑤

二、家 族 管 理

郑氏自北宋末年迁居浦江，历经南宋、元，到明朝初期强盛不衰，其间经历了三百年左右的时间，在郑氏的发展历程中，家族管理是维系其凝聚力的重要手段。毛策、许怀林等学者主要通过对郑氏的家规——《郑氏规范》（《丛书集成》初编收录）、《郑氏家范》（《说郛》收录）的分析，探讨浦江郑氏家族管理的有关问题。由于以往研究成果较多，本文不再涉及《郑氏规范》的问题，而主要根据《麟溪集》等有关史料，探讨郑氏的家族管理情况。

（一）治家原则——孝、义、俭

据《辞海》解释，孝为尊亲、养亲，义是指公正、合宜，俭则是指节俭。郑氏在家族管理的过程中，主要是通过强调"孝"，强化以血缘关系组成的家族等级制度，并且通过血缘关系增加家族成员之间的认同感和凝聚力；通过"义"强调对整个家族以至整个社会的责任感，鼓励家族成员对家族和社会做贡献；通过强调"俭"，教育家族成员勤俭持家，远离社会上的一些不良习惯。这是郑氏治家的基本原则，在郑氏家族的发展历史上影响巨大。

"孝"是郑氏治家的首要原则，郑氏始祖郑绮就是以孝闻，其父遭到诬陷，郑绮"号泣奔视"，愿代父受刑。其母张氏"病风挛，手足不能屈伸，士（指郑绮）日候床下，抱持以就便溲者三十年，初终如一"⑥⑥。其后的郑氏子孙都是以孝为先，郑政在家乡瘟疫流行、乡人出逃的情况下，尽心事母。郑渊（仲涵）"性至孝，母病逾年，日夜抱持之，积忧至疽发于臀，然犹跪而修进汤药食饮……居丧哀戚，两耳以此皆聋。后居父丧，哀毁骨立，凡遇父丧，必前期斋七日，至日号恸行礼如初"⑥⑦。郑铭"婿于金华张氏……及丁母丧，张氏宴客，具乐，潜辄于外。张不自省其故，顾谓坐客，婿乃避我乎？客曰：翁婿有亲之丧，不如莘，不听乐，其家法自当耳。翁意始释，遇宴辄曰：不可以我故废礼也，不复强之"68。郑钜"事母孝，夫人亡，出寝于外，三年弗近酒肉，哀恸无昼夜，几伤其生"⑥⑨。郑钦"事父母甚孝，善待弟妹……龙湾既即世，君哭之过哀，因以疾卒"⑦⑩。

"义"同样是郑氏家族治家的一个重要原则之一。郑氏家族的子孙多以义闻。郑氏初始祖郑淮就是以土地二千亩救灾，即使"以义毁家"也在所不辞。德璋捕盗安定乡里，文泰帮助乡里收回被豪民霸占的山林，同样是义的表现。元末明初，郑氏子孙的义举更是不胜枚举，如郑渊（仲涵）元末避兵，其宗族遭到洗劫，郑渊"尽出已之衣服匹帛，晨夜驰往，进诸尊长昆弟而慰勉之"。郑渊从弟澧，夫妇早亡，遗孤女三人，郑渊为择名配嫁之。郑渊与王宗显相友，"宗显之抵浦江避兵，转徙之余，无以自活，仲涵馆谷之，又属其姻家聘为馆客。及宗显为郡守，赋诸大家粟，而郑氏独三倍，或曰：盖往言之，仲涵卒不往言，而输之粟三倍。"⑦⑪

"俭"也是郑氏治家强调的原则。郑氏"平居有俭素之训"，其子弟一般也都能以俭自居。如文融"性俭勤，不事华彩"⑦②。郑锐也"性勤俭"⑦③，郑氏子弟的"俭"还表现在"不识廛市嬉戏事"⑦④。如郑镛掌家财，"倡家意其百端，倾诱之，每正色斥之，倡大诧曰：'此铁石心肠人也。'"⑦⑤

通过以上所举史料可以看出，郑氏的孝、义、俭等治家理念确实在郑氏子弟中产生了较大的影响，但将这些理念灌输给家族子弟，使其成为日常行为规范并非易事，于是郑氏在日常生活中建立了严格的训诫制度。在德璋掌家时期，他"夜则秉烛呼子弟诵孝弟故实。（又）仿象山陆氏制训词百余言，每月旦望，令子弟一人读之，家人悉拜而听焉"⑦⑥。到文融（大和）时期，这种制度更加严格，"子弟稍有过，须白者，犹鞭之"。每"入夜，则聚坐一堂，温温语咲，至更余始休"⑦⑦。大和以后，这种训诫更加规范，有专门的训词。元末郑濂（仲德）"嗣总其家"以后，在师俭堂训诲家人，训词中回顾列祖的俭德，指出"凡饮食器用以至于百为，与其过于奢，毋宁过于俭"⑦⑧。这种训诫制度不仅使郑氏子孙勤于家事，做官时也能廉洁奉公，造福一方，因此元人应奎翁概叹："求忠臣必于孝子之门"，认为："今浙之东西以孝义树立门户为仕族望者，婺之浦江郑氏也。"[79]

（二）管理制度

制度一般是指要求成员共同遵守的按一定程序办事的规程或行动准则。根据这种理解，将郑氏的某些家族行为规范称为制度，应该是合适的。从郑氏家族的发展历程来看，其家族管理制度主要包括尊祖、祭祖制度、家族财产管理制度、宗族保障制度以及禁止妇女干政等制度。

尊祖、祭祖制度：郑氏以孝义起家，成为义门，所以，尊祖、祭祖成为其家族管理制度的最重要的内容。尊祖主要是对在世长辈的尊敬，以此强化家长的权威以及家族内部上下尊卑的等级制度。在德璋掌家时期，每月的朔望，家长命子弟一人在祠堂读训词，家人"悉拜而听"。文融时期，这种制度更加严格。郑氏家中的有序堂，是全家汇聚、家长治事的地方，"岁时伏腊，男女长幼所以承教戒、讲礼文焉。"此外还有同心堂和安贞堂，同心堂"男子所会食而事男事焉，"安贞堂"女妇所会食而事妇事焉"[80]。"每遇岁时，大和坐堂上，群从子皆盛冠衣服，雁行立左虎下，以进拜跪奉觞。上寿毕，皆肃容拱手，自右趋出，足武相衔，无敢参差。"[81]每月的朔望日，"男女各盥漱，叙立有序堂下。会揖毕，令子弟一人举男女训辞各百余言，皆敛衽拜手敬听而退，男趋而西，会食同心堂，女趋而东，会食安贞堂，并以钟声为节"[82]，平时子弟对长辈也要小心谨慎，子弟"晨起趋和议堂，莫敢有忤视疾步者。"[83]每当"客至坐堂上，左右执酒脯，揖让升降，不敢离尺寸。"[84]年长子弟每天"共饭早教儿辈后，分衣先到老人前"[85]。

祭祖主要是对已经过世的祖先的祭祀。郑氏祭祀开始的时间较晚，至大年间，元朝旌表郑氏为义门，文嗣之子郑鉴作《麟溪谱》一卷，"以每岁四月一日乃始迁祖出生之晨，奉神主于有序堂上，行一献礼，子弟选一人朗诵宗谱一过"[86]。从有关史料来看，郑氏的尊祖、祭祖制度重点是前者，祭祖在有序堂进行，没有专门祭祖的祠堂。

家产管理制度：浦江郑氏以同居共爨为特征，远祖郑绮在去世以前，"针大指出血，滴酒中，召子姓列饮之，仰天誓曰：'吾子孙有不孝、不弟、不共财聚食者，天实殛罚之。'"这次会盟对以后郑氏的发展产生了重要影响。既然是同居共财，财产管理就是家族的一个重要问题。郑氏"子弟随才能授以事"[87]，谨防家族成员产生私有观念，郑绮就"岁入丝粟不私"[88]。对于家族成员生活必需品置办，则有统一的规定："男子裘葛岁一给，妇人衣资二岁一给"[89]。对于其他收支，文融规定："食货田赋之属，各有所司，无敢私。凡出纳，惟丝毛事，咸有文可核，挟日则会，不公则监视发之。"他每岁择贤子弟二人掌管诸务，"钱粟、债逋出入责新管，冠婚、丧祭、宾师、食货责旧管，不私蓄，不私假，不私与"[90]。郑锐管理家族财产时更加严格，"用财纤悉必附日乘月吉，以俟家长署而统考之，由是勾检有法，一如官寺规"[91]。

宗族保障制度：郑氏非常注意对宗族的照顾和提携，郑绮掌家时，"遂安族子有丐于道者，处士呼妻卖簪珥制衣衣之，且割所耕田使自给。亦得造家里中，子孙相传至今"[92]。文融时期，建立了宗族保障制度，"族无远近，寒予絮，饥予粟，穷无居者为义宅以处之；殁无后者，为义祠以祀之；好学无资者，有义塾以教之。"[93]为了应付宗族婚丧嫁娶等花费，郑铢首创嘉礼庄作为本家族的义财，"用以经划给办，不求诸家而调度自足……嫁者度用缗钱三千有奇，娶则动用缗钱三千五百有奇"。嘉礼庄由郑铢"拓腴田二千亩"以及"因商贾往来之途，治邸肆货殖之赢"，作为收入来源，并且"命其子弟廉干者掌其金谷仓箱出纳，而家长岁会其籍"㉚。不过，嘉礼庄收入只是郑氏本家族可以使用，对于郑氏"疏族"（疏远的宗族），则不能享受，郑氏只是为其提供"续食之粟，御冻之裘"，另外，对于疏族"胤绝者，择良嗣继之；性敏者，营义方教之"㉟。

禁止妇女干政制度：中国古代是以男子为中心的社会，认为"妇多长舌"，为是非之源，所以郑氏特别对妇女干政进行严格禁止，以防止由于妇女"长舌"导致同居大家庭的破裂。郑绮之妻丁氏与其母不合，郑绮出之。续娶阮氏，又与其姒"不相能"，郑绮复出之，"人或疑其已甚"，郑绮改容曰："由一妇而构一家不合，绮义不为也。"㊱德璋去世前，其子文融（大和）泣问齐家之道，德璋"张目厉声曰：'勿听妇言！'乃瞑。"为了防止妇女导致的家庭是非，郑氏规定"诸妇但事女红，不豫家政"㊲。郑氏家中的有序堂之前大字铭曰："永尊祖训，勿听妇言。"㊳有关郑氏家族中女性的生活、社会地位等问题，臧健先生的文章中已经论述，这里不再展开，不过，从当时的情况来看，郑氏子弟以孝义著称，一般不会违背同居共爨的家法，而妇女毕竟是外姓，没有自幼受到郑氏家法的熏陶，私有观念较重，可能会制造是非和不合，导致家庭分裂，所以郑氏的这一规定虽然有歧视妇女的大男子主义倾向，但对于维护郑氏这种同居共财家族的凝聚力，不无道理。

子弟教育与管理制度：郑氏对子弟的教育与管理非常重视，前面已经交代，早在德璋掌家时就斥资建立东明山精舍作为家族的义塾，其规模之大，环境之美，设施之完备不亚于元代一般县级官学。郑氏的义塾中，聘请了像吴莱、宋濂等学术、文章大家作为教师，这是一般官学很难做到的，可以说，郑氏为其子弟提供了当时一流的教育条件。对于子弟教育，郑氏规定：

"男子八岁以上从家学，十二以上就外傅讲学，以孝悌忠信为先，词章次之。其诸非法言礼度者，斥之。居尝无谐谑之音、博戏之具，隆暑祁寒无免冠拥衰服者。年二十以上或鲁钝无所卒业，令学稼圃，习干事，勿从吏胥，勿为僧道，勿治贾邸及狎屠竖。宾客至必延以礼，而浮词幼学之流非所尚。"

同时，郑氏还以"端严公明服众者一人，监视诸事，有善，公言之，不善，公亦言之。仍月书功过于簿，以示劝惩"㊴。

郑氏家族管理制度以强调孝义维持家族严格的等级制度；以加强收支管理强化其经济基础，杜绝家庭成员私有观念；以"勿听妇言"保持家庭团结和睦；以完善的宗族保障制度强化大家族凝聚力；以严格对子弟的教育、培养造就日后管家和出仕的人材，为家族发扬光大创造条件。可以说，这种制度在当时是十分完备的，对保证郑氏家族历经三百年而不衰，起了重要作用。元代江南士人的处境不佳，南宋以来的科第仕宦大家也大部分衰落，以浦江郑氏为代表的一些"义门"家族，成为当时传统文化和伦理观念传承和发展的重要代表。一些儒士从郑氏的家族管理制度，看到了儒家理想社会的图景，因此，一些人欣然写诗赞叹。元人陈樵有诗赞叹郑氏的同居共财：

"二老连枝树，诸郎百子莲。同心无尔汝，合族到曾玄。化洽文明日，淳还太古年。名门人共美，家范世应传。"㊵

吴当则对郑氏家族管理制度赞叹道：

> 故国衣冠地，名家孝义门。同居今九叶，袭德又诸孙。时荐严宗祏，晨参列弟
> 昆。周旋俱典则，辞气总清温。里闬尊儒素，闺门戒妇言。承颜惟岂弟，服礼自朝
> 昏。籍甚群公誉，狞欸薄俗敦。邻饥赒粟布，客至馈牢飧。置驿遗风旧，传经古意
> 存。夜灯书满屋，秋气稻连村。褒奏归廷议，桓楹表国恩。[101]

三、仕　宦

在中国古代，仕宦是衡量一个家族兴衰的重要指标。从浦江郑氏的发展历史来看，仕宦对郑氏的发展同样产生了重要影响。许守泯先生从"积极入仕"的角度，通过表格的形式对郑氏仕宦活动进行了总结，并对郑铉、郑铢等五人的仕宦情况进行了具体分析。本节在前人研究的基础上，主要通过对浦江郑氏仕宦情况的探讨，揭示郑氏家族的升降沉浮与其家族成员仕宦成功与否的关系。

前面已经指出，郑氏迁居浦江以前，属于官宦之家，定居浦江以后，从郑淮开始，直到南宋末年，郑氏的历代祖先均"不乐仕进"。虽然宋末郑德璋以捍卫乡里之功被授为处州青田县尉，但他并没有就任，德珪受荐龙游县丞，看样子也没有就任，因此，郑氏的仕宦在南宋基本上是空白。由于仕宦不成功，郑氏的影响也是不出乡里，非常有限。

元代最先做官的是文融（大和），他在三十岁时被浙东宣慰使月的迷失任命为处州务提领，后"历监建德和丰仓、绍兴广丰库、徽州永丰仓"，转饶州路黄冈务副使、建德路遂安税使、平江震泽务提领、宁国路南陵务提领、湖州新市务提领、建康龙湾务提领，此后弃官归家。[102]从文融的仕宦经历来看，他所担任职务均为掌管或监督财务的官吏，这些财务官一般是色目人充任，文融当时并不是儒士，更没有前朝科第身份，充任此类官职，主要靠他超强的处事能力。文融是否在做官期间为郑氏积累了大量财富，我们不得而知，但官场的经历，使文融看到了做官与家族兴盛的关系，他掌家以后，开始大力推进家族的教育，结交当地知名文士，为子弟做官创造条件。

文融以后，郑氏子弟主要以文学受知于当地，郑鉴就"聚书数千卷，蓄古今法书、名画、历代金石刻甚富。"部使者荐授其为衢州路江山县教谕，不就。[103]

文融以后立志做官的是郑铢，郑铢"性精密，不妄嬉笑，遇事各有条理，不可越尺寸"。年长以后，游京师，得到丞相脱脱器重，奏为行宣政院照磨。不久，江浙行省右丞朵儿直班领宣政院事，"命持檄行浙东、西"，由于为官清廉，不久转松江等处稻田提领所大使，"嘉定、华亭、上海之交有田二十顷余，既隶所中，而都水府、江淮财赋府复重税之，民困甚，府君为闻于朝，免之……望门来拜者日以千数"[104]。郑铢以后，郑镛也游京师，结交京师文士揭奚斯、黄溍，他还上书丞相脱脱，力陈时政之弊。不过，他并没有被任命官职，无功而返。[105]

元末是郑氏家族仕宦最成功的时期，郑深、郑泳、郑涛相继进入元朝中枢机构任职，在当时产生了重要影响。

郑深"少负气不羁，稍长，气益振"，从父郑钦奇之，使游学京师，丞相别尔怯不花

出镇江浙，郑深从行。当时杭州大灾，郑深在救灾过程中主张计口给粮，成效显著。后回京师，郑深又投靠蒙古权贵脱脱，脱脱对郑深才学比较满意，命教其子。至正初年，脱脱为太傅，以郑深为太傅府长史。至正八年（1348 年），脱脱为中书右丞相，郑深为脱脱宾客，帮助解决了债务、国子生荐举等问题。至正十年（1350 年），郑深为宣文阁授经郎，受到顺帝召见，兼职经筵译文官。期间，郑深"日侍皇太子研习，崇遇殊甚"。至正十四年（1354 年）转宣文阁鉴书博士，"侍经教胄子者凡四载，岁赐宴者再，须金织纹币者二，皆有副皀从上京，又予楮币二千五百缗，率以为常"。七月，改官中书吏部员外郎，掌全国地方官铨选迁调。至正十四年，脱脱率军进攻高邮张士诚红巾军，被谗解除兵权。郑深于是不再视事，至正十六年（1356 年）被任命为浙西道肃政廉访使佥事回到杭州，至正二十一年死于杭州官舍。⑩

郑泳幼从黄溍、宋濂等名士游学，长与从兄郑深、郑涛二人北游京师。得到丞相脱脱器重，被推荐为翰林检讨。"脱脱平徐，仲潜多赞其谋。"脱脱进拜太师，复为太师掾史。至正十四年脱脱征高邮，"仲潜虑谗毁必至，为之计谋甚悉，不果从，脱脱果以谗解兵柄"。郑泳遂以兵州（从后面内容来看，应是温州）路经历，泛海南归。时天下多事，即弃官还家。⑩

郑涛到了大都以后，同样得到做官的机会，"以文学选为经筵检讨，后为翰林修撰，转国子助教"⑩。估计郑涛也是在至正十四年左右回到浦江。

此外，郑渊也因为"通经艺，以古文辞知名于时"被荐举为月泉书院山长。⑩

郑氏子弟科举却不顺利。郑锐于延祐元年（1314 年）"以明经贡于乡，不偶"⑩。郑渊少年习举子业，但初"再践场屋，皆不合"。至正十年（1350 年）秋，郑氏子弟涣、渊、湜、洪四人中乡贡进士。⑪四人后来的仕宦情况不详。⑫

郑氏在元代的仕宦活动可以说取得了较大的成功，元代南人仕宦是非常困难的，一般来说，地方官府中蒙古人任达鲁花赤，汉人任总管，南人只能为吏员。即使一些前朝进士、知名儒士大部分也只能任没有事权的学官。作为南人，郑氏子弟包括文融、郑铢、郑深都做了一些权力较大的官职，实属不易。郑深、郑泳、郑涛还进入元中枢机构，深、涛二人同为经筵官，"每进讲殿中，兄弟连翩而入，及退均被上尊马湩之赐，人犹以为荣耀焉"⑬。郑涛、郑泳还同时得到元丞相脱脱的信任，脱脱征高邮张士诚，兄弟二人同时随从，这同样令人惊叹。

郑氏子弟仕宦成功，得益于"义门"家族的大力支持和帮助，也可以说是利用了家族的资源。郑氏除了给子弟当时最好的教育条件以外，"族子可出仕者，资而勉之"⑭。除了物质条件以外，"义门"的良好名声更为郑氏子弟仕宦成功创造了条件。郑铺（字彦贞）游至京师，揭傒斯、黄溍皆"析行辈与彦贞交，论文谈诗，或至达旦"。一时京师士大夫皆"敬惮"之。⑮郑深兄弟三人同游京师，都有所遇，当然也与义门子弟有关。另一方面，郑氏子弟也在为官期间，将其家族同居共爨的情况向其同僚、上司进行宣传，以扩大郑氏家族的影响。郑深（浚常）为经筵官，"凡朝中尊显与夫三学名流，皆浚常知旧也"⑯。皇太子爱猷识礼达腊与郑深关系密切，他"尝问君家同居事，屡叹以为嘉，端书'麟凤'二字美之"⑰。别尔怯不花（字大用）为江浙行中书省左丞相时，以郑深为之属，"公闻深家同爨至九世，乃延深问状，深以从祖大和（文融）所著家范进"⑱。儒士韩性为知名学者，郑深为浙西廉访司佥事期间，专门抵其家，"喜其为人，因遗以《麟溪集》……处士感而慕之"[119]。郑铢做官时与陈旅交，也将其义门《家范》给他阅读，以扩大家族影响。[120]他秩满归家，在同僚、朋友举行的送别宴会上说：

> "吾自来杭三年，不得朝夕汇聚，吾奉家法，悔言日夜以勤谨自持，常恐羞之，何敢以玩游自贻悔尤哉？且受代而过为留寓，又家法之严戒也。吾行矣，吾谨举酒。"

从郑铢的言论可以看出，郑氏的仕宦活动不光是个人的行为，同时也是整个家族的行为，与整个家族的发展息息相关。

元明的更替，对郑氏家族的仕宦产生了影响。洪武元年，有诏征郡国贤者，按察佥事赵子仁即门请郑渊出仕，他"故称疾不起，竟死"[121]。郑濂（仲德）"颇潜心于《易》……放情丘壑间，或歌啸于云水苍茫之中"，成为隐士。[122]这种对待新朝廷的态度符合理学"一臣不事二君"原则，没有违背郑氏家范。明初郑氏的仕宦情况，本文在前面已经有交代，这里不再详细论述。明太祖朱元璋对江浙大族采取限制、削弱的政策，明初的大狱屡次波及这些家族，郑氏也没能幸免，所以明代郑氏子孙虽然不乏出仕之人，但多为没有事权的闲职，在明王朝的政权机构中无足轻重。这也是浦江郑氏在明代逐步衰落的原因之一。

四、社 会 网 络

社会网络是由血缘、地缘、婚姻、社会交往等因素组成的社会关系的总和，社会网络的范围和紧密程度，是衡量一个家族社会影响及社会地位的一个重要指标。许守泯先生对《麟溪集》中收录有关诗文的作者进行了统计和考察，分析了浦江郑氏与士人的关系以及郑氏仕宦情况，但对于郑氏与士人及各级官吏之间社会网络的建立过程、运行的方式等内容，则缺乏考察和论述，她论述的浦江郑氏的人际网络与本文所考察的浦江郑氏的社会网络也不相同。本节在前人研究的基础上对浦江郑氏的社会网络进行探讨，以揭示浦江郑氏的社会地位及社会影响。

家族社会网络随着一个家族发展不断变化，一个家族扩张势力的过程，也是它的社会网络扩张的过程，反之，家族势力衰落，原有的社会网络也会萎缩。郑氏在整个南宋的发展历程中，由于影响不出乡里，社会网络只能以血缘对象、乡邻为主，范围比较狭窄。元初德珪、德璋之间死于义的壮举，使得郑氏的孝义被一些人所认识，扩大了郑氏的社会影响。至大四年（1311 年）元政府批准将郑氏旌表为"义门"，郑氏的影响和社会地位都有很大提高，一些地方儒士"歌诗以赞之"，成为郑氏社会网络中新的成员。文融的仕宦活动特别是文融掌家以后，对家族管理进行制度化建设，使当地地方官、肃政廉访司官与郑氏建立了良好的关系，扩大了郑氏的社会网络。此后，郑氏子弟很多在元朝中央和江南做官，郑氏的影响扩大到更广阔的范围。元朝末年，郑氏进入全盛时期，其社会网络也是最丰富、最典型。下面以这一时期浦江郑氏社会网络为中心，从郑氏与江南儒士集团构成的社会网络、郑氏与地方和中央官僚集团组成的社会网络、郑氏与婚姻集团组成的社会网络以及郑氏通过救济等社会公益活动与下层村社乡邻组成的社会网络四个层面，分析元代浦江郑氏社会网络的情况。

（一）以江南儒士集团为主的社会网络

江南儒士是郑氏家族社会网络的重要一环，元代儒士的处境虽然与宋代无法相比，但他们在地方文化、教育方面仍然处于主导地位，在地方社会舆论方面有较大的影响，因此，郑氏非常注意与他们建立社会网络，以扩大其家族的影响。现将《麟溪集》中与郑氏发生关系的儒士列表如下：

姓名	地区	身份	姓名	地区	身份
黄应昌	浦江人	儒士	迈里设	色目人	儒士
翁衡	严陵人	儒士	王晏	高丽人	儒士
金信	金华人	儒士	许士毅	东阳人	儒士
傅野	义乌人	儒士	金兰	浦江人	儒士
留仲衡	鄮县人	儒士	王槱	淮阴人	儒士
蒋德辉	浦江人	儒士、太学生	方榯	浦江人	儒士、方凤子
胡翰	金华人	儒士	方天锡	义乌人	儒士
陈及	东阳人	儒士	赵良恭	兰溪人	儒士
卢敖	婺州人	儒士	赵毕菘	浦江人	儒士
王元裕	山阴人	儒士	许瑗	滦平人	乡贡进士
谢翱	浦城人	儒士	李炎	成都人	儒士
留伯几	鄮县人	儒士	郝芝	山阴县人	儒士
镏玄间	永新人	儒士	陈尧道	义乌人	儒士
陈舜道	义乌人	儒士	沈梦麟	不详	儒士
韩沃	凤翔人	儒士	万俟绎	古瀛人	儒士
刘中	会稽人	儒士	陈伦	会稽人	儒士
余尧臣	永嘉人	儒士	徐蕾	广平人	儒士
埜侣	蒙古人	乡贡进士	夏泰亨	会稽人	乡贡进士
逯公谨	卫乡人	儒士	王宥	越人	儒士
王吉	东阳人	儒士	赵某	会稽人	乡贡进士
叶森	杭州人	儒士	吴武良	永新人	儒士
邹奕	吴县人	至正八年进士	李序	东阳人	儒士
陈焕翁	永新人	儒士	方升	会稽人	乡贡进士
俞仲翁	会稽人	儒士	蒋器	东阳人	儒士
俞焕	越人	儒士	李衍	新安人	儒士

姓名	地区	身份	姓名	地区	身份
沈义伯	越人	儒士	许谦	金华人	儒士、知名学者
黄子萃	东平人	儒士	韩性	会稽人	儒士、知名学者
王奎	东阳人	乡贡进士	曾坚	临川人	乡贡进士
李孝光	永嘉人	儒士	王余庆	金华人	儒士
叶仪	金华人	儒士	胡邦翰	金华人	儒士
陶凯	天台人	儒士	应奎翁	天台人	儒士
王祎	义乌人	儒士	陈刚	临川人	儒士
刘铣	庐陵人	儒士	陈樵	东阳人	儒士
杨椿子	眉山人	儒士	廉诚	畏吾儿人	儒士

以上列举 69 人，其中江南儒士 55 人，分布在元朝的江浙、江西行省境内，其他包括北方儒士，蒙古、色目儒士共 14 人，反映了浦江郑氏在江南儒士之间的巨大影响，同时也反映出郑氏"义门"已经得到包括蒙古、色目在内全国儒士的承认和赞许。

上列诸人中，既有元代进士、知名学者，也有一般儒士。从史料来看，他们进入郑氏营造的社会网络，主要通过下列途径：

1. 到郑氏之家参观游历。

浦江郑氏在至大四年（1311 年）被元朝旌表，后至元元年（1335 年）又被"复其家"。这就使郑氏的事迹在许多儒士心中产生共鸣，元人危素就说："素（危素）在江南，闻郑氏义门之盛，心窃慕之"[123]，于是"天下之观礼者皆自远而来"[124]。元代到浦江郑氏之家观礼的儒士很多，如"睦州男子方惟憩尝游于婺之浦阳，浦阳主人青田县尉郑先生馆予于凝芳小室中"[125]。对于郑氏的家法，他们大多感到惊叹，畏吾儿人廉诚记述了拜访郑氏的感受：

> 先君尝官武义，与浦江接境，诚固以闻之，父乃为其邑大夫，又二年以书诏诚自钱塘，既至，谓诚曰：汝亦闻县之义门郑氏者乎？虽古仁人君子不是过也，盖往取则焉。诚由一至其家，入门见其长幼之序、内外之别、动静之间、进退之际，雍雍愉愉，各有其则。于是喟然叹曰：何家法为善一至是哉？[126]

元人朱公迁也有类似感受，他写道："至正六年冬，鄱阳朱公迁过其门，见其家教严肃，绰有古人之遗风，不禁叹仰然，欲其永守而弗渝也。"[127] 色目人迈里设的诗中则写道："勿言千岁迹已陈，便可浦阳观义门。"[128]

元代到郑氏之家参观游历的儒士很多，上表中统计的 69 人中，相当一部分是属于这种情况。这些儒士与郑氏之间的关系并不密切，有的仅仅是一面之交，属于郑氏社会网络中比较疏远的一环。不过，这些儒士对郑氏家族发展仍然起着比较重要的作用。他们的诗文可以增加郑氏的影响，他们离开后，又可以把郑氏的影响扩展到更加广大的区域。

2. 受到郑氏延请的文客或教师。

浦江郑氏与当地儒士长期保持一种非常密切的关系，一些人被延请作为义塾的教师；一些人则作为家中的文客，长期居于郑家，在生活方面得到照顾；也有一些人到郑氏的义塾中免费求学。这些儒士可以说在郑氏的社会网络中处于重要地位。由于他们中间大部分人做了官，没有列入前面统计表格之内，考虑到这些人在做官以前或致仕以后仍然是儒士的身份，所以这里将他们在儒士期间与郑氏之间的互动关系一并考察。

较早进入郑氏社会网络的有南宋遗民、知名儒士方凤（浦江人）、谢翱（原籍浦城）、吴思齐（栝仓人）等，方凤为文嗣之子郑鉴的老师，谢翱、吴思齐为郑鉴文字友，史料说郑鉴"筑别业三所，莳花种树引宾友徜徉（徉）其间，行酒赋诗，竟日乃罢"[129]。三人估计应在其间。柳贯在退休以后也被文融延入其家，指导其子孙"讲肄"冠礼，[130] 后至元元年（1335 年）郑氏被朝廷再次旌表并"复其家"，就是柳贯为首上书的结果。首先在郑氏义塾为师的知名儒士为吴莱，从学者有文泰之子郑铺、宋濂，吴莱不久离开，宋濂于是长期在郑氏东明山精舍任教，[131] 胡翰从吴莱学习未果，也来从宋濂学。[132] 十三年以后，胡翰对在郑氏义塾求学的经历还是十分感激，他在至正元年（1341 年）写道：

> 天历戊辰之岁，吾求师资来，通世契公（文融）实假我以舍馆，授我以委积，解去外扰，专一心志，射猎百家之言，讨论六艺之旨微。公之助我，则莫遂人之知。[133]

宋濂长期生活在郑家，与郑氏有很深的感情，他在与郑銮交往的过程中，还"以女泮归其子"，与郑氏建立婚姻关系。[134] 宋濂晚年在一首诗中写道：

> 平生无别念，念念只麟溪。生则长相思，死当复来归。[135]

诗中反映了宋濂对郑氏的深厚感情。

与郑氏关系密切的儒士还有知名儒士黄溍、方孝孺、刘基。黄溍在一篇文章中说："予家与君（郑钦）相去不两舍，交君父子间者凡三世。"[136] 黄溍为义乌人，说其家与郑氏相距两舍，未免有点夸张，但黄溍确实与郑氏长时期保持良好的关系，黄溍致仕以后，仍然是郑氏的常客。[137] 方孝孺曾拜宋濂为师，与郑楷（郑渊子）一起学于郑氏义塾，[138] 他还与郑涛关系密切，他在郑涛去世以后写道："公之处我为最久，而待我尤拳拳也。"[139] 反映了他与郑涛的亲密关系。刘基读书浦阳山中十余年，其间郑渊一直从其学，当时刘基"执经山长吴公、待制柳公、侍讲黄公之门，仲涵每侍予往拜"。刘基学习期间得到郑渊"相助恒多"。元朝灭亡，郑渊与刘基相约归老田园，后刘基为官南京，郑渊不远千里来见，劝其远离官场，归老隐居，[140] 反映了二人的密切关系。

浦江郑氏文人荟萃，燕集、雅聚成为郑氏日常生活中的一个重要内容。郑泳归家后，就"筑室池上，修广如舟状，揭其眉曰舣航。时率宾客燕息其间，悠然若有以自乐"[141]。元人应奎翁记下了一次在郑氏东明精舍里举行的燕集：

> 至正四年三月二日，予自乌伤薄，游浦阳郑氏义门。明日，主人贞和君领客偶酌

东明山上，盖君延师课诸孙读书地。酒行且再，有弄琴于室者，君之孙仲舒、仲潜也……遂以乃祖之命，命二生徒坐于堂，迁琴于床，兄弟雁行铿锵迭鞠。一鼓而薰风生，再鼓而流水浃决，三鼓而鹤鸣于皋，凤翔于冈。于是宾主雍容整冠敛裳，饮不致酣，乐不致荒……在座者浦阳戴仲游、金华宋景濂、东阳蒋文用、暨阳杨太初、义乌黄仲恭皆一时俊彦。[142]

宋濂则记载了郑氏在明洪武十二年（1379 年）在郑氏喜友堂举行的一次燕集：

洪武己未秋八月壬辰，胡教授仲申、朱长史伯清、苏编修平仲及金征君元鼎，咸集于麟溪郑氏。余同刘继至，郑氏之贤太常博士仲舒，置酒燕客于喜友堂。笾豆孔秩，冠裳有仪，揖让兴俯，翼翼如也。盖余与胡、郑、朱三君自弱冠为同门友，今皆颓然老矣。苏君生虽稍后，亦尝为同朝。追记昔时各縻禄仕，不获卮酒为欢凡二十余年，今者幸遂家食，或居异邑，或相远二百里，皆得与之周旋于尊俎间，则夫斯会之同，岂易致哉？于是献酬乐甚，酒酣，郑君为诗十四韵以庆会合之情，出示坐客，坐客先后倚韵而和之，遂联为卷，俾能诗者续焉。[143]

两段引文提到的戴仲游、宋濂、蒋文用、杨太初、黄仲恭、胡仲申（胡翰）、朱伯清、苏平仲（苏伯衡）都是浦江郑氏的常客。

与郑氏长期发生联系的这些文人墨客，都是才学优异之士，他们在地方文化生活中居于主导地位，对于提高郑氏在地方上的影响和地位非常重要，同时，他们在郑氏之家教学和生活，也为郑氏子弟的培养做出了重要贡献。更为重要的是，这些儒士在此前后大部分在元朝中央和地方做官，对于提高郑氏在元朝官方的地位，同样起了重要作用，对于郑氏子弟的仕宦活动也有重要影响。

（二）郑氏以中央、地方官僚为主的社会网络

浦江郑氏在受到旌表以后，非常重视与各级官僚建立社会网络。如郑铺与行省参政忽都鲁沙交游，忽都鲁沙子为武义县尹，后被免官，流落杭州，"贫不能自存"，郑铺"延其家十口来浦江，给衣食三十余年"[144]。最初，这种社会网络中的官僚主要是浦江县地方官以及浙东肃政廉访司官员，后来随着郑氏子弟仕宦活动的开展，这种社会网络逐步扩大。现将《麟溪集》中所记载的与郑氏有关联的各级官僚列表如下：

姓名	地区	身份	姓名	地区	身份
陈俨	鲁人	翰林学士	张昌	河汾人	国子学助教
李孝光	栾城人	著作郎	祁君璧	不详	广西廉访副使
林以顺	莆田人	浦江县尹	葛元哲	临川人	金溪县尹

姓名	地区	身份	姓名	地区	身份
吴师尹	庐陵人	永丰县丞	察伋	蒙古人	南台监察御使
于文传	平江人	集贤待制	八儿思不花	蒙古人	浦江达鲁花赤
赵期颐	汴梁人	河南行省参政	余阙	武威人	浙东廉访金事
费著	成都人	翰林直学士	宇文公琼	归安人	国子助教
黎括	安南人	安南国使者	林泉生	福州人	福清州知州
白友直	不详	绍兴路同知	戴良	浦江人	儒学提举
李好文	东明人	翰林学士	揭汯	豫章人	秘书省少监
张以宁	晋安人	翰林侍讲学士	卢挚	涿州人	翰林学士
叶谨翁	金华人	婺州路司狱	胡长孺	永康人	长山盐场司丞
吴师道	兰溪人	中书礼部郎中	周伯琦	鄱阳人	监察御使
周暕	鄱阳人	应奉翰林文字	林希元	天台人	应奉翰林文字
叶瓒	上饶人	月泉书院山长	胡益	鄱阳人	太常博士
张瑾	保安人	翰林待制	周鼎	浦江人	巡检
屠性	诸暨人	月泉书院山长	程国瑞	鄱阳人	余姚州判官
别尔怯不花	蒙古人	中书省左丞相	柳贯	浦江人	翰林待制
揭奚斯	丰城人	翰林侍讲学士	张起岩	济南人	翰林学士承旨
王沂	真定人	礼部尚书	杨宗瑞	天临人	翰林侍讲学士
冯思温	晋阳人	御使中丞	胡助	东阳人	太常博士
镏闻	安成人	沔阳知府	段天佑	汴梁人	江浙儒学提举
徐一清	兰溪人	江浙儒学提举	汪文璟	常山人	余姚州知州
贡师泰	宣城人	吏部侍郎	王艮	诸暨人	江西省员外郎
许广大	台州人	鄞县县尹	周自强	清江人	义乌县尹
程徐	庆元人	校书郎	孙伯颜	不详	永新管军千户
欧阳公瑾	庐陵人	浙东宣慰司都事	鲍恂	崇德州人	贸山书院山长
阎复	高唐人	集贤学士	王楚鉴	不详	浙东廉访金事
吴直方	浦江人	集贤大学士	谢端	江陵人	国子司业
泰不华	蒙古人	秘书卿	王守诚	太原人	礼部郎中
宋本	大兴人	礼部郎中	宋耿	大兴人	翰林直学士
哈八石	色目人	户部员外郎	虞集	崇仁人	翰林直学士
陈绎曾	不详	国史编修	宋濂	金华人	翰林编修
方惟恺	严陵人	龙溪县尹	黄溍	义乌人	国史编修

续表

姓名	地区	身份	姓名	地区	身份
危素	临川人	行省左丞	曾坚	临川人	国史编修
欧阳玄	浏阳人	翰林待制	刘基	青田人	儒学副提举
张翥	晋宁人	国子祭酒	陈旅	莆田人	国子监丞
吕思诚	平定州人	翰林学士	宗镇孙	青田人	翰林检阅
康里巎巎	康里人	江浙行省平章	朵儿直班	蒙古人	御使中丞
脱脱	蒙古人	中书右丞相	爱猷识礼达腊	蒙古人	皇太子

上表统计了 80 位与郑氏有关的元朝中央和地方官员，其中，中央官员 44 人，地方官员 35 人，外国使者 1 人。从这些官员的官职来看，既有位高权重的中书丞相、皇太子、御使中丞、吏部侍郎，也有在地方（主要是江浙行省）大权在握的江浙行省平章、浙东廉访金事、知州、县尹等；既有汉人、南人出身的官员，也不乏蒙古、色目出身的官员，反映了浦江郑氏社会网络的强大和广泛性。上述官员中，集贤院、国史院、翰林院、秘书省、国子学、太常礼仪院以及地方儒学提举司、学官等以文学见长的官员有 43 人，占统计数量的 53.75%，其他中央地方官员也是文学出身较多，反映了郑氏社会网络构建中以文学为主的特点。

从史料来看，上述官员与郑氏发生互动关系主要有以下途径：

1. 亲自到郑氏之家体察勉励。

至大年间，郑氏被元政府旌表，首先到浦江体察勉励的为浦江县达鲁花赤忽都沙，他在郑家举酒对郑氏长孙郑鉴说："中朝此举，褒其既往而劝方来，子长且贤，振而起之，系子是望。"[145]此后到郑家的是浦江达鲁花赤八儿思不花，他曾"一至其居"，并写诗赞叹道："我来掌浦阳，县有孝义民……一家自三代，秩秩列弟昆。更望力嘉勉，见此浇俗敦。"[146]八儿思不花还将郑氏义居的情况告诉其国子学同学吕思诚，吕思诚在一篇文章中记述道："（八儿思不花）今自浦江来，始相见于京师，谓予曰：'予历官县州，民未易化，敦于孝义者，为浦江郑氏为然。'"[147]

除了浦江县官员以外，浙东道肃政廉访司官员也有亲自到浦江郑家体察勉励的。元朝规定，诸道肃政廉访司除了监察以外，还负责"宣明教化"，因此到义门体察勉励是"观风者职也"。最先到浦江的是浙东廉访使王楚鼇（号雪斋，字元戴），在来浙东以前，曾在江浙行省任职的朋友朵儿直班就给他写信说："浦江郑氏同爨者数世，贤使者宜为风教专意焉。"[148]至正四年（1344 年）王楚鼇到达浦江，黄溍记载了这次体察的情况：

> 至正四年春闰二月丙寅，持部使者节，分按至浦江，问郑氏之掌其家者为谁，吏以大和对。时大和年逾八十，欲延见，而重于昭至之，乃命即家存问，而进其群子姓询以家规之详，委曲褒谕，仍戒有司拊循而勿扰。明日，又俾县主簿函诗往遗焉。乡人咸为之感动，太息不已。[149]

至正九年（1349 年）余阙为浙右道肃政廉访司金事，次年，他来到郑家，欣然写下

"浙东第一家"五大字以赠之，胡助记述道：

> 至正乙丑夏，余阙公自翰林待制来佥浙东海右道肃政廉访司事，明年庚寅夏六月辛丑，行县至浦江，察知郑大和累世义居，谓海右之郡未能再见，书五篆文以嘉之。[150]

胡助在为浙东廉访使时，也曾到过郑家，"获拜期颐之老于床下"。他有诗写道："相国鸿书护碧纱，凤林渊薮闳烟霞。南方礼义无多族，东浙衣冠第一家。天上经筵资检讨，里中文学被光华。观风善俗加褒表，厚德清芬岂有涯。"表达了他对郑氏的推崇。[151]

江浙行省高官也有与郑氏直接交往的记载，别尔怯不花（字大用）为江浙行中书省左丞相时，辟浦阳郑深为属。他得知郑氏九世同居的情况后，"乃延深问状，深以从祖大和所著家范进，公读之至再，喟然叹曰：是不为风俗之冠冕也！"于是他亲自赋诗一首以赠之，表示将以此"为世劝也"[152]。另一位与郑氏直接交往的是江浙平章政事月鲁帖木尔，至正十二年（1352年）三月，月鲁帖木尔到任，听到浦江郑氏九世聚族的情况，写了"一门尚义，九世同居"八大字以遗之。此外，身为集贤大学士的浦江人吴直方"适蒙恩南还，遂至郑氏家"[154]。

2. 通过结交郑氏做官子弟，与郑氏发生间接联系。

前面已经记述，郑氏子弟郑铢、郑深、郑泳、郑涛等仕宦非常成功，他们在为官期间特别注意交结各级官员并将郑氏义门推介给同事和上司，很多元朝官员于是间接地成为郑氏社会网络的一员。

郑氏子弟很注意与周围官员的交往，郑涛与曾坚"同仕于国学，交好甚契"[155]。王武谈到与郑氏子弟的交往时说："（郑氏子弟）其来京师者，予得四人交焉：宣政院照磨彦平（郑铢）、宣文阁授经郎仲几（郑深）、经筵检讨仲舒（郑涛）、太傅掾仲潜（郑泳）。"[156]宗镇孙在谈到对郑氏子弟印象时也说："至正乙丑（1349年），三郑之裔宣政院照磨彦平与予会京师，讲宗好。观其为人，如良金美玉世所珍贵。既又见其从子太傅长史仲几、经筵检讨仲舒，如灵芝芳兰，风韵高远，义门多贤，概可见矣！"[157]郑铢在做宣政院照磨期间，还将《郑氏家范》推介给陈旅和张翥。[158]

在社会交往方面为郑氏扩大社会网络做出突出贡献的是郑深。郑深游京师结交丞相别尔怯不花，随从出镇江浙，回京后，又得到丞相脱脱的信任，成为脱脱子哈喇章的老师，元顺帝还命太子爱猷识礼达腊从郑深学习。至正四年（1344年）脱脱"以烦言"辞相，出居青海，临走以哈喇章托付郑深，说明他与郑深之间的密切关系。至正九年（1349年）脱脱复相，以郑深为丞相府长史，郑深参与处理了很多国家大事。脱脱亲书"白麟溪"三大字赠之。[159]不久，郑深为经筵译文官，与皇太子爱猷识礼达腊关系密切，至正十六年（1356年）郑深南归，专门到皇太子处辞行，爱猷识礼达腊"将留弗遣"，郑深反复解释，皇太子才同意他南归，临行以"眉寿"二大字赐之。[160]郑深在朝中为官期间，"凡朝中尊显与夫三学名流皆浚常知旧也"[161]。具体来说主要有揭傒斯、李好文、欧阳玄、危素、熊梦祥、张昌、李孝光等，他们与郑深都有诗文相唱酬，李好文有诗描绘他们在上都的密切交往：

滦京六月凉，禁林少风日。或相对语言，或时访佳客，留连仅再月，驱车已回辙。[162]

（三）郑氏以婚姻集团组成的社会网络

婚姻是浦江郑氏十分稳定的社会网络，从史料来看，浦江郑氏主要从地方文学、仕宦之家选择婚姻对象，通过联姻扩大其社会网络。如郑钜之妻周生（字依仁），"世为浦江著姓"。周氏之大父与德璋交往甚密，周氏"甫及笄，遂以归君之孙钜"。郑渊五岁，周氏口授《孝经》、《论语》以教之，说明周氏出身属于文学之家。[163]郑瀛之妻黄琇（字守贞）也是浦江著姓，宋隆兴年间，其祖黄度中进士，黄氏入嫁郑家以后，仍"不失故家遗范"。[164]郑渭之妻吴裕，"能诵诗书，为一家女师"。看样子也是出身文学世家。[165]

郑氏为其女选择婚姻对象也是以官宦、文学之家为主，郑氏姻族之一的东阳许氏就是文学之家，其祖许琼在宋宣和年间，"死寇难，乡人庙祀之"。元代许大有通儒术，人称草庵先生，其子许本娶麟溪郑氏。许本之子许煜（字允彰）之妻郑儒（字德仁），"亦出麟溪"。[166]郑铢之女郑润，嫁给义乌县丞洪士廉。[167]郑鉴有女二人，"长适曲阜林庙管勾吴汝砺，次适崇文监丞吴志道"。[168]

从现有史料看，浦江郑氏的婚姻对象主要是当地或临近县的文学、仕宦之家，反映了郑氏地方大族的特点。由于史料欠缺，本文还不能就这一问题展开论述。

（四）郑氏以下层村社乡邻组成的社会网络

浦江郑氏作为一个地方大族，地方的安定、和谐对于其家族的发展非常重要，所以郑氏在经营社会网络的过程中十分注意地域社会网络的建设，将浦江当地村社乡邻纳入自己的社会网络之中，以维护其在地方社会文化活动中的主导地位和保持其对地方社会的控制。郑氏与村社乡邻组成的这种地域性社会网络主要通过下列途径建立：

1. 捍卫乡里，保持地方社会安定。

前面已经论述了德璋在宋末元初捕盗、防盗，捍卫乡里，乡民得安的义举，进入元朝，郑氏更加注重对乡里社会的安定和乡里公共利益的维护。大德末年，乡里豪民霸占公共山林，禁止百姓开采，文泰"匹马往谕之，弗听，乃白于官，坐以罪，人至今利之"[169]。元末兵起，州郡骚然，元枢密判官阿鲁灰率军五万至浦江，"夺民庐舍以居，二十里之内鸡犬羊牛尽弊"。郑镛挺身而出，只身至军营，说服阿鲁灰撤军息民，使阿鲁灰"下令启行，一军萧然"[170]。郑渭掌家时，"县之大夫踵门问政，告之以利病，民阴受其赐也"。明初定赋税，"郡田一斛骤增其半，白于当路而蠲之也"[171]。

2. 介入乡民日常生活，显示其在乡里的权威。

郑氏通过介入乡民日常生活，以自己的价值标准处理其纠纷，保持其权威地位。德珪掌家时，"邻落有讼者，义士以片言决之，人人悦服，斗几息"[172]。郑钦掌家期间"有纷争弗决者，得片言曲直自明，罗拜而去"[173]。郑渭时期，"姻家析资，陈之以秉彝，不以己之亲疏为厚薄，人服其均且平也"[174]。对于不符合郑氏价值观念的现象，郑氏则毫不犹豫地干涉。郑钦掌家，"愚民无知，视骨肉如途人，君为开陈大义，至恳切处，潸然出涕，民多悔悟自新"[175]。村民王某家中多子，无以为养，产生溺子想法，郑渊至其家"闻儿泣声甚悲，盖民将溺之于水，仲涵为陈父子至情，且惠以粟，民大感悟"[176]。有盗持斧逃入山林，有家僮往御之，反为盗所殴，僮妻往护之，失足坠崖死，郑渭"禁僮勿讼，反遗之钱币"[177]。

3. 通过从事社会救济和社会公益，赢得乡民拥护。

郑氏"恤异姓，周穷匮，有推仁之财，免利之养"。元人应奎翁记述道：

> 乡人无亲疏，生子者必以闻，给麋粟；应疾者必以告，馈药饵。死不能殓，有义棺，殓不能葬，有义阡。当艰食时，中户有平籴之粟，其次有借贷之粟，又其次有周济之粟。平籴不增价，借贷不取息，周给并本不取。里困重役，则复有义助之钱若粟，佃家输租外，时俗黍鸡卖蔬之入并不受，以宽其力。邻里毫发馈遗戒勿纳，贸易必饶其直，其义之周于乡者类若此。[178]

为了解决当地贫民无以为葬的问题，郑氏以"家左右平冈野莽之地数十亩，归为丛冢，以务敛其遗骸"[179]。郑氏救济乡民的例子很多，蕲春县王烈在元末战乱中家毁，率其族五十人乞食于浙东，郑渊"馆之数月而后去"。浦江儒士贫不能养其母，郑渊"厚周之"。冬大雪，郑渊早晨外出，见有寒士，"衣不掩胫，齿相击上下，仲涵呼酒饮之，热火温之，仍解自衣纩裘为赠"[180]。此外，郑氏修桥、修路等例子还很多，这里不再列举。

通过以上措施，浦江郑氏建立起以当地村社乡邻为主的地域性的社会网络，郑氏为这一网络的中心，乡民则自动进入这一网络，接受郑氏的领导，承认郑氏的权威。通过这种社会网络，郑氏完成了对地方社会的控制。这种情况可以从乡邻对郑氏的态度中表现出来，郑镛去世以后，在当地引起了很大反响，"家庭内外，不论服之有无，咸呜呜哭，哭则甚哀。一县之中，若宗族，若姻连，若三农百工，若乡士大夫皆素衣冠，往拜哭，哭亦尽哀。旁邑之贤者闻之，亦窃哀之，曰：是家实无愧于三代。"[181]郑渭在世时，"郑氏化行乡邦，三尺之童率皆信服，咸呼之为长者也。"郑渭去世时，"闻其捐馆，一郡为之出涕，贵贱贤愚无间然也"[182]。

从以上对浦江郑氏的社会网络的考察可以看出，其社会网络可以分为四个层次：以血缘、婚姻组成的社会网络是郑氏社会网络的核心，郑氏特别重视对宗族的提携和管理，同居共爨达二百余人，成为当地的大族。郑氏还通过婚姻联络当地大族和地方官吏，扩大家族的势力。其次为通过地域建立的以地方村社乡邻为主的社会网络，郑氏通过捍卫乡里的安定，为自己创造发展的良好环境，通过介入乡邻生活、救济贫乏等社会公益事业取得乡邻的拥护和服从，在乡里建立权威和社会控制。第三个层次为以地方儒士为主组成的社会网络，通过这个社会网络，郑氏可以得到社会舆论的赞扬支持，扩大在整个江南地区的影响。另外，郑氏还通过这个网络，使子弟得到当时最好的教育，为郑氏子弟的仕宦成功创造条件。第四个层次为郑氏与中央和地方官员组成的社会网络，通过这个网络，郑氏得到元朝官方的支持和旌表，大大扩充了其政治势力和社会控制能力，使郑氏家族在元朝末年进入全盛时期。元代儒士地位下降，处境恶劣，以往科第仕宦之家也纷纷破产衰落，戴良写道："良尝往来县境，历览百里间，问其故家遗族于县人，则自宋以来达官贵士之门第往往而有，然求其子孙以扣其家事之懿，乃皆吃吃不能道一语，或得其家乘而观之，其不胜感慨者多矣。"[183]在这种情况下，郑氏以孝义崛起，成为江南望族，确实令人惊叹，除了各种客观条件以外，注重社会网络的经营，应该是一个重要原因。

五、余　　论

郑氏北宋末年迁到浦江，南宋一百五十余年默默无闻，到元代却很快崛起，这与元代江南社会环境有关。南宋灭亡以后，江南第一次完全处在北方游牧民族的统治之下，为了达到控制江南的目的，元政权将一些蒙古、色目以及北方汉人派到江南做官，而具有丰富治国经验的江南儒士却基本上被排除在江南政权之外，这种统治方式导致了江南社会的巨大变化。一方面，由于南北一统，交通发达，社会长期安定以及蒙古、色目人的重商观念，江南商品经济发达，社会繁荣，另一方面，由于科举长期废除，士人出仕途径断绝，处境恶化，导致了江南社会中出现传统伦理、价值观念普遍缺失的现象，一些儒士感叹："近来薄俗狂澜奔"[184]，一些人则批评"世不逮古，夫妻相虐而兄弟为仇，比比皆然也"。在这种情况下，浦江郑氏九世同居共爨，以孝义治家，以实行传统伦理制度为己任，自然会让那些为传统的缺失而感到忧虑的儒士们敬佩、感慨不已，一些人认为郑氏是"中流之砥柱，彝伦赖以枝树，名教赖以增重"[185]，于是"自之硕人元夫、宗工巨子、髦士俊生莫不为之感叹而歆羡，或行诸诗以道其美，或著于文以纪其实"[186]。可以说，浦江郑氏在元代的崛起，是由当时社会环境决定的。对于元政权来说，江南稳定和繁荣，是其进行统治的必要条件。郑氏捍卫地方，聚族同居对当地社会的稳定起了重要作用，当然也会得到元政权的支持和推崇。

元代浦江郑氏的崛起，在江南引起了较大的反响，"有元孝义之俗由浦江郑氏始"[187]。一些家族纷纷效法，浦江王澄"尝慕郑氏名，教其子孙取以为法，子孙承其志。今越五世，亦不少变，乡人遂亦称之"[188]。义乌陈氏在讨论家礼时，其子樵进曰："礼之欲议尚矣，与其议于家，孰若仿诸人。"于是以郑氏家礼为本。[189]

就今天看来，元代浦江郑氏是中国古代传统大家族的一个典型个案，对于我们认识中国古代大家族的结构及其特点非常重要。浦江郑氏在其存在的三百余年时间里，对于当地社会的稳定、经济文化的发展以及社会进步做出了积极的贡献，对中国传统文化的发展和传承同样功不可没。

附：浦江郑氏本文所涉及人物世系表

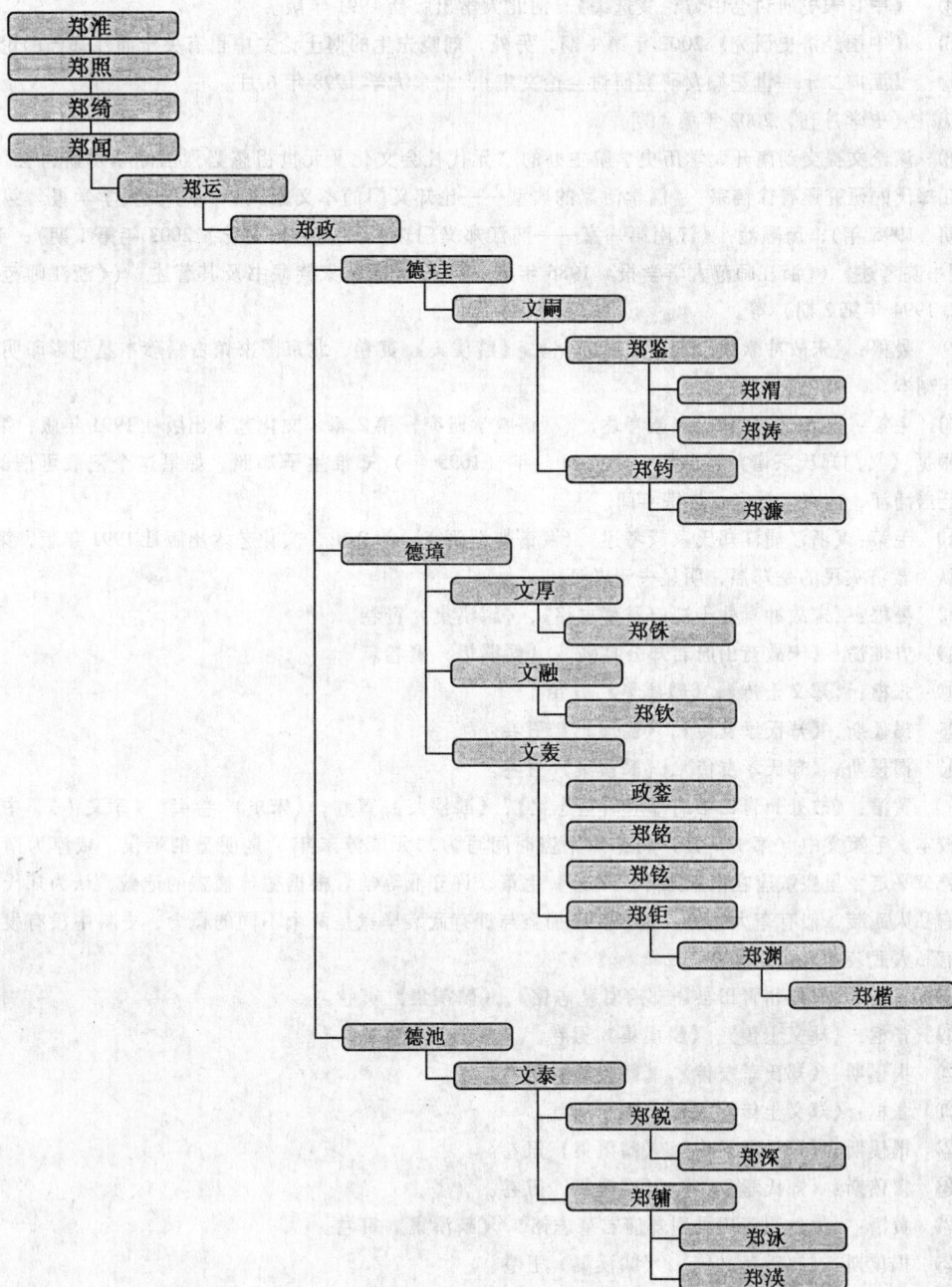

```
郑淮
郑照
郑绮
郑闻
    郑运
        郑政
            德珪
                文嗣
                    郑鉴
                        郑渭
                        郑涛
                    郑钧
                        郑濂
            德璋
                文厚
                    郑铢
                文融
                    郑钦
                文泰
                    政銮
                    郑铭
                    郑铉
                    郑钜
                        郑渊
                            郑楷
            德池
                文泰
                    郑锐
                        郑深
                    郑铺
                        郑泳
                        郑漢
```

注释：

　① 刘应李：《大元混一方舆胜览》卷下，四川大学出版社 2003 年版，第 516 页。

　② 檀上宽：《義門鄭氏と元末の社會》、《元、明交替の理念と現實——義門鄭氏を手挂かりとして》、《〈鄭氏規範〉の世界——明朝権力と富民層》、《明朝專制支配の史的構造》，東京汲古書院 1995

年版，第 189～310 页。John W. Dardess, *The Cheng Communal Family – Social Organization and Neo-Confucianism in Yuan and Ming China*, *Harvard Journal of Asiatic Studies*, 34, 1974, pp. 7-52。

③　《谱牒学研究》第二辑，文化艺术出版社 1991 年版。

④　《中日宋史研讨会中方论文选编》，河北大学出版社 1991 年版。

⑤　《中国经济史研究》2002 年第 1 期，另外，刘晓先生的博士论文中也有关于浦江郑氏的论述。

⑥　《面向二十一世纪妇女研究研讨会论文集》，北京大学 1998 年 6 月。

⑦　《史学月刊》2002 年第 4 期。

⑧　该论文提交到南开大学历史学院主办的"元代社会文化及元世祖忽必烈国际学术研讨会"。有关浦江郑氏的研究还有徐儒宗：《儒学治家的典型——论郑义门的孝义家风》（《宁波大学学报》第 1 卷第 1 期，1995 年）；芮顺淦：《江南第一家——浦江郑义门琐谈》（《东南文化》2003 年第 1 期）；毛策：《东明书院考述》（《浙江师范大学学报》1986 年第 1 期）、《郑氏家族藏书及其著述》（《浙江师范大学学报》1994 年第 2 期）等。

⑨　晏殊：《宋故冲素处士郑府君墓志铭》，《麟溪集》寅卷，北京图书馆古籍珍本丛刊影印明成化十一年刻本。

⑩　毛策：《浙江浦江郑氏家族考述》（《谱牒学研究》第 2 辑，文化艺术出版社 1991 年版，第 145 页）根据《义门郑氏宗谱》记载说，宋元符二年（1099 年）郑淮生子郑照，如果这个记载可信的话，郑氏迁居浦江，应在宋神宗、哲宗年间。

⑪　毛策：《浙江浦江郑氏家族考述》（《谱牒学研究》第 2 辑，文化艺术出版社 1991 年版，第 146 页）认为救济灾民的是郑照，明显失于考证。

⑫　晏殊：《宋故冲素处士郑府君墓志铭》，《麟溪集》寅卷。

⑬　方惟楫：《宋故蓝山府君郑公墓碣》，《麟溪集》寅卷。

⑭　张枢：《郑义士传》，《麟溪集》丑卷。

⑮　揭傒斯：《郑氏孝友传》，《麟溪集》丑卷。

⑯　揭傒斯：《郑氏孝友传》，《麟溪集》丑卷。

⑰　黄溍：《故处州青田县尉郑府君墓志铭》，《麟溪集》寅卷；《宋史》卷 456《孝义传》，中华书局点校本。毛策文中（第 148 页）将德璋平盗时间写为"元咸淳末年"是明显的笔误，咸淳为南宋年号，德璋平定乡里盗贼应在南宋末年。另外，毛策、许守泯等学者根据德璋捕盗的记载，认为郑氏这时已经有私人武装，似有夸大之辞，带领乡亲捕盗与拥有武装毕竟是两个不同的概念，史料中没有发现郑氏拥有私人武装的直接记载。

⑱　黄溍：《故处州青田县尉郑府君墓志铭》，《麟溪集》寅卷。

⑲　张枢：《郑义士传》，《麟溪集》丑卷。

⑳　揭傒斯：《郑氏孝友传》，《麟溪集》丑卷。

㉑　张枢：《郑义士传》，《麟溪集》丑卷。

㉒　揭傒斯：《郑氏孝义传》，《麟溪集》丑卷。

㉓　揭傒斯：《郑氏孝义传》，《麟溪集》丑卷。

㉔　黄溍：《故处州青田县尉郑府君墓志铭》，《麟溪集》寅卷。

㉕　揭傒斯：《郑氏孝义传》，《麟溪集》丑卷。

㉖　陈绎曾：《郑氏义门事迹传》，《麟溪集》丑卷。

㉗　揭傒斯：《郑氏孝义传》，《麟溪集》丑卷。

㉘　宋濂：《元史》卷 197《孝友一》，中华书局 1992 年版。

㉙　揭傒斯：《郑氏孝义传》，《麟溪集》丑卷。

㉚　《麟溪集》丁卷。

㉛　朵儿直班：《题郑氏义门家范后》，《麟溪集》巳卷。

㉜ 余阙:《青阳先生文集》卷1《美浦江郑氏义门》,四部丛刊续编本,上海商务印书馆1934年版。

㉝ 胡助:《跋余廉访所篆"东浙第一家"五大字后》,《麟溪集》巳卷。

㉞ 宋濂:《东明山精舍壁记》,《麟溪集》申卷。

㉟ 宋濂:《元史》卷197《孝友一》。

㊱ 陈绎曾:《郑氏义门事迹传》,《麟溪集》丑卷。

㊲ 陶凯:《义门诗序》,《麟溪集》辰卷。

㊳ 危素:《元故江山县儒学教谕赠翰林修撰承务郎同知制诰兼国史院编修官郑府君墓志铭》,《麟溪集》寅卷。

㊴ 曾坚:《元赠奉议大夫中书礼部郎中骁骑尉追封浦江县子郑府君墓志铭》,《麟溪集》寅卷。

㊵ 黄溍:《青桎居士郑君墓铭》,《麟溪集》寅卷。

㊶ 宋濂:《元故行宣政院照磨兼管勾承发架阁郑府君墓铭》,《麟溪集》寅卷。

㊷ 宋濂:《元封从仕郎江浙等处行中书省左右司都事郑彦贞甫墓志铭》,《麟溪集》寅卷。

㊸ 宋濂:《郑彦宏甫墓板文》,《麟溪集》寅卷。

㊹ 欧阳玄:《元故赠奉议大夫枢密院判官骁骑尉追封浦江县子郑府君墓碑铭》,《麟溪集》寅卷。

㊺ 宋濂:《郑府君墓志铭》,《麟溪集》寅卷。

㊻ 胡翰:《乐全子郑君墓志铭》,《麟溪集》寅卷。

㊼ 宋濂:《故奉训大夫金江东建康道肃政廉访司事郑君墓志铭》,《麟溪集》寅卷。

㊽ 宋濂:《郑仲潜传》,《麟溪集》丑卷。

㊾ 曾坚:《元赠奉议大夫中书礼部郎中骁骑尉追封浦江县子郑府君墓志铭》,《麟溪集》寅卷。

㊿ 苏伯衡:《郑仲涵传》,《麟溪集》丑卷。

51 宋濂:《元封从仕郎江浙等处行中书省左右司都事郑彦贞甫墓志铭》,《麟溪集》寅卷;《明史》卷126《李文忠传》。

52 宋濂:《故浦江义门第八世郑府君墓板文》,《麟溪集》寅卷。

53 胡翰:《乐全子郑君墓志铭》,《麟溪集》寅卷。

54 《麟溪集》丁卷。

55 王世贞:《弇山堂别集》卷3《盛世述三·义门恩泽》,文渊阁四库全书本。

56 王世贞:《弇山堂别集》卷11《异典述》,文渊阁四库全书本。

57 程敏政:《新安文献志》卷21程昆《御书孝义家诗卷后序》,文渊阁四库全书本。

58 程敏政:《皇明文衡》卷41张纨《麟溪集序》,四部丛刊初编本。

59 王世贞:《弇山堂别集》卷3《盛世述三·义门恩泽》。

60 苏伯衡:《郑仲涵传》,《麟溪集》丑卷。

61 《明史》卷301《烈女传》,中华书局点校本。

62 《明史》卷296《孝义一》,中华书局全校本。

63 程敏政:《皇明文衡》卷92,楼琏《贞义处士郑府君墓表》。

64 《明史》卷301《烈女传》中华书局全校本。

65 毛策:《浙江浦江郑氏家族考述》根据郑氏后代提供的地方文献,论述了郑氏在明代的发展情况,可以参考。不过,他在第156页说天顺三年郑氏遭遇火灾,《麟溪集》并不见记载,不知依据何在。

66 晏穆:《宋故冲素处士郑府君墓志铭》,《麟溪集》寅卷。

67 苏伯衡:《郑仲涵传》,《麟溪集》丑卷。

68 胡翰:《乐全子郑君墓志铭》,《麟溪集》寅卷。

69 宋濂:《郑彦宏甫墓板文》,《麟溪集》寅卷。

70 黄溍:《青桎居士郑君墓铭》,《麟溪集》寅卷。

⑦ 苏伯衡：《郑仲涵传》，《麟溪集》丑卷。

⑦ 揭傒斯：《郑氏孝友传》，《麟溪集》丑卷。

⑦ 欧阳玄：《元故赠奉议大夫枢密院判官骁骑尉追封浦江县子郑府君墓碑铭》，《麟溪集》寅卷。

⑦ 陈绎曾：《郑氏义门事迹传》，《麟溪集》丑卷。

⑦ 宋濂：《元封从仕郎江浙等处行中书省左右司都事郑彦贞甫墓志铭》，《麟溪集》寅卷。

⑦ 黄溍：《故处州青田县尉郑府君墓志铭》，《麟溪集》寅卷。

⑦ 陈绎曾：《郑氏义门事迹传》，《麟溪集》丑卷。

⑦ 《师俭堂训》，《麟溪集》子卷。

⑦ 应奎翁：《送郑架阁秩满东归序》，《麟溪集》辰卷。

⑧ 曾坚：《孝义郑氏有序堂颂》，《麟溪集》子卷。

⑧ 陈绎曾：《郑氏义门事迹传》，《麟溪集》丑卷。

⑧ 应奎翁：《郑氏义门志》，《麟溪集》戌卷。

⑧ 曾坚：《元赠奉议大夫中书礼部郎中骁骑尉追封浦江县子郑府君墓志铭》，《麟溪集》寅卷。

⑧ 胡邦翰：《义门诗序》，《麟溪集》辰卷。

⑧ 《麟溪集》巳卷。

⑧ 曾坚：《元赠奉议大夫中书礼部郎中骁骑尉追封浦江县子郑府君墓志铭》，《麟溪集》寅卷。

⑧ 胡邦翰：《义门诗序》，《麟溪集》辰卷。

⑧ 欧阳玄：《元故赠奉议大夫枢密院判官骁骑尉追封浦江县子郑府君墓碑铭》，《麟溪集》寅卷。

⑧ 应奎翁：《郑氏义门志》，《麟溪集》戌卷。

⑨ 陈绎曾：《郑氏义门事迹传》，《麟溪集》丑卷。

⑨ 欧阳玄：《元故赠奉议大夫枢密院判官骁骑尉追封浦江县子郑府君墓碑铭》，《麟溪集》寅卷。

⑨ 晏穆：《宋故冲素处士郑府君墓志铭》，《麟溪集》寅卷。

⑨ 应奎翁：《郑氏义门志》，《麟溪集》戌卷。

⑨ 吴莱：《嘉礼庄记》，《麟溪集》申卷。

⑨ 曾坚：《元赠奉议大夫中书礼部郎中骁骑尉追封浦江县子郑府君墓志铭》，《麟溪集》寅卷。

⑨ 晏穆：《宋故冲素处士郑府君墓志铭》，《麟溪集》寅卷。

⑨ 陈绎曾：《郑氏义门事迹传》，《麟溪集》丑卷。

⑨ 应奎翁：《郑氏义门志》，《麟溪集》戌卷。

⑨ 应奎翁：《郑氏义门志》，《麟溪集》戌卷。

⑩ 陈樵：《鹿皮子集》卷2《题郑氏义门》，文渊阁四库全书本。

⑩ 吴当：《学言诗稿》卷2《浦江郑氏义门》，文渊阁四库全书本。

⑩ 揭傒斯：《郑氏孝友传》，《麟溪集》丑卷。

⑩ 危素：《元故江山县儒学教谕赠翰林修撰承务郎同知制诰兼国史院编修官郑府君墓志铭》，《麟溪集》寅卷。

⑩ 宋濂：《元故行宣政院照磨兼管勾承发架阁郑府君墓铭》，《麟溪集》寅卷。

⑩ 宋濂：《元封从仕郎江浙等处行中书省左右司都事郑彦贞甫墓志铭》，《麟溪集》寅卷。

⑩ 宋濂：《故奉训大夫金江东建康道肃政廉访司事郑君墓志铭》，《麟溪集》寅卷。

⑩ 《郑仲潜传》，《麟溪集》丑卷。

⑩ 曾坚：《元赠奉议大夫中书礼部郎中骁骑尉追封浦江县子郑府君墓碣铭》，《麟溪集》寅卷。

⑩ 宋濂：《郑彦宏甫墓板文》，《麟溪集》寅卷。

⑪ 欧阳玄：《元故赠奉议大夫枢密院判官骁骑尉追封浦江县子郑府君墓碑铭》，《麟溪集》寅卷。

⑪ 陶凯：《义门诗序》，《麟溪集》辰卷。

⑪ 许守泯文中对四人的仕宦情况（多为仕明）有考证，可参考。

⑪⑶ 宋濂：《故奉训大夫金江东建康道肃政廉访司事郑君墓志铭》，《麟溪集》寅卷。

⑪⑷ 黄溍：《青桧居士郑君墓铭》，《麟溪集》寅卷。

⑪⑸ 宋濂：《元封从仕郎江浙等处行中书省左右司都事郑彦贞甫墓志铭》，《麟溪集》寅卷。

⑪⑹ 《麟溪集》壬卷。

⑪⑺ 宋濂：《故奉训大夫金江东建康道肃政廉访司事郑君墓志铭》，《麟溪集》寅卷。

⑪⑻ 康里巙巙：《提丞相义门诗后》，《麟溪集》巳卷。

⑪⑼ 贝琼：《清江贝先生集》卷30《故韩处士碣铭》，四部丛刊初编本。

⑿⑴ 陈旅：《郑氏义门家范序》，《麟溪集》卯卷。

⑿⑴ 《郑仲涵传》，《麟溪集》丑卷。

⑿⑵ 宋濂：《采苓子传》，《麟溪集》丑卷。

⑿⑶ 危素：《元故江山县儒学教谕翰林修撰承务郎同知制诰兼国史院编修官郑府君墓志铭》，《麟溪集》寅卷。

⑿⑷ 吴宽：《匏翁家藏集》卷32《义乌陈氏祠堂记》，四部丛刊初编本。

⑿⑸ 方惟楷：《郑氏处士桎记》，《麟溪集》申卷。

⑿⑹ 廉诚：《家规后题》，《麟溪集》巳卷。

⑿⑺ 朱公迁：《义门箴》，《麟溪集》酉卷。

⑿⑻ 迈里设：《田家对子歌》，《麟溪集》甲卷。

⑿⑼ 危素：《元故江山县儒学教谕翰林修撰承务郎同知制诰兼国史院编修官郑府君墓志铭》，《麟溪集》寅卷。

⒀⑴ 揭傒斯：《郑氏孝友传》，《麟溪集》丑卷。

⒀⑴ 宋濂：《元封从仕郎江浙等处行中书省左右司都事郑彦贞甫墓志铭》，《麟溪集》寅卷。

⒀⑵ 胡翰：《乐全子郑君墓志铭》，《麟溪集》寅卷。

⒀⑶ 胡邦翰：《祭郑达卿文》，《麟溪集》戌卷。

⒀⑷ 宋濂：《郑府君墓志铭》，《麟溪集》寅卷。

⒀⑸ 宋濂：《文宪集》卷31《别义门》，文渊阁四库全书本。

⒀⑹ 黄溍：《青桧居士郑君墓铭》，《麟溪集》寅卷。

⒀⑺ 黄溍：《赠郑仲舒还朝序》，《麟溪集》辰卷。

⒀⑻ 方孝孺：《逊志斋集》卷7《郑叔度字说》，四部丛刊初编本。

⒀⑼ 方孝孺：《逊志斋集》卷20《祭郑仲舒太常》。

⒁⑴ 刘基：《贞孝处士郑仲涵墓铭》，《麟溪集》寅卷。

⒁⑴ 方孝孺：《逊志斋集》卷15《舣航轩记》。

⒁⑵ 应奎翁：《上巳日听琴东明书舍诗序》，《麟溪集》辰卷。

⒁⑶ 宋濂：《宋学士文集》卷67《郑氏喜友堂燕集诗序》，四部丛刊初编本。

⒁⑷ 宋濂：《元封从仕郎江浙等处行中书省左右司都事郑彦贞甫墓志铭》，《麟溪集》寅卷。

⒁⑸ 危素：《元故江山县儒学教谕赠翰林修撰承务郎同知制诰兼国史院编修官郑府君墓志铭》，《麟溪集》寅卷。

⒁⑹ 《麟溪集》丁卷。

⒁⑺ 吕思诚：《义门诗卷序》，《麟溪集》辰卷。

⒁⑻ 朵儿直班：《题郑氏义门家范后》，《麟溪集》巳卷。

⒁⑼ 黄溍：《记王雪龛诗下方》，《麟溪集》巳卷。

⒂⑴ 胡助：《跋余廉访所篆"东浙第一家"五大字后》，《麟溪集》巳卷。

⒂⑴ 胡助：《纯白斋类稿》卷8《题郑义门》。

⒂⑵ 康里巙巙：《提丞相义门诗后》，《麟溪集》巳卷。

⑤ 王袆：《题游省平章所书八大字后》，《麟溪集》巳卷。

⑤ 吴直方：《书郑氏义门传后》，《麟溪集》巳卷。

⑤ 曾坚：《元赠奉议大夫中书礼部郎中骁骑尉追封浦江县子郑府君墓志铭》，《麟溪集》寅卷。

⑤ 王武：《题郑氏义门家范后》，《麟溪集》巳卷。

⑤ 宗镇孙：《题郑氏义门家范后》，《麟溪集》巳卷。

⑤ 陈旅：《郑氏义门家范序》，《麟溪集》卯卷；张翥：《题郑氏义门家范后》，《麟溪集》巳卷。

⑤ 欧阳玄：《题白麟溪三大字后》，《麟溪集》巳卷。

⑥ 宋濂：《故奉训大夫金江东建康道肃政廉访司事郑君墓志铭》，《麟溪集》寅卷。

⑥ 《麟溪集》壬卷。

⑥ 《麟溪集》丁卷。

⑥ 危素：《故郑夫人周氏墓碣铭》，《麟溪集》寅卷。

⑥ 宋濂：《郑节妇黄氏传》，《麟溪集》丑卷。

⑥ 宋濂：《故浦江义门第八世郑府君墓板文》，《麟溪集》寅卷。

⑥ 吴宽：《匏翁家藏集》卷 70《许处士墓表》。

⑥ 宋濂：《元故行宣政院照磨兼管勾承发架阁郑府君墓铭》，《麟溪集》寅卷。

⑥ 危素：《元故江山县儒学教谕翰林修撰承务郎同知制诰兼国史院编修官郑府君墓志铭》，《麟溪集》寅卷。

⑥ 揭傒斯：《郑氏孝友传》，《麟溪集》丑卷。

⑦ 宋濂：《元封从仕郎江浙等处行中书省左右司都事郑彦贞甫墓志铭》，《麟溪集》寅卷。

⑦ 宋濂：《故浦江义门第八世郑府君墓板文》，《麟溪集》寅卷。

⑦ 张枢：《郑义士传》，《麟溪集》丑卷。

⑦ 黄溍：《青樌居士郑君墓铭》，《麟溪集》寅卷。

⑦ 宋濂：《故浦江义门第八世郑府君墓板文》，《麟溪集》寅卷。

⑦ 黄溍：《青樌居士郑君墓铭》，《麟溪集》寅卷。

⑦ 刘基：《贞孝处士郑仲涵墓铭》，《麟溪集》寅卷。

⑦ 宋濂：《故浦江义门第八世郑府君墓板文》，《麟溪集》寅卷。

⑦ 应奎翁：《郑氏义门志》，《麟溪集》戌卷。

⑦ 吴莱：《义阡记》，《麟溪集》申卷。

⑧ 刘基：《贞孝处士郑仲涵墓铭》，《麟溪集》寅卷。

⑧ 宋濂：《元封从仕郎江浙等处行中书省左右司都事郑彦贞甫墓志铭》，《麟溪集》寅卷。

⑧ 宋濂：《故浦江义门第八世郑府君墓板文》，《麟溪集》寅卷。

⑧ 戴良：《重刻冲素处士墓铭后题》，《麟溪集》巳卷。

⑧ 吴师道：《义门诗》，《麟溪集》巳卷。

⑧ 宋濂：《故浦江义门第八世郑府君墓板文》，《麟溪集》寅卷。

⑧ 王袆：《麟溪集后序》，《麟溪集》别篇下。

⑧ 杨春子：《郑氏义门文录后序》，《麟溪集》巳卷。

⑧ 方孝孺：《逊志斋集》卷 13《王氏深溪集后》。

⑧ 吴宽：《匏翁家藏集》卷 32《义乌陈氏祠堂记》。

（作者单位：武汉大学历史学院）

汤显祖《四梦》声律源流考辨

□ 程 芸

笔者曾撰文讨论汤显祖戏曲的"写作腔调"问题①，引起某些关注与争议。然返躬自省，这实在是一个需要继续作大量努力的课题；文章为篇幅所限，于文献、论说均有进一步补充的必要。本文继续这一研究，以晚明清初三部重要的南曲曲谱为依据，将视野聚焦于《四梦》文本本身，对其中五则代表性曲调作了阐幽发微式的考辨，细究其源流变异，以及与某些相关文本之间的关系，以期能对相关研究有所推进。

一、问题之缘起

汤显祖戏曲的"写作腔调"问题一直为学人所关注，也是"汤学"中争议最多的焦点。但毋庸讳言，某些论说其实并无新获，甚至有明显的因袭色彩；而某些论说则带有明显的"独断论"色彩，回避更为本质性的问题。这些都不足以形成学理意义上的"对话"，笔者以为，其切实的推进须有赖于两种努力：

其一，新的关键性文献的发掘：不管是"昆腔"、"海盐腔"还是"宜黄腔"的论者，所依仗的材料往往大同小异，如果只局限于人所共用的文献去作解读，将导致无谓的争执；

其二，旧有文献材料的"细读"："写作腔调"问题不仅仅与演剧史、剧种史相关涉，因此，寻找外围材料以勾拟出准确完整的晚明声腔剧种"时空分布图"，这固然至为重要，但另一方面，戏剧文体的边界具有相当大的可伸缩性，作为一种文人写作形式的"新传奇"（见吕天成《曲品》）与舞台呈现之间也并非一种镜像式关系，因此，我们对于《四梦》文本所透露出的舞台迹象，其实不可遽下判断。

在关键性材料有明显不足的情况下，第二种努力是大有可为的。前辈学者钱南扬先生曾通过对《牡丹亭》原作与若干昆腔改编本的比较，得出一判断："（《四梦》）曲调声情的哀乐、性质的粗细、节奏的缓急，以及搭配上宜同调叠用，或异调间列等，大都合乎昆山腔曲律。"②笔者以为，这一结论尚嫌仓促，有继续争鸣的可能，但它所提供的研究思路却有重要的意义。它提醒我们，有必要对作为舞台演剧概念的"声腔"与作为文人写作概念的"声律"之间的复杂关系③，作更为审慎的辨析。也就是说，"新传奇"文本的声律差异，究竟在怎样一种程度上，体现了声腔的影响乃至制约？声腔的不同，是否会导致声律的差异？或者，声律的差异，是否主要源于声腔的不同？这些是否有可能量化？当然，钱先生主要论述《牡丹亭》，其比较研究所依仗的文本较少，不足以推导出更深层次的结论；钱先生也没有就单个的曲调去作追根溯源的工作，而且只涉及汤作与昆腔的关系，没有正面探讨其与海盐腔之间可能的因缘。

理想的状态是，如果我们将《四梦》所有曲调逐一进行比勘，细究它们与当时流行的昆腔新声"水磨调"的关系，同时也细究它们与逐渐衰微的海盐腔的关系，还不妨探讨它们与民间弋阳腔的关系，然后在计量史学的方法论导引下，作必要的统计工作，那么，得出的结论将更为准确。但是，其工作量是非常巨大的。因此，本文虽然力图在前辈学者的研究基础上，有所拓展与前进，但其结论与推论显然都是不能以"定论"自居的，不过另一方面，由于本文所选择的曲调具有相当的代表性，它们为几代著名曲学家所关注，因此其至少能对本质性的问题有所触及、有所说明。

二、比勘的依据与方法

本文比勘的焦点是五则南曲曲调，即〔一江风〕、〔香柳娘〕、〔绵搭絮〕、〔锁南枝〕和〔水底鱼儿〕。需要特别强调的是，之所以选择以上五则曲牌作比勘，并非随意为之。它们得到了晚明清初几位有代表性的曲学家的重视。在不同的曲谱中，曲学家不仅对于其古今流变有所争议，甚至对于如何取舍以服务于文本写作和舞台演出，也是有不同看法的，并没有达成明确的共识。如万历年间的两位曲学名家王骥德、沈璟，他们对于应"返古"还是"从俗"，就表现出价值倾向上的明显对立。④"返古"与"从俗"取向的不同，不仅仅是曲学家的个体性偏好问题，它所凸显出来的，其实是嘉隆以后昆腔新声"水磨调"异军突起所激荡出的一种普遍性困惑。那就是，作为一种被视为"雅乐"、"正声"之嫡裔的南曲变体声腔，新兴昆腔如何在历史传统、舞台惯例和艺术典范理想之间，寻找到相互结合的关节点？

沈璟的《南九宫十三调曲谱》（以下简称《沈谱》）问世于明万历中后期，其基本倾向是"斤斤返古"（见王骥德《曲律·杂论下》），对昆腔新声的诸种惯例多有贬抑之词⑤；沈自晋的《重定南词新谱》（以下简称《新谱》）成于清顺治丁亥年（1647 年），则以"从今"为尚（其所谓"今"，其实至少可追溯到万历时期），为沈璟所不取的，他往往能以较宽容的态度予以收纳；而钮少雅、徐于室的《南曲九宫正始》（以下简称《九宫正始》）则成于清顺治辛卯年（1651 年），与沈自晋《重定南词新谱》虽大抵同时，但复古的态度甚至比沈璟还要坚决。沈璟经常以古曲、古本为据，去纠正"今人"唱法，《九宫正始》更试图穷尽往昔一切曲调体式，两相比较，其复古态度之决然，有过之而无不及，而《南词新谱》则对新兴昆腔唱曲的实际状态，作出了更积极的肯定。这三部曲谱所表现出来的价值倾向性的差异，非常集中地体现了昆腔曲律的严格化、规范化进程是如何地艰难；因此以此为据，当我们细究汤显祖《四梦》声律的源流变异时，所下之结论将更为妥当。

同时，我们还将以这三种曲谱为参照，比较汤显祖《四梦》与《金瓶梅词话》所反映的唱曲习惯，借以推拟出作为浙江海盐腔之后裔的江西宜黄、临川一带海盐腔（或如某些学者所命名的，称为"宜黄腔"），其声律与嘉靖中后期至万历前期的海盐腔唱曲之间，究竟表现出哪些可能的异同。这一思路是否可行？笔者认为海盐腔答案是肯定的。不少研究者都注意到，《金瓶梅》中的戏曲演出多为北杂剧和海盐腔，所反映的应该是昆腔新声崛起前的戏曲格局。⑥海盐腔既是戏场声口，也可用于清唱。据杨慎《丹铅摘录》、顾起元《客座赘语》等可知，昆腔新声"水磨调"流行之前海盐腔曾是文人士大夫们的舞台时尚，因此，《金瓶梅》宴饮、雅集场合的散曲清唱也有用海盐腔的可能。

从沈璟、王骥德到沈自晋、钮少雅、徐于室，都曾密切关注过某些曲调的流变问题。因此，选择其中有代表性的曲调，细究其源流变异，同时比照汤显祖《四梦》和某些昆腔传奇，这不但将有助于了解昆腔传奇与早期民间南戏之间的复杂关系，也有助于我们考察昆腔新声日渐隆兴、昆腔曲律"日趋严格"趋势之下，汤显祖个人的取舍，并进而总结出某些具有普遍性的规则或惯例。

三、比勘的具体例证

以下是对汤显祖《四梦》中〔一江风〕、〔香柳娘〕、〔绵搭絮〕、〔锁南枝〕和〔水底鱼儿〕五则曲调的具体比勘：

（1）〔一江风〕

〔一江风〕见"沈谱"卷十二"南吕过曲"类，其例曲为：

> 俏冤家。独立（在）廉儿下。手拈（着）香罗帕。细端相，乱绾（着）乌云，斜觯（着）金钗。恰（便）似活菩萨。若还（他）到俺家。烧香供养他。说几句知心话。

沈璟主张："此古调也。今人于'乱绾乌云'二句，只用一句，于'若还'一句，却重叠唱作二句，不知何所本也。"《新谱》认同沈璟这一判断，同时也新收录"又一体"，其例曲为：

> 数生娇，谩弄探春调。绿树红云晓。小桥边，待卖花郎，可是伊来到。芳菲报几朝，芳菲报几朝。游人魂暗消。叹（韶华）倏忽催年少。

值得注意的是，这"又一体"正是为《沈谱》所严厉指责的"今人"唱法。尽管沈璟对它抱有一定的偏见，但嘉隆以来的文人传奇中这一新体却并不少见，尤其是如《浣纱记》（见第二十三出）这类为昆腔新声而作的传奇。事实上，沈璟并未"言出必行"，其具体的曲律主张与文本创作时有差异，沈自晋《新谱》对"又一体"加有眉批，曰："此〔一江风〕近体也，凡先词隐传奇皆用此格。"查对沈璟传奇，其《红蕖记》第三出使用的恰是自己所非议过的这一"近体"。

再看汤显祖，其《牡丹亭》第十八出、《紫钗记》第三十四出也使用了四支〔一江风〕，移录一支于下，以便比较：

> 碧油幢。倦上牙门帐。步上严城壮。汉旌旗，数点灯前，掩映纱笼绛。非关猎火

光。非关猎火光。是平安报久常。玉门关守定这封侯相。

就格式规范而言，其重叠句法显然符合"近体"的要求，也就是说更切近新兴昆腔戏曲演出的实际状态，而与沈璟所认同的"古调"相违背。

但是，这并不足以表明《紫钗记》遵循了"昆腔曲律"。事实上，这一所谓"近体"，可能也并非魏良辅、梁辰鱼以来的新兴昆腔唱曲所特有的现象，只需对比《九宫正始》就可明白这一点。《九宫正始》以元传奇《王十朋》中曲为例，指责沈璟说："沈谱但知此格为古调，而不知第五之'乱绾乌云'二句只用一句、又第八句之'若还'句而叠唱二句者亦古调也。"因此，沈氏之"斤斤返古"，与汤显祖撰曲凭依"近体"，或有可能都反映了他们对早期南曲戏文的熟知，这也有助于得出本文的一个结论：新兴昆腔曲律规范的稳固化，并非对当前演艺状态的全然认同；"昆腔曲律"日益严格大趋势的背后，既有对早期曲律传统的背离，同时也对其有所继承。

再比较《金瓶梅词话》，其第四十六回有四支南吕〔一江风〕，第一曲云：

> 卯时的，乱挽起乌云髻，羞对菱花镜。想多情。穿不的锦绣衣裳，戴不起翡翠珍珠，解不开心头闷。辰时已过了，巳时不见影。奴家为你忧成病。

格式正与沈璟推崇的"古调"更为接近，这表明：万历之前的海盐腔可能确与万历中后期的新兴昆腔之间，存在一定的声律差异。

（2）〔香柳娘〕

〔香柳娘〕见于《沈谱》卷十二"南吕过曲"类，例曲出自《琵琶记》：

> 看青丝细发，看青丝细发。剪来堪爱。如何卖也没人买。（若论）这饥荒死丧，这饥荒死丧，（怎）教我女裙钗。当得这狼狈。况连朝受馁，况连朝受馁，（我的）脚儿怎抬。其实难捱。

沈璟认为："古本俱无重叠句，今从俗。"查对陆贻典校钞《元本蔡伯喈琵琶记》[⑦]，确实如沈璟所言，第一、四、七句并不重叠，后来《九宫正始》再次确证了沈氏的判断："此调叠句，非古章之格体，乃今人之变法，但宜从时可也。"再查对明人改本《琵琶记》如《六十种曲》所收本，确有叠句。严格地说，重叠句法只是对特定舞台情境的强调，并不影响整支曲子声律的完整，不能视之为"失律"，《沈谱》、《九宫正始》的辩正并无实际意义。

汤显祖在《紫箫记》、《南柯记》中多次使用了〔香柳娘〕，遵循的也都是这种"今人之变法"，以《紫箫记》第二十二出第一曲为例：

> 送征人泪滋，送征人泪滋。流尘叠骑。飘霞乱日翻红旆。把心旌顿飞，把心旌顿飞。佳期后命催。闲敲唾壶碎。听边头笛吹，听边头笛吹。折柳题梅。封书好寄。

这与服务于新兴昆腔舞台的若干文人传奇一样，都是用重叠句法来凸显曲辞的意趣，不能算是突破了格律规范。

(3)〔绵搭絮〕

〔绵搭絮〕见于"沈谱"卷十六"越调近词"类，例曲出自《寻母记》：

> 草芳风暖正春深。（只见）汉寝秦陵。跨骊山苍翠森。（过）华山阴。雷首将临。（又见）巨灵仙掌，太白豪吟。（我这里）东望长安。千仞山遥日晌金。

沈璟主张："此本调也，今人只知《南西厢记》及《浣纱记》新体，遂谓此体难唱，谬也。按，新体在第一句第四字画一截板，第五字上又增两字，并旧三字、五字一句。第三句内增一字，作七字。"沈自晋《新谱》收录"又一体"，以"范夫人作《春日书怀》"为例曲：

> 薄寒轻峭。红雨染春条。翠衬香芸，一片烟丝软蝶娇。杏花梢。啼鸠声高。（闲杀）秋千院落。睡损鲛绡。（担害得）闷对芳辰，结思空拈白玉毫。

沈璟提及的《浣纱记》之〔绵搭絮〕"新体"见于第九出，共两支，移录第一曲——"东风无赖，又送一春过。好事蹉跎。赢得恹恹春病多。髻儿锉。病在心窝。为你香消玉减，蹙损双蛾。难道你卖俏行奸，认我作桃花墙外柯。认我作桃花墙外柯。"除了末句的重唱，句格与沈自晋所收新体完全相合。

但后来《九宫正始》又批评沈璟只知其一而不知其二，有云："首句下截五字者类多，但其上二字皆衬字，原非实文也耳，如除去此二衬字，第三句仍为七字一句也。"钮少雅、徐于室对沈璟"纠谬"的再反拨，或许更真实地反映出〔绵搭絮〕一曲的早期面貌，但从《沈谱》的小注可推知，首句四字的格式似乎是在昆腔新声隆兴之后，才被广泛采用的，因此，沈璟视其为"新体"也并不为过。

汤显祖《牡丹亭》第十出《惊梦》中有〔绵搭絮〕，依循的也是"新体"格律：

> 雨香云片。才到梦儿边。无奈高堂，唤醒纱窗睡不便。泼新鲜。冷汗黏煎。闪的俺心悠步軃，意软鬌偏。不争多费尽神情，坐起谁忺则待去眠。

此外，《紫箫记》第三出有四支〔绵搭絮〕，与此曲句格完全相同，但第二十九出两支却采用了传统的首句七字的句式，如其中一曲为：

> 熟梅时候养花天，水暖双鸳，几度画船听雨眠。翠娟娟，觅得人怜。还记窃香抛豆，灯儿背半索秋千。空教俺咽下甜津，怎禁凡心火自煎。

这些不同显然表明，汤显祖对〔绵搭絮〕曲的格律流变有一定的了解，故《四梦》既有"从今"之处，也有遵循"古调"的时候。而事实上，沈璟虽然在曲谱中对这一"新体"不以为然，但他的文本创作同样有遵循新兴昆腔唱曲习惯之处，如《坠钗记》第三出〔绵搭絮〕首曲反映的正是"新体"格式。

《金瓶梅词话》第八回也有四支〔绵搭絮〕，第一曲云：

> 当初奴爱你风流。共你剪发燃香，雨态云踪两意投。背亲夫，和你情偷。怕什么傍人讲论，复水难收。你若负了奴真情，正是缘木求鱼空自守。

这四支曲亦见于嘉靖年间的《雍熙乐府》卷十五中，共六曲，大抵都体现了沈璟所主张的所谓"本调"面目。这表明《金瓶梅》所反映的海盐腔唱曲与沈氏所主张的唱曲细则之间，亦有能相互贯通的可能。

（4）〔锁南枝〕

〔锁南枝〕见于《沈谱》卷二十"双调过曲"类，例曲出自《琵琶记》：

> 儿夫去，竟不还。公婆两人都老年。自从昨日（到）如今。不（能）教得餐饭。奴请粮，（他在家）悬望眼。（念我）老公婆，做方便。

沈璟又细查成化年间"旧板《戏曲全锦》"，得出结论："自从昨日（到）如今"一句，"元（原）该用六个字，今人用五个字，与下句相对，非也"。沈自晋《新谱》移录上述小注，并新收"又一体"，以沈仕散曲为例：

> 三更后，灯半明。寒衾似铁客梦醒。促织太无情。那管人孤另。啾啾地只顾鸣。（总使）耐心儿也难听。

他又加注眉批，云："旧体第四句皆六字，今人每用五字句法，谓之近体可耳。"后来《九宫正始》也以移录《沈谱》上述注文的形式，表示对沈璟考索成果的赞同，⑧而且，出于崇古的心理，为沈自晋新收的"近体"在《九宫正始》中并没有得到反映。

汤显祖在传奇中多次使用了〔锁南枝〕曲牌，如《牡丹亭》第五出共四支，《南柯记》第十出共四支，《紫钗记》第四十八出共八支，《邯郸记》第四出亦有四支，遵循的都是第四句用五个正字的所谓"近体"句格，如《牡丹亭》第五出第一曲：

> 将耳顺，望古稀。儒冠误人霜鬓丝。君子要知医。悬壶旧家世。凡杂作，可试为。但诸家，略通的。⑨

出于比沈璟更决然的复古态度，钮少雅《格正牡丹亭》改定文辞以就声律时，视"君子要知医"一句不合格式，将整曲改题作〔孝南枝〕，认为是〔孝顺歌〕犯〔锁南枝〕，这显然是多余之举。

而《金瓶梅词话》第六十一回也有两支〔锁南枝〕，第一支云：

> 初相会，可意人。少年青春不上二旬。黑鬖鬖两朵乌云。红馥馥一点朱唇。脸赛天桃十指如嫩笋。若生在画阁兰堂，端的也有个夫人分。可惜在章台，出落做下品。但能勾改嫁从良，胜强似弃旧迎新。

此曲衬字较多，难以准确分析其格律，但第三、第四韵句成对仗式，或可推断是趋近于所谓"近体"的。

（5）〔水底鱼儿〕

〔水底鱼儿〕见于"沈谱"卷十五"越调过曲"类，例曲出自《荆钗记》：

> 天下贤良。纷纷临帝乡。白衣卿相。暮登天子堂。有等魍魉。本为田舍郎。妆模作样。也来入试场。

沈璟加小注曰："今人但知有四句，盖因唱者懒唱八句，故作词者亦只作四句，以便之，遂认旧曲八句者为二曲矣。末后一句，可从俗重叠唱，而'暮登天子堂'必不可重唱，不然，前四句与后四句全无分别矣。"沈自晋《新谱》中，例曲、注文与《沈谱》全同；《九宫正始》则以"元传奇"《拜月亭》"三世行医"曲为例，小注曰："〔水底鱼儿〕全调，凡古本古曲无不八句者也，后不识何人偷懒恣意削去四句，致今唱者遂谓四句是其全章矣。且今撰者亦仅作四句以便之，致此古调蔑如矣。"其意图与沈璟大抵一致，都是主张用古调，钮少雅甚至还以托名唐玄宗的《骷髅格》作为每曲必作八句的证据。

再查汤显祖传奇，《紫钗记》第四十四出有〔水底鱼儿〕两支，每支均填作四句，亦是"从俗"。清乾隆年间人叶堂在《纳书楹四梦全谱》中，将这两曲的末句都叠唱一次，明显违背了沈璟"'暮登天子堂'必不可重唱"的主张，可见，我们不能将"沈谱"所主张的声律等同于后世日益严格、规范的"昆腔曲律"。

沈璟主张〔水底鱼儿〕曲"末后一句，可从俗重叠唱"，核对梁辰鱼《浣纱记》第五出中的两曲，并无叠唱，这表明万历年间的昆腔唱曲较之于嘉隆年间，已不可避免地要发生变化。因此，叶堂将汤显祖戏曲的改写成叠唱句法，也很难说是对所谓"昆腔曲律"的准确反映，反倒与早期南戏如《荆钗记》的曲律有某些相通之处。⑩

四、相关结论与推论

我们注意到，尽管沈璟《南九宫十三调曲谱》和钮少雅、徐于室《九宫正始》，经常以"古调"或"古本"为依据，对"今人"或"今唱"（实即"水磨调"的舞台习惯、演出通例）持有很多异议，乃至严词厉语地加以批驳，但事实上，为昆腔唱曲界耳熟能详的所谓"近体"（或"新体"），并不因为受到他们的贬斥就销声匿迹，恰恰相反，新近体式在晚明文人传奇中几乎触目皆是，故以"通变"为尚的沈自晋不得不对昆腔唱曲的实际状态作出更多的维护。以上五则曲调（〔一江风〕、〔香柳娘〕、〔绵搭絮〕、〔锁南枝〕和〔水底鱼儿〕）无疑是非常有代表性的个案。

我们从以上考察中，至少可得出以下几个结论：（1）晚明清初曲学家的声律主张，并非就是对新兴昆腔唱曲"水磨调"舞台状态的直接认同，也不能说只是偏向于前代戏曲文本；（2）《沈谱》之后的南曲曲谱，不管是"从今"还是"尚古"，往往都试图能对南曲演唱和创作的历史、现状作出比较全面的总结，因此，不能将它们简单地定性为"昆腔曲谱"；（3）具体到晚明清初这样一个南曲声律从无所准则到逐渐"有法可依"乃至"日益严格"的戏曲史情境中，所谓"昆腔曲律"其实意味着一个动态的选择、扬弃过程。

至于汤显祖，他的《四梦》在运用上述五则曲调时，往往采取"从今"的取向，与昆腔舞台流行的唱法、句格相对地更趋于一致，而与《金瓶梅词话》所反映出来的唱曲习惯（或为海盐腔）之间既有相同之处，也有差异。但是，需要强调的是：这些"一致"，并无助于推断汤氏传奇就遵循了"昆腔曲律"，因为据《九宫正始》，某些所谓"近体"可能也并非昆腔曲家的独创，其实在早期南曲戏文（吕天成《曲品》所谓"旧传奇"）中已有先例；而另一方面，那些"差异"也无助于说明汤氏《四梦》的声腔（或为江西化的海盐腔，即"宜黄腔"）与《金瓶梅词话》所反映的唱曲习惯（应为更早一些的海盐腔）之间，存在着确切的亲缘关系，因为事实上，《金瓶梅》中的散曲往往也见于《词林摘艳》、《雍熙乐府》等散曲集中，反映出更为早期的南曲演唱习惯。

从某个角度看，嘉隆以后文人"新传奇"的繁盛恰与昆腔新声"水磨调"的勃兴，形成一种相辅相成、互为烘托的关联。同时，就其基本态势而言，万历中后期的文人传奇呈现出渐趋明朗化的一种取向，那就是愈加关注音乐体制与文学体制的整一化。但是，这种整一化是否如某些研究者所认为的，是以对南戏传统的背离为代价，笔者以为值得斟酌。笔者曾撰文指出："昆腔曲律'日趋严格'的判断固然基本无误，但'日趋严格'同时还意味着某些曲家对早期南曲的高度重视，乃至全面张扬。我们今日倘若只是以单一曲谱作为分析晚明清初传奇的依据，必将忽视一个重要事实：文人传奇声律的规范化、体制化经历了一个相当长的动态的扬弃过程。"[11] 本文的考察足以为这一观点提供更充分、扎实的论据。因此，即便汤显祖《四梦》确有以早期南戏为曲律依据的地方，也无助于证明汤显祖于"昆腔曲律"之外"另有所据"，其是否如研究者所主张的是"坚持南戏曲律的民间传统"，也就值得进一步斟酌了。

当然，据以上考察，汤显祖《四梦》中也表现出较多的贴近于新兴昆腔唱曲（"水磨调"）的特征。其原因相当复杂，这里提供两种可能的解释：一是到了万历中后期，作为浙江海盐腔分支的"宜黄腔"，与已有"时调"、"官腔"之誉的昆腔新声"水磨调"，都全面继承了早期南曲戏文的传统，虽同源异流，但依然存在千丝万缕的关系；其二，或者是汤显祖和诸多文人曲家一样，受到了昆腔新声深刻而全面的影响，并将这些影响反馈到《四梦》文本之中。

注　释：

① 参看拙文《也谈汤显祖戏曲与昆腔的关系》，见《文艺研究》2002 年第 1 期。

② 钱南扬：《汤显祖剧作的腔调问题》，见《汉上宦文存》，上海文艺出版社 1980 年版，第 116 页。

③ 所谓"声律"，其实兼指"音律"与"文律"，前者的关键因素是宫调和板眼，后者的关键因素是句格和字格（包括平仄、阴阳、韵脚等）。大抵而言，这两者相互影响，不可偏废。但随着词曲写作的文人化以及"依字声行腔"曲唱方式的确立，宫调渐趋于有名无实，从音乐体制蜕变为文本体制，板眼主要为歌者所关注，已属"二度创作"问题，而句格与字格则影响着行腔的准确、动听。本文以单个曲调为研讨中心，故专注于"文律"。

④ 王骥德《曲律·杂论下》有云："〔一江风〕之第五、六重用四字句……从古可也，即从俗，亦不害其为失调也……〔绵搭絮〕首句七字与第三句之六字、〔锁南枝〕之第三句之六字与〔换头〕第一、二句之五字、第三句下之多六字一句，则世俗之以新调相沿，旧矣，一旦尽返之古，必群骇不从。

又〔水底鱼儿〕之八句，即剖为二人唱，似亦无妨。"

⑤　参看拙文《沈璟"合律依腔"理论述评》，《文学遗产》2001 年第 5 期。

⑥　《金瓶梅》成书时间有争议，有助于本文研究的是两种看法：或认为在万历以前，如主张"当在嘉靖二十六年（1547 年）之后，万历元年（1573 年）之前"（参看徐朔方：《〈金瓶梅〉成书新探》，见《论金瓶梅的成书及其它》，齐鲁出版社 1988 年版）；或主张成于万历中期（参看黄霖：《〈金瓶梅〉作者屠隆考》，见《复旦大学学报》1983 年第 3 期）。因海盐腔在嘉靖年间传入江西，为避免缠绕，本稿暂依前说，即视《金瓶梅》中戏曲史料为万历之前戏曲活动的反映；若依后说，则大抵可视为万历前中期戏曲活动的反映，事实上，这更有助于对汤显祖戏曲声律的考察。因为假定存在着作为"乡音俗调"之"宜黄腔"，那么其与作为"时曲"之昆腔新声、令士大夫"白日欲睡"的海盐腔在声律上的关系，恰有可能得到更明确的说明。

⑦　陆贻典标举"元本"，或无实据，但从沈谱对"昆山本"的批评来看，沈氏之"古本"当与陆本更接近，而不同于当时吴中昆腔舞台的通行本。

⑧　1936 年戏曲文献流通会以清初钞本为底本，影印《九宫正始》，该本"自从昨日到如今"一句作七个正字，没有标出衬字，与小注不合，或为传写之误。

⑨　这几曲〔锁南枝〕中，个别的第四句也有六（甚至以上）字，但据前后曲文来分析，当有衬字。

⑩　《影钞新刻元本王状元荆钗记》（明嘉靖姑苏叶氏刻本）第三出有〔水底鱼儿〕两支，且用叠句，钱南扬先生认为"影钞本年代较早，接近古本"，参看《戏文概论》，上海古籍出版社 1981 年版，第 85 页。

⑪　参看拙文《也谈汤显祖戏曲与昆腔的关系》，见《文艺研究》2002 年第 1 期。

（作者单位：武汉大学艺术学系）

明刻《唐僧西游记》版本研考
——兼及杨闽斋本有关诸题

□ 吴圣燮

　　《唐僧西游记》（简称唐僧本）是今存明代四部百回本《西游记》之一。不过，这部古版较之其他三部即世德堂本（世本）、杨闽斋本和李评本更为人们所难见，所以极少为《西游记》论坛提及，更不必说专题论述了。只因唐僧本仅存国外，而且至今只见台北天一公司曾于 20 世纪后期编入《明清善本小说丛刊》影印发行，当时只有数部销入大陆，保存于有关单位图书馆。所以它的真实面目较之其他任何明版《西游记》更似云遮雾障；而与它有关的许多话题，至今在论界仍似一个个难解的谜。笔者早些年在原工作单位图书馆曾详细阅读，并做过不少摘录，某些问题陆续在有关版本论题的文字中提及。近年又从上海古籍社图书馆借阅，以致有机会得以与各种有关本子作对读，比较细致和反复揣摩各类疑难问题，因此得以撰成本文，对它的有关问题，作力所能及的专题论述和评介。当然，说到底也只能提供《西游记》论坛朋友们参照而已，其中许多看法究竟合理与否，尚待断之论界诸同好。

一、《唐僧西游记》的庐山真面目

（一）唐僧本的版本概况

　　唐僧本，100 回，20 卷，每卷 5 回。孙楷第先生《日本东京所见小说书目》据日本帝国图书馆藏本著录说："明刊本，署题回目亦与清白堂本（指《新镌全像西游记传》，即杨闽斋本。孙先生据该书卷一所题命名为《鼎锓京本全像西游记》——笔者）、世德堂本全同。每卷第一行题云'唐僧西游记'（笔者所见本第二卷第一行题"□□西游记"）。末有长方木记云：'全像唐三藏西游记卷终'。扁字，半叶十二行，行二十四字，亦万历间刊本。惜书有残缺，第一回至第五回、第五十六回至第六十回，均系抄补（所补文字为李评本——笔者）"，每卷之前"题'华阳洞天主人校'，有秣陵陈元之序"①。天一公司影印本即孙先生所著录的日本帝国图书馆藏本，但未见陈元之《序》。当然，这不一定是天一公司影印时刊落，有可能是孙先生著录之文系参考另本补述，因为该藏本卷一和总目录均以李评本补足，可知陈元之《序》亦佚失。据日本太田辰夫《明刊本西游记考》介绍，日本睿山文库藏本每卷有图，卷18图中有"全像书林蔡敬吾刻"，并有陈元之《序》，《序》中"唐光禄既购其书"句的"唐光禄"已改为"吾友人"；又日本光慈眼堂藏本封面题《二刻官板唐三藏西游记》，中题"书林朱继元梓行"。可见《唐僧西游记》曾有二刻本，并有"唐三藏西游记"之异名。

笔者据天一版影印本所见，唐僧本全书板刻比较精致，文字也较工整，版面甚是清晰，且少有一格挤刻两字、一行挤刻二十四字以上之类；不过，错佚字也并不少见，这是一大缺失。

（二）一个令人惊异的数字——唐僧本删节字数揭秘

与今存最早的明版百回全本《新刻出像官板大字西游记》即世本相对比，近年论界已确认唐僧本也是一部删节本，如黄永年先生说：《唐僧西游记》本"和世德堂本相比较在字句上都已有所删节"[②]。不过，究竟删节了多少，至今论界介绍的多为估测之词，如李时人先生说："这一种本子虽然也是二十卷一百回"，"实际上只是一个节本"，"但据介绍，文字尚不到世德堂本的三分之一"[③]。因此，唐僧本究竟删节了多少字，无疑是研考这一部明版古本《西游记》的入门之题。所以，这里首先要作出一个比较符合实际的答案。

因为笔者所见的唐僧本缺第1卷第1~5回、第12卷第56~60回，所以只能据今存的90回即第6~55回、第61~100回来与世本相应的90回的字数作对比。今据逐回统计的结果，即从回目到正文最后"且听下回分解"止，唐僧本今存90回的实际字数共41.9万字，平均每回4 656字；世本全书共58.4万字。而与唐僧本相应的90回第6~55回、第61~100回共52.5万字，平均每回5 829字。唐僧本较世本减少10.6万字，平均每回减少1 173字，两相对比，唐僧本字数比世本少20%，即约删节1/5。

骤见此比例数，笔者不禁惊讶异常。若读过拙作《杨闽斋〈新镌全像西游记传〉版本研考》[④]（下文称"杨闽斋本研考"）的同好可能也会有同感。因为这个数字竟然和杨闽斋本删节世本的比例相同。于是笔者又将这两部删节本《西游记》的实际字数加以对比：唐僧本今见90回即第6~55回、第61~100回，字数共41万余；而杨闽斋本与唐僧本相应之90回即第6~55回、第61~100回，字数亦共41万余。若细加计算，杨闽斋本每回比唐僧本只少36个字。由此可知两种删本总字数之概貌。其实，即使数百字的一篇文字，不同人在不同时间各誊抄一遍，也可能稍有衍缺。如今这两部《西游记》是不同人分别删节的大书，竟有如此相同的总字数，岂不令人惊异和引人思索！

这是毫无关联的偶然巧合，还是这两种删节本之间的确存在某些规律性原因所造成的必然结果？这无疑使笔者甚感兴趣和甚为关注，以致决定调整原定的研究思路和研究方法，把唐僧本各个问题的探讨，始终与杨闽斋本联系在一起来进行。事实说明，这样做，有利于全面把握唐僧本和杨闽斋本这两种删节本复杂的真相，及其与世本之间的复杂关系。

二、从对比中展示真相
——《唐僧西游记》和杨闽斋本的同一性和相异性举要及其重要启示

唐僧本是百回删节本，杨闽斋本也是百回删节本，这一基本事实，也许就是多年来论界谈及它们时总是将二者相提并论甚至视同一体的根本原因。不过，说到底，实际情况是谁也没有来得及进一步具体考虑它们之间究竟是完全相同，还是基本相同，甚至是大不相同。现在，二者与世本对比同为删节 20%，以及二者之间 90 回总字数基本相同的事实，却无疑将此问题提到了必须切实加以回答的时候了。笔者不敏，反复对读，结果发现二者之间，原来既有许多根本性的共同之处，也有不少全局性的不同之处。它们之间的关系堪称异常复杂。如何在本文中将这种异常复杂的关系，既言简意赅地加以总体展示，又能具体细致地体现它们的面貌，其实颇感为难。几经斟酌，笔者决定从"宏观"和"微观"两方面着手，举例介绍两书之间的诸多异同，借以全面地、实事求是地展示唐僧本的真相以及它与杨闽斋本的关系。

（一）唐僧本和杨闽斋本的同一性举要

唐僧本和杨闽斋本之间确实存在许多方面的共同之处，为清眉目，择要说明。

先就宏观方面的同一性择要举二：

其一，与世本相对比，唐僧本散文部分所删文字中，比较集中且呈现出一定倾向性，甚至或多或少涉及思想艺术内容者，竟然和杨闽斋本大有相同之处。诸如：

1. 删节调笑语。所谓调笑语，是指《西游记》中各类人物之间在故事情节发展中经常穿插一些开玩笑的对话和动作。这些对话或动作，或纯是开玩笑戏谑而已，或隐寓某些意义，如间接渲染情节、展示人物特性、强化气氛，等等。本文以调笑语统称，意在突出其中的玩笑性文字。这类文字在唐僧本中删节甚多。例如世本第 76 回叙写孙行者故意鼓动猪八戒战妖魔：

> 八戒道："怕他怎的！等我去打他一仗来。"行者道："要去便去罢。"八戒笑道："哥呵！去便去，你把那绳儿借与我使使。"行者道："你要怎的？……"八戒道："我要扣在这腰间，做个救命索，你与沙僧扯住后手，放我出去与他交战，估着赢了他，你便放声（松），我把他拿住；若是输与他，你把我扯回来，莫教他拉了去。"真个行者暗笑道："也是捉弄呆子一番。"就把绳儿扣在他腰里，撺弄他出战。那呆子举钉钯跑上山崖，叫道："妖精出来，与你猪祖宗打来。"那蓝旗手急报道："大王，有一个长嘴大耳朵的和尚来了。"二怪即出营，见了八戒更不打话，挺枪劈面刺来。这呆子举钯上前迎住。他两个在山坡前搭上手，斗不上七八回合，呆子手软，驾不得妖魔，急回头叫："师兄，不好了！扯扯救命索！扯扯救命索！"这壁厢大圣闻言，转把绳子放松了，抛将去。那呆子败了阵，往后就跑。原来那绳子拖着走还不觉，转回来因松了，到有些绊脚，自家绊倒了一跌，爬起来又一跌。始初还跌个踉跄，后面就跌了个嘴啃泥。被妖精赶上，捽开鼻子，就如蛟龙一般把八戒一鼻卷住，得胜回洞。

查唐僧本，这段文字如下：

> 八戒道："怕他怎的！等我去打他一仗来。"行者道："要去便去罢。"那呆子举着钉钯跑上山崖，叫道："妖精出来！与你猪祖宗打来。"那蓝旗手急报道："大王，有一个长嘴大耳朵的和尚来了。"二怪即出营，见了八戒更不打话，挺抢劈面刺来。这呆子举钯上前迎住。他两个在山坡前搭上手，斗不上七八回合，呆子手软，驾不得妖魔，急回头叫："师兄，不好了！"往后就跑，被那妖精赶上，捽开鼻子，就如蛟龙一般把八戒一鼻子卷住，得胜回洞。

两相对照，删掉了关于救命索的调笑语共 210 余字，只增出"被那妖精赶上"句中的"那"和"举着钉钯"的"着"；再对读杨闽斋本竟全同，包括增出的"那"和"着"二字。接着，猪八戒被捉后，四马攒蹄捆住浸在洞中水塘内，孙行者变个小虫去救他，竟装勾司人吓诈猪八戒私房钱，调笑语 560 余字，唐僧本几删削殆尽。杨闽斋本全同。

2. 删节对话和日常生活过程的繁复描写。《西游记》中细腻的心理描绘和丰富的感情刻画，不是通过作家用第一人称的笔墨来介绍，而往往是用反复的对话和数人争说的方式来展示；至于日常的生活过程也不用有话即长、无话即短之类来交代，而是不厌其繁地细细叙写。但在唐僧本中则多被删节。

例如删节对话。第 36 回世本：

> 孙大圣按下云头，报与三藏道："师父，果然是一座寺院，却好借宿，我们去来。"这长老放开马，一直前来，径到了山门之外。行者道："师父，这一座是甚么寺？"三藏道："我的马蹄才然停住，脚尖还未出镫，就问我是甚么寺，好没分晓！"行者道："你老人家自幼为尊，须曾讲过儒书，方才去演经法；文理皆通，然后受唐王的恩宥，门上有那般大字，如何不认得？"长老骂道："泼猢狲，说话无知！我才面西催马，被那太阳影射，奈何门虽有字，又被尘垢朦胧，所以未曾看见。"行者闻言，把腰儿躬了躬，长了二丈余高，用手展去灰尘，道："师父，请看！"上有五个大字，乃是"敕建宝林寺"。

唐僧本则如下：

> （大圣）按下云头，报与三藏道："师父，果然是一座寺院，却好借宿，我们去来。"径到了山门之外。行者道："师父，这一座是甚么寺？"三藏看，上有五个大字，乃是"敕建宝林寺"。

竟删节了 150 字，杨闽斋本全同。

又如删节日常生活过程的繁复描写。第 48 回，世本叙写妖怪作法七月大雪以阻取经僧西行：

> 师徒们叹玩多时，只见陈家老者着两个僮仆折（扫）开道路，又两个送出热汤

> 洗面，须史又送滚茶、乳饼，又抬出炭火；俱到厢房，师徒们叙坐。长老问道："老施主，贵处时令，不知可分春夏秋冬？"陈老笑道："此间虽是辟地，但只风俗人物与上国不同，至于诸凡谷苗牲畜，都是同天共日，岂有不分四时之理！"三藏道："既分四时，怎么如今就有这般大雪，这般寒冷！"……正话间，又见僮仆来安桌子，请吃粥。粥罢之后，雪比早间又大……只见一僮又请进早餐。到厅上吃毕。叙不多时，又午斋相继而进……陈老见三藏不快，又打扫花园，大盆架火，请去雪洞里闲耍……

对读唐僧本，除"师徒们叹玩多时"至"俱到厢房，师徒们叙坐"共 53 字一节保留外，此后一大段，连同其中两首诗共 800 余字，一笔删去。杨闽斋本全同。两本连"僮仆折开道路"之"折"系"扫"字之误，也同世本。

3. 删节复述语、排比句以及俗语、古语、顺口溜之类。这些方面的文字，与前述调笑语、对话和日常生活的描写相对比，字数有限。像复述语，固然多有删达数百字之多者，但就全书而言，依然只占少数。至于排比句以及俗语、古语、顺口溜之类，一般不过数字或数十字；但换一个角度分析，它们却都是《西游记》由民间文学发展而来的通俗性小说的重要特色之一。

例如删节复述语。所谓复述语就是在故事具体叙写后，当事人或有关人事后必要时又略述一遍。如第 6 回，世本叙写木叉奉命打探花果山战事，被孙大圣打败，李天王命他回天庭求助，见玉帝后呈上表章：

> 惠岸又见菩萨施礼。菩萨道："你打探的如何？"惠岸道："始领命到花果山，叫开天罗地网门，见了父亲，道师父差命之意。父王道：'昨日与那猴王战了一场，止捉得他虎豹狮象之类，更未捉他一个猴精。'正讲间，他又索战，是弟子使铁棍与他战经五六十合，不能取胜，败走回营。父亲因此差大力鬼王同弟子上界求助。"

对读唐僧本，这段复述语共一百余字已全删去。杨闽斋本亦同。

又如删节排比句。所谓排比句是指用一连串排比词句铺叙某一事物或某类现象。这在世本中运用得相当广泛。如第 18 回（原本缺回目，笔者补）描叙高老庄高太公的穿戴："那老者戴一顶乌绫巾，穿一领葱白蜀锦衣，踏一双糙米皮的犊子靴，系一条黑绿绦子。"唐僧本都删去了，杨闽斋本亦同。又如第 51 回，世本写可韩丈人陪孙行者去查诸天星斗有无下凡为妖，竟将满天星名都历历叙出，而在唐僧本中则一概删去。杨闽斋本全同。

又如删节俗语、古语、顺口溜之类。世本第 8 回："依着官法打杀，依着佛法饿杀"；第 27 回："父母在，不远游，游必有方"，"鸟尽弓藏，兔死狗烹"；第 54 回："姻缘配合凭红叶，月老夫妻系红绳"，"将军不下马，各自奔前程"；第 78 回："君教臣死，臣不死不忠；父教子亡，子不亡不孝"；第 80 回："欲求生富贵，须下死工夫"，"不信直中直，须防仁不仁"；第 85 回："公子登筵，不醉即饱；壮士临阵，不死带伤"，诸如此类，唐僧本一一删却，杨闽斋本亦同。

以上所列，为唐僧本和杨闽斋本散文部分所删文字中，从宏观方面着眼，比较集中且具有一定倾向性内容的，竟有同一性者。

其二，笔者就唐僧本广泛收集资料，或从全书取材概括，或以某回某句某字等一点着眼分析，其内容性质固然各有差别，其意义或宏大或细微亦大有不同；但与杨闽斋本对照，居然相同。经核实，居然与世本全部有关。共 10 条：

1. 关于回目与正文所叙不一致的差错问题。如第 88 回正文所写为孙悟空、猪八戒和沙和尚三人收玉华王三位小王子为徒传艺事，但目录"心猿木母授门人"却是说孙悟空（心猿）和猪八戒（木母）二人授徒，漏掉沙和尚，显然不合。杨闽斋本相同；杨闽斋本该回总目录是"心猿木土授门人"，完全与正文符合，"木"指猪八戒，"土"指沙和尚。由此可推知，唐僧本已佚的总目录第 88 回亦当为"心猿木土授门人"。书中回目与正文不一致的情况尚多，如第 44 回、第 63 回等。由此可见，差错很可能是由唐僧本已佚的总目录和正文目录不一致所造成。查对世本，竟完全相同。

2. 关于西海龙王大名时而为敖闰、时而为敖顺的差错问题。如唐僧本第 8 回玉龙对观音说"我是西海龙王敖闰之子"，可见西海龙王名为敖闰。但第 41 回东海龙王对孙行者说："北海龙王敖闰，西海龙王敖顺"已完全不同。而到第 46 回，孙行者召来北海龙王，责问对方助妖，唬得北海龙王连声道："敖顺不敢！"到第 92 回，孙行者追犀牛怪到西海，夜叉报与龙王，"敖顺听言即唤太子"相助。可见差错严重之一斑，与杨闽斋本的错失相同。对照世本，竟一模一样，甚至更严重。

3. 唐僧本中有不少错简和增衍之文。如第 43 回："这时寺中听说到了取经僧人，东土大唐，话说寺中若大若小，不问长住、挂褡，长老、行童，一一都来参见。"颠倒错乱，难以通读。又如第 75 回，孙行者被老魔装入宝瓶，自言自语时，忽见满瓶火焰烧来，文中写道："幸得他有本事，坐在中间，捻着避火诀，坐在中间，全然不惧。"句中衍"坐在中间"一语。对照杨闽斋本，错简和衍出之例全同。查对世本，竟也一样。

4. 唐僧本中某些段落明显有缺文。如第 92 回："八戒、沙僧方保唐僧进得山门，只听见行者正在半空言语，即便撇了师父，丢下担子，架风云起到空中，道：'那一只被井星咬花（死），已锯角剥皮在此。'八戒道：'这两个索性推下此城，与官员人等看看，也认得我们是圣是神。'"文意难解，明显有缺文。对读杨闽斋本，除个别字或误或衍，竟同。世本也同。

5. 唐僧本某些章节中前后内容互相矛盾，甚至转眼间枘凿不合。如第 88 回末说："其夜有一妖精，离城只在七十里远近，山唤豹头山"；但第 89 回开头说：好猴王，唿哨一声，早跨到豹头山上，"原来那城相去只三十里"，一瞬即到。显然前后两说不符。查杨闽斋本一模一样。世本竟同。

6. 唐僧本有不少特殊用法的词语，令人难解。如第 92 回：摩昂高喊井宿莫咬死犀牛怪，"孙大圣要活的不要死的，连喊是喊，已是被他把颈项咬断了"；第 99 回：取经僧遭第八十一难后重到陈家庄，庄上人纷纷献斋献果，八戒笑道："那时节吃得，却没人家连请是请；今日吃不得，却一家不了又是一家。"以上例中的"连喊是喊"、"连请是请"，其实是方言之类，后代版本多有妄改。但对读杨闽斋本竟同。世本亦一样。

7. 唐僧本中有些句子提到人或称呼时，偶有混淆致错，使句子难解。如第 79 回：孙行者化身唐僧在比丘国降妖后，国王派太宰到驿馆去请唐僧师徒，见了八戒、沙僧和变为假行者的唐僧："害怕道：'爷爷呀！这都像似妖头怪脑之类。'沙僧道：'朝士休怪丑陋。我等乃是生成的遗体。若我师兄来见朝，见了我师兄，他就俊了。'"这最后一句中"若我师兄来见朝，见了我师兄"显然有误。按文意，前一"师兄"应作"师父"。对读杨闽斋本竟同。世本亦一样。

8. 唐僧本第 99 回难簿所记之混乱，令人难解。如第 66 难"凤仙国（郡）求雨"指的是第 87 回"凤仙郡冒天止雨，孙大圣劝善施霖"事，但紧接的第 67 难"救女怪卧僧房"和第 68 难"无底洞遭困"叙的却是发生在其前的第 80 回至 83 回陷空山老鼠精故事；而第 69 难"稀柿拜秽"叙的却是更在其前的第 67 回"脱离污秽道心清"事。诸如此类，举不胜举。对读杨闽斋本，除有个别错字外，全同。世本亦一样。

9. 唐僧本第 100 回通关牒文上用印国名单，一般说应与正文所叙内容相符，但实际上与正文大有不同。唐太宗检看唐僧所呈通关牒文，只见"上有宝象国印、乌鸡国印、车迟国印、西梁女国印、祭赛国印、朱紫国印、狮驼国印、比丘国印、灭法国印，又有凤仙郡印、玉华州印、金平府印"共 12 印，这与全书情节内容显然不符。首先，狮驼国未用印，也不可能用印，因为狮驼国国王及文武百官、满城大小男女都被三魔大鹏怪五百年前吃尽，如今城中尽是妖怪，所以孙行者请来如来佛降伏妖魔后，"师徒们在那宫殿里寻了些米粮，安排些茶饭，饱餐一顿，收拾出城，找大路投西而去"。城中空无一人，亦无国王，何曾在通关牒文上用印！其次，凤仙郡和金平府也未用印。第 87 回孙行者求雨救了凤仙郡百姓，郡主款待半月造好生寺，四僧即行，不曾有牒文上用印的描叙；又第 92 回孙行者降伏犀牛怪后，金平府中大户家家酬谢，住经个月，取经僧怕"误了取经"，"寂寂悄悄的""找路而去"，也不曾有用印的任何笔墨。此外，天竺国倒确实用过印，但通关牒文上竟未列出。第 94 回：唐僧在天竺国招亲，国王急于送三徒西行："汝等将关文拿上来，朕当用宝花押，交付汝等，外多备盘缠，送你三位早去灵山见佛"，孙行者"教沙僧取出关文，递上国王看了，即用了印，押了花字"，天竺国关文用印的经过写得很具体。对读杨闽斋本，差错竟一模一样。世本亦同。

10. 今存唐僧本 90 回中有夹批三条：第 41 回："急回头，煽得眼花雀乱"句中的"煽"后批："音秋"；第 47 回：诗"倚山通路"中有句"傍岸临溪"后有批："此时入夜矣！"第 100 回《圣教序》最后有批："此太宗御制之文，缀于《心经》之首。"对读杨闽斋本全同。世本亦同。

以上就宏观方面的同一性择要举二例说明。再就微观方面的同一性择要举四例说明。

其一，唐僧本第 14 回有回前诗一首，如下：

> 佛即心兮心即佛，心佛从来皆要物。若知无物又无心，便是真如法身佛。法身佛没没模样，一伙圆光涵万象。无体之体即真体，无相之相即实相。非色非空非不空，不来不向不回向。无异无同无有无，难舍难取难听望。内外灵光到处同，一佛国在一沙中。一粒沙含大千界，一个身心万个同。知之须会无心诀，不染不滞为净业。善恶千端无所为，便是南无所迦叶。

诗中除"一粒"之"粒"系笔者改正外，一如原本。此诗可注意之处，即第五句："法身佛没没模样"，颇费解。但对读杨闽斋本，除第二句"要物"作"外物"外，此句竟同。再对读世本，其他皆同唐僧本，包括错字，但上引一句作"法身佛，没模样"，这才可解，原来唐僧本和杨闽斋本同样都衍一个"没"字。查其他明清各种版本《西游记》，此句皆同世本。由此可以确定：唐僧本和杨闽斋本此句同错。

其二，唐僧本第39回有"供罪行童年且迈"诗一首：

> 供罪行童年且迈，痴聋瘖痖家私坏。祖居原是此间人，五载之前遭破败。天无雨
> 万民干坏，君王黎庶都斋戒。焚香沐浴告天公，万里全无云瞹曃。百姓饥荒若倒悬，
> 钟南忽降全真怪。呼风唤雨显神通，然后暗将他命害。推下花园天井中，阴侵龙位人
> 难解。幸吾来，功果大，起死回生无挂碍。情愿皈依作行童，与僧同去朝西界。假变
> 君王是道人，道人转是真王代。

全诗本无可挑剔，但细加注意，则可发现全首18句都是二二三的格式，而第5句却是三
二二；同时相对称的第15句"幸吾来，功果大"却是两句三字句组成，相当突出。对读
杨闽斋本，其他诗句虽因有错字而不同，上述两句却完全一样。再对读世本，原来第5句
无"万"字，作三三句"天无雨，民干坏"，与第15句"幸吾来，功果大"相对称。由
此可见，唐僧本和杨闽斋本同样是第5句多一个"万"字，纯属衍字。

其三，唐僧本第95回："行者笑对天竺国王道：'今且各散，到天明我还你个真公主
便是。'当日即请神僧四众至留春亭摆斋安歇不题。"此例之异，是与世本对比中透露。
世本为："行者笑对天竺国王道：'今且各散，到天明我还你个真公主便是。'众官又拜伏
奏道：'我王且心宽。这几位神僧乃腾云驾雾之神佛，必知未来过去之因由。明日即烦神
僧四众至留春亭摆斋安歇。'"世本此句似不甚通顺："明日即烦神僧四众"一语，据文意
应该是众官安慰国王，即请取经僧去寻公主；而"至留春亭摆斋安歇"一语，则是当时
安排取经僧之事，据此可知该引语中间应有缺佚，这且不题。可注意的是：将唐僧本此句
与世本此句相对比，可发现唐僧本：一是有删却，即删却众官的奏语中"我王且心宽"
等3句；二是有改动，即"明日即烦"改为"当日即请"；三是增出"不题"二字。可见
删节改动后的唐僧本此句，不但文字通顺，而且文意明确，不难推知若唐僧本是据世本改
编，应该是改编者发现了世本的缺漏不通之处，并作了相当巧妙的改动和润饰，使文字简
洁，文意通畅。对读杨闽斋本，此句与唐僧本完全相同。

其四，唐僧本第39回孙行者在乌鸡国擒妖，那妖变成唐僧模样与真唐僧混在一起，
"行者念咒叫那护法诸天等众：'快请师父上殿，让我擒魔。'原来那妖怪善腾云雾，听得
行者言语，急撒手跳上金銮殿。这行者举起棒即赶上殿，他又跳下来扯住唐僧，在人丛里
又混了一混，依然难认。"此语明显有误。因为孙行者叫众神送唐僧上殿，言下之意，即
让妖魔孤立在殿下；但妖魔得悉此信息却先跳上殿，而接下去那孙行者竟又赶上殿去打妖
魔，显然不通。对读世本，原来"急撒手跳上金銮宝殿"的的确是妖魔，但孙行者并未
"举起棒即赶上殿"，而是"举起棒望唐僧就打"，所以"若不是唤那几位神来，这一下就
是二十个唐僧，也打为肉酱"。事实上也只有这样描绘，才富有故事性。再对读杨闽斋
本，除有两个错词以外，其他皆同唐僧本。这是唐僧本和杨闽斋本删节中同样出错的一
例。

以上是唐僧本和杨闽斋本之间的同一性举要，从宏观和微观两方面各举类型不同的实
例说明。

（二）唐僧本和杨闽斋本的相异性举要

唐僧本和杨闽斋本之间虽然存在许多方面的共同之处，但也存在许多方面的不同之处，亦择要说明，以全面了解两种删节之真相。

先就宏观方面着眼，择要举相异性之例。

其一，唐僧本和杨闽斋本尽管全书总字数和删节世本的比例总数非常接近，但若以前半部书和后半部书分别加以对比，差别却也不小；特别是回与回之间对比，相差字数之大，足以使论者惊讶，从而引发研究和深入思考之兴趣。

如唐僧本前 45 回共约 20 万字，杨闽斋本则只有 19 万字，唐僧本要多出近万字；而唐僧本后 45 回共 21 万余字，杨闽斋本则有 22 万余字，唐僧本要少将近 1 万字。为什么会出现这种情况呢？原来唐僧本前半部书和后半部书各删节世本的字数比较平衡，相对来说，杨闽斋本前半部书删节的字数特别多，而后半部书删节世本的字数则特别少。也就是说，若按前文所说，唐僧本和杨闽斋本删节世本的比例都为 1/5，即 20%。唐僧本前后两部分大体上都较为靠近这个全书删节比例数，而杨闽斋本则完全不一样：前半部删掉了28%，高于 1/4，而后半部则仅仅删去 14%，只有 1/7。由此可见唐僧本和杨闽斋本的字数，从整体上说，显然还大有不同。

这种情况从两本之间回与回的对比中，显得更突出。如第 15 回：唐僧本 4 905 字，杨闽斋本 4 102 字；第 19 回：唐僧本 4 542 字，杨闽斋本 3 776 字；第 21 回：唐僧本 5 125 字，杨闽斋本 4 419 字；第 23 回：唐僧本 4 537 字，杨闽斋本 3 934 字；加以比较，唐僧本分别要多 803 字、766 字、706 字和 603 字。可见上半部书唐僧本比杨闽斋本各回中字数多出之一斑。但是，在下半部书中则情况恰恰相反，如第 81 回，唐僧本 4 695 字，杨闽斋本 5 867 字；第 83 回：唐僧本 4 955 字，杨闽斋本 6 143 字；第 89 回：唐僧本 4 536字，杨闽斋本 5 195 字；第 90 回：唐僧本 4 942 字，杨闽斋本 5 480 字；加以比较，则杨闽斋本分别要多 1 172 字、1 188 字、659 字和 538 字，可见下半部书杨闽斋本比唐僧本各回中字数多出之一斑。而杨闽斋本之所以比唐僧本的字数如此之多，原因很简单，因为这几回较之世本根本没有删节或删节极少，分别为 6 字、15 字、11 字和 97 字。

这些数字虽颇为琐碎，却最具体最真实地反映出唐僧本删节字数的真相，堪称一扫笼罩在唐僧本删节字数问题上的种种迷雾。

其二，唐僧本和杨闽斋本中有不少描述同一情节和细节的文字段落，来源一样，应该都是从全本删节而来；但是，唐僧本往往通顺、合理，而杨闽斋本却多有不通和错失迭出。如第 34 回世本有如下一节：

> 老怪起身出洞，坐在轿里，后有几个小女怪捧着减妆，端着镜架，提着毛巾，托着香盒，跟随左右。那老怪道："你们来怎的，我往自家儿子去处愁那里没人伏侍，要你们去献殷勤塌嘴！都回去，关了门看家。"那几个小妖果俱回去。

唐僧本删节后改成：

> 老怪起身出洞，坐在轿里，后有几个小女怪跟随左右。那老怪道："我往自家儿

子去处愁那里没人伏侍！你们都回去，关了看家。"那几个小妖果俱回去。

删去四个排比句和一些斥责之语后，文字简洁，通顺可解。但杨闽斋本删节的文字虽和唐僧本一模一样，却把"后有几个小女怪跟随左右"一句中的"后"、"几"改为"止"和"一"，因此后文中老怪斥责"你们都回去"就失去针对性，而接着那句"那四个小妖果俱回去"也就不符实际。

又如第42回描写孙行者变成牛魔王混进妖洞，吓唬红孩儿不要去惹取经僧。这时，世本有如下一段对话：

> 妖王道："勿虑。他就是铁胆铜心也不敢近我们来也。"行者道："既如此说，贤郎甚有手段，实是敌得他过方来请我吃唐僧的肉。奈何我今日还不吃哩。"妖王道："如何不吃？"行者道："我近来年老，你母亲常劝我作些善事。我想无甚作善，且持些斋戒。"

唐僧本删去一轮对话和删简行者答语，改成"奈何我今日还不吃哩"，接着是"近来你母亲常劝我作些善事。我想无甚作善，且持些斋戒"。简洁可解，文意通顺。但在杨闽斋本中，虽删简近似唐僧本，却因一字之改或一字缺漏，文意全变，且又不通。全句如下："妖王道：'勿虑。他就是铁胆铜心也不敢近我们来也。'行者道：'既如此说，你有手段，实是敌得他过方可请我吃唐僧的肉。奈何我今日还不吃。近来母亲常劝我作些善事，我想无甚作善，且持些斋戒。'"明明是指妖王的母亲，却变成是牛魔王的母亲即红孩儿的祖母劝善了。

又如第51回叙写孙行者不敌兕怪，疑为天神下凡为妖，即上天去查。接着世本有如下一段：

> 玉皇天尊闻奏即忙降旨可韩司知道："既如悟空所奏，可随查诸天星斗，各宿神王，有无思凡下界，随即复试（奏）施行，以闻。"可韩丈人真君领旨，当时即同大圣去查。先查了四天门门上神王官吏；次查了三微垣垣中大小群真；又查了雷霆官将陶、张、辛、邓、苟、毕、庞、刘；最后才查三十三天，天天自在；又查二十八宿：东七宿角、亢、氐、房、参、尾、箕，西七宿斗、牛、女、虚、危、室、壁，南七宿，北七宿，宿宿安宁。又查了太阳、大阴、水、火、木、金、土七政；罗睺、计都、炁、孛四余。满天星斗，并无思凡下界。行者道："既是如此，我老孙也不消上那灵霄宝殿，打搅玉皇大帝深为不便。你自回旨去罢，我只在此等你回话便了。"那可韩丈人真君依命。

对读唐僧本，除删去中间一大段历述星斗名以外，"打搅"改为"打扰"，其他则完全相同。而对读杨闽斋本，则已删改为：

> 玉皇天尊闻奏即忙降旨各司知道："既有悟空所奏，可随查满天星斗，各宿神王，有无思凡下界者，随即复查施行。"各司真君领旨，当时即同大圣去查。满天星

斗，并无思凡下界。行者道："既是如此，我老孙烦你自回旨罢，我只在此等你回话便了。"那真君依命。

将唐僧本和杨闽斋本两相对照，后者明显删改较多。但因杨闽斋本一开始将玉帝"即忙降旨可韩司知道"改为"即忙降旨各司知道"，接着将相应一句"可韩丈人真君领旨"改为"各司真君领旨"；因此最后查完以后，不得不将行者推托叫可韩真君去复旨，"那可韩丈人真君依命"一句改为"那真君依命"，以致改得不通。因为世本和唐僧本都是由可韩司的可韩丈人真君陪同孙行者查满天星斗，所以最后也由可韩真君复命；但是经杨闽斋本删改后，系由"各司真君领旨"陪查，明显改成多人，而最后却又是"我老孙烦你自回旨"和"那真君依命"，则明显单数了。前后矛盾，枘凿不合。

其三，唐僧本 90 回中共有诗歌 435 首，与世本相同的 90 回对比，共删节 242 首；而杨闽斋本相同 90 回中共有诗歌 554 首，与世本对比，只删节 123 首，所以唐僧本比杨闽斋本多删节 119 首。如果稍加查对，不难发现，其中多删节 5 首以上的共 6 回，多删节一首的共 13 回。总之，由于诗歌删节的多少，两种删节本中，共有 45 回的诗歌数各不相同，另外，唐僧本亦有 1 回即第 96 回却又比杨闽斋本多一首。同时，另有多回中虽然都同样有某首诗，但诗句却又可能不同，或被唐僧本所删，或被杨闽斋本所删，情况甚为复杂。以第 81 回为例试加说明：本回中，世本共有诗歌 10 首，1 124 字；唐僧本删却 6 首，删 471 字；改写 2 首，删 207 字，保留 2 首，164 字，共删 678 字；杨闽斋本未删。由此可见唐僧本和杨闽斋本之间删节诗歌大有不同之一斑。

以上就宏观方面的相异性择要举三例说明。再就微观方面的相异性择要举二例说明。

其一，第 41 回唐僧本有如下一节，孙行者和红孩儿：

> 跳在云端里战经二十合不分胜败。猪八戒在旁边看得明白：妖精虽不败阵，却只要遮拦隔架，全无攻杀之能；行者总不赢他，棒法精强，来回只在那妖精头上，不离了左右。八戒暗想道："不好啊！行者溜撒，一时间丢个破绽，哄那妖魔钻进来，一铁棒打倒就没了我的功劳。"他看他抖搜精神，举着九齿钯在空里望妖精劈头就筑。

对读杨闽斋本，却大有不同。孙行者和红孩儿：

> 跳在云端里战经二十合不分胜负。猪八戒在旁边看得明白：妖精虽不败阵，却只是遮拦隔架，全无攻杀之能；行者总不赢他，棒法精强，丢个破绽，哄那妖魔钻进来，一铁棒打倒败去。八戒看见，即抖搜精神，举着九齿钯在空里望妖精劈头就筑。

两相对比，唐僧本除"他看他"句中衍"他"一字外，全段文字通顺，文意明确，猪八戒争功好胜的性格毕露，颇为引人，而且通过猪八戒旁观夸赞孙行者之能的描写也颇贴切细致。但杨闽斋本又经删节后，不但唐僧本中那股浓郁的韵味顿失，而且不够通顺。如刚说"总不赢他"，却又"一铁棒打倒"妖精，明明说已经"打倒"，却又说"败去"，既然已经"打倒"或者"败去"，猪八戒又怎么"举着九齿钯在空里望妖精劈头就筑"？接着，孙行者叫八戒赶上，二人赶到妖精洞门前。唐僧本有如下一段：

> 只见妖精一只手举着火尖枪，站在那中间一辆小车儿上；一只手捏着拳头往自家鼻子上锤了两拳。八戒笑道："这厮放赖不差！你好道捶破鼻子淌出些血来，搽红了脸，往那里告我们去耶！"那妖魔捶了两拳，念个咒语，口里喷出火来，鼻子里浓烟迸出，闸闸眼火焰齐生。

而杨闽斋本却不同。如：

> 只见妖精一只手举着火，一辆小车儿上，一只手捏着拳头，自鼻上捶了两拳，念个咒语，口里喷出火焰来，鼻子里浓烟迸出，闸闸眼火焰齐生。

两相对读，杨闽斋本删却了八戒语后艺术效果如何且不说，又在"举着火，一辆小车儿上"之间漏脱"尖枪，站在那中间"七字，还将"往自家鼻子上"删节或漏刻成"自鼻上"，以致难以通读。唐僧本与杨闽斋本之间类似上举例子，不胜枚举。

其二，第55回，描叙唐僧被女妖掳入妖窟，女怪要挟唐僧成亲，唐僧坚拒不允，这里插入诗歌一首，其中有两句，唐僧本如下：

> 那个道："我愿作前朝柳翠翠"；这个道："贫僧不是月阇黎"。

柳翠翠和月阇黎是冯梦龙编《喻世明言》中小说《月明和尚度柳翠》的人物。柳翠翠前身为水月寺住持玉通禅师，因被柳府尹命歌妓红莲引诱，破了色戒，羞愤圆寂，投胎转世为柳府尹之女柳翠翠。柳府尹死后，柳翠翠沦落为妓女，后被月明和尚点破因果，顿悟坐化。上引两句诗借用古代小说中人物，来形容妖精和唐僧的不同性格，非常贴切、明确。但杨闽斋本上述两句却是这样：

> 那个道："我愿作千条杨柳翠"；这个道："贫僧不之月阇黎"。

也许是刻工因音近而误，并非删节改编者之失；但诗意顿失，简直不知所云，以致造成两种删节本不同，却非常典型和突出。

以上是唐僧本和杨闽斋本之间的相异性举要，从宏观和微观两方面各以类型不同的实例说明。

（三）一个引人思索的新题
——唐僧本和杨闽斋本之间存在某种神秘关系吗

经过将唐僧本和杨闽斋本作对应性细细解剖后，它们之间的同一性和相异性其实难以缕述，举不胜举。但是，仅从前文所述分析，它对我们的启示业已相当丰富。这也不难理解：它们二者之间，既然在宏观上和微观上存在着广泛而具体的同一性，又在宏观上和微观上存在着广泛而具体的相异性，那么这种同一性和相异性当然不是偶然的、局部的和表层的表现，而是这两种删节本之间必然的、全局的和内在的特点的反映。对二者的同一性和相异性及其关系的多角度、多层次的分析，无疑将是我们认识、发掘和探讨唐僧本特性和成就甚至缺失以及它与杨闽斋本之间一系列问题的导入口、途径和根据。

诸如：从唐僧本散文部分所删文字中，比较集中且具有一定倾向性内容诸如调笑语、对话和日常生活过程的繁复描写以及复述语、排比句和俗语、古语、顺口溜之类的大量删节，我们当然可以悟到：唐僧本与世本相比较，其民间文学特色较之全本已有所削弱，因为上述方面的内容，正是民间文艺口头表演中借以发挥口艺特长的因素之一。而这一点与杨闽斋本删节文字的主要特点恰恰相同，对此，笔者在"杨闽斋本研考"中曾经有重点地作分析，本文从略。但由此可引出对唐僧本删节特点以及它与杨闽斋此题之间究竟如何形成相互关系实即承传关系的深入思考。

又如：上述资料中，唐僧本全书前后两部分和各回之间，删节字数比较平衡、合理，差错较少，而且对照全本，可见在大段文字中作错杂删节、前后文远距离并接以及既删削又增入等复杂改编后，居然少有枘凿不合或前后失应之处，相反，甚至多有在一定程度上保存原有文字的风貌、韵味和特色，甚或时见匠心，从而显示出删节改编的一定的成就和删节改编者的水平；相对而言，杨闽斋本全书前后部分删节畸轻畸重，而且各回之间相比或大量删削，或只删十数字、数字甚至一字不删者，以及全书中删节后时见差错，诸如并合失当、前后矛盾、失却呼应。所以，与唐僧本对比之下，不难悟到这无疑已涉及两部删节本的删节目的、方法、特点、成就和问题等的异同及其相互关系和相互影响。

当然，最重要最核心的问题是从两书间同一性和差异性分析中，可以看到：唐僧本和杨闽斋本之间存在着某种关系是肯定的，不必置疑的。但是这种关系，不但至今仍是一个难解的谜，更谈不上有何具体深入的论证和令人信服的结论，相反，甚至有意无意地被否认和否定，以致至今少有进展。因此，笔者在前文多方面地列述了这两种明版删节本《西游记》如此广泛而具体地存在着同一性和相异性的基础上（虽然因限于篇幅，各种情况大多只举一例说明），举一反三，并结合两种删节本全书，愿作进一步思考和探讨。

笔者以为：如果单从唐僧本和杨闽斋本之间所存在的全局性的和无所不在的同一性着眼作分析和思考，就很有可能会产生如下两种推导，就是：

要么二者是一母所生的孪生子或亲兄弟，是从同一个早期的《西游记》底本衍生而出。当然这并不是什么新见。因为目前论界所持的大多就是此种看法，即唐僧本和杨闽斋本都是从世本而出。同时，也应该说得全面一点，即这个早期《西游记》很可能是一个已佚的删节本。果然，这种见解近年已由黄永年先生提出（具体容后再谈）。

要么二者之间本身就存在着承传关系，即母子关系，具体说，不是唐僧本衍生杨闽斋本，就是杨闽斋本衍生唐僧本。而且不妨说二者必居其一。因为它们决不可能分别从两种不同版本《西游记》衍生而出，而又具有如此广泛而具体入微的同一性！

但是，另一方面，如果单从唐僧本和杨闽斋本所存在全局性的和无所不在的相异性着眼作分析和思考，则我们又很有可能产生如下截然不同的想法，这就是：二者决不可能是从同一部《西游记》底本衍生而出的删节本，当然更不可能是从一个早期的已佚删节本《西游记》衍生的孪生体；二者之间也不可能存在承传关系，即既非唐僧本衍生杨闽斋本，也不是杨闽斋本衍生唐僧本，而只有另一种可能，即分别从之前的文字多有不同的《西游记》版本删节改编而成。

然而，现在看来，这种种推论都不免有脱离版本实际之嫌，甚至是一厢情愿之言，因为正如前文所列述，唐僧本和杨闽斋本之间既不是只有同一性，没有相异性，也不是只有相异性，没有同一性。恰恰相反，它们二者之间，不但在宏观上和微观上存在着广泛而具体的同一性，而且宏观上和微观上也存在着广泛而具体的相异性。可说是二者是同中有异，异中有同，有同有异，同异并存。这样一来，就不免从根本上推翻了前述的种种设想和推断，即那种要么从同一个底本甚至同一个删节本衍生而出，或者唐僧本和杨闽斋本本身就是母子关系，要么分别从之前的两种不同版本《西游记》删节而成的种种推导，显得多么的简单甚至一定程度的片面。

首先，如果二者是单从之前的一个《西游记》版本如世本或早期删节本衍化而来，那么为什么这两种删节本之间虽然具有广泛而具体的同一性，但如细加检视和对读，这种同一性中有许多方面却仅仅出现于唐僧本和杨闽斋本之间，而与它们的共同底本却截然不同？如前文所举唐僧本和杨闽斋本第14回回前诗《佛即心兮心即佛》中那句"法身佛没没模样"，两本都衍生出中间那个"没"字，而世本却是"法身佛，没模样"两句三字句诗，无中间的"没"。这就是说，这个衍出的"没"决非从世本出。究其原因，不外乎二：唐僧本先衍，杨闽斋本从之；或杨闽斋本先衍，唐僧本从之。那么是不是由于另一个早期删节本先出错，而导致唐僧本和杨闽斋本共同出错呢？因为这个早期删节本至今没有版本根据作证，这里无法论定；且存而不论，容后探讨是否有此早期删节本时再解决。

其次，如果相信二者之中甲衍生乙或乙衍生甲这样一个简单逻辑，则唐僧本和杨闽斋本之间虽然有着广泛的同一性，但也同时又具有广泛的相异性。当然，即使是相互承传，也完全有可能是承传中后出者又作了删节、改动或出错，以致造成各种形式的相异性。然而，问题是，这样解释并非绝对符合版本情况。如前文所举，唐僧本第41回孙行者战红孩儿两节和第55回唐僧、女怪斗嘴的诗句与杨闽斋本各不相同，却又恰恰与世本完全一样，这又怎么解释？其实，如果从事实出发，实事求是解释，当然是杨闽斋本承袭唐僧本而出错造成；问题是版本中又同时存在着完全不同的实例，如前文所举唐僧本全书今存的90回中，共有诗歌435首，而杨闽斋本相应90回中却有诗歌554首，又怎么可能是承袭唐僧本？无疑是据世本相应90回中有诗歌677首删节而成。这又怎么解释？

再次，如果唐僧本和杨闽斋本是分别从两种不同版本的早期《西游记》衍生而出，则为什么唐僧本和杨闽斋本之间会出现诸如前文所举的宏观或微观方面使人甚感奇异的共同差错？诸如第99回难簿上难名及其次序的混乱和第100回通关牒文上用印国名单错乱，虽可证明其中之一是承袭世本所致，但又怎么证明其中另一部却是承袭自另一部早期版本？而且恰恰又与世本一样？如此这般，足可说明那种以为是分别从两种不同版本衍生而出的底本观，除了把唐僧本和杨闽斋本的底本问题，越搞越复杂以外，只能说是作茧自缚。

从以上所述，笔者承认：我们还没有直接找到答案以解开唐僧本和杨闽斋本之间神秘关系之谜！但是，我们从那错综复杂的版本现象中，却不难发现一个共同的内核，或者说共同的症结，这就是关于唐僧本或杨闽斋本的底本问题。因此，我们从一开始就应该明确，这就是：一、必须从实际材料出发，寻找可靠根据，分别探讨这两种删节本的底本究竟是什么。这里应该说明：笔者在"杨闽斋本研考"文中已经论定杨闽斋本的底本是世本，应该说具有一定的合理性和说服力；但如果再与唐僧本结合起来全面深入讨论时，进一步核定甚至重新加以检定，当然更好；二、具体探讨中，笔者无疑将充分地、全面地搜集和论证以往各家所论的底本观，不论其合理性如何，给以充分的重视和借鉴。但是，另一方面，笔者将在指导思想上全面突破前文所列举的那两种单一的底本观，即唐僧本和杨闽斋本要么是一母所生的兄弟，要么是二者之间本身就存在承传关系。在此基础上，相信可以找到新的方向、新的目标和新的结论。这个新，就是复合性底本观，即在以世本为共同底本以外（当然，世本是否为唐僧本和杨闽斋本的共同底本尚待最后论定），承认两种删节本之间同时也具有底本问题在内，即后出者亦曾参考过前出者。

现在，且让我们全面而具体地综述和论证以往论界提出的唐僧本底本论，并由此深入，力求有所突破，有所创建。

三、《唐僧西游记》底本说综述与辩证

综观长期以来提及唐僧本的有限文字中，比较富有理论意义的问题，莫过于它的承传关系，其中主要是它的前身即底本究竟是哪一部《西游记》。这也不难理解。如果这个论题是空白，甚或有带倾向性的缺陷，《西游记》的演变史和版本史就可能无从写起。然而，此题显然有一定的难度，主要是缺少必要的历史参考资料。所以，以往所论虽极简少，更谈不上结论，但仅见的一些直接或间接涉及的文字，却已经是为论界所关注甚至往往作为具有先导性的见解来借鉴。据笔者搜集，勉强列项，关于唐僧本的底本只有三说：一是世本说，二是吴承恩著《西游记》说，三是已佚旧删节本说。但亦未见论界作出呼应和评述，看来有关唐僧本底本的问题，的确犹待论界多方面加以关注和深入具体的阐发。

（一）唐僧本底本探讨现状的三个基本观念述要和评价

这里应该先指出：以往论者从来没有提到过唐僧本删节全本的具体字数，当然也包括杨闽斋本删节全本的具体字数，因此，这两种删节本与世本对比，都约删去五分之一的相同比例数，也从未有论者提及。但是，在唐僧本底本问题论述中，都存在将它与杨闽斋本不分彼此地捆绑在一起来讨论的倾向。看来，这种倾向显然是以它们之间的某种共通性为基础，如都是早期删节本之类。但是，推导而出的理论分析和理论判断，很可能只是一种认识上的简单化甚至是误导。因此，笔者拟对以往的唐僧本底本探讨及其倾向，在此先作一些必要的具体分析。

综观唐僧本底本探讨的现状，的确有它的特异性，值得给予注意；也不妨说，了解这种特异性，从而克服它所造成的某些缺陷和不足，是我们研究唐僧本底本问题不能回避的出发点。这种特异性，突出地表现在三个方面：

其一，几乎都着眼于两种删节本简单的同源性。迄今为止，论界关于唐僧本底本问题的探讨，总是将它与杨闽斋本相提并论，甚至视同一体来进行，却忽视甚至完全无视它们之间的差别，所以，其结论往往是二者同出一源。多年来，关于唐僧本底本问题的三种说法即世本说、吴承恩著《西游记》说和已佚旧删节本说，莫不如此。但这种认识的合理性究竟怎样，的确值得给予注意。否则，不免有差之毫厘、失之千里之虞，因为，任何低估这两种节本之间关系的复杂性所导致的结论，可能都不完全甚至完全不符合它们的实际。

其二，几乎都着眼于两种删节本浅层的同一性。迄今为止，论界关于唐僧本底本问题

的探讨，在将它与杨闽斋本相提并论时，往往只是撮举一些比较表层的和一般性的例子，来支持和阐发他的观点。诸如它们都是删节本甚至是问世时代相近或相同的删节本，即使有论者偶然涉及这两种版本的具体内容也往往只是举简单的相同数例来出证而已，而未能从某些深层次的同一性着眼作分析。这样做，无疑会有局限性，甚至会出现以偏概全的缺陷，由此导致的结论有可能造成一定的片面性。

其三，几乎都着眼于两种删节本局部的差别性。而由此可知，此种观念显然是以"二者的共同性是主要的"这一认识为基础。其实，唐僧本虽然是一部删节本，但与杨闽斋本一样，字数庞大；不要说此书难觅，即使有机会获见，要了解其全面情况其实也不易，若要与杨闽斋本对比，全面掌握它们之间的差异，并从中摸索出它的规律性，当然更为困难，故难免多有浅尝辄止之虞，获得的认识也就不一定完全切合该书的性质和特点。由此导出的结论，究竟包含有多少真理性，也就不免令人怀疑了。

根据以上分析，笔者以为：我们在讨论唐僧本底本问题时，不但要针对已有的三种底本说即世本说、吴承恩著《西游记》说和已佚旧删节本说，来具体分析何者比较正确或接近正确，何者不够正确或完全错失，甚至三者都有所失误，而且要另辟新径，寻求新说，这无疑将是我们讨论唐僧本底本问题所面临的和无法回避的论题。不但如此，问题还在于我们似乎更应该深入一步多方面作考虑，如：唐僧本的底本探讨完全着眼于它与杨闽斋本二者之间简单的同源性，是否存在某些片面性和简单化倾向，即唐僧本和杨闽斋本会不会各有自己的不同的底本，退一步说，即使它们的底本确有同源性，是否其中还蕴藏有某种其他复杂的因素呢！

总之，我们探讨唐僧本底本问题，不但要充分了解现状，全面吸收以往种种见解中积极的合理的成果，也就是前述三个基本观念及其所获得的全部合理的成果和经验教训，更需要主动地、有意识地突破这些观念的局限和不足，还应该从具体版本的实际情况出发，即侧重于突破现状，开拓思路，从这两种删节本的对读中以及和全本的对读中，从更深的层次、更广阔的范围，全面分析问题，深入研究问题，广泛提出问题。具体说，就是：突破以往几乎完全着眼于二书简单的同源性观念，代之以二书复杂的同源性思考；突破以往几乎完全着眼于二书浅层的同一性观念，代之以二书间深层次的同一性思考；突破以往几乎完全着眼于二书局部的差别性观念，代之以二书间差别的全面性分析，这样，才能做到不仅在思想观念上而且在实际操作中，真正做到从具体版本的实际情况着眼，全面地而不是片面地，从大量具有实质性意义的例证中来分析和归纳问题，发掘其规律性，而不是抓住一点有利的材料，把个别的例证，视作普遍现象，简单地下结论。总之，即使我们现在已经完全证实，唐僧本和杨闽斋本都各自删节世本的五分之一，考虑问题和理论探讨也不可完全以此为基础。笔者这样概括问题，旨在吸取以往唐僧本底本探讨的合理因素，克服所存在的缺陷，代之以更全面更深刻地思考和研究问题，从而把唐僧本甚而连及杨闽斋本底本的探讨引向和开拓出新的局面，导出更符合《西游记》版本演变实际的结论。

（二）以下就唐僧本已见的三种底本说分别作出分析和探讨

1. 唐僧本出于已佚旧删节本说辩证。

20世纪90年代初，黄永年先生打破了半个多世纪以来唐僧本底本探讨的沉寂局面，提出了唐僧本的第三种底本说，即产生于"嘉靖后期"的"最早的百回删节本"（已佚）

说，也就是说，唐僧本和杨闽斋本一样，都是以之前的（已佚）"最早的百回删节本"为底本。笔者以为必须强调：对黄先生的这一新见，不管其正确性如何，若加以轻视和忽视是完全不妥的，说到底即使最后证明这一见解错误，它的重要性也依然不可低估，因为它是《西游记》版本研究史上，对唐僧本也包括对杨闽斋本的底本问题，甚至包括全本世本的底本问题在内，《西游记》论坛第一次作出如此具体、如此深入以及如此多方面的论证。此底本所涉及的《西游记》版本发展过程，黄永年先生在《〈西游记〉前言》长文中曾列表展示，今将有关部分移录于下：

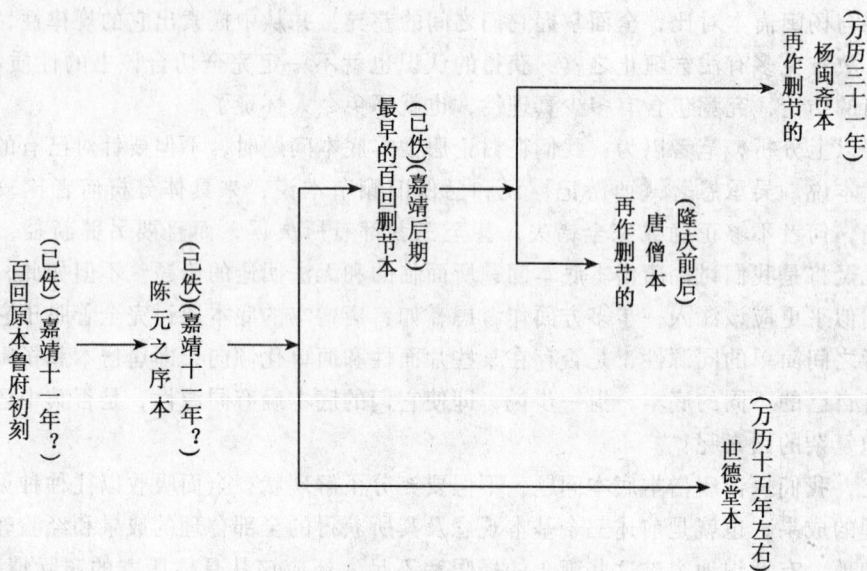

据此可知，黄永年先生的观点概括起来有如下几点：第一，唐僧本和杨闽斋本只是兄弟关系，它们同出于嘉靖后期问世的（已佚）"最早的百回删节本"即（已佚）"删节旧本"；第二，它们的"祖父"是已佚的嘉靖十一年的陈元之序本；第三，它们的"曾祖"是已佚的嘉靖初年的"鲁府初刻""百回原本"；第四，唐僧本和杨闽斋本同世本无承传关系，世本是唐僧本的同祖叔辈，但唐僧本比世本问世要早。

黄先生此表所列明代百回本《西游记》的承传关系，应该说是以他自己的一套自成体系的理由为根据。撇开由此表所涉及的别的论题不说，今以唐僧本底本探讨为视点，支持这一新说的论点可归纳为如下三条：一是以三种不同情况的九则例子，论定唐僧本底本是（已佚）"删节旧本"；二是以唐僧本字体和版式为据论定该（已佚）删节旧本是嘉靖后期产物；三是以《古今书刻》所载鲁府刻《西游记》为百回本原本初刻，从而为（已佚）删节旧本提供了版本演变的源头。

不过，笔者细究黄先生所论，似虽颇能自圆其说，但并非无懈可击。

首先，从第三条谈起。黄先生提出的百回本《西游记》的原本初刻为《古今书刻》所载的山东鲁府所刻《西游记》并无可靠根据，因此其所断出现于隆庆以前或嘉靖后期的（已佚）删节旧本，便成无根之木、无源之水。

原因何在？因为《古今书刻》所载山东鲁府刻书目中虽列有"西游记"，但仅仅三个字，其他一无说明，所以论界据情推测，一般认为是戏曲⑤，笔者则认为是李志常《长春真人西游记》⑥。至于《古今书刻》所载被黄永年先生认定为鲁府本《西游记》重刻本的登州府刻《西游记》则更有可能是《长春真人西游记》，因为长春真人邱处机是登州人，登州府刻此书，只不过为获取乡土名人效应，并附和朝廷佞道而已；且也符合明代人一般都将《长春真人西游记》简称为"西游记"的风气。所以在没有任何根据的情况下，公然推断为是描写唐僧取经的小说，而且是百回本，又是百回本"原本初刻"，其实颇有缪悠荒唐之感。至于黄永年先生说鲁府刻《西游记》恰与陈元之《序》所说《西游记》出于王府之说相合，这也不可能令人信服。因为与《西游记》有关的不仅是山东鲁王府。盛于斯《休庵影语》曾载："余幼时读《西游记》，至'清风岭唐僧遇怪，木棉庵三藏谈诗'，心识其为后人之伪笔，遂抹杀之。后十余年，会周如山云：'此样抄本，初出自周邸。及授梓时订书，以其数不满百，遂增人一回。'"⑦其所云之《西游记》，则不仅与王府有关，而且肯定是演叙取经故事的小说，还明确提到"增人一回"而成为百回本。无论从哪个角度分析，后一则资料的具体性、可靠性，当然远胜于《古今书刻》所载鲁府刻书目中那则资料。⑧

其次，黄先生以唐僧本的字体和版式为据，论定（已佚）删节旧本《西游记》最晚也应是嘉靖后期的产物之说，也并不过硬，从而又进一步动摇了（已佚）删节旧本说。

黄先生说：唐僧本"是一种略带欧阳询体的刻书字体。懂得版本的人都知道，明代刻书用欧体字是开始于正德，盛行于嘉靖，到隆庆年间稍起变化，万历初年个别书刻还略存遗风。可以说除建阳坊刻或边远地区具有特殊性以外，这已成为其时版刻字体演变的规则。这个唐僧本的字体和隆庆年间最接近，和隆庆元年刊刻的《文苑英华》尤其相似"（重点系笔者所加）。据此，笔者确有不少疑惑：其一，一般来说，唐僧本字体较为工整，但全书字体，决非划一，其中有许多回的字体明显较为粗率，有别于黄先生所说的"略带欧阳询体的刻书字体"；其二，即使全书的确是"略带"欧体的字体，难道必然是隆庆以前甚至是嘉靖时所为，而在万历时就不可能再出现？黄先生自己不是说"万历初年个别书刻还略存遗风"么！其三，众所周知，唐僧本刻于何地难考，而黄先生明明说"建阳坊刻或边远地区具有特殊性"，但是，为什么又可断定它不属于这一特殊性范围呢？因此，在唐僧本字体问题上存在如此之多的两可情况下，怎么一下子又可以全部套进欧体字书刻的演变规律而断言它出于隆庆时呢！

黄先生又说："再从版式来看，这个唐僧本版心所题'西游记卷△'在鱼尾之下，这也是隆庆及其前刻书的习惯，进入万历书名便一般都移到鱼尾之上……因此，这个唐僧本的刊刻就在隆庆年间，早一点可上推到嘉靖末年，迟一点也决不会晚于万历开头几年。因袭删节旧本中最早的唐僧本既是隆庆或其前后所刊刻，则这个删节旧本最晚也应是嘉靖后期的产物。"据此，笔者也不免疑惑顿生。明明说，进入万历后，书名只是"一般"都移到鱼尾之上，而不是绝对和全部移到鱼尾之上。事实上，即使进入万历后，甚至是进入清代后，仍不乏将书名刻于鱼尾之下的情形，如刻于顺治四年的《怀旧集》就是一例。

所以，笔者以为具体问题还必须具体分析。在唐僧本的刊刻年代和刊刻地区都未能确切推定，刻书字体和版式演变虽有一定规律可寻但同时又有不少例外的情况下，贸然将唐僧本套进这一规律来推定其刊刻的年代，似乎缺乏必然性和说服力。

最后，黄先生关于唐僧本底本是（已佚）删节旧本最重要最关键的理由，就是用三种不同情况的九则例子来推定，笔者以为不可靠，无必然的规律性，甚至有以偏概全之嫌。

黄先生说："《唐僧西游记》本、杨闽斋本和世德堂本相比较在字句上都已有所删节，其中又分三种情况。""一种情况是唐僧本、闽斋本删得一样……这里只有三种可能，一个可能是唐僧本因袭闽斋本，一个可能是闽斋本因袭唐僧本，再一个可能是唐僧、闽斋两本同出于一个和世德堂本相比较已经删节之本。""另一种情况是唐僧本和世德堂本相同而仅闽斋本有删节……足见决无唐僧本因袭闽斋本的可能。""再一种情况正相反，是闽斋本和世德堂本相同而仅唐僧本删节……足见也无闽斋本因袭唐僧本的可能。"由此，黄先生推出一个结论："只能是唐僧、闽斋两本同出于一个已删节过的旧本，而两本在因袭此删节旧本时又各自再有所删节。"

一般来说，分三种情况、以九条例子来论述和举证，理由不可谓不充分；况且每种情况最后还说明"这类例子每回都有，多不胜举"，但笔者仍然以为不足以说明和代表全书，反映全书的复杂性。因为所举之例，都是极为简单的删节之例，而没有删节得异常复杂或改动之例；均是删节之例，没有新增文字之例；只有三本对比中两书删节相同之例，没有两书删节后三书各不相同之例，诸如此类，一概被忽略不举。但事实上，这三种本子之间文字上复杂的差异性，只能通过全书的仔细对读和反复发掘，才能够有所发现，才能全面反映三书间情况的复杂。如果能基于其上考虑问题和作出分析，就会发现所谓两节本"只能是唐僧、闽斋两本同出于一个已删节过的旧本，而两本在因袭此删节旧本时又各自再有所删节"这一结论过于简单和不可信。当然，笔者也注意到黄先生文中曾在此结论后加过一则注，此注显然已具开拓思路、触及问题的某些实质之效，惜乎论者过于自信，又随即加以自我否定。此注主要内容如下："会不会是闽斋本因袭唐僧本时又参考百回原本把一部分为唐僧本所删去的重新补上，或是唐僧本因袭闽斋本时并据百回原本把一部分为闽斋本所删去的重新补上呢？前面讲简本时不是说朱本因袭杨本（指阳至和编简本《西游记》）并用百回本作增补吗？但朱本是杨本有漏洞处才用百回本作增补的，而闽斋本同百回本不同唐僧本和唐僧本同百回本不同闽斋本处都不是有什么漏洞，因此上面所说既因袭又用百回本原本增补的情况不可能存在。"

然而，笔者在此择举二例，似足以说明黄先生上述论断有误。例一出自第 12 回。世本：

> 当日三斋已毕，唐王驾回。待七日正会复请拈香。时天色将晚，各官俱退。

唐僧本：

> 当日三齐（原文如此，当作"斋"）已毕，唐王即命文武多官俳（当作"排"）驾回朝。待七日正会复请拈香。时天色将晚，众僧行童人等俱退。

杨闽斋本：

> 当日三斋已毕，天色将晚。唐王即命文武俳（当作"排"）驾回朝。待七日正会

复请拈香。

细究此例，三书间承袭之迹宛然，但文字各各不同，明显越出黄先生所举三种情况之外，那么这是怎样形成的？至少不符合出于已佚旧删节本说罢！

例二的情况似更复杂，见第 73 回。该例叙述孙行者施法变出 70 个小行者和 70 根（或 71 根）扠儿棒（或双角扠儿棒）降伏蜘蛛精事。从"将尾巴上毛拔下"开始至自家使一根"站在外边"止，极为简单一段，世本共 87 字，唐僧本为 68 字，而杨闽斋本则只 48 字。粗粗一看，似乎相同；细细对读，大不一样。但三书间承袭之迹亦宛然（详细情况下文再叙），越出黄先生所举三种情况之外更是一目了然，当然更不能由此推导出出于已佚旧删节本说了。

总之，关于唐僧本出于已佚删节旧本说的可信性似尚有欠缺。

（三）唐僧本出于吴承恩著《西游记》说辩证

20 世纪 30 年代，郑振铎先生撰著名论文《〈西游记〉的演化》⑨，在简述他所了解的各种《西游记》版本后称："总结了上文，其诸本的来历，可列一表。"现将表中有关部分全文照录于下：

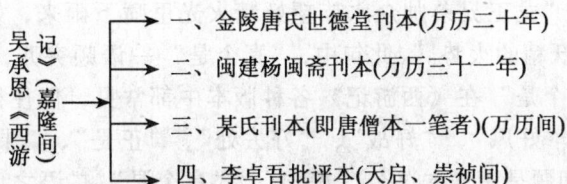

吴承恩《西游记》（嘉隆间）
- 一、金陵唐氏世德堂刊本(万历二十年)
- 二、闽建杨闽斋刊本(万历三十一年)
- 三、某氏刊本(即唐僧本一笔者)(万历间)
- 四、李卓吾批评本(天启、崇祯间)

据此表，则世本、杨闽斋本、唐僧本（即表中"某氏刊本"）、李评本等四种《西游记》是同辈兄弟关系，出"吴承恩《西游记》"。但这与郑先生文中所叙显然大有出入：其一，文中引陈元之《序》"唐光禄既购是书，奇之。益俾好书（当作"事"）者为之订校，秩其卷目梓之。凡二十卷，数十万言有余（即指世本——笔者）"后说："是此书亦尝经唐光禄'秩其卷目'，未必全为原本之式样的了。"语意很明确，世本与其前身即吴承恩《西游记》是承传关系，文字有不同。其二，《鼎锲京本全像西游记》即杨闽斋本"似即据世德堂本为底子"。其三，《唐僧西游记》，"似亦万历间刊本，而从世德堂本出者"。其四，《李卓吾先生批评西游记》"亦同世德堂本"，"当为启、祯间刊本"，则李评本和世本显然也是承传关系。据以上引述，可见郑先生认为杨闽斋本、唐僧本、李评本都由此世本出，而世本出吴承恩《西游记》。所以郑先生文中之表将"某氏刊本"即唐僧本与"金陵唐氏世德堂刊本"并列，而同出于嘉隆间"吴承恩《西游记》"显然有误。本文之所以在此仍据郑先生文中之表概括为"唐僧本出于吴承恩著《西游记》"一说，意在作为历史资料，供论者探讨唐僧本底本问题时作多方面思考。

（四）唐僧本出于世本说新证

唐僧本出于世本说前已述及，提出者为郑振铎先生。他在《〈西游记〉的演化》中说：《唐僧西游记》"似亦万历间刊本，而从世德堂本出者"。但郑先生既未展开论证，后来亦未曾有人加以申述和评论。笔者在前文提到唐僧本和杨闽斋本之间宏观方面的同一性时，"其二"部分共列出 10 条例证加以说明。其实，这 10 条在"杨闽斋本研考"文中系作为基本证据用以论证杨闽斋本的底本为世本，只是本文因限于篇幅，实例仅举一二罢了。所以唐僧本据这十条当然亦可论定底本为世本。同时，"杨闽斋本研考"文中为充实论据，还列述五条特殊证据加以论定。这五条特殊证据中，虽有三条因缺页等原因，唐僧本无法对应，但仍有两条，唐僧本亦适用。而且不排除唐僧本成据在先，杨闽斋本成据在后之可能；同时，唐僧本当然亦有自己独特的特殊证据在。先述与杨闽斋本共同之两条：

其一，第 38 回。孙行者设法捉妖，嘱太子先回城。太子道："我自早朝蒙差带了若干人马鹰犬出城，今一日更无一件野物，怎么见驾！若问我个不才之罪，监陷更里，你明日进城，却将何倚？"唐僧本中这句"监陷更里"，杨闽斋本作"监陷更哩"，其他全同。若杨闽斋本中这个"哩"作语气助词，则唐僧本的"监陷更里"又作何解？对照全本，原来世本为"监陷羑里"，李评本为"监陷图圄"，则可恍然。"更里"和"更哩"均为"羑里"之误。"羑里"是监狱即图圄之代称，借用商代纣王囚禁文王于"羑里"（今河南汤阴境内）之事。"更里"、"更哩"虽都出错，但"更里"只错一字，"更哩"则全错了。有可能是唐僧本"更里"错在前，杨闽斋本则据之误以为"里"有错，而加上"口"作"哩"成助词了。

其二，第 41 回。"龙王兄弟帅众水族望妖精火光里喷下雨来，好雨！真个是，那雨淙淙大小莫能止息那妖精的火势。"此句中，"真个是"一语颇突兀，"好雨"似也同样。虽然"好雨"或"真个是"在《西游记》各种版本中都常见，但往往是叙述语转入诗词韵文前的导语，类同"好风"、"好战"、"好去处"、"正是"、"果然是"、"好诗"和"有诗为证"之类。问题是唐僧本这个"好雨"、"真个是"二语之后居然无诗，却与杨闽斋本一样，这才令人生异。查对世本，在"好雨！真个是"两语之后，"那雨淙淙大小莫能止息那妖精的火势"句之前，果然插入"潇潇洒洒"诗一首，长达 16 句 103 字，诗中有"沟壑水飞千丈玉，涧泉波涨万条银"、"扳倒天河往下倾"等句子来形容雨势。但唐僧本或杨闽斋本删却全诗后，居然都未将"好雨"、"真个是"删却，以致成为文中的赘语，使人颇感突兀了。

再举唐僧本的特殊证据三条：

例一，第 11 回有一诗句无故排成双行，以致有损版式通例，足证系据世本而来。该回"面如秋后黄桑叶"诗中最后一句是"闹丧台就如倒塌寺"，版面上竟将最后四字"如倒塌寺"排成双行，占两格。这种情况在唐僧本中堪称仅见。因为在《西游记》古代版本中，当五、七言诗歌中出现个别诸如八言、九言等杂句时，为了使诗行整齐，往往将这些句中多出之字排成双行；或在一段文字结束即将转行空顶格，若末了一句有一、二字多出的情况下，为了节省一行版面，就作为特殊情况，挤排成双行。在唐僧本中，凡诗词韵语每行顶格为空格。上述"面如秋后黄桑叶"诗共 105 字，每行排 23 字，共占 5 行，若正常排列，最后尚空 10 格之多；如今将"如倒塌寺"4 字排成双行占两格，所以最后竟有 12 格空格。这种情况当然令人惊奇。那么怎会出现这种排法的呢？查对杨闽斋本第 11 回同样有此诗，但排法完全正常，只是此诗最后脱漏"寺"字。原来杨闽斋本每行 27 字，诗词顶格空一格，被排成四行后，尚多出最后的"寺"字，刻工为了省去转行，竟故意将此"寺"字脱漏不刻。唐僧本的排法,据此显然与杨闽斋本无关。查世本,同样也有此诗。世本每行 24 字,顶格空,又每句之间空一格,共排 5 行,最后竟多出末了一句"塌寺"二字。世本为了省却转行,故意将"如倒塌寺"四字排成双行,正好到底。唐僧本此诗最后四字排成双行占两格,显然是生硬照搬世本排法造成。此事明显是刻工所为,却无意中留下了唐僧本以世本为底本的一个重要证据,殊为难得。

例二,第 31 回唐僧本有如下一句:

> 黄袍怪见猪八戒、沙和尚在云端吆喝,心中暗想:"猪八戒便也罢了,沙和尚是我绑在家里,他怎么得出来?我的浑家怎么肯放他?我的孩儿怎么得到他手?这怕是假。且等我回家看看,是我的儿子,不是我的儿子,再与他说话不迟。"

这段文字本身没有任何可奇之处,也没有任何差错。但笔者在与世本对读时,删节者在删节时那番精工细磨的情形似在眼前。原来这段文字在世本中如下,黄袍暗想:

> 猪八戒便也罢了,沙和尚是我绑在家里,他怎么得出来?我的浑家怎么肯放他?我的孩儿怎么得到他手?这怕是猪八戒不得我出去与他交战,故将此计来羁我。我若认了这个泛头,就与他打呵,噫,我却还害酒哩。假若被他筑上一钯,却不灭了这个威风,识破了那个关窍。且等我回家看看,是我的儿子,不是我的儿子,再与他说话不迟。

两相对读,恐怕一时也不易发现其中的关窍。原来唐僧本删节了中间一大段,却又把这一大段开始时"这怕是"三字和句中的"假若"的"假"联在一起,组成"这怕是假"一句,非常切合当事人的思想愿望和语言环境,堪称删节得非常巧妙。或者有人以为这怎么可以为唐僧本出于世本的特殊证据呢?何况对照杨闽斋本,不是也与唐僧本的文字相同吗?其实不然。细加对读,原来杨闽斋本这段文字的确不妨说与唐僧本几乎一模一样,但还可以发现其中有一个字尚与唐僧本不同,即唐僧本"沙和尚是我绑在家里"句中的"绑",杨闽斋本作"锁"。若细究"绑"和"锁"何者确切,应该是"锁"。因为《西游记》第 30 回,沙和尚被黄袍怪捉住后,开始时的确是被"四马攒蹄捆住",也就是"绑",但是经公主说情后,"把沙僧解了绳子,锁在那里"。所以杨闽斋本"沙和尚是我锁在家里"的确与前文相呼应。相比之下,唐僧本作"绑在家里"似不合前文所写。不过,本文在此系将此句作为考论底本的特殊例证来分析,所以关键所在是世本中此字究竟是"锁"还是"绑"。经核对是"绑",足证唐僧本是以世本为底本删节而成;而上引精妙删节之例,的确可作论证唐僧本底本的一个特殊证据。

例三,即前文"唐僧本出于已佚删节旧本说辩证"一节中最后所举第 73 回孙行者变小行者和双角挝儿棒降伏蜘蛛精事。三本《西游记》中,此例字数各不同,前已叙及。经仔细研读,其中只有唐僧本意思明确,层次清楚,就是用七十根尾巴毛变七十个小行者,又用金箍棒变出七十一根双角挝儿棒,孙行者和小行者们各拿一根,用以绞尽蜘蛛精所吐之丝。而世本文字却很难理解,孙行者七十根尾巴毛变了七十个小行者,用金箍棒变做七十根双角挝儿棒,如果文字止此,则七十个小行者各拿一根双角挝儿棒后,孙行者自已无棒可使；接着文中又把双角扠儿棒变成七十一条扠儿棒，似乎七十个小行者和孙行者手中都有棒可使，可是这条棒没有"双角"，又怎么搅丝？而且这七十一条双角扠儿棒究竟是其中一条所变，还是七十条都变了？似乎都不通。显然，世本这段文字可说大错特错。

这一节文字既然唐僧本是正确的，怎么能说是以大错特错的世本为底本删节而成？若将这两种版本按原版面排列，细加对读，当可了然。世本每行 24 字，这段文字的第一字排在第 12 格，如下，无标点：

> 将尾耙上毛将下七十根吹口仙气叫变即变做七十个小行者又将金箍棒吹口仙气叫变即变做七十个双角扠儿棒又把扠儿棒幌一幌叫变即变做七十一条扠儿棒每一个小行者与他一根他自家使一根站在外边

再将唐僧本这一段文字按原版面移录于下，每行亦 24 字，第一字排在起行第 4 字，如下，亦无标点：

> 将尾耙上毛将下七十根吹口仙气叫变即变做七十个小行者又将金箍棒吹口仙气叫变即变做七十一个双角扠儿棒每一个小行者与他一根他自家使一根站在外边

唐僧本删节者在据世本删节时，显然发现了世本的差错。因为世本的差错不过是刻工刻字时看错原稿串行造成文字重复，比较容易发现。删节者发现后即删去衍出的一句，并按文意将删句中的"七十一"代替原句中的"七十"，成为"变做七十一个双角扠儿棒"，使七十个小行者和孙行者手中各有一根。于是，世本中共 87 字的这段文字，被唐僧本删节者删改为 68 字了。唐僧本校正世本错句之例，不止这一句。如世本第 76 回猪八戒被擒，唐僧抱怨孙行者。这时，"行者道：'师父，不得抱怨，等我去救他一救。'"唐僧本即已删去最后一句衍文。那么会否系据杨闽斋本校正呢？笔者以为不可能，容待后再论。

因此，笔者认为：在与杨闽斋本相同的十条基本证据和二条特殊证据的基础上，再有如上三条无可代替的非常独特的特殊证据，唐僧本以世本为底本的问题，理由的确比较充足了。

（五）唐僧本是杨闽斋本的参照底本——唐僧本和杨闽斋本神秘关系揭秘

据前所述，关于唐僧本的底本，以往仅限于以上三说，笔者论定为世本说，赞同世本说，而排除（已佚）删节旧本说和吴承恩著《西游记》说。而关于杨闽斋本的底本说，则据"杨闽斋本研考"文所论，杨闽斋本底本以往也仅限于相同三说，笔者也只论定为世本说，而排除（已佚）旧删节本说和吴承恩著《西游记》说。现在要问的是：这就是最后的结论吗？我的回答是：不！如果这就是结论，那无疑是把问题简单化了。随着对版本材料的具体了解、底本问题的深入探讨，现在可以肯定地说，实际情况远没有这样简单。这一个认识不但非常必要，而且还具有必然性。这是笔者对读唐僧本和杨闽斋本以及又分别与世本对读的基础上，列述了如前文所列唐僧本和杨闽斋本之间的同一性和相异性后，悟出了这两种删节本决不仅仅是从同一底本衍化而出的那么单一，而且还包括唐僧本衍生杨闽斋本或杨闽斋本衍生唐僧本的可能性在内。如今笔者既然论定这两种删节本都从世本而来，以世本为底本删节；现在要解决的问题就是唐僧本和杨闽斋本之间究竟有什么内在关系？说得明白一点，即二者之中的后出者在以某种版本——笔者认为是世本为底本时，必然还非常紧密而重要地参照了同一底本所衍生的前出者，某些部分甚至照刻了同一底本所衍生的前出者。具体说，要么是唐僧本以世本为底本作删节改编时，同时还以杨闽斋本作底本参照；或者是杨闽斋本以世本为底本时，同时还以唐僧本作底本参照。笔者认为二者必居其一。对此，只要据唐僧本和杨闽斋本第 94 回的删节情况即可认定。该回唐僧本 4 205 字，杨闽斋本 4 204 字，而世本则为 4 624 字。唐僧本比杨闽斋本多一字，杨闽斋本则比唐僧本少 1 字，世本比唐僧本多 419 字，比杨闽斋本则多 420 字。那么其中有什么特殊之处呢？试加分析，原来唐僧本和杨闽斋本之间可说完全相同，而且与世本之间在散文部分总字数也可说完全一样。据笔者对读，唐僧本有 7 句比杨闽斋本共多 10 字，有 5 句比杨闽斋本共少 9 字。唐僧本多字之例：如"国王即登殿"句，杨闽斋本无"即"，"都到御花园内观看"句杨闽斋本无"都"、"内"等。杨闽斋本多字之例：如"欲退殿去又恐失了观瞻不雅"句唐僧本无"去又"、"不雅"4 字等。可见都无什么实际意义，很可能出于誊刻时出误。至于唐僧本和杨闽斋本各与世本对比各删节 420 字，不过是同删诗四首："沉沉宫漏"诗 78 字，"宫殿开轩"诗 56 字，"径铺彩石"诗 212 字，"峥嵘阊阖"诗 56 字；以及上述四诗前各删导入语"正是"、"但见"、"好去处"和"那歌舞吹弹铺张陈设，真是"等共 18 字，合计正是 420 字，完全相合。由此可知，本回中，两部删节本总字数之所以相同，以及与世本相比之所以减 1 字，就因为唐僧本和杨闽斋本只删节诗词 4 首及其导入语而已。

　　这种例子，在唐僧本和杨闽斋本中不胜枚举。如第 11 回叙写刘全进奉瓜果回阳，唐太宗问及情况，刘全回答时其中有一段文字，三本各如下：

　　　　（世本）阎王问臣乡贯姓名，臣将弃家舍子因妻缢死愿来进瓜之事说了一遍，他急差鬼使引过我妻，就在森罗殿下相会。
　　　　（唐僧本）又知臣妻缢死并愿进瓜之事，急差鬼使引我妻相会。
　　　　（杨闽斋本）又知臣妻缢死并愿进瓜之事，急差鬼使引我妻相会。

细加对读，可知唐僧本和杨闽斋本完全一样，而与世本却大有不同。世本共 45 字，而唐、杨两本则各是 21 字。再细作分析，唐、杨两本决非简单删去一半多文字，而是既有删节、增出，又有改动，可说改得相当复杂和巧妙。若说唐、杨两本各从世本删改而来，当然决无可能。因此，只能是这样：不是唐僧本先据世本删改，然后杨闽斋本又承袭唐僧本，便是杨闽斋本先据世本删改，然后唐僧本又承袭杨闽斋本，二者必居其一，决无其他可能。这里应该说明，类似例子决非绝无仅有，而是不胜枚举。

　　因此，我们在这里可以下一个结论：唐僧本和杨闽斋本各自以世本为底本删节改编，同时，其中的后出者又必然以前出者作为参照本。当然，作参照时，有些章节主要据世本删改，而有些章节则又以另一删节本为主要根据。但从总体而言，前出的删节本的底本只有一种即世本，而后出的删节本的底本则有两种，即世本和前出的删节本。

　　现在的问题便集中到一点，即唐僧本和杨闽斋本究竟谁是前出者，谁是后出者，谁承袭了谁。对此，笔者列出如下三条证据，足以证明是杨闽斋本参照唐僧本，承袭唐僧本：

其一，唐僧本和杨闽斋本相比较，删节改编思想大有不同：唐僧本有通盘的设想、周密的筹划，全书的改编有计划、有目的地进行，这在实践中的最突出、最明显的标志，就是全书各回之间删节的字数比较平衡，没有畸轻畸重现象，更没有一回不删只字者；相反，杨闽斋本删节者显然并非不了解唐僧本这一情况，但是出于特定的需要，并没有大体上复制唐僧本的打算，而是在控制全书字数总量大体上持平的基础上，故意在回与回之间造成畸多畸少的现象。按前文列述的两书相异性部分所举的全书前半部大刀阔斧地删节，相对而言，后半部则删削较少甚至不删。这样一来，从总体上说，杨闽斋本是与唐僧本截然不同的删节本；但从总字数而言，实际上差不多。所以唐僧本前半部（今存 45 回）竟有 36 回比杨闽斋本的字数要多，有的回几乎要多达 1/5；但是，后半部分今亦存 45 回，则恰恰相反，竟有 25 回比杨闽斋本的字数少，有的回竟少 1/5。这就可想而知，杨闽斋本全书各回之间删节字数的畸轻畸重现象何等严重。造成这种情况的原因，不难列出数条，其中之一，笔者以为杨闽斋本删节改编者（包括策划者）手头显然有两部《西游记》：一部是世本，一部是唐僧本。他们策划另外新编一部《西游记》，于是在摸清了世本和唐僧本的大体情况和关系后，就以唐僧本为参照，按世本任意节改删补，不计全书质量，单求改头换面。这样编成的杨闽斋本，粗粗看来与唐僧本面目完全两样，但细细剖析，两书间骨子里那种不可分的千丝万缕的关系则显露无遗。所以出现了两书间既有诸多宏观或微观方面的同一性，同时又存在诸多宏观或微观方面的相异性。

反之，若设想唐僧本成书在后，杨闽斋本出书在先，则很难理解在内容和形式上具有今见那样特色和成就的删节本，怎能以差错迭出的杨闽斋本作参照？岂不自找麻烦，多此一举！当然不如把杨闽斋本丢在一边，径直以世本为底本作改编删节了，则何来如今与杨闽斋本如此众多而入微的同一性？

其二，关于唐僧本和杨闽斋本删节改编中出现的差错问题。除从世本沿袭而来未加完全改正的差错缺失，二者大都相同以外；唐僧本新出现的错字和杨闽斋本同样颇不少见，有可能大多为刻工所误。至于深层次的差错，删节中新出现的诸如情节或细节前后枘凿不合和失却呼应，甚至发展突兀、文意不清之类，在唐僧本中偶见的，杨闽斋本中竟会同样出现；相反，杨闽斋本中屡见不鲜的而在唐僧本中则往往字通意顺，虽然与世本对比同样都有所删节。这种种情况的存在，与其说是唐僧本承袭杨闽斋本所致，是唐僧本承袭杨闽斋本的证明；还不如说是杨闽斋本在参照唐僧本时，既承袭了该本的某些错失，同时又形成和出现更多的新错失；而且其中有的删节即使称不上什么错失，但全本中有些脍炙人口的形象描绘笔墨的丧失，却也难辞其咎。且举第 24 回猪八戒吃人参果之例来说明。世本中有如下一段："三人将三个果各各受用。那八戒食肠大，口又大，一则是听见童子吃时，便觉馋虫拱动，却才见了果子拿过来，张开口毂辘的吞嚼下肚，却白着眼胡赖，向行者、沙僧道：'你两个吃的是甚么？'沙僧道：'人参果。'八戒道：'甚么味道？'行者道：'悟净，不要睬他！你到先吃了，又来问谁？'八戒道：'哥哥，吃的忙了些，不相你们细嚼细咽，尝出些滋味。我也不知有核无核，就吞下去了。哥啊！为人为行（彻），你轻调动我这馋虫，再去弄个儿来老猪尝尝。'"唐僧本将"白着眼胡赖"句中"胡赖"删却，又将"白"错为"自"，同时又将"你两个吃的是甚么沙僧道人参果八戒道甚么味道"共 21 字删节为"你两个吃的是甚么味道"10 字。既有极个别字的差错，又有零碎的删节。对读杨闽斋本，竟一模一样，又最后八戒所说一句"哥哥，吃的忙了些，不相你们细嚼细咽，尝出些滋味。我也不知有核无核，就吞下去了。哥啊！为人为行（彻），你轻调动我这馋虫，再去弄个儿来老猪尝尝"；唐僧本只将"尝尝"改为"细细的吃吃"；而杨闽斋本则删去全句，改为"再讨一个来送我"。由此可见，世本中将猪八戒吃人参果一节用寥寥数笔，把人物刻画得栩栩如生，堪称似闻其声，如见其形，脍炙人口；唐僧本中犹一如全本，韵味全在；而到杨闽斋本，虽只又删却不多字，却韵味顿失，本来栩栩如生的形象似也枯竭了。此类例子，足证是杨闽斋本承袭唐僧本，决不可能是唐僧本承袭杨闽斋本。

其三，这里将第73回孙行者变小行者和双角扠儿棒降伏蜘蛛精一例，再作解剖，关键是杨闽斋本能否给唐僧本提供校正之根据。笔者以为决无此可能。杨闽斋本原本排列如下，无标点：

将尾耙上毛抖下七十根吹口仙气叫变即变做七十一个双角扠儿棒每一个小行者与他一根他自家使一根站在外边

杨闽斋本每行27字，此段第一字排在该行第17字。杨闽斋本此句中"将尾耙上毛抖下七十根"的"抖"与世本的"捽下"的"捽"和唐僧本"将下"的"将"都不同，而且全句根本不通。唐僧本既不可能将杨闽斋本"抖下七十根"的"抖"错为"将"，更无可能将杨闽斋本根本不通又不知所云的48个字，改成为通顺可解的68字而且又合乎情节描写，因为它当时根本没有正确的版本可以参照订正。

所以，现在的问题是：杨闽斋本要么是据世本而造成错中错，要么就是据唐僧本而出错，二者必居其一。笔者经仔细思考，反复对照，认定是以唐僧本为参照本而来，而非据世本所致。原因何在？有二：

一是杨闽斋本与世本相对照，根本无法理出杨闽斋本这段文字出错的原因。假设是由于连续两次错行所造成：即刻至第1行末字"仙"时错接到第2行末倒数第5字的"仙"后的"气叫变"，然后又错行再错接到第3行末倒数第5字的"变即变"于是即成"变做七十一条扠儿棒……"似乎也成理；不过细加对读，这个"扠儿棒"竟无"双角"二字。那么，不妨再设想是否会据唐僧本参照时出错而成呢？两相对读，居然发现的确不无可能。因为若刻工或誊抄者写刻至第1行最后"即变做"时再往下却错行到第2行最后"即变做"而接刻为"七十一个扠儿棒"，这就非常切合地成为今见杨闽斋本的这段不通的文字了。

二是还有一个颇有说服力的辅证，即杨闽斋本此句开始一句"将尾耙上毛抖下七十根"的"抖"，决非从世本同一句中"将尾耙上毛捽下七十根"的"捽"改成，因为这个"捽"字意思明确，切合该句所说，没有必要改，当然更不是无意出错，因为这个"抖"并无什么错，同样也切合语句环境。对照唐僧本，则完全可以理解这个"抖"原来是由错字"将"改来。因为唐僧本中这句作"将尾耙上毛将下七十根"，句中的两个"将"，字形、笔划完全相同。第二个"将"明显是由世本此句"捽下七十根"之"捽"错来，杨闽斋本改编者显然认定这个"将"是个错字，而且在句中显然不通，于是径改为"抖"，以致留下了从唐僧本改编而来，以唐僧本为参照底本的辅证。

　　至此，似可以作出这样的结论：唐僧本是杨闽斋本的底本之一，后者在据世本删节改编的过程中，曾以唐僧本作重要的参照本；也就是说，杨闽斋本有两个底本。

　　这样，本文理应在此顺便提及，向为论坛所重的关于今见最早的三种同署"华阳洞天主人校"的明版百回本《西游记》的衍变关系可确定如下：世本最早，出现于万历二十年；世本衍生唐僧本，出现于万历二十余年间；世本和唐僧本共同衍生杨闽斋本，出现于万历三十一年。

注　释：

① 参见朱一玄、刘毓忱编《〈西游记〉资料汇编》，中州书画社 1983 年版，第 199 页。

② 黄永年：《论〈西游记〉的成书经过和版本源流——〈西游证道书〉点校前言》。见《古代文献研究集林》第 2 集，陕西师范大学出版社 1992 年版，第 20 页；又见《〈西游记〉前言》，中华书局 1993 年版《黄周星定本西游证道书·西游记》。

③ 李时人：《〈西游记〉版本叙略》，见《〈西游记〉考论》，浙江古籍出版社 1991 年版，第 160 页。

④ 吴圣燮：《杨闽斋〈新镌全像西游记〉版本研考》，《明清小说研究》2004 年第 4 期，2005 年第 1、2 期。

⑤ 参见陈君谋：《百回本〈西游记〉作者臆断》，《苏州大学学报》1990 年第 1 期；张锦池：《〈西游记〉考论》，黑龙江教育出版社 1997 年版。

⑥ 参见吴圣昔：《〈西游记〉鲁府本揭秘——兼谈登州府本之真相》，《明清小说研究》2000 年第 2 期。

⑦ 朱一玄、刘毓忱编：《〈西游记〉资料汇编》，中州书画社 1983 年版，第 214 ~ 215 页。

⑧ 参见吴圣昔：《〈西游记〉周邸抄本探秘》，《宁波师范学院学报》1995 年第 1 期。

⑨ 郑振铎：《〈西游记〉的演化》，见《名家解读〈西游记〉》，山东人民出版社 1998 年版，第 401 ~ 434 页。

（作者单位：江苏省社会科学院文学所）

清初岭南诗僧结社考论

□ 李舜臣

　　僧人与文士所结之社，世人每以"莲社"、"白社"、"东林社"、"白莲社"谓之。其由来盖可溯至东晋元兴元年（402 年）年七月，释慧远引刘遗民、宗炳等百余文士，在庐山东林寺拈香念佛以祈往生西方净土的活动。宋赞宁说：

> 晋宋间有庐山慧远法师，化行浔阳，高士逸人，辐辏于东林，皆愿结香火。时雷次宗、宗炳、张诠、刘遗民、周续之等，共结白莲社，立弥陀像，求愿往生赡养国，谓之莲社。社之名始于此也。①

　　这之后，类似此种合宗教体验与挥翰吟咏的社团，在中国文化史上大量出现，比如宋代释省常之西湖白莲②，释云逸主修之吟梅社③，明代释永瑛所结之十老诗社，释明旷与郭舜举等文士所结之社④，释株宏主盟的莲池放生社，等等。这些社团多承远公之余风雅韵，实乃诗坛禅苑中一道独特的景观。

　　明季清初的岭南，诗禅文化蓬勃发展，此种由僧人主盟或参与之社团，亦十分活跃。谢国桢《明清之际党社运动考》谓："广东地方虽然僻远，但是文化极为倡明，在崇祯间陈子壮、黎遂球、陈邦彦、欧必元等人，以文章声气，与江南复社相应和。在广东的社事，我们知道的有陈子壮的南园诗社，屈大均西园诗社，黄登探梅诗社和僧函昰的净社，僧函可在沈阳结的冰天诗社。"⑤除"净社"、"冰天诗社"外，影响较著的尚有石濂大汕之"白社"、愿光之兰湖白莲社、成鹫之东林社，等等。本文即拟对这几个社团的活动、成员以及社团宗旨加以研究。⑥

　　这里，有必要先对"诗社"的内涵略作说明。对于此问题，目前学界尚无定论。欧阳光先生在界定一般文人雅集活动与诗社活动之区别时，认为有如下特征的诗歌唱和活动皆可视为诗社活动：1. "凡是有正式的诗社名称，或订有社规会约，有相对固定的成员和活动地点，并定期举行活动的"；2. "在雅集唱和活动或文人酬答中，出现了'同社'、'结社'、'入社'等字眼的"；3. "在雅集唱和活动或文人酬答中，虽未出现'社'字，但若使用了'同盟'、'诗盟'等字眼的"；4. "在雅集唱和活动或文人酬答中，出现了'文会'字眼的"。⑦此四条中，第一条堪为严格意义上的"诗社"，后三条则属广义"诗社"之范畴。本文所指"诗社"即沿用上说，即包括有明确社名以及唱和成员的诗歌中出现"社"、"盟"、"文会"等语词的诗人雅集活动。

一、大汕与"白社"⑧

大汕（1633～1705 年），徐氏子，字石濂、石莲，号厂翁、石头陀，江西九江人。康熙初年入粤，康熙十八年（1679 年）入住长寿禅院，得大檀越金公绚之助，倾力构建寺宇，使之成为广州五大丛林之一。康熙三十八年（1699 年），文士潘耒至广州，与其交恶，刻《救狂砭语》一书攻之，康熙四十一年（1702 年）被当事逐出岭南。著有《离六堂集》、《离六堂二集》、《海外纪事》等。⑨

《海外纪事》卷 1 云："客有惠州来者，述紫诠王使君刻下擢巡川南。奈余羁海外，缺为面送。白社知己，远隔天涯，赋诗以寄意云：……素性爱与方外交，目无富贵何英豪。多才雅士满江海，笑谈往往空人曹。"又卷 6 有《冬日紫诠王大参招樊太史刘诠部暨白社诸公过集小院分赋得"七阳"》一诗；《离六堂集》卷 8 有《御河舟中忆姑苏钱塘并怀白社诸公》、卷 9 有《归舟怀元孝、葵之、苍水白社诸公》等诗。以上材料均出现"白社"之字眼，这表明，在大汕身旁聚集着一个相对固定的唱和群体，而大汕称之为"白社"。姜伯勤先生谓："'白社'系泛称。古人多以'白莲社'、'白社'指僧人、隐士所结之社，大汕诗文中则用指其所结诗社。"⑩

此外，在与大汕唱和的诗人诗歌中，亦多有"白社"一词。如陈恭尹《上元后二夕，长寿精舍雅集，同王惠州、陈韶州两使君、梁药亭、廖南昉、屈翁山、王础尘、沈上钱、方葆宇、陈升洲、黄葵村分得"来"字》中有"陆贾城边白社开"一句⑪；孟亮揆《游长寿禅林与石公话旧和浮山韵》中有"帘开白社来同调，花报先春索赠言"⑫句，等等。这些均为"白社"存在之明证。

从现有材料看，大汕的"白社"更像是一个广义诗社，该社成员、活动地点、活动日期皆不甚固定，亦无任何社约或社规，因此，不易全面考出社中成员及具体之社集活动。然相对而言，大汕的长寿禅院、梁佩兰的六莹堂、王瑛的子日亭，应是"白社诸公"活动较为集中的地点。这里拟以大汕长寿寺为中心，考察他们的唱和活动。

康熙十八年己未（1679 年）春，大汕被迎住长寿寺。"时长寿倾颓过半，师至，首建宝镜堂、离六、半帆、绘空、云半、招隐、怀古楼、淀心亭榭一十二所，池塘花圃，潮水固通，禅余放参，兴到吟和。诸上台公暇，每聆听绪论，日无虚座。"⑬可见，长寿禅院实为当时粤东文人吟咏参禅之佳所。以下略以编年为序，依次考列在长寿禅院中举行的几次规模较大的诗人雅集活动。

集会时间	主要人物与活动	材料出处（仅标书名、卷数）
康熙十八年修禊后十日	大汕招陈恭尹、梁佩兰等雅集长寿院精舍，即事赋颂。	陈恭尹《独漉堂集》之《江村集》，《离六堂集》卷 2。
康熙二十三年甲子元夜	大汕与吴园次、徐凤池诸君雅集长寿寺招隐堂。	《离六堂集》卷 9，吴绮《林蕙堂全集》卷 16。

集会时间	主要人物与活动	材料出处（仅标书名、卷数）
康熙二十三年二月月望	王孝杨、吴绮诸君集离六堂，分韵赋诗。	《离六堂集》卷9。
康熙二十四年春	王士禛抵广州，携屈翁山、陈恭尹等游长寿寺。	《广州游览小志》，王士禛《南海集》。
康熙二十九年仲夏	吴兴祚招同陈恭尹、屈翁山等人集离六堂。	《屈大均诗词编年笺校》。
康熙三十年二月	梁佩兰、陈恭尹、屈修等访大汕于离六堂。	吕永光《梁佩兰年谱》。
康熙三十一年正月十七日	大汕招王瑛、屈大均、陈恭尹、梁佩兰、王世禛、陈子升、黄河征等，雅集离六堂赋诗。	王瑛《忆雪楼诗》卷上；《屈大均诗词编年校笺》；《独漉堂集》；梁佩兰《六莹堂集》卷7。
康熙三十二年腊月七日	陈恭尹偕王世禛、王瑛偕其子孙，至长寿院之怀古楼，与大汕夜饮赋诗。	《独漉堂集》；《忆雪楼诗》卷下。
康熙三十三年闰夏	屈大均、陈恭尹、薛熙、王瑛、梁佩兰、陶璜等集于大汕长寿禅院之淀心亭，分韵唱和。	王瑛为薛熙《秦楚之际游记》所作序。
康熙三十五年冬	王瑛招同陈恭尹、梁佩兰、刘曾、樊泽达等集长寿寺。	《海外纪事》卷6；《独漉堂集》卷13；《岭南五朝诗选》卷20刘曾《王紫诠观察招同樊泽达昆来、梁药亭太史、陈元孝、王蒲衣处士雅集禅寿寺拈韵，石濂上人方丈的"隅"字》。
康熙三十六年春	周在浚入粤，访大汕于长寿寺。	周在浚《离六堂集序》。
康熙三十六年冬	熊一潇过长寿寺访石濂大汕。	《岭南五朝诗选》卷18熊一潇《丁丑季冬信笔述怀奉别石濂老和尚》
康熙三十七年秋	徐釚访大汕于离六堂。	徐釚《离六堂集序》。
康熙三十八年春	陶煊访大汕于离六堂。	陶煊《石溪诗抄》之《过长寿寺曾石濂禅师》及《离六堂集序》
康熙三十八年闰七月二日	大汕招陈恭尹、毛端士、张尚瑗等集长寿寺唱和。	《独漉堂诗集》卷8。

从上表看，"白社"成员中，除大汕外，主要有屈大均、陈恭尹、梁佩兰、黄葵之（南海

人，诸生）、廖南昞（南海西樵山人）等人，以及一些外籍文士如吴绮（字园次，康熙二十二年以两广巡抚吴兴祚之请入）、王瑛（字紫诠，北直宝砥人，任惠州太守）、樊泽达（字昆来，四川宜宾人，康熙三十五年主试粤东）、王世祯（字础尘，无锡人，以两广巡抚吴兴祚约入粤），刘曾（字省庵，临潼人，康熙三十五年主试粤东），徐釚（字电发，吴兴人）等。从他们唱和之作看，作为一个社团，"白社"成员集中在一起更多的是流连风雅、参禅问道。如大汕诗云："罗浮新亭观子日，招余结社共谈禅。"（《海外纪事》卷1）屈大均诗云："竹林荒宴仍须达，莲社风流可是禅。"[14] 梁佩兰："幽处尽堪延步履，闲来真欲外形骸。"[15] 吴绮："清谈能不倦，并坐一床书。"[16] 这些均表现出参禅吟诗之雅韵。

二、愿光与兰湖白莲社[17]

相对大汕的"白社"而言，愿光、达津等诗僧于法性禅院所结之兰湖白莲社，则更似严格意义上的"诗社"，因为它有结社宗旨、相对固定的唱和场所，复有社中唱和诗集存世。

愿光，字心月，法性寺僧，著有《兰湖诗选》、《兰湖稿》。达津，杨氏子，番禺人，出家于法性禅院，著有《檐卜楼稿》。[18]

关于法性禅院兰湖白莲社之缘起，愿光在《法性禅院唱和前集》序中如是云：

> 法性寺原在诃林东北隅。己卯冬十二月（康熙十四年，1657 年），安达公徙迁戎马，借住诃林，僧舍所存十一焉尔。先师因寄迹郊西友人精舍，迨丙辰（康熙十五年，1676 年）卜筑于此。其明年古法性复还僧居。是时方值募缘鸠工增建文佛殿，惟土壁草创而已……自创建迄今，诸名贤相过者必有唱和赠答，积成卷帙。丁丑（康熙三十六年，1697 年）周子冷泉至，盘桓累日，因出诸作谓之曰："盍为我编辑，付之梨枣，以垂不朽。"周子曰："诺。"此寺之本末与兹集之缘起也。檐卜楼东偏颇有余隙地，乃建客厅一所，其前因兰湖旧迹，广而浚之，为放生池……兼为雅会之地。则先师己卯间经始也。先师开山于此，诚费心力焉。时康熙四十一年（1702 年）岁次壬午夏朔日兰湖愿光识。[19]

诃林，为光孝寺古称，法性禅院原在其东北隅，但后来平藩住兵于此，僧人遂被挤兑出来；次年院主远布禅师移锡城西郊，草创新寺，仍沿名法性，并藉檀越陆续构建了文佛殿、韦驮殿、檐卜楼、放生池、借瓮堂等基础设施。因远布禅师及其弟子愿光"安禅之暇，不废诗章"[20]，故那些"初无寻址"唱和的文士便选择了该寺作为结社集会之所。[21] 又，法性寺前曾为兰湖旧迹，文士结社乃因其名。而"白莲"则远承慧远"莲社"故事，近承明末云栖株宏之莲池放生之旨。梁佩兰《放生池序》即云："远公禅师为法门尊宿，智彻莹彻，戒律精严。恻然兴大悲心，于其所建之法性寺左侧，凿坏为池，仿莲池故事，而于池之上下，各为堂三楹，俾放生日集诸善首以成盛会。"[22] 可见，"兰湖白莲社"亦是有着浓厚宗教色彩的文士与僧人共结之社团。

"周子冷泉"，即岭南诗人周大樽。作为该社成员唱和诗总集的《法性唱和集》，乃由愿光托其于康熙四十二年（1703 年）汇编付梓，后周氏复汇编《续集》6 卷。二集共录文士 115 人，几乎涵括了当时所有岭南著名诗人，像屈大均、陈恭尹、梁佩兰、陶璜、陈阿平、黄河征、黄河图、何绛、梁无技、周大樽等人皆是社中常客。二集又录诗僧 21 人，有达津、愿光、古云、本果、古丛等。从《唱和集》所录诗歌来看，社集时多为梁佩兰出题，众人和之，故一般以为，法性禅院兰湖诗社之盟主是梁佩兰。但在实际的运作过程中，愿光、达津发挥了极为重要的作用。首先，《唱和集》是由愿光发起汇编，并为之作序；其次，愿光、达津为法性禅院的"地主"，实为社中成员的联络人。除社集之日外，很多文士时至法性禅院，愿光、达津就是他们寻访的对象，这在《唱和集》所录诗作中可以得到清晰的反映。

潘耒曾作《竹院清吟题辞》一篇，描述了他与诸文士、诗僧在法性禅院唱和的情况：

> 五羊城西旧多禅宇。古有法性，今袭其名，虽非大鉴演法之场，实为高流习静之地。青林掩映，白水萦纡；像设庄严，庭宇明洁。院主远布，暨徒心月，安禅之暇，不废诗章。雅有昼、秀之称，颇有陶、陆之客。己卯新秋，余与詹山、损持、匏村诸君同客珠江，访古探幽，憩集于此。地主药亭、独漉、勉庵诸君亦连翩而来，解衣释巾，啸傲终日。升高楼而望远，荫茂树以追凉。披襟写抱，相对了无机心；品石论泉，一语不参世事。烹葵香洁，绝胜侯鲭；煮茗清芬，可忘桑落。虽未能戢影松关，栖神莲社，然而顿遗尘意，永结净缘，视夫聊镳兰锜之门，泥饮金张之宅，相去远矣！㉓

不语世事，惟解衣散袍，烹茗煮泉，登高望远，此种风致实令人神往。

三、函可与冰天诗社㉔

函可（1612～1660 年），原名韩宗骍，字祖心，号剩人、剩和尚，博罗人。明礼部尚书韩日瓒之子，少为诸生。29 岁，礼道独为师，为洞宗第 34 代第 2 法嗣，著有《千山诗集》、《金塔吟》、《剩人诗》、《千山语录》等。㉕

函可于顺治五年因作私史《再变纪》，陷于文字狱，被清廷以"焚修慈恩寺"之名遣戍盛京（今沈阳）。㉖是时之东北乃清廷流放犯人的主要集中地。张玉兴云："顺治、康熙、雍正三朝的 90 年内，被流放至东北者不下十万余众。"㉗这其中，除一般罪有应得的刑事犯可置而不论外，很大一部分是因各种冤狱而被流放之士人。时人有诗云："南国佳人多塞北，中原名士半辽阳。"㉘这些纤弱儒雅、不事产业的文士，在白山黑水之间生活困厄，归家无望，屈辱、怨愤、绝望的情绪弥漫在他们的心头。"哀怨起骚人"，对于那些本就能诗的士人来说，诗歌无疑是他们倾吐愤懑、寄托哀思的最好途径。而那些不会作诗的流人，因郁结于心中之冤愤实在太深，不吐不快，也会吟哦出几首拙朴的诗章。正是在此背景下，函可引领这些流亡之人，创建了东北文学史上的第一个诗社——冰天诗社。

冰天诗社的活动、结社宗旨、成员、社集诗歌等材料均存留在《千山诗集》卷 20 中。诗社前后有两次集会：

第一会：北里。庚寅至前二日为北里先生悬弧之辰。余（函可）首倡为诗，和者僧三人、道二人、士十六人，堡中寄和及后至者八人，合二公子，共得诗三十二章。㉙

"北里"为该社另一盟主左懋泰之号。此次社集在左氏住所。庚寅即顺治七年（1650年），"至前二日"指当年冬至前二日，即为冰天诗社成立之日期。"悬弧之辰"即生日，左氏《答诸公见赠》之诗中有"五十五年事渺茫"㉚，则此日为其 55 岁生日。至此可知，这次社集是因左氏生日而由函可发起，共 22 人参加，加上后来呈寄诗作者及左氏二子 10人，故函可云得"诗三十二章"。

第二会：搕搂。（左懋泰）贱辰承搕搂大师率诸公赋诗投赠，至后五日，即师一手指天之期，予作颂，诸公和者亦如前数。㉛

"搕搂"即函可社中别号，则"第二会"在函可住所。"贱辰"，是北里先生的谦词。此会由左懋泰主盟发起，时间是在第一会后七日，"一手指天之期"亦为生日，即函可的生日，参加人数与第一会相当，亦为 32 人。

此 32 名诗社成员，函可《千山诗集》之《冰天诗社》"同社名次"胪列如下：

搕搂和尚（广东人，原住罗浮华首台）、北里先生（山东人）、涌狂（千山僧，辽东人）、大铃（医巫间僧，浙江人）、正羞（塔寺僧，辽东人）、西与道者（北直人）、焦冥道者（北直人）、寒还（陕西人）、苏筑（南直人）、叫寰（陕西人）、东耳（南直人）、天口（南直人）、兀者（陕西人）、锦魂（浙江人）、刺翁（山东人）、光公（山东人）、春侯（山东人）、薪夷（陕西人）、孝滨（江西人）、小阮（山东人）、阿玄（山东人）、大顽（山东人）、二愚（山东人）、雪蛆（辽东人）、冰鬼、石人（尚阳堡十里人）、沙子（大汉人）、青草（冢边人）、狂封（朝鲜人）、丁令（辽东人）、子规（五国人）、不二先生（陕西人）、镇君（医巫间人）。㉜

社中成员皆以字号见载，而隐去真名，这意味着什么呢？我们知道，古人的字号多含深义，或表白志向，或喻示身世，或象征个性。冰天诗社成员的字号，有两个显著特征：一、属"自污"类的有：搕搂（佛经语：大粪之义）、兀者（残废之人）、焦冥、雪蛆、冰鬼等。二、属"顽劣"类有：涌狂、不二、大顽、二愚、石人，等等。从这些怪诞字号，我们已不难窥见冰天诗社之特征了。

诗社成员多取这样一些怪异的字号，充分彰显出他们佯狂、愤世、桀骜之个性，但同时也隐没了自己的真实姓名。他们中的大多数人，除以上简单名号、籍贯外，难以进一步确知其身世遭际。故考证这些无名诗人之生平，历来为冰天诗社研究的难题。不过，经过学者们之努力，现已基本考得大概，此不赘述。

冰天诗社的两次集会均缘于生日，但从诗社成员创作的诗歌看，又决非仅限于一般的生日祝寿、赠答。《千山诗集》中载有函可为诗社所作之序，可视作该社之宗旨。序曰：

白莲久荒，坚冰既至；寒云幕幕，大地沉沉。嗟塞草之尽枯，幸山薇之尚在。布衲毡毯，匪独杲长老之梅州远逐；孤臣憔悴，尤甚韩吏部之潮阳夕迁。珍重三书，萧条只杖，每长歌以当泣，宁寡和而益高。兰移幽谷，非无人而自芳；松植千山，实经冬而弥茂。悲深猿鹤，痛溢人天，尽东西南北之冰魂，洒古往今来之热血。既不费远公蓄酒，亦岂容灵运杂心，聊借雪窖之余生，用续东林之盛事，诗逾半百，会未及三，揾撞漫题。㉝

"白莲久荒"、"续东林之盛事"云云，似乎冰天诗社亦以慧远"莲社"之传统相标举。但实际上，该社与"莲社"念佛修业的宗旨不尽相同，它更主要是"尽东西南北之冰魂，洒古往今来之热血"，是"布衲毡毯"与"远逐孤臣"们的同气相求，同声相应。他们的社集诗歌，围绕着左迁之臣左懋泰与罪僧函可的生日作文章，抒写内心的郁郁闷思，砥砺如冰雪、幽兰一般的志节与对故国的赤胆忠心。试观以下几首：

古来报国几身完，憔悴孤吟见泪潸。未到投荒肝已裂，只今留息骨先寒。鼎湖何处遗弓在，敝笥仍余旧彩单。臣子有心刚一寸，西风渐渐雪漫漫。（苏筑）

当年亦自悔悬弧，欲射四方亦枉图。半刻山河惟裂眦，千秋杀活在拈须，只应兔管天心见，恨不龙泉颈血枯。想得玉京时一笑，存亡生死总同途。（雪蛆）

古今斯道足长吁，遗老流民共一图。磊块时堪浇五斗，荒芜那复赋三都。几回欲立程门雪，此地仍逢鲁国儒。共是伤心愁日暮，茫茫何处哭苍梧。（天口）㉞

若单从诗艺看，这些诗歌算不得出色，但它们又纯是真情实感的自然流露，字字泣血，感人至深，堪称清诗中的奇警之作。

在诗社中，函可无疑是诗社的主要发起者和倡导者。首先，他为诗社撰写了序言；其次，他召集、联系成员，实为社中核心。《千山诗集》中还留存了十余首"招诸公入社诗"，如《招雪蛆》、《招冰鬼》等，便是显证。最后，他以自己独特的人格感染了社中成员，激励他们在困厄环境下蹈扬志节与生存的信心，故被流人们视为"规箴"。左懋泰《〈剩人和尚语录〉序》云："剩公先来，逾岁，余亦放至，得城阴数椽屋，杀气为岚，雪云如墨；或晨或夕，时一相过，濒死之余，尚载敝籄书一车，意为僵卧遣羹之具。剩公方羖光铲采，每来则抓搔典籍，独提宗教，栩栩相视也……余被遣出塞甚于潮廨，而独得与剩公永其朝夕，白塵交横，海风漂泊，一灯炯然。"㉟左氏将函可比作"濒死之余"之灯塔，为其风雨飘摇的人生之航指明方向。兀者诗云："传灯尚欲留三代，说法时兼演五车。天下众生余最苦，迷津凭指海东涯。"㊱亦表达了相近的意思，这足见函可在流人心中之地位。

不仅社中成员对函可有如此之推崇，后至的一些文士亦多奉其为精神领袖。天然和尚《塔铭》中云："时遣谪诸大老，若大来左公、吉津李公、昭华魏公、龙衮李公、雪海郝公、天中季公、心简陈公，始以节义文章相慕重，后皆引为法交。"正是这批命运蹇涩的流人交游唱和，写下了东北古代诗歌史的新篇章，使这片诗歌蛮荒地带，也屡为文学史家们关注。这其中，函可显然发挥着核心作用，故而，后世学者称之为清初东北诗坛之领袖，是一点都不为过的。顺治十五年（1658 年）三月，著名诗人吴兆骞因"科场案"被遣戍更为边远的宁古塔。在东去的路上，他顺道拜谒了函可，并作长诗《赠函公五十韵》，极言对函可之推崇。这次相聚，犹如禅宗的衣钵传接仪式。五个月后，函可在郁愤中去世，康熙四年（1665 年）吴兆骞与孙缙彦在宁古塔组织另一个流人诗社——"七子诗会"。"七子诗会"无论在组织形式上，还是在诗社宗旨上，皆可视为"冰天诗社"之继响。

四、成鹫与东林社

成鹫（1637～1722 年），俗名方颛恺，又名光鹫，字迹删，号东樵，番禺人。明孝廉方国骅子，少究濂洛关闽之学。35 岁父亡，始别母学佛。41 岁礼石洞元觉出家，居大通古寺。72 岁，主席端州鼎湖山庆云寺，一时王公巨卿皆与往还，晚复归大通寺。著有《咸陟堂诗集》17 卷、《文集》25 卷，自撰《纪梦编年》等。㊲

成鹫在清初岭南诗坛影响较著，常与僧人、文士结社唱和。如早年与石洞元觉组织"莲社"；康熙二十七年（1688 年）在南海复"与暮冈诸子为莲社游，同游者皆贯通三教，博极群书"㊳。又，其《咸陟堂诗集》中存有多首涉及其参与社集之诗作，像卷 12《秋日诸子过支提分赋兼订莲社之约》之诗题、卷 8《社集香莲庵同赋初秋野望用"酡"字》中"宗雷初到社，吟望更如何？"㊴之句，等等。

成鹫组织、参与的社团中，当以东林社最为有名。关于此，《纪梦编年》略有记载：

> 岁在庚午（康熙二十九年，1690 年），予年五十有四矣，奔奏社席，激浊扬清，不遗余力。无如直道难容，忠言逆耳，弗克久于其职，见几勇退，辞而去之。南游铁城，铁城诸公邀留共住，结社于城东之河泊高氏园林，割地为庵，颜曰"东林"，堂曰"望远"，谬以远公自仿，诚自愧也……同时入社三十余人，仿东林故事，以丹徒令毛中庵为坛坫长，盖今之彭泽也。社中诸贤，若萧、若郑、若毛、若高、若方、若缪或为花萼之弟昆，或属竹林之诸阮，或如太邱之子孙，或作梁园之宾客。或忘分而下交，或忘年而后起。声应气求，志同道合。座上之客常满，过桥之笑时闻。方诸莲社刻漏之贤，数殆浮于十八矣。居东林者，自辛未（康熙三十年，1691 年）迄乙亥（康熙三十四年，1695），五历寒暑。㊵

"铁城"乃香山之别称；河泊高氏，生平不详。"东林"、"望远"、"过桥之笑"、"刻漏之贤"云云，则明其结社宗旨乃仿效慧远莲社故事。该社以丹徒令毛中庵为盟主，初入社成员约三十余人。上文中所记"若萧、若郑、若毛、若高、若方、若缪"皆仅标成员之姓氏，其中"若高"盖指东林园主高氏，余者未能详明，今据《咸陟堂诗文集》等文献，推考之。

毛中庵，即毛定周。《香山诗略》卷三谓："毛定周，字周，字景诏，西门人，顺治丁酉亚元，官丹徒县知县。"㊶《香山县志》记其云："定周以仁心为质而济之以经术，与民休息。邑赋多逾，请分年带征，以免并征之累。修学宫，设义馆，救民子弟，未满二期，颂祷之声溢于道路。以前令事累，当去，民呼号如失慈母。"㊷以此可知，定周乃一廉官也。《咸陟堂诗集》卷 5 有《挽毛明府》："岁星本是金门客，化作阳春布膏泽。丹徒盘错试牛刀，导窾批虚罄心力。羞将聚敛博循良，宁拙催科受迁谪，一曲长歌归去来……"卷12有《喜毛中庵明府归自丹徒》二首之一有："官似澄江清见底，心同高雀倦思归。"卷13《和毛明府中庵见赠》："闲僧到处青山在，廉吏还家白发侵。"均盛赞定周清正廉明之风范。

"若萧"之"萧"，难以确考。《咸陟堂诗文集》提及萧姓者有卷13之《答萧明经邻翼见赠》、《和萧志三见赠》二诗。此二诗皆次于《听庐生弹琴（和社中诸韵）》、《北山探梅与社中诸子订买山之约》等关涉社集之诗之间，故疑二诗中所提到的"萧邻翼"、"萧志三"皆为社中成员。又卷5有《赠萧君荫举孝廉公车北上》有"闻风仿佛识名姓，东林旧社思宗雷。旧社相过池上客，若祖若翁推巨擘。"此诗所赠之"萧君"，或亦为社中诸子。

"若毛"，似指毛果泉。《咸陟堂诗集》卷5有《挽香山毛果泉》一诗，其中有云："我忆东林池上水，浸地涵天清澈底。我忆东林池上人，珠圆玉润时相亲，果泉居士居其一……"诗中反复提及东林，则毛果泉当为社中成员。

"若方"之"方"，《咸陟堂诗集》卷13有《和方壶州见过赋赠》，此诗次于社集之作间，故疑方壶州亦为社中成员。

"若郑"之"郑"，《咸陟堂诗集》卷12有《题郑停莪新筑》一诗，此诗后有《分卫铁城贻社中诸子》，疑郑停莪亦为社中成员。又卷8有《杨凌霜、郑秉渊、衍原诸子过宿东林》一诗，则"郑"亦或指"郑秉渊"。

"若缪"之"缪"，当指缪西泠。考《咸陟堂诗文集》中提及缪姓之诗者仅有此人，且多集中在卷8，其中有《缪西泠雨中见寄用韵赋答》、《冬日缪西泠、杨式卿见过，值予他出，留诗于壁，既归用韵答之》、《立春日和缪西泠韵》、《元日友人见过和缪西泠韵》、《元日柬杨式卿和缪西泠韵》、《缪西泠失意还山以诗见赠》5首，此五诗编排于《东林折梅送周大樽归里》与《还东林社中诸子见过赋此》之间，则缪西泠当为社中成员。《香山县志》卷14有传云："缪时鸣，号西泠。少孤，事母兄以孝友闻。性偶傥仗义，人以急相投，罄赠无德色。善属文，尤长于诗赋，生平酷嗜山水，尝往来罗浮四百名峰，所著《游草》载《罗浮志》，其《云萝洞》及《七峰唱和》、《南岳纪游》诸集藏于家。"

东林社的具体活动，因文献无征，不可稽考。除以上所引数诗外，《咸陟堂诗集》中还有几首明确提到"东林社"之诗。如卷8《还东林社中诸子见过赋此》：

> 依旧去年人，还山自主宾。瘦藤支病骨，老树倚吟身。懒惰成吾癖，交游知我真。倘能恕迎送，来往不嫌频。

卷1有《分卫铁城贻社中诸子》：

> 好春早有名山约，念岁偏宜托钵僧。自买草席来海岳，遍将米价问庐陵。莲塘旧社归难得，桂岭孤峰到未能。多谢同参屡招隐，蹉跎深愧久要明。

从以上所引诗句看，社中成员聚首一起，亦多是悠游山林，谈禅证道，似与一般莲社并无二致，但实际上，他们或还肩负着一些特殊使命。对于此我们将在下文予以探讨。

五、函昰与"莲社"

函昰（1608～1685 年），原名曾起莘，字宅师，号天然、天老人。番禺人。崇祯七年，与文士陈学佺上公车，不第。始求生死大义。33 岁，以"明孝廉"身份礼洞宗华首道独出家。历主海云、海幢、丹霞、归宗诸刹，以忠孝廉节垂示及门，文人学士、缙绅遗老多皈依受具，度弟子数千，被誉为清初岭南佛门领袖。著有《瞎堂诗集》20 卷、《雪诗》4 卷等。[43]

《海云禅藻集》"凡例"云："集中附以莲社诸居士，其人非亲觐天老人、夙称法喜之交与曾以一大事因缘参询会下，概不之录。"[44]这表明清初岭南曾有一个以函昰为中心的带有浓厚佛教性质的诗人社团。这个社团的实名难以详知，称之为"莲社"，盖亦如大汕"白社"一样，乃沿袭一般文人与僧人所结社团之泛称。

"莲社"是一个辐射性、包容性很强的佛教社团，凡天然和尚说法处，皆有莲社成员。考天然《瞎堂诗集》，仅于诗题中出现"社"等字眼的，即有如下几首：卷 7《将出岭留别雷峰诸子》、《将还雷峰留别古冈诸子》、《留别华首诸子》，卷 8《寄端州文社诸公》，卷 11《送来机逢母还岭南兼寄社中诸子》，《送雪草还归宗兼寄栖贤诸子》，卷 13《春日寄雷峰社中》、《送陈季长还闽寄怡山社中诸子》、卷 14《送即觉还海云并寄社中诸子》、《将还庐山留别社中诸子》，等等。这些"雷峰诸子"、"华首诸子"、"古冈诸子"、"端州文社诸公"、"栖贤诸子"、"怡山诸子"，皆属天然"莲社"成员。以此看来，汤来贺谓："师以文人慧业，深入真际，直见本源，断诸委曲，全提正令，行无等慈，目空千古，缁素礼足，凡数千人。"[45]非夸饰之言也。

由于天然"莲社"的"流动性"，且少足够的文献依据，我们无法确考出该社成员的名目。《海云禅藻集》录诗僧 73 人、居士诗人 63 人，这是目前能见到的最为完整的"莲社"成员及其诗作。因此，《海云禅藻集》又实可视为"莲社"的诗歌总集。然而，"莲社"成员实际又远非此诗集中所提到的 136 人，那些"非亲觐见天老人、夙称法喜之交与曾以一大事因缘参询会下"者，《海云禅藻集》中未能著录。

《海云禅藻集》也没有为我们留下关于"莲社"诗歌唱和活动的具体材料。根据一些文献，他们的唱和活动大概可分为两类：

其一，游山法咏。如康熙五年的丹霞唱和活动。今无《光宣台集》卷 6《丹霞诗序》云："雷峰天老人深于入山之致，相随诸弟子亦皆骨具烟霞，鼍鸣鳖应，故其一唱百和，如天籁所触，别其幽响，非如词人韵客构雅什于文心，逸情言于云路，作区区绮丽观也。"[46]丹霞山，在韶州仁化。顺治十八年，遗民李永茂、李鉴湖将此山捐给天然弟子澹归；其后，澹归呕心沥血，历五载始构成别传禅寺。又《瞎堂诗集》卷 12《丹霞诗》"序"云：

> 日赴丹霞，舟入江口，云烟缥缈，水石回环，奇峰间出，出没无路，转转如行万山中，比知此山之胜……初入院，纵目应接不暇，无开口处，澹归和尚法眼不可无以表彰，乃随足力所及，辄成十二律，名"丹霞诗"。因命能文诸衲随意属和，不拘各体，总以识一时山川人事之合。[47]

据汪宗衍《天然和尚年谱》，天然人丹霞山主别传寺法席，是在康熙五年冬月。[48]上序之"日赴丹霞"、"初入院"云云，则此次唱和活动应为此时。天然甫入丹霞，即为山中景致所动，一气赋诗12首，分别为《初入丹霞》、《法堂》、《望长老峰》、《紫玉台》、《篻竹坡》、《芳泉》、《晚步松韵》、《登海螺岩》、《龙王阁》、《与诸衲绕海螺山脚二首》、《过锦岩》。其随同文士诸衲亦"随意属和"。这些"文士诸衲"具体为何人，天然未能详述。

关于《丹霞诗》，冼玉清先生《广东释道著述考》中云："《丹霞诗》（未见）……清番禺释函昰等撰……此书当是函昰住锡丹霞时与相随诸子唱和之作。"[49]考雍正年间陈世英编撰之《丹霞山志》(50)，尚留存了部分诗僧之作，再加之《瞎堂诗集》卷12中的"丹霞诗"12首，盖可复其原貌。这里面，除天然和尚外，澹归、今辩、今壁等诗僧23人，和诗近百余首。从他们的诗作看，此次唱和活动主要是围绕丹霞山的几处景观作诗，或徒写山水之美景，或藉山水抒写禅悦之致，或彰表澹归辟建别传寺之功，故天然和尚所云"总以识一时山川人事之合"，可视为此次唱和之宗旨。

其二，凭吊故迹，抒发遗民之思。此类唱和活动以"雷峰诗友游厓门"最具代表意义。关于此次出游，释澹归曾云：

> 厓门在大海中，得荒渺之观，以有故宋遗迹，动人凭吊。若是生死存亡，今昔之感，何地无之？即今癞子碗、死人床，蚂蚁布阵、傀儡排场，有多少生死存亡？今昔我以一身轮转七趣，析骨如昆富罗山，饮乳如四大海水，有多少生死存亡？今昔着甚来由，抬别家棺材到自家屋里哭？请游厓门的三十棒，去的三十棒，不去的三十棒，或问："去的三十棒，且置，为什么不去的也是三十棒？"贼在窝家。咄！咄！咄！触忤了你天然老汉，入地狱如箭。(51)

《雷峰诗友游厓门诗卷》今不见存。不过，从澹归诡谲之辞看，此次唱和显然充满着浓厚的遗民色彩。又，天然和尚《瞎堂诗集》卷11有《诸子邀游厓门，诗以谢之（壬寅）》云：

> 孤情不欲向厓门，兴废谁将世外论。郁勃定知埋古殿，苍茫何处吊忠魂？露濡荒冢青山冷，风撼洪溟白昼昏。祚移时去无今昔，千古难忘是感恩。

由此诗可知，这次厓门唱和活动盖在壬寅（康熙元年），天然和尚未能前往。又，今无《光宣台集》卷20中有《谢柱波招游厓门》、《厓门感赋二首》、《宿厓门》、《拜三忠祠》等诗，均次于《壬寅春扫先师翁塔》之后，且《宿厓门》诗有句："五年尚忆长陵役"，下自注云："戊戌夏，登天寿，一宿长陵，今又五年矣！"(52)戊戌下推五年，恰为壬寅年，故可确定雷峰诗友游厓门之时日必在康熙元年春天。

天然系禅僧的大型诗歌唱和活动现可考的仅有以上两次。另外，天然和尚还有大型组诗《梅花诗》60首、《雪诗》120首，(53)在岭南文士、僧人的诗集中亦常见有和此组诗者，颇疑这也是一次规模较大的唱和活动。

六、清初岭南诗僧结社之意义

以上我们考述了清初岭南诗僧的主要结社活动，对参与这些社团之成员及结社目的、社团性质已有初步的了解；接着，有必要对其中所透显的文化意义再略加归纳。

（一）这些社团多以"白社"、"莲社"、"东林社"为名，无疑是承续了自东晋慧远以来的"莲社"之传统，明确其浓厚之宗教色彩。像成鹫的东林社就"颜曰东林，堂曰望远"，"以远公自仿"；冰天诗社亦直言"续东林之盛事"。然除此种宗教与文学色彩外，这些社团中的成员大多为遗民或"有托而逃"之遗民僧。他们或与"远逐孤臣"们在冰天雪窖中"洒古往今来之热血"，抒写穷愁独郁；或登台怀古，凭吊忠烈，以铭志节；或诡异其迹，参与反清运动，因此，清初岭南诗僧们的结社活动又具有浓厚的遗民政治色彩，从而赋予"莲社"传统新的内涵。

这里，我们再以成鹫之东林社为例，略作论析。成鹫有一首《普济禅院寄东林诸子》诗云：

> 但得安居便死心，写将人物报东林。番童久住谙华语，婴母初来学鴃音。两岸山光涵海镜，六时钟韵杂风琴。只愁关禁年年密，未得闲身纵步吟。[54]

"番童"句，寓示着外族占据中土多年之事实，而"关禁"则直写当时清军封锁海上义军与内地遗民之联系的事实。成鹫欲"纵步"，抑或为沟通残留于海上的抗清义军？蔡鸿生先生在解析此诗时说："他（成鹫）用诗歌给社友传达信息，反映了自己在彼时彼地的精神状态。名为'死心'，实想'纵步'，成鹫尽管在禅苑安居，决不是心如枯井的。"[55]在《澳门阻风》一诗中，似乎也寓含了此种意思："归从旧路常忧雨，去逐春潮却滞风……偶来识得居夷叟，浮海乘桴兴不穷。"[56]

关于成鹫在澳门普济禅院一事，邓之诚先生《清诗纪事初编》中谓：

> （成鹫）与陶璜、何绛结生死之交。环字握山，绛字不偕。致握山地下书，屡言握山失却出家机会，盖以出家为隐语，即谋恢复再造。环、绛皆熟于海上、奉永历正朔者，故成鹫往澳门主普济禅院，又尝渡海至琼州，踪迹突兀，实有所图。[57]

陶璜、何绛皆为反清志士，成鹫与他们为生死至交。如，何绛曾频繁往来于江浙等地，搜访遗民，待机而奋。彭士望《赠北田五子序》云："不偕英爽，慷慨有志，其人沉着刻苦能任事。尝游南北及燕楚，皆为友人扶持患难，而己一无所与……见人谈忠节事，则义形于色。"[58]成鹫《咸陟堂诗集》卷 11 有《送何不偕再入吴门》，末句云："前途夷险君应熟，莫更临歧说路难。"即透出不偕此去吴门的隐秘任务。

然而，成鹫主普济禅院以及渡海至琼州之事，在其自编年谱——《纪梦编年》中，只作了轻描淡写："栖迟客次，病苦无聊，怀抱心丧，虚度岁月，俯首屏息，寄人篱下，郁郁无足道也。"[59]此"无足道"实则"不得道"、"不敢道"也！实际上，他在普济禅院时，决非"无聊"、"心丧"，而是有过一段惊心动魄之经历。

在清初岭南，像成鹫这样暗中反清的僧人，不在少数。比如，函可的"文字狱"，澹归与岭外遗民之关系，以及大批遗民往来奔赴于岭南禅门寺院诸事实，决非仅局限于一般意义的士僧交往而已。只不过在当时的政治高压下，这些事实，当事人的叙述皆曲晦不明，诸多细节很难为后人获知。但可以肯定的是，"莲社"传统发展至清初岭南，无疑具有新的特征——遗民政治色彩，这在"莲社"历史上是有着特殊意义的。

（二）清初岭南诗僧所结社团多是文人与僧人杂和，诗禅互渗，影响了各自的诗歌创作倾向。这包括两个方面，一方面是僧人的诗歌渐趋文人化；另一方面则是文人诗中写佛寺题材，咏禅悦风致之作明显增多。

先说僧人诗歌的文人化。清初岭南的诗僧，因与文人交游唱和而造成诗歌风格渐趋文人化的特征十分明显，它甚至影响到整个群体的总体诗歌风貌。具体而言，就是受遗民若屈大均、陈恭尹等人之影响，诗僧的诗作中普遍具有浓厚的故国之思，忠孝节义，沛然真挚。清初卓尔堪之《遗民诗》即列有函可、今释、函昰三位清初岭南诗僧[60]；晚清陈伯陶《胜朝粤东遗民录》、孙静庵《明遗民录》、张其淦《明代千遗民诗咏》等关乎遗民的文献中亦多采"函昰"、"函可"、"澹归"、"成鹫"诸僧。汪兆镛先生在重刊《海云禅藻集》"序"中云："吾粤士夫夙尚气节。明社既屋，义师飙起，喋血断脰而弗顾者踵相接。而天然老人识烛几先，盛年披缁，开法于番禺雷峰之麓海云寺。沧桑后，文人才士以及忼离故宦多皈依受具，其迹与起义诸人殊，而矢节靡它，其心则一也。"当我们读函可、函昰、澹归、今无等人的诗歌，仿佛能亲见那些徘徊于残山剩水间的诗僧们，吟唱着宗国之挽歌，抒发着潜藏于心中之悲愤，为天地之间留存着正气。故屈大均在读函可诗后不无感慨云：

> 嗟夫！圣人不作，大道失而求诸禅。忠孝臣子无多，大义失而求诸僧。《春秋》已亡，褒贬失而求诸诗。以禅为道，道之不幸也；以僧为忠臣孝子，士大夫之不幸也；以诗为《春秋》，史之不幸也。[61]

再从文人角度看，文士与僧人交游唱和，谈禅论道，以禅喻诗，亦会使文士们具有佛道禅心。如梁佩兰为愿光《兰湖诗选》所撰之序中即云："客冬，诸子集予六莹堂，予每以语相质。兰湖心公在焉。公禅者也，诗通于禅，故不□□予言，而以禅说诗。"[62]再者，寺院之清音、清景同样能使久滞红尘的文士们怡情悦性，洗净心灵尘滓。如梁佩兰诗云："赋诗寻寂寞，清晓叩山门"[63]；彭孙遹诗云："雷峰尘外境，高举谢人群"[64]；潘耒诗云："俗尘不烦除，世虑自然遣"[65]，等等，无不表明了诗人们超脱尘忧、纵情世外的高致远韵。

以屈大均、陈恭尹、梁佩兰为代表的岭南诗风固然以"雄直"、"超迈"为主导特征，但由于他们常出入佛寺，与僧人唱和酬赠，故他们的诗作亦常迹近于禅境，显示出幽雅、闲淡的特征。如屈大均《望天平》："天平青不断，雪尽数峰分。表里皆奇石，朝昏在白云。楼台横水出，钟磬隔化闻。采药吾将住，相随麋鹿群。"王英志先生评曰："此诗倒有点'禅意'。"[66]相较而言，梁佩兰的诗更具有禅韵。如《夜宿心公兰湖》："夜色当秋老，幽期特赴公。地流兰叶露，人坐藕化风。孤阁棋声细，寒湖雁影空。白檀灰一炷，禅定谁与同？"[67]颔联写诗人洒然、超脱之情趣；颈联则以寒湖、雁影等意象喻示佛教空观。

此诗与一般僧人之作几无差异。像这样风格的诗作在清初岭南文士那里还有不少，这无疑与他们"慕清静，喜奉佛"⑱、"喜与禅客游"⑲的风尚密不可分。

总之，清初岭南诗僧与文士的结社活动，使诗与禅得到了最大限度的交流，互相影响着他们各自的诗歌心态、风格。同时，由于处在清初这段特殊的历史背景下，他们所结的各种社团，不仅具有一般"莲社"参禅吟咏之性质，而且也有着相当浓厚的政治色彩。因此从这个意义上说，在中国文化史上，清初岭南诗僧与文士的结社活动，当引起我们足够的重视。

注　释：

① 赞宁：《大宋僧史略》，《大正新修大藏经》第 54 卷下，第 250 页。

② 欧阳光：《宋元诗社研究丛稿》，广东高等教育出版社 1996 年版，第 207 页。

③ 欧阳光：《宋元诗社研究丛稿》，广东高等教育出版社 1996 年版，第 106 页。

④ 此二种诗社，均见于沈季友编：《槜李诗系》卷 31，《文渊阁四库全书》本。

⑤ 谢国桢：《明清之际党社运动考》，中华书局 1982 年版，第 196 页。

⑥ 除此，何栻主盟的湖心诗社中，亦有多名僧人。陈融《颙园诗话》谓："（何栻）日与屈翁山、梁药亭、陈元孝、吴山带、王蒲衣辈倡和，又与海幢呈乐和尚、华林铁航和尚、鼎湖契如和尚、尘异、雪木、迹珊、心月、敏然等为方外交。四方名士云集，则开湖心诗社，客至不问姓名，觞咏尽欢，或有累月不去者。"参看钱仲联：《清诗纪事续编》"明遗民卷""何栻"条，江苏古籍出版社 1987 年版，第 1003 页。

⑦ 欧阳光：《宋元诗社研究丛稿》，广东高等教育出版社 1996 年版，第 155 页。

⑧ 迄今为止，关于大汕参与诗歌社团活动之研究，惟见姜伯勤《石濂大汕与澳门禅史》（学林出版社 2001 年版）。姜著重在指出了大汕与文士曾结成"白社"这一事实，且略考了白社中主要成员，但对"白社"社集活动之疏理稍显薄弱。

⑨ 大汕生平，可参见拙文《清初岭南诗僧群研究》（中山大学中文系 2003 年博士论文）之《石濂大汕年谱》。

⑩ 以上参见姜伯勤《石濂大汕与澳门禅史》，第 198 页。

⑪ ［清］陈恭尹著，郭培忠校点：《独漉堂集》，中山大学出版社 1988 年版，第 585 页。

⑫ 孟亮揆诗，载黄登《岭南五朝诗选》（初刻）卷 14，《四库全书存目丛书》本，齐鲁书社 1997 年版。

⑬ 黄登：《岭南五朝诗选》（二刻）卷 3 "国朝释大汕"小传。

⑭ ［清］屈大均著，陈永正笺校：《上元二夕，惠州、韶州两使君暨诸公同集长寿精蓝分得"一先"韵》《屈大均诗词编年笺校》卷 10，中山大学出版社 2000 年版，第 960 页。

⑮ ［清］梁佩兰著，吕永光点校：《上元二夕，长寿石公邀同龚蘅圃、王紫诠、陈毅庵、方鹤洲、朱汉原。陈生洲、季伟龚、陈元孝、屈翁山、廖南昉、黄葵之、摄之集离六堂分韵》，《六莹堂集》二集卷 7，中山大学出版社 1992 年版，第 309 页。

⑯ ［清］吴绮：《宿长寿禅院招隐堂次元宗上人韵》，《林蕙堂全集》卷 16，《文渊阁四库全书》本。

⑰ 兰湖白莲社，研究者尚少。冼玉清《广东释道著述考》（收录其《冼玉清文集》，中山大学出版社 1995 年版）仅辑录若干数据以及罗列社中成员名目，陈永正主编之《岭南文学史》（广东高等教育出版社 1993 年版）亦仅有片言介绍，吕永光《梁佩兰年谱》（未刊稿）对法性寺的地点有所考证。

⑱ 愿光、达津之生平，见冼玉清《广东释道著述考》，第 647、651 页。

⑲ ［清］愿光：《法性禅院唱和诗序》，转引自冼玉清：《广东释道著述考》，中山大学出版社

1995 年版，第 648～649 页。

⑳　潘耒：《竹院清吟题辞》，《遂初堂别集》卷 3，《四库全书存目丛书》本。

㉑　关于法性禅院之兰湖莲社，吕永光《梁佩兰年谱》（未刊稿）"康熙五年"条注 6 谓："芦荻巷今存，在西华路之南。则诸子吟社，初无寻址，多集于西园丛桂坊六莹堂、梅花村等处。康熙乙卯后，则多集于新迁法性寺。"

㉒　这里，梁佩兰"仿莲池故事"云云，实指明万历年间高僧莲池株宏与文人屠隆、冯梦桢、陆振奇等在杭州所结"放生社"（即西湖胜莲社）。《西湖志》卷 29 虞淳熙《西湖胜莲社约序》曰："凡社友以放生来，必携飞泳之类，社定在钱塘舟中，间诣上方池、净慈万工池、昭庆香华池，期以每六斋日，自修供具，不让远客，不设烹宰，违约者罚。"可见，"放生社"同样也具有较明显的佛教色彩。

㉓　潘耒：《竹院清吟题辞》，《遂初堂别集》卷 3，《四库全书存目丛书》本。

㉔　在清初岭南诗僧主盟或参与的诗社中，函可主盟的冰天诗社最为有名，后世研究者亦着力甚多。主要有汪宗衍《明末剩人和尚年谱》（《新编中国名人年谱集成》本，台湾商务印书馆股份有限公司民国七十五年版）"顺治七年"条；薛虹《函可与冰天诗社》；张玉兴《清代东北流人诗选注》（辽沈书社 1988 年版）；何宗美《明末清初文人结社研究》（南开大学出版社 2003 年版）。

㉕　函可生平，见［清］函昰《千山剩人可和尚塔铭》、［清］郝浴《奉天辽阳千山剩人可禅师塔碑铭》，均在《千山诗集》卷首。又，汪宗衍撰有《明末剩人和尚年谱》。

㉖　关于函可之狱，可参见陈寅恪《柳如是别传》（上海古籍出版社 1980 年版）、杨积庆《剩人和尚之狱及其它》（载《中华文史论丛》1985 年第 4 期）、曹汛《剩人和尚和〈金塔铃〉诗集考述》（载《中华文史论丛》，1986 年第 1 期）等相关论著。

㉗　张玉兴：《清代东北流人诗选注》，辽沈书社 1988 年版，第 11 页。

㉘　刘献庭《广阳杂记》（中华书局 1957 年版，第 19 页）卷 1 云："粤东有咏时事诗：'大将赐来黄带子，亲王自领绿旗兵。'又送人发遣辽东诗，中联云：'南国佳人多塞北，中原名士半辽阳。'"又，康熙年间诗人丁介《出塞诗》亦有此句诗。

㉙　释函可：《冰天诗社》，《千山诗集》卷 20，《四库禁毁书丛刊》本。

㉚　左懋泰诗见《千山诗集》卷 20。

㉛　《千山诗集》卷 20。

㉜　《千山诗集》卷 20。

㉝　《千山诗集》卷 20。

㉞　以上三诗均出自《千山诗集》卷 20。

㉟　左懋泰：《剩人和尚语录序》，载函可《千山语录》卷首，《四库禁毁书丛刊》本。

㊱　《千山诗集》卷 20。

㊲　成鹫之生平，见其自撰年谱《纪梦编年》，《北京图书馆藏珍本年谱丛刊》本。

㊳　成鹫：《纪梦编年》，《北京图书馆藏珍本年谱丛刊》本，第 145～146 页。

㊴　成鹫：《咸陟堂诗集》卷 8，《四库禁毁书丛刊》本。

㊵　《纪梦编年》，第 145～146 页。

㊶　《香山诗略》卷 3，民国二十九年排印本。

㊷　《香山县志》卷 14，同治十二年刻本。

㊸　函昰生平，可参见汤来贺《天然昰和尚塔志铭》（载《瞎堂诗集》卷首，《四库禁毁书丛刊》本）、汪宗衍《天然和尚年谱》（《北京图书馆藏珍本年谱丛刊》本）。

㊹　徐作霖、黄蠡：《海云禅藻集》卷首，逸社排印本民国二十四年。

㊺　汤来贺：《天然昰和尚塔志铭》。

㊻　释今无：《光宣台集》卷 6，《四库禁毁书丛刊》本。

㊼　释函昰：《瞎堂诗集》卷 12。

㊽ 汪宗衍：《天然和尚年谱》“康熙五年条”。

㊾ 冼玉清：《广东释道著述考》，中山大学出版社 1995 年版，第 542～543 页。

㊿ 陈世英：《丹霞山志》卷 10，《四库禁毁书丛刊》本。

(51) 释澹归：《雷峰师友游厓门诗卷跋》，《遍行堂集》卷 16，《四库禁毁书丛刊》本。

(52) 释今无：《宿厓门》，《光宣台集》卷 20。

(53) 见释古翼：《丹霞天老人雪诗》4 卷，《四库禁毁书丛刊》本。

(54) 成鹫：《咸陟堂诗集》卷 14。

(55) 蔡鸿生：《清初岭南佛门事略》，广东人民出版社 1997 年版，第 102 页。

(56) 成鹫：《咸陟堂诗集》卷 13。

(57) 邓之诚：《清诗纪事初编》，上海古籍出版社 1965 年版，第 295 页。

(58) 彭士望：《赠北田五子序》，载何绛《不去庐集》卷首，清抄本。

(59) 成鹫：《纪梦编年》，第 150 页。

(60) 卓尔堪：《遗民诗》“凡例”，《四库禁毁书丛刊》本。

(61) 屈大均：《僧祖心诗》，载《广东新语》，中华书局 1997 年版，第 352 页。

(62) 梁佩兰：《兰湖诗选序》，载愿光《兰湖诗选》卷首，康熙三十三年簷卜楼借瓮堂刻本。

(63) 梁佩兰：《初秋同诸公过访远公法性寺》，《六莹堂集》二集卷 5，第 246 页。

(64) 彭孙遹：《与无公约游雷峰寺》，《松桂堂集》之《南泩集》，《文渊阁四库全书》本。

(65) 潘耒：《闰七夕一日集法性禅院分韵得“片”字》，《遂初堂诗》卷 13《楚粤游草》，《四库全书存目丛书》本。

(66) 王英志：《论屈大均的山水诗》，载《文学遗产》1996 年第 4 期。

(67) 梁佩兰：《夜宿心公兰湖》，《六莹堂集》二集卷 5，第 148 页。

(68) 梁佩兰：《梁药亭书》，载潘耒《救狂砭语》，收录于谢国桢《瓜蒂庵明清掌故丛书》，上海古籍出版社 1983 年版，第 207 页。

(69) 潘耒：《与长寿院主石濂书》，《救狂砭语》，第 11 页。

（作者单位：武汉大学文学院）

研 究 述 评

近五十年戴震哲学思想研究述评[*]

□ 吴根友　黄敦兵

引　言

　　1956 年，侯外庐等主编的《中国思想通史》第 5 卷出版，该书是在他 20 世纪 40 年代出版的《中国近代思想史》的基础上修改而成的，而且曾经作为《中国早期启蒙思想史》单独出版过。在此次修订出版的著作中，很多评价性观点已经迥异于前此的同类著作。而其中有关戴震的思想可以看作是侯先生 20 世纪后半叶的新观点。是年，周辅成在《哲学研究》上发表了题为《戴震的哲学》的长文（一年后作者以此文为基础出版了专著），标志着 20 世纪后半叶戴震哲学思想研究的新进展。此后，戴震哲学思想研究进入新的阶段。第一，在戴震哲学史料选编与解读方面，一批选注作品问世①。第二，《戴震全书》与《戴震全集》相继出版，为戴震哲学思想的深入研究奠定了新的基础。②第三，国际性及地方性戴学研讨会的召开及会议论文的结集，将戴震研究不断向前推进。③第四，20 世纪 90 年代后，相关研究专著及单篇论文的出版与发表，一批博士、硕士论文及博士后报告的涌现，使戴震哲学思想研究，无论从数量、质量看，还是从广度、深度看，都取得了度越前贤的进展。

　　从研究成果的形式来看，20 世纪 50～70 年代末，戴震哲学研究没有出现专著，单篇论文较多，一些思想史与哲学史的相关论著辟有戴震思想研究的章节。研究成果的系统性不够强。80 年代以后，戴震研究进入新的境界。王茂《戴震哲学思想研究》一书，是中国大陆第一部系统研究戴震哲学思想的著作。在该书中，作者将戴震哲学的性质规定为"十八世纪中国的一个形而上学唯物主义体系"。此书之后，一些有关戴震研究的专著相继问世，戴震哲学思想研究开始朝专精方向发展。

　　伴随着中国社会改革开放的进程，中国的文化事业也在恢复的过程中向前发展。戴震哲学思想研究也在此大的社会文化背景下向前发展。1982 年，地方政府对"戴氏私立东

───────────
　＊ 本文为教育部人文社会科学重点研究基地重大项目："戴震、乾嘉学术与中国文化"的阶段性成果。项目批准号为：05JJD770016

原图书馆"（创立于戴震诞辰 200 周年）进行修缮，并命名为"戴震纪念馆"，于 1986 年 5 月 9 日开馆。该馆存有乾隆手抄戴震著作稿本、微波榭刊《戴氏遗书》、雕孤楼刊《戴氏合刻》、乾隆谕旨、戴震手迹等。④

90 年代至今，中国大陆学术界的戴震哲学思想研究朝着更为广阔的方向展开，并在某些领域向纵深方向发展。从更加广阔的学术视野来审视戴震哲学思想在中国文化现代转向过程中的作用，是这一时期戴学研究的一大特点。如李开的《戴震评传》，萧萐父、许苏民合著的《明清启蒙学术流变》，许苏民的《戴震与中国文化》，王国良的《明清时期儒学核心价值的转换》，吴根友的《中国现代价值观的初生历程：从李贽到戴震》等著作，既继承了侯外庐等早期中国马克思主义者提出的中国有早期启蒙思想的主张，同时也开拓了一些新的研究视角，如引入语言哲学、解释学的观点来解释戴震哲学的新特点等。

相对于 20 世纪前半叶戴震哲学思想研究的情况来说，20 世纪后半叶的戴震哲学思想研究主要表现为以下五个方面的特征：第一，伴随着明清哲学研究的深入，特别是研究范式的变更，大批哲学家的思想被发掘出来，特别是王夫之思想的发现，对戴震在明清哲学史上的地位评价有所下降。第二，关于戴震哲学性质的争论更加多元化，使戴震哲学的多面性与丰富性得以充分的展开。第三，由于文化大革命的影响，20 世纪 60 年代到 80 年代初期，戴震哲学思想研究基本上处于停滞状态。直到 80 年代中后期，戴震哲学思想研究才进入一个新的恢复发展期。第四，由于《戴震全书》、《戴震全集》的相继出版，戴震哲学思想研究逐渐朝向更加深入的方向发展。第五，伴随着研究者学术视野的变化，在继承前贤研究成果的基础上，有些新的研究视角逐渐展示出来，如从语言哲学、解释学的角度来重新考察戴震哲学在中国哲学现代转向中的意义等。

本文将从五个层面对 20 世纪 50 年代以来直至 21 世纪初有关戴震哲学思想研究给出宏观综述，努力总结这半个多世纪戴震哲学思想研究的新成果，并希望在此基础上对戴震哲学思想研究的新方向给出预测。

一、是早期启蒙思想家抑或其他？——戴震及其哲学思想性质之争

戴震哲学有无近代启蒙意义，是贯穿整个 20 世纪戴震研究的一个重要问题。这一牵涉到戴震哲学思想性质问题的研究，在 20 世纪后半叶又衍生出新的问题，即戴震究竟是唯物主义思想家，还是唯心主义思想家？如果是唯物主义思想家，又是什么样的唯物主义思想家？这一关系到戴震哲学思想定性的问题之争，大体上可以归纳出三种主要观点：

第一种观点认为，戴震是中国 18 世纪重要的启蒙主义思想家。如周辅成认为，戴震是一位具有"理性主义"与"人道主义"精神的思想家，"是中国哲学史上具有鲜明的唯物主义色彩的启蒙思想家"⑤。1980 年，王茂在《戴震哲学思想研究》一书中说道，戴震在社会哲学方面，已经"具有欧洲十八、十九世纪的那种人本主义的性质和内容"，他的哲学是"自觉与封建主义意识形态相抗争的一种新的启蒙哲学"。通过对理学演变历史的考索，蒙培元认为，"戴震是一位真正的启蒙主义思想家"，"戴震完成了王夫之所没有完成的任务，正式宣告了理学的终结"，人性学说是戴震在哲学上的最大贡献。⑥

对于何为"启蒙"的哲学判断标准及在何种意义上具有启蒙意义等两个问题，以萧萐父为代表的珞珈学者提出了比较系统的看法。萧萐父本人认为，要审视一个思想家的哲

学有无启蒙意义，其重要标尺在于看它是否"与资本主义萌芽发展相适应"，是否"反对中世纪蒙昧主义"，即必须从"作为封建旧制度崩溃的预兆和新思想兴起的先驱这一特定涵义来确定它的使用范围"⑦。许苏民认为，戴震对知识的积累与对真知的探求、追求真理"必空所依傍"、抨击"以理杀人"的作为专制统治思想的程朱理学，从这几方面看，戴震学说具有"无可争辩"的启蒙意义。戴震自觉以启蒙为己任的学术道路，使得他在本体论与人本主义上以理性启蒙为特色，认识论和知识论上为知性启蒙，伦理学与情感哲学上为感性启蒙。吴根友认为，肯定人的基本物质欲求，要求将抽象的道德价值原则建立在具体的感性生活基础之上，是嘉靖、万历以来早期启蒙思想者的"一贯思想"，这一思想"一直延续到 18 世纪戴震等人的思想之中"。从李贽的"人必有私，而后其心乃见"，中经王夫之的"天理寓于人欲之中"，最后到戴震正面展开对宋明理学所构造的旧的天下观念的批判，明清三百年的早期启蒙思想对以宋明理学为代表的中世纪的意识形态的批判，基本上"走完了一个逻辑的过程"，即"破坏、调整、彻底地扬弃与解构，将旧的天理观念解构之后，创立新的'分理说'，从而在理论上宣布了宋明理学天理观念的死亡"⑧。具体来说，戴震哲学的启蒙意义从三个方面得到展开：一是揭示旧的天理观在理论上的缺失；二是从旧的天理观的实践危害性入手，进一步批判旧的天理观的理论危害性，要求人们扬弃这一理论，选择新理论作为生活的指导；三是要求以常识理性代替理学家所设想的高调伦理，要求伦理理性回到日常理性之中，并表现出要将伦理与法律分开的朦胧意识。将由宋明理学颠倒了的物质生活与道德伦理的关系，重新颠倒了过来，使新的道德、伦理原则奠基于人类感性的物质生活的坚实基础之上，从而在理论上为人的现实功利追求提供了一个相适应的新道德新伦理原则，并为其行为的合理性进行了理论的辩护。⑨

还有其他一些学者从不同角度揭示了戴震哲学的启蒙意义，如黄俊杰从孟子学解释史角度对戴震的《孟子字义疏证》一书给予了高度的评价，认为戴震"站在中国思想史上'传统'与'近代'交界点上"，对孟子学的解释"处处充满新意，深具所谓'近代性'"。戴震透过释孟批驳宋儒，"使他的孟子学取得了鲜明的护教性质"⑩。

冒怀辛认为，戴震是"唯物主义发展道路上的一盏'传灯'"，但却以经学为主，致力于考据学，影响了他在思想上的更大成就，在封建势力笼罩下，他"留传了一线可贵的抗议精神，在进步思想的潮流中处于承启的地位"⑪。

针对有些学者将戴震哲学的启蒙性质与儒家思想对立起来的观点，刘清平提出了不同的看法。他认为，戴震哲学中的儒家因素与其启蒙倾向并不相互抵触。18 世纪中国社会的历史发展，决定了戴震只能在对先秦儒家传统尤其是对孟子哲学的某些具有古代民主人道精神的合理思想展开创造性解释的前提下，提出他的那些富含启蒙意义的进步观念的，从而透露出启蒙的晨辉。戴震哲学思想构成了中国古代哲学向近代哲学过渡转化的重要环节之一。⑫

第二种观点认为，戴震哲学中含有启蒙主义思想因素，但不宜评价过高。如侯外庐先生在《中国早期启蒙思想史》中指出，戴震的"人等于我"的社会哲学思想"反映了市民阶级的要求"，"在这一点上，他复活了 17 世纪清初大儒的人文主义统绪，启导了 19 世纪的一线曙光"。但这是一道微弱的光，并非是"新哲学的建设"或"哲学的中兴"，戴震哲学"不是清代哲学的建设者，尤其是他的观照论与唯知主义思想，仍然是唯心主义传统"，并非"清代学术的全盛期，而仅仅是清初传统的余绪（极小程度的发展）"，并且"仅仅是在有限范围内对清初哲学的继承"，而且他的哲学"没有'发展'的观点，没有'实践'的观点，没有勇敢追寻历史前途的精神"。姜广辉同意侯先生的观点，说道："戴震属于早期启蒙思想家，对其启蒙意义不宜估计得很高，说他'启导了十九世纪的一线曙光'，是比较准确的。"[13]他又进一步地补充道："戴震是古代性理哲学的最后一位思想家，也是近世启蒙思潮的先驱者"，戴震哲学是"披着'经言'外衣的启蒙学说"，其特点是：对理学的批判与对封建特权的批判紧密地结合起来，建立起具有人道主义意义的人性理论，提出了具有近代性质的形而上学方法论。[14]

任继愈主编的《中国哲学史》一书的作者群认为：戴震"有某些朦胧的启蒙思想"，但他"还没有脱离封建地主阶级立场，因而也就不能根本摆脱封建的传统的意识形态"[15]。李锦全也有类似的看法。他说："戴震并不是一个自觉的启蒙思想家，他并没有要改变封建制度的认识，也没有预见到资本主义社会的到来，只是在客观影响上他的某些观点对近代学者会起到一些启蒙作用。"[16]杨宪邦等人则认为："戴震对程朱学派'理欲之辨'的批判是尖锐的、深刻的，其中包含了某些朦胧的启蒙思想"，但是，"戴震也没有摆脱地主阶级的立场，其目的不过是为了维护封建统治"[17]。还有一些学者认为，戴震哲学仍然属于中国古代哲学，戴震仍然是一位"朴素唯物主义者"，戴震哲学中包含有近代思维因素，但不占主导地位。

周兆茂从中西方近代启蒙思想共同特点的新理论认识出发，对戴震哲学的启蒙性质提出自己的看法。他认为，启蒙哲学具有两个共同特征：（1）高扬理性主义精神，强烈批判中世纪的宗教蒙昧主义。（2）高扬民主、自由、平等精神，强烈批判封建专制主义。从这两个标准来看，戴震对程朱理学的批判与近代哲学所提倡的反权威、反传统的批判精神是一致的，但使用的武器是孔孟之道，并非近代唯物主义哲学，"无论从形式上和内容上来看，都不能归入彻底反权威反传统的近代启蒙思想范畴"。终戴震的一生，他都对程朱的人格十分尊崇，因而其反传统反权威的精神是有限度的，而无法与李贽、傅山、颜元等人相提并论；戴震虽同情广大人民群众，但与封建统治者不即不离，具有种种"庸人"气息，"不仅与西方启蒙学者大相径庭，而且与何心隐、李贽、颜元、傅山等中国启蒙学者反对封建专制的立场也是无法比拟的"[18]。

对于上述低调的评价，学界也有人持反对意见，如孙振东等认为，戴震是 18 世纪杰出的唯物主义哲学家、我国启蒙思想及其运动的先驱者，对中国哲学思想发展做出了杰出的贡献，有着光辉的历史地位，侯外庐等对戴震的评价有些过低。戴震虽处于清朝统治相对稳定的时期，但在这一相对稳定之中也包含了剧烈变革的契机，其哲学思想正是当时阶级斗争的反映，对 1796 年川、楚、陕白莲教起义起了推动作用，对阮元、焦循及以后的谭嗣同等的思想也有影响。孙氏认为戴震的思想反映了当时阶级斗争的情况，这一观点中有拔高戴震思想启蒙意义的地方。[19]

第三种观点认为，戴震是 18 世纪进步的唯物主义哲学家，但在其哲学中不含有启蒙主义思想，如杜国庠认为，戴震哲学是"披着'经言'外衣的哲学"，其本质属于进步的唯物主义，《疏证》是"近三百年的哲学杰作"[20]。这一观点，与 20 世纪前期冯友兰将戴震视为"清代道学的继续"，以及钱穆的相关观点颇相类似。也有学者直接指出戴震哲学"不具有近代启蒙意义"，因为"近代西方启蒙运动主张个性的自由发展，这是近代思想的启蒙的本质特征"，而"戴震对后儒的批判，使用的武器不是个人主义与民主主义，而是'无欲'之欲……他未否定人治思想，也未否定无私观念，这决定了戴震缺乏近代启蒙的思想基础"[21]。

二、对于戴震哲学的理论形态及其内在结构的研究

20世纪50年代以来的戴震思想研究专著，对戴震哲学的宇宙观、认识论、伦理学给出了新的解释，如周辅成、王茂等从唯物论角度来研究戴震的哲学思想，周兆茂则从戴震思想的前后期变化的角度，揭示了其哲学由唯心向唯物过渡的历史过程。值得注意的是，深受中国学术界的影响，人称为"用马克思主义研究中国哲学的第一人"的日本学者村濑裕也，在他的著作《戴震的哲学——唯物主义与道德价值》[22]一书中，也从存在论、认识论、人论及道德论四个方面，对戴震哲学的精神实质及其体系特征，作出了别开生面的解释。另外，还有学者从人学思想角度来研究戴震思想，但并未提出新的见解。

（一）对戴震宇宙论的现代解读

学术界较为一致的观点是，在自然观上，戴震的"气化流行"天道观是一种唯物论立场，如周辅成认为，戴震"仍然承继中国古典唯物论者以气或阴阳五行来表示物质或物质现象"，这样，他所说的"道"就是非虚而实、非静而自动，然而又是可以被思想的"恒该理气"的实际存在。其宇宙论的贡献是：第一，尽可能接受科学成果来解释自然，"摆脱了宗教神秘的观点，比过去任何一个唯物论者更彻底"，"他的天道观，最少神秘意义"，"他从物质与运动不可分一点立论，始终不曾去借助另一超物质的力量来说明自然现象的运动的来源与发展"；第二，发展了中国唯物论者所谓"理不离事"或"理不离气"的见解，从事物发展的动静、生息方面谈规律或理，并注重在事物的"分"或"性"上谈理的基础，为殊异性争取合理基础；第三，在身（物质）心（意识）关系上，既认为"有血气，夫然后有心知"，又认为"血气"决非比"心知"低贱，人与禽兽同有"精爽"，而人有"心知"，能"学"以进于"神明"，不再假定什么"圣心"或心知之外的更高级存在来说明自然世界以至社会界的最基本规律或最高原则的来源，"比较彻底地贯彻了唯物主义的观点"；第四，既注重从"分"与"性"上去求理，又看出心知不外是血气的结果，反对"得于天而具于心"的理，于是整个自然界除了"气化"或物质外，不再假定其他超物质的存在，更不能说自然界有什么总的目的存在了。[23]

有关戴震唯物论哲学的特质及其成就，20世纪后半叶的学者提出了很多看法。有的学者对其唯物论思想的成就评价很高，如舒凡说：戴震哲学在思想上接近古代儒者，在立说、论证上接近近、现代的学风，是一个值得大做的题目。朱熹持理、气为二本，且赋予二者价值预设；戴震反是，持气一本论，且无价值预设。朱熹认为仁义礼智是天赋之性，因而修养是"复其初"；戴震反是，主张性只是所禀之气，仁义是通过问学、"扩而充之"达到的。如果一定要为戴震归个类，戴震可以算入唯物主义哲学家之列。不过立刻要补充一句：他之称为唯物主义者，是在马克思唯物主义意义上，而不是在旧唯物主义意义上。[24]这种评价在现在看来，显然过高。

有的学者认为，戴震以气释道，但气不等于道；且"溯而上之，至是止矣"，到气为

止的观点说明其不彻底性，不如柳宗元、王廷相认为气无始无终更为彻底。反对者认为，到气为止的说法正是其唯物主义天道观，因为气以上不应再有什么东西，正如物质之上再没有什么别的本原一样，且与柳宗元所说的气为无始无终的观点并不矛盾。㉕

有学者认为，戴震认为宇宙万物一经形成，便停止了变化，天体"相距不移"、"终古不变"，生物"以类滋生"、"各循其故"，这与欧洲 17、18 世纪哲学家的形而上学观点很相像，故戴震哲学宇宙观思想中也有形而上学萌芽。反对者认为，戴震肯定了"气化流行"即物质运动，怎么能说是形而上学？不过，戴震如中国古代哲学家一样，在发展观上不够彻底。

在近 20 年的戴震哲学研究中，对于其哲学的形上学特质之认定，颇有分歧。或认定"气论"为其形上学的基础，或认定"道论"为其形上学基础，然亦有学者认定戴震哲学缺乏"本体论"的内容而只有宇宙论，从而以宇宙论代替了其哲学的形上学。对此问题，许苏民提出了别开生面的解释。他认为，尽管戴震哲学的本体论即形上学仍然是传统的"元气本体论"，然其实质是"近代的人学本体论"，这是戴震的"本体论学说为中国哲学史所提供的新东西，是戴震的本体论学说的独特价值和意义之所在"，并将气论、道论与人本论结合起来。探讨戴震哲学的形上学特征，确实深化了前人在此问题上的研究，并为解释戴震哲学的近代性意义提供了理论的根据。这一观点足以成一家之言。

（二） 对戴震认识论思想的评价

在认识论方面，周辅成认为，戴震哲学的积极贡献在于他严格区分了"意见"与"理"，认定"理"如果脱离了客观物质世界的规律，便是"意见"，揭露程朱与道、释、陆王心中的"理"全是主观的偏见、私见。认为耳目鼻口"迎受"作为"实体实事"的物；"心之精爽，驯而至于神明"，才"主于耳目百体"；但心不能代耳目鼻口，"彼其能者，各自具也，故不能相为"，耳目鼻口是为"外内相通""开窍"的。这是对感觉与实在问题的深入发挥，揭穿了心可独立自存的唯心谬说。而"有物必有则"，"非事物之外，别有理义"，"理义非出一意之可否"，故认识非程朱等所谓回转自身、深入体会"无蔽"以"复其初"，而是向外求"明"，"解蔽莫如学"，"惟学可以增益其不足而进于智"，"明理者，明其分者也"，要"重学问，贵扩充"，"行其人伦日用之不蔽"，说明他充分估计到人类实践的积极作用。"但戴震如能把这种个人意见的分析再推进一步，看出这些统治者的理或意见不只是个人的，而且是一阶级的，这理论便会更深刻了。"㉖

冯契认为，戴震在哲学上的主要贡献是对"心物（知行）"之辩作了唯物主义的解释，着重考察了"知"，提出了一些新的见解。但戴震"不懂得通过不同意见的争论和实践的检验而达到真理的辩证法"，在他的"哲学思想中有较多的形而上学倾向"㉗。有学者指出，戴震在批判程朱唯心主义理学中建立了唯物主义认识论，坚持了从"从物到感觉和思想"的唯物主义反映论，批判了程朱的理"得于天而具于心"、"冥心求理"的唯心主义先验论，在认识论上提出了"有血气，然后有心知"、"就事求理"的唯物主义主张；认为"私"和"蔽"是人之两种不同的大患，私生于血气，是情欲之失，蔽生于心，为知之失，故须去私去蔽，统一理欲；勤奋好学是扩充知识的重要途径，凡事必穷究根源以明其真相，必旁征博引以断其是非；区分了真理与意见，以多数人同意为真理标准，反对以实际上是个人偏见的理责人、杀人。但也有唯心主义因素，如区别圣、愚，圣人具

"天法之知"，愚人则须反复学习；以多数人同意为真理标准，既难以操作衡估，也缺乏理论论证，不能理解实践是检验真理的标准。[28]当戴震说"人之精爽如火光之照物，得理者其照不谬也"，人们能不能认识事物，应通过实践，不能说如火光一照就能了然于心，不能是先天的能力，显然是唯理论，是唯心的，割裂了感性与理性的辩证关系。

但也有学者认为，戴震认定"声、色、臭、味"及"人伦日用"等客观事物"在物不在我"，接于我之"耳目鼻口"及"心知"之后才产生认识的，是不折不扣的唯物主义反映论。而他把人的认识能力比作"火光"，把人的观察客观世界比作"照物"也无错误，并非唯心论。戴震的认识论可与费尔巴哈并列而无愧。他在真理标准上的认识是不妥当的，这也正如费氏未能真正理解实践的作用一样，但不能因此而否认他是唯物主义。[29]也有学者认为，戴震注意分析的看法是建立在客观事物是千变万化的这一观点之上的。杨宪邦等人认为，戴震的认识论是消极的、静观的反映论。侯外庐等人则认为，戴震的认识论有唯物主义反映论与唯心主义先验论的二重性的特点。

（三）关于戴震思想发展的阶段性

学界对戴震哲学思想的研究，一般重在其晚年思想上。其实，戴震思想本身也有一个演变过程。侯外庐等人认为，若依据戴震对宋学态度的变化，大体可以四十岁为界，分为前后两个时期，"前期虽力倡汉学，但不排斥宋学；后期独标经书新义以力攻宋学"[30]。杨向奎认为，戴震从35岁到40岁走出程朱派，进而反对之，主张一本而反对二本说，但与距离程朱相比，戴震思想距离孟子思想更远。因为子思、孟子在哲学上属于一元唯心论者，而戴氏《孟子字义疏证》却是以唯物一元疏解唯心一元；名义上是在疏证《孟子》，其实是在发挥自己的学说。这种叛离的色彩，在其《论性》、《原善》中还不明显，因这些著作是他思想处于转变中的表现，是早期与晚期思想发展的分水岭，说明他还没有形成自己的思想体系，对程朱没有批判，只是站在孟子立场上反对告子与荀卿。

美国华人学者余英时认为，戴震的《疏证》是在内外学术压力下所撰就的，历史上既有领导当时学风的考据学家戴东原，还有一个与当时学风相背的思想家戴东原。他将戴震一生思想划分为三个阶段：第一阶段以1757年为转折点，此时戴震以考证之学扶翼程朱义理；第二阶段以1766年为分水岭，此时戴震以义理、考据、词章分源并观，《原善》三篇为戴震义理之学的发轫；第三阶段是他生命的最后的10年，以《疏证》为代表，此时他已将义理与考据熔于一炉而自成体系。[31]

周兆茂对历来被学者所忽视的戴震早期与中期哲学思想作了详细的考察，认为戴震哲学有一个从信奉程朱理学到批判程朱理学，从唯心主义理一元论到唯物主义气本论的发展过程，前期是"程朱理学的干城"，基本哲学概念是"道"，后期哲学是"气一元论"，变成了"彻底的唯物主义气本论"。在其绝大部分学术人生中，都是崇奉程朱理学或徘徊于唯物主义与唯心主义之间。[32]对于上述观点，吴根友提出了不同的看法。他认为，"戴震哲学一直是以'道'为形上学的本体"，前期的"道"概念"更多地侧重于伦理学意义"，中、后期的"道"则"突出了'实体实事'的存在论意义"，使其哲学及人道论具有更为明确和坚实的唯物论基础。因为：一是戴震本人曾明确地道出了自己哲学的价值追求；二是进入中晚年后，戴震开始批评宋明理学所谓的"理"的概念，认为"理"字在儒家经典中不多见，要恢复儒家思想的真精神，必须回到儒家原典的语辞中；三是成熟时期的戴震提出了"道赅理气"的观念，找到了打通天人且又符合儒家原典精神的哲学概念——道，从而完成了对宋明理学形上学的批判工作，由解构到建构。所以，"道论"是戴震哲学的核心，从早期到后期都内蕴着价值追求，村濑裕也将戴震哲学后期"道论"看作是纯粹论述实体实事而与价值无关的观点，是缺乏文本根据的。㉝不过，吴根友认为，周兆茂对戴震与"新安理学"、进而上溯到与朱子学关系的明晰考察，以实证材料揭示了戴震与朱子一系的"理学"的学脉关系，揭示了清代哲学与宋明理学的继承性一面，补救了侯外庐以来"早期启蒙说"一系过分强调明清哲学对宋明理学的批判性之偏。㉞

三、对戴震伦理学的新认识

从总体上说，20 世纪后半叶有关戴震伦理学思想的研究，都可以看作是对蔡元培等 20 世纪前期戴震伦理学思想研究的深化，其突出的成就表现在如下三个方面：

（一）对戴震伦理学中人性论及自由思想认识之深化

周辅成主要从"内在必然"与"外在必然"两个角度，揭示了戴震人性论中包含着自由思想。他认为，戴震提出必然与自然合一、理欲合一的社会道德论，说"尽乎人之理，非他，人伦日用尽其必然而已矣"，道德不离日常生活，"必然"的概念"乃语其至，非原其本"，"把道德的来源和标准从主观方面或超越方面割断"，并"进一步主张人的行为，都是继天而为"㉟。戴震对与人密切相关的"人道"分为三面：命、性、才，三者都是人禀于宇宙生化而来，合称为"天性"，"践形之于尽性尽其才，其义一也"，性、命、才三者同时增进，相反相成。戴震既认为"性"是"存乎材质所自为"、"逞己而为"，则性的展开，"是殊性的展开，也是殊性展开的自由，这就指道德行为上自由的意义"，这"也合乎马克思主义出现以前唯物主义者如斯宾诺莎等所谓'内在必然性即自由'的意义"；相应地，戴震的命既是"如或限之"，则命就成为性的发展范围，即"道德行为上的必然限制的意义"，也合乎斯宾诺莎等所谓"外在必然性"的意义。这说明，"戴震已看出命定的必然中有自由，自由中有命定的必然"，这是他思想中的"卓越的见解"㊱。周先生认为，戴震正是从"自由"中推演出"善"的意义，"善"即"能知其限而不逾之"，即"血气心知能底于无失"，善循乎命，实是认为人的意志自由是相对的；又提出了"无失"与"纯粹中正"为善的标准，否认了善的超现实来源。同时认为一切恶的来源，皆是由于"道之出乎身，失其中正也"，失其正，即是对于命的限制有所逾越，对于善的客观基础有偏差。可见，规定善者虽恃于人的"性"，但更为重要的恃于客观的"命"，这说明戴震是承认善有其客观基础。善与恶，应归于人的选择之得当与否。必然对自然，"乃原其后，非原其先"，"自然与必然，非二事也"，"归于必然，适完其自然"。自然即指"欲"、必然即指一般道德，可以说戴震的自然与必然一致的理论，正是要证明理欲一致，以反对宋明唯心论主张的理欲二元论，"是很有力量的"㊲。戴震认为性无所谓"气质之性"与"天性"的分别，而"理者，存于欲者也"，是"情之不爽失"，由欲言理，理在于欲，这是古今所谓善的起点，"也是重视人民要求的起点"㊳。而且他主张欲出于天性，故与天理不违；仁智即为由欲至天理的途径，善"不是高悬在天空，而是握在任何人的手内"，这种天理人欲学说，"充分发挥了人道主义的精神，是当时一般市民向封建统治者争取基本权利的基本理论"㊨。戴震"把理与非理的界限，划在人与禽兽的分界上，而不划在圣人与常人上"，所以他的这一争执，"不仅是理欲之争，实是人的尊严与权利之争"，"这种理欲的辩论，一转就是人身自由和生存自由的争论"，反映了当时人民大众的要求，这"是戴震思想中进步的一部分"㊵。人如何用仁智以求做到理欲一致？戴震说"圣人以通天下之情，遂天下之欲，权之而分理不爽，是谓理"，从智的方面去接近，权即"知常"、"知变"而"不蔽"。周先生认为，戴震"以情絜情"的主张，"虽未必即是人人平等的见解，至少是注意到人民一切情隐的见解"㊶。而戴震认为程朱唯心论基本大错的根源，在于将理欲之分视为正邪之分，实为"去生养之道"的"贼道"，这"代表了人民反抗的呼声"㊷。戴震伦理学的局限在于：（1）戴震虽然区别天道与人道，但未把人道视为一件独立的社会规律来处理；他力图孤立地证明道德意识的物质基础，但未能注意到道德意识的社会基础。（2）戴震仍然从抽象的人性概念出发谈社会道德问题，未把人性视为社会发展的结果，完全陷入唯心论。这也是他的本身阶级性所决定的。

吴根友认为，从16世纪李贽提出"穿衣吃饭即是人伦物理"，经由17世纪王夫之的"天理寓于人欲之中"，再到戴震的"欲而不私"的观念，中国早期启蒙思想中的新道德、新伦理思想基本上走完了一个逻辑的历程。戴震对必然与自然的关系及由此对"命"的重新解释，"强调了价值对事实的规范与引导作用，突出了儒家哲学以伦文范导自然，以道德理性范导人的自然情感、欲望的重人文品格。然而，戴震又对人的自然欲求给予了充分的肯定。因此，这一新思想是对儒家伦文思想的人文化的提升，也是对传统儒道两家哲学思想综合之后的一次创造性的转化"㊸。吴根友还认为，明清之际有三种人性论——以李贽、顾炎武为代表的基于自然人性论基础上的"人必有私"论，以王夫之为代表的"继善成性"、"习与性成"与"性日生日成"的辩证、发展的人性论，以颜元、戴震等为代表的"气质之性一元"论。这三种人性论为中国传统伦理学的现代转向奠定了理论基础。这种新伦理学的基本精神是：一切伦理原则必须奠基在人的感性生活基础之上，只有通过符合人性的伦理的规范与引导，人性的完满与光辉才能展示出来。㊹吴根友认为，在人性论方面，戴震承认个人的欲望、情感是一切价值原则的基础，"明显地具有现代人道主义和人本主义的色彩，属于现代资产阶级人文主义的范畴"㊺。而其"分理说"以个体价值欲求的满足为优先原则，可以说是现代文化中"个性主义"原则的中国式表达。戴震又将个人正当的欲望与过分的欲望——"私"加以区别，明确提出了"欲而不私"的观念，从而"在理论上堵塞了其'分理说'非道德化倾向，而且也因此构成了与17世纪启蒙大师'公天下'价值理想的继承关系"，也是"新旧伦理学的理论分水岭"㊻。

吴根友在周辅成观点的基础之上，进一步从哲学本体论的角度揭示了戴震伦理学中蕴含的自由精神。他认为，戴震把宋明理学本体论意义上的"天理"解释成"分理"，从而在哲学的本体上为其伦理学的自由思想奠定了基础。戴震伦理学中包含的可贵的自由思想，可从以下四个层面把握：（1）本体论意义上的是分理与自由的关系；（2）自由意志与道德律令之间的孰先孰后的关系；（3）"欲而不私"观念揭示出的自由的边界问题；（4）"尽性知命以逞才"的观念揭示出自由实践性问题。"戴震与宋明理学伦理学的根本区别不在于要不要人欲的问题，而在于要不要自由的问题"，而"揭示戴震'分理'说中所包含的自由精神，是判别戴震后期学说与程朱理学分道扬镳的根本标志"㊼。而且，戴震提出的"理也者，情之不爽失也"和"欲而不私"两个命题，与现代自由主义者探讨的自由意志与道德律令及其边界等问题可以沟通，其自由思想在精神上与李贽一脉相承，但其对自由的认识与论述比李贽更深刻、更圆通。[48]

（二）对戴震人性论思想的新认识

王茂认为，戴震的观点和欧洲18、19世纪的人本主义哲学观点相似，即认识人的本质就是人的物质实体即肉体的一切特性和机能，把人仅仅作为自然的人来观察，但由此却导出人类的平等观和人民饮食男女等正当欲望合理性的进步结论。这在当时程朱理学把人性分为义理之性和气质之性，仇视和蔑视人民的欲望，以及反对董仲舒、韩愈以来的人性等级论，是有历史意义的。19世纪的费尔巴哈和车尔尼雪夫斯基也正是运用人本主义作为反对唯心主义和封建贵族思想的理论斗争武器。戴震的"抽象人性论"应以历史主义的态度给以分析和估计，他的推己及人的"仁"论，和费氏的"爱"论相似，同是人本主义的人性论所必然导致出的政治观点。（孙振东认为，戴震不了解阶级斗争，抽象地了解人性，因而在社会历史领域内最终失足于唯心主义泥沼；但把卑、贱、幼与尊、贵、长相对立，并把天下大乱的原因归之于后者而不是前者，这是很大的贡献，其人性论基本上是唯心主义的，但有唯物主义因素。[49]）

有的学者认为，戴震的人性论共有四个方面：（1）人物"皆气化之自然"，"性者，分于阴阳五行以为血气心知"，欲、情、知"血气心知之自然"，"舍气类，更无性之名"。（2）"性善者，论人之性"，以人的欲望感情和认识能力两个方面构成人性的基本内容，可以和费尔巴哈的人性论相媲美。（3）戴氏提出"理在事情"，道德规范存在于人类生活之中的思想，既不源于天，也不具于心，但心能"辨理义"、"悦"道德，这就否定了程朱"理得于天而具于心"和陆王"心即理"的先验论，这又与18世纪西方的唯物论者是一致的，不同在于，后者是感觉论者，戴震强调理性认识的作用。（4）戴震提出理即是"情之不爽失"，进而提出"遂己之欲，亦遂人之欲"、"以我之情絜人之情"，反对"快己之欲，忘人之欲"。这是合理的利己主义观点。然而与18世纪法国唯物论者的合理利己主义道德原则相比，他们虽然都主张从个人出发，关心和照顾别人，但后者以关心别人为利己的手段，利己是目的；而戴震认为"遂人之欲"本身就是目的而非手段，因而有利他主义的因素。[50]

有的学者认为，戴震人性论和伦理观基本上是唯物主义的，因为他把人性说成是人的"血气心知"即自然本质，把"性善"说成是正确地反映客观事物的可能性，而把理义或仁、义、礼说成是正确地反映客观法则的标志，这些都是以其唯物主义自然观为基础的。[51]但没有认识到人性的阶级性即其社会本质，并且没有跳出封建道德的旧范畴。

也有人认为，戴震在承认有天赋观念这一点上，还是唯心主义的，如果说这也是唯物主义，那无疑美化了他。有的学者说，戴震认为"人心之通于理义，与耳目鼻口之于声色臭味，咸根诸性，非由后起"，这就是说"礼义出于性"而不是教，人的伦理观念是先天的，不是后天的，说明戴震还是有天赋观念的。[52]

（三）对"以理杀人"的论争

肯定戴震伦理学具有启蒙意义的学者，大都将其批判程朱理学"以理杀人"的观点视为一个重要创见，甚至认为戴氏这一思想是在清廷大倡程朱理学、大兴"文字狱"、疯狂迫害知识分子的历史背景下提出的，具有"石破天惊"和"振聋发聩"的作用。张岱年认为，"戴氏对于理欲之辨的指责是深刻的、沉痛的"，"对于理欲之辨的批判实质上是对于封建主义的批判。他明确指出，所谓理欲之辨已成为专制君主统治人民的工具，这是有进步意义的"[54]。李开认为，"以理杀人"是对程朱理学和社会现实的血泪控诉，是"逻辑的、历史的、现实的必然答案"，这样的思想因子"逻辑地贯穿在戴震哲学的各个方面"[55]。

然而，对此观点也有不同的看法，如周兆茂认为，戴氏这一思想表明戴震在哲学上进一步完成了对程朱理学由信奉到批判、由唯心主义理本论到唯物主义气本论的转变，在18世纪中叶启迪人们进一步认识程朱宣扬的"存天理、灭人欲"的反动性以及反对封建专制主义等方面的贡献，是不争的事实，但不宜评价过高。因为：第一，"以理杀人"并非戴震首创，戴氏以前，戴元、王源、朱健、颜山农、何心隐、李贽等都有相同或相似说法；第二，当时也并非戴氏一人之言，如惠栋、纪昀、曹雪芹、吴敬梓也直接或间接论及；第三，这与乾隆中期对程朱理学从尊崇到贬抑的文化调整政策不无关系，"痛诋宋学"（江藩《国朝宋学师承记序》）、抨击"以理杀人"等已经形成了"那时的一种潮流"（鲁迅《买〈王学大全〉记》）。又，以前北平故宫博物院文献馆所编《清代文字狱档》，乾隆时期大小文字狱计65起，属于政治上反满清而构罪者约40起，属于"牢骚"、"疯癫"言论等而构罪者约23起，属于反对程朱理学而构罪者仅2起，即乾隆六年《谢济世著书案》与乾隆二十二年《陈安兆著书案》。乾隆对于政治上反满严峻处治，动辄"凌迟"、"立斩"、"枭示"及株连亲朋故旧等。乾隆说："朕从不以语言文字罪人"，不但不治谢济世，后来还让他官至湖南驿盐道；宣布陈安兆"妄辟朱注"无罪。因此，"那种把戴震批判程朱理学'以理杀人'与清廷'文字狱'联系起来，甚而认为是针对清廷'文字狱'而发的观点，显然是不符合历史事实的"[56]。

在理欲观问题上，有的学者指出，戴震认为"理者存于欲者也"，把理与欲联系起来，提出"圣人之道，使天下无不达之情求，遂其欲而天下治"，这就有力地摇撼了封建统治"存天下，去人欲"的理论根据。但由于时代和阶级的局限，戴震关于"理欲"、"性"的观点是从抽象人性论出发的。也有学者认为，戴震哲学从总体来看，"论说的中心是与宋儒（特别是朱熹）辩论理欲，其他如天道观、人性论、性善论、认识论、道德论，都是环绕这一中心而为之服务的"，这从《理》之一章占据《疏证》全书三分之一即可看出。[57]乐寿明也持相同观点，认为"理欲关系问题是戴震整个思想体系的核心，也是他的代表作《孟子字义疏证》的中心议题"，批判了程朱"理欲对立"的观点，提出"理存于欲"的进步学说，把欲和理的关系看成是物与则、自然和必然的关系；提出"体情遂欲"的政治理想，"以理论的形式表达了广大人民要求解除封建专制压迫的悲愤呼声和追求自由、平等、个性解放的强烈愿望"[58]。

四、从解释学与现代语言哲学的角度分析戴震哲学及乾嘉考据学的新动向

20世纪80年代后期，伴随着西方现代哲学很多新思想大量流入中国，在戴震哲学研

究领域里也出现了新的视角。从语言哲学、解释学的角度对戴震经学方法论进行现代诠释，是 20 后半叶戴震哲学思想的新进展。

20 世纪后半叶的明清哲学研究，比较一致地看重王船山哲学，并特别突出了其哲学对近现代哲学的影响力，而对戴震哲学的评价则有相反的观点。20 世纪 50 年代以后，侯外庐比较低调地处理了戴震哲学的现代意义，冯契、萧萐父等学者对王船山哲学都是推崇备至。海外华裔学者成中英、余英时则比较肯定戴震哲学在儒家系统内部的方向性的转化意义。成中英认为戴震所代表的儒家是第四阶段批判性的儒家，而余英时则将戴震与章学诚看作是清代学术与思想的两面旗帜，将戴震看作是儒学由"尊德性"到"道问学"的递嬗过程中的代表性人物。然而，即使是作为明清思想史专家的余英时，因为其自身学术关注点的原因，对戴震学术在清代同辈和稍后知识群体中的广泛影响力，亦未予以足够的重视。因此，戴震在"乾嘉学术"中的影响力，以及通过"乾嘉学派"而对 20 世纪中国哲学思想与学术所发生的巨大影响力，一直是个暗而不彰的精神现象。只有少数学者，如许苏民对戴震哲学思想在 20 世纪的影响力做了巨大的精神考古工作，但对其语言哲学、解释学的思想并没有给予足够的重视。

（一）关于戴震经学方法论的研讨

孙以昭较早地注意到戴震哲学的方法论问题。他认为，戴震的治经方法的取向是，由小学而经学，最终才进而探究哲理。具体而言，第一，从文字训诂入，故训为义理服务；第二，要用综合研究的方法，即不但要具备文字训诂、名物制度德等方面的深切知识，就是对天文、地理、历法、测算也要有一定的研究；第三，必经"三难"即"淹博"、"识断"、"精神"三个阶段；第四，实事求是，要"不以人蔽己，不以己自蔽"。经学方法论之有益因素：第一，提出了"明道"的理论，敢于对"高踞庙堂"的宋学进行针锋相对的斗争；第二，强调语言文字作为基本功的重要性，批判了宋学"凿空"、"轻恁胸臆"的空洞说教的虚妄；第三，指出综合研究的必要性，在某种程度上说明了博与专的关系；第四，"三难"的提法，说明其对理论的重要性有一定的认识，而且他自己也是付诸实践的；第五，"实事求是"，敢于打破传统的见解。糟粕：有时过分强调故训，忽略了思想的阐发；且有将经学神秘化的倾向；学说仍以经学为主；考据方法还是烦琐的，基本上用的是形式逻辑的归纳法，他只能枝节地说明单个孤立的具体事实，还不能进一步作出历史的阐述。⑤⑨

有的学者认为，"在乾嘉学派中，由经典研究而上探哲理的也只有他一人而已"，但戴氏这种"求真"作法有局限性，如有时他过分强调了"故训"的重要，而"忽略了思想的阐发"；仍以经学为主，《原善》、《孟子字义疏证》两书在其全部著作中毕竟只占微小篇幅。"他一生的大部分精力多用在训诂考据之学上面，从而大大影响了他在思想上的更高成就。"⑥⑩黄俊杰也同意这样的观点，他认为戴震的一套方法论可以称为"将诠释学问题转化成训诂学问题"，不过，"这个方法论上的转化，固然可以融训诂与义理于一炉，但其说与孟子学之大经大脉皆有所抵牾，其所得诚不偿其所失也"⑥①。

（二）关于戴震与乾嘉考据学

20 世纪 50 年代后中国大陆学者对"乾嘉考据学"的看法，有一个由低到高，再回归平实的过程。80 年代以前,其基本倾向认为,乾嘉考据学的成绩贡献在于古文献的整理校订方面,而乾嘉考据学的兴起,与士子逃避现实有关,故而沦为为清贵族封建政权服务的工具。也有个别学者认为,这种论断是片面的,指出以戴震为首的一部分乾嘉学者继承了顾炎武、黄宗羲、王夫之等所代表的爱国传统。戴震的主要贡献在于哲学方面,其代表作《孟子字义疏证》是以"通圣人之心志"为掩护,把孟子的唯心论改造成为唯物论,成为攻击当时新孔教官方唯心主义烦琐哲学的有力武器。而且戴震的考据工作不同于卖身求荣的"博雅之学",而是继承与发扬遗产,揭露欺骗说教,与顾炎武《天下郡国利病书》同样具有"经世致用"的现实主义意义。⑫

90 年代以后,学者们对乾嘉考据学的评价更加平实,因而对戴震哲学与考据学的关系也有了新的认识。如有的学者认为,在文化思想几乎处于断层之际,"高举唯物论大旗,勇敢抗击程朱理学,终清一代,唯以戴震为最著",而"在万马齐喑的局面中,戴震的哲学以其对封建王朝的反抗和批判,更加显示出了他思想的睿智和光芒",他明确地指出"故训"是手段而不是目的,这是"戴震与乾嘉学派经师们迥然相异之处"⑬。

关于惠栋与戴震的关系,20 世纪上半叶比较权威的说法之一是由钱穆提出的,认为戴震见惠栋是其人生道路和学术生涯的转折点,甚至因而"走上了新的学术道路"。许苏民不同意这种简单的看法,认为"吴派自吴派,皖派自皖派,各有特色","由词以通道"是戴的一贯主张;但惠、戴相见,实使戴开始重视吴派的治学思路和学术成就,并因此扩大了他的学术视野。⑭

(三) 关于戴震哲学与现代解释学

戴震对哲学形上学的追求,展开于"由字以通其词,由词以通其道"的过程之中。李开认为,"考据学的最本质的学术精神,还是戴震的语言解释哲学"⑮。贯串于戴震一生的事业,是他的人文科学的语言文字学,以及利用语言文字学诠释古代经典,以寻求所谓"道",阐发自己的哲学思想。这样,"作为人文科学的语言解释哲学,不过是戴震完成从语言文字到'通道'的全过程的方法学,也是戴震从纯粹的学问家转化为卓越的思想家的一个内在的逻辑动因"。李开较早地注意到戴震哲学与语言解释哲学的关系。认为戴震从语言文字入手,意味着他抛弃了宋明理学的架空立言。戴震的语言文字学著作遍布中国传统的语言解释学文字学、训诂学、音韵学各个领域,而最终目的又是"以词通道",从而形成"我国十八世纪获得空前发展的语言解释哲学"。李开又进一步地指出,西方语言哲学往往把语言看作与世界有相同的逻辑结构,从而以语言解释代替对世界的认识;戴震的语言解释哲学则以语言文字解释为逻辑起点,通过书本知识,寻求道德哲学及其具体表现。"在语言和世界的关系上,本文是代替论,戴震是凭借论。"戴震的关于字、词、道关系之学说,"正处于传统语言学说向近现代语言理论过渡的交汇点上,他的建构是个语义学的系统,文字学、训诂学、音韵学都用来为语义学服务。⑯

刘清平认为,注疏儒家经典是戴震建构自己具有启蒙意义思想体系的必不可少的工具和手段,并由此"形成了一些与西方解释学(包括现代解释学)内在相通的思想见解"。他从早期的由词通道、由故训以明义理的主张出发,转变到后期的由字通词、执义理而后能考核的原则,就是想借此弥补由于"时为之"的"今古悬绝"所造成的过去视界与现在视界之间的差异断裂。戴震正是在 18 世纪这种特定的历史氛围中,凭借自己"自幼为贾贩，转运千里，复具知民生隐曲"、密切接触资本主义商品经济的萌芽和普通百姓的苦难艰辛的亲身体验，依据自己在这种生活环境中自发形成的闪烁着启蒙光辉的进步志向和义理，运用一种新的时代视界，对先秦儒家传统的那些富含朴素民主人道精神的合理见解展开了创造性的解释，将其提升到一个新思想境界，从而使二者达到某种内在的"视界融合"的。⑥⑦

戴震哲学与语言解释哲学的关系，是个重要的课题。吴根友承担的"戴震、乾嘉学术与中国文化"教育部课题，试图从 16 世纪以来世界各主要文明古国开始的"从国别史世界史转向"的进程与"历史自我批判"的内在逻辑的宏观视角出发，考察以戴震为代表的"乾嘉学术"的内在思想史意义及其与中国文化的现代转型之关系。该课题以哲学思想为核心，以戴震为旗帜，综合研究乾嘉（18～19 世纪初）学术思想。通过对思想史的逻辑分析，并借鉴现代西方语言哲学和现代解释学的理论成果，揭示中国哲学与学术发展的内在脉络。他认为，戴震深信"圣人之道在六经"（"道"即现代意义上的真理），从文字、训诂名物制度的考订这一广义的语言学研究方法角度，批评宋儒哲学思考的方法论之缺失，主张"由字以通词，由词以通道"，展开了自己哲学语言学之自觉与形上学追求，这使得他的语言哲学接近海德格尔式的现代解释学。面对"庄子式的言意难题"，戴震主张在"言"与"道"之间加入"心"，通过理解者之"心"的作用，使存在于"言"中的圣人之"道"得以揭示。他所创设的这一"人文实证主义方法"高扬了其"道论"中人的主体性。在一定意义上看，其"道存于六经"的理论设定与"披言以求道"的方法论追求具有理论的封闭性，但"心"概念的引入，通过主体之扩充心智、"大其心"及"学"的过程，又使其哲学具有化解言与道之间解释学循环的封闭性、面向事实和生活本身开放的可能性。⑥⑧

五、其他相关传统问题研究的新进展

（一）哲学史研究的"泛化"与"纯化"的结合

从哲学史与文化史相结合的角度研究戴学，是 20 世纪后半期以来的一个新的具有普遍意义的方法。许苏民以巨大的心力，以生动的个案研究再一次揭示了戴震与中国思想与文化的关系，证实了中国近代思想具有自己的内在传统，从而加强了 20 世纪上半叶明清思想史研究的一个著名论断：从万历到"五四"，是一个同质的思想解放过程。

这种哲学史研究的"泛化"与"纯化"之间的辩证关系的正确处理，既可以从大的方面进行宏观阐释，更主要的是可通过广泛抉发史料，从细节方面突破一些问题。如许苏民引纪昀《阅微草堂笔记》中所载，戴震记其祖先不怕鬼的故事，以说明戴震性格中"不怕鬼，不信邪"的坚韧的一面，颇有说服力；又从《四库全书总目提要》中辑出戴震对徐光启《几何原本》研究的资料，以此证明戴震思想中所包涵的西方科学思想，言之凿凿，皆发以往戴学研究者所未发；又，作者对戴震死因提出了质疑，亦属有根据的怀疑，可供学术界继续探讨。

（二）戴震哲学的理论旨趣及产生的时代背景

在一批用马克思主义理论进行分析研究的哲学家、哲学史学家中，张岱年先生是具有代表性的一个。他认为，戴震是"清代中期的卓越的唯物主义者"，在《原善》、《疏证》中阐明了"唯物主义的基本原理，锐利地批判了程、朱与陆、王的唯心主义思想"；相比而言，"王夫之的唯物主义学说充满了反抗外族侵略的爱国主义精神；戴震的唯物主义学说蕴含着反抗专制暴政的实质，他们都是同情人民的进步思想家"⑩。

周兆茂认为，"生活于18世纪的戴震，建立了'气化流行，生生不息'的唯物主义气本论的哲学体系，恢复了唯物主义哲学的权威；在理气观上，提出了'絜情同欲'的进步伦理思想，批判了程朱理学'存理灭欲'的反动谬论；在社会政治观点方面，戴震对封建专制制度的腐朽与黑暗进行了大胆的揭露和批判"⑩。戴震在唯物主义一元论的基础上，从自然观、认识论和伦理观等方面，对程朱理学展开了全面的猛烈的批判，由此进一步揭露了其"以理杀人"的反动本质，从而把我国自宋明以来的反理学斗争，推到了一个新的阶段。戴震的唯物主义和进步伦理思想无论在当时还是在后世都曾产生过重要影响。⑪

周兆茂非常强调戴震晚期思想，认为它是17、18世纪中国政治、经济、哲学、文学艺术和自然科学等诸多因素互相激荡和整合的产物，既与明末清初资本主义萌芽与徽商有着密切关系，又与戴震继承、弘扬中国哲学史上唯物主义传统和批判程朱理学以及新安理学有着密切关系，同时又与明末清初人文主义思潮以及西方自然科学的影响有着密切关系。⑫

有的学者认为，戴震是我国18世纪杰出的思想家，其宇宙观具有唯物主义因素，社会政治思想是进步的，对于反对正统派理学起了一定作用，他继17世纪明清之际启蒙思想的巨大浪潮之后，又推起了波澜。由于程朱理学当时占据统治地位，戴震哲学思想在当时所起的作用并不大。反对者认为，戴震哲学发展到了中国古典唯物主义的最高峰。杨向奎甚至乐观地指出："东原实在是新理学大师，或者是新儒学大师，而中国近现代之所谓新儒家非其伦也。"⑬

更多的学者认为，戴震哲学思想是由多种因素共同促成的。如周辅成认为，明末资本主义生产要素的萌芽、清廷高压统治、科学知识的发达，是戴震唯物的哲学系统的基础。⑭冒怀辛认为，戴震哲学是大兴文字狱、推行高压政策以加强封建统治的时代及资本主义萌芽时代的产物，反映了新兴市民阶级对封建统治的不满和反抗。李谷鸣认为，戴震的自然科学研究、幼年生活、徽州商品经济发展、对市民阶级的要求的了解，是戴震成为杰出的启蒙思想家的因素之一。⑮

重在发掘戴震哲学理性启蒙意义的许苏民，在其所著《戴震与中国文化》一书中认为，戴震的思想虽然与专制统治者尊奉的正统的中国文化格格不入，但戴震的思想恰恰又是中国文化自身的历史发展之所孕育，是"中国社会的历史发展之所造就"。

（三）关于戴震哲学的思想渊源

20世纪初，章太炎、梁启超、胡适、容肇祖、钱穆等人就已注意到这个问题，并作了有益的探讨。有学者认为，戴震"继承了颜元、李塨等人的传统"⑯，与南宋以来一直占据统治地位的程朱理学进行了不调和的斗争。这种观点最初来自清代同治年间的学者戴望的《颜氏学记》，此后，梁启超、胡适都认为戴震思想有一部分是受颜李学派的影响而成。

　　与胡、钱等人戴学渊源于颜李学派及惠栋的说法不同，王茂认为，戴震哲学渊源"或当来自于浙东刘宗周、黄宗羲学派"，此外，"很有可能还有一个远绍古希腊的源头。明清间中西文化交流史的研究，是个薄弱环节，许多问题仍在若明若暗之中，弄清戴震与西学的关系，将俟诸异日"⑰，也即认为戴震哲学渊源是多元的。主要有四个方面：第一，批判地继承了陈淳、朱升等人理学思想中的唯物主义因素；第二，弘扬、发展了《周易》及荀子、张载等人的古代唯物主义和朴素辩证法思想；第三，17、18 世纪人文主义思潮的撞击；第四，中西方自然科学的影响。⑱如他认为，戴震的气一元论宇宙观来自张载，把鬼神解释为一种可以使原始物质元素得以运动化生的"精气"，即不可理解的神妙创造力，仅借用了《中庸》的词汇而已。

　　这种多元渊源论有很强的解释力，有不少学者持此观点。在许苏民先生看来，戴震讳言自己的思想来源，除了《十三经注疏》外很少明言自己读过其他一些什么书，这完全是出于不得已。具体来说，戴震人学本体论思想源于李贽以来的早期启蒙学者关于"百姓日用即道"和"气质之性"一元论的大量论述；其认识论思想，如尊重公理与逻辑的科学态度，来自傅山、唐甄、颜元、李塨、程廷祚等人的有关著述以及徐光启和利玛窦对《几何原本》的译释；其论知识与道德的关系，与唐甄最为一致，论理欲关系、情理关系，更与明末清初的一大批早期启蒙学者的思想倾向完全一致。同时，许先生指出："以上所举亦不过是择其与戴震所提出的命题特别相似者而言，是不可以绝对地执为定论的。"⑲

　　杨向奎先生在他影响颇大的《清儒学案新编》中并没有为戴震立学案，他对戴震哲学的论述散见于几篇论文中。杨先生认为，戴震对生的哲学更有正确的理解，对充满生意的宇宙进行了体会与描述，以和谐为美，进一步使中国哲学美学化，从而批判了走向偏枯的程朱之学，发展了明道与横渠的学说。明道使其学说走上和谐理论，横渠学说使其主张"由气化有道之名"。可谓视角与立意皆颇新。

　　近年来，不少学者注意研究戴震与朋辈学者之间的关系。这是一个值得重视的学术动向。对此，孙以昭认为，要深入开展戴学研究，必须重视对戴震学术思想的渊源与影响的研究，如注意戴震对扬州学派的影响。应把戴震的有关思想"放在中国哲学思想发展的大文化背景和徽州文化的地方文化背景中，并结合当时的社会政治历史因素加以考察，研究其形成的原因和价值"⑳。从中国哲学发展来看，顾炎武、王夫之都反对理学，但是从哲学根本问题入手，深刻揭露理学唯心主义本质并进行猛烈抨击的，只有戴震。他不但比顾炎武、在有些地方也比王夫之都更为尖锐、彻底地批判了程朱理学思想。

　　另外，王茂等的《清代哲学》第20章专从戴震哲学的批评者与拥护者两个层面分述"戴震哲学的反响"。许苏民《戴震与中国文化》第8、9、10章专门讨论戴震思想的影响。

　　也有部分学者指出了戴震思想的局限性，如，戴震视农民战争若"洪水横流"、"淫佚作乱"（疏证，卷上）；在《于清端传》中，赞扬顺治、康熙年间镇压湖北等地农民起义的"恩威并用"的于成龙；在《郑子文传》中把抗清民族英雄郑成功诬为"海寇"；在《查氏七烈女墓志铭》中诬李自成农民起义军为"流贼"；在《戴节妇家传》中一再讴歌封建贞节观，说徽地"穷巷里曲之妇人女子，其节操比于丈夫"。这些观点，对全面、深入、立体地认识戴震的思想都具有积极意义。

结 束 语

回顾整个 20 世纪戴震哲学思想研究的主要成果,我们现在要深入思考的问题是:第一,梁启超、胡适、钱穆、侯外庐、萧萐父、余英时等著名思想家、学者所开创的研究典范,在今后的研究中如何进一步地去借鉴?第二,如何使戴震研究取得新的进展?我们认为,如下三个方面的趋势将是未来戴震研究的新方向:第一,伴随着中国社会进一步地对外开放,中国人对外部世界的理解也更加全面与深入,在比较哲学的视野里来重视审视明清哲学思想的特质及戴震哲学的意义,将是戴震研究无法回避的历史趋势。第二,伴随着宋明哲学研究的深入,戴震与宋明哲学特别是朱子学与阳明学的内在关系,将会得到更进一步地揭示。第三,由于《戴震全书》、《戴震全集》的出版,戴震思想的细化研究也将是势在必行。

自 20 世纪 90 年代李开在《戴震评传》中涉及戴震哲学与中国哲学的语言学转向问题、戴震哲学与解释学的问题之后,有关戴震与中国哲学的语言学转向、戴震与中国的哲学解释学问题得到了更多学者的关注,并将继续有新的成果问世。如何深入研究由惠栋、戴震等著名学者所开创的"乾嘉学派",他们在语言学、语言哲学方面的自觉努力,对于中国哲学与语言学转化的贡献?戴震及其后学如焦循、凌廷堪、高邮王氏父子、阮元等所开创的哲学语言学转向,其历史效果及其局限性何在?对这些问题的探讨,都将进一步推动以戴震为中心的清代哲学研究向更深入的方向迈进。

在 20 世纪末 21 世纪初,许苏民在《戴震与中国文化》一书论述了戴震对段玉裁、龚自珍的影响,但对龚自珍如何从古文经学向今文经学转化的契机并没有给予应有的关注。因此,在传统哲学向近代哲学转变的过程中,以龚自珍(戴震的大弟子段玉裁的外孙)为枢纽人物,揭示清代"汉学"——古文经学向今文经学的转化的内在学理,将是一个重要的学术问题。

众所周知,"白话文运动"是中国现代文学转化的根本契机。然而对于这样一场空前的现代"语言学"运动与中国哲学的语言学转向关系,以及与中国固有的学术精神之关系,在研究中国古代哲学的同行们中未能引起足够的重视。比如说,大家都知道胡适先生是"白话文运动"的先驱之一,然而研究现代文学的人不知能有几人知道胡适先生又是戴震哲学研究的专家?虽然,他写《戴东原哲学》一书迟在 1923 年,然其对戴震哲学的知解肯定是在此之前多年。戴震哲学中所包涵的语言学思想——"由字以通其辞,由辞以通其道",对胡适先生的白话文革命的思想的形成是否有影响?

最近,司马朝军在其煌煌大著《〈四库全书总目〉编纂考》一书中,提出了一个新的学术问题,认为乾嘉考据学中存在着一个"四库馆派"的官方考据学派,与惠栋、戴震等人所开创的民间考据学派具有不同的学术风格。如果这一说法确能成立,则戴震在清代考据学中的地位就应该给予重新审视,章太炎、梁启超、胡适等人对戴震的评价就应该给予重新的审视。

附录：相关论著及博硕论文存目：

相关论著：周辅成《戴震——十八世纪中国唯物主义哲学家》湖北人民出版社 1957 年版；王茂《戴震哲学思想研究》，安徽人民出版社 1980 年版；祁龙威、华强《戴震》，江苏古籍出版社 1984 年版。张立文《戴震》，台湾东大图书公司 1991 年版；李开《戴震评传》，南京大学出版社 1992 年版；方利山、杜英贤编《戴学纵横》，中国文化出版社 1999 年版；萧萐父、许苏民《明清启蒙学术流变》，辽宁教育出版社 1995 年版；木仕华《戴震》中国国际广播出版社 1996 年版；申笑梅、张立真著《独树一帜：戴震与乾嘉学派》，辽宁人民出版社 1997 年版；［日］村濑裕也著，王守华等译《戴震的哲学：唯物主义与道德价值》，山东人民出版社 1996 年版；《戴震语文学研究》1998 年版；岑溢成《诗补传与戴震解经方法》，台北文津出版社 1999 年版；卢建荣《刘献廷·李塨·惠栋·庄存与·戴震·阮元》，台湾"商务印书馆"1999 年版；许苏民《戴震与中国文化》，贵州人民出版社 2000 年版；吴根友《中国现代价值观的初生历程：从李贽到戴震》，武汉大学出版社 2004 年版；郑宗义《明清儒学转型探析：从刘蕺山到戴东原》，香港中文大学出版社 2000 年版；丘为君《戴震学的形成：知识论述在近代中国的诞生》，台北联经出版事业股份有限公司 2004 年版；刘又铭《理在气中：罗钦顺、王廷相、顾炎武、戴震气本论研究》，台北五南图书出版公司 2000 年版；余英时《论戴震与章学诚》，（大陆简体版）生活·读书·新知三联书店 2000 年版；王茂等的《清代哲学》，安徽人民出版社 1992 年版；姜广辉《走出理学》，辽宁教育出版社 1997 年版；唐宇元主编"中华民族杰出人物传"第 3 部分介绍了戴震；赵本一《哲人戴震》，安徽美术出版社 2005 年版；

博、硕论文及博士后报告：娄毅《戴震的哲学与考据学》（博士论文 1998 年版）；李帆《章太炎、刘师培、梁启超清学史著述之研究：以戴震为例》（博士后报告 2001 年版）；王杰《戴震义理之学诠释：崇实黜虚视野下的理论建构》（博士论文 2002 年版）；蔡锦芳《戴震生平与作品考论》（博士论文 2002 年版）；李红英《戴震治经方法考论》（博士论文 2002 年版）；王艳秋《戴震重知哲学研究》（博 2003 年版）；张东《〈孟子字义疏证〉发微》（硕士论文 2001 年版）；荆琳《戴震〈孟子字义疏证〉之思想诠释》（硕士论文 2003 年版）。

注　释：

① 安正辉：《戴震哲学著作选注》，中华书局 1979 年版；成中英编译：《戴震原善研究》，香港：美国东方研究所香港办事处 1969 年。

② 戴震研究会等：《戴震全集》，清华大学出版社 1991～1998 年版；安徽古籍整理委员会编：《戴震全书》（七册）黄山书社 1994 年版。

③ 1962 年安徽省历史学会举行座谈会；1986 年 5 月，首次戴震学术研讨会在安徽屯溪市举行，交流了 40 余篇论文，汇集为《戴震学术思想论稿》于 1987 年出版；1991 年 8 月又召开了一次戴震学术研讨会，结集出版《戴学新探》。

④ 江志伟：《独寻真知启后人——戴震纪念馆巡礼》，《人民日报》（海外版）1986 年 8 月 11 日。

⑤ 周辅成：《戴震——十八世纪中国唯物主义哲学家》，湖北人民出版社 1957 年版，第 1 页。苏联学者雅·布·拉杜里扎图洛夫斯基等人也持此种观点。

⑥ 蒙培元：《理学的演变：从朱熹到王夫之戴震》，福建人民出版社 1984 年版。

⑦ 萧萐父：《中国哲学启蒙的坎坷道路》，《中国社会科学》1983 年第 1 期。

⑧ 吴根友：《中国现代价值观的初生历程——从李贽到戴震》，武汉大学出版社 2004 年版，第 213、299 页。

⑨ 吴根友：《中国现代价值观的初生历程——从李贽到戴震》，武汉大学出版社 2004 年版，第 313～314 页。

⑩ 黄俊杰：《中国孟学诠释史论》，社会科学文献出版社 2004 年版，第 291～316 页。

⑪ 冒怀辛：《关于戴震哲学思想的评价问题》，《江淮学刊》1963 年第 1 期。

⑫ 刘清平：《儒学传统中的启蒙晨辉——论戴震哲学的思想实质》，《武汉大学学报》1992 年第 3 期。

⑬ 姜广辉：《何为启蒙思想家》，《黄山日报》1990 年 10 月 21 日。

⑭ 姜广辉：《戴震哲学——披着"经言"外衣的启蒙学说》，见《戴震学术思想论稿》，安徽人民出版社 1987 年版，第 63～78 页；又见姜广辉著《走出理学》第 11 章，辽宁教育出版社 1997 年版。

⑮ 任继愈主编：《中国哲学史》第 4 册，人民出版社 1979 年版，第 110 页。

⑯ 李锦全：《人文精神的承传与重建》，广东人民出版社 1995 年版，第 279 页。

⑰ 杨宪邦主编：《中国哲学通史》第 3 册，中国人民大学出版社 1990 年版，第 407 页。

⑱ 周兆茂：《关于戴震的"以理杀人"和"启蒙"思想的再评价》，《学术界》1993 年第 4 期，第 25～26 页。

⑲ 见沈心康《省学术界热烈讨论戴震哲学》，《安徽日报》1962 年 7 月 28 日。

⑳ 杜国庠：《杜国庠文集》，人民出版社 1962 年版，第 370～371 页。

㉑ 舒凡：《戴震思想具有近代启蒙意义吗？》，《黄山日报》1990 年 10 月副刊《徽苑》第 141 期。

㉒ ［日］村濑裕也著，王守华等译：《戴震的哲学——唯物主义与道德价值》，山东人民出版社 1995 年版。

㉓ 周辅成：《戴震的哲学》，《哲学研究》1956 年第 3 期，第 81～91 页。

㉔ 谢遐龄：《戴震哲学之二三问题》，《复旦学报》1993 年第 4 期，第 49～54 页。

㉕ 《关于戴震哲学思想的讨论》，《光明日报》1963 年 5 月 31 日第 4 版。

㉖ 周辅成：《戴震的哲学》，《哲学研究》1956 年第 3 期，第 97 页。

㉗ 冯契：《中国古代哲学的逻辑发展》，《冯契文集》第 6 卷，华东师范大学出版社 1997 年版，第 351～367 页。

㉘ 姜国柱：《论戴震的认识论》，《江苏师院学报》1980 年第 3 期，第 10～17 页。

㉙ 《关于戴震哲学思想的讨论》，《光明日报》1963 年 5 月 31 日第 4 版。

㉚ 侯外庐主编：《中国思想史纲》下册，中国青年出版社 1981 年版，第 123～124 页。

㉛ 余英时：《论戴震与章学诚》，香港龙门书店 1976 年版，第 142～143 页。

㉜ 周兆茂：《戴震哲学新探》，安徽人民出版社 1997 年版，第 14～46 页。

㉝ 吴根友：《戴震哲学"道论"发微——兼评村濑裕也〈戴震的哲学——唯物主义与道德价值〉》，《中国哲学史》2003 年第 1 期。

㉞ 吴根友：《精神现象考古的知性价值与文化学意义——读许苏民〈戴震与中国文化〉》，《江汉论坛》2002 年第 8 期。

㉟ 周辅成：《戴震的哲学》，《哲学研究》1956 年第 3 期，第 98 页。

㊱ 周辅成：《戴震的哲学》，《哲学研究》1956 年第 3 期，第 99 页。

㊲ 周辅成：《戴震的哲学》，《哲学研究》1956 年第 3 期，第 101 页。

㊳ 周辅成：《戴震的哲学》，《哲学研究》1956 年第 3 期，第 102 页。

㊴ 周辅成：《戴震的哲学》，《哲学研究》1956 年第 3 期，第 103 页。

㊵ 周辅成:《戴震的哲学》,《哲学研究》1956年第3期，第103页。

㊶ 周辅成:《戴震的哲学》,《哲学研究》1956年第3期，第103页。

㊷ 周辅成:《戴震的哲学》,《哲学研究》1956年第3期，第104页。

㊸ 吴根友:《戴震哲学“道论”发微——兼评村濑裕也〈戴震的哲学——唯物主义与道德价值〉》,《中国哲学史》2003年第1期，第75页。

㊹ 吴根友:《明清之际三种人性论与中国伦理学的现代转向》,《学术月刊》2004年第5期。

㊺ 吴根友:《中国现代价值观的初生历程——从李贽到戴震》，武汉大学出版社2004年版，第308页。

㊻ 吴根友:《中国现代价值观的初生历程——从李贽到戴震》，武汉大学出版社2004年版，第311页。

㊼ 吴根友:《分理与自由——戴震伦理学片论》,《哲学研究》1999年第4期。

㊽ 吴根友:《戴震伦理学中的自由思想申论》,《武汉大学学报》1999年第4期。

㊾ 沈心康:《省学术界热烈讨论戴震哲学》,《安徽日报》1962年7月28日。

㊿ 袁德金:《论戴震的伦理思想》，见《中国哲学》第9辑，三联书店1983年版，第435页。

(51) 《关于戴震哲学思想的讨论》,《光明日报》1963年5月31日第4版。

(52) 《关于戴震哲学思想的讨论》,《光明日报》1963年5月31日第4版。

(53) 沈心康:《省学术界热烈讨论戴震哲学》,《安徽日报》1962年7月28日。

(54) 张岱年:《“义利理欲之辨”评析》,《河北师院学报》1986年第2期。

(55) 李开:《戴震评传》，南京大学出版社1992年版，第393页。

(56) 周兆茂:《关于戴震的“以理杀人”和“启蒙”思想的再评价》,《学术界》1993年第4期，第24页。

(57) 王茂、蒋国保、余秉颐、陶清:《清代哲学》，安徽人民出版社1992年版，第611页。

(58) 乐寿明:《论戴震的理欲观》,《中国哲学》第5辑，三联书店1981年版，第289~312页。

(59) 孙以昭:《戴震经学方法论初探》,《安徽大学学报》1979年第2期，第31~35页。

(60) 孙以昭:《关于戴学研究的几点意见》,《安徽大学学报》1992年第2期，第53页。

(61) 黄俊杰:《中国孟学诠释史论》，社会科学文献出版社2004年版，第317页。

(62) 张德光:《启蒙学者戴东原底唯物论哲学》,《云南大学人文科学学报》1957年第3期。

(63) 郎丰生:《戴震：前清学术之集大成者》,《深圳大学学报》1991年第1期，第65、66、67页。

(64) 许苏民:《戴震与中国文化》，贵州人民出版社2000年版，第52页。

(65) 李开:《简论戴震对乾嘉语言解释学的建树》,《学术月刊》1990年第11期。

(66) 李开:《戴震评传》，南京大学出版社1992年版，第277~341页。

(67) 刘清平:《儒学传统中的启蒙晨辉——论戴震哲学的思想实质》,《武汉大学学报》1992年第3期，第30页。

(68) 吴根友:《言、心、道——戴震语言哲学的形上学追求及其理论的开放性》,《哲学研究》2004年第11期。

(69) 张岱年:《中国唯物主义思想简史》，中国青年出版社1957年版，第119、125页。

(70) 周兆茂:《关于戴震的“以理杀人”和“启蒙”思想的再评价》,《学术界》1993年第4期，第28页。

(71) 周兆茂:《戴震哲学新探》，安徽人民出版社1997年版，第94~99、150~185页。

(72) 周兆茂:《戴震哲学新探》，安徽人民出版社1997年版，第94~113页。

(73) 杨向奎:《戴东原哲学思想分析》,《历史研究》1989年第5期，第82页。

(74) 周辅成:《戴震的哲学》,《哲学研究》1956年第3期，第79~80页。

(75) 沈心康:《省学术界热烈讨论戴震哲学》,《安徽日报》1962年7月28日。

⑦⑥ 郎丰生:《戴震:前清学术之集大成者》,《深圳大学学报》1991 年第 1 期,第 67 页。

⑦⑦ 王茂:《戴震哲学思想研究》,安徽人民出版社 1980 年版,第 128 ~ 132 页。

⑦⑧ 王茂:《戴震与程朱理学》,《哲学研究》1992 年第 1 期。

⑦⑨ 许苏民:《戴震与中国文化》,贵州人民出版社 2000 年版,第 194 页。

⑧⓪ 孙以昭:《关于戴学研究的几点意见》,《安徽大学学报》1992 年第 2 期,第 52 页。

（作者单位：武汉大学中国传统文化研究中心、武汉大学哲学学院）

近三十年来有关梁启超自由思想研究综述

□　陈敏荣

　　梁启超（1873～1929）是中国近代史上著名的政治活动家、启蒙宣传家、思想家和百科全书式的学者。国内研究梁启超的论著可谓汗牛充栋，但专门研究梁启超自由思想的著作却并不多见。早在 20 世纪 40 年代，侯外庐先生写中国近世思想史时，就认为梁启超是中国自由主义思潮的代表之一。①遗憾的是，由于受时代环境的影响，在新中国建立后的几十年里国内没有学者从自由主义的角度对梁启超的思想进行研究，直到 80 年代后期这种状况才稍微有所改变，这与国外相比起步要晚得多。

　　近十几年来，国内研究中国近现代自由主义思潮的著作不断出现，人们对梁启超的自由思想也给予了一定的关注。特别是近几年，专门论述或涉及梁启超自由思想的著作和论文出现不少，如《梁启超和中国古代学术的终结》（蒋广学著，江苏教育出版社 2001 年版）、《现代中国思想研究》（张汝伦著，上海人民出版社 2001 年版）、《自由的历险——中国自由主义新闻思想史》（张育仁著，云南人民出版社 2002 年版）、《梁启超自由主义经济观探析》（李秀芳，《西安交通大学学报》2001 年第 3 期）、《简论早期梁启超的自由观》（吴根友，《湖北大学学报》哲社版 2003 年第 6 期）、《离合之间：梁启超与西方自由主义》，（颜德如，《江苏社会科学》2004 年第 2 期），《论梁启超后期自由主义新闻思想》，（徐新平，《湖南大学学报》社科版 2004 年第 3 期），等等。这些论著与以前的梁启超研究模式相比，给人耳目一新之感，这表明学界在梁启超研究的视域和路向上有了新的突破。以下将对目前国内外学术界关于梁启超自由思想研究的主要成果作一综述。

一、关于梁启超的自由观是以个人为本位还是以国家为本位的问题

　　"自由"作为近代西方思想文化的核心价值之一，不同的学派和不同的时代对其解释多有歧异，但在最根本的观点上，各派均以承认"个体价值"为其基本特征。关于梁启超的自由观是以个人为本位还是以社会、国家为本位的问题，海内外学者一直有争论。有不少人认为梁启超是以国家为本位，他们最主要的证据是梁深受社会达尔文思想的影响，

认为社会要进步，不可不牺牲个人以利社会，不可不牺牲现在以利将来。持这种观点的以美籍华裔学者张灏为代表。

1971 年，张灏的《梁启超与中国思想的过渡（1890—1907）》一书由哈佛大学出版，在该书中，张灏指出，梁启超在流亡日本之前的几年里就已接受和信仰民权、民主和议院等西方的民主理想，但是接受民主思想不一定意味着信仰自由主义，因为人们可以从集体主义的观点拥护民主，而西方自由主义的核心首先并且最主要在于信仰个人主义和个人主义的制度化——公民的权利和自由。在此理论前提下，他对拥护民主理想的梁启超是否信仰个人主义表示怀疑。他认为，首先，中国文化传统中缺乏近代西方的自由主义价值观，不存在梁能充分领会它们的思想背景；其次，也是更重要的一点，当梁启超倡仪将这些自由主义价值观作为公德的一个组成部分的时候，他关注的焦点是'群'这一集体主义概念，它几乎不可避免地妨碍他对这些自由主义价值观的某些实质内容的领会。因此，毫无疑问，梁在《新民说》中最终提出的那些理想，归根到底很难称作自由主义。他认为梁启超基本上只是在集体主义的构架里与西方的自由主义理想妥协，而并没有领会、更不用说信仰西方的自由主义精神。② 显而易见，张灏对梁启超的思想是否属于自由主义持完全否定的态度，其最主要的理由就是梁启超始终是以国家为本位，将国家的权利置于个人的权利之上。国内一些学者的看法与张灏类似，如杨天宏认为："梁启超的'自由'思想相对于西方近代自由主义而言，乃是一种本末倒置的思想体系：由于对种群共同利益的关注，由于对国家民族独立自由的追求，梁启超的思想注意力似乎已到达无暇旁骛的地步。于是，作为群体自由基本前提的个体自由不存在了，国家共同的利益（包括独立自由）成为唯一的思想政治诉求。"③ 陈少峰也认为，梁启超自由观的本质特征"在于以注重群体和谐的应当之义为先入之见，从而舍却了对于自由不同表现实质的体认"④。

有一些学者对张灏的观点予以了驳诘。如张汝伦认为，张灏关于梁启超不能理解西方自由主义的说法有问题，他说，梁启超出于对当时中国现状的敏锐观察和分析，提出他的国家思想，但这不等于他不能理解西方的自由主义精神。其次，他指出，与西方自由主义者相比，梁启超的确从未将个人放在至高无上的地位，并且对个人主义持批判的否定的态度，但是这种批判的否定的态度完全不是出于纯粹的理论立场，而是出于现实政治的实践需要。他强调国家先于个人，是因为他认为中华民族只有形成一现代国家才能与别国相抗衡，因此，在讨论梁启超关于个人与国家的关系思想时，不能脱离现代中国的历史语境。换言之，在讨论个人自由问题时，我们不能忘了，中国现代思想家与西方自由主义者所处的不同历史境遇。第三，梁启超虽然将国家置于个人之前，但他同样也指出了个人自由是国家自由的条件，而且在人民与政府的关系问题上，他的立场基本是自由主义和放任主义的。因此，他并没有完全忽略个人的自由和权利。⑤ 另一与张灏观点有争辩的是台湾学者黄克武。他指出，梁启超确实认为当个体利益与群体利益发生冲突时，人们应牺牲私益而追求公益，但这并不就等于他不注重个人，因为这种观念是民族主义中共通的观念，即使英美等民主国家在国家危机之时也要求自我为国家牺牲。因此，梁氏关于个人与群体不可分离的主张不必然具有集体主义的意味，也不一定与弥尔主义有出入。黄克武从几个方面证明了梁启超对个人和自我的重视，他认为："梁氏思想与奠基于个人主义的西方自由民主传统（弥尔主义）不一定完全相同，但他的思想中的不少观念却与弥尔主义十分相似"，"梁氏虽然不是一个西方意义下的个人主义者，但也绝不是一些学者所谓的集体主义者或权威主义者，他对个人自由有很根本重视，我们可以说他所强调的是非弥尔主义式的个人自由，这种个人自由仍是以保障个人为基础，但同时以为个人与群体有密不可分的关系，因此有时强调以保障群体价值作为保障个人自由的方法"⑥。蒋广学的观点与黄克武颇为相近。他认为："梁启超在自由观上带有强烈的折中主义特色，既不是绝对的个人本位者——这一倾向到了 1904 年之后表现得更为突出，也不是绝对的国家本位者，而在折中之中，他在接受了社会达尔文主义后偏重于何端，全观《新民说》就可明白：团体、国家之自由目的为何，又如何才能取得，其答案只能是使人人都有自由……因而，人人都有自由，是国家、团体自由之目的；人人都能自由，是国家、团体自由之手段。这就是梁启超的基本思想。正是在此根本点上与康有为划清了界限。"⑦颜德如认为梁启超对个人主义持游离态度，他说，梁启超在议论个人主义时，既看到了个人的自我价值，又看到了这种自我价值对国家利益的意义；他不是否认或批判个人主义的价值，而是在群己、团体个人的相对平衡中，合理考虑个人的价值。由于中国的悲惨处境，使他对个人的价值表现得有些犹豫，而对国家利益的追求却表现得异常之坚定。这就是为什么梁启超每每触及个人主义的价值要害时，又难以割舍其民族主义与国家主义情愫的原因。⑧与张灏等学者站在西方自由主义立场上的评价相比，这种评价显得比较中和，相对来说它对当时中国的具体情况考虑得更多些，因此对梁启超自由思想的特点持同情的理解。

二、关于梁启超自由思想的渊源

综观梁启超的著作，不难发现其自由思想具有错综复杂的特点，这主要是由于其理论来源本身的复杂。在梁启超的自由观中，到底融合了哪些思想和理论？这是梁启超研究者不可忽视的一个问题。对此，有一些学者进行了十分细致的分析和深入的研究。他们的观点大致可分为以下几种：

1. 认为梁启超的自由主义是中西结合体，这以美国学者黄宗智为代表。他认为，梁启超的自由主义思想，产生于国际竞争日益加剧的历史环境中，他将民族主义与民主政治看作是一枚钱币的两面，认为非民主不能救国。他的自由主义，乃是根据他个人的偏好，对儒家思想、日本明治维新思想以及西方思想重新解释后形成的一种混合思想，决非全然否定儒家传统，或仅仅只是崇尚西方价值和观念的纯西化的移植。在他看来，中西思想并非截然相悖，而是各自形成一个复杂的思想体系，在两者之间，有许多相通之处。⑨黄克武也认为，梁启超的观点一方面固然受到西方思想的影响，但另一方面与中国传统有密不可分的关系，认为儒家传统，尤其是阳明学派的思想传统中对个人的尊重是梁启超个人自由观的基础。⑩

2. 强调梁启超自由思想的西学渊源。西方有两个精神迥异的自由民主传统，一是以卢梭、黑格尔、马克思为典型的民主传统，一是以约翰·弥尔的《论自由》一书为代表的自由民主传统（有的称之为弥尔主义）。前者主张建立一个可以彻底表达人民意志并消除所有阶级间剥削的政治体制，具有强烈的改造世界的精神；后者的代表人物除了弥尔之外还有在他之前的洛克和美国的联邦主义者，以及在他之后的韦伯、熊彼得和 20 世纪美国主流的政治思想家，他们的理论则以承认阶级划分之社会为起点，力图以一套民主的架构来保障个人不受政府压迫，并进一步提供人们自我发展的机会。梁启超在论述其自由民主思想时既大量引用了卢梭的著作，又引用了弥尔的观点，那么从整体上来看，他到底属于何种类型呢？

美国学者萧公权认为梁启超的自由思想接近于英国的自由主义。他将梁启超的民权思想与革命派的民权主义进行比较，说，任公的民权思想与民报所揭橥的民权主义有不尽相同之处，"任公的思想似乎比较接近英国传统的自由主义"，因为"他反对'民之父母'的政治观。民权的目的是经过'开民智'、'新民德'的程序使个人得到最高的人格发展。……革命者也讲民权。但他们的思想渊源，与其说是英国的洛克或穆勒，毋宁说是法国革命先觉的卢梭。他们理想中的政治不以限制政府权力以发展个人能力为目的，而以检束个人自由以伸张国家自由为宗旨。他们的民权观念，因此与任公的民权观念大有分别"⑪。李泽厚也认为，改良派（包括康、梁与严复等人）主张"英国派自由主义政治思想"，革命派则信奉"强调平等的法国派民主主义政治思想"⑫。刘桂生认为，梁启超的自由思想既包括激进民主主义的某些观点，又有不少自由主义的成分，但就其根本而言是承袭了19世纪英国自由主义思想家约翰·穆勒的自由观，梁启超断言人人自由而以不侵他人自由为界是自由之"极则"，而这一"极则"正是密尔著名的论断。⑬张灏则指出，在梁启超流亡的最初几年里，他主要是受卢梭思想的影响，依据是卢梭的民权思想、社会契约和总体意志经常出现在他的文章中。他说："与孙中山通常在卢梭思想中为抬高国家权力寻找一个正当的理由不同，梁认为卢梭的民主学说不仅是矫正传统专制主义、而且也是矫正中国人奴性的最有效办法。"⑭但是，"梁的兴趣显然是在卢梭自由主义思想的情感的感召力，而不在卢梭自由主义思想内容的完美"，因此，"当梁对西方思想的认识随着与西方著作接触的增多而不断深化的时候，他对群体凝聚力和国家统一的关注不久便导致他感觉到自然权利学说的危险性，并最终从这种自由主义的思想立场上退却下来"⑮。他认为梁启超后来虽然又接受了密尔的自由主义，但并没有真正地领会其精神实质，因此，他没有像上述学者一样对梁启超自由思想所属的类型作出最后的论断。

3. 强调日本思想界对梁启超自由观的影响，即重视梁启超思想的东学背景。梁启超对西方社会政治道德学说的深入了解主要是在流亡日本之后，当时的日本经历了明治维新，积累了大量的西方译著，为梁启超了解西学创造了便利的条件。因此，考虑日本社会及日本思想家的影响对于梁启超研究者来说是理所当然的事，但有一个问题，即梁启超所吸收的是原汁原味的西方思想，还是已经"日本化"了的西学？抑或他吸收了一些日本传统的思想从而必须与西方思想的影响区别开来呢？对此，有的学者作了细致地考察和研究。

郑匡明曾留学日本十年，他在其著《梁启超启蒙思想的东学背景》一书的"引言"中说："梁启超所接受的西方思想，是一种被'日本化'了的西方思想。"⑯就梁启超的自由思想而言，他认为给梁启超影响最多的是日本学者中江兆民的自由观，这主要表现在梁启超所谓的"团体自由"和"个人自由"方面。梁启超在《论自由》中有关"团体自由"部分，正是祖述着中江兆民《民约译解》里"人义之自由"的思想，有关"个人自由"的部分，则是继承了中江兆民"心思之自由"中的观点。当然，若溯其渊源，还是要追到卢梭，但中江兆民的自由思想乃是梁启超自由观的直接理论来源，却是不能否定的。⑰蒋广学也比较强调日本思想界对梁启超的影响，他认为只有当梁氏接触了日本启蒙思想家的著作后，才有了对自由的科学理解。他说："日本人介绍的西学给了他全新的眼

界 ……于是在其研究方法上来了一场革命：他将西方流行的各种学说，如进化论、地理
环境决定论、实证主义，以及康德的本体与现象二分观念，甚至经社会党人介绍的马克思
的唯物史观等揉为一体，形成了多元论的研究方法；而从精神上说，他获得了前所未有的
大解放，进入了'自由'的境界。"⑱当然，在这方面强调得最多的还是日本学者，这以
狭间直树为代表。他在分析了梁启超的《新民说》之后指出："以《新民说》为代表，梁
启超的署名'中国之新民'的百余篇文章以及东渡日本后写下的其他文章，多是以日本
的知识和思想积累为媒介完成的。仅就梁启超个人来看也可以断言，在将西洋近代文明移
植东亚的过程中，明治时代的日本所起到的作用超过了我们预想的程度。"⑲以上都是强
调日本思想界对梁启超的影响，那么，日本传统的思想在梁启超的思想中是否占有一定的
比例呢？在这个问题上，张灏提出了自己的看法。他认为，尽管梁与日本社会和日本思想
界的接触是造成他改革某些实际考虑的一个因素，但是，"在道德和社会价值观方面，传
统的日本思想没有单独对梁构成重要的影响。它的影响主要是将梁思想背景中本已存在的
某些西方思想和中国传统成分结合起来，并得以加强"。⑳这种将日本传统思想与日译西
学区分开来的做法，无疑避免了对"日本思想界"这一概念的模糊和笼统的认识。

三、关于梁启超强调精神自由的问题

梁启超对国人的奴性可谓深恶痛绝，对国民性进行改造是他人生的一大理想。他十分
强调思想自由和精神自由的重要性，认为这是获得其他自由权利和学术进步的前提条件，
也是现代国民所必备的品格，而"除心奴"、培养独立自主的人格是实现精神自由的关
键。有不少学者对此进行了研究。

冯契是大陆较早探讨梁启超自由思想的学者，他主要从两个方面来评价梁启超的自由
观，一是康、梁关于自由的争论，另一个就是梁启超的"除心奴"说。他说，从哲学上
来讲，梁启超的主旨，就在于颂扬精神之自由，反对精神受奴役。他认为，梁启超把
"除心奴"说同培根、笛卡儿联系起来，看起来是将二者折衷，实际上是偏袒笛卡儿的，
如果说严复比较系统地介绍了英国经验主义，那么梁启超从王学出发，就比较偏向于欧洲
大陆理性主义。㉑陈鹏明也从哲学的角度指出，梁启超的"除心奴"说是唯心主义的认识
论。他说，梁启超倡导要用自己的心思来考虑问题，判断其是否正确，将思想而不是实践
当作检验认识是否正确的标准，这是十分错误的。㉒这没有脱离传统的唯物、唯心二分法
的窠臼，分析稍显简单化。杨晓明认为，"除心奴"的新民之道体现了梁启超"独立自由
的理性精神"，并且这种理性精神"像一根红线贯穿了梁启超一生，形成了梁启超思想与
学术精神中最为可贵的一大特征"㉓。吴根友认为，在晚清的中国社会里，由于客观物质
力量和资产阶级本身力量的不足，梁启超等人只能把改造旧世界、建设新世界的重任寄托
在精神自由方面。这种对心灵自由、精神自由的过分关注，流露出明显的唯意志论倾向，
不过，由于梁启超同时十分重视自由思考过程中"公理"的作用，从而在唯意志论的思
想传统中又注入了较浓的理性色彩。㉔吕滨认为，梁启超的新民学说，首在倡导破除思想
上的奴隶根性，树立精神的自由，他用人道主义冲决封建专制主义，用"自由"反对
"奴性"，从认识论和伦理学的角度探讨了"我之自由"的意义，起了广泛的思想解放的
作用。㉕罗检秋则认为，梁启超强调人们心灵的自觉和精神力量，这种对个人自由的理解

走上了道德自省的方向，打上了陆王心学、佛学的烙印，与西方的自由主义产生了差距。㉖高瑞泉将梁启超关于精神自由的主张与其"道德革命"论结合起来分析，他说，梁启超在"道德革命"的旗帜下，反对道德宿命论，主张道德主体的意志自由，特别是主体的选择自由，这在广义上说，就是精神自由的问题。在梁启超那里，历史进化的实体是社会心理、群体意识，所以要求得历史的进步，必须"破心奴"——打倒偶像，提倡精神自由；一旦破除心奴，具备了自由意识，便赢得了独立人格，也就能够对一切学说道理经过独立思考和自由选择，择善而从。但是，"梁启超强调了道德选择中主体意志的作用，却忽略了选择应有的理性前提，所以一开始就给'道德革命'带上了唯意志论的色调"㉗。

蒋广学将梁启超主张的精神自由与庄子的精神自由进行比较，认为庄子虽提倡精神自由，但他那种"与万物同游"的自由，"实际上是一种不屑与世相争、但内心却要追求'快活'的精神状态，因而只是一种避世哲学，并无积极进取的精神。而与近代进化论相联系的'自由'观，恰恰在这个根本问题上与中国传统道家的'自由'观划清了界限。不仅如此，这儿的'自由'又有着知识主义的支持，即自由并不是随心所欲，它是一种靠科学理性来创立'新世界'、'新事物'、'新学说'的自立状态，即梁氏所说的'跳出旧风气而后能造新风气者'"㉘。

这里有必要提及的是梁启超的代表作《新民说》，因为它集中代表了梁氏流亡日本前期的自由思想，梁氏关于精神自由的主张和阐述也主要在其中"论自由"一节。《新民说》是梁启超一生中最重要的政治和道德哲学著作，也是中国近代史上最有影响力的启蒙著作之一。胡适曾说："《新民说》可以算是他一生的最大贡献。《新民说》篇篇指摘中国文化的缺点，颂扬西洋的美德可给我国人取法的，这是他最不朽的功绩。"㉙在梁启超的著作中，《新民说》的影响可能是最深远的，有学者甚至誉之为"当时历史中最有震撼力的'自由主义政纲'"㉚。黄宗智也认为，梁启超自由主义的中心思想，便是"新民说"，其中融合了包括儒家、日本和西方在内的自由主义学说。梁氏期待一种自由的、民族的、行动的"新民"出现，它是建立富强的新中国以及在中国建立自由民主制度的前提和保证。这种对人的现代化的求索，无疑具有十分深远的影响。㉛

四、关于梁启超自由思想的其他研究

除上述三个方面外，有些学者从其他的角度或学科领域对梁启超的自由思想进行了分析和评价。有的注意到了梁启超自由观中的"积极自由"和"消极自由"问题。如吴根友指出，梁启超将两力相抗、势均力敌看作是自由的保证，呼吁增强国力，外以抵抗帝国主义，内以反对封建势力，这样过分强调以力抗衡的"积极自由"之作用，相对忽视宽容的"消极自由"之作用，在理论上容易产生不良的后果。㉜蒋广学甚至认为，梁启超本人在《开明专制论》中已对西方自由观的分野有了清楚的认识：他将那种认为由国家制定法律来保护人类'天赋人权'的观点，称为"消极的"自由观；将那种认为人类自由是在与他物的竞争、个人自由是在与他人的竞争中取得的自由观称为"积极的"自由观。作者分析说："当时的日本学界正处于维新自强进而向军国主义发展的背景之下，所以都以所谓的'积极的'态度理解西方的自由观，这一点直接影响到梁启超，所以他把卢梭的民约论思想理解为'保持己之自由权，是人生一大责任也'就是必然的了。"㉝作者的分析有一定道理，对这个问题的关注也为我们提供了一个新的视角，但认为梁启超的自由观中已有"消极自由"和"积极自由"之分的看法是否具有充分依据，还有待考察。

也有学人从其他学科领域分析了梁启超的自由思想。如李秀芳指出：梁启超对自由主义经济理论及其实践给予了高度重视，他赞赏自由竞争学说的合理性价值，但并不认为自由主义经济模式可以完全照搬到当时的中国；他敏锐地触及经济发展与社会公正之间的尖锐矛盾，认为在市场经济条件下，政府对经济的适度干预是必要的，并且主张通过健全的、带有防范性的立法来保障经济的健康发展。㉞徐新平则从新闻学的角度探讨了梁启超的自由思想，他说，梁启超"是近代第一位较全面认识西方自由主义新闻理论的报人，在封建专权、禁锢言论的时代，梁启超为争取新闻事业的独立自由所发出的呐喊和努力是不可磨灭的，他借发展报馆的独立自由事业而养育国民、拯救时局的拳拳报国之心是值得肯定的，同时，由他提出的有关监督政府、不唯钱势、确保言论自由公正等理论，至今仍能给人以某些思想的启迪"㉟。

以上所举关于梁启超自由思想的研究成果无疑是令人欣喜的，但还存在着诸多不足之处，这主要因为一方面人们对自由主义理论本身的了解有限、认识不够，另一方面有不少人由于受传统的观念和思维方式的影响，对梁启超的自由思想不能给予恰如其分的评价。这就要求我们对自由主义思潮以及梁启超的自由民主思想进行更深入的研究。我们相信随着人们对自由民主政制愈来愈深刻的体认，梁启超自由民主观的重要理论意义和参考价值也会愈加凸显。

注　释：

① 侯外庐：《中国近代启蒙思想史》，人民出版社 1993 年版，第 2 页。此书是在其旧著《中国近世思想学说史》下卷（1945 年由重庆三友书店出版）的基础上重新编订而成的。

②⑭⑮⑳ 张灏著，崔志海等译：《梁启超与中国思想的过渡（1890～1907）》，江苏人民出版社 1997 年版，第 135～146、137、137、103 页。

③ 杨天宏：《新民之梦——梁启超传》，四川人民出版社 1995 年版，第 156 页。

④ 陈少峰：《人的尊严——人道主义思潮概述》，见高瑞泉主编：《中国近代社会思潮》，华东师范大学出版社 1996 年版，第 55 页。

⑤ 张汝伦：《现代中国思想研究》，上海人民出版社 2001 年版，第 131～137 页。

⑥⑩ 黄克武：《一个被放弃的选择——梁启超调适思想之研究》，台湾研究院近代史研究所 1994 年版，第 33、185 页。

⑦⑱㉒㉝ 蒋广学：《梁启超和中国古代学术的终结》，江苏教育出版社 2001 年版，第 50～51、25、30、32 页。

⑧ 颜德如：《离合之间：梁启超与西方自由主义》，《江苏社会科学》2004 年第 2 期，第 119 页。

⑨㉛ Philip. C. Huang, Liang Ch'i-ch'ao and Modern Chinese Liberalism, University of Washington Press, 1972, p. 160-163, 162.

⑪萧公权，《张朋园著〈梁启超与清季革命〉序》，台湾研究院近代史研究所 1982 年版，第 2～3 页。

⑫ 李泽厚：《中国近代思想史论》，人民出版社 1979 年版，第 281 页。

⑬ 刘桂生主编：《时代的错位与理论的选择——西方近代思潮与中国"五四"启蒙思想》，清华大学出版社 1989 年版，第 89 页。

⑯⑰　郑匡明：《梁启超启蒙思想的东学背景》，上海书店出版社 2003 年版，第 2、276～277 页。

⑲　［日］狭间直树编：《梁启超·明治日本·西方：日本京都大学人文科学研究所共同研究报告》，社会科学文献出版社 2001 年版，第 94 页。

㉑　冯契：《中国近代哲学的革命进程》，人民出版社 1989 年版，第 157～160 页。

㉒　陈鹏明：《梁启超学术思想评传》，北京图书馆出版社 1999 年版，第 191 页。

㉓　杨晓明：《梁启超文论的现代性阐释》，四川民族出版社 2002 年版，第 81 页。

㉔㉜　吴根友：《简论早期梁启超的自由观》，《湖北大学学报》（哲社版）2003 年 11 月第 6 期，第 104、98 页。

㉕　吕滨：《新民伦理与新国家——梁启超伦理思想研究》，江西教育出版社 2000 年版，第 96～97 页。

㉖　罗检秋：《新会梁氏·梁启超家族的文化史》，中国人民大学出版社 1999 年版，第 107 页。

㉗　高瑞泉：《天命的没落——中国近代唯意志论思潮研究》，上海人民出版社 1991 年版，第 78 页。

㉙　《胡适的日记》，引自夏晓虹编：《追忆梁启超》，中国广播电视出版社 1997 年版，第 435 页。

㉚　张育仁著：《自由的历险——中国自由主义新闻思想史》，云南人民出版社 2002 年版，第 127 页。

㉞　李秀芳：《梁启超自由主义经济观探析》，《西安交通大学学报》（社科版）2001 年第 3 期，第 73～76 页。

㉟　徐新平：《论梁启超后期自由主义新闻思想》，《湖南大学学报》（社科版）2004 年第 3 期，第 103 页。

（作者单位：武汉大学哲学学院）

清代两湖茶业研究的回顾与展望

□ 杜七红

中国是茶叶的故乡。唐宋以降，随着茶叶种植业的日渐兴隆，茶业在国民经济中的地位也越来越重要。清代，茶业得到迅猛发展，无论从生产、工艺、品种、外贸看，均堪称历史上的高峰期。两湖地区（湖南、湖北）是中国茶叶的重要产区，迨至清代，该地区的茶业种植面积和市场流通额达到历史最高水平。晚清至民国，国际茶市的冲击导致中国茶业式微，两湖地区也不例外。研究两湖茶业的历史，可以系统了解茶叶在区域经济中所扮演的角色，这对于我们研究中国经济史的变迁，吸取历史经验教训，振兴两湖茶业，都具有重要意义。长期以来，有不少学者关注两湖茶业的兴衰，撰写了大量的论著，作出了很多贡献。从学术史角度厘清现有的研究成果，有利于推动区域经济史的发展。经过初步检索，笔者认为清代两湖茶业研究的真正展开是在 20 世纪 80 年代以后，此前虽有吴觉农、威廉·乌克斯等人的茶叶专论，但对两湖茶业的专门研究却十分罕见①。笔者尝试总结清代两湖茶业研究成果，肯定优点，分析不足，并对今后的相关研究提出若干建言。

由于学界有关清代两湖茶业的专论极少，大多散见于清代经济史的相关论述中，因此，本文对两湖茶业研究成果的梳理拟按如下论题展开。

一、关于茶叶的种植、制作、产量和区域分布

长江流域属亚热带季风性湿润气候，山地、丘陵分布广泛，为茶叶生产提供了良好的生态环境。中国茶叶的种植历史悠久，主要集中在安徽、浙江、湖南、四川的几个著名茶区。从明至清，除湖南外，无大变化。湖南植茶业在清代的发展快于湖北，近代茶园面积加速扩大，成为规模可观的大茶区②。李华、方行、郑昌淦、张建民、田炯權等人指出，早在元明时期，湖南茶的产量仅次于江西，位居全国第二。湖南茶又叫湖茶，另有府茶、福茶、茯茶、副茶、黑茶等别名。清代湖南茶叶种植有较大发展，长沙府是湖南最大的茶叶生产和销售地区。乾隆年间刊行之《商贾便览》载有长沙府安化茶、湘潭茶，并将岳州府、宝庆府、永州府、郴州等地记为茶叶产地。清代，由于西北地区的统一，对茶叶需求剧增，湖茶销路看好。西北地区所饮砖茶，如甘肃之茯茶，乌鲁木齐之大砖、斤砖，均属黑茶类，产于湖南新化、益阳、宝庆、安化、桃源等地。湖北茶叶产地，主要集中在鄂东南和鄂西山区，计有武昌府咸宁、蒲圻、崇阳、通山，黄州府蕲春，宜昌府宜昌、兴

山、长阳、鹤峰，施南府建始等地，其中武昌府和黄州府茶叶产量最多。进入近代，湖南、湖北茶叶栽培大为提高，不仅产地增加，如湖南湘阴县、平江县及湖北襄阳县、钟祥县等相继种茶，而且出现了茶叶新品种，如红茶。湖南茶叶种植的大量发展，是由于鸦片战争后红茶出口的推动。与岳州府毗邻的湖北蒲圻、咸宁、崇阳等县，本来也产茶，道光间因出口推广，也成为红茶集中产区。确切地说，清咸丰年间，山西、安徽茶商往来于两湖，教导农民制造红茶的方法。光绪年间，湖北茶区红茶贸易达到顶峰。有人估算，乾隆年间湖南茶的年销售量约有 50 万斤左右。近代以降，湖南茶进入迅猛发展阶段。汉口开埠后，在茶叶总销量中，湖南茶约占 1/3。仅安化县运往汉口的茶叶共计 1600 万担，是乾隆年间湖南全省茶叶销量的 30 多倍。另据民国年间统计，湖南红茶区有安化、新化、邵阳、宁乡、湘乡、桃源等地，年产量为 15～16 万担，最盛时达 20～30 万担，在出口茶产区中高居榜首。安化是湖南最大茶产地。在内销茶生产中，六安绿茶区包括湖南、湖北两省东南部和安徽北部，年产量约有十几万担③。

论者称，19 世纪 60 年代到 19 世纪 70 年代前半期，为福建茶之黄金时代，出口量几达中国全部输出茶的 40%。与此同时，其他地区的茶产量也有增加，最显著者是两湖地区，不仅扩大了往昔的对俄贸易，而且开拓了英美等新市场④。光绪末年，根据山田繁平《清国茶业调查复命书》的统计，两湖茶叶产地多达 16 县，其中湖南为 13 县，湖北仅 3 县，产量总计湖南 491000 箱、湖北 52000 箱⑤。另有人称，清末湖北植茶面积达到 110 余万亩，分布于 50 余个州县⑥。

龚胜生的估算有所不同，论述也更为详细。他认为，道光季年以前，两湖所制茶叶都是黑茶，主要由山西商人贩往西北；道光之后，西力东渐，两湖适应市场需要，大都改制红茶，主要由广东商人贩往欧美等国。光绪以后，两湖红茶业同全国其他茶产区一样开始滑坡。总之，清代两湖茶业的鼎盛时期是道光、咸丰、同治年间，湖南茶年输出量为 100余万石，湖北蒲圻等主要茶产区每年输出量约有 30 万石以上。这表明，清代两湖茶业最盛时每年可出口茶叶 130 万石左右。若就总产量来说，估计要翻一番，达到 250 余万石。茶叶最宜于红壤和黄壤土。在湖北，这样的土壤主要分布在东南和西南的低山丘陵地区，清代茶业的分布也是如此。清代地方志载有"茶"的州县几乎全部分布在鄂东南的武昌、黄州二府，鄂西南的恩施、宜昌二府，以及荆州、荆门州的西部个别县份。分区而论，鄂东南有黄梅、广济（今武穴）、兴国（今阳新）、咸宁、通山、崇阳、通城、嘉鱼、蒲圻诸县，鄂西南有东湖（今宜昌）、长乐、长阳、鹤峰、恩施、利川诸县。从清代方志所载茶的分布看，湖南各地都有茶叶出产，但商品意义较大的主要产区只有两片：一是岳州府及其周围地区，一是长沙、宝庆、常德、辰州 4 府交接地区。清代发引销茶的善化（今望城）、湘阴、益阳、攸县、安化、邵阳、新化、武冈、巴陵（今岳阳）、平江、临湘、武陵（今常德）、桃源、龙阳（今汉寿）、沅州等全都分布在此。除了上述两大片外，清后期有的州县茶业也比较兴盛，如湘东的醴陵县、永州府的零陵县、衡州府的耒阳县、澧州的慈利县等。雷男《湖南安化茶业报告书》称，明万历年间，茶商在桥口创制黑茶，为安化制造黑茶之始；清咸丰八年，广东商人抵安化倡制红茶，为安化制造红茶之始。吴觉农《湖南省茶业视察报告书》则称制红茶始于道光二十年前后，《湖南商事习惯书》又说始自咸丰四年⑦。

徐建青指出，清代在部分地区实行茶引制度，商人领引配茶。清初，在西北地区仍实行茶马互市，至清中叶已趋废弃，官府对茶叶产销的控制已经不大。同时，茶叶出口量不断扩大，直到 19 世纪末中国茶叶一直独占国际市场。这些都促进了清代植茶业与茶叶加工业的发展，是民间手工制茶业的鼎盛时期。康熙初年，茶叶外销的扩大引起湖广等省茶叶产区扩大。湖南茶的品种主要为绿茶和黑茶，有君山银针等名茶，道光末至咸丰时，红茶开始盛行。湖南桃源县另有油茶⑧。

清代植茶的主要是山区和半山区的个体农民，两湖地区也不例外⑨。关于山西商人引导两湖农民种茶，说法不一。戴啸洲认为，清咸丰年间晋商指导羊楼洞土人制造红、绿茶，光绪初年又指导制造砖茶。黄鉴晖指出，在中国，商人引导农民种茶有文字记载的，要数山西商人。明末以降，山西商人前往湖南安化及湘江沿岸采办茶叶，由汉口出发，必经武昌府之蒲圻、崇阳和湖南岳州府之临湘、巴陵。眼观耳闻，发现彼地是个天然种茶良区，于是指导土人种茶，为自己建立茶叶生产和加工基地，既确保供应又节省费用。山西商人在羊楼洞开设制茶工场，是手工业作坊生产。由于山西商人十分注重产品质量，所以砖茶做工精细，羊楼洞、安化每年茶叶开盘时，山西茶商制作的茶叶比其他商帮制作的茶叶价格高出 5 厘至 1 分⑩。另据吴觉农《湖南省茶业视察报告书》，近代初期，英人在广东之对华贸易以茶为大宗，两广产茶不多，粤商遂赴湘示范，教导农民制造红茶，此为红茶在中国之创始，亦即湖南茶对外贸易之镐矢。湖南茶极盛之时，年产量达百余万担之巨。光绪末年（约 1900 年后），华茶出口锐减，湘红输出不及往昔十分之一⑪。

羊楼洞是两湖重要茶产区。李华指出，羊楼洞大面积种植茶叶，并成为湖北茶叶栽培、生产中心和著名市镇，是在清乾隆年间。鸦片战争前后，羊楼洞开设大批粗加工的制茶厂，工人拿计日、计件工资，男工 1 人 1 日制茶 300 两者，工资为 18 ~ 20 分。粗加工后的茶叶，有的直接供应农村市场，大部分就地进行细加工，或运往汉口加工。当时羊楼洞最大的茶庄有 17 个分庄，各分庄从业人员达数百人。湖北茶叶生产的另一基地，是位于蒲圻县东南的崇阳县龙泉山一带⑫。19 世纪 40 ~ 50 年代，羊楼洞所产红茶和砖茶已成为市场抢手货，尤为俄商看好。就砖茶而言，羊楼洞茶区在明代制作的"帽盒茶"是其前身。但正式批量生产开始于清康熙年间，主要得益于山西茶商。道光年间，羊楼洞茶区开始制作红茶，江西茶商有倡导之功⑬。清末羊楼洞茶叶以老茶为多，大多在该地制成砖茶，每年产销量约有 10 万多箱，多时达 20 万箱。红茶与青茶皆非该地所重视，也不制成砖茶，成包运销。青茶历年约销 2 千余包，红茶也有此数⑭。

在茶叶包装及加工方面，清初皆用篓装，为方形篓，后改为半圆柱形，两篓相合，如同帽形，故名"帽合茶"。后又有箱装，俗称"洋装箱"。散装之茶，体积膨大，运输不便，遂改进为压制成块之茶，称"砖茶"⑮。澳大利亚茶叶专家贺尼可（Nick Hall）对砖茶的制作有专门研究，指出 19 世纪下半叶汉口是砖茶的生产中心⑯。砖茶又叫边销茶，是销往西北边疆少数民族地区的茶叶。为便于运输，茶商将散茶发酵后压制成外形似砖的紧压茶，主要品种有湖南的茯砖、黑砖、花砖，湖北的青砖、米砖，四川的康砖，云南的沱茶等⑰。

中国砖茶的出口可以追溯到 17 世纪，那时的欧洲已有一个庞大的消费群体，尤其是西伯利亚一带。输入俄国的砖茶由非产茶之省的山西商人经营，他们每年深入江南茶区收购茶叶，在当地设厂，用木架压机和铁质轮旋手摇压机制作便于长途运输的茶砖。起初，晋商主要采买浙江和福建茶叶，清咸丰年间由于太平天国起义的影响，商路受阻，遂改为采买两湖茶，以湖南安化、临湘聂家市，湖北蒲圻羊楼洞、崇阳、咸宁为主，就地加工成茶砖[18]。长途贩运多有不便，晋商就把散茶压制成砖茶，人称盒茶帮。乾隆时，每年生产此类砖茶有 10 万盒。湖广是晋商的砖茶制造中心。1861 年前，一向是山西商人在湖北、湖南购买并包装砖茶，由陆路一直运往恰克图市场。湖南安化黑茶也是晋商收购运销西北的重要边销茶[19]。清光绪初年，俄国商人曾大量偷运砖茶不法倾销蒙古地区，这种砖茶是俄商在汉口以红茶末为原料、用机器压制的，质量超过山西商人运往蒙古地区、用绿茶和茶梗制作的砖茶[20]。

论者称，益阳县所产茯砖茶始于道光年间，采用安化黑茶制成，品种有天拳、贡尖、生尖，其色纯黑，净度高。咸丰十一年（1861 年）后，农户将产于安化的优质黑茶——黑毛茶踩制成篾篓大包，运往陕西泾阳制成茶砖销售，时称"茯茶"。同治年间，农户将黑毛茶细加工制成茶卷，称为"千页茶"，稍后正式生产砖茶，即"益阳茯砖茶"[21]。

清代商人资本在茶业中相当活跃。徐建青认为，在两湖茶区，茶行、茶庄兼事加工制茶的情况非常普遍。茶行、茶庄原本以收购销售茶叶为主要业务，但在清代，为了满足茶商的特殊要求，一些茶行、茶庄也进行茶叶的精加工。具体做法是，茶行、茶庄从分散的农民手中收购茶叶，雇用贫家妇女，进行拣选、分类、熏制、烘焙，然后包装，做成各种牌号，售给各地商人，或者是接受贩运商人的定货，并按照商人的要求进行再加工。咸同时期红茶盛行时，湖南平江、醴陵、巴陵等地多有茶庄于三四月间开庄发拣。商人资本直接投资于植茶、制茶业，是商人资本支配茶业生产的形式之一，但其性质仍属商业。另有茶栈。是一种专门从事茶叶加工的组织，相当于后来的茶厂，与茶行、茶庄不同。其主要工作是收买茶户的毛茶，加工精制，然后出售。茶栈中雇用大量制茶工人，从拣选、熏制、焙干、包装均有分工，其商业性已减轻，应属生产性单位。咸同时期，湖南平江、醴陵，湖北羊楼洞、汉口，都有专门从事茶叶加工的茶栈。严格而论，制茶作为一门独立的手工行业，是清中叶以后随着茶叶外销扩大，适应外销需要而形成发展起来的。在这之前，中国制茶业虽有较久历史，制茶技艺精熟，但尚未形成独立行业，制茶与农业、商业结合在一起，从属于农业、商业。专业茶栈生产仍有一定季节性，有忙季、闲季之分，不过其季节性已不那么强了[22]。

二、关于茶叶流通的市场体系

清代两湖茶叶的市场网络经历了由国内而国际的变迁。陈慈玉、田炯權认为，明末清初，由于茶马贸易之故，湖南茶的主要市场是西北边境地带和塞外方面，由山西商人主导。湖南茶正式进入国际市场是在 1842 年五口通商以后，当时广东商人竭力向欧洲出口红茶，刺激了湖南茶的生产，并以广东为输出港。太平军兴，商路阻隔，湖南茶乃顺长江而下至浙江兰溪，再由此经杭州，以运往上海输出。1860 年汉口开埠后，两湖茶大都运抵汉口，由广东输出的两湖茶显著减少。昔日茶叶贸易港广州的重要性已经丧失，其地位遂为汉口取代。中国中部之茶以长江流域为主，汉口是中心市场。由于汉口直接输出之红茶的增加，因此与长江下游的上海在中国茶的出口市场构成上，形成了互相消长的关系。由于英、俄竞争的缘故，加之汉口茶市开市比上海早一个月，所以头春茶大都运往汉口，由汉口直销俄、英，上海约在六月下旬开市，价格比内河港口为低。在汉口，俄商只购买较佳品质的茶叶，以故上等茶很容易成交而大量输出，但中等茶和低等茶常被忽略，只得运往上海，供过于需，导致上海茶价低于汉口。总之，汉口开埠后，作为茶叶输出港的上海之主要作用，变成转运汉口、九江、宁波运来的茶叶至外国市场。与汉口红茶及砖茶直接输出的重要性日益突出相比，上海转口港的色彩亦更加浓厚㉓。

陶德臣认为，明代仍实行茶马互市制，到后期，因汉中茶叶产量有限，川茶以康藏地区为销场，西北地区的茶叶主要依靠湖茶，陕西商人统聚襄阳收购。清代湖茶销路大增，西北各地所饮砖茶称为湖砖，系湖南安化等地所产黑茶经汉水运至龙驹寨，转陆路运至泾阳县压制而成。泾阳是西北砖茶制作中心㉔。

重田德指出，湖南茶与西方贸易发生关系可分为两个阶段：一是五口通商后，由于国际市场对茶的需求日增，广东商人乃到平江、巴陵等运输较便利之地带收买毛茶制成红茶；二是由于太平天国影响，安化县等内地也逐渐制造红茶，倡导者仍为广东商人㉕。

汉口茶叶市场是清代中国最大的茶叶生产和加工市场，也是两湖茶业的中心市场。相关研究表明，汉口开埠前（1644～1860 年），茶叶已跻身汉口市场前十名大宗商品之列，彼时汉口茶馆业生意兴隆。尤为重要的是，《中俄恰克图条约》（1727 年）签订后，大批茶叶在汉口集中，转道上海、北京、张家口、恰克图，再输入俄国。鸦片战争前后，鄂、豫、陕、黔、皖的茶叶多在汉口汇合，由水陆运往中国北部、外蒙、俄国，由水路运往日本、西欧。约在 1850 年，俄国商人开始涉足汉口茶叶市场，此为日后茶叶大规模外销拉开了序幕。汉口开埠后，穿梭往来的运茶船源源不断地出入汉口，西方人因此称之为"茶叶港"㉖。19 世纪 90 年代，俄商开通汉口至敖得萨之间的定期航班，每年茶季，俄国运茶汽船前后踵接。1906 年，京汉京绥铁路通车，羊楼洞及汉口所产砖茶有一部分装火车运俄，往昔十分繁忙的汉水输俄商路乃成为历史陈迹㉗。茶叶除了直接输往伦敦，亦经苏伊士运河输往敖得萨和 Trieste（的里雅斯特，意大利北部港口），也有帆船至 Melbourne（墨尔本，澳大利亚东南部港口）。就汉口近代市场而言，货源来自湖北、湖南、江西、安徽、四川、陕西、甘肃、河南、广西、贵州等地，其中两湖茶叶是最大货源。此外，进入汉口市场的还有外国茶叶，如日本绿茶、印度红茶、印度及锡兰茶末等。据悉，汉口俄商砖茶厂每年生产小京砖茶 7 800 担，其中 3 900 担是用印度进口的茶末制成。蛛网般的长江水系成为茶叶运输的最佳路径。茶叶从产区到消费者手中大致经过如下环节：茶区→洋庄、口庄、茶庄、茶栈、茶行、批发行、个体茶贩→洋行、茶叶店→消费者㉘。

近代中国茶叶外销流通环节，既不同于历史上的茶马互市及清前期的公行买卖，也有别于丝茶业统制的形式。外销茶流通的中间环节多，主要为：茶农出卖毛茶给茶贩、茶行、水客而达洋庄茶号，经精制装箱运至通商口岸茶栈存放，通过茶楼通事与洋行买办洽谈卖给洋行出口，外国批发商再批发给零售商，售予消费者㉙。论者认为，汉口茶市的收购和贩运由茶庄承办，又分为包茶庄和砖茶庄。包茶庄专制散茶，装包贩运，故称"包茶"；砖茶庄自购毛茶，既制散茶，又压砖茶。汉口开埠前，经营茶庄者多为山西、广东商人，每逢谷雨前后分赴茶区收购，加工制作后运往汉口。这时，茶庄的角色由买方变为卖方，买方主要是洋商。买卖双方一般不许直接交易，须由茶栈撮合生意，在其监督下签订合同，载明采办数量、茶叶品质、衡器标准、交货期限，以及包装、价格、付款等内容。茶栈经理往往是洋行买办。汉口茶叶以俄国为大市场，运输路线概有两条：一是从汉口沿江而下，经上海海运至天津，再转陆路经恰克图输往西伯利亚；一条是由汉口溯汉水而上，在樊城起岸驼运至张家口，再北运蒙古和俄国。部分沿汉水运输的茶叶在老河口起岸驼运至山西归化厅，再分销蒙古、新疆等地^{③⑩}。

在羊楼洞茶区与汉口茶叶市场的对俄销售网络中，恰克图是一个关键的中转市场。关于恰克图市场之兴衰，论者的评述详略不一。有人指出，茶砖先集中于汉口，再由汉水航运到襄樊及河南唐河、社旗，而后上岸以骡马驮运北上，经洛阳过黄河，过晋城、长治、太原、大同至张家口，或从右玉县的杀虎口入内蒙古的归化（今呼和浩特），再由旅蒙茶商改用驼队在荒原沙漠中跋涉 1000 多公里至中俄边境口岸恰克图交易。俄商们将茶叶贩运至雅尔库兹克、乌拉尔、秋明，一直通向遥远的彼得堡和莫斯科。第二次鸦片战争后，《天津条约》将汉口辟为通商口岸，俄国人特别看好汉口茶市。1862 年《中俄陆路通商章程》签订，俄国人取得了直接在茶区采购加工茶叶和通商天津的权利。至此，俄国人终于打通了最大的茶叶集散地汉口至天津、再至海参崴的水路，从而取得了水陆联运的便利。这不仅使中国商人的利益受损，而且导致繁荣近 200 年的边境贸易口岸恰克图式微^{③①}。另有论者指出，1860～1880 年间，天津至恰克图陆路商路开通期间是中俄茶叶贸易达到最兴盛时期，商队首尾相望，昼夜不息。19 世纪 90 年代后，此路由于修筑西伯利亚铁路开始衰落。至 1900 年，海参崴至俄国铁路告成，商队乃完全绝迹^{③②}。有论者指出，恰克图茶市之衰，是因为同治五年（1862 年）伊始，俄商在两湖地区建立茶栈，收购和贩运茶叶。由于俄商享有免除茶叶半税的特权，又是水陆联运（将茶叶用船从汉口沿江运至上海，再沿海路运至天津，然后由陆路经恰克图运至欧洲），大大节省了费用，所以俄商茶务迅猛发展。反观晋商，由于清廷限制，要交付数倍于俄商的厘金税款。如，从汉口贩茶至张家口，需经过 63 个厘金分卡，所付税金比俄商多 10 倍，以故晋商在恰克图对俄茶叶贸易也就日益衰落^{③③}。

晋商茶叶运输路线，在清代因其采制地不同而有变异。清初，晋商采办茶叶的地点是安徽、湖南等地，但以福建武夷山茶区为主。其茶叶商路为：由武夷山启程，入江西，下鄱阳湖，出九江，入长江，抵武昌，转汉水，至樊城起岸，经河南入山西，至张家口，再运至库伦、恰克图，最后运往俄国及欧洲各地。清中期，商路发生变化，以湖南安化为起点，分水旱两路：一路由常德、沙市、襄阳、郑州入山西泽州，北上经张家口抵达恰克图；一路越洞庭湖、岳阳，入长江至汉口，再达恰克图。清后期，晋商采办茶叶的地点改至羊楼洞，其运输路线为：沿陆水河入长江达武汉，转汉水至襄樊起岸，经河南、山西陆路，由张家口抵达恰克图。也有部分茶叶经山西右玉县抵归化，转运恰克图。这些茶叶商路在晋商的苦心经营下畅通无阻，保证了晋商茶叶贸易的开展^{③④}。

在茶叶流通的市场体系中，专业性的市镇应运而生。任放指出，茶叶是清代长江中游地区商品流通之大宗，由此催生一批茶业市镇，代表者如长沙府东坪、硒洲、乔口镇、黄沙坪，岳州府长寿、晋杭、浯口，荆州府津洋市，汉阳府汉口镇，武昌府羊楼洞、新店，等等。两湖茶业市镇的崛起是在汉口辟为商埠之后，这表明该地区茶叶生产的商品化进程主要受到对外贸易的影响^{③⑤}。巫仁恕在论及清代湖南市镇的发展与变迁时，注意到道咸年间虽因列强侵略与太平天国起义，市镇数目略有下降，然而茶叶的外销却使茶叶市镇异军突起^{③⑥}。另有人指出，羊楼洞茶区是典型的以边疆市场和世界市场为主的出口导向型经济，其市场体系包括产地初级市场、中间转运市场、最终消费市场的多元层级。在茶业经济的带动下，羊楼洞茶区形成了特殊的集镇模式，即以工业加工中心与商品集散中心互动的模式㊲。

三、关 于 茶 商

清代两湖茶叶种植的扩大和市场流通的发达，与国内外各路茶商密不可分，尤其是深入茶产区的国内茶商。例如，湖南茶商有引商和客贩之分。按官方规定，谷雨之前之细茶，先尽引商收买；谷雨以后之茶，方许卖给客贩㊳。在一定程度上，没有茶商的介入和市场引力就没有两湖茶业的发展。

在各路茶商中，山西商人和广东商人势力最大。田炯权认为，湖南茶受广东、山西、安徽等地商人的影响，湖北蒲圻的茶叶生产由山西商人统制，崇阳县的茶叶生产则由山西商人和广东商人共同掌控㊴。清代前期，山陕商人在湖南主要从事长距离茶叶贩运贸易。他们赴湖南购买茶叶，然后销往西北地区㊵。湖北地区，山西商人可谓无孔不入，他们主要从事茶叶贸易。鸦片战争前，山西商人基本上控制了蒲圻县、崇阳县产茶区的茶叶购销业务，将砖茶运往内外蒙古及新疆各地。迨至清末，虽然有外帮商人介入，但蒲圻砖茶的生产和贩运仍控制在山西商人手中，他们将砖茶长途贩运至张家口，乃至库伦，销往外蒙。清末，广东商人介入蒲圻红茶，打破了山西商人的垄断，成为与山西商人并驾齐驱的茶商。崇阳县也出现广东商人与山西商人平分秋色的格局。早在道光年间，广东商人就打入了崇阳茶叶市场，其制茶方法优于山西商人，使崇阳县成为湖北著名茶市。鹤峰州产茶区，从道光年间直至清末，无山西商人活动的记载，一直被广东商人所独占。在湖北农村，坐商与行商并无截然分别，如鹤峰州的广东茶商，一方面开设茶庄收茶，另一方面将茶运到汉口再加工后销往国外，是典型的坐商兼行商㊶。关于茶税，田炯权指出，1885年在崇阳、咸宁和蒲圻羊楼洞设立的茶厘总局，每年征收茶厘银多达 20 余万两㊷。

汉口在山西、陕西商人贩运茶叶中具有很重要的地位。按黄鉴晖的看法，在汉口的茶商分为红茶帮、盒茶帮、卷茶帮，经营红茶、三九砖茶、三六砖茶、二四砖茶、半斤砖茶、贡天尖茶、千两卷茶、百两茶、五斤贡尖茶、合茶、皮包茶等名目的茶货。砖茶和盒帽茶实际上都属于红茶类，只不过制作的茶叶形态不同而已。从红茶帮和盒茶帮的字号名录中，可以发现红茶帮多是总号设在张家口去恰克图与俄商进行茶货贸易的，盒茶帮有的只做国内贸易。大体上，清代山西茶商可分为两类：一类是由产茶区到东西两口（张家口、归化）的茶商，做国内贸易，可称之为"内茶商"；一类是由东西两口贩茶至边疆各城，特别是恰克图和俄国等国的茶商，属于国际贸易，可称之为"外茶商"。内茶商是纯茶商，主要特点是经营茶叶的收购、加工制作和运销，销售对象以东西两口的外茶商为主，卖出茶货，收回银两，不与蒙古、俄国进行物物交换。外茶商是不纯粹的茶商，长途贩运以茶叶为主的商品，去蒙古、新疆及恰克图与少数民族和俄国商人贸易。因为清初蒙古地区不流通货币，以及与俄商贸易都是以物易物的交换。所以，外茶商的经营方式是以茶叶交换牲畜、皮张等货物，运回内地销售，换成银两，再买茶叶，然后继续从事以货易货贸易，循环往复。外茶商贩运茶叶，均要具呈理藩院设在张家口和归化城的办事衙门，请领部票。清末，一票可贩茶 600 箱。内茶商贩茶，不领官票㊸。

有清一代，山西商人始终垄断着恰克图的对俄贸易㊹。雍正年间，先由归化总商号派出的商人在恰克图经营分号业务，其中茶叶、大黄、烟草为输俄大宗。同治六年（1867

年），"大盛魁"这家归化最大的旅蒙商，联合归化商民，呈请绥远将军裕瑞等人批准，由恰克图假道与西洋通商。从此，归化城的商号活跃在中俄边境，输出输入各种中俄商品。"大盛魁"以自己的骆驼队驮运茶叶等货深入俄国内地销售，取得丰厚利润。砖茶是"大盛魁"经营的第一大商品，设有"三玉川"、"巨盛川"两大茶庄。以"三玉川"为例，总号设于山西祁县，也是该县最大的茶庄，每年在湖南、湖北茶叶产区自采自制各种砖茶，并根据各地不同消费者的需求分为不同品牌，在汉口设有常驻的运茶、收交款项等办事机构。砖茶一项，或在汉口就卖给俄国洋行，或运至归化城卖给跑新疆的行商，运销给哈萨克族，也有部分茶叶运销陕、甘、晋等地。"三玉川"在归化设有庄口，为"大盛魁"进货；在张家口亦设有庄口，专销给多伦诺尔、库伦、恰克图的茶商。除了本身的运销所需，也批发给张家口、包头一带的旅蒙商。"大盛魁"另有"东升长茶布店"，兼营接受其他商贩"住庄"买卖服务。为分摊风险，"大盛魁"也向住庄的茶商进货。仅茶叶贸易，"大盛魁"的营业范围就已包括华中、华北东西部，大漠南北、新疆乃至俄罗斯，可见其贸易网络之广阔⑤。

徽商也是清代经营茶叶贸易的一支劲旅，其足迹遍布两湖。武汉地区是徽商贩运茶叶的中心市场，所贩茶叶大多转售山陕商人⑥。江西商人也在羊楼洞开设茶行，充当"包头"。

除了外地客商外，茶区本地商人扮演了怎样的角色？在湖北本地商人中，荆襄商帮经营茶叶业务⑦。咸丰末年，左宗棠主持西北军务，扶持湖南势力，以故湖南茶商一度占据西北茶叶市场，排挤了山陕茶商⑧。定光平剖析了羊楼洞茶区的绅商，指出这些绅商在当地社会经济运行过程中发挥了仗义执言、建章立规、维护市场秩序，修桥筑路、改善外部环境，调处军政关系、保全市面稳定，勇于投资、广建行屋、添置器具、招揽客商的功用，并与晋商建立了长期稳固的合作关系。这种合作关系渗透茶区的组织管理和经营管理、资金调配和融通、茶叶运输和销售等环节，为羊楼洞中心地位的形成起到了重要作用。至于各级市场中的茶商，定光平指出：在初级市场，市场主体由茶农、贩户、牙行、茶庄及其子庄等构成。茶农制成毛茶，担至茶号出售。贩户是收买茶农之茶转售于茶号者。牙行系本地有行屋及制茶工具者，向官方领取牙贴，交纳贴税，招致茶客落行收茶。牙行按收买茶价向买卖双方抽取佣金。羊楼洞早在康熙乾隆年间即有茶号，光绪时最盛。茶庄又叫茶号，或茶厂，当时承办砖茶的粤商即号称"洋庄茶厂"。经办出口业务的山西、广东、江西等省商人资本雄厚，与洋行一起，被称为"外帮"，资本较少的本地商人则被称为"本帮"。一些较大的茶号，因业务需要，设有行栈，或径直到茶场设立子庄。在中间转运市场，有洋庄与口庄之别。洋庄系与外商直接交易者，口庄系与蒙古直接交易者，晋商势力最大。晋商驻汉口的分号将各种茶叶运至张家口和归化城，再由那里的总柜分销他处。羊楼洞茶区的终端消费市场因茶叶品种不同而有区别：青砖茶销往内外蒙古、新疆及俄国，红茶销往英、法、德、俄等国，绿茶销往国内各地⑨。

关于茶商，论者有不同解读。清代茶商概有三大类型：一为安徽、福建商人，二为陕西、四川商人，三为山西、江浙、湖广商人。鸦片战争前，除了中俄恰克图贸易，茶商基本上是从事国内贸易的旧式商人。鸦片战争后，出现经营出口贸易的新式茶商。如汉口原有领部贴的旧式茶商20多家，开埠后出现专与洋行买卖的茶栈七八家。茶叶的交易环节甚多，主要有茶栈、茶号（茶客）、茶行、茶贩⑩。论者指出，茶业中有行、庄、栈、号之分，均系由产区到口岸，即由直接生产者到出口洋行之间的中间商。活动于直接生产者与茶庄之间的有茶贩。茶庄亦称茶行，是散处于各地、承购茶贩所售之茶的另一种中间商人。茶栈就其趸售经销性质而言，犹如茶行，但它兼有金融周转业务。茶栈既不是纯粹的茶商，也不是简单的中介人，而是介于茶行与外商之间经营茶的委托贩卖，同时以茶为抵押而进行贷款的机构。后来为了适应国外市场的需求，又出现一种以加工制造为主的茶栈，它与代客堆存买卖之栈不完全相同，已经带有茶厂性质。不仅茶栈，后来茶庄也普遍兼有毛茶的加工业务。如，两湖之茶最初由选茶之人发给女工，携回家中拣制，后来则在栈房雇用女工加工。实际情况较为复杂，如有的茶栈自设茶庄（行），有的茶栈越过茶庄直接派人到产区收购。洋行也曾直接与茶庄交往，不一定非要经过茶栈。彼此纷杂交错，不相统属。但总起说来，各色名目的行、庄、栈都是洋行向内地收购出口物资的必要的中间环节，它们大都是在外商出口贸易的扩张下兴起的[51]。有人认为，专门从事外销业务的是洋庄和口庄，洋庄直接到茶区探查货源，然后运至汉口，稍作加工后即售给各洋行，采办区域主要限于长江中游以及安徽祁门。口庄主要负责将茶叶从产区运到汉口市场，再销往蒙古地区。茶庄、茶栈、茶行主要经营内销业务，其中茶庄多设于茶区，是各茶区与汉口市场的重要津梁。茶栈与茶行性质相仿，但略有不同：茶栈以营销红茶为己任，多数是替洋行采办茶叶的买办机构。茶栈领有部贴，茶行通常带有行帮色彩，亦领有部贴，在资金与规模上超过茶栈，并且深入茶区与其他商贩合股采办茶叶，称为"搭庄"。另有一些茶商为了营利脱离茶栈或茶行，专门开展茶叶内销的批发业务，其新设机构称为"撮摸行"[52]。

由于汉口出口之茶叶，照例须经茶栈介绍，方能运输外销，以故有人将汉口茶叶交易的中间商——茶栈，视为牙行。清代，茶商到湖北境内茶叶产区采办茶叶，"必须向行栈索取出产税禁，呈验完缴，方准起运"。这里的"行栈"即牙行[53]。清末，汉口有所谓"八大行"之称，其中就有茶行[54]。有人认为，所谓"八大行"实际上是牙行[55]。武汉地区的茶商计有4个公会，即茶叶店公会（零售业）、茶业行公会（收购、批发业）、茶叶贩运业公会、茶业出口业公会[56]。在汉口茶叶市场，一度出现徐润、唐翘卿、刘辅堂等出身洋行买办的家产千万的大茶商[57]。

在清代两湖茶业的发展历程中，俄商的作用非常重要。论者指出，俄国商人使汉口市场的茶叶贸易臻于巅峰状态，在外贸领域扮演了最重要的角色。在某种意义上，没有俄商的介入就没有汉口茶市的繁荣。俄商是最早涉足汉口茶叶市场的外商，那时（1850 年）的汉口还未对外开放。十年之后，汉口方才辟为通商口岸。直至第一次世界大战，俄商始终是汉口市场茶叶外贸领域的主角，他们在茶叶品种、数量、质量、包装、信用、商路等方面的需求，从根本上决定了汉口近代茶叶生产、加工、出口的基本范式。十月革命后，俄商退出汉口市场，茶叶贸易从此一落千丈。在近代中国七大茶埠中，上海、福州、九江、广州、厦门、淡水等六处主要由英商操纵茶叶出口。惟独汉口一埠，英商让位于俄商，屈居第二，俄商独占鳌头长达 60 年之久。这是汉口市场有别于近代中国其他通商口岸的特色所在[58]。

关于茶商的资金周转，论者指出，在汉口从事茶叶贸易的中国商人并不需要很大的资金来源，茶商买茶并将之运至市场，大体上仅需茶叶总值的 30% 即可，不足之数由茶农赊卖。由于资本不大，所以中间商只得依靠出售头春茶之所得来购买六月中旬左右上市的二春茶、七月底八月初的三春茶㊾。茶叶贸易初期，汉口钱庄不信任外国银行的纸钞，宁愿自己发行"花票"，但有金融风险。后来，钱庄、茶商与外国银行之间建立互信关系，和外国银行打交道成了茶叶贸易的重要辅助手段。茶业的丰厚利润使很多钱庄斥巨资投资茶叶贸易，但茶行的倒闭连累了钱庄。1891 年英国商人撤离汉口，过度透支的大钱庄锐减，由以前的 40 多家减至 20 多家。山西票号纷纷倒闭。为了给小茶庄融通资金，小钱庄应运而生，居然出现 500 多家。在春天茶市开张时，茶商急需贷款，利息不断升高，达到每月 14%，1899 年高达 28%。此时，钱庄已离不开外国银行，它们已成为融资的中转站，大把钞票经过钱庄流入外国银行。继汇丰银行后，华俄道胜银行、德华银行、东方汇理银行、横滨正金银行都在汉口设立支行。金融机构的增多，资金流通的加快，更加刺激了茶叶贸易的繁荣㊿。外国茶商在汉口买茶，其付给中国茶商的款项必须用汉口银两支付，同时开出折合美金或英镑的支票㊶。

四、关于茶业的近代变迁及其影响

茶业的近代变迁及其影响最典型地体现在茶叶全面拉动汉口经济增长上。19 世纪 60 ~70 年代，茶叶成为汉口最大宗出口商品，其输出额占全国总量的 60%，取代广州成为中国第一大茶叶出口商埠㊷。论者认为这一影响具体体现为：其一，茶叶催生了汉口的砖茶工业，使汉口成为中国近代砖茶工业的滥觞地；其二，茶叶贸易是导致汉口近代海关制度产生的直接动因；其三，茶叶使汉口金融业发生了质的变化，直接促成了近代银行系统的产生；其四，茶叶在使汉口成为国内乃至国际著名商埠方面发挥了举足轻重的作用㊸。

另有论者指出，汉口茶业的影响是多方面的。俄商阜昌洋行买办出身的大茶商刘子敬，不仅从事茶叶贸易，而且大量投资房地产、蛋品加工、纺织工业，先后与德国合资开设发华蛋厂，又独立开设发记蛋厂，成为汉口早期民族工业的巨头之一。可见，汉口早期的房地产开发和民族工业与茶叶贸易有着密切联系。武汉早期的近代教育也与茶业有缘。武昌江汉书院、经心书院都是茶商出资建立。张之洞依靠两湖茶商资助，才创办了著名的两湖书院。茶商们的条件是：两湖书院每期招收的 480 名学生中，湖南、湖北各招 240 名。在茶商资助下，两湖书院学生每月津贴达到 3 海关两㊹。

陈慈玉认为，汉口之所以能在开埠后短期内使茶叶输出量剧增，成为主要的中国茶叶贸易港口，主要原因是英、俄商人在此展开激烈的竞争，而且对俄茶叶贸易异常发达。英、俄竞争抬高了茶价，俄国以高价得到好茶（头春茶），迫使英国为了寻求廉价茶而另谋发展，因此 19 世纪 80 年代初期开始大量输入印度茶。这必然影响到中国其他港口的输出茶（如福州）之减少，但对汉口影响甚微，因为俄国之茶叶贸易已发展至相当程度。换言之，19 世纪 80 年代以后逐渐明显的亚洲产茶国（中国、印度、日本）之间的竞争，主要肇因于 19 世纪 60 年代后半期英、俄两大消费国在汉口的购茶竞争，也因为消费国之间的竞争与英国之另谋发展，使中国茶在世界市场上逐渐由卖方市场转换到买方市场的地位㊺。值得注意的是，在告别汉口茶市多年后，1906 年英国商人重返汉口，个中原因是英国绅士及上流社会实在无法忍受印度茶低劣的品质，而且江汉关英国税务司对 5 年来的茶叶贸易进行分析，发现统计数据与茶叶质量成正比，结果 1907 ~ 1908 年汉口的茶叶贸易上了一个新台阶。这多少缓和了 1904 年日俄战争后中俄茶叶贸易直线下降的趋势。不过，中国商人以次充优、弄虚作假的行为使英国茶商损失惨重。1909 年汉口的茶叶产量与质量跌至谷底。英国商人再次离开了汉口。他们回到印度，全力扶植印度茶叶，给予较之中国茶更优惠的关税待遇，从而在国际市场上给本已衰败的汉口茶叶以致命打击。汉口已是徒有虚名的"茶叶港"，棉花、皮革、黄豆、烟草等土特产在汉口经济繁荣中所起的作用把茶叶远远地甩到了后面⑥⑥。

一般认为，中国茶在国际市场受到严重挑战是 19 世纪 80 年代以后。但有人认为，就英国市场来说，中国茶叶出口由盛转衰的转折点是 19 世纪 70 年代中期，具体地讲应是1875 年。华茶在英国市场节节败退，对俄国出口（主要是砖茶）却有巨大增长，这在一定程度上抵消了对英出口的下降，是华茶出口在 70 年代中期以后得以维持 10 多年继续增长的原因。这种表象的繁荣使中国的业茶者和政府没能及时意识潜在华茶出口的危机，延误了采取挽救措施的时机，终于使中国外贸商品的第一大宗——茶叶出口一再衰退，以致一蹶不振。华茶不敌印度茶，固然与华茶捐税苛重、茶叶质量方面的掺假等有关，但根本原因在于英国殖民者对国际茶叶市场的操纵，中印茶叶生产方式的差异和国际茶叶市场结构的变化。华茶国际贸易的衰减对中国茶农、茶商和政府都造成损害，带来中国外贸出口结构、政府财政和茶区经济、社会的一系列变化⑥⑦。

近代国际茶市也对两湖茶业产生了重大冲击。进入 19 世纪 80 年代后，由于印度茶、锡兰茶的崛起，汉口茶市受到猛烈冲击，茶农、茶商均苦不堪言。从深层因素剖析汉口中国茶商在与外商（洋行）竞争中每每败北的原因，除了清廷的繁重税课、近代商会的迟缓诞生、洋行的刁难等因素外，应该承认技术层面和管理层面的落后状态是根源所在。在茶叶的选种、栽培、加工、制作、包装、贮存、运输各环节，中国均停留在传统手工劳作、粗放型经营阶段。尤其是，中国茶叶生产采取的是以小农户为单位的分散经营方式，效率低下，与印度、锡兰机械化的资本主义大茶园的集约型规模经济不可同日而语，遑论抗衡！此外，在资金方面华商亦逊于外商，每每掣肘于人，以至于华商勇于创办机器制茶厂者寥若晨星，未能打破俄商垄断汉口砖茶工业的格局⑥⑧。关于印度、锡兰茶兴起的原因，陈慈玉指出：19 世纪 70 年代前半期，经营中国茶的中间商利用长江和汉水运茶至汉口，再转售洋商，而非由外商派买办深入内地购买，因此汉口市场的茶叶中间商可以操纵市场茶价，加之外商之竞争，以故茶价居高不下，但品质却不如从前，所以输出至国外后，价格反倒降低，外商因而损失不小，促使以英国为主的西方国家为减低成本尝试在中国以外的地方——如印度（红茶）、锡兰（红茶）、日本（绿茶）发展茶业，导致华茶衰落⑥⑨。另有论者指出，国际茶叶生产的现代化是华茶败北的重要原因，中国茶叶出口贸易自 19 世纪末开始走下坡路⑦⑩。

茶叶工厂方面，分布在湖北 7 个地区和湖南 14 个地区，依次为江西商人、广东商人、湖广商人拥有，当然包括俄国商人⑦①。在羊楼洞，晋商先于俄商设立砖茶厂。咸丰年间，晋商（如祁县渠家、榆次常家）在羊楼洞开设商号七八家、砖茶加工厂 10 余家，1863 年俄商顺丰洋行始在羊楼洞设立砖茶厂⑦②。在汉口，1896 年，广东商人黄云浩设立兴商砖茶厂，资金 50 万元，工人 700 人，年产值 15 万元，产品销往青海、内蒙、新疆等地。1898 年，江西商人所设周恒顺机械厂制造茶砖机，这在我国茶业史上有重要意义⑦③。另有人称，1896 年福州商人创办的造茶公司，是中国最早的机器制茶厂⑦④。

俄商砖茶厂，许多论者均有论述。历史文献关于汉口俄商砖茶厂数目的记载比较混乱，汉口商务报告 1875 年记为 2 家，1876 年记为 3 家，1877 年记为 4 家，1878 年记为 6

家。相关研究表明：1863 年，俄商始在崇阳县羊楼洞设厂，用传统方法制造砖茶，自行销往俄国。至 1869 年已设砖茶厂 3 座，分由俄商 14 人经营。1873 年俄商将羊楼洞砖茶厂 1 座迁入汉口英租界，改用蒸汽机制茶。这是出现于汉口的第 1 座新式工厂。1875 年迁入第 2 座。1878 年、1893 年各增设 1 座，共计 4 座。至此，俄商已完全以蒸汽机取代传统的木制压机法制造砖茶，设有发电厂，雇用大批工人，少则 800 人，多者 2 000 人。这 4 家俄商砖茶厂 1894 年共有资本约 4 百万两，资产约有 500 万两。19 世纪 90 年代初，汉口俄商砖茶厂共有 15 台砖茶机、7 台茶饼机，日产茶砖 2700 担、茶饼 160 担。在 19 世纪 90 年代的 10 年里，共生产茶砖和茶饼价值 2 640 多万两。英商曾于 1873 年在汉口设立砖茶厂，因竞争不过俄商，被迫停业。以故俄商垄断汉口砖茶的局面，一直持续到 20 世纪初 [75]。俄商机器砖茶厂在汉口站稳脚跟后，又向另外两个砖茶贸易中心——九江和福州发展 [76]。

羊楼洞茶区的形成和发展是清代两湖茶业的重要现象。笔者认为，羊楼洞茶区是一个经济地理概念，涵盖湖北南部的蒲圻、崇阳、通城、通山、咸宁等县以及湖南北部的临湘，以羊楼洞为茶叶栽培与制造中心。在清代前期，羊楼洞茶区已成为国内著名茶区和贸易市场，这既为汉口成为茶叶外销的重要口岸创造了条件，又为晚清汉口市场茶叶异军突起奠定了坚实的基础 [77]。任放认为，羊楼洞茶区生产者（园户）与销售者（茶行）有明确分工，市场管理者（牙侩）大量涌现，茶叶专业市镇形成，这是专业化生产达到相当规模后的必然结果。在商品流通环节，各种专业人员有着极为细致的分工，有木工、锡工、竹工、漆工、筛茶工，男女混杂，人数众多，形成了一支专业化的茶业大军。茶叶的专业化生产使大量劳动力脱离粮食种植业而食用商品粮，导致茶区对粮食需求增加，促进了粮食的商品流通，并刺激市场粮价上涨，加强了区域经济的互补性，影响及于其他商品。茶叶生产专业市镇的商品输出，对市场消费的拉动力可谓不小，刺激了外来商品的输入，形成商品对流的循环圈 [78]。

参照日本学者的相关研究，贾植芳对清末羊楼洞茶叶的生产过程及工艺进行了近乎白描式的论述 [79]。定光平探讨了羊楼洞茶区的多元化市场、商人之间的合作模式、制茶工业的多元化、茶区社会的近代变迁，尤其是茶叶的生产形态，出现了家庭制茶手工业、制茶工场手工业、制茶机器工业 3 种工业形态的共生关系，其中机器制茶工业又表现为移植型和嫁接型两种形式，移植型有始无终，嫁接型工业化进程所展示的渐进性、实用性、粘连性，成为羊楼洞茶区近代机器制茶业的重要特征。羊楼洞茶区制茶业的勃兴，推动了茶叶种植、制作和经济组织的近代化，促进了乡村工业的专业化及农民经济的多元化，带动了新兴市镇和区域政治、交通、通讯、文教、社区生活的整体性进步。总之，整个茶区出现了程度不一但较普遍的近代化和城镇化，使传统封闭的农村社会开始向现代开放的都市社会过渡 [80]。

罗威廉认为，茶叶出口是中国和西方在汉口接触的开始，茶庄的活动体现了商业资本家直接插手生产过程，标志着茶业中的商业资本主义已从简单的流通领域开始走向工业资本主义经济。汉口建立之初，从湖南和其他茶产区汇集并重新分配茶叶就成为汉口的主要功能之一。历明清两代，汉口成长为国内以及北边蒙古和俄国所倚重的不断增长的茶叶市场。汉口开埠后，茶叶成为汉口对外贸易的主要商品，而且正是这种茶叶贸易的中心地位引起西方人的关注 [81]。

　　张之洞振兴两湖茶业是近代茶业发展史的重要内容，论者多有述及。张之洞作为洋务运动的代表人物，其开风气之先的创新精神在湖广总督任内得到充分发挥。振兴两湖茶业即其一例。由于茶叶乃汉口市场最大出口商品，关系重大，以故当外国茶的竞争伤及茶市，身为湖广总督的张之洞力图整顿茶务、扭转华茶出口受挫的困局。关于他在汉口设立茶商公所，操办茶叶运销俄国，甚至希望以两湖茶业之兴衰作为地方官之考成等事宜，皮明庥、陈钧等人多有论及⑧²。不可忽略的是，与张之洞几相同时，湖南巡抚吴大澂曾向中央政府请求借款拨银设局督销湖南红茶，吴氏后被调离，其愿望无果而终。论者甚至认为，张之洞抽调两江总督，实际上腰斩了他在湖广总督任内振兴茶务的努力⑧³。不过，也有人对张之洞振兴茶务的实绩予以高度评价，称经过张之洞等人的努力，湖北茶务逐渐复苏。全省种植茶叶的面积最多时达 110 余万亩，此后 10 年中，汉口茶叶外销保持在年均 80～90 万担之间，成为国内最大的茶叶出口市场。由于采制得法，茶叶的品级也有所提高，在 1910 年南洋博览会和 1915 年巴拿马博览会上，汉口有 41 种土特产获得二等奖以上奖项，其中茶叶就达 25 种之多⑧⁴。

　　除了上述 4 个论题外，还有其他问题引起论者关注，如茶业与民俗。明清时期，两湖地区饮茶之习俗颇有特点，如喜饮油茶、煎茶、擂茶等⑧⁵。关于汉口茶馆，论者多有论及⑧⁶。有人指出，清末楚剧诞生与茶叶有缘。明清时期，湖北各县皆有采茶戏，以黄梅采茶戏为代表，因明万历年间流行于鄂东黄梅山区而得名。采茶戏的内容包括茶叶的栽培、采制、贩卖，茶园的租当、出卖，摘茶的纠纷与诉讼，因茶事引起的婚恋，等等。清代，采茶戏已流入通山、崇阳、通城、咸宁、阳新茶区，形成各具地方特色的采茶戏。清末，采茶戏艺人向汉口聚集，落脚茶馆、戏园。汉口以黄陂、孝感人最多，以故艺人们根据汉口人口结构特点，以黄陂、孝感语言为采茶戏基础语言，在各茶园演出，逐渐形成楚剧这一新剧种⑧⁷。

　　综上所述，学界对清代两湖茶业的概况进行了不同层面的论述，取得了一定成果，为此后的相关研究奠定了基础。与此同时，也存在若干不足。许多论述只是一般性的介绍和史料整理，还谈不上严格意义上的学术研究，如茶叶产地，只需翻检方志作一排序即可了然。对前此学者的研究成果不够重视也是较为严重的现象，导致有些文章十分相似，属于低水平重复劳动。有的论述以鸦片战争为限将清代截然分开，前一段的论述不顾后面的承续和变化，后一段的评估也不顾前面的历史基础。这种做法割裂了历史的整体性，不利于全面把握两湖茶业的发展历程。也许是资料所限，如茶税、牙行的研究相当薄弱。有的论述脱离历史真实，所下结论不能服人。如有人认为羊楼洞茶区近代工商业的发展，促进了村社和世袭社会群体的普遍解体，社会成员普遍参与经济与政治事务等，恐有夸大之辞。在资料利用方面，档案材料的挖掘用力不够，报刊、文集、谱牒、碑刻、回忆录等材料也相对缺乏。

　　鉴于此，今后的清代两湖茶业研究应注重以下几个方面：首先，拓展资料范围。除了历史时期的方志，今人所修志书也应参考，因为其中有新发掘的地方性材料和新的研究成果。在条件许可的情况下，应有选择地进行田野考察，以弥补资料缺失。此外，档案、家谱等材料也应着力收罗。其次，深化研究论题。许多论著都言及茶叶种植，但对制茶工艺少有论述，不同的茶叶有不同的制作程序，对茶叶的市场营销有重要影响。手工制茶与机器制茶在设备和技术方面的差异到底有多大，对茶叶生产的数量及质量有什么影响，这些基本问题目前并不清楚。对外贸易是刺激两湖茶业发展的重要因素，那么两湖茶的出口品种有哪些，产地在哪里，数量有多大，不同时期有什么变化，行销路线有哪些，仍有许多疑问。介入两湖茶区的商人在汉口开埠前后的变化如何，资金情况、组织管理、市场运作等方面的情况有待厘清。茶税的研究基本上处于空白状态，税额、税局、牙厘、出口关税等项均有待探讨。汉口茶市的消长有何阶段性特点，对两湖茶业的影响如何，汉口茶叶市场体系的层级分布情况等，均应给予有说服力的解释。最后，在研究方法上，除了恪守历史学重视史料爬梳的基本规范，还应借鉴相关研究方法，如原始工业化理论、中心地理论、现代化理论等，将理论与史料有机结合起来，使区域经济史的研究跃上新台阶。

注　释：

① 早在 20 世纪 20~30 年代，即有若干茶书面世。代表作如吴觉农写于 1922 年的《茶树原产地考》；吴觉农、胡浩川《中国茶业复兴计划》，上海商务印书馆 1935 年版；吴觉农、范和钧《中国茶业问题》，上海商务印书馆 1937 年版。1935 年，美国《茶与咖啡贸易》杂志主编威廉·乌克斯的专著《茶叶全书》出版。1949 年该书中译本面世，冠以吴觉农主编、中国茶叶研究社译之名。该书计 60 余万字，凡茶叶历史、栽培、制造、贸易等均有详细记述，被誉为"今日茶叶著述中惟一具有世界性和综合性的伟构"（吴觉农语）。引见余悦编著《研书》，浙江摄影出版社 1996 年版，第 106~108、110~113 页。

② 许涤新、吴承明主编：《中国资本主义发展史》第 1 卷《中国资本主义萌芽》，人民出版社 2003 年版，第 219 页。

③ ［美］周锡瑞著，杨慎之译：《改良与革命——辛亥革命在两湖》，中华书局 1982 年版，第 44 页。傅衣凌：《鸦片战争前后湖南洞庭湖流域商品生产的分析——读吴敏村〈桦湖文集〉中的经济史料》，《社会科学战线》1983 年第 4 期。李华：《清代湖南农村经济作物的发展》，《清史研究通讯》1989 年第 2 期。郑昌淦：《明清农村商品经济》，中国人民大学出版社 1989 年版，第 363~369 页。梅莉：《晚清湖北茶叶及其生产分布》，《湖北大学学报》1994 年第 2 期。曾献斌、田强：《清代湖南茶叶生产述论》，《湘潭师范学院学报》1996 年第 4 期。田炯权：《中国近代社会经济史研究——义田地主和生产关系》，中国社会科学出版社 1997 年版，第 187—188 页。张建民：《湖北通史》（明清卷），华中师范大学出版社 1999 年版，第 332~335 页。朱圣钟：《明清鄂西南民族地区经济地理初步研究》，陕西师范大学 1999 年博士学位论文。方行、经君健、魏金玉主编：《中国经济通史·清代经济卷》（上），经济日报出版社 2000 年版，第 440 页。

④ 陈慈玉：《近代黎明期两湖茶之发展》，《食货月刊》复刊第 10 卷第 1~2 期，1980 年。

⑤ 引见陈慈玉：《近代黎明期两湖茶之发展》，《食货月刊》复刊第 10 卷第 1~2 期，1980 年。

⑥ 徐凯希：《晚清末年湖北农业改良述略》，《中国农史》2004 年第 1 期。

⑦ 龚胜生：《清代两湖农业地理》，华中师范大学出版社 1995 年版，第 179~187 页。

⑧ 方行、经君健、魏金玉主编：《中国经济通史·清代经济卷》（上），经济日报出版社 2000 年版，第 609~616 页。

⑨ 许涤新、吴承明主编：《中国资本主义发展史》第 1 卷《中国资本主义萌芽》，人民出版社 2003 年版，第 339 页。

⑩ 戴啸洲：《湖北羊楼洞之茶叶》，《国际贸易报告》1936 年卷 5。转引自黄鉴晖：《明清山西商人研究》，山西经济出版社 2002 年版，第 132~133 页。

⑪ 吴觉农：《湖南省茶业视察报告书》，《中国实业》第 1 卷第 4 期，转引何业恒《洞庭湖区茶叶生产的历史兴废》，《湖南城市学院学报》1985 年第 4 期。

⑫ 李华：《清代湖北农村经济作物的种植和地方商人的活跃——清代地方商人研究之五》，《中国

社会经济史研究》1987 年第 2 期。

⑬ 杜七红：《茶叶与清代汉口市场》，武汉大学人文学院 1999 年硕士学位论文。

⑭ 牛达兴、雷友山、黄祖生、高章林主编：《湖茶文化大观》，湖北科学技术出版社 1995 年版，第 49 页。

⑮ 张正明、张梅梅：《清代晋商的对俄茶叶贸易》，《农业考古》1997 年第 4 期。

⑯ （澳）Nick Hall 著，王恩冕等译：《茶》，中国海关出版社 2003 年版，第 144～146 页。

⑰ 吴刚：《砖茶散记》，《民族论坛》1999 年第 4 期。

⑱ 刘晓航：《汉口与中俄茶叶之路》，《寻根》2003 年第 4 期。

⑲ 陶德臣：《中国古代的茶商和茶叶商帮》，《农业考古》1999 年第 4 期。

⑳ 米镇波：《光绪初年俄商偷运砖茶倾销蒙古地区问题考述》，《南开学报》2003 年第 1 期。

㉑ 李映辉：《清代益阳县经济发展的历史地理分析》，《湖南城市学院学报》1992 年第 3 期。

㉒ 方行、经君健、魏金玉主编：《中国经济通史·清代经济卷》（上），经济日报出版社 2000 年版，第 621～624 页。

㉓ 陈慈玉：《近代黎明期两湖茶之发展》，《食货月刊》复刊第 10 卷第 1～2 期，1980 年。田炯權：《中国近代社会经济史研究——义田地主和生产关系》，中国社会科学出版社 1997 年版，第 187～188 页。

㉔ 陶德臣：《中国古代的茶商和茶叶商帮》，《农业考古》1999 年第 4 期。

㉕ ［日］重田德：《清末における湖南茶の新展開——中國近代産業史のための斷章》，该氏著《清代社會經濟史研究》，東京岩波書店，1975 年。今有蔡懋棠中译文《清末湖南茶业的新开展》，《食货》1972 年新 2 卷第 7 期。转引自陈慈玉：《近代黎明期两湖茶之发展》，《食货月刊》复刊第 10 卷第 1～2 期，1980 年。另参见王继平：《晚清湖南史》，湖南人民出版社 2004 年版，第 171～172 页。

㉖ 郭伟齐、董玉梅：《汉口茶叶贸易的兴衰》，《武汉文史资料》2000 年第 11 期。

㉗ 周军、赵德馨：《长江流域的商业与金融》，湖北教育出版社 2004 年版，第 236 页。

㉘ 陈慈玉：《近代黎明期两湖茶之发展》，《食货月刊》复刊第 10 卷第 1～2 期，1980 年。杜七红：《茶叶与清代汉口市场》，武汉大学人文学院 1999 年硕士学位论文。郭伟齐、董玉梅：《汉口茶叶贸易的兴衰》，《武汉文史资料》2000 年第 11 期。

㉙ 周军、赵德馨：《长江流域的商业与金融》，湖北教育出版社 2004 年版，第 236 页。

㉚ 皮明庥主编：《近代武汉城市史》，中国社会科学出版社 1993 年版，第 145～146 页。

㉛ 刘晓航：《汉口与中俄茶叶之路》，《寻根》2003 年第 4 期。

㉜ 周军、赵德馨：《长江流域的商业与金融》，湖北教育出版社 2004 年版，第 236 页。

㉝ 张正明、张梅梅：《清代晋商的对俄茶叶贸易》，《农业考古》1997 年第 4 期。

㉞ 张海鹏、张海瀛主编：《中国十大商帮》，黄山书社 1993 年版，第 30 页。杨力、王庆华：《晋商在明清时期茶叶贸易中的杰出贡献》，《农业考古》1997 年第 4 期。张正明、张梅梅：《清代晋商的对俄茶叶贸易》，《农业考古》1997 年第 4 期。皮明庥、吴勇主编：《汉口五百年——新编汉口丛谈》，湖北教育出版社 1999 年版，第 164 页。

㉟ 任放：《明清长江中游市镇经济研究》，武汉大学出版社 2003 年版，第 177～180 页。

㊱ 巫仁恕：《清代湖南市镇的发展与变迁》，《汉学研究》1997 年第 15 卷第 2 期。

㊲ 定光平：《羊楼洞茶区近代乡村工业化与地方社会经济变迁》，华中师范大学历史文化学院 2004 年硕士学位论文。

㊳ 曾献斌、田强：《清代湖南茶叶生产述论》，《湘潭师范学院学报》1996 年第 4 期。

㊴ 田炯權：《中国近代社会经济史研究——义田地主和生产关系》，中国社会科学出版社 1997 年版，第 187～188 页。

㊵ 陈曦、阳信生：《从湖南的地方志看清代前期湖南商业》，《中国地方志》2002 年第 5 期。

㊶ 李华：《清代湖北农村经济作物的种植和地方商人的活跃——清代地方商人研究之五》，《中国社会经济史研究》1987年第2期。张建民：《湖北通史》（明清卷），华中师范大学出版社1999年版，第430～431页。

㊷ 田炯權：《中国近代社会经济史研究——义田地主和生产关系》，中国社会科学出版社1997年版，第187～188页。

㊸ 黄鉴晖：《明清山西商人研究》，山西经济出版社2002年版，第111～115页。

㊹ 张正明：《晋商兴衰史》，山西古籍出版社1995年版，第79～83页。

㊺ 黄丽生：《由军事征掠到城市贸易：内蒙古归绥地区的社会经济变迁（14世纪中至20世纪初）》，台湾师范大学历史研究所专刊第25辑，1995年版，第435～436、438、457页。

㊻ 陶德臣：《中国古代的茶商和茶叶商帮》，《农业考古》1999年第4期。

㊼ 段超：《明清时期湖北地区商业发展初探》，《荆州师范学院学报》2000年第6期。

㊽ 张海鹏、张海瀛主编：《中国十大商帮》，黄山书社1993年版，第83页。

㊾ 定光平：《羊楼洞茶区近代乡村工业化与地方社会经济变迁》，华中师范大学历史文化学院2004年硕士学位论文。定光平、邱红梅：《清以降羊楼洞茶区的山西商人》，《山西师大学报》2004年第2期。

㊿ 许涤新、吴承明主编：《中国资本主义发展史》第2卷《旧民主主义革命时期的中国资本主义》，人民出版社2003年版，第225～238页。

(51) 严中平主编：《中国近代经济史（1840～1894）》下册，人民出版社2001年版，第1132～1135页。

(52) 杜七红：《茶叶与清代汉口市场》，武汉大学人文学院1999年硕士学位论文。曾兆祥：《近代武汉的贸易行栈》，《中南财经大学学报》1986年第1期。

(53) 朱培夫：《武汉牙行初探》，《湖北大学学报》1984年第2期。方立：《清代两湖地区的牙人牙行》，武汉大学人文学院2001年硕士学位论文。

(54) 王保民：《汉口各行帮及其贸易》，《武汉文史资料》1994年第2期。

(55) 朱培夫：《武汉牙行初探》，《湖北大学学报》1984年第2期。

(56) 黄蓝田：《趣谈武汉旧时的公所会馆》，《武汉文史资料》2000年第12期。

(57) 许涤新、吴承明主编：《中国资本主义发展史》第2卷《旧民主主义革命时期的中国资本主义》，人民出版社2003年版，第232～234、242页。

(58) 陈钧：《十九世纪沙俄对两湖茶叶的掠夺》，《江汉论坛》1981年第3期。程镇芳、王大同、徐恭生：《从十九世纪的茶叶贸易看沙俄对我国的经济侵略》，载《清史研究集》第3辑，四川人民出版社1984年版。郭蕴深：《汉口地区的中俄茶叶贸易》，《江汉论坛》1987年第1期。张笃勤：《近代汉口茶叶对外贸易》，载杨蒲林、皮明庥主编：《武汉城市发展轨迹》，天津社会科学院出版社1990年版。马克兰：《近代湖北茶叶市场与外国资本的渗透》，《武汉教育学院学报》1990年第2期。杜七红：《茶叶与清代汉口市场》，武汉大学人文学院1999年硕士学位论文。

(59) 陈慈玉：《近代黎明期两湖茶之发展》，《食货月刊》复刊第10卷第1～2期，1980年。

(60) 郭伟齐、董玉梅：《汉口茶叶贸易的兴衰》，《武汉文史资料》2000年第11期。黄鉴晖：《山西票号史》，山西经济出版社2002年版，第280～281页。

(61) 牛达兴、雷友山、黄祖生、高章林主编：《湖茶文化大观》，湖北科学技术出版社1995年版，第46页。

(62) 黎少岑：《武汉今昔谈》，湖北人民出版社1957年版，第44、50页。皮明庥主编：《近代武汉城市史》，中国社会科学出版社1993年版，第147页。陈钧、任放：《世纪末的兴衰——张之洞与晚清湖北经济》，中国文史出版社1991年版，第213～216页。

(63) 杜七红：《茶叶与清代汉口市场》，武汉大学人文学院1999年硕士学位论文。

⑥④　朱志经：《张之洞与两湖书院》，《湖北师范学院学报》1987 年第 2 期。郭伟齐、董玉梅：《汉口茶叶贸易的兴衰》，《武汉文史资料》2000 年第 11 期。贺玎：《关于 1886—1896 年中国红茶出口的考察——试论中国近代茶业出口衰落的原因》，《福建论坛》2003 年第 1 期。何祚欢：《汉口第一 "刘"，"牛" 气亦冲天——记商海沉浮中的刘子敬》，《武汉文史资料》2003 年第 3 期。

⑥⑤　陈慈玉：《近代黎明期两湖茶之发展》，《食货月刊》复刊第 10 卷第 1 ~ 2 期，1980 年。

⑥⑥　郭伟齐、董玉梅：《汉口茶叶贸易的兴衰》，《武汉文史资料》2000 年第 11 期。

⑥⑦　孙洪升：《我国传统茶业的生产方式与传统茶业的现代化》，中国经济史学会 2002 年年会论文（山西太原）。林齐模：《近代中国茶叶国际贸易的衰减——以对英国出口为中心》，《历史研究》2003 年第 6 期。

⑥⑧　杜七红：《茶叶与清代汉口市场》，武汉大学人文学院 1999 年硕士学位论文。

⑥⑨　陈慈玉：《近代黎明期两湖茶之发展》，《食货月刊》复刊第 10 卷第 1 ~ 2 期，1980 年。

⑦⓪　[美] 吉尔伯特·罗兹曼主编，国家社会科学基金 "比较现代化" 课题组译：《中国的现代化》，江苏人民出版社 1998 年版，第 170 页。严中平主编：《中国近代经济史（1840 ~ 1894）》下册，人民出版社 2001 年版，第 1015 ~ 1019、1177 ~ 1189 页。汪敬虞主编：《中国近代经济史（1895 ~ 1927）》上册，人民出版社 2000 年版，第 189 ~ 190 页。

⑦①　陈慈玉：《近代黎明期两湖茶之发展》，《食货月刊》复刊第 10 卷第 1 ~ 2 期，1980 年。

⑦②　冯祖祥、周重想、陈立峰：《湖北茶市》，《农业考古》2004 年第 2 期。

⑦③　冯祖祥、周重想、陈立峰：《湖北茶市》，《农业考古》2004 年第 2 期。

⑦④　谢天祯：《中国最早之机器制茶考》，《福建茶叶》1983 年第 2 期。

⑦⑤　张加恩：《清季华茶输出之研究：1842 ~ 1911（下）》，《思与言》1979 年第 17 卷第 2 期。苏云峰：《中国现代化的区域研究（1860 ~ 1916）——湖北省》，台北中央研究院近代史研究所 1981 年版，第 120 ~ 121 页。汪敬虞：《中国近代茶叶的对外贸易和茶业的现代化问题》，《近代史研究》1987 年第 6 期。罗福惠：《湖北通史》（晚清卷），华中师范大学出版社 1999 年版，第 135 页。李宪生：《两次世纪之交武汉的对外开放》，中央文献出版社 2001 年版，第 27 页。

⑦⑥　严中平主编：《中国近代经济史（1840 ~ 1894）》下册，人民出版社 2001 年版，第 1266 ~ 1272 页。

⑦⑦　杜七红：《茶叶与清代汉口市场》，武汉大学人文学院 1999 年硕士学位论文。

⑦⑧　任放：《明清长江中游市镇经济研究》，武汉大学出版社 2003 年版，第 181 页。

⑦⑨　贾植芳：《近代中国经济社会》，辽宁教育出版社 2003 年版，第 211 ~ 216 页。按：此书完稿于 1948 年，翌年由棠棣出版社出版。

⑧⓪　定光平：《羊楼洞茶区近代乡村工业化与地方社会经济变迁》，华中师范大学历史文化学院 2004 年硕士学位论文。

⑧①　William T. Rowe, *Hankow: Commerce and Society in a Chinese City*, 1796—1889, Stanford University Press, 1984。另参该氏著，朱丹、江溶译：《十九世纪汉口的贸易》，收入冯天瑜、陈锋主编《武汉现代化进程研究》，武汉大学出版社 2002 年版。

⑧②　皮明庥：《张之洞在湖北兴办洋务平议》，《湖北大学学报》1980 年第 2 期。陈钧：《张之洞与清末湖北商政》，《湖北大学学报》1985 年第 6 期。陈钧：《张之洞与清末湖北农政》，《湖北大学学报》1989 年第 6 期。罗福惠：《张之洞对商人群体的扶持维护》，《华中师范大学学报》2003 年第 2 期。周群：《张之洞督鄂时期汉口市场的发展及其原因》，《湖北行政学院学报》2003 年第 3 期。黄清敏：《张之洞与湖北茶政》，《农业考古》2004 年第 2 期。冯祖祥、周重想、陈立峰：《湖北茶市》，《农业考古》2004 年第 2 期。周群、刘的旺：《晚清湖广督府在汉口市场发展进程中的作用探析》，《江汉论坛》2004 年第 6 期。

⑧③　贺玎：《关于 1886—1896 年中国红茶出口的考察——试论中国近代茶业出口衰落的原因》，《福

建论坛》2003 年第 1 期。

㉔ 黄清敏:《张之洞与湖北茶政》,《农业考古》2004 年第 2 期。陶德臣:《中国茶在巴拿马赛会声誉鹊起》,《民国春秋》1994 年第 3 期。徐凯希:《晚清末年湖北农业改良述略》,《中国农史》2004 年第 1 期。

㉕ 王美英:《明清时期长江中游地区的风俗与社会变迁》,武汉大学历史学院 2003 年博士学位论文。

㉖ 刘庆平、肖放:《转型期的汉口民俗——清末民初汉口民俗研究》,《汉汉论坛》1998 年第 7 期。杜七红:《茶叶与清代汉口市场》,武汉大学人文学院 1999 年硕士学位论文。

㉗ 余炳贤:《漫谈楚剧与茶——兼议楚剧诞生于茶》,《农业考古》1997 年第 2 期。周军、赵德馨:《长江流域的商业与金融》,湖北教育出版社 2004 年版,第 202 ~ 203 页。

（作者单位：武汉大学历史学院）

制度变迁的历史研究及方法

——评朱英主编《中国近代同业公会与当代行业协会》*

□ 任 放

在中国近代经济史研究领域，制度史研究长期落伍于诸如对外贸易史、行业经济史、区域经济史、经济思想史等课题的研究。与此相伴随，近代中国经济组织的变迁轨迹长期游离于史家视野之外，在成堆的历史文献中遁其真身。为了还原历史，有必要从制度变迁的角度切入经济组织的近代变迁，从中梳理近代经济浪潮中各色市场主体的现实抉择和经济理性，以辨析和把握社会结构的所谓"近代性"。在此意义上，朱英主编之《中国近代同业公会与当代行业协会》便具备了学术创新的气质，堪称近代制度变迁研究的佳作。本文在评介这部专著的同时，希冀对相关问题展开初步讨论。

一、一个基本的评估

所谓同业公会，是中国近代工商业者的同业组织。对有关同业公会的历史研究进行概观式的学术史回顾，便可知晓该书实为近代同业公会研究的集大成之作，将此项研究推进到了一个新高度。若从研究时段上看，渐成气候的同业公会史研究是从 20 世纪 90 年代开始的。大体上，彭泽益和徐鼎新的 2 篇论文构成了同业公会成为相对独立的研究对象的逻辑起点，"同业公会"作为关键词凸显在标题中，这在以前是极少见的①。

在很长时间里，同业公会研究一直遮蔽在行会、商会的身影里，或成为论证资本主义萌芽的注脚。该书的出版，表明同业公会已经成为一个相对独立的研究对象，成为中国近代史研究向深层次拓展的一个新领域。在这部 50 余万字的专著里，研究者探讨了有关同业公会的许多问题，诸如中国传统行会在近代的演变，近代同业公会兴起的原因、途径，近代同业公会的发展阶段及特点，近代同业公会的组织体系、经济功能及政治功能，近代同业公会与行会、商会、工会、政府的关系，近代同业公会之间的关系，近代同业公会与近代政治运动、经济政策的关系，等等，几乎涉及同业公会的方方面面，成为迄今为止最

＊ 中国人民大学出版社 2004 年版。为了行文方便，以下简称"该书"，所引该书文字均在括号内注明页码。

系统的同业公会论著。在此过程中，该书充分注重相关的研究成果，尤其是近 10 年来大陆学术界的新观点和新方法，辨伪存真，去粗存精，为我所用。正是立足于兼收并蓄、学术创新的立场，该书才有如此自信的表白：本书和上海社科院课题"政府与企业之间：中国同业公会研究（1904～1958）"的最终成果一起，"可以成为一个研究阶段的标志，预示着同业公会及当代行业协会研究的异军突起"（第 4 页）。

问题意识的凸显是该书的特点。它从一个侧面反映了大陆史学界在提出"学术规范"命题之后构建中国"新史学"的努力和理性自觉。没有问题意识，历史研究者将失去方向感。在很大程度上，问题意识体现了学者的学术直觉和思考力度。不过，应当警惕"伪"问题意识，它会将研究引入误区。翻开该书，问题意识立即跃入眼帘，导论和第 1 章最为显著。在这里，我们可以体察著述者的心路历程，包括研究的缘起、对研究现状的把握以及研究思路的困惑和清厘，等等。例如，该书首先从商会史的研究引出问题，指出"在商会史研究领域成果迭出的同时，研究者们同时也在思考，这一领域的研究究竟应如何深入？研究领域的扩展，是人们关注的方向之一……对商会的深入研究，必须突破商会组织系统本身，扩大到包括商会在内的整个社团组织网络之中，分析其与其他团体的关系，方能得出更为深刻的认识。而其中与商会关系密切的同业公会组织，自然成为研究者关注的重点之一。在此意义上，可以说同业公会研究系由商会研究所衍生出来的一个新的研究领域"（第 1 页）。更客观地说，行会史研究的深化亦构成了同业公会研究的学术背景。对此，该书有清醒认识。在对"已有研究涉及的若干问题"（第 40～56 页）的梳理中，即包括行会变化与同业公会的产生、行会与商会的关系、行会与商会以及同业公会的关系、同业公会与政府的关系、同业公会的行业管理及社会功能、同业公会的性质及其特点，等等，并藉此问题对相关学术成果予以评介。在理论运用和研究方法方面，著述者也指出了问题所在。保持清醒的问题意识，不表明研究者能够解决所有问题。包括该书在内，在论述及方法上仍然存在问题，后文对此将有叙及。这里要强调的是，规范的史学写作必须凸显问题意识，张扬学术立场，还原历史真实，提出独立见解，凡此皆为建构中国"新史学"题中之义。

史料方面该书展示了扎实的史学功力。其突出之处在于，广泛披览档案，从第一手材料中找到历史的"现场感"，以求立论之确当。写至此，好友郑成林君（该书的作者之一）在上海翻检档案的勤勉身影犹在眼前。其博士学位论文《从双向桥梁到多边网络——上海银行公会与银行业（1918～1936）》的立论基础就是建立在档案及其他史料之上，其研究成果已经部分地反映在该书中。重视档案的挖掘和利用，堪称华中师范大学中国近代史研究所的治学传统之一。早在 20 世纪 80 年代，在章开沅先生的倡导下，马敏、朱英对苏州商会档案展开了长期的发掘工作，并以此为根基，在商会史研究领域作出了令人瞩目的成就，被海内外学术界公认为中国大陆商会史研究的代表性学者。他们的商会史研究及近代资产阶级、近代绅商、新式商人社团等相关课题研究，为同业公会史研究奠定了坚实基础，主要成果（依时间排序）为：朱英《辛亥革命时期的新式商人社团研究》，中国人民大学出版社 1991 年版；马敏、朱英《传统与近代的二重变奏——晚清苏州商会个案研究》，巴蜀书社 1993 年版；马敏《过渡形态——近代中国资产阶级构成之谜》，中国社会科学出版社 1994 年版；马敏《官商之间：社会剧变中的近代绅商》，天津人民出版社 1995 年版；朱英《转型时期的社会与国家——以近代中国商会为主体的历史透视》，华中师范大学出版社 1997 年版，等等。没有前此 20 余年的学术积累，哪来眼前同业公会史研究的丰硕成果！而这其中要诀，在于不遗余力地收罗史料（尤其是档案）。此一研究路径，对于纠正当下浮躁学风颇有助力，青年学者尤其应该身体力行之。当然，这并不意味着该书已经充分利用了档案。单就该书引注的档案件数看，它与目前大陆整理和收藏的同业公会档案相比仍显不足。据悉，仅上海档案馆所藏同业公会和综合性工商团体档案就达 5 万多卷，包括 430 个以上的同业公会的档案全宗，其中已制成缩微胶卷的上海市银行商业同业公会档案计有 884 卷，逾 3 000 万字②。此外，天津、苏州、武汉等地也藏有数量不等的同业公会档案。到目前为止，有许多档案既没有精细整理，更谈不上充分利用。窃以为，只有对民国档案进行更为全面的发掘和更加深入的解读，才能推动现有的同业公会研究。

该书的创作群体也令人刮目相看。除了知名学者朱英、马敏和年轻的博士郑成林，尚有对近代手工业史和行会史有专精研究的青年学者彭南生，以及以同业公会作为博士学位论文选题的魏文享。彭南生近年著有《中间经济：传统与现代之间的中国近代手工业（1840—1936）》（高等教育出版社 2002 年版）、《行会制度的近代命运》（人民出版社 2003 年版），它们将成为人们进一步研究中国传统手工业及行会向近代转型的必备参考书。魏文享则以《中间组织——民国时期工商同业公会制度研究（1918—1949）》为题，对工商同业公会的权力来源、经济功能、政治参与、社会角色等问题进行了系统论述。这样一个创作班底着手近代同业公会的研究，的确是不错的选择。因为无论从年龄结构或学术眼光来看，该书的写作群体在体现学术传承的同时，也浓缩了大陆学术界同业公会研究的学术资源。不可忽视的是，2000 年该所主办了"经济组织与市场发展"国际学术讨论会，向海外学术界显示了研究近代经济组织的实力，也使同业公会成为会议的重要议题③。之所以称该书是同业公会史之集大成者，于此可见一斑。当然，学术资源的整合是一个复杂的问题，在这里不便展开。笔者仅补充一点，即花大力气建设学术梯队，有效整合学术资源，是促进学术创新的动力，亦是保证学术成果质量的前提。该书的人员构成为我们提供了样板。

值得注意的是，该书不仅着力探讨了近代同业公会的流变轨迹，而且以 4 章的篇幅（约占全书 1/3）描述了同业公会在当代的转型，对 1949 年中华人民共和国成立后行业协会取代同业公会的历史进程进行了宏观勾勒，尤其是对改革开放以来中国的行业协会制度及功能予以审视，并提出了相应的建言。尽管这一部分与前面 6 章相比，政策性的分析多于实证性的研究，视野开阔但深度不够，不过，这样的写作结构倒也反映了著述者宏大的历史眼光，以及力求从长时段把握历史走向的学术勇气。

二、从制度变迁看同业公会的近代性

近代同业公会属于制度史的研究范畴。关于"制度"，新经济史学派给出了两个经典定义：其一，制度是为了约束在谋求财富或效用最大化过程中的个人行为，而制定的一组规章、程序和伦理准则；其二，制度不仅是个人和资本存量之间的过滤器，而且是资本存量和经济绩效之间的过滤器。重要的是，制度为人们提供了相互影响的框架，使协作和竞争关系得以确定，从而构成了一种经济秩序④。本文是在第一种制度涵义上使用"制度变迁"一词的,并将同业公会视为一种制度安排,或特定组织形式⑤。至于第二种制度涵义,该书尚未进行探讨,笔者也缺乏统计学和计量经济学的相关知识准备。

从制度变迁考察同业公会的近代性是贯穿该书的主轴,所谓"从行会到商会再到同业公会,贯穿其间的实质上是商人社会组织的制度化、法制化进程。这一进程与中国的现代化进程相伴随"(第9页);"同业公会与会馆、公所等行会组织相比,其根本之'新',也是在于制度创新"(第10页)⑥。那么,何为近代性? 如何判断同业公会的近代性? 认识同业公会近代性的意义何在?

近代性(modernity)又称现代性,为了贴近历史情境,本文一律使用近代性。所谓近代性,是指传统在近代情境下的延续所呈现的特征,或近代情境下新生事物所具有的特质。学术界关于近代性尚无统一定义⑦。

关于近代同业公会的近代性,该书认为:"与旧式行会相比,同业公会之新,在于其资产阶级工商同业团体性质,它是一种现代性、开放性和公益性的同业组织"(第6页);"随着新兴行业的形成而诞生的新式同业公会,要么是在同旧式行会的斗争中成长起来的,要么是在激烈的市场竞争中壮大起来的,从一开始就具有鲜明的现代性"(第237页)。在组织源流上,由于同业公会主要由行会蜕变而来,以故该书辨析同业公会近代性的途径,主要是将行会与同业公会相互对比。这实际上是马敏、朱英在商会史研究中界定"传统行会"、"近代商会",或将行会视为"前近代社团"、将商会视为"近代社团"做法的延续和强化⑧。该书指出:"与封建社会里的行会相比,同业公会已经是具有若干现代性的工商社团组织,从成员构成上看,行会是师傅、帮工、学徒混杂在一起的封闭性、排他性、专制性的封建团体,新式同业公会则是开放性、自愿性、民主性的资本家阶层的同业组织;在经济功能上,行会保护师傅的封建性垄断,限制竞争,同业公会则以维护资本家的经济利益为主旨,鼓励正当竞争;在活动机制上,行会具有较大随意性、神秘性,同业公会则注重规范化和制度化建设,办事讲究公开性、效率性。同业公会所具有的上述现代性及其自身所具有的经济能量使其功能与影响得以大大提高。"(第237~238页)这段文字集中体现了该书有关近代性的观点,传统与近代二分法的印痕十分清晰。通读全书,运用现代化理论的分析框架剖析同业公会的发生及发展,构成该书在方法论上的最大特点。该书强调同业公会"属于中国现代化过程的产物,是旧式行会组织在新时代条件下的蜕变。同业公会所具有的现代性及沿着业缘组织方向的现代化变迁充分证明:在研究近代工商社团时,现代化理论仍然具有其理论的说服力,是不应该抛弃的一种基本理论范式,我们完全有必要将现代化理论范式贯穿到行会、商会和同业公会的整体研究之中,分别观察其现代性及其社会功能",声称脱离现代化理论,将无法对同业公会的"资本家阶层近代社团属性"作出判断(第7页)。在学术机理上,传统与现代的二分法可以视同现代化理论的同义语,是现代化理论的精髓所在。尽管现代化理论从未有固定的边界,不同学派混杂,思想主张各异,但将现代置于传统的对立面仍然是最基本的理论预设,否则现代化理论将失去解释效力。不能因为现代化理论是解释西方工业化所引发的一系列社会变迁的学说,以及它所具有的西方中心主义色彩就简单地加以摒弃。在解释非西方国家现代化变迁时,现代化理论的适用范围和解释效力都相当局限,但是它不失为一种可以借鉴的方法。如果我们必须对同业公会的近代性做出解释,就必须运用现代化理论的基本概念和分析框架,因为任何意义的所谓"近代"都有与之相对照的"传统",尽管人们对"近代"或"传统"的理解存在严重分歧。就此而论，该书选择现代化理论作为其基本的分析框架是言之成理的，舍此似乎没有更完善的方法，不过问题亦由此产生。

明清时期的行会（工商会馆及公所）是中国本土的商人组织，是民间的、契约型的市场经济制度⑨。尽管学术界多指责行会限制市场竞争，但行会对传统市场经济的运转却发挥了多方面作用。对此，学术界已经进行了充分论证。在晚清商会法出台之前，中国没有正式的行会法。行会的长期存在构成了中国商人向近代转型的组织基础，这是传统经济组织向近代演变的重要资源。那么，在近代仍然存在的行会是否具有近代性？近代行会与传统行会的区别何在？有多少传统行会转变为近代同业公会？近代同业公会与近代行会的区别何在？近代行会有多少转变为近代同业公会？传统行会或近代行会转变为近代同业公会的基础和条件有何不同？诸如此类，该书似乎缺乏更加细密的分析和更为深入的解答。由此引申开去，可以提出这样的问题：近代同业公会真的那么"近代"吗？如果不是，那么在近代同业公会身上，传统性是如何延续的，又是如何体现出来的？这同样需要更加实证的研究，尤其是详尽的数量分析和类型对比⑩，更加注重历史演变的内在逻辑。

在研究时点的选择上，该书以 1840 年为近代之起点，认为"1840 年鸦片战争以后，尤其是 19 世纪 70 年代以后，随着中国资本主义经济的发展与壮大，中国开始了经济近代化的历程"（第 113 页）。这种中国学术界表述近代时空转移和历史大变局的套路，在分析同业公会的近代性时并未给研究者带来多少帮助。在具体的论述过程中，该书实际上将同业公会兴起的时点放在了晚清时期的 1904 年。是年，清政府颁布《商会简明章程》，这是中国商人组织获得法律合理性的开端，自此以后，中国商人组织拥有了获取近代性的制度保障。于是，在划分近代同业公会发展阶段时，该书遂将 1904 年作为"初萌期"与"发展期"的分界点。这一做法有其充足的历史依据。问题在于，如果将近代同业公会的由来主要视为传统行会的蜕变，恰如该书所谓近代同业公会产生的途径"是由旧的行会组织改组、分化或合并而来，这是最为常见、最为重要的一种形式"（第 129 页），那么在 1840～1904 年的 60 年间，近代情境下的行会的多样性生存状态便是该书应该详加说明的问题，对此该书语焉不详。近代同业公会产生的另一种途径是依法设立全新的同业公会，显然这类同业公会的近代性是毋庸置疑的。鉴于此，辨析同业公会近代性的重心便自然挪移到前一种类型之上，即在传统行会基础上蜕变而来的工商同业公会。一个不容忽视的事实是，依法设立的全新同业公会在近代情境下仅占少数，由行会演变而成的则占绝大多数。以近代工业最发达的上海为例，据 1930 年统计，全市同业公会约有 170 个，其中由行会改组者 140 个，合并者 23 个，全新设立者 7 个（第 134 页）。上海如此，其他地区可想而知。传统行会的生命力及其在近代情境下的延续状态，于此可以概观之。

其实，1904 年的《商会简明章程》并未涉及同业公会，也不是一部完善的商会法。1914 年颁布的《商会法》才称得上是中国第一部正式的商人组织法，此法虽为同业公会的出台提供了宽泛的法理背景，但仍不是正式的同业公会法。同业公会的组织法案迟至 1918 年方才出台，即《工商同业公会规则》。直到 1929 年，南京国民政府才正式颁布《工商同业公会法》，强调发扬"吾国固有之公所、会馆制度精神，由同业公司、行号成立公会，复由同业公会合组各地商会"⑪，由行会——商会——同业公会的立法程序这才圆满地画上句号。由此可见行会、商会、同业公会三者之间历史形成的你中有我、我中有你的共生现象，形成牢不可破的组织关系链。离开其中任何一环，其他两者都将面目全非。从法律文本的逐渐完善去梳理同业公会的近代性较为容易，但却不能以此概括同业公会的近代性。任何法律规则的颁布只具有制度分析的"文本"意义，因为这些文本在现实生活中的投影往往不是成效毕现，而可能是一纸具文，或影响甚微。将法律条文视同真真切切的现实影响，会模糊历史研究者的视线。因此，在剖析晚清至民国的法规的同时，务必对现实社会中的同业公会的组织变迁进行大量的实证研究，尤其要注重个案分析。遗憾的是，现阶段的同业公会研究主要是宏观视野下的定性分析，像王翔对近代苏州丝织业同业公会的精致分析目前仍然少见⑫。

即使从法律角度分析行会、商会、同业公会的多重关系，也有若干问题有待解决。该书反复申述，同业公会是在行会的基础上嬗变而成，并构成商会的基层组织。这种表述在法律上可以找到依据。问题是，商会的产生先于同业公会，如同商会法先于同业公会法出台一样。那么，在同业公会作为正式法人团体出现之前，商会的基层组织又是什么？如果是行会，那么这些构成商会基座的行会占全部行会的多大比例？这类行会一旦构成商会的基层组织，其传统性与近代性之间的关系如何？其近代性如何克服传统性？在同业公会法出台之前，是否存在朝向同业公会的行会改组？如果有这类现象，那么这种没有法律基础的改组是如何进行的，它与后来依法改组而成的同业公会有何区别？此外，透过简约的法律规定，我们可以追问这样的问题：旧的行会制度对同业公会的近代性有哪些影响？这些影响是否影响到商会的近代性？凡此种种，都应该纳入同业公会研究的视野，给予有说服力的回答。

当然，追问同业公会的近代性的理论预设是存在某种程度的传统性（tradition）。有学者指出，传统，就其最基本涵义是指世代相传的东西（traditum），即任何从过去延传至今的东西。传统是一种"范型"，传统中存在"规范因素"（规则和惯例），因此传统的延续意味着"规范性的延传"，它支配社会的根本结构。传统具有生命力，"它是现存的过去，但它又与任何新事物一样，是现在的一部分"。作为历史分期的概念，"现代"一词的使用或可追溯到17～18世纪的欧洲。随着西方国家在全球的扩张，"现代"分期的历时性的国别史意义逐渐被共时性的比较史学所取代，"西方"与"非西方"也不再仅仅是地理概念，而更多地成为价值评判的符号。"现代"一词的西方中心主义色彩日益浓厚，"现代性"被表述成"在技术、政治、经济和社会发展诸方面处于最先进水平的国家所共有的特征"，不言而喻，这些国家当然是指最早实现工业化的西方国家。与之相伴随，"传统社会"作为"现代资产阶级社会"或"现代西方社会"的对立面被创制出来，作为肯定西方现代社会的反面写照。人们将现代社会的特征概括为科学性、合理性、经验性、世俗性、进步性，等等，而将传统性与陈旧迂腐划等号，坚信现代社会必定会消除"传统的痕迹"⑬。应该看到，当传统与现代的概念成为普遍知识被广泛使用之后，吸附其上的价值判断也积淀在人们的意识中。在行会、商会、同业公会三者中，行会是近代以前就已存在的组织形态，而商会、同业公会都是近代条件下的新生事物。历史发展阶段的不同，使人们习惯于将"封建"、"封闭"、"落后"等贬义词贴在行会身上，以判明、凸显其"传统性"。与此相对应，必然在逻辑上认定商会、同业公会的"革新"、"开放"、"发展"，以张扬其"近代性"。这是强调历时性直线发展的历史进化论，它早已成为人们的思维定势，并以各种面目出现在我们的史学写作中⑭。笔者强调的是，在近代情境下，传统的存在可谓无处不在，有些传统发生了变异，有些传统渐趋消亡，有些传统则依然我故。传统与近代的划分不是判断优与劣、先进与落后、发展与停滞的价值尺度，它们是历史时空转换所导致的不同认识范畴，是反映历史进程不同层面事物的分析性话语。更何况，所谓"传统"也有其历史的相对性[15]。这是我们在探讨同业公会的近代性问题时应该格外警觉的。

换一个角度，行会与商会的关系也许可以提供更多启迪。有学者指出，行会与商会的结合基础是两者之间存在"同质因素"，而且商会的主要特性是行会"潜在适应性的放大"，两者具有某些相同和互相依赖的社会和经济功能[16]。既然商会以行帮成员（包括决策者）为基础，以行帮经费为主要财政来源，那么将商会视为与会馆公所有着本质区别的组织，断言商会是开放发展的组织，会馆公所是保守停滞的组织，无疑有悖于理论与史实。会馆公所与商会之间是"发展与进一步发展的关系"，而不是后者对前者的否定关系[17]。应该看到，商会虽然是新式商人社团，也具有不同程度的"封建性"[18]。另有学者指出，那种认为会馆具有偏狭地域性而商会具有开放性、会馆是传统社会组织而商会是现代社会组织的观点是值得商榷的，实际上，会馆与商会在许多方面有着共同追求，这是会馆能够成为商会合帮会员的前提[19]。据此，与行会和商会有着千丝万缕联系的同业公会，其近代性的甄别和评判便不是一个简单的逻辑演绎，而是与传统相纠结的多面相的复杂问题[20]。

再者，现代化理论的一个重要指标是工业化水平，也就是说，工业化是现代性的评判标准之一。落实到同业公会本身，工业同业公会在同业公会中的比例可以作为考察同业公会近代性的窗口。事实表明，民国时期中国的工商业资本结构中，商业资本一直高居首位，约占 70%，工业资本约占 30%[21]。鉴于同业公会属于民间团体，因此考察民营资本的情况尤其必要。据估计，1894 年民营资本（包括产业、商业、金融 3 种）总额约有 87 592 万元，其中产业资本有 1 992 万元，约占 2%，商业资本有 65 600 万元，约占 75%；1913 年，民营资本总额约有 246 941 万元，其中产业资本有 28 741 万元，约占 12%，商业资本有 166 200 万元，约占 67%；1920 年，民营资本总额约有 390 677 万元，其中产业资本有 57 977 万元，约占 15%，商业资本 230 000 万元，约占 58%；1936 年，民营资本总额约有 747 744 万元（关内），其中产业资本有 159 744 万元，约占 21%，商业资本有 378 000 万元，约占 51%；1947～1948 年，民营资本总额约有 545 789 万元，其中产业资本有 161 499 万元，约占 30%，商业资本有 364 000 万元，约占 67%。再从民国时期现代化产业和传统产业的产值比重看，在工业领域，1920 年现代化产业的产值约占 11%，传统产业约占 89%，1936 年现代化产业约占 24%，传统产业约占 76%[22]。民国时期工商业的发展状况必然反映在工商同业公会的组织形态上，最明显的事实是商业同业公会的发展势头大大超过工业同业公会。以上海为例，截至 1936 年，上海同业公会有 236 个，其中商业同业公会有 196 个，约占 83%，工业同业公会有 40 个，约占 17%。这一状况一直延续到 20 世纪 40 年代末，1949 年上海同业公会达到 306 个，其中商业同业公会 220 个，约占 72%，工业同业公会 86 个，约占 28%（第 149 页）。这种商业化发展快于工业化进程的现象，是明清以来中国经济发展模式的真实写照，是历史惯性使然。它提醒我们，传统的商业组织和市场体系是中国近代工业化可以借助和依靠的最基本历史资源，传统资源对工业化的影响是长期的和多侧面的。如同中国近代工业化的水平不能超出传统限定的瓶颈，近代同业公会的近代性也不能高估。

三、研究方法及其他

在清厘研究思路时，该书列有"理论运用与研究方法分析"，将理论与方法分别论列，自有其道理。笔者认同一切理论都是方法论的见解[23]，故将理论并入方法论予以讨论。依此标准，该书缕述的同业公会研究方法主要有现代化理论、资本主义萌芽论、公共领域和市民社会理论、社会史框架、社会网络学说、比较研究方法，等等。该书坦陈，与商会史研究的理论创新相比，同业公会史研究在这方面明显落后（第57页）。现代化理论已在上文结合同业公会的近代性问题予以讨论，这里不赘述。

曾经是中国史学"五朵金花"之一的资本主义萌芽论尽管在理论前提、适用对象等方面有严重局限，但客观上却推动了明清以降社会经济史的研究，包括行会史研究，这在某种程度上为同业公会研究创造了必要条件。该书对此有清醒认识，抛弃了这一分析框架。资本主义萌芽论的立论基础是西方历史，包括西方行会史，但不能用来硬套中国历史，包括明清时期的中国行会。这样做的结果，"在许多具体问题的研究中造成不少的困惑"，必须"看到世界各国的行会有多种多样的模式，马克思主义经典作家所论述的只是西欧行会，其相关的理论可以作为研究其他国家行会的一种指导，却不能将其对西欧行会各方面的论述全部当做一成不变的主要依据。否则，对于与西欧社会存在着众多不同的中国行会，就很难给予合乎历史实际的描述和分析"（第57~58页）。这一论述是确当的。舍弃资本主义萌芽论，并不妨碍吸取依附其上的行会史的历史研究成果，将其纳入同业公会的论证之中。

公共领域和市民社会理论同属"国家—社会"二元对立的方法论，凸显国家（政府）与社会（基层）因争夺权力资源而形成紧张关系。不可否认，中国学者是在现代化理论的背景下借鉴和运用公共领域和市民社会的概念的[24]。在商会史研究中，马敏、朱英运用此一分析框架，考察商会与政府的新型互动关系，以此揭示清末民初国家与社会关系的变化实态，开创了商会史研究的新天地。凭此学术优势，该书试图将此分析框架运用到同业公会的研究中，声称"如果借鉴公共领域和市民社会理论，将考察国家与社会新型互动关系的对象进一步下移至行会和同业公会，不仅可以为行会与同业公会史研究提供新视野，或许还可对商会与政府的互动得到某些新认识"（第59页）。但是，公共领域和市民社会理论在该书中的锋芒较之前此商会史研究似有减弱。个中缘故，也许在于公共领域和市民社会理论的解释效力因研究对象不同而出现变化，商会的跨行业特点以及清末民初商会的社会角色为该理论提供了相当适宜的历史场景，相比之下，同业公会的行业单一特点及其所扮演的社会角色（作为商会的基层组织，其风头被商会盖过），使其在公共领域的影响力不及商会。尽管20世纪二三十年代同业公会获得较快发展，尽管我们可以将其抽离商会史的框架进行独立研究，但事实是，民国时期的同业公会无论是实际运作水平还是社会动员能力，都遮蔽在商会身影之下，从而导致相关理论解释效力的减弱。这恰恰反映了同业公会的另一种历史真实性。由于公共领域和市民社会是来自西方的分析概念，因此援用它们进行中国历史研究便遇到了挑战，并引发了广泛争议。最典型的例证莫过于"罗威廉现象"：罗威廉依据哈贝马斯有关公共领域和市民社会理论出版了两部有关汉口商业及社会变迁的专著，却在其后的讨论中对自己的研究方法表现出极大的困惑[25]。从各方面看，建构适合中国历史的市民社会理论仍有待时日。

社会史的分析框架在近 20 年来的中国大陆史学界渐有复兴势头，尽管人们围绕社会史的分析话语争论不休。社会史方法也引起该书的重视，"从学科的分类来说，行会或同业公会作为社会组织之一种，应该也属于社会史的范围"（第 60 页）。年鉴学派的长时段方法已经体现在该书的时间跨度中，包括对行会发展的历史追溯，以及将研究视野一直延伸至当代。社会网络理论也是该书加以采纳的分析工具，这一理论强调结构分析，即广义的社会关系。这对于分析经济组织的场域十分有效，例如商会史的研究即采纳了网络分析的手法㉖。在该书中，社会网络理论得到较为充分的运用，研究者重视近代同业公会的组织体系及其关系网络，使同业公会研究给人以丰满之感。当然，也有进一步完善之处。例如，该书注意到同业公会的分布大体上与通商口岸——大中城市——县市——集镇的"工商业网络基本一致，多存在于网点中心"（第 154 页），但是没有进一步展开论述。实际上，同业公会的网状分布与施坚雅的市场体系理论颇为相似，完全可以借鉴施坚雅模式对同业公会的区域分布进行类型划分，从中归纳出不同的经济区域（施氏所谓"巨区"）同业公会的特点，以及同一经济区域不同市场层级的同业公会具有哪些特点㉗。这样一来，可以摆脱目前同业公会研究局限于上海、苏州、天津等几个大都市的格局，使同业公会研究呈现全然不同的面貌。近年新兴的历史人类学成为社会史研究领域的新工具，同业公会研究可以选择性地采纳。例如，人类学田野调查可以收集相应的口述史资料、文书、碑刻、家谱等档案之外的史料，可以扩大同业公会的资料范围，拓宽学术视野。又如，行会传承给同业公会的民间信仰，在该书中只是给予一般性的评述，没有引起足够重视。在历史人类学看来，同业公会的祭祀等活动不仅仅具有某种神秘性，而且涉及同业公会商人们的信仰圈、历史记忆、身份认同、文化权力等深层次的问题。

中外比较研究在目前阶段以及在可预见的近期都是不现实的，即便勉强为之，也不会产生高质量的成果。诚如该书所说，"比较研究是一项非常有实效同时又是非常困难的工作，其前提是必须找准比较的对象，而且要知己知彼，如果对比较的对象既未占有大量第一手的资料，也未做深入细致的研究，就很难做出真正扎实可靠的比较研究成果"，同时指出，"中外行会史的比较研究，在这方面还需要进行更艰苦的努力才能取得新的进展"（第 62 页），同业公会史何尝不是如此。职是之故，做好中国本土的研究，以及着手中国本土不同区域、不同行业的比较研究，正是当下同业公会研究的努力方向。也就是说，在该书架构起通史性的研究体系后，同业公会研究应该转向区域史和行业史研究。区域史研究不以整个中国作为考察对象，而是注重中国内部不同自然区域、行政区域、经济区域、文化区域之间的差异，对各区域的历史发展进程进行全面、深入、长时段的剖析，以呈现尽可能真实的历史图像。以中国地域之广，社会变迁之复杂，区域史研究尤其重要。在区域史研究的扎实基础上，国家大历史的书写才能避免"选精"、"集粹"方法导致的诸多弊端㉘。毋庸置疑，在近代情境下，中国不同区域的同业公会产生和发展的路径、特征肯定存在着差异，对此进行专题性的研究，有助于我们更加全面地把握近代同业公会的历史状态。目前以大城市为中心的同业公会研究应该拓展成仍然以大城市为中心的区域史研究，主要在两方面下功夫：资料的开掘和方法的更新。至于行业史的研究，已有相关成果面世，但仍显不够。归根到底，同业公会是一种协调同行业经济行为的制度安排。因此，清厘不同行业的同业公会是该项研究的重要课题，有待解决的问题包括：产业、商业、金融业的同业公会有何区别？不同行业在不同时期到底有多少同业公会，这些同业公会对各行业的作用到底有多大？不同行业的同业公会与商会的关系如何？等等。从行业史角度研究同业公会，可以全面了解同业公会的行业分布情况，透视不同行业在制度变迁方面的基础条件及其组织动员能力，亦可从一个侧面考察近代中国经济资源（尤其是民间资本）的重组与更新。

综上所述，该书在史料与史论方面均颇见功力，成为今后包括同业公会在内的中国近代经济组织研究的新起点。这是一个高起点，它拓宽了学术的视野，推进了相关研究，也暴露了某些不足。正是因为该书的学术前沿性和研究对象本身的挑战性，所以笔者对制度变迁的历史研究提出了若干有待深入探讨的问题。问题激发思考，并不断开启历史研究的新窗口。在此，愿以柯文在讨论传统与现代性的关系时写下的一句话作为结束语，即对所有问题的回答都不具有终极性，重要的是不断地提出问题㉙。

注　　释：

① 彭泽益：《民国时期北京的手工业和工商同业公会》，《中国经济史研究》1990 年第 1 期。徐鼎新：《旧上海工商会馆、公所、同业公会的历史考察》，《上海研究论丛》第 5 辑，上海社会科学院出版社 1990 年版。在此之前，只有数量不多的单篇论文及 1 部著作。据悉，民国时期即有人对新兴的同业公会进行描述性的初步考察，如郑鸿笙《中国工商同业公会及会馆公所制度概论》（《国闻周报》1925 年第 19 期）。李森堡撰有《同业公会研究》一书，上海青年书店 1947 年版。少数外国学者也展开了相关研究，如［俄］阿维纳里乌斯《中国工商同业公会》，收入彭泽益主编《中国工商行会史料集》上册，中华书局 1995 年版；［日］今崛诚二《河东盐业同业公会的研究》，《史学杂志》1944 年第 9 期、1945年第 1 期；［日］幼方直吉《帮、同乡会、同业公会和它们的转化》，《近代中国的经济与社会》1951 年第 3 期；［法］白吉尔《上海银行公会（1915～1927）——现代化与地方团体的组织制度》，《上海研究论丛》第 3 辑，上海社会科学院出版社 1989 年版；［美］刘广京《中国工商同业公会：一个历史学的考察》，《太平洋历史学评论》1988 年第 57 卷第 1 期。引见该书第 36～38 页。

② 陈正卿：《一部蕴藏丰富的珍贵大型史料集——〈上海市银行商业同业公会档案〉缩微卷简介》，《档案与史学》1995 年第 3 期。冯邵霆：《上海工商团体档案介绍》，《档案与史学》1999 年第 4期。

③ 朱英：《经济组织与市场发展国际学术研讨会综述》，《历史研究》2000 年第 6 期。

④ ［美］道格拉斯．C. 诺斯著，厉以平译：《经济史上的结构和变革》，商务印书馆 1999 年版，第 195～196、201 页。诺斯对其著作标题进行了解释，称"结构"（structure）一词涉及制度框架，"变革"（change）一词涉及在某一段时间里制度的设立、更改或破坏，充分显示新经济史学派对制度变迁的高度重视。

⑤ 制度经济学家认为制度是指行为的规则，它详细规定了具体环境中的行为，同时强调对"一般社会规则"（或称之为制度环境）与"特定组织形式"（或称之为制度安排）加以区别。如果兼及经济社会学关于组织的界定，或可加深我们对同业公会概念的认识。后者称，组织是指具有共同目的，并为实现该目的不断自觉地互相调整行动的个人联合体，是一种"认同作用"体系。参见［英］马尔科姆·卢瑟福著，陈建波、郁仲莉译：《经济学中的制度：老制度主义和新制度主义》，中国社会科学出版社1999 年版，第 1 页；［日］富永健一主编，孙日明、杨栋梁译：《经济社会学》，南开大学出版社 1984 年版，第 219～220 页。

⑥ 在此，该书显然吸收了相关学者的研究成果。参见宋钻友：《从会馆、公所到同业公会的制度变迁——兼论政府与同业组织现代化的关系》，《档案与史学》2001 年第 3 期；朱榕：《上海木业同业公

会的近代化——以震巽木商公所为例》，《档案与史学》2001年第3期；彭南生：《近代工商同业公会制度的现代性刍论》，《当代史学评论》2001年第4卷第2期；樊卫国：《近代上海经济社会功能群体与社会控制》，《上海经济研究》2001年第10期，等等。

⑦ 罗荣渠对"现代化"、"近代化"进行词源学的考析，主张统一使用"现代化"。参见该氏《现代化新论——世界与中国的现代化进程》，商务印书馆2004年版，第3~8页。

⑧ 马敏、朱英：《浅谈苏州商会与行会的区别及其联系》，《中国经济史研究》1988年第3期；朱英：《辛亥革命时期新式商人社团研究》第1章，中国人民大学出版社1991年版。

⑨ 在一篇研究清代湖南手工业行会的文章中，笔者指出行会条规是制度架构与经济合同的混合物。共同议定条规，共同遵守条规，是手工业行会在组织机制上的特征，有利于明确店东与帮工及客师之间的权利义务关系。否则，行会的约束力就得不到制度上的保证，并会趋于瓦解。参见拙文《论清代湖南手工业行会的运作机制》，《求索》2001年第5期。

⑩ 关于经济组织近代变迁的量化分析，冯筱才指出在讨论近代上海行会的现代性时，不能仅仅凭借企业家正在变成这些过渡中的商人团体的领袖人物为依据，还须考察如下问题：上海当时到底有多少行会正在发生此种转变？所占比例如何？在上海行会中，有多少领袖人物是处于转化中的企业家？所占比例又如何？这些都需要做具体的量化分析，否则其论点不足以服人。参见该氏《中国商会史研究之回顾与反思》，《历史研究》2001年第5期。

⑪ 工商部工商访问局编：《商会法、工商同业公会法诠释·序》。引见该书第128~129页。

⑫ 王翔：《从云锦公所到铁机公会——近代苏州丝织业同业组织的嬗变》，《近代史研究》2001年第3期。

⑬ 〔美〕C.E.布莱克著，景跃进、张静译：《现代化的动力——一个比较史的研究》，浙江人民出版社1989年版，第5页。〔美〕E.希尔斯著，傅铿、吕乐译：《论传统》，上海人民出版社1991年版，第15~44页。

⑭ 例如，研究印度现代社会变迁的学者提醒人们，"传统"与"现代性"作为彼此对立的两极在"社会变迁线性理论"中被广泛运用。这种变迁模式有一个重要假设，就是传统的制度和内容是现代化的障碍。于是，传统形式和新的制度之间关系的多种变化的可能性被"传统—现代"两极分化模式加以否认或掩盖。事实上，传统与现代性经常相互加强，而不是对立冲突。参见J.古斯费尔德著，吴薇、仲夏译：《传统与现代性：社会变迁研究中误置的两极》，收入谢立中、孙立平主编《二十世纪西方现代化理论文选》，上海三联书店2002年版。

⑮ 邱澎生指出，相对于20世纪商会和同业公会而言，会馆、公所属于"传统"的工商业团体，但相对于18世纪以前的工商业团体，它们又呈现许多不同的特质，这些"传统"的团体也不再那么"传统"，可以称之为"新兴"工商业团体。参见该氏《十八、十九世纪苏州城的新兴工商业团体》，台湾大学出版委员会1990年版，第3~4页。引见该书第49页。王日根也有类似观点，指出会馆是以家族为母体但又超越家族的社会组织，是中国传统社会管理体制的"一种新的创造"。会馆要求会众在变迁的社会中既能发扬传统，又能适应社会变迁，这种"发扬传统与追求更新的双重文化趋向"，深刻影响了中国近代历史的发展进程。参见该氏《乡土之链：明清会馆与社会变迁》，天津人民出版社1996年版，第24~25页。

⑯ 虞和平：《商会与中国早期现代化》，上海人民出版社1993年版，第160~161页。

⑰ 范金民：《明清江南商业的发展》，南京大学出版社1998年版，第272~276页。吴慧持相似看法，见该氏《会馆、公所、行会：清代商人组织演变述要》，《中国经济史研究》1999年第3期。

⑱ 黄福才、李永乐：《论清末商会与行会并存的原因》，《中国社会经济史研究》1999年第3期。日本学者根岸佶等人认为，中国商会看似与外国商业会议无异，其实质却是行会性的。参见徐鼎新：《中国商会研究综述》，《历史研究》1986年第6期。另有学者在探讨近代江南市镇社会结构时，将同业公会、同业公所、同乡会馆一律归入传统行会的范畴。参见包伟民主编：《江南市镇及其近代命运

(1840～1949)》，知识出版社 1998 年版，第 215 页。

⑲　王日根：《明清民间社会的秩序》，岳麓书社 2003 年版，第 334 页。

⑳　有学者声称，由于同业公会与传统行帮之间存在密切联系，因此同业公会的传统特性较之商会浓厚许多。参见李德英《民国时期成都市同业公会研究》，"经济组织与市场发展国际学术研讨会"论文（2000 年 8 月，武汉）。引见该书第 51 页。

㉑　这一情形可从抗战前若干大中城市获得证实，通商口岸与内陆城市差别很大。汉口（1929 年）工业资本约占工商两业资本总额 27%，商业资本约占 72%。南京（1933 年）工业资本约占 38%，商业资本约占 62%。上海（1933 年）工业资本约占 33%，商业资本约占 67%。内陆城市如河南郑州、开封、许昌等 8 个城市（1936 年）工业资本约占 6%，商业资本约占 94%。截至抗战前夕，国统区的商业资本约占工商两业资本总额 70%，抗战后上升到 90%。参见陈真编：《中国近代工业史资料》第 4 辑，三联书店 1961 年版，第 83～84 页。

㉒　吴承明：《中国的现代化：市场与社会》，三联书店 2001 年版，第 109～110 页。

㉓　吴承明认为，在经济史研究中，一切经济学理论都应视为方法论，任何经济学说在历史的长河中都会变成经济分析的一种方法。参见该氏《市场·近代化·经济史论》，云南大学出版社 1996 年版，第 102 页。这一观点受到凯恩斯、熊彼特的影响，它对于历史研究具有普遍适用性。

㉔　邓正来指出，中国学者引入西方市民社会模式伊始，便深受其"现代化"前提的制约，承认"西方现代"和"中国传统"的两分界定，因此中国市民社会研究带有"传统—现代"两分的现代化模式的深刻印痕。参见该氏与［英］亚历山大编：《国家与市民社会：一种社会理论的研究路径》"导论"，中央编译出版社 1998 年版，第 18 页。

㉕　［美］罗威廉著，邓正来、杨念群译：《晚清帝国的"市民社会"问题》，原刊 Modern Chian, April, 1993. 后收入邓正来、［英］亚历山大编：《国家与市民社会：一种社会理论的研究路径》，中央编译出版社 1998 年版。问题似乎又回到了韦伯那里。在韦伯有关中国历史的诸种论调中，如下观点值得重新检视，即他认为在中国"存在着享有经济特权的商人同业公会和手工业者的职业团体"，但不存在"城市社区"和"城市市民"的概念。参见［德］马克斯·韦伯著，林荣远译：《经济与社会》下卷，商务印书馆 1998 年版，第 586 页。

㉖　朱英：《网络结构：探讨中国经济史的新视野——第三届中国商业史国际学术研讨会述评》，《历史研究》2000 年第 5 期。

㉗　笔者曾就施坚雅模式对中国近代史的影响进行分析，认为该模式虽然存在局限性，但从方法论的角度看，这一模式仍是我们从事中国近代史研究可以借鉴的有效资源。参见拙文《施坚雅模式与中国近代史研究》，《近代史研究》2004 年第 4 期。

㉘　"选精"、"集粹"是李伯重对中国经济史研究方法的批判性总结，参见该氏《"选精"、"集粹"与"宋代江南农业革命"——对传统经济史研究方法的检讨》，《中国社会科学》2000 年第 1 期。

㉙　［美］柯文著，雷颐、罗检秋译：《在传统与现代性之间——王韬与晚清革命》，江苏人民出版社 1998 年版，第 135 页。

（作者单位：武汉大学中国传统文化研究中心）

20 世纪中国古代文言小说研究述略

□ 苗怀明

与其他国家、民族的小说相比，使用文言、白话这两套迥然不同的文学语言系统进行创作，无疑是最能体现中国古代小说民族传统与特色的一个重要方面。显然，从中国古代社会文化发展演进的实际情况来看，文言与白话并非仅仅表现为语言使用方式、习惯及风格的不同，在这两套文学语言系统上，分别附着了一系列形态各异的价值观念、审美情趣及文学传统。尽管二者都被视为稗官野史，排斥于主流文学之外，但相比之下，文言小说更能为文人阶层所接受，他们看重其作为正史之补、遣兴娱乐的独特文化功能。而白话小说则除少数思想较为开明的文人的关注外，一直处于边缘地位，受到主流社会的歧视和排斥，直到进入 20 世纪，经过西方社会文化思潮的启迪和文学革命的冲击，这一情况才有根本的改观。在梁启超、王国维、胡适、鲁迅等先驱者的大力倡导和苦心经营下，文言小说与白话小说一起作为最能体现中国通俗文学特色与成就的核心文学样式，被纳入现代学术谱系，发展成为一门具有现代学科性质的专学，受到学界的高度重视。

细分之下，由于具体语言形态及其背后所体现价值观念、文化意义的不同，受时代社会思潮的影响，文言小说研究与白话小说研究在不同历史时期所受关注的程度和角度往往随着社会文化语境的变迁而有所变化，各个时期的消长起落情况不尽相同。以下结合相关文献资料，对 20 世纪中国古代文言小说研究的整体状况进行梳理和归纳。

这里需要说明的是，文言小说创作所持续的时间很长，可以说是伴随着中国古代文学创作的始终，并一直延续到现代乃至当今；再者，文言小说所涵盖的范围也很广，实际上涵盖了先秦至隋唐间的几乎全部小说作品以及宋元之后的一部分。因此，广义上的文言小说研究所涉及的问题就不仅仅是文言体小说的研究，实际上还包括了小说的起源、历代小说的发展演进及各个时代小说的走向、特色等重要问题。但由于论题所限，这里采取狭义的理解，缩小论题范围，即只关注作为一种特殊文学语言类型的文言小说的发展演进及其所体现的文学特性、美学品格等方面的研究，至于各个时期小说发展整体状况及其时代特色的研究则不纳入本文的评述范围。同时，像《聊斋志异》这样研究较多的作品也不在论述之列，笔者将另文专门介绍。

一

与白话小说研究的繁盛景象相比，文言小说研究在很长一段时间内颇为寥落，除
《聊斋志异》等少数作品得到较多关注外，绝大多数文言小说作品未能进入研究者的视
野。在 20 世纪 80 年代之前，学界甚至连文言小说的总量、存佚这些最基本的情况都不甚
了解。据陈大康的统计，从 1950 年至 1993 年的四十多年间，全国各类报刊共刊出明代通
俗小说研究论文 5 456 篇、清代通俗小说研究论文 8 444 篇，而此间明代、清代文言小说
方面的研究论文则仅分别为 33 篇、1 446 篇，同时，在这 1 446 篇清代文言小说的研究论
文中，仅《聊斋志异》一书就占了 1 321 篇①。据陈大康的另一项统计，在 1950 年至
2000 年的 51 年间，研究明清通俗小说作家作品的论文共有 17 831 篇，其中研究明代文言
小说的论文仅 69 篇，且大多集中于《剪灯新话》一书；研究清代文言小说的论文有1 838
篇，其中仅研究《聊斋志异》者就有 1 663 篇，《阅微草堂笔记》73 篇②。另据袁行霈、
侯忠义编著的《中国文言小说书目》一书，明代文言小说共有 694 种，清代文言小说共
有 549 种。统计数字是最能说明问题的，尽管《中国文言小说书目》一书收录较为宽泛，
但由文言小说作品总量与被研究量、白话小说研究论文数与文言小说研究论文数之间形成
的巨大反差则是十分醒目的，不难看出长期以来文言小说研究的实际生存状态。

应该说，这一令人尴尬的研究局面的形成与中国小说史学形成阶段的社会文化思潮有
着十分密切的关系。以下稍作分析。

20 世纪初由梁启超等人提出的小说界革命对 20 世纪中国文学的发展影响极为深远，
它标志着中国文学现代化进程的开始。正是梁启超等人的大力鼓吹和提倡，小说、戏曲等
通俗文学在历经长期的打压和排斥之后，终于获得了与诗文辞赋同样重要的社会文化地
位。这一根本转变奠定了 20 世纪中国文学的基本格局。此时，虽然在小说创作上还没有
刻意强调文言、白话之分，但从面向民众、宣传教化、通俗易懂等方面的提倡宣传看，梁
启超等人的着眼点显然在白话小说，文言小说并不符合他们的这些要求。

十多年后，由陈独秀、胡适等人发起的五四新文化运动可以看作是小说界革命的延续
和深化，它以语言为突破口，为白话文学争得了主流的文化地位。但同时也不可否认，陈
独秀、胡适等人提倡白话文学的成功是以对文言文学的极端丑化和贬低为代价的，文言小
说一时成了为白话小说张目的反面陪衬，受到严厉的指责。胡适所提出的"活文学"只
包含"宋人语录，元人杂剧院本，章回小说，及元以来之剧本，小说而已"③，文言小说
显然不在"活文学"之列，属于"死文学"的范畴。同时他还声言："用死了的文言决不
能做出有生命有价值的文学来。"④对文言小说的贬斥在较为激进的钱玄同身上表现得最
为明显。他刻意贬低文言小说的文学价值，认为"唐代小说，描画淫亵，称道鬼怪，乃
轻薄文人浮艳之作，与纪昀蒲松龄所著相同，于文学上实无大价值，断不能与《水浒》
《红楼》《儒林外史》诸书相提并论也"，"《聊斋志异》、《淞隐漫录》诸书，直可谓全篇
不通"。他所说的"小说是近世文学中之杰构"、"戏曲小说，为近代文学之正宗"中的
"小说"显然是只指白话小说，而将唐传奇、《聊斋志异》这些文言小说统统排除在外⑤。
这一观点之偏激就连同为新文化运动倡导者的胡适都表示难以认同，认为"此言似乎太
过。《聊斋志异》在吾国札记小说中，以文法论之，尚不得谓之'全篇不通'"⑥。毕竟胡

适在谈及"近人之小说，其可以传后者，亦皆白话也"时，还特意加上一句"笔记短篇如《聊斋志异》之类不在此例"⑦。实际上，钱玄同这些过于偏激的话可以看作是一种文化策略，意在为白话文学张本，未必是其内心真实的想法。

随后由胡适发起的整理国故运动借助五四新文化运动带来的有利文化氛围得到了学界较为积极的响应，尽管此举在当时引起争议，但一些年轻人响应胡适的倡导，从此开始投身学术事业，致力于以小说、戏曲为代表的通俗文学研究却是不争的事实。虽然此时对文言小说的态度要缓和许多，但由五四新文化运动所形成的语言文化价值观对学术研究对象的选择无疑会起着潜移默化的作用，以治经史之功夫之方法研究小说在当时成为一种新的学术风尚。但显然，更多的研究者愿意去研究那些最能体现现代学术新变的白话小说，文言小说则人为的受到忽视或冷落，包括开风气之先的胡适，他的系列小说考证也主要是以白话小说作品为研究对象。可以说，尽管从五四新文化运动到 1949 年的三十多年间，小说研究的收获颇为丰厚，但就文言小说研究而言，成果远不能同白话小说相比。这一重白话、轻文言、比重失衡的研究格局对整个 20 世纪中国古代小说研究的影响是十分深远的，相信也是胡适等先驱者没有料到的，也不愿看到的。这一状况到今天虽有所改变，但还未能得到根本的扭转，这也是 20 世纪中国小说研究史上的一个奇特现象。

不过，尽管重视程度不够，文言小说的研究还是陆续开展了起来，并取得一些可观的成果。就文言小说的研究而言，大力提倡白话文学的胡适仍然是一位有着重要影响的先驱者。1918 年 3 月 15 日，他在北京大学国文研究所小说科演讲时，首次专门对中国短篇小说的历史进行了梳理。这种梳理虽然是以西方小说观念作参照，但标准较为混乱，比如他认为《搜神记》、《世说新语》等都"不配称做'短篇小说'"，《孔雀东南飞》、《木兰辞》、《上山采蘼芜》、《石壕吏》、《琵琶行》等却被称作"很好的短篇小说"。尽管如此。胡适还是提出了一些值得注意的观点，比如他认为中国最早的短篇小说是先秦诸子的寓言，《聊斋志异》可以代表明清两朝的文言小说等⑧。

在新中国成立前的文言小说研究中，鲁迅的贡献尤为突出。其《古小说钩沉》、《唐宋传奇集》在文言小说文献的辑佚、校勘、整理诸方面卓有成绩，取舍审慎，校勘精良，编排得当，堪称后学者的典范。其《中国小说史略》、《中国小说的历史的变迁》更是第一次对文言小说进行了全面深入的梳理和评述。总的来看，有如下几点值得注意：一是态度客观公正。作者摆脱了五四新文化运动时期的偏激思想，并不因文言、白话之别而刻意进行褒贬，而是以学术精神如实考察中国古代小说发展演进的实际情况。二是比例恰当。《中国小说史略》全书共 28 篇，其中文言小说就占了 12 篇多，将近一半，这一安排基本上还是比较合理得当的。令人遗憾的是，后来的小说史著作大多将文言小说部分给予简化，降低比重，比如南开大学中文系所著《中国小说史简编》，全书共 15 章，其中文言小说即便加上《小说的酝酿和萌芽》部分也不过 3 章⑨。三是立论精彩。在具体论述中，鲁迅宏观把握，微处着眼，既有对作者作品的精审考辨，也有对小说源流的精彩评述，其中不乏一些精辟的见解，比如对小说概念的界定、对小说的分类、关于唐人有意为小说的论断等，皆已为学界所接受，成为学术共识。《中国小说史略》、《中国小说的历史的变迁》不仅立论精彩，更为重要的是它大体上确立了文言小说研究的对象范围和基本框架，对其后的研究影响深远。在此后的很长一段时间里，文言小说研究基本上没有超出该书设定的范围和视野，而且由于对文言小说的忽视与冷落，在很长一段时间内，文言小说研究的水准也未能超过该书。

除鲁迅的《中国小说史略》、《中国小说的历史的变迁》等著述之外，其他研究者也进行了一些颇有建树性的研究，如浦江清《论小说》一文有感于现代小说观念与古代小说观念的抵牾，结合中国小说演进的实际，对文言小说、白话小说中的小说观念进行辨析，提出个人的见解⑩。可惜这样的研究并不是很多。

总的来看，1949 年以前三十多年间的文言小说研究主要有如下两个较为显著的特点：一是研究重点多集中在唐代小说与《聊斋志异》上；一是多为实证式研究，偏重小说文献的搜集、整理与研究。这些特点与整个中国古代小说的情况是基本一致的。唐代小说研究方面，这一时期出版了两部高水准的研究著作：一为汪辟疆的《唐人小说》（神州国光社 1929 年版），一为刘开荣的《唐代小说研究》（商务印书馆 1947 年版）。前者除对唐代小说进行精心校勘整理外，还考订作者、版本，将相关题材的小说作品附于文后，明其渊源流变，兼具资料汇编的性质；后者则是第一部对唐代小说进行全面、深入探讨的专著，该书特别注意小说发展过程中各种社会文化因素的影响，并提出一些新的见解。两书在学界皆有着很好的口碑，至今仍是小说研究的基本参考书。

实证式研究的重点多集中在作者家世生平、作品版本、本事源流的考辨等方面，比较有代表性的论文有余嘉锡的《小说家出于稗官说》（《辅仁学志》6 卷 1、2 期合刊，1937年）、王瑶的《魏晋小说与方术——中古文学史论之一》（《学原》2 卷 3 期，1948 年）、郭维新的《干宝著述考》（《北平图书馆馆刊》10 卷 6 期，1936 年）、容肇祖《唐张鷟事迹考》（《岭南学报》6 卷 4 期，1941 年）、陈汝衡《瞿佑著述考略》（《大晚报·通俗文学》第 83 期，1948 年）等。

这一时期还出版了一些文言小说的整理本，如余嘉锡的《殷芸小说辑证》（1942年）、陈乃乾辑印的《古佚小说丛刊》初集（海宁陈氏慎初堂 1928 年排印，其中收录《游仙窟》）、川岛校点的《游仙窟》（北新书局 1929 年版）、刘盼遂《世说新语校笺》等。

作品的校勘整理之外，研究者们还编制了一些文言小说的专题目录，如静生的《中国古小说叙录》（《中华月报》7 卷 5、6 期，1944 年）、严薇青的《魏晋南北朝志怪小说书录》（《文学年报》第 6 辑，1940 年，后收入《严薇青文稿》，齐鲁书社 1993 年版）、傅惜华的《六朝志怪小说之存逸》（《汉学》1944 年第 1 辑）等。其中以严薇青的《魏晋南北朝志怪小说书录》分量尤重。作者有感于六朝志怪小说"先贤著作，复少论列，既无部录，尤昧渊源。从事钻研，苦无资据"，于是"以《广记》、《隋志》、《四库提要》各家书目及个人涉猎所得，缀为书录，略附考证，兼及内容"。书目分佛教思想产物、道教思想产物和阴阳五行思想产物三类，著录作品三十五种，另有举目、佚书书目五十多种，"旨在辨明其作者、时代、卷数、版本、及真伪各事"⑪。总的来看，这是一部收录完备、编制精审的六朝志怪小说书目。另王庆菽曾于 1946 年至 1948 年间编撰《唐代小说总目提要》，共检寻丛书八十余种，全书按作者或作品的时代排列，分笔记小说、传奇小说和敦煌通俗小说三编，可惜该书未曾公开刊布⑫。

孙楷第于 1934 年至 1938 年间为《续修四库全书总目》所撰写的小说书录解题中，有近七十种为文言小说。对所收作品，除简要介绍其卷数、版本、作者外，还对小说本事源流、艺术特色等进行辨析和评述，要言不烦，颇多真知灼见，具有很高的学术价值。这些

书录解题后收入作者的《戏曲小说书录解题》（人民文学出版社 1990 年版）一书中，可
参看。

二

在新中国成立后近三十年的时间里，由于政治形势与学术环境的巨大变化，小说研究
也有一些新的发展，呈现出较为鲜明的时代特色。在这一时期，文言小说仍然未能受到研
究者们足够的重视，除历史形成的原因之外，也与当时的学术文化思潮密切相关。在这一
时期，随着政治形势的不断变化，学术研究的意识形态色彩越来越浓厚，受政治因素的影
响也越来越大。在古代小说乃至整个古代文学的研究中，强调阶级对立，古为今用，刻意
突出文学作品中的人民性、民主性及批判现实精神成为当时十分风行的研究模式。这种研
究模式不仅僵化、单一，而且具有强烈的排他性，因为如果不按照这种研究思路而别出心
裁的话，会遭到严厉的指责和批判。研究者在研究对象、思路方法及学术观点的表达上受
到诸多限制，缺少应有的学术自由。

在这种充满火药味的学术文化氛围中，文言小说、白话小说的研究被有意或无意地赋
予了一层意识形态色彩。显然，白话小说因其世俗化的题材内容、浓厚的民间色彩正好符
合当时的政治文化形势，容易挖掘出人们所需要的人民性、现实性及阶级斗争、反抗精
神、现实主义等，而文言小说则因其文人气息较浓、精致典雅而难以找到这些要素，受到
有意的排斥，其未能得到充分重视，被刻意冷落，自在意料之中。比较能说明这一问题的
是当时一部小说史著作对古代小说的整体评估："据我们统计，中国小说史上所产生的三
百多部长篇小说和数以万计的短篇小说，百分之九十几是封建思想占主导地位的糟粕，我
们前面所说的'丰富的遗产'、'优良的传统'，是根本不包括它们在内的。"⑬显然，在这
种极为不利的文化语境中，文言小说的研究自然难以有大的突破，这表现在相关研究论文
数量很少，除《聊斋志异》外，新中国成立后近三十年间文言小说研究方面的文章不过
寥寥几十篇，即使是这几十篇文章，还存在着思路、观点重复和雷同的现象，缺乏原创性
和有价值的命题。

整体的突破虽然不大，但对具体作品、问题的研究还是有一些新的进展的。这主要表
现为一些较有分量著述的出版，其中论著主要有张长弓的《唐宋传奇作者暨其时代》（商
务印书馆 1951 年版）、刘叶秋的《魏晋南北朝小说》（中华书局上海编辑所 1961 年版），
两书分别对汉魏六朝、唐宋时期的小说发展情况进行了较为全面的介绍，但由于两书皆为
通俗读物，面向一般读者，篇幅很小，因而未能展开论述，达到应有的深度和广度。

论文主要有林辰的《鲁迅〈古小说钩沉〉的辑录年代及所收各书作者》（《光明日
报》1956 年 10 月 21、28 日）、范宁的《论魏晋志怪小说传播和知识分子思想分化的关
系》（《北京大学学报》1957 年第 2 期）、王运熙《试论唐传奇与古文运动的关系》（《光
明日报》1957 年 11 月 10 日）等。

这一时期研究者还整理出版了一批质量较高的文言小说读本。其中影印出版者有文学
古籍刊行社 1955 年影印出版的明天启本《类说》、《古今谭概》、中华书局上海编辑所
1962 年影印出版的宋刊本《世说新语》等。

整理出版者主要有胡怀琛校点的《搜神记》（商务印书馆 1957 年版）、王利器校订的

《世说新语》（文学古籍刊行社 1956 年版）、方诗铭校注的《游仙窟》（古典文学出版社
1955 年版）、中华书局上海编辑所 1958 年整理出版的《三水小牍》、人民文学出版社
1959 年整理出版的《太平广记》（中华书局 1961 年再版）、周夷校补的《绿窗新话》（古
典文学出版社 1957 年版）、周夷校注的《剪灯新话》（外二种）（古典文学出版社 1957 年
版）、古典文学出版社 1957 年整理出版的《醉翁谈录》、1958 年整理出版的《青琐高
议》、汪原放校点的《效颦集》（古典文学出版社 1957 年版）、文学古籍刊行社 1954 年出
版的《虞初新志》等。

　　选注本主要有徐震堮选注的《汉魏六朝小说选》（春明出版社 1955 年版）、张友鹤选
注的《唐宋传奇选》（人民文学出版社 1959 年版）、俞长源选注的《汉魏六朝小说》（中
华书局上海编辑所 1959 年版）、张友鹤选注的《聊斋志异选》（作家出版社、人民文学出
版社 1956 年版）、中国科学院文学研究所编注的《不怕鬼的故事》（人民文学出版社 1961
年版）等。

　　此外，鲁迅的《古小说钩沉》、《唐宋传奇集》、汪辟疆的《唐人小说》、刘开荣的
《唐代小说研究》、吴曾祺编选的《旧小说》等也都得以再版，有些还进行了修订。

三

　　文言小说研究真正引起学界注意、获得突破还是在进入 20 世纪 80 年代以后。随着改
革开放带来的社会文化环境的宽松，学术研究历经坎坷，终于走上正途。而研究一旦规范
和深入，占中国古代小说半壁江山的文言小说自然会受到关注。由于此前的文言小说研究
存在着严重不足，缺乏必要足够的学术积累，因此，当研究者集中力量进入这一颇为寥落
的学术领域时，很容易在各个方面取得突破，其成果也就显得特别醒目突出。其中侯忠义
着手较早，收获也较为丰厚，其《中国文言小说书目》、《中国文言小说参考资料》和
《中国文言小说史稿》等著作在当时皆有填补空白的意义，对文言小说研究风气的形成具
有倡导之功。从 90 年代至今，小说研究经过十多年的恢复和重建，已经有着比较丰厚的
学术积累，文言小说研究取得更大进展，开始成为整个中国古代小说研究领域一个新的增
长点，显示出勃勃生机。这主要表现在：已经有越来越多的研究者致力于此，相继出版了
一批有分量的学术专著，文言小说研究在不少方面取得新的突破。在可以想见的未来数年
间，文言小说的研究当会达到一个较为繁盛的局面，中国小说史研究将会因之而变得更加
充实、丰满。最能体现这一变化的一个现象是，文言小说在小说史类著作中所占篇幅、比
例开始有较大幅度的增加，从以前的微不足道到占有半壁江山，如程毅中《宋元小说研
究》（江苏古籍出版社 1998 年版）一书，是全面论述宋元小说发展情况的专著，全书共
12 章，其中文言小说就占了 7 章。虽然这种做法还不是很普遍，但它代表了一种可喜的
学术转向，表明学界对文言小说特性与价值的认识在不断深化。

　　总的来看，20 世纪 80 年代以来文言小说研究的成就主要体现在如下一些方面：

（一） 文言小说作品的整理出版

　　这一时期，作为文言小说研究基础工作之一的作品整理出版在规模和范围上都有很大
的增加和拓展，远非以前各个时期可比。这些作品的出版往往有着明确的学术目的，而且

有计划成系列，为更进一步的研究奠定了坚实的文献基础。

文言小说作品的整理出版主要采用两种形式：一种是影印，一种是校勘整理。其中影印出版者主要有：江苏广陵古籍刻印社 1983～1984 年影印出版的《笔记小说大观》、上海古籍出版社 1982 年影印出版的清光绪十七年思贤讲舍刻本《世说新语》、上海书店 1986 年影印出版的《虞初志合集》、中国书店 1986 年影印出版的《虞初志》和《虞初续志》、齐鲁书社 2001 年影印出版的《清代笔记丛刊》等。其中周光培主编的《历代笔记小说集成》（河北教育出版社 1994 年影印出版）是目前规模最大的一部文言笔记小说丛书，该书共收汉魏至明清间笔记小说 751 种。

影印之外，不少出版机构还相继推出了各种形式的系列整理本，据笔者所知见者，主要有如下一些：中华书局的《古小说丛刊》，上海古籍出版社的《宋元笔记丛书》，齐鲁书社的《清代笔记小说丛刊》，文化艺术出版社的《历代笔记小说丛书》，春风文艺出版社的《明人编刊小说总集》，中州古籍出版社的《明清文言小说选刊》，吉林大学出版社的《明清稀见珍本小说名著丛书》，黄山书社的《笔记小说名著精刊》、《清代笔记小说类编》，重庆出版社的《笔记小说精品丛书》，上海古籍出版社的《汉魏六朝笔记小说大观》、《唐五代笔记小说大观》、《宋元笔记小说大观》，山西古籍出版社的《民国笔记小说大观》等。其中有不少丛书不仅质量高，而且独具特色。

李时人编校的《全唐五代小说》（陕西人民出版社 1998 年版）是这一时期出版的一部质量较为精良的断代小说总集。该书按照"对小说种种美学要求的认识"来判别小说和非小说，以界定唐人小说，所收作品，"除现存各种单篇和成集的唐及五代的小说，还包括从有关诸家别集、文章总集、丛书类书、佛藏道藏、稗史地书、后人纂集之小说总集和敦煌遗书中所收罗的所有唐及五代时期的小说和接近小说规制的叙事作品"。作品时限大体与《全唐诗》相同。正文分正编和外编两部分，"正编辑录小说作品，外编则辑录接近小说规制的叙事作品"，编排上以时代为经，作者为纬，于作者名下列出小传，注意对作者的辩证和文字校勘，正文后列笺、校。书后附有《作者索引》和《篇目索引》，便于读者检索。对该书特点及不足，程毅中《读〈全唐五代小说〉札记》一文所谈甚详，可参看⑭。

其他如余嘉锡编撰的《世说新语笺疏》（中华书局 1983 年版），徐震堮编著的《世说新语校笺》（中华书局 1984 年版），周楞伽辑注的《殷芸小说》（上海古籍出版社 1984 年版），周楞伽辑注的《裴铏传奇》（上海古籍出版社 1980 年版），庄葳、郭群一校点《太平广记钞》（中州书画社 1982 年版），李剑国辑校的《唐前小说辑释》（1984 年），李宗为校点的《纂异记 甘泽谣》（上海古籍出版社 1991 年版），徐凌云、许善述点校的《唐宋笔记小说三种》（黄山书社 1991 年版），王汝涛编校的《全唐小说》（山东文艺出版社 1993 年版），程毅中等人合编的《古体小说钞》（中华书局 1995 年版、2001 年版），陈文新选评的《六朝小说》（文化艺术出版社 1997 年版），李剑国辑校《宋代传奇集》（中华书局 2001 年版），朱铸禹汇校集注的《世说新语会校集注》（上海古籍出版社 2002 年版）等也都有着较高的水准。

另外，规模更为庞大、收录更为完备的一部中国文言小说总集《全古小说》目前正在紧张编撰中，该书由全国高校古委会支持赞助，拟收录从先秦至清末（1911 年）间的全部文言小说作品，以时代先后分唐前卷、唐五代卷、宋元卷、明代卷、清代卷。收录作品三千种，字数五千多万字⑮。同时，《全唐五代笔记》、《全宋笔记》等大型笔记总集也正在编纂出版中。

具有文化普及性质的文言小说选本这一时期也出版了不少，主要有沈伟方、夏启良选注的《汉魏六朝小说选》（中州书画社 1982 年版），徐士年选注《唐代小说选》（中州书画社 1982 年版），王洪延、周济人选注的《五代宋小说选》（中州书画社 1983 年版）等。

（二） 文言小说资料的系统搜集和整理

较之白话小说的研究，文言小说研究的文献基础工作进行得较为缓慢，孙楷第的《中国通俗小说书目》、《日本东京所见中国小说书目》等著作虽然也收录部分文言作品，但着眼点与着重点不在文言小说，而是强调其通俗方面，早在半个多世纪之前，郑振铎就曾对孙楷第提过一个建议："专载以国语文写成的'通俗小说'而不录'传奇文'和文言的小说，似仍留有一个阙憾在。不知子书先生有扩充此书成为更完备的'中国小说书目'之意否？"⑯可惜由于各种因素的制约，这个建议在长达半个世纪之内未能得到积极回应。

进入 80 年代后，开始有研究者专力于此，相继编撰了一批文言小说专题书目，如袁行霈、侯忠义的《中国文言小说书目》，程毅中的《古小说简目》，李剑国的《唐五代志怪传奇叙录》、《宋代志怪传奇叙录》，宁稼雨的《中国文言小说总目提要》，石昌渝主编的《中国文言小说总目》（文言卷）等。其中《中国文言小说书目》以传统目录学所言小说家书为主要收录依据，共收录文言小说两千余种，全书"以时代诠次，先列书名、卷数、存佚，再列时代、撰者，著录情况，版本，并附以必要之考证说明"⑰。该书的优点在收罗完备、著录详细，是第一部文言小说专题书目，但缺点也很明显，那就是收录范围较为宽泛，未加甄别，收录不少非文学著作，不便于研究利用。有的研究者称其"不够审慎和完备"，因为如果"依据传统目录学的经典意见"，像《剪灯新话》、《燕山外史》这类"明显出自虚构的作品"就不能著录，反之，像《刘生觅莲记》、《如意君传》等作品未予著录，"就是一个疏漏"⑱。程毅中的《古小说简目》一书以五代为断限，收录"文学性较强的志怪、传奇小说为主"，同时还"适当地尊重历史传统，参照史书艺文志小说类著录的源流，兼收杂事、琐记之类的作品"；编排"大体上以类相从，并不严格按年代先后为序"⑲。由于是简目，只著录书名、作者、存佚、历代书目著录等基本情况等，间有考辨，具有较高的学术价值。

宁稼雨的《中国文言小说总目提要》是一部具有集大成性质的文言小说目录著作，它的出版标志着文言小说研究的新进展。该书收录先秦至 1919 年间汉语单篇文言小说、文言小说集、文言小说丛书、文言小说类书 2 184 种。按时代顺序，分志怪、传奇、杂俎、志人和谐谑五类编排，著录内容包括作品正名、异名、作者、历代著录情况、内容简述等。书后附有《剔除书目》、《伪讹书目》、《书名、作者笔划索引》和《书名、作者音序索引》等。作者以个人之力完成此书，可以想象其编撰的难度及所付出的大量心血。当然，由于个人见闻有限，难免出现失收、误收现象，即使是已收录的作品，也未能一一目验，有些作品的介绍系依据他书记载而成，疏漏之处亦复不少。已有研究者撰文指出，或进行补充⑳。作者如能对该书再下一番功夫，进行一次较为全面的修订，充分吸收已有的研究成果，质量当能有较大的提高。

李剑国《唐五代志怪传奇叙录》、《宋代志怪传奇叙录》是两部独具特色、颇见学术功力的文言小说专题书目。前者收录"唐世及五代十国之文人单篇传奇与志怪传奇集。其余所谓笔记、笔记小说者概不取"，后者收录"两宋传奇文与志怪传奇小说集，小说集以志怪传奇为主兼有杂事者亦收录"，辽金二代作品列入附编。著录内容包括"作者、著录、版本、流传、篇目之考辨及影响、评价等"，"重在钩稽资料，条疏源流，辨证真伪，发明得失"㉑。前书考校很详，后者则较为简略。显然，作者目的并不在简单的排比资料，而是要将作品的叙录与研究结合起来，融资料汇编和学术研究于一体。作者采取竭泽而渔的方式，相关资料收罗十分完备，达到很高的学术水准。两书出版后，受到学界的普遍好评。

相关文言小说目录类著述尚有周勋初的《唐代笔记小说叙录》（《周勋初文集》第 5 卷，江苏古籍出版社 2000 年版）、陈益源的《明代文言小说提要》（载其《古代小说述论》，线装书局 1999 年版）等。

除文言小说书目的编制之外，这一时期研究者们还进行了文言小说研究资料的整理汇编。侯忠义所编《中国文言小说参考资料》为第一部文言小说资料汇编，可谓拓荒之作。该书选编 196 种文言小说作品、作者的相关资料。全书分上下编，上编为总论，"系研究文言小说的概念、分类及其发展的论述文字"，下编则为分论，系"具体作品和作家的有关资料"㉒。资料时间下限为近代，所收资料皆注明出处、版本，以备复核。书后附《部分文言小说论文索引》。该书所收材料从今天来看，还不够完备，但重要资料基本采入，对文言小说研究具有重要参考价值。其他如黄霖、韩同文选注的《中国历代小说论著选》（江西人民出版社 1982 年版），黄清泉主编的《中国历代小说序跋辑录——文言笔记小说部分》（华中师范大学出版社 1989 年版），丁锡根编著的《中国历代小说序跋集》（人民文学出版社 1996 年版）等也收录了不少文言小说方面的资料。

（三）研究视野的拓展和深化

这种拓展与深化是研究者引起重视、投入更多学术力量苦心经营的必然结果，特别是在进入 90 年代后，文言小说研究已逐渐形成规模和气候，出现了一批致力于文言小说研究的学人，如李剑国、陈文新、宁稼雨等。无论是小说作品的校勘整理、研究资料的梳理汇编，还是研究专著的编撰，在数量、质量上都远非先前数十年间所能相比，可以说是形成了一个全新的文言小说研究局面。文言小说研究在整个中国古代小说研究中虽然还没达到占据半壁江山的理想格局，但已并非可有可无，它体现着小说研究的最新趋势，增加了古代小说研究的学术分量。

随着探讨的不断深入，研究者不再满足于先前那种鉴赏、点评式的研究，所涉及领域大为拓展，原先的课题也因资料的增加、视角的改变而得到更进一步的深化。这主要表现在两个方面：首先是研究视野的拓展。不少研究者开始依照文言小说自身的特性对其发展演进轨迹进行全面、系统的梳理，撰写了一批文言小说史类著作，如刘叶秋的《历代笔记概述》（中华书局 1980 年版）、李剑国的《唐前志怪小说史》（南开大学出版社 1984 年版）、侯忠义的《中国文言小说史稿》（北京大学出版社 1990 年版、1993 年版）、程毅中的《唐代小说史话》（文化艺术出版社 1990 年版）、杜贵晨的《中国古代短篇小说史》（中州古籍出版社 1991 年版）、宁稼雨的《中国志人小说史》（辽宁人民出版社 1991 年版）、陈文新的《中国文言小说流派研究》（武汉大学出版社 1993 年版）、吴志达的《中国文言小说史》（齐鲁书社 1994 年版）、吴礼权的《中国笔记小说史》（商务印书馆 1997年版）、王枝忠的《汉魏六朝小说史》（浙江古籍出版社 1997 年版）、侯忠义的《隋唐五代小说史》（浙江古籍出版社 1997 年版）、苗壮的《笔记小说史》（浙江古籍出版社 1998年版）、薛洪勣的《传奇小说史》（浙江古籍出版社 1998 年版）、陈文新的《文言小说审美发展史》（武汉大学出版社 2002 年版）《传统小与小说传统》（武汉大学出版社 2005 年版）等。

文言小说史之外，还出版了一批有分量、有特色的研究专著，如吴志达《唐人传奇》（上海古籍出版社 1981 年版）、人民文学出版社编辑部编《唐传奇鉴赏集》（人民文学出版社 1983 年版）、俞汝捷《仙鬼妖人——志怪传奇新论》（中国工人出版社 1992 年版）、董乃斌《中国古典小说的文体独立》（中国社会科学出版社 1994 年版）、周勋初《唐人笔记小说考索》（江苏古籍出版社 1996 年版）、赵明政《文言小说：文士的释怀与写心》（广西师范大学出版社 1999 年版）、周绍良《唐传奇笺证》（人民文学出版社 2000 年版）、卞孝萱《唐传奇新探》（江苏教育出版社 2001 年版）、宁稼雨《传神阿堵，游心太玄——六朝小说的文体与文化研究》（百花文艺出版社 2002 年版）、程国赋《唐代小说嬗变研究》（广东人民出版社 1997 年版）、《唐五代小说的文化阐释》（人民文学出版社 2002 年版）、占骁勇《清代志怪传奇小说集研究》（华中科技大学出版社 2003 年版）等。由多名研究者合作编撰、具有文献性质的《文言小说家评传》也即将由中州古籍出版社出版。

（四）研究方法的更新

进入 20 世纪 80 年代后，长期流行的单一、呆板的庸俗社会学研究模式逐渐被多元丰富的研究方法代替，并在 80 年代中后期形成了古代文学研究的方法热。一时间，系统论、信息论、心理分析、原型批评、叙事学、文体学、主题学等种种西方新的方法被译介进来，应用到小说研究中，为揭示文言小说的审美特性与文学品格提供了一个新的观照角度。经过近十多年的不断摸索，有些方法被证明并不太适合小说的研究，如系统论、信息论等，有些则被证明是较为有效的，如叙事学、文体学等。那些较为有效的西方文学理论经过调整和整合，克服"水土不服"之弊，被充分本土化，已成为研究小说的基本方法，如石昌渝的《中国小说源流论》（三联书店 1994 年版）、董乃斌的《中国古典小说的文体独立》（中国社会科学出版社 1994 年版）等著作借鉴叙事学、文体学等理论，对中国古代小说发展源流进行的重新审视，就受到学界的好评。利用新的视角，这些著作揭示了中国小说发展的一些内在规律，也许他们的结论并不新颖，但这种探讨过程是十分有益的。

新方法被采用的同时，一些传统研究方法也在这一时期得到发扬广大，由陈寅恪等开创的文史互证法也被充分应用到小说研究上。如周绍良的《唐传奇笺证》（人民文学出版社 1998 年版）、卞孝萱的《唐传奇新探》（江苏教育出版社 2001 年版）等都采用了这种文史互证法。前者采用笺证方式，对 14 篇唐传奇作品所述史实、典故、名物等，广采史书、文集等典籍，旁征博引，进行较为详尽的诠释；后者"以小说写作的政治背景为出发点，从传奇作者的政治态度入手，专与通结合，文与史互证，旁推曲鬯，以意逆志，透过表面的藻绘，进入作者的心胸，探索作者的创作意图亦即作品的真正寓意"㉓。这一研究方法在揭示古代小说创作背景、动机及趣旨等方面有其独特效用，而且这种方法打通文史、视野开阔、极见学术功力。自然，这一方法也有其适用范围，相比而言，对文言小说的研究更为有效，对白话小说研究则效用有限，很容易求之过深，造成索隐之弊。此外，传统的实证式研究依然在文言小说研究中发挥着重要功能，用以解决作者生平家世、版本源流、素材本事等基本问题，如周勋初《唐人笔记小说考索》等就属此类著作。

丰厚的文献基础、开阔的研究视野、多元的理论方法必然会带来文言小说研究的新气象。在此基础上，出现了一些新的研究课题与学术热点，许多研究空白得到填补。比如对元明中篇传奇小说的研究。此类小说是文言小说发展过程中一个十分重要的环节，代表着文言小说的新变，它们在元明时期的集中出现是中国文学史上一个颇为引人注目的现象。但先前对此类小说的研究几乎是空白。随着研究的深入，有些研究者开始着手此类小说的研究，其中台湾学人陈益源用力最多，收获也最大，其《元明中篇传奇小说研究》（华艺出版社 2002 年版）对此进行了全面深入的研究，具有开拓之功。其后陈大康在其《明代小说史》中将其列专章进行评述㉔，给予这类小说以小说史上应有的位置。

对《世说新语》的研究也是如此，先前一直没有专门的研究论著出版，相关论文也不多。这一情况在进入 20 世纪 90 年代之后有了很大改变，其间共出版各类专著十多种，如王能宪的《世说新语研究》（江苏古籍出版社 1992 年版），萧艾的《世说探幽》（湖南出版社 1992 年版），郭在贻的《世说新语词语考释》（浙江古籍出版社 1992 年版），张永言主编的《世说新语辞典》（四川人民出版社 1992 年版），张万起的《世说新语词典》（商务印书馆 1993 年版），吴金华的《世说新语考释》（安徽教育出版社 1994 年版），张叔宁的《世说新语整体研究》（南京出版社 1994 年版），宁稼雨的《世说新语与中古文化》（河北教育出版社 1994 年版），张振德等的《世说新语语言研究》（巴蜀书社 1995 年版），范子晔的《世说新语研究》（黑龙江教育出版社 1998 年版），王守华的《世说新语发微》（上海文艺出版社 1998 年版），蒋凡的《世说新语研究》（学林出版社 1998 年版），李建中、高文强的《日月清朗　千古风流——〈世说新语〉》（云南人民出版社 2001 年版）等。显然，《世说新语》研究已成为 90 年代以来古代小说研究的一个新增长点，在一定时间内还会持续热下去。

再如对近代文言小说的研究，长期以来未能得到学界重视。陈平原在其《二十世纪中国小说史》（第 1 卷）一书中设立专章，对近代小说创作中文言、白话的消长情况进行梳理辨析，颇具新意㉕。可惜这一问题未能得到其他研究者的回应，深入进行下去。其他如对《太平广记》、瞿佑《剪灯新话》、纪昀《阅微草堂笔记》等作品的研究也开始受到越来越多学者的关注，相信在不久的将来还会有一批优秀的研究成果出现。

注　释：

①　参见陈大康：《关于明清小说研究格局的思考》，《明清小说研究》1995 年第 1 期。

②　陈大康：《研究格局严重失衡与高密度重复》，《文汇读书周报》2002 年 9 月 6 日。

③　胡适：《谈活文学》，载《胡适古典文学研究论集》，上海古籍出版社 1988 年版。

④　胡适：《建设的文学革命论》，载《胡适古典文学研究论集》，上海古籍出版社 1988 年版。

⑤　钱玄同 1917 年 2 月 1 日致陈独秀书、1917 年 2 月 25 日致陈独秀书，载沈永宝编：《钱玄同五四时期言论集》第 1～2、5 页，东方出版中心 1998 年版。

⑥　胡适：《再寄陈独秀答钱玄同》，载《胡适古典文学研究论集》，上海古籍出版社 1988 年版。

⑦　胡适：《历史的文学观念论》，载《胡适古典文学研究论集》，上海古籍出版社 1988 年版。

⑧　胡适：《论短篇小说》，载《胡适古典文学研究论集》，上海古籍出版社 1988 年版。

⑨ 参见南开大学中文系著《中国小说史简编》,人民文学出版社 1979 年版。

⑩ 浦江清:《论小说》,文学遗产编辑部编《文学遗产增刊》第 6 辑,作家出版社 1958 年版。

⑪ 严薇青:《魏晋南北朝志怪小说书录附考证》之叙例,载《严薇青文稿》,齐鲁书社 1993 年版。

⑫ 参见王庆菽:《我研究、搜集敦煌文学变文的概况》,载其《敦煌文学论文集》,吉林大学出版社 1987 年版。

⑬ 北京大学中文系一九五五级《中国小说史稿》编辑委员会编:《中国小说史稿》,人民文学出版社 1960 年版,第 7 页。

⑭ 程毅中《读〈全唐五代小说〉札记》,载其《古籍整理浅谈》,北京燕山出版社 2001 年版。

⑮ 参见《关于编辑〈全古小说〉的若干说明》(《明清小说研究》1998 年第 1 期)、侯忠义《编辑〈全古小说〉的设想与文言小说的价值》(《吉林大学社会科学学报》1998 年第 6 期)等文的介绍。

⑯ 郑振铎:《中国通俗小说书目》"序",《郑振铎文集》第 5 卷,人民文学出版社 1988 年版。

⑰ 袁行霈、侯忠义:《中国文言小说书目》"凡例",北京大学出版社 1981 年版。

⑱ 石昌渝:《中国小说源流论》,三联书店 1994 年版,第 12 页。

⑲ 程毅中:《古小说简目》"凡例",中华书局 1981 年版。

⑳ 参见陈益源《明代文言小说的调查与研究——宁稼雨〈中国文言小说总目提要〉补正》(载其《古代小说述论》,线装书局 1999 年版)、陆林《〈中国文言小说总目提要〉求疵录》(《古籍整理出版情况简报》2000 年第 9、10 期)、《〈中国文言小说总目提要〉初读——有关作者史实缺误商兑补苴》(《文学遗产》2001 年第 1 期)。

㉑ 李剑国:《唐五代志怪传奇叙录》"凡例",南开大学出版社 1993 年版;《宋代志怪传奇叙录》"凡例",南开大学出版社 1997 年版。

㉒ 侯忠义:《中国文言小说参考资料》"凡例",北京大学出版社 1985 年版。

㉓ 卞孝萱:《唐传奇新探》"引言",江苏教育出版社 2001 年版,第 1 页。

㉔ 参见陈大康:《明代小说史》第十章《明代的中篇传奇小说》,上海文艺出版社 2000 年版。

㉕ 参见陈平原:《二十世纪中国小说史》(第 1 卷)第六章《文白并存的小说文体》,北京大学出版社 1989 年版。

（作者单位：南京大学中文系）

"琳琅千册归公库，留予吹沙继起人"

—— 记一段化私为公的书缘

□ 陈文新

　　萧萐父先生的藏书之丰富，在武汉大学广为人知。"文革"期间，曾经发生过这样一件事：大概是因为"伟大领袖"在最新指示中提到了《五灯会元》，湖北省"文革委员会"急于找到这部佛教著作。寻找的结果是：湖北省图书馆没有，武汉大学图书馆没有，在汉所有重要的图书馆都没有。有位老师提供消息说：萧萐父先生一定有这部书；他的许多藏书都是校图书馆和系资料室没有的。这个消息是准确的。萧萐父先生的确有这部书，线装本，厚厚的二十册。可惜的是，这部书不在萧先生身边，早已被红卫兵抄走，运到武大襄阳分校，不知丢在何处了。费了很多周折，萧先生终于在一间阴暗潮湿的房子里找到了这部书。当萧先生从杂乱的书堆中抱起这部书时，他伤心得泪流满面：堆在上面的几本，还能够完整地放在手上；而下面的几本，则已发霉腐烂，没法翻读了。萧先生一生爱书、读书，喜欢藏书，没想到如此珍贵的藏书竟落到这样的境地！

　　萧先生长期担任武汉大学中国传统文化研究中心学术委员会主任。他对中心的学术发展极为关注，希望自己有特色的丰富藏书能为中心的中青年学人所用。从 2000 年到 2005 年，萧先生共五次向中心捐书，总数已达五千余册，是中心资料室的两大特藏之一（另一特藏是日本学者伊原泽周先生的捐书）。2000 年，萧先生第一次向中心捐书。他郑重题辞，表白心迹："学术为天下之公器，书籍乃信息之载体。殊途百虑，贵在感通。涓埃之积，物尽其用。这些有用资料，捐赠给中国传统文化研究中心资料室惠存。"萧先生化私为公，其思深，其虑远，哲人情怀，令人敬佩。

　　萧先生第三、第四两次捐书留给我的印象格外深刻。2003 年 12 月 26 日，先生第三次向中心捐书，计 1 679 册，其中关于中国思想史、船山学与明清史、道教与佛教的典籍尤为丰富和珍贵。捐书目录前，有萧先生手书的自题绝句一首。《武汉大学报》曾以"捐书戏题"为题，发表于 2004 年 2 月 27 日第 4 版：

万卷书兼万里行，

自惭德业两无成。

琳琅千册归公库，

留予吹沙继起人。

"盛德"和"大业"是人文价值的两个核心层面。"德"是内在的道德修养，"业"是外在的功业建树。萧先生在这两个方面都堪为楷模。萧先生的专长在明清哲学，特别是王船山哲学。如方克立教授所说："萧萐父教授是我国著名的中国哲学史学专家，他在中国哲学通史、哲学史方法论、中国哲学史史料学、明清哲学、佛教哲学、道家与道教哲学、现代哲学思潮研究等方面都作出了重要贡献，尤以明清之际哲学启蒙说与船山学研究成果的影响为最巨，可以说他一直代表着半个世纪以来船山学研究的最高学术水平。"萧先生研究哲学，包括研究船山哲学，绝不只是为了获取学问或学术地位，更重要的是成就一种人格风范、一种人生境界。哲学的致思历程也就是生命的创造过程和人生价值实现的过程。在"德业"两个方面，萧先生都是当之无愧的榜样。《捐书戏题》的第二句谦称"自惭德业两无成"，谦逊自抑，更见仁者气象。诗与哲学的统一，是萧先生对中国哲学特质的界定，也可用来描述萧先生的这种仁者气象。

"琳琅千册归公库"，写的是实情实景。萧先生第三次捐书的那个下午，我作为中心主管资料室工作的副主任，前往先生家中接受捐赠。先生那天精神很好，具体介绍了这批赠书的特点，包括先生读书过程中随手写在书上的若干批语，令我大开眼界。我曾想，如果我的人格涵养和学问积累能达到较好地理解萧先生的程度，我会花一段时间研读这些批语，那里面一定有许多值得展开的真知灼见。萧先生还谈了学界友人题赠大著的一些情况。萧先生朋友很多，又乐于提携后进，各种赠书琳琅满目。而许多赠书还携带着若干学界佳话。可惜那些具体内容，我已记得不准，难以一一缕述。握手道别时，先生郑重地感慨一句："化私为公"，从此以后这些书就是中心的了。其欣然而又慨然的表情，包蕴着耐人寻味的情思。

"吹沙"是古典，也是今典。萧先生勤于笔耕，主要著作有《吹沙集》、《吹沙二集》、《吹沙纪程》等二十余种。以"吹沙"名集，取义于刘禹锡诗句"千淘万漉虽辛苦，吹尽狂沙始到金"。吹沙觅金，需经千淘万漉，是一个十分漫长而艰苦的历程。萧先生对这两句诗的钟情，从一个侧面显示了他锲而不舍、致力于创造哲学智慧的大家风范。笔耕之外，萧先生的另一重要人生内容是致力于人才培养，以求学术文化的"慧命承继"、"薪火相传"。方克立教授曾说："萧老师在教书育人方面也作出了突出贡献，他与李德永、唐明邦教授一起，精心培养了大批学有所成的中国哲学专业博士、硕士，他们已成为今日学术界的骨干力量。萧老师是中国哲学史学中的珞珈学派的名副其实的掌门人。"这段话，正可用作"留予吹沙继起人"的注脚。萧先生目光所注，是"使中国思想的慧命生生不已"。

2004 年 5 月 10 日，萧先生第四次向武汉大学中国传统文化研究中心捐赠书刊，计八百余册，内容涉及思想史、中国传统文化与文化学、现代新儒家等方面，是萧先生个人藏书中相当重要的部分。捐书目录前，有萧先生手书的一首绝句，附注云："戏题又增一首"。全诗洋溢着浓郁的哲理意味：

> 困拥书城不记年，
> 井蛙河伯自陶然。
> 今朝舍筏忘筌后，
> 始觉心游别有天。

萧先生认同道家风骨，长期关注易学源流和佛教中国化问题，这首绝句所蕴含的哲思便与庄禅不无关联。拜读之余，我曾即兴加了两条注："井蛙河伯，典出《庄子·秋水》：'秋水时至，百川灌河；泾流之大，两涘渚崖之间，不辩牛马。于是焉河伯欣然自喜，以天下之美为尽在己；顺流东行，至于北海；东面而视，不见水端。'河伯这才意识到自己的浅陋，感叹说：'吾长见笑于大方之家。'北海若由这一事实引申道：'井蛙不可以语于海者，拘于虚也；夏虫不可以语于冰者，笃于时也；曲士不可以语于道者，束于教也。'后世因以井蛙之见比喻浅陋的见识。萧先生以'井蛙河伯'自喻，这是谦虚的说法。""舍筏忘筌：'舍筏登岸'、'得鱼忘筌'的省略。这里，萧先生以'筏'和'筌'比喻学识，并幽默地表达了'捐出藏书'这一层意思。"两条注过于平实，仅关注诗句的表面意思，连我自己也不满意。我拿去给萧先生看，萧先生在空白处另加了三条注：

> ①"坐拥书城，左图右史"，"读书破万卷……"是中国士人引为自豪的赏心乐事，而困学苦读，迷失自我，实又可悯。《庄子·秋水》以井蛙、河伯、北海若三者问答为喻，揭示视野广狭、识知多少、学思境界的三个层次，大小虽殊，各有局限，而各不自知，反而陶然自得，就会迷乱失真，贻笑大方。
>
> ②佛法以佛说经论为度人到彼岸的宝筏，但既达彼岸，筏亦应舍。王弼有得意忘言之说，类此。王弼：《周易略例·明象》："筌者所以在鱼，得鱼而忘筌也。"得意而忘象，得象而忘言，超越局限，始能达到独立人格，自由思想。
>
> ③《庄子》有"心有天游"之说。此处把捐书之举视为"舍筏"、"忘筌"，自嘲而已。

三条注是用红笔写的，分外醒目。萧先生驰骋古今之学，真积力久，其学识渊博，浅陋如我，自无从测其深度，而其文字之健拔精粹，也常令我叹为观止。这三条小注，虽仅寥寥三百余字，而雅言隽语，令人神爽。

2005 年岁末，萧先生第五次向中心捐书。由于我工作疏忽，捐目与实收之间，出现了一些不吻合的情况。12 月 29 日，先生托吴根友教授捎来一纸便函：

陈文新同志：

捐书琐事，先后相烦，心感无已！赠书印章，原在我处，误记，歉然！兹再送陈备用。上次遗下书十余捆，何故？查实否？捐目与实收，误差不宜过大，幸甚！"天下事了犹未了，何妨以不了了之。"记得首次我写过"短札"数句，继又有"戏题"二绝，如蒙亲历其事，实有所感，挥毫串作一篇"随笔"，打印在"目录"之后，则此次书缘，一经品题，亦可谓"善了"者矣。不知有此雅趣否？

　　中华大典·明清文学典首卷目录，能借我一阅否？

　　　颂

文祺！

萧萐父启

05.12.29

　　这里照录萧先生便函全文，一是如实记下我在接受捐书过程中的失误，二是藉以交代这篇随笔的缘起，而私心所存，还在于迷恋萧先生的文字：一纸便函，也可以写得如此有书卷气！高山仰止，景行行止。虽不能至，心向往之。能与萧先生结下这段书缘，这是我的福分。《易传》说："盛德、大业，至矣哉！富有之谓大业，日新之谓盛德，生生之谓《易》。"我很珍惜这段缘分。我想，我应该做的，就是努力地崇德广业，把人生的福分转化为人生的动力。

（作者单位：武汉大学中国传统文化研究中心）

武汉大学中国传统文化研究中心大事记

（2005 年 1~12 月）

□ 曾繁宏　余来明

1 月

● 1 月，郭齐勇教授等编《杜维明文集》（五卷本）获湖北省人民政府颁发的湖北图书奖一等奖。

● 1 月，韩国《中国小说研究会报》2005 年 1 月号发表韩国学者对陈文新教授的专访文章，重点介绍了他的文言小说研究成就和《中国文学编年史》（18 卷）的编纂情况。

● 1 月，冯天瑜、杨华、任放等编写的《中国文化史》教材，由高等教育出版社出版。该书入选国家高教社百部精品教材。

● 1 月，郭齐勇教授的学术论文《综论现代新儒学思潮及其特征》由 John Makeham 博士等两位学者翻译成英文（An Overview of the New Confucian Intellectual Movement）在 Contemporary Chinese Thought（《当代中国思想》），Winter 2004-5/VOL. 36，NO. 2（2004-5 冬季号）上发表。这一杂志由欧洲与美国学者合办，出版地在纽约。该刊本期为"郭齐勇与郑家栋论现代新儒学"专辑，除发表郭、郑二人的论文外，还发表了澳大利亚 Adelaide 大学副教授 John Makeham 博士的论文 Guo Qiyong and Zheng Jiadong on New Confucianism，该文详细评论了郭、郑二人关于现代新儒学研究的思想发展过程与研究成果，称郭齐勇教授为研究现代新儒家的最有贡献的杰出的学者，十多次引用郭齐勇的著作与论文。

2 月

● 2 月 2 日~4 日，日本山口大学马彪教授来访，与陈伟教授座谈云梦龙岗秦简发掘、整理与研究状况，并由刘国胜副教授陪同，前往云梦踏勘访问。

● 2 月，郭齐勇教授主编的《中国古典哲学名著选读》由人民出版社出版。

3 月

● 3月2日上午，徐少华教授邀请复旦大学历史地理研究中心主任葛剑雄教授前来作题为"从历史地理看环境变迁"的专题讲座。

● 3月7日，我中心在会议室召开工作会议，讨论武汉大学"985工程"二期建设项目经费使用规划问题，郭齐勇、陈文新、杨华、吴根友、曾繁宏等人参加了会议。

● 3月9日晚，郭齐勇教授在华中科技大学西五楼117教室作题为"有关儒家伦理的哲学与法学思考"的演讲。

● 3月10日下午，郭齐勇教授在人民医院作题为"中国传统人文精神"的演讲。

● 3月19日~20日，郭齐勇教授赴济南出席中国孔子基金会《孔子研究》编委会会议。

● 3月30日~4月30日，吴根友教授应邀在巴黎第七大学汉语系进行了为期一个月的学术访问。在访问期间，吴根友教授作了题为"如何看待明清之际价值观念变化的现代性气质——兼论现代性的精神气质及其隐忧"、"明清之际中国社会内部的现代性因素之分析"、"简论20世纪明清学术、思想研究的三种范式"等讲座，就有关学术问题与该校师生进行了深入的交流和探讨，受到该校师生的好评。

● 3月，陈文新教授被聘为《聊斋志异》传世收藏版编辑委员会顾问，同时被聘的还有北京大学马振方教授、南京师范大学李灵年教授。

● 3月，鲁小俊对陈文新教授的专访《关于中国古典小说的辨体研究——访武汉大学陈文新教授》，发表于韩国中国小说学会主办的《中国小说研究会报》第61号。

4 月

● 4月4日~5日，郭齐勇教授应邀在华南师范大学作题为"儒家伦理的法学与哲学的反思：以亲亲互隐为中心"、"郭店与上博楚简对中国哲学思想史的意义"的演讲。

● 4月25日~26日，郭齐勇教授应邀在浙江大学作题为"中国古代哲人的生存智慧"、"郭店简《五行》与《性自命出》"的演讲。

● 4月30日上午，郭齐勇教授应邀在湖北省图书馆为民众作题为"如何看待儒家的'亲亲互隐'"的演讲。

● 4月，郭齐勇教授获中共武汉大学委员会颁发荣誉证书。

● 4月，丁四新副教授主编的《楚地简帛思想研究》由湖北教育出版社出版。

5 月

● 5月2日~7日，郭齐勇教授率博士生秦平、邓勇出席香港中文大学哲学系主办、台湾大学东亚文明研究中心等单位协办的以"西方的诠释，中国的回应——中国哲学方法论之反思与探索"为主题的国际会议，郭齐勇教授在大会上作了题为"'中国哲学'及其自主性"的学术报告。

● 5 月 10 日~6 月 9 日，陈锋教授应台湾中央研究院副院长兼人文社会科学研究中心主任刘翠溶院士的邀请，在台湾中央研究院等进行了为期一个月的学术访问。他先后对汉学中心、台湾大学、成功大学、台南大学、台南市文化局、中正大学、中国文化大学、明新科技大学、台湾师范大学、暨南大学、中研院人文社会科学研究中心、中研院近代史研究所、明代学会、明清史研究会等进行了访问或学术演讲。演讲涉及"清代文献与清史研究"、"明清长江中游的社会经济研究"、"明清长江上游的社会经济研究"、"近百年来的清代盐政研究"、"清代财政史研究的回顾与展望"、"明治以来日本对华调查与近代中国研究"、"康乾盛世时期的田赋蠲免"、"清代财政政策与货币政策"等近十个专题，受到了台湾学者和研究生的普遍欢迎。在访问期间，陈锋教授还应邀参加了东吴大学举行的"第五届史学与文献学国际学术研讨会"。

● 5 月 19 日~31 日，陈文新教授邀请美国哈佛大学文学博士、伊利诺伊大学东亚系教授韩瑞亚女士来武汉大学讲学、访问。在武汉期间，韩瑞亚女士分别作了题为"美国明清小说研究与教学状况"、"中西文学中的超自然形象之比较"、"笔记小说与记忆"等三场学术演讲，并与文学院硕士生、博士生座谈。她同时还参加了湖北省古典小说研究专家座谈会。

● 5 月 24 日下午，陈伟教授邀请北京大学中文系教授李家浩先生来武汉大学作了题为"楚国芍氏铜器铭文研究"的学术报告。

● 5 月 27 日晚，郭齐勇教授应邀在教五楼对我校（武汉大学）学生演讲"中庸和谐之道"。

● 5 月 27 日~30 日，陈伟教授应邀出席美国芝加哥大学东亚系夏含夷教授主办的"中国古文字：理论与实践"国际学术研讨会，并宣读了论文《〈昭王毁室〉等三篇竹书的几个问题》。

● 5 月 28 日，由陈文新教授主持，湖北省古典小说研究专家座谈会在我中心召开。来自武汉大学、华中师范大学、湖北大学等高校的学者围绕个人的研究课题和学术界比较关注的问题畅所欲言，气氛十分活跃。美国学者韩瑞亚女士也应邀参加了会议。

● 5 月 31 日~6 月 5 日，陈伟教授应邀访问了哈佛大学东亚系及燕京学社。

● 5 月，陈文新教授新著《传统小说与小说传统》由武汉大学出版社出版。

6 月

● 6 月中旬，陈锋教授因"在社会科学研究领域作出突出贡献"而荣获日本创价大学颁发的"创价大学荣誉奖"，陈锋教授专程前往日本领奖，月底回国。

● 6 月 18 日~20 日，郭齐勇教授赴北京香山出席第一届中国文化论坛"中国大学的人文教育"，6 月 18 日下午在大会上作了题为"武汉大学的人文通识教育与'国学试验班'、'中西比较哲学试验班'的创办"的报告。

● 6 月 18 日~24 日，应武汉大学历史学院、中国传统文化研究中心邀请，牛津大学教授、中国研究所研究员，香港中文大学讲座教授科大卫（David Faure）先生来武汉大学进行了为期 7 天的学术访问。访问期间，科大卫教授在我校图书馆古籍部查阅了我校收藏的家谱，为本科生与研究生作了一场题为"礼仪与宗族——历史人类学在中国的理论与实践"的学术报告，还与研究生和青年教师进行了座谈和对话。22 日、23 日两天，在相关人员的陪同下，科大卫教授还赴新洲区三店镇、仓埠镇及其附近村落进行了田野考察。历史学院院长张建民教授，中国传统文化研究中心副主任陈锋教授、杨华教授，历史地理研究所所长徐少华教授，"长江中游地区历史地理与社会经济史料的收集、整理与综合研究（一）"课题组成员等参与了接待工作。

● 6 月 26 日～28 日，任放副教授应邀参加了由复旦大学主办的"社会转型与多元文化"的国际学术会议。

● 2、4、6 月，冯天瑜教授今年上半年在日本国际文化研究中心组织"冯班"（全称为"国际日本文化研究中心 冯天瑜教授主持研讨班"），分三次举行了以"东亚汉字术语生成研究"为主题的学术交流活动。目前正在筹备 8 月份召开的主题为"东亚近代诸概念研究"的国际学术会议。

● 6 月，陈文新教授等辑评的《百家汇评本〈红楼梦〉》由长江文艺出版社出版。

7 月

● 7 月 13 日～19 日，李维武教授、吴根友教授赴澳大利亚悉尼参加第十四届中国哲学会议，分别向会议提交并宣读了论文《儒家伦理中的公德因素及其现代转化——兼论梁启超〈新民说〉对公德问题的思考》和《徐复观与儒家政治哲学》。

● 7 月 18 日～21 日，陈锋教授在成都参加"清史编纂·典志类"会议，就有关经济类典志的体例及写作事项进行了讨论和评估。

● 7 月 30 日上午，郭齐勇教授应《中外管理》杂志社邀请，在湖南长沙远大集团公司等单位合办的"卓越领导力在中国——长沙论坛"上作题为"中国的管理哲学的智慧"的演讲。

● 7 月，中国社会科学院中国近代思想研究中心在北京成立，广泛吸纳国内各高校和科研院所的中国近代思想史专家组成理事会，李维武教授被聘为理事。

● 7 月，丁四新副教授在悉尼新南威尔士大学参加国际中国哲学会主办的第十四届国际大会，宣读论文《楚简〈容成氏〉"禅让"观念论析》。

● 7～8 月，在武汉大学教务部和武汉大学哲学学院中国哲学教研室全体同仁的大力支持下，李维武教授主持建立并开通了武汉大学中国哲学史课程教学网站，网址是：http：//202.114.64.60/jpkc2005/zgzxs/（教育网）或 http：//221.232.129.83/jpkc2005/zgzxs/（公网）。

8 月

● 8 月 6 日～7 日，徐水生教授参加了由中华日本哲学会和延边大学主办的"明治哲学与东亚近代哲学的转型"国际学术研讨会，在会上作了题为"日本明治哲学思想与中国近代哲学的转型——以西学东渐为视角"的学术报告，并当选为中华日本哲学会的副会长。

● 8 月 12 日，陈伟教授在北京作攻关项目中期汇报。陈伟教授主持的教育部社会科学研究重大课题攻关项目"楚简综合整理与研究"顺利通过中期检查。

● 8 月 14 日～16 日，李维武教授赴甘肃兰州参加"现代中国哲学研究的创新"学术讨论会，向会议提交并宣读了论文《开展"以哲学史为中心的思想史研究"——对近现代中国哲学史研究创新的一点思考》。会后到敦煌进行了考察。

● 8 月 16 日～19 日，谢贵安教授参加由中国明史学会、西北师范大学、青海师范大学和甘肃省社会科学院在兰州、西宁主办的第十一届明史国际学术讨论会，向会议提交《明代西器东传探研》一文，并前往河西走廊及敦煌进行了学术考察。该文为《甘肃社会科学》所采用。

● 8 月 17 日～20 日，陈文新教授应邀参加山西大学主办的"陈廷敬诗学研讨会"，所作主题发言《从清初诗坛格局看陈廷敬》获得与会代表好评。

● 8 月 19 日～20 日，陈伟教授在珞珈山庄主持召开《合集》体例讨论会，彭浩、李天虹、刘国胜、李家浩、白于蓝、贾连敏、陈松长、胡雅丽、肖圣中、许道胜、肖毅等课题组成员参加，对体例、释文进行讨论，并辨认了九里、新蔡简的一些难字。

● 8 月 20 日下午、8 月 27 日下午、9 月 3 日下午、9 月 17 日下午、9 月 24 日下午，郭齐勇教授应邀先后五次在湖北省图书馆四号楼六楼报告厅对市民作国学传承系列演讲"《论语》讲解"之一、"《论语》讲解"之二、"《论语》讲解"之三、"《论语》讲解"之四、"《论语》讲解"之五"孔子思想"，引起热烈反响。

● 8 月 20 日～23 日，吴根友教授出席了湖南湘潭大学主办的儒学与 20 世纪中国政治哲学的小型学术讨论会，并提交论文《道义论——简论孔子的政治哲学及其对治权合法性问题的论证》。

● 8 月 20 日～24 日，冯天瑜教授在日本（京都）国际日本文化研究中心召开的"东亚诸概念生成"会议上主持会议，并在会上作主旨报告"'封建'考辨"。

● 8 月 21 日～24 日，陈文新教授应邀参加首都师范大学主办的"明代文学国际学术研讨会"，以《中国文学编年史》（18 卷）样稿作为论文提交，引起与会代表关注。

● 8 月 25 日～26 日，陈文新教授应邀参加北京大学主办的"中国古代小说文体研究：历史与理论"学术研讨会，并作题为《加强中国文言小说的辨体研究》的大会发言。

● 8 月 31 日～9 月 10 日，应陈伟教授邀请，日本东北学院大学教授谷口满先生访问我校。

9 月

● 9 月 2 日～4 日，陈锋教授在北京参加了由清华大学和美国密执安大学联合主办的"19 世纪的中国危机"学术讨论会，并作了题为《晚清的财政危机与财权下移》的学术报告。

● 9 月 9 日～12 日，由武汉大学中国传统文化研究中心、哲学学院、中西比较哲学研究中心、孔子与儒学研究中心与台北《鹅湖》杂志社、台北东方人文学术研究基金会、台湾桃园"中央大学"哲学研究所等单位主办的"第七届当代新儒学国际学术会议"，在武汉大学国际学术交流中心举行。来自美国、加拿大、日本、韩国、澳大利亚、以色列、比利时、新加坡等国的 20 余位学者，我国台湾、香港地区的 40 余位学者以及我国大陆地区的 70 余位学者等共 140 人出席了本次大会。与会专家在大会和分场会议上宣读了近 120 篇学术论文。这是一次高水平、高层次的儒学研究盛会，更加凸显了我校在中国哲学特别是现代新儒学研究方面全国重镇的地位。校长刘经南院士会见、宴请了与会的部分学者，并作为一名普通听众听了一场大会报告。副校长胡德坤教授出席了开幕式，并代表学校向与会学者介绍了我校的发展情况，表达了东道主的热烈欢迎之情及对大会的良好祝愿。前辈学者萧萐父先生亲临大会并挥毫题辞，唐明邦、李德永先生出席了会议，冯天瑜先生主持了开幕式。与会学者围绕"儒学、当代新儒学与当代世界"的主题，就熊十力、牟宗三与现当代新儒学三代代表人物的学术思想，当代新儒学与宋明儒学，当代新儒学与西方哲学，当代新儒学与佛学，儒家伦理的特殊性与普遍性及其创造性转化，儒学与东亚社会的现代性，儒学在当代的作用与意义，儒学与文明对话，儒学与当代各种思潮，儒学与启蒙心态，儒学的宗教性与草根性，当代新儒学如何深入发展等问题，展开了热烈的讨论。我中心李维武、吴根友、徐水生、胡治洪等教授提交的论文《中西文化与哲学的冲突与会通》、《人类文明的一体与两面——对亨廷顿"文明冲突论"与杜维明"文明对话论"的政治哲学检视》等都获得好评。大会期间与会后，哲学学院与中国传统文化研究中心还组织与会的知名专家、学者在校园内举行了有关"我们还可以从孔子那里学到什么"、"中西文化与哲学的冲突与会通"、"全球化挑战下的中国文化及其命运与前景"、"儒学、传统文化与变动中的海峡两岸社会"等四场大型的人文讲座（每场约四位专家联袂演讲）和八场专业性强的小型演讲，丰富了我校学生的课余生活，深受同学们的欢迎。

● 9 月 14 日，著名科技史专家、上海交通大学人文学院江晓原教授来我校讲学，应中心杨华教授之邀顺访我中心，并为全校师生举办了一场题为"时空往来——在电影与物理学之间"的讲座。

● 9 月 16 日，我中心召开会议，讨论"985"工程相关问题。中心主任冯天瑜，副主任郭齐勇、陈锋、张建民、陈文新，以及中心其他成员昌切、杨华、胡治洪、曾繁宏等出席会议。

● 9 月 20 日~21 日，陈伟教授前往云梦县参加睡虎地秦简出土 30 周年纪念活动。

● 9 月 22 日~25 日，李维武教授赴香港参加第二届儒学国际学术研讨会，向会议提交并宣读了论文《儒家伦理中的公德因素及其现代转化——兼论梁启超〈新民说〉对公德问题的思考》。

● 9 月 24 日~27 日，陈文新教授应邀赴江苏高邮参加"蒲松龄学术研讨会"，并作题为"全面研究蒲松龄及其创作"的大会发言。

● 9 月，由陈文新教授任第一副主编的《中华大典·明清文学分典》，由凤凰出版社出版。全书共 1200 万字，包含明一、明二、清一、清二、清三五个分卷。陈文新教授同时出任《明清文学分典》"明文学部二"主编。

● 9 月，郭齐勇教授获中共武汉大学委员会、武汉大学颁发的荣誉证书，在 2004~2005 学年度被评为师德标兵。

10 月

● 10 月 1 日，杨华教授在湖北省图书馆举办了一场题为"古代礼制与中国传统社会"

的讲座，向听众介绍了中国古代礼制的基本常识，并就古代礼制对传统文明和当代社会的意义作了阐释。该讲座是湖北省图书馆举办的系列学术活动之一。

● 10 月 11 日～13 日，徐水生教授参加了由华中科技大学主办、美国过程研究中心协办的"后现代视野中的科学与人文精神"国际学术研讨会，提交了题为《论中国传统思维方式对自然科学的促进作用》的学术论文并在大会上作了发言。

● 10 月 14 日，谢贵安教授应河南师范大学社会发展学院院长及历史系主任郭培贵教授之邀，前往该校讲学。上午为本科生作了《明代国史与野史的相互关系》的学术报告，下午与该校研究生就治学方法和道路进行了座谈。并受聘为河南师范大学兼职教授。

● 10 月 16 日～18 日，郭齐勇教授在北京京西宾馆出席国务院学位委员会学科评议组第十次会议。

● 10 月 20 日，由陈文新教授负责具体筹备工作的"《中华大典·明清文学分典》出版座谈会暨学术研讨会"在武汉大学召开。国家重大文化工程《中华大典·明清文学分典》，历时 11 年后隆重面世。10 月 20 日，学校为此举行座谈会暨学术研讨会。这是继《故训汇纂》之后我校人文社科学者推出的又一力作。该书由文学院吴志达、陈文新等领衔编纂，今年 9 月由江苏凤凰出版社出版发行。校党委书记顾海良、副校长胡德坤出席座谈会。《中华大典》工委会常务副主任、原教育部副部长朱新均，常务副主任、原中宣部出版局局长伍杰，中华书局原副总编程毅中，中国语言文学和中国文化研究领域著名学者邓少疾、宗福邦、冯天瑜等与会。顾海良高度赞扬了吴志达、陈文新等人的学术精神和学术风范，高度评价《明清文学分典》的学术价值及其历史意义。他表示，学校将对该书的编纂者进行表彰。与会专家围绕该书的编纂特点和学术价值展开了热烈的讨论。《明清文学分典》共五个分卷，计 1200 万字。自 1994 年起，集 30 余位学者之力，是一部全面系统地汇辑明清文学研究资料的大型类书。该书对相关研究领域作了全面拓展；标志着明清文学研究进入了一个新的历史发展阶段。以往的明清文学研究，主要集中于小说、戏曲领域，而诗文的研究相对薄弱。《明清文学分典》从整体上改变了这一学术局面。在小说、戏曲研究方面，既注重发掘新的材料，更注重对现有研究成果加以鉴别和精选，力求精审管用；在诗文研究方面，既注重对现有成果的鉴别吸收，更注重资料的广泛搜集，文献涵盖面广，搜集到许多此前未被研究者注意的材料。该书的出版，对中国文学史、思想史、传统史学、传世典籍研究诸方面都具有重要意义，并将以其弘扬民族精神、传承民族文化的特殊功能服务国家，造福子孙。《人民日报》、《光明日报》、中国新闻网、新浪网新闻中心等十多家媒体对此次会议做了报道。

● 10 月 23 日，应徐少华教授之邀，美国宾州大学东亚系艾伊莱、柴宁博士等访问我校，并与我校研究生座谈，主题是"谈美国的高等教育"。

● 10 月 26 日～28 日，中心陈伟、徐少华、杨华、刘国胜教授等人前往长沙参加湘鄂豫皖楚文化研究会第九次年会，陈伟教授提交了题为《睡虎地秦简〈语书〉的释读问题（四则）》的论文，徐少华教授作了"河南固始侯古堆一号墓的年代及其相关问题"的学术报告，杨华教授提交了论文《楚地水神研究》并作大会发言。

● 10 月 29 日～30 日，郭齐勇教授出席国际儒联在北京友谊宾馆主办的"2005 国际儒学高峰论坛"，主持一场会议，并在大会宣读论文《中国的管理哲学智慧》。

● 10 月 30 日，杨逢彬教授所著《殷墟甲骨刻辞词类研究》（花城出版社 2003 年版）

获第 11 届北京大学王力语言学奖二等奖。这是我国语言学界最具权威的奖项，两年一评，通常为一等奖一名，二等奖二名，三等奖三名，但一等奖常空缺。今年获奖者共 4 人，其中社科院 2 人，北大 1 人，北京以外学者仅杨逢彬教授一人。

● 10 月，丁四新副教授参加了山东大学儒学研究中心、北京大学儒学研究中心主办，在北京大学哲学系召开的"郭店楚简与思孟学派"研讨会。

● 10 月，覃启勋教授专著《朱舜水东瀛授业研究》，由人民出版社出版。

● 10 月，冯天瑜教授的论文《中国語、日本語、西洋語間の相互伝播と翻訳間の"経済"概念の変遷》发表于日本京都《日本研究》第 31 集。论文以日语发表，由北京日本学研究中心专任讲师吴咏梅翻译。

11 月

● 11 月 1 日～3 日，吴根友教授前往上海参加了由华东师范大学中国现代思想文化研究所主办的"冯契与二十一世纪中国哲学国际学术研讨会"，并提交了题为《道德的真诚如何推动真理的发现——从冯契先生论"真与人生理想"说开去》的论文。

● 11 月 1 日，李工真教授在南昌出席由江西师范大学历史文化旅游学院与中国社会科学院世界史所联合举办的"中国世界史研究论坛第二届学术年会"。并在江西师范大学、南昌大学等高校作了多场报告。

● 11 月 6 日上下午各三小时，郭齐勇教授在珞珈山庄为北大历史系主办的"中国传统哲学企业家高等讲习班"作两场演讲，分别为"孔子与老子的哲学思想"及"中国文化及其危机"。

● 11 月 7 日，应徐少华教授之邀，陕西师范大学西北环发中心主任朱士光教授前来我校作学术报告，主题是"关于中国环境史研究几个问题的思考"。

● 11 月 8 日，谢贵安教授专著《中国已佚实录研究》入选武汉大学 2005 年人文社会科学学术丛书。

● 11 月 9 日～12 日，陈文新教授赴南京参加"海峡两岸明清小说研讨会"，提交论文《论文言叙事传统对明清章回小说的渗透》，作大会发言并担任台湾学者王琼玲教授论文评议人。其发言和评议获得与会专家好评。

● 11 月 21 日，应徐少华教授之邀，美国宾州大学东亚系柴宁博士来我校作学术讲座，主题是"近年西方汉学界关于中国上古美术史的研究"。

● 11 月 22 日，应徐少华教授之邀，复旦大学历史地理研究中心杨伟兵博士前来我校作学术座谈，主题是"关于贵州林契资料的发现与研究"。

● 11 月 23 日～27 日，应郭齐勇教授之邀，山东大学刘大钧教授访问我中心。

● 11 月 24 日、25 日，李工真教授在北京大学为全体师生分别作了题为"德国现代化大学的教育理念与科学定义"、"德国大学的特点与世界科学文化中心的确立"的讲演。

● 11 月 28 日～12 月 1 日，陈伟教授访问台湾中研院史语所、文哲所，并由邢义田先生陪同，观摹红外线拍摄汉简与数字图片处理的操作。12 月 2 日～3 日，在台湾政治大学出席"出土简帛文献与古代学术国际研讨会"，发表论文《上博楚竹书〈仲弓〉"季桓子"章集释》。

● 11 月，中心谢贵安教授专著《明实录研究》获武汉大学第十届人文社会科学研究优秀成果二等奖。

● 11 月，李维武教授专著《长江流域文化与近代中国哲学》由湖北教育出版社出版。全书共 52 万字，为长江文化研究文库系列丛书之一种。丛书由季羡林任总主编，汤一介任主编。

12 月

● 12 月 1 日~2 日，罗运环教授赴北京参加教育部 2005 年重大攻关项目专家评审会，评审中国古代史相关攻关项目。

● 12 月 3 日~5 日，杨华教授在清华大学参加了"首届中国经学国际研讨会"，提交了论文《楚简诸"司"及其经学意义》并作大会发言。

● 12 月 7 日~8 日，吴根友教授在上海参加了由华东师范大学人文学院与华东师范大学报联合主办的"中国哲学与现代性"学术讨论会，提交论文《从问题意识看中国哲学现代性的内在根芽》。

● 12 月 9 日~11 日，郭齐勇、吴根友教授在北京达园宾馆出席中国人民大学与韩国高等教育财团主办的"国际儒学论坛——2005 儒学与亚洲人文价值"会议。郭教授主持一场会议，宣读论文《东亚儒学的核心价值观》，并在闭幕式上作大会总结。吴根友教授在会上作了题为"'保合太和，利乃贞'新解——《易传》论社会和平与社会功利的关系"的报告。

● 12 月 13 日~17 日，应郭齐勇教授之邀，台湾佛光大学校长龚鹏程教授访问我校，为我校国学班以及文、史、哲各院的本科生、硕士、博士生作了题为"国学与新国学"、"现代与反现代"、"方法与方法论"、"小说与小说史——论鲁迅治旧学的成绩"四场演讲。龚鹏程教授是台湾师范大学国文研究所博士，曾任淡江大学中文系主任、文学院院长，国文天地杂志总编、中国晨报总主笔、学生书局总编、中国古典文学研究会理事长、中华道教学院副院长、国际佛学研究中心主任、中正大学历史所教授、南华大学创校校长、佛光大学创校校长，现为中国历史文学学会理事长、中国符号学会理事长、中华武侠文学学会理事长、艺术行政学学会理事长、中华两岸文化统合会理事长、东亚汉学学会名誉会长、北京师范大学特聘教授、北京大学与中国人民大学等校客座教授。

● 12 月 18 日~20 日，陈伟教授接待湖南省考古所张春龙研究员一行，并邀请张先生作学术报告《里耶秦简、郴州苏仙桥吴简晋简保护与整理》。

● 12 月 23 日，应徐少华教授之邀，美国康奈尔大学东亚系 Robin 教授前来我校作学术讲座，主题是"《逸周书》兵书的基本理论及其风格特征"。

● 12 月 28 日，应徐少华教授之邀，北京大学李零教授前来我校作学术讲座，主题是"简帛发现和古书的经典化"。

● 12 月，丁四新副教授在台湾政治大学参加"出土文献与古代学术"的国际学术研讨会，并在会上宣读了论文《楚简〈容成氏〉思想研究》。